SOMMAIRE

INTRODUCTION Les mouvements majeurs de l'histoire littéraire et culturelle

PARTIE I ~ Lecture

CHAPITRE 1 Le personnage de roman, du XVIIe siècle à nos jours

Le texte théâtral et sa représentation, du XVIIe siècle à nos jours

La question de l'Homme dans les genres de l'argumentation, du XVIe siècle à nos jours

Série L

Vers un espace culturel européen : Renaissance et Humanisme

Les réécritures, du XVIIe siècle à nos jours

Série L

Séquence 2 Le dénouement dans *Médée* 474

- Comment les auteurs représentent-ils le crime de Médée au cours des siècles ?
- Comment évolue l'image dramatique de ce personnage ?
- Quelles questions et quels enjeux pose ce dénouement en fonction des époques et des auteurs ?

Séquence 3 La fin de *Don Juan* 490

- Quelles sont les constantes et les variations de la représentation de la fin de Don Juan ?
- De quelle manière cette fin contribue-t-elle au mythe du personnage ?

Séquence 4 Réécritures et subversion 504

- Qu'est-ce qui caractérise une réécriture subversive et quelles sont ses fonctions ?

Au fil du manuel…

Lecture d'images

Histoire des arts

Cinéma

Mise en scène

PARTIE II Étude de la langue

PARTIE III Outils d'analyse

CHAPITRE 1 L'énonciation

CHAPITRE 2 Le récit

CHAPITRE 3 Le théâtre

CHAPITRE 4 La poésie

CHAPITRE 5 L'argumentation

CHAPITRE 6 Registres et figures de style

CHAPITRE 7 La lecture d'images

PARTIE IV ~ Méthodes vers le Bac

S'ENTRAÎNER À L'ÉPREUVE ORALE — Lire un texte à haute voix

AUDIO

www.lienmini.fr/magnard-el1-audio : une sélection de textes du programme lus par des comédiens à écouter en classe ou à la maison pour apprendre à dire un texte avec le bon ton et améliorer sa diction.

CHAPITRE 1 • Le personnage de roman, du XVIIe siècle à nos jours

SCARRON, *Le Roman comique*
MADAME DE LA FAYETTE, *La Princesse de Clèves*
PRÉVOST, *Manon Lescaut*
LACLOS, *Les Liaisons dangereuses*
FLAUBERT, *Madame Bovary*
FLAUBERT, *L'Éducation sentimentale*
ZOLA, *L'Assommoir*
ZOLA, *La Bête humaine* (chap. II)
ZOLA, *La Bête humaine* (chap. X)
PROUST, *À l'ombre des jeunes filles en fleurs*

CHAPITRE 2 • Le texte théâtral et sa représentation, du XVIIe siècle à nos jours

CORNEILLE, *Médée* (I, 4)
CORNEILLE, *Horace* (IV, 5)
RACINE, *Andromaque* (V, 3 et 4)
RACINE, *Britannicus* (III, 8)
RACINE, *Iphigénie* (V, 6)
RACINE, *Phèdre* (III, 3)
RACINE, *Phèdre* (V, 7)
MOLIÈRE, *L'École des femmes* (III, 5)
MOLIÈRE, *L'École des femmes* (IV, 4)
MOLIÈRE, *Le Misanthrope* (I, 1)
MOLIÈRE, *Les Fourberies de Scapin* (III, 2)
MOLIÈRE, *Amphitryon* (I, 1)
LESAGE, *Turcaret*
MARIVAUX, *Le Jeu de l'amour et du hasard*
BEAUMARCHAIS, *Le Mariage de Figaro*
MUSSET, *On ne badine pas avec l'amour*
HUGO, *Ruy Blas*

CHAPITRE 3 • Écriture poétique et quête du sens, du Moyen Âge à nos jours

DU BELLAY, « Déjà la nuit en son parc », *L'Olive*
D'AUBIGNÉ, « Jugement », *Les Tragiques*
LAMARTINE, « Le Lac », *Méditations poétiques*
HUGO, *Les Contemplations* :
« Elle était déchaussée »,
« Elle avait pris ce pli »
BAUDELAIRE, « Spleen », *Les Fleurs du mal*
VERLAINE, « L'Heure exquise », *La Bonne chanson*
MALLARMÉ, « Sonnet en x », *Poésies*
RIMBAUD, « Aube », *Illuminations*
MUSSET, « La Nuit de mai », *Les Nuits*

CHAPITRE 4 • La question de l'Homme dans les genres de l'argumentation, du XVIe siècle à nos jours

MONTAIGNE, *Essais*
LA FONTAINE, « Les Animaux malades de la Peste »
LA FONTAINE, « Les Membres et l'Estomac »
LA FONTAINE, « Les Deux Coqs »
BOSSUET, *Oraison funèbre de Marie-Thérèse d'Autriche*
MONTESQUIEU, *Lettres persanes*
VOLTAIRE, *Mélanges, Pamphlets et œuvres polémiques*
DIDEROT, *Supplément au voyage de Bougainville*
MADAME DU CHÂTELET, *Discours sur le bonheur*
LACLOS, *Les Liaisons dangereuses*

CHAPITRE 5 • Vers un espace culturel européen : Renaissance et Humanisme

Série L

DU BELLAY, *Les Regrets*
RONSARD, *Odes*
LA BOÉTIE, *Discours de la servitude volontaire*

CHAPITRE 6 • Les réécritures, du XVIIe siècle à nos jours

Série L

SÉNÈQUE, *Médée*
MOLIÈRE, *Dom Juan ou le Festin de Pierre*
LA FONTAINE, *Philomèle et Progné*
MENDÈS, *Philoméla*

Les mouvements de l'histoire littéraire et culturelle

▸▸ **Édouard Manet**, *Portrait d'Émile Zola* (détail), 1868, huile sur toile (146 x 114 cm), musée d'Orsay, Paris.

DES ŒUVRES INCONTOURNABLES : UN TREMPLIN POUR L'IMAGINAIRE

www.lienmini.fr/magnard-el1-01
Sur le site de la BnF, consultez l'exposition « Homère, sur les traces d'Ulysse ». Pourquoi peut-on dire que la légende de Troie est construite sur une réalité historique ?

www.lienmini.fr/magnard-el1-02
Sur le site de la BnF, en vous appuyant sur l'exposition « Ciel & Terre », décrivez les diverses représentations de l'Enfer.

L'Antiquité désigne une période qui part de l'Antiquité païenne (VIIIe siècle av. J.-C.), qui englobe l'Antiquité chrétienne et qui s'arrête à la chute de l'Empire romain (Ve siècle). Sur le plan culturel, ce terme désigne l'héritage artistique et littéraire laissé par les civilisations romaine et grecque. Redécouvert par les humanistes, il constitue le fondement de notre culture et reste une source d'inspiration inépuisable pour les artistes.

Mythes et légendes

Récits légendaires transmis oralement, les mythes (du grec *muthos*, « parole, récit ») racontent l'histoire de grandes familles aristocratiques grecques (celle des Labdacides par exemple, avec Œdipe, Jocaste, Antigone), de dieux ou de demi-dieux (Héraclès, Prométhée, Persée) de héros célèbres (Ulysse, Achille), de magiciennes (Circé, Médée) et de personnages historiques devenus des légendes comme Alexandre, César, Cléopâtre ou Bérénice.

Ces légendes sont transposées, pastichées dans de nombreux arts.

- ***L'Iliade* et *l'Odyssée*, d'Homère** (800-740 av. J.-C.) sont la genèse du genre de l'épopée, long poème narratif qui célèbre les exploits d'un héros représentant un groupe humain. *L'Iliade* raconte la prise de Troie par les Grecs après dix années de siège, *l'Odyssée* relate le long périple d'Ulysse pour rentrer à Ithaque. Ces chants qui célèbrent des héros s'appuient sur des hyperboles, des amplifications et des images fabuleuses. Les compléments du nom comme « Achille aux pieds légers » ou « Athéna aux yeux pers » sont appelés *épithètes homériques*.
- ***L'Énéide*** (Ier s. av. J.-C.) de **Virgile** (70-19 av. J.-C.) relate les aventures d'Énée, qui va fonder une nouvelle patrie en Italie.

Elles sont source d'inspiration pour de nombreuses œuvres, parmi lesquelles on peut citer le célèbre sonnet des *Regrets* de **Joachim du Bellay**, « Heureux qui comme Ulysse, [...] », *Le Virgile travesti* (1648) de **Paul Scarron**, *Andromaque* (1667) de **Jean Racine**, *Naissance de l'Odyssée* (1930) de **Jean Giono**, *La guerre de Troie n'aura pas lieu* (1935) de **Jean Giraudoux** ou *Ulysse from Bagdad* (2008) d'**Éric-Emmanuel Schmitt**.

- ***Les Métamorphoses* d'Ovide** (43 av. J.-C.-17 ap. J.-C.) réunissent plus de deux cents légendes expliquant l'origine du monde, des constellations ou des plantes. Châtiment (Narcisse et Écho), délivrance (Daphné et Apollon), récompense (Philémon et Baucis) : la portée de ces récits est variée.

Vase de l'Antiquité représentant Ulysse aveuglant le Cyclope Polyphème, musée national de Villa Giulia, Rome.

Les Arts poétiques : les débuts de « la théorie littéraire »

Le mot « poésie » vient du grec *poiein* qui signifie « faire, créer ». Les réflexions sur la théorie littéraire s'appuient sur les Anciens.

Aristote (384-322 av. J.-C.) dans sa *Poétique* est le premier à catégoriser les textes en distinguant l'épopée du théâtre, deux modes de narration opposés – l'un raconte, l'autre montre. Il introduit également le concept de *catharsis* désignant au théâtre la purgation des passions par la pitié et la crainte ; le spectateur serait averti des risques provoqués par la démesure des sentiments (*l'hybris*).

L'Art poétique d'**Horace** (Ier s. av. J.-C.) sert de fondement au genre comique, mettant l'accent sur les effets de l'œuvre sur le public : le fameux « *Castigat ridendo mores* » (corriger les mœurs par le rire) est cité par Molière.

Buste d'Aristote, sculpture d'albâtre du Ier siècle d'après un original grec de Lysippe de Sicyone (IVe siècle av. J.-C.), Museo Nazionale Romano Palazzo Altemps, Rome.

Tragédie et comédie antiques : des textes fondateurs

Plaute (vers 254-184 av. J.-C.) est l'un des plus anciens poètes comiques romains. Quant au genre tragique, il naît en Grèce au ve siècle av. J.-C. Nombre de dramaturges, de romanciers et de poètes s'inspirent des œuvres des trois grands auteurs antiques : **Eschyle** (vers 525-456 av. J.-C.), **Sophocle** (vers 496-406 av. J.-C.) et **Euripide** (vers 484-406 av. J.-C.).

Retrouver les textes fondateurs dans des œuvres plus récentes permet d'éclairer l'originalité de ces réécritures : **Molière**, par exemple, dans *Amphitryon* (1668) et *L'Avare* (1668) s'inspire des œuvres de **Plaute** qui mettent en scène des personnages caricaturaux comme le vieux père avare, le fils dépensier et amoureux d'une jeune fille jolie et innocente, etc. **Jean Anouilh** s'inspire quant à lui de la tragédie de **Sophocle** pour son *Antigone* représentée en 1944.

Buste de Quintilien, sculpture en marbre, Gallerie des Offices, Florence.

Historiens et orateurs : des modèles d'éloquence

Quintilien (Ier s. ap. J.-C.) dans *L'Institution oratoire* (30 ap. J.-C.) propose une synthèse sur la composition du discours : celui-ci doit répondre aux questions « Qui, quoi, où, avec quels moyens, pourquoi, comment, quand ? » et présenter un déroulement cohérent.

Deux auteurs phares servent de modèles d'éloquence. **Démosthène** (384-322 av. J.-C.) a poussé les Grecs à se battre contre l'envahisseur macédonien dans ses *Philippiques* (IVe siècle av. J.-C.). Dans ses discours, plein de colère, il invective les Grecs, les prend à parti, et varie ses registres passant du ton familier à la grandiloquence. Plus tard, de nombreux textes polémiques imiteront ces traits comme l'article « Torture » dans le *Dictionnaire philosophique* (1764) de **Voltaire** ou *Napoléon le Petit* (1875) de **Victor Hugo**.

Buste de Cicéron.

Les discours de **Cicéron** (106-43 av. J.-C.) sont aussi considérés comme un modèle d'éloquence. Cicéron pose le principe de la culture comme source de l'art oratoire. Il décrit l'efficacité des figures de style comme les répétitions, les images développées, les apostrophes, les interrogations oratoires, les jeux de mots que l'on retrouve au cours des siècles dans la grandiloquence de **François-René de Chateaubriand**, d'**André Malraux** ou du **Général de Gaulle**.

Les *Commentaires sur la guerre des Gaules* (52 av. J.-C.) de **Jules César**, général, homme d'État et écrivain, constituent le modèle du genre historique. Écrits à la 3e personne, ils relatent brièvement les campagnes militaires du général mais servent aussi la réputation de l'homme de guerre en prouvant sa capacité à conduire les armées. *Les Vies parallèles des hommes illustres* (100-110 ap. J.-C.) de **Plutarque** (46-125 ap. J.-C.) sont composées d'une cinquantaine de biographies groupées par paires. Plus tard, **Michel de Montaigne**, **le Cardinal de Retz**, **Jean-Jacques Rousseau** et plus récemment **Pierre Michon** dans ses *Vies minuscules* (1984) s'appuient sur cette œuvre pour leur réflexion.

L'Académie de Platon : le philosophe assis au centre enseigne à un groupe de disciples de l'Académie d'Athènes (fondée par lui-même en 378 av. J.-C.), mosaïque retrouvée à Boscotrecase, maintenant exposée au Musée National, Naples

La maïeutique de Platon : berceau de la pensée philosophique

Les *Dialogues* de **Platon** (427-356 av. J.-C.) s'appuient sur une maïeutique (art d'accoucher les esprits) qui conduit à apprendre à penser par soi-même. Ils interrogent sur le problème des origines (la métaphysique), le sens des valeurs (l'éthique), la notion du Beau (l'esthétique), le rôle de la cité (la politique). Ces grands domaines sont toujours au centre de la pensée philosophique occidentale.

DEUX HISTOIRES D'AMOUR COURTOIS

• *Le Chevalier à la Charrette* (XIIe siècle) de **Chrétien de Troyes** raconte comment Lancelot, modèle même du *fin'amant*, prêt à tous les sacrifices pour être digne de sa Dame, traverse des épreuves périlleuses pour sauver la reine Guenièvre et comment, pour lui plaire, il fera semblant de combattre.

• Les *Lais* (XIIe siècle) de **Marie de France** sont de petits récits en vers qui rapportent des histoires d'amour courtois. Le *Lai du Chèvrefeuille* est l'un des plus célèbres. Tristan donnant rendez-vous à Iseult laisse un message sur une branche de coudrier et un rameau de chèvrefeuille étroitement enlacés : « Belle amie, ainsi est de nous : ni vous sans moi, ni moi sans vous. »

LA COURTOISIE : UN ART DE VIVRE ET D'AIMER

Le mot « courtoisie » vient de « cour » qui désigne la résidence d'un souverain. En Occident, entre les XIIe et XIIIe siècles, la courtoisie représente une politesse de conduite, une élégance morale en harmonie avec le statut social de la noblesse de cour. Cet art de vivre, qui s'inscrit en réaction à la rudesse des mœurs de cette époque, prône notamment un idéal de conduite à l'égard des dames qui sont courtisées.

Le mois de mai : la promenade de courtisans. Détail d'une page de manuscrit enluminée tirée du *Livre d'Heures de la Duchesse de Bourgogne, Adélaïde de Savoie* par le Maître d'Adélaïde de Savoie (XVe siècle) et le Maître de Jean Rolin (XVe siècle), musée Condé, Chantilly.

L'idéal courtois

L'idéal courtois concerne la société de cour et les individus qui en sont dignes socialement et moralement : ils appartiennent à la noblesse et se caractérisent par leur bravoure, leur loyauté, leur sens de l'honneur et leur douceur à l'égard des femmes. Par ces qualités ils sont aimés d'une *dame* ou d'une *damoiselle*, termes désignant une femme noble, aimée et « souveraine » de leur cœur. Les sentiments qui lient le chevalier à sa dame sont appelés le *fin'amor*. Cela suppose tout d'abord des sentiments amoureux purs et réciproques. Au Moyen Âge, le mariage était organisé par les familles et l'épouse, livrée à son mari, était totalement dépendante de lui. Aussi le *fin'amor* était-il souvent une relation hors mariage dans laquelle le jeu amoureux était codifié par des étapes. À la rencontre et à l'échange de regards succèdent les promesses, le baiser puis le don de soi. Le déroulement de ce schéma est, bien sûr, modifié par des épreuves qui viennent séparer les deux amants comme la guerre et le danger de mort. C'est en franchissant tous ces obstacles que les deux amants atteignent la perfection morale.

La littérature courtoise

Une partie des œuvres lyriques et romanesques du XIIe au XVe siècle reflète cet idéal courtois. Les romans arthuriens de **Chrétien de Troyes** associent aux aventures des chevaliers l'amour d'une dame : ils se battent en son nom et pour conquérir son cœur. Mais le *fin'amor*, chanté par les troubadours et les trouvères, tend à représenter sur le plan littéraire un amour impossible ; le jeu mondain devient tragique et le poète invoque une femme aimée mais inaccessible. L'amour de Lancelot pour la reine Guenièvre, l'épouse du roi Arthur dans *Le Chevalier à la Charrette* (1186) de **Chrétien de Troyes** et *Le Roman de la Rose* (XIIIe siècle) de **Guillaume de Lorris**, qui est une œuvre allégorique sur l'art d'aimer, s'inscrivent dans cette tradition.

La chanson de geste, long poème épique racontant des exploits guerriers (« gestes ») collectifs, est également une forme littéraire du Moyen Âge.

www.lienmini.fr/magnard-el1-03
Sur le site de la BnF, consultez l'exposition « Arthur, les romans de la Table ronde », en vous concentrant sur la fortune de Tristan.

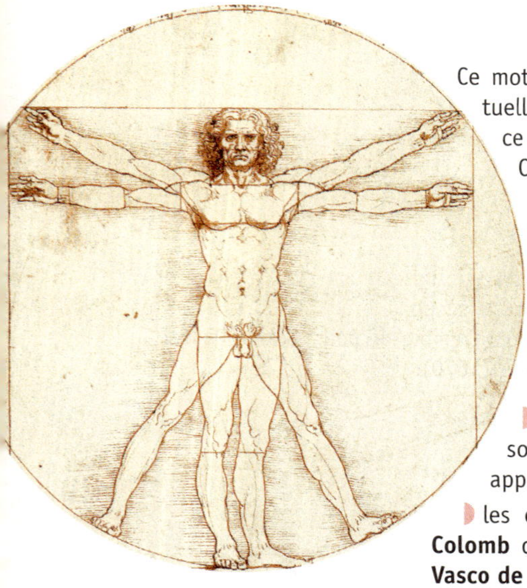

Léonard de Vinci, *L'Homme de Vitruve* (1492), détail, plume, encre et aquarelle sur pointe d'argent, galerie dell'Accademia, Venise (Italie).

L'HUMANISME

Ce mot vient du latin *humanitas* qui désigne « l'ensemble des qualités intellectuelles, morales et physiques qui distinguent l'homme des autres créatures dans ce qu'il a de plus accompli ».

Ce courant de pensée a traversé l'Europe de la Renaissance (XVIe siècle).

Les origines du mouvement

Les découvertes qui jalonnent la fin du XVe siècle révolutionnent la vision que l'on avait du Monde :

- l'**invention de l'imprimerie** (1450) qui permet la reproduction des ouvrages à des centaines d'exemplaires permet la diffusion des savoirs dans toute l'Europe ;
- la découverte d'œuvres inédites grâce à l'arrivée des érudits grecs qui se sont repliés en Europe après la prise de Constantinople (1453) et qui ont apporté avec eux des manuscrits ;
- les **explorations de nouveaux continents** avec les voyages de **Christophe Colomb** qui découvre en 1492 l'Amérique, de **Fernand de Magellan**, ou encore de **Vasco de Gama** ;
- **les découvertes en astronomie** : les travaux de **Nicolas Copernic** et de **Galilée** impliquent un nouveau regard sur la place de l'homme dans l'univers.

L'idéal humaniste : l'épanouissement de l'homme

- **Un monde de paix** : les humanistes rêvent d'un monde pacifié qui seul permettra à l'homme de s'accomplir. Ils imaginent une Europe unie, une « république des Lettres » qui privilégie les intérêts de l'homme à toute cause politique ou religieuse. Ce pacifisme est illustré dans des œuvres comme *L'Utopie* (1516) de **Thomas More**, *L'Éloge de la folie* (1511) d'**Érasme**, les romans de **François Rabelais** ou les *Essais* (1580-1595) de **Michel de Montaigne**.
- **Un monde de culture** : l'harmonie entre les hommes ne peut s'effectuer qu'à partir du moment où ils peuvent communiquer et se comprendre. Aussi tous les humanistes s'intéressent-ils à l'éducation qui doit développer « un esprit sain dans un corps sain ». Elle vise l'équilibre du corps et de l'esprit selon les préceptes d'**Érasme**, elle associe exercices physiques et savoir encyclopédique (étude des langues, lecture des textes originaux, chant, musique...). La lecture des textes authentiques diffusés grâce à l'imprimerie conduit les érudits à étudier l'hébreu et le grec afin de comparer les traductions. La création de lieux d'étude comme le Collège de France (1530) accompagne ces nouvelles méthodes de travail.
- **Un monde libre** : dans une société où tous les hommes sont bien éduqués, chacun a le droit de s'instruire, de lire et de penser librement. **François Rabelais** imagine ainsi l'Abbaye de Thélème dans laquelle règne une seule règle : « Fay ce que vouldras. » (*Gargantua*, 1534, chap. 57), signifiant qu'il faut obéir à son libre arbitre.

Ses implications : le développement de l'esprit critique

L'homme capable de comprendre seul les textes et de penser par lui-même s'interroge sur sa condition et sur le monde qui l'entoure. Ce recul critique se teinte de pessimisme et remet souvent en question les dogmes et la politique officielle.

L'éclatement de la Chrétienté

La traduction de la Bible est à la source des guerres de religion. La parution de l'ouvrage en allemand en 1521 met le texte à la portée de tous mais remet surtout en question l'autorité religieuse. Un moine allemand, **Martin Luther**, s'attaque ouvertement à Rome, en dénonçant le luxe et la débauche des évêques et les pouvoirs divins du pape. **Jean Calvin** propose dans la même période une doctrine dans laquelle

Questions

Quelle œuvre illustre ce dessin de **Léonard de Vinci** ? Que pouvez-vous dire de la place désormais accordée à l'Homme ?

seule la Bible fait autorité (prêtres, évêques et pape sont donc inutiles). Il est à l'origine de *L'Affaire des placards* (un texte injurieux affiché à la porte de la chambre de François Ier) qui marque le début d'une violente répression.

Découverte de la relativité des valeurs

Une civilisation fondée sur l'épanouissement de l'homme suppose que sa nature soit bonne. Or, il suffit d'observer pour s'apercevoir que tout est relatif. La raison de l'homme n'est qu'apparente car ses valeurs sont relatives : « chacun appelle barbarie ce qui n'est pas de son usage » (Michel de Montaigne, *Essais*, I, 31).

De plus son imagination fausse son jugement : **Montaigne** illustre cette pensée par l'image d'un philosophe enfermé dans une cage « suspendue au haut des tours de Notre-Dame de Paris » qui ne risque rien mais qui tremble de peur. **Blaise Pascal** au XVIIe siècle reprendra cette image dans ses *Pensées* (1670).

Trois grandes figures humanistes

- **Érasme** (1469-1536), surnommé « le prince des humanistes », étudie et enseigne le latin, le grec et l'hébreu dans toute l'Europe et en Angleterre. Il publie l'*Éloge de la Folie* (1509) dans laquelle il adopte le point de vue de la Folie, dame Stultitia, pour dénoncer les travers de son temps. Il réalise également une traduction de la Bible.

Hans Holbein le jeune, *Portrait de Érasme de Rotterdam*, XVIe siècle, huile sur toile (42 x 32 cm), musée du Louvre, Paris.

- **François Rabelais** (1494-1553) ou la joyeuse dérision : c'est à travers la « saga » de géants inoubliables, de jeux verbaux et d'une vision carnavalesque du monde que Rabelais donne vie à ses idées. Ses quatre romans : *Pantagruel* (1532), *Gargantua* (1534), *Le Tiers Livre* (1546) et *Le Quart Livre* (1548) traduisent tout l'optimisme de l'Humanisme en abordant des sujets d'une grande diversité. L'auteur n'hésite pas à aborder un thème controversé en créant des personnages qui lisent eux-mêmes la Bible. À travers des épisodes farcesques, Rabelais se moque des moines paresseux, des papes guerriers, des théologiens ignares et des « Papimanes », les adorateurs du pape. Les néologismes rabelaisiens ont considérablement enrichi le lexique français, à une époque où la langue française gagne peu à peu du terrain. L'esprit polémique de *Pantagruel* publié sous le pseudonyme d'*Alcofrybas Nasier*, anagramme de François Rabelais, lui a valu d'être condamné.
- **Michel de Montaigne** (1533-1592), « je suis moi-même la matière de mon livre » : Montaigne est l'homme d'une seule œuvre, les *Essais*, composés de trois livres et publiés de 1580 à 1595 (la dernière version est posthume). Ils s'enrichissent au cours des éditions successives : l'auteur corrige, rajoute des citations et des développements à certains chapitres. L'ouverture d'esprit, la volonté de penser le monde qui l'entoure caractérisent cette démarche qui passe tout au crible du jugement. Seul un authentique dialogue avec soi-même permet de rester maître de sa pensée et de sa vie : « je n'ai pas plus fait mon livre que mon livre m'a fait » (*Essais*, II, 18). Il est le créateur du genre littéraire de l'essai, toujours plébiscité de nos jours par les intellectuels ou les chercheurs.

www.lienmini.fr/magnard-el1-04
Sur le site de la BnF, consultez l'exposition « Utopie, la quête de la société idéale en Occident ». Décrivez les cités idéales de la Renaissance à nos jours.

UNE SOURCE D'INSPIRATION : PÉTRARQUE ET LE *CANZONIERE* (1370)

Ce poète italien est célèbre pour ses 366 poèmes dédiés à Laure de Noves, pour laquelle il éprouve une passion impossible. Réédité plus d'une centaine de fois au XVIe siècle, ce recueil fixe la forme du sonnet qui est imitée notamment en Angleterre et en Espagne. Le pétrarquisme définit un système d'écriture qui, pour décrire les tourments de la passion, joue sur des antithèses, des hyperboles, des métaphores devenues clichés et des références mythologiques.

LA PLÉIADE

Les origines du mouvement

La Pléiade est une constellation d'étoiles mais c'est aussi un groupe de sept poètes dont les plus célèbres sont **Joachim du Bellay** et **Pierre de Ronsard**. Durant leurs études au Collège de Coqueret (équivalent d'une université) dirigé par l'helléniste Jean Dorat, ils découvrent les auteurs latins et grecs de l'Antiquité (**Ovide**, **Virgile**, **Homère**) ainsi que les poètes italiens (**Pétrarque**, **Dante**). Le groupe décide d'imiter ces modèles en abandonnant les vieilles formes poétiques du Moyen Âge et en transformant la langue française. Conscients du caractère novateur et polémique de leurs ambitions, ils portent tout d'abord le nom de « Brigade ».

Le combat : *Défense et Illustration de la langue française* (1549)

En 1539, François Ier a imposé la langue française dans les écrits administratifs par l'ordonnance de Villers-Cotterêts mais le latin reste la langue savante des humanistes, des juristes et des ecclésiastiques. Le manifeste de **Joachim du Bellay** intitulé *Défense et Illustration de la langue française* est un pamphlet qui renouvelle l'art poétique.

Les principes

- **L'enrichissement de la langue** se fait par l'accueil de termes dialectaux, de mots techniques ou d'origine étrangère ainsi que par l'enrichissement du style à l'aide de figures de rhétorique.
- **L'imitation des Anciens ou l'innutrition** : il s'agit non pas de copier mais de « se nourrir » des œuvres antiques pour renouveler l'inspiration.
- **Un nouvel art poétique** : l'abandon des formes du Moyen Âge comme le rondeau ou la ballade signe le retour des grands genres de l'Antiquité. La transposition du sonnet pétrarquiste entraîne la création de nouvelles règles métriques.
- **Une autre vision du poète** : ce travail de la langue n'est cependant pas suffisant, la poésie est un art sacré qui demande de l'enthousiasme au sens étymologique du terme (transport divin). Héritier d'Orphée, le poète doit être inspiré par les Muses et animé par une « flamme divine » pour réussir son œuvre.

Deux poètes de la Pléiade

- **Pierre de Ronsard** (1524-1585) s'appuie sur le sonnet pour célébrer la femme aimée. Des *Amours* (1552) dédiés à Cassandre Salviati aux *Sonnets pour Hélène* (1578), la contrainte formelle magnifie le lyrisme du discours amoureux. Il se livre également à une réflexion sur le temps qui passe, comme dans son poème « Mignonne, allons voir si la rose... ». La poésie se fait alors aussi didactique.
- **Joachim du Bellay** (1522-1560), qui a dû séjourner à Rome pendant quatre ans, transforme cette expérience de l'exil en source d'inspiration. D'abord enthousiaste de ce voyage dans la patrie de ses modèles, il est fortement déçu, ce qui détermine ses écrits. Ainsi, *Les Regrets* et *Les Antiquités de Rome*, publiés en 1558, convoquent le sonnet pour exprimer la nostalgie de sa patrie natale mais aussi livrer une satire de la cour romaine.

La réforme de la poésie (la Pléiade, 1549-89) : Ronsard montre à ses condisciples la constellation qu'il considère comme l'emblème lumineux qui les guidera dans la rénovation de la poésie.
Série de protège-cahiers « Le vieil esprit gaulois (Origines de la langue) » vers 1900.

LE BAROQUE

À l'origine, le terme « baroque » vient du portugais *barroco* (1563) qui désigne en joaillerie une perle irrégulière. Très rapidement le sens figuré d'étrange, de bizarre voire de choquant entre en usage. On parle de mouvement baroque pour qualifier la littérature sous les règnes d'Henri IV et de Louis XIII, et la peinture, la musique et l'architecture jusqu'à la fin du XVIIIe siècle. Ce mouvement se caractérise par une exubérance des formes, un art des contrastes et du mouvement et s'oppose traditionnellement au Classicisme.

Deux aspects du Baroque

Ce mouvement s'inscrit au tournant des XVIe et XVIIe siècles, pendant les guerres de religion. Les critiques distinguent deux grands types de baroque.

Lorsqu'il s'agit d'œuvre engagée, on parle d'un baroque de persuasion parce que les textes délivrent un message religieux ou politique. Les auteurs cherchent à convaincre. **Guillaume Du Bartas** dans *La Première Semaine ou la Création du monde* (1578) évoque la création du monde ; **Jean de Sponde** oppose dans ses *Stances à la mort* (1588) le monde éphémère et instable à l'éternité de la mort ; **Agrippa d'Aubigné** dénonce les horreurs de la Saint-Barthélemy dans *Les Tragiques* (1616).

Lorsque l'écriture est avant tout ludique, on parle d'un baroque de déception parce qu'il est centré non plus sur le message mais sur les jeux de langage et la virtuosité du style. Ses principaux représentants cherchent « à troubler pour troubler » comme **Marc-Antoine Girard de Saint-Amant** avec la poésie fantaisiste et imagée de son *Moïse sauvé* (1653), **Tristan l'Hermite**, **Théophile de Viau** ou **Cyrano de Bergerac**.

Les caractéristiques du style baroque : séduire et impressionner

- **Richesse et abondance** : un vocabulaire grandiloquent, des procédés d'amplification (répétition, énumération, périphrase, allégorie, hyperbole, hypotypose...).
- **Variété** : mélange des genres, effet de rupture (antithèse, oxymore...).
- **Virtuosité** : art de la pointe (art de concentrer un maximum d'effet dans un minimum de mots à la fin d'un texte), effet de mise en abyme.
- **Thèmes baroques** : tous les motifs qui illustrent un monde en perpétuelle transformation, l'inconstance des sentiments, l'impossible accord entre l'être et le paraître : la métamorphose, le labyrinthe, la bulle, l'oiseau, le vent, le nuage, l'eau miroitante, le miroir, le masque, le déguisement. L'image du *Theatrum mundi* décrit le monde comme une scène sur laquelle jouent des acteurs. Elle est reprise dans de nombreuses pièces comme *Hamlet* (1603) de **William Shakespeare**, *L'Illusion comique* (1635) de **Pierre Corneille** ou *La Vie est un songe* (1636) de **Pedro Calderón**.

Prolongement
Qu'est-ce qu'une mise en abyme en peinture ?

Andrea Pozzo, fresque en trompe l'œil représentant l'apothéose de Ignace de Loyola, XVIIe siècle, voûte de l'église Saint Ignace de Loyola à Rome.

LA PRÉCIOSITÉ : UNE MODE SOCIALE ET LITTÉRAIRE

www.lienmini.fr/magnard-el1-05
Sur le site de la bibliothèque Mazarine, consultez l'exposition virtuelle consacrée à Madeleine de Scudéry. Par qui son salon était-il fréquenté ?

www.lienmini.fr/magnard-el1-06
Visionnez le documentaire sur les salons littéraires du XVIIe siècle. Quels sont les sujets abordés dans les salons précieux ? Qu'ont apporté les Précieuses à la société du XVIIe siècle ?

Une littérature de salon

En France, la préciosité est un mouvement féminin qui se développe dans la première moitié du XVIIe siècle en réaction aux mœurs grossières de la cour d'Henri IV. Il se caractérise par des réunions mondaines, régulières et présidées par une maîtresse de maison. On y cultive le « bel esprit » en critiquant des œuvres et en inventant des jeux littéraires. Les salons les plus célèbres sont ceux tenus à l'hôtel de Rambouillet entre 1625 et 1648. La marquise de Rambouillet reçoit dans la « chambre bleue » de son hôtel toute l'élite parisienne. **Richelieu**, **Paul Scarron**, **Madame Sévigné** et **Madame de La Fayette** font partie de ses invités les plus célèbres. Des auteurs y présentent leur texte – **Pierre Corneille** y lit *Polyeucte* (1643) – et on organise des jeux littéraires et des débats sur la psychologie amoureuse. Les fiançailles de Julie d'Angennes, fille de la marquise de Rambouillet, avec le duc de Montausier illustrent parfaitement l'image de la courtoisie véhiculée dans ce salon.

La romancière **Mademoiselle de Scudéry** reçoit tous les samedis, à l'hôtel du Marais, des bourgeoises férues de romans, des anciens de l'hôtel de Rambouillet et des écrivains célèbres comme **Paul Scarron** ou **François de La Rochefoucauld**. C'est chez elle qu'apparaît le terme « précieux », et que l'on invente *La Carte du tendre* : une représentation allégorique du pays de l'amour et du trajet que doit suivre l'entreprise de séduction pour aboutir à l'union amoureuse réussie et radieuse des amants.

Un art d'aimer et de vivre

L'amour précieux s'inscrit dans la continuité de l'amour courtois et obéit au même code. *L'Astrée* (1607-1627) d'**Honoré d'Urfé**, qui relate les amours complexes de bergers vivant au Ve siècle, est l'ouvrage de référence des précieux. Il inspire des dissertations sur les étapes de la passion amoureuse. Cet art d'aimer donne un rôle central à la femme dont la beauté reflète la perfection morale mais se fait aussi l'écho de revendications féminines. Les précieuses refusent le mariage imposé et veulent choisir leur amant.

Les précieux se maquillent, rajoutent rubans et plumes à leur costume et inventent des mots et des périphrases pour écarter tout ce qui renvoie à une réalité triviale. Les contemporains ont rapidement caricaturé cette mode pleine d'artifices.

Le style précieux

Il se caractérise par :

- **des exagérations** avec l'emploi de superlatifs comme « furieusement », « effroyablement », « terriblement » ou d'expressions du type « cela est du dernier bourgeois ».
- **des métaphores et des périphrases** parfois incompréhensibles. Ainsi pour éviter d'employer des mots bas comme « fauteuil » on parle de « commodités de la conversation » ; quant au miroir, il devient le « conseiller de la beauté ».
- **des genres brefs** comme le portrait, la maxime, le blason (poème qui vient de la Renaissance et qui fait l'éloge de la beauté ou de la laideur en déclinant les parties du corps).
- **des romans fleuves** multipliant les intrigues amoureuses : héroïne enlevée, lettres interceptées, chevalier déguisé…

François Chauveau, « La Carte du tendre » dans le roman *Clélie* de Madeleine de Scudéry, 1656, gravure colorisée.

La Préciosité, une tendance critiquée

Cette mode donne parfois lieu à des comportements grotesques : *Les Précieuses ridicules* (1658-1659), comédie satirique de **Molière**, a rendu célèbre les excès de la préciosité illustrés par Cathos et Magdelon.

Étienne Allegrain, *Promenade de Louis XIV dans les jardins de Versailles* (détail), vers 1688, huile sur toile (234 x 295 cm), musée du château, Versailles.

LE CLASSICISME OU LE RÈGNE DE LA RAISON

L'âge classique correspond à la première partie du règne de Louis XIV (1661-1685) et à la période de la monarchie absolue. En réponse à l'esthétique baroque, Richelieu crée l'Académie française en 1635. La langue est fixée, les règles énoncées et surtout codifiées par **Nicolas Boileau** dans son *Art poétique* (1674).

Un idéal esthétique : le triomphe de l'ordre et du goût

Le Classicisme, qui prône l'imitation des Anciens, se décline en trois principes :

- **clarté** : « ce qui se conçoit bien s'énonce clairement », **Nicolas Boileau**, *L'Art poétique* (1674).
- **vraisemblance** : refus des incohérences.
- **bienséance** : l'art et la morale sont liés, on ne doit ni choquer ni aller à l'encontre des conceptions politiques et religieuses du public.

Ces trois principes appliqués au théâtre donnent naissance à la règle des trois unités (temps, lieu, action) énoncée ainsi par **Boileau** : « Qu'en un lieu, qu'en un jour, un seul fait accompli / Tienne jusqu'à la fin le théâtre rempli. »

Mais tous ces points sont subordonnés à un plus grand principe énoncé notamment par Boileau, **Molière** et **Jean de La Fontaine** : plaire et instruire. « Il obtient tous les suffrages celui qui unit l'utile à l'agréable, et plaît et instruit en même temps » **Nicolas Boileau**, *L'Art poétique* (1674).

De grands auteurs dans tous les genres

- **Théâtre** : **Pierre Corneille** exalte l'héroïsme de ses personnages qui font passer leur devoir avant leur passion (*Le Cid*, 1637). **Molière** cherche à plaire et instruire ; il fait rire en dénonçant les travers de son époque avec *Les Précieuses ridicules* (1659), *Tartuffe* (1664), *Don Juan* (1665), *Le Misanthrope* (1667) et *Le Bourgeois gentilhomme* (1671). **Jean Racine**, quant à lui, emprunte ses sujets à la mythologie grecque ou à l'histoire ancienne. Ses personnages, pris dans un mécanisme tragique implacable, sont dévorés par les passions : *Andromaque* (1667), *Britannicus* (1669), *Phèdre* (1677).
- **Fable** : **Jean de La Fontaine** renouvelle le genre antique (*Fables*, 1668-1694).
- **Portrait et maxime** : les *Maximes* (1665) du duc de **La Rochefoucauld** reflètent certes sa vision pessimiste de l'humanité mais s'inspirent aussi des jeux littéraires inventés dans les salons précieux. Ses maximes ironiques et brillantes surprennent, voire provoquent : « Si nous n'avions pas tant de défauts, nous ne prendrions pas tant de plaisir à en remarquer chez les autres » (maxime 31). *Les Caractères* (1688) de **Jean de La Bruyère** sont composés de portraits satiriques qui critiquent la société et inventorient les défauts des hommes : l'hypocrisie (Onuphre), la distraction (Ménalque), etc.
- **Roman** : *La Princesse de Clèves* (1678) de **Madame de La Fayette** exalte une morale du renoncement.
- **Lettre** : la correspondance de **Madame de Sévigné** avec sa fille, Madame de Grignan, forme un ensemble de plus de mille lettres au style naturel et spontané.
- **Essai philosophique** et **sermon** : *Le Discours de la méthode* (1637) de **René Descartes** est un essai qui donne naissance au cartésianisme. Les *Pensées* de **Blaise Pascal** (1670) sont un recueil inachevé recomposé par ses descendants. La puissance argumentative du langage associe l'esprit de géométrie (la démonstration raisonnée) à l'esprit de finesse (la force persuasive). Les *Sermons* et surtout *Les Oraisons funèbres* (1689) de **Jacques-Bénigne Bossuet**, évêque et prédicateur, prononcés devant la cour de Louis XIV suscitent l'émotion et l'admiration.

LA QUERELLE DES ANCIENS ET DES MODERNES

Elle parcourt le XVIIe siècle. D'un côté, les Anciens, menés par Boileau, prônent l'imitation des auteurs antiques, grecs et latins. De l'autre, les Modernes soutiennent l'innovation littéraire.

LE ROI SOLEIL ET LES ARTISTES

Louis XIV règne sur la France de 1661 à 1715. Il fonde l'Académie de Danse (1661) et la Comédie-Française (grand protecteur des comédiens, il soutient Molière). Il pensionne artistes et écrivains. Versailles, temple consacré au culte du roi, est aussi une image idéalisée de son règne qu'il veut à la fois fastueux (les plus grands artistes et architectes ont participé à sa construction) et ordonné (les jardins à la française sont emblématiques de l'organisation parfaite de l'État).

www.lienmini.fr/magnard-el1-07
Sur le site de la BnF, consultez le dossier sur le portrait.

LE CONTE PHILOSOPHIQUE

Ce genre raconte les aventures merveilleuses de personnages fictifs, dans une intention critique, pour inviter le lecteur à réfléchir (critique d'une philosophie, d'une politique , d'une société…)

LES LUMIÈRES

Les origines du mouvement

Ce mouvement européen du XVIIIe siècle, nommé *Aufklärung* (« éclaircissement ») en Allemagne, *Enlightenment* en Angleterre et *Illuminismo* en Italie, s'inscrit dans la continuité des réflexions des philosophes du XVIIe siècle. Le cartésianisme est l'une des origines du mouvement européen des Lumières. **René Descartes**, plaçant la raison individuelle au centre de son système de pensée, refuse de reconnaître l'autorité des Anciens et pose les premiers jalons du développement de l'esprit critique.

La métaphore des Lumières désigne la raison et les connaissances scientifiques et culturelles qui viennent éclairer le monde en chassant l'obscurantisme, l'inégalité sociale, l'esclavage et la torture. Ces principes inspirent la *Déclaration des Droits de l'Homme et du Citoyen* (1789). Les échanges d'idées sont favorisés par de nombreux lieux de rencontres : les salons animés par des femmes comme Madame du Deffand ou Madame d'Épinay, protectrice de **Jean-Jacques Rousseau** ; les cafés, où l'on déguste la « liqueur noire » importée des Antilles (le café), et les clubs où se retrouvent les membres d'une corporation. Les intellectuels européens correspondent également. Ils créent la République des Lettres et permettent au public français de découvrir ainsi des auteurs étrangers comme **William Shakespeare**, **Daniel Defoe**, **Jonathan Swift** ou **Samuel Richardson**.

Une littérature ouverte aux autres cultures

La prospection des marchés orientaux et chinois est à l'origine de l'orientalisme (**Galland** traduit *Les Mille et une nuits* en 1704, **Montesquieu** écrit les *Lettres persanes* en 1721). La découverte du « paradis polynésien » grâce aux expéditions de Cook puis de Bougainville dans les mers du Sud inspire toute une littérature de voyage : *Description d'un voyage autour du monde* (1771) de **Bougainville** ; *Supplément au Voyage de Bougainville* (1773) de **Denis Diderot**.

Les idéaux des Lumières

L'optimisme des philosophes, qui pensent que l'homme est perfectible, est porté par des idéaux repris dans la devise républicaine « liberté, égalité, fraternité » à laquelle il convient d'ajouter le bonheur.

- **Liberté** : « L'homme est né libre » écrit **Jean-Jacques Rousseau** dans *Du Contrat social* (1762). Tous les philosophes dénoncent le despotisme et l'esclavage que ce soit par des essais théoriques (**Montesquieu**, *De l'esclavage des Nègres*, 1748) ou des œuvres littéraires (les contes philosophiques de Voltaire comme *Micromégas* en 1752 ou *Candide ou l'Optimisme* en 1759). Cette liberté s'applique également aux mœurs. Aussi les œuvres d'inspiration libertine se multiplient (**Choderlos Laclos**, *Les Liaisons dangereuses* en 1782; **Sade**, *Justine ou les malheurs de la vertu* en 1791).
- **Égalité** : ce mot implique l'abolition des privilèges et dénonce les fondements de la monarchie : « aucun homme n'a reçu de la nature le droit de commander » (article « autorité politique », *Encyclopédie*). **Marivaux** dans *L'Île des esclaves* (1725), **Jean-Jacques Rousseau** dans le *Discours sur l'origine et les fondements de l'inégalité parmi les hommes* (1749), **Beaumarchais** dans *Le Mariage de Figaro* (1784) posent notamment les premiers jalons de cette notion d'égalité.
- **Fraternité** : ce mot suppose tolérance et respect de l'autre. **Montesquieu** avec les *Lettres persanes* (1721), **Voltaire** dans *Micromégas* (1752) donnent des leçons de relativisme. **Denis Diderot** dans *La Religieuse* (1760) et **Voltaire** dans le *Traité sur la Tolérance* (1763) dénoncent l'intolérance cléricale, la superstition et le fanatisme religieux.

www.lienmini.fr/magnard-el1-08
Sur le site de la BnF, consultez l'exposition « Lumières ! Un héritage pour demain ». Pourquoi les valeurs léguées par ce mouvement sont-elles toujours d'actualité ?

UNE ŒUVRE EMBLÉMATIQUE : *L'ENCYCLOPÉDIE*

L'Encyclopédie (1751-1772) est un outil de connaissance mais aussi une arme politique. Cet ouvrage en dix-sept volumes réunit plus de 250 collaborateurs et se veut une somme synthétique de toutes les connaissances de l'homme. La composition en articles et la pratique du renvoi éveille la raison critique et permet d'insérer des textes critiques et subversifs. Les deux premiers volumes sont condamnés par la censure. La réalisation de *L'Encyclopédie* rencontre d'autres difficultés : condamnation, problèmes financiers, etc., mais l'ouvrage suscite un réel enthousiasme chez les lecteurs.

- **Bonheur** : le bonheur de l'homme est au centre des réflexions des philosophes. Certains pensent que seul le progrès peut améliorer la condition humaine comme **Voltaire** dans *Le Mondain* (1736) ; d'autres estiment que c'est la civilisation qui l'a corrompu (**Jean-Jacques Rousseau**, *Discours sur l'origine et les fondements de l'inégalité parmi les hommes*, 1754 ; **Bernardin de Saint-Pierre**, *Paul et Virginie*, 1787).

Les philosophes du XVIIIe siècle dans l'escalier de Voltaire, gravure du XIXe siècle d'après un carton de Chenavard.

Les combats

Le développement des échanges commerciaux va de pair avec une politique de colonisation : les mendiants, les opposants politiques et les criminels sont déportés dans des conditions effroyables (**L'Abbé Prévost** imagine ainsi que son héroïne, Manon Lescaut, est déportée en Louisiane). On assiste à une intensification de la traite des Noirs vers le Nouveau Monde (les Amériques). Ce commerce, qualifié de triangulaire puisqu'il relie trois continents (Europe, Afrique et Amérique), enrichit notamment les armateurs bordelais et nantais. **Montesquieu** avec *L'Esprit des lois* (1748) pose les fondements de la science politique en tentant de justifier rationnellement – grâce à l'utilisation de chaque domaine de connaissance, y compris la géographie physique – les lois qui régissent la république, la monarchie et la dictature. Il combat entre autres, l'intolérance et la torture. **Voltaire**, par le biais du *Dictionnaire philosophique* (1764) critique son époque, fustige l'inquisition, et le fanatisme avec toutes leurs conséquences… **D'Alembert** et **Denis Diderot** sont les grands maîtres d'œuvre de *L'Encyclopédie* (1751-1772).

Le siècle de l'éveil à la sensibilité

Le genre autobiographique apparaît avec les *Confessions* (1782-1789) de **Jean-Jacques Rousseau**. L'originalité du projet de ce livre fondateur est annoncée dès les premiers mots : « Je forme une entreprise qui n'eut jamais d'exemple et dont l'exécution n'aura point d'imitateur ».

Le préromantisme

Les tourments passionnés de Saint-Preux dans *Julie ou La Nouvelle Héloïse* (1761), *Les Rêveries du promeneur solitaire* (1776) de **Jean-Jacques Rousseau**, l'histoire tragique de *Paul et Virginie* (1787) de **Bernardin de Saint-Pierre** annoncent les romantiques. Les situations pathétiques (amour impossible de Saint-Preux pour Julie, mort de Virginie sous les yeux de Paul qui ne lui survit pas…) sont également mises en scène dans le drame bourgeois. **Denis Diderot** cultive les effets émouvants dans *Le Père de famille* (1717) ou la *Mère coupable* (1792).

www.lienmini.fr/magnard-el1-09
Visionnez la vidéo sur Nantes et le commerce triangulaire. Pourquoi les armateurs sont-ils allés chercher une main d'œuvre en Afrique ?

UN PERSONNAGE LIBERTIN DEVENU MYTHIQUE : DON JUAN

En 1665, Molière dépeint ce « grand seigneur méchant homme » : il en fait un athée, un séducteur invétéré, un maître et un époux indigne. Cependant, l'aura du personnage reste intacte, et les dévots font très vite interdire la pièce. Cette figure inspire durablement toute la littérature européenne, et l'on qualifie encore aujourd'hui de « Don Juan » tout séducteur libertin.

Prolongement

Pourquoi les jésuites et le parti dévot font-ils interdire *Tartuffe ou l'imposteur* (1664) de **Molière**, puis *Dom Juan* (1665) ?

LE LIBERTINAGE

Ce mot vient du latin *libertinus* qui signifie « esclave affranchi ». Aux XVIIe et XVIIIe siècles, le libertinage désigne une liberté de pensée en matière de religion ou de mœurs.

Le libertinage religieux

Il désigne toute opinion qui remet en question les dogmes de la religion catholique afin d'affaiblir les fondements de l'autorité divine du roi. Du fait de l'importance des questions religieuses, le XVIIe siècle voit s'affronter protestants et catholiques, jansénistes et jésuites. L'Édit de Nantes reconnaît l'égalité entre les protestants et les catholiques en 1598, mais sa révocation en 1685 entraîne des persécutions : condamnations aux galères, déportations aux « îles d'Amérique » conduisent à la fuite des protestants et soulèvent l'indignation de l'Europe.

La **doctrine janséniste** s'appuie sur une interprétation de Saint Augustin selon laquelle tout homme est pêcheur et ne peut être sauvé que par la grâce divine. Aussi l'homme n'est-il redevable de ses péchés que devant Dieu, ce qui fragilise l'autorité du pape et des évêques. La question janséniste se règle par la violence : l'arrestation des religieuses de Port-Royal, en 1664, puis la destruction de l'abbaye en 1711.

Les **jésuites**, appelés aussi « Compagnie de Jésus », sont des religieux dont l'ordre est fondé par Ignace de Loyola en 1540. Sa mission vise à convertir les incroyants et éduquer les croyants grâce à la direction de conscience (*Les Provinciales*, 1656-1657, de **Blaise Pascal** en font la satire).

La compagnie du Saint-Sacrement réunit les dévots; créée en 1629, interdite par le cardinal Mazarin en 1661, elle forme un parti puissant qui désire réformer les mœurs, et condamne le libertinage et le théâtre. Louis XIV doit intervenir pour que l'on enterre secrètement **Molière** en terre sacrée.

Le libertinage philosophique

Il rejette les croyances communes et se situe dans un courant matérialiste : il ne reconnaît que la matière ; l'âme est faite d'atomes, et ce n'est plus un Dieu mais la Nature qui organise le monde. Les précurseurs de la libre pensée comme **Fontenelle** avec l'*Entretien sur la pluralité des mondes* (1686) ou **Pierre Bayle** avec son *Dictionnaire historique et critique* (1695-1705) affirment la force de la raison et raillent les préjugés et les superstitions religieuses.

Le libertinage de mœurs

Il aime la provocation et prône la liberté sexuelle. Les sonnets « Le Paresseux », « Le Fumeur » « La Crevaille » de **Marc-Antoine Girard de Saint-Amant** en sont une illustration comme *L'Histoire amoureuse des Gaules* (1666) de **Roger de Bussy-Rabutin** qui décrit les amours de la cour de Louis XIV. Au XVIIIe siècle, ce libertinage prend toute son ampleur avec le dévoilement de la duplicité des stratégies amoureuses dans *Les Liaisons dangereuses* (1782) de **Choderlos de Laclos**.

Scène tirée de l'opéra *Don Giovanni* de Wolfgang Amadeus Mozart, illustration (détail) datant environ de 1914.

LORENZACCIO HÉROS ROMANTIQUE

Lorenzaccio est un drame romantique écrit par Musset en 1834. Au XVIe siècle, pour sauver Florence de la tyrannie, Lorenzaccio joue un double jeu : il se fait passer pour un débauché et un lâche afin d'approcher et d'assassiner son cousin Alexandre de Médicis qui règne en tyran. Son action est un échec politique car personne ne croit en la libération de Florence. Un autre tyran succède à Alexandre tandis que Lorenzaccio est assassiné à Venise.

Alfons Mucha, affiche pour *Lorenzaccio* avec Sarah Bernhardt au théâtre de la Renaissance à Paris, 1896.

www.lienmini.fr/magnard-el1-10

Sur le site de la BnF, consultez l'exposition « Berlioz, la voix du Romantisme ». Expliquez pourquoi il est un artiste romantique.

LE ROMANTISME

Construit sur l'adjectif « romantique », ce mot désigne à l'origine les émotions des lecteurs de roman. Il qualifie ensuite un mouvement artistique et littéraire européen du XIXe siècle. Les idéaux du XVIIIe siècle se sont heurtés aux réalités de l'histoire et laissent place à un désenchantement existentiel. Ce mouvement s'oppose aux règles prônées par les classiques, exalte la liberté, l'imagination et considère le « moi » comme une valeur absolue.

Les romantiques échevelés à la première représentation de *Hernani* (1830) de Victor Hugo, gravure de Gérard Grandville datant de 1843.

Un mouvement européen

Dans son manifeste la *Préface de Cromwell* (1827), **Victor Hugo** mêle comédie et tragédie, et convoque des références culturelles inédites comme les auteurs du Moyen Âge. Le conflit entre les classiques et les romantiques est à son apogée lors de la représentation houleuse d'*Hernani* appelée « La bataille d'Hernani » (1830). Cet échange d'injures est un événement littéraire marquant qui a inspiré nombre de caricaturistes parce qu'il concrétise une opposition de générations et d'esthétiques.

Le drame romantique **rejette** :

- **la distinction des genres** au nom de la réalité qui fait coexister le beau avec le laid, le grotesque avec le sublime. Le drame devient « un miroir de concentration », une synthèse accueillant le terrible et le bouffon, la tragédie et la comédie.
- **les règles de l'unité de lieu et de temps** : le drame romantique se déroulant à diverses époques et dans divers lieux pose des problèmes de représentation.
- **la règle de la vraisemblance** : le drame emprunte beaucoup aux procédés du mélodrame (cachette, hasard, quiproquo, poison) et prône une esthétique de la surprise.

Cette nouvelle esthétique qui s'appuie sur les dramaturges élisabéthains comme **William Shakespeare** implique également une métrique et une syntaxe assouplies, ainsi qu'un registre de langue varié.

Prolongements

- Recherchez deux exemples de héros romantiques. Vous justifierez votre choix.
- Quel compositeur italien a composé un opéra sur l'histoire d'Hernani au XIXe siècle ?

FRANÇOIS-RENÉ DE CHATEAUBRIAND (1768-1848)

Son héros René symbolise pour toute une génération « le mal du siècle ». Mais cette mélancolie est transcendée par l'engagement de l'homme dans son temps : tout en redonnant une grandeur au Christianisme mis à mal par les philosophes des Lumières dans *Le Génie du christianisme* (1802), il offre une vision personnelle de l'Histoire dans *Les Mémoires d'outre-tombe* (1850).

L'esprit romantique

L'accomplissement de l'homme s'appuie au XVIIIe siècle sur des valeurs sociales (liberté, égalité, fraternité) ; au début du XIXe siècle, l'individu s'affirme en marge d'une société qui s'est révélée décevante. L'épopée napoléonienne et la révolution de 1830 se sont soldées par un échec, la monarchie de Juillet est loin de concrétiser les idéaux républicains. Cette contestation du monde moderne et bourgeois où règnent l'argent et l'hypocrisie prend la forme d'un désenchantement existentiel résumé par cette formule d'**Alfred de Musset** : « Je suis venu trop tard dans un monde trop vieux ». De là découlent les caractéristiques de l'esprit romantique :

- la **nostalgie du passé** : ce dégoût éprouvé devant la réalité contemporaine conduit à la redécouverte du passé et des littératures nationales. Il explique l'engouement pour des genres délaissés par les classiques comme les légendes, les contes (**Grimm**), les épopées du Moyen Âge ou pour des poètes de la Renaissance (**Dante**). C'est aussi le succès du roman historique avec Walter Scott qui publie *Ivanhoé* en 1819, Victor Hugo, *Notre-Dame de Paris* en 1831 et *Quatre-vingt treize* en 1874 ; quant à **Alexandre Dumas**, c'est en 1844 et sous-forme d'un roman feuilleton diffusé par le journal *Le Siècle* qu'il crée la saga des *Trois mousquetaires*.
- le **mal du siècle** : ennui, inquiétude, mélancolie, goût de la solitude caractérisent l'âme romantique envahie par le « vague des passions ». Toute une génération s'est identifiée au *René* (1802) de **Chateaubriand** qui inaugure une série de romans autobiographiques dans lesquels les héros incarnent cette angoisse existentielle découlant de l'écart entre la réalité et l'idéal, comme *Vie de Henry Brulard* (écrite vers 1830 mais publiée qu'en 1890) de **Stendhal** ou encore *Les Confessions d'un enfant du siècle* (1836) et *Lorenzaccio* (1834) d'**Alfred de Musset**.
- **le « moi » comme valeur absolue** : ce goût de l'introspection inspire des œuvres monuments comme *Les Mémoires d'outre-tombe* (1850) de **Chateaubriand**, les *Contemplations* (1856) de **Victor Hugo**. L'art exprimant la sensibilité et les émotions devient lyrique. La nature est exaltée car elle reflète un état d'âme. L'aspiration au néant de *René* est symbolisée par ce souhait « Levez-vous vite, orages désirés » (**Chateaubriand**). La nature est aussi une image de la passion et de l'infini (le « Lac » de **Lamartine** est le lieu d'une communion entre Dieu et les hommes). L'océan symbolise, par exemple, chez les romantiques l'immensité de Dieu mais aussi la grandeur de l'âme.
- la **quête de l'idéal** : l'homme romantique rêve de beauté, de liberté et d'absolu. Pour cela, il voyage et décrit des paysages exotiques : **Chateaubriand**, *Itinéraire de Paris à Jérusalem* (1811) ; **Lamartine**, *Voyage en Orient* (1835). Mais il s'engage aussi dans les combats de son temps par son œuvre (**Victor Hugo**, *Les Misérables*, 1862) ou sa carrière politique (**Lamartine, Hugo, Chateaubriand**).

Caspar David Friedrich, *Falaises de craie sur Rügen*, XIXe siècle, huile sur toile (90, 5 x 71 cm), Museum Oskar Reinhart, Winterthur (Suisse).

LE RÉALISME ET LE NATURALISME

À partir de 1848, les romanciers se veulent « les historiens du présent », les observateurs scientifiques de la société et cherchent à créer « l'illusion du vrai ». Deux mouvements en découlent : le Réalisme et le Naturalisme.

Edgar Degas, *Repasseuses*, 1884-1886, huile sur toile (76 x 81 cm), musée d'Orsay, Paris.

Le Réalisme

Ce mouvement naît avec la parution de la revue *Réalisme* en 1856. Il vise à représenter les mécanismes sociaux.

Le réalisme balzacien

Les grands principes d'**Honoré de Balzac**, le créateur du roman réaliste, s'appuient sur les progrès scientifiques, une observation minutieuse des hommes et une volonté de dévoiler les règles du jeu social. S'inspirant notamment des travaux de Buffon et de Geoffroy de Saint-Hilaire qui exposent les principes de l'évolution des espèces animales, Balzac conçoit le projet titanesque de dénombrer les « espèces » humaines pour dégager les lois du système social. *La Comédie humaine* (1830 à 1850) est née. Ponctuée de descriptions de lieux, de portraits et de leçons de vie (les conseils de Vautrin à Rastignac dans *Le Père Goriot* ou à Lucien de Rubempré dans *Les Illusions perdues*), *La Comédie humaine* invente la technique du retour du personnage, au sein d'une œuvre colossale, de plus d'une centaine de titres.

Les Illusionnistes

Le réalisme de **Stendhal** a une autre portée. Tout en ancrant ses fictions dans le monde contemporain (*Le Rouge et le Noir* a pour sous-titre *Chronique de 1830*), il est affaire de point de vue : « Le roman est un miroir qui se promène sur une grande route. » (*Le Rouge et le Noir*). Cette métaphore du point de vue (une façon d'orienter le miroir) inaugure le réalisme subjectif et donne au narrateur un rôle essentiel.
Enfin, **Gustave Flaubert** revendique « un livre sur rien, un livre sans attache extérieure, qui se tiendrait de lui-même par la force interne de son style » (Lettre à Louise Colet, 16 janvier 1852). Forme et écriture ont un rôle primordial pour lui.
Tous ces éléments font dire à **Guy de Maupassant** que « les Réalistes de talent devraient plutôt s'appeler des Illusionnistes » (Préface de *Pierre et Jean*, 1888).

Le Naturalisme

Ce mouvement, dont le chef de file est **Émile Zola**, accueille à Médan **Joris-Karl Huysmans**, **Guy de Maupassant**, **Alphonse Daudet**, **Jules Vallès**. Des manifestes sont publiés : *Le Roman expérimental* de **Zola** et la « Préface » de *Pierre et Jean* de **Maupassant**. Le Naturalisme rend compte de la réalité de façon scientifique : il s'agit d'observer et d'expérimenter. Ce travail porte surtout sur ces personnages déclassés, issus d'un milieu populaire et ravagés par des passions.
Émile Zola, influencé par Taine et Claude Bernard, invente le roman scientifique en étudiant l'influence de l'hérédité, du milieu et de l'Histoire sur l'homme dans le cycle des *Rougon-Macquart, histoire naturelle et sociale d'une famille sous le Second Empire* (1873-1893). Ce roman-laboratoire démontre la fatalité d'une hérédité chargée : la folie et l'alcool détruisent tous les descendants des Macquart.

www.lienmini.fr/magnard-el1-11
Sur le site de la BnF, consultez l'exposition consacrée aux brouillons d'écrivains, en vous concentrant sur ceux d'Émile Zola.
Pourquoi le travail de ce romancier est-il scientifique ?

L'ESTHÉTIQUE PARNASSIENNE

Théophile Gautier la résume dans son poème-manifeste « L'Art », publié dans *Émaux et Camées*, en donnant ces conseils au poète :

[...]
« Sculpte, lime, cisèle ;
Que ton rêve flottant
Se scelle
Dans le bloc résistant ! »

LE PARNASSE OU « L'ART POUR L'ART »

Le Parnasse désigne à l'origine une montagne de Grèce consacrée autrefois aux Muses, puis par métonymie, un groupe de poètes édités dans trois volumes collectifs intitulés le *Parnasse contemporain* et publiés en 1866, 1871 et 1876. Ces recueils ont permis la structuration d'un groupe et d'une esthétique qui, en s'opposant aux principes du Romantisme, préparent au renouveau de la poésie. Ce mouvement, qui accueille une centaine de poètes dont **Charles Baudelaire**, **Paul Verlaine** et **Stéphane Mallarmé**, se situe entre 1850 et 1870. **Théophile Gautier** en déclarant qu'« il n'y a de vraiment beau que ce qui ne sert à rien » dans la préface à *Mademoiselle de Maupin* (1834), puis avec le recueil *Émaux et Camées* (1852), en est le fondateur, tandis que **Charles Leconte de Lisle** en est le chef de file. La préface du *Portrait de Dorian Gray*, écrit en 1890 par Oscar Wilde fait écho à celle de *Mademoiselle de Maupin* : « L'Art est tout à fait inutile. »

Gustave Boulanger, *Répétition chez le prince Napoléon pour préparer l'inauguration de sa maison pompéienne* (15 février 1860) : *Émile Augier (dramaturge), Théophile Gautier (écrivain), Madeleine Brohan (actrice), Maria Favart, Edmond Got (acteur) et Joseph Samson (acteur)*, huile sur toile (83 x 130 cm), 1861, musée national du château de Versailles.

La doctrine

Elle s'établit en opposition aux principes du Romantisme : l'art n'est ni l'expression du « moi », ni subordonné à une mission. Trois caractéristiques en découlent :

- le **refus du lyrisme** : le poète refuse tout épanchement du moi et donc tout lyrisme. **Charles Leconte de Lisle** dans « Les montreurs » fustige ce public avide de spectacle : « je ne livrerai pas ma vie à tes huées, / je ne danserai pas sur ton tréteau banal / avec tes histrions et tes prostituées » (*Poèmes barbares*, 1872-1878).
- le **retour sur un passé mythique** : en récusant toute utilité à l'art, le poète s'écarte aussi de tout engagement politique. Ses sujets de prédilection portent sur des mythes, des civilisations disparues, exotiques et lointaines, ainsi que sur l'histoire des cultures et des religions. L'exactitude historique caractérise tous les recueils. Les *Poèmes antiques* (1852) et les *Poèmes barbares* (1872-1878) de **Charles Leconte de Lisle**, les *Trophées* (1893) de **José-Maria de Heredia** dépeignent des scènes empruntées aux civilisations grecque et hindoue, au Moyen Âge et à la Renaissance, à l'Orient et aux tropiques.
- le **culte de la forme et du Beau** : le Parnassien cultive la perfection de la forme et choisit des structures contraignantes comme le sonnet et le rondeau. Il travaille la précision du mot, le jeu des sonorités (assonance et allitération) et l'image visuelle qui évoque couleurs, lumière et relief. La poésie est ciselée comme un joyau : brillante et raffinée.

Questions

Comment cette strophe illustre-t-elle la poésie parnassienne ?

[...]
« Et, brusquement, d'un coup de sa nageoire en feu,
Il fait, par le cristal morne, immobile et bleu,
Courir un frisson d'or, de nacre et d'émeraude. »

J.-M. de Heredia, « Le récif de corail », *Les Trophées.*

La genèse du Symbolisme

Cependant l'art pour l'art produit des œuvres qui ne sont appréciées que des esthètes, et des pairs, ce qui contribue à isoler l'artiste qui devient marginal.

En 1880, le refus de publier dans la revue des textes de **Paul Verlaine** et de **Stéphane Mallarmé** signe la fin du Parnasse et le début du Symbolisme et de la Décadence.

LE STYLE « DÉCADENT »

Charles Baudelaire est le précurseur du mouvement décadent qui réunit toutes les œuvres exprimant, à la fin du XIXe siècle, une sorte de désespérance ironique. Les artistes décadents sont des marginaux qui consacrent leur vie à l'art tout en reniant, non sans provocation, certaines valeurs sociales. En quête d'expériences nouvelles, certains d'entre eux s'adonnent à des plaisirs artificiels et s'intéressent au mysticisme (ce qui est caché et inexprimable, comme le divin) et au satanisme. Les décadents sont dits « poètes maudits ».

Les « poètes maudits »

Paul Verlaine dans *Les Poètes maudits* (1888) rédige une notice sur **Tristan Corbière**, **Arthur Rimbaud**, **Stéphane Mallarmé**, **Philippe de Villiers de l'Isle-Adam** et lui-même. L'image du poète victime d'une malédiction s'impose : incompris, asocial, cherchant à fuir le monde grâce à des drogues ou de l'alcool, son génie est méconnu du public jusqu'à sa mort. Ces poncifs sont accentués par la critique : le poète décadent est un dandy excentrique, un névrosé qui sombre dans la marginalité et la folie.

Le style de la Décadence

- **Les mises en scènes de rêves et de cauchemars** : **Lautréamont** dans *Les Chants de Maldoror* (1885) déconstruit le personnage. Le « je » est envahi de sensations et d'hallucinations vertigineuses.
- **Le culte de l'artifice** : Dans *À rebours* (1884), **Joris-Karl Huysmans** crée le personnage de Jean des Esseintes, le modèle de l'aristocrate névrosé, dandy, qui s'isole du monde pour vivre dans un espace consacré à l'art et la beauté ; **Stéphane Mallarmé** lui dédie un poème : « Prose pour des Esseintes » (1887). **Baudelaire**, quant à lui, déclare que le dandysme est « le dernier éclat d'héroïsme dans les décadences ».
- **Déconstruction et dispersion du langage** : le mot est le lieu d'un travail vertigineux sur le signifié (le sens du mot) et le signifiant (la forme du mot, le signe). Par exemple, le cygne prisonnier du lac glacé dans « Le Cygne » de **Stéphane Mallarmé** représente le poète. La blancheur des plumes renvoie à la blancheur de la glace et de la page, tandis que l'impuissance à prendre son envol symbolise l'incapacité de créer, c'est-à-dire à trouver le « signe ». Le support devient lui-même un lieu signifiant.

Tranquillo Cremona, *Portrait de Nicola Massa, représentation du dandysme*, 1867, Musei Civi, Pavie.

LE DANDY

Un dandy est un homme dont l'élégance est si raffinée qu'elle en devient arrogante.
Le dandysme est ici « le dernier éclat d'héroïsme dans les décadences » selon Charles Beaudelaire qui portait un foulard rouge et une veste marron flottant comme une soutane.

Gustave Moreau, *Léda*, huile sur toile (220 x 205 cm), musée Gustave Moreau, Paris.

LE SYMBOLISME

En 1886, **Jean Moréas** publie un article dans *Le Figaro* intitulé « Un manifeste littéraire : le Symbolisme ». Véritable réaction face au positivisme qui ne reconnaît que la matière et le concret, le Symbolisme considère que le monde est une « représentation », le reflet d'un idéal. Seuls les symboles peuvent réussir à déchiffrer les signes de cet ailleurs spirituel. Ce mouvement accueille les exclus du Parnasse, c'est-à-dire **Paul Verlaine** et **Stéphane Mallarmé**, ainsi qu'**Arthur Rimbaud**, **Lautréamont**, **Jules Laforgue** et des poètes belges comme **Émile Verhaeren**.

Les origines du mouvement

L'œuvre de **Charles Baudelaire** (1821-1867) défie toutes les classifications d'école, tout en étant à l'origine des trois grands mouvements poétiques de la fin du XIXe siècle. *Les Fleurs du mal* (1857) reconstituent un drame intérieur en six étapes coïncidant avec les sections du recueil : *Spleen et idéal, Tableaux parisiens, Le Vin, Fleurs du mal, Révolte, La Mort*. Toutes les esthétiques y sont représentées ou en germe : le poème « Spleen » s'inscrit dans la continuité de l'ennui et du mal de vivre des romantiques, « La Beauté » annonce l'esthétique parnassienne, « Don Juan aux Enfers » les décadents et « Les Correspondances », en décrivant l'universelle analogie, ouvrent sur le Symbolisme. Les *Petits poèmes en prose* ou *Le Spleen de Paris* (1869), écrits parallèlement aux *Fleurs du mal*, se libèrent de la contrainte de la rime et vont influencer **Stéphane Mallarmé** et **Arthur Rimbaud**.

Trois poètes symbolistes

- **Stéphane Mallarmé** (1842-1898) : influencé par le Parnasse et **Charles Baudelaire**, il cultive l'art du langage qui doit refléter une idéalité pure et renoncer à toute idée de représentation. Son travail acharné aboutit à un hermétisme qui le marginalise.
- **Paul Verlaine** (1844-1896) : il affirme la primauté de la musique, cultive l'impair et « la chanson grise », c'est-à-dire la suggestion et l'impression.
- **Arthur Rimbaud** (1854-1891) : « Le poète se fait voyant par un long, immense et raisonné dérèglement de tous les sens » (Lettre dite « du Voyant », 1871), l'écriture génère des féeries, c'est-à-dire des lieux oniriques comme « Les ponts » dans les *Illuminations* (1886).

Ses caractéristiques

Le symbole et l'analogie ont un rôle central (rapport de ressemblance) : le langage vise à suggérer des idées abstraites grâce à l'analogie. Sons, couleurs, parfums, musicalité de la langue évoquent et créent des visions qui laissent percevoir intuitivement l'existence d'une réalité supérieure. Ainsi « L'Albatros » de **Charles Baudelaire** est une image du poète exilé et le naufrage du « Bateau ivre » d'**Arthur Rimbaud** préfigure les dangers de l'aventure poétique. Le statut du poète capable de transcender la réalité est alors transformé.

Le poète devient voyant parce qu'il a accès à un monde inconnu. Pour transcrire ses visions, il doit inventer d'autres formes poétiques.

Le poète est un alchimiste : explorateur du langage et des signes, il est « l'alchimiste d'un verbe » (Rimbaud). Ses expérimentations le conduisent à des formes inédites : le mètre impair, le poème en prose, **le vers libre**.

Prolongements

- Qui est Salomé ? Recherchez des représentations de ce personnage en littérature et en peinture. Pourquoi est-ce une figure emblématique ?
- Recherchez pourquoi *Les Fleurs du mal* ont été condamnées en 1857.
- Quelles sont les règles prescrites dans « Art poétique » (1884) de Verlaine ?

www.lienmini.fr/magnard-el1-12
Sur le site de la BnF, recherchez le poème de Stéphane Mallarmé « Un Coup de dés jamais n'abolira le hasard » et observez sa disposition typographique.

LE SURRÉALISME

Ce mot qui a été utilisé pour la première fois par **Guillaume Apollinaire** en 1917 dans le sous-titre donné à sa pièce *Les Mamelles de Tirésias* désigne un mouvement d'avant-garde né après la Première Guerre mondiale. Il s'inscrit dans la continuité du Dadaïsme et prône une rupture radicale avec le conformisme esthétique et politique de l'époque. **Tristan Tzara** est le chef de file de ce mouvement « dadaïste » (1916-1925) qui veut faire table rase de toutes les valeurs (patrie, obéissance, convention...) qui ont conduit aux atrocités de la Première Guerre mondiale. Ce terme est utilisé de nos jours dans un sens plus large pour désigner ce qui est étrange ou bizarre.

La genèse du mouvement surréaliste

Les théories sur l'hypnose et les découvertes freudiennes sur l'inconscient sont à la genèse de ce mouvement défini par son chef de file, **André Breton**, dans le *Manifeste du Surréalisme* (1924), comme un « automatisme psychique pur par lequel on se propose d'exprimer, soit verbalement, soit par écrit, soit de toute autre manière, le fonctionnement réel de la pensée ». Cette déclaration donne tous les pouvoirs à l'imagination et refuse toutes les codifications littéraires.

Les surréalistes redécouvrent des auteurs marginaux comme **le marquis de Sade** ou **Lautréamont** et des genres réputés populaires (roman feuilleton, récit gothique). Le Surréalisme veut « changer la vie » afin de « ruiner toute idée de famille, de patrie, de religion » (*Second Manifeste*) tout en célébrant l'amour fou.

Max Ernst, *Au rendez-vous des amis*, 1922-1923), huile sur toile (130 x 193 cm), Wallraf-Richartz-Museum, Cologne (Allemagne).

Les caractéristiques de l'écriture surréaliste

Le Surréalisme utilise tous les procédés libérant des contraintes et reposant sur l'arbitraire comme l'écriture automatique, les jeux d'association libre, les collages aléatoires de titres ou de fragments découpés dans les journaux, les jeux verbaux.

- **L'image étincelle** : elle est d'autant plus forte et chargée d'émotion que les deux réalités sont plus éloignées. Ce procédé entraîne un renouvellement du jugement esthétique illustré par la définition de **Lautréamont** : « beau comme la rencontre fortuite d'un parapluie et d'une machine à coudre sur une table de dissection ».
- **Le poème image** est construit par une série de métaphores surprenantes alliant des réalités éloignées (« Union libre » dans *Clair de Terre*, 1931, d'**André Breton**). Le poème se compose d'une suite d'images.
- **Le mélange des genres** : les Surréalistes inventent une nouvelle forme de récit qui s'attache aux faits insolites, étranges tout en s'appuyant sur des procédés empruntés aux romans réalistes (précision des lieux, des dates, formes de journal, insertion de preuves).
- **Le cadavre exquis** est la recette pour faire surgir des images surréalistes. Il faut être au moins deux. Sur un papier que l'on prend soin de plier au fur et à mesure afin que l'autre ne puisse pas lire ce qui a été noté, écrire chacun à son tour un nom, un adjectif, un verbe, un nom, etc. La première phrase obtenue de cette manière a donné le nom de ce jeu : « le cadavre-exquis-boira-le vin nouveau ».

UNE ŒUVRE EMBLÉMATIQUE DU SURRÉALISME : *NADJA*

Nadja (1928) d'**André Breton** est un roman surréaliste par la diversité et la richesse de sa forme : il est à la fois autobiographie, roman d'amour et récit fantastique. Le narrateur, pour illustrer son propos, insère des reproductions de photographies, d'affiches, d'œuvres d'art, de lettres, de programmes de cinéma, etc. L'héroïne est une voyante qui vit dans un monde surréel dans lequel des événements anodins deviennent des signes.

EN ATTENDANT GODOT, SAMUEL BECKETT (1952)

Cette pièce mêle burlesque et tragique tout en décrivant l'attente dérisoire de deux personnages. Vladimir et Estragon, deux clochards aux noms de clown, attendent Godot. La journée s'écoule interrompue par le passage d'un maître maltraitant son esclave, et d'un messager qui annonce que Godot ne viendra que le lendemain. Le lendemain les mêmes personnages apparaissent et le messager vient assurer une nouvelle fois que Godot viendra, mais le lendemain.

LA LITTÉRATURE ENGAGÉE ET L'ABSURDE

Les origines de la Littérature de l'Absurde

Au milieu du XXe siècle, les horreurs de la guerre et du totalitarisme, la sensation d'impuissance et d'irrationalité nourrissent une angoisse existentielle qu'exprime la littérature de l'Absurde. La Seconde Guerre mondiale, qui a fait plus de 40 millions de morts en Europe, le génocide, la torture, l'assassinat, l'utilisation de la bombe atomique en 1945 à Hiroshima et Nagasaki témoignent du retour de la barbarie et de l'échec d'une civilisation.

Le théâtre de l'Absurde

Dans les années 1950, apparaît le « théâtre de l'Absurde ». L'irrationnel farcesque, emprunté au théâtre surréaliste et notamment à la pièce d'**Alfred Jarry** *Ubu roi* (1896), démasque les conventions et révèle le tragique de la condition humaine. Les caractéristiques de ce théâtre se déclinent en trois points :

– la **disparition de toute illusion réaliste** : le personnage n'a plus de consistance, le temps et l'espace se dérèglent.

– la **déconstruction du langage** : les dialogues ne servent plus à communiquer et les mots perdent leur sens **Eugène Ionesco,** *La Cantatrice chauve* (1950).

– l'**expression d'une angoisse** : les œuvres révèlent le vide de l'existence, et l'angoisse d'un monde sans Dieu. **Samuel Beckett** décrit l'absurdité de la condition humaine dans *En attendant Godot* (1952) et *Oh ! les beaux jours* (1963). **Eugène Ionesco** rappelle l'inexorable destin de chacun dans *Le Roi se meurt* (1962). *La Nausée* (1938) de **Jean-Paul Sartre** révèle un malaise existentiel. *Le Mythe de Sisyphe* (1942), essai sur l'Absurde d'**Albert Camus**, synthétise cette tragédie de l'impuissance. Cependant, ce qui pourrait conduire au désespoir est transcendé par la révolte et l'engagement.

Madeleine Renaud dans *Oh ! les beaux jours*, pièce mise en scène par Roger Blin au théâtre de l'Odéon à Paris en 1963.

La Littérature engagée

L'engagement des écrivains se cristallise durant la Seconde Guerre mondiale : la Résistance c'est aussi un acte d'écriture. Tous les genres sont convoqués :

- le roman : **Albert Camus** dans *La Peste* (1947) montre que seule l'union fraternelle permet de combattre les fléaux. **André Malraux** milite et publie *La Condition humaine* (1933) et *L'Espoir* (1937) dans lequel il soutient le Front populaire qui s'oppose à Franco.
- le théâtre est le lieu de débats philosophique et politique. *Antigone* (1944) de **Jean Anouilh**, *Les Mouches* (1943) de **Jean-Paul Sartre**, *Rhinocéros* (1959) d'**Eugène Ionesco** posent, par le biais du mythe ou de l'allégorie, le problème de la liberté face au pouvoir politique.
- la poésie : les poètes de la Résistance célèbrent la France et ses combattants avec « La Rose et le Réséda » (1943) de **Louis Aragon** publié dans un journal clandestin, « Liberté » (1942) de **Paul Eluard** parachuté dans les maquis, *Feuillets d'Hypnos* (1946) du résistant **René Char**, qui témoignent de leur détermination.

www.lienmini.fr/magnard-el1-13

Sur le site de la BnF, consultez l'exposition consacrée à Jean-Paul Sartre. Pourquoi peut-on dire que toute sa vie est un engagement ?

AUX ORIGINES : PROUST ET CÉLINE, DE NOUVELLES ÉCRITURES ROMANESQUES

Le roman ne raconte plus à proprement parler « une histoire », mais interroge l'individu et le monde extérieur : travail sur la perception et la mémoire, analyse minutieuse des sensations et sentiments.
Les textes ne sont ni des autobiographies ni des romans « classiques » : ils mettent en scène des sortes de « double » de l'auteur (Bardamu pour **Céline** dans *Voyage au bout de la nuit*) qui permettent de suivre les évolutions de la conscience du personnage.
Le narrateur évoque des expériences personnelles amoureuses, historiques et esthétiques (**Proust** dans *À la Recherche du temps perdu* met en scène un musicien, Vinteuil, un peintre, Eltsir et un écrivain, Bergotte).

Eiji Okada et Emmanuelle Riva dans *Hiroshima mon amour*, film de **Alain Resnais**, 1959.

LE NOUVEAU ROMAN

Cette expression désigne un mouvement né dans les années 1950 en France. Il regroupe des romanciers, publiés aux Éditions de Minuit, qui s'inspirent des procédés d'écriture des grands écrivains de la fin du XIXe et du début du XXe siècle (le travail sur l'écriture de Flaubert, la temporalité de **Marcel Proust**, le monologue intérieur chez **William Faulkner**, la déconstruction du langage chez **James Joyce**). Il réunit jusque dans les années 1970 une constellation d'écrivains au style varié : **Michel Butor**, **Nathalie Sarraute**, **Marguerite Duras**, **Samuel Beckett** et **Claude Simon**.

L'Ère du soupçon

Ce mouvement condamne le roman traditionnel qui présente par le biais d'un narrateur omniscient une image rassurante du monde. Il propose un double refus :

- le **refus du récit traditionnel** : le personnage, l'organisation chronologique, l'intrigue sont des notions périmées. Tout ce qui caractérisait le roman du XIXe siècle (l'univers balzacien), c'est-à-dire la peinture des caractères et une histoire se déroulant dans un univers cohérent, univoque et déchiffrable est remis en question.
- le **refus de l'illusion référentielle** : les portraits psychologiques des personnages se révèlent des leurres de même que l'effet de vérité. Raconter une histoire vraie devient impossible : le langage ne reflète pas la réalité, il la déforme. Les mots deviennent « suspects ».

L'« aventure d'une écriture »

Le roman devient « l'aventure d'une écriture » et non plus l'écriture d'une aventure (Jean Ricardou). Les romanciers privilégient la construction formelle à l'intrigue qui est souvent ténue. Le roman est un laboratoire dans lequel le récit est éclaté, il se présente comme un puzzle qu'il faut reconstituer. Le procédé emprunté au roman policier est ici complexifié par des descriptions qui « dissèquent » l'univers romanesque (exemple du grossissement fantastique du quartier de tomate dans *Les Gommes* (1953) d'**Alain Robbe-Grillet**).
Le narrateur omniscient, qui donnait traditionnellement un sens au récit, devient un personnage énigmatique. Dans *La Jalousie* (1957) d'**Alain Robbe-Grillet** : un regard à travers des jalousies (des volets mobiles) observe des heures durant pour savoir si A. trompe son mari. Ce n'est pas l'intrigue qui est originale mais la perspective adoptée. L'adultère, qui n'est peut-être qu'imaginé, n'est perçu qu'à travers le point de vue obsessionnel du mari jaloux.

DEUX ŒUVRES « MANIFESTES »
- Nathalie Sarraute *L'Ère du Soupçon* (1956)
- Alain Robbe-Grillet *Pour un nouveau roman* (1963)

LE ROMAN

Le succès des thrillers et des romans policiers

Ces récits sont bien souvent ancrés dans le monde contemporain et se font le reflet des réalités sociales et politiques.
Didier Daenninck aborde dans ses romans policiers des questions actuelles, comme la politique d'expulsion des Maliens par charter dans *Lumière noire* (1987) ou plus anciens, comme le massacre des Algériens à Paris en octobre 1961 dans *Meurtres pour mémoire* (1984). Il explore aussi d'autres genres, pour témoigner par exemple du scandale des « zoos humains » de la IIIe République, avec *Cannibale* (1988).
Fred Vargas raconte les enquêtes du commissaire Adamsberg : *Pars et reviens tard*, (2001), *Dans les bois éternels* (2006), *L'Armée furieuse* (2011)

Témoignages

- Le XXe et le début du XXIe siècles sont marqués par des événements (crises économiques, conflits, attentats…) qui ont perturbé ou perturbent encore les hommes, d'où un besoin d'**exprimer des angoisses**, de **témoigner**, voire de **dénoncer**. Ainsi, de nombreux romanciers donnent pour cadre à leur récit la Première ou la Seconde Guerre mondiale, ou créent des personnages qui partent à la recherche d'un passé douloureux pour tenter de se construire ou de se reconstruire.

Patrick Modiano a reçu le prix Nobel de littérature en 2014. Ses romans sont imprégnés de la question de l'identité et marqués par la Seconde Guerre mondiale : *La Place de l'Étoile* (1968), *La Ronde de nuit* (1969). Ses romans sont traversés par la quête des origines qui prend souvent la forme d'une enquête menée à partir des traces laissées par certains personnages disparus, déportés… Avec *Dora Bruder* (1997), l'écrivain enquête au sujet d'une jeune juive, Dora, disparue pendant l'Occupation, à partir d'une petite annonce trouvée dans un *Paris-Soir* de 1941. Dans *Rue des boutiques obscures* (1978), Guy Roland est un détective qui part en 1965 à la recherche de sa propre identité, perdue après un accident qui l'a rendu amnésique.
Philippe Claudel explore la complexité de l'âme humaine dans des romans qui ont pour cadre la Première Guerre mondiale *Les Âmes grises* (2003) et la Seconde Guerre mondiale : *Le Rapport de Brodeck* (2007). Il aborde le thème de la déshumanisation.
Pour **Philippe Grimbert**, écrivain et psychanalyste, « Tout souvenir est fiction » : la mémoire tend à embellir les faits, enquêter sur le passé peut être une épreuve. Dans *Un secret* (2004), un Français reconstitue l'histoire d'amour de ses parents pendant l'Occupation et découvre comment leur mariage a été rendu possible par la disparition de la première femme de son père, juive déportée et tuée dans un camp.
Pierre Lemaître dans *Au revoir là-haut*, fait de deux poilus de la Première Guerre mondiale les victimes et les témoins des injustices et du comportement ignoble d'une partie de la population.
Sylvie Germain imagine des histoires familiales tortueuses, des personnages en quête de leur identité qui, en tentant de résoudre les mystères de leur existence, se confronte à l'Histoire : *Magnus* (2005), *Petites scènes capitales* (2014).

- D'autres romanciers explorent le **thème de la spiritualité et de religion**, dans un monde où les valeurs vacillent. L'écriture d'un roman apparaît plus que jamais comme une quête, la **quête d'une identité** (sociale, morale, sexuelle…).

Dans son roman autobiographique *La Place* (1983), **Annie Ernaux** essaie de régler la question de ses origines sociales en réconciliant la fille d'ouvrier qu'elle était et l'intellectuelle bourgeoise qu'elle est devenue.
Grâce à l'école, le jeune *Eddy Bellegueule* d'**Édouard Louis** (2014) parvient à dépasser sa condition sociale d'origine (un milieu ouvrier pauvre). Il y fait également le récit de la découverte de son identité sexuelle à travers un itinéraire semé d'embûches.
Les personnages des romans de **Laurent Gaudé :** *La Mort du Roi Tsongor* (2002), *Le Soleil des Scorta* (2004) luttent contre la fatalité qui pèse sur leur lignée : comme dans les mythes grecs, la soif de vengeance, la passion destructrice animent les êtres.

Les Naufragés du fol espoir, spectacle créé par la troupe du **Théâtre du Soleil** et mis en scène par **Ariane Mnouchkine** à La Cartoucherie de Vincennes en 2010.

www.lienmini.fr/magnard-el1-14
Lisez, dans la rubrique « Construire pour le temps d'un regard » l'entretien avec Ariane Mnouchkine : que dit-elle de la relation avec l'espace de représentation, les spectateurs et les comédiens ?

LE THÉÂTRE

De nombreux dramaturges **puisent leur inspiration dans le théâtre antique**, notamment la tragédie.
Olivier Py revendique une tradition dionysiaque, mêlant tous les registres et se libérant de toutes les contraintes dans un rythme débridé : *L'Orestie d'Eschyle* (2008). Son style baroque mêle tous les registres.
Michel Azama interroge l'homme moderne en revisitant un mythe antique – le sacrifice humain, destin tragique qui frappe Iphigénie – dans *Iphigénie ou le Péché des dieux* (1991).
Influencée par la tradition de la Commedia dell'arte et par les dramaturges russes Tchekov (1860-1904) et Adamov (1908-1970), **Ariane Mnouchkine** (fondatrice du Théâtre du Soleil en 1964) crée un théâtre collectif reposant sur la création commune à partir d'improvisations.

Les œuvres théâtrales se font aussi le **reflet des préoccupations de la société**.
Jean-Luc Lagarce (1957-1995) exprime l'angoisse et le désespoir causés par la situation tragique de l'homme dans l'Univers. Ses pièces sont habitées par la maladie et l'imminence de la mort : *Juste la fin du monde* (1990), *Nous les héros* (1993). Héritier de Becket et de Ionesco, il exprime également la difficulté à communiquer en société.
Dans *Les Marchands* (2005), **Joël Pommerat** souligne la dureté du monde du travail et des difficultés économiques.

LA POÉSIE

Une variété des écritures poétiques

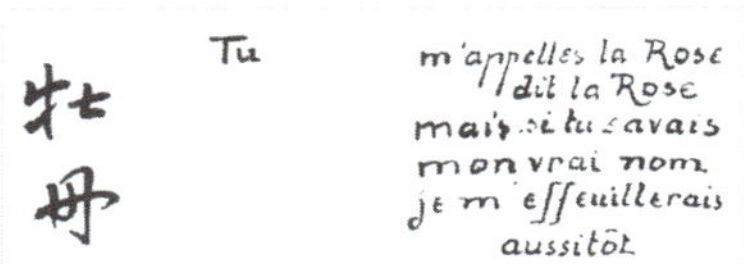

Calligrammes extraits du recueil de *Cent phrases pour éventails* de **Paul Claudel**.

Les poèmes publiés aujourd'hui s'approprient des formes anciennes en jouant avec certaines contraintes – comme celles de la ponctuation – ou en recourant à un vocabulaire ou une syntaxe d'une grande simplicité qui donnent un caractère nouveau, et comme désacralisé, à cette écriture.
Les poèmes en prose sont nombreux, tel le recueil de **Maulpoix** *Pas sur la neige* (2004). D'autres recourent aux vers libres comme **Bonnefoy** dans *Les Planches courbes* (2001). On perçoit une volonté de retrouver une écriture versifiée et rimée qui rappelle l'écriture poétique la plus traditionnelle dans le recueil *Moana* (2011) de **Jacques Réda** ou dans celui de **Houellebecq,** *Configuration du dernier rivage* (2013) .
Sous l'influence de la poésie étrangère, les poètes explorent de nouvelles formes, comme le haïku, emprunté à la littérature japonaise. S'inspirant de cette forme poétique brève, **Paul Claudel** avait publié un recueil intitulé *Cent Phrases pour éventails* en 1925, que **Pierre Jourde** perpétue dans *Haïkus tout foutus* (2004).

De nouveaux relais pour la poésie

Les poètes du XXIe siècle ont, pour la plupart, publié leurs œuvres dans la seconde partie du XXe et dans la première décennie du XXIe siècle. C'est par exemple le cas de **Jacques Réda**, de **Jean-Michel Maulpoix** ou encore de **Michel Houellebecq**.
Aujourd'hui de nouveaux médias comme les sites Internet – ***Poezibao*** ou ***Poésies.net*** proposent une sorte d'anthologie contemporaine régulièrement mise à jour. Les poètes créent aussi leur blog comme **Maulpoix,** ou des revues en ligne comme « Le Nouveau recueil » ou le « Capital des mots ».

www.lienmini.fr/magnard-el1-15
Consultez la revue culturelle « le capital des mots » en ligne. Sélectionnez un poème que vous appréciez particulièrement et expliquez pourquoi.

Le slam, une nouvelle poésie populaire

Le slam se rapproche de la déclamation de textes poétiques souvent engagés. Si le slam tient de la performance scénique, il est surtout diffusé par l'intermédiaire d'albums et les slameurs français comme **Grand Corps Malade** avec *Midi 20* (2006) ou **Abd al Malik** avec *Dante* (2008) sont des artistes reconnus.

PARTIE I

Lectures

▸▸ **Edward Hopper,** *Chair Car*, huile sur toile (101,6 x 127 cm), collection privée.

CHAPITRE 1

Le personnage de roman, du XVIIe siècle à nos jours

►►► René Magritte, *Golconde*, 1953, huile sur toile (80,7 x 100,6 cm), Menil Collection, Houston (États-Unis).

Ulysse sur son navire résistant au chant des sirènes, vase stamnos noir à figures rouges (480-470 av. J.-C.), British Museum, Londres (Royaume-Uni).

C'est le plus souvent autour d'un ou plusieurs personnages que s'organise un roman. Être de fiction, il se définit par son portrait, ses actions, sa voix et ses sentiments, que le romancier choisit de livrer avec plus ou moins de précision. De cette conception dépend le rapport d'identification au personnage ainsi que son interprétation par le lecteur. Au cours de l'histoire du roman, la conception du personnage a évolué, à l'image des interrogations des auteurs sur l'homme et le monde.

AUX ORIGINES DU PERSONNAGE DE ROMAN

Les premiers héros

Dans l'Antiquité, on ne parle pas de « roman », le mot et le genre étant à l'origine associés à la langue romane qui se déploie au Moyen Âge et dans laquelle sont écrites les œuvres. Pour autant l'épopée grecque, essentiellement *l'Iliade* et *l'Odyssée* d'Homère, fournit le modèle de nombreux héros et contribue à concevoir le personnage avant tout comme un être doté de qualités exceptionnelles. Elle introduit également les notions de structure narrative et le traitement complexe du temps et de l'espace. Ces personnages sont des stéréotypes : leur portrait se limite à quelques traits psychologiques, parfois physiques, qui les caractérisent de façon sommaire et récurrente. Quêtes et épreuves constituent un parcours convenu.
Ainsi, dans *l'Odyssée*, Ulysse, qualifié de héros « aux mille ruses », est confronté à la colère de Dieux qui lui imposent différentes épreuves avant de le laisser regagner sa terre natale. Ses exploits et les êtres qu'il affronte trouveront une postérité littéraire et artistique jusqu'à nos jours.

Le modèle du chevalier

Dans les premiers romans au Moyen Âge, les personnages évoluent dans un monde peu réaliste, souvent idéalisé : romans antiques, *Énéas* (vers 1160), *Le Roman de Troie* (vers 1160), romans de chevalerie ou romans courtois, comme ceux de **Chrétien de Troyes**, *Lancelot* (vers 1170) par exemple.
L'idéal chevaleresque se définit par la bravoure au combat, le sens de l'honneur, la noblesse des sentiments, l'excellence dans les jeux tels que les tournois et l'art de plaire en société (raffinement dans l'apparence, délicatesse des manières et des propos, maîtrise des arts…). Dans le service d'amour, pour plaire à sa Dame, le chevalier, qui doit rester maître de ses passions, tente de porter à la perfection ses qualités. Dans la littérature courtoise, la *fin'amor* (« amour parfait ») apparaît comme un modèle qui inspirera par la suite le schéma des relations amoureuses dans le roman.
À la différence des héros antiques, ces personnages évoluent, amorçant ainsi ce que deviendra le héros romanesque.

Des personnages pour rire et réfléchir

Le *Roman de Renart*, composé par des clercs anonymes aux XIIe et XIIIe siècles, joue avec les différents codes romanesques de cette époque, antiques et courtois, en les intégrant à un univers plus réaliste. Les personnages ne sont plus des héros idéalisés mais pas encore des miroirs : il s'agit d'un monde animal, qui cependant rappelle clairement le monde humain. Au XVIe siècle, **François Rabelais** dans *Pantagruel* (1532) et *Gargantua* (1534) met en scène des personnages de géants, proposant à travers leurs aventures un regard à la fois satirique et philosophique sur l'homme et la société.

LE HÉROS

Il est d'abord un personnage doté de qualités exceptionnelles, voire extra-ordinaires, à l'image des héros de la mythologie, comme Hercule. Les héros arthuriens relèvent de cette définition. Mais l'évolution du personnage romanesque invite à renouveler la définition : le héros est le personnage autour duquel s'organise l'intrigue du roman (**Ex. :** Julien Sorel dans *Le Rouge et le Noir* (1830) de **Stendhal**). Il peut alors être un personnage positif ou négatif, voire un « anti-héros » (**Ex. :** Meursault dans *L'Étranger* (1942) de **Camus**).

www.lienmini.fr/magnard-el1-16
Sur le site de la BnF, consultez l'exposition virtuelle consacrée aux Héros. Faites une synthèse sur le thème « le modèle héroïque ».

LE XVIIe SIÈCLE : LES PERSONNAGES SE DIVERSIFIENT

Détournements

Au XVIIe siècle, le genre romanesque se diversifie. On trouve encore une importante veine satirique qui parodie les héros et les valeurs chevaleresques, en les confrontant à la réalité, comme dans *Don Quichotte* (1605) de **Cervantès**. **Paul Scarron** choisit également la parodie dans son *Roman comique* (1651-1655).

Antoine Trouvain, *Portrait de la duchesse de Valentinois, Marie de Lorraine Armagnac, princesse de Monaco en robe de bal*, 1694, gravure, Bibliothèque des Arts décoratifs, Paris.

Introspection et psychologie

Le déclin des valeurs féodales au profit d'un nouvel idéal d'« honnête homme » fondé sur le goût et le raffinement, la place accordée à la vie mondaine et à ses codes, conduisent des auteurs à construire des personnages plus nuancés, dont les sentiments contradictoires sont analysés. C'est la naissance du « roman psychologique » avec *La Princesse de Clèves* (1678) de **Madame de La Fayette**. La passion amoureuse de l'héroïne y est entravée par le devoir et la morale. Mme de Clèves n'est pas sans rappeler certaines figures de la tragédie, genre alors très apprécié. La conception du personnage de roman traduit bien la sensibilité d'une époque, la manière dont une société choisit de regarder et de peindre l'être humain en son sein.

LE XVIIIe SIÈCLE : LE PERSONNAGE EST UN « INDIVIDU »

Il n'est donc pas surprenant qu'au XVIIIe siècle, alors que l'individu s'impose peu à peu dans sa particularité et non plus seulement en tant que membre d'un ordre social, le personnage de roman ne soit plus représentant d'un type littéraire mais devienne un être au caractère propre et au destin unique. Les aventures de Manon Lescaut dans le roman éponyme de **l'Abbé Prévost** ont pour source principale les désirs contradictoires de la jeune héroïne et la passion déterminée de son amant le chevalier Des Grieux. Le choix de privilégier la subjectivité des personnages se traduit par l'emploi récurrent d'une narration à la première personne, ou encore d'une forme épistolaire qui suggère l'autonomie des personnages. *Les Liaisons dangereuses* (1782) de **Choderlos de Laclos** en sont un exemple.

Valmont et Tourvel, d'après **Choderlos de Laclos**, département Estampes et photographie, BnF, Paris.

LE ROMAN ÉPISTOLAIRE

Roman par lettres, il ne comporte pas de narrateur, les informations sur les personnages et l'intrigue ne sont transmises que par la correspondance des scripteurs. Cela donne une apparente authenticité au récit en même temps qu'une autonomie aux personnages. Le lecteur a l'impression d'avoir accès à l'intimité des personnages et doit accomplir seul le travail d'analyse. Comme plusieurs voix se superposent, ce procédé permet également une certaine complexité narrative. Ce genre connaît son apogée au XVIIIe siècle.

XIXe SIÈCLE : LE PERSONNAGE « RÉALISTE »

L'observation attentive de la réalité

Le XIXe siècle connaît une histoire mouvementée, au rythme des révolutions et de la succession des régimes, des mutations techniques et sociologiques. Les romanciers cherchent alors à rendre compte de ce monde qui échappe, dont les repères sont brouillés. Leur travail s'appuie sur une observation attentive, presque scientifique, de la réalité tant sociale que psychologique. **Honoré de Balzac** dans *La Comédie humaine* (1830-1850) puis **Émile Zola** dans *Les Rougon-Macquart* (1871-1893) conçoivent chacun tout un univers incluant toutes les classes sociales, et dont la cohérence repose en partie sur le retour des personnages. Le souci de réalisme conduit à représenter les personnages dans les moments même les plus quotidiens de la réalité, qui sont pour l'auteur et pour le lecteur autant d'indices de la vision proposée.

► Les mouvements littéraires : le XIXe siècle, p. 35

Honoré Daumier,
Le Père Goriot, gravure, 1855.

Des personnages complets

Les personnages sont placés au sein de la société dont ils sont chargés de rendre compte ; leurs ambitions, leurs contradictions sont racontées et analysées. Le roman d'apprentissage permet de raconter ces parcours, celui de Julien Sorel (**Stendhal**) ou de Frédéric Moreau (**Gustave Flaubert**). Le lecteur peut ainsi analyser à son tour le fonctionnement de la société et des individus, puisque les portraits des personnages y sont très précis.

LA DÉCONSTRUCTION DU PERSONNAGE AU XXe SIÈCLE

Le temps des doutes

Le XXe siècle connaît à son tour de nombreux bouleversements qui conduisent à une progressive remise en cause de la conception du personnage romanesque. Tout d'abord la psychanalyse – née à Vienne à la fin du XIXe siècle dans le cabinet du docteur Freud – et la notion d'inconscient invitent à analyser autrement l'être humain et rendent plus difficile sa caractérisation, qui semble désormais mouvante. Ainsi **Marcel Proust** choisit-il dans son œuvre *À la Recherche du Temps perdu* (1913-1927) une narration à la première personne ; les personnages, les lieux sont évoqués à travers le filtre d'une subjectivité qui se construit elle-même au fil des pages.

Jean-Paul Belmondo et Jeanne Moreau dans *Moderato contabile*, film tiré du roman de **Marguerite Duras**, réalisé par **Peter Brook** en 1960.

⊕ L'ÈRE DU SOUPÇON DE N. SARRAUTE

Titre d'un recueil d'essais, publié en 1956, de **Nathalie Sarraute**. Elle y pose plusieurs des fondements de ce que l'on appelle le Nouveau Roman. Le « soupçon » porte justement sur la notion de personnage, la « foi en lui du romancier et du lecteur ». Les attributs qui lui étaient donnés dans les romans réalistes apparaissent désormais paradoxalement invraisemblables. D'où la nécessaire recherche d'un nouveau type de personnage romanesque.

www.lienmini.fr/magnard-el1-17
Sur le site de l'INA, consultez les archives consacrées à Georges Perec : comment présente-t-il ses œuvres ? Comment conçoit-il le travail de romancier ?

La fin du personnage ?

Photographie de Nathalie Sarraute enfant.

Les fondements et les valeurs de la société sont à leur tour mis à mal par les traumatismes des deux guerres mondiales. Les parcours et les attitudes des personnages rendent compte des désarrois et des questionnements face au monde, mais les auteurs n'en donnent plus les clés, renonçant à caractériser et analyser leurs personnages. Meursault dans *L'Étranger* (1942) d'**Albert Camus** désarçonne le lecteur en ne livrant jamais vraiment ses sentiments. Les auteurs du Nouveau Roman, radicalisent encore cette déconstruction du personnage, qui perd parfois jusqu'à son identité. Aucun portrait physique ou moral ces personnages d'**Alain Robbe-Grillet** ou de **Nathalie Sarraute** ne sont livrés explicitement au lecteur, qui doit alors construire sa propre image de ces personnages à partir des indices qui lui sont livrés, gestes, paroles. La voix du personnage et la voix narrative se confondent ; elles s'étiolent, s'annulent, se diluent, prêtes à disparaître. Les auteurs jouent avec le lecteur en refusant d'assumer le rôle de narrateur omniscient, allant même parfois jusqu'à brouiller les pistes de la narration, comme le fait **Michel Butor** dans *La Modification* (1957). Ce « défaut » de caractérisation n'exclut ni l'identification ni l'empathie avec le personnage, mais elles résultent désormais de l'implication et de l'interprétation que voudra bien avoir le lecteur. La folie de Lol V. Stein dans le roman de **Marguerite Duras** n'est pas analysée directement par la narratrice, mais elle touche le lecteur par cet espace même qui lui est laissé pour la comprendre.

► Les mouvements littéraires : le XXe siècle, p. 41

LE ROMAN, UN GENRE DOMINANT AU XXIe SIECLE

Le roman est un genre dominant de la littérature actuelle.
L'histoire du personnage romanesque offre aux auteurs contemporains des voies diverses, que chacun peut exploiter en toute liberté. Avec ou sans passé, énigmatiques ou familiers, les personnages sont désormais multiples et changeants, selon ce que veulent leur faire dire – ou non – les romanciers, selon le rapport qu'ils veulent établir entre personnage et lecteur. La conception du personnage romanesque, qu'elle se veuille exhaustive ou lacunaire, reste en tout cas toujours le miroir des interrogations que l'auteur veut transmettre sur l'homme et le monde.
Les romans contemporains s'ouvrent à des genres divers, questions soulevées par l'Histoire ou recours à l'imaginaire. Les romanciers du XXIe siècle explorent toutes les formes narratives (romans historiques, autobiographiques, récits historiques, romans parodiques, essai, journal littéraire, contes, etc.)
Laurent Gaudé choisit un sujet d'actualité en dénonçant la détresse des émigrants clandestins et ceux qui les exploitent dans *Eldorado*.
Fabrice Humbert mêle passé et présent dans sa narration et une part d'autofiction, pour une intrigue ayant pour cadre les souvenirs les plus sombres de la Seconde Guerre mondiale.
Les romans atypiques de **Pascal Quignard** s'éloignent délibérément des conventions romanesques en s'engageant dans l'exploration de voix narratives nouvelles. Ils ouvrent la voie au roman comme « espace de jeu ».

TEXTE 1

Paul Scarron, *Le Roman comique* (1651-1657)

► Bio. p. 636

Au XVII*e siècle, les auteurs parodient volontiers les récits héroïques de l'Antiquité et du Moyen Âge. Dans* Le Roman comique, *Paul Scarron met en scène une troupe de comédiens ambulants dont les vêtements et accessoires, l'âge et les attitudes évoquent des rôles types de la comédie ou de la tragédie. Voici le début du roman, que l'on nomme aussi l'*incipit *: la troupe de comédiens arrive dans la ville du Mans. Personnages et acteurs se confondent dans une entrée en scène dynamique et amusante.*

I. Une troupe de comédiens arrive dans la ville du Mans

Le soleil avait achevé plus de la moitié de sa course et son char, ayant attrapé le penchant du monde, roulait plus vite qu'il ne voulait. Si ses chevaux eussent voulu profiter de la pente du chemin, ils eussent achevé ce qui restait du jour en moins d'un demi-quart d'heure ; mais, au lieu de tirer de toute leur force, ils ne s'amusaient qu'à faire des courbettes, respirant un air marin qui les faisait hennir et les avertissait que la mer était proche, où l'on dit que leur maître se couche toutes les nuits. Pour parler plus humainement et plus intelligiblement, il était entre cinq et six quand une charrette entra dans les halles du Mans. Cette charrette était attelée de quatre bœufs fort maigres, conduits par une jument poulinière dont le poulain allait et venait à l'entour de la charrette comme un petit fou qu'il était. La charrette était pleine de coffres, de malles et de gros paquets de toiles peintes qui faisaient comme une pyramide au haut de laquelle paraissait une demoiselle habillée moitié ville, moitié campagne. Un jeune homme, aussi pauvre d'habits que riche de mine, marchait à côté de la charrette. Il avait un grand emplâtre[1] sur le visage, qui lui couvrait un œil et la moitié de la joue, et portait un grand fusil sur son épaule, dont il avait assassiné plusieurs pies, geais et corneilles, qui lui faisaient comme une bandoulière au bas de laquelle pendaient par les pieds une poule et un oison qui avaient bien la mine d'avoir été pris à la petite guerre[2]. Au lieu de chapeau, il n'avait qu'un bonnet de nuit entortillé de jarretières de différentes couleurs, et cet habillement de tête était une manière de turban qui n'était encore qu'ébauché et auquel on n'avait pas encore donné la dernière main. Son pourpoint était une casaque[3] de grisette ceinte avec une courroie, laquelle lui servait aussi à soutenir une épée qui était si longue qu'on ne s'en pouvait aider adroitement sans fourchette. Il portait des chausses troussées à bas d'attaches[4], comme celles des comédiens quand ils représentent un héros de l'Antiquité, et il avait, au lieu de souliers, des brodequins à l'antique que les boues avaient gâtés jusqu'à la cheville du pied. Un vieillard vêtu plus régulièrement, quoique très mal, marchait à côté de lui. Il portait sur ses épaules une basse de viole[5] et, parce qu'il se courbait un peu en marchant, on l'eût pris de loin pour une grosse tortue qui marchait sur les jambes de derrière. Quelque critique murmurera de la comparaison, à cause du peu de proportion qu'il y a d'une tortue à un homme ; mais j'entends parler des grandes tortues qui se trouvent dans les Indes et, de plus, je m'en sers de ma seule autorité. Retournons à notre caravane.

1. préparation blanche et épaisse appliquée sur la peau. 2. avoir été braconnés. 3. cape ou manteau en étoffe grise employée pour les vêtements des femmes du peuple. 4. partie de l'habillement masculin allant de la ceinture aux genoux. 5. instrument à cordes, ancêtre du violoncelle.

►►► **Van der Bent Johannes**, *La Charrette* (détail), XVIIe siècle, huile sur toile, Palais des Beaux-Arts, Lille.

Franz Dichter, *L'Entrée des comédiens dans la ville du Mans*, 1714, huile sur toile, musée de Tessé, Le Mans.

Questions

Conjugaison

À quel mode et à quel temps sont conjugués les verbes : « eussent voulu » et « eussent achevé » (l. 2-3) ? Dans quels cas cette conjugaison est-elle employée ?

► Modes, temps et valeurs, p. 524

L'entrée dans l'univers du roman

1. Dans la première phrase, par quel procédé Scarron indique-t-il au lecteur le moment où l'histoire commence ?
2. Dans quel registre ce procédé semble-t-il le faire entrer ? Quelle phrase contredit très vite cette première hypothèse ?

► Registres, p. 568

3. Comparez le « char » évoqué ligne 1 et la « charrette », ligne 8. Que fait apparaître cette confrontation ?

L'entrée en scène des personnages

4. Comment sont désignés les personnages de cette histoire la première fois que le narrateur parle d'eux ? Quel rapport voyez-vous avec le titre du chapitre, « Une troupe de comédiens arrive dans la ville du Mans » ? Sur qui l'attention se porte-t-elle tout particulièrement ?
5. Étudiez le portrait du jeune homme : que révèle-t-il de ses occupations avant le début de l'histoire ?
6. Relevez les marques de présence du narrateur : quelles sont les fonctions de ses intrusions dans le récit ? Quels rapports construit-il avec le lecteur ?

► Le fonctionnement du récit, p. 544

Un univers théâtral

7. Relevez tous les indices qui évoquent l'univers du théâtre : quels rôles, quel genre d'œuvres cette petite troupe pourrait jouer ?

Synthèse Montrez que l'arrivée de ces comédiens constitue un spectacle mis en scène avec distance et humour pour le lecteur.

Vers le bac S'entraîner à l'écriture d'invention

Poursuivez la description du texte en imaginant le portrait d'une des femmes de la troupe.

► Amplifier et transposer un texte, p. 616

Denis Diderot, *Jacques le Fataliste* (1796)

► Biographie p. 629

⊕ CONTEXTE

Écrivain et philosophe, Diderot interroge les codes romanesques. Il explore les relations entre l'auteur et ses personnages dans une œuvre où il semble hésiter entre le récit et le dialogue de théâtre. *Jacques le fataliste* est inspiré du roman de Laurence Sterne paru en 1760, *Tristram Shandy*, riche en digressions, longs commentaires sur des sujets et des questions éloignés du récit.

Voici le début de l'œuvre.

Comment s'étaient-ils rencontrés ? Par hasard, comme tout le monde. Comment s'appelaient-ils ? Que vous importe ? D'où venaient-ils ? Du lieu le plus prochain. Où allaient-ils ? Est-ce que l'on sait où l'on va ? Que disaient-ils ? Le maître ne disait rien ; et Jacques disait que son capitaine disait que tout ce qui nous arrive de bien et de mal ici-bas était écrit là-haut.

Le Maître : C'est un grand mot que cela.

Jacques : Mon capitaine ajoutait que chaque balle qui partait d'un fusil avait son billet[1].

Le Maître : Et il avait raison…

Après une courte pause, Jacques s'écria : Que le diable emporte le cabaretier et son cabaret !

Le Maître : Pourquoi donner au diable son prochain ? Cela n'est pas chrétien.

Jacques : C'est que, tandis que je m'enivre de son mauvais vin, j'oublie de mener nos chevaux à l'abreuvoir. Mon père s'en aperçoit ; il se fâche. [Je] hoche de la tête ; il prend un bâton et m'en frotte un peu durement les épaules. Un régiment passait pour aller au camp devant Fontenoy[2] ; de dépit je m'enrôle. Nous arrivons ; la bataille se donne.

Le Maître : Et tu reçois la balle à ton adresse.

Jacques : Vous l'avez deviné ; un coup de feu au genou ; et Dieu sait les bonnes et mauvaises aventures amenées par ce coup de feu. Elles se tiennent ni plus ni moins que les chaînons d'une gourmette. Sans ce coup de feu, par exemple, je crois que je n'aurais été amoureux de ma vie, ni boiteux.

Le Maître : Tu as donc été amoureux ?

Jacques : Si je l'ai été !

Le Maître : Et cela par un coup de feu ?

Jacques : Par un coup de feu.

Le Maître : Tu ne m'en as jamais dit un mot.

Jacques : Je le crois bien.

Le Maître : Et pourquoi cela ?

Jacques : C'est que cela ne pouvait être dit ni plus tôt ni plus tard.

Le Maître : Et le moment d'apprendre ces amours est-il venu ?

Jacques : Qui le sait ?

Le Maître : À tout hasard, commence toujours…

Jacques commença l'histoire de ses amours. C'était l'après-dînée : il faisait un temps lourd ; son maître s'endormit. La nuit les surprit au milieu des champs ; les voilà fourvoyés[3]. Voilà le maître dans une colère terrible et tombant à grands coups de fouet sur son valet, et le pauvre diable disant à chaque coup : « Celui-là était apparemment encore écrit là-haut… »

1. sorte de passeport.
2. village de Belgique où a eu lieu une bataille en 1745.
3. perdus.

Patrick Chesnais (Jacques) et Guy Tréjan (le Maître) dans *Jacques le fataliste et son maître*, téléfilm réalisé par Claude Santelli en 1984.

Vous voyez, lecteur, que je suis en beau chemin, et qu'il ne tiendrait qu'à moi de vous faire attendre un an, deux ans, trois ans, le récit des amours de Jacques, en le séparant de son maître et en leur faisant courir à chacun tous les hasards qu'il me plairait. Qu'est-ce qui m'empêcherait de marier le maître et de le faire cocu ? d'embarquer Jacques pour les îles ? d'y conduire son maître ? de les ramener tous les deux en France sur le même vaisseau ? Qu'il est facile de faire des contes ! Mais ils en seront quittes l'un et l'autre pour une mauvaise nuit, et vous pour ce délai.

L'aube du jour parut. Les voilà remontés sur leurs bêtes et poursuivant leur chemin. – Et où allaient-ils ? – Voilà la seconde fois que vous me faites cette question, et la seconde fois que je vous réponds : Qu'est-ce que cela vous fait ? Si j'entame le sujet de leur voyage, adieu les amours de Jacques… Ils allèrent quelque temps en silence. Lorsque chacun fut un peu remis de son chagrin, le maître dit à son valet : – Eh bien, Jacques, où en étions-nous de tes amours ?

Questions

Grammaire

Relevez les deux niveaux d'énonciation utilisés ici par Diderot. Qu'est-ce qui permet de les repérer ?

Un couple de personnages

1. Comment les personnages sont-ils identifiés et quelles sont leurs relations ?

2. Reconstituez le passé de Jacques jusqu'au moment où commence le roman : comment les événements s'enchaînent-ils ?

3. Quelle attitude le Maître de Jacques a-t-il envers son valet lorsqu'ils discutent ? lorsqu'ils perdent leur chemin ?

Le brouillage des genres

4. Quels genres et quel type de paroles rapportées sont mis en œuvre pour raconter l'histoire de Jacques et de son Maître ? Comment les repérez-vous ? À quoi servent-ils précisément dans cet *incipit* ?

5. Relevez les éléments du texte révélateurs de la conception que se fait Jacques de la vie et de ses aventures. Établissez le lien avec le titre du roman.

Les pouvoirs du narrateur

6. Quelles relations le narrateur entretient-il avec son lecteur dès les premières lignes ? Quels pouvoirs a-t-il sur ce dernier ? À quelle réaction cela pourrait-il conduire le lecteur ?

7. Quels sont les pouvoirs du narrateur sur ses personnages tels qu'il les évoque à la fin du texte ? Dans quel genre de récit semble-t-il alors vouloir plonger ses personnages ?

Synthèse Montrez que le lecteur peut se trouver très désorienté face à cet *incipit* inclassable.

Vers le bac S'entraîner à la dissertation

Dans un paragraphe, vous développerez l'idée selon laquelle il est difficile pour le lecteur de se représenter les personnages dans *Jacques le Fataliste*.

Vous justifierez ce point de vue en analysant les caractéristiques de cet *incipit*.

► Rassembler et organiser ses idées p. 606

Choderlos de Laclos, *Les Liaisons dangereuses* (1782)

► Biographie p. 632

⊕ CONTEXTE

Le roman épistolaire ne comporte pas de narrateur : les informations sur les personnages et l'intrigue ne sont transmises que par la correspondance entre les différents protagonistes. Cela donne une apparente authenticité au récit en même temps qu'une autonomie aux personnages. Le lecteur a l'impression d'avoir accès à leur intimité. Ce genre connaît son apogée au XVIIIe siècle.

Le roman commence sur cette première lettre.
La jeune Cécile Volanges écrit à son amie Sophie Carnay. Elle lui fait part de ses premiers contacts avec la vie mondaine et du mariage auquel elle est destinée depuis l'enfance.

Lettre première

Cécile Volanges à Sophie Carnay

aux Ursulines[1] *de …*

Tu vois, ma bonne amie, que je tiens parole, et que les bonnets et les pompons ne prennent pas tout mon temps ; il m'en restera toujours pour toi. J'ai pourtant vu plus de parures dans cette seule journée que dans les quatre ans que nous avons passés ensemble ; et je crois que la superbe Tanville* aura plus de chagrin à ma première visite, où je compte bien la demander, qu'elle n'a cru nous en faire toutes les fois qu'elle est venue nous voir *in fiocchi*[2]. Maman m'a consultée sur tout ; elle me traite beaucoup moins en pensionnaire que par le passé. J'ai une Femme de chambre à moi ; j'ai une chambre et un cabinet dont je dispose, et je t'écris à un Secrétaire très joli, dont on m'a remis la clef, et où je peux renfermer tout ce que je veux. Maman m'a dit que je la verrais tous les jours à son lever ; qu'il suffisait que je fusse coiffée pour dîner[3], parce que nous serions toujours seules, et qu'alors elle me dirait chaque jour l'heure où je devrais l'aller joindre l'après-midi. Le reste du temps est à ma disposition, et j'ai ma harpe, mon dessin et des livres comme au Couvent ; si ce n'est que la Mère Perpétue n'est pas là pour me gronder, et qu'il ne tiendrait qu'à moi d'être toujours à rien faire : mais comme je n'ai pas ma Sophie pour causer et pour rire, j'aime autant m'occuper.

Il n'est pas encore cinq heures ; je ne dois aller retrouver Maman qu'à sept : voilà bien du temps, si j'avais quelque chose à te dire ! Mais on ne m'a encore parlé de rien ; et sans les apprêts que je vois faire, et la quantité d'Ouvrières qui viennent toutes pour moi, je croirais qu'on ne songe pas à me marier, et que c'est un radotage de plus de la bonne Joséphine**[4]. Cependant Maman m'a dit si souvent qu'une Demoiselle devait rester au Couvent jusqu'à ce qu'elle se mariât, que puisqu'elle m'en fait sortir, il faut bien que Joséphine ait raison.

Il vient d'arrêter un carrosse à la porte, et Maman me fait dire de passer chez elle tout de suite. Si c'était le Monsieur ? Je ne suis pas habillée, la main me tremble et le cœur me bat. J'ai demandé à la Femme de chambre, si elle savait qui était chez ma mère : « Vraiment, m'a-t-elle dit, c'est M. C***. » Et elle riait. Oh ! je crois que c'est lui. Je reviendrai sûrement te raconter ce qui se sera passé. Voilà toujours son nom. Il ne faut pas se faire attendre. Adieu, jusqu'à un petit moment.

Comme tu vas te moquer de la pauvre Cécile ! Oh ! j'ai été bien honteuse ! Mais tu y aurais été attrapée comme moi. En entrant chez Maman, j'ai vu un Monsieur en noir, debout près d'elle. Je l'ai salué du mieux que j'ai pu, et suis restée sans pouvoir bouger de ma place. Tu juges combien je l'examinais ! « Madame », a-t-il dit à ma mère, en me saluant, « voilà une charmante Demoiselle, et je sens mieux que jamais le prix de vos bontés. »

Notes de l'auteur

* pensionnaire du même Couvent

** tourière du Couvent

1. couvent d'une congrégation religieuse chargée d'éduquer les jeunes filles.
2. dans tous ses atours.
3. repas du midi.
4. sœur chargée des relations avec l'extérieur du couvent.

Uma Thurman (Cécile Volanges) dans *Les Liaisons dangereuses*, film réalisé par Stephen Frears en 1998.

À ce propos si positif, il m'a pris un tremblement tel, que je ne pouvais me soutenir ; j'ai trouvé un fauteuil, et je m'y suis assise, bien rouge et bien déconcertée. J'y étais à peine, que voilà cet homme à mes genoux. Ta pauvre Cécile alors a perdu la tête ; j'étais, comme a dit maman, tout effarouchée. Je me suis levée en jetant un cri perçant ; ... tiens, comme ce jour du tonnerre. Maman est partie d'un éclat de rire, en me disant : « Eh bien ! qu'avez-vous ? Asseyez-vous, et donnez votre pied à Monsieur. » En effet, ma chère amie, le Monsieur était un Cordonnier. Je ne peux te rendre combien j'ai été honteuse : par bonheur il n'y avait que Maman. Je crois que, quand je serai mariée, je ne me servirai plus de ce Cordonnier-là.

Conviens que nous voilà bien savantes ! Adieu. Il est près de six heures, et ma Femme de chambre dit qu'il faut que je m'habille. Adieu, ma chère Sophie ; je t'aime comme si j'étais encore au Couvent.

P.S. – Je ne sais par qui envoyer ma Lettre : ainsi j'attendrai que Joséphine vienne.

Paris, ce 3 août 17**.

Questions

Grammaire

« sans les apprêts… toutes pour moi » (l. 20-21) : remplacez ce groupe prépositionnel par une subordonnée.
Quelle est sa fonction ?

Une situation initiale à recomposer

1. Relevez les indices qui nous permettent de comprendre à quelle époque et dans quel groupe social se déroule cette histoire. Quel événement oblige les jeunes filles à échanger des lettres ?
2. Qu'est-ce qui plaît tout particulièrement à Cécile Volanges dans sa nouvelle vie ? Quel événement semble-t-elle attendre avec impatience ?
3. Quelles relations peut-on lire entre sa mère et elle ? Qu'est-ce qui la surprend ?

Un type de personnage

4. Relevez tous les éléments du texte qui permettent de reconstituer l'éducation que les jeunes filles reçoivent au couvent : qu'y apprennent-elles ? Quelles relations ont-elles avec les sœurs ? entre elles ?
5. Que nous apprend le quiproquo de la scène avec le cordonnier ? Qu'est-ce qui a pu l'amener à se méprendre sur le personnage qu'elle rencontre ? Quelle conclusion Cécile tire-t-elle de la situation ?
6. À quel type de personnage romanesque peut-on assimiler Cécile Volanges au début de ce roman ?

Gommer la fiction

7. Relevez des indices destinés à laisser croire au lecteur qu'il s'agit d'un échange authentique.

Synthèse En étudiant les temps des verbes, les marques d'énonciation, etc., montrez comment la lettre favorise une parole vivante contribuant à construire le personnage.

Vers le bac S'entraîner au commentaire

Rédigez une dizaine de lignes de commentaire mettant en évidence les procédés qui rendent la scène du quiproquo avec le cordonnier vivante et comique.

► Rédiger des paragraphes et insérer des citations, p. 59

CINÉMA • DÉBUTS DE FILMS : DEUX PARTIS PRIS

ROGER VADIM, *LES LIAISONS DANGEREUSES 1960* (1959)

Réalisation : Roger Vadim
Scénario : Roger Vailland, Roger Vadim et Claude Brulé
Interprétation : Juliette Valmont : Jeanne Moreau ; Vicomte de Valmont : Gérard Philippe
Musique : Thelonius Monk, Art Blakey, Barney Wilen
Société de production et distribution : Les Films Marceau-Cocinor

Synopsis : *Couple libre de la haute bourgeoisie parisienne, le séduisant Valmont et sa femme, la perverse Juliette Valmont (née de Merteuil), recherchent avant tout le plaisir et les aventures extra conjugales. Abandonnée par un galant, Juliette demande à Valmont de la venger de cet affront en séduisant la fiancée de l'inconstant, Cécile. Tout en réussissant à ravir le cœur de la belle, Valmont tombe sous le charme de la vertueuse Marianne Tourvel qui ne résistera pas longtemps aux assauts du séducteur. Juliette ressent alors une terrible jalousie.*

Photogrammes 1 à 4 : *le générique est accompagné par du jazz parfois dissonant.*

Photogramme 1 00:00:20
La première image du film nous montre la reine noire d'un jeu d'échec.

Photogramme 2 00:00:31
La caméra plonge sur l'échiquier : le nom des deux acteurs principaux s'inscrit successivement sur des cases noires.

Photogramme 3 00:00:50
Une décision de justice faisant suite au procès intenté par la Société des Gens de Lettres rend obligatoire « 1960 » dans le titre du film.

Photogramme 4 00:02:31
À la fin du générique, un zoom arrière élargit le champ en plongée sur les pièces de l'échiquier. Suit un fondu enchaîné avec le photogramme 5.

Photogramme 5 00:02:34
Vue sur une soirée mondaine donnée chez les Valmont.

Photogramme 6 00:03:00
Le plateau de service permet d'aller de conversation en conversation. Les Valmont en sont l'unique sujet. En *off*, un morceau de jazz plus mélodieux se fait entendre.

Photogramme 7 00:04:37
Le couple qui reçoit, – les Valmont – apparaît.

Questions

► La lecture d'image, p. 580

Photogrammes 1 à 5

1. Roger Vadim filme un jeu d'échec comme fond du générique : expliquez le sens de ce choix, sa dimension métaphorique.
2. Les **photogrammes 4 et 5** se succèdent en fondu enchaîné : fermeture du générique, ouverture de la narration. Quelles relations y a-t-il entre eux ? Appuyez-vous sur les cadrages, les positions de caméra et des éléments du décor.

Photogramme 6

3. Le plateau de service sert de passage entre les différents groupes d'invités. Expliquez en quoi ce choix est judicieux.

Photogramme 7

4. Valmont et sa femme apparaissent quatre minutes environ après le début du film. Quels procédés sont utilisés pour les présenter (angle de vue, plan, décor) ? En quoi est-ce une mise en scène théâtrale ?

Vocabulaire

Champ : portion d'espace perceptible dans l'image et limitée par le cadre.
Plongée : caméra située au-dessus de ce qui est représenté.
Fondu enchaîné : passage d'un plan à l'autre par surimpression.
Off : se dit de tout son (bruit, musique, voix) dont la source n'est pas visible à l'écran.

Prolongement

Dans le générique, Thélonious Monk joue de manière dissonante. Cherchez la définition de ce terme. À quel moment peut-on l'utiliser pour qualifier un style littéraire ?

STEPHEN FREARS, *LES LIAISONS DANGEREUSES* (1988)

Réalisation : Stephen Frears
Scénario : Christopher Hampton
Interprétation : Marquise de Merteuil : Glenn Close ; Vicomte de Valmont : John Malkovitch
Musique : George Fenton
Société de distribution : Warner Bros Entertainment

Synopsis : *Au XVIII*e *siècle, la Marquise de Merteuil, intrigante et libertine, demande au Vicomte de Valmont, réputé pour son pouvoir de séduction et son immoralité, de séduire Cécile Volanges pour la venger d'un ancien amant qui doit épouser la jeune fille. Valmont préfère jeter son dévolu sur Madame de Tourvel, épouse fidèle et croyante.*

Photogramme 1 : 00:00:42
Le générique s'ouvre sur un très gros plan : deux mains tiennent une lettre adressée à Madame de Tourvel. À quarante secondes, l'ouverture de la lettre révèle le titre comme un avertissement.

Photogrammes 2 à 7 : *Le générique continue sur un montage alterné montrant le Vicomte de Valmont et la Marquise de Merteuil se préparant. Un arrangement de la Cetra, concerto N° 9 de Vilvadi, et des bruits intradiégétiques composent la bande son.*

Photogramme 2 00:00:50
La séquence d'ouverture commence par le reflet du visage de la Marquise de Merteuil dans un miroir. Elle affiche un sourire énigmatique.

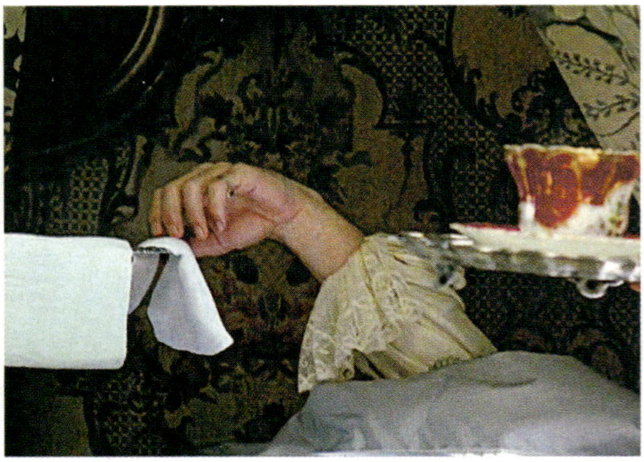

Photogramme 3 00:01:34
Valmont ne se dévoile pas. À sa première apparition, seule sa main émerge des draps.

Photogramme 4 00:02:24
Tout au long de sa préparation, le visage de Valmont se dérobe. Ici même, il n'est vu qu'à contre-jour.

Photogramme 5 00:02:27
Les servantes habillent la Marquise. La complexité des pièces, leur superposition font penser à un harnachement. La Marquise semble se préparer pour un combat.

Photogramme 6 00:03:14
Habillée, maquillée, la Marquise est prête à entrer en scène.

Photogramme 7 00:03:19
Habillé, maquillé, Valmont nous fait enfin face. Toutefois, son visage nous offre un masque.

Vocabulaire

Diégèse : le monde représenté dans l'œuvre, quelle que soit sa relation au monde réel.
Les sons **extradiégétiques** sont extérieurs à ce monde (voix off, hors champ).
Les sons **intradiégétiques** ont leur source visible à l'écran.
Montage alterné : juxtaposition d'actions séparées dans l'espace, mais simultanées.
À contre-jour : dans une position telle que la source de lumière est située derrière l'objet ou la personne que l'on regarde.

Questions

► La lecture d'image, p. 580

1. Observez les photogrammes et montrez qu'il s'agit d'un montage alterné. D'après vous, pourquoi Stephen Frears a-t-il fait ce choix de montage ?
2. Comment le réalisateur nous donne-t-il l'impression d'assister en coulisses à la préparation d'un spectacle ?
3. Quels procédés sont utilisés dans les **photogrammes 2 et 3** pour présenter les personnages (angle de vue, plan, décor) ? Que nous révèlent-ils de ces personnages ?

Prolongements

- Comparez le début du roman – les lettres I (► p. 56), II et III – et les séquences d'ouverture des deux films. Quel personnage est absent de celles-ci ? Comment peut-on expliquer cette absence ?
- Roger Vadim et Stephen Frears adaptent le même roman avec des partis pris différents : en vous appuyant sur l'ensemble des photogrammes, distinguez ce qui relève d'une adaptation fidèle et d'une transposition.

TEXTE 4

Gustave Flaubert, *L'Éducation sentimentale* (1869)

► Biographie p. 630

CONTEXTE

C'est au XIXe siècle que le roman devient le genre littéraire dominant, la forme préférée des lecteurs. Les écrivains y voient la possibilité de construire des œuvres larges et ambitieuses où ils veulent représenter leur temps. Flaubert explore dans son roman *l'Éducation sentimentale* le désenchantement d'une génération, celle du milieu du XIXe siècle, qui a cru à l'idéal romantique de révolte et de passion et que le réel déçoit.

► Le Réalisme, p. 35

Voici la première page, ou incipit, du roman de Flaubert.

Le 15 septembre 1840, vers six heures du matin, *la Ville-de-Montereau*, près de partir, fumait à gros tourbillons devant le quai Saint-Bernard.

Des gens arrivaient hors d'haleine ; des barriques, des câbles, des corbeilles de linge gênaient la circulation ; les matelots ne répondaient à personne ; on se heurtait ; les colis montaient entre les deux tambours, et le tapage s'absorbait dans le bruissement de la vapeur, qui, s'échappant par des plaques de tôle, enveloppait tout d'une nuée blanchâtre, tandis que la cloche, à l'avant, tintait sans discontinuer.

Enfin le navire partit ; et les deux berges, peuplées de magasins, de chantiers et d'usines, filèrent comme deux larges rubans que l'on déroule.

Un jeune homme de dix-huit ans, à longs cheveux et qui tenait un album sous son bras, restait auprès du gouvernail, immobile. À travers le brouillard, il contemplait des clochers, des édifices dont il ne savait pas les noms ; puis il embrassa, dans un dernier coup d'œil, l'île Saint-Louis, la Cité, Notre-Dame ; et bientôt, Paris disparaissant, il poussa un grand soupir.

M. Frédéric Moreau, nouvellement reçu bachelier, s'en retournait à Nogent-sur-Seine, où il devait languir pendant deux mois, avant d'aller « faire son droit ». Sa mère, avec la somme indispensable, l'avait envoyé au Havre voir un oncle, dont elle espérait, pour lui, l'héritage ; il en était revenu la veille seulement ; et il se dédommageait de ne pouvoir séjourner dans la capitale, en regagnant sa province par la route la plus longue.

Le tumulte s'apaisait ; tous avaient pris leur place ; quelques-uns, debout, se chauffaient autour de la machine, et la cheminée crachait avec un râle lent et rythmique son panache de fumée noire ; des gouttelettes de rosée coulaient sur les cuivres ; le pont tremblait sous une petite vibration intérieure, et les deux roues, tournant rapidement, battaient l'eau.

La rivière était bordée par des grèves de sable. On rencontrait des trains de bois qui se mettaient à onduler sous le remous des vagues, ou bien, dans un bateau sans voiles, un homme assis pêchait ; puis les brumes errantes se fondirent, le soleil parut, la colline qui suivait à droite le cours de la Seine peu à peu s'abaissa, et il en surgit une autre, plus proche, sur la rive opposée.

[…]

Frédéric pensait à la chambre qu'il occuperait là-bas, au plan d'un drame, à des sujets de tableaux, à des passions futures. Il trouvait que le bonheur mérité par l'excellence de son âme tardait à venir. Il se déclama des vers mélancoliques ; il marchait sur le pont à pas rapides ; il s'avança jusqu'au bout, du côté de la cloche ; et, dans un cercle de passagers et de matelots, il vit un monsieur qui contait des galanteries à une paysanne, tout en lui maniant la croix d'or qu'elle portait sur la poitrine. C'était un gaillard d'une quarantaine d'années, à cheveux crépus. Sa taille robuste emplissait une jaquette de velours noir, deux émeraudes brillaient à sa chemise de batiste, et son large pantalon blanc tombait sur d'étranges bottes rouges, en cuir de Russie, rehaussées de dessins bleus.

Dominique Ingres, *Portrait de jeune homme*, XIXe siècle, huile sur toile (39 x 31 cm), musée Bonnat, Bayonne.

Questions

Grammaire

Confrontez les différentes valeurs de l'imparfait. Comment ce temps participe-t-il à la mise en place du récit ?

Une histoire inscrite dans le réel

1. Dans le début du texte, à quels indices voit-on que le récit est inscrit dans un univers qui ressemble à la réalité du lecteur du XIXe siècle ?

2. Décrivez la construction syntaxique du second paragraphe : quel effet la ponctuation produit-elle ? Quelles sensations évoquent les verbes choisis ? Quelle fonction dans la narration remplit ce court paragraphe ?

3. Relevez le champ lexical qui caractérise l'évocation de la rivière dans l'avant-dernier paragraphe. Montrez comment les sonorités et le rythme soulignent ce mouvement. Quel effet provoque l'utilisation du passé simple dans les deux lignes qui concluent ce paragraphe ?

Portrait du personnage principal

4. Relevez toutes les informations permettant de composer une fiche d'identité du personnage : son âge, son origine sociale, son statut à ce moment de l'histoire, des éléments proches de son passé et les projets qui le concernent.

5. Relevez tous les détails qui permettent d'imaginer son aspect physique : que nous apprennent ses gestes et déplacements ?

6. Complétez cette description physique par son portrait psychologique. Appuyez-vous sur la fin du texte.

Le narrateur et son personnage

7. Comment le personnage est-il nommé au début des trois paragraphes qui lui sont consacrés ? Quelle progression peut-on lire entre ces termes ?

8. Selon quelle focalisation dominante le personnage est-il construit ? Relevez les variations de focalisation que l'on peut cependant repérer : quels sont les effets produits ?

► La description, p. 546

9. Analysez en quelques lignes le regard que le narrateur porte sur son personnage.

Synthèse Dans un court paragraphe, vous déterminerez à quel type de personnage romanesque on peut rattacher Frédéric Moreau.

Vers le bac S'entraîner au commentaire

Rédigez une page de commentaire dans lequel vous analyserez comment la description contribue dès l'incipit à élaborer le cadre du récit.

► Rédiger des paragraphes et insérer des citations, p. 598

TEXTE 5

Alain-Fournier, *Le Grand Meaulnes* (1913)

► Biographie p. 630

⊕ CONTEXTE

Alain-Fournier a disparu dans les combats de la Grande Guerre, près de Verdun en 1914 alors qu'il n'avait écrit qu'un unique roman, *Le Grand Meaulnes*. Dans ce roman d'apprentissage, il évoque le temps heureux de l'adolescence et révèle la difficulté de son personnage principal, Augustin Meaulnes, à devenir adulte.

Le narrateur, François Seurel, vit avec ses parents instituteurs. Un dimanche de 189…, ils reçoivent la visite d'une femme et de son fils, Augustin Meaulnes.

Ils étaient venus tous les deux, en voiture, de La Ferté-d'Angillon, à quatorze kilomètres de Sainte-Agathe. Veuve – et fort riche, à ce qu'elle nous fit comprendre –, elle avait perdu le cadet de ses deux enfants, Antoine, qui était mort un soir au retour de l'école, pour s'être baigné avec son frère dans un étang malsain. Elle avait décidé de mettre l'aîné, Augustin, en pension chez nous pour qu'il pût suivre le Cours Supérieur[1].

[…] Ce qu'elle contait de son fils avec admiration était fort surprenant : il aimait à lui faire plaisir, et parfois il suivait le bord de la rivière, jambes nues, pendant des kilomètres, pour lui rapporter des œufs de poules d'eau, de canards sauvages, perdus dans les ajoncs… Il tendait aussi des nasses[2]… L'autre nuit, il avait découvert dans le bois une faisane prise au collet…

Moi qui n'osais plus rentrer à la maison quand j'avais un accroc à ma blouse, je regardais Millie[3] avec étonnement.

Mais ma mère n'écoutait plus. Elle fit même signe à la dame de se taire ; et, déposant avec précaution son « nid »[4] sur la table, elle se leva silencieusement comme pour aller surprendre quelqu'un…

Au-dessus de nous, en effet, dans un réduit où s'entassaient les pièces d'artifice noircies du dernier Quatorze Juillet, un pas inconnu, assuré, allait et venait, ébranlant le plafond, traversait les immenses greniers ténébreux du premier étage, et se perdait enfin vers les chambres d'adjoints abandonnées où l'on mettait sécher le tilleul et mûrir les pommes.

– Déjà, tout à l'heure, j'avais entendu ce bruit dans les chambres du bas, dit Millie à mi-voix, et je croyais que c'était toi, François, qui étais rentré…

Personne ne répondit. Nous étions debout tous les trois, le cœur battant, lorsque la porte des greniers qui donnait sur l'escalier de la cuisine s'ouvrit ; quelqu'un descendit les marches, traversa la cuisine, et se présenta dans l'entrée obscure de la salle à manger.

– C'est toi, Augustin ? dit la dame.

C'était un grand garçon de dix-sept ans environ. Je ne vis d'abord de lui, dans la nuit tombante, que son chapeau de feutre paysan coiffé en arrière et sa blouse noire sanglée d'une ceinture comme en portent les écoliers. Je pus distinguer aussi qu'il souriait…

Il m'aperçut, et, avant que personne eût pu lui demander aucune explication :

– Viens-tu dans la cour ? dit-il.

1. classe où l'on préparait le brevet d'instituteur.
2. filets servant à la capture des oiseaux.
3. surnom que donne le narrateur à sa mère.
4. « nid » désigne un chapeau orné de plumes que la mère du narrateur recoud.

Jean-Baptiste Maunier (François) et Nicolas Duvauchelle (Augustin) dans *Le Grand Meaulnes*, film réalisé par Jean-Daniel Verhaeghe en 2006.

J'hésitai une seconde. Puis, comme Millie ne me retenait pas, je pris ma casquette et j'allai vers lui. Nous sortîmes par la porte de la cuisine et nous allâmes au préau, que l'obscurité envahissait déjà. À la lueur de la fin du jour, je regardais, en marchant, sa face anguleuse au nez droit, à la lèvre duvetée.

– Tiens, dit-il, j'ai trouvé ça dans ton grenier. Tu n'y avais donc jamais regardé ?

Il tenait à la main une petite roue en bois noirci ; un cordon de fusées déchiquetées courait tout autour ; ç'avait dû être le soleil ou la lune au feu d'artifice du Quatorze Juillet.

– Il y en a deux qui ne sont pas parties [...]

Questions

Grammaire

Quel est le temps dominant dans les cinq premières lignes ? Quelle valeur ce temps prend-il ici, au début du récit ?

► Modes, temps et valeurs, p. 524

L'entrée en scène du personnage

1. Distinguez les trois grandes étapes qui permettent d'élaborer progressivement le portrait d'Augustin : que découvre-t-on du personnage à chacune des étapes ? À travers quelles informations, quelles perceptions ? ► La description, p. 546

2. Sous quelle forme les propos de sa mère sont-ils rapportés ? Quel est l'effet produit par ce choix ?

► Les discours rapportés, p. 530

3. Par quels procédés l'arrivée de Meaulnes dans la cuisine est-elle dramatisée (l. 14 à 30) ?

4. Dans quel cadre ce début de récit s'inscrit-il ? Relevez les occupations des personnages, la description de la maison, de la cour.

Les relations entre les adolescents

5. Qu'est-ce qui oppose François et Augustin ?

6. Relevez les passages qui montrent les réactions du narrateur face au comportement de Meaulnes : que révèlent-elles ?

7. Que vont faire les deux garçons dans la suite du récit ? Que peut-on deviner du rôle que Meaulnes va jouer auprès du narrateur ?

Synthèse À partir de cet extrait, montrez comment le romancier dessine un horizon d'attente et provoque l'intérêt du lecteur avec l'introduction d'un personnage.

Vers le bac S'entraîner à l'écriture d'invention

En réponse à la mère d'Augustin, la mère du narrateur fait le portrait de son propre fils : rédigez cette suite de dialogue, qui devra s'achever par un passage au discours indirect libre.

► Amplifier et transposer un texte, p. 616

Jean-Paul Sartre, *La Nausée* (1938)

► Biographie p. 635

CONTEXTE

Jean-Paul Sartre, intellectuel engagé, est un écrivain et philosophe représentant du courant existentialiste. Il développe ainsi les notions de responsabilités et de liberté : « L'homme n'est rien d'autre que ce qu'il fait. »

Voici le début du roman.

Le mieux serait d'écrire les événements au jour le jour. Tenir un journal pour y voir clair. Ne pas laisser échapper les nuances, les petits faits, même s'ils n'ont l'air de rien, et surtout les classer. Il faut dire comment je vois cette table, la rue, les gens, mon paquet de tabac, puisque c'est cela qui a changé. Il faut déterminer exactement l'étendue et la nature de ce changement.

Par exemple, voici un étui de carton qui contient ma bouteille d'encre. Il faudrait essayer de dire comment je le voyais *avant* et comment à présent je le*

Eh bien, c'est un parallélipipède rectangle, il se détache sur – c'est idiot, il n'y a rien à en dire. Voilà ce qu'il faut éviter, il ne faut pas mettre de l'étrange où il n'y a rien. Je pense que c'est le danger si l'on tient un journal : on s'exagère tout, on est aux aguets, on force continuellement la vérité. D'autre part, il est certain que je peux, d'un moment à l'autre – et précisément à propos de cet étui ou de n'importe quel autre objet – retrouver cette impression d'avant-hier. Je dois être toujours prêt, sinon elle me glisserait encore entre les doigts. Il ne faut rien** mais noter soigneusement et dans le plus grand détail tout ce qui se produit. Naturellement je ne peux plus rien écrire de net sur ces histoires de samedi et d'avant-hier, j'en suis déjà trop éloigné ; ce que je peux dire seulement, c'est que, ni dans l'un ni dans l'autre cas, il n'y a rien eu de ce qu'on appelle à l'ordinaire un événement. Samedi les gamins jouaient aux ricochets, et je voulais lancer comme eux un caillou dans la mer. À ce moment-là ; je me suis arrêté, j'ai laissé tomber le caillou et je suis parti. Je devais avoir l'air égaré, probablement, puisque les gamins ont ri derrière mon dos.

Voilà pour l'extérieur. Ce qui s'est passé en moi n'a pas laissé de traces claires. Il y avait quelque chose que j'ai vu et qui m'a dégoûté, mais je ne sais plus si je regardais la mer ou le galet. Le galet était plat, sec sur tout un côté, humide et boueux sur l'autre. Je le tenais par les bords, avec les doigts très écartés, pour éviter de me salir.

* Un mot laissé en blanc.
** Un mot est raturé (peut-être « forcer » ou « forger »), un autre rajouté en surcharge est illisible.

Questions

Vocabulaire
Recherchez l'étymologie du mot « nausée ».

Un incipit déroutant

1. À quel mode sont conjugués les verbes principaux des trois premières phrases ? Quel est l'effet produit ?
► Modes, temps et valeurs, p. 524

2. En vous appuyant sur les pronoms personnels et les déterminants possessifs, caractérisez le statut du narrateur.
► L'organisation du récit, p. 544

3. Quelles informations obtenez-vous sur le narrateur ? En quoi cet incipit diffère-t-il de celui d'un roman traditionnel ?

Le projet littéraire

4. Dégagez l'idée essentielle de chacune des trois parties et expliquez la progression du texte.

5. Relevez les verbes de perception : que révèlent-ils du personnage ?

6. Quel verbe est à mettre en rapport avec le titre du roman ?

7. Comment expliquez-vous les deux blancs du texte (l. 8 et l. 16) ? Que traduisent-ils de l'acte d'écrire ?

Synthèse Quel est l'horizon d'attente du lecteur ?

TEXTE 7

Michel Butor, *La Modification* (1957)

► Biographie p. 628

CONTEXTE

Figure du Nouveau Roman, Michel Butor questionne les repères habituels d'une narration fondée sur l'action et les personnages. *La Modification* raconte la transformation de Léon Delmont qui prend le train à Paris pour rejoindre sa maîtresse à Rome. C'est à travers des descriptions minutieuses de détails (le ruissèlement de la pluie sur la vitre, les rainures sur le sol du wagon, le croisement des voies ferrées) que se raconte l'échec d'une vie empêtrée dans les habitudes.

► Le Nouveau Roman, p. 41

Vous avez mis le pied gauche sur la rainure de cuivre, et de votre épaule droite vous essayez en vain de pousser un peu plus le panneau coulissant.

Vous vous introduisez par l'étroite ouverture en vous frottant contre ses bords, puis, votre valise couverte de granuleux cuir sombre couleur d'épaisse bouteille, votre valise assez petite d'homme habitué aux longs voyages, vous l'arrachez par sa poignée collante, avec vos doigts qui se sont échauffés, si peu lourde qu'elle soit, de l'avoir portée jusqu'ici, vous la soulevez et vous sentez vos muscles et vos tendons se dessiner non seulement dans vos phalanges, dans votre paume, votre poignet et votre bras, mais dans votre épaule aussi, dans toute la moitié du dos et dans vos vertèbres depuis votre cou jusqu'aux reins.

Non, ce n'est pas seulement l'heure, à peine matinale, qui est responsable de cette faiblesse inhabituelle, c'est déjà l'âge qui cherche à vous convaincre de sa domination sur votre corps, et pourtant, vous venez seulement d'atteindre les quarante-cinq ans.

Vos yeux sont mal ouverts, comme voilés de fumée légère, vos paupières sensibles et mal lubrifiées, vos tempes crispées, à la peau tendue et comme raidie en plis minces, vos cheveux qui se clairsèment et grisonnent, insensiblement pour autrui mais non pour vous, pour Henriette et pour Cécile, ni même pour les enfants désormais, sont un peu hérissés et tout votre corps à l'intérieur de vos habits qui le gênent, le serrent et lui pèsent, est comme baigné, dans son réveil imparfait, d'une eau agitée et gazeuse pleine d'animalcules[1] en suspension.

Si vous êtes entré dans ce compartiment, c'est que le coin couloir face à la marche à votre gauche est libre, cette place même que vous auriez fait demander par Marnal comme à l'habitude s'il avait été encore temps de retenir, mais non que vous auriez demandé vous-même par téléphone car il ne fallait pas que quelqu'un sût chez Scabelli que c'était vers Rome que vous vous échappiez pour ces quelques jours.

Walker Evans, *Passagers du métro, New-York : homme avec un chapeau et un pardessus*, 1941, négatif souple, The Metropolitan Museum of Art, New-York.

1. animal très petit, microscopique.

Questions

Grammaire

Comment les propositions de la première phrase s'agencent-elles ? Quel est l'effet produit ?

1. À qui s'adresse le narrateur et quelle personne utilise-t-il ? À quel temps s'exprime-t-il ? Quel est l'effet produit par ces choix ?

2. Relevez dans les deux premiers paragraphes toutes les sensations évoquées : qu'ont-elles de commun ? Quelles informations peut-on y lire sur le personnage ?

3. Comparez la place accordée à l'action et celle qui est accordée à la description. Qu'est-ce qui peut paraître déroutant dans cette manière de commencer une histoire ?

Synthèse Expliquez comment le portrait du personnage principal se construit dans l'ensemble du texte.

TEXTE 8

Laurent Binet, *HHhH* (2010)

CONTEXTE

Les lettres HHhH sont les initiales de l'expression allemande *Himmler Hirn heibt Heydrich*, « Le cerveau d'Himmler s'appelle Heydrich. » Reinhard Heydrich, officier nazi et adjoint direct de Himmler, a joué un rôle majeur dans l'organisation de la Shoah. Nommé par Hitler suppléant du gouverneur du Protectorat de Bohême-Moravie à Prague, il y fait régner la terreur. Réflexion sur les relations entre l'Histoire et la fiction, entre le projet romanesque et la vérité historique, le roman de Laurent Binet raconte l'opération planifiée par Londres et exécutée par deux résistants tchécoslovaques pour assassiner Heydrich.

► **Le XXIe siècle, p. 42**

Voici le chapitre 1 du roman de Laurent Binet.

Gabčík, c'est son nom, est un personnage qui a vraiment existé. A-t-il entendu, au-dehors, derrière les volets d'un appartement plongé dans l'obscurité, seul, allongé sur un petit lit de fer, a-t-il écouté le grincement tellement reconnaissable des tramways de Prague ? Je veux le croire. Comme je connais bien Prague, je peux imaginer le numéro du tramway (mais peut-être a-t-il changé), son itinéraire, et l'endroit d'où, derrière les volets clos, Gabčík attend, allongé, pense et écoute. Nous sommes à Prague, à l'angle de Vyšehradska et de Trojička. Le tramway n° 18 (ou 22) s'est arrêté devant le Jardin Botanique. Nous sommes surtout en 1942. Dans *Le Livre du rire et de l'oubli*, Kundera[1] laisse entendre qu'il a un peu honte d'avoir à baptiser ses personnages, et bien que cette honte ne soit guère perceptible dans ses romans, qui regorgent de Tomas, Tamina et autres Tereza, il y a là l'intuition d'une évidence : quoi de plus vulgaire que d'attribuer arbitrairement, dans un puéril souci d'effet de réel ou, dans le meilleur des cas, simplement de commodité, un nom inventé à un personnage inventé ? Kundera aurait dû, à mon avis, aller plus loin : quoi de plus vulgaire, en effet, qu'un personnage inventé ?

Gabčík, lui, a donc vraiment existé, et c'était bel et bien à ce nom qu'il répondait (quoique pas toujours). Son histoire est tout aussi vraie qu'elle est exceptionnelle. Lui et ses camarades sont, à mes yeux, les auteurs d'un des plus grands actes de résistance de l'histoire humaine, et sans conteste du plus haut fait de résistance de la Seconde Guerre mondiale. Depuis longtemps, je souhaitais lui rendre hommage. Depuis longtemps, je le vois, allongé dans cette petite chambre, les volets clos, fenêtre ouverte, écouter le grincement du tramway qui s'arrête devant le Jardin Botanique (dans quel sens ? Je ne sais pas). Mais si je couche cette image sur le papier, comme je suis sournoisement en train de le faire, je ne suis pas sûr de lui rendre hommage. Je réduis cet homme au rang de vulgaire personnage, et ses actes à de la littérature : alchimie infamante mais qu'y puis-je ? Je ne veux pas traîner cette vision toute ma vie sans avoir, au moins, essayé de la restituer. J'espère simplement que derrière l'épaisse couche réfléchissante d'idéalisation que je vais appliquer à cette histoire fabuleuse, le miroir sans tain de la réalité historique se laissera encore traverser.

1. Milan Kundera est un écrivain né en Tchécoslovaquie en 1929, et naturalisé français en 1981. *Le Livre du rire et de l'oubli* a été publié en français en 1979.

Jan Kubis (à gauche) et Joseph Gabčík (à droite).

Place Venceslas et statue équestre de Saint Vanceslas vues depuis le Musée national à Prague, 1935, photographie.

Questions

Grammaire

Relevez et identifiez toutes les marques de modalisation, du début du second paragraphe à « Je ne sais pas. » (l. 24-25)

L'espace-temps

1. Quel est le point de vue adopté ? Quels temps sont utilisés ?

► L'énonciation et la modalisation, p. 540

2. Quelles informations biographiques pouvez-vous relever sur le narrateur ? sur le personnage principal ?
3. Qu'est-ce qui peut donner à penser que le narrateur et l'auteur sont confondus ? Qu'est-ce qui rend pourtant difficile cette identification ? Quels genres littéraires semblent ici se rapprocher ?
4. Résumez en deux lignes l'histoire que le narrateur semble vouloir raconter.

Un personnage qui s'élabore

5. Comment le portrait du personnage principal s'élabore-t-il au fil du texte ? Quelle relation au personnage le lecteur peut-il nouer ?

► La description, p. 546

6. Relevez dans le second paragraphe tous les qualificatifs qui caractérisent l'action de Gabčík. Quel regard le narrateur porte-t-il sur son personnage ?

Une conception du roman

7. Qu'est-ce qui provoque la « honte » de l'écrivain Kundera quant à la construction du personnage ? Pour quelle raison s'impose-t-il cependant de faire comme les autres ?
8. Le narrateur partage-t-il ce point de vue ? Qu'est-ce qui est encore plus « vulgaire » selon lui ?
9. Quel projet donne-t-il à son récit ? Quelles sont ses craintes ?
10. Lisez le texte à voix haute et identifiez les caractéristiques de son écriture qui rendent l'exercice délicat. Que suscite cette écriture très spécifique chez le lecteur ?

Synthèse Montrez que deux univers s'opposent dans la dernière phrase du texte et que, difficilement conciliables, ils peuvent conduire le narrateur à l'échec.

Vers le bac S'entraîner à la dissertation

« quoi de plus vulgaire en effet qu'un personnage inventé », souligne le narrateur, lignes 15-16. Pourquoi ce jugement vous étonne-t-il ?

Exposez votre réponse dans deux paragraphes en illustrant votre point de vue par des exemples pris parmi les textes de la séquence. ► Analyser le sujet et exploiter le corpus, p. 602

PERSPECTIVE EUROPÉENNE

Fédor Dostoïevski, *L'Adolescent* (1875)

CONTEXTE

L'œuvre de Dostoïevski (1821-1881), romancier russe du XIXe siècle, continue à exercer aujourd'hui une influence sur la littérature.
Ses romans les plus connus, *Crime et Châtiment* (1860), *L'Idiot* (1868) ou *Les Frères Karamazov* (1880) interrogent les rapports de l'homme au bien, au mal, à Dieu dans de larges tableaux de la société de son temps et au travers de personnages devenus des figures universelles. Dans *L'Adolescent*, il livre les réflexions d'un jeune homme tourmenté, Arkadi Makarovitch Dolgorouki.

Cet extrait se situe au début de l'œuvre.

Je suis un lycéen qui a fini ses études, mais, aujourd'hui, j'ai déjà vingt ans passés. Mon nom est Dolgorouki, et, juridiquement, mon père est Makar Ivanov Dolgorouki[1], ancien domestique des seigneurs Versilov. Sous cet angle-là, je suis légitime, même si, au plus haut point, je suis un fils illégitime et si mon origine ne peut pas faire l'objet du moindre doute. L'affaire s'est passée ainsi : voici vingt-deux ans, le propriétaire terrien Versilov (mon père, c'est lui), âgé de vingt-cinq ans, a fait une visite dans son domaine de la province de Toula. […] Il est curieux que cet homme qui m'a tellement frappé depuis la petite enfance, qui a eu une influence si capitale sur tout le caractère de mon âme, et qui, même, peut-être, a pour longtemps encore contaminé de sa personne tout mon avenir, que cet homme, donc, et aujourd'hui encore, reste toujours pour moi, pour une quantité de choses énorme, une énigme totale. Mais, au fond – ça, plus tard. On ne peut pas raconter comme ça. Cet homme-là, déjà sans ça, il remplira tout mon cahier.

À ce moment-là, il venait juste de devenir veuf, c'est-à-dire la vingt-cinquième année de sa vie. Il avait été marié à une personne du grand monde, mais pas si riche que ça, une Fanariotova, et avait eu d'elle un fils et une fille. […]

Il était arrivé au village à l'époque « Dieu sait pourquoi », du moins, c'est ainsi qu'il me l'a dit plus tard. Ses jeunes enfants n'étaient pas avec lui, comme d'habitude, mais chez des parents ; c'est toujours ainsi qu'il s'est comporté toute sa vie avec ses enfants, légitimes et illégitimes. Des domestiques, dans ce domaine, il y en avait une quantité ; et, parmi eux, le jardinier Makar Ivanov Dolgorouki. Je place ça ici, pour m'en défaire une fois pour toutes : rarement quelqu'un a pu pester autant que moi contre son nom de famille, et, ce, tout au long de ma vie. C'est un fait bête, bien sûr, mais c'est un fait. Parce que chaque fois que j'entrais, par exemple, à l'école, ou que je rencontrais des gens, auxquels, vu mon âge, je devais obéir, bref, le moindre petit instituteur, surveillant, inspecteur, le moindre pope – tous, n'importe –, qui demandait mon nom de famille et entendait que j'étais un Dolgorouki, trouvait, je ne sais pas pourquoi, absolument indispensable d'ajouter :

– Prince Dolgorouki[1] ?

Et, chaque fois, moi, j'étais oblige d'expliquer à tous ces oisifs :

– Non, Dolgorouki *tout court*.

Tome 1 traduit par André Markowicz, © Actes Sud, 1998

1. Le nom de Dolgorouki est celui d'une des familles les plus nobles et les plus anciennes de l'histoire russe.

Questions

1. Quels éléments participent ici à la présentation du personnage principal ? Quelle précision le narrateur donne-t-il rapidement ?
2. Confrontez les deux figures des « pères » (nom, origine sociale, métier ou occupations, attitude face au narrateur). Comment ces données peuvent-elles expliquer les réactions du personnage ?
3. Comment le romancier crée-t-il l'illusion de la parole d'un jeune homme au début de sa vie d'adulte ? Par quels procédés lit-on les hésitations du narrateur quant à l'ordre et à l'organisation de sa narration ?
4. Qu'est-ce qui permet de qualifier cet extrait de début de roman d'apprentissage ?

Prolongement
Comparez ce début de roman au début du *Grand Meaulnes* : quelles sont les ressemblances et les différences quant au choix de l'énonciation, au cadre du récit, aux personnages présentés ?

SYNTHÈSE DÉBUT DE ROMAN : « L'ENTRÉE EN SCÈNE DU HÉROS »

*L'*incipit*, du latin* incipire*, « commencer », désigne les premières lignes (ou premiers paragraphes) d'un roman. Il doit donc accrocher et séduire le lecteur soit par l'intrigue, soit par des choix de narration atypiques.*

1 L'*INCIPIT* ET SES FONCTIONS

Donner les codes de lecture

• L'*incipit* définit le genre dans lequel s'inscrit le roman et les procédés narratifs choisis (points de vue, rythmes du récit…). Créant ainsi un horizon d'attentes, l'auteur noue avec le lecteur ce que l'on appelle « **un pacte de lecture** ».

Ex. : *Les Liaisons Dangereuses* de Choderlos de Laclos présente tous les indices du roman épistolaire. ► p. 56

Informer (*incipit* informatif)

• Repoussant le moment d'entrée dans le récit, l'*incipit* plante le **décor** de l'histoire – le lieu, mais aussi les contextes historique, politique et social – et décrit précisément les personnages. Il suscite l'intérêt, provoque la curiosité du lecteur.

Ex. : Avant d'entrer dans le récit, Scarron présente la troupe de comédiens qui arrive au Mans. ► p. 52

• Le « **héros** » du roman se reconnaît à l'importance de ses apparitions, de ses actions, à leur caractère exceptionnel. Souvent désigné explicitement comme le **personnage principal**, il apparaît sous des traits codifiés.

Ex. : Frédéric Moreau apparaît dès l'*incipit* de *l'Éducation sentimentale* comme le type du personnage du roman d'apprentissage. ► p. 62

Rentrer dans l'action (*incipit in medias res*, « au milieu des choses »)

• Le lecteur est lancé directement dans l'**action**, sans aucune information. Le récit peut être postérieur à certains événements qui seront relatés par la suite.

Ex. : « Aujourd'hui, Maman est morte. Ou peut-être hier, je ne sais pas. »
C'est ainsi qu'Albert Camus commence son roman *L'Étranger*.

Remarque : Certains *incipit*, plus surprenants, peuvent désorienter le lecteur, en ne donnant aucune information et en repoussant l'action. **Ex. :** *La Nausée* de Jean-Paul Sartre. ► p. 66

2 LES RELATIONS ENTRE LE NARRATEUR ET LE PERSONNAGE

Le narrateur absent du récit

Dans le récit à la troisième personne, le lecteur doit se construire une représentation du personnage au fil d'indices qu'il recompose.

Le narrateur, personnage du récit

Il raconte l'histoire de l'intérieur. Quand il en est le personnage principal, il établit une relation privilégiée avec le lecteur, et confère à l'histoire un caractère d'authenticité.

Ex. : Dans *L'Adolescent*, Dostoïevski compose à la première personne le roman d'apprentissage d'un jeune homme de vingt ans. ► p. 70

Le narrateur, commentateur

Le narrateur omniscient assume son rôle de « voix du récit » et commente les faits, pensées de ses personnages, leur existence, voire l'esthétique romanesque dont ils témoignent.

Ex. : C'est le cas de *Jacques le fataliste* où Diderot dévoile les codes de la fabrication de ses personnages. ► p. 54

Le narrateur à la recherche du personnage

C'est un des aspects du Nouveau Roman que de s'interroger sur les catégories des personnages et leurs relations avec le narrateur.

Ex. : Le lecteur de la *Modification* de Michel Butor, transformé en personnage, se hisse à bord du train Paris-Rome. ► p. 67

TEXTE 1

Madame de La Fayette, *La Princesse de Clèves* (1678)

► Biographie p. 632

L'exercice du portrait, en prose ou en vers, est très à la mode au XVIIe siècle ; il s'assimile souvent à un éloge de la personne. Dans les premières pages de ce roman, l'auteur présente la cour sous Henri II, où règnent magnificence et galanterie, mais où dominent également les passions amoureuses. Le personnage principal, Mlle de Chartres, la future Princesse de Clèves, apparaît ici sous les yeux de la cour qui la découvre, comme le lecteur, pour la première fois. ► La Préciosité, p. 28

Il parut alors une beauté à la Cour, qui attira les yeux de tout le monde, et l'on doit croire que c'était une beauté parfaite, puisqu'elle donna de l'admiration dans un lieu où l'on était si accoutumé à voir de belles personnes. Elle était de la même maison que le Vidame[1] de Chartres, et une des plus grandes héritières de France. Son père était mort jeune, et l'avait laissée sous la conduite de Madame de Chartres, sa femme, dont le bien, la vertu et le mérite étaient extraordinaires. Après avoir perdu son mari, elle avait passé plusieurs années sans revenir à la Cour. Pendant cette absence, elle avait donné ses soins à l'éducation de sa fille ; mais elle ne travailla pas seulement à cultiver son esprit et sa beauté, elle songea aussi à lui donner de la vertu et à la lui rendre aimable. La plupart des mères s'imaginent qu'il suffit de ne parler jamais de galanterie devant les jeunes personnes pour les en éloigner. Madame de Chartres avait une opinion opposée ; elle faisait souvent à sa fille des peintures de l'Amour, elle lui montrait ce qu'il a d'agréable, pour la persuader plus aisément sur ce qu'elle lui en apprenait de dangereux. Elle lui contait le peu de sincérité des hommes, leurs tromperies, et leur infidélité ; les malheurs domestiques où plongent les engagements ; et elle lui faisait voir d'un autre côté, quelle tranquillité suivait la vie d'une honnête femme, et combien la vertu donnait d'éclat et d'élévation à une personne qui avait de la beauté et de la naissance. Mais elle lui faisait voir aussi combien il était difficile de conserver cette vertu, que par une extrême défiance de soi-même et par un grand soin de s'attacher à ce qui seul peut faire le bonheur d'une femme, qui est d'aimer son mari et d'en être aimée.

Cette héritière était alors un des grands partis qu'il y eût en France ; et quoiqu'elle fût dans une extrême jeunesse, l'on avait déjà proposé plusieurs mariages. Madame de Chartres, qui était extrêmement glorieuse, ne trouvait presque rien digne de sa fille ; la voyant dans sa seizième année, elle voulut la mener à la Cour. Lorsqu'elle arriva, le Vidame alla au-devant d'elle ; il fut surpris de la grande beauté de Mademoiselle de Chartres, et il en fut surpris avec raison. La blancheur de son teint et ses cheveux blonds lui donnaient un éclat que l'on n'a jamais vu qu'à elle ; tous ses traits étaient réguliers, et son visage et sa personne étaient pleins de grâce et de charmes.

1. titre de noblesse.

►►► **André Edouard Marty**, *Rencontre de la princesse et du duc de Nemours au bal* (détail), gravure. Illustration du roman *La Princesse de Clèves de Madame de la Fayette*, Édition Émile Paul, 1942.

Girolamo Francesco Maria Mazzola, *Portrait de jeune femme dite Antea*, 1535-1537, huile sur toile (135 x 88 cm), Museo Nazionale di Capodimonte, Naples (Italie).

Questions

Vocabulaire

En vous aidant d'un dictionnaire, trouvez les différents sens du mot « admiration ». Comment ce passage rend-il compte de l'« admiration » au sens premier de la cour pour Mlle de Chartres ?

Un portrait esquissé

1. Comment le personnage principal est-il successivement nommé ? Quel est l'effet produit par une telle présentation ?
► La description, p. 546
2. De quelles données objectives le lecteur dispose-t-il pour connaître l'identité du personnage principal ? Sur quels détails le narrateur s'attarde-t-il ?
3. En vous appuyant sur le champ lexical du corps, précisez les caractéristiques physiques de Mlle de Chartres.
4. Relevez les marques de jugement qui accompagnent ce portrait. Quelles tournures grammaticales contribuent à rendre Mlle de Chartres extraordinaire ?
► L'énonciation et la modalisation, p. 540

L'importance du portrait moral

5. Établissez la chronologie des événements racontés en vous appuyant sur les temps verbaux. Pourquoi le passé de Mlle de Chartres prend-il une place si importante dans la constitution de ce portrait ? ► Les rythmes du récit, p. 545
6. Quels sont les traits de caractère de Mlle de Chartres ? Comment sont-ils mis en évidence ?
7. Relevez les différentes paroles rapportées dans ce passage et précisez l'identité du locuteur. Quel comportement cherche-t-il à inculquer à Mlle de Chartres ? ► Les discours rapportés, p. 530
8. Pourquoi peut-on dire que le discours tenu à Mlle de Chartres est habile ?
9. Comment ce portrait invite-t-il le lecteur à construire la suite du récit ?

Synthèse Vous montrerez comment le narrateur fait de Mlle de Chartres un personnage exemplaire.

Vers le bac S'entraîner à l'écriture d'invention

En respectant la structure du texte de Mme de La Fayette, composez le portrait élogieux d'un personnage de roman, dans un contexte moderne. Vous ferez notamment attention à la place que vous accorderez à la description physique.

► Amplifier et transposer un texte, p. 616

TEXTE 2

Stendhal, *Le Rouge et le Noir* (1830)

► Biographie p. 636

CONTEXTE

Les romans de Stendhal, qu'il qualifie lui-même de « miroir[s] qui se promène[nt] sur une grande route », préfigurent le mouvement du réalisme. Les personnages sont représentatifs de l'époque et le cadre historique et social influence considérablement leur construction. Fidèle à sa conception du Beau en peinture, Stendhal refuse l'abondance des détails et préfère rendre compte d'une « physionomie » en privilégiant l'essentiel.

► Le Réalisme, p. 35

Dans le passage précédent, qui correspond au début du roman, le narrateur décrit la ville de Verrières, théâtre des événements racontés par la suite, adoptant le regard d'un voyageur qui découvre les différents bâtiments et les habitants. Le portrait du maire de la ville, M. de Rênal, vient compléter cette présentation.

Si, en entrant à Verrières, le voyageur demande à qui appartient cette belle fabrique de clous qui assourdit les gens qui montent la Grande-Rue, on lui répond avec un accent traînard : *Eh ! elle est à M. le maire.*

Pour peu que le voyageur s'arrête quelques instants dans cette Grande-Rue de Verrières, qui va en montant depuis la rive du Doubs jusque vers le sommet de la colline, il y a cent à parier contre un qu'il verra paraître un grand homme à l'air affairé et important.

À son aspect tous les chapeaux se lèvent rapidement. Ses cheveux sont grisonnants, et il est vêtu de gris. Il est chevalier de plusieurs ordres, il a un grand front, un nez aquilin[1], et au total sa figure ne manque pas d'une certaine régularité : on trouve même, au premier aspect, qu'elle réunit à la dignité du maire de village cette sorte d'agrément qui peut encore se rencontrer avec quarante-huit ou cinquante ans. Mais bientôt le voyageur parisien est choqué d'un certain air de contentement de soi et de suffisance mêlé à je ne sais quoi de borné et de peu inventif. On sent enfin que le talent de cet homme-là se borne à se faire payer bien exactement ce qu'on lui doit, et à payer lui-même le plus tard possible quand il doit.

Tel est le maire de Verrières, M. de Rênal. Après avoir traversé la rue d'un pas grave, il entre à la mairie et disparaît aux yeux du voyageur. Mais, cent pas plus haut, si celui-ci continue sa promenade, il aperçoit une maison d'assez belle apparence, et, à travers une grille de fer attenante à la maison, des jardins magnifiques. Au-delà, c'est une ligne d'horizon formée par les collines de la Bourgogne, et qui semble faite à souhait pour le plaisir des yeux. Cette vue fait oublier au voyageur l'atmosphère empestée des petits intérêts d'argent dont il commence à être asphyxié.

On lui apprend que cette maison appartient à M. de Rênal. C'est aux bénéfices qu'il a faits sur sa grande fabrique de clous que le maire de Verrières doit cette belle habitation en pierre de taille qu'il achève en ce moment. Sa famille, dit-on, est espagnole, antique, et, à ce qu'on prétend, établie dans le pays bien avant la conquête de Louis XIV[2].

Depuis 1815 il rougit d'être industriel : 1815 l'a fait maire de Verrières[3]. Les murs en terrasse qui soutiennent les diverses parties de ce magnifique jardin, qui, d'étage en étage, descend jusqu'au Doubs, sont aussi la récompense de la science de M. de Rênal dans le commerce du fer.

1. nez fin et recourbé. – 2. De 1701 à 1714, la France est opposée à une partie de l'Europe afin d'obtenir le royaume d'Espagne, dont le trône est laissé vacant. – 3. L'année 1815 marque la chute définitive de Napoléon Bonaparte, le retour de la monarchie constitutionnelle et confirme l'ascension de la bourgeoisie.

Paul Gavarni, « Ne lui parlez pas des artistes », XIXe siècle, caricature, musée Bargoin, Clermont-Ferrand.

Questions

Grammaire

Quelle nuance est apportée par la proposition introduite par « Pour peu que », ligne 4 ? Les actions racontées dans cette phrase ont-elles lieu ? Remplacez cette expression par une autre conjonction de subordination.

Une présentation progressive

1. Quel est le thème central de chaque paragraphe ? Qu'en déduisez-vous de l'organisation du portrait de M. de Rênal ? De quelles informations objectives le lecteur dispose-t-il ?
2. Selon quel point de vue le narrateur présente-t-il le personnage ? Quelle influence ce point de vue a-t-il sur le déroulement du portrait effectué ?
► La description, p. 546
3. Étudiez plus particulièrement la description de la propriété de M. de Rênal et sa position dans la ville : comment ces informations complètent-elles le portrait du personnage ? Comment le caractère étroit du personnage peut-il se lire dans la description des lieux ?
4. Relevez les termes qui désignent les habitants de Verrières. Comment se marque le respect des habitants ? Comment l'importance de M. de Rênal est-elle soulignée ? ► Figures de style, p. 576

La satire du riche provincial

5. Quelle est l'identité du voyageur mis en scène dans cet extrait ? Pour quelle raison le narrateur a-t-il recours à une telle fiction pour présenter la ville de Verrières et le personnage de M. de Rênal ?
6. Comment les sentiments éprouvés par le voyageur en face de M. de Rênal évoluent-ils ? Quel terme crée une rupture ? Quelle tournure stylistique met en évidence les défauts de M. de Rênal ?
7. Quel jugement le voyageur porte-t-il sur la ville ? Relevez une phrase significative. Pourquoi peut-on dire que M. de Rênal en porte la responsabilité ?

Synthèse Vous expliquerez comment le narrateur propose une représentation contrastée de M. de Rênal, qui varie selon les points de vue adoptés.

Vers le bac S'entraîner à la dissertation

Stendhal a écrit que le roman est « un miroir qu'on promène le long d'un chemin ». Attendez-vous, dans un roman, que les portraits des personnages soient fidèles à la réalité ? Proposez une réponse personnelle en prenant soin d'illustrer votre idée d'un exemple pris parmi les textes de la séquence. Vous confronterez ensuite votre point de vue à celui de vos camarades. ► Analyser le sujet et exploiter le corpus, p. 602

Honoré de Balzac, *Eugénie Grandet* (1833)

► Biographie p. 627

CONTEXTE

Le dandysme correspond à une attitude de vie qui apparaît au début du XIXe siècle en France, mais qui naît en Angleterre au siècle précédent, avec George Brummell, un aristocrate fortuné. Le dandy est un jeune élégant qui accorde de l'importance au paraître et cherche à montrer sa supériorité dans un siècle bouleversé politiquement.

► Le Réalisme, p. 35

Charles Grandet, un élégant parisien, cousin d'Eugénie, arrive à Saumur à l'occasion de la fête d'anniversaire de la jeune fille.

Eugénie, à qui le type d'une perfection semblable, soit dans la mise, soit dans la personne, était entièrement inconnu, crut voir en son cousin une créature descendue de quelque région séraphique[1]. Elle respirait avec délices les parfums exhalés par cette chevelure si brillante, si gracieusement bouclée. Elle aurait voulu pouvoir toucher la peau blanche de ces jolis gants fins. Elle enviait les petites mains de Charles, son teint, la fraîcheur et la délicatesse de ses traits. Enfin, si toutefois cette image peut résumer les impressions que le jeune élégant produisit sur une ignorante fille sans cesse occupée à rapetasser des bas, à ravauder[2] la garde-robe de son père, et dont la vie s'était écoulée sous ces crasseux lambris[3] sans voir dans cette rue silencieuse plus d'un passant par heure, la vue de son cousin fit sourdre[4] en son cœur les émotions de fine volupté que causent à un jeune homme les fantastiques figures de femmes dessinées par Westall dans les Keepsake[5] anglais, et gravées par les Finden[6], d'un burin si habile qu'on a peur, en soufflant sur le vélin[7], de faire envoler ces apparitions célestes. Charles tira de sa poche un mouchoir brodé par la grande dame qui voyageait en Écosse. En voyant ce joli ouvrage fait avec amour pendant les heures perdues pour l'amour, Eugénie regarda son cousin pour savoir s'il allait bien réellement s'en servir. Les manières de Charles, ses gestes, la façon dont il prenait son lorgnon[8], son impertinence affectée, son mépris pour le coffret qui venait de faire tant de plaisir à la riche héritière et qu'il trouvait évidemment ou sans valeur ou ridicule ; enfin, tout ce qui choquait les Cruchot et les des Grassins[9] lui plaisait si fort, qu'avant de s'endormir elle dût rêver longtemps à ce phénix[10] des cousins.

1. angélique.
2. raccommoder.
3. revêtement des murs et du plafond.
4. fit jaillir.
5. albums en vers ou en prose, illustrés, importés d'Angleterre.
6. westall : dessinateur anglais ; Finden : graveurs anglais réputés.
7. papier assez fin.
8. sorte de lunettes.
9. invités des Grandet.
10. oiseau fabuleux.

James Warren Childe, *Portrait d'un élégant*, vers 1825, aquarelle, collection privée.

Questions

Portrait d'un amour naissant

1. Quel est le point de vue adopté dans l'ensemble de l'extrait ?
2. Quel jugement Eugénie porte-t-elle sur son cousin ? Quelles sont les comparaisons employées ? Justifiez le choix de celles-ci. ► Figures de style, p. 576
3. Quelle image le narrateur utilise-t-il pour rendre compte de l'émotion d'Eugénie devant son cousin ? Comment le narrateur nous montre-t-il l'ampleur des impressions causées par Charles ? Vous examinerez notamment les tournures superlatives et le rythme des phrases.

Le jugement du narrateur

4. Relevez les différentes interventions du narrateur. Quelles informations apporte-t-il sur les personnages ? Quel portrait moral de Charles peut-on déduire de ces interventions ?
5. Quelles raisons le narrateur avance-t-il pour expliquer les sentiments d'Eugénie face à son cousin ?

Synthèse Vous montrerez que le portrait de Charles s'apparente à un dandy et est fait de contrastes.

Gustave Flaubert, *Madame Bovary* (1857)

► Biographie p. 630

CONTEXTE

Le roman de Flaubert est jugé scandaleux à son époque : il met en scène une jeune femme qui, déçue de son mariage et de sa vie provinciale, tente de briser son ennui par l'adultère. Le romancier essuie un procès pour « offenses à la morale publique et à la religion ». Cette action en justice, procès « de tous les romans » selon l'auteur, se solde par un acquittement et un succès retentissant pour cette œuvre.

► Le Réalisme, p. 35

Emma Bovary, accompagnée de Rodolphe, son futur amant, assiste aux Comices agricoles, manifestation rurale qui rassemble agriculteurs et propriétaires de terres, et attribue des prix. Catherine Leroux, une vieille femme, est récompensée pour avoir passé de nombreuses années dans la même ferme.

Alors on vit s'avancer sur l'estrade une petite vieille femme de maintien craintif, et qui paraissait se ratatiner dans ses pauvres vêtements. Elle avait aux pieds de grosses galoches de bois, et, le long des hanches, un grand tablier bleu. Son visage maigre, entouré d'un béguin[1] sans bordure, était plus plissé de rides qu'une pomme de reinette flétrie, et des manches de sa camisole[2] rouge dépassaient deux longues mains, à articulations noueuses. La poussière des granges, la potasse[3] des lessives et le suint[4] des laines les avaient si bien encroûtées, éraillées, durcies, qu'elles semblaient sales quoiqu'elles fussent rincées d'eau claire ; et, à force d'avoir servi, elles restaient entrouvertes, comme pour présenter d'elles-mêmes l'humble témoignage de tant de souffrances subies. Quelque chose d'une rigidité monacale relevait l'expression de sa figure. Rien de triste ou d'attendri n'amollissait ce regard pâle. Dans la fréquentation des animaux, elle avait pris leur mutisme et leur placidité. C'était la première fois qu'elle se voyait au milieu d'une compagnie si nombreuse ; et, intérieurement effarouchée par les drapeaux, par les tambours, par les messieurs en habit noir et par la croix d'honneur du Conseiller, elle demeurait tout immobile, ne sachant s'il fallait s'avancer ou s'enfuir, ni pourquoi la foule la poussait et pourquoi les examinateurs lui souriaient. Ainsi se tenait, devant ces bourgeois épanouis, ce demi-siècle de servitude.

1. coiffe.
2. veste courte.
3. hydroxyde de potassium, servant de base pour les lessives.
4. graisse qui couvre la laine des moutons.

Questions

Vocabulaire

À quel nom commun renvoie l'adjectif « monacal » ? À quelle figure religieuse la vieille femme peut-elle être assimilée ? Étudiez en particulier la position de la vieille femme.

Un portrait réaliste

1. Quel verbe introduit le portrait de Catherine Leroux dans le roman ? Quel point de vue est alors adopté ?

► La description, p. 546

2. Comment cette description progresse-t-elle ? Appuyez-vous en particulier sur l'étude des champs lexicaux.
3. Relevez les termes qui désignent les vêtements du personnage. Après avoir observé leurs caractéristiques et leur rapport avec le corps du personnage, précisez quelle est l'impression produite par Catherine Leroux.

Un personnage symbolique

4. Sur quelle composante du portrait le narrateur s'attarde-t-il ? Que symbolise cet élément à ses yeux ?
Vous justifierez votre réponse en relevant des figures de style.

► Figures de style, p. 576

5. Relevez les différentes dénominations du personnage : quelle expression montre que le personnage est un symbole ? Comment comprenez-vous l'appellation relevée ? Quel sentiment le narrateur cherche-t-il à éveiller chez le lecteur ?

► Registres, p. 568

6. Comment Flaubert marque-t-il l'opposition entre Catherine Leroux et les participants aux Comices ?

Synthèse Vous expliquerez comment évolue le portrait du personnage. Vous vous attacherez en particulier à l'organisation de celui-ci et au changement de regard porté sur Catherine Leroux.

Marguerite Duras, *Un barrage contre le Pacifique* (1950)

► Biographie p. 630

CONTEXTE

Influencée par les techniques cinématographiques, Marguerite Duras a écrit de nombreux textes, romans ou *scénarii*, portés à l'écran : *Hiroshima mon amour* en 1959, *India Song* en 1975… Deux films suivront la parution d'*Un barrage contre le Pacifique*, en 1958 et en 2008.

► Le Nouveau Roman, p. 41

En Indochine, une mère veuve et ses deux enfants, Joseph et Suzanne, vivent misérablement en tentant de cultiver leur concession continuellement envahie par la marée. Dans cet extrait, ils rencontrent Monsieur Jo, un riche planteur.

Ils l'avaient déjà vu à côté d'Agosti[1]. Il était seul à sa table. C'était un homme qui paraissait avoir vingt-cinq ans, habillé d'un costume de tussor[2] grège[3]. Sur la table il avait posé un feutre[4] du même grège. Quand il but une gorgée de pernod[5] ils virent à son doigt un magnifique diamant, que la mère se mit à regarder en silence, interdite.

– Merde, quelle bagnole, dit Joseph. Il ajouta : Pour le reste, c'est un singe.

Le diamant était énorme, le costume en tussor, très bien coupé. Jamais Joseph n'avait porté de tussor. Le chapeau mou sortait d'un film : un chapeau qu'on se posait négligemment sur la tête avant de monter dans sa quarante chevaux et d'aller à Longchamp jouer la moitié de sa fortune parce qu'on a le cafard à cause d'une femme. C'était vrai, la figure n'était pas belle. Les épaules étaient étroites, les bras courts, il devait avoir une taille au-dessous de la moyenne. Les mains petites étaient soignées, plutôt maigres, assez belles. Et la présence du diamant leur conférait une valeur royale, un peu déliquescente[6]. Il était seul, planteur, et jeune. Il regardait Suzanne. La mère vit qu'il la regardait. La mère à son tour regarda sa fille. À la lumière électrique ses taches de rousseur se voyaient moins qu'au grand jour. C'était sûrement une belle fille, elle avait des yeux luisants, arrogants, elle était jeune, à la pointe de l'adolescence, et pas timide.

– Pourquoi tu fais une tête d'enterrement ? dit la mère. Tu ne peux pas avoir une fois l'air aimable ?

Suzanne sourit au planteur du Nord.

Astrid Berges-Frisbey (Suzanne) et Randal Douc (Monsieur Jo) dans *Un barrage contre le Pacifique*, film réalisé par Rithy Panh en 2008.

1. nom d'un personnage secondaire du roman. – 2. tissu de soie. – 3. entre gris et beige. – 4. chapeau. – 5. liqueur à l'absinthe. – 6. décadente.

Questions

L'esquisse d'un portrait

1. Comment s'organise la description ? Quels passages pourraient constituer des gros plans au cinéma ?
2. Quels éléments du physique du personnage sont successivement décrits ? Quelle est leur caractéristique commune ? Quelle partie du corps concentre l'attention du narrateur ? Pour quelle raison ?
3. Sur quel objet le narrateur se focalise-t-il ? Que révèle-t-il du personnage ? Comment les autres objets appartenant au personnage permettent-ils de compléter son portrait ?

Une vision subjective

4. Qui voit le personnage ? Justifiez votre réponse.
5. Quel jugement Joseph, la mère et Suzanne portent-ils sur M. Jo ?
6. Comment le narrateur marque-t-il la singularité de ce personnage ?
7. Que signifie l'échange de regards aux lignes 15 à 17 ? Quel lien pouvez-vous établir avec la phrase de la ligne 15 : « Il était seul, planteur, et jeune » ? Quelles sont les attentes du lecteur sur la suite du roman ?

Synthèse Vous montrerez qu'un drame social se noue à partir du portrait effectué.

TEXTE 6

Alain Robbe-Grillet, *La Jalousie* (1957)

► Biographie p. 635

⊕ CONTEXTE

Luttant contre les artifices du siècle précédent et les techniques narratives héritées du Réalisme, Alain Robbe-Grillet cherche à déconstruire la narration traditionnelle. Ses romans doivent être lus comme des énigmes, que le lecteur doit décoder. Ainsi, *La Jalousie* distille des informations qui, mises bout à bout, permettent de bâtir l'histoire et de comprendre les personnages.

► **Le Nouveau Roman, p. 41**

Le roman met en scène trois personnages : une femme appelée A…, son ami Franck, et un personnage qui n'est jamais nommé, jamais décrit, mais semble vivre les événements et les observer attentivement. Les mêmes scènes sont narrées à plusieurs reprises, précisées, comme cette description de A…, que le lecteur a déjà lue.

A… est assise à la table, la petite table à écrire qui se trouve contre la cloison de droite, celle du couloir. Elle se penche en avant sur quelque travail minutieux et long : remaillage d'un bas très fin, polissage des ongles, dessin au crayon d'une taille réduite. Mais A… ne dessine jamais ; pour reprendre une maille filée, elle se serait placée plus près du jour ; si elle avait besoin d'une table pour se faire les ongles, elle n'aurait pas choisi cette table-là.

Malgré l'apparente immobilité de la tête et des épaules, des vibrations saccadées agitent la masse noire de ses cheveux. De temps à autre elle redresse le buste et semble prendre du recul pour mieux juger de son ouvrage. D'un geste lent, elle rejette en arrière une mèche, plus courte, qui s'est détachée de cette coiffure trop mouvante, et la gêne. La main s'attarde à remettre en ordre les ondulations, où les doigts effilés se plient et se déplient, l'un après l'autre, avec rapidité quoique sans brusquerie, le mouvement se communiquant de l'un à l'autre d'une manière continue, comme s'ils étaient entraînés par le même mécanisme.

Penchée de nouveau, elle a maintenant repris sa tâche interrompue. La chevelure lustrée luit de reflets roux, dans le creux des boucles. De légers tremblements, vite amortis, la parcourent d'une épaule vers l'autre, sans qu'il soit possible de voir remuer, de la moindre pulsation, le reste du corps.

Questions

Un portrait fragmentaire

1. Quelles sont les caractéristiques physiques du personnage féminin ? En vous appuyant sur les reprises lexicales, étudiez la progression du portrait.
► **La description, p. 546**
2. Relevez le champ lexical du corps et observez la place de ces mots dans les phrases. Quelle tournure grammaticale contribue à déconstruire ce portrait ? Quelles expressions contribuent à donner au corps une autonomie mystérieuse ?

Les interprétations du narrateur

3. Quelle est l'attitude de la femme décrite ? Où se trouve le narrateur par rapport à elle ? Pourquoi peut-on dire que le narrateur est un observateur attentif ?
4. Relevez les modalisations dans l'extrait : sur quoi portent les hésitations du narrateur ? Quelles hypothèses formule-t-il ? Trouvent-elles leur réponse ? Justifiez.
► **L'énonciation et la modalisation, p. 540**
5. Imaginez ce que A… pourrait faire. Mettez en relation les éléments du décor et l'attitude de A…
6. Selon vous, quelle peut être la nature des relations entre le narrateur et la femme observée ? Pourquoi la scène est-elle muette ? Comment comprenez-vous le titre du roman ?

Synthèse Vous expliquerez comment ce portrait s'effectue à travers la conscience du narrateur.

Grammaire

Quelles sont les différentes valeurs du présent, majoritairement employé dans ce texte ?

► **Modes, temps et valeurs, p. 524**

www.lienmini.fr/magnard-el1-18

Visionnez cette interview d'Alain Robbe-Grillet à propos de La *Jalousie*. Quelle est, selon Alain Robbe-Grillet, la fonction de la description dans un roman ? Comment cet extrait illustre-t-il cette fonction ?

Jérôme Ferrari, *Le Sermon sur la chute de Rome* (2012)

CONTEXTE

Récompensé par le prix Goncourt en 2012, Jérôme Ferrari, né en 1968, place son roman sous l'autorité de Saint Augustin (354-430), auteur des *Confessions*, qui considère que l'homme est marqué par le péché originel et ne peut être sauvé sans Dieu. Comme Augustin, témoin de la décadence de Rome, le protagoniste assiste à la mort de ses rêves et de ses espoirs, à la fin d'un monde.

► Le XXIe siècle, p. 42

L'extrait correspond au début du roman. Il relate la vie d'une famille corse, les Antonetti, du grand-père Marcel né après la Première Guerre mondiale, au petit-fils Matthieu, qui reprend un bar dans le village de son aïeul.

Comme témoignage des origines – comme témoignage de la fin, il y aurait donc cette photo, prise pendant l'été 1918, que Marcel Antonetti s'est obstiné à regarder en vain toute sa vie pour y déchiffrer l'énigme de l'absence. On y voit ses cinq frères et sœurs poser avec sa mère. Autour d'eux, tout est d'un blanc laiteux, on ne distingue ni sol ni murs, et ils semblent flotter comme des spectres dans la brume étrange qui va bientôt les engloutir et les effacer. Elle est assise en robe de deuil, immobile et sans âge, un foulard sombre sur la tête, les mains posées à plat sur les genoux, et elle fixe si intensément un point situé bien au-delà de l'objectif qu'on la dirait indifférente à tout ce qui l'entoure – le photographe et ses instruments, la lumière de l'été et ses propres enfants, son fils Jean-Baptiste, coiffé d'un béret à pompon, qui se blottit craintivement contre elle, serré dans un costume marin trop étroit, ses trois filles aînées, alignées derrière elle, toutes raides et endimanchées, les bras figés le long du corps et, seule au premier plan, la plus jeune, Jeanne-Marie, pieds nus et en haillons, qui dissimule son petit visage blême et boudeur derrière les longues mèches désordonnées de ses cheveux noirs. Et à chaque fois qu'il croise le regard de sa mère, Marcel a l'irrépressible certitude qu'il lui est destiné et qu'elle cherchait déjà, jusque dans les limbes[1], les yeux du fils encore à naître, et qu'elle ne connaît pas. Car sur cette photo, prise pendant une journée caniculaire de l'été 1918, dans la cour de l'école où un photographe ambulant a tendu un drap blanc entre deux tréteaux, Marcel contemple d'abord le spectacle de sa propre absence. Tous ceux qui vont bientôt l'entourer de leurs soins, peut-être de leur amour, sont là mais, en vérité, aucun d'eux ne pense à lui et il ne manque à personne. Ils ont sorti les habits de fête qu'ils ne mettent jamais d'un placard truffé de naphtaline[2] et il leur a fallu consoler Jeanne-Marie, qui n'a que quatre ans et ne possède encore ni robe neuve ni chaussures, avant de monter tous ensemble vers l'école, sans doute heureux que quelque chose se passe enfin qui les arrache un instant à la monotonie et à la solitude de leurs années de guerre. La cour de l'école est pleine de monde. Toute la journée, dans la canicule de l'été 1918, le photographe a fait le portrait de femmes et d'enfants, d'infirmes, de vieillards et de prêtres, qui défilaient devant son objectif pour y chercher eux aussi un répit et la mère de Marcel, et ses frère et sœurs, ont patiemment attendu leur tour en séchant de temps en temps les larmes de Jeanne-Marie qui avait honte de sa robe trouée et de ses pieds nus. Au moment de prendre la photo, elle a refusé de poser avec les autres et il a fallu tolérer qu'elle reste debout toute seule, au premier rang, à l'abri de ses cheveux ébouriffés. Ils sont réunis et Marcel n'est pas là.

1. séjour de l'au-delà, pour les morts innocents. – 2. produit utilisé comme anti-mites.

Bonaparte Roland, *Groupe devant l'une des trois maisons des Bellacoscia*, 1887, négatif verre au gélatino-bromure (18 x 24 cm), musée des Civilisations de l'Europe et de la Méditerranée (MUCEM), Marseille.

Questions

Grammaire

Lignes 9-10, « on la dirait indifférente à tout ce qui l'entoure » : quel est le mode employé ? Quel point de vue révèle-t-il ?

La description d'une photographie

1. Quel passage est principalement consacré à la description de la photographie ? Justifiez votre réponse.

2. Quel est le temps employé dans cette description ? Quelle valeur a-t-il ?

► Modes, temps et valeurs, p. 524

3. Comment la description suggère-t-elle le caractère figé d'une photographie ?

4. En vous basant sur la date à laquelle la photographie a été prise, montrez que la description évoque un contexte particulier.

Le récit d'un instant passé

5. En vous appuyant sur l'étude des temps verbaux et l'observation des repères temporels, retrouvez dans l'extrait le passage racontant l'événement figé par la photographie.

6. Montrez comment les adjectifs utilisés pour décrire chaque personnage de la photographie sont repris dans ce passage.

Un « témoignage »

7. Le narrateur est-il un personnage de l'histoire ? Quelle est la focalisation adoptée ? Relevez une phrase qui justifie vos affirmations.

► La description, p. 546

8. Quelle image est employée pour désigner les personnages de la photographie ? Commentez cette figure de style.

► Figures de style, p. 576

9. Expliquez en quoi consiste cette « énigme de l'absence », (l. 3).

Synthèse Montrez comment la description de cette photographie réunit le passé et le présent.

Vers le bac S'entraîner à l'écriture d'invention

Décrivez une photographie en une page : votre description sera suivie d'un récit qui retracera les circonstances dans lesquelles la photographie aura été prise. Vous respecterez la focalisation choisie par Ferrari.

► Amplifier et transposer un texte, p. 616

HISTOIRE DES ARTS • LE PORTRAIT EN PEINTURE

1 DE LA NAISSANCE D'UN GENRE À SON ÂGE D'OR

xve siècle

Jan Van Eyck (vers 1390-1441), *Marguerite Van Eyck*, 1439, huile sur panneau de chêne (41,2 x 34,6 cm), musée Groeninge, Bruges (Belgique).

▲ Au xve siècle, le portrait devient un genre à part entière.
Le modèle est issu de la cour ou de la riche bourgeoisie.

xviie siècle

Peter Paul Rubens (1577-1640), *Portrait équestre du duc de Lerma*, 1603, huile sur toile (283 x 200 cm), musée du Prado, Madrid (Espagne).

▲ Œuvres de commande, les portraits deviennent des instruments de propagande. Ces représentations mettent en valeur les qualités du modèle. Elles respectent les codes tout en diversifiant les poses.

xviiie siècle

Jean-Honoré Fragonard (1732-1806), *L'Étude* (détail), vers 1769, huile sur toile (81 x 65 cm), musée du Louvre, Paris.

◄ Peu à peu, les commandes se multiplient. Le portait n'est plus le privilège des « grands » et prend un caractère plus intime. La grande originalité du xviiie siècle est le potrait psychologique : le peintre s'intéresse plus à la personnalité du modèle, à la force des expressions du visage et à ce qu'elles traduisent.

Questions ► La lecture d'image, p. 580

La naissance d'un genre

1. Décrivez le tableau de Van Eyck et dites en quoi c'est un portrait. Que pouvez-vous dire du modèle ?

Portrait de cour, portrait équestre

2. Le portrait équestre est une image du pouvoir. Sur le tableau de Rubens, analysez la posture du duc, celle du cheval, l'angle de vue adopté par l'artiste, les couleurs, la lumière, le format. Déduisez de cette analyse des codes de représentations du pouvoir.

L'âge d'or du portrait

3. En vous appuyant sur vos impressions, expliquez comment Fragonard exalte la singularité du modèle et d'une époque.
4. Comparez ce portrait avec celui peint par Van Eyck : quelles différences observez-vous ? Montrez que ces choix sont porteurs de sens et traduisent une époque et une origine géographique différentes.

2 NOUVEAUX MOUVEMENTS ARTISTIQUES : UNE REMISE EN QUESTION DES TECHNIQUES TRADITIONNELLES

« Le fauvisme est venu du fait que nous nous placions tout à fait loin des couleurs d'imitation [qui reproduisent la réalité] et qu'avec les couleurs pures [couleurs de l'arc-en-ciel : rouge, violet, bleu, vert, jaune, orange] nous obtenions des réactions plus fortes », explique Matisse. ▼

xxe siècle

Henri Matisse (1869-1954), *Portrait de Madame Matisse à la raie verte*, 1905, huile sur toile (42,5 x 32,5 cm), Statens Museum, Copenhague (Danemark).

« Je crois qu'à la source de toute peinture on trouvera une vision organisée subjectivement, ou bien une illumination inspirée, dans le genre de celle de Rimbaud. », énonce Picasso. Pour ce tableau de la période du cubisme analytique, Picasso fragmente la forme jusqu'à sa fusion avec l'espace du tableau. ▼

xxe siècle

Pablo Picasso (1881-1973), *Portrait de David-Henry Kahnweiler*, 1910, huile sur toile (100,6 x 72,8 cm), Art Institue, Chicago (États-Unis).

xxe siècle

Andy Warhol (1928-1987), *Ten Lizes*, 1963, huile et laque sur toile (procédé sérigraphique), (201 x 564,5 cm), musée national d'Art moderne, Paris.

▲ L'artiste du xxe siècle s'approprie les nouveaux outils non artistiques ou populaires comme la photographie, la vidéo, le numérique. Du collage d'images il passe à l'assemblage d'objets. Dans ce contexte, les portraits interrogent la société de consommation et la profusion des images, comme cette sérigraphie d'Andy Warhol (procédé qui consiste à reporter mécaniquement une image sur une toile en la réduisant à ses traits essentiels).

Questions ► La lecture d'image, p. 580

La crise du portrait

1. En vous appuyant sur les œuvres de Matisse et de Picasso, expliquez comment les artistes du xxe siècle remettent en question l'art traditionnel.

Le renouveau des techniques

2. Expliquez pourquoi *Ten Lizes* de Warhol se réfère au cinéma, indépendamment du fait que l'actrice Liz Taylor en est le sujet.

VOCABULAIRE LA DESCRIPTION DES CARACTÈRES

1 ANTONYMES

Voici une liste de mots présentant des traits de caractère opposés. Associez chaque mot à son contraire.
1. dévergondage – 2. morosité – 3. orgueil – 4. gaieté – 5. modestie – 6. pudeur

2 DE L'ADJECTIF AU NOM

Trouvez le nom correspondant à ces adjectifs en vous aidant, si besoin, d'un dictionnaire. Employez le nom formé dans une phrase qui révèlera la qualité ou le défaut d'une personne.
1. fier – 2. enjoué – 3. adroit – 4. humble – 5. présomptueux – 6. allègre – 7. obséquieux – 8. candide

3 SYNONYMES

Dans les citations suivantes, trouvez le sens du mot en gras en lui associant le synonyme adéquat.
orgueilleux – enjoué – vaniteux – aimable
1. « L'hôtesse **affable** tient une bouteille à la main, présente des verres et les remplit, sans oublier le sien ; on lui dit des choses obligeantes ; elle y répond avec politesse et gaieté. » (Denis Diderot)
2. « Durant ce court dialogue, Fabrice était **superbe** au milieu de ces gendarmes, c'était bien la mine la plus fière et la plus noble. » (Stendhal)
3. « De **sémillant**, poli, gai, riant et verbiageur qu'il était d'abord, il devient posé, rude, sombre, hagard, taciturne. » (Patrick Raynal)
4. « Le fils, avec bien moins d'esprit et une ambition démesurée nourrie par la plus folle vanité, avait un esprit méchant, guindé, **pédant**, précieux, qui voulait primer partout, qui courait également après les sentences qui toutefois ne coulaient pas de source [...]. » (Saint-Simon)

4 EXPRESSIONS RENVOYANT À UN ANIMAL

a. **Retrouvez les expressions imagées, renvoyant à des animaux, qui correspondent aux traits de caractère suivants. Un indice est donné entre parenthèses.**
Ex. : *On dit de quelqu'un de **clairvoyant** qu'il a **« des yeux de lynx »**.*
1. une personne étourdie (oiseau) – 2. une personne entêtée (famille des équidés) – 3. une personne fine et astucieuse (insecte) – 4. une personne indiscrète, qui fouille dans les affaires d'autrui (petit mammifère au museau allongé)
b. **Choisissez un personnage dans la séquence et caractérisez-le avec l'une des expressions.**

5 EXPRESSIONS RENVOYANT À UN OBJET

Les expressions suivantes renvoient à des traits de caractère. Lesquels ? Expliquez l'image.
1. un foudre de guerre – 2. un moulin à paroles – 3. avoir l'esprit de l'escalier – 4. être collet monté – 5. un panier percé

6 EXPRESSIONS RENVOYANT AU CORPS

On désigne souvent des traits de caractère par des images liées au corps. Retrouvez les images qui s'associent aux caractéristiques suivantes et employez-les dans une phrase qui éclairera leur sens.
Ex. : *Quelqu'un **d'audacieux** n'a pas **« froid aux yeux »**.*
1. l'ambitieux – 2. le paresseux – 3. la personne généreuse – 4. le gourmand – 5. quelqu'un de bien équilibré, de réaliste

7 NIVEAUX DE LANGUE

Dans les groupes d'adjectifs suivants, distinguez ceux appartenant au niveau de langue familier, courant ou soutenu.
1. grognon, triste, renfrogné – 2. amène, agréable, sympa – 3. soupe au lait, irascible, colérique – 4. craintif, trouillard, timoré

8 MOTS DE LA MÊME FAMILLE

Des mots de la même famille ont parfois un sens différent : expliquez chacun des mots suivants et employez-les dans une phrase qui en éclairera le sens.
1. doux / doucereux – 2. droit / droiture – 3. loyal / légal – 4. probe / probant

EXPRESSION ÉCRITE

Sujet 1
Composez votre propre portrait moral en prenant soin d'utiliser exclusivement des images (comparaisons ou expressions figurées). Vous pouvez vous inspirer du vocabulaire et des expressions des exercices 4, 5, et 6.

Sujet 2
Dans un texte qui pourrait figurer dans un roman, brossez le portrait d'un personnage en prenant soin de souligner uniquement ses défauts ou ses qualités. À la suite de chaque trait de caractère nommé, vous raconterez une action du personnage qui éclaire cette caractéristique.

SYNTHÈSE LE PORTRAIT

1 LA CONSTITUTION DES PORTRAITS

Le portrait offre une pause dans le récit. Il fonctionne en général selon un schéma fixe depuis le XVIIe siècle : d'abord un **portrait physique**, puis un **portrait moral**.

Le portrait physique

• La description physique peut s'assimiler à un tableau : elle montre un personnage, son aspect général (taille, teint, visage, attitudes). Elle peut suivre la progression du regard, aller du plan général au gros plan, s'arrêter sur un élément précis.

• Le personnage s'intègre dans un décor **réaliste**, commun ou dans un univers **exceptionnel**.

Ex. : Dans *Le Rouge et le Noir* de Stendhal, M. de Rênal est présenté dans un contexte précis, une ville provinciale au XIXe siècle, où il est vu avec ses défauts. ► p. 74

Le portrait moral

• Il fait exister le personnage, et révèle son point de vue sur le monde. Le narrateur expose les principaux traits de caractère du personnage, ses idées, ses sentiments, ses valeurs…

• Ce portrait moral peut également être déduit des actions du personnage (larmes, sourires, gestes…), ou même de son passé.

Ex. : L'éducation que Mlle de Chartres a reçue contribue à saisir sa personnalité. ► p. 72

2 LE NARRATEUR ET SON PERSONNAGE

• Le portrait est rarement objectif et dépend du statut du narrateur. L'auteur peut avoir l'intention de faire **l'éloge**, de **blâmer**, de **faire rire** ou de **faire rêver**, etc.

• Selon le point de vue adopté, le portrait est plus ou moins complet : dans un **point de vue omniscient**, il vise l'**exhaustivité**.

• Si le narrateur est un personnage, un **jugement** est alors exprimé et le lecteur est amené à le partager ou non.

• Si le point de vue adopté est celui d'un **personnage**, le jugement de celui-ci peut être **différent** de celui du narrateur.

Ex. : Dans *Eugénie Grandet* d'Honoré de Balzac, Eugénie est en admiration devant son cousin, mais le narrateur souligne l'erreur de la jeune fille. ► p. 76

3 LES FONCTIONS DU PORTRAIT

Imiter le réel : fonction mimétique

Par le portrait, le personnage est rendu **présent**. Le portrait l'inscrit dans l'imaginaire du lecteur en accentuant **l'illusion référentielle**. Le lecteur est amené à croire à l'existence du personnage. Le portrait se veut **imitation du réel** (*mimesis*).

Ex. : *Le Sermon sur la chute de Rome*, Jérôme Ferrari. ► p. 80

Donner des informations : fonction explicative

Le portrait est un passage dans lequel le lecteur obtient des informations complémentaires.

Ex. : Dans *La Jalousie* d'Alain Robbe-Grillet, grâce au portrait de A…, le lecteur comprend le jeu des relations entre les personnages. ► p. 79

Créer un horizon d'attente : fonction narrative

Tout portrait fait sens dans l'économie générale du roman : il **rappelle** ou **annonce** les actions à venir du personnage.

Ex. : Le portrait de Mlle de Chartres nous fait comprendre son refus de la passion. ► p. 72

Donner une dimension métaphorique : fonction symbolique

Le personnage peut avoir une **dimension symbolique** : par le choix de certains détails, le narrateur lui donne un sens particulier.

Ex. : Dans *Un barrage contre le Pacifique* de Marguerite Duras, la richesse de M. Jo, soulignée par le narrateur, en fait une proie. ► p. 72

TEXTE 1

Madame de La Fayette, *La Princesse de Clèves* (1678)

▸ Biographie p. 632

De la rencontre…

La Princesse de Clèves *est un roman historique : l'auteur place l'histoire de son héroïne dans le faste de la cour du roi Henri II, vers 1558. C'est aussi un roman psychologique : la princesse, Mme de Clèves, y découvre la passion, mais sa rigueur morale et son sens du devoir la mènent à renoncer à l'amour. Ce roman témoigne de la méfiance des écrivains classiques pour la passion. Mme de Clèves, qui vient tout juste de se marier, rencontre ici pour la première fois le duc de Nemours dont la réputation de séducteur est bien établie à la cour.* ▸ Le Classicisme, p. 29

Elle passa tout le jour des fiançailles[1] chez elle à se parer, pour se trouver le soir au bal et au festin royal qui se faisait au Louvre. Lorsqu'elle arriva, l'on admira sa beauté et sa parure ; le bal commença, et comme elle dansait avec Monsieur de Guise[2], il se fit un assez grand bruit vers la porte de la salle, comme de quelqu'un qui entrait, et à qui on faisait place. Madame de Clèves acheva de danser, et pendant qu'elle cherchait des yeux quelqu'un qu'elle avait dessein de prendre, le roi lui cria de prendre celui qui arrivait. Elle se tourna, et vit un homme qu'elle crut d'abord ne pouvoir être que Monsieur de Nemours, qui passait par-dessus quelques sièges, pour arriver où l'on dansait. Ce prince était fait d'une sorte qu'il était difficile de n'être pas surprise de le voir quand on ne l'avait jamais vu, surtout ce soir-là, où le soin qu'il avait pris de se parer augmentait encore l'air brillant qui était dans sa personne ; mais il était difficile aussi de voir Madame de Clèves pour la première fois sans avoir un grand étonnement.

Monsieur de Nemours fut tellement surpris de sa beauté, que lorsqu'il fut proche d'elle, et qu'elle lui fit la révérence, il ne put s'empêcher de donner des marques de son admiration. Quand ils commencèrent à danser, il s'éleva dans la salle un murmure de louanges. Le roi et les reines[3] se souvinrent qu'ils ne s'étaient jamais vus, et trouvèrent quelque chose de singulier de les voir danser ensemble sans se connaître.

Ils les appelèrent quand ils eurent fini, sans leur donner le loisir de parler à personne, et leur demandèrent s'ils n'avaient pas bien envie de savoir qui ils étaient, et s'ils ne s'en doutaient pas.

– Pour moi, Madame, dit Monsieur de Nemours, je n'ai pas d'incertitude ; mais comme Madame de Clèves n'a pas les mêmes raisons pour deviner qui je suis que celles que j'ai pour la reconnaître, je voudrais bien que Votre Majesté eût la bonté de lui apprendre mon nom.

– Je crois, dit Madame la Dauphine, qu'elle le sait aussi bien que vous savez le sien.

– Je vous assure, Madame, reprit Madame de Clèves, qui paraissait un peu embarrassée, que je ne devine pas si bien que vous pensez.

– Vous devinez fort bien, répondit Madame la Dauphine, et il y a même quelque chose d'obligeant[4] pour Monsieur de Nemours à ne vouloir pas avouer que vous le connaissez sans l'avoir jamais vu.

1. Il s'agit des fiançailles d'une princesse royale, occasion de festivités importantes. – 2. un de ses anciens soupirants. – 3. le roi Henri II, son épouse et la reine dauphine, future reine de France. – 4. agréable, plaisant.

▸▸▸ Affiche de *La Princesse de Clèves* (détail), film réalisé par Jean Delannoy en 1960.

Jean-François Poron (le duc de Nemours) et Marina Vlady (Madame de Clèves) dans *La Princesse de Clèves*, film réalisé par Jean Delannoy en 1960.

Questions

Grammaire

« Ce prince était fait d'une sorte […] un grand étonnement. » (l. 9 à 13) : étudiez la syntaxe de cette phrase. Comment met-elle en parallèle les sentiments des deux personnages ?

Mise en scène d'un coup de foudre

1. Comment l'arrivée de Nemours au bal est-elle mise en valeur ? Comment son portrait est-il introduit ?
2. Relevez le champ lexical du regard : quels regards se croisent ? Quels regards se posent sur les héros au cours de cette rencontre ?
3. « Pour moi […] je n'ai pas d'incertitude. » (l. 23) : que révèle cette réponse des sentiments de M. de Nemours pour Mme de Clèves ?

Amour et jeu social

4. Relisez le premier paragraphe : étudiez l'importance du lieu et des circonstances de la rencontre.
5. Relisez le deuxième paragraphe : expliquez le rôle du roi et des reines dans cette rencontre.
6. Relisez la ligne 27 : pourquoi l'intervention de la reine Dauphine met-elle Mme de Clèves dans l'embarras ?
7. Relisez les lignes 31 à 33. Les paroles de la reine Dauphine reposent sur un implicite : que cherche-t-elle à montrer ?

Synthèse Cette rencontre se déroule dans un cadre particulier : vous montrerez, en vous appuyant sur les réponses aux questions précédentes, que le déroulement de la rencontre est influencé par le lieu, le moment choisi, les personnages qui en sont témoins.

Vers le bac S'entraîner à l'écriture d'invention

Récrivez le premier paragraphe du texte en changeant de point de vue. Vous adopterez exclusivement celui de M. de Nemours.

► Amplifier et transposer un texte, p. 616

TEXTE 2

Madame de La Fayette, *La Princesse de Clèves* (1678)

► Biographie p. 632

… à la séparation

M. de Clèves est mort, de douleur et de dépit, se croyant, à tort, trompé par son épouse. Mme de Clèves reçoit ici pour une dernière fois M. de Nemours qu'elle aime et dont elle est aimée. Elle exprime les raisons qui lui font refuser de l'épouser.

– Par vanité ou par goût, toutes les femmes souhaitent de vous attacher[1]. Il y en a peu à qui vous ne plaisiez ; mon expérience me ferait croire qu'il n'y en a point à qui vous ne puissiez plaire. Je vous croirais toujours amoureux et aimé, et je ne me tromperais pas souvent. Dans cet état néanmoins, je n'aurais d'autre parti à prendre que celui de la souffrance ; je ne sais même si j'oserais me plaindre. On fait des reproches à un amant ; mais en fait-on à un mari, quand on n'a [qu'] à lui reprocher de n'avoir plus d'amour ? Quand je pourrais m'accoutumer à cette sorte de malheur, pourrais-je m'accoutumer à celui de voir toujours Monsieur de Clèves vous accuser de sa mort, me reprocher de vous avoir aimé, de vous avoir épousé, et me faire sentir la différence de son attachement au vôtre ? Il est impossible, continua-t-elle, de passer par-dessus des raisons si fortes : il faut que je demeure dans l'état où je suis, et dans les résolutions que j'ai prises de n'en sortir jamais.

– Hé ! croyez-vous le pouvoir, Madame ? s'écria Monsieur de Nemours. Pensez-vous que vos résolutions tiennent contre un homme qui vous adore, et qui est assez heureux pour vous plaire ? Il est plus difficile que vous ne pensez, Madame, de résister à ce qui nous plaît, et à ce qui nous aime. Vous l'avez fait par une vertu austère, qui n'a presque point d'exemple ; mais cette vertu ne s'oppose plus à vos sentiments, et j'espère que vous les suivrez malgré vous.

– Je sais bien qu'il n'y a rien de plus difficile que ce que j'entreprends, répliqua Madame de Clèves ; je me défie de mes forces au milieu de mes raisons. Ce que je crois devoir à la mémoire de Monsieur de Clèves serait faible s'il n'était soutenu par l'intérêt de mon repos ; et les raisons de mon repos ont besoin d'être soutenues de celles de mon devoir. Mais quoique je me défie de moi-même, je crois que je ne vaincrai jamais mes scrupules, et je n'espère pas aussi de surmonter l'inclination[2] que j'ai pour vous. Elle me rendra malheureuse, et je me priverai de votre vue, quelque violence qu'il m'en coûte. Je vous conjure, par tout le pouvoir que j'ai sur vous, de ne chercher aucune occasion de me voir. Je suis dans un état qui me fait des crimes de tout ce qui pourrait être permis dans un autre temps, et la seule bienséance interdit tout commerce[3] entre nous.

Monsieur de Nemours se jeta à ses pieds, et s'abandonna à tous les divers mouvements dont il était agité. Il lui fit voir, et par ses paroles, et par ses pleurs, la plus vive et la plus tendre passion dont un cœur ait jamais été touché. Celui de Madame de Clèves n'était pas insensible, et regardant ce prince avec des yeux un peu grossis par les larmes :

– Pourquoi faut-il, s'écria-t-elle, que je vous puisse accuser de la mort de Monsieur de Clèves[4] ? Que n'ai-je commencé à vous connaître depuis que je suis libre, ou pourquoi ne vous ai-je pas connu devant[5] que d'être engagée ? Pourquoi la destinée nous sépare-t-elle par un obstacle si invincible ?

1. M. de Nemours a une réputation de séducteur à la cour.
2. goût vif, penchant.
3. toute relation (sens ancien).
4. M. de Clèves est tombé malade après avoir fait suivre M. de Nemours et avoir cru comprendre, à tort, qu'il avait passé la nuit avec Mme de Clèves : il a reproché son infidélité à son épouse sur son lit de mort.
5. avant (forme ancienne).

La Princesse de Clèves au chevet du lit de mort de son mari, illustration pour *La Princesse de Clèves* de Madame de La Fayette, édition de 1931.

Questions

Un dialogue argumenté

1. Relisez les lignes 1 à 13 : quels arguments Mme de Clèves oppose-t-elle à l'idée d'épouser M. de Nemours ?
2. Quels temps dominent dans ce premier paragraphe ? Quelle est leur valeur ? Que cherche à montrer Mme de Clèves ?
► Modes, temps et valeurs, p. 524
3. Quel argument principal lui oppose M. de Nemours ? Relevez l'expression qui formule le mieux cet argument et commentez les termes qui lui donnent une valeur généralisante.

Une scène pathétique

4. Relevez des éléments pouvant évoquer une scène de théâtre. Comment s'exprime la souffrance des personnages ? Vous étudierez leurs attitudes et leurs propos. Quel est l'effet produit ?
► Registres, p. 568
5. Lignes 39 à 41 : quel « obstacle » Mme de Clèves met-elle en avant ?

La naissance d'une héroïne sublime

6. Relisez les lignes 26 à 39 : comment Mme de Clèves fait-elle ressortir la difficulté de son choix ?
7. Quelle valeur Mme de Clèves affirme-t-elle dans ce deuxième extrait ? Relevez, lignes 38 à 41, la phrase qui définit son idéal de vie.

Synthèse En vous appuyant sur les deux extraits de l'œuvre, vous montrerez que l'héroïne se construit par ses choix et par ses renoncements.

Vers le bac S'entraîner à la dissertation

« Préférez-vous les romans dont le héros est un personnage exemplaire ? »
En vous appuyant notamment sur *La Princesse de Clèves*, vous développerez la première partie de cette dissertation, en montrant pour quelles raisons on peut préférer un héros qui soit un personnage exemplaire. ► Analyser le sujet et exploiter le corpus, p. 602

L'Abbé Prévost, *Manon Lescaut* (1731)

► Biographie p. 634

CONTEXTE

L'Histoire du chevalier Des Grieux et de Manon Lescaut n'était à l'origine qu'une histoire insérée dans une œuvre plus vaste, *Les Mémoires d'un homme de qualité*. Dans le tome VII de ces *Mémoires* fictives, le narrateur, « l'homme de qualité », rencontre le chevalier Des Grieux qui lui raconte sa passion fatale pour une simple courtisane. Le succès immédiat de ce roman officiellement jugé scandaleux s'explique sans doute parce qu'il témoigne de la société de la Régence et de la vie dissolue des aristocrates.

IIe acte de *Manon Lescaut*, 1830, lithographie d'Alphonse Bichebois, dessin de **Gabriel Lépaulle**.

De la rencontre…

Le chevalier Des Grieux, jeune homme de bonne famille destiné à la prêtrise, raconte rétrospectivement au narrateur principal dans quelles circonstances il a rencontré Manon Lescaut, et la passion malheureuse qui les a unis.

J'avais marqué le temps de mon départ d'Amiens. Hélas ! que ne le marquais-je un jour plus tôt ! j'aurais porté chez mon père toute mon innocence. La veille même de celui que je devais quitter cette ville[1], étant à me promener avec mon ami, qui s'appelait Tiberge, nous vîmes arriver le coche[2] d'Arras, et nous le suivîmes jusqu'à l'hôtellerie où ces voitures descendent. Nous n'avions pas d'autre motif que la curiosité. Il en sortit quelques femmes, qui se retirèrent aussitôt. Mais il en resta une fort jeune, qui s'arrêta seule dans la cour, pendant qu'un homme d'un âge avancé, qui paraissait lui servir de conducteur, s'empressait pour faire tirer son équipage des paniers. Elle me parut si charmante, que moi, qui jamais n'avais pensé à la différence des sexes, ni regardé une fille avec un peu d'attention ; moi, dis-je, dont tout le monde admirait la sagesse et la retenue, je me trouvai enflammé tout d'un coup jusqu'au transport[3]. J'avais le défaut d'être excessivement timide et facile à déconcerter ; mais loin d'être arrêté alors par cette faiblesse, je m'avançai vers la maîtresse de mon cœur. Quoiqu'elle fût encore moins âgée que moi, elle reçut mes politesses[4] sans paraître embarrassée. Je lui demandai ce qui l'amenait à Amiens, et si elle y avait quelques personnes de connaissance. Elle me répondit ingénument qu'elle y était envoyée par ses parents pour être religieuse. L'amour me rendait déjà si éclairé, depuis un moment qu'il était dans mon cœur, que je regardai ce dessein comme un coup mortel pour mes désirs. Je lui parlai d'une manière qui lui fit comprendre mes sentiments, car elle était bien plus expérimentée que moi. C'était malgré elle qu'on l'envoyait au couvent pour arrêter sans doute son penchant au plaisir qui s'était déjà déclaré et qui a causé dans la suite tous ses malheurs et les miens.

1. Des Grieux doit se rendre au séminaire (établissement destiné à la formation religieuse). – 2. la diligence. – 3. mouvement passionné. – 4. recevoir des marques d'estime.

Questions

1. Relevez toutes les marques du discours qui permettent de repérer la situation d'énonciation.
► L'énonciation et la modalisation, p. 540
2. Quelles réflexions sont celles du narrateur vieilli et éclairé par son expérience ? Quel regard porte-t-il sur son passé ?
► L'organisation du récit, p. 544
3. Relevez toutes les différences entre les deux jeunes gens soulignées par le narrateur lui-même. Que veut-il montrer ?

Vers le bac S'entraîner au commentaire

Vous développerez la première partie du commentaire de ce texte : vous montrerez que le héros n'est pas maître de son histoire.

► Rédiger des paragraphes et insérer des citations, p. 598

TEXTE 4

… à la séparation

Manon Lescaut est une maîtresse tendre mais frivole. Cependant, l'amour de Des Grieux finit par la toucher : il décide de la suivre jusqu'en Amérique où elle est déportée avec d'autres courtisanes pour peupler la Louisiane. Les deux amants pourraient enfin toucher au bonheur, mais ils se trouvent à nouveau contraints de fuir pour échapper à la justice. Manon est épuisée par cette marche forcée.

Maurice Leloir, *Manon Lescaut* (détail), 1892, huile sur toile, Dahesh Museum of Art, New York (États-Unis).

Pardonnez si j'achève en peu de mots un récit qui me tue[1]. Je vous raconte un malheur qui n'eut jamais d'exemple. Toute ma vie est destinée à le pleurer. Mais quoique je le porte sans cesse dans ma mémoire, mon âme semble reculer d'horreur chaque fois que j'entreprends de l'exprimer.

Nous avions passé tranquillement une partie de la nuit. Je croyais ma chère maîtresse endormie et je n'osais pousser le moindre souffle, dans la crainte de troubler son sommeil. Je m'aperçus dès le point du jour, en touchant ses mains, qu'elle les avait froides et tremblantes. Je les approchai de mon sein pour les échauffer. Elle sentit ce mouvement, et, faisant un effort pour saisir les miennes, elle me dit, d'une voix faible, qu'elle se croyait à sa dernière heure. Je ne pris d'abord ce discours que pour un langage ordinaire dans l'infortune[2], et je n'y répondis que par les tendres consolations de l'amour. Mais ses soupirs fréquents, son silence à mes interrogations, le serrement de ses mains dans lesquelles elle continuait de tenir les miennes, me firent connaître que la fin de ses malheurs approchait. N'exigez point de moi que je vous décrive mes sentiments, ni que je vous rapporte ses dernières expressions. Je la perdis ; je reçus d'elle des marques d'amour au moment même qu'elle expirait. C'est tout ce que j'ai la force de vous apprendre de ce fatal et déplorable événement.

Mon âme ne suivit pas la sienne. Le ciel ne me trouva point sans doute assez rigoureusement puni. Il a voulu que j'aie traîné depuis une vie languissante et misérable. Je renonce volontairement à la mener jamais plus heureuse.

1. Des Grieux s'adresse au narrateur des *Mémoires*. – 2. le malheur.

Questions

Vocabulaire

Recherchez l'étymologie du mot « fortune » : comment se trouve mise en valeur l'idée de fatalité dans le texte ?

1. Relevez toutes les marques du discours qui permettent de repérer la situation d'énonciation.

► L'énonciation et la modalisation, p. 540

2. Quel est le registre littéraire dominant dans ce texte ? Relevez et commentez les indices qui le montrent. ► Registres, p. 568

3. Relisez le dernier paragraphe : quel registre littéraire domine ici ? Expliquez l'importance de ce registre dans la construction du personnage.

Synthèse En un court paragraphe et en repérant des indices précis dans les deux textes, vous montrerez qu'il est intéressant de faire raconter rétrospectivement cette passion malheureuse par Des Grieux lui-même.

Gustave Flaubert, *L'Éducation sentimentale* (1869)

► Biographie p. 630

CONTEXTE

L'Éducation sentimentale est un roman d'apprentissage. Gustave Flaubert y exprime l'échec de la génération de 1848, nourrie d'idéaux romanesques. S'inspirant de matériaux autobiographiques, il retrace l'itinéraire de son héros, Frédéric Moreau, jeune homme rempli d'illusions sentimentales, qui se heurte à la réalité décevante d'une société bourgeoise. Le récit de cet itinéraire donne ainsi à voir des individus non exceptionnels. Le narrateur se joue avec ironie de son personnage et de sa médiocrité bien réelle. L'écriture réaliste permet aussi de détruire les illusions sentimentales de Frédéric.

► **Le Réalisme, p. 35**

De la rencontre…

Frédéric Moreau, jeune étudiant en droit, emprunte ici un bateau qui remonte la Seine pour rentrer chez lui en Normandie. Il rencontre à cette occasion Mme Arnoux, épouse d'un négociant, qui va devenir le grand amour de sa vie.

Ce fut comme une apparition :

Elle était assise, au milieu du banc, toute seule ; ou du moins il ne distingua personne, dans l'éblouissement que lui envoyèrent ses yeux. En même temps qu'il passait, elle leva la tête ; il fléchit involontairement les épaules ; et, quand il se fut mis plus loin, du même côté, il la regarda.

Elle avait un large chapeau de paille, avec des rubans roses qui palpitaient au vent, derrière elle. Ses bandeaux[1] noirs, contournant la pointe de ses grands sourcils, descendaient très bas et semblaient presser amoureusement l'ovale de sa figure. Sa robe de mousseline claire, tachetée de petits pois, se répandait à plis nombreux. Elle était en train de broder quelque chose ; et son nez droit, son menton, toute sa personne se découpait sur le fond de l'air bleu.

Comme elle gardait la même attitude, il fit plusieurs tours de droite et de gauche pour dissimuler sa manœuvre ; puis il se planta tout près de son ombrelle, posée contre le banc, et il affectait d'observer une chaloupe sur la rivière.

Jamais il n'avait vu cette splendeur de sa peau brune, la séduction de sa taille, ni cette finesse des doigts que la lumière traversait. Il considérait son panier à ouvrage avec ébahissement, comme une chose extraordinaire. Quels étaient son nom, sa demeure, sa vie, son passé ? Il souhaitait connaître les meubles de sa chambre, toutes les robes qu'elle avait portées, les gens qu'elle fréquentait ; et le désir de la possession physique même disparaissait sous une envie plus profonde, dans une curiosité douloureuse qui n'avait pas de limites.

Une négresse, coiffée d'un foulard, se présenta en tenant par la main une petite fille, déjà grande. L'enfant, dont les yeux roulaient des larmes, venaient de s'éveiller ; elle la prit sur ses genoux. « Mademoiselle n'était pas sage, quoiqu'elle eût sept ans bientôt ; sa mère ne l'aimerait plus ; on lui pardonnait trop ses caprices. » Et Frédéric se réjouissait d'entendre ces choses, comme s'il eût fait une découverte, une acquisition.

Il la supposait d'origine andalouse, créole peut-être ; elle avait ramené des îles cette négresse avec elle.

Cependant, un long châle à bandes violettes était placé derrière son dos, sur le bordage[2] de cuivre. Elle avait dû, bien des fois, au milieu de la mer, durant les soirs humides, en envelopper sa taille, s'en couvrir les pieds, dormir dedans ! Mais, entraîné par les franges, il glissait peu à peu, il allait tomber dans l'eau ; Frédéric fit un bond et le rattrapa. Elle lui dit :

– Je vous remercie, monsieur.

Leurs yeux se rencontrèrent.

1. coiffure qui sépare les cheveux au milieu du front, les ramenant sur les côtés du visage.
2. pièce de la coque d'un bateau.

Lecture d'image ► p. 580

- Comment les personnages sont-ils mis en valeur ? Observez le cadrage, les différents plans du tableau, la lumière et les couleurs.
- Quel angle de vue est adopté par le peintre ? Quel est l'effet créé ?
- Comment l'artiste réussit-il ici à donner l'impression de mouvement ?
- Pourquoi cette toile peut-elle être mise en parallèle avec l'« apparition » de Mme Arnoux dans le texte de Gustave Flaubert ?
- Vous montrerez en un court paragraphe comment le travail de l'artiste peintre consiste ici à capter le charme d'un instant.

Claude Monet, *La Femme à l'ombrelle*, 1875, huile sur toile (100 x 81 cm), National Gallery of Art, Washington (États-Unis).

Questions

Grammaire

« Quels étaient son nom, sa demeure, sa vie, son passé ? » (l. 18-19) : qui pose cette question ? À qui ? Comment appelle-t-on ce type de discours ?

Une rencontre : un coup de foudre

1. Quel est le point de vue privilégié dans le texte ? Justifiez votre réponse en relevant des indices précis.
2. Étudiez, grâce à un repérage précis, l'évolution progressive des sentiments de Frédéric à mesure qu'il observe Mme Arnoux. Comment sa fascination se manifeste-t-elle ?
3. Que découvrons-nous de la personnalité de Frédéric au travers de ce récit de rencontre ?
4. Commentez la dernière phrase du texte. De quelle manière est-elle mise en valeur ?

La mise en scène d'un idéal féminin

5. Commentez la première phrase du texte : choix du lexique, longueur, rythme. À quel autre type de texte littéraire vous fait-elle penser ?
6. Dans le deuxième paragraphe, quels termes reprennent et développent le mot « apparition » ? Que cherche à montrer le narrateur ?
7. Examinez le portrait physique de Mme Arnoux : comment est-il composé ? Quels termes mettent en valeur le personnage ?

► La description, p. 546

8. Relevez les éléments qui contribuent au charme exotique de Mme Arnoux. Pourquoi Frédéric y est-il particulièrement sensible ?

Synthèse En vous appuyant notamment sur le choix du point de vue, sur les circonstances et son déroulement, vous montrerez ce qui fait l'originalité de cette rencontre.

Vers le bac S'entraîner à la dissertation

Dans quelle mesure le personnage de roman donne-t-il au lecteur un accès privilégié à la connaissance du cœur humain ?

Vous développerez une première partie illustrant la manière dont l'écriture romanesque permet au lecteur d'entrer dans la conscience des personnages et de connaître leurs sentiments les plus intimes.

► Construire un paragraphe et insérer des exemples, p. 606

Gustave Flaubert, *L'Éducation sentimentale* (1869)

► Biographie p. 630

… à la séparation

Frédéric Moreau retrouve ici pour une ultime rencontre Mme Arnoux qu'il avait perdue de vue depuis des années, après avoir réussi à entrer dans son intimité et se faire aimer, sans jamais cependant devenir son amant. Ils font une dernière promenade, puis reviennent ensemble chez Frédéric.

Quand ils rentrèrent, Mme Arnoux ôta son chapeau. La lampe, posée sur une console, éclaira ses cheveux blancs. Ce fut comme un heurt en pleine poitrine.

Pour lui cacher cette déception, il se posa par terre à ses genoux, et, prenant ses mains, se mit à lui dire des tendresses.

– Votre personne, vos moindres mouvements me semblaient avoir dans le monde une importance extra-humaine. Mon cœur, comme de la poussière, se soulevait derrière vos pas. Vous me faisiez l'effet d'un clair de lune par une nuit d'été, quand tout est parfums, ombres douces, blancheurs ; infini ; et les délices de la chair et de l'âme étaient contenues pour moi dans votre nom que je me répétais, en tâchant de le baiser sur mes lèvres. Je n'imaginais rien au-delà. C'était Mme Arnoux telle que vous étiez, avec ses deux enfants, tendre, sérieuse, belle à éblouir, et si bonne ! Cette image-là effaçait toutes les autres. Est-ce que j'y pensais, seulement ! puisque j'avais toujours au fond de moi-même la musique de votre voix et la splendeur de vos yeux !

Elle acceptait avec ravissement ces adorations pour la femme qu'elle n'était plus. Frédéric, se grisant par ses paroles, arrivait à croire ce qu'il disait. Mme Arnoux, le dos tourné à la lumière, se penchait vers lui. Il sentait sur son front la caresse de son haleine, à travers ses vêtements le contact indécis de tout son corps. Leurs mains se serrèrent ; la pointe de sa bottine s'avançait un peu sous sa robe, et il lui dit, presque défaillant :

– La vue de votre pied me trouble.

Un mouvement de pudeur la fit se lever. Puis, immobile, et avec l'intonation singulière des somnambules :

– À mon âge ! lui ! Frédéric !… Aucune n'a jamais été aimée comme moi ! Non, non ! à quoi sert d'être jeune ? Je m'en moque bien ! je les méprise, toutes celles qui viennent ici !

– Oh ! il n'en vient guère, reprit-il complaisamment.

Son visage s'épanouit, et elle voulut savoir s'il se marierait.

Il jura que non.

– Bien sûr ? Pourquoi ?

– À cause de vous, dit Frédéric en la serrant dans ses bras.

Elle y restait, la taille en arrière, la bouche entr'ouverte, les yeux levés. Tout à coup, elle le repoussa avec un air de désespoir ; et, comme il la suppliait de lui répondre, elle dit en baissant la tête :

– J'aurais voulu vous rendre heureux.

Giuseppe De Nittis, *Étude d'une femme*, 1871, pastel (22 x 15 cm), musée Pinacoteca comunale, Barletta (Italie).

Frédéric soupçonna Mme Arnoux d'être venue pour s'offrir ; et il était repris par une convoitise plus forte que jamais, furieuse, enragée. Cependant, il sentait quelque chose d'inexprimable, une répulsion, et comme l'effroi d'un inceste. Une autre crainte l'arrêta, celle d'en avoir dégoût plus tard. D'ailleurs, quel embarras ce serait ! et tout à la fois par prudence et pour ne pas dégrader son idéal, il tourna sur ses talons et se mit à faire une cigarette.

Elle le contemplait, tout émerveillée.

– Comme vous êtes délicat ! Il n'y a que vous ! Il n'y a que vous !

Onze heures sonnèrent.

– Déjà ! dit-elle ; au quart, je m'en irai.

Elle se rassit ; mais elle observait la pendule, et il continuait à marcher en fumant. Tous les deux ne trouvaient plus rien à se dire. Il y a un moment, dans les séparations, où la personne aimée n'est déjà plus avec nous.

Enfin, l'aiguille ayant dépassé vingt-cinq minutes, elle prit son chapeau par les brides, lentement.

– Adieu, mon ami, mon cher ami ! Je ne vous reverrai jamais ! C'était ma dernière démarche de femme. Mon âme ne vous quittera pas. Que toutes les bénédictions du ciel soient sur vous !

Et elle le baisa au front comme une mère.

Mais elle parut chercher quelque chose, et lui demanda des ciseaux.

Elle défit son peigne ; tous ses cheveux blancs tombèrent.

Elle s'en coupa, brutalement, à la racine, une longue mèche.

– Gardez-les ! adieu !

Quand elle fut sortie, Frédéric ouvrit sa fenêtre. Mme Arnoux, sur le trottoir, fit signe d'avancer à un fiacre qui passait. Elle monta dedans. La voiture disparut.

Et ce fut tout.

Questions

Grammaire

« J'aurais voulu vous rendre heureux » (l. 39) : identifiez le temps employé et sa valeur.

Des clichés romantiques mis à mal

1. Quel détail de la première rencontre (► p. 92) est à rapprocher des trois premières phrases de ce texte ? Appuyez-vous sur la longueur des phrases.
2. Commentez dans le début du texte les paroles et l'attitude de Frédéric. Quelle impression cherche-t-il à produire ?
3. Lignes 33 à 39 : commentez les attitudes des personnages.
4. Repérez les commentaires du narrateur. Quel effet produisent-ils ?

Les désillusions de l'amour

5. Lignes 46 à 50 : montrez que les préoccupations de Frédéric ont pris un tour très trivial. Quel type de paroles rapportées est utilisé ? Quel effet cela produit-il ? ► Les discours rapportés, p. 530
6. Montrez, en citant le texte, que Mme Arnoux se méprend sur les sentiments de Frédéric.
7. Relevez toutes les allusions à l'heure : quel est l'effet produit ?
8. Commentez la dernière phrase ; comparez-la à la première phrase du texte 5 (► p. 92).

Synthèse Vous rédigerez un paragraphe centré sur l'évolution du personnage de Frédéric de la scène de rencontre à celle de séparation. Vous montrerez comment les illusions sentimentales du jeune homme se sont défaites, au fil du temps. Quel lien faites-vous avec le titre de l'œuvre ?

Marcel Proust, *Du côté de chez Swann* (1913)

► Biographie p. 634

⊕ CONTEXTE

Du côté de chez Swann est le premier tome de *À La Recherche du temps perdu*, œuvre marquante du XXe siècle par sa réflexion sur la relation de l'homme au temps. Nous découvrons, à travers le regard du narrateur, entre autres, le Paris mondain du début du siècle, la bourgeoisie et la haute aristocratie, et les ressorts les plus secrets de l'âme.

De la rencontre…

Riche et oisif, Charles Swann est un dandy parisien qui fréquente les salons de la bourgeoisie et de l'aristocratie. Il aime séduire les femmes et a déjà eu de nombreuses aventures, en particulier avec des demi-mondaines. L'une d'elles, Odette de Crécy, a demandé à un ami commun de les présenter.

Mais tandis que chacune de ces liaisons, ou chacun de ces flirts, avait été la réalisation plus ou moins complète d'un rêve né de la vue d'un visage ou d'un corps que Swann avait, spontanément, sans s'y efforcer, trouvés charmants, en revanche, quand un jour au théâtre il fut présenté à Odette de Crécy par un de ses amis d'autrefois, qui lui avait parlé d'elle comme d'une femme ravissante avec qui il pourrait peut-être arriver à quelque chose, mais en la lui donnant pour plus difficile qu'elle n'était en réalité afin de paraître lui-même avoir fait quelque chose de plus aimable en la lui faisant connaître, elle était apparue à Swann non pas certes sans beauté, mais d'un genre de beauté qui lui était indifférent, qui ne lui inspirait aucun désir, lui causait même une sorte de répulsion physique, de ces femmes comme tout le monde a les siennes, différentes pour chacun, et qui sont l'opposé du type que nos sens réclament. Pour lui plaire elle avait un profil trop accusé, la peau trop fragile, les pommettes trop saillantes, les traits trop tirés. Ses yeux étaient beaux mais si grands qu'ils fléchissaient sous leur propre masse, fatiguaient le reste de son visage et lui donnaient toujours l'air d'avoir mauvaise mine ou d'être de mauvaise humeur. Quelque temps après cette présentation au théâtre, elle avait écrit pour lui demander à voir ses collections qui l'intéressaient tant, « elle, ignorante qui avait le goût des jolies choses », disant qu'il lui semblait qu'elle le connaîtrait mieux quand elle l'aurait vu dans « son home » où elle l'imaginait « si confortable avec son thé et ses livres », quoiqu'elle ne lui eût pas caché sa surprise qu'il habitât ce quartier qui devait être si triste[1] et « qui était si peu *smart* pour lui qui l'était tant ». Et après qu'il l'eut laissée venir, en le quittant, elle lui avait dit son regret d'être restée si peu dans cette demeure où elle avait été heureuse de pénétrer, parlant de lui comme s'il avait été pour elle quelque chose de plus que les autres êtres qu'elle connaissait, et semblant établir entre leurs deux personnes une sorte de trait d'union romanesque qui l'avait fait sourire.

1. Swann habite sur l'île Saint-Louis.

Le Restaurant (école russe), 1907, huile sur toile, Tretyakov Gallery, Moscou.

... à la séparation

Swann se rend compte un jour qu'Odette le trompe. Il met fin à leur liaison, mais il lui faut du temps pour accepter la séparation... Lors d'une soirée chez Mme de Saint-Euverte, il a un déclic : ses sentiments pour Odette ne renaîtront jamais.

Les intérêts de notre vie sont si multiples qu'il n'est pas rare que dans une même circonstance les jalons d'un bonheur qui n'existe pas encore soient posés à côté de l'aggravation d'un chagrin dont nous souffrons. Et sans doute cela aurait pu arriver à Swann ailleurs que chez Mme de Saint-Euverte. Qui sait même, dans le cas où, ce soir-là, il se fût trouvé ailleurs, si d'autres bonheurs, d'autres chagrins ne lui seraient pas arrivés, et qui ensuite lui eussent paru avoir été inévitables ? Mais ce qui lui semblait l'avoir été, c'était ce qui avait eu lieu, et il n'était pas loin de voir quelque chose de providentiel dans ce fait qu'il se fût décidé à aller à la soirée de Mme de Saint-Euverte, parce que son esprit désireux d'admirer la richesse d'invention de la vie et incapable de se poser longtemps une question difficile, comme de savoir ce qui eût été le plus à souhaiter, considérait dans les souffrances qu'il avait éprouvées ce soir-là et les plaisirs encore insoupçonnés qui germaient déjà – et entre lesquels la balance était trop difficile à établir – une sorte d'enchaînement nécessaire.

Mais tandis que, une heure après son réveil, il donnait des indications au coiffeur pour que sa brosse ne se dérangeât pas en wagon, il repensa à son rêve, il revit, comme il les avait sentis tout près de lui, le teint pâle d'Odette, les joues trop maigres, les traits tirés, les yeux battus, tout ce que – au cours des tendresses successives qui avaient fait de son durable amour pour Odette un long oubli de l'image première qu'il avait reçue d'elle – il avait cessé de remarquer depuis les premiers temps de leur liaison dans lesquels, sans doute, pendant qu'il dormait, sa mémoire en avait été chercher la sensation exacte. Et avec cette muflerie intermittente qui reparaissait chez lui dès qu'il n'était plus malheureux et que baissait du même coup le niveau de sa moralité, il s'écria en lui-même : « Dire que j'ai gâché des années de ma vie, que j'ai voulu mourir, que j'ai eu mon plus grand amour pour une femme qui ne me plaisait pas, qui n'était pas mon genre ! »

Questions

Grammaire

« elle, ignorante qui avait le goût des jolies choses » texte 7, (l. 19) : quel type de paroles rapportées reconnaissez-vous ? Quel est l'effet produit ?

De la rencontre...

1. Relevez au début du texte les connecteurs qui marquent l'opposition : sur quel aspect insistent-ils ?
2. Justifiez la longueur de la première phrase.
3. Quel lexique évaluatif est employé dans le portrait d'Odette ? Pourquoi ?
4. « en la lui donnant [...] en réalité » (l. 7) : justifiez ce commentaire.
5. À qui faut-il attribuer les anglicismes ? Que nous apprennent-ils du personnage ?

... à la séparation

6. Que fait le narrateur dans la première partie de cet extrait ? Pourquoi ?
7. « Qui sait même.... » (l. 7) : justifiez le choix de la focalisation.
9. Commentez la longueur et la construction des phrases. Que cherchent-elles à reproduire ?
10. Identifiez le type de paroles rapportées dans la dernière phrase. Quel est l'effet produit ?

Synthèse Que nous apprennent ces deux textes sur le sentiment amoureux ?

Albert Cohen, *Belle du Seigneur* (1968)

► Biographie p. 629

⊕ CONTEXTE

Chef d'œuvre de la littérature sentimentale, ce roman d'Albert Cohen dresse un tableau sans indulgence d'une passion absolue, de ses débuts placés sous le signe d'un romantisme échevelé jusqu'à sa fin calamiteuse, les amants s'étant engoncés dans la jalousie stérile et la médiocrité d'une vie oisive.
Mais c'est aussi une satire impitoyable des milieux internationaux à Genève.
Enfin, le style de Cohen explore tous les possibles : du lyrisme au grotesque, du sublime au familier, privilégiant souvent la forme du monologue intérieur des personnages.

De la rencontre…

Solal, brillant et riche diplomate, haut responsable de la Société des Nations[1], s'est introduit dans la chambre d'Ariane Deume, épouse d'un modeste fonctionnaire, qu'il a rencontrée lors d'une soirée. Grimé en vieux juif errant, il lui fait une déclaration.

Il lui sourit, et elle eut un tremblement, baissa les yeux. Atroce, ce sourire sans dents. Atroces, ces mots d'amour hors de cette bouche vide. Il fit un pas en avant, et elle sentit le danger proche. Ne pas le contrarier, dire tout ce qu'il voudra, et qu'il parte, mon Dieu, qu'il parte.

– Devant toi, me voici, dit-il, me voici, un vieillard mais de toi attendant le miracle. Me voici, faible et pauvre, blanc de barbe, et deux dents seulement, mais nul ne t'aimera et ne te connaîtra comme je t'aime et te connais, ne t'honorera d'un tel amour. Deux dents seulement, je te les offre avec mon amour, veux-tu de cet amour ?

– Oui, dit-elle, et elle humecta ses lèvres sèches, essaya un sourire.

– Gloire à Dieu, dit-il, gloire en vérité, car voici celle qui rachète toutes les femmes, voici la première lumière !

Ridiculement, il plia le genou devant elle, puis il se leva et il alla vers elle et leur premier baiser, alla avec son noir sourire de vieillesse, les mains tendues vers celle qui rachetait toutes les femmes, la première humaine, qui soudain recula, recula avec un cri rauque, cri d'épouvante et de haine, heurta la table de chevet, saisit le verre vide, le lança contre la vieille face. Il porta la main à sa paupière, essuya le sang, considéra[2] le sang sur sa main, et soudain il eut un rire, et il frappa du pied.

– Tourne-toi, idiote ! dit-il.

Elle obéit, se tourna, resta immobile avec la peur de recevoir une balle dans la nuque, cependant qu'il ouvrait les rideaux, se penchait à la fenêtre, portait deux doigts à ses lèvres, sifflait. Puis il se débarrassa du vieux manteau et de la toque de fourrure, ôta la fausse barbe, détacha le sparadrap noir qui recouvrait les dents, ramassa la cravache derrière les rideaux.

– Retourne-toi, ordonna-t-il.

Dans le haut cavalier aux noirs cheveux désordonnés, au visage net et lisse, sombre diamant, elle reconnut celui que son mari lui avait, en chuchotant, montré de loin, à la réception brésilienne.

– Oui, Solal et du plus mauvais goût, sourit-il à belles dents. Bottes ! montra-t-il, et de joie il cravacha sa botte droite. Et il y a un cheval qui m'attend dehors ! Il y avait même deux chevaux ! Le second était pour toi, idiote, et nous aurions chevauché à jamais l'un près de l'autre, jeunes et pleins de dents, j'en ai trente-deux, et impeccables, tu peux vérifier et les compter, ou même je t'aurais emportée en croupe, glorieusement vers le bonheur qui te manque ! Mais je n'ai plus envie maintenant, et ton nez est soudain trop grand, et de plus il luit comme un phare, et c'est tant mieux, et je vais partir ! Mais d'abord, femelle, écoute ! Femelle, je te traiterai en femelle, et c'est bassement que je

1. organisation internationale créée en 1919 et qui avait pour but de veiller au désarmement et à la paix entre nations.
2. regarda avec attention.

Pablo Picasso, *Le Baiser*, 1969, huile sur toile (97 x 130 cm), musée Picasso, Paris.

te séduirai, comme tu le mérites et comme tu le veux. À notre prochaine rencontre, et ce sera bientôt, en deux heures je te séduirai par les moyens qui leur plaisent à toutes, les sales, les sales moyens, et tu tomberas en grand imbécile amour, et ainsi vengerai-je les vieux et les laids, et tous les naïfs qui ne savent pas vous séduire, et tu partiras avec moi, extasiée et les yeux frits !

Questions

Un récit de rencontre singulier

1. Quels sont les sentiments éprouvés par Ariane au cours de cette rencontre ? Observez plus particulièrement le premier paragraphe du texte : comment le narrateur nous les fait-il partager ?
2. Étudiez les paroles et l'attitude de Solal déguisé, implorant l'amour d'Ariane : quels indices sont révélateurs de la comédie qu'il joue ? Qualifiez le registre du texte. ► Registres, p. 568
3. Cherchez dans le discours de Solal les éléments qui expliquent les raisons pour lesquelles il a choisi de paraître ainsi déguisé.

La mise en scène du seigneur

4. Comment l'apparition de Solal est-elle mise en valeur dans le texte ?
5. Relevez et commentez les éléments de description physique : quel est l'objectif recherché par le narrateur ?
6. Lignes 30 à 43 : relevez les termes employés par Solal pour s'adresser à Ariane. Quels sentiments manifeste-t-il ?
7. **Lecture d'image** Comparez la rencontre entre Solal et Ariane à la représentation du couple mis en scène par Picasso.

Synthèse Expliquez en un court paragraphe pourquoi ce récit de rencontre est dérangeant. Vous vous appuierez pour cela sur les circonstances de la rencontre, les sentiments éprouvés par les deux personnages, le discours de Solal à Ariane.

Grammaire

Analysez la syntaxe, les types de phrase et le lexique utilisés par Solal. Que nous révèlent-ils de sa personnalité ?

www.lienmini.fr/magnard-el1-19

Visionnez cette interview d'Albert Cohen à propos de *Belle du Seigneur*. Quel passage de son roman l'écrivain lit-il ? Comment pouvez-vous le rapprocher de cet extrait ?

Vers le bac S'entraîner à l'écriture d'invention

La scène de rencontre est un *topos*, un lieu commun du roman. Albert Cohen écrit à un de ses amis pour lui exposer deux des choix qu'il a faits pour renouveler cette scène si classique dans son roman *Belle du Seigneur*. Écrivez le début de cette lettre.

► Construire une argumentation, p. 620

Albert Cohen, *Belle du Seigneur* (1968)

► Biographie p. 629

… à la séparation

La septième partie est l'épilogue de la passion amoureuse qui a uni Solal et Ariane. Pendant deux ans, ils ont vécu une passion totale, absolue, qui a fini par les consumer l'un et l'autre. Sans avenir possible, ils sont exclus de toute vie sociale, Ariane ayant quitté son mari et Solal perdu son emploi à la Société des Nations. Cette descente aux Enfers va aboutir à leur double suicide à l'éther.

Elle aspira de l'éther, sourit au doux froid qui entrait. Ô le petit salon du premier soir, son petit salon qu'elle avait voulu lui montrer tout de suite, après le Ritz[1]. Debout, devant la fenêtre ouverte, ils avaient respiré la nuit d'étoiles, avaient écouté les remuements des feuilles dans les arbres, murmures de leur amour. Toujours, elle lui avait dit. Ensuite, le choral[2] qu'elle avait joué pour lui. Ensuite, le sofa, les baisers, premiers vrais baisers de sa vie. Ta femme, elle lui disait à chaque arrêt et reprise de souffle. Infatigables, ils s'annonçaient qu'ils s'aimaient, puis riaient de bonheur, puis unissaient leurs bouches, puis se détachaient pour infiniment s'annoncer la merveilleuse nouvelle. Et maintenant, maintenant.

Elle aspira de l'éther, sourit. Ô les débuts, leur temps de Genève, les préparatifs, son bonheur d'être belle pour lui, les attentes, les arrivées à neuf heures, et elle était toujours sur le seuil à l'attendre, impatiente et en santé de jeunesse, à l'attendre sur le seuil et sous les roses, dans sa robe romaine qu'il aimait, blanche aux larges manches serrées aux poignets, ô l'enthousiasme de se revoir, les soirées, les heures à se regarder, à se parler, à se raconter à l'autre, tant de baisers reçus et donnés, oui, les seuls vrais de sa vie, et après l'avoir quittée tard dans la nuit, quittée avec tant de baisers, baisers profonds, baisers interminables, il revenait parfois, une heure plus tard ou des minutes plus tard, ô splendeur de le revoir, ô fervent retour, je ne peux pas sans toi, il lui disait, je ne peux pas, et d'amour il pliait genou devant elle qui d'amour pliait genou devant lui, et c'était des baisers, elle et lui religieux, des baisers encore et encore, baisers véritables, baisers d'amour, grands baisers battant l'aile, je ne peux pas sans toi, il lui disait entre des baisers, et il restait, le merveilleux qui ne pouvait pas, ne pouvait pas sans elle, restait des heures jusqu'à l'aurore et aux chants des oiseaux, et c'était l'amour. Et maintenant ils ne se désiraient plus, ils s'ennuyaient ensemble, elle le savait bien.

Elle aspira de l'éther, sourit. Lorsqu'il partait en mission, les télégrammes qu'il lui envoyait en code si les mots étaient trop ardents, ô bonheur de déchiffrer, et elle ses longs télégrammes en réponse, télégrammes de centaines de mots, toujours des télégrammes pour qu'il sût tout de suite combien elle l'aimait, ô les préparatifs en vue du retour sacré, les commandes chez le couturier, les heures à parfaire sa beauté, et elle chantait l'air de la Pentecôte, chantait la venue d'un roi divin. Et maintenant ils s'ennuyaient ensemble, ils ne se désiraient plus, ne se désiraient plus vraiment, ils se forçaient, essayaient de se désirer, elle le savait bien, le savait depuis longtemps.

1. hôtel de luxe parisien.
2. chant liturgique.

Edvard Munch, *La Séparation*, 1896, huile sur toile (96,5 x 127 cm), Kommunes Kunstsamlinger, Oslo (Norvège).

Questions

Les sentiments d'Ariane

1. Le narrateur nous fait entrer dans la conscience d'Ariane : quel procédé utilise-t-il pour faire revivre ses pensées ?

2. Quel sentiment domine chez Ariane ? Identifiez le registre littéraire du texte et relevez-en quelques procédés caractéristiques. ► Registres, p. 568

3. Relevez le champ lexical de la religion : quelle valeur Ariane donne-t-elle à l'amour ?

Le bonheur perdu

4. Comment s'organise la progression des souvenirs dans la conscience d'Ariane ? ► Les rythmes du récit, p. 545

5. Repérez des élements constitutifs de ce bonheur perdu.

La fin de l'amour

6. Commentez la composition du texte : observez la construction de chaque paragraphe. Comment l'échec de l'amour est-il mis en évidence ?

7. Relevez quelques indices qui marquent l'épuisement du sentiment amoureux. Quelle issue reste-t-il à Ariane ? Comment est-elle annoncée ?

8. Lecture d'image Comparez les moyens utilisés par Cohen et Munch pour montrer la désunion des amants.

Synthèse Commentez dans un court paragraphe l'évolution du personnage d'Ariane et de ses sentiments tels qu'on les découvre dans ces deux extraits.

www.lienmini.fr/magnard-el1-20
Visionnez cette interview d'Albert Cohen à propos de *Belle du Seigneur*. Quel passage de son roman l'écrivain lit-il ? Comment pouvez-vous le rapprocher de cet extrait ?

PERSPECTIVE EUROPÉENNE

Charlotte Brontë, *Jane Eyre* (1847)

CONTEXTE

Au XIXe siècle, sous le règne de la reine Victoria, le Royaume-Uni connaît un essor industriel, alors que l'écart se creuse davantage entre les plus riches et les plus pauvres, et que le statut de la femme se limite aux rôles de mère et de maîtresse de maison. Au travers de *Jane Eyre*, Charlotte Brontë (1816-1855), romancière britannique, et fille d'un modeste pasteur protestant, offre une analyse critique de la société victorienne. S'inspirant d'éléments autobiographiques, l'écrivain met en scène une héroïne orpheline et pauvre : contrainte de devenir gouvernante, elle va faire le dur apprentissage de la réalité sociale.

Jane Eyre a accepté un poste de gouvernante au manoir de Thornfield. Elle rencontre sans le savoir, pour la première fois, le mystérieux propriétaire de ce manoir, M. Rochester, un soir au cours d'une promenade nocturne. Il vient d'avoir un accident à cheval. C'est le début insolite d'une relation sentimentale passionnée et impossible.

– Puis-je faire quelque chose ? demandai-je encore.

– Vous n'avez qu'à vous tenir à l'écart, me répondit-il tout en se dressant, d'abord sur les genoux, puis sur ses jambes.

J'obéis ; alors commença tout un tohu-bohu, à grand renfort de tractions, de battements de pieds, de claquements de sabots, accompagné d'abois et de hennissements qui me tinrent efficacement à quelques mètres de distance ; mais je ne voulais pas me laisser chasser définitivement avant de voir la tournure prise par les événements. Bien m'en prit, après tout ; le cheval était sur ses pattes, le chien réduit au silence par le cri : « Assis, Pilote ! » À présent, le voyageur se baissait et se palpait le pied et la jambe pour voir s'ils étaient en bon état ; apparemment il y avait quelque chose qui n'allait pas, car il gagna en clopinant l'échalier[1] que je venais de quitter et s'y assit.

J'étais d'humeur serviable, ou du moins empressée, je crois, car à ce moment je m'approchai de lui à nouveau.

– Si vous vous êtes fait mal et que vous ayez besoin d'aide, Monsieur, je peux aller chercher quelqu'un soit au manoir de Thornfield, soit à Hay.

– Merci, je vais m'arranger ; je ne me suis rien cassé… ce n'est qu'une entorse.

Et derechef[2] il se leva et mit son pied à l'épreuve, mais le résultat lui arracha un « Aïe ! » involontaire.

Il restait encore un soupçon de jour et la lune commençait à briller ; je le vis donc distinctement. Il avait le corps enveloppé d'une cape de voyage, garnie d'un col de fourrure et fermée par une agrafe d'acier ; je ne vis donc pas les détails du corps, mais je discernai des aspects d'ensemble tels qu'une taille moyenne et une largeur de poitrine considérable. Il avait le teint brun, le visage sévère et le front lourd ; ses yeux et ses sourcils contractés exprimaient pour le moment la colère et la contrariété ; ce n'était plus un jeune homme, mais il n'avait pas encore atteint l'âge mûr, il devait avoir dans les trente-cinq ans. Il ne m'inspirait aucune crainte et fort peu de timidité. S'il s'était agi d'un beau jeune gentilhomme aux airs héroïques, je n'aurais pas osé rester ainsi à le questionner contre son gré et à lui offrir mes services sans y être invitée. Je n'avais pour ainsi dire jamais vu de beau jeune homme ; jamais de ma vie je n'avais adressé la parole à un tel personnage. J'éprouvais en théorie de la vénération et de la déférence[3] pour la beauté, l'élégance, la bravoure, le charme ; mais si j'avais rencontré ces qualités incarnées dans un corps masculin, j'aurais compris d'instinct qu'elles n'étaient ni ne pouvaient être en sympathie avec aucun trait de ma propre nature et je les eusse évitées comme on évite le feu, la foudre ou tout autre objet lumineux mais de nature hostile.

1. petit escalier formé de bois et pratiqué dans une haie.
2. aussitôt.
3. adoration et respect.

Si seulement cet inconnu avait souri et m'avait parlé avec bonne humeur quand je lui avais adressé la parole ; s'il avait repoussé mon offre d'aide avec gaieté et gratitude, j'aurais passé mon chemin sans me sentir le moins du monde appelée à répéter mes questions, mais le froncement de sourcils et la rudesse du voyageur me mirent à mon aise ; je restai à mon poste quand il me fit signe de m'éloigner et je lui déclarai :

– Je ne puis songer à vous quitter, Monsieur, à cette heure tardive, dans ce chemin solitaire, avant d'avoir constaté que vous êtes en état d'enfourcher votre monture.

Il me regarda quand je dis ces mots ; jusqu'alors c'est à peine s'il avait tourné les yeux de mon côté.

Traduction S. Monod. © Pocket, 1999

Mia Wasikowska (Jane Eyre) dans *Jane Eyre*, film réalisé par Cary Fukunaga en 2011.

Prolongements

- Cherchez des informations sur les œuvres majeures écrites par les sœurs Brontë.
- L'œuvre des trois sœurs, comme toute la littérature anglaise de cette époque, est fortement marquée par l'influence du « roman gothique » : cherchez une définition et des exemples de ce genre littéraire.

Questions

1. Pourquoi les circonstances et le déroulement de la rencontre sont-ils singuliers ?
2. Comment le lecteur découvre-t-il le personnage de M. Rochester ? Relevez et commentez certains des éléments du portrait.
3. Quel est l'effet produit par le choix du récit à la 1re personne ?
4. « S'il s'était agi d'un beau jeune homme […] sans y être invitée. » (l. 29 à 31) : commentez la construction de la phrase et les temps verbaux. Qui fait cette réflexion ? Que s'agit-il de montrer ? Relevez une phrase comparable qui témoigne des mêmes sentiments.
5. Quel portrait de la jeune fille s'ébauche progressivement, au fil du texte ?

Lecture d'image

6. Comment la situation de Jane Eyre est-elle suggérée ?
7. Soyez attentif(ve) à l'ambiance de cette image : à quels genres de romans et / ou de films vous fait-elle penser ?

LECTURE D'IMAGES

Johannes Vermeer, *La Liseuse à la fenêtre* (vers 1657)

Johannes Vermeer, *La Liseuse à la fenêtre*, 1657, huile sur toile (83 x 64,5 cm), Gemäldegalerie Alte Meister, Dresde (Allemagne).

▲ Johannes Vermeer, dans ses scènes de genre, plonge dans l'univers quotidien. Il observe les objets familiers et les combine dans des compositions où les figures sont centrales. En saisissant un geste, il suspend le temps sans le figer. De ses tableaux, émane un sentiment d'intimité avec les personnages. Nous sommes témoins, cependant nous ne pouvons réellement pénétrer cet univers. Paul Claudel, dans *L'œil écoute*, dit de Vermeer qu'il est « le peintre le plus clair, le plus transparent qui soit au monde, et que l'on pourrait appeler le contemplateur de l'évidence. »

Question ► La lecture d'image, p. 580

Comment Vermeer, par la composition et la lumière, concentre-t-il notre regard sur la lettre ? Pourquoi avons-nous le sentiment d'être exclu de la scène ? Expliquez en quoi la nature morte du premier plan pourrait être comprise comme une métaphore de l'état de la jeune femme.

Sophie Calle,
Prenez soin de vous (2007)

Sophie Calle, *Prenez soin de vous*

J'ai reçu un mail de rupture. Je n'ai pas su répondre.
C'était comme s'il ne m'était pas destiné.
Il se terminait par les mots : Prenez soin de vous.
J'ai pris cette recommandation au pied de la lettre.
J'ai demandé à 107 femmes – dont une à plumes et deux en bois – choisies pour leur métier, leur talent, d'interpréter la lettre sous un angle professionnel.
L'analyser, la commenter, la jouer, la danser, la chanter.
La disséquer. L'épuiser. Comprendre pour moi. Parler à ma place.
Une façon de prendre le temps de rompre.
À mon rythme.
Prendre soin de moi.

Sophie Calle, *Prenez soin de vous. Juge, X.* (détail), 2007, photographie couleur, carton brûlé, encadrement (x 2) (83 x 103 cm (photo) + 148 x 103 cm (texte)), Galerie Perrotin, Paris.

Questions ► La lecture d'image, p. 580

En vous appuyant sur les éléments ci-dessus, expliquez comment les travaux de Sophie Calle croisent l'intime lié au privé et l'exposition liée au public, le banal et le surprenant.

Synthèse Johannes Vermeer et Sophie Calle choisissent la même scène : la lecture d'une lettre par une femme. En comparant ces deux œuvres, montrez que ces artistes sont contemporains de leur époque. Expliquez quelles relations chaque œuvre entretient avec l'intime : qui écrit la lettre ? qui la lit ? Que peut-on en déduire de l'implication de chaque artiste par rapport à son œuvre ?

CINÉMA • Rencontre et séparation à l'écran
Ingmar Bergman, *Scènes de la vie conjugale* (1973)

Réalisation : Ingmar Bergman
Scénario : Ingmar Bergman
Interprétation : Marianne : Liv Ullman ; Johan : Erland Josephson
Musique : Il n'y a aucune musique, la bande son est composée des dialogues et des bruits diégétiques.
Société de distribution : Carlotta Films

Synopsis : *Johan et Marianne, mariés depuis dix ans, incarnent le couple idéal. Lui est chercheur, elle est avocate spécialisée dans les divorces. Ils sont issus de la bourgeoisie aisée. Lorsque Johan tombe amoureux d'une autre femme, sa relation avec Marianne change.*

Photogramme 1 00:01:25
Une journaliste vient faire un reportage chez ce couple exemplaire. Cette entrevue est ponctuée de photographies qui témoignent de leur entente. Pourtant cela sonne faux.

Photogramme 2 00:23:14
Après un dîner avec des amis qui se sont entredéchirés, Marianne et Johan rangent la cuisine en se questionnant sur le bonheur. Ils montrent une grande complicité.

Photogramme 3 01:03:02
Après avoir avoué à Marianne qu'il était amoureux d'une autre femme, Johan annonce qu'il part à Paris.

Photogramme 4 01:21:28
Johan part, malgré les supplications de Marianne.

Questions

1. Comment sont cadrés les personnages (1 et 2) ? Expliquez ce choix du réalisateur : que cherche-t-il à montrer ?
2. Comment Bergman traduit-il la tension entre Marianne et Johan (3) ?
3. Comparez les **photogramme 2 et 3**, et analysez le changement de rapport entre les personnages.
4. Expliquez pourquoi Bergman élargit le cadrage (4). Analysez la place et l'attitude des deux personnages et le rôle que joue le décor.

Synthèse En vous appuyant sur le synopsis et l'analyse des photogrammes, expliquez pourquoi les critiques parlent de huis clos, de théâtre de l'intime, mais également de voyeurisme.

VOCABULAIRE L'EXPRESSION DES SENTIMENTS

1 EXPRESSION DES SENTIMENTS

Expliquez chaque expression dans une phrase.
l'amour parfait – le grand amour – l'amour platonique – l'amour illégitime – l'amour matériel

2 VERBES DE SENTIMENT

a. **Retrouvez le sentiment qui se cache derrière chaque verbe.**
lorgner – contempler – scruter – toiser – dévisager – aviser – mirer
b. **Rédigez un court texte dans lequel vous emploierez obligatoirement quatre de ces verbes.**

3 ORIGINE DES MOTS

Trouvez l'origine de chaque mot, puis employez-le dans une phrase afin d'en expliquer le sens.
bovarysme – narcissisme – sadisme – masochisme

4 SYNONYMES DE L'AMOUR

L'amour peut se décliner sous toutes formes de nuances. Définissez les mots suivants à l'aide d'une phrase.
la prédilection – le désir – la sympathie – le penchant – l'adoration – l'engouement – l'idolâtrie

5 DOUBLE SENS

Voici des expressions qui parlent à leur manière de la femme. Analysez ce qu'elles peuvent sous-entendre.
un garçon manqué – le sexe faible – le beau sexe – le deuxième sexe – la ménagère

6 CLICHÉS ET LIEUX COMMUNS

Relevez les clichés propres à cette déclaration d'amour de Rodolphe à Mme Bovary.

Je ne sais quelle force encore m'a poussé vers vous ! Car on ne lutte pas contre le ciel, on ne résiste point au sourire des anges ! On se laisse entraîner par ce qui est beau, charmant, adorable ! […] – Mais, si je ne suis pas venu, continua-t-il, si je n'ai pu vous voir, ah ! du moins j'ai bien contemplé ce qui vous entoure. La nuit, toutes les nuits, je me relevais, j'arrivais jusqu'ici, je regardais votre maison, le toit qui brillait sous la lune, les arbres du jardin qui se balançaient à votre fenêtre, et une petite lampe, une lueur, qui brillait à travers les carreaux, dans l'ombre. Ah ! vous ne saviez guère qu'il y avait là, si près et si loin, un pauvre misérable…

Gustave Flaubert, *Madame Bovary* (1857).

7 MANIFESTATIONS PHYSIQUES

a. **Quel(s) sentiment(s) peut éprouver quelqu'un qui :**
– soupire / lève les yeux au ciel / se montre nonchalant ?
– se tient droit / sautille / sifflote ?
– rougit / regarde à terre / rentre la tête dans les épaules ?
b. **Rédigez un paragraphe où vous décrirez un personnage dans une situation en rapport avec un des sentiments que vous aurez trouvés. Vous insisterez sur les manifestations physiques qui accompagnent ce sentiment.**

8 MANIFESTATIONS PHYSIQUES ET PSYCHOLOGIQUES

a. **Charles Bovary vient soigner à la ferme des Bertaux le père d'Emma : relevez dans cet extrait tout ce qui souligne l'intérêt de Charles pour celle-ci.**
b. **Récrivez cet extrait en modifiant ces éléments pour donner l'impression que Charles est agacé ou ennuyé par la jeune fille.**

Quant à Charles, il ne chercha point à se demander pourquoi il venait aux Bertaux avec plaisir. Y eût-il songé, qu'il aurait sans doute attribué son zèle à la gravité du cas, ou peut-être au profit qu'il en espérait. Était-ce pour cela, cependant, que ses visites à la ferme faisaient, parmi les pauvres occupations de sa vie, une exception charmante. Ces jours-là il se levait de bonne heure, partait au galop, poussait sa bête, puis il descendait pour s'essuyer les pieds sur l'herbe et passait ses gants noirs avant d'entrer. Il aimait à se voir arriver dans la cour, à sentir contre son épaule la barrière qui tournait, et le coq qui chantait sur le mur.

Gustave Flaubert, *Madame Bovary* (1857).

EXPRESSION ÉCRITE

Sujet 1
En reprenant des clichés, rédigez une lettre qui sera une déclaration d'amour.

Sujet 2
Composez quatre phrases évoquant une rencontre et les sentiments éprouvés par les deux partenaires, au travers des regards qu'ils échangent.

TEXTE 1

Voltaire, *Candide ou l'Optimisme* (1759)

Biographie p. 636

Dans ce conte philosophique, Voltaire raconte les aventures d'un héros naïf, Candide, pour démontrer les limites de la philosophie de l'Optimisme, défendue par Pangloss. L'incipit lance Candide à l'épreuve du monde. Il sera chassé du château pour avoir montré trop d'intérêt pour Cunégonde, la fille du baron.

Un jour, Cunégonde, en se promenant auprès du château, dans le petit bois qu'on appelait *parc*, vit entre des broussailles le docteur Pangloss qui donnait une leçon de physique expérimentale à la femme de chambre de sa mère, petite brune très jolie et très docile. Comme Mlle Cunégonde avait beaucoup de dispositions pour les sciences, elle observa, sans souffler, les expériences réitérées dont elle fut témoin ; elle vit clairement la raison suffisante[1] du docteur, les effets et les causes, et s'en retourna tout agitée, toute pensive, toute remplie du désir d'être savante, songeant qu'elle pourrait bien être la raison suffisante du jeune Candide, qui pouvait aussi être la sienne.

Elle rencontra Candide en revenant au château, et rougit ; Candide rougit aussi ; elle lui dit bonjour d'une voix entrecoupée, et Candide lui parla sans savoir ce qu'il disait. Le lendemain après le dîner, comme on sortait de table, Cunégonde et Candide se trouvèrent derrière un paravent ; Cunégonde laissa tomber son mouchoir, Candide le ramassa, elle lui prit innocemment la main, le jeune homme baisa innocemment la main de la jeune demoiselle avec une vivacité, une sensibilité, une grâce toute particulière ; leurs bouches se rencontrèrent, leurs yeux s'enflammèrent, leurs genoux tremblèrent, leurs mains s'égarèrent. M. le baron de Thunder-ten-tronckh passa auprès du paravent, et voyant cette cause et cet effet, chassa Candide du château à grands coups de pied dans le derrière ; Cunégonde s'évanouit ; elle fut souffletée par madame la baronne dès qu'elle fut revenue à elle-même ; et tout fut consterné[2] dans le plus beau et le plus agréable des châteaux possibles.

1. lexique propre à la philosophie de l'Optimisme. 2. anéanti.

Questions

Une scène libertine

1. Quelle leçon Pangloss donne-t-il à la femme de chambre ? Comment comprendre le qualificatif « très docile » (l. 4) ?
2. Quels sont les effets de cette leçon sur Cunégonde ? Que révèlent-ils de son caractère ? Par quels procédés est-il suggéré ?
3. Étudiez les étapes de la rencontre entre Cunégonde et Candide. Comment le narrateur suggère-t-il la rapidité de l'action et sa progression ? Dans quel but ?
4. Qu'est-ce qui caractérise le dénouement ? Quels sont les effets du vocabulaire familier lignes 19-20 ?

Une satire

5. Quel est le regard du narrateur sur Pangloss ? sur Cunégonde ?
6. Montrez que Cunégonde a retenu avec application la leçon de Pangloss.
7. Quelle philosophie est visée ici ? Quel registre reconnaissez-vous ? Quel est l'effet produit ?
8. Quelles sont les autres cibles du narrateur dans ce bref extrait ? Justifiez.
9. Montrez que cet incipit éclaire et contredit à la fois le titre du roman.

Synthèse Montrez que le comique tient au caractère des personnages mais aussi à l'ironie du narrateur.

▸▸▸ **Edmond Malassis**, *Le Baron de Thunder-ten-Tronckh surprenant Candide et Cunégonde* (détail).

TEXTE 2

Marcel Proust, *Du côté de chez Swann* (1913)

► Biographie p. 634

⊕ CONTEXTE

Du côté de chez Swann inaugure *À La Recherche du temps perdu*, œuvre marquante du XXe siècle par son originalité littéraire et sa réflexion sur la relation de l'homme au temps. L'œuvre tient aussi du roman autobiographique et nous fait découvrir, à travers le regard du narrateur, le Paris mondain du début du siècle, la bourgeoisie et la haute aristocratie, le monde des domestiques, celui des bas-fonds, mais également les ressorts les plus secrets de l'âme.

Riche bourgeoise parisienne, Madame Verdurin réunit dans son salon des artistes et ses amis. Exclusive et jalouse, elle règne sur ce « petit clan », cherchant à rivaliser avec les salons de la haute aristocratie. On découvre ici Madame Verdurin dominant son salon, assise sur un siège haut. Souffrant de la mâchoire, elle ne peut plus rire.

Giuseppe de Nittis, *Le Salon de la princesse Mathilde*, XIXe siècle, huile sur toile, musée Giuseppe de Nittis, Barletta (Italie).

De ce poste élevé elle participait avec entrain à la conversation des fidèles et s'égayait de leurs « fumisteries[1] », mais depuis l'accident qui était arrivé à sa mâchoire, elle avait renoncé à prendre la peine de pouffer effectivement et se livrait à la place à une mimique conventionnelle qui signifiait sans fatigue ni risques pour elle, qu'elle riait aux larmes. Au moindre mot que lâchait un habitué contre un ennuyeux ou contre un ancien habitué rejeté au camp des ennuyeux – et pour le plus grand désespoir de M. Verdurin qui avait eu longtemps la prétention d'être aussi aimable que sa femme, mais qui riant pour de bon s'essoufflait vite et avait été distancé et vaincu par cette ruse d'une incessante et fictive hilarité –, elle poussait un petit cri, fermait entièrement ses yeux d'oiseau qu'une taie commençait à voiler, et brusquement, comme si elle n'eût eu que le temps de cacher un spectacle indécent ou de parer à un accès mortel, plongeant sa figure dans ses mains qui la recouvraient et n'en laissaient plus rien voir, elle avait l'air de s'efforcer de réprimer, d'anéantir un rire qui, si elle s'y fût abandonnée, l'eût conduite à l'évanouissement. Telle, étourdie par la gaîté des fidèles, ivre de camaraderie, de médisance et d'assentiment, Mme Verdurin, juchée sur son perchoir, pareille à un oiseau dont on eût trempé le colifichet[2] dans du vin chaud, sanglotait d'amabilité.

1. farces, blagues.
2. biscuit léger qu'on donne en nourriture aux oiseaux.

Questions

Madame Verdurin démasquée

1. Quelle idée Madame Verdurin se fait-elle d'elle-même ? Dans quelle intention le narrateur précise-t-il qu'elle se trouve sur un « poste élevé » ?
2. Montrez que le narrateur décrit Madame Verdurin en train de se composer un personnage. Interrogez-vous sur le sens de « effectivement », l. 5-6. Quel regard le narrateur porte-t-il sur elle ?
3. Montrez que le narrateur cherche à déconstruire le personnage composé par Madame Verdurin. Quels termes suggèrent qu'il voit au-delà des apparences ?
4. Comment la comparaison finale est-elle amenée ? Quel est son rôle ?

Une satire

5. Identifiez les deux préoccupations des habitués du salon : que révèlent-elles de leur caractère et de l'esprit du salon ?
6. Quelles sont les causes de la bonne humeur qui règne dans ce salon ? Comment les jugez-vous ? Quel sens et quelle fonction le lecteur peut-il donner à l'usage d'un vocabulaire familier ?
7. Qu'a voulu suggérer l'auteur en soulignant la rivalité entre le mari et la femme ? Commentez le rôle du rire.

Synthèse Montrez que le texte invite à rire aux dépens des personnages et qu'il est aussi une critique féroce de l'artifice.

Grammaire

Quelle est la particularité de la seconde phrase du texte ? Quels sont les effets produits par son organisation grammaticale ?

TEXTE 3

Louis-Ferdinand Céline, *Voyage au bout de la nuit* (1932)

► Biographie p. 628

⊕ CONTEXTE

Le premier roman de Céline, *Voyage au bout de la nuit*, le consacre immédiatement comme un grand écrivain. Ce récit à caractère autobiographique offre une vision des hommes et du monde particulièrement noire et pessimiste. Le personnage principal, Bardamu, raconte son expérience de la Première Guerre mondiale, de l'Afrique et du colonialisme, mais aussi sa découverte des États-Unis. Il retourne enfin en France pour terminer ses études de médecine et devient médecin des pauvres.

Venant d'Afrique à bord d'une galère espagnole, rongé par les fièvres, Bardamu arrive à New York. Dès son arrivée, les passagers sont placés en quarantaine. Bardamu réussit à rejoindre la terre, il est arrêté mais parvient à se faire embaucher par les services de l'immigration, pour son étonnante capacité à compter les puces.

J'en profitai pour leur parler moi de puces, comme ça sans en avoir l'air… Que je savais les attraper… Les compter… Que c'était mon affaire et aussi de grouper ces parasites en véritables statistiques. Je voyais bien que mes allures les intéressaient, les faisaient tiquer mes gardes. On m'écoutait. Mais quant à me croire c'était une autre paire de manches.

Enfin surgit le commandant de la station lui-même. Il s'appelait le « Surgeon[1] général » ce qui serait un beau nom pour un poisson. Lui se montra grossier, mais plus décidé que les autres. « Que nous racontez-vous mon garçon ? me dit-il, que vous savez compter les puces ? Ah, ah… » Il escomptait un boniment comme celui-là pour me confondre. Mais moi du tac au tac je lui récitai le petit plaidoyer que j'avais préparé. « J'y crois au dénombrement des puces ! C'est un facteur de civilisation parce que le dénombrement est à la base d'un matériel de statistique des plus précieux !… Un pays progressiste doit connaître le nombre de ses puces, divisées par sexe, groupe d'âges, années et saisons…

– Allons, allons ! Assez palabré jeune homme ! me coupa-t-il le Surgeon général. Il en est venu avant vous ici bien d'autres de ces gaillards d'Europe qui nous ont raconté des bobards de ce genre, mais c'étaient en définitive des anarchistes comme les autres, pires que les autres… Ils ne croyaient même plus à l'Anarchie ! Trêve de vantardises !… Demain on vous essaiera sur les émigrants d'en face à Ellis Island[2] au service des douches ! Mon aide-major Mr. Mischief, mon assistant me dira si vous avez menti. Depuis deux mois, Mr. Mischief me réclame un agent « compte-puces ». Vous irez chez lui à l'essai ! Rompez ! Et si vous nous avez trompés on vous foutra à l'eau ! »

1. chirurgien.
2. île située à l'embouchure de l'Hudson à New York. Elle abrite la statue de la Liberté. Elle a été, dans la première partie du XXe siècle, l'entrée principale des immigrants qui arrivaient aux États-Unis.

Questions

Un personnage hors du commun

1. Montrez que la spécialité du héros participe du comique de caractère. Quel rôle l'expression du personnage joue-t-elle ?
2. Quels sont les autres procédés comiques ? Justifiez votre réponse.
3. Quel est le rôle de « l'agent "compte-puces" » réclamé par M. Mischief ? Montrez qu'on se rapproche du comique de l'absurde.

Une satire de l'Amérique

4. Qu'est-ce qui caractérise le comportement de Bardamu ? Se justifie-t-il ?
5. Quel regard le Surgeon général porte-t-il sur le héros et les émigrants ?
6. Par quels procédés le narrateur parvient-il à se moquer du Surgeon général ?
7. Montrez que l'éloge du « dénombrement des puces » est ironique. Quelles sont ses fonctions ?

Synthèse Montrez que les procédés comiques permettent une critique de l'Amérique.

Vocabulaire

Recherchez le sens du verbe « tiquer », l. 4. Pourquoi le narrateur l'emploie-t-il ici ?

Vers le bac S'entraîner à la dissertation

Établissez un plan de dissertation pour traiter le sujet suivant : « Les personnages de roman comiques ont-ils toujours une fonction critique ? »

TEXTE 4

Louis-Ferdinand Céline, *Guignol's band* (1944)

Otto Dix, *La Grande Ville*, 1927-1928, huile sur toile, 181 x 201 cm, Staatsgalerie, Stuttgart.

CONTEXTE

Guignol's band est publié quelques années après les deux romans, *Voyage au bout de la nuit* (1932) et *Mort à crédit* (1936), qui donnent à Céline un statut de grand romancier. Lorsque *Guignol's band* paraît, Céline s'est déjà compromis dans la collaboration avec les occupants allemands et a publié des pamphlets antisémites qui le conduiront après la guerre à une condamnation à la prison. Céline, dans ce roman à caractère autobiographique, explore davantage les ressources d'une écriture nouvelle, apparemment proche du langage parlé mais en réalité très littéraire.

Démobilisé à Londres entre 1915 et 1916, le héros fréquente un monde louche. Il rencontre Angèle, une prostituée. Durant une bagarre, elle plante un couteau dans les fesses de La Joconde, sa rivale, sous les yeux du sergent de police Matthew.

La vieille échappe, retrousse sa jupe, la voilà cabriolante, bondissante entre les tables… les filles courent après !.... elle se sauve, gigote, trémousse, c'est merveille à voir ! bute, stoppe ! Elle reste là campée… elle cligne… elle sort ses castagnettes.. Ah ! c'est le grand défi !... Et talonne !... elle rage !... c'est la danse !... la transe !... les nerfs plein les doigts !... ça lui frémit plein les mains ! grésille, crépite !.. menu… menu… minuscule… plus petit encore… grains, grains… moulin… encore plus petit… trr !...trr !... trr !... grenu… grenu… rrr !... plus rien !... silence !... et tzix !... elle repart !... La queue du diable !... La queue prise !... trr !... rebondit !... hop !... toute sa traîne !... et volte ! et volute ! bonds de panthère ! au bout de la pièce !... sa traîne court après !... là-bas !... hop-là !... elle est ici !... Un coup de talons aux falbalas !... hop ! balaye au large ! Angèle écume… Ah ! c'est trop fort ! Elle en peut plus !

– T'y feras pas, poufiasse ! T'y feras pas ! qu'elle hurle !... Elle regarde en plus comme ça toute fixe écarquillée… Hypnotise là… hypnotise !... Et hop ! alors ! Pas le temps de faire ouf ! Elle est en l'air ! elle a jailli ! le couteau en poigne ! Je vois sa lame ! Pflaf !... elle dérape !... elle plante traviole !... pflof dans la vieille ! en plein cul !... Dans le cul de la vieille ! Ce cri !... Ça traverse tout ! Ça déchire tout !... les murs !... les persiennes !... la rue ! On a dû l'entendre du square… Elles retombent l'une sur l'autre !... Je regarde la porte là grande ouverte !... je gafe encore !... Le Matthew qu'est là !... dans l'encadrure !... Personne l'a vu venir !... Il a eu un vrai spectacle !... Si elle a rebondi la Joconde !... son couteau dans le cul ! Elle saute tout autour en gueulant… elle cavale tout autour de nous !... elle crie « au secours ! », elle se serre le cul dans les deux mains… Comme ça qu'elle s'envole !... tout autour de la table !... Mouac !... Mouac !... Mouac !... tout autour de nous !

Questions

La parodie d'un duel épique

1. Montrez que le narrateur prête aux deux protagonistes des qualités hors du commun. Quel registre est imité ici ?

2. Quelles sont les étapes de la scène ? À quel rythme sont-elles rapportées ? Par quels procédés ? Quel rôle peut-on attribuer au sergent Matthew ?

3. Par quels procédés les héroïnes sont-elles dévalorisées ? Quels sont les effets produits par les commentaires du narrateur ?

Une invention stylistique

4. Relevez les onomatopées. Montrez leur inventivité et leur valeur expressive.

5. Commentez la syntaxe approximative. En quoi participe-t-elle à la construction des personnages et au comique ?

6. Par quels procédés le narrateur exprime-t-il la musique des castagnettes ? Dans quelle mesure l'écriture est-elle poétique ?

Synthèse Montrez que le comique de cet extrait tient surtout à l'invention verbale des personnages et du narrateur.

Grammaire

Relevez dans le second paragraphe des entorses aux règles syntaxiques et corrigez-les. Quel est l'effet obtenu ? Qu'en concluez-vous ?

ÉCHO DU XVIe SIÈCLE

François Rabelais, *Gargantua* (1534)

► Biographie p. 634

CONTEXTE

Publié en 1534, *Gargantua* relate la naissance du héros éponyme, le géant Gargantua, père de Pantagruel. Rabelais rapporte ses années d'apprentissage, ses exploits guerriers et la création de la si fameuse abbaye de Thélème, approfondissant ainsi sa réflexion sur l'éducation, la guerre, la civilisation.

Gargantua naît par l'oreille de sa mère, parce qu'elle a mangé tant de tripes qu'elle ne peut accoucher par la voie naturelle. Immédiatement, le nouveau-né réclame « à boire ! à boire ! ». *Le père dit alors :* « Que grand *(gosier)* tu as », *ce qui vaudra à l'enfant d'être appelé Gargantua. Entre trois et cinq ans, Gargantua est élevé assez librement.*

Gargantua fut élevé et éduqué de trois à cinq ans, selon les dispositions prises par son père, dans toutes les disciplines qu'il convient ; il passa ce temps-là comme tous les petits enfants du pays, autrement dit à boire, manger et dormir ; à manger, dormir et boire ; à dormir, boire et manger.

Toujours il se vautrait dans la fange, se mâchurait le nez, se barbouillait la figure, éculait ses souliers, bayait souvent aux mouches, aimait à courir après les papillons sur lesquels régnait son père. Il pissait sur ses chaussures, chiait dans sa chemise, se mouchait sur ses manches, morvait dedans sa soupe, pataugeait n'importe où, buvait dans sa pantoufle et se frottait d'ordinaire le ventre avec un panier. Il aiguisait ses dents sur un sabot, se lavait les mains dans le potage, se peignait avec un gobelet, s'asseyait le cul à terre entre deux chaises, se couvrait d'un sac mouillé, buvait en mangeant sa soupe, mangeait sa fouace[1] sans pain, mordait en riant, riait en mordant, crachait souvent au bassin, pétait de graisse, pissait contre le soleil, se cachait dans l'eau contre la pluie, battait froid, songeait creux, faisait le sucré, écorchait le renard, disait la patenôtre du singe, revenait à ses moutons, menait les truies au foin, battait le chien devant le lion, mettait la charrue avant les bœufs, se grattait où ça ne le démangeait pas, tirait les vers du nez, trop embrassait mal étreignait, mangeait son pain blanc le premier, ferrait les cigales, se chatouillait pour se faire rire, ruait fort bien en cuisine, faisait aux dieux offrande de foin, faisait chanter *Magnificat* à matines et trouvait ça très bien, mangeait des choux et chiait de la poirée, distinguait les mouches dans le lait, faisait perdre pied aux mouches, ratissait le papier, gribouillait le parchemin, perdait pied, prenait de la bouteille, comptait sans son hôte, battait les buissons sans attraper les oisillons, prenait les nues pour des poêles de bronze et les vessies pour des lanternes, avait plus d'un tour dans son sac, faisait l'âne pour avoir du bran, faisait un maillet de son poing, prenait les grues au premier saut, voulait que l'on tricotât point à point les cottes de mailles, à cheval donné regardait toujours les dents, sautait du coq à l'âne, en faisait des vertes et des pas mûres, remettait les déblais dans le fossé, gardait la lune des loups, espérait prendre les alouettes si le ciel tombait, faisait de nécessité vertu, faisait des tartines de même farine, se souciait des pelés comme des tondus, écorchait tous les matins le renard. Les petits chiens de son père mangeaient dans son écuelle et, lui, mangeait avec eux, aussi bien. Il leur mordait les oreilles, ils lui égratignaient le nez ; il leur soufflait au cul, ils lui léchaient les badigoinces[2].

Et sabez quoy, fillotz ? Le mau de pipe vous byre ![3] Ce petit paillard pelotait toujours ses gouvernantes, sens dessus dessous, sens devant derrière, hardi bourricot ! Et il commençait déjà à essayer sa braguette, que ses gouvernantes ornaient chaque jour de beaux bouquets, de beaux rubans, de belles fleurs, de beaux pompons.

1. galette de pain.
2. lèvres.
3. « Et savez-vous quoi, les gars ? Que le mal du tonneau vous rende chancelants ! »

Albert Dubout, *Gargantua bébé*, illustration du roman de François Rabelais, 1957, édition Gibert jeune.

Gérard Grandville,
Gargantua dans son berceau,
XIXe siècle, illustration du roman de François Rabelais.

Lecture d'image

- Observez la composition du dessin. Quels rapports Gargantua entretient-il avec les autres personnages et les objets ?
- Comment le dessin transpose-t-il les procédés du texte pour suggérer l'exagération et la démesure ?

Questions

Vocabulaire

Précisez le sens et le registre de langue de l'expression « écorchait le renard », l. 15. Que révèle-t-elle du personnage ?

Un héros comique

1. Pourquoi peut-on parler de construction du personnage de Gargantua dans cet extrait ? Quels traits de caractère sont ici suggérés ?
2. Montrez, en relevant les procédés, que le lecteur est invité à rire aux dépens de Gargantua.
3. Étudiez le contenu et la progression de l'énumération. Que constatez-vous ? Quelle est l'intention du narrateur ?
4. Quelle relation le narrateur cherche-t-il à établir avec le lecteur dans cet extrait ? En quoi est-elle liée à une connaissance partagée du langage entre le narrateur et le lecteur ?

Un personnage instrument d'une critique de l'éducation

5. Qu'est-ce qui caractérise les dispositions prises par le père ? Montrez que le narrateur est ironique à leur egard.
6. En quoi les actions de Gargantua peuvent-elles paraître critiquables ? Montrez que le père est aussi l'objet de la critique. Quel est le rôle des références religieuses ? Qu'en déduisez-vous sur les intentions du narrateur ?
7. Montrez que la présence des chiens et des gouvernantes, ainsi que l'attitude de ces dernières, soutiennent la critique du narrateur mais aussi le comique du texte.
8. Montrez que le comique de l'extrait tient à la fois au langage stéréotypé et au comportement du personnage.

Raymond Queneau, *Zazie dans le métro* (1959)

► Biographie p. 634

➕ CONTEXTE

Après les naturalistes, après Céline, Raymond Queneau veut, lui aussi, renouveler l'écriture littéraire et faire apparaître le langage populaire dans son œuvre romanesque et poétique. Il cherche à créer une nouvelle langue – le néo-français – qui rende compte de l'évolution de l'usage de la langue française par ses contemporains. *Zazie dans le métro* participe de cette ambition.

Zazie, l'héroïne éponyme, âgée d'une douzaine d'années, est laissée par sa mère à la garde de son oncle Gabriel pour deux jours. À peine arrivée à Paris, elle se montre curieuse de tout mais use surtout d'un langage vulgaire voire ordurier. Zazie évoque, dans le début de ce chapitre II, son avenir professionnel devant son oncle et son amie Marceline.

Gabriel se tourna vers Marceline qui souriait :

– Tu vois comment ça raisonne déjà bien une mouflette de cet âge ? On se demande pourquoi c'est la peine de les envoyer à l'école.

– Moi, déclara Zazie, je veux aller à l'école jusqu'à soixante-cinq ans.

– Jusqu'à soixante-cinq ans ? répéta Gabriel un chouïa surpris.

– Oui, dit Zazie, je veux être institutrice.

– Ce n'est pas un mauvais métier, dit doucement Marceline. Y a la retraite.

Elle ajouta ça automatiquement parce qu'elle connaissait bien la langue française.

– Retraite mon cul, dit Zazie. Moi c'est pas pour la retraite que je veux être institutrice.

– Non bien sûr, dit Gabriel, on s'en doute.

– Alors c'est pourquoi ? demanda Zazie.

– Tu vas nous espliquer ça.

– Tu trouverais pas tout seul, hein ?

– Elle est quand même fortiche la jeunesse d'aujourd'hui, dit Gabriel à Marceline.

Et à Zazie :

– Alors ? pourquoi que tu veux l'être, institutrice ?

– Pour faire chier les mômes, répondit Zazie. Ceux qu'auront mon âge dans dix ans, dans vingt ans, dans cinquante ans, dans mille ans, toujours des gosses à emmerder.

– Eh bien, dit Gabriel.

– Je serai vache comme tout avec elles. Je leur ferai lécher le parquet. Je leur ferai manger l'éponge du tableau noir. Je leur enfoncerai des compas dans le derrière. Je leur botterai les fesses. Parce que je porterai des bottes. En hiver. Hautes comme ça (geste). Avec des grands éperons pour leur larder la chair du derche.

– Tu sais, dit Gabriel avec calme, d'après ce que disent les journaux, c'est pas du tout dans ce sens-là que s'oriente l'éducation moderne. C'est même tout le contraire. On va vers la douceur, la compréhension, la gentillesse. N'est-ce pas Marceline, qu'on dit ça dans le journal ?

– Oui, répondit doucement Marceline. Mais toi, Zazie, est-ce qu'on t'a brutalisée à l'école ?

– Il aurait pas fallu voir.

– D'ailleurs, dit Gabriel, dans vingt ans, y aura plus d'institutrices : elles seront remplacées par le cinéma, la tévé, l'électronique, des trucs comme ça. C'était aussi écrit dans le journal l'autre jour. N'est-ce pas Marceline ?

– Oui, répondit doucement Marceline.

Zazie envisagea cet avenir un instant.

– Alors, déclara-t-elle, je serais astronaute.

– Voilà, dit Gabriel approbativement. Voilà, faut être de son temps.

– Oui, continua Zazie, je serai astronaute pour aller faire chier les Martiens.

Gabriel enthousiasmé se tape les cuisses :

– Elle en a de l'idée, cette petite.

Il était ravi.

Zazie dans le métro, film réalisé par Louis Malle en 1960.

Questions

Vocabulaire

Recherchez des synonymes de « déluré » pour qualifier le personnage de Zazie.

Un dialogue comique

1. Qu'est-ce qui caractérise le tempérament de Zazie ? En quoi constitue-t-il un anti-modèle de petite fille ?
2. Qu'est-ce qui caractérise le langage employé par Zazie ? Quel est son effet ? Quel est le rôle de Gabriel ?
3. Comment le dialogue est-il retranscrit ? Dans quel but ? Quels sont les effets produits par les répliques de Zazie ? La scène serait-elle aussi efficace au théâtre ? Pourquoi ?

Zazie, une caricature de l'institutrice

4. Quelle relation à l'école le programme de Zazie suggère-t-il ? Quel est le rôle de la question de Marcelline, l. 33-34 ? Peut-on parler d'une satire de l'éducation ?
5. Quelle est la source de la vision de l'éducation exprimée par Gabriel ? Montrez que cette source peut introduire un doute sur le sérieux de Gabriel et contribue à son caractère comique.
6. Le narrateur adhère-t-il aux conceptions des personnages ? Justifiez.

Synthèse Présentez les deux procédés sur lesquels repose ici le comique.

Vers le bac S'entraîner à la question sur corpus

Qu'est-ce qui rapproche et distingue les extraits de Rabelais (► p. 112) et de Queneau tant dans l'écriture que dans la critique de l'éducation ?

Tom Sharpe, *Outrage public à la pudeur* (1973)

CONTEXTE

Si en Tom Sharpe est l'un des plus grands humoristes anglais contemporains, on doit surtout reconnaître en lui un écrivain engagé, qui met son humour et sa verve comique au service d'une violente critique de la société sud-africaine de l'Apartheid[1] mais aussi de l'Angleterre conservatrice et libérale.

L'action de ce roman se situe en Afrique du Sud. Tom Sharpe met en scène des Anglais suffisants et ridicules et des Afrikaners[1] aussi stupides que barbares. De vrais agents de police qui se font passer pour de dangereux communistes perpétuent des attentats pour déstabiliser Piemburg, petite capitale afrikander du Zoulouland[2]. Ils ont imaginé de faire avaler des explosifs à des autruches devenues des bombes vivantes et qui se révèlent ici trop affectueuses…

– On ferait mieux de se séparer, dit l'agent 62 84 61.

– Se séparer ? Mais on va tous sauter si ces foutus oiseaux ne nous lâchent pas les basques, répondit l'agent 74 53 96 qui n'avait jamais approuvé le projet et semblait avoir attiré la sympathie d'une autruche de 150 kilos destinée à sauter dans le quart d'heure qui suivait.

L'instant d'après, les agents s'étaient égaillés dans les petites rues perpendiculaires, en un effort désespéré pour échapper aux conséquences de leurs petites expériences. Pas troublées pour un sou, les autruches n'eurent aucune peine à les suivre. Au coin de Market Street et Stanger Street l'agent 74 53 96 sauta sur la plate-forme d'un bus qui passait à vive allure, mais en se retournant il dut bien apercevoir l'élégante silhouette de son autruche qui galopait quelques mètres derrière. Au feu rouge de Chapel Street elle était toujours là. L'agent 74 53 96 se précipita hors de l'autobus et tenta de trouver son salut au cinéma Majestic où l'on jouait *Le jour le plus long*.

– Le spectacle est terminé, dit la caissière.

– Que vous croyez ! dit l'agent 74 53 96 l'œil rivé sur l'autruche. Je veux juste aller aux toilettes.

– En bas des marches à gauche, dit la caissière qui sortit faire circuler l'autruche.

1. Un *Afrikaner* est un Sud-Africain blanc, d'origine néerlandaise, française, allemande ou scandinave. Les Afrikaners ont été au pouvoir en Afrique du Sud jusqu'à l'élection de Nelson Mandela en 1994. Ils sont partisans de l'Apartheid – « séparation, mise à part » – qui se caractérise par une politique ségrégationniste fondée sur des critères raciaux ou ethniques au bénéfice des hommes blancs et au détriment des hommes noirs.
2. district d'Afrique du Sud, pays des Zoulous, nommé aussi Natal. Les Zoulous sont un peuple d'Afrique australe en partie sédentarisé qui se trouve principalement en Afrique du Sud.

Signes racistes affichés sur un bus, Afrique du sud.

L'agent 74 53 96 s'enferma à double tour, et s'arc-bouta contre la porte dans l'attente de l'explosion. Il y était toujours cinq minutes plus tard lorsque la caissière vint frapper à la porte.

– Elle est à vous cette autruche ? demanda-t-elle, tandis que l'agent 74 53 96 déchirait frénétiquement du papier hygiénique pour démontrer *urbi et orbi*[3] qu'il avait des raisons contraignantes de se trouver là.

– Absolument pas !

– En tout cas elle ne peut pas rester là, dit la caissière, elle gêne la circulation.

– Tu l'as dit, bouffie !

– Comment ?

– Mais rien, rien du tout ! hurla l'agent 74 53 96 en transes.

Il était au bout de son rouleau. L'autruche aussi apparemment.

– Vous vous promenez souvent avec votre… dit la caissière, mais elle n'acheva jamais sa phrase.

Un étrange silence se fit tout à coup, bientôt suivi d'une gigantesque explosion. La façade du cinéma s'écroula sur la rue, toutes les lumières s'éteignirent, et l'agent 74 53 96 s'effondra lentement sur le siège craquelé des toilettes. Il y était encore lorsque les sauveteurs le découvrirent le lendemain, tout couvert de plâtre et aussi mort qu'on pouvait l'être.

3. « à la ville (de Rome) et au monde ».

Questions

1. Relevez les éléments qui tiennent de l'invraisemblable. Quels peuvent être leurs effets sur le lecteur ?
2. Comment le narrateur souligne-t-il la progression de l'action ? Quel est le rôle de son intervention ?
3. Quels effets la connaissance du dénouement probable par l'agent et l'ignorance de la caissière produisent-ils ? Relevez les différents éléments qui contribuent au comique de l'extrait.
4. Que pensez-vous de la justification de l'agent 74 53 96 enfermé dans les toilettes ? Quel est l'effet produit par « s'effondra lentement », l. 37 ?
5. Qu'est-ce qui caractérise la caissière ? Comment le lecteur perçoit-il son sens des responsabilités ?
6. Étudiez les différentes caractérisations des autruches par les personnages et le narrateur. Qu'est-ce qui les oppose ? Pour quels effets ?
7. Présentez la vision des hommes proposée par cet extrait grâce au registre comique.

PERSPECTIVE EUROPÉENNE

Jonas Jonasson, *Le Vieux qui ne voulait pas fêter son anniversaire* (2009)

CONTEXTE

Jonas Jonasson, écrivain et journaliste suédois, a rencontré un immense succès avec son premier roman qui relate l'histoire d'un centenaire qui passe par la fenêtre pour échapper à la fête qu'on veut lui imposer.
Ce roman permet de découvrir la société suédoise contemporaine mais aussi de revisiter l'histoire mondiale récente. Le héros raconte en effet ses cent années passées sur Terre. Il croise les grands dirigeants politiques du XXe siècle comme Franco, Truman, Staline, Mao, De Gaulle ou Kim Il Sung et, à travers eux, les grands bouleversements de l'histoire contemporaine dont il donne une vision surprenante et iconoclaste, non conformiste.

Allan Karlsson, le héros du roman, s'enfuit de sa maison de retraite le jour de son centième anniversaire. Dans une gare, il vole une valise contenant une très grosse somme d'argent. Ce vol entraîne une série de péripéties, des rencontres avec de nombreux personnages pittoresques et attachants ainsi que quelques meurtres plus ou moins accidentels. Le récit de ces péripéties alterne avec le récit de la vie particulièrement rocambolesque et hors du commun du héros. Karlson est finalement arrêté mais innocenté. Un procureur voudrait comprendre.

– Si monsieur le procureur veut bien m'excuser, je crois devoir lui signaler que l'histoire est terminée, mais si vraiment il veut en entendre d'autres, je serais ravi de lui relater une ou deux anecdotes datant de l'époque où j'étais agent pour la CIA. Ou, mieux encore, je pourrais lui raconter mon périple à travers la chaîne de l'Himalaya. Est-ce que monsieur le procureur aimerait savoir comment on distille de l'eau-de-vie à partir du lait de chèvre ? Il suffit d'avoir de la betterave à sucre et un peu de soleil. Et puis du lait de chèvre évidemment.

Il arrive que la bouche continue à fonctionner alors que le cerveau s'est mis en veille, et c'est sans doute ce qui arriva au procureur Ranelid quand, contrairement à ses résolutions précédentes, il releva la dernière digression d'Allan :

– Tu as traversé l'Himalaya, toi ? À cent ans ?

– Non, je ne suis pas fou, quand même. Vous savez, monsieur le procureur, je n'ai pas toujours eu cent ans. C'est même assez récent.

– On peut contin...

– Eh oui, on grandit et puis on vieillit, philosopha Allan. On ne se l'imagine pas quand on est petit... prenez le jeune Kim Jong-il, par exemple. Le pauvre sanglotait sur mes genoux, et maintenant il est chef d'État, avec tout ce que cela comporte comme...

– Est-ce qu'on ne pourrait pas le laisser de côté, monsieur Karlsson, et...

– Ah oui, excusez-moi, mais je croyais que monsieur le procureur voulait entendre le récit de ma traversée de l'Himalaya. Pendant les premiers mois, j'avais pour seul compagnon un chameau, et on peut dire ce qu'on veut sur ces bêtes-là mais elles sont drôlement sympathiques quand on...

– Non ! supplia le procureur Ranelid. Je ne veux pas. Je voulais juste... tu ne pourrais pas simplement...

Puis le procureur se tut complètement l'espace d'une minute, avant de dire d'une voix très lasse qu'il n'avait plus d'autres questions... à part peut-être une seule : pourquoi s'étaient-ils cachés tout ce temps ici, dans le Västergötland, s'ils n'avaient rien fait de mal ?

– Vous étiez innocents, non ?

– L'innocence peut être une notion fluctuante selon le point de vue où l'on se place, dit Benny.

Prolongement
Visionnez l'adaptation cinématographique du roman (2014). Comment l'acteur parvient-il à souligner le comique du personnage ?

Robert Gustafsson, Iwar Wiklander et David Wiberg dans *Le Vieux qui ne voulait pas fêter son anniversaire*, film réalisé par Felix Herngren en 2014.

Lecture d'image

- Que symbolise le costume du « vieux » sur l'affiche ?
- Observez la photographie du film. En caractérisant les personnages (physique et attitudes), montrez qu'ils sont en opposition.

Questions

1. Comment caractérisez-vous les anecdotes et le récit qui en est fait par le héros ?
2. Quel portrait du héros se dessine à la lecture de l'extrait ? Dans quel but ?
3. Comment interprétez-vous l'extrême politesse de Karlsson à l'égard du procureur ? Comment ce dernier est-il présenté ?
4. Montrez que le procureur devient la victime de Karlsson. Comment l'extrait invite-t-il à rire aux dépens du procureur ?
5. Lequel des deux personnages apparaît comme le plus sympathique ? Pour qui le lecteur est-il invité à prendre parti ? Montrez que le monde conventionnel est ici mis à mal.
6. Montrez comment les procédés du genre romanesque peuvent se rapprocher ou se distinguer de ceux du genre théâtral.
7. Comment le monde conventionnel est-il dénoncé dans le roman et dans le film ?

TEXTE 1

Choderlos de Laclos, *Les Liaisons dangereuses* (1782)

► Bio. p. 632

Dans son roman épistolaire, Choderlos de Laclos donne la parole à tous les personnages et multiplie les points de vue et les vérités propres à chacun. Mettant en scène deux libertins, le Vicomte de Valmont et la Marquise de Merteuil, il invite ainsi le lecteur à condamner le libertinage d'une certaine aristocratie aux mœurs dépravées. Le Vicomte de Valmont s'est lancé un défi : séduire un modèle d'épouse vertueuse, la Présidente de Tourvel. Cette dernière a fini par s'abandonner à Valmont qui annonce sa victoire dans une lettre à la Marquise de Merteuil, complice de Valmont dans cette entreprise. Sur l'ordre de celle-ci, le Vicomte rompt avec Madame de Tourvel. Dans sa dernière lettre, la Présidente sombre dans la folie.

► Le Libertinage, p. 32

Lettre CLXI

La Présidente de Tourvel à...[1]

(Dictée par elle et écrite par sa femme de chambre.)

Être cruel et malfaisant, ne te lasseras-tu point de me persécuter ? Ne te suffit-il pas de m'avoir tourmentée, dégradée, avilie, veux-tu me ravir jusqu'à la paix du tombeau ? Quoi ! dans ce séjour de ténèbres où l'ignominie[2] m'a forcée de m'ensevelir, les peines sont-elles sans relâche, l'espérance est-elle méconnue ? Je n'implore point une grâce que je ne mérite point : pour souffrir sans me plaindre, il me suffira que mes souffrances n'excèdent pas mes forces. Mais ne rends pas mes tourments insupportables. En me laissant mes douleurs, ôte-moi le cruel souvenir des biens que j'ai perdus. Quand tu me les as ravis, n'en retrace plus à mes yeux la désolante image. J'étais innocente et tranquille : c'est pour t'avoir vu que j'ai perdu le repos ; c'est en t'écoutant que je suis devenue criminelle. Auteur de mes fautes, quel droit as-tu de les punir ?

Où sont les amis qui me chérissaient, où sont-ils ? mon infortune[3] les épouvante. Aucun n'ose m'approcher. Je suis opprimée, et ils me laissent sans secours ! Je meurs, et personne ne pleure sur moi. Toute consolation m'est refusée. La pitié s'arrête sur les bords de l'abîme où le criminel se plonge. Les remords le déchirent, et ses cris ne sont pas entendus !

Et toi, que j'ai outragé[4] ; toi, dont l'estime ajoute à mon supplice ; toi, qui seul enfin aurais le droit de te venger, que fais-tu loin de moi ? Viens punir une femme infidèle. Que je souffre enfin des tourments mérités. Déjà je me serais soumise à ta vengeance ; mais le courage m'a manqué pour t'apprendre ta honte. Ce n'était point dissimulation, c'était respect. Que cette Lettre au moins t'apprenne mon repentir. Le Ciel a pris ta cause ; il te venge d'une injure que tu as ignorée. C'est lui qui a lié ma langue et retenu mes paroles ; il a craint que tu ne me remisses une faute qu'il voulait punir. Il m'a soustraite à ton indulgence, qui aurait blessé sa justice.

Impitoyable dans sa vengeance, il m'a livrée à celui-là même qui m'a perdue. C'est à la fois, pour lui et par lui, que je souffre. Je veux le fuir, en vain ; il me suit, il est là, il m'obsède sans cesse. Mais qu'il est différent de lui-même ! Ses yeux n'expriment plus que la haine et le mépris. Sa bouche ne profère que l'insulte et le reproche. Ses bras ne m'entourent que pour me déchirer. Qui me sauvera de sa barbare fureur ?

►►► **Jules Chéret**, *Folie et Gaité* (détail), 1836-1932, pastel sur toile (64 x 44 cm), musée d'Orsay, conservé au musée du Louvres, Paris.

Mais quoi ! c'est lui… Je ne me trompe pas ; c'est lui que je revois. Ô ! mon aimable ami ! reçois-moi dans tes bras ; cache-moi dans ton sein : oui, c'est toi, c'est bien toi ! Quelle illusion funeste m'avait fait te méconnaître ? combien j'ai souffert dans ton absence ! Ne nous séparons plus, ne nous séparons jamais. Laisse-moi respirer. Sens mon cœur, comme il palpite ! Ah ! ce n'est plus de crainte, c'est la douce émotion de l'amour. Pourquoi te refuser à mes tendres caresses ? Tourne vers moi tes doux regards ! Quels sont ces liens que tu cherches à rompre ? pourquoi prépares-tu cet appareil de mort ? qui peut altérer ainsi tes traits ? que fais-tu ? Laisse-moi : je frémis ! Dieu ! c'est ce monstre encore ! Mes amies, ne m'abandonnez pas. Vous qui m'invitiez à le fuir, aidez-moi à le combattre ; et vous qui, plus indulgente, me promettiez de diminuer mes peines, venez donc auprès de moi. Où êtes-vous toutes deux ? S'il ne m'est plus permis de vous revoir, répondez au moins à cette Lettre ; que je sache que vous m'aimez encore.

Michelle Pfeiffer (la Présidente de Tourvel) et John Malkovitch (le Vicomte de Valmont) dans *Les Liaisons dangereuses*, film réalisé par Stephen Frears en 1988.

Laisse-moi donc, cruel ! quelle nouvelle fureur t'anime ? Crains-tu qu'un sentiment doux ne pénètre jusqu'à mon âme ? Tu redoubles mes tourments ; tu me forces de te haïr. Oh ! que la haine est douloureuse ! comme elle corrode[5] le cœur qui la distille[6] ! Pourquoi me persécutez-vous ? que pouvez-vous encore avoir à me dire ? ne m'avez-vous pas mise dans l'impossibilité de vous écouter comme de vous répondre ? N'attendez plus rien de moi. Adieu, Monsieur.

Paris, ce 5 décembre 17**.

1. le destinataire de la lettre n'est pas précisé : le texte révèle que la présidente s'adresse à plusieurs destinataires. – 2. grand déshonneur infligé par un jugement social. – 3. détresse, malheur. – 4. offenser gravement. – 5. ronger. – 6. répandre, laisser couler goutte à goutte.

Questions

Vocabulaire

Recherchez l'étymologie et le sens du mot « tourment ». Relevez ses occurrences dans la lettre et expliquez-les.

www.lienmini.fr/magnard-el1-21

Visionnez la lecture de la lettre VI (Valmont à la Marquise de Merteuil). Quelle image de Valmont cette lettre nous donne-t-elle ?

Un portrait contrasté de Valmont

1. Quels portraits cette lettre propose-t-elle du Vicomte de Valmont ?
2. Quels sentiments contradictoires la présidente éprouve-t-elle pour le Vicomte ?
3. Quels jugements le lecteur est-il invité à porter sur le Vicomte ?

Madame de Tourvel, une héroïne tourmentée

4. a. Madame de Tourvel s'adresse à plusieurs destinataires : lesquels ? Donne-t-elle les indices nécessaires à l'identification de chacun ?

b. Repérez les types de phrase et étudiez leur rythme.

c. Comment ces éléments rendent-ils compte de l'état psychologique de Madame de Tourvel ?

5. Analysez le champ lexical de la souffrance : son importance, sa place, son caractère hyperbolique. Mettez votre analyse en relation avec la ligne 6. Quel destin cela laisse-t-il présager pour l'héroïne ? ► Registres, p. 568

Synthèse Montrez que la lettre progresse vers une séparation inéluctable de Madame de Tourvel et du monde.

Honoré de Balzac, *Adieu* (1830)

► Biographie p. 627

⊕ CONTEXTE

Les guerres napoléoniennes sont régulièrement présentes dans l'œuvre de Balzac. Si elles semblent parfois être un simple arrière-plan historique sur lequel se dessine le destin des personnages, elles lui sont aussi étroitement liées et révèlent l'influence de l'Histoire, celle décidée par les hommes, sur l'histoire des individus.

► Le Réalisme, p. 35

Fuyant la Russie lors de la retraite de l'armée napoléonienne, en 1812, la comtesse Stéphanie de Vandières a dit « adieu » pour jamais au colonel Philippe de Sucy. Séparée de son amant, isolée, soumise à la brutalité de certains soldats, elle perd la raison. Sept ans plus tard, lors d'une chasse avec son ami le marquis d'Albon, Philippe aperçoit dans une propriété, Les Bons-Hommes, celle qu'il croyait morte ; elle est soignée par son oncle, le docteur Fanjat. Le colonel espère par sa présence contribuer à la guérison de Stéphanie.

Tout à coup un jeune chevreau accourut en trois bonds vers le banc, flaira Stéphanie, que ce bruit réveilla ; elle se mit légèrement sur ses pieds, sans que ce mouvement effrayât le capricieux animal ; mais quand elle eut aperçu Philippe, elle se sauva, suivie de son compagnon quadrupède, jusqu'à une haie de sureaux[1] ; puis, elle jeta ce petit cri d'oiseau effarouché que déjà le colonel avait entendu près de la grille où la comtesse était apparue à monsieur d'Albon pour la première fois. Enfin elle grimpa sur un faux ébénier, se nicha dans la houppe[2] verte de cet arbre, et se mit à regarder *l'étranger* avec l'attention du plus curieux de tous les rossignols de la forêt.

– Adieu, adieu, adieu ! dit-elle sans que l'âme communiquât une seule inflexion sensible à ce mot.

C'était l'impassibilité de l'oiseau sifflant son air.

– Elle ne me reconnaît pas ! s'écria le colonel au désespoir. Stéphanie ! c'est Philippe, ton Philippe, Philippe !

Et le pauvre militaire s'avança vers l'ébénier ; mais quand il fut à trois pas de l'arbre, la comtesse le regarda, comme pour le défier, quoiqu'une sorte d'expression craintive passât dans son œil ; puis, d'un seul bond, elle se sauva de l'ébénier sur un acacia, et, de là, sur un sapin du Nord, où elle se balança de branche en branche avec une légèreté inouïe.

– Ne la poursuivez pas, dit monsieur Fanjat au colonel. Vous mettriez entre elle et vous une aversion qui pourrait devenir insurmontable ; je vous aiderai à vous en faire connaître et à l'apprivoiser. Venez sur ce banc. Si vous ne faites point attention à cette pauvre folle, alors vous ne tarderez pas à la voir s'approcher insensiblement pour vous examiner.

1. arbrisseaux.
2. La houppe est un assemblage de brins de fil ou de laine. Ici, synonyme de touffe, assemblage de plantes ou de branches.

Jean-Pierre Cargol (Victor) dans *L'Enfant sauvage*, film réalisé par François Truffaut en 1970.

Elle ! ne pas me reconnaître, et me fuir, répéta le colonel en s'asseyant le dos contre un arbre dont le feuillage ombrageait un banc rustique. Et sa tête se pencha sur sa poitrine. Le docteur garda le silence. Bientôt la comtesse descendit doucement du haut de son sapin, en voltigeant comme un feu follet, en se laissant aller parfois aux ondulations que le vent imprimait aux arbres. Elle s'arrêtait à chaque branche pour épier l'étranger ; mais, en le voyant immobile, elle finit par sauter sur l'herbe, se mit debout, et vint à lui d'un pas lent, à travers la prairie. Quand elle se fut posée contre un arbre qui se trouvait à dix pieds[3] environ du banc, monsieur Fanjat dit à voix basse au colonel :

– Prenez adroitement, dans ma poche droite, quelques morceaux de sucre, et montrez-les-lui, elle viendra ; je renoncerai volontiers, en votre faveur, au plaisir de lui donner des friandises. À l'aide du sucre, qu'elle aime avec passion, vous l'habituerez à s'approcher de vous et à vous reconnaître.

– Quand elle était femme, répondit tristement Philippe, elle n'avait aucun goût pour les mets sucrés.

Lorsque le colonel agita vers Stéphanie le morceau de sucre qu'il tenait entre le pouce et l'index de la main droite, elle poussa de nouveau son cri sauvage, et s'élança vivement sur Philippe ; puis elle s'arrêta, combattue par la peur instinctive qu'il lui causait ; elle regardait le sucre et détournait la tête alternativement, comme ces malheureux chiens à qui leurs maîtres défendent de toucher à un mets avant qu'on ait dit une des dernières lettres de l'alphabet qu'on récite lentement. Enfin la passion bestiale triompha de la peur ; Stéphanie se précipita sur Philippe, avança timidement sa jolie main brune pour saisir sa proie, toucha les doigts de son amant, attrapa le sucre et disparut dans un bouquet de bois.

3. unité de mesure. À trois mètres environ.

Questions

Figures de style

Relevez les différentes constructions des figures de rapprochement présentes dans le texte. Quel est l'effet produit par cette diversité ?

Le retour à l'état sauvage

1. Relevez le champ lexical de la grâce. Quelle image donne-t-il de Stéphanie ?
2. Le comportement du chevreau et l'agilité de Stéphanie dans les arbres vous semblent-ils vraisemblables ? Que cherche à suggérer le narrateur ?

Le colonel, symbole d'un danger

3. Comment le colonel est-il successivement nommé ? Quel est l'effet produit ?
4. Quelle différence repérez-vous dans les relations que la comtesse établit avec Philippe et le chevreau ? Que suggère cette différence ?
5. Étudiez l'évolution du comportement de Stéphanie tout au long de la scène. Qu'en concluez-vous de son rapport avec les hommes ?

Synthèse Dans un paragraphe argumenté, vous déterminerez le regard que porte l'auteur sur la folie de Stéphanie. Quelle critique du monde et des hommes ce regard suggère-t-il ?

Vers le bac S'entraîner à l'écriture d'invention

En une quinzaine de lignes, brossez le portrait d'un personnage devenu fou dans un cadre et une situation que vous choisirez. Vous utiliserez des comparaisons et des métaphores qui donnent une image attachante et inquiétante du personnage.

► Repérer les différents écrits d'invention, p. 612

LECTURE D'IMAGES

Théodore Géricault, *La Folle monomane du jeu* (vers 1820)

« Dans un état dépressif après la réalisation du *Radeau de la Méduse*, Géricault peignit, peut-être à la demande du docteur Georget, médecin-chef à l'hôpital de la Salpêtrière, plusieurs portraits de fous, témoignages de ses recherches de réalisme, dans les limites les plus extrêmes. [...] Géricault a peint des monomanes, fous qui focalisent leur déséquilibre sur un aspect précis tout en demeurant normaux dans le reste de leurs activités. Il a représenté le monomane du vol d'enfant, du commandement militaire, du vol et du jeu. Dans chacun de ces portraits, individualisés et d'une analyse psychologique aiguë, Géricault a synthétisé une forme de la folie. Il s'agit, indépendamment de l'intérêt esthétique de ces œuvres, d'un étonnant témoignage des relations entre la société et l'univers psychiatrique au XIXe siècle. »

(Notice de Vincent Pomarède, www.louvre.fr)

Théodore Géricault, *La Folle monomane du jeu*, vers 1820, huile sur toile (77 x 64 cm), musée du Louvre, Paris.

Question ► La lecture d'image, p. 580

Comment Géricault a-t-il traduit la folie dans son tableau ? Vous analyserez précisément la folle monomane (sa posture, son visage, son regard) ainsi que les techniques picturales mises en œuvre (jeu des couleurs, ombres et lumières, cadrage).

Odilon Redon,
Le Fou ou la Folie (1833)

Odilon Redon, *Le Fou ou la Folie : tête coiffée d'un bonnet*, 1833, fusain sur papier (36 x 31 cm), musée d'Orsay, Paris.

« Odilon Redon est l'un des maîtres de l'art moderne. […] Alors que ses contemporains s'intéressent à la conquête de la lumière et à l'alchimie des couleurs, il utilise les seules ressources du noir et du blanc. À partir de 1875, et pendant plus de dix ans, l'artiste va s'adonner à ses "Noirs", réalisés à la mine de plomb ou au fusain, une série de dessins aux tonalités sombres […]. Ce travail sur le clair-obscur renvoie à une période très sombre de la vie du peintre, à un moment d'intense souffrance morale […]. Ses "Noirs" – dessins, fusains et lithographies – expriment non seulement la réalité vue, mais la réalité sentie, révélant un monde invisible issu de ses rêves. »

(Notice de Alain Galoin, http://www. histoire-image.org)

Questions ► La lecture d'image, p. 580

Au premier regard, il se dégage du dessin de Redon une image délicate. Cependant, en l'observant plus attentivement, cette impression bascule vers un effet d'instabilité et d'absence au monde du personnage. Expliquez pourquoi, en décrivant précisément cette représentation de la folie. Vous insisterez sur le visage et la posture du personnage, la répartition entre les clairs et les foncés, l'abondance des courbes, les zones inachevées

Synthèse Théodore Géricault et Odilon Redon choisissent deux points de vue différents pour exprimer la folie : l'un propose une incarnation (l'expression d'une idée par une personne), l'autre une allégorie (l'expression d'une idée par une image). En comparant les deux œuvres, vous rédigerez un texte où vous développerez cette affirmation.

François Mauriac, *Thérèse Desqueyroux* (1927)

► Biographie p. 633

CONTEXTE

Dans la grande bourgeoisie provinciale française du début du XXe siècle, les sentiments, l'affection, l'effusion sont souvent sacrifiés au profit des conventions, de la morale, de l'honneur des familles. Des êtres sensibles, avides d'amour et d'authenticité, étouffent dans ce milieu qu'a souvent décrit François Mauriac. Pour écrire *Thérèse Desqueyroux*, il s'inspire d'ailleurs d'une histoire vraie, celle d'Henriette Canaby, accusée en 1905 d'avoir voulu tuer son mari, Émile Canaby.

Thérèse a tenté d'empoisonner son mari, Bernard Desqueyroux, grand bourgeois du Bordelais. Elle est innocentée lors d'un procès arrangé, afin d'éviter un scandale, et rejoint son mari. Celui-ci lui signifie qu'elle devra se conformer aux décisions arrêtées en famille : elle demeurera dans sa chambre et ne verra plus son enfant.

En ces jours les plus courts de l'année, la pluie épaisse unifie le temps, confond les heures ; un crépuscule rejoint l'autre dans le silence immuable. Mais Thérèse était sans désir de sommeil et ses songes en devenaient plus précis ; avec méthode, elle cherchait, dans son passé, des visages oubliés, des bouches qu'elle avait chéries de loin, des corps indistincts que des rencontres fortuites, des hasards nocturnes avaient rapprochés de son corps innocent. Elle composait un bonheur, elle inventait une joie, elle créait de toutes pièces un impossible amour.

« Elle ne quitte plus son lit, elle laisse son confit et son pain – disait, à quelque temps de là, Balionte à Balion[1]. Mais je te jure qu'elle vide bien toute sa bouteille. Autant qu'on lui en donnerait, à cette garce, autant qu'elle en boirait. Et après ça, elle brûle les draps avec sa cigarette. Elle finira par nous mettre le feu. Elle fume tant qu'elle a ses doigts et ses ongles jaunes, comme si elle les avait trempés dans de l'arnica : si ce n'est pas malheureux ! des draps qui ont été tissés sur la propriété… Attends un peu que je te les change souvent ! »

Elle disait encore qu'elle ne refusait pas de balayer la chambre ni de faire le lit. Mais c'était cette feignantasse[2] qui ne voulait pas sortir des draps. Et ce n'était pas la peine que Balionte, avec ses jambes enflées, montât des brocs d'eau chaude : elle les retrouvait, le soir, à la porte de la chambre où elle les avait posés le matin.

La pensée de Thérèse se détachait du corps inconnu qu'elle avait suscité pour sa joie, elle se lassait de son bonheur, éprouvait la satiété de l'imaginaire plaisir – inventait une autre évasion. On s'agenouillait autour de son grabat[3]. Un enfant d'Argelouse[4] (un de ceux qui fuyaient à son approche) était apporté mourant dans la chambre de Thérèse ; elle posait sur lui sa main toute jaunie de nicotine, et il se relevait guéri. Elle inventait d'autres rêves plus humbles : elle arrangeait une maison au bord de la mer, voyait en esprit le jardin, la terrasse, disposait les pièces, choisissait un à un chaque meuble, cherchait la place pour ceux qu'elle possédait à Saint-Clair, se disputait avec elle-même pour le choix des étoffes. Puis le décor se défaisait, devenait moins précis, et il ne restait qu'une charmille[5], un banc devant la mer. Thérèse, assise, reposait sa tête contre une épaule, se levait à l'appel de la cloche pour le repas, entrait dans la charmille noire et quelqu'un marchait à ses côtés qui soudain l'entourait des deux bras, l'attirait. Un baiser, songe-t-elle, doit arrêter le temps ; elle imagine qu'il existe dans l'amour des secondes infinies. Elle l'imagine ; elle ne le saura jamais. Elle voit la maison blanche encore, le puits ; une pompe grince ; des héliotropes[6] arrosés parfument la cour ; le dîner sera un repos avant ce bonheur du soir et de la nuit qu'il doit être impossible de regarder en face, tant il dépasse la puissance de notre cœur : ainsi l'amour dont Thérèse a été plus sevrée qu'aucune créature, elle en est possédée, pénétrée.

1. couple de domestiques de la famille.
2. forme populaire et péjorative de fainéant et proche ici de feignasse.
3. lit rudimentaire, lit de malade.
4. nom de la propriété familiale.
5. allée de charmes ou tonnelle de verdure.
6. plantes odorantes et qui tournent leurs fleurs vers le soleil.

À peine entend-elle les criailleries de Balionte. Que crie la vieille ? Que M. Bernard rentrera du Midi, un jour ou l'autre, sans avertir : « et que dira-t-il quand il verra cette chambre ? Un vrai parc à cochons ! Il faut que Madame se lève de gré ou de force ». Assise sur son lit, Thérèse regarde avec stupeur ses jambes squelettiques, et ses pieds lui paraissent énormes. Balionte l'enveloppe d'une robe de chambre, la pousse dans un fauteuil. Elle cherche à côté d'elle les cigarettes, mais sa main retombe dans le vide. Un soleil froid entre par la fenêtre ouverte.

Emmanuelle Riva (Thérèse Desqueyroux) dans *Thérèse Desqueyroux*, film réalisé par Georges Franju en 1962.

Questions

Grammaire

L. 32 à 58, à partir de « Thérèse, assise, […] fenêtre ouverte » : identifiez les temps et donnez leur valeur.

Échapper à la réalité

1. Relevez les deux phrases qui évoquent l'extérieur. Que révèlent-elles ? À quelles places se situent-elles dans l'extrait ? Quel est l'effet produit ?
2. Quels regards les personnages portent-ils sur Thérèse ? Montrez que la séparation de Thérèse avec le monde et les personnages se fait progressivement et difficilement.
3. Que suggère « avec méthode, elle cherchait,… » (l. 4 à 6) ?
4. En quoi le retour à la réalité constitue-t-il une dégradation pour Thérèse ?

Rêverie ou délire ?

5. Comment le narrateur s'efface-t-il pour accorder sa place au personnage ?
► La description, p. 546
6. Relevez les différentes évasions de Thérèse. Celles-ci sont diverses mais aussi unifiées par un désir et un sentiment récurrents : lesquels ? Que l'idée Thérèse se fait-elle du bonheur ? Qu'en déduisez-vous de l'état de Thérèse ?
7. Étudiez les valeurs du présent dans le dernier paragraphe. Que suggèrent-elles quant à la distinction entre rêve et délire ?
8. Laquelle de ces évasions vous paraît la plus proche du délire ?

Synthèse Expliquez comment les procédés de la narration et l'organisation de cet extrait nous révèlent l'état psychologique de Thérèse, son enfermement physique autant que moral et sa lutte contre cet enfermement.

CINÉMA • GEORGES FRANJU, *THÉRÈSE DESQUEYROUX* (1962)

Réalisation : Georges Franju
Scénario : Georges Franju, François Mauriac, Claude Mauriac
Interprétation : Thérèse Desqueyroux : Emmanuelle Riva ;
Bernard Desqueyroux : Philippe Noiret
Musique : Maurice Jarre
Société de production : Filmal
Société de distribution : Éditions René Château Vidéo

Synopsis : *Thérèse Desqueyroux a tenté d'empoisonner son époux Bernard ; elle obtient un non-lieu grâce à la déposition de celui-ci. Tandis qu'elle revient vers leur domaine, Thérèse essaie de préparer sa confession. Elle repense à sa vie jusqu'à la tentative d'assassinat, seule solution envisagée pour échapper à l'étouffement. Bernard la tient enfermée dans sa chambre. Thérèse abandonne toute volonté de vivre. À son retour, Bernard est ému et lui redonne sa liberté.*

Photogramme 1 00:02:16
Première apparition de Thérèse derrière des barreaux, en train de sortir du tribunal. Musique : une ritournelle au piano, motif récurrent.

Photogramme 2 00:04:45
La route qui la ramène chez elle, de nuit, est bordée d'arbres.
Voix *off* de Thérèse : « [...] Par quel aveu commencer ? [...] Je n'ai jamais su vers quoi tendait cette puissance forcenée en moi et hors de moi [...]. »

Photogramme 3 00:05:20
La barrière d'un passage à niveau oblige à l'immobilité.
Voix *off* de Thérèse : « Faudra-t-il remonter jusqu'à mon adolescence ? »
Début des *flash-backs*.

Photogramme 4 00:09:43
Fondu du visage de Thérèse avec un portrait de Bernard.
Voix *off* de Thérèse : « Bernard, Bernard, comment t'introduire dans ce monde confus ? Toi qui appartiens à la race aveugle, à la race implacable des simples [...]. »

Photogramme 5 00:43:47

Voix *off* de Thérèse : « [...] Je perdais le sentiment de mon existence individuelle[...]. »
À la fin du repas, Bernard tourne le dos à Thérèse.

Photogramme 6 01:01:35

À la vue de Bernard sur le seuil de la maison, Thérèse perd contenance. « Rien ne reste de cette confession préparée. Rien à dire pour ma défense, la seule approche de cet homme réduisait à néant mon espoir de m'expliquer, de me confier. »

Photogramme 7 01:22:38

Séquestrée, lorsque la lecture lui est refusée, Thérèse refuse de s'alimenter et s'éloigne du monde (► p. 126). La ritournelle au piano revient mais dissonante.

Photogramme 8 01:31:06

Thérèse, amaigrie, apparaît à la famille après son exclusion de la vie sociale.
Thérèse : « C'est très simple, le mauvais temps m'a empêchée de sortir, alors j'ai perdu l'appétit [...]. »

Photogramme 9 01:35:32

Séquence finale du film.
Ému par la dégradation de sa femme, Bernard lui redonne sa liberté. Au Café de la Paix, à Paris, ce sont les dernières explications avant leur séparation.

Vocabulaire

Voix *off* : voix d'un personnage hors champ, commentaire en voix intérieure.
***Flash-back* :** retour sur des événements antérieurs (analepse ou retour en arrière).
Fondu enchaîné : passage d'un plan à un autre par surimpression.

Questions

1. **Les photogrammes 1 à 6** montrent le retour de Thérèse à la maison : elle se souvient. Lesquels sont des *flash-back* ? Comment le traitement de la lumière révèle l'état d'esprit dans lequel se trouve Thérèse ?
2. Expliquez la récurrence de l'image de l'enfermement dans les **photogrammes 1 à 5**.
3. Comment comprenez-vous le fondu du **photogramme 4** ? Comparez avec le **photogramme 5** (cadrage, lumière, place et position des personnages) : qu'en déduisez-vous ?
4. Quelle image de Thérèse nous est donnée au **photogramme 7** ? Comment réagit-elle à sa claustration ? Est-ce un état de folie ?
5. Expliquez en quoi la scène du **photogramme 9** est symbolique.

Marguerite Duras, *Le Ravissement de Lol V. Stein* (1964)

► Biographie p. 630

CONTEXTE

Figure majeure de la littérature du XXe siècle, Marguerite Duras met en doute certains procédés traditionnels de la narration et notamment le recours au narrateur omniscient. Dans ses romans, l'identité du narrateur, le lien avec l'action et les autres personnages ne sont pas précisés, plaçant ainsi le lecteur dans l'inconfort.

► Le Nouveau Roman, p. 41

Lors d'un bal au casino de T. Beach, Lol, une très jeune femme, assiste à l'irrésistible attirance de son fiancé pour Anne-Marie Stretter[1]. Elle s'évanouit en les voyant partir. Ramenée chez elle par sa mère, Lol reste dans sa chambre sans en sortir pendant plusieurs semaines. Dix ans après cet événement, un narrateur que le lecteur n'identifie que plus tard dans le roman, rappelle la scène et raconte ce qu'il est advenu de Lol.

La prostration[2] de Lol, dit-on, fut alors marquée par des signes de souffrance. Mais qu'est-ce à dire qu'une souffrance sans sujet ?

Elle disait toujours les mêmes choses : que l'heure d'été trompait, qu'il n'était pas tard.

Elle prononçait son nom avec colère : Lol V. Stein – c'était ainsi qu'elle se désignait.

Puis elle se plaignit, plus explicitement, d'éprouver une fatigue insupportable à attendre de la sorte.

Elle s'ennuyait, à crier. Et elle criait en effet qu'elle n'avait rien à penser tandis qu'elle attendait, réclamait avec l'impatience d'un enfant un remède immédiat à ce manque. Cependant aucune des distractions qu'on lui avait offertes n'avait eu raison de cet état.

Puis Lol cessa de se plaindre de quoi que ce soit. Elle cessa même petit à petit de parler. Sa colère vieillit, se découragea. Elle ne parla que pour dire qu'il lui était impossible d'exprimer combien c'était ennuyeux et long, long d'être Lol V. Stein. On lui demandait de faire un effort. Elle ne comprenait pas pourquoi, disait-elle. Sa difficulté devant la recherche d'un seul mot paraissait insurmontable. Elle parut n'attendre plus rien.

Pensait-elle à quelque chose, à elle ? lui demandait-on. Elle ne comprenait pas la question. On aurait dit qu'elle allait de soi et que la lassitude infinie de ne pouvoir se déprendre[3] de cela n'avait pas à être pensée, qu'elle était devenue un désert dans lequel une faculté nomade l'avait lancée dans la poursuite interminable de quoi ? On ne savait pas. Elle ne répondait pas.

Cette prostration de Lol, son accablement, sa grande peine, seul le temps en aurait raison, disait-on. Elle fut jugée moins grave que son délire premier, elle n'était pas susceptible de durer beaucoup, d'entraîner une modification importante dans la vie mentale de Lol. Son extrême jeunesse la balaierait bientôt. Elle était explicable : Lol souffrait d'une infériorité passagère à ses propres yeux parce qu'elle avait été abandonnée par l'homme de T. Beach[4]. Elle payait maintenant, tôt ou tard cela devait arriver, l'étrange omission de sa douleur durant le bal.

Puis, tout en restant très silencieuse, elle recommença à demander à manger, qu'on ouvrît la fenêtre, le sommeil. Et bientôt, elle aima beaucoup que l'on parle à ses côtés. Elle acquiesçait à tout ce qui était dit, raconté, affirmé devant elle. L'importance de tous les propos était égale à ses yeux. Elle écoutait avec passion. D'eux elle ne demanda jamais de nouvelles. Elle ne posa aucune question. Quand on jugea nécessaire de lui apprendre leur séparation – son départ à lui elle l'apprit plus tard – son calme fut jugé de bon augure. L'amour qu'elle portait à Michael Richardson se mourait. Ç'avait été indéniablement, déjà, avec une partie de sa raison retrouvée qu'elle avait accueilli la chose, le juste retour des choses, la juste revanche à laquelle elle avait droit.

1. épouse de l'ambassadeur et figure de la séductrice. Le personnage apparaîtra de nouveau dans *Le Vice-consul*, roman du même auteur publié en 1966.
2. abattement physique et moral.
3. se détacher.
4. michael Richardson.

Khnopff Fernand, *Je referme ma porte sur moi-même*, 1891, huile sur toile (727 x 141 cm), Bayerische Staatsgemädesammlungen, Munich (Allemagne).

Questions

La construction du personnage de Lol et de son histoire

1. Comment les personnages présents ou évoqués sont-ils désignés ? Quel est l'effet produit ?
2. Repérez la cause de la prostration de Lol. Pourquoi l'auteur fait-il le choix de l'évoquer par des allusions ?
3. Relevez et étudiez le vocabulaire exprimant l'état de la jeune femme. Comment l'état de Lol est-il défini par le narrateur et les personnages présents ? Qu'apportent ces différents regards ?

► La description, p. 546

4. Comment le texte amène-t-il à éprouver de la compassion pour Lol ?

Une résistance à la folie

5. Comment le texte souligne-t-il la volonté des personnages de voir Lol sortir de sa prostration ?
6. Par quels procédés narratifs l'évolution de son état est-elle rythmée ? Soyez attentif à l'expression du temps.

► L'organisation et le fonctionnement du récit, p. 544

7. Qu'est-ce qui caractérise l'amélioration de l'état de Lol ?
8. Quelle conclusion le texte invite-t-il à tirer sur la possible guérison de Lol ?

Synthèse Quel sens donnez-vous au titre du roman ?

Grammaire

On observe dans ce texte de nombreuses occurrences de « on ». Recherchez sa nature et les différentes valeurs qu'il peut prendre.
Proposez dans le texte des équivalents possibles à ce « on ».

www.lienmini.fr/magnard-el1-22
Sur le site de l'Ina, visionnez l'interview de Marguerite Duras à propos du *Ravissement de Lol V. Stein*.

Vers le bac **S'entraîner à la dissertation**

En vous appuyant sur les textes du corpus que vous avez lus, rédigez une partie démontrant que le personnage incarnant la folie invite à porter un regard critique sur l'Homme et la société.

► Construire un paragraphe et insérer des exemples, p. 606

PERSPECTIVE EUROPÉENNE

William Shakespeare, *Hamlet* (1603)

CONTEXTE

L'œuvre de William Shakespeare (1564-1616) a influencé la littérature française : les dramaturges romantiques se sont réclamés de lui pour renouveler la tragédie et la comédie françaises. Cette mise en perspective du roman et du théâtre souligne que ces deux genres se veulent tous les deux reflets de la réalité et visions particulières du monde et des hommes.

Dans la fin de cette scène, on découvre Ophélia dont la raison n'a pas résisté au meurtre de son père Polonius par celui qu'elle aime, le prince Hamlet. Elle se présente ici devant son frère Laertes, la reine Gertrude et le roi Claudius.

ACTE IV, SCÈNE 5
LAERTES, LA REINE

LAERTES. – Qu'y a-t-il ? Quel est ce bruit ?

Entre Ophélia, bizarrement coiffée de fleurs et de brins de paille.

Ô incendie, dessèche ma cervelle ! Larmes sept fois salées, brûlez mes yeux jusqu'à les rendre insensibles et impuissants ! Par le ciel, ta folie sera payée si cher que le poids de la vengeance retournera le fléau. Ô rose de mai ! chère fille, bonne sœur, suave Ophélia ! Ô cieux ! est-il possible que la raison d'une jeune fille soit aussi mortelle que la vie d'un vieillard ? Sa nature s'est dissoute en amour ; et, devenue subtile, elle envoie les plus précieuses émanations de son essence vers l'être aimé.

OPHÉLIA, *chantant.*

Ils l'ont porté tête nue sur la civière.
Hey no nonny ! nonny hey nonny !
Et sur son tombeau il a plu bien des larmes.

Adieu, mon tourtereau !

LAERTES. – Tu aurais ta raison et tu me prêcherais la vengeance, que je serais moins ému.

OPHÉLIA. – Il faut que vous chantiez :

À bas ! à bas ! jetez-le à bas !

Oh ! comme ce refrain est à propos. Il s'agit de l'intendant perfide qui a volé la fille de son maître.

LAERTES. – Ces riens-là en disent plus que bien des choses.

Jennifer Decker (Ophélie) dans *La Tragédie d'Hamlet*, pièce mise en scène par Dan Jemmett à la Comédie-Française en 2014.

OPHÉLIA, *à Laertes.* – Voici du romarin ; c'est comme souvenir : de grâce, amour, souvenez-vous ; et voici des pensées, en guise de pensées.

LAERTES. – Leçon donnée par la folie ! Les pensées et les souvenirs réunis.

OPHÉLIA, *au roi.* – Voici pour vous du fenouil et des colombines.

À la reine.

Voilà de la rue[1] pour vous, et en voici un peu pour moi ; nous pouvons bien toutes deux l'appeler herbe de grâce, mais elle doit avoir à votre main un autre sens qu'à la mienne… Voici une pâquerette. Je vous aurais bien donné des violettes, mais elles se sont toutes fanées, quand mon père est mort… On dit qu'il a fait une bonne fin.

Elle chante.

Car le bon cher Robin est toute ma joie.

1. plante à petites fleurs jaunes, dégageant une forte odeur fétide, et utilisées autrefois pour leurs vertus antiseptiques et stimulantes.

LAERTES. – Mélancolie, affliction, frénésie, enfer même, elle donne à tout je ne sais quel charme et quelle grâce.

OPHÉLIA, *chantant.*

Et ne reviendra-t-il pas ?
Et ne reviendra-t-il pas ?
Non ! Non ! il est mort.
Va à ton lit de mort.
Il ne reviendra jamais.
Sa barbe était blanche comme neige,
Toute blonde était sa tête.
Il est parti ! il est parti !
Et nous perdons nos cris.
Dieu ait pitié de son âme !

Et de toutes les âmes chrétiennes ! Je prie Dieu. Dieu soit avec vous !

Sort Ophélia.

LAERTES. – Voyez-vous ceci, ô Dieu ?

Traduction François-Victor Hugo

Ernest Hébert, *Ophélie*, 1876, huile sur bois (43,7 x 22,6 cm), musée Ernest Hébert, Paris.

Questions

Prolongements

- Faites une recherche sur le personnage d'Ophélie.
- Écoutez l'air de la folie dans l'opéra de Donizetti Lucia di Lammermoor (1839) et regardez le film de François Truffaut, *L'Histoire d'Adèle H.* (1975). Établissez des rapprochements entre ces œuvres et les textes du corpus.

1. Pourquoi peut-on dire que les paroles d'Ophélia sont incohérentes ?
2. Y a-t-il véritable échange entre les personnages ? Pourquoi ?
3. Quelle vision paradoxale ce texte nous donne-t-il d'Ophélia et de sa folie ?
4. Quels sentiments Laertes éprouve-t-il pour sa sœur ?
5. Quels rôles peut-on attribuer aux quatre dernières répliques de Laertes ?

Lecture d'images

6. Sur quel passage du texte Ernest Hébert s'est-il appuyé pour peindre ce portrait ? Justifiez votre réponse.
7. Quelle image ce portrait donne-t-il du personnage ?
8. Étudiez les jeux d'ombre et de lumière. Comment les justifiez-vous ?
9. Comment le peintre s'est-il efforcé d'exprimer la folie d'Ophélie ?
10. De quelle manière la mise en scène de Dan Jemmett (► p. 132) donne-t-elle à voir l'expression de la folie d'Ophélie ?

► La lecture d'image, p. 580

TEXTE 1

Albert Camus, *L'Étranger* (1942)

▶ Biographie p. 628

Voici l'incipit du roman de Camus. Le personnage principal du roman, Meursault, est un jeune employé de bureau qui vit dans la capitale de l'Algérie française des années 1930.

Aujourd'hui, maman est morte. Ou peut-être hier, je ne sais pas. J'ai reçu un télégramme de l'asile : « Mère décédée. Enterrement demain. Sentiments distingués. » Cela ne veut rien dire. C'était peut-être hier.

L'asile de vieillards est à Marengo, à quatre-vingts kilomètres d'Alger. Je prendrai l'autobus à deux heures et j'arriverai dans l'après-midi. Ainsi, je pourrai veiller et je rentrerai demain soir. J'ai demandé deux jours de congé à mon patron et il ne pouvait pas me les refuser avec une excuse pareille. Mais il n'avait pas l'air content. Je lui ai même dit : « Ce n'est pas de ma faute. » Il n'a pas répondu. J'ai pensé alors que je n'aurais pas dû lui dire cela. En somme, je n'avais pas à m'excuser. C'était plutôt à lui de me présenter ses condoléances. Mais il le fera sans doute après-demain, quand il me verra en deuil. Pour le moment, c'est un peu comme si maman n'était pas morte. Après l'enterrement, au contraire, ce sera une affaire classée et tout aura revêtu une allure plus officielle.

J'ai pris l'autobus à deux heures. Il faisait très chaud. J'ai mangé au restaurant, chez Céleste, comme d'habitude. Ils avaient tous beaucoup de peine pour moi et Céleste m'a dit : « On n'a qu'une mère. » Quand je suis parti, ils m'ont accompagné à la porte. J'étais un peu étourdi parce qu'il a fallu que je monte chez Emmanuel pour lui emprunter une cravate noire et un brassard. Il a perdu son oncle, il y a quelques mois.

J'ai couru pour ne pas manquer le départ. Cette hâte, cette course, c'est à cause de tout cela sans doute, ajouté aux cahots, à l'odeur d'essence, à la réverbération de la route et du ciel, que je me suis assoupi. J'ai dormi pendant presque tout le trajet. Et quand je me suis réveillé, j'étais tassé contre un militaire qui m'a souri et qui m'a demandé si je venais de loin. J'ai dit « oui » pour n'avoir plus à parler.

Questions

Un incipit singulier

1. Quel effet provoque la première phrase sur le lecteur ? Quels procédés contribuent à produire cet effet ?
2. Qui est le narrateur du récit ? Selon quelle perspective et quelle focalisation les faits sont-ils relatés ?
3. S'agit-il d'un incipit traditionnel ?

Un étrange personnage principal

4. Comment Meursault réagit-il à la nouvelle de son deuil ? À quoi s'attache-t-il aussitôt ?
5. Quelles relations entretient-il avec son patron ? Ses amis ?
6. « J'ai dit "*oui*" *pour n'avoir plus à parler* », l. 25-26 : quel trait de caractère peut-on deviner ici ? Que nous révèlent sur lui ses échanges avec son entourage ?
7. Quel portrait pouvez-vous faire de Meursault à partir de cet incipit ?

Synthèse Camus a choisi *L'Étranger* pour titre de son roman. Relevez tous les éléments de l'incipit qui renvoient à ce titre.

▶▶▶ La Casbah d'Alger.

L'Étranger

Œuvre intégrale

Ernst Ludwig Kirchner, *Homme sortant de la mer*, 1913, lithographie (60 x 51 cm), Collection privée.

Après l'enterrement de sa mère, la vie de Meursault reprend son cours. Alors qu'il passe la journée à la mer avec des amis, il est mêlé à une altercation avec un groupe et des coups sont échangés. Après le déjeuner, Meursault, armé d'un révolver, retourne sur la plage ; il aperçoit l'un des participants à la rixe.

J'ai pensé que je n'avais qu'un demi-tour à faire et ce serait fini. Mais toute une plage vibrante de soleil se pressait derrière moi. J'ai fait quelques pas vers la source. L'Arabe n'a pas bougé. Malgré tout, il était encore assez loin. Peut-être à cause des ombres sur son visage, il avait l'air de rire. J'ai attendu. La brûlure du soleil gagnait mes joues et j'ai senti des gouttes de sueur s'amasser dans mes sourcils. C'était le même soleil que le jour où j'avais enterré maman et, comme alors, le front surtout me faisait mal et toutes ses veines battaient ensemble sous la peau. À cause de cette brûlure que je ne pouvais plus supporter, j'ai fait un mouvement en avant. Je savais que c'était stupide, que je ne me débarrasserais pas du soleil en me déplaçant d'un pas. Mais j'ai fait un pas, un seul pas en avant. Et cette fois, sans se soulever, l'Arabe a tiré son couteau qu'il m'a présenté dans le soleil. La lumière a giclé sur l'acier et c'était comme une longue lame étincelante qui m'atteignait au front. Au même instant, la sueur amassée dans mes sourcils a coulé d'un coup sur les paupières et les a recouvertes d'un voile tiède et épais. Mes yeux étaient aveuglés derrière ce rideau de larmes et de sel. Je ne sentais plus que les cymbales du soleil sur mon front et, indistinctement, le glaive éclatant jailli du couteau toujours en face de moi. Cette épée brûlante rongeait mes cils et fouillait mes yeux douloureux. C'est alors que tout a vacillé. La mer a charrié un souffle épais et ardent. Il m'a semblé que le ciel s'ouvrait sur toute son étendue pour laisser pleuvoir du feu. Tout mon être s'est tendu et j'ai crispé ma main sur le revolver. La gâchette a cédé, j'ai touché le ventre poli de la crosse et c'est là, dans le bruit à la fois sec et assourdissant, que tout a commencé. J'ai secoué la sueur et le soleil. J'ai compris que j'avais détruit l'équilibre du jour, le silence exceptionnel d'une plage où j'avais été heureux. Alors, j'ai tiré encore quatre fois sur un corps inerte où les balles s'enfonçaient sans qu'il y parût. Et c'était comme quatre coups brefs que je frappais sur la porte du malheur.

Questions

Figures de style

Quelles figures de style reconnaissez-vous dans l'extrait ? Expliquez leur signification : « les cymbales du soleil sur mon front », l. 16-17 ; « J'ai secoué la sueur et le soleil », l. 23-24.

Meursault assailli

1. Relevez les indices d'un récit raconté en focalisation interne. Quels en sont les effets sur le lecteur ?
2. Reformulez la phrase ligne 4 pour expliciter l'impression de Meursault.
3. Quelle expression évoque pour la première fois le soleil ? Nommez-la et dites comment elle peut résumer les sensations de Meursault.
4. Caractérisez les sensations provoquées par le soleil.

Un meurtre annoncé

5. À quels indices comprend-on que Meursault sait qu'il a tort de poursuivre son chemin ?
6. Relevez les connecteurs qui marquent l'enchaînement des phrases. Quelles relations marquent-ils ? Comment cet enchaînement présente-t-il le dénouement de cet épisode ? Quelle est la cause du premier tir ?

Synthèse Montrez comment, dans son récit, Meursault se dédouane de la responsabilité de son acte.

Camus, *L'Étranger*

► Biographie p. 628

Le procès de Meursault se déroule quelques mois après le meurtre. C'est le moment de l'interrogatoire des témoins. Le procureur s'intéresse à l'attitude de Meursault lors de l'enterrement de sa mère. Le concierge de l'asile de Marengo, où vivait sa mère, témoigne.

En arrivant, le concierge m'a regardé et il a détourné les yeux. Il a répondu aux questions qu'on lui posait. Il a dit que je n'avais pas voulu voir maman, que j'avais fumé, que j'avais dormi et que j'avais pris du café au lait. J'ai senti alors quelque chose qui soulevait toute la salle et, pour la première fois, j'ai compris que j'étais coupable. On a fait répéter au concierge l'histoire du café au lait et celle de la cigarette. L'avocat général[1] m'a regardé avec une lueur ironique dans les yeux. À ce moment, mon avocat a demandé au concierge s'il n'avait pas fumé avec moi. Mais le procureur[1] s'est élevé avec violence contre cette question : « Quel est le criminel ici et quelles sont ces méthodes qui consistent à salir les témoins de l'accusation pour minimiser des témoignages qui n'en demeurent pas moins écrasants ! » Malgré tout, le président[2] a demandé au concierge de répondre à la question. Le vieux a dit d'un air embarrassé : « Je sais bien que j'ai eu tort. Mais je n'ai pas osé refuser la cigarette que Monsieur m'a offerte. » En dernier lieu, on m'a demandé si je n'avais rien à ajouter. « Rien, ai-je répondu, seulement que le témoin a raison. Il est vrai que je lui ai offert une cigarette. » Le concierge m'a regardé alors avec un peu d'étonnement et une sorte de gratitude. Il a hésité, puis il a dit que c'était lui qui m'avait offert le café au lait. Mon avocat a triomphé bruyamment et a déclaré que les jurés[3] apprécieraient. Mais le procureur a tonné au-dessus de nos têtes et il a dit : « Oui, MM. les jurés apprécieront. Et ils concluront qu'un étranger pouvait proposer du café, mais qu'un fils devait le refuser devant le corps de celle qui lui avait donné le jour. » Le concierge a regagné son banc.

Quand est venu le tour de Thomas Pérez[4], un huissier a dû le soutenir jusqu'à la barre. Pérez a dit qu'il avait surtout connu ma mère et qu'il ne m'avait vu qu'une fois, le jour de l'enterrement. On lui a demandé ce que j'avais fait ce jour-là et il a répondu : « Vous comprenez, moi-même j'avais trop de peine. Alors, je n'ai rien vu. C'était la peine qui m'empêchait de voir. Parce que c'était pour moi une très grosse peine. Et même, je me suis évanoui. Alors, je n'ai pas pu voir Monsieur. » L'avocat général lui a demandé si, du moins, il m'avait vu pleurer. Pérez a répondu que non. Le procureur a dit alors à son tour : « MM. les jurés apprécieront. » Mais mon avocat s'est fâché. Il a demandé à Pérez, sur un ton qui m'a semblé exagéré, « s'il avait vu que je ne pleurais pas ». Pérez a dit : « Non. » Le public a ri. Et mon avocat, en retroussant une de ses manches, a dit d'un ton péremptoire : « Voilà l'image de ce procès. Tout est vrai et rien n'est vrai ! » Le procureur avait le visage fermé et piquait un crayon dans les titres de ses dossiers.

1. magistrats chargés de l'application de la loi.
2. préside le tribunal et mène les débats durant le procès.
3. chargés de décider de la culpabilité ou non de l'accusé.
4. ami de madame Meursault à l'asile.

Georges Rouault, *Le condamné s'en est allé*, 1922, encre et gouache sur marouflé (53,3 x 35,5 cm), Centre Pompidou, Paris.

Questions

Grammaire

Relevez un exemple de discours indirect dont le sens est ambigu. Analysez-le et expliquez comment cette forme de discours peut être source de confusion.

► Les discours rapportés, p. 530

Prolongement

Recherchez les caractéristiques de la littérature de l'Absurde

► La littérature engagée et l'Absurde, p. 40.

En quoi ces informations peuvent-elle aider à mieux comprendre le personnage principal de *L'Étranger* tel qu'il se construit dans les textes 1, 2 et 3 ?

► p. 134, 135, 136

Interrogatoires

1. Quel effet produit le discours indirect des premières lignes de l'extrait ? Quelles accusations sont portées contre Meursault ? Que pensez-vous de ces faits reprochés ?
2. Comment l'avocat de Meursault tente-t-il de minorer la gravité du fait d'avoir fumé ? Analysez la réponse du procureur et ses procédés rhétoriques : répond-il à l'objection de l'avocat ? Quel effet veut-il provoquer sur le public ?
3. Pour quelle raison Meursault intervient-il dans l'échange ? Quelle réaction du témoin provoque-t-il ? Est-ce favorable à Meursault ?

Présumé coupable

4. « *j'ai compris que j'étais coupable.* », l. 4-5 : que découvre-t-il alors ? Quels indices ont pu l'alerter puis conforter cette impression au fil des interrogatoires des témoins ?
5. Montrez que Pérez témoigne par contraste de l'attitude attendue lors d'un enterrement. Que doit provoquer son témoignage selon vous ?

Du malentendu au non-sens

6. « *Tout est vrai et rien n'est vrai !* », l. 36 : en quoi ces deux propositions sont-elles opposées ? Quel rôle joue ici la coordination ? Que veut ici signifier l'avocat de Meursault ?
7. Comment Meursault perçoit-il les interventions de son avocat ? La défense qu'il offre à son client semble-t-elle efficace ?
8. Que laisse présager la dernière phrase ?

Synthèse « *Tout est vrai et rien n'est vrai !* », l. 36 : montrez comment l'interrogatoire des témoins souligne le caractère absurde des accusations portées contre Meursault mais aussi la conviction de tous de sa culpabilité.

ÉCHO DU XXIe SIÈCLE

Kamel Daoud, *Meursault contre-enquête* (2013)

CONTEXTE

Dans son roman *Meursault contre-enquête*, l'écrivain et journaliste algérien Kamel Daoud offre en 2013 un nouveau point de vue sur *L'Étranger* de Camus. En donnant la parole au frère d'un des personnages du roman de Camus, l'écrivain en offre une « continuation » qui se déroule en Algérie, des années 1940 jusqu'au début du XXIe siècle.

Voici l'incipit du roman de Kamel Daoud. Le personnage est Haroun, le frère de la victime de Meursault. Il s'adresse ici à un universitaire spécialiste de Camus.

Aujourd'hui, M'ma' est encore vivante.

Elle ne dit plus rien, mais elle pourrait raconter bien des choses. Contrairement à moi, qui, à force de ressasser cette histoire, ne m'en souviens presque plus.

Je veux dire que c'est une histoire qui remonte à plus d'un demi-siècle. Elle a eu lieu et on en a beaucoup parlé. Les gens en parlent encore, mais n'évoquent qu'un seul mort – sans honte vois-tu, alors qu'il y en avait deux, de morts. Oui, deux. La raison de cette omission ? Le premier savait raconter, au point qu'il a réussi à faire oublier son crime, alors que le second était un pauvre illettré que Dieu a créé uniquement, semble-t-il, pour qu'il reçoive une balle et retourne à la poussière, un anonyme qui n'a même pas eu le temps d'avoir un prénom.

Je te le dis d'emblée : le second mort, celui qui a été assassiné, est mon frère. Il n'en reste rien. Il ne reste que moi pour parler à sa place, assis dans ce bar, à attendre des condoléances que jamais personne ne me présentera. Tu peux en rire, c'est un peu ma mission : être revendeur d'un silence de coulisses alors que la salle se vide. C'est d'ailleurs pour cette raison que j'ai appris à parler cette langue et à l'écrire ; pour parler à la place d'un mort, continuer un peu ses phrases. Le meurtrier est devenu célèbre et son histoire est trop bien écrite pour que j'aie dans l'idée de l'imiter. C'était sa langue à lui. C'est pourquoi je vais faire ce qu'on a fait dans ce pays après son indépendance : rendre une à une les pierres des anciennes maisons des colons et en faire une maison à moi, une langue à moi. Les mots du meurtrier et ses expressions sont mon *bien vacant*.

Bruno Boudjelal, *Algérie*, 2011, photographie.

Questions

Enquête sur un meurtre

1. Relevez les indices qui précisent le lieu et l'époque de cette histoire.
2. Quel événement est au centre de l'histoire ? Qui en est la victime ? Le coupable ?
3. Qui est le narrateur de *Meursault contre-enquête* ? Quel est son projet ?
4. À qui s'adresse-t-il ? Justifiez votre réponse et dites quel rôle joue dans ce passage l'interlocuteur du narrateur.

Une réécriture de *L'Étranger*

5. Comparez la première phrase de ce texte à l'incipit de *L'Étranger* (► p. 134).
6. Vers quel projet d'écriture le titre semble-t-il conduire ?
7. *« Le premier savait raconter, au point qu'il a réussi à faire oublier son crime »*, l. 8-9 : de quelle confusion des rôles cette phrase témoigne-t-elle ? Que dit-elle du personnage narrateur Daoud ? En quoi peut-elle orienter son interprétation du roman de Camus ?
8. En quoi la langue française a-t-elle été importante pour le narrateur ? Justifiez.
9. Que revendique le narrateur dans la dernière phrase ?

Prolongement

Recherchez ce que signifie « l'intertextualité » en littérature. Montrez que les relations, les emprunts à *L'Étranger*, présents dans le texte de Daoud, relèvent bien de ce phénomène littéraire.

CONTEXTE DE L'ŒUVRE

Albert Camus est né en Algérie en 1913 et a vécu une enfance pauvre à Alger. Après des études de philosophie, il fait ses premières armes dans le journalisme, écrit ses premiers essais et crée un théâtre avec des amis. En ouvrant le roman à de nouvelles réflexions historique et philosophique, en renouvelant les formes de la narration, *L'Étranger*, écrit en 1940 et publié en pleine guerre en 1942, est l'une des œuvres majeures du XXe siècle. Refusant de céder à l'oppression de l'Histoire, Camus fait de la révolte la condition d'un nouvel humanisme.

1. Poursuivez cette biographie de l'auteur en une quinzaine de lignes en soulignant l'importance de l'engagement dans sa vie et les thèmes qu'il a traités dans une œuvre littéraire variée.

UN RÉCIT, DES PERSONNAGES, DES SCÈNES ROMANESQUES

La structure du roman, sa dynamique

2. Reproduisez le tableau ci-dessous dont vous compléterez les rubriques au fil de votre lecture.

	Premiers et derniers mots du chapitre	Evénements évoqués	Durée de l'action	Nombre de pages
Chapitre 1				

Première partie

3. Combien de temps la première partie dure-t-elle approximativement ? Qu'est-ce qui rythme la succession des chapitres ? À quel genre littéraire cette écriture fait-elle penser ?

4. Quels chapitres sont les plus développés ? Quels événements sont ainsi soulignés ?

5. Dans les chapitres 4 et 5, la vie de Meursault semble pouvoir changer : de quelle façon ? Comment réagit-il face à ces occasions ?

Deuxième partie

6. Quel est l'événement pivot entre les deux parties du roman ? Quel titre pouvez-vous donner à chacune de ces parties ?

7. Combien de temps dure la seconde partie ? Selon quelle logique les chapitres se succèdent-ils dans cette partie ?

8. Comment comprenez-vous la dernière phrase du roman ?

Un personnage : Meursault

9. Analysez la construction du personnage selon son portrait, ses actions et son importance hiérarchique ► Synthèse, p. 71.

PARCOURS DE LECTURE

Texte 1 : ***Incipit*** (I, 1) ► p. 134
Texte 2 : L'enterrement (I, 1) : « Le ciel était déjà plein de soleil [...] il ne les essuyait pas. »
Texte 3 : Samedi (I, 2) : « J'ai eu de la peine à me lever [...] on est toujours un peu fautif. »
Texte 4 : Pause de midi (I, 3) : « Je suis sorti un peu tard à midi [...] des pommes de terre bouillies. »
Texte 5 : Le meurtre (I, VI) ► p. 135
Texte 6 : La défense (II, 1) : « Il s'est assis sur le lit [...] j'y ai renoncé par paresse. »
Texte 7 : Exhortation (II, 1) : « Brusquement il s'est levé [...] Il est retombé sur son fauteuil. »
Texte 8 : Fin du procès (II, 4) : « À la fin je me souviens [...] je n'ai pu répondre à son sourire »
Texte 9 : Excipit (II, V) : « Lui parti, j'ai retrouvé le calme [...] avec des cris de haine. »

RÉCEPTION, INTERPRÉTATION

Camus a écrit dans la préface à l'édition américaine de son ouvrage : « J'ai résumé *L'Étranger* il y a longtemps, par une phrase dont je reconnais qu'elle est très paradoxale : "Dans notre société tout homme qui ne pleure pas à l'enterrement de sa mère risque d'être condamné à mort." Je voulais dire seulement que le héros du livre est condamné parce qu'il ne joue pas le jeu [...], [c'est] l'histoire d'un homme qui, sans aucune attitude héroïque, accepte de mourir pour la vérité. »

10. Expliquez la position de Camus et dites quels épisodes et détails du récit justifient ce point de vue.

TEXTE 1

Laurent Gaudé, *Eldorado* (2006)

▸ Biographie p. 630

Ce roman se construit sur le thème contemporain de l'immigration clandestine. Deux récits se croisent au fil des chapitres. Le premier est celui de Piracci, un commandant de navire chargé d'intercepter, au large des côtes italiennes, les embarcations d'immigrés clandestins. Le second est celui de Soleiman qui veut quitter l'Afrique et gagner clandestinement l'Europe à la recherche de ce qu'il pense être un Eldorado.

À Catane[1], en ce jour, le pavé des ruelles du quartier du Duomo[2] sentait la poiscaille. Sur les étals serrés du marché, des centaines de poissons morts faisaient briller le soleil de midi. Des seaux, à terre, recueillaient les entrailles de la mer que les hommes vidaient d'un geste sec. Les thons et les espadons étaient exposés comme des trophées précieux. Les pêcheurs restaient derrière leurs tréteaux avec l'œil plissé du commerçant aux aguets. La foule se pressait, lentement, comme si elle avait décidé de passer en revue tous les poissons, regardant ce que chacun proposait, jugeant en silence du poids, du prix et de la fraîcheur de la marchandise. Les femmes du quartier remplissaient leur panier d'osier, les jeunes gens, eux, venaient trouver de quoi distraire leur ennui. On s'observait d'un trottoir à l'autre. On se saluait parfois. L'air du matin enveloppait les hommes d'un parfum de mer. C'était comme si les eaux avaient glissé de nuit dans les ruelles, laissant au petit matin les poissons en offrande. Qu'avaient fait les habitants de Catane pour mériter pareille récompense ? Nul ne le savait. Mais il ne fallait pas risquer de mécontenter la mer en méprisant ses cadeaux. Les hommes et les femmes passaient devant les étals avec le respect de celui qui reçoit. En ce jour, encore, la mer avait donné. Il serait peut-être un temps où elle refuserait d'ouvrir son ventre aux pêcheurs. Où les poissons seraient retrouvés morts dans les filets, ou maigres, ou avariés. Le cataclysme n'est jamais loin. L'homme a tant fauté qu'aucune punition n'est à exclure. La mer, un jour, les affamerait peut-être. Tant qu'elle offrait, il fallait honorer ses présents.

Le commandant Salvatore Piracci déambulait dans ces ruelles, lentement, en se laissant porter par le mouvement de la foule. Il observait les rangées de poissons disposés sur la glace, yeux morts et ventre ouvert. Son esprit était comme happé par ce spectacle. Il ne pouvait plus les quitter des yeux.

1. grand port de la côte est de la Sicile. – 2. cathédrale.

Questions

1. Identifiez deux points de vue sur la mer et les figures de style qui les renforcent.
2. Quel pouvoir la mer semble-t-elle exercer sur les hommes ? Justifiez.
3. Quel sentiment cet incipit peut-il inspirer au lecteur ?
4. Par quels procédés le premier paragraphe prépare-t-il l'entrée en scène du personnage ?

Synthèse Dites ce que les indices de cet incipit laissent imaginer du personnage.

Vers le bac **S'entraîner au commentaire**
Rédigez un paragraphe pour montrer comment le narrateur désoriente les attentes du lecteur en utilisant diverses formes d'opposition.

▸▸▸ Marché de la Piazza del Duomo, Catane, Sicile, 2009.

Eldorado

Œuvre intégrale

Savatore Piracci est abordé par une jeune femme naufragée qu'il avait sauvée deux ans plus tôt. Il se souvient alors des circonstances de ce sauvetage. Il laisse la jeune femme raconter sa dramatique traversée…

La vie allait enfin commencer. On rigolait à bord. Certains chantèrent les chants de leur pays. Elle ne se souvenait plus avec précision de cette première nuit sur le navire – ni de la journée qui suivit. Il faisait chaud. Ils étaient trop serrés. Elle avait faim. Son bébé pleurait. Mais ce n'était pas ce qui comptait. Elle se serait sentie capable de tenir des jours entiers ainsi. Le nouveau continent était au bout. Et la promesse qu'elle avait faite à son enfant de l'élever là-bas était à portée de main. Elle aurait tenu, vaille que vaille, pourvu qu'elle ait pu se raccrocher à l'idée qu'ils se rapprochaient, qu'ils ne cessaient minute après minute de se rapprocher. Mais il y eut ces cris poussés à l'aube du deuxième jour, ces cris qui renversèrent tout et marquèrent le début du second voyage. De celui-là, elle se rappelait chaque instant. Depuis deux ans, elle le revivait sans cesse à chacune de ses nuits. De celui là, elle n'était jamais revenue.

Les cris avaient été poussés par deux jeunes Somalis. Ils s'étaient réveillés avant les autres et donnèrent l'alarme. L'équipage avait disparu. Ils avaient profité de la nuit pour abandonner le navire à l'aide de l'unique canot de sauvetage. La panique s'empara très vite du bateau. Personne ne savait piloter pareil navire. Personne ne savait, non plus, où l'on se trouvait. À quelle distance de la côte ? Ils se rendirent compte avec désespoir qu'il n'y avait pas de réserve d'eau ni de nourriture. Que la radio ne marchait pas. Ils étaient pris au piège. Encerclés par l'immensité de la mer. Dérivant avec la lenteur de l'agonie. Un temps infini pouvait passer avant qu'un autre bateau ne les croise. Les visages, d'un coup, se fermèrent. On savait que si l'errance se prolongeait, la mort serait monstrueuse. Elle les assoifferait. Elle les éteindrait. Elle les rendrait fous à se ruer les uns contre les autres.

Tout était devenu lent et cruel. Certains se lamentaient. D'autres suppliaient leur Dieu. Les bébés ne cessaient de pleurer. Les mères n'avaient plus d'eau. Plus de force. Plus les heures passaient et plus les cris d'enfants faiblissaient d'intensité – par épuisement – jusqu'à cesser tout à fait. Les esprits sombrèrent dans une épaisse léthargie. Quelques bagarres éclatèrent, mais les corps étaient trop faibles pour s'affronter. Bientôt, ce ne fut plus que le silence.

Opération Mare Nostrum de la Marine italienne, sauvetage de réfugiés au large de la Sicile, août 2014.

Questions

La construction d'un personnage

1. Montrez comment au travers de ce récit se succèdent les sentiments de la jeune femme.
2. Quelles raisons ont pu la décider à partir ?
3. Quels dangers prévus et inattendus sont ici révélés ?

Vers l'Eldorado

4. Quelle est la valeur du conditionnel dans chacun des deux premiers paragraphes ? Quels sentiments traduit-il ?
► Modes, temps et valeurs, p. 524
5. Comment le récit progresse-t-il ? Quel changement de perspective s'opère entre le premier et le dernier paragraphe ?
6. À quelle phrase du texte pouvez-vous opposer « La vie allait enfin commencer. » ? Quelle tonalité cette opposition donne-t-elle au récit ?

Synthèse Confrontez la photographie à l'extrait. Quels sentiments, quelles réactions, quelles interrogations cette confrontation peut-elle provoquer ? Comment peut-on comprendre ces tentatives désespérées de fuite vers un nouvel horizon ?

Laurent Gaudé, *Eldorado*

Œuvre intégrale

► Biographie p. 630

L'équipage a abandonné le navire qui dérive. L'enfant de la jeune femme meurt et est jeté à la mer… Elle confie à Piracci sa volonté de tuer le responsable de cette mort.

– Pourquoi Hussein Marouk ? finit-il par dire. Si vraiment vous voulez vous venger, remontez plus haut. Vous l'avez dit vous-même, ce n'est qu'un homme de paille qui s'occupe de basses œuvres.

Elle répondit sans hésiter. Comme si elle s'était déjà fait plusieurs fois cette réflexion et tenait sa réponse toute prête.

– Je ne prétends pas que cet homme soit le seul coupable, dit-elle, ni même le plus coupable. Je dis seulement qu'il l'est. Et que j'aurais peut-être le moyen de l'atteindre.

Le commandant pensa qu'à sa place, il aurait eu à cœur, avant toute chose de se venger des membres de l'équipage. C'étaient eux qui avaient abandonné le navire. Eux qui avaient laissé pour morts des hommes et des femmes au milieu desquels ils avaient vécu. Ils leur avaient menti. C'étaient eux qui avaient tué l'enfant en ne laissant aucune réserve d'eau. Oui, sans doute, il aurait essayé de retrouver l'équipage du *Vittoria* et il leur aurait fait payer leur saleté. Mais il ne dit rien à la femme, de peur de lui souffler des désirs qu'elle n'avait pas. Et puis peut-être avait-elle raison. Qui était coupable ? À qui s'en prendre en premier ? L'homme qui avait voulu et organisé ce voyage avorté ou ceux qui, concrètement, s'étaient glissés en pleine nuit dans le canot de sauvetage, sans faire de bruit ? Qui était à châtier en premier dans cette chaine de responsabilités où chacun avait touché de l'argent sur le destin de pouilleux condamnés à l'agonie ? Elle avait décidé que Hussein Marouk devait être le premier. Peut-être trouvait-elle dans son attitude d'homme d'affaires une morgue et une arrogance supplémentaires. On pouvait espérer que les marins de l'équipage étaient parfois traversés par d'horribles cauchemars où les visages des morts leur léchaient les yeux avec avidité. Elle avait peut-être choisi parce qu'il était caché et qu'au crime, il ajoutait l'obscénité de l'opulence.

Le commandant chassa ces pensées de son esprit. L'important n'était pas l'identité des coupables mais ce désir puissant qu'elle avait de frapper à son tour.

Naufrage d'un bateau à l'ouest de la Grèce – Douze migrants ont été retrouvés morts, 15 novembre 2013.

Questions

Grammaire

Étudiez les discours rapportés : relevez des exemples de discours direct, discours indirect, discours indirect libre, discours narrativisé. Analysez les effets produits par chacun de ces discours. ► Les discours rapportés, p. 530

1. Qui est Hussein Marouk ? Pour quelles raisons la femme le choisit-elle pour se venger ?
2. Montrez comment l'attitude de la jeune femme amène Piracci à s'interroger. Quels points de vue évoque-t-il ?
3. Selon vous, pourquoi les personnages n'imaginent-ils pas d'autres moyens que la vengeance ? Relevez le lexique qui relève du jugement.
4. Comment comprenez-vous : *« au crime, il ajoutait l'obscénité de l'opulence »*, l. 27-28 ?
5. Par quels moyens sont exprimés les certitudes et les doutes du personnage ?
6. Piracci prend-il finalement parti dans ce dilemme ? Qu'en concluez-vous ?

Synthèse Montrez comment se traduisent les hésitations de Piracci face à la décision de la jeune femme.

TEXTE 4

Eldorado

Œuvre intégrale

À la recherche, eux aussi, d'un Eldorado, Soleiman et Jamal ont décidé de quitter le Soudan pour gagner l'Europe.

Ce soir, les hirondelles volent haut dans le ciel. Les boulevards grondent du vacarme des klaxons. La poussière soulevée par les embouteillages est encore chaude du soleil de la journée. Mon frère Jamal ne dit pas un mot. Nous roulons. Je sais que nous partirons cette nuit. Je l'ai compris à son regard. S'il m'a demandé de venir avec lui, c'est qu'il veut que nous soyons ensemble pour dire adieu à notre ville. Je ne dis rien. La tristesse et la joie se partagent en mon âme. Les rues défilent sous mes yeux. J'ai doucement mal de ce pays que je vais quitter.

Jamal gare sa voiture sur la place de l'Indépendance. Nous entrons dans notre café, celui où l'on vient tous les jours. Fayçal nous fait signe de la tête. Il joue aux dés avec son oncle. Nous saluons les visages que nous connaissons. [...]

Immobile, je laisse les bruits et les odeurs m'envahir. Nous ne reviendrons plus jamais. Nous allons quitter les rues de notre vie. Nous n'achèterons plus rien, jamais, aux marchands de cette rue. Nous ne boirons plus de thé, ici. Ces visages, bientôt, se brouilleront et deviendront incertains dans notre mémoire.

Je contemple mon frère qui regarde la place. Le soleil se couche doucement. J'ai vingt-cinq ans. Le reste de ma vie va se dérouler dans un lieu dont je ne sais rien, que je ne connais pas et que je ne choisirai peut-être même pas. Nous allons laisser derrière nous la tombe de nos ancêtres. Nous allons laisser notre nom, ce beau nom qui fait que nous sommes ici des gens que l'on respecte. Parce que le quartier connaît l'histoire de notre famille. Il est encore, dans les rues d'ici, des vieillards qui connurent nos grands-parents. Nous laisserons ce nom ici, accroché aux branches des arbres comme un vêtement d'enfant abandonné que personne ne vient réclamer. Là où nous irons, nous ne serons rien. Des pauvres. Sans histoire. Sans argent.

Je regarde mon frère qui contemple la place et je sais qu'il pense à tout cela. Nous buvons notre thé avec une lenteur peureuse. Lorsque les verres seront vides, il faudra se lever, payer et saluer les amis. Sans rien leur dire. Les saluer comme si nous allions les revoir dans la soirée. Aucun de nous deux n'a la force de faire cela. Alors nous buvons nos thés comme des chats laperaient de l'eau sucrée. Nous sommes là. Encore pour quelques minutes. Nous sommes là. Et bientôt plus jamais.

Soudan, ville de Bentiu, 2008.

Questions

1. Qui raconte cette scène ? À quel temps ?
2. Quelle différence de focalisation avec les textes précédents remarquez-vous (► p. 140, p. 141 et p. 142) ? Quels sont les effets produits par ce changement ?
3. Quels indices le narrateur donne-t-il quant au pays où il se trouve ?
4. Qu'est-ce qui montre la grande proximité des deux frères ?
5. Deux sentiments contradictoires animent le narrateur. Quels sont-ils et comment les expliquer ?
6. « *J'ai doucement mal de ce pays.* », l. 9 : comment comprenez-vous cette expression ? Que dit-elle des personnages ? Quelles figures de style la renforcent et l'éclairent ?
► Les figures de style, p. 576
7. Par quels procédés l'auteur donne-t-il un aspect énumératif à ce passage ?

Synthèse Montrez l'aspect paradoxal de la décision prise par les deux frères.

Vers le bac S'entraîner à l'écriture d'invention

Soleiman rencontre un ami qui a échoué dans sa quête d'un Eldorado et qui essaie de le dissuader de partir. Imaginez, sous la forme d'un dialogue de roman, les arguments de chacun d'eux.

Laurent Gaudé, *Eldorado*

Œuvre intégrale

► Biographie p. 630

Intercepter sans cesse les bateaux clandestins, voir surgir des cadavres… Salvatore Piracci ne le supporte plus. Habité par le remords, il décide de tout quitter, de faire le chemin à l'envers et, à bord d'une barque, il part pour l'Afrique.

Vue de la côte rocailleuse de Lampedusa à l'aube, 2013.

Catane s'éloignait. Dans sa barque silencieuse, il se sentait à la dimension du ciel. Il était une infime partie de l'immensité qui l'entourait, mais une partie vivante. Il avait peur, bien sûr, mais d'une peur qui lui fouettait les sangs. Il partait là-bas, dans ce pays d'où ils venaient tous. Il allait faire comme eux : passer des frontières de nuit, aller voir comment les hommes vivent ailleurs, trouver du travail, gagner de quoi survivre. Il avait mis le cap sur la Lybie. […]

« Je suis nu, pensa-t-il. Comme seul un homme sans identité peut l'être. » La nuit l'entourait avec douceur. Les vagues berçaient son embarcation avec des attentions de mère. Lampedusa disparaissait. Il repensa alors à ce qu'avait dit l'inconnu[1] au cimetière : « L'herbe sera grasse et les arbres chargés de fruits…Tout sera doux là-bas. Et la vie passera comme une caresse. » L'Eldorado. Il ne pensait plus qu'à cela. Il savait bien qu'il allait à contre-courant du fleuve des émigrants. Qu'il allait au-devant de pays où la terre se craquelle de faim. Mais il y avait l'Eldorado tout de même, et il ne pouvait s'empêcher d'y rêver. La vie qui l'attendait ne lui offrirait ni or ni prospérité. Il le savait. Ce n'est pas cela qu'il cherchait. Il voulait autre chose. Il voulait que ses yeux brillent de cet éclat de volonté qu'il avait souvent lu avec envie dans le regard de ceux qu'il interceptait[2]. L'air déjà, était plus vif autour de lui. Les instants plus intenses. Il allait devoir penser à nouveau, élaborer des plans, se battre. Il ne pouvait compter que sur ses propres forces. Comment fait-on pour obtenir ce que l'on veut quand on n'a rien ? De quelle force et de quelle obstination faut-il être ?

Tout serait dur et éprouvant, mais il ne tremblait pas. Le froid déjà l'entourait. L'humidité rendait sa peau collante mais il avait le sentiment de vivre. La mer était vaste. Il disparaissait dans le monde. Il allait être, à son tour, une de ces silhouettes qui n'ont ni nom ni histoire, dont personne ne sait rien – ni d'où elles viennent ni ce qui les anime. Il allait se fondre dans la vaste foule de ceux qui marchent, avec rage, vers d'autres terres. Ailleurs. Toujours ailleurs. Il pensait à ces heures d'efforts qui l'attendaient, à ces combats qu'il faudrait mener pour atteindre ce qu'il voulait. Il était en route. Et il avait décidé d'aller jusqu'au bout. Il n'était plus personne. Il se sentait heureux. Comme il était doux de n'être rien. Rien d'autre qu'un homme de plus, un pauvre homme de plus sur la route de l'Eldorado.

1. un homme que Piracci a rencontré fortuitement au cimetière de Lampedusa.
2. les immigrés clandestins à bord de leurs embarcations.

Questions

1. En quoi consiste la quête du personnage ? Qu'a-t-elle de paradoxal ?
2. Quel rapport cette quête entretient-elle avec celle de Soleiman ? Qu'est-ce qui devient commun aux deux hommes ?
3. Par quels procédés sont traduites les pensées du personnage ? Que révèlent-elles ?

Synthèse Dites ce qui distingue Salvatore Piracci de Soleiman dans sa quête.

Grammaire

Relevez les deux passages au discours direct. Comment expliquer ce choix ? ► **Les discours rapportés, p. 530**

Eldorado

Soleiman doit poursuivre seul son chemin. Après avoir été agressé par des passeurs, il est secouru et accompagné par Boubakar – un autre candidat à l'exode. Ils se préparent à franchir une haute barrière de barbelés qui sépare le Maroc de l'Espagne.

Immigration illégale à la frontière entre la Turquie et la Grèce, octobre 2010

Les véhicules de la police marocaine arrivent en trombe et nous prennent à revers. Nous sommes maintenant coincés entre les Marocains et la grille. Il faut monter. Il n'y a plus d'autre solution. J'entends des coups de feu. Des corps tombent. C'est alors que je vois Boubakar, sur une échelle, à quelques mètres de moi. À mi-chemin entre la terre et le sommet. Il ne bouge plus. Il est accroché aux barbelés et ne parvient pas à s'en défaire. Des assaillants, sous lui, commencent à hurler. Ils veulent l'agripper pour le faire tomber et qu'il cède sa place. Je ne réfléchis pas. Je descends dans sa direction. En quelques secondes, je suis sur lui et arrache la manche de son pull. Il me regarde avec étonnement. Comme un chien regarde la lune. Je lui hurle de se dépêcher. Il reprend son ascension. Nous sommes tous les deux au sommet, maintenant. Il faut faire vite. La panique s'est emparée de ceux qui sont encore à terre. Pour échapper aux coups des Marocains, ils montent en maltraitant ceux qu'ils dépassent. Chacun tente de sauver sa vie. Je fais passer la jambe morte de Boubakar au-dessus du grillage et nous descendons de l'autre côté. Les bras me tirent, je n'ai plus de force et me laisse tomber. Je chute. Je sens l'impact dur du sol. Les genoux qui me rentrent dans le ventre. Je suis fatigué mais je sens sous moi cette terre nouvelle et cela me donne une force de conquérant. Nous y sommes presque. Il ne reste plus qu'une grille à monter. Boubakar est à mes côtés. Je le sens respirer comme un gibier après la course. Nous sommes tous les deux là. Je voudrais sourire car je me sens une force de titan. J'ai sauté sur l'Europe. J'ai enjambé des mers et sauté par-dessus des montagnes. Je voudrais embrasser Boubakar mais nous n'avons pas le temps. Il reste une grille à franchir. Il se relève en même temps que moi. À cet instant, le but nous semble proche. Nous ne nous doutons pas que le pire est à venir.

Questions

Grammaire
Relevez les reprises anaphoriques de ce texte. Que constatez-vous ? Quel est l'effet produit par ces choix ?

1. Étudiez le rythme de la narration. Analysez notamment les choix syntaxiques. Quels procédés de dramatisation l'auteur a-t-il choisis ? Étudiez le choix du narrateur et la focalisation.

2. Identifiez les figures de style des lignes 24-26 et dites quel sentiment elles traduisent. ► Les figures de style, p. 576

3. Relevez l'anticipation à la fin du texte. Quel effet cela peut-il produire sur le lecteur ?

Synthèse Montrez ce qu'emprunte le personnage de fiction au personnage réel. Aidez-vous du récit de presse (► p. 147).

Laurent Gaudé, *Eldorado* Œuvre intégrale

Marc Allégret, *Danse traditionnelle de Massim Biambe*, le petit dieu, Tchad, 1925-1926.

Après quelques dures épreuves, Piracci arrive à Ghardaïa. C'est là que son chemin va croiser celui de Soleiman qui tente de rejoindre le Maroc, ultime étape avant l'Espagne.

Le jeune homme continuait à le regarder et attendait manifestement un mouvement ou un geste de sa part. Le commandant sentait que quelque chose de définitif se jouait là, pour lui, dans l'air chaud de cette place. Allait-il consentir ou renoncer ? Il laissa la douceur environnante le traverser.

– Massambalo[1] ?

Le jeune homme venait de répéter sa question. Salvatore Piracci cligne des yeux – comme pour congédier les ombres qui avaient envahi son esprit le temps de quelques secondes.

Il pensa que s'il acquiesçait, cela suffirait à rendre à cet homme la force qu'il n'avait plus. Puis il pensa à la cruauté qu'il y aurait à agir ainsi. Il allait conforter cet homme dans son désir de voyage. Et s'il échouait ? S'il mourait ? Salvatore Piracci savait bien qu'il n'était l'ombre d'aucun dieu et qu'il ne pourrait recommander cet homme à personne. Il savait bien que celui-là ne serait pas plus chanceux de l'avoir croisé et qu'il serait cruel de lui faire croire qu'il était dorénavant protégé par le regard bienveillant de la fortune. Et pourtant, il y avait ce regard qui l'avait frappé, un regard ample et décidé, un regard tout entier dans sa demande. […]

Depuis son arrivée en Lybie, il savait qu'il ne trouverait aucune terre à sa convenance. L'Eldorado n'était pas pour lui. Il y avait cru un temps, mais il avait fini par comprendre que ce n'était pas cela qu'il recherchait, mais bien plutôt un évanouissement au monde. Face à ce jeune homme, il comprenait que l'Eldorado existait pour les autres et qu'il était en son pouvoir de faire en sorte qu'ils ne se doutent pas de leur chance. Eux aspiraient à des pays où les hommes n'ont pas faim et où la vie est un pacte avec les dieux. La fièvre de l'Eldorado, c'est cela qu'il pouvait transmettre.

– Massambolo ?

Le jeune homme venait de poser sa question pour la troisième fois. Il sembla alors à Salvatore Piracci qu'il n'était parti de Sicile que pour cet instant. Sans le savoir, c'est vers cela qu'il était allé.

Lentement, sans dire un mot, il acquiesça de la tête.

Le visage du jeune homme s'illumina d'une lumière qu'il n'aurait jamais crue possible chez un être humain.

1. nom du « dieu des émigrés qui lance à travers le continent des ombres pour veiller sur les peuples en souffrance ».

Questions

Grammaire
Comment le discours intérieur du personnage est-il ici traduit ?
► Les discours rapportés, p. 530

1. Qu'est-ce qui est en jeu dans le débat intérieur que se livre Piracci ?
2. « *L'Eldorado n'était pas pour lui* », l. 20 : quelle signification la phrase a-t-elle pour Piracci ? Quel sens pourrait-elle avoir pour Soleiman ?
3. Montrez comment les regards croisés des deux hommes traduisent l'évolution de la situation.

Synthèse Montrez la portée symbolique de cette rencontre.

Vers le bac S'entraîner à l'écriture d'invention

Imaginez sous la forme d'un monologue intérieur la réaction de Soleiman à la suite de sa rencontre avec Piracci.

Récit de presse

Trois barrières métalliques de 6 mètres de haut se dressent entre son enfer tchadien, les limbes marocains et le paradis espagnol qu'il convoite. Un lundi de la mi-février, à 6 heures et quart du matin, nu et mouillé pour être glissant quand les agents essaieraient de le tirer vers le bas, l'homme a escaladé cette frontière pour la quatrième fois. Contrairement aux fois précédentes, où il avait aussitôt été ramené de l'autre côté, cette fois-ci, il n'a pas été arrêté par la Garde civile. Aujourd'hui, une partie de son voyage s'achève et une autre commence.

George, immigré de fait, mais ingénieur de formation, est désormais un homme heureux, même si son bonheur n'est pas complet : « *J'ai besoin de mon fils ici. Dès que je le pourrai, je le ferai venir près de moi.* » Il a une photo de lui dans sa poche. « *Sans lui, je ne serais pas arrivé à Melilla, ajoute-t-il. Pouvoir l'aider, c'est ce qui me donne du courage.* »

Il a les yeux qui brillent, mais assure qu'il est fatigué. Il a passé les derniers jours sans manger, adossé à un arbre pour se protéger de la pluie [...]. Nous sommes dans le périmètre du Centre de séjour temporaire d'immigrés (Ceti). George bavarde avec un groupe de Gabonais qui ont sauté avec lui dans la matinée.

« *Ç'a été un saut difficile, raconte George. D'abord, une barrière, puis une autre... Quand on arrive à la dernière, on est déjà épuisé. Au loin, on a vu une voiture de la Garde civile et on a couru comme des fous jusqu'ici.* » Les 150 hommes qui ont sauté avaient si peur qu'on les renvoie de l'autre côté qu'en se pressant contre la porte du garage du Ceti ils l'ont enfoncée.

Alberto Rojas, *El Mundo*, « Immigration : le triple saut de Georges »,
paru dans *Courrier international*, 27 mars 2014.

Dessin de Plantu, *Le Monde*, 19/04/2011.

Questions

1. Quels sont les faits rapportés par le journaliste ?
2. Quels sont les trois aspects du périple traduits dans la première phrase ? Selon quel point de vue les faits sont-ils rapportés ?
3. Quelles péripéties sont communes à celle du roman (► p. 145) ? À quels indices reconnaît-on cependant que ce texte est un article de presse ?
4. Quelle(s) intention(s) du journaliste peut-on lire dans les propos rapportés au discours direct ?

► Les discours rapportés, p. 530

Lecture d'image

- Ce dessin de presse témoigne d'un point de vue engagé de son auteur. Analysez-le puis dites quel point de vue il exprime.
- Vous semble-t-il représentatif du roman de Laurent Gaudé ?

Œuvre intégrale • Étude d'ensemble

POUR COMMENCER...

1. Quelle signification peut-on donner au titre du roman ? À quel genre de roman peut-on s'attendre ? Analysez l'image de la couverture et ses effets. Pour quelles raisons l'éditeur peut-il l'avoir choisie ? Quelle signification de l'œuvre souligne-t-elle ? Auriez-vous choisi cette photographie pour illustrer le roman Eldorado ? Justifiez votre réponse.
2. Rédigez en quelques lignes la biographie de Laurent Gaudé en centrant le propos sur son œuvre. À quel genre littéraire s'est-il tout d'abord intéressé ? Citez des thèmes de ses romans et dites quels types de personnages et d'événements il a privilégiés. En quoi le roman Eldorado s'inscrit-il dans la cohérence de cette œuvre ?

UN RÉCIT, DES PERSONNAGES, UNE PROGRESSION DRAMATIQUE

La structure du roman, sa dynamique

3. Reproduisez le tableau ci-dessous dont vous complèterez les rubriques au fil de votre lecture.

Titres	**Pages** **Nombre de pages** **Nombre de sous-chapitres**	**Lieux**	**Indices de temps** (dates, durées)	**Personnage central** **Choix énonciatif**	**Résumé des événements**
I. L'ombre de Catane	p.11-40 **29 pages** 7	Catane (Sicile)	« Plus tard dans l'après-midi » « Trois ans qu'il occupait ce poste » « en 2004 » « Deux années d'attente »	Piracci 3e pers.	Piracci, chargé de surveiller les côtes de la Sicile, croise une jeune femme qu'il a sauvée deux ans plus tôt. Suite à son récit, il accepte de l'aider à se venger du passeur qui a causé la mort de son enfant.

4. Deux récits se combinent dans ce roman. Comment l'auteur a-t-il organisé la narration ? Où se situe le point de rencontre ? Quel est le récit qui semble le plus important ? Justifiez votre réponse.
5. Montrez que les titres de chapitres permettent de suivre l'itinéraire de chacun des personnages. Que remarquez-vous quant au choix des titres des premier et dernier chapitres ? Que révèlent ces choix ? Le chapitre VII porte le titre « L'homme Eldorado » et crée un lien évident avec le titre du roman. De quelle quête d'Eldorado s'agit-il à ce moment du roman ?
6. « Le petit collier de perles vertes » et « Massambolo » : relevez les passages où il est fait référence à ce collier, à ce « personnage » et analysez leur parcours dans l'œuvre. En quoi préparent-ils la fin du roman ?

Les personnages et leur destin

7. Utilisez la synthèse « La construction du personnage » (► **p. 66**) pour décrire les deux personnages principaux, en étudiant leur portrait, leurs actions et leur importance hiérarchique.
8. Les deux personnages principaux sont confrontés à d'autres personnages. Établissez pour chacun d'eux la liste de leurs rencontres. Analysez le rôle de chacune de ces rencontres pour la suite de leur aventure.
9. Dans ce roman, seul le destin de Salvatore Piracci est connu du lecteur ; les autres personnages sont laissés au milieu de leur quête. Comment comprenez-vous ce choix de l'auteur ?

PARCOURS DE LECTURE

Le roman de Laurent Gaudé organise des correspondances entre certains chapitres entre les personnages. Dans le roman, lisez les textes ci-dessous deux à deux et répondez aux questions.

Texte A « Le commandant ne savait plus que penser […] un *Vittoria* par semaine. », p. 31-33
Texte écho « Elle lança alors une liasse de billets […] embrasser ta grosse maman ? », p. 165-167

10. Pour quelles raisons des hommes (ou des femmes) organisent-ils des filières d'immigration clandestines ? Quels points de vue sur ce phénomène le roman développe-t-il ?

Texte B « Nous n'aurons pas la vie que nous méritons […] ou je ne vieillirai pas. », p. 48-49
Texte écho « – Je ne t'ai pas tout à fait dit la vérité. […]. Aujourd'hui plus que jamais », p. 86-87

11. Pourquoi était-il si important pour Soleiman de partir avec son frère ? Comment parvient-il à dépasser la souffrance de devoir partir seul ?

Texte C « Salvatore Piracci se tourna […] à serrer les poings. », p. 105-106
Texte écho « Boubakar me regarde […] vers le nord. », p. 148-149

12. Pour quelles raisons les deux personnages éprouvent-ils des sentiments de culpabilité ? Ce sentiment est-il fondé selon vous ?

Texte D « Le commandant était maintenant trempé […] pas parvenus. », p. 78
Texte écho « Il sentit que la fin était proche ; […] Il ne fallait pas tarder. », p. 218-219

RÉCEPTION, INTERPRÉTATION

Une quête violente

13. Chacun des personnages est confronté à la violence. Analysez-en différents aspects.
Soleiman recourt lui-même à la violence (chapitre VIII). Ce recours est présenté comme un passage obligé. Quel jugement le narrateur porte-t-il sur lui-même ? Comment expliquer, malgré tout, ce passage à l'acte ? Comment expliquer le silence de son compagnon d'infortune ?

Le dénouement : atteindre l'Eldorado ?

14. Seul Piracci semble avoir atteint son Eldorado. En quoi est-ce paradoxal ? Comment donner du sens à tout ce parcours ?

15. « Plus rien, maintenant, ne pourra m'arrêter. » : c'est sur ces mots que le lecteur quitte le personnage de Soleiman. Est-il au bout de sa quête ? Comment comprendre ce choix de l'auteur ?

16. Quel sens peut-on donner au mot « Eldorado » si l'on analyse le parcours des deux personnages principaux ?

Un roman ancré dans un contexte réaliste

17. Représentez sur une carte les lieux cités et les trajets effectués par les personnages. Quels sont les aspects de l'immigration retenus par l'auteur ? Quels événements de l'actualité soulèvent cette question des drames de l'immigration ? Quel(s) jugement(s) porte l'auteur selon vous ?

Au-delà du réalisme : la mer

Dans le roman, la mer est un trait d'union entre deux vies, un passage obligé dans le parcours croisé de chacun des personnages. Elle est ainsi souvent présente dans le roman.

18. Quels aspects l'auteur privilégie-t-il ? Quels procédés stylistiques utilise-t-il pour évoquer la mer ?

L'Eldorado dans l'Histoire et la littérature

19. Quelle est l'origine du mot « Eldorado » ? À quelle grande période ce mot renvoie-t-il ? En quoi le texte de Montaigne (► p. 326) et les gravures de Théodore de Bry (► p. 327 et 329) constituent-ils un écho au roman de Gaudé ? Voltaire évoque l'Eldorado dans son conte philosophique, *Candide* (► p. 448). Que représente pour lui ce pays ? Comment ces œuvres éclairent-elles le titre du roman de Gaudé et son interprétation ?

SYNTHÈSE LE PERSONNAGE DE ROMAN

Le roman s'attache à représenter un milieu, une époque, les mœurs d'un groupe social, des individualités. Imaginaires ou historiques, on retrouve les personnages à travers des scènes de la vie courante.

1 METTRE EN SCENE DES PERSONNAGES

L'identité du personnage

Il a un nom et un « état civil ». Son nom peut parfois renseigner sur son origine ou son appartenance sociale.

Ex. : Le patronyme « Moreau » suggère la banalité bourgeoise du personnage dans *L'Éducation sentimentale*. ► p. 62

Ex. : Le nom de la Princesse de Clèves révèle ses origines nobles.

Le portrait physique, psychologique et moral

• Le personnage est souvent décrit physiquement : ses vêtements, ses gestes, ses traits de caractère sont autant d'indices donnés au lecteur sur ce qu'il est, et permet l'identification.

Ex. : L'accoutrement des comédiens du *Roman Comique* évoque à la fois les rôles qu'ils jouent et leur extrême pauvreté. ► p. 52

• Les différents **points de vue** permettent de brosser plusieurs types de portraits, à travers le regard du narrateur (**point de vue omniscient**), les pensées ou les paroles des autres personnages (**point de vue interne**) ou **l'autoportrait**, où le personnage se décrit lui-même.

Ex. : Marguerite Duras (► p. 78) ou Alain Robbe-Grillet (► p. 79) créent des personnages volontairement lacunaires qui échappent à l'omniscience du narrateur.

La focalisation interne permet de rendre compte de la vie intérieure des personnages, ses pensées est ses sentiments.

Ex. : Marcel Proust entre ainsi dans la conscience de Madame Verdurin. ► p. 109

L'évolution du personnage

Au fil de l'intrigue, le personnage se transforme et évolue.

Son caractère, ses valeurs peuvent changer et le lecteur suit cette évolution.

Ex. : Les scènes de rencontre et séparation constituent des temps forts des romans : elles déterminent le déroulement et l'issue de l'action. Les sentiments de Frédéric se transforment entre la scène de rencontre avec Madame Arnoux et la scène finale de *L'Éducation sentimentale*. ► p. 92

2 LES FONCTIONS DU PERSONNAGE

Le personnage est au cœur de l'intrigue, il est moteur de l'action. Les personnages peuvent avoir une ou différentes fonctions :

- **sujet**
- **objet** (le but de l'action)
- **destinateur** (celui qui est à l'origine de l'action)
- **destinataire** (bénéficiaire de l'action)
- **opposant** ou **adjuvant** (celui qui aide)

Ex. : Dans *Les Liaisons dangereuses*, le Vicomte de Valmont (sujet) séduit Madame de Tourvel (objet) à la demande de la Marquise de Merteuil (destinateur). Les destinataires, Madame de Merteuil et le Vicomte de Valmont, s'amusent de cette entreprise de séduction. Madame de Volanges (opposant) tente de dissuader Madame de Tourvel de céder aux charmes du Vicomte.

3 LE PERSONNAGE, VISION DE L'HOMME ET DU MONDE

La caractérisation des personnages met en lumière les **rapports entre les individus**, et leur rapport au monde.

• *Via* son personnage, le narrateur invite le lecteur à réfléchir sur les rapports humains, à porter un regard critique sur la société et à dénoncer l'hypocrisie ou les dysfonctionnements sociaux.

Ex. : L'héroïne de Raymond Queneau, Zazie, invite à une réflexion sur les faiblesses d'une institution. ► p. 114

Ex. : Dans *L'Étranger*, le procès de Meursault révèle l'hypocrisie de l'institution judiciaire. ► p. 136

• Le romancier véhicule **sa vision du monde**, optimiste ou pessimiste.

Le narrateur se sert de ses personnages pour chercher à divertir, faire rire ou toucher le lecteur.

Ex. : Dans *Voyage au bout de la nuit*, le personnage de Bardamu propose une vision dégradée des hommes et du monde. ► p. 110

Ex. : Le personnage de la Joconde dans *Guignol's Band* cherche à faire rire. ► p. 111

Le « héros » romanesque

Dans les romans épiques ou romantiques, le narrateur donne souvent une vision **idéalisée** : le personnage est un héros, un « modèle », doté de sentiments élevés.

Ex. : Dans *La Princesse de Clèves*, Mademoiselle de Chartres devient un modèle de vertu et de perfection. ► p. 72

Le personnage réaliste

• **Reflet d'une époque**, il permet à l'auteur d'analyser une situation sociale et d'en dénoncer les injustices.

• **« Photographie » du réel**, il peut représenter une tendance, un défaut.

On parle alors de personnage « type ».

Le personnage peut parfois aussi s'élever au rang de mythe.

Ex. : On parle de « bovarysme » pour qualifier une insatisfaction sentimentale.

Le personnage en question

Le personnage entre en « crise » dans les romans du XXe siècle.

Après les conflits mondiaux, les auteurs s'interrogent sur le sens de la condition humaine.

Indifférent et plongé dans l'absurde, le personnage perd ses attributs « traditionnels » et son statut de héros.

Ex. : Dans *L'Étranger*, le personnage de Meursault devient le symbole de l'Absurde.

Débats littéraires *Le personnage de roman doit-il avoir une part de réalité ?*

Les Frères Goncourt

Le public aime les romans faux : ce roman est un roman vrai.

Le public aime les romans faux : ce roman est un roman vrai.

[…] Pourquoi donc l'avons-nous écrit ? Est-ce simplement pour choquer le public et scandaliser ses goûts ?

Non.

Vivant au dix-neuvième siècle, dans un temps de suffrage universel, de démocratie, de libéralisme, nous nous sommes demandé si ce qu'on appelle « les basses classes » n'avait pas droit au Roman ; si ce monde sous un monde, le peuple, devait rester sous le coup de l'interdit littéraire et des dédains d'auteurs qui ont fait jusqu'ici le silence sur l'âme et le cœur qu'il peut avoir. Nous nous sommes demandé s'il y avait encore, pour l'écrivain et pour le lecteur, en ces années d'égalité où nous sommes, des classes indignes, des malheurs trop bas, des drames trop mal embouchés, des catastrophes d'une terreur trop peu noble. […]

Aujourd'hui que le Roman s'élargit et grandit, qu'il commence à être la grande forme sérieuse, passionnée, vivante, de l'étude littéraire et de l'enquête sociale, qu'il devient par l'analyse et par la recherche psychologique, l'Histoire morale contemporaine, aujourd'hui que le Roman s'est imposé les études et les devoirs de la science, il peut en revendiquer les libertés et les franchises. Et qu'il cherche l'Art et la Vérité ; qu'il montre des misères bonnes à ne pas laisser oublier aux heureux de Paris ; qu'il fasse voir aux gens du monde ce que les dames de charité ont le courage de voir, ce que les reines autrefois faisaient toucher de l'œil à leurs enfants dans les hospices : la souffrance humaine, présente et toute vive.

Jules et Edmond de Goncourt, Préface de *Germinie Lacerteux*, 1864

Mauriac

Les héros de romans naissent du mariage que le romancier contracte avec la réalité.

Nos prétendues créatures sont formées d'éléments pris au réel ; nous combinons, avec plus ou moins d'adresse, ce que nous fournissent l'observation des autres hommes et la connaissance que nous avons de nous-mêmes. Les héros de romans naissent du mariage que le romancier contracte avec la réalité.

Dans les fruits de cette union, il est périlleux de prétendre délimiter ce qui appartient en propre à l'écrivain, ce qu'il y retrouve de lui-même et ce que l'extérieur lui a fourni. […]

Les héros des grands romanciers, même quand l'auteur, ne prétend rien prouver ni rien démontrer, détiennent une vérité qui peut n'être pas la même pour chacun de nous, mais qu'il appartient à chacun de nous de découvrir et de s'appliquer. Et c'est sans doute notre raison d'être, c'est ce qui légitime notre absurde et étrange métier que cette création d'un monde idéal grâce auquel les hommes vivants voient plus clair dans leur propre cœur et peuvent se témoigner les uns aux autres plus de compréhension et plus de pitié.

François Mauriac, *Le Romancier et ses personnages*, 1933 © Buchet-Chastel

GIDE

Le vrai romancier écoute et regarde agir ses personnages.

27 mai 1924

Le mauvais romancier construit des personnages ; il les dirige et les fait parler. Le vrai romancier les écoute et les regarde agir ; il les entend parler dès avant que de les connaître, et c'est d'après ce qu'il leur entend dire qu'il comprend peu à peu qui ils sont… Pour moi, c'est plutôt le langage que le geste qui renseigne.

8 novembre 1924

[…] Il y a ce que l'on sait et il y a ce que l'on ignore. Entre deux, ce que l'on suppose. J'admire certains romanciers qui jamais ne se reconnaissent à court. Pour moi, plutôt que d'inventer, je préfère avouer : je ne sais pas.

J'écoute mes personnages, j'entends ce qu'ils disent : mais ce qu'ils pensent et ce qu'ils sentent ? Dès que j'induis, je tire à moi. Dès qu'un être se différencie, c'est beaucoup plus qu'on ne suppose. Seule la masse comprend la masse ; la communauté de sentiment et de pensées appartient aux gens du commun.

Tant que Bernard[1] monologuait je n'avais qu'à l'écouter ; mais depuis qu'il se tait, il m'échappe ; je ne sais à quoi m'en tenir.

André Gide, *Le Journal des Faux-Monnayeurs*, 1927 © Éditions Gallimard

1. Bernard est l'un des personnages des *Faux Monnayeurs*, roman qu'André Gide écrit à ce moment et qui sera publié en 1925.

ROBBE-GRILLET

Le roman de personnages appartient bel et bien au passé.

Nous en a-t-on assez parlé, du «personnage » ! Et ça ne semble, hélas, pas près de finir. Cinquante années de maladie, le constat de son décès enregistré à maintes reprises par les plus sérieux essayistes, rien n'a encore réussi à le faire tomber du piédestal où l'avait placé le XIXe siècle. C'est une momie à présent, mais qui trône toujours avec la même majesté – quoique postiche – au milieu des valeurs que révère la critique traditionnelle. C'est même là qu'elle reconnaît le « vrai » romancier : « il crée des personnages » […]

Le roman de personnages appartient bel et bien au passé, il caractérise une époque : celle qui marqua l'apogée de l'individu.

Peut-être n'est-ce pas un progrès, mais il est certain que l'époque actuelle est plutôt celle du numéro matricule. Le destin du monde a cessé, pour nous, de s'identifier à l'ascension ou à la chute de quelques familles. Le monde lui-même n'est plus cette propriété privée, héréditaire et monnayable ; cette sorte de proie, qu'il s'agissait moins de connaître que de conquérir. Avoir un nom, c'était très important sans doute au temps de la bourgeoisie balzacienne. […] Notre monde, aujourd'hui, est moins sûr de lui-même […]. Le roman paraît chanceler, ayant perdu son meilleur soutien d'autrefois, le héros. S'il ne parvient pas à s'en remettre, c'est que sa vie était liée à celle d'une société maintenant révolue.

Alain Robbe-Grillet, *Pour un nouveau roman*, 1961 © Éditions de Minuit

PRÉPARER LE DÉBAT

1. Où les Goncourt ont-ils trouvé le modèle du personnage de Germinie Lacerteux ? Justifiez le discours de la préface en vous appuyant sur la construction de ce personnage. Qui est Alain Robbe-Grillet ? En quoi sa conception du personnage est-elle nouvelle ?
2. Quels sont, dans chacun de ces textes le rôle et le projet du romancier ?

DÉBATTRE ▸ Le personnage de roman doit-il avoir une part de réalité ?

3. Cherchez dans l'ensemble du chapitre (▸ p. 46 à 157) et dans vos lectures personnelles des exemples de textes dans lesquels le réel donne naissance au personnage. De quoi est-il issu dans les autres ?

Mise en jeu Constituez deux groupes. Engagez un débat à ce sujet, où chaque groupe soutient des arguments opposés. Chaque groupe devra s'appuyer sur les textes de ces deux pages et se référer à des exemples précis de textes.

TEXTE A Émile Zola, *Thérèse Raquin* (1867)

Thérèse Raquin s'est laissé marier à son cousin Camille. Mais elle fait la connaissance de Laurent, un ami de son mari, qui devient son amant.

Laurent cessa de ramer et laissa descendre le canot au fil du courant.

En face, se dressait le grand massif rougeâtre des îles. Les deux rives, d'un brun sombre taché de gris, étaient comme deux larges bandes qui allaient se rejoindre à l'horizon. L'eau et le ciel semblaient coupés dans la même étoffe blanchâtre. Rien n'est plus douloureusement calme qu'un crépuscule d'automne.

Les rayons pâlissent dans l'air frissonnant, les arbres vieillis jettent leurs feuilles. La campagne, brûlée par les rayons ardents de l'été, sent la mort venir avec les premiers vents froids. Et il y a, dans les cieux, des souffles plaintifs de désespérance. La nuit descend de haut, apportant des linceuls dans son ombre.

Les promeneurs se taisaient. Assis au fond de la barque qui coulait avec l'eau, ils regardaient les dernières lueurs quitter les hautes branches. Ils approchaient des îles. Les grandes masses rougeâtres devenaient sombres; tout le paysage se simplifiait dans le crépuscule; la Seine, le ciel, les îles, les coteaux n'étaient plus que des taches brunes et grises qui s'effaçaient au milieu d'un brouillard laiteux.

Camille, qui avait fini par se coucher à plat ventre, la tête au-dessus de l'eau, trempa ses mains dans la rivière.

– Fichtre! que c'est froid! s'écria-t-il. Il ne ferait pas bon de piquer une tête dans ce bouillon-là.

Laurent ne répondit pas. Depuis un instant il regardait les deux rives avec inquiétude; il avançait ses grosses mains sur ses genoux, en serrant les lèvres. Thérèse, roide, immobile, la tête un peu renversée, attendait.

La barque allait s'engager dans un petit bras, sombre et étroit, s'enfonçant entre deux îles. On entendait, derrière l'une des îles, les chants adoucis d'une équipe de canotiers qui devaient remonter la Seine. Au loin, en amont, la rivière était libre.

Alors Laurent se leva et prit Camille à bras-le-corps. Le commis éclata de rire.

– Ah! non, tu me chatouilles, dit-il, pas de ces plaisanteries-là… Voyons, finis : tu vas me faire tomber.

Laurent serra plus fort, donna une secousse. Camille se tourna et vit la figure effrayante de son ami, toute convulsionnée. Il ne comprit pas; une épouvante vague le saisit. Il voulut crier, et sentit une main rude qui le serrait à la gorge. Avec l'instinct d'une bête qui se défend, il se dressa sur les genoux, se cramponnant au bord de la barque. Il lutta ainsi pendant quelques secondes.

– Thérèse! Thérèse! appela-t-il d'une voix étouffée et sifflante.

La jeune femme regardait, se tenant des deux mains à un banc du canot qui craquait et dansait sur la rivière. Elle ne pouvait fermer les yeux; une effrayante contraction les tenait grands ouverts, fixés sur le spectacle horrible de la lutte. Elle était rigide, muette.

– Thérèse! Thérèse! appela de nouveau le malheureux qui râlait.

À ce dernier appel, Thérèse éclata en sanglots. Ses nerfs se détendaient. La crise qu'elle redoutait la jeta toute frémissante au fond de la barque. Elle y resta pliée, pâmée, morte.

TEXTE B

André Malraux, *La Condition humaine* (1933)

Tchen, un jeune Chinois engagé dans l'action terroriste, doit assassiner un trafiquant.

Première partie

21 mars 1927

Minuit et demi.

Tchen tenterait-il de lever la moustiquaire ? Frapperait-il au travers ? L'angoisse lui tordait l'estomac ; il connaissait sa propre fermeté, mais n'était capable en cet instant que d'y songer avec hébétude[1], fasciné par ce tas de mousseline blanche qui tombait du plafond sur un corps moins visible qu'une ombre, et d'où sortait seulement ce pied à demi incliné par le sommeil, vivant quand même – de la chair d'homme. La seule lumière venait du building voisin : un grand rectangle d'électricité pâle, coupé par les barreaux de la fenêtre dont l'un rayait le lit juste au-dessous du pied comme pour en accentuer le volume et la vie. Quatre ou cinq klaxons grincèrent à la fois. Découvert ? Combattre, combattre des ennemis qui se défendent, des ennemis éveillés !

La vague de vacarme retomba : quelque embarras de voitures (il y avait encore des embarras de voitures, là-bas, dans le monde des hommes…). Il se retrouva en face de la tache molle de la mousseline et du rectangle de lumière, immobiles dans cette nuit où le temps n'existait plus.

Il se répétait que cet homme devait mourir. Bêtement : car il savait qu'il le tuerait. Pris ou non, exécuté ou non, peu importait. Rien n'existait que ce pied, cet homme qu'il devait frapper sans qu'il se défendît – car, s'il se défendait, il appellerait.

Les paupières battantes, Tchen découvrait en lui, jusqu'à la nausée, non le combattant qu'il attendait, mais un sacrificateur. Et pas seulement aux dieux qu'il avait choisis : sous son sacrifice à la révolution grouillait un monde de profondeurs auprès de quoi cette nuit écrasée d'angoisse n'était que clarté. « Assassiner n'est pas seulement tuer… » Dans ses poches, ses mains hésitantes tenaient, la droite un rasoir fermé, la gauche un court poignard. Il les enfonçait le plus possible, comme si la nuit n'eût pas suffi à cacher ses gestes. Le rasoir était plus sûr, mais Tchen sentait qu'il ne pourrait jamais s'en servir ; le poignard lui répugnait moins. Il lâcha le rasoir dont le dos pénétrait dans ses doigts crispés ; le poignard était nu dans sa poche, sans gaine. Il le fit passer dans sa main droite, la gauche retombant sur la laine de son chandail et y restant collée. Il éleva légèrement le bras droit, stupéfait du silence qui continuait à l'entourer, comme si son geste eût dû déclencher quelque chute. Mais non, il ne se passait rien : c'était toujours à lui d'agir.

1. stupeur, état d'une personne abasourdie, qui perd ses moyens.

TEXTE C André Gide, *Les Caves du Vatican* (1914)

Le jeune Lafcadio se rend à Rome en train. Il partage son compartiment avec Fleurissoire, un vieil homme. Tout à coup, sans raison, Lafcadio ouvre la porte et décide de pousser son compagnon de voyage hors du train.

Lafcadio redonna de la lumière. Le train longeait alors un talus, qu'on voyait à travers la vitre, éclairé par cette lumière de chaque compartiment projetée ; cela formait une suite de carrés clairs qui dansaient le long de la voie et se déformaient tour à tour selon chaque accident du terrain. On apercevait au milieu de l'un d'eux, danser l'ombre falote de Fleurissoire ; les autres carrés étaient vides.

« Qui le verrait ? pensait Lafcadio. Là, tout près de ma main, sous ma main, cette double fermeture, que je peux faire jouer aisément ; cette porte qui, cédant tout à coup, le laisserait crouler en avant ; une petite poussée suffirait ; il tomberait dans la nuit comme une masse ; même on n'entendrait pas un cri… Et demain, en route pour les îles !… Qui le saurait ? »

La cravate était mise, un petit nœud marin tout fait ; à présent Fleurissoire avait repris une manchette et l'assujettissait au poignet droit ; et, ce faisant, il examinait, au-dessus de la place où il était assis tout à l'heure, la photographie (une des quatre qui décoraient le compartiment) de quelque palais près de la mer.

« Un crime immotivé, continuait Lafcadio : quel embarras pour la police ! Au demeurant, sur ce sacré talus, n'importe qui peut, d'un compartiment voisin, remarquer qu'une portière s'ouvre, et voir l'ombre du Chinois cabrioler. Du moins les rideaux du couloir sont tirés… Ce n'est pas tant des événements que j'ai curiosité, que de moi-même. Tel se croit capable de tout, qui, devant que d'agir, recule… Qu'il y a loin, entre l'imagination et le fait !... Et pas plus le droit de reprendre son coup qu'aux échecs. Bah ! qui prévoirait tous les risques, le jeu perdrait tout intérêt !... Entre l'imagination d'un fait et… Tiens ! le talus cesse. Nous sommes sur un pont, je crois ; une rivière… »

Sur le fond de la vitre, à présent noire, les reflets apparaissaient plus clairement, Fleurissoire se pencha pour rectifier la position de sa cravate.

« Là, sous ma main, cette double fermeture – tandis qu'il est distrait et regarde au loin devant lui – joue, ma foi ! plus aisément encore qu'on n'eût cru. Si je puis compter jusqu'à douze, sans me presser, avant de voir dans la campagne quelque feu, le tapir[1] est sauvé. Je commence : Une ; deux ; trois ; quatre ; (lentement ! lentement !) cinq ; six ; sept ; huit ; neuf… Dix, un feu… »

Fleurissoire ne poussa pas un cri. Sous la poussée de Lafcadio et en face du gouffre brusquement ouvert devant lui, il fit pour se retenir un grand geste, sa main gauche agrippa le cadre lisse de la portière, tandis qu'à demi retourné, il rejetait la droite en arrière par-dessus Lafcadio, envoyant rouler sous la banquette, à l'autre extrémité du wagon, la seconde manchette qu'il était au moment de passer[2].

1. Le tapir est un mammifère à longue trompe, qui désigne ici Fleurissoire. Lafcadio s'en remet au hasard : s'il parvient à compter jusqu'à douze sans apercevoir un feu dans la campagne, il ne le tuera pas.
2. qu'il s'apprêtait à passer.

Sujet

I. Vous répondrez d'abord à la question suivante (4 points) :

Vous montrerez l'importance de l'environnement dans l'attitude des personnages.

II. Vous traiterez ensuite, au choix, l'un des sujets suivants (16 points) :

1. Commentaire
Vous commenterez le texte d'André Malraux (Texte B).

2. Dissertation
Pour apprécier un roman, un lecteur a-t-il besoin de s'identifier au personnage principal et de partager ses sentiments ?
Vous répondrez à cette question en un développement composé, en prenant appui sur les textes du corpus ainsi que sur les textes et œuvres que vous avez lus et étudiés.

3. Écriture d'invention
Lors de son procès, Thérèse doit raconter au juge la scène que vous venez de lire (texte A) mais elle veut convaincre, lui et les jurés, de l'entière responsabilité de Laurent dans le crime commis.

Quelques conseils

Pour répondre à la question ► Grille d'auto-évaluation, p. 593

- Lisez les trois textes et relevez tous les passages où il est question du cadre naturel et / ou du paysage.
- Interrogez-vous sur les moments où le cadre est cité et la façon dont il apparaît : y a-t-il des points communs qui vous permettraient de regrouper certains textes ?

Si vous choisissez le commentaire... ► Grille d'auto-évaluation, p. 601

- Situez le texte à commenter dans le roman et dégagez l'enjeu du passage en vous demandant quelles informations sont délivrées sur le personnage.
- Étudiez l'énonciation : quels points de vue repérez-vous ?
- Rassemblez vos connaissances sur le roman au XXe siècle.

Si vous choisissez la dissertation... ► Grille d'auto-évaluation, p. 611

- Commencez par identifier le genre littéraire concerné : ici, le roman.
- Soulignez les mots importants du sujet ; associez-les à des synonymes pour mieux définir le problème qui vous est posé. Interrogez-vous, par exemple, sur les termes « s'identifier », « personnage principal » et « partager ses sentiments ».
- La phrase du sujet est une interrogation totale (réponse attendue : « oui » ou « non »). Une antithèse implicite se dégage du sujet : le lecteur n'a pas forcément besoin de s'identifier au personnage principal ni de partager ses sentiments. Il faudra prendre position et apporter des arguments.

Si vous choisissez l'écriture d'invention... ► Grille d'auto-évaluation, p. 623

- Vous allez écrire un texte argumentatif :
  – Déterminez les contraintes d'écriture imposées par le sujet : qui parle ? À qui ? Quand ? Dans quel but ou avec quelles intentions ? Quels temps allez-vous utiliser ?
  – Adaptez le style : quels effets voulez-vous créer ?
- L'argumentation recourt à plusieurs procédés : Thérèse peut faire appel aux sentiments, s'appuyer sur un raisonnement mais aussi mentir, etc.
- La vision de Thérèse est différente de celle de Laurent. La description des lieux, des sentiments qu'elle ressent, les paroles qu'elle prononce doivent s'opposer au texte A. Relisez le texte A et votre production pour vous assurer qu'ils sont bien en opposition.

CHAPITRE 2

Le texte théâtral et sa représentation, du XVIIe siècle à nos jours

►►► **Gustav Klimt**, *Salle de l'Altes Burgtheater* (détail), XIXe siècle, huile sur toile, Wien Museum Karlsplatz, Vienne (Autriche).

LA *CATHARSIS*

Aristote, philosophe grec, définit la tragédie dans *La Poétique*. Selon lui, elle suscite, par procuration, crainte et pitié chez le spectateur qui est alors capable de maîtriser ces pulsions. Au XVIIe siècle, cette notion est reprise et infléchie. La « purgation » concerne toutes les passions, ajoutant une dimension morale. La représentation de passions condamnables est ainsi justifiée (**Ex.** : celles de *Phèdre* chez Racine).

Le théâtre est un genre littéraire particulier car s'il est un texte, il est aussi un spectacle. Depuis son origine, dans l'Antiquité, ces deux aspects sont liés : le texte porte les indices de la représentation future, ce qui détermine tout à la fois son écriture et son analyse. C'est aussi pourquoi les conditions de création et de réception (types de publics, lieux de spectacle) sont déterminantes dans l'histoire du théâtre.

L'ANTIQUITÉ : LA NAISSANCE DU THÉÂTRE

Une cérémonie citoyenne

Le théâtre est apparu en Grèce, à la fin du VIe siècle av. J.-C., dans le cadre des fêtes religieuses qui rythment la vie de la cité. À Athènes, des concours de tragédies et de comédies étaient organisés, auxquels assistaient tous les citoyens. Les sujets empruntaient à la mythologie ou à l'histoire, et invitaient les spectateurs à la réflexion sur la condition humaine, la vie de la cité, réflexion mise en perspective par la présence d'un chœur, composé de danseurs. Le caractère vivant et collectif du spectacle était donc très important.

Scène de comédie, IIIe s. ap. J.-C., mosaïque, musée archéologique, Lesbos, Grèce.

Des auteurs inépuisables

Les textes de trois grands auteurs tragiques grecs ont été conservés et ont influencé toute l'histoire du théâtre : **Eschyle**, **Sophocle**, **Euripide**. **Aristophane** a, quant à lui, laissé des comédies (Ve siècle av. J.-C.). La distinction des genres est donc elle aussi ancienne, reposant sur les différences entre la condition sociale des personnages, les sujets abordés, les émotions suscitées. Dès l'origine, l'effet du spectacle est clair dans l'écriture et la représentation, déterminant les registres comique et tragique : rire ou pleurer, divertir ou déranger. À Rome, **Sénèque** (Ier siècle ap. J.-C.) compose à son tour des tragédies, **Plaute** (IIIe siècle av. J.-C.) des comédies, dont certaines servent de modèles à Molière.

LE MOYEN ÂGE : FARCES ET MYSTÈRES

Au cours du Moyen Âge, le théâtre se développe sous la forme de farces ou de théâtre religieux, miracles et mystères, s'écartant donc des modèles antiques. Les représentations ont essentiellement lieu dans la rue, à l'exception de quelques spectacles religieux donnés au sein même des églises.

LE XVIe SIÈCLE : LA RENAISSANCE DU THÉÂTRE

À la Renaissance, la redécouverte des auteurs antiques va conduire à la naissance des premières tragédies et comédies en langue française, grâce à des auteurs comme **Jodelle** ou **Garnier**. À cette époque encore, aucun lieu n'est dévolu exclusivement aux représentations ; mais certaines ont lieu dans des jeux de paume (ancêtre du tennis), revenant à proposer des spectacles dans des espaces clos. Le théâtre élisabéthain qui se développe en Angleterre au XVIe siècle privilégie, lui, l'ouverture puisqu'il est fondé sur un dispositif circulaire clos mais qui ne possède pas de toit complet.
Ce renouveau des genres théâtraux conduit d'autres couches de la population à s'y intéresser, et notamment les plus élevées : des représentations sont données à la cour. L'histoire du genre est bien aussi celle de ses lieux et de ses publics.

LA *COMMEDIA DELL'ARTE*

Genre comique né en Italie au XVIe siècle. Les comédiens représentent des types comiques, tel Arlequin, et improvisent à partir de canevas. Ce théâtre relève de la création collective. Son influence sur la comédie française est importante aux XVIIe et XVIIIe siècles. Des troupes italiennes s'installent dans les théâtres parisiens avec succès. Molière partage son théâtre avec l'une d'elles et s'en inspire, comme Marivaux au XVIIIe siècle.

Néron dans *Britannicus* de Racine, illustration de **Henri Allouard,** 1870.

LE XVIIe SIÈCLE : L'ÂGE D'OR DU THÉÂTRE

Une vie théâtrale intense

Cette évolution se confirme au cours du XVIIe siècle. Richelieu, ministre de Louis XIII, comme ses successeurs, comprend les bénéfices que le pouvoir peut retirer en protégeant et en encadrant la création théâtrale. Les troupes, qui se multiplient, vont pour certaines s'installer dans des théâtres (théâtre du Marais, Hôtel de Bourgogne, Palais Royal), ce qui va permettre une plus grande diversité des publics. Ce sont pour ces troupes, parfois même pour tel comédien renommé, que les auteurs composent. Les pièces sont ainsi toujours jouées avant d'être publiées. Et les auteurs sont très attentifs aux goûts et aux attentes du public, comme en témoigne l'évolution des genres théâtraux au XVIIe siècle.

Hermione dans *Andromaque* de Racine, illustration de **Henry Geoffroy,** 1870.

De la dramaturgie baroque…

Dans la première moitié du XVIIe siècle, **période baroque**, les pièces sont riches en rebondissements et invraisemblances : la tragi-comédie emporte l'adhésion. **Pierre Corneille** compose alors ses premières pièces, dont *Médée* (1635), tragédie, et *L'Illusion comique* (1636), comédie. *Le Cid* (1637) est l'occasion d'une querelle célèbre qui marque un tournant dans l'écriture théâtrale.

… à la dramaturgie classique

Les exigences d'un public plus lettré conduisent les auteurs à respecter des règles de composition (unité de temps, de lieu, d'action), au nom de la vraisemblance d'une part, de la bienséance d'autre part. Sont ainsi élaborées les règles de la **dramaturgie classique**, inspirées pour une part de la *Poétique* d'Aristote, philosophe grec du IVe siècle av. J.-C., et théorisées notamment par l'abbé d'Aubignac et Boileau.

► Les mouvements littéraires : le XVIIe siècle, p. 29

Au service de la représentation

Le théâtre n'en reste pas moins vivant et toujours soucieux de séduire son public. **Molière**, comédien et chef de troupe, multiplie ses sources d'inspiration, des auteurs antiques aux auteurs espagnols comme Lope de Vega, en passant par la *commedia dell'arte*, qu'il connaît bien pour partager un temps son théâtre avec une troupe italienne. **Jean Racine** compose ses tragédies pour de grandes comédiennes, comme la Champmeslé, avec laquelle il répète. Ainsi, comédie ou tragédie, la création d'une pièce au XVIIe siècle est le fruit d'influences et d'exigences multiples qu'il ne faut pas oublier de prendre en compte encore aujourd'hui.

LE XVIIIe SIÈCLE : UNE APPARENTE LÉGÈRETÉ

Le théâtre au XVIIIe siècle se déploie avec une grande liberté. Le siècle précédent en a fait une pratique reconnue et répandue. Les querelles enflammées sur les règles ou la moralité du théâtre sont écartées, et chaque auteur suit sa propre inspiration. **Voltaire** s'essaie à la tragédie, sur le modèle de **Racine**, mais ne rencontre pas le succès escompté : les goûts du public ont changé. **Marivaux** analyse avec subtilité les jeux amoureux, sans négliger l'évolution des mœurs de son temps, en esquissant des réflexions sur les rapports de force au sein de la société. **Beaumarchais**, dans le dernier quart du siècle, et à la veille de la Révolution française, porte plus franchement ces questions sur la scène dans le *Mariage de Figaro* (1785).

LE XIXe : RUPTURE ET RENOUVEAU

Le drame romantique

Les auteurs du XIXe siècle ont voulu marquer une rupture nette avec le théâtre classique, donnant naissance au drame romantique.

Là encore l'évolution du genre théâtral est en résonance avec son temps : c'est la même quête de liberté que celle qui a bouleversé la société française. Les distinctions entre les genres sont rejetées, les règles transgressées et les registres étroitement mêlés (comique et tragique). Ce renouveau ne se fait pas sans heurts, comme en témoigne la bataille lors de la représentation d'*Hernani* (1830) de **Victor Hugo**. Mais la voie est ouverte, sur laquelle s'engagent des auteurs comme **Alfred de Musset**, ou **Edmond Rostand**.

► Les mouvements littéraires : le XIXe siècle, p. 33

Les autres genres

Parallèlement, pour satisfaire un public toujours plus nombreux, bourgeois et populaire, se développent des comédies d'intrigue comme le vaudeville, des pièces à rebondissements comiques que permet notamment le quiproquo. Ce répertoire de pièces appelées de boulevard, met en scène la vie bourgeoise et ses péripéties (milieu des affaires, adultère...) à travers la satire de personnages types et le comique de situation. Excellent dans ces genres des auteurs comme **Georges Feydeau**, **Eugène Labiche** et **Courteline**.

D'autres genres comme le mélodrame ou encore le grand guignol ont la faveur du public.

À la fin du XIXe siècle, **Alfred Jarry** annonce avec ses œuvres potaches et ses expériences théâtrales du Théâtre de l'œuvre jugées scandaleuses, notamment la fameuse geste du père Ubu, un théâtre moderne truffé d'inspirations et d'inventions farcesques.

Michel Bouquet (Bérenger) et William Sabatier (Jean) dans *Rhinocéros* d'Eugène Ionesco, pièce mise en scène par **Jean-Louis Barrault** au théâtre de l'Odéon à Paris en 1960.

LES XXe ET XXIe SIÈCLES : MODERNITÉS ET EXPLORATIONS

L'évolution du genre théâtral au XXe siècle porte la marque des multiples bouleversements de ce siècle. Bouleversements techniques d'abord, qui offrent progressivement de nouveaux moyens au spectacle, et bouleversements politiques et sociologiques, fruits notamment des deux guerres mondiales.

Explorations théâtrales

Dans la première moitié du siècle, des auteurs comme **Jean Giraudoux** ou **Paul Claudel** combinent des influences multiples, antiques, étrangères, notamment orientales. De nouvelles réflexions sur la nature du théâtre et sa réception sont engagées, en France par **Antonin Artaud**, en Allemagne par **Bertold Brecht**.

Un théâtre « philosophique »

Après la Seconde Guerre mondiale plusieurs auteurs remettent radicalement en question les codes de l'écriture théâtrale, tant dans la conception des personnages et de l'intrigue, que dans l'écriture du dialogue. La condition humaine, la fonction du langage sont ainsi interrogées. On parle alors de théâtre de l'Absurde dont **Samuel Beckett**, **Jean Anouilh** ou **Eugène Ionesco** sont considérés comme les principaux représentants. Les interrogations de cette époque peuvent donner lieu à un théâtre plus politique avec **Jean-Paul Sartre** et **Albert Camus**.

► Les mouvements littéraires : le XXe siècle, p. 40

www.lienmini.fr/magnard-el1-23

Sur le site de la BnF, consultez l'exposition virtuelle consacrée à Jean-Paul Sartre, partie théâtre.

- En observant les images de mise en scène, analysez les choix de mise en scène (costumes, décor).
- Observez aussi les différentes affiches.

⊕ LE METTEUR EN SCÈNE

Cette notion date de la fin du XIXe siècle. Le metteur en scène, d'agenceur des aspects matériels, devient un autre « créateur » de la pièce. Les grands metteurs en scène sont souvent aussi comédiens, comme Jean Vilar, voire des auteurs, comme Olivier Py. La création peut prendre une dimension collective comme au Théâtre du soleil. Cette fonction révèle l'importance de la représentation, chaque mise en scène étant une nouvelle interprétation du texte.

Prolongements

- Faites des recherches sur le festival d'Avignon, créé par Jean Vilar en 1947, et la place qu'il accorde aujourd'hui aux auteurs de théâtre.
- Faites des recherches sur des scénographes célèbres comme Yannis Kokkos et leur réflexion sur les liens entre scénographie et texte.
- Aujourd'hui, des formes nouvelles mettent en jeu le texte théâtral. Faites des recherches sur le théâtre de marionnette et le théâtre d'objet.

Le retour au théâtre de texte

Éric Ruf (Hippolyte) et Dominique Blanc (Phèdre) dans *Phèdre* de Jean Racine, pièce mise en scène par **Patrice Chéreau** au théâtre de l'Odéon à Paris en 2003.

Dans la deuxième moitié du XXe siècle émergent différentes écritures théâtrales. C'est un théâtre où tout est possible, y compris le mélange des genres. Si l'on pointe les jeux du langage, il faut citer des auteurs comme **Jean Tardieu** ou **Roland Dubillard**, et aujourd'hui **Valère Novarina**, auteur et metteur en scène, qui crée des langues jubilatoires.

Le théâtre raconte des histoires qui s'inscrivent dans les enjeux du monde moderne, ou dans l'intimité des personnages et de leur vie quotidienne. Les écritures sont multiples. **Bernard-Marie Koltès** explore les relations humaines dans des situations et des lieux précis. **Michel Vinaver**, comme **Jean-Claude Grumberg**, s'interrogent sur la relation à l'Histoire dans des pièces aux formes multiples. **Jean-Luc Lagarce** explore les relations familiales dans une langue poétique. **Philippe Minyana** explore dans chacune de ses pièces une écriture et une esthétique nouvelle, comme l'insertion du récit. Des auteurs venus d'Angleterre, comme **Edward Bond** ou **Sarah Kane**, questionnent la nature humaine dans des situations d'extrême tension comme la guerre ou la destruction.

L'ère du metteur en scène

Le metteur en scène, anciennement organisateur des techniques sur la scène, prend une place dans la création jusqu'à imposer sa vision de la pièce comme une véritable création du texte théâtral. Notons parmi les plus connus, **Antoine Vitez**, **Jean Vilar** qui crée le festival d'Avignon, **Claude Régy**, **Jean-Pierre Vincent**, **Peter Brook**, **Omar Porras**… Les auteurs sont parfois présents lors des répétitions et certaines collaborations ont été fructueuses pour la reconnaissance de l'auteur, comme celle de Koltès avec **Patrice Chéreau** dans les années 1980. D'autres collaborations ont été possibles comme celle de **Jean-Luc Lagarce** avec **François Rancillac** ou avec **François Berreur** avec lequel il crée une maison d'édition « Les Solitaires intempestifs ».

De nombreux auteurs s'essaient d'ailleurs à la mise en scène de leurs propres textes. Le théâtre forme alors un tout de l'écriture à la mise en scène. **Valère Novarina**, **Olivier Py** le font systématiquement.

Internationalement reconnu, **Joël Pommerat** créé sa propre Compagnie « Louis Brouillard » et écrit des histoires que joueront ses acteurs tout en faisant évoluer le texte à l'épreuve du plateau.

Wajdi Mouawad, auteur québécois d'origine libanaise, met également en scène ses propres textes où il mêle théâtre et épopée, histoires empruntes des souffrances de son enfance marquée par la guerre au Liban.

Ariane Mnouchkine et le **Théâtre du soleil** mènent, depuis plus de 50 ans, une expérience unique de théâtre : vie de troupe composée de comédiens de tous pays, créations collectives ou textes du répertoire revisités dans des esthétiques ou influences diverses.

Le théâtre en liberté

Le théâtre est nourri depuis sa création de musique et de danse, et les siècles durant, d'autres arts ont accompagné son chemin. Le XXe siècle voit les toiles peintes du décor disparaître pour des décors en trois dimensions et bientôt l'émergence de la scénographie moderne. **Maguy Marin**, célèbre chorégraphe, crée en 1981 « May B » d'après l'œuvre de S. Beckett, qui contribue à faire travailler le corps de l'acteur différemment. **Roméo Castellucci**, auteur et metteur en scène italien d'avant-garde, mêle intimement son travail de plasticien à ses créations théâtrales.

Aujourd'hui, des collectifs de comédiens (à l'instar des collectifs d'artistes plasticiens), comme **Les chiens de Navarre**, qui écrivent le texte sur le plateau par des improvisations, revendiquent un théâtre plus engagé dans la provocation pour questionner notre société conformiste.

Les arts numériques et sonores trouvent également leur place au théâtre : les images et les sons ainsi créés emmènent le théâtre vers des voies en pleine mutation.

TEXTE 1

Alain-René Lesage, *Turcaret* (1708)

► Biographie p. 632

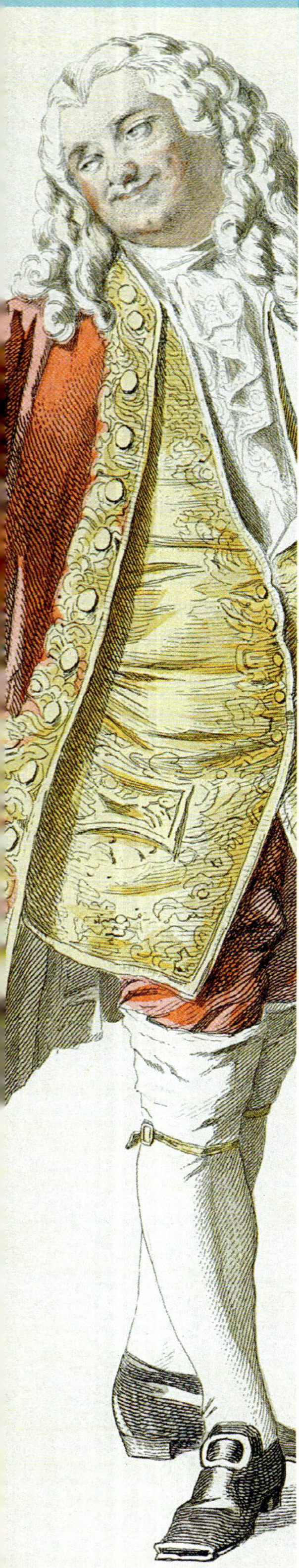

Dans les dernières années du règne de Louis XIV, certains financiers roturiers profitent du mauvais état des finances du royaume pour s'enrichir et tenter de se hisser jusqu'à la noblesse. Les valets rêvent aussi d'ascension sociale. Alain-René Lesage témoigne de ce dérèglement social dans cette pièce : Turcaret, héros éponyme, est un financier fortuné qui veut adopter le mode de vie de l'aristocratie en courtisant une baronne. Dans ces deux scènes, une suivante et un valet, dont Turcaret pense s'être fait des complices, affirment eux aussi leurs ambitions.

Acte III, scène 11
FRONTIN, LISETTE

FRONTIN. – Cela ne commence pas mal.

LISETTE. – Non pour madame la baronne ; mais pour nous ?

FRONTIN. – Voilà toujours soixante pistoles que nous pouvons garder : je les gagnerai bien sur l'équipage ; serre-les : ce sont les premiers fondements de notre communauté[1].

LISETTE. – Oui ; mais il faut promptement bâtir sur ces fondements-là ; car je fais des réflexions morales, je t'en avertis.

FRONTIN. – Peut-on les savoir ?

LISETTE. – Je m'ennuie d'être soubrette.

FRONTIN. – Comment, diable ! tu deviens ambitieuse ?

LISETTE. – Oui, mon enfant. Il faut que l'air qu'on respire dans une maison fréquentée par un financier soit contraire à la modestie ; car depuis le peu de temps que j'y suis, il me vient des idées de grandeur que je n'ai jamais eues. Hâte-toi d'amasser du bien ; autrement, quelque engagement que nous ayons ensemble, le premier riche faquin[2] qui viendra pour m'épouser…

FRONTIN. – Mais donne-moi donc le temps de m'enrichir.

LISETTE. – Je te donne trois ans ; c'est assez pour un homme d'esprit.

FRONTIN. – Je ne te demande pas davantage. C'est assez, ma princesse ; je vais ne rien épargner pour vous mériter ; et si je manque d'y réussir, ce ne sera pas faute d'attention.

Acte III, scène 12

LISETTE, *seule.* – Je ne saurais m'empêcher d'aimer ce Frontin, c'est mon chevalier à moi ; et au train que je lui vois prendre, j'ai un secret pressentiment qu'avec ce garçon-là je deviendrai quelque jour femme de qualité.

1. Frontin, chargé d'acquérir au nom de Turcaret un carrosse, compte s'octroyer une belle « commission ». – 2. Personnage méprisable et malhonnête.

►►► Edmond Geffroy, *Turcaret*, XIXe siècle, gravure pour *Chefs d'œuvres dramatiques du XVIIIe siècle* par **Jules Janin**, 1872.

Lecture d'image

Montrez que les attitudes des personnages sont révélatrices de leur caractère et de leurs ambitions.

Turcaret, pièce mise en scène par **Gérard Desarthe** au théâtre de Bobigny en avril 2002.

Questions

Vocabulaire

« je vais ne rien épargner pour vous mériter » (l. 18-19) : recherchez les différents emplois du verbe « épargner » et montrez que Frontin fait ici de l'esprit.

Des valets aux ambitions nouvelles

1. Quelles sont les différentes ambitions exprimées par les personnages ? Justifiez votre réponse en relevant les deux champs lexicaux dominants.
2. Par quels procédés cette scène suggère-t-elle que les personnages sont à l'aube d'une nouvelle vie ?
3. Quel rôle les maîtres jouent-ils dans l'ambition des valets ?
4. Montrez que les valets manient le langage avec dextérité.

► Figures de style, p. 576

5. Comment les personnages se désignent-ils mutuellement ? Quelles relations entretiennent-ils ?
6. Quelle place ces deux scènes accordent-elles aux sentiments des personnages ? Qu'en concluez-vous ?

Une comédie

7. Pourquoi ces deux scènes jouent-elles un rôle dans l'action principale de la comédie ?
8. Étudiez les caractères de chaque personnage. Comment contribuent-ils à rendre la scène comique ?

► Registres, p. 568

9. Analysez le comique de mots présent dans le dialogue de la scène 11.

Synthèse Dans un court paragraphe, vous analyserez la conception que les valets se font des maîtres.

Vers le bac **S'entraîner au commentaire**

Rédigez une partie de commentaire explorant le comique de ces scènes : vous vous efforcerez de montrer que c'est en s'amusant que les personnages amusent le public.

► Rédiger des paragraphes et insérer des citations, p. 598

Marivaux, *Le Jeu de l'amour et du hasard* (1730)

► Biographie p. 633

⊕ CONTEXTE

Les comédies de Marivaux se caractérisent par des intrigues complexes, dont l'amour est le ressort dramatique le plus apparent.
Elles invitent aussi à réfléchir à l'évolution des mentalités et des relations entre personnes de conditions différentes. *Le Jeu de l'amour et du hasard* met en scène l'importance et l'influence de l'amour et de la naissance dans le mariage.

► Les Lumières, p. 30

Dans cette comédie, Lisette et Arlequin, des domestiques, prennent la place de leurs maîtres, sans que chacun sache que l'autre en a fait de même. Sous ce déguisement, ils s'éprennent l'un de l'autre, mais tous deux pensent alors aimer un être d'une condition supérieure. Dans cet extrait, les deux personnages sont amenés à se révéler leur véritable condition.

Acte III, scène 6
LISETTE, ARLEQUIN

[...]

LISETTE. – Encore une fois, Monsieur, je me connais.

ARLEQUIN. – Hé ! je me connais bien aussi ; et je n'ai pas là une fameuse connaissance, ni vous non plus, quand vous l'aurez faite ; mais, c'est là le diable que de me connaître, vous ne vous attendez pas au fond du sac.

LISETTE, *à part.* – Tant d'abaissement n'est pas naturel. (*Haut.*) D'où vient me dites-vous cela ?

ARLEQUIN. – Et voilà où gît le lièvre.

LISETTE. – Mais encore ? Vous m'inquiétez : est-ce que vous n'êtes pas...

ARLEQUIN. – Aïe ! aïe ! vous m'ôtez ma couverture.

LISETTE. – Sachons de quoi il s'agit.

ARLEQUIN, *à part.* – Préparons un peu cette affaire-là... (*Haut.*) Madame, votre amour est-il d'une constitution bien robuste ? Soutient-il bien la fatigue que je vais lui donner ? Un mauvais gîte lui fait-il peur ? Je vais le loger petitement.

LISETTE. – Ah ! tirez-moi d'inquiétude ! En un mot, qui êtes-vous ?

ARLEQUIN. – Je suis... N'avez-vous jamais vu de fausse monnaie ? Savez-vous ce que c'est qu'un louis d'or faux ? Eh bien, je ressemble assez à cela.

LISETTE. – Achevez donc : quel est votre nom ?

ARLEQUIN. – Mon nom ! (*À part.*) Lui dirai-je que je m'appelle Arlequin ? Non ; cela rime trop avec coquin.

LISETTE. – Eh bien ?

ARLEQUIN. – Ah dame ! il y a un peu à tirer ici. Haïssez-vous la qualité de soldat ?

LISETTE. – Qu'appelez-vous un soldat ?

ARLEQUIN. – Oui, par exemple, un soldat d'antichambre.

LISETTE. – Un soldat d'antichambre ! Ce n'est donc point Dorante à qui je parle enfin ?

ARLEQUIN. – C'est lui qui est mon capitaine.

LISETTE. – Faquin !

ARLEQUIN, *à part.* – Je n'ai pu éviter la rime.

LISETTE. – Mais, voyez ce magot ; tenez !

ARLEQUIN. – La jolie culbute que je fais là !

LISETTE. – Il y a une heure que je lui demande grâce, et que je m'épuise en humilités pour cet animal-là !

ARLEQUIN. – Hélas ! Madame, si vous préfériez l'amour à la gloire, je vous ferais bien autant de profit qu'un monsieur.

LISETTE, *riant.* – Ah ! ah ! ah ! Je ne saurais pourtant m'empêcher d'en rire ;

Lisette dans *Le Jeu de l'amour et du hasard* de Marivaux, illustration de **Gerlier**, 1880.

avec sa gloire ! et il n'y a plus que ce parti-là à prendre… Va, va, ma gloire te pardonne ; elle est de bonne composition.

ARLEQUIN. – Tout de bon, charitable dame ? Ah ! que mon amour vous promet de reconnaissance !

LISETTE. – Touche-là, Arlequin ; je suis prise pour dupe. Le soldat d'antichambre de Monsieur vaut bien la coiffeuse de Madame.

ARLEQUIN. – La coiffeuse de Madame !

LISETTE. – C'est mon capitaine, ou l'équivalent.

ARLEQUIN. – Masque !

LISETTE. – Prends ta revanche.

ARLEQUIN. – Mais voyez cette magotte, avec qui, depuis une heure, j'entre en confusion de ma misère !

LISETTE. – Venons au fait. M'aimes-tu ?

ARLEQUIN. – Pardi ! oui : en changeant de nom tu n'as pas changé de visage, et tu sais bien que nous nous sommes promis fidélité en dépit de toutes les fautes d'orthographe.

LISETTE. – Va, le mal n'est pas grand, consolons-nous ; ne faisons semblant de rien, et n'apprêtons point à rire. Il y a apparence que ton maître est encore dans l'erreur à l'égard de ma maîtresse ; ne l'avertis de rien ; laissons les choses comme elles sont. Je crois que le voici qui entre. Monsieur, je suis votre servante.

ARLEQUIN. – Et moi votre valet, Madame. (*Riant.*) Ah ! ah ! ah !

Dominique Gubser (Lisette) et François Nadin (Arlequin) dans *Le Jeu de l'amour et du hasard*, pièce mise en scène par **Jean Liermier** au théâtre de Carouge-Atelier à Genève en 2008.

Questions

Vocabulaire
Recherchez les différents sens de « servante » et de « valet ». Montrez que, dans les dernières répliques, les personnages jouent avec le sens de ces mots.

Une scène vivante

1. Distinguez les différentes étapes de la scène.
2. Comparez les hésitations d'Arlequin à la résolution de Lisette au moment des aveux. Montrez que le rythme de la scène s'accélère.
3. Quels sont les rôles et les effets des didascalies ?

► Le vocabulaire du théâtre, p. 550

4. Montrez que les spectateurs en savent davantage sur les personnages que les personnages eux-mêmes. Quels sont les effets produits par cette situation ?

► Registres, p. 568

5. Comment la dernière réplique de Lisette relance-t-elle l'action ? Qu'en concluez-vous ?

Un éloge de la simplicité

6. Par quels nombreux procédés la scène souligne-t-elle l'embarras d'Arlequin ? Quel est le principal effet produit ?
7. Comment le texte montre-t-il que la situation de Lisette est plus simple que celle d'Arlequin ?
8. Quels sont les effets produits par la découverte de la vérité ? Qu'en concluez-vous sur les intentions de l'auteur ?
9. Quelle importance peut-on accorder aux derniers mots de chacun des personnages ?

Synthèse Montrez que cette scène met en évidence les qualités humaines des valets.

Vers le bac S'entraîner à l'épreuve orale
Faites une lecture expressive de la scène en veillant à ce que les tons successifs rendent compte des émotions des personnages.

► Préparer l'exposé, p. 624

MISE EN SCÈNE • UN TEXTE ET SES REPRÉSENTATIONS

MARIVAUX, *LE JEU DE L'AMOUR ET DU HASARD* (1730)

Il s'agit ici de mises en scène de la scène 6 de l'acte III dont le texte précédent (► p. 166*) constitue un extrait.*

1

Michel Duchaussoy (Arlequin) et Paule Noëlle (Lisette) dans *Le Jeu de l'amour et du hasard*, pièce mise en scène par **Maurice Escande** à la Comédie-Française en 1965.

2

Alain Salomon (Arlequin) et Zobeida (Lisette) dans *Le Jeu de l'amour et du hasard*, pièce mise en scène par **Alfredo Arias** au théâtre de la Commune à Aubervilliers en 1987.

3

Prolongements

- Montrez que chacune des mises en scène suggère une intention différente et une lecture très personnelle de l'œuvre de Marivaux.
- En vous appuyant sur l'extrait de Marivaux (► p. 166) et les quatre mises en scène proposées, vous vous demanderez ce que peut signifier la fidélité au texte pour un metteur en scène.

Anne Bouvier (Lisette) ► et Kévin Lenannier (Arlequin) dans *Le Jeu de l'amour et du hasard*, pièce mise en scène par **Philippe Calvario** au théâtre 95 à Cergy-Pontoise en 2009.

4

◄ Florian Haas (Arlequin) et Hélène Stadnick (Lisette) dans *Le Jeu de l'amour et du hasard*, pièce mise en scène par **Gilles Bouillon** au théâtre Nouvel Olympia à Tours en 2003.

Questions

1. Décrivez les comédiens, les costumes, le décor et les accessoires dans chacune de ces mises en scène. Qu'en concluez-vous sur les fonctions de la représentation ?
2. Quels rapports les différents metteurs en scène, costumiers et décorateurs entretiennent-ils avec le texte ?
3. Comment la représentation donnée à la Comédie-Française (1) se distingue-t-elle des trois autres ? Que révèle cette opposition quant à l'évolution du travail du metteur en scène, des décorateurs ou des costumiers ?
4. Comment justifiez-vous et interprétez-vous les choix d'Alfredo Arias (2) ?
5. Quelles représentations ces mises en scène donnent-elles des valets ? Que vous inspirent-elles ? Justifiez vos réponses.

TEXTE 3

Marivaux, *Les Fausses confidences* (1737)

► Biographie p. 633

CONTEXTE

Si l'amour constitue l'intrigue principale des *Fausses confidences*, cette comédie témoigne aussi de l'évolution des mœurs de la société en ce début de XVIIIe siècle. Des revers de fortune, souvent liés à la banqueroute du système de Law (financier qui créa une banque et préconisa l'usage du papier-monnaie), ont amené de nombreux jeunes gens de la noblesse ou de la bourgeoisie à travailler ou à entrer au service de familles aisées. Certains d'entre eux ont dû abandonner leur rang au point de devenir sinon des valets, du moins des domestiques. Dorante est l'un de ces jeunes gens.

Araminte est une jeune et riche veuve. Dorante l'aime mais il est ruiné. Dubois, son ancien valet désormais au service d'Araminte, le fait entrer comme intendant de la maison. Dorante espère ainsi séduire Araminte et la conduire à surmonter les conventions de son milieu. Dans cette scène, si Araminte n'avoue pas maintenant qu'elle partage les sentiments de Dorante, ils sont perdus l'un pour l'autre.

Acte III, scène 12
DORANTE, ARAMINTE

[…] **DORANTE**, *ému.* – Un de vos fermiers est venu tantôt, Madame.

ARAMINTE, *émue.* – Un de mes fermiers !… cela se peut.

DORANTE. – Oui, Madame… il est venu.

ARAMINTE, *toujours émue.* – Je n'en doute pas.

DORANTE, *ému.* – Et j'ai de l'argent à vous remettre.

ARAMINTE. – Ah ! de l'argent !… nous verrons.

DORANTE. – Quand il vous plaira, Madame, de le recevoir.

ARAMINTE. – Oui… je le recevrai… vous me le donnerez. *(À part.)* Je ne sais ce que je lui réponds.

DORANTE. – Ne serait-il pas temps de vous l'apporter ce soir ou demain, Madame ?

ARAMINTE. – Demain, dites-vous ? Comment vous garder jusque-là, après ce qui est arrivé ?

DORANTE, *plaintivement.* – De tout le temps de ma vie que je vais passer loin de vous, je n'aurais plus que ce seul jour qui m'en serait précieux.

ARAMINTE. – Il n'y a pas moyen, Dorante, il faut se quitter. On sait que vous m'aimez, et l'on croirait que je n'en suis pas fâchée.

DORANTE. – Hélas ! Madame, que je vais être à plaindre !

ARAMINTE. – Ah ! allez, Dorante, chacun a ses chagrins.

DORANTE. – J'ai tout perdu ! J'avais un portrait et je ne l'ai plus.

ARAMINTE. – À quoi vous sert de l'avoir ? Vous savez peindre.

DORANTE. – Je ne pourrai de longtemps m'en dédommager ; d'ailleurs, celui-ci m'aurait été bien cher ! Il a été entre vos mains, Madame.

ARAMINTE. – Mais vous n'êtes pas raisonnable.

DORANTE. – Ah ! Madame, je vais être éloigné de vous ; vous serez assez vengée ; n'ajoutez rien à ma douleur.

ARAMINTE. – Vous donner mon portrait ! Songez-vous que ce serait avouer que je vous aime ?

DORANTE. – Que vous m'aimez, Madame ! Quelle idée ! qui pourrait se l'imaginer ?

ARAMINTE, *d'un ton vif et naïf.* – Et voilà pourtant ce qui m'arrive.

DORANTE, *se jetant à ses genoux.* – Je me meurs !

ARAMINTE. – Je ne sais plus où je suis : modérez votre joie ; levez-vous, Dorante.

DORANTE, *se lève, et dit tendrement.* – Je ne la mérite pas ; cette joie me transporte, je ne la mérite pas, Madame ; vous allez me l'ôter ; mais n'importe, il faut que vous soyez instruite.

ARAMINTE, *étonnée.* – Comment ! Que voulez-vous dire ?

Araminte dans *Les Fausses Confidences* de Marivaux, illustration de **Edmond Geffroy**, 1872.

Dorante. – Dans tout ce qui se passe chez vous, il n'y a rien de vrai que ma passion, qui est infinie, et que le portrait que j'ai fait. Tous les incidents qui sont arrivés partent de l'industrie d'un domestique qui savait mon amour, qui m'en plaint, qui, par le charme de l'espérance, du plaisir de vous voir, m'a, pour ainsi dire, forcé de consentir à son stratagème : il voulait me faire valoir auprès de vous. Voilà, Madame, ce que mon respect, mon amour et mon caractère ne me permettent pas de vous cacher. J'aime encore mieux regretter votre tendresse que de la devoir à l'artifice qui me l'a acquise. J'aime mieux votre haine que le remords d'avoir trompé ce que j'adore.

Araminte, *le regardant quelque temps sans parler.* – Si j'apprenais cela d'un autre que de vous, je vous haïrais sans doute ; mais l'aveu que vous m'en faites vous-même, dans un moment comme celui-ci, change tout. Ce trait de sincérité me charme, me paraît incroyable, et vous êtes le plus honnête homme du monde. Après tout, puisque vous m'aimez véritablement, ce que vous avez fait pour gagner mon cœur n'est point blâmable ; il est permis à un amant de chercher les moyens de plaire, et on doit lui pardonner, lorsqu'il a réussi.

Dorante. – Quoi ! la charmante Araminte daigne me justifier !

Araminte. – Voici le Comte avec ma mère ; ne dites mot, et laissez-moi parler.

Frédéric Constant (Dorante) et Cécile Sanz de Alba (Araminte) dans *Les Fausses confidences*, pièce mise en scène par **Jean-Louis Thamin** au théâtre Silvia Monfort à Paris en 2005.

Questions

Grammaire

Étudiez la valeur des phrases exclamatives.

Prolongements

Recherchez le sens du mot « marivaudage » et donnez-en des exemples tirés d'autres œuvres.

Un jeu de cache-cache

1. Montrez qu'au début de la scène chacun des personnages reste dans son rôle de maîtresse et de domestique. Pour quelles raisons ? Justifiez votre réponse.
2. Comparez les didascalies et les paroles des personnages dans les premières répliques. Qu'en déduisez-vous ?
► Le vocabulaire du théâtre, p. 550
3. Comparez l'avant-dernière réplique d'Araminte aux précédentes : que remarquez-vous ?
4. Par quels procedés Marivaux parvient-il à placer les personnages et les lecteurs ou les spectateurs dans l'incertitude quant à l'heureux dénouement ?

La force des sentiments

5. Par quels procédés les sentiments de Dorante sont-ils exprimés ?
► Figures de style, p. 576
6. L'aveu d'Araminte vous paraît-il inéluctable ou vous surprend-il ? Justifiez votre réponse en étudiant le ton d'Araminte dans les répliques qui précèdent et qui suivent l'aveu. ► Registres, p. 568
7. Quelles valeurs paraissent unir Araminte et Dorante ? Sont-elles au-dessus des conventions et des conditions ?

Synthèse Montrez que cette scène invite à exploiter toutes les ressources de la représentation.

Beaumarchais, *Le Mariage de Figaro* (1784)

► Biographie p. 627

CONTEXTE

Au centre d'une trilogie, *Le Mariage de Figaro* (1784) met en scène des personnages déjà rencontrés dans *Le Barbier de Séville* (1775) et dont on suivra encore les aventures dans *La Mère coupable* (1792). Si l'originalité de cette trilogie tient à ce procédé qui lui donne une temporalité romanesque, elle tient aussi à l'invention du personnage de Figaro qui marquera l'histoire littéraire : un valet qui a exercé de nombreux emplois, un homme qui aime, réfléchit et souffre, un citoyen lucide. À travers lui, Beaumarchais fait entendre sa critique de l'aristocratie du XVIIIe siècle.

► Les Lumières, p. 30

Figaro, valet de chambre du comte Almaviva, doit épouser Suzanne, la camériste de la Comtesse. Le Comte poursuit de ses assiduités la fiancée de Figaro et veut profiter de son droit de cuissage. Persuadé que Suzanne est allée rejoindre le Comte, Figaro fait un bilan de sa vie qui s'achève sur une note désespérée. Beaumarchais offre à son valet de s'exprimer dans un long monologue, forme de la parole théâtrale habituellement réservée aux maîtres, lui accordant ainsi une place primordiale et significative des intentions de sa comédie.

Acte V, scène 3

FIGARO, *seul, se promenant dans l'obscurité, dit du ton le plus sombre.* – […] Le désespoir m'allait saisir ; on pense à moi pour une place, mais par malheur j'y étais propre : il fallait un calculateur, ce fut un danseur qui l'obtint. Il ne me restait plus qu'à voler ; je me fais banquier de pharaon : alors, bonnes gens ! je soupe en ville, et les personnes dites comme il faut m'ouvrent poliment leur maison, en retenant pour elles les trois quarts du profit. J'aurais bien pu me remonter ; je commençais même à comprendre que, pour gagner du bien, le savoir-faire vaut mieux que le savoir. Mais comme chacun pillait autour de moi, en exigeant que je fusse honnête, il fallut bien périr encore. Pour le coup je quittais le monde, et vingt brasses d'eau m'en allaient séparer, lorsqu'un dieu bienfaisant m'appelle à mon premier état. Je reprends ma trousse et mon cuir anglais ; puis, laissant la fumée aux sots qui s'en nourrissent, et la honte au milieu du chemin, comme trop lourde à un piéton, je vais rasant de ville en ville, et je vis enfin sans souci. Un grand seigneur passe à Séville ; il me reconnaît, je le marie ; et pour prix d'avoir eu par mes soins son épouse, il veut intercepter la mienne ! Intrigue, orage à ce sujet. Prêt à tomber dans un abîme, au moment d'épouser ma mère, mes parents m'arrivent à la file. *(Il se lève en s'échauffant.)* On se débat, c'est vous, c'est lui, c'est moi, c'est toi, non, ce n'est pas nous ; eh ! mais qui donc ? *(Il retombe assis,)* Ô bizarre suite d'événements ! Comment cela m'est-il arrivé ? Pourquoi ces choses et non pas d'autres ? Qui les a fixées sur ma tête ? Forcé de parcourir la route où je suis entré sans le savoir, comme j'en sortirai sans le vouloir, je l'ai jonchée d'autant de fleurs que ma gaieté me l'a permis : encore je dis ma gaieté sans savoir si elle est à moi plus que le reste, ni même quel est ce moi dont je m'occupe : un assemblage informe de parties inconnues ; puis un chétif être imbécile ; un petit animal folâtre ; un jeune homme ardent au plaisir, ayant tous les goûts pour jouir, faisant tous les métiers pour vivre ; maître ici, valet là, selon qu'il plaît à la fortune ; ambitieux par vanité, laborieux par nécessité, mais paresseux… avec délices ! orateur selon le danger ; poète par délassement ; musicien par occasion ; amoureux par folles bouffées, j'ai tout vu, tout fait, tout usé. Puis l'illusion s'est détruite et, trop désabusé… Désabusé… ! Suzon, Suzon, Suzon ! que tu me donnes de tourments ! … J'entends marcher… on vient. Voici l'instant de la crise. *(Il se retire près de la première coulisse à sa droite.)*

L'acteur Monrose dans le rôle de Figaro dans *Le Mariage de Figaro* de Beaumarchais, 1784, Comédie française, Paris.

Laurent Stocker (Figaro) dans *Le Mariage de Figaro*, pièce mise en scène par **Christophe Rauck** à la Comédie-Française en 2007.

Questions

Grammaire

Distinguez les présents de l'indicatif de vérité générale, d'énonciation et de narration. Quelle est leur valeur ?

► Modes, temps et valeurs, p. 520

Du valet-type au personnage

1. Quelles sont les différentes étapes de la vie de Figaro rappelées dans ce monologue ?
2. En quoi ce monologue est-il le récit d'une vie et un autoportrait ?
3. Pourquoi peut-on dire que Figaro apparaît ici comme un personnage intelligent et sensible ? ► Registres, p. 568
4. Comment l'expression de Figaro participe-t-elle à la qualité du personnage ? ► Figures de style, p. 576
5. En quoi Figaro s'apparente-t-il à un héros romanesque ?

Une satire de la société

6. Quelles sont les différentes cibles de la critique menée par Figaro ?
7. Qu'est-ce qui caractérise le fonctionnement de la société selon Figaro ?
8. Quels sont les effets de ces incohérences sur Figaro lui-même ? Par quels procédés sont-ils soutenus ?
9. **Lecture d'image** Comment la mise en scène traduit-elle les aspirations de Figaro ?

Synthèse Montrez que ce monologue ne se réduit pas à une critique de la société mais qu'il est également une réflexion sur la condition humaine.

PERSPECTIVE DU XIXe SIÈCLE

Victor Hugo, *Ruy Blas* (1838)

► Biographie p. 631

CONTEXTE

Dans les textes de Victor Hugo, le héros allie laideur et beauté, bassesse et élévation. Si le corps est laid, l'âme est belle, et si la condition est basse, le cœur est noble. Ainsi, le genre théâtral qu'il invente – le drame romantique – allie le poétique et le prosaïque, le comique et le tragique, la bassesse et le sublime. Faire d'un valet le héros d'un drame romantique, ce n'est plus opposer la condition du valet à celle du maître, c'est affirmer que les sentiments les plus élevés et les actes les plus nobles s'incarnent dans le peuple autant que dans l'aristocratie.

► Le Romantisme, p. 33

Ruy Blas, jeune homme pauvre, devient le laquais de Don Salluste, grand d'Espagne, qui veut se venger de la reine parce qu'elle a exigé du roi qu'il soit exilé. Amoureux de la reine, Ruy Blas accepte de se faire passer pour Don César, cousin de Don Salluste. Le piège pour déshonorer la reine est tendu. Dans cette dernière scène du drame, alors que la reine est perdue, Ruy Blas, qui a su se faire aimer par sa noblesse d'âme et de cœur, comprend qu'il a été l'instrument de la vengeance de Don Salluste. Il se rebelle, avoue son état et tue son maître pour sauver la reine.

Acte V, scène 4
La reine, Ruy Blas

Ruy Blas fait quelques pas en chancelant vers la reine immobile et glacée, puis il tombe à deux genoux, l'œil fixé à terre, comme s'il n'osait lever les yeux jusqu'à elle. […]

La reine. – Que voulez-vous ?
Ruy Blas, *joignant les mains.* – Que vous me pardonniez madame !
La reine. – Jamais.
Ruy Blas. – Jamais !
Il se lève et marche lentement vers la table.
Bien sûr ?
La reine. – Non. Jamais !
Ruy Blas. – *Il prend la fiole posée sur la table, la porte à ses lèvres et la vide d'un trait.*
Triste flamme,
Éteins-toi !
La reine, *se levant et courant vers lui.* – Que fait-il ?
Ruy Blas, *posant la fiole.* – Rien. Mes maux sont finis.
Rien. Vous me maudissez, et moi je vous bénis.
Voilà tout.
La reine, *éperdue.* – Don César !
Ruy Blas. – Quand je pense, pauvre ange,
Que vous m'avez aimé !
La reine. – Quel est ce philtre étrange ?
Qu'avez-vous fait ? Dis-moi ! réponds-moi ! parle-moi !
César ! je te pardonne et t'aime et je te croi !
Ruy Blas. – Je m'appelle Ruy Blas.
La reine, *l'entourant de ses bras.* – Ruy Blas, je vous pardonne !
Mais qu'avez-vous fait là ? Parle, je te l'ordonne !
Ce n'est pas du poison, cette affreuse liqueur ?
Dis ?
Ruy Blas. – Si ! c'est du poison. Mais j'ai la joie au cœur.
Tenant la reine embrassée et levant les yeux au ciel.
Permettez, ô mon Dieu ! justice souveraine !
Que ce pauvre laquais bénisse cette reine,
Car elle a consolé mon cœur crucifié,
Vivant, par son amour, mourant, par sa pitié !

LA REINE. – Du poison ! Dieu ! c'est moi qui l'ai tué ! Je t'aime !
Si j'avais pardonné ?…
RUY BLAS, *défaillant.* – J'aurais agi de même.
Sa voix s'éteint. La reine le soutient dans ses bras.
Je ne pouvais plus vivre. Adieu !
Montrant la porte.
Fuyez d'ici !
– Tout restera secret. – Je meurs.
Il tombe.
LA REINE, *se jetant sur son corps.* – Ruy Blas !
RUY BLAS, *qui allait mourir, se réveille à son nom prononcé par la reine.* – Merci !

Marie Menges (Dona Maria de Neubourg, reine d'Espagne) et Mathieu Cruciani (Ruy Blas) dans *Ruy Blas*, pièce mise en scène par **William Mesguich** à la Scène Watteau à Nogent-sur-Marne en 2006.

Questions

1. Quel est le principal trait de caractère de Ruy Blas mis en évidence par ses répliques, les didascalies et le champ lexical dominant ?
2. Comment le dialogue et les didascalies expriment-ils le rapprochement entre les deux personnages ? Quels sont les effets produits ?
3. Comment le personnage de Ruy Blas est-il valorisé ? Dans quel but ?
4. Étudiez la versification : la dislocation de l'alexandrin dans les répliques et les enjambements. Quels sont les effets produits ? ► La versification, p. 557
5. Montrez que cette scène rappelle les dénouements des tragédies. Justifiez votre réponse.

CINÉMA

Visionnez les passages correspondant à la scène 4 de l'acte V et comparez les interprétations des acteurs.

Jean Marais (Ruy Blas), Danielle Darrieux (la Reine) et Marcel Herrand (Don Salluste) dans *Ruy Blas*, film réalisé par Pierre Billon en 1948 (scénario et dialogues de Jean Cocteau).

Carole Bouquet (la Reine), Gérard Depardieu (Don Salluste), Xavier Gallais (Ruy Blas) et Jacques Weber (Don César) dans *Ruy Blas*, adaptation par Jean-Claude Carrière, réalisée pour la télévision par Jacques Weber en 2002.

PERSPECTIVE DU XXe SIÈCLE

Jean Genet, *Les Bonnes* (1947)

► Biographie p. 630

CONTEXTE

Jean Genet s'engagera dans ses œuvres et dans sa vie en faveur des opprimés du monde entier. Dans Les Bonnes, Genet dénonce la condition des domestiques du XXe siècle qui sont eux aussi opprimés par les classes bourgeoises ou enrichies. Il démontre que les rapports entre les maîtres et les valets sont un rapport de domination, de violence et d'humiliation. Les bonnes se trouvent réduites à leur fonction et à leur condition sociale et perdent leur identité propre.

Deux domestiques, deux sœurs qui projettent d'assassiner leur maîtresse, jouent à simuler des rôles : Claire est « Madame » et Solange est Claire « la bonne ». Elles représentent leur propre vision de la maîtresse et de la domestique et de leur relation.

[…]

CLAIRE. – Disposez mes toilettes. La robe blanche pailletée. L'éventail, les émeraudes.

SOLANGE. – Tous les bijoux de Madame ?

CLAIRE. – Sortez-les. Je veux choisir. (*Avec beaucoup d'hypocrisie.*) Et naturellement les souliers vernis. Ceux que vous convoitez depuis des années.

Solange prend dans l'armoire quelques écrins qu'elle ouvre et dispose sur le lit.

Pour votre noce sans doute. Avouez qu'il vous a séduite ! Que vous êtes grosse ! Avouez-le !

Solange s'accroupit sur le tapis et, crachant dessus, cire les escarpins vernis.

Je vous ai dit, Claire, d'éviter les crachats. Qu'ils dorment en vous, ma fille, qu'ils y croupissent. Ah ! ah ! vous êtes hideuse, ma belle. Penchez-vous davantage et vous regardez dans mes souliers. *(Elle tend son pied que Solange examine.)* Pensez-vous qu'il me soit agréable de me savoir le pied enveloppé par les voiles de votre salive ? Par la brume de vos marécages ?

SOLANGE, *à genoux et très humble.* – Je désire que Madame soit belle.

CLAIRE, *elle s'arrange dans la glace.* – Vous me détestez, n'est-ce pas ? Vous m'écrasez sous vos prévenances, sous votre humilité, sous les glaïeuls et le réséda. *(Elle se lève et d'un ton plus bas.)* On s'encombre inutilement. Il y a trop de fleurs. C'est mortel. *(Elle se mire encore.)* Je serai belle. Plus que vous ne le serez jamais. Car ce n'est pas avec ce corps et cette face que vous séduirez Mario. Ce jeune laitier ridicule vous méprise, et s'il vous a fait un gosse…

SOLANGE. – Oh ! mais, jamais je n'ai…

Odile Grosset Grange (Claire) et Lisa Pajon (Solange) dans *Les Bonnes*, pièce mise en scène par **Alain Timar** au théâtre des Halles dans le cadre du festival d'Avignon – *off* en 2006.

Questions

1. Observez les modes des verbes, le vocabulaire péjoratif du dialogue, ainsi que les didascalies. Qu'en concluez-vous sur les rapports entre les deux personnages ? ► L'énonciation et la modalisation, p. 540
2. Montrez que la représentation de la maîtresse et de la bonne est caricaturale. Justifiez et expliquez l'intérêt de cette caricature pour les deux bonnes.
3. Cette scène est un exemple de mise en abyme, ou de « théâtre dans le théâtre ». Quelle peut être sa fonction ? ► La représentation du texte théâtral, p. 554
4. Le motif du reflet, présent dans le miroir et les souliers, vous semble-t-il important dans la fonction critique de cette scène ? Justifiez votre réponse.

Lecture d'image Comment le motif du reflet est-il exploité dans cette mise en scène ?

SYNTHÈSE

MAÎTRES ET VALETS DANS LA COMÉDIE DU XVIIIe SIÈCLE

Le valet est un personnage « type » du théâtre : des comédies de l'Antiquité à celles de Molière, avec le personnage de Sganarelle, les relations qu'il entretient avec son maître sont mises en scène. Au XVIIIe siècle, le personnage du valet est renouvelé : les rapports maître-valet se complexifient. Le valet affirme de nouvelles ambitions et envisage de s'élever au-dessus de sa condition.

1 UNE INVERSION DES RÔLES

La spécificité du genre théâtral, qui allie texte et représentation, permet les échanges de rôles entre maîtres et valets.

Le quiproquo

Les personnages sont alors pris pour ce qu'ils ne sont pas. Le quiproquo, sur lequel reposent les comédies, fait rire les spectateurs.

Ex. : Dans *Les Fausses Confidences* de Marivaux, la banalité des propos qu'échangent Araminte et Dorante contraste avec leur émotion grandissante.

Le déguisement des personnages

Au théâtre, le costume permet de montrer les différences sociales ; il devient alors un accessoire essentiel.

Ex. : Dans *Le Jeu de l'amour et du hasard* de Marivaux, les personnages se méprennent sur leur identité et sur leur condition en partie à cause des vêtements qu'ils portent.

La complicité créée avec le spectateur

Les mots employés par les valets, imitant les maîtres, deviennent comiques pour le spectateur qui connaît leur identité. Les apartés, entendus seulement du public, révèlent la véritable nature des êtres.

Ex. : Dans *Le Jeu de l'amour et du hasard* de Marivaux, les apartés de Lisette livrent ses véritables pensées et trahissent sa condition, ce qui suscite le rire.

2 L'INTRIGUE AMOUREUSE

- L'intrigue amoureuse concerne traditionnellement le maître : la pièce repose sur les difficultés qu'il rencontre pour séduire une jeune femme. Le valet est alors un adjuvant de son maître.

Ex. : Dans *Les Fausses confidences* de Marivaux, Dorante, avec l'aide de Dubois son ancien valet, entre au service d'Araminte dont il est amoureux. Il espère ainsi susciter le même sentiment chez elle.

- Le valet est souvent le personnage qui permet de précipiter le dénouement.

Ex. : Dans *Le Jeu de l'amour et du hasard* de Marivaux, les sentiments qu'éprouve Arlequin pour celle qu'il croit être une dame de condition le poussent à révéler son véritable état entraînant l'aveu de Lisette.

Ex. : Dans *Le Mariage de Figaro* de Beaumarchais, Figaro annonce aux spectateurs la proximité du dénouement.

Le dénouement est alors heureux. Les convenances sociales, bouleversées dans la pièce, sont rétablies.

3 UNE REVENDICATION

- Le valet met en lumière l'injustice sociale et revendique le droit à l'amour et au bonheur, au même titre que les maîtres.

Ex. : Dans *Le Mariage de Figaro*, Figaro souligne la différence de comportement des autres selon le statut social sous lequel il apparaît au gré de ses aventures.

TEXTE 1

Molière, *Le Tartuffe ou L'Imposteur* (1664)

► Bio. p. 633

Molière présente cette pièce au roi Louis XIV lors des fêtes de Versailles en 1664 : elle est aussitôt censurée. L'auteur est enfin autorisé à la produire sur scène en 1669. Depuis, c'est la pièce de Molière la plus jouée à la Comédie-Française. Dans cette scène d'exposition, Madame Pernelle, mère d'Orgon, le maître de maison, quitte les lieux en colère contre la famille qui s'en prend à un certain Tartuffe. Faux dévot qui a réussi à s'introduire dans la maison d'Orgon, Tartuffe régente les comportements des membres de la famille. ► Le Classicisme, p. 29

Acte 1, Scène 1
DORINE, MARIANE, CLÉANTE, MADAME PERNELLE, DAMIS, ELMIRE, FLIPOTE

MADAME PERNELLE. – Allons, Flipote[1], allons ! que d'eux je me délivre[2].
ELMIRE. – Vous marchez d'un tel pas, qu'on a peine à vous suivre
MADAME PERNELLE. – Laissez, ma bru[3], laissez. Ne venez pas plus loin.
Ce sont toutes façons[4] dont je n'ai pas besoin.
ELMIRE. – De ce que l'on vous doit envers vous on s'acquitte.
Mais, ma mère, d'où vient que vous sortez si vite ?
MADAME PERNELLE. – C'est que je ne puis voir tout ce ménage-ci[5],
Et que de me complaire, on ne prend nul souci.
Oui, je sors de chez vous fort mal édifiée[6] :
Dans toutes mes leçons j'y suis contrariée ;
On n'y respecte rien, chacun y parle haut,
Et c'est tout justement la cour du roi Pétaut[7].
DORINE. – Si...
MADAME PERNELLE. – Vous êtes, ma mie, une fille suivante[8]
Un peu trop forte en gueule, et fort impertinente ;
Vous vous mêlez sur tout de dire votre avis.
DAMIS. – Mais...
MADAME PERNELLE. – Vous êtes un sot en trois lettres, mon fils ;
C'est moi qui vous le dis, qui suis votre grand'mère :
Et j'ai prédit cent fois à mon fils votre père,
Que vous preniez tout l'air d'un méchant garnement,
Et ne lui donneriez jamais que du tourment.
MARIANE. – Je crois...
MADAME PERNELLE. – Mon Dieu, sa sœur, vous faites la discrète,
Et vous n'y touchez pas, tant vous semblez doucette ;
Mais il n'est, comme on dit, pire eau que l'eau qui dort,
Et vous menez sous chape[9], un train[10] que je hais fort.
ELMIRE. – Mais, ma mère...
MADAME PERNELLE. – Ma bru, qu'il ne vous en déplaise,
Votre conduite en tout, est tout à fait mauvaise ;
Vous devriez leur mettre un bon exemple aux yeux,
Et leur défunte mère en usait beaucoup mieux.
Vous êtes dépensière ; et cet état me blesse,

►►► Ducroisy dans le rôle de *Tartuffe in* 1668, gravure de F. S. Delpech, colorisée par Hippolyte Lecomte, Bibliothèque de l'Arsenal, Paris.

Que vous alliez vêtue ainsi qu'une princesse.
Quiconque à son mari veut plaire seulement,
Ma bru, n'a pas besoin de tant d'ajustement.
CLÉANTE. – Mais, Madame, après tout...
MADAME PERNELLE. – Pour vous, monsieur [son frère,
Je vous estime fort, vous aime, et vous révère ;
Mais enfin, si j'étais de mon fils, son époux,
Je vous prierais bien fort, de n'entrer point chez nous.
Sans cesse vous prêchez des maximes de vivre
Qui par d'honnêtes gens ne se doivent point suivre.
Je vous parle un peu franc, mais c'est là mon humeur,
Et je ne mâche point ce que j'ai sur le cœur.
DAMIS. – Votre monsieur Tartuffe est bien heureux sans doute...
MADAME PERNELLE. – C'est un homme de bien, qu'il faut que l'on écoute ;
Et je ne puis souffrir, sans me mettre en courroux,
De le voir querellé par un fou comme vous. [...]

Cerise (Dorine) et Daniel Leduc (Madame Pernelle) dans *Le Tartuffe ou l'Imposteur*, pièce mise en scène par **Édouard Pretet** au théâtre du Mouffetard à Paris en 2003.

1. Flipote est la servante de Mme Pernelle. – **2.** je me débarrasse. – **3.** belle-fille (Elmire est la deuxième femme d'Orgon). – **4.** manières, civilités. – **5.** train de vie, dépenses de la maison. – **6.** satisfaite. – **7.** expression signifiant que chacun discute les ordres du roi. – **8.** dame de compagnie plus que servante de Mariane. – **9.** sous cape. – **10.** train de vie.

Questions

Vocabulaire

En vous aidant du dictionnaire, recherchez les sens du mot « humeur » au XVIIe siècle. Que signifie-t-il ici et que révèle-t-il du caractère de Madame Pernelle (v. 45) ?

Une scène d'exposition dynamique

1. Grâce aux répliques de Madame Pernelle, retrouvez les relations entre les personnages de la pièce.
Où placez-vous Tartuffe, personnage éponyme ?

2. Comment Madame Pernelle interpelle-t-elle chaque personnage ? Comment ce procédé rend-il la scène dynamique ?

3. Quels reproches adresse-t-elle à chacun des personnages ? Étudiez les rimes (sonorités, mots mis en parallèle, etc.) qui mettent en valeur ces reproches.

4. Relevez les mots qui, dans les dernières répliques de Damis et de Madame Pernelle, permettent de dégager le portrait contrasté qu'ils se font de Tartuffe.

Un personnage comique malgré lui

5. Pourquoi les vers 2 et 6 sont-ils essentiels pour jouer cette scène dans le registre comique ? Molière a fait jouer Madame Pernelle par un comédien : pourquoi d'après vous ? Appuyez-vous sur la mise en scène d'Édouard Pretet.

6. Repérez les différents comiques de répétition. Influent-ils sur le rythme de la scène ? Justifiez votre réponse.

7. Les reproches faits à chaque personnage sont-ils fondés pour l'époque ? Quel trait de caractère de Madame Pernelle est ainsi mis en avant pour le jeu ? En quoi est-elle critiquable ?

Synthèse Montrez que cette scène est intéressante tant pour le genre de la comédie que pour l'exposition de la situation.

www.lienmini.fr/magnard-el1-24
Visionnez ce reportage sur la mise en scène du *Tartuffe* par Ariane Mnouchkine. Comment la pièce de Molière est-elle rendue intemporelle ?

Vers le bac S'entraîner à l'écriture d'invention

Vous êtes metteur en scène et vous rédigez une lettre à la comédienne (ou au comédien) qui jouera Madame Pernelle, en lui expliquant ce que vous attendez d'elle (de lui) pour rendre cette scène comique. Vous préciserez le costume choisi (d'époque ou contemporain), le jeu du corps, la gestuelle, la voix, la mise en espace.

TEXTE 2

Eugène Labiche,
L'Affaire de la rue de Lourcine (1857)

► Biographie p. 631

CONTEXTE

Le vaudeville, terme venant de la chanson, désigne au début du XIXe siècle, des petites comédies à succès, bourgeoises et légères, où alternent le texte et des couplets bâtis sur des airs populaires. Labiche excelle dans ce genre en étoffant l'intrigue et les rebondissements dans l'action. Georges Feydeau, puis Georges Courteline poursuivent cette évolution du genre vers une satire féroce de la bourgeoisie.

La pièce débute par un quiproquo : Lenglumé, après une soirée de beuverie, ne se rappelle plus pourquoi le matin, Mistingue, un ancien élève de son lycée, est dans son lit. Pendant le déjeuner, Norine, la femme de Lenglumé ignorant tout de l'affaire, demande le journal à Justin, leur employé qui, ne le retrouvant plus, lui donne un vieux journal qui sert à emballer un pot. Commence alors un second quiproquo.

Scène 7
LENGLUMÉ, MISTINGUE, NORINE, JUSTIN

[…] NORINE, *qui a parcouru le journal.* – Ah ! mon Dieu ! quel épouvantable événement !

MISTINGUE et LENGLUMÉ. – Quoi donc ?

NORINE, *lisant.* – « Ce matin, rue de Lourcine, le cadavre d'une jeune charbonnière a été trouvé horriblement mutilé… »

LENGLUMÉ. – C'est affreux ! je reprendrai de l'omelette !

MISTINGUE. – Moi aussi !

NORINE, *continuant.* – « On suppose que les assassins étaient au nombre de deux… »

LENGLUMÉ. – Deux contre une femme ! les lâches !… Elle est un peu salée.

MISTINGUE. – Trop.

NORINE, *continuant.* – « La justice est sur la trace des coupables, grâce à deux pièces de conviction… »

LENGLUMÉ. – Bravo ! c'est bien fait !

NORINE, *continuant.* – « … Un parapluie vert, surmonté d'une tête de singe… »

LENGLUMÉ et MISTINGUE. – Hein ?…

NORINE. – Juste comme celui du cousin Potard[1].

LENGLUMÉ, *à part.* – Ah ! mon Dieu !

NORINE. – Et un mouchoir marqué : J. M.

MISTINGUE. – Ma marque[2] ! mes cheveux se dressent !

NORINE, *reprenant sa lecture.* – « Que les deux bandits, qui étaient en état d'ivresse… »

LENGLUMÉ, *à part.* – C'est bien ça !

NORINE, *achevant.* – « Ont oublié près d'un sac à charbon que portait la victime. »

LENGLUMÉ. – Du charbon ! (*Lenglumé et Mistingue regardent leurs mains noires et poussent un cri.*) Ah !

NORINE. – Qu'avez-vous donc ?

LENGLUMÉ et MISTINGUE, *cachant vivement leurs mains sous la table.* – Rien !… rien !…

NORINE, *à Mistingue.* – Une côtelette, Monsieur ?

MISTINGUE. – Merci !… merci !… je n'ai plus faim !

NORINE. – Et toi, mon ami ?

LENGLUMÉ. – Moi non plus !

NORINE, *à Justin qui vient de rentrer.* – Justin ! servez le dessert !

MISTINGUE. – Je n'en prendrai pas !

LENGLUMÉ. – Nous n'en prendrons pas.

1. cousin de Norine et Lenglumé, qui leur a prêté un parapluie du même type.
2. Mistingue s'est justement rendu compte à la scène précédente qu'il avait perdu son mouchoir marqué de ses initiales, J. M.

NORINE. – Alors, le café !… les liqueurs !…
(Justin sort.)
MISTINGUE. – Mille grâces !… j'ai fini !
LENGLUMÉ. – Nous avons fini !
NORINE, *tendant son verre.* – Eh bien, donne-moi à boire.
LENGLUMÉ, *les mains sous la table.* – Non !… j'ai ma crampe !…
(Norine tend son verre à Mistingue.)
MISTINGUE, *de même.* – Moi aussi… j'ai sa crampe !
NORINE, *à part.* – Pourquoi diable mettent-ils leurs mains sous la table ?
JUSTIN, *rentrant et posant sur la table un plateau contenant le café et les liqueurs.* – Madame, M. Potard est dans le petit salon.
NORINE, *se levant.* – Mon cousin !… le père de notre filleul… J'y vais.
CHŒUR, *sur l'air de « Dans notre noble Venise ».* –
Quelle drôle d'aventure !
[Je fais/Il fait] bien triste figure.
Si j'en sors blanc, je le jure,
[Je serai/il sera] guéri,
Ravi !
(Norine est suivie de Justin, qui a porté la table à droite.)

Arno Feffer (Mistingue), Luc Antoine Diquéro (Lenglumé) et Marie-Christine Orry (Norine) dans *L'Affaire de la rue de Lourcine*, pièce mise en scène par **Jérôme Deschamps** et **Macha Makeïeff** au théâtre de l'Odéon en 2007.

Questions

Vocabulaire

À la fin de la scène, le « je » devient « nous », « ma » devient « sa ». Montrez que ce jeu des possessifs accentue le sentiment de culpabilité des deux hommes.

Le quiproquo, ressort du vaudeville

1. Repérez la succession de quiproquos. Comment s'enchaînent-ils ? Quels sont les effets comiques ? De quoi les deux hommes ont-ils peur ?

► Le vocabulaire du théâtre, p. 550

2. Analysez l'enchevêtrement des propos sur le repas et ceux sur le meurtre. Comment le comique de la scène est-il accentué par le fait que cette péripétie a lieu pendant le repas ?

► Registres, p. 568

3. Quels objets ou éléments peuvent servir à l'enquête policière ?

4. Comment l'auteur rend-il le spectateur complice de tous les personnages ? Étudiez en particulier les didascalies.

La satire de la bourgeoisie en jeu

5. Comment les conventions bourgeoises sont-elles ici bousculées ?

6. Étudiez le rythme de l'extrait, et particulièrement la longueur des phrases. Quel rôle les points de suspension jouent-ils lors de la représentation ?

7. Comment l'auteur s'amuse-t-il des noms de Lenglumé et de Mistingue, et de leur situation ?

8. Quel est le rôle de la chanson finale ?

Synthèse Montrez comment la construction de cette scène permet de mêler le comique, le suspens et la satire.

Vers le bac S'entraîner au commentaire

Vous rédigerez un paragraphe argumenté dans lequel vous étudierez les procédés d'écriture et de jeu mis en place dans cette scène pour la rendre dynamique et comique.

Alfred Jarry, *Ubu Roi* (1896)

► Biographie p. 631

CONTEXTE

Ubu Roi a été créée en 1896 au Théâtre de l'œuvre à Paris. Cette pièce, insolente et farfelue, qui fait scandale, est inspirée de *Mac Beth*, pièce de Shakespeare qui traite de la fascination pour le pouvoir et de son usurpation. Jarry crée le personnage du Père Ubu, la figure même du couard et du tyran à la fois, prêt à tout pour devenir roi et se remplir l'estomac et les poches..

Père Ubu est le capitaine des dragons de Vanceslas, roi de Pologne. Poussé par sa femme, Mère Ubu, il veut usurper le trône du roi. Pour préparer le coup d'état, il invite son ami le Capitaine Bordure et ses hommes, les conspirateurs, à un repas préparé par Mère Ubu : « soupe polonaise, côtes de rastron [animal inventé par Jarry], veau, poulet, pâté de chien, croupions de dinde, charlotte russe, choux-fleurs à la merdre ».

Acte I, Scène 3

Père Ubu, mère Ubu, capitaine Bordure et ses partisans

Véritable portrait de Monsieur Ubu, d'Alfred Jarry (1896)

[…] *([Père Ubu] s'en va.)*

Mère Ubu. – Messieurs, nous allons goûter du veau.

Capitaine Bordure. Il est très bon, j'ai fini.

Mère Ubu. – Aux croupions, maintenant.

Capitaine Bordure. – Exquis, exquis ! Vive la mère Ubu.

Tous. – Vive la Mère Ubu.

Père Ubu *(rentrant)*. – Et vous allez bientôt crier vive le Père Ubu. *(Il tient un balai innommable à la main et le lance sur le festin.)*

Mère Ubu. – Misérable, que fais-tu ?

Père Ubu. – Goûtez un peu. *(Plusieurs goûtent et tombent empoisonnés.)*

Père Ubu. – Mère Ubu, passe-moi les côtelettes de rastron, que je serve.

Mère Ubu. – Les voici.

Père Ubu. – À la porte tout le monde ! Capitaine Bordure, j'ai à vous parler.

Les Autres. – Eh ! nous n'avons pas dîné.

Père Ubu. – Comment, vous n'avez pas dîné ! À la porte tout le monde ! Restez, Bordure. *(Personne ne bouge.)*

Père Ubu. – Vous n'êtes pas partis ? De par ma chandelle verte[1], je vais vous assommer de côtes de rastron. *(Il commence à en jeter.)*

Tous. – Oh ! Aïe ! Au secours ! Défendons-nous ! malheur ! je suis mort !

Père Ubu. – Merdre, merdre, merdre[2]. À la porte ! je fais mon effet.

Tous. – Sauve qui peut ! Misérable Père Ubu ! traître et gueux voyou !

Père Ubu. – Ah ! les voilà partis. Je respire, mais j'ai fort mal dîné. Venez, Bordure. *(Ils sortent avec la Mère Ubu.)*

1. expression type du langage du Père Ubu, qui ne jure que par elle.
2. juron préféré du Père Ubu, visiblement provocateur. Premier mot de la pièce, il fait scandale à la première représentation en 1896. C'est également le cri de ralliement proféré par le Père Ubu au moment du coup d'état.
3. orthographe choisie par Jarry.

Le vinaigrier (Père Ubu) et le marteau (Capitaine Bordure), dans *Ubu sur la table*, Théâtre de la Pire Espèce, théâtre d'objets mis en scène et adapté par **Olivier Ducas** et **Francis Monty** à Montréal en 1998.

Nicolas Lormeau (conspirateur), Gilles David (Capitaine Bordure), Serge Bagdassarian (Père Ubu), Pierre-Louis Calixte (consipirateur), Anne Kessler (Mère Ubu), Grégory Gadebois (conspirateur) et Christian Blanc (conspirateur) dans *Le Père Ubu*, pièce mise en scène par **Jean-Pierre Vincent** à la Comédie-Française en 2010.

Acte I, Scène 4
Père Ubu, mère Ubu, capitaine Bordure

Père Ubu. – Eh bien, capitaine, avez-vous bien dîné ?

Capitaine Bordure. – Fort bien, monsieur, sauf la merdre.

Père Ubu. – Eh ! la merdre n'était pas mauvaise.

Mère Ubu. – Chacun son goût.

Père Ubu. – Capitaine Bordure, je suis décidé à vous faire duc de Lithuanie[3].

Capitaine Bordure. – Comment, je vous croyais fort gueux, Père Ubu.

Père Ubu. – Dans quelques jours, si vous voulez, je règne en Pologne.

Capitaine Bordure. – Vous allez tuer Venceslas ?

Père Ubu. – Il n'est pas bête, ce bougre, il a deviné.

Capitaine Bordure. – S'il s'agit de tuer Venceslas, j'en suis. Je suis son mortel ennemi et je réponds de mes hommes.

Père Ubu *(se jetant sur lui pour l'embrasser)*. – Oh ! Oh ! je vous aime beaucoup, Bordure.

Capitaine Bordure. – Eh ! vous empestez, Père Ubu. Vous ne vous lavez donc jamais ?

Père Ubu. – Rarement.

Mère Ubu. – Jamais !

Père Ubu. – Je vais te marcher sur les pieds.

Mère Ubu. – Grosse merdre !

Père Ubu. – Allez, Bordure, j'en ai fini avec vous. Mais par ma chandelle verte, je jure sur la Mère Ubu de vous faire duc de Lithuanie.

Mère Ubu. – Mais…

Père Ubu. – Tais-toi, ma douce enfant.

(Ils sortent.)

Questions

De la farce potache ....

1. Relevez les plats servis, et notez l'inventivité et la fantaisie du langage. Quels sont les effets produits ?
2. Le mot « merdre » a-t-il le même emploi à chacune de ses utilisations ? Comment ce mot, qui participe de l'humour potache, permet-il d'emmener les personnages dans la démesure ?
3. En quoi les relations entre le Père Ubu et la Mère Ubu relèvent-elles de la farce ?

... à la satire acerbe du pouvoir

4. Quel est le rôle du repas dans la conspiration ?
5. Pourquoi le Père-Ubu tue-t-il ou renvoie-t-il ses convives ? Interprétez la violence de la scène.
6. Quel portrait du Père Ubu faites-vous après l'étude de cet extrait ?

Lecture d'image

7. Montrez que le choix des objets (► p. 182) correspond à une interprétation intéressante des deux personnages et de leur rôle.
8. Quelle place donnez-vous aux mains, partie intégrante de la manipulation ?

Synthèse Montrez que, dans cette conspiration, il n'est question que d'argent et de pouvoir.

Prolongement

Faites des recherches sur plusieurs mises en scène de cette pièce. Comparez les choix scénographiques, les acteurs qui jouent le Père Ubu. Quelle mise en scène voyez-vous pour mettre en valeur les aspects comiques et cruels de ce repas ?

Samuel Beckett, *En attendant Godot* (1952)

► Biographie p. 628

⊕ CONTEXTE

Samuel Beckett montre dans son théâtre la misère et l'absurdité de la condition humaine sous une forme grotesque (*En attendant Godot*, 1953 ; *Fin de partie*, 1957 ; *Oh les beaux jours*, 1961). Comme chez Ionesco, tragique et comique se côtoient, et les personnages dévident des paroles insignifiantes qui donnent l'illusion du dialogue.

► L'Absurde, p. 40

Dans En attendant Godot, *on suit la journée ordinaire de deux vagabonds, Estragon et Vladimir, qui attendent, au bord d'une route de campagne, à côté d'un arbre, la venue de Godot qu'ils ne connaissent pas. L'extrait se situe au début de l'acte premier. Les petits riens du quotidien se succèdent aux questions sur leurs attentes, les disputes aux réconciliations.*

Acte premier
ESTRAGON, VLADIMIR

[…] ESTRAGON. – J'ai faim.

VLADIMIR. – Veux-tu une carotte ?

ESTRAGON. – Il n'y a pas autre chose ?

VLADIMIR. – Je dois avoir quelques navets.

ESTRAGON. – Donne-moi une carotte. *(Vladimir fouille dans ses poches, en retire un navet et le donne à Estragon.)* Merci. *(Il mord dedans. Plaintivement.)* C'est un navet !

VLADIMIR. – Oh pardon ! j'aurais juré une carotte. *(Il fouille à nouveau dans ses poches, n'y trouve que des navets.)* Tout ça c'est des navets. *(Il cherche toujours.)* Tu as dû manger la dernière. *(Il cherche.)* Attends, ça y est. *(Il sort enfin une carotte et la donne à Estragon.)* Voilà, mon cher. *(Estragon l'essuie sur sa manche et commence à la manger.)* Rends-moi le navet. *(Estragon lui rend le navet.)* Fais-la durer, il n'y en a plus.

ESTRAGON *(tout en mâchant)*. – Je t'ai posé une question.

VLADIMIR. – Ah.

ESTRAGON. – Est-ce que tu m'as répondu ?

VLADIMIR. – Elle est bonne ta carotte ?

ESTRAGON. – Elle est sucrée.

VLADIMIR. – Tant mieux, tant mieux. *(Un temps.)* Qu'est-ce que tu voulais savoir ?

ESTRAGON. – Je ne me rappelle plus. *(Il mâche.)* C'est ça qui m'embête. *(Il regarde la carotte avec appréciation, la fait tourner en l'air du bout des doigts.)* Délicieuse, ta carotte. *(Il en suce méditativement le bout.)* Attends, ça me revient. *(Il arrache une bouchée.)*

VLADIMIR. – Alors ?

ESTRAGON *(la bouche pleine, distraitement)*. – On n'est pas liés ?

VLADIMIR. – Je n'entends rien.

ESTRAGON *(mâche, avale)*. – Je demande si on est liés.

VLADIMIR. – Liés ?

ESTRAGON. – Li-és.

VLADIMIR. – Comment, liés ?

ESTRAGON. – Pieds et poings.

VLADIMIR. – Mais à qui ? Par qui ?

ESTRAGON. – À ton bonhomme.

VLADIMIR. – À Godot ? Liés à Godot ? Quelle idée ? Jamais de la vie ! *(Un temps.)* Pas encore. *(Il ne fait pas la liaison.)*

ESTRAGON. – Il s'appelle Godot ?

VLADIMIR. – Je crois.

En attendant Godot, pièce mise en scène par **Marie Lamachère** en 2014.

ESTRAGON. – Tiens ! *(Il soulève le restant de carotte par le bout de fane et le fait tourner devant ses yeux.)* C'est curieux, plus on va, moins c'est bon.

VLADIMIR. – Pour moi, c'est le contraire.

ESTRAGON. – C'est-à-dire ?

VLADIMIR. – Je me fais au goût au fur et à mesure.

ESTRAGON *(ayant longuement réfléchi)*. – C'est ça, le contraire ?

VLADIMIR. – Question de tempérament.

ESTRAGON. – De caractère.

VLADIMIR. – On n'y peut rien.

ESTRAGON. – On a beau se démener.

VLADIMIR. – On reste ce qu'on est.

ESTRAGON. – On a beau se tortiller.

VLADIMIR. – Le fond ne change pas.

ESTRAGON. – Rien à faire. *(Il tend le restant de carotte à Vladimir.)* Veux-tu la finir ? [...]

Questions

Mise en jeu Observez la mise en scène de Marie Lamachère. Si vous étiez metteur en scène, où placeriez-vous les deux personnages pour jouer cet extrait et pourquoi ? Choisiriez-vous une vraie carotte ou une carotte en plastique, ou encore une carotte virtuelle ? Expérimentez vos choix en demandant à deux camarades de classe de jouer la scène grâce à vos indications.

L'illusion du dialogue

1. Dans quelle situation les personnages se trouvent-ils ?
2. Repérez les différents sujets de discussion. Sont-ils importants ou insignifiants ? Comment s'enchaînent-ils ?
3. Observez la fin de l'extrait. Relevez les proverbes et les phrases toutes faites. Comment fonctionne leur agencement jusqu'à devenir une mécanique sans réflexion ?

► Le vocabulaire du théâtre, p. 550

Entre le clown et le vagabond désespéré

4. Observez les didascalies. En quoi le jeu avec la carotte relève-t-il du jeu clownesque, voire grotesque ?

► Registres, p. 568

5. Quelle est, selon vous, la signification symbolique de cette dernière carotte ?
6. Qu'apprenez-vous sur Godot ? Pourquoi, selon vous, Estragon y pense-t-il en mangeant la carotte ?
7. Quels double-sens et double-jeu prennent alors certaines phrases comme « C'est curieux, plus on va, moins c'est bon. » (l. 41), « Le fond ne change pas » (l. 53) ?

Lecture d'image

Toute la pièce se passe au bord d'une route à la campagne, autour d'un arbre. Dans cette mise en scène de Marie Lamachère, l'arbre est présent à deux endroits, reliés par une planche.

8. Étudiez les différences (matière, lieu) et ce que cela implique.
9. Où vont jouer les personnages ? Quelle est la place du public ? Pourquoi Marie Lamachère a-t-elle fait ce choix ?

Synthèse Montrez que les particularités du jeu comique sur la scène amènent des questions existentielles.

Vers le bac S'entraîner à la question de corpus

En comparant cet extrait avec celui de *Rhinocéros*, vous direz comment les auteurs jouent avec la langue pour montrer qu'elle traduit la difficulté des êtres à réellement communiquer.

TEXTE 5

Eugène Ionesco, *Rhinocéros* (1959)

► Biographie p. 631

CONTEXTE

Ionesco raconte dans *Rhinocéros* comment les habitants d'une petite ville sont touchés peu à peu par une étrange maladie, la « rhinocérite », qui les transforme en rhinocéros. Par cette fable théâtrale, mêlant le rire et la terreur, Ionesco cherche à comprendre le processus de l'embrigadement des foules dans le totalitarisme.

► L'Absurde, p. 40

La petite ville est en émoi : un rhinocéros est en liberté. Puis un deuxième, semble-t-il : les personnages ne paraissent pas d'accord sur sa présence. Apparaît la Ménagère en larmes, tenant dans ses bras son chat mort, écrasé par l'animal.

Fin de l'acte I

DAISY, LE PATRON, JEAN, LE VIEUX MONSIEUR, LA MÉNAGÈRE, BÉRANGER, L'ÉPICIÈRE, LA SERVEUSE

[…] DAISY. – C'est la deuxième fois qu'il en passe ?

LE PATRON. – Je crois que c'était le même.

JEAN. – Non, ce n'était pas le même rhinocéros. Celui de tout à l'heure avait deux cornes sur le nez, c'était un rhinocéros d'Asie ; celui-ci n'en avait qu'une, c'était un rhinocéros d'Afrique !

La Servante sort avec un verre de cognac, le porte à la Dame.

LE VIEUX MONSIEUR. – Voilà du cognac pour vous remonter.

LA MÉNAGÈRE, *en larmes*. – Noon…

BÉRENGER, *soudain énervé, à Jean*. – Vous dites des sottises !… Comment avez-vous pu distinguer les cornes ! Le fauve est passé à une telle vitesse, à peine avons-nous pu l'apercevoir…

DAISY, *à la Ménagère*. – Mais si, ça vous fera du bien !

LE VIEUX MONSIEUR, *à Bérenger*. – En effet, il allait vite.

LE PATRON, *à la Ménagère*. – Goûtez-y, il est bon.

BÉRENGER, *à Jean*. – Vous n'avez pas eu le temps de compter ses cornes…

L'ÉPICIÈRE, *à la Serveuse, de sa fenêtre*. – Faites-la boire.

BÉRENGER, *à Jean*. – En plus, il était enveloppé d'un nuage de poussière…

DAISY, *à la Ménagère*. – Buvez, Madame.

LE VIEUX MONSIEUR, *à la même*. – Un petit coup, ma chère petite Dame… courage…

La Serveuse fait boire la Ménagère, en portant le verre à ses lèvres ; celle-ci fait mine de refuser, et boit quand même.

LA SERVEUSE. – Voilà !

L'ÉPICIÈRE, *de sa fenêtre, et* DAISY. – Voilà !

JEAN, *à Bérenger*. – Moi, je ne suis pas dans le brouillard. Je calcule vite, j'ai l'esprit clair !

LE VIEUX MONSIEUR, *à la Ménagère*. – Ça va mieux ?

BÉRENGER, *à Jean*. – Il fonçait tête baissée, voyons.

LE PATRON, *à la Ménagère*. – N'est-ce pas qu'il est bon !

JEAN, *à Bérenger*. – Justement, on voyait mieux.

LA MÉNAGÈRE, *après avoir bu*. – Mon chat !

BÉRENGER, *irrité, à Jean*. – Sottises ! Sottises !

L'ÉPICIÈRE, *de sa fenêtre, à la Ménagère*. – J'ai un autre chat, pour vous.

JEAN, *à Bérenger*. – Moi ? vous osez prétendre que je dis des sottises ?

LA MÉNAGÈRE, *à l'Épicière*. – Je n'en veux pas d'autre !

Elle sanglote, en berçant son chat.

BÉRENGER, *à Jean*. – Oui, parfaitement, des sottises.

LE PATRON, *à la Ménagère*. – Faites-vous une raison !

JEAN, *à Bérenger*. – Je ne dis jamais de sottises, moi !

www.lienmini.fr/magnard-el1-25
Visionnez l'interview d'Eugène Ionesco. Comment définit-il l'Absurde ?

Kyu Ha Choi, Choon Sung Ji, Ha Jun Kim, Ji Hyun Lee, So Young Lim, Du Young Ma, Joon PArk, Sun Hee Park et Hye Ran Yeom, dans *Rhinocéros*, pièce mise en scène par **Alain Timar** au théâtre des Halles à Avignon en 2011.

Lecture d'image

Alain Timar a choisi de transposer la pièce dans une entreprise coréenne d'aujourd'hui.

- Qu'apporte cette transposition dans le monde de l'entreprise ?
- Pourquoi l'idée du miroir a-t-elle intéressé le metteur en scène ?

LE VIEUX MONSIEUR, *à la Ménagère.* – Soyez philosophe !

BÉRENGER, *à Jean.* – Et vous n'êtes qu'un prétentieux ! *(Élevant la voix :)* Un pédant…

LE PATRON, *à Jean et à Bérenger.* – Messieurs, Messieurs !

BÉRENGER, *à Jean, continuant.* – … Un pédant, qui n'est pas sûr de ses connaissances, car, d'abord, c'est le rhinocéros d'Asie qui a une corne sur le nez, le rhinocéros d'Afrique, lui, en a deux…

Les autres personnages délaissent la Ménagère et vont entourer Jean et Béranger qui discutent très fort. […]

Questions

Le comique de la scène

1. Qui parle à qui ? Faites un schéma pour vous aider. Repérez des répliques qui se suivent sans pourtant se répondre. Quels types de comique reconnaissez-vous ici ?

► L'énonciation et la modalisation, p. 540

2. Observez et lisez le dialogue des lignes 27 à 43. Que remarquez-vous ? Étudiez particulièrement les répétitions et les sonorités. ► Figures de style, p. 576

3. Comment le jeu des adresses sur la scène participe-t-il à la confusion ?

► Le vocabulaire du théâtre, p. 550

Une scène inquiétante

4. Quelle réaction suscite le passage du rhinocéros chez les personnages, et plus particulièrement chez Bérenger et Jean ?

5. Pourquoi ces réactions peuvent-elles contribuer à provoquer l'inquiétude du spectateur ? Quel travers de l'homme Ionesco met-il en relief ?

6. Quel est le sujet de la dispute entre les deux amis ? Quels types d'arguments emploient-ils ?

► Les formes de l'argumentation, p. 562

Synthèse Montrez que cette scène est à la fois drôle et inquiétante.

Grammaire

Quels sont les référents des pronoms « il » (l. 13-14, l. 28-29) ? Quel est l'effet de ce jeu ?

Prolongement

Lisez les scènes 8 et 11 de *La Cantatrice chauve*. En comparant ces scènes avec cet extrait de *Rhinocéros*, vous montrerez qu'Ionesco se questionne également sur le rôle du langage dans la société moderne.

Vers le bac S'entraîner à la dissertation

Le comique au théâtre est-il révélateur des angoisses d'une époque ? Appuyez-vous sur la séquence et vos lectures pour étayer cette thèse.

Lagarce, *Les Règles du savoir-vivre dans la société moderne* (1994)

► Biographie p. 632

CONTEXTE

Cette pièce est une réécriture d'un ouvrage de la Baronne Staffe, née Blanche Soyer, paru avec succès en 1889 : *Usages du monde : Règles du savoir-vivre dans la société moderne*. C'est un manuel de savoir-vivre de la naissance à la mort à l'usage de la jeune fille de bonne famille au XIXe siècle. Lagarce en reprend les moments clés, et en fait une satire des codes bourgeois.

► Le XXIe siècle, p. 42

La pièce est constituée du long discours de la Dame qui s'adresse au public. Elle donne successivement les règles qu'elle raconte et explique. Voici l'extrait concernant les fiançailles.

[...] La fête des fiançailles se passe en famille, dans une intimité rigoureuse. Les amis de la veille, ce qu'on appelle les connaissances, n'y assistent pas. On n'expose pas le bonheur ingénu de la jeune fille, ses joies rougissantes, aux yeux et commentaires, car commentaires à craindre, on n'en saurait douter, aux yeux et commentaires des indifférents et des cyniques.

Le fiancé envoie son premier bouquet le jour des fiançailles. Ce bouquet est composé de fleurs blanches, parmi celles que préfère la fiancée dans cette couleur. Elle est ravie de cette coïncidence de bon augure.

Il apporte lui-même la bague. Il a consulté discrètement pour savoir quelle est la pierre favorite de la jeune fille, car il ne doit pas acheter cet anneau au hasard. Il y a des fiancées qui ont peur des perles, parce qu'elles s'imaginent qu'elles présagent des larmes. C'est crétin, mais on ne peut commencer dès le jour des fiançailles à le dire.

Quelle qu'elle soit, de toute manière, la bague doit être bien accueillie, c'est le moins qu'on puisse espérer. La jeune fille s'émerveille et s'exclame : « Ah... »

La bague est glissée au doigt de la jeune fille (au quatrième de la main gauche) par le fiancé, qui arrivera avant tous les autres invités. Il est autorisé pour la première fois à porter à ses lèvres cette main qui vient de recevoir son anneau, symbole d'engagement qu'on ne peut déjà plus rompre que pour des motifs très graves, c'est une chose qu'il ne faut pas ignorer.

Le fiancé vient accompagné de son père et de sa mère ; à leur défaut, morts, toujours la même histoire, de son frère aîné, du chef de sa maison, son parrain, etc. Je ne sais pas, n'importe qui.

Au dîner – qui est indispensable – les fiancés sont placés à côté l'un de l'autre, au milieu de la table, au milieu du plan de la table.

Ils sont traités comme les héros du jour car ils le sont. Ils ont en face d'eux le père et la mère de la jeune fille, le père du fiancé est auprès de la maîtresse de la maison, la mère de la jeune fille, si on a bien voulu suivre, sa mère auprès du maître de la maison, le père de la fiancée, je n'insiste pas, c'est clair.

Les personnes qui ont négocié le mariage – parce que tout de même, bien de négociations et rien d'autre qu'il fut question – les ambassadeurs, appelons-les ainsi si le mot négociateurs choque – les ambassadeurs du jeune homme sont aux côtés des fiancés, c'est-à-dire si on veut bien faire un léger effort de concentration sur la géométrie de l'espace, en face, juste, des parents du fiancé, tout cela est très simple et la table entière pourrait obéir à des règles très strictes sur lesquelles je ne m'étends pas, je le regrette, mais parfaitement ordonnées (principe même des règles).

Mireille Herbstmeyer (la Dame), dans *Les Règles du savoir-vivre dans la société moderne*, pièce mise en scène par **François Berreur** au théâtre de L'Athénée à Paris en 2009.

Le menu de ce dîner doit être relativement simple. Les fiançailles sont déclarées solennellement au dessert. C'est une surprise pour l'ensemble des invités. Personne ne s'y attendait et tout le monde là encore une légère exclamation de surprise ravie :

« Ah… »

Si la réception est une soirée dansante, la cérémonie de déclaration a lieu vers minuit. Les invités, tous les invités, font leurs souhaits de bonheur aux fiancés.

La jeune fiancée est habillée d'une robe gaie – car circonstance gaie de l'existence c'est et doit être – rose tendre, bleu céleste ou blanche avec des rubans aurore. Gaie. Chez les autres femmes, on évitera les notes sombres. Le fiancé et les autres hommes portent le costume du soir ou l'habit.

Dans la soirée qui suit, sans isoler les fiancés, on s'arrange pour qu'ils puissent causer sans être entendus. On agira de même jusqu'au mariage. On ne les laisse jamais seuls ; mais on n'affecte pas de monter la garde autour de cet amour désormais permis. On surveille, car surveillance est nécessaire, mais on surveille avec délicate discrétion. […]

Questions

Grammaire

Étudiez la valeur du « on » dans le texte.

Les règles d'une société codifiée

1. Quelles sont les différentes règles qui régissent la fête des fiançailles selon la Dame ?
2. Comment, dès le premier paragraphe, l'élitisme social est-il valorisé ?
3. Les expressions « intimité rigoureuse » et « délicate discrétion » entourent le texte. Quelles qualités de la famille bourgeoise sont ainsi mises en valeur ?
4. Repérez les qualités du couple idéal selon la Dame. Quelle place est accordée à l'amour ?

La satire d'une société conformiste

5. Observez la syntaxe des paragraphes 7 et 8. Quel est l'effet des perturbations et renversements à la lecture ? sur la scène ?
6. Listez les objets et les personnages. Comment leur nombre, leur place et leur rôle participent-ils à la satire ?
7. Repérez les phrases qui sont les commentaires de la Dame. Comment son goût et son jugement sont-ils raillés par Lagarce ?
8. Comment l'auteur rend-il vivant ce monologue ? Observez les commentaires de la Dame et la façon dont elle donne sa voix aux personnages. Quelle est ici l'importance du jeu d'acteur ?

Synthèse Montrez que l'écriture et la représentation se complètent pour rendre ce texte comique.

TEXTE 7

Catherine Anne, *Comédies tragiques* (2011)

► Biographie p. 627

CONTEXTE

Dans cette pièce, Catherine Anne dénonce de façon grinçante les aliénations du monde du travail et de la machine administrative grâce à une multitude de personnages, avec humour, férocité, tendresse et poésie.

► Le XXIe siècle, p. 42

La scène 3 met en scène la directrice de l'entreprise de nettoyage « L'Immaculée » et une nouvelle employée. Elles sont sur le lieu de travail où l'employée débutera ses fonctions : nettoyer un théâtre. À commencer par la scène elle-même.

OCCUPATION 3. Ô RAGE ! Ô DÉSESPOIR !
LE VIEIL ACTEUR, L'IMMACULÉE, LA TIMIDE

Sur la scène du Grand Théâtre, un très vieil acteur aux cheveux blancs très longs sort de l'obscurité. Il porte un costume de « théâtre ».

LE VIEIL ACTEUR. – Ô rage ! ô désespoir ! ô vieillesse ennemie !
N'ai-je donc tant vécu pour cette infamie ?
Et ne suis-je pas blanchi dans les travaux guerriers
Que pour voir un jour flétrir tant de lauriers ?
Une voix enthousiaste surgie des coulisses.
L'IMMACULÉE (*off*). – Maintenant ! Le pompon ! Le saint des saints ! La scène !
LE VIEIL ACTEUR. – Mon bras, qu'avec respect toute l'Espagne admire,
L'IMMACULÉE (*off*). – Vous êtes-vous déjà trouvée sur une scène ?
LE VIEIL ACTEUR. – Mon bras, qui tant de fois a sauvé cet empire,
L'IMMACULÉE (*off*). – Parce que là, de l'huile de coude il en faut !
LE VIEIL ACTEUR. – Tant de fois affermi le trône de son roi,
L'IMMACULÉE (*off*). – L'huile de coude ne doit pas faire défaut !
LE VIEIL ACTEUR. – Trahit donc ma querelle et ne fait rien pour moi ?
L'immaculée et la timide poussant un chariot d'ustensiles de nettoyage entrent sur scène.
L'IMMACULÉE. – Vous en avez de l'huile ?
LA TIMIDE. – Oui oui.
L'IMMACULÉE. – À la bonne heure !
LE VIEIL ACTEUR. – Que faites-vous ?
L'IMMACULÉE. – Le ménage !
LE VIEIL ACTEUR. – Ce n'est pas l'heure !
L'IMMACULÉE. – Juste un essai.
LE VIEIL ACTEUR. – Essai ?
L'IMMACULÉE. – Ce sont ses premiers pas…
LE VIEIL ACTEUR. – Mais nous jouons !
L'IMMACULÉE. – Eh bien ! Nous, nous ne jouons pas,
Nous travaillons.
LE VIEIL ACTEUR. – Jouer, madame, est mon métier.
L'IMMACULÉE. – Jouez, monsieur ! Jouez ! Laissez-nous travailler !
LE VIEIL ACTEUR. – Êtes-vous aveuglée ? Regardez ces gens-là !
L'IMMACULÉE. – C'est qui, ça ?
LE VIEIL ACTEUR. – Le public !
L'IMMACULÉE. – Bah ! s'il restent en bas,
Ils ne dérangent pas.
LE VIEIL ACTEUR. – Nous jouons du Corneille !
L'IMMACULÉE. – Ne baillez pas, vous ! Zou ! Ouvrez grand votre oreille !
LE VIEIL ACTEUR. – Hors de scène à l'instant !

Thierry Belnet (le vieil acteur), Stéphanie Rongeot (l'immaculée), Fabienne Lucchetti (la timide) dans *Comédies tragiques*, pièce mise en scène par **Catherine Anne** au théâtre de l'Est parisien en 2011.

L'IMMACULÉE. – C'est ici notre lieu
D'action. Nous travaillons ! Jouez !
LE VIEIL ACTEUR. – Nom de Dieu !
L'IMMACULÉE. – Vous !
LA TIMIDE. – Moi ?
L'IMMACULÉE. – Oui, vous ! Qui voulez-vous ?
LA TIMIDE. – Peut-être il faut…
L'IMMACULÉE. – Quoi ? Quoi ?
LA TIMIDE. – Pour ne pas déranger, parler moins haut.

Silence. Les trois s'observent. Le vieil acteur se rapproche du public et reprend le monologue de Don Diègue. Les deux femmes vont discrètement vers le fond de scène. […]

Questions

Vocabulaire

« Nom de Dieu » est un juron bien connu. Retrouvez son histoire et ses sens. Que montre-t-il ici du personnage et quel jeu de scène permet-il ?

Une joyeuse féerie langagière

1. Retrouvez la célèbre réplique de Don Diègue dans *Le Cid* de Corneille (acte I, scène 4). En quoi le vieil acteur peut-il s'y reconnaître ?
2. Comparez les répliques de l'immaculée à celles de Don Diègue. Que remarquez-vous ?
3. Quels sont les types de comiques dans cette scène ? Retrouvez tous les jeux de mots (« bras » / « coude » par exemple) et de répliques. ▸ Registres, p. 568
4. Comment la stichomythie amplifie-t-elle la confusion de cette scène et la rend jubilatoire ? ▸ La versification, p. 557

Des revendications

5. Quel rapport faites-vous entre le titre de la pièce, *Comédies tragiques*, le titre de la scène et la situation du vieil acteur ?
6. Comment le jeu de mot sur le verbe « jouer » met-il en opposition le monde de l'entreprise et celui du théâtre ? Comment les didascalies accentuent-elles cette opposition ?
7. Quel est le rôle du chariot de nettoyage et de ses ustensiles ? Est-il anodin, symbolique, comique ?
▸ Figures de style, p. 576
8. Comment comprenez-vous le choix du nom des personnages et le décalage de l'entrée en scène des deux femmes ? Quel est le rôle de la timide à la fin de l'extrait ?

Synthèse Montrez comment la référence au *Cid* permet de rendre cette scène de revendications modernes dynamique et drôle.

Prolongement

Vous étudierez l'importance de la culture théâtrale dans le renouvellement des écritures théâtrales d'aujourd'hui, qu'elles soient comiques, tragiques ou les deux. Vous prendrez comme exemple les extraits des pièces contemporaines des séquences sur le théâtre du manuel.

Vers le bac S'entraîner à la dissertation

Des « côtelettes de rastron » (*Ubu Roi*) au chariot de nettoyage de cette scène des *Comédies tragiques*, les objets au théâtre concourent pleinement à la mise en place du registre comique lors de la représentation. En vous aidant du corpus, ainsi que des photographies de cette séquence et des pièces que vous avez vues, vous direz si c'est la seule fonction des objets sur scène.

TEXTE 1

Jean Racine, *Iphigénie* (1675)

► Biographie p. 635

« Il n'y a rien de plus célèbre dans les poètes que le sacrifice d'Iphigénie », écrit Racine dans sa préface. En reprenant ce thème mythologique d'abord à Versailles pendant les fêtes données par Louis XIV, Racine propose à la Cour l'image d'« une princesse vertueuse » et « aimable ». Afin que l'expédition grecque qu'il mène contre Troie obtienne des vents favorables, son père, le roi Agamemnon, est contraint de la mettre à mort sur l'autel du sacrifice. Il prétexte un mariage avec Achille ; le jeune héros, de son côté, veut défendre Iphigénie et s'oppose à sa mort. Mais elle a décidé de mourir.

Acte V, Scène 2
ACHILLE, IPHIGÉNIE

[…] **ACHILLE.** – Vous, mourir ? Ah ! cessez de tenir ce langage.
Songez-vous quel serment vous et moi nous engage ?
Songez-vous (pour trancher d'inutiles discours),
Que le bonheur d'Achille est fondé sur vos jours ?

IPHIGÉNIE. – Le ciel n'a point aux jours de cette infortunée
Attaché le bonheur de votre destinée.
Notre amour nous trompait ; et les arrêts du sort
Veulent que ce bonheur soit un fruit de ma mort.
Songez, Seigneur, songez à ces moissons de gloire
Qu'à vos vaillantes mains présente la victoire.
Ce champ si glorieux où vous aspirez tous,
Si mon sang ne l'arrose, est stérile pour vous.
Telle est la loi des Dieux à mon père dictée.
En vain sourd à Calchas[1] il l'avait rejetée :
Par la bouche des Grecs contre moi conjurés,
Leurs ordres éternels se sont trop déclarés.
Partez : à vos honneurs j'apporte trop d'obstacles.
Vous-même dégagez la foi de vos oracles[2] ;
Signalez[3] ce héros à la Grèce promis,
Tournez votre douleur contre ses ennemis.
Déjà Priam pâlit ; déjà Troie en alarmes
Redoute mon bûcher, et frémit de vos larmes.
Allez ; et dans ses murs vides de citoyens,
Faites pleurer ma mort aux veuves des Troyens.
Je meurs dans cet espoir satisfaite, et tranquille.
Si je n'ai pas vécu la compagne d'Achille[4],
J'espère que du moins un heureux avenir
À vos faits immortels joindra mon souvenir ;
Et qu'un jour mon trépas, source de votre gloire,
Ouvrira le récit d'une si belle histoire.
Adieu, Prince, vivez, digne race des dieux.

ACHILLE. – Non, je ne reçois point vos funestes adieux.
En vain par ce discours votre cruelle adresse
Veut servir votre père, et tromper ma tendresse.

1. devin qui a révélé la nécessité de sacrifier Iphigénie pour apaiser la déesse Artémis et obtenir des vents favorables.
2. Suivez ce que les oracles ont annoncé que vous accompliriez.
3. faites connaître.
4. même si je n'ai pas vécu en tant que compagne d'Achille.

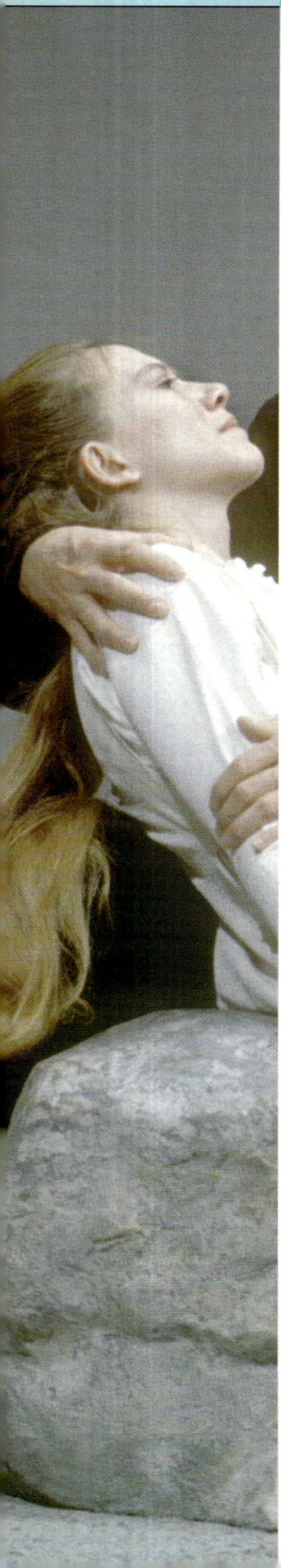

►►► Jean-Yves Dubois (Achille) et Valérie Dreville (Iphigénie) dans *Iphigénie*, pièce mise en scène par **Yannis Kokkos** en 1991.

En vain vous prétendez, obstinée à mourir,
Intéresser ma gloire à vous laisser périr :
Ces moissons de lauriers, ces honneurs, ces conquêtes,
Ma main, en vous servant, les trouve toutes prêtes.
Et qui de ma faveur se voudrait honorer,
Si mon hymen prochain ne peut vous assurer[5] ?
Ma gloire, mon amour vous ordonnent de vivre.
Venez, Madame ; il faut les en croire, et me suivre.

Iphigénie. – Qui ? moi ? Que contre un père osant me révolter,
Je mérite la mort que j'irais éviter ?
Où serait le respect ? Et ce devoir suprême...

Achille. – Vous suivrez un époux avoué[6] par lui-même.
C'est un titre qu'en vain il prétend me voler.
Ne fait-il des serments que pour les violer ?
Vous-même, que retient un devoir si sévère,
Quand il vous donne à moi, n'est-il point votre père ?
Suivez-vous seulement ses ordres absolus
Quand il cesse de l'être, et ne vous connaît plus ?
Enfin c'est trop tarder, ma Princesse, et ma crainte...

Iphigénie. – Quoi, Seigneur ! vous iriez jusques à la contrainte ?
D'un coupable transport écoutant la chaleur,
Vous pourriez ajouter ce comble à mon malheur ?
Ma gloire vous serait moins chère que ma vie ?
Ah ! Seigneur, épargnez la triste Iphigénie.
Asservie à des lois que j'ai dû respecter,
C'est déjà trop pour moi que de vous écouter.
Ne portez pas plus loin votre injuste victoire ;
Ou par mes propres mains immolée à ma gloire,
Je saurai m'affranchir dans ces extrémités,
Du secours dangereux que vous me présentez. [...]

5. mettre en sûreté.
6. reconnu.

Questions

La confrontation

1. Repérez les différentes étapes de l'échange entre les deux personnages. Analysez notamment la construction des vers 43 à 45. Que nous dit-elle du personnage d'Iphigénie ?
2. Quels sont les arguments avancés par Iphigénie ? Commentez notamment la métaphore filée des vers 9 à 14.
3. Analysez les réponses d'Achille. Par un relevé précis des procédés, définissez son amour pour Iphigénie.

Une héroïne tragique

4. Montrez qu'Iphigénie est une victime du destin. Comment justifie-t-elle cette soumission envers les dieux et son père ?
5. Quels éléments du texte permettent de se représenter l'émotion et la tension tragiques de cette scène ?

Synthèse « Les véritables effets de la tragédie sont la compassion et la terreur », écrit Racine dans sa préface. Rédigez un paragraphe qui illustre cette affirmation.

Grammaire

« Le ciel n'a point aux jours de cette infortunée » (v. 5). De quelle infortunée s'agit-il ? Justifiez l'emploi du démonstratif.

Prolongement

Faites des recherches sur ces héros de la mythologie grecque : Agamemnon, Achille, Priam, Calchas, Iphigénie.

ÉCHO DE L'ANTIQUITÉ

Euripide, *Iphigénie à Aulis* (406 av. J.-C.)

CONTEXTE

Le rayonnement d'Athènes dans la deuxième moitié du ve siècle avant J.-C., appelée le siècle de Périclès, va favoriser l'émergence de trois grands auteurs tragiques : Eschyle, Sophocle, Euripide. En écrivant pour des cérémonies religieuses traditionnelles des tragédies musicales, ils vont marquer de manière durable le théâtre et notre culture.

Agamemnon, chef de l'expédition grecque contre les Troyens, pour obéir à l'oracle d'Artémis qui promet des vents favorables s'il met à mort sur l'autel du sacrifice sa fille Iphigénie, fait venir cette dernière sous prétexte de la marier à Achille ; celui-ci, apprenant la supercherie, décide de la secourir. Agamemnon refuse de se laisser fléchir d'autant plus que les Grecs veulent combattre les Troyens. Achille et Clytemnestre, la mère d'Iphigénie, envisagent une ultime résistance quand cette dernière, qui était restée silencieuse, intervient.

IPHIGÉNIE. – Écoutez-moi ! Écoute, ma mère : car je vois que tu t'irrites en vain contre ton époux. À quoi bon nous obstiner à tenter l'impossible ? Il faut remercier l'étranger[1] de son dévouement ; mais tu dois aussi prendre garde de soulever les clameurs de l'armée, sans aucun profit pour nous, et d'attirer à cet homme quelque malheur. Or écoute, ma mère, à quelle pensée je me suis arrêtée après avoir réfléchi. J'ai résolu de mourir : mais cette mort, je veux la rendre glorieuse, et bannir de mon cœur tous lâches sentiments. Considère avec moi, ma mère, combien j'ai raison de parler ainsi. C'est sur moi que la puissante Grèce tout entière a les yeux fixés en ce moment : il dépend de moi que la flotte parte, que Troie soit détruite, et qu'à l'avenir les Barbares respectent les femmes grecques, sans plus oser jamais les ravir du sol fortuné de l'Hellade[2], quand ils auront expié l'enlèvement d'Hélène[3], le crime de Pâris[3]. Voilà tout ce que doit assurer ma mort ; et la délivrance de la Grèce sera mon éternel titre de gloire. Et puis, ai-je le droit d'aimer à ce point la vie ? Tu m'as enfantée pour appartenir à l'Hellade entière, et non à toi seule. Eh quoi ! des milliers d'hommes couverts de boucliers, des milliers d'autres, la rame en main, aspirent à venger la patrie, à tenter quelque glorieuse entreprise contre l'ennemi, à mourir pour la Grèce : et ma vie, la vie d'une seule femme serait leur obstacle ? Que répondre justement à ces raisons ? En voici une autre. Il ne faut pas que cet homme entre en lutte avec tous les Grecs à cause d'une femme, ni qu'il meure : la vie d'un seul homme est plus précieuse que celle de mille femmes. Et, si Artémis demande mon sang, ferai-je obstacle, moi simple mortelle, à la volonté d'une déesse ? Non, c'est impossible. Je donne ma vie à la Grèce. Immolez-moi, renversez Troie ! Voilà ce qui rappellera mon nom à jamais, voilà mes enfants, mon hymen, et ma gloire. Il est juste que les Grecs commandent aux Barbares, mais non pas, ma mère, les Barbares aux Grecs : car c'est une race d'esclaves ; eux sont des hommes libres.

LE CHŒUR. – Ton âme, ô jeune fille, est généreuse ; mais la fortune et la déesse sont pour toi bien cruelles.

ACHILLE. – Fille d'Agamemnon, les dieux auraient fait mon bonheur, si je t'avais eue pour femme. Heureuse la Grèce de te posséder, et toi d'appartenir à la Grèce ! Tu viens de faire entendre un noble langage, bien digne de la patrie. {Renonçant à lutter contre la divinité plus puissante que toi, tu as compris ce qu'exigent l'honneur et la nécessité.} Je ressens un plus vif désir de t'épouser en voyant qui tu es : tu es une noble fille. Songes-y donc : je veux te venir en aide, et t'emmener dans ma maison. Thétis[4] m'est témoin que je ne

1. Il s'agit d'Achille, qui n'est pas de Mycènes ou d'Argos, comme le sont Clytemnestre et Iphigénie.
2. La Grèce.
3. Pâris, un des fils de Priam, roi de Troie, a enlevé Hélène, l'épouse de Ménélas, frère d'Agamemnon. C'est pour expier ce forfait que les Grecs mènent une expédition contre la ville où ils se sont réfugiés.
4. mère d'Achille.

puis supporter la pensée de ne pas te sauver en prenant les armes contre les Grecs. Considère que la mort est un mal terrible.

IPHIGÉNIE. – J'ai parlé sans aucune arrière-pensée. C'est déjà bien assez des combats et des meurtres que cause la fille de Tyndare[5] par sa beauté. Étranger, je ne veux pas que tu meures pour moi, ni que tu ôtes la vie à personne. Laisse-moi sauver la Grèce, si je puis.

Nirupama Nityanandan (Iphigénie) et Juliana Carneiro da Cunha (Clytemnestre) dans *Iphigénie à Aulis*, pièce mise en scène par **Ariane Mnouchkine** au Théâtre du Soleil à Paris en 1990.

ACHILLE. – Noble résolution ! Je n'ai plus rien à dire pour la combattre, puisque telle est ta volonté. Tes sentiments sont d'une âme généreuse : pourquoi ne pas dire la vérité ? Peut-être cependant en auras-tu quelque regret. Écoute donc ce que tu peux attendre de moi. Je viendrai placer près de l'autel ces hommes armés, pour ne pas permettre, pour empêcher ta mort. Toi-même peut-être seras-tu disposée à tenir compte de mes paroles, quand tu verras le glaive près de ta gorge. Je ne veux pas que tu meures pour n'avoir pas assez réfléchi. Je me rends avec ces soldats au temple de la déesse, et j'y attendrai ton arrivée.

Traduction de C. Hinstin

5. Hélène.

Questions

La glorification du sacrifice

1. Quels sont les arguments avancés par Iphigénie pour justifier le sacrifice de sa personne ?
2. Pourquoi Iphigénie s'adresse-t-elle à sa mère après son « Écoutez-moi ! ».
3. Justifiez la presence de la brève réplique du Chœur dans cette scène. Quel est son rôle ?

L'héroïsme d'Iphigénie

4. Comment s'exprime le patriotisme d'Iphigénie ?
5. « *La vie d'un seul homme est plus précieuse que celle de mille femmes.* », l. 21-22 : cherchez ce qui est le plus important dans la Grèce Antique, l'individu ou la cité. Comment comprenez-vous alors la réplique d'Iphigénie ?
6. Montrez qu'elle fait aussi preuve d'orgueil.

Le couple Iphigénie / Achille

7. Qu'est-ce qui, chez la jeune fille, séduit Achille ?
8. Comment réagit-il ? Comment ses répliques renforcent-elles le pathétique de la situation ?
9. Dégagez à partir de cet extrait ce qui vous semble caractériser la tragédie antique.

Prolongement

Comparez le personnage d'Iphigénie de Racine (► p. 192) à celui d'Euripide.

Pierre Corneille, *Horace* (1640)

▸ Biographie p. 629

CONTEXTE

Au XVIIe siècle, on ne sacrifie plus aux dieux. Après le succès du *Cid*, Corneille propose une tragédie qui répond à la politique d'autorité et d'unité nationale prônée par Richelieu, le ministre de Louis XIII. *Horace* reflète les exigences morales et impérieuses de la société du XVIIe siècle.

Corneille s'est inspiré d'un épisode rapporté par Tite-Live (Ier s. av. J.-C.) dans Histoire de Rome. *Albe et Rome sont en guerre. Pour y mettre fin, trois champions albains, les Curiaces, et trois Romains, les Horaces, doivent s'affronter. À peine revenu du combat où il a triomphé, Horace, l'unique survivant, se heurte à sa sœur Camille qui aimait l'un des Curiaces.*

Acte IV, Scène 5
ACHILLE, IPHIGÉNIE

[…] CAMILLE. – Ô mon cher Curiace !
HORACE. – Ô d'une indigne sœur insupportable audace !
D'un ennemi public dont je reviens vainqueur
Le nom est dans ta bouche et l'amour dans ton cœur !
Ton ardeur criminelle à la vengeance aspire !
Ta bouche la demande, et ton cœur la respire[1] !
Suis moins ta passion, règle mieux tes désirs,
Ne me fais plus rougir d'entendre tes soupirs :
Tes flammes[2] désormais doivent être étouffées ;
Bannis-les de ton âme, et songe à mes trophées ;
Qu'ils soient dorénavant ton unique entretien.
CAMILLE. – Donne-moi donc, barbare, un cœur comme le tien ;
Et si tu veux enfin que je t'ouvre mon âme,
Rends-moi mon Curiace ou laisse agir ma flamme ;
Ma joie et mes douleurs dépendaient de son sort ;
Je l'adorais vivant, et je le pleure mort.
Ne cherche plus ta sœur où tu l'avais laissée ;
Tu ne revois en moi qu'une amante offensée,
Qui, comme une furie attachée à tes pas,
Te veut incessamment[3] reprocher son trépas.
Tigre altéré de sang, qui me défends les larmes,
Qui veux que dans sa mort je trouve encor des charmes[4],
Et que, jusques au ciel élevant tes exploits,
Moi-même je le tue une seconde fois !
Puissent tant de malheurs accompagner ta vie,
Que tu tombes au point de me porter envie !
Et toi bientôt souiller par quelque lâcheté
Cette gloire si chère à ta brutalité !
HORACE. – Ô ciel ! qui vit jamais une pareille rage !
Crois-tu donc que je sois insensible à l'outrage,
Que je souffre en mon sang ce mortel déshonneur ?
Aime, aime cette mort qui fait notre bonheur,
Et préfère du moins au souvenir d'un homme
Ce que doit ta naissance aux intérêts de Rome.
CAMILLE. – Rome, l'unique objet de mon ressentiment !
Rome, à qui vient ton bras d'immoler mon amant !
Rome, qui t'a vu naître, et que ton cœur adore !
Rome enfin, que je hais parce qu'elle t'honore !

Le viel Horace dans *Horace* de Corneille, dessin de **Geoffroy**, 1884.

1. la réclame.
2. ton amour.
3. sans cesse.
4. des attraits puissants.
5. poussière.

Naidra Ayadi (Camille) et Jean-Christophe Folly (Horace) dans *Horace*, pièce mise en scène par **Naidra Ayadi** à la Cartoucherie, Théâtre de la Tempête à Vincennes en 2008 .

Puissent tous ses voisins ensemble conjurés
Saper ses fondements encor mal assurés !
Et si ce n'est assez de toute l'Italie,
Que l'Orient contre elle à l'Occident s'allie ;
Que cent peuples unis des bouts de l'univers
Passent pour la détruire et les monts et les mers !
Qu'elle-même sur soi renverse ses murailles,
Et de ses propres mains déchire ses entrailles ;
Que le courroux du ciel allumé par mes vœux
Fasse pleuvoir sur elle un déluge de feux !
Puissé-je de mes yeux y voir tomber ce foudre,
Voir ses maisons en cendre, et tes lauriers en poudre[5],
Voir le dernier Romain à son dernier soupir,
Moi seule en être cause, et mourir de plaisir !

HORACE, *mettant la main à l'épée, et poursuivant sa sœur qui s'enfuit.*

C'est trop, ma patience à la raison fait place ;
Va dedans les enfers plaindre ton Curiace !

CAMILLE, *blessée derrière le théâtre.*

Ah ! traître !

HORACE. – Ainsi reçoive un châtiment soudain
Quiconque ose pleurer un ennemi romain !

Questions

La montée dramatique

1. À quel type de personnage Horace emprunte-t-il son comportement et son discours au début de l'extrait ? Expliquez l'accueil qu'il attend de Camille.
2. Mettez en évidence l'enchaînement passionné des propos. Quels sont les deux thèmes qui reviennent ?
3. Montrez que les deux jeunes gens ne sont plus capables de se comprendre.
4. Quel est l'effet produit par la non représentation du meurtre ?

Une victime rebelle

5. Horace demande à sa sœur de se sacrifier. Précisez en quoi, en vous appuyant sur la réponse de Camille et la figure de style présente dans le vers 16 : « *Je l'adorais vivant, et je le pleure mort* ».
6. Montrez qu'elle refuse de se soumettre. Étudiez notamment l'expression dans la dernière tirade.
7. Analysez les deux derniers vers. Pensez-vous qu'Horace ait accompli un acte de justicier ?

Synthèse Montrez que chacun des personnages s'emploie à blesser l'autre.

Vers le bac S'entraîner à l'écriture d'invention

Rédigez la plaidoirie de défense d'Horace, accusé du meurtre de sa sœur.

Prolongement

Peut-on comparer Camille à Iphigénie (▶ p. 192) ? Justifiez les termes de la révolte de Camille et ses imprécations.

Alfred de Musset, *Lorenzaccio* (1834)

► Biographie p. 634

CONTEXTE

Après la Restauration, les Trois Glorieuses, journées révolutionnaires de juillet 1830, ont amené sur le trône un nouveau roi : Louis-Philippe. Le pouvoir de l'argent remplace celui de la naissance, l'utile est préféré au beau. La nouvelle génération romantique trouve, notamment dans la littérature, un moyen d'exprimer sa révolte et son engagement. Musset, en écrivant le drame romantique de *Lorenzaccio*, qui ne sera joué que soixante ans plus tard, se montre très sceptique sur la mission du Poète.

► Le Romantisme, p. 33

En 1537, Lorenzo de Médicis, surnommé Lorenzaccio,veut tuer le duc Alexandre de Médicis qui règne sur Florence par la terreur. Il déclare au vieux Républicain Philippe que, si ses amis le souhaitent, il leur sera facile d'établir une République et ajoute aussitôt : « je te gage que ni eux ni le peuple ne feront rien ».

Acte III, Scène 3

[…] **PHILIPPE.** – Mais pourquoi tueras-tu le duc, si tu as des idées pareilles ?

LORENZO. – Pourquoi ? tu le demandes ?

PHILIPPE. – Si tu crois que c'est un meurtre inutile à ta patrie, pourquoi le commets-tu ?

LORENZO. – Tu me demandes cela en face ? Regarde-moi un peu. J'ai été beau, tranquille et vertueux.

PHILIPPE. – Quel abîme ! quel abîme tu m'ouvres !

LORENZO. – Tu me demandes pourquoi je tue Alexandre ? Veux-tu donc que je m'empoisonne, ou que je saute dans l'Arno[1] ? veux-tu donc que je sois un spectre, et qu'en frappant sur ce squelette… (*Il frappe sa poitrine.*) il n'en sorte aucun son ? Si je suis l'ombre de moi-même, veux-tu donc que je rompe le seul fil qui rattache aujourd'hui mon cœur à quelques fibres de mon cœur d'autrefois ! Songes-tu que ce meurtre, c'est tout ce qui me reste de ma vertu ? Songes-tu que je glisse depuis deux ans sur un rocher taillé à pic, et que ce meurtre est le seul brin d'herbe où j'aie pu cramponner mes ongles ? Crois-tu donc que je n'aie plus d'orgueil, parce que je n'ai plus de honte, et veux-tu que je laisse mourir en silence l'énigme de ma vie ? Oui, cela est certain, si je pouvais revenir à la vertu, si mon apprentissage du vice pouvait s'évanouir, j'épargnerais peut-être ce conducteur de bœufs – mais j'aime le vin, le jeu et les filles, comprends-tu cela ? Si tu honores en moi quelque chose, toi qui me parles, c'est mon meurtre que tu honores, peut-être justement parce que tu ne le ferais pas. Voilà assez longtemps, vois-tu, que les républicains me couvrent de boue et d'infamie ; voilà assez longtemps que les oreilles me tintent, et que l'exécration des hommes empoisonne le pain que je mâche. J'en ai assez de me voir conspué par les lâches sans nom, qui m'accablent d'injures pour se dispenser de m'assommer, comme ils le devraient. J'en ai assez d'entendre brailler en plein vent le bavardage humain ; il faut que le monde sache un peu qui je suis, et qui il est. Dieu merci, c'est peut-être demain que je tue Alexandre ; dans deux jours j'aurai fini. Ceux qui tournent autour de moi avec des yeux louches, comme autour d'une curiosité monstrueuse apportée d'Amérique, pourront satisfaire leur gosier, et vider leur sac à paroles. Que les hommes me comprennent ou non, qu'ils agissent ou n'agissent pas, j'aurai dit tout ce que j'ai à dire ; je leur ferai tailler leurs plumes, si je ne leur fais pas nettoyer leurs piques, et l'Humanité gardera sur sa joue le soufflet de mon épée marqué en traits de sang. Qu'ils m'appellent comme ils voudront, Brutus ou Érostrate[2], il ne me plaît pas qu'ils m'oublient. Ma vie entière est au bout de ma dague, et que la Providence retourne ou non la tête en m'entendant frapper, je jette la nature humaine à pile ou face sur la tombe d'Alexandre – dans deux jours, les hommes comparaîtront devant le tribunal de ma volonté.

1. fleuve qui coule à Florence.
2. Brutus, qui avait simulé la folie auprès de Tarquin, contribua à chasser de Rome ce roi étrusque et à instaurer la république. Érostrate pour passer à la postérité incendia le temple d'Artémis à Éphèse.

Jérôme Kircher (Lorenzo) dans *Lorenzaccio*, pièce mise en scène par **Jean-Pierre Vincent** au festival d'Avignon en 2000.

Questions

Un acte désespéré

1. Pourquoi Lorenzo veut-il tuer le duc ? Qu'apporte dans cette scène la présence de Philippe Strozzi ?

2. Montrez que l'assassinat du duc s'apparente à un suicide de Lorrenzo.

3. Justifiez les anaphores et les questions contenues dans la tirade de Lorenzo.

Un acte orgueilleux

4. Comment Lorenzo cherche-t-il à se mettre en valeur ? Justifiez la tirade.

5. Comment s'exprime son mépris ? Que représente le meurtre pour lui ?

Un héros romantique

6. Montrez la souffrance de Lorenzo.

7. Montrez aussi son exaltation. Quel peut en être l'effet sur le spectateur ?

Lecture d'image

8. Analysez la façon (jeu, costume, décor, etc.) dont le personnage est ici représenté.

Synthèse Dégagez les differentes significations du sacrifice de Lorenzo.

Grammaire

« Qu'ils m'appellent comme ils voudront, Brutus ou Érostrate, il ne me plaît pas qu'ils m'oublient. », l. 35-36 : analysez l'emploi des « qu' ». Justifiez l'emploi répété dans la fin de cette tirade du « que » en tête de phrase.

Vers le bac **S'entraîner au commentaire**

Rédigez un des axes proposés : « Un acte désespéré », « Un acte orgueilleux » ou « Un héros romantique ».

TEXTE 4

Edmond Rostand, *Cyrano de Bergerac* (1897)

CONTEXTE

Après la défaite de 1870 contre les Prussiens et l'affaire Dreyfus, qui divise les Français à partir de 1896, la représentation de *Cyrano de Bergerac*, en flattant le patriotisme et le sacrifice généreux, connaît un succès considérable qui ne s'est jamais démenti depuis. En rupture avec le théâtre naturaliste et symboliste, cette comédie héroïque reprend les ingrédients des drames romantiques et des mélodrames, mélange les genres et les registres, abonde en tirades et en répliques qui valorisent l'acteur jouant le personnage-titre.

Cyrano, illustration du XIXe siècle.

Amoureux de sa cousine Roxane, Cyrano, conscient de sa laideur et de son nez proéminent se sacrifie en prêtant sa plume à Christian pour séduire la jeune fille. Après la mort de Christian, Cyrano, blessé à mort, avoue sa passion à sa cousine qui s'est retirée dans un couvent.

Acte v, Scène 6

Roxane, Cyrano, Le Bret, Rageneau (deux amis de Cyrano)

[…] **Roxane.** – Je vous aime, vivez !
Cyrano. – Non ! car c'est dans le conte
Que lorsqu'on dit : Je t'aime ! au prince plein de honte,
Il sent sa laideur fondre à ces mots de soleil…
Mais tu t'apercevrais que je reste pareil.
Roxane. – J'ai fait votre malheur ! moi ! moi !
Cyrano. – Vous ?… au contraire !
J'ignorais la douceur féminine. Ma mère
Ne m'a pas trouvé beau. Je n'ai pas eu de sœur.
Plus tard, j'ai redouté l'amante à l'œil moqueur.
Je vous dois d'avoir eu, tout au moins, une amie.
Grâce à vous une robe a passé dans ma vie.
Le Bret, *lui montrant le clair de lune qui descend à travers les branches.*
Ton autre amie est là, qui vient te voir !
Cyrano, *souriant à la lune.* – Je vois.
Roxane. – Je n'aimais qu'un seul être et je le perds deux fois ! […]
Cyrano. – … Mais je m'en vais, pardon, je ne peux faire attendre :
Vous voyez, le rayon de lune vient me prendre !
Il est retombé assis, les pleurs de Roxane le rappellent à la réalité, il la regarde, et caressant ses voiles :
Je ne veux pas que vous pleuriez moins ce charmant,
Ce bon, ce beau Christian, mais je veux seulement
Que lorsque le grand froid aura pris mes vertèbres,
Vous donniez un sens double à ces voiles funèbres,
Et que son deuil sur vous devienne un peu mon deuil.
Roxane. – Je vous jure !…
Cyrano *est secoué d'un grand frisson et se lève brusquement.*
Pas là ! non ! pas dans ce fauteuil !
On veut s'élancer vers lui.
Ne me soutenez pas ! Personne !
Il va s'adosser à l'arbre. Rien que l'arbre !
Silence.
Elle vient. Je me sens déjà botté de marbre,
Ganté de plomb !
Il se raidit. Oh ! mais !… puisqu'elle est en chemin,
Je l'attendrai debout,
Il tire l'épée. et l'épée à la main !

Philippe Torreton (Cyrano) dans *Cyrano de Bergerac*, pièce mise en scène par **Dominique Pitoiset** au théâtre de Bordeaux en 2013.

LE BRET. – Cyrano !
ROXANE, *défaillante.* – Cyrano !
Tous reculent épouvantés.
CYRANO. – Je crois qu'elle regarde…
Qu'elle ose regarder mon nez, cette Camarde[1] !
Il lève son épée.
Que dites-vous ?… C'est inutile ?… Je le sais !
Mais on ne se bat pas dans l'espoir du succès !
Non ! non, c'est bien plus beau lorsque c'est inutile !
Qu'est-ce que c'est que tous ceux-là ! Vous êtes mille ?
Ah ! je vous reconnais, tous mes vieux ennemis !
Le Mensonge ?
Il frappe de son épée le vide.
Tiens, tiens ! – Ha ! ha ! les Compromis,
Les Préjugés, les Lâchetés !…
Il frappe.
Que je pactise ?
Jamais, jamais ! – Ah ! te voilà, toi, la Sottise !
Je sais bien qu'à la fin vous me mettrez à bas ;
N'importe : je me bats ! je me bats ! je me bats !
Il fait des moulinets immenses et s'arrête haletant.
Oui, vous m'arrachez tout, le laurier et la rose !
Arrachez ! Il y a malgré vous quelque chose
Que j'emporte ; et ce soir, quand j'entrerai chez Dieu,
Mon salut balaiera largement le seuil bleu,
Quelque chose que sans un pli, sans une tache,
J'emporte malgré vous,
Il s'élance l'épée haute.
et c'est…
L'épée s'échappe de ses mains, il chancelle, tombe dans les bras de Le Bret et de Ragueneau.
ROXANE, *se penchant sur lui et lui baisant le front.*
C'est ?…
CYRANO, *rouvre les yeux, la reconnaît et dit en souriant.*
Mon panache.

1. la mort.

Questions

Le combat ultime

1. Justifiez la présence des personnages et analysez les didascalies.
2. Relevez les différents registres dans cet extrait.
3. Comment la dernière réplique de Cyrano est-elle mise en valeur ?
4. Comment Cyrano parle-t-il de la mort ? Analysez le pathétique du personnage.
5. Mettez en évidence le lien entre ses propos et les didascalies.

La glorification du héros

6. Justifiez l'aspect de monologue tragique que prend cette scène.
7. Relevez les formules qui contribuent à l'édification morale du spectateur tout en résumant la vie de Cyrano.

Lecture d'image

8. Étudiez le visage de Cyrano. Quelles émotions s'en dégagent ?

Synthèse Montrez comment la mise en scène d'un tel dénouement peut toucher le spectateur. Vous veillerez à lier en permanence texte et représentation dans vos remarques.

TEXTE 5

Albert Camus, *Les Justes* (1949)

► Biographie p. 628

⊕ CONTEXTE

« En février 1905, à Moscou, un groupe de terroristes, appartenant au parti socialiste révolutionnaire, organisait un attentat à la bombe contre le grand-duc Serge, oncle du Tsar. Cet attentat et les circonstances singulières qui l'ont précédé et suivi font le sujet des *Justes* », écrit Camus dans l'avant-propos de sa pièce.

Kaliayev (Yanek) est chargé de tuer le Tsar mais il ne peut accomplir son geste : deux enfants et une femme sont dans la calèche. Un débat sur le sacrifice s'engage entre les camarades.

Acte II

[…] **DORA.** – Yanek accepte de tuer le grand-duc puisque sa mort peut avancer le temps où les enfants russes ne mourront plus de faim. Cela n'est déjà pas facile. Mais la mort des neveux du grand-duc n'empêchera aucun enfant de mourir de faim. Même dans la destruction, il y a un ordre, il y a des limites.

STEPAN, *violemment*. – Il n'y a pas de limites. La vérité est que vous ne croyez pas à la révolution. (*Tous se lèvent, sauf Yanek.*) Vous n'y croyez pas. Si vous y croyiez totalement, complètement, si vous étiez sûrs que par nos sacrifices et nos victoires, nous arriverons à bâtir une Russie libérée du despotisme, une terre de liberté qui finira par recouvrir le monde entier, si vous ne doutiez pas qu'alors, l'homme, libéré de ses maîtres et de ses préjugés, lèvera vers le ciel la face des vrais dieux, que pèserait la mort de deux enfants ? Vous vous reconnaîtriez tous les droits, tous, vous m'entendez. Et si cette mort vous arrête, c'est que vous n'êtes pas sûrs d'être dans votre droit. Vous ne croyez pas à la révolution.

Silence, Kaliayev se lève.

KALIAYEV. – Stepan, j'ai honte de moi et pourtant je ne te laisserai pas continuer. J'ai accepté de tuer pour renverser le despotisme. Mais derrière ce que tu dis, je vois s'annoncer un despotisme qui, s'il s'installe jamais, fera de moi un assassin alors que j'essaie d'être un justicier.

STEPAN. – Qu'importe que tu ne sois pas un justicier, si justice est faite, même par des assassins. Toi et moi, ne sommes rien.

KALIAYEV. – Nous sommes quelque chose et tu le sais bien puisque c'est au nom de ton orgueil que tu parles encore aujourd'hui.

STEPAN. – Mon orgueil ne regarde que moi. Mais l'orgueil des hommes, leur révolte, l'injustice où ils vivent, cela, c'est notre affaire à tous.

KALIAYEV. – Les hommes ne vivent pas que de justice.

STEPAN. – Quand on leur vole le pain, de quoi vivraient-ils donc, sinon de justice ?

KALIAYEV. – De justice et d'innocence.

STEPAN. – L'innocence ? Je la connais peut-être. Mais j'ai choisi de l'ignorer et de la faire ignorer à des milliers d'hommes pour qu'elle prenne un jour un sens plus grand.

KALIAYEV. – Il faut être bien sûr que ce jour arrive pour nier tout ce qui fait qu'un homme consente à vivre.

STEPAN. – J'en suis sûr.

KALIAYEV. – Tu ne peux pas l'être. Pour savoir qui, de toi ou de moi, a raison, il faudra peut-être le sacrifice de trois générations, plusieurs guerres, de terribles révolutions. Quand cette pluie de sang aura séché sur la terre, toi et moi serons mêlés depuis longtemps à la poussière.

STEPAN. – D'autres viendront alors, et je les salue comme mes frères.

Serge Reggiani, Maria Casares et Michel Bouquet dans *Les Justes*, pièce mise en scène par **Paul Oettly** au théâtre Hébertot, Paris, en décembre 1949.

Sébastien Bravard, Frédéric Cherbœuf, François Kergourlay et Anne Le Guernec dans *Les Justes*, pièce mise en scène par **Guy-Pierre Couleau** au théâtre de l'Athénée-Louis-Jouvet en 2007.

KALIAYEV, *criant.* – D'autres… Oui ! Mais moi, j'aime ceux qui vivent aujourd'hui sur la même terre que moi, et c'est eux que je salue. C'est pour eux que je lutte et que je consens à mourir. Et pour une cité lointaine, dont je ne suis pas sûr, je n'irai pas frapper le visage de mes frères. Je n'irai pas ajouter à l'injustice vivante pour une justice morte. (*Plus bas, mais fermement*). Frères, je veux vous parler franchement et vous dire au moins ceci que pourrait dire le plus simple de nos paysans : tuer des enfants est contraire à l'honneur. Et, si un jour, moi vivant, la révolution devait se séparer de l'honneur, je m'en détournerais. Si vous le décidez, j'irai tout à l'heure à la sortie du théâtre, mais je me jetterai sous les chevaux.

STEPAN. – L'honneur est un luxe réservé à ceux qui ont des calèches.

KALIAYEV. – Non. Il est la dernière richesse du pauvre. Tu le sais bien et tu sais aussi qu'il y a un honneur dans la révolution. C'est celui pour lequel nous acceptons de mourir. […]

Questions

Le débat mis en scène

1. Quelles sont les deux thèses en présence ? Quels sont les arguments avancés par Stepan ? ceux que lui oppose Kaliayev ?

2. Analysez les attitudes des personnages à travers les didascalies. Comment les interprétez-vous ?

3. Étudiez la longueur des répliques ; lesquelles ont le plus de force pour vous ? Pourquoi ? Comment cela se traduit-il concrètement sur le plateau, si l'on s'en tient au texte de Camus ?

Le sacrifice en question

4. Montrez que chez les deux hommes on ne craint pas de tuer ni d'être tué.

5. Le sacrifice n'est-il pas pour chacun une façon de témoigner de ce qu'il croit ? Le mot « frères » a-t-il les mêmes sens dans la bouche de Stepan et Kaliayev ?

Lecture d'images

6. Comparez les deux photographies. En confrontant le décor et les costumes, vous vous interrogerez sur les choix de mise en scène.

Synthèse Après avoir rappelé les deux thèses en présence, vous monterez comment Camus les traite théâtralement.

Vers le bac S'entraîner à l'écriture d'invention

Stepan a tué le duc qu'accompagnaient deux enfants. Il retourne auprès de ses camarades, fier d'avoir accompli sa mission. Rédigez la scène théâtrale qui rend compte du dialogue qui s'ensuit.

TEXTE 6

Joël Pommerat, *Les Marchands* (2006)

CONTEXTE

En ce début de XXIe siècle, la récession économique frappe les pays avancés, entraînant le chômage et la fermeture de nombreuses entreprises. Joël Pommerat fait dire à la narratrice des *Marchands* : « Le travail est un droit mais c'est aussi un besoin, pour tous les hommes. C'est même notre commerce à tous. Car c'est par cela que nous vivons. Nous sommes pareils à des commerçants, des marchands. Nous vendons notre travail. Nous vendons notre temps. Ce que nous avons de plus précieux. Notre temps de vie. »

Sur le plateau, quarante scènes muettes présentent successivement, dans différents lieux, le spectacle d'hommes et de femmes silencieux qui vivent en souffrant la fin d'un ordre social fondé sur le travail.
Une voix de femme raconte des bribes de l'existence d'une amie, endettée, chômeuse. Quand l'entreprise Noscilor, qui produit « des matières suspectes comme par exemple des matières permettant la fabrication d'armes violentes et radicales », dans laquelle elle n'a jamais travaillé, est sur le point de fermer, l'amie jette son enfant de neuf ans par la fenêtre de son appartement situé au vingt et unième étage d'une tour.

33

La police avait été alertée rapidement.

Sous le choc
nous avions quand même proposé
de monter chercher nous-mêmes mon amie

qui était encore dans son appartement.
Non ce ne fut pas simple.
Et interminable
Avant de la décider à nous suivre.

34

Rapidement dans tout le pays
on ne parla que d'une chose :
de mon amie.
Cette femme qui avait tué son enfant
parce qu'elle souffrait avait-elle dit de ne pouvoir faire quelque chose pour [empêcher
la tragédie de la fermeture d'une entreprise,
l'entreprise Norscilor,
fermeture qui allait priver de travail des milliers de personnes.

Car voilà ce que les gens avaient retenu.

Les gens étaient choqués.
Ils étaient émus.
Émus par l'acte de mon amie.
Une mère qui tue son enfant.
Mais ils devenaient sensibles aussi maintenant
à l'autre tragédie
celle qui avait inspiré un tel acte
la fermeture de Norscilor.

Dans le pays il faut bien le dire jusqu'à ce jour les gens en dehors de notre région ne s'étaient guère émus de la fermeture de notre entreprise,
mais là
après l'acte qu'ils qualifiaient de désespéré de mon amie

Saadia Bentaied, Agnès Berthon, Lionel Cociano dans *Les Marchands*, pièce mise en scène par **Joël Pommerat** au festival d'Avignon en 2006.

ils eurent de l'émotion
beaucoup d'émotion même.

On venait filmer l'appartement de mon amie,
la fenêtre surtout
fenêtre de laquelle elle avait poussé son enfant.
On filmait le vide
du haut des vingt et un étages.
On filmait aussi depuis le bas, depuis le niveau du trottoir.
On filmait la fenêtre vue d'en bas.
On filmait la voiture sur laquelle l'enfant était tombé.
On filmait l'impact de sa chute, on pourrait dire l'empreinte de la chute de l'enfant
On nous filmait.
On nous filmait en train de regarder la fenêtre.
On nous filmait depuis nos appartements à nous en train de regarder cette fenêtre.
À la fin on nous filmait en train de manger pendant que nous pensions
[à la fenêtre de laquelle mon amie avait poussé son enfant.

Après tout cela
certains dans la population et dans les journaux
disaient qu'ils en arrivaient presque à comprendre des actes aussi désespérés
quand on mettait à bout des individus.

On se mit alors
dans tout le pays
à reparler de tout ce qui avait bien pu motiver la fermeture
de notre entreprise. […]

Questions

Grammaire

« Nos appartements à nous » l. 43 : Justifiez cette tournure.

Un regard critique sur la société

1. Justifiez le découpage en tableaux.

2. Quels effets provoquent, à la lecture, les retours à la ligne, les sauts de ligne et l'absence de didascalies ?

3. Comment est évoquée la mort de l'enfant ?

4. Étudiez la façon dont la narratrice emploie « le pays », « les gens », « on ».

5. Montrez comment, à travers cette parole, l'auteur porte un regard critique sur la société.

La mise en scène

6. Comment interprétez-vous le noir qui se fait sur le plateau avant le tableau 33 ?

7. Dès que la narratrice a fini d'énoncer le texte 33, le personnage de l'amie se précipite plusieurs fois vers le rideau du fond de scène. Qu'ajoute la représentation au texte ?

8. Feriez-vous entendre la parole de la narratrice dans le texte 34 en voix-off ou la feriez-vous énoncer directement sur le plateau par le personnage ? Justifiez votre choix.

Vers le bac S'entraîner à la dissertation

Vous exploiterez cet extrait pour rédiger un paragraphe répondant à cette question : la représentation d'un texte théâtral permet-elle d'enrichir sa compréhension ?

MISE EN SCÈNE • LE SACRIFICE SUR SCÈNE

JOËL POMMERAT, *LES MARCHANDS* (2006)

1

Saadia Bentaied dans *Les Marchands*, pièce mise en scène par **Joël Pommerat** au festival d'Avignon en 2006.

[...] Ce qui lui manquait par-dessus tout
C'était un travail,
Et ça elle le savait.
Si on ne travaille pas,
alors on ne se sent pas vivre
on n'est plus rien
à ses propres yeux.

Questions

1. Quelle est l'attitude du personnage ?
2. Est-elle cohérente avec le texte dit par la narratrice ?
3. Pourquoi les lignes verticales sont-elles si visibles ? Que peuvent-elles annoncer ?

2

[...] On demandait d'ailleurs à cette personne
pourquoi elle voulait ainsi aider mon amie[1].
Mais elle ne savait pas le dire disait-elle.
Elle ne savait pas quoi nous répondre
vraiment.

1. Sur scène, le spectateur a vu que l'amie était fixée devant son poste de télévision. Celle qui veut l'aider veut l'en écarter.

Saadia Bentaied et Ruth Olaizola dans *Les Marchands*, pièce mise en scène par **Joël Pommerat** au festival d'Avignon en 2006.

Questions

4. Quels sont les éléments du décor ? Que cherchent-ils à suggérer ?
5. Comment la scène est-elle éclairée ?
6. Les deux premières phrases sont prononcées alors que le noir est sur le plateau. La dernière est dite tandis que les deux femmes se battent. Qu'est-ce qui peut justifier le décalage entre le texte et la représentation ? Quel est l'effet sur le spectateur ? Comment l'interprétez-vous ?

3

Cette phrase est prononcée dans le noir tandis qu'une musique de variété se fait entendre de plus en plus distinctement quand la lumière revient sur le plateau.

[...] Le lendemain c'est sa mère[1] que mon amie
vit
sur ce meuble
que lui avait donné la jeune fille.

1. La mère de l'amie est morte. C'est sa deuxième apparition dans la pièce.

Questions

1. Décrivez le personnage de la mère. Comparez son apparition avec le décor ambiant.
2. Quelle est l'attitude de l'amie ?
3. Comment comprenez-vous cette intrusion surnaturelle ?
4. Analysez le choix de l'éclairage.

Saadia Bentaied et Ruth Olaizola dans *Les Marchands*, pièce mise en scène par **Joël Pommerat** au festival d'Avignon en 2006.

4

L'amie a poussé une première fois son fils de neuf ans du haut du vingt et unième étage. Par miracle, il n'a même pas été blessé. Elle déambule devant ses amis qui l'interrogent. ▶

Questions

5. Que suggèrent la disposition scénique, la lumière, le décor ?
6. Analysez l'attitude des personnages.

Saadia Bentaied, Agnès Berthon, Lionel Codino, Eric Forterre, Murielle Martinelli, Ruth Olaizola, Jean-Claude Perrin, Marie Piemontese dans *Les Marchands*, pièce mise en scène par **Joël Pommerat** au festival d'Avignon en 2006.

5

▶ Mise en scène, p. 205
Saadia Bentaied, Agnès Berthon, Lionel Codiano dans *Les Marchands*, pièce mise en scène par Joël Pommerat au festival d'Avignon en 2006.

L'amie justifiera sa volonté de tuer son enfant : empêcher la fermeture définitive de l'entreprise. C'est ce que ses parents qui sont morts lui ont indiqué lors de leurs apparitions et cela ne peut-être que la vérité puisqu'ils sont morts. Elle affirmera pourtant qu'elle ne recommencera pas.

Questions

7. À partir de ces éléments, comment pouvez-vous interpréter la scène (▶ p. 205) ?

Dans *Les Marchands*, qui est une fable théâtrale, une histoire est racontée aux spectateurs de deux manières simultanément : la parole d'une narratrice (la seule retranscrite dans le texte ici publié) et une succession de scènes muettes mêlant les actions des différents personnages, dans différents lieux. L'écriture de cette pièce est donc constituée par l'ensemble de ces deux dimensions qui ne seront réunies qu'à l'occasion des représentations du spectacle. Les scènes qui accompagnent, sur le plateau, le récit de la narratrice ne sont pas simplement illustratives. Elles complètent cette parole, ou la remettent aussi parfois en question. Cette parole n'est pas d'une simple objectivité, au contraire, et les faits exprimés en résonance avec elles viennent même la démentir nettement dans certains cas. Sa fiabilité n'est vraiment pas garantie.
Il appartiendra au lecteur de ce livre de combler cette part encore floue pour lui grâce à l'imagination et de compléter ou même de rêver ainsi le sens de la fable.

Joël Pommerat, *Les Marchands*, préface, © Actes Sud, 2006.

TEXTE 1

Bernard-Marie Koltès, *Roberto Zucco*, Tableau II (1990)

Roberto Zucco, meurtrier de son père, vient de s'échapper le soir même de prison (tableau I). Il se retrouve, alors qu'il fait nuit, devant la porte de la chambre de sa mère qu'il brise avec violence.

II. MEURTRE DE LA MÈRE.
ZUCCO, LA MÈRE

[…] **ZUCCO.** – Je veux mon treillis.

LA MÈRE. – Ne crie pas, Roberto, ne crie pas, tu vas réveiller les voisins. Je ne peux pas te le donner, c'est impossible : il est sale, il est dégueulasse, tu ne peux pas le porter comme cela. Laisse-moi le temps de le laver, de le sécher, de le repasser.

ZUCCO. – Je le laverai moi-même. J'irai à la laverie automatique.

LA MÈRE. – Tu déraillés, mon pauvre vieux. Tu es complètement dingue.

ZUCCO. – C'est l'endroit au monde que je préfère. C'est calme, c'est tranquille, et il y a des femmes.

LA MÈRE. – Je m'en fous. Je ne veux pas te le donner. Ne m'approche pas, Roberto. Je porte encore le deuil de ton père, est-ce que tu vas me tuer à mon tour ?

ZUCCO. – N'aies pas peur de moi, maman. J'ai toujours été doux et gentil avec toi. Pourquoi, aurais-tu peur de moi ? Pourquoi est-ce que tu ne me donnerais pas mon treillis ? J'en ai besoin, maman, j'en ai besoin.

LA MÈRE. – Ne sois pas gentil avec moi, Roberto. Comment veux-tu que j'oublie que tu as tué ton père, que tu l'as jeté par la fenêtre, comme on jette une cigarette ? Et maintenant, tu es gentil avec moi. Je ne veux pas oublier que tu as tué ton père, et ta douceur me ferait tout oublier, Roberto.

ZUCCO. – Oublie, maman. Donne-moi mon treillis, ma chemise kaki et mon pantalon de combat ; même sales, même froissées, donne-les moi. Et puis je partirai, je te le jure.

LA MÈRE. – Est-ce moi, Roberto est-ce moi qui t'ai accouché ? Est-ce de moi que tu es sorti ? Si je n'avais pas accouché de toi ici, si je t'avais pas vu sortir, et suivi des yeux jusqu'à ce qu'on te pose dans ton berceau ; si je n'avais pas posé, depuis le berceau, mon regard sur toi sans te lâcher, et surveillé chaque changement de ton corps au point que je n'ai pas vu les changements se faire et que je te vois là, pareil à celui qui est sorti de moi dans ce lit, je croirais que ce n'est pas mon fils que j'ai devant moi. Pourtant, je te reconnais, Roberto. Je reconnais la forme de ton corps, ta taille, la couleur de tes cheveux, la couleur de tes yeux, la forme de tes mains, ces grandes mains fortes qui n'ont jamais servi qu'à caresser le cou de ta mère, qu'à serrer celui de ton père, que tu as tué. Pourquoi cet enfant, si sage pendant vingt-quatre ans, est-il devenu fou brusquement ? Comment as-tu quitté les rails, Roberto ? Qui a posé un tronc d'arbre sur ce chemin si droit pour te faire tomber dans l'abîme ? Roberto, Roberto, une voiture s'est écrasée au fond d'un ravin, on ne la répare pas. Un train qui a déraillé, on n'essaie pas de le remettre sur ces rails. On l'abandonne, on l'oublie. Je t'oublie, Roberto, je t'ai oublié. […]

▶▶▶ Xavier Gallais (Roberto Zucco) et Florence Giorgetti (la mère), dans *Roberto Zucco*, pièce mise en scène par **Philippe Calvario** au théâtre des Bouffes du Nord à Paris en 2004.

► Biographie p. 631

Lecture d'image

- Analysez la lumière et les effets créés sur la mise en scène.
- Les comédiens en coulisse et leurs costumes posés sur un portant sont à vue : quel est l'effet de ce choix de mise en scène ?

Olivier Werner (Roberto Zucco) et Claire Semet (la mère) dans *Roberto Zucco*, pièce mise en scène par **Christophe Perton** à la Comédie de Valence en 2009.

ZUCCO. – Avant de m'oublier, dis moi où est mon treillis.

LA MÈRE. – Il est là, dans le panier. Il est sale et tout froissé. (*Zucco sort le treillis.*) Et maintenant va-t'en, tu me l'as juré.

ZUCCO. – Oui, je l'ai juré.

Il s'approche, la caresse, l'embrasse, la serre ; elle gémit. Il la lâche et elle tombe, étranglée. Zucco se déshabille, enfile son treillis et sort.

Questions

Vocabulaire

Quelle est l'étymologie de ce mot « treillis » ? Comment ce mot renforce-t-il le désir de Zucco ?

Un être à la marge

1. Quel portrait la mère fait-elle de son fils dans sa tirade ? Quels sentiments la traversent au fur et à mesure de la réplique ?
2. Retrouvez les citations qui montrent que la mère le renie clairement. Quels jeux de sonorités renforcent ce reniement ?
3. Quelle valeur la voiture et le train prennent-ils à la fin de la réplique de la mère ?
4. Repérez les différents niveaux de langue. Que révèle ce mélange des langages de la relation entre la mère et le fils ?

La tragédie renouvelée

5. Relevez les champs lexicaux de la colère et de la douceur chez Zucco. Qu'en déduisez-vous de la pensée et de la situation des personnages ?
6. Comment la mère exprime-t-elle sa violence ? Justifiez votre réponse.
7. Comment, dans la dernière didascalie, la tendresse mène-t-elle à l'horreur du meurtre ? Quels indices dans la tirade de la mère préparent la tragédie ?
8. Que représente le treillis pour Zucco, et pour sa mère, qui refuse de le lui donner ? Comment interpréter le geste final de Zucco ? Quels symboles sont attachés à la laverie automatique ?

Synthèse Montrez comment le mélange des sentiments dans les propos de Zucco et de sa mère soulignent les contradictions qui les mènent à la tragédie.

Prolongement

Koltès reprend ici les topoï de la démesure et de la force du héros grec ; il s'inspire des mythes d'Œdipe et d'Oreste qu'il renouvelle. Faites des recherches sur ces termes et personnages pour les découvrir.

Koltès, *Roberto Zucco*, Tableau III (1990)

Après le meurtre de sa mère, Zucco, en cavale, rencontre dans la nuit la gamine. La longue réplique de la sœur de la gamine, au début de ce tableau, semble indiquer que la jeune fille a été violée, ce que la dernière réplique de ce tableau confirme. Cet extrait se situe au moment où la gamine, que toute la famille recherche, fait entrer Zucco dans la cuisine.

III. SOUS LA TABLE.
LA GAMINE, ZUCCO

[…] *Au bout d'un moment, la Gamine sort de dessous la table, s'approche de la fenêtre, l'entrouvre, fait entrer Zucco.*

LA GAMINE. – Enlève tes chaussures. Comment t'appelles-tu ?

ZUCCO. – Appelle-moi comme tu veux. Et toi ?

LA GAMINE. – Moi, je n'ai plus de nom. On m'appelle tout le temps de noms de petites bêtes, poussin, pinson, moineau, alouette, étourneau, colombe, rossignol. Je préférerais que l'on m'appelle rat, serpent à sonnettes ou porcelet. Qu'est-ce que tu fais dans la vie ?

ZUCCO. – Dans la vie ?

LA GAMINE. – Oui, dans la vie : ton métier, ton occupation, comment tu gagnes de l'argent, et toutes ces choses que tout le monde fait ?

ZUCCO. – Je ne fais pas ce que fait tout le monde.

LA GAMINE. – Alors justement, dis-moi ce que tu fais.

ZUCCO. – Je suis agent secret. Tu sais ce que c'est, un agent secret ?

LA GAMINE. – Je sais ce que c'est qu'un secret.

ZUCCO. – Un agent secret, en plus d'être secret, il voyage, il parcourt le monde, il a des armes.

LA GAMINE. – Tu as une arme ?

ZUCCO. – Bien sûr que oui.

LA GAMINE. – Montre-moi.

ZUCCO. – Non.

LA GAMINE. – Alors tu n'as pas d'arme.

ZUCCO. – Regarde.

(Il sort un poignard.)

LA GAMINE. – Ce n'est pas une arme, ça.

ZUCCO. – Avec ça, tu peux tuer aussi bien qu'avec n'importe quelle autre arme.

LA GAMINE. – En dehors de tuer, qu'est-ce qu'il fait d'autre, un agent secret ?

ZUCCO. – Il voyage. Il va en Afrique. Tu connais l'Afrique ?

LA GAMINE. – Très bien.

ZUCCO. – Je connais des coins, en Afrique, des montagnes tellement hautes qu'il y neige tout le temps. Personne ne sait qu'il neige en Afrique. Moi, c'est ce que je préfère au monde : la neige en Afrique qui tombe sur des lacs gelés.

LA GAMINE. – Je voudrais aller voir la neige en Afrique. Je voudrais faire du patin à glace sur les lacs gelés.

ZUCCO. – Il y a aussi des rhinocéros blancs qui traversent le lac, sous la neige.

LA GAMINE. – Comment tu t'appelles ? Dis-moi ton nom.

ZUCCO. – Jamais je ne dirai mon nom.

LA GAMINE. – Pourquoi ? Je veux savoir ton nom.

ZUCCO. – C'est un secret.

LA GAMINE. – Je sais garder les secrets. Dis-moi ton nom.

Zucco. – Je l'ai oublié.

La gamine. – Menteur.

Zucco. – Andreas.

La gamine. – Non.

Zucco. – Angelo.

La gamine. – Ne te moque pas de moi ou je crie. Ce n'est aucun de ces noms-là.

Zucco. – Et comment le sais-tu, puisque tu ne le sais pas ?

La gamine. – Impossible. Je le reconnaîtrai tout de suite.

Zucco. – Je ne peux pas te le dire.

La gamine. – Même si tu ne peux pas le dire, dis-le-moi quand même.

Zucco. – Impossible. Il pourrait m'arriver un malheur.

La gamine. – Cela ne fait rien. Dis-le-moi quand même.

Zucco. – Si je te le disais, je mourrais.

La gamine. – Même si tu dois mourir, dis-le-moi quand même.

Zucco. – Roberto.

La gamine. – Roberto quoi ?

Zucco. – Contente-toi de cela.

La gamine. – Roberto quoi ? Si tu ne me le dis pas, je crie, et mon frère, qui est très en colère, te tuera.

Zucco. – Tu m'as dit que tu savais ce que c'était qu'un secret. Est-ce que tu le sais vraiment ?

La gamine. – C'est la seule chose que je sais parfaitement. Dis-moi ton nom, dis-moi ton nom.

Zucco. – Zucco.

La gamine. – Roberto Zucco. Je n'oublierai jamais ce nom. Cache-toi sous la table ; voilà du monde. […]

Olivier Werner (Roberto Zucco) et Agathe Le Bourdonnec (la gamine) dans *Roberto Zucco*, pièce mise en scène par **Christophe Perton** à la Comédie de Valence en 2009.

Questions

Grammaire

Relevez et caractérisez dans ce texte toutes les expressions de l'ordre.

Un dialogue ambigu

1. Qui mène le dialogue ? Relevez les indices qui le prouvent.
2. Repérez les deux séries d'animaux que donne la Gamine pour révéler son identité. Expliquez sa préférence.
3. Quelle personnalité Zucco cherche-t-il à se construire ? Pourquoi ?
4. Quel est l'objet de l'aveu ? Quelles peuvent en être les conséquences ? Que recherche finalement la Gamine ?

Le désir de l'ailleurs

5. Quels thèmes abordent-ils ? Montrez comment ils s'articulent pour instaurer entre la Gamine et Zucco un même imaginaire.
6. Que pensez-vous de l'Afrique évoquée par Zucco, puis par la Gamine ? Que symbolisent ces évocations ? Quelle valeur prennent les modes et les temps des verbes utilisés par la Gamine ?
7. Relevez différents procédés qui font de cette évocation un passage de prose poétique.

Lecture d'image

8. À la lecture de l'extrait, envisagiez-vous une telle proximité physique entre les deux personnages ? À quel moment du dialogue situez-vous cette mise en scène ? Pourquoi ?

Synthèse Montrez que ce dialogue passe sans arrêt de la tension à la complicité.

Koltès, *Roberto Zucco*, Tableau VIII (1990)

Zucco traîne dans un bar du petit Chicago, un quartier malfamé. Projeté par la fenêtre, il provoque un homme, le Balèze, et déclenche une bagarre dans la rue. C'est l'attroupement jusqu'à ce que Zucco soit terrassé.

VIII. JUSTE AVANT DE MOURIR.

[…] *Zucco se relève, s'approche de la cabine.*
Il décroche, fait un numéro, attend.

ZUCCO. – Je veux partir. Il faut partir tout de suite. Il fait trop chaud, dans cette putain de ville. Je veux aller en Afrique, sous la neige. Il faut que je parte parce que je vais mourir. De toute façon, personne ne s'intéresse à personne. Personne. Les hommes ont besoin des femmes et les femmes ont besoin des hommes. Mais de l'amour, il n'y en a pas. Avec les femmes, moi, c'est par pitié que je bande. J'aimerais renaître chien, pour être moins malheureux. Chien de rue, fouilleur de poubelles ; personne ne me remarquerait. J'aimerais être un chien jaune, bouffé par la gale, dont on s'écarterait sans faire attention. J'aimerais être un fouilleur de poubelles pour l'éternité. Je crois qu'il n'y a pas de mots, il n'y a rien à dire. Il faut arrêter d'enseigner les mots. Il faut fermer les écoles et agrandir les cimetières. De toute façon, un an, cent ans, c'est pareil ; tôt ou tard, on doit tous mourir, tous. Et ça, ça fait chanter les oiseaux, ça fait rire les oiseaux.

UNE PUTE *(à la porte du bar)*. – Je vous l'avais dit que c'était un fou. Il parle à un téléphone qui ne marche pas.

Zucco lâche l'écouteur, s'assied contre la cabine.
Le balèze s'approche de Zucco.

LE BALÈZE. – À quoi tu réfléchis, petit ?

ZUCCO. – Je songe à l'immortalité du crabe, de la limace et du hanneton.

LE BALÈZE. – Tu sais, je n'aime pas me battre, moi. Mais tu m'as tellement cherché, petit, que l'on ne peut pas encaisser sans rien dire. Pourquoi as-tu tellement cherché la bagarre ? On dirait que tu veux mourir.

ZUCCO. – Je ne veux pas mourir. Je vais mourir.

LE BALÈZE. – Comme tout le monde, petit.

ZUCCO. – Ce n'est pas une raison.

LE BALÈZE. – Peut-être.

ZUCCO. – Le problème, avec la bière, c'est qu'on ne l'achète pas ; on ne fait que la louer. Il faut que j'aille pisser.

LE BALÈZE. – Vas-y, avant qu'il ne soit trop tard.

ZUCCO. – Est-il vrai que même les chiens me regarderont de travers ?

LE BALÈZE. – Les chiens ne regardent jamais personne de travers. Les chiens sont les seuls êtres en qui tu peux faire confiance. Ils t'aiment ou ils ne t'aiment pas, mais ils ne te jugent jamais. Et quand tout le monde t'aura laissé tomber, petit, il y aura toujours un chien qui traîne par là pour te lécher la plante des pieds.

ZUCCO. –
« Morte villana, di pietà nemica,
di dolor madre antica,
giudicio incontastabile gravoso,
di te blasmar la lingua s'affatica. »[1] […]

1. Ces vers sont de Dante, dans *La Vie nouvelle* (1292). Voici la traduction de Maxime Durand-Fardel (1898) : « Mort brutale, ennemie de la pitié, / Mère antique de la douleur, / Jugement dur et irrécusable, / Puisque tu as donné l'occasion à mon cœur affligé / De se livrer à ses pensées, / Ma langue se fatiguera à t'accuser. »

Igor Skliar (Roberto Zucco) dans *Roberto Zucco*, pièce mise en scène par **Lluis Pasqual** à l'Odéon, théâtre de l'Europe à Paris en 1994.

Questions

La déchéance de Zucco

1. Repérez les moments où Zucco utilise un vocabulaire trivial. De quels rapports humains est-ce révélateur ?

2. Que représente le chien pour Zucco ? Le Balèze lui donne-t-il la même valeur ? Quel rapport l'animal entretient-il avec une vision du monde en déchéance ?

3. Comment interprétez-vous le combat entre Zucco et le Balèze ? Quelle relation le Balèze instaure-t-il avec Zucco ? Quelles contradictions analysez-vous ?

Une mort inéluctable

4. Relevez les occurrences de la mort et de l'immortalité. La mort est-elle attendue ou désirée par Zucco ? Montrez que la longue tirade de Zucco a les caractéristiques d'une tirade tragique.

► Registres, p. 568

5. Comment Zucco explique-t-il l'absence d'amour entre les êtres ? Que signifie alors ce dialogue avec le Balèze ? Quels messages sur la lucidité et la parole l'auteur semble-t-il donner ?

6. Quelle est la valeur du téléphone ? À qui Zucco parle-t-il ? Montrez l'importance de la réplique qui suit.

Lecture d'image

7. Dans cette mise en scène l'écran s'ajoute au téléphone. Comment l'interprétez-vous ? Quelle valeur supplémentaire prend-il aujourd'hui ?

Synthèse Montrez que, dans ce tableau VIII, qui est au centre des 15 tableaux de la pièce, la situation de Zucco permet de porter un regard lucide sur la condition humaine.

Vocabulaire

Quelle est la valeur du mot « petit » dans la bouche du balèze ?

Prolongement

Dans ce tableau, deux extraits de poèmes se font écho : « Le Colosse de Rhodes » de Victor Hugo, que Zucco clame en ouverture de la scène, et « La Vita nuova » de Dante, en italien, à la fin de la scène. Faites des recherches sur ces poèmes. Comment concentrent-ils les thèmes du tableau VIII ? Comment préparent-ils au tableau final ?

Vers le bac S'entraîner à la dissertation

Rédigez un paragraphe de dissertation montrant l'écriture tragique de la pièce *Roberto Zucco*.

Koltès, *Roberto Zucco*, Tableau X (1990)

Le tableau x se passe dans le parc de la ville. Une « dame élégante » assise sur un banc joue le jeu de la séduction avec Zucco. Brusquement Zucco lui demande les clés de sa voiture, qu'elle refuse. S'engage alors une prise d'otage : Zucco, le pistolet sous la gorge de la dame, exige qu'elle lui remette les clés sous peine de la tuer ou de tuer son fils qu'il tient sous son pied. Plusieurs badauds prennent part à la scène.

X. L'OTAGE.
DES PASSANTS, LA DAME, L'ENFANT, UN FLIC, ZUCCO

[…] *L'homme revient en courant.*

UN HOMME. – Ce n'est pas une Porsche. C'est une Mercedes.

UN HOMME. – Quel modèle ?

UN HOMME. – 280 SE, je crois. Très belle.

UN HOMME. – Mercedes, c'est de la bonne voiture.

UNE FEMME. – Mais amenez-la donc, quelle que soit la marque. Il va tuer tout le monde.

ZUCCO. – Je veux une Porsche. Je ne veux pas qu'on se foute de ma gueule.

UNE FEMME. – Demandez aux flics de trouver une Porsche. Ne discutez pas. Puisque c'est un fou, c'est un fou. Il faut lui trouver une Porsche.

UN HOMME. – Cela, au moins, les flics sauront le faire.

UN HOMME. – Allez savoir. Ils restent à l'écart.

On va vers les policiers.

UN HOMME. – Regardez-nous, nous autres hommes du peuple. Nous sommes plus courageux qu'eux.

UNE FEMME (à l'*enfant*). – Pauvre petit. Est-ce que le méchant pied ne te fait pas mal ?

ZUCCO. – Taisez-vous. Je ne veux pas qu'on lui parle. Je ne veux pas qu'il ouvre la bouche. Ferme les yeux, toi. Ne bouge pas.

UN HOMME. – Et vous, madame ? Comment vous sentez-vous ?

LA DAME. – Ça va, merci, ça va. Mais je me sentirais tellement mieux si vous fermiez vos gueules et que vous retourniez dans vos cuisines et que vous partiez torcher vos mômes.

UNE FEMME. – Elle est dure. Elle est dure.

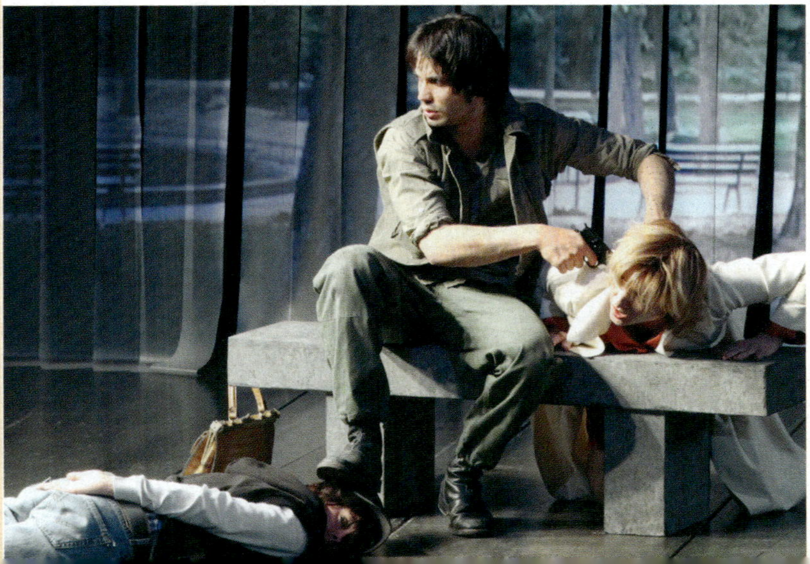

Alexandre Zeff (Roberto Zucco) et Marie-Christine Letort (la dame) dans *Roberto Zucco*, pièce mise en scène par **Pauline Bureau** au théâtre de La Tempête à Paris en 2010.

► Biographie p. 631

UN FLIC (*de l'autre côté de l'attroupement*). – Voilà les clés de la voiture. C'est une Porsche. Elle est là. Vous pouvez la voir d'ici. (*Aux gens* :) Passez-lui les clés.

UN HOMME. – Donnez-lui donc vous-même. C'est votre métier, les tueurs.

UN FLIC. – Nous avons nos raisons.

UNE FEMME. – Raisons mon cul.

UN HOMME. – Moi, je ne touche pas à ces clés. Ce n'est pas mon boulot. Je suis père de famille.

ZUCCO. – Je vais descendre la femme, et je me tire une balle dans la tête. Je n'ai rien à foutre de ma vie. Je vous jure que je n'en ai rien à foutre. Il y a six balles dans le chargeur. Je descends cinq personnes et je me descends après.

UNE FEMME. – Il va le faire. Il va le faire. Partons.

UN FLIC. – Ne bougez pas. Vous allez l'énerver.

UN HOMME. – C'est vous qui nous énervez à ne rien faire.

UN HOMME. – Ne les embêtez pas. Laissez-les faire. Ils ont un plan, c'est sûr.

UN FLIC. – Ne bougez pas. (*Il pose les clés par terre et, avec un bâton, les pousse à travers les jambes des gens jusqu'aux pieds de Zucco. Zucco se baisse doucement, ramasse la clé, la met dans sa poche.*)

ZUCCO. – Je prends la femme avec moi. Écartez-vous.

UNE FEMME. – L'enfant est sauvé. Merci, mon Dieu.

UN HOMME. – Et la femme ? Qu'est-ce qu'il va lui arriver, à elle ?

ZUCCO. – Écartez-vous. […]

Questions

La brutalité de la scène

1. Comment Zucco brutalise-t-il ses deux otages ? Quels procédés d'écriture appuient cette extrême violence ?
2. Zucco a-t-il peur ? Justifiez votre réponse. Comment la mise en scène peut-elle rendre compte de cette réaction inattendue du personnage ?
3. Comment comprenez-vous l'exigence de Zucco pour la marque de la voiture ? Quelle réflexion sur le monde contemporain y voyez-vous ?

De la satire au grotesque

4. Comment les autres personnages sont-ils nommés ? Quels sont les effets produits ?
5. Étudiez les attitudes des badauds et leurs commentaires. Lesquels prennent un tour comique, voire grotesque, au regard de la situation ? Comment la mise en scène peut-elle forcer ce trait ?

► Registres, p. 568

6. Comment la satire des policiers fonctionne-t-elle ? Étudiez les répliques et les didascalies.

Lecture d'image

7. Comment la mise en scène rend-elle compte de la violence des gestes ? Quelle est la réaction du spectateur ?

Synthèse Ce tableau est-il davantage tragique ou comique ? Justifiez vos propos en le comparant au tableau II, le meurtre de la mère.

Vocabulaire

Recherchez l'étymologie et les sens du mot « fou ». D'après vous, que veut dire la passante en l'utilisant pour qualifier Zucco ?

Vers le bac S'entraîner au commentaire

Vous rédigerez une partie du commentaire qui justifiera la valeur satirique de ce passage.

Koltès, *Roberto Zucco*, Tableau XV (1990)

Zucco, reconnu par la Gamine qui a révélé son nom, est arrêté par la police (tableau XIV). Dans le tableau XV, il s'enfuit par les toits de la prison.

XV. ZUCCO AU SOLEIL.
VOIX (OFF), ZUCCO

[…] **UNE VOIX.** – D'où te vient ta force, Zucco, d'où te vient ta force ?

ZUCCO. – Quand j'avance, je fonce, je ne vois pas les obstacles, et, comme je ne les ai pas regardés, ils tombent tout seuls devant moi. Je suis solitaire et fort, je suis un rhinocéros.

UNE VOIX. – Mais ton père, et ta mère, Zucco. Il ne faut pas toucher à ses parents.

ZUCCO. – II est normal de tuer ses parents.

UNE VOIX. – Mais un enfant, Zucco ; on ne tue pas un enfant. On tue ses ennemis, on tue des gens capables de se défendre. Mais pas un enfant.

ZUCCO. – Je n'ai pas d'ennemi et je n'attaque pas. J'écrase les autres animaux non pas par méchanceté mais parce que je ne les ai pas vus et que j'ai posé le pied dessus.

UNE VOIX. – Tu as de l'argent ? De l'argent planqué quelque part ?

ZUCCO. – Je n'ai pas d'argent, nulle part. Je n'ai pas besoin d'argent.

UNE VOIX. – Tu es un héros, Zucco.

UNE VOIX. – C'est Goliath.

UNE VOIX. – C'est Samson.

UNE VOIX. – Qui est Samson ?

UNE VOIX. – Un truand marseillais.

UNE VOIX. – Je l'ai connu en prison. Une vraie bête. Il pouvait casser la gueule à dix personnes à la fois.

UNE VOIX. – Menteur.

UNE VOIX. – Rien qu'avec ses poings.

UNE VOIX. – Non, avec une mâchoire d'âne. Et il n'était pas de Marseille.

UNE VOIX. – II s'est fait baiser par une femme.

UNE VOIX. – Dalila. Une histoire de cheveux. Je connais.

UNE VOIX. – II y a toujours une femme pour trahir.

UNE VOIX. – On serait tous en liberté sans les femmes.

Le soleil monte, brillant, extraordinairement lumineux. Un grand vent se lève.

ZUCCO. – Regardez le soleil. *(Un silence complet s'établit dans la cour.)* Vous ne voyez rien ? Vous ne voyez pas comme il bouge d'un côté à l'autre ?

UNE VOIX. – On ne voit rien.

UNE VOIX. – Le soleil nous fait mal aux yeux. Il nous éblouit.

ZUCCO. – Regardez ce qui sort du soleil. C'est le sexe du soleil ; c'est de là que vient le vent.

UNE VOIX. – Le quoi ? Le soleil a un sexe ?

UNE VOIX. – Vos gueules !

ZUCCO. – Bougez la tête : vous le verrez bouger avec vous.

UNE VOIX. – Qu'est-ce qui bouge ? Je ne vois rien bouger, moi.

UNE VOIX. – Comment voudrais-tu que quelque chose bouge, là-haut ? Tout y est fixé depuis l'éternité, et bien cloué, bien boulonné.

ZUCCO. – C'est la source des vents.

Lecture d'image ► p. 580

Recherchez les tableaux de Bruegel l'Ancien et de Saraceni (XVIe siècle) sur le mythe d'Icare. Faites une étude comparative de ces tableaux et de cette mise en scène d'*Icare*. Appuyez-vous également sur le texte de Koltès.

Icare, création et mise en scène de **Michel Lemieux** et **Victor Pilon**, texte d'**Olivier Kemeid**.

UNE VOIX. – On ne voit plus rien. Il y a trop de lumière.

ZUCCO. – Tournez votre visage vers l'orient et il s'y déplacera ; et, si vous tournez votre visage vers l'occident, il vous suivra.

Un vent d'ouragan se lève. Zucco vacille.

UNE VOIX. – Il est fou. Il va tomber.

UNE VOIX. – Arrête, Zucco ; tu vas te casser la gueule.

UNE VOIX. – Il est fou.

UNE VOIX. – Il va tomber.

Le soleil monte, devient aveuglant comme l'éclat d'une bombe atomique. On ne voit plus rien.

UNE VOIX (*criant*). – Il tombe.

Questions

Vocabulaire

Recherchez l'étymologie du mot « héros ». Zucco est-il un héros ?

Le rôle des voix

1. Qui sont les voix ? Quel est leur rôle ? Pourquoi n'ont-elles pas de corps ? Étudiez le rythme de leurs répliques. Quelles phrases ressemblent à des proverbes ?
► Le vocabulaire du théâtre, p. 550
2. Repérez, dans cet extrait, les allusions aux transgressions de Zucco. Que répond Zucco ? Est-ce une ultime provocation ?
3. Le spectateur éprouve-t-il de la compassion ou de la répulsion pour le personnage ? Est-on dans la tragédie ou la morale ?
4. Faites des recherches sur Samson et Dalila. Pourquoi comparer Samson à Zucco ?

Un dénouement symbolique

5. Relevez dans l'extrait le champ lexical de la lumière. Quel est son rôle ? Comment la mise en scène peut-elle en rendre compte ?
6. Distinguez ce qui dans cette scène relève de la chute ou de l'ascension. Que remarquez-vous ? Comment peut-on interpréter la fuite de Zucco vers le haut ?

Synthèse « Il ne faut pas chercher à traverser les murs [...]. Il faut s'échapper par les toits, vers le soleil. On ne mettra jamais un mur entre le soleil et la terre. » Montrez que cette réplique de Zucco dite au début de ce tableau explique la fin de la pièce.

Vers le bac S'entraîner à la question sur le corpus

Vous comparerez cette scène finale aux tableaux I, VIII et X. Les voix peuvent-elles faire écho aux badauds et aux policiers de ces tableaux ? Quels renversements remarquez-vous ?

MISE EN SCÈNE • LA SCÉNOGRAPHIE

BERNARD-MARIE KOLTÈS, *ROBERTO ZUCCO* (1990)

La **scénographie** (du grec skene *scène* et graphein *écrire*) est l'ensemble des éléments picturaux, plastiques et techniques qui permettent l'élaboration d'une mise en scène. Pour *Roberto Zucco*, la multiplicité des lieux rend complexe la scénographie. Entre les milieux urbains désirés par Koltès et la difficulté technique réelle de les mettre en place sur la scène, le scénographe et le metteur en scène vont élaborer un dispositif scénographique qui rende compte au spectateur de leur vision de la pièce.

1

Henri Chassé (Zucco) dans *Roberto Zucco*, pièce mise en scène par **Denis Marleau** à la Nouvelle Compagnie Théâtrale, Montréal (Québec), en 1993.

2

Sabin Anca, scénographe

« Le décor représente un contexte urbain métaphorique, un lieu évoquant à la fois les petites maisons biscornues d'un village médiéval et les gratte-ciel de la grande ville moderne. Il s'agit d'un univers opaque dans lequel on peut se faire happer, disparaître sans laisser de traces, un tissu urbain dense où se perdre. Car comme toute ville, le décor est un organisme vivant qui se forme, se déforme et se reforme au gré de la lumière. »

Michael Winawer (Zucco), Olli Jeb / David Toweris (l'enfant), Nina Bowden (la dame), Martin Brown (le policier), Kathryn Evans, Emily Chapell et Jez Jameson (les badauds) dans *Roberto Zucco*, scénographie de **Sabin Anca** pour la mise en scène de **Gérald Garutti** à l'ADC Theatre, Cambridge (Royaume-Uni) en 2003.

3

Dispositif scénographique (maquette) d'Emmanuelle Roy pour la mise en scène de **Pauline Bureau** en 2010.

Emmanuelle Roy, scénographe

« La scénographie devra rendre compte d'un trajet ascensionnel, celui d'un homme, qui à force de regarder les choses d'en bas devient meurtrier peut-être pour parvenir à les voir d'en haut. Ce mouvement ascendant s'appuiera sur un grand espace urbain structuré duquel émergera le terrain vague anarchique, lieu dans lequel se mêlent et se démêlent les rencontres et sentiments humains. Un espace élastique qui saurait faire passer d'un état d'oppression à un souffle libérateur. »

4

Yann Burlot, Mikael Chirinian, Nicolas Chupin, Sonia Floire, Regis Laroche, Marie-Christine Letort, Geraldine Martineau, Lionel Nakache, Marie Nicolle, Aurore Paris, Jean-Claude Sachot, Catherine Vinatier et Alexandre Zeff dans *Roberto Zucco*, pièce mise en scène par **Pauline Bureau** au théâtre de La Tempête à Paris en 2010.

Questions

1. Comment résoudre sur scène la question des espaces nombreux de la pièce de Koltès ? Analysez le choix des metteurs en scène (2 et 3). Comparez ces scénographies : laquelle préférez-vous ? Pourquoi ?
2. Pourquoi selon vous Emmanuelle Roy et Pauline Bureau ont-elles laissé les coulisses apparentes (3 et 4) ? Quel est l'effet sur le spectateur ? Comment interprétez-vous les lumières ? Comment le « mouvement ascendant » a-t-il été échafaudé ?
3. Ce « mouvement ascendant » est effectué par Roberto Zucco dans la mise en scène de Denis Marleau (1). Quelle est la valeur symbolique de l'objet qu'escalade Zucco ? Analysez également sa matière. Quels échos faites-vous avec le premier tableau de la pièce ?
4. Analysez les formes, les couleurs, les matières des mises en scène de Denis Marleau et de Gérald Garutti (1 et 2). Quels sont les effets sur le spectateur ? Aidez-vous des propos de Sabin Anca.

Prolongement

Comment suggérer la hauteur des toits et la lumière du soleil dans laquelle « tombe » Zucco dans le tableau xv ? Par groupe de cinq élèves, proposez à la classe une scénographie de ce tableau sous la forme d'une maquette, de dessins, ou en la jouant.

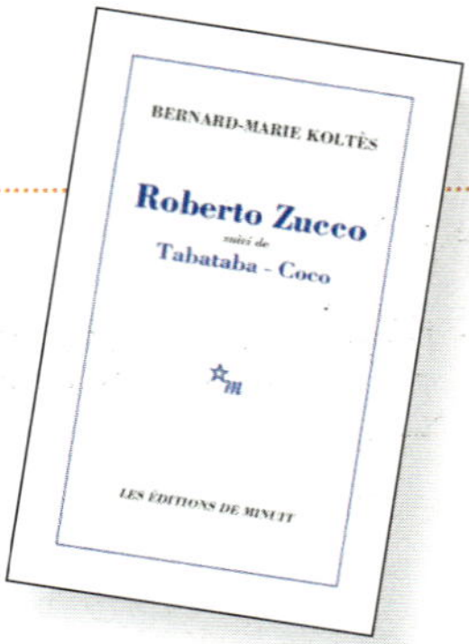

CONTEXTE DE L'ŒUVRE

En 1988, à Paris, Koltès découvre le visage d'un assassin recherché sur des affiches collées aux murs du métro. Il s'agit de Roberto Succo, un tueur en série. Fasciné par ce visage angélique, « d'une beauté fabuleuse », Koltès fait des recherches sur son histoire et le suit jusqu'à son suicide. « Je trouve que c'est une trajectoire d'un héros antique absolument prodigieuse. », déclare le dramaturge lors d'un entretien à la presse. Il décide alors d'écrire une pièce de théâtre sur cette trajectoire hors du commun. Ce sera sa dernière pièce : Koltès est malade du sida et meurt en 1989.

1. Faites des recherches sur la biographie de Koltès et son rapport au théâtre. Quand devient-il un auteur reconnu ? Qu'apporte son écriture théâtrale aux années 1980 ? Quelle part prend le metteur en scène Patrice Chéreau à cette notoriété ? Quelle valeur particulière prend cette œuvre dans la trajectoire de l'auteur ?
2. Faites des recherches sur la biographie de Roberto Succo, le véritable assassin. Pensez-vous que les crimes réels de Succo et la mort de Koltès expliquent la fascination et l'horreur qu'exerce cette pièce sur le public lors des représentations ?

PARCOURS DE LECTURE

La construction de l'œuvre

3. Reproduisez le tableau ci-dessous et complétez les rubriques au fil de votre lecture.

Tableau et titre	Moment de l'intrigue (exposition, nœud, péripéties, dénouement...)	Thèmes et significations	Registre	Personnages présents	Lieu de l'action	Moment de l'action
I. L'ÉVASION	Scène d'exposition.	L'évasion de Roberto Zucco, meurtrier de son père, le quotidien des gardes.	Comique.	Les deux gardiens, Zucco dans l'ombre.	Les toits de la prison.	La nuit.

4. Que remarquez-vous quant à la circularité des lieux (nombre, changements) ? En quoi ce traitement de l'espace relève-t-il davantage du cinéma ?
5. Certains tableaux fonctionnent par deux. Précisez lesquels et comment (par les personnages, les lieux, le moment de la journée, par symétrie ou parallélisme).
6. Dans quels milieux gravitent les personnages ? Montrez ici encore l'influence du cinéma.

Les personnages

7. Retrouvez les crimes commis par Roberto Zucco pendant la pièce. En quoi sont-ils sordides ? Zucco a-t-il une raison de les commettre ? Justifiez vos propos à partir des répliques de la pièce, notamment celle de Zucco lui-même au tableau XV.
8. Relevez les tableaux dans lesquels apparaît la gamine. Comparez sa trajectoire à celle de Zucco. Appuyez-vous sur cette phrase de Pauline Bureau qui a mis en scène la pièce en 2010 : « Une montée vers le soleil pour Zucco, une descente aux enfers pour la gamine. À moins que ce ne soit l'inverse. Chaque chose est son contraire dans cette histoire. »
9. Quelle valeur symbolique prend le meurtre de l'enfant (tableau X) ? Zucco a-t-il peur ? Pourquoi d'après vous ?
10. Comment la médiocrité du monde est-elle représentée dans la pièce ? Appuyez-vous sur les tableaux suivants : les gardiens incapables (tableaux I et XV), le père ivrogne (tableau II), les badauds (tableau X).

La langue de Koltès

11. Quelles caractéristiques donneriez-vous à la langue de Koltès ? Que remarquez-vous quant à la construction des phrases (longueur, rythme, vivacité, sonorités ...) ? Quel sens donnez-vous à l'absence de lien logique ?

12. Tous les personnages parlent-ils la même langue ? Que remarquez-vous dans les tableaux VI et XIII (syntaxe, lexique, registre ...) ? Pourquoi ces changements de langue ?

13. De nombreux mots triviaux et vulgaires côtoient les mots soutenus. Quels sont les effets recherchés ? Comment le vocabulaire familier participe à la mise en tension de certaines scènes ? Prenez un passage pour expliquer vos interprétations.

14. De nombreux animaux peuplent l'écriture koltésienne. Que disent-ils de plus que les êtres humains ? Quel est leur rôle ? Retrouvez ceux qu'utilise Zucco et leur symbole. Prenez un autre personnage, et voyez avec quel bestiaire il se définit.

Un mythe contemporain

15. De nombreux mythes et personnages légendaires jalonnent l'œuvre. Choisissez-en deux dans cette liste, faites des recherches sur leur histoire, et retrouvez les moments de la pièce où ces influences interviennent : Samson, Dalila, la passion du Christ, Icare, Antigone, Oreste, Caligula, Hamlet, Ophélie.

16. Pourquoi toutes ces références ? Qu'ont-elles à voir avec le destin d'un homme ? Qu'est-ce qui relève de l'épopée dans cette œuvre ? Qu'est-ce qui en fait un mythe contemporain ?

Une tragédie contemporaine : le renversement des codes

17. Peut-on dire que la pièce *Roberto Zucco* est une tragédie classique ? Appuyez-vous sur le tableau pour répondre. Roberto Zucco est-il un héros tragique ?

18. Quel est le caractère tragique de cette pièce ? Quels tableaux ou quelles répliques mènent sans aucun doute à la tragédie ? Analysez particulièrement le tableau VIII. Quel est le sens de sa mort « dans le soleil » ?

19. Par quels personnages la satire fonctionne-t-elle ? Pourquoi ce choix de Koltès ? Koltès déplorait que ces pièces ne soient vues que comme des pièces sombres : comment la mise en scène peut-elle rendre compte de la satire ?

20. La fin de la pièce a-t-elle une valeur expiatoire, moralisatrice pour les crimes commis ? Quelle est la part de responsabilité de Zucco ?

RÉCEPTION, INTERPRÉTATION

La réception de la pièce

21. La pièce ne sera pas montée du vivant de l'auteur, y compris par Patrice Chéreau. Marion Vignal, journaliste, déclare à propos de *Roberto Zucco* : « Interdite à Chambéry, en 1991, où un agent de police avait été tué au moment des faits par le vrai meurtrier (Succo), la pièce présentée par Bruno Boëglin soulève un débat houleux entre réalité et fiction. » Expliquez la réaction qu'a suscitée la pièce à cette époque.

22. *Roberto Zucco* est aujourd'hui la pièce de Koltès la plus jouée dans le monde. Vous direz ce que vous pensez des propos de Philippe Calvario, qui l'a mise en scène en 2004 : « Koltès n'essaie pas d'expliquer ou de racheter les actes de Zucco, il nous met tous face à notre propre animalité sans aucune concession. »

Les échos dans l'histoire du théâtre

23. Choisissez deux pièces dans la liste ci-dessous. Comparez les histoires et les chemins violents empruntés par le personnage principal à ceux de Zucco.
Médée d'Euripide ou de Jean Anouilh, *Macbeth* de Shakespeare, *Ubu Roi* d'Alfred Jarry, *La Leçon* d'Eugène Ionesco, *Montserrat* d'Emmanuel Roblès, *Caligula* d'Albert Camus, *Onze débardeurs* d'Edward Bond.

VOCABULAIRE LE VOCABULAIRE DU THÉÂTRE

1 ÉTYMOLOGIE

a. Théâtre vient du grec *théatron* qui désigne l'enceinte destinée aux spectateurs. Rédigez un bref paragraphe exploitant cette étymologie comme argument pour démontrer que « Le théâtre n'est fait que pour être vu. » (Molière)

b. On désigne aussi le genre théâtral comme le genre dramatique. Justifiez cette appellation en vous appuyant sur la racine grecque *drama* signifiant « action ».

2 CHAMP SÉMANTIQUE

a. **Définissez le substantif « théâtre » dans les phrases suivantes.**

1. Les théâtres de province sont souvent des théâtres à l'italienne.
2. Ils se sont rendus sur le théâtre des opérations.
3. Le théâtre de Brecht est-il encore joué ?
4. Quel coup de théâtre !

b. **Définissez l'adjectif « dramatique » dans les phrases suivantes.**

1. Vous êtes dramatique.
2. Les auteurs dramatiques le sont parfois vraiment.
3. L'échec de la pièce est dramatique pour cette jeune compagnie.
4. Ce poème dramatique a-t-il pu être joué ?

c. **Choisissez cinq mots parmi les suivants et employez-les dans des phrases qui renverront d'abord à la vie quotidienne, puis au théâtre.**

péripéties – dénouement – comédie – entracte – coulisses – scène – action – drame – acteur – théâtral – brigadier – décor – jeu – interprétation – baignoire – accessoires – matinée – catastrophe – servante – planches – allemande – machine

3 CULTURE GÉNÉRALE

a. **Recherchez ce qui distingue ces différentes comédies.**

commedia dell'arte – comédie classique – comédie héroïque – comédie larmoyante – comédie romantique – farce – vaudeville – comédie-ballet – comédies de caractère – comédies de mœurs – comédies d'intrigue

b. **Recherchez ce qui distingue ces différents comiques.**

comique de situation – comique de caractère – comique de mots ou de langage – comique de gestes – comique de l'absurde

4 CHAMPS LEXICAUX

a. **Présentez une comédie que vous avez lue en utilisant les termes suivants.**

acte – scène – entracte – exposition – nœud – action – péripéties – dénouement

b. **Employez les termes suivants dans des phrases qui en éclaireront le sens.**

dialogue – réplique – tirade – stichomythie – monologue – aparté – récit – didascalies – indications scéniques

c. **Classez ces termes selon qu'ils appartiennent au texte ou à sa représentation (ou les deux). Justifiez votre réponse.**

metteur en scène – personnage – acteur – dramaturgie – interprétation – scène – plateau – déclamation – jeu – auteur – comédien – imitation – rôle – jouer – lieu – décor – durée – descendre – répétition – espace – interprète

5 SYNONYMES

Recherchez des synonymes des termes suivants et employez-les dans des phrases de votre composition.

auteur – acteur – pièce

6 RAPPEL CLASSIQUE

a. **Recherchez l'auteur des alexandrins suivants et l'œuvre dont ils sont tirés.**

« Qu'en un lieu, qu'en un jour, un seul fait accompli / Tienne jusqu'à la fin le théâtre rempli. »

b. **Reformulez ces vers pour les rendre plus explicites.**

EXPRESSION ÉCRITE

Sujet 1

En exploitant le vocabulaire de l'exercice 4-c, écrivez un article commentant deux photographies du dossier Mise en scène (p. 218).

Sujet 2

Écrivez un bref dialogue de théâtre entre trois personnages en recourant aux répliques, stichomythies, apartés et didascalies. Inspirez-vous des extraits de la séquence.

SYNTHÈSE — LE TEXTE ET LA REPRÉSENTATION THÉÂTRALE : LIENS, RUPTURE ET ÉVOLUTION

1 LES GENRES THÉÂTRAUX

Comédies et tragédies

Au XVIIe siècle, le théâtre « classique » est écrit en vers, selon les règles de vraisemblance et de bienséance. Comédies et tragédies sont deux genres bien distincts : la comédie cherche à faire rire, tout en critiquant la société pour chercher à l'améliorer (*Le Tartuffe* de Molière ▸ p. 178) tandis que la tragédie cherche à susciter terreur et pitié afin d'opérer une « purgation des passions » (*Iphigénie* de Racine ▸ p. 192 ; *Horace* de Corneille ▸ p. 196). Enfin, la tragi-comédie est une tragédie à fin heureuse.

Le drame romantique

Au XIXe siècle naissent de nouveaux genres théâtraux, qui refusent les règles classiques et mêlent les registres. Les lieux d'actions se multiplient et la prose prend le pas sur le vers (*Ruy Blas* de Hugo ▸ p. 174 ; *Lorenzaccio* de Musset ▸ p. 198 ; *Cyrano de Bergerac* de Rostand ▸ p. 200).

Le vaudeville

Le vaudeville désigne, au début du XIXe siècle, de petites comédies à succès, bourgeoises et légères, entrecoupées de chansons.

Ex. : Quiproquos et jeux de mots fusent pour déclencher le rire dans *L'Affaire de la rue de Lourcine* de Labiche. ▸ p. 180

Le théâtre de l'Absurde

Au milieu du XXe siècle, après les deux guerres mondiales, naît le théâtre de l'Absurde, qui met l'accent sur l'impossibilité à communiquer.

Ex. : Dans *En attendant Godot* de Beckett (▸ p. 184) et *Rhinocéros* de Ionesco (▸ p. 186), la succession des répliques en décalage montre un monde où la parole a perdu son sens.

Du XXe au XXIe : le mélange des genres

À la fin du XXe siècle et au XXIe siècle, les genres s'entremêlent ; les auteurs redonnent sens à la parole et recommencent à raconter des histoires.

Ex. : Lagarce, dans *Les Règles du savoir-vivre*, s'essaie à la parodie en déconstruisant une langue bourgeoise ultra-codifiée. ▸ p. 188

2 LA QUESTION DE LA SCÉNOGRAPHIE

L'espace théâtral

- Dans le théâtre classique, on se limite à un lieu unique.

Ex. : Dans *Le Tartuffe* de Molière, l'action se déroule dans une pièce de la maison d'Orgon. ▸ p. 178

- Les dramaturges vont peu à peu utiliser des lieux différents. Une scénographie particulière est nécessaire dans les mises en scène contemporaines pour rendre compte des changements de lieux.

Ex. : Koltès choisit sept lieux différents pour suivre la cavale de son personnage. ▸ p. 220

Ex. : Joël Pommerat, qui met en scène ses propres textes, joue avec la lumière, créant par des lignes et des couleurs les espaces de l'usine ou de la maison. ▸ p. 206

Objets et accessoires

- Véritable accessoire de jeu, l'objet prend sa place dans la scénographie.

Ex. : Dans *Cyrano de Bergerac* d'Edmond Rostand, l'épée est un élément essentiel du jeu de Cyrano ; elle est très présente dans les didascalies. ▸ p. 200

- L'objet peut aussi prendre une valeur symbolique.

Au tableau III, les objets créent un espace de complicité entre les deux personnages. ▸ p. 212

Ex. : Le téléphone cassé de Roberto Zucco (tableau VIII) prend une valeur symbolique. ▸ p. 212

Débats littéraires

Comment le metteur en scène doit-il envisager la place du public ?

Artaud

Une communication directe rétablie entre l'acteur et le spectateur.

Tout ce qui est dans l'amour, dans le crime, dans la guerre, ou dans la folie, il faut que le théâtre nous le rende, s'il veut retrouver sa nécessité. […] Nous voulons faire du théâtre une réalité à laquelle on puisse croire, et qui contienne pour le cœur et les sens cette espèce de morsure concrète que comporte toute sensation vraie. […] C'est pour prendre la sensibilité du spectateur sur toutes ses faces, que nous préconisons un spectacle tournant, et qui au lieu de faire de la scène et de la salle deux mondes clos, sans communication possible, répande ses éclats visuels et sonores sur la masse entière des spectateurs. […] Une communication directe sera rétablie entre le spectateur et le spectacle, entre l'acteur et le spectateur, du fait que le spectateur placé au milieu de l'action est enveloppé et sillonné par elle.

Antonin Artaud, *Le Théâtre et son double*, 1938, © Éditions Gallimard, 1964

Oïda

Il ne faut pas traiter le public comme un groupe de touristes.

J'ambitionne de créer un théâtre où le public puisse recréer lui-même, à partir des suggestions des acteurs, l'histoire proposée. Il faut s'adresser à l'imagination des spectateurs, tout faire pour favoriser leur participation active dans le développement des thèmes du spectacle. Le meilleur moyen d'y parvenir est de limiter l'information, d'adopter, à tous les niveaux, une attitude minimaliste dans le jeu, comme dans l'expression des détails, comme dans le décor, les accessoires et les costumes. C'est ainsi seulement qu'on peut créer cette sensation d'« espace vide », qui permet à l'imagination du public de s'épanouir. Il ne faut pas traiter le public comme un groupe de touristes dont la curiosité superficielle est facilement satisfaite.

Yoshi Oïda, *L'Acteur flottant*, 1992, traduction de Martine Million, © Actes sud

CHÉREAU

[...] pour que les spectateurs entendent et comprennent cette histoire, qu'ils aillent à l'essentiel.

Dans la solitude des champs de coton, texte de Bernard-Marie Koltès, mise en scène de **Patrice Chéreau** en 1996.

POMMERAT

Un temps qui puisse rassembler spectateurs et acteurs dans un lieu donné.

Quand je travaille je cherche à replacer le spectateur dans un temps précis, concret. Un temps qui puisse rassembler spectateurs et acteurs dans un lieu donné. Un temps capable de relier fortement des êtres les uns aux autres, par exemple : comme un groupe de personnes face à un danger commun. [ ] Je cherche à rendre l'intensité du temps qui passe, seconde après seconde, comme aux moments de notre vie les plus essentiels, pendant une expérience qui nous confronte à nous-mêmes, au plus profond. En même temps, je choisis des situations ordinaires, et je cherche à l'intérieur de ce cadre ordinaire la tension la plus forte, l'intensité la plus grande ».

Joël Pommerat, *Théâtres en présence*, 2007, © Actes Sud Papiers

PRÉPARER LE DÉBAT

1. Artaud veut toucher le spectateur par tous ses sens, pour quelle raison ? Que préconise-t-il pour cela ?
2. Oïda parle d'une participation du public au spectacle. Comment l'envisage-t-il et par quels moyens veut-il y arriver ?
3. Observez la mise en scène de Patrice Chéreau : quels intérêts présente cette disposition pour la relation entre les acteurs et le public ? Le fait de voir des spectateurs en face est-il gênant ? Que recherche finalement le metteur en scène ?
4. Relevez les termes par lesquels Pommerat désigne l'expérience théâtrale qu'il veut faire vivre au spectateur. Il utilise également une comparaison pour désigner le spectacle : analysez-la pour en dire la force.
5. Dans un tableau, relevez la thèse et les arguments de chaque metteur en scène.

DÉBATTRE ▸ Le metteur en scène doit-il envisager la place du public ?

6. Cherchez dans l'ensemble du chapitre (▸ p. 158 à 229) et dans vos lectures personnelles des exemples de textes et de mises en scène vous permettant de répondre à ce débat.

Mise en jeu Constituez deux groupes. Engagez un débat portant sur la place du public au théâtre, où chaque groupe soutient des arguments opposés. Chaque groupe devra s'appuyer sur les textes de ces deux pages et se référer à des exemples précis de textes et de mises en scène.

TEXTE A Jean Racine, *Phèdre* (1677)

Phèdre, désespérée, écrasée par la honte et le remords, ne peut survivre à la mort de son beau-fils Hippolyte, dont elle est responsable. Dans cette ultime scène de la pièce, elle prononce, mourante, ses dernières paroles.

Acte V, scène 7
THÉSÉE, PHÈDRE, THÉRAMÈNE, PANOPE, GARDES

[…] **PHÈDRE.** – Non, Thésée, il faut rompre un injuste silence ;
Il faut à votre fils rendre son innocence.
Il n'était point coupable.
THÉSÉE. – Ah ! père infortuné !
Et c'est sur votre foi que je l'ai condamné !
Cruelle ! pensez-vous être assez excusée…
PHÈDRE. – Les moments me sont chers, écoutez-moi, Thésée,
C'est moi qui sur ce fils, chaste et respectueux,
Osai jeter un œil profane, incestueux.
Le ciel mit dans mon sein une flamme funeste ;
La détestable Œnone[1] a conduit tout le reste.
Elle a craint qu'Hippolyte, instruit de ma fureur,
Ne découvrît un feu qui lui faisait horreur.
La perfide, abusant de ma faiblesse extrême,
S'est hâtée à vos yeux de l'accuser lui-même.
Elle s'en est punie, et fuyant mon courroux,
A cherché dans les flots un supplice trop doux.
Le fer aurait déjà tranché ma destinée ;
Mais je laissais gémir la vertu soupçonnée.
J'ai voulu, devant vous exposant mes remords,
Par un chemin plus lent descendre chez les morts.
J'ai pris, j'ai fait couler dans mes brûlantes veines
Un poison que Médée apporta dans Athènes[2].
Déjà jusqu'à mon cœur le venin parvenu
Dans ce cœur expirant jette un froid inconnu,
Déjà je ne vois plus qu'à travers un nuage
Et le ciel et l'époux que ma présence outrage ;
Et la mort, à mes yeux dérobant la clarté,
Rend au jour qu'ils souillaient toute sa pureté.
PANOPE. – Elle expire, Seigneur. […]

1. nourrice et confidente de Phèdre.
2. Médée abandonnée par Jason a, par vengeance, tué les enfants nés de leur union. Connue pour ses talents de magicienne, elle est associée à la création et à l'utilisation de nombreux poisons.

TEXTE B Albert Camus, *Caligula* (1944)

Caligula, empereur romain dément et sanguinaire, est assassiné par une conjuration formée par les chefs de la noblesse et du sénat. Hélicon est son fidèle confident. Cet extrait est le dénouement.

Acte IV, scène 14
CALIGULA, HÉLICON

CALIGULA, *il tourne sur lui-même, hagard, va vers le miroir.* – [...] Des bruits d'armes ! C'est l'innocence qui prépare son triomphe. Que ne suis-je à leur place ! J'ai peur. Quel dégoût, après avoir méprisé les autres, de se sentir la même lâcheté dans l'âme. Mais cela ne fait rien. La peur non plus ne dure pas. Je vais retrouver ce grand vide où le cœur s'apaise.

Il recule un peu, revient vers le miroir. Il semble plus calme. Il recommence à parler, mais d'une voix plus basse et plus concentrée.

Tout a l'air si compliqué. Tout est si simple pourtant. Si j'avais eu la lune, si l'amour suffisait, tout serait changé. Mais où étancher cette soif ? Quel cœur, quel dieu aurait pour moi la profondeur d'un lac ? *(S'agenouillant et pleurant.)* Rien dans ce monde, ni dans l'autre, qui soit à ma mesure. Je sais pourtant, et tu le sais aussi *(il tend les mains vers le miroir en pleurant)*, qu'il suffirait que l'impossible soit. L'impossible ! Je l'ai cherché aux limites du monde, aux confins de moi-même. J'ai tendu mes mains *(criant)*, je tends mes mains et c'est toi que je rencontre, toujours toi en face de moi, et je suis pour toi plein de haine. Je n'ai pas pris la voie qu'il fallait, je n'aboutis à rien. Ma liberté n'est pas la bonne. Hélicon ! Hélicon ! Rien ! rien encore. Oh ! cette nuit est lourde ! Hélicon ne viendra pas : nous serons coupables à jamais ! Cette nuit est lourde comme la douleur humaine.

Des bruits d'armes et des chuchotements s'entendent en coulisse.

HÉLICON, *surgissant au fond.* – Garde-toi, Caïus ! Garde-toi !

Une main invisible poignarde Hélicon. Caligula se relève, prend un siège bas dans la main et approche du miroir en soufflant. Il s'observe, simule un bond en avant et, devant le mouvement symétrique de son double dans la glace, lance son siège à toute volée en hurlant :

CALIGULA. – À l'histoire, Caligula, à l'histoire.

Le miroir se brise et, dans le même moment, par toutes les issues, entrent les conjurés en armes. Caligula leur fait face, avec un rire fou. Le vieux patricien le frappe dans le dos, Cherea en pleine figure. Le rire de Caligula se transforme en hoquets. Tous frappent. Dans un dernier hoquet, Caligula, riant et râlant, hurle :

Je suis encore vivant !

RIDEAU

TEXTE C Eugène Ionesco, *Le roi se meurt* (1962)

Le roi Béranger Ier vient d'apprendre de sa première femme, Marguerite, et de son médecin, qu'il va mourir. Il n'arrive pas à accepter cette idée.

[…]

LE ROI. – Le peuple est-il au courant ? L'avez-vous averti ? Je veux que tout le monde sache que le Roi va mourir. *(Il se précipite vers la fenêtre, l'ouvre dans un grand effort car il boite un peu plus.)* Braves gens, je vais mourir. Écoutez-moi, votre Roi va mourir.

MARGUERITE, *au Médecin.* – Il ne faut pas qu'on entende. Empêchez-le de crier.

LE ROI. – Ne touchez pas au Roi. Je veux que tout le monde sache que je vais mourir.

Il crie.

LE MÉDECIN. – C'est un scandale.

LE ROI. – Peuple, je dois mourir.

MARGUERITE. – Ce n'est plus un roi, c'est un porc qu'on égorge.

MARIE[1]. – Ce n'est qu'un roi, ce n'est qu'un homme.

LE MÉDECIN. – Majesté, songez à la mort de Louis XVI, à celle de Philippe II, à celle de Charles Quint qui a dormi vingt ans dans son cercueil. Le devoir de Votre Majesté est de mourir dignement.

LE ROI. – Mourir dignement ? *(À la fenêtre.)* Au secours ! Votre Roi va mourir.

MARIE. – Pauvre Roi, mon pauvre Roi.

JULIETTE[2]. – Cela ne sert à rien de crier.

On entend un faible écho dans le lointain. : « Le Roi va mourir »

LE ROI. – Vous entendez ?

MARIE. – Moi j'entends, j'entends.

LE ROI. – On me répond, on va peut-être me sauver.

JULIETTE. – Il n'y a personne.

On entend l'écho : « Au secours ! »

LE MÉDECIN. – Ce n'est rien d'autre que l'écho qui répond avec retardement.

MARGUERITE. – Le retardement habituel dans ce royaume où tout fonctionne si mal.

LE ROI, *quittant la fenêtre.* – Ce n'est pas possible. *(Revenant à la fenêtre.)* J'ai peur. Ce n'est pas possible.

MARGUERITE. – Il s'imagine qu'il est le premier à mourir.

MARIE. – Tout le monde est le premier à mourir.

[…]

1. Marie est la seconde épouse du roi. – **2.** femme de ménage et infirmière.

Sujet

I. Vous répondrez d'abord à la question suivante (4 points) :

Après avoir justifié le rapprochement de ces trois textes, vous expliquerez ce qui les différencie.

II. Vous traiterez ensuite, au choix, l'un des sujets suivants (16 points) :

1. Commentaire
Vous ferez le commentaire du texte d'Albert Camus extrait de *Caligula* (Texte B).

2. Dissertation
La représentation de la mort au théâtre doit-elle nécessairement avoir une dimension pathétique ? Vous répondrez à cette question en vous appuyant sur les textes du corpus, les œuvres que vous avez étudiées en classe et vos lectures personnelles.

3. Écriture d'invention
Imaginez le dialogue entre deux spectateurs ayant assisté à une de ces scènes. Ils ne sont d'accord ni sur le jeu des acteurs, ni sur la mise en scène.

Quelques conseils

Pour répondre à la question ► Grille d'auto-évaluation, p. 593

- Interrogez-vous sur le registre de ces extraits : visent-ils à provoquer les mêmes effets ?
- Observez qui prend la parole dans ces scènes. Interrogez-vous aussi sur la nature des propos, sur l'attitude et la fonction de celui qui assiste à la mort du héros.
- Observez la répartition du dialogue et des didascalies.
- Étudiez les réactions du héros à l'approche de sa propre mort.

Si vous choisissez le commentaire… ► Grille d'auto-évaluation, p. 601

- Soyez attentif à la place de cet extrait dans la pièce pour comprendre sa fonction et ce que le spectateur peut en attendre.
- Interrogez-vous sur le rôle des didascalies, des accessoires et des autres personnages (Hélicon, les conjurés) qui surgissent sur scène.
- Dégagez les spécificités du monologue de Caligula, qui occupe la plus grande partie de l'extrait. Interrogez-vous sur le type de phrase ; observez la ponctuation.

Si vous choisissez la dissertation… ► Grille d'auto-évaluation, p. 611

- Faites la liste des textes théâtraux sur lesquels vous pouvez vous appuyer.
- Soulignez les mots importants du sujet : « mort » (le thème), « pathétique » (le registre) et « doit nécessairement », qui sous-entend que la représentation de la mort au théâtre puisse être autre que pathétique.
- La question posée est une interrogation totale. Une antithèse implicite se dégage : la mort peut être représentée dans un autre registre que pathétique. Comique ? Tragique ? Cherchez d'abord des exemples qui vous permettront de trouver des arguments.

Si vous choisissez l'écriture d'invention… ► Grille d'auto-évaluation, p. 623

- Demandez-vous comment la scène choisie peut être jouée : quel effet le dramaturge a-t-il voulu précisément produire ? Cherche-t-il à émouvoir les spectateurs ?
- Interrogez-vous sur les rapports entre les différents protagonistes, sur les sentiments qui doivent ressortir de leurs attitudes. Appuyez-vous sur les didascalies.
- Après cette analyse, vous devrez imaginer un second point de vue opposé, ou au moins très différent. Vous chercherez à chaque fois des arguments. Vos deux spectateurs ont-ils été émus, indifférents, ont-ils ri à bon ou à mauvais escient ?
- Pensez à évoquer le décor, les accessoires, la lumière, la musique éventuellement.

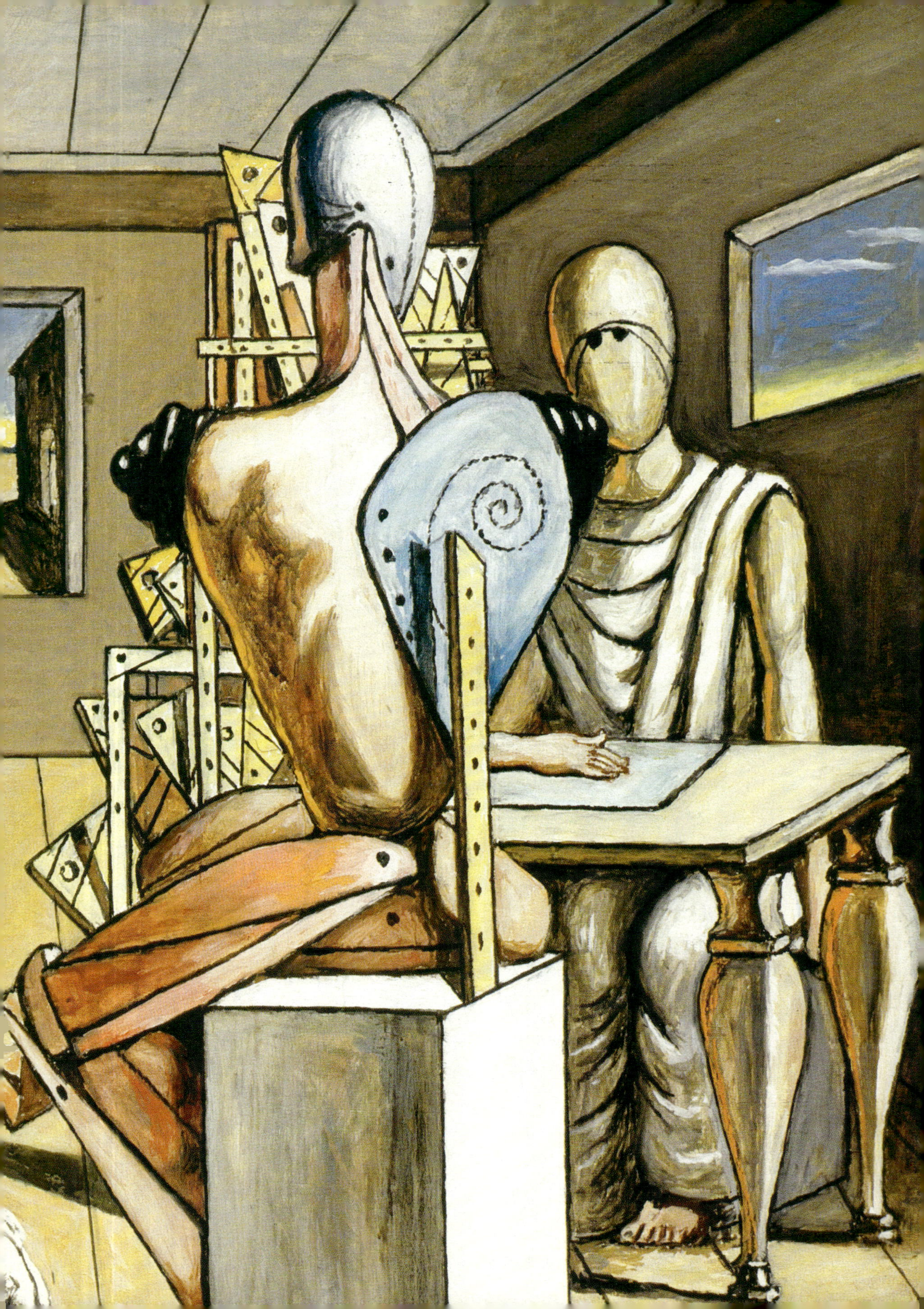

CHAPITRE 3

Écriture poétique et quête du sens, du Moyen Âge à nos jours

▸▸▸ Giorgio de Chirico, *Le Poète et le peintre* (détail), 1975, huile sur toile (100 x 81,5 cm), Fondazione G. de Chirico, Rome (Italie).

La poésie est avant tout la création d'un langage différent du langage quotidien, privilégiant l'expression de la subjectivité à l'exigence de transparence. L'origine du mot, *poiein* en grec qui signifie « créer, inventer », nous rappelle le perpétuel renouvellement de l'écriture poétique, ce que confirme l'histoire de son évolution, une quête perpétuelle d'un autre langage, qui est aussi quête de sens.

Illustration réalisée au XIXe siècle d'après une image de 1490, Bibliothèque des Arts décoratifs, Paris.

AUX ORIGINES DE LA POÉSIE : L'ANTIQUITÉ

Le mythe d'Orphée

Orphée est le poète et musicien légendaire le plus célèbre. Apollon fait don à ce fils de la Muse Calliopée d'une lyre à sept cordes. Les accents de son instrument sont si doux qu'il charme tout sur son passage. Il tombe amoureux d'Eurydice, qui meurt d'une morsure de serpent avant leurs noces.
À la mort de sa femme, Orphée parvient, grâce au pouvoir de sa musique, à charmer Charon le passeur des Enfers et jusqu'au cruel Hadès – justicier des mondes souterrains – qui lui donne la permission de ramener Eurydice avec lui, à la seule condition de ne pas se retourner jusqu'à ce qu'elle soit parvenue à la lumière du soleil .
Eurydice le suit, ainsi guidée par la musique de sa lyre, mais Orphée, voulant s'assurer qu'elle est bien derrière lui, se retourne pour vérifier et la perd à jamais.
L'histoire d'Orphée illustre le pouvoir de la poésie et du chant. Orphée est considéré à l'origine du genre lyrique, dont le nom fait référence à sa lyre. Elle est également signifiante quant aux différentes fonctions du poète : l'expression des sentiments, l'expression de la douleur, la capacité à faire revivre les choses et à faire renaître ce qui est perdu.

La poésie antique : d'une tradition orale à des formes variées

La poésie est d'abord orale, elle chante les aventures des dieux et des héros et repose sur des systèmes de rappels sonores pour faciliter la mémorisation. Cette tradition se perpétue dans l'*Iliade et* l'*Odyssée* d'**Homère** (VIIe siècle av. J.-C.), composés en vers. À l'aube de notre ère, le poète latin **Ovide** compose les *Métamorphoses*, qui serviront de source d'inspiration à de très nombreux auteurs des XVIe et XVIIe siècles. Entre-temps est apparue une poésie plus lyrique, avec notamment l'œuvre de **Sappho**, poétesse grecque du VIe siècle av. J.-C. Citons également le poète grec **Pindare** (Ve siècle av. J.-C.) ou le poète latin **Horace** (Ier siècle av. J.-C.), qui tous deux composent des odes élogieuses ou satiriques. La poésie antique offre une grande diversité de formes et de tonalités.

LES TROUBADOURS ET LES TROUVÈRES

Ce sont des poètes lyriques du Moyen Âge (surtout XIIe et XIIIe s.) qui marquent une rupture à la fois linguistique, en délaissant le latin, et idéologique, en proposant une poésie amoureuse d'inspiration profane. Ils expriment la *fin'amor* (amour sublimé), associant idéalisation de la femme et expression du désir, et combinent avec inventivité des images imposées. Dans le Sud de la France, ils composent en occitan et sont appelés « troubadours » ; dans le Nord, ils emploient la langue d'oïl et sont appelés « trouvères ».

LE MOYEN ÂGE : DU TROUVÈRE AU POÈTE

Les troubadours et les trouvères du Moyen Âge perpétuent la tradition orale de la poésie. Des formes écrites se développent néanmoins. Au XIIe siècle est rédigée *La Chanson de Roland*, composée en « laisses », suite de décasyllabes assonancés (répétition d'une même sonorité en fin de vers). Chanson, ballade, rondeau sont les autres formes qui naissent et se déploient au Moyen Âge. Le lyrisme prend une place importante, bien qu'il relève moins de l'expression d'une intimité que de la mise en œuvre d'images et de codes communs. Ce lyrisme est surtout consacré à l'éloge de la femme aimée : on parle alors de poésie courtoise, dont **Charles d'Orléans** (XVe siècle) est l'un des représentants. La nature et la contemplation sont deux thèmes fondamentaux de la poésie médiévale. **François Villon** (XVe siècle) livre dans ses poèmes un regard plus personnel sur le monde.

LE SONNET

Poème de forme fixe, il est élaboré en Italie au XIIIe siècle. Pétrarque dans *Il Canzoniere* (XIVe siècle) exprime son amour pour Laure dans une série de sonnets. Ce recueil suscite l'admiration des poètes français du XVIe s. qui adoptent cette forme. Le sonnet réapparaît depuis tout au long de l'histoire de l'écriture poétique, même pour être moqué par Molière dans *Le Misanthrope* (1666), éclaté par Arthur Rimbaud, inversé par Tristan Corbière, ou « dénaturé » par Blaise Cendrars.

LE XVIe SIÈCLE : LE RENOUVELLEMENT DE L'ÉCRITURE POÉTIQUE

Les poètes de la Pléiade

À la Renaissance, le genre poétique connaît un essor important, sous l'impulsion des poètes de la Pléiade, comme **Joachim Du Bellay** et **Pierre de Ronsard**. Redécouvrant la poésie antique, ils veulent lui succéder dignement en proposant une poésie en langue française. Cette ambition est encouragée par François Ier qui se veut protecteur des arts et des lettres. Les poètes de la Pléiade adoptent également la forme du sonnet, héritée des Italiens. Cette forme fixe occupe une place capitale dans l'histoire de l'écriture poétique. Au sein de ces formes renouvelées, les poètes abordent des thèmes variés, preuves de l'épanouissement du genre. Si Ronsard est sacré « Prince des poètes » pour sa poésie amoureuse, il rédige aussi *La Franciade*, à la gloire de la France. Du Bellay dans *Les Regrets* (1558) offre une poésie à la fois intime, sur son exil à Rome, et satirique, sur la vie de cour.

► Les mouvements littéraires : le XVIe siècle, p. 26

Une autre poésie, miroir des déchirements de son temps

La violence des guerres de religion donne naissance à une poésie plus sombre qui évoque les déchirements de la France.
Les Tragiques (1616) d'**Agrippa d'Aubigné** offrent une œuvre engagée – d'Aubigné était aux côtés des protestants – et une vision souvent apocalyptique et imagée qui annonce l'esthétique baroque.

LE XVIIe SIÈCLE : DE L'ONDE BAROQUE À LA LIGNE CLASSIQUE

Le Baroque

À la jonction des XVIe et XVIIe siècles se déploie le mouvement baroque. L'instabilité du monde est évoquée aussi bien par le thème de la mort que celui de l'eau, à travers des images frappantes et contrastées. L'œuvre de **Chassignet**, par exemple, est représentative de ces interrogations et de cette esthétique.

► Les mouvements littéraires : le XVIe siècle, p. 27

Le Classicisme

À ce goût du mouvement et de l'irrégularité succède une exigence de clarté, de mesure et d'équilibre, que les règles de la doctrine classique doivent permettre d'atteindre. **François de Malherbe**, dans la première moitié du siècle, puis **Nicolas Boileau**, dans son *Art poétique* (1675), prônent une création poétique sous le signe de la « technique » et de la raison. **Jean de La Fontaine** dans ses *Fables* (1668-1693) met sa maîtrise de l'écriture poétique et son art du récit au service d'un regard souvent satirique sur l'homme et la société de son temps.

► Les mouvements littéraires : le XVIIe siècle, p. 29

LE XVIIIe SIÈCLE : LA POÉSIE EN REPLI

Après l'effervescence du « Grand Siècle », la création poétique connaît au XVIIIe siècle un certain effacement, au profit d'autres genres littéraires. La critique et la réflexion philosophiques l'emportent sur l'expression lyrique.

Pierre Paul Rubens, *Échange des deux princesses de France et d'Espagne sur le fleuve Bidassoa à Hendaye, le 9 septembre 1615*, XVIIe siècle, huile sur toile (390 x 290 cm), musée du Louvre, Paris.

LE XIXe SIÈCLE : LES RÉVOLUTIONS DE L'ÉCRITURE POÉTIQUE

Caspar David Friedrich, *Voyageur devant la mer de nuages* (1818), huile sur toile, Hamburger Kunsthalle, Hambourg (Allemagne).

Au XIXe siècle, la création poétique n'a de cesse de se renouveler. Les écoles se succèdent au rythme des ruptures et des innovations.

Les ruptures du Romantisme

En réaction au triomphe de la science et de la raison, le Romantisme s'attache à l'individu et à sa subjectivité, trouvant dans la poésie une forme d'expression privilégiée. Le monde est décrit à travers les sentiments et les questionnements du poète, qui chante ses « méditations » (**Alphonse de Lamartine**). Ce triomphe de la subjectivité s'accompagne de la quête d'une libération vis-à-vis des règles de l'esthétique classique, qu'opère clairement **Victor Hugo** dans *Les Contemplations* (1856).

► Les mouvements littéraires : le XIXe siècle, p. 31

Baudelaire : la naissance de la modernité poétique

Cependant les excès du Romantisme d'une part, les transformations politiques et scientifiques de la société d'autre part conduisent à une nouvelle remise en question de l'écriture poétique. Les auteurs ne vont plus, dès lors, cesser de rechercher une « langue » poétique capable de rendre compte de la complexité de leur intériorité et des mystères du monde : c'est la naissance de la modernité poétique. **Charles Baudelaire** dans *Les Fleurs du mal* (1857), tout en conservant des formes classiques tel le sonnet, invente des images nouvelles, fondées souvent sur des associations inattendues. Avec *Le Spleen de Paris* (1861), il donne ses lettres de noblesse au poème en prose.

La multiplication des quêtes et des innovations

L'écriture versifiée apparaît en effet contraignante, ne permettant plus aux poètes de rendre compte de leur quête de sens et de liberté. Du vers impair chanté par **Paul Verlaine** au vers libre qui s'impose à la fin de siècle, les expériences se multiplient.
Les nombreux mouvements poétiques de cette deuxième moitié du XIXe siècle, Parnasse, Symbolisme, témoignent de la richesse de la réflexion et de la création. L'œuvre d'**Arthur Rimbaud**, brève et fulgurante, condense ces expérimentations tout en ouvrant des voies explorées encore aujourd'hui : synesthésies, jeu formel, provocations…

► Les mouvements littéraires : le XIXe siècle, p. 36-38

« CRISE DE VERS » DE MALLARMÉ

Ce texte de Mallarmé est publié dans *Divagations* (1897). Le poète y explique la nécessaire distinction entre les usages de la parole : celui quotidien, « brut et immédiat », et celui de la poésie, « essentiel ». Sa quête est celle d'un langage poétique créant une nouvelle réalité, séparée de la réalité référentielle. Si l'on reproche parfois à Mallarmé l'hermétisme de sa poésie, ses aspirations n'en ont pas moins ouvert des perspectives capitales.

Ernest Pignon-Ernest *Rimbaud dans Paris*, 1978, sérigraphie.

LE XXe SIECLE : LA POÉSIE EN LIBERTÉ

Exploration des formes…

Le XXe siècle bénéficie de ces révolutions, et la création poétique s'épanouit désormais en toute liberté. Toute contrainte formelle a disparu, ou plutôt le poète est maître de celles qu il s'impose, tel **Guillaume Apollinaire** et ses *Calligrammes* (1925) ou **Blaise Cendrars** dans ses *Sonnets dénaturés* (1923). Les poètes explcitent toutes les ressources du langage, jouant avec les sens et les sonorités des mots, comme le font, entre autres, **Jacques Prévert** ou **Jean Tardieu**.

… et des imaginaires

L'exploration du réel n'a plus de limites, comme en témoignent les surréalistes, **André Breton**, **Robert Desnos**, qui se penchent sur leurs rêves, leur inconscient. Pour autant les poètes ne négligent pas d'éclairer le réel, que ce soit pour en dénoncer les injustices, dans la poésie engagée, ou pour en dévoiler les beautés, comme le fait **Francis Ponge**. Quel que soit le sujet abordé, les poètes jouent avec les images, dont la polysémie permet de traduire un monde complexe, qui éblouit et angoisse à la fois.

► Les mouvements littéraires : le XXe siècle, p. 39

L'élan vers l'ailleurs

Emprunts de leurs revendications de la valeur du métissage, les poèmes d'**Aimé Césaire** et **Léopold Sédar Senghor** introduisent de nouvelles formes poétiques, basées notamment sur l'oralité et les rythmes, véhiculés par une syntaxe et un vocabulaire originaux. Dans son *Cahier d'un retour au pays natal* (1939), Aimé Césaire use ces particularités des langues africaines ; les rythmes des tam tams, la richesse des images, donnent aux poèmes de Senghor un style incantatoire unique.

André Breton, *Cadavre exquis* (1940), encres, crayons de couleur, crayon, reproduction photo déchirée et collée sur papier (29,8 cm x 22, 9 cm), musée national d'Art moderne – Centre Georges Pompidou, Paris.

LES VOIX DIVERSES DE LA POÉSIE CONTEMPORAINE

Par le langage, les poètes contemporains s'efforcent, comme leurs prédécesseurs (Baudelaire, Verlaine, Rimbaud…), de dire l'indicible, d'approcher une réalité insaisissable et perdue. **Philippe Jaccottet**, après le recours à la forme du sonnet dans *L'Effraie* (1953), ose des formes plus personnelles, affranchies de l'écriture poétique traditionnelle. La poésie peut être aussi le lieu d'interrogations sur l'homme et sa place dans l'Univers. Le lyrisme de **Jacques Reda** traduit la conscience tragique du monde (*Amen*, 1968).

Les poètes contemporains s'attachent à recréer par le langage le monde qui les entoure. Leur écriture poétique devient le medium de leurs impressions et de leurs intuitions.

Ils appréhendent le monde moderne, les objets technologiques les plus récents comme le téléphone portable chez **Houellebecq** ou **Réda** mais aussi la nature, l'amour, la mort, la détresse comme le bonheur ou encore l'écriture elle-même. On parle ainsi d'un « nouveau lyrisme » à propos de la poésie de **Maulpoix** par exemple.

Prolongements

- De nombreux poètes ont écrit sur la peinture, ou ont travaillé avec des peintres : Charles Baudelaire sur Eugène Delacroix, Stéphane Mallarmé sur Édouard Manet, René Char et Georges Braque. Recherchez un texte et une reproduction de tableau illustrant ces liens entre poésie et peinture.
- **La poésie engagée** : recherchez des exemples de poètes qui mettent leur écriture au service de leur engagement au cours des XIXe et XXe siècles. Établissez la nature de leur engagement, en précisant le contexte, et la forme de leurs écrits.

TEXTE 1

François Villon, *L'Épitaphe Villon* (1489)

► Biographie p. 636

La poésie de François Villon est marquée par les épisodes noirs de sa vie ; il jette un regard sans complaisance sur le monde qui l'entoure et prend le parti des exclus. À la suite d'une rixe, Villon blesse un notable parisien. Il est arrêté, jugé, et condamné à la pendaison. Le poète fera appel de cette décision, mais en vain. L'Épitaphe Villon, *aussi appelée « Ballade des pendus », aurait été écrite en prison, alors que le poète attendait une réponse.*

Frères humains qui après nous vivez,
N'ayez les cœurs contre nous endurcis,
Car si pitié de nous pauvres avez,
Dieu en aura plus tôt de vous merci[s][1].
Vous nous voyez ci[2] attachés, cinq, six :
Quant de[3] la chair que trop avons nourrie,
Elle est piéça[4] dévorée et pourrie,
Et nous, les os, devenons cendre et poudre.[5]
De notre mal personne ne s'en rie ;
Mais priez Dieu que tous nous veuille absoudre[6] !

Si frères vous clamons, pas n'en devez
Avoir dédain, quoique fûmes occis
Par justice. Toutefois, vous savez
Que tous hommes n'ont pas bon sens rassis ;
Excusez-nous, puisque sommes transis,
Envers le fils de la Vierge Marie,
Que sa grâce ne soit pour nous tarie,
Nous préservant de l'infernale foudre.
Nous sommes morts, âme ne nous harie ;
Mais priez Dieu que tous nous veuille absoudre !

La pluie nous a débués[7] et lavés,
Et le soleil désséchés et noircis ;
Pies, corbeaux, nous ont les yeux cavés[8],
Et arraché la barbe et les sourcils.
Jamais nul temps nous ne sommes assis ;
Puis çà, puis là, comme le vent varie,
À son plaisir sans cesser nous charrie[9],
Plus becquetés d'oiseaux que dés à coudre.
Ne soyez donc de notre confrérie ;
Mais priez Dieu que tous nous veuille absoudre !

Prince Jésus, qui sur tout a maîtrie[10],
Garde qu'Enfer n'ait de nous seigneurie[11] :
À lui n'ayons que faire ni que soudre[12].
Hommes, ici n'a point de moquerie ;
Mais priez Dieu que tous nous veuille absoudre !

►►► **Pieter Bruegel l'Ancien**, *Le Triomphe de la Mort* (détail), vers 1562, huile sur table (117 x 162 cm), musée du Prado, Madrid (Espagne)

TRADUCTION

Voici une traduction de la deuxième strophe en français moderne.

[…] Si nous vous appelons frères, vous ne devez pas
En avoir honte, bien que nous ayons été tués
Par décision de justice. Toutefois, vous savez
Que les hommes ne sont pas tous pleins de bon sens ;
Intercédez pour nous, puisque nous sommes morts,
Auprès du fils de la Vierge Marie,
Afin qu'il ne nous prive pas de sa grâce
Et nous évite les foudres de l'enfer.
Nous sommes morts, personne ne nous tourmente plus ;
Mais priez Dieu qu'il veuille tous nous absoudre ! […]

Traduction en français moderne de Claude Pinganaud,

« La Ballade des pendus » (détail) illustrant le poème de François Villon, XVe siècle.

1. pitié. – 2. ici. – 3. quant à. – 4. depuis longtemps. – 5. au Moyen Âge, les corps des pendus étaient laissés à la vue des passants jusqu'à ce que leurs os tombent. – 6. délivrer, pardonner. – 7. trempés. – 8. troués. – 9. balance. – 10. pouvoir. – 11. fais que l'Enfer n'ait pas de prise sur nous. – 12. nous ne voulons pas avoir affaire à lui.

Questions

Grammaire

Au vers 9, quel est le mode du verbe « rie » ? Quelle est sa valeur ? Quel mot doit-on ajouter en français moderne pour exprimer cette idée ?

► Modes, temps et valeurs, p. 524

« Ballade des pendus »

1. Observez les modes des verbes : pourquoi peut-on parler de prière ? Commentez le choix de la forme poétique et trouvez des répétitions de sonorités qui accentuent cette plainte.
2. Quelles représentations de la nature le poète nous donne-t-il ? Que symbolise-t-elle ?
3. Relevez le champ lexical du corps. Pourquoi peut-on parler de réalisme ? Quels sentiments le poète cherche-t-il à susciter chez le lecteur ? ► Registres, p. 568
4. Quelles phrases montrent que le poète est déjà mort ? Appuyez-vous en particulier sur l'étude des temps verbaux. Quelle figure de style utilise-t-il dans l'ensemble du poème ?

Un plaidoyer

5. Qui sont les destinataires du poème ? Relevez leurs dénominations. Quelle évolution constatez-vous ?
6. Comment le poète se désigne-t-il ? Pourquoi cela donne-t-il plus de force à son discours ?
7. Quels sont les arguments avancés pour obtenir la pitié des destinataires ? Aidez-vous des liens logiques. Le poète nie-t-il avoir commis une faute ? Justifiez votre réponse.

► Les formes de l'argumentation, p. 562

Synthèse Montrez comment le poète rend sa situation pathétique.

Vers le bac S'entraîner à la dissertation

« Le recours à des images réalistes vous paraît-il efficace pour argumenter ? »
Trouvez un argument qui montre l'efficacité d'un tel choix et un autre qui montre les limites de cette stratégie argumentative. Rédigez-les et développez un exemple pour chacun.

► Construire un paragraphe et insérer des exemples, p. 606

TEXTE 2

Agrippa d'Aubigné, *Les Tragiques*, VII (1616)

► Biographie p. 627

CONTEXTE

Les *Tragiques* d'Agrippa d'Aubigné constituent une œuvre engagée dans les guerres de Religion qui opposent catholiques et protestants au XVIe siècle. Proche d'Henri de Navarre, Agrippa d'Aubigné entreprend ici un véritable acte de foi : il retrace les persécutions des protestants et annonce les châtiments futurs en adoptant une langue proche de celle des *Écritures*.

► Le Baroque, p. 27

Dans l'ultime partie des Tragiques, *le poète met en scène le jugement dernier : Dieu, revenu sur terre, condamne les pécheurs.*

Jugement

[…] Or voici les lions de torches acculés,
Les ours à nez percés[1], les loups emmuselés.
Tout s'élève contre eux : les beautés de Nature
Que leur rage troubla de venin et d'ordure
Se confrontent en mire[2] et se lèvent contre eux :
« Pourquoi, dira le feu, avez-vous de mes feux
Qui n'étaient ordonnés qu'à l'usage de vie
Fait des bourreaux, valets de votre tyrannie ? »
L'air encore une fois contre eux se troublera,
Justice au Juge saint, trouble, demandera,
Disant : « Pourquoi, tyrans et furieuses bêtes,
M'empoisonnâtes-vous de charognes, de pestes,
Des corps de vos meurtris ? » – « Pourquoi, diront les eaux,
Changeâtes-vous en sang l'argent de nos ruisseaux ? »
Les monts qui ont ridé le front à vos supplices :
« Pourquoi nous avez-vous rendus vos précipices[3] ?
« Pourquoi nous avez-vous, diront les arbres, faits
D'arbres délicieux exécrables gibets[4] ? » […]

1. Les ours ont des « nez percés » pour les mener en laisse.
2. Dans ce poème, la Nature se contemple, transformée.
3. d'où l'on précipite les victimes.
4. instruments servant à la pendaison.

Questions

Vocabulaire

Que signifie le mot « mire » (v. 5) ? À l'aide d'un dictionnaire étymologique, retrouvez sa racine latine. Quels autres termes sont formés sur celle-ci ?

Les hommes mis en accusation

1. Relevez les paroles au discours direct et identifiez les locuteurs. Quelle est la figure de style employée ? Pourquoi le poète met-il en scène de tels personnages ? ► Les discours rapportés, p. 530
2. Quels termes désignent les destinataires de ces paroles ? Quels jugements le poète porte-t-il ?
3. Comment ces destinataires sont-ils désignés dans le reste du poème ? Quelles caractéristiques communes ont-ils ?
4. Dans les paroles rapportées, quelles similitudes constatez-vous ? Quels procédés stylistiques contribuent à la violence de cette accusation ?

Une vision apocalyptique

5. Étudiez les temps employés dans ce poème : quels sont les différents moments évoqués ? Quelle évolution le monde connaît-il ?
6. Quelles transformations la nature a-t-elle subies ? Comment le poète les souligne-t-il (figures de style, sonorités, rythmes) ?

► La versification, p. 558

Synthèse Vous montrerez que cette vision apocalyptique est une critique du présent.

Vers le bac S'entraîner au commentaire

Qu'est-ce qui rend ce « tableau » particulièrement saisissant ? Vous choisirez un argument que vous développerez et illustrerez de citations issues du poème.

► Rédiger des paragraphes et insérer des citations, p. 598

LECTURE D'IMAGE

Jérôme Bosch, *Le Jugement dernier* (vers 1504)

◄ Vers 1504, le peintre flamand Jérôme van Aken, dit Jérôme Bosch (vers 1450-1516), peint, vraisemblablement sur commande, un triptyque (œuvre composée de trois panneaux) qui représente le jugement dernier. Le volet de gauche raconte la chute d'Adam et Ève et leur départ du paradis ; le volet de droite peint l'enfer ; enfin, le panneau central correspond au jugement proprement dit.

Jérôme Bosch, *Le Jugement dernier*, 1504, panneau central du triptyque, huile sur bois (164 x 127 cm), Akademie der Bildenden Künste, Vienne.

Questions ► La lecture d'image, p. 580

Un décor cauchemardesque

1. Quels sont les différents plans du tableau ? Commentez l'effet produit par le jeu d'ombres et de lumières.

2. Quels éléments du décor et quels objets contribuent à ancrer ce paysage dans le quotidien ? Quelles autres composantes paraissent plutôt fantaisistes et inquiétantes ? Justifiez votre réponse.

La condamnation des hommes

3. Identifiez les personnages se trouvant en haut du tableau. Quel personnage est mis en valeur ? Comment sa toute-puissance est-elle rendue manifeste ?

4. Qui sont les autres personnages du tableau ? Lesquels vous paraissent particulièrement surprenants ? Quel personnage féminin du récit biblique de la création reconnaissez-vous ? Que symbolise-t-il ?

Synthèse Pourquoi peut-on dire que la vision du jugement dernier proposée par Bosch est pessimiste ?

Victor Hugo, *Les Châtiments* (1853)

► Biographie p. 631

CONTEXTE

Victor Hugo est un poète engagé dans son temps : pendant la IIe République (1848-1852), il participe activement aux débats de l'Assemblée constituante. Louis Napoléon Bonaparte, alors président, souhaite se présenter à un second mandat, mais la Constitution ne le lui permet pas. Il conserve le pouvoir par un coup d'État, le 2 décembre 1851. Victor Hugo, alors exilé, emploie ses talents d'orateur dans des poèmes et des pamphlets opposés à l'empereur comme *Napoléon le Petit* ou *Les Châtiments*. Pour Hugo, le poète est aussi un prophète.

► Le Romantisme, p. 33

Cette œuvre dénonce la mainmise de l'empereur sur l'État français. La dernière partie, intitulée « Lux » (La Lumière), *répond à la première,* « Nox » (La Nuit).

Lux

Bannis ! bannis ! bannis ! c'est là la destinée.
Ce qu'apporta le flux sera dans la journée
Repris par le reflux,
Les jours mauvais fuiront sans qu'on sache leur nombre,
Et les peuples joyeux et se penchant sur l'ombre
Diront : cela n'est plus !

Les temps heureux luiront, non pour la seule France,
Mais pour tous. On verra, dans cette délivrance,
Funeste au seul passé,
Toute l'humanité chanter, de fleurs couverte,
Comme un maître qui rentre en sa maison déserte
Dont on l'avait chassé.

Les tyrans s'éteindront comme des météores.
Et, comme s'il naissait de la nuit deux aurores
Dans le même ciel bleu,
Nous vous verrons sortir de ce gouffre où nous sommes,
Mêlant vos deux rayons, fraternité des hommes,
Paternité de Dieu !

Oui, je vous le déclare, oui, je vous le répète,
Car le clairon[1] redit ce que dit la trompette,
Tout sera paix et jour !
Liberté ! plus de serf et plus de prolétaire[2] !
Ô sourire d'en haut ! ô du ciel pour la terre
Majestueux amour !

L'arbre saint du Progrès, autrefois chimérique[3],
Croîtra, couvrant l'Europe et couvrant l'Amérique,
Sur le passé détruit,
Et, laissant l'Éther[4] pour luire à travers ses branches,
Le jour, apparaîtra plein de colombes blanches,
Plein d'étoiles, la nuit.

Et nous qui serons morts, morts dans l'exil peut-être,
Martyrs saignants, pendant que les hommes, sans maître,
Vivront, plus fiers, plus beaux,
Sous ce grand arbre, amour des cieux qu'il avoisine,
Nous nous réveillerons pour baiser sa racine
Au fond de nos tombeaux !

1. sorte de trompette, utilisée à l'armée.
2. personne du peuple, exerçant un métier manuel et peu payé.
3. illusoire.
4. mot poétique pour désigner le ciel.

Lithographie d'**Honoré Daumier,** hommage aux *Châtiments* de Victor Hugo (terrassant l'aigle impérial), XIXe siècle.

Honoré Daumier (1808-1879) est un artiste français, rendu célèbre par ses caricatures et ses satires des hommes influents de son époque. Il a également illustré de nombreuses œuvres littéraires. ►

Lecture d'image ► p. 580

- Quel personnage est représenté par l'aigle ? Comment appelle-t-on cette figure ?
- Analysez la composition et les détails de l'illustration. Quelle est sa visée ?

Questions

Vocabulaire

Quelle est l'étymologie du mot « serf » (v. 22) ? Quel est son sens ? À quel siècle fait-il référence ? Pourquoi est-il employé ici par Hugo ?

Un poète engagé

1. Étudiez la situation d'énonciation : qui sont les destinataires de ce poème ? Comment sont-ils désignés ?
2. Comment Victor Hugo s'inclut-il progressivement dans le groupe formé par ces personnes ?
3. Quelle progression observe-t-on de la première à la dernière strophe ? Appuyez-vous sur les champs lexicaux opposés qui parcourent le texte.
4. Dans quelle mesure la vision proposée dans la dernière strophe vous paraît-elle pessimiste ?
5. Quelle situation politique est dénoncée par Victor Hugo ?

Un poète « prophète »

6. Quel est le temps majoritairement employé dans ce poème ? Quelle valeur revêt-il ? Quelles expressions contribuent au même effet ?
7. Quels procédés grammaticaux, stylistiques ou liés à la versification contribuent à montrer la rapidité du changement prédit par le poète ?

► La versification, p. 558

8. Relevez les termes renvoyant à la religion : quel lien s'établit entre pensée politique et pensée religieuse ? Appuyez votre réponse en relevant les figures de style employées.
9. Observez le thème de la nature parcourant ce poème : quelles images ont une portée symbolique ? Expliquez-les.

Synthèse Montrez comment Victor Hugo manifeste sa confiance en l'avenir.

Vers le bac S'entraîner à l'écriture d'invention

À partir du poème de Victor Hugo, composez le discours que celui-ci aurait pu tenir devant d'autres exilés, afin de leur redonner espoir. Vous conserverez les tournures et les phrases qui vous paraissent les plus adaptées à ce genre. Vous serez attentif, en particulier, à la situation d'énonciation, différente de celle du poème.

► Amplifier et transposer un texte, p. 616

HISTOIRE DES ARTS • DÉNONCER LES ATROCITÉS DE LA GUERRE

À partir de la Grande Guerre (1914-1918), les artistes ne cherchent plus à mettre en avant des figures héroïques ou la force épique des combats. L'horreur des combats, assimilés souvent à de véritables boucheries, les pousse à souligner l'enfer que représente la guerre. Il s'agit, plus que représenter avec précision des scènes, des hommes ou des objets, de transmettre une émotion et d'interpeller les spectateurs, dans un rejet unanime de la guerre.

Guillaume Apollinaire (1880-1918), *Le Cavalier masqué*, 1915, aquarelle (12,5 x 19 cm), collection privée.

Guillaume Apollinaire, *Le Poète assassiné*, 1916

Venu à cheval jusqu'aux lignes, avec une corvée de rondins, et enveloppé de vapeurs asphyxiantes, le brigadier au masque aveugle souriait amoureusement à l'avenir, lorsqu'un éclat d'obus de gros calibre le frappa à la tête d'où il sortit, comme un sang pur, une Minerve triomphale.

Frans Masereel (1889-1972), *Debout les morts, Résurection infernale*, 1917, xylographie (14 x 11 cm), musée d'Histoire contemporaine-BDIC, Paris.

Frans Masereel, artiste belge, vit à Genève durant la Première Guerre mondiale. Il réalise une série de gravures sur bois, dont le portfolio *Debout les morts*, qui en dénoncent les carnages. ▶

Questions ▶ La lecture d'image, p. 580

1. Comment Guillaume Apollinaire exprime-t-il en même temps la détermination et la douleur ?
2. Commentez les partis pris graphiques et la répartition des noirs et des blancs dans la gravure de Masereel. Quel registre identifiez-vous ?

De 1936 à 1939, en Espagne, les Républicains s'opposent aux Nationalistes, essentiellement de droite et d'extrême droite et dévoués au général Franco. À la suite de la victoire de ces derniers, la dictature est instaurée. De nombreux artistes témoignent de ces luttes sanglantes et fratricides. Salvador Dalí, peintre, sculpteur et scénariste qui a appartenu au mouvement surréaliste, en fait partie. ►

Salvador Dalí (1904-1989), *Construction molle aux haricots bouillis – Prémonition de la Guerre Civile*, 1936, huile sur toile (100 x 100 cm), Museum of Art, Philadelphie (États-Unis).

◄ Isaac Celnikier est un peintre et graveur juif, d'origine polonaise. Il a été interné dans le camp d'Auschwitz-Birkenau de 1943 à 1945. Son œuvre vise à restituer l'enfer des camps de concentration.

Isaac Celnikier (1923-2011), *Sortie de Buna-Birkenau*, 1996, gravure, pointe-sèche (40 x 50 x 2 cm).

Prolongement

Cherchez la reproduction de l'œuvre de Goya, *Saturne dévorant un de ses fils* et expliquez pourquoi ce tableau semble avoir inspiré Dalí.

Questions ► La lecture d'image, p. 580

1. Analysez les couleurs, le paysage et la représentation du corps dans le tableau de Dalí. Quelle atmosphère se dégage de cette œuvre ?
2. Analysez l'organisation de l'espace et la technique du dessin de David Olère. Quelles impressions se dégagent de cette œuvre ? Expliquez comment les choix de l'artiste participent à ces impressions.
3. En vous appuyant sur l'analyse de ces quatre œuvres, montrez que les artistes présentent la guerre comme responsable de la déshumanisation.

TEXTE 4

Robert Desnos, *L'Honneur des poètes* (1943)

► Biographie p. 629

CONTEXTE

Membre du groupe surréaliste avant d'en être exclu par André Breton, Robert Desnos est également un grand Résistant. Durant la Seconde Guerre mondiale, il s'engage aux côtés d'autres poètes comme Paul Eluard. Sa poésie cherche avant tout à faire surgir dans le langage quotidien des images surprenantes, souvent liées au rêve. *L'Honneur des poètes* est un recueil qui réunit plusieurs auteurs de poèmes engagés (Aragon, Tardieu, Eluard, Guillevic). Il est publié clandestinement, pendant l'Occupation.

► La Littérature engagée, p. 40

Ce poème a été publié clandestinement, sous le pseudonyme de Pierre Andier.

Ce cœur qui haïssait la guerre

Ce cœur qui haïssait la guerre voilà qu'il bat pour le combat et la bataille !
Ce cœur qui ne battait qu'au rythme des marées, à celui des saisons, à celui des heures du jour et de la nuit,
Voilà qu'il se gonfle et qu'il envoie dans les veines un sang brûlant de salpêtre[1] et de haine
Et qu'il mène un tel bruit dans la cervelle que les oreilles en sifflent
Et qu'il n'est pas possible que ce bruit ne se répande pas dans la ville et la campagne
Comme le son d'une cloche appelant à l'émeute et au combat.
Écoutez, je l'entends qui me revient renvoyé par les échos.
Mais non, c'est le bruit d'autres cœurs, de millions d'autres cœurs battant comme le mien à travers la France.
Ils battent au même rythme pour la même besogne tous ces cœurs,
Leur bruit est celui de la mer à l'assaut des falaises
Et tout ce sang porte dans des millions de cervelles un même mot d'ordre :
Révolte contre Hitler et mort à ses partisans !
Pourtant ce cœur haïssait la guerre et battait au rythme des saisons,
Mais un seul mot : Liberté a suffi à réveiller les vieilles colères
Et des millions de Français se préparent dans l'ombre à la besogne que l'aube proche leur imposera.
Car ces cœurs qui haïssaient la guerre battaient pour la liberté au rythme même des saisons et des marées, du jour et de la nuit.

Extrait de *Destinée arbitraire*,

1. poudre utilisée autrefois comme explosif.

Questions

Une dénonciation de la guerre

1. Par quelle structure récurrente le poète montre-t-il un changement dans sa vie ? Appuyez-vous sur les temps verbaux employés.
2. Quelle image le poète donne-t-il de sa vie avant la guerre ? Quels effets rythmiques emploie-t-il pour appuyer son discours ? ► La versification, p. 558
3. Relevez les termes qui appartiennent au champ lexical du corps : pourquoi le poète fait-il preuve d'une telle précision « médicale » ?

Un appel à la Résistance

4. Au vers 8, quelle est la fonction de l'expression « d'autres cœurs » ? Pourquoi occupe-t-elle cette place dans le vers ?
5. Contre quelle idéologie le poète invite-t-il à lutter ? Quelle valeur lui oppose-t-il ? Comment le poète souligne-t-il cette opposition ?
6. Quelle sensation est mise en valeur dans ce poème ? Relevez les termes correspondants et commentez les images qui lui sont attachées.

Synthèse Montrez que Desnos écrit un texte engagé en faveur de la liberté.

Vers le bac S'entraîner à la dissertation

« Pour quelles raisons la poésie est-elle un genre efficace pour appeler à la Résistance ? » Trouvez deux arguments différents pour répondre à cette question, et illustrez l'un d'entre eux en utilisant comme exemple le texte de Desnos. ► Exploiter le corpus, p. 602

TEXTE 5

Jacques Prévert, *Paroles* (1946)

► Biographie p. 634

Jacques Prévert, en provocateur, reprend ici une célèbre prière de la liturgie catholique.

Pater Noster

Notre Père qui êtes aux cieux
Restez-y
Et nous nous resterons sur la terre
Qui est quelquefois si jolie
Avec ses mystères de New York[1]
Et puis ses mystères de Paris[2]
Qui valent bien celui de la Trinité[3]
Avec son petit canal de l'Ourcq[4]
Sa grande muraille de Chine
Sa rivière de Morlaix[5]
Ses bêtises de Cambrai[6]
Avec son Océan Pacifique
Et ses deux bassins aux Tuileries
Avec ses bons enfants et ses mauvais sujets
Avec toutes les merveilles du monde
Qui sont là
Simplement sur la terre
Offertes à tout le monde
Éparpillées
Émerveillées elles-mêmes d'être de telles merveilles
Et qui n'osent se l'avouer
Comme une jolie fille nue qui n'ose se montrer
Avec les épouvantables malheurs du monde
Qui sont légion
Avec leurs légionnaires
Avec leurs tortionnaires
Avec les maîtres de ce monde
Les maîtres avec leurs prêtres leurs traîtres et leurs reîtres[7]
Avec les saisons
Avec les années
Avec les jolies filles et avec les vieux cons
Avec la paille de la misère pourrissant dans l'acier des canons[8].

1. allusion à une série *Les Mystères de New York*, réalisée par Louis Gasnier. – 2. allusion au roman, *Les Mystères de Paris*, d'Eugène Sue. – 3. dans la religion chrétienne, union des trois personnes divines. – 4. canal du bassin parisien. – 5. ville du Finistère, parcourue par le Dossen. – 6. bonbons à la menthe, spécialité de Cambrai. – 7. mercenaire et, par extension, toute personne grossière et brutale. – 8. la paille servait à nettoyer les canons.

Questions

Une image paradoxale du monde

1. Les lieux évoqués peuvent-ils être rapprochés ? Pourquoi le poète a-t-il choisi de les associer ? Appuyez-vous sur les sonorités, les images, etc.
2. Quelle comparaison le poète emploie-t-il pour désigner le monde ? Expliquez-la.
3. Par quels procédés stylistiques Prévert met-il en lumière les contradictions du monde ? ► Figures de style, p. 576

La distance ironique

4. À qui s'adresse le poète ? Pourquoi sa demande est-elle surprenante ?
5. Quels jeux de mots relevez-vous dans le poème ?
6. Pourquoi peut-on dire que la situation d'énonciation choisie est particulièrement efficace pour dénoncer les errements des hommes ?

Synthèse Montrez que le texte de Prévert est une dénonciation.

Vers le bac S'entraîner à la question sur le corpus

En confrontant les différents textes de la séquence, vous montrerez comment les poètes utilisent la poésie pour convaincre.

► Confronter les textes du corpus pour organiser sa réponse, p. 588

TEXTE 6

David Diop, *Coups de pilon* (1956)

► Biographie p. 630

CONTEXTE

À la suite de l'Antillais Aimé Césaire et du Sénégalais Léopold Sédar Senghor, qu'il eut comme professeur, David Diop reprend le concept de « négritude ». Le mot apparaît en 1935, chez Césaire, et renvoie à une prise de conscience de l'identité noire, dans le monde colonial. C'est aussi la revendication d'une appartenance à une culture autre et une condamnation du racisme.

Le Renégat

Mon frère aux dents qui brillent sous le compliment hypocrite
Mon frère aux lunettes d'or
Sur tes yeux rendus bleus par la parole du Maître
Mon pauvre frère au smoking à revers de soie
Piaillant[1] et susurrant[2] et plastronnant[3] dans les salons de la condescendance[4]
Tu nous fais pitié
Le soleil de ton pays n'est plus qu'une ombre
Sur ton front serein de civilisé
Et la case de ta grand-mère
Fait rougir un visage blanchi par les années d'humiliation et de Mea Culpa[5]
Mais lorsque repu de mots sonores et vides
Comme la caisse qui surmonte tes épaules
Tu fouleras la terre amère et rouge d'Afrique
Ces mots angoissés rythmeront alors ta marche inquiète :
Je me sens seul si seul ici !

1. poussant de petits cris. – 2. murmurant. – 3. se redressant pour se montrer sous son meilleur jour. – 4. attitude polie, teintée de mépris. – 5. mots latins qui signifient « par ma faute ». Lors du rituel de la confession catholique, aveu d'une faute.

Buste en bois, début XXᵉ siècle, provenant d'Afrique de l'Ouest, collection privée.

Questions

Les reproches du poète

1. À qui s'adresse le poète ? Quel lien a-t-il avec ce destinataire ?
► L'énonciation et la modalisation, p. 540
2. Quel portrait physique peut être dressé du destinataire ? Quel rôle ont les objets dans la construction du personnage ? Commentez leur place dans les vers.
► La description, p. 546
3. Comment le poète laisse-t-il percer ses reproches ? Appuyez-vous en particulier sur l'étude des sonorités.
► La versification, p. 558

L'opposition de deux mondes

4. Relevez les repères spatiaux : quels univers le poète oppose-t-il ? Quel jugement porte-t-il sur ceux-ci ?
5. Quels sont les autres personnages mentionnés ? Expliquez le rôle de chacun d'eux dans la vie du destinataire.
6. Le locuteur et le destinataire appartiennent-ils au même monde ? Justifiez votre réponse.

Synthèse Montrez comment Diop interpelle le lecteur de manière efficace.

SYNTHÈSE

FONCTIONS DU POÈTE, DU MOYEN ÂGE AU XXe SIÈCLE

Le poète n'est pas un être refermé sur lui-même, détaché des autres : il a conscience des imperfections du monde. Il aborde dans ses œuvres les thèmes de l'injustice, des guerres de religion, de l'exil, de la guerre ou du colonialisme. Sa situation personnelle peut le pousser à écrire, mais il peut aussi se faire le porte-parole de tout un groupe.

1 LE POÈTE « PROPHÈTE »

Le poète est, selon la tradition, un intermédiaire entre Dieu et les hommes, le lien entre passé et avenir : c'est ce qui fait sa supériorité et sa spécificité.

- Il peut annoncer un lendemain sombre ; il en fait alors une peinture saisissante.

Ex. : Agrippa d'Aubigné évoque le jugement dernier, dans un monde renversé. ► p. 238

- Il redonne aussi espoir aux peuples.

Ex. : Dans « Lux », Victor Hugo, malgré son exil, veut croire à la liberté des peuples. ► p. 240

- Afin de susciter une **prise de conscience**, le poète « prophète » donne à ses poèmes une forme insistante, incantatoire grâce à la rythmique (répétitions, anaphores, enjambements, choix métriques) et aux jeux sur les sonorités (assonances, allitérations, etc.)

Comme une **prière**, il permet d'interpeller de manière efficace celui que l'on veut faire réagir.

Ex. : François Villon, dans *L'Épitaphe Villon*, essaie de faire fléchir ses contemporains en évoquant sa mort et celle de ceux qui, comme lui, sont pendus. ► p. 236

Ex. : Jacques Prévert, dans « Pater Noster », compose une prière surprenante afin de mettre en évidence les paradoxes du monde. ► p. 245

2 L'ENGAGEMENT DU POÈTE

- À la fois observateur et juge, le poète est amené à s'engager et à dénoncer ce qui se passe dans le monde.

Ex. : Dans « Ce Cœur qui haïssait la guerre » de Robert Desnos, le poète appelle ses contemporains à la Résistance, durant la Seconde Guerre mondiale. ► p. 244

- Le poète **donne plus de force à son discours** en employant des procédés rhétoriques (personnifications, allégories, hyperboles, métaphores, etc.)

Il peut par exemple employer des images saisissantes en faisant parler la Nature. Toutes les figures stylistiques sollicitant l'imagination du lecteur sont convoquées.

L'énonciation confère également au poème un caractère oratoire, solennel (choix du destinataire, présence d'apostrophes, etc.)

Ex. : Dans « Le Renégat », David Diop emploie la même expression en début de vers afin de marquer le destinataire de son discours. ► p. 246

- Afin de rendre son discours plus percutant, le poète, exprimant ses propres sentiments, peut chercher à susciter la compassion de son lecteur : son texte est alors **pathétique**.

Ex. : François Villon, dans *L'Épitaphe Villon*, émeut le lecteur en l'appelant « Frère » et décrit l'horreur des cadavres de pendus.

- Il peut aussi créer une complicité avec le lecteur par des jeux de mots.

Ex. : Robert Desnos, dans « Ce cœur qui haïssait la guerre » met en résonance « battre » et « combattre ». ► p. 244

TEXTE 1

Guillaume du Bartas, *La Semaine* (1578)

L'œuvre majeure de Guillaume Du Bartas (1544-1590), La Semaine*, est un très long poème didactique. Inspiré de la Genèse, il se découpe en sept parties correspondant aux sept jours de la création. Du Bartas s'inscrit ainsi dans un renouveau de la poésie chrétienne. Ayant en vue de glorifier Dieu, le poète représente la nature comme une œuvre d'art, avec une écriture lyrique et riche. Il convoque aussi les connaissances cosmographique et théologique de son époque. Du Bartas peint un tableau apocalyptique dans son récit du premier jour de* La Semaine. ► Le Baroque, p. 27

[…] Un jour de comble-en-fond[1] les rochers crouleront,
Les monts les plus sourcilleux de peur se dissoudront,
Le Ciel se crèvera, les plus basses campagnes,
Boursouflées, croîtront en superbes montagnes ;
Les fleuves tariront, et si dans quelque étang
Reste encore quelque flot, ce ne sera que sang ;
La mer deviendra flamme, et les sèches baleines,
Horribles, meugleront sur les cuites arènes[2] ;
En son midi plus clair le jour s'épaissira,
Le ciel d'un fer rouillé sa face voilera.
Sur les astres plus clairs courra le bleu Neptune[3] :
Phoebus[4] s'emparera du noir char de la Lune :
Les étoiles cherront[5]. Le désordre, la nuit,
La frayeur, le trépas, la tempête, le bruit,
Entreront en quartier ; et l'ire vengeresse
Du juge criminel[6], qui là déjà nous presse,
Ne fera de ce Tout qu'un bûcher flamboyant,
Comme il n'en fit jadis qu'un marais ondoyant. […]

Orthographe modernisée par les auteurs du manuel

1. du sommet aux fondations.
2. le fond sableux des mers.
3. dieu des eaux et de la mer dans la mythologie romaine.
4. terme poétique pour désigner le soleil.
5. tomberont.
6. « et la colère vengeresse de celui qui juge des crimes ».

Questions

Une vision de l'Apocalypse

1. Quel temps verbal domine dans ces vers ? Quels sont ses effets ?
2. Quels sont les éléments de la nature évoqués dans ces vers ? Quels procédés sont utilisés ? Quelle est l'intention du poète ?
3. Identifiez les principaux registres du poème et interrogez-vous sur leur fonction. ► Registres, p. 568

Un monde renversé

4. Qu'est-ce qui caractérise le mouvement dominant qui anime la nature dans l'ensemble des vers ? Justifiez. Quelle vision de la nature le poète cherche-t-il à donner ?
5. Que suggère le poète en employant le verbe « meugler » (v. 8) ? Comment illustre-t-il le bouleversement annoncé de la nature ?
6. Quelle est la fonction des deux derniers vers ?

Synthèse Montrez que cette vision d'une nature personnifiée s'inscrit dans une esthétique baroque.

►►► **Pierre Bruegel dit l'Ancien**, *La Chute des anges rebelles* (détail), 1562, huile sur bois (117 x 162 cm), musées royaux des Beaux-Arts, Bruxelles.

Tapisseries de l'Apocalypse, *La Chute de Babylone* (détail) XIVe siècle, d'après des cartons de Hennequin de Bruges tapisserie (600 x 230 cm), château d'Angers.

Pierre Bruegel dit l'Ancien, *La Chute des anges rebelles*, 1562, huile sur bois (117 x 162 cm), musées royaux des Beaux-Arts, Bruxelles.

Question ► La lecture d'image, p. 580

Comparez l'expression du chaos dans ces deux œuvres. Vous vous appuierez sur le format des tableaux, la composition, les lignes de force, les couleurs et lumières, l'opposition entre les formes.

Agrippa d'Aubigné, *Les Tragiques*, V (1616)

► Biographie p. 627

CONTEXTE

Le 24 août 1572, jour de la Saint-Barthélemy, le carillon de l'église de Saint-Germain l'Auxerrois à Paris donne le signal du massacre des protestants par les catholiques. C'est le jour le plus noir des guerres de Religion qui ont ensanglanté le pays pendant la seconde partie du XVIe siècle. Pour Agrippa d'Aubigné, un protestant, *Les Tragiques* ne se veulent pas le simple récit des guerres de religion mais une vision de ce qui adviendra : les « Vengeances » divines (Livre VI) et la lumière du « Jugement » (Livre VII).

► Le Baroque, p. 27

Dans le livre V des Tragiques, *long poème épique et satirique, Agrippa d'Aubigné fait allusion aux victimes des massacres de la Saint-Barthélemy.*

Les Fers

[…] La cloche qui marquait les heures de justice[1],
Trompette des voleurs, ouvre aux forfaits la lice[2] ;
Ce grand palais du droit fut contre droit choisi
Pour arborer au vent l'étendard cramoisi.
Guerre sans ennemi, où l'on ne trouve à fendre
Cuirasse que la peau, ou la chemise tendre.
L'un se défend de voix, l'autre assaut[3] de la main,
L'un y porte le fer, l'autre y prête le sein :
Difficile à juger qui est le plus astorge[4],
L'un à bien égorger, l'autre à tendre la gorge.
Tout pendard parle haut, tout équitable craint,
Exalte ce qu'il hait, qui n'a crime le feint[5].
Il n'est garçon, enfant, qui quelque sang n'épanche
Pour n'être vu honteux s'en aller la main blanche.
Les prisons, les palais, les châteaux, les logis,
Les cabinets sacrés[6], les chambres et les lits
Des princes, leur pouvoir, leur secret, leur sein même
Furent marqués des coups de la tuerie extrême.
Rien ne fut plus sacré quand on vit par le Roi
Les autels violés, les pleiges[7] de la foi.
Les princesses s'en vont de leurs lits, de leurs chambres,
D'horreur, non de pitié, pour ne toucher aux membres
Sanglants et détranchés[8] que le tragique jour
Mena chercher la vie au nid du faux amour[9]. […]

Orthographe modernisée par les auteurs du manuel

1. la cloche du Palais de Justice.
2. barrière.
3. attaque.
4. insensible.
5. feint d'en avoir commis.
6. cabinets où sont traitées les affaires d'État.
7. lieux d'asile, normalement inviolables.
8. tranchés.
9. allusion à l'aventure du vicomte de Léran qui sauva sa vie en se cachant sous le lit de la reine de Navarre.

Questions

Versification

Relevez les principales allitérations et assonances des vers 1 à 4 et analysez leurs effets.

Le récit d'un massacre

1. Distinguez récit et discours.
2. Étudiez l'emploi des temps. Quels sont leurs effets et leurs valeurs ?
3. Comment les personnages de l'action sont-ils d'abord présentés ?
4. Étudiez la progression de l'attaque. Quels sont les différents lieux nommés ?

Une vision d'apocalypse

5. Relevez et analysez les champs lexicaux dominants.
6. Quel effet le poète recherche-t-il en associant la figure des « princesses » à celle des « membres / Sanglants et détranchés » (v. 21-23). Étudiez les rythmes et la construction des quatre derniers vers.
7. Par quels procédés le poète tente-t-il d'exprimer le sentiment du « tragique jour » dans le poème ?

La dénonciation du poète

8. Comment le poète se situe-t-il par rapport aux événements relatés ? Relevez les marques de jugement et les procédés mis en œuvre pour les exprimer.
9. Quelle figure de construction domine les vers 7 à 10 ? Quel est l'effet produit ?
10. Quel rôle peut-on attribuer à la rime « Roi » et « foi » ? Que cherche à souligner le poète ?

Synthèse Montrez que l'écriture poétique peut exprimer la vérité des événements historiques.

TEXTE 3

Théophile de Viau, *Œuvres poétiques* (1623)

CONTEXTE

Les poèmes de Théophile de Viau (1590-1626) s'inscrivent dans la continuité esthétique baroque de la fin du XVIe siècle. Son écriture lyrique traduit une aspiration au bonheur, mais les inquiétudes du poète, liées sans doute aux guerres de son temps, donnent également une dimension macabre à ses textes.

► Le Baroque, p. 27

Cette ode s'inscrit dans une veine funèbre à travers des phénomènes effrayants, vraisemblablement inspirés d'historiens romains comme Plutarque ou Tite Live, évoquant la chute de Rome.

XLIX

Ode

Un corbeau devant moi croasse,
Une ombre offusque mes regards,
Deux belettes et deux renards
Traversent l'endroit où je passe,
Les pieds faillent à mon cheval,
Mon laquais tombe du haut mal[1],
J'entends craqueter le tonnerre,
Un esprit se présente à moi,
J'ois[2] Charon[3] qui m'appelle à soi,
Je vois le centre de la terre.

Ce ruisseau remonte en sa source,
Un bœuf gravit sur un clocher,
Le sang coule de ce rocher,
Un aspic[4] s'accouple d'une ourse,
Sur le haut d'une vieille tour
Un serpent déchire un vautour,
Le feu brûle dedans la glace,
Le Soleil est devenu noir,
Je vois la Lune qui va choir[5],
Cet arbre est sorti de sa place.

1. épilepsie.
2. j'entends.
3. Dans la mythologie grecque et romaine, le Charon transporte sur le Styx les âmes des défunts vers le séjour des morts.
4. serpent venimeux.
5. tomber.

Jérôme Bosch, *Vision de l'au-delà*, 1500-1504, partie d'un polyptique perdu, à venir (à venir), Palais Ducal, Venise.

Questions

Vocabulaire

Quelle est la valeur symbolique du bestiaire dans ce poème ?

Une scène saisissante

1. Relevez les marques de la présence du poète dans les strophes. Comment structurent-elles l'ode ?
2. Quel temps domine dans ces vers ? Quel est son principal effet ?
3. Quelle figure de style dressant le tableau d'une scène saisissante relevez-vous dans l'ensemble du poème ?
4. Que connote le bestiaire des vers 1 à 4 ? Dans quel but ?
5. Relevez les scènes de prodige et celles chargées de violence. Comment interprétez-vous cette variété ?

Le tumulte du monde

6. Identifiez les principaux registres.
7. Quel lien logique peut-on établir entre les vers 1 à 4 et la fin de la strophe ? Quel monde nouveau apparaît dans les vers 5 à 10 ?
8. Qu'est-ce qui caractérise la vision du poète aux vers 8 à 10 ?
9. Que symbolisent les vers 18 et 19 ? Comment peut-on interpréter le retour du « je » au vers 19 ?

Synthèse Montrez que les images et les visions du poète contribuent à la dramatisation du texte.

Vers le bac S'entraîner à la question sur le corpus

D'après les textes 1 à 3, caractérisez l'écriture poétique baroque et le monde décrit par les poètes. ► Confronter les textes du corpus pour organiser sa réponse, p. 588

Guillaume Apollinaire, *Calligrammes* (1918)

► Biographie p. 627

CONTEXTE

Apollinaire souhaite s'engager en tant que volontaire dès la mobilisation générale, et intègre un régiment d'artillerie à Nîmes le 6 décembre 1914. Blessé à la tempe par un éclat d'obus le 17 mars 1916, il est déclaré inapte au combat. C'est pendant la guerre et dans les mois qui suivent sa blessure qu'Apollinaire écrit quelques-uns de ses plus célèbres calligrammes. « La petite auto » ouvre les cinq sections du recueil *Calligrammes* consacrées à l'engagement du poète dans la Grande Guerre.

Dans ce poème, le voyage d'Apollinaire et de son ami Rouveyre, de Deauville à Paris, dans la petite auto, marque la fin d'une époque : la guerre est proche.

La Petite Auto

Le 31 du mois d'Août 1914[1]
Je partis de Deauville un peu avant minuit
Dans la petite auto de Rouveyre
Avec son chauffeur nous étions trois
Nous dîmes adieu à toute une époque
Des géants furieux se dressaient sur l'Europe
Les aigles quittaient leur aire attendant le soleil
Les poissons voraces montaient des abîmes
Les peuples accouraient pour se connaître à fond
Les morts tremblaient de peur dans leurs sombres demeures
Les chiens aboyaient vers là-bas où étaient les frontières
Je m'en allais portant en moi toutes ces armées qui se battaient
Je les sentais monter en moi et s'étaler les contrées où elles serpentaient
Avec les forêts les villages heureux de la Belgique
Francorchamps[2] avec l'Eau Rouge et les pouhons[3]
Région par où se font toujours les invasions
Artères ferroviaires où ceux qui s'en allaient mourir
Saluaient encore une fois la vie colorée
Océans profonds où remuaient les monstres
Dans les vieilles carcasses naufragées
Hauteurs inimaginables où l'homme combat
Plus haut que l'aigle ne plane
L'homme y combat contre l'homme
Et descend tout à coup comme une étoile filante [...]

1. en réalité, le 31 juillet, quand l'auteur et son ami quittent précipitamment Deauville à l'annonce de la guerre.
2. ville où séjourna Apollinaire et rivière de Belgique.
3. sources minérales contenant du fer.

Questions

Témoin du chaos

1. De quel événement historique est-il question dans ces vers ? Justifiez.
2. Relevez les marques de la présence du poète dans ces vers. Quel rôle s'attribue-t-il ?
3. Quelle valeur symbolique peut-on attribuer aux indices temporels ici ?

Une écriture baroque

4. Par quels procédés le poète évoque-t-il le bouleversement du monde des vers 5 à 11 ? Quelle vision cherche-t-il à en donner ?
5. Relevez les procédés de l'hyperbole. Quelles sont leurs fonctions ?
6. Étudiez le champ lexical du combat. Quelle image le poète parvient-il à donner de la guerre ?
7. Qu'est-ce qui caractérise le bestiaire ? À quelles fins est-il utilisé ? Quelles intentions peut-on percevoir dans cette caractérisation ?

Synthèse Montrez que ce voyage est à la fois réel et imaginaire.

Grammaire

Justifiez l'emploi du présent dans les quatre derniers vers.

► Modes, temps et valeurs p. 524

Vers le bac **S'entraîner au commentaire**

Rédigez un paragraphe de commentaire qui démontrera la volonté du poète d'allier tradition et modernité.

► Rédiger des paragraphes et insérer des citations, p. 598

TEXTE 5

Victor Segalen, *Stèles* (1912)

CONTEXTE

Parce que la Chine exerce sur Victor Segalen (1878-1919) une véritable fascination, il s'y installe avec sa femme et son fils en 1910. Il publie la première édition des *Stèles* à Pékin en 1912. Interrompu par la guerre lors d'une expédition archéologique en Chine, il rentre en France, passe quelque temps au front, puis retourne en Chine pour y recruter des volontaires.

Stèles est un recueil de poésies en prose organisées en sections. Cela correspond aux « stèles », pierres funéraires verticales. Des commentaires y sont inscrits en guise d'oraison funèbre. À chaque section du recueil correspond un idéogramme chinois, et une phrase en chinois est portée en tête de chaque poème. « À l'envers » est extrait de la dernière section Stèles du milieu. *Dans ce poème, la fin du monde est annoncée comme une « heure renversée ».*

混沌

À l'envers

À l'envers du commun des hommes qui, dans leurs menus souhaits échangent des « Dix mille années »,
J'appelle avec vœux la clôture de la Grande Année[1] du Monde, et qu'il s'endorme vite dans le chaos sans bonté.
À l'envers de leur nature les êtres alors agiront : l'eau brûlant, le feu noyant toute la chose et tout l'esprit.

Vienne cette heure renversée, la Douzième : son moment, qu'il me sera doux !
À l'envers de ma nature les désirs alors agiront :
Peut-être alors me sentirai-je bon parmi les principes à l'envers ?

1. La Grande Année est une thématique de la pensée orientale, liée à la régénération après le chaos.

Édouard Chavannes, *Dingxiangxian, stèles funéraires*, 1907, négatif verre au gélatino-bromu (6 x 9 cm), musée Guimet, Paris.

Prolongement
Cherchez, dans la littérature et d'autres arts (sculpture, musique, etc.) des XXe et XXIe siècles, une ou des œuvres qui évoquent l'image du chaos et donnez-en une interprétation.

Questions

1. Qu'est-ce qui caractérise et justifie les « vœux » du poète ? Par quels procédés sont-ils exprimés ?
2. Quelle figure de style pouvez-vous relever tout au long du poème ? Quel lien faites-vous avec le titre du poème ?
3. Quelle vision de l'homme et du monde le poète affirme-t-il dans la première partie du poème ?
4. Relevez les oppositions entre les deux parties du poème. Que révèlent-elles de l'état d'esprit du poète ?
5. Qu'est-ce qui peut justifier le bouleversement de l'ordre des éléments ? Qu'en espère le poète ? Justifiez.

Synthèse Qu'est-ce qui caractérise l'écriture de Victor Segalen ? Justifiez votre réponse dans un paragraphe argumenté.

Grammaire
Identifiez le mode et le temps de « Vienne », vers 4. Quelles sont ici leurs valeurs ?
► Modes, temps et valeurs p. 524

George Grosz, *Explosion*, 1917, huile sur bois (47,8 x 68,2 cm), Museum of Modern Art, New York.

Des bottes étaient mises à la disposition des visiteurs pour arpenter l'installation. ▶

Thomas Hirschhorn, *TOO TOO-MUCH MUCH* Installation/accumulation de canettes vides, 2010, museum Dhondt-Dhaenes, Deurle (Belgique).

Questions

1. À quelle date George Grosz réalise-t-il ce tableau ? Quel lien faites-vous avec ce qui est donné à voir ? Comment le peintre exprime-t-il la fureur de la destruction (couleurs, lignes de force, point de vue, formes) ?
2. Que dénonce Thomas Hirschorn dans cette œuvre ? Comment fait-il ressentir la responsabilité humaine ?

SYNTHÈSE

VISIONS DU CHAOS DANS LA POÉSIE ET LES ARTS, DU BAROQUE AU XXIe SIÈCLE

À la fin du XVIe siècle et au début du XVIIe siècle, des poètes comme Agrippa d'Aubigné, Guillaume du Bartas ou Théophile de Viau explorent des voies nouvelles pour affronter l'instabilité de leur époque dominée par les guerres de religion. Les poètes du XXe siècle, eux aussi témoins et acteurs des conflits de leur époque, sont sensibles à cette rhétorique.

1 LES REPRÉSENTATIONS DU CHAOS

L'Apocalypse

Les poètes baroques s'inspirent du récit de l'*Apocalypse* du *Nouveau testament*.

Ex. : Dans *La Semaine*, Guillaume du Bartas peint un tableau saisissant de l'Apocalypse. ► p. 248

Le monde inversé

Le chaos chez la plupart des poètes s'exprime plus précisément par le renversement du monde et de son mouvement naturel, mais aussi par l'inversion des valeurs communes à l'humanité.

Ex. : On retrouve ce renversement dans les poèmes de Guillaume du Bartas (► p. 248), d'Agrippa d'Aubigné (► p. 250) ou de Théophile de Viau (► p. 251), mais aussi dans celui de Victor Segalen (► p. 253) qui en fait le thème principal de son texte (► p. 250).

Le chaos intérieur

Le trouble intérieur du poète peut révéler une forme de chaos.

Le tumulte du monde, devenu un tumulte intérieur, devient la matière même de leurs œuvres.

Ex. : Dans son ode, Théophile de Viau exprime son inquiétude et son désarroi face au monde ébranlé par les guerres. ► p. 251

2 L'ESTHÉTIQUE BAROQUE

• La poésie baroque est particulièrement sensible au monde en mouvement, à un univers en perpétuelle mutation.

Les guerres de religion, dont les poètes baroques – catholiques et protestants – sont les contemporains, illustrent cette instabilité.

Ex. : Dans le poème d'Agrippa d'Aubigné, l'évocation du massacre de la Saint-Barthélémy offre au poète l'occasion de traduire le désordre d'un monde renversé par cette guerre des religions. ► p. 250

• Les poètes exploitent les procédés d'amplification (répétition, énumération, périphrase, allégorie, hyperbole, etc.) et les procédés propres à l'hypotypose (la 1re personne, le présent d'énonciation ou de narration, etc.)

Ex. : Agrippa d'Aubigné (► p. 250) et surtout Théophile de Viau (► p. 251) recourent aux présents de narration et d'énonciation ; les démonstratifs sont nombreux chez de Viau qui utilise également des pronoms à la 1re personne.

• Les poètes se font prophètes.

Voulant donner une image saisissante et inquiétante, ils utilisent un mode et des temps propres à exprimer la certitude des événements à venir : le futur et le présent de l'indicatif.

Ex. : Le futur domine dans le poème de Guillaume du Bartas (► p. 248), le présent de narration dans celui d'Agrippa d'Aubigné (► p. 250).

TEXTE 1

Joachim Du Bellay, *L'Olive* (1550)

► Biographie p. 628

Au moment de la publication du recueil L'Olive, *Joachim Du Bellay est devenu le porte-parole de La Pléiade, groupe de poètes ambitieux qui veulent rénover la langue et la littérature française. Il imite surtout le grand poète de la Renaissance italienne, Pétrarque (1304-1374), qui a consacré à son amante idéale, Laure, un recueil de sonnets, le* Canzoniere. *Du Bellay développe ici un thème courant à l'époque, « La Belle Matineuse » : le soleil se lève mais son apparition est éclipsée par la beauté de la femme aimée.* ► La Pléiade, p. 26

Déjà la nuit en son parc

Déjà la nuit en son parc amassait
Un grand troupeau d'étoiles vagabondes,
Et pour entrer aux cavernes profondes,
Fuyant le jour, ses noirs chevaux chassait.

Déjà le ciel aux Indes[1] rougissait,
Et l'aube encor' de ses tresses tant blondes,
Faisant grêler[2] mille perlettes rondes,
De ses trésors les prés enrichissait :

Quand d'occident, comme une étoile vive,
Je vis sortir dessus ta verte rive,
Ô fleuve mien[3] ! une Nymphe[4] en riant.

Alors voyant cette nouvelle Aurore,
Le jour honteux d'un double teint colore
Et l'Angevin et l'Indique orient[5].

Orthographe modernisée par les auteurs du manuel

1. à l'orient.
2. tomber en grêle.
3. la Loire, qui coule dans la région natale du poète, l'Anjou.
4. divinité féminine dans la mythologie grecque et latine.
5. l'orient qui vient d'Anjou et celui qui vient d'Inde.

Questions

La composition du poème

1. Identifiez les éléments caractéristiques du sonnet. Pourquoi les deux premières strophes forment-elles une unité ?
► Les formes et les genres poétiques, p. 559

2. Étudiez le schéma de rimes dans les deux dernières strophes : quels termes sont associés à la femme aimée ? Que remarquez-vous ?

Le décor

3. Relevez et commentez les éléments constitutifs du décor dans le premier quatrain.

4. Dans le second quatrain, étudiez la progression dans la composition du paysage.

Le regard ébloui sur la femme

5. Dans le premier tercet, comment l'apparition est-elle mise en valeur ? Répondez en vous appuyant sur la syntaxe et les figures de style.
► Figures de style, p. 576

6. Étudiez l'image du dernier tercet : à quoi la femme est-elle associée ? Comment sa beauté est-elle ici rehaussée ? Commentez la rivalité indiquée par les deux derniers vers.

Synthèse Montrez comment l'expression du sentiment amoureux est étroitement liée à la description de la nature.

►►► **Sandro Botticelli**, *Le Printemps* (détail), 1475, tempera sur toile (203 x 310 cm), musée des Offices, Florence (Italie).

Pierre de Ronsard, *Amours de Cassandre* (1552)

► Biographie p. 635

CONTEXTE

Les *Amours de Cassandre* auraient été inspirés à Ronsard par sa rencontre fugitive avec la très jeune Cassandre Salviati, fille du banquier Salviati. Mais quelle qu'ait été la réalité de cette histoire sentimentale éphémère, elle est surtout prétexte pour le jeune poète à s'essayer avec succès à la poésie amoureuse, marquée par l'influence de Pétrarque, grand poète de la Renaissance italienne.

► La Pléiade, p. 26

Dans ce sonnet, le poète évoque sa rencontre en 1545 avec Cassandre : c'est le début d'une histoire d'amour malheureuse.

Comme un chevreuil

Comme un chevreuil, quand le printemps détruit
Du froid hiver la poignante gelée,
Pour mieux brouter la feuille emmiellée,
Hors de son bois avec l'Aube s'enfuit,

Et seul, et sûr, loin de chiens et de bruit,
Or'[1], sur un mont, or' dans une vallée,
Or' près d'une onde à l'écart recelée,
Libre, folâtre, où son pied le conduit,

De rets ne d'arc[2] sa liberté n'a crainte
Sinon alors que sa vie est atteinte
D'un trait meurtrier empourpré de son sang.

Ainsi j'allais sans espoir[3] de dommage,
Le jour qu'un œil sur l'avril de mon âge
Tira d'un coup mille traits en mon flanc.

1. tantôt.
2. ni des pièges ni de l'arc.
3. crainte.

Questions

Vocabulaire

Vérifiez le sens propre du mot « traits » employé au vers 14. Quel sens figuré a-t-il ici ?

Un récit empreint de pittoresque

1. Relevez et commentez dans les deux quatrains les nombreuses indications concrètes sur les lieux, les temps, les actions.
2. Commentez l'opposition produite par le premier tercet : quel est l'effet recherché ? ► La versification, p. 558

Mise en scène du coup de foudre

3. Comment est construit ce poème ? Sur quelle image est-il fondé ? Quels éléments justifient ce rapprochement ? ► Figures de style, p. 576
4. Relisez les vers 13 et 14 et mettez-les en parallèle avec le vers 11 : quel sentiment le poète exprime-t-il ici ?
5. Caractérisez la vision de l'amour exprimée dans ce poème.

Synthèse Vous montrerez comment le poète évoque ici le début d'un amour malheureux.

Vers le bac S'entraîner à l'écriture d'invention

En vous inspirant de Ronsard, rédigez un court texte en prose ou en vers, fondé sur une analogie. Comme lui, vous veillerez à la cohérence entre comparant et comparé et vous ne révèlerez le comparé que dans les dernières phrases de votre texte.

► Repérer les différents écrits d'invention, p. 612

Alfred de Musset, *Poésies nouvelles* (1850)

► Biographie p. 634

CONTEXTE

La publication des *Méditations poétiques* de Lamartine en 1820 marque le début de la révolution romantique par la libération des formes et des thèmes. Les romantiques placent au cœur de la poésie l'expression du Moi, donnant ainsi un nouvel élan au lyrisme amoureux.
La poésie d'Alfred de Musset s'inscrit pleinement dans cette visée : sa liaison éphémère et orageuse avec George Sand a contribué à faire mûrir son génie poétique.

► Le Romantisme, p. 33

Alfred de Musset revient ici en compagnie d'amis dans la forêt de Fontainebleau, lieu associé au début de ses amours avec George Sand.

Souvenir

[…] Les voilà ces coteaux, ces bruyères fleuries,
Et ces pas argentins[1] sur le sable muet,
Ces sentiers amoureux, remplis de causeries,
Où son bras m'enlaçait.

Les voilà ces sapins à la sombre verdure,
Cette gorge profonde aux nonchalants détours[2],
Ces sauvages amis, dont l'antique murmure
A bercé mes beaux jours.

Les voilà ces buissons, où toute ma jeunesse
Comme un essaim[3] d'oiseaux chante au bruit de mes pas.
Lieux charmants, beau désert où passa ma maîtresse,
Ne m'attendiez-vous pas ?

Ah ! laissez les couler, elles me sont bien chères,
Ces larmes que soulève un cœur encor blessé !
Ne les essuyez pas, laissez sur mes paupières
Ce voile du passé ! […]

1. référence au bruit des pas, clair comme de l'argent. – 2. allusion précise à la gorge de Franchart, vallée étroite et encaissée au cours sinueux. – 3. au sens figuré : grande quantité, multitude.

Théodore Rousseau,
Dans la forêt de Fontainebleau
(détail), XIXe siècle,
huile sur bois (40,5 x 30 cm),
Kunsthalle, Hambourg
(Allemagne).

Questions

Grammaire
À quelle catégorie grammaticale appartient le mot « ces » ? Quelle valeur précise a-t-il dans ce poème ?

1. Étudiez la forme du poème : les strophes, les mètres employés, le schéma de rimes. Quel est l'effet recherché par l'alternance de mètres ?
► Les formes poétiques, p. 559
2. Commentez la reprise de « Les voilà » au début des trois premières strophes : comment nomme-t-on ce procédé ? Quel sentiment domine à ce moment chez le poète ?
► Figures de style, p. 576
3. Dans les strophes 1 et 3, relevez et commentez les expressions qui associent étroitement la nature et l'amour perdu.
4. Relisez les strophes 2 et 3 : que représente la forêt pour le poète ?
5. À qui s'adresse le poète dans la dernière strophe ? Quels sentiments contrastés exprime-t-il ici ?

Synthèse Montrez comment le poète recherche ici un amour perdu.

Victor Hugo, *Les Contemplations* (1856)

► Biographie p. 631

⊕ CONTEXTE

Les Contemplations sont un recueil lyrique, que Victor Hugo définit comme « Les Mémoires d'une âme », publié en 1856. Ce recueil réunit des poèmes écrits sur une vaste période et regroupés en deux parties *Autrefois* et *Aujourd'hui* : le poète oppose ainsi son passé heureux à un présent empreint de tristesse et de deuil depuis la mort de sa fille, Léopoldine. Le recueil est aussi traversé par le souffle mystique de la foi.

► Le Romantisme, p. 33

Ce poème, daté des années 1830 par Victor Hugo, évoque un souvenir de jeunesse : le bonheur d'une rencontre amoureuse éphémère.

Elle était déchaussée

Elle était déchaussée, elle était décoiffée,
Assise, les pieds nus, parmi les joncs penchants ;
Moi qui passais par là, je crus voir une fée,
Et je lui dis : Veux-tu t'en venir dans les champs ?

Elle me regarda de ce regard suprême
Qui reste à la beauté quand nous en triomphons,
Et je lui dis : Veux-tu, c'est le mois où l'on s'aime,
Veux-tu nous en aller sous les arbres profonds ?

Elle essuya ses pieds à l'herbe de la rive ;
Elle me regarda pour la seconde fois,
Et la belle folâtre alors devint pensive.
Oh ! comme les oiseaux chantaient au fond des bois !

Comme l'eau caressait doucement le rivage !
Je vis venir à moi, dans les grands roseaux verts,
La belle fille heureuse, effarée et sauvage,
Ses cheveux dans ses yeux, et riant au travers.

Mont-l'Am, juin 183…

Eduard Steinbrueck, *Ondine*, 1843, huile sur toile (153 x 104 cm), musée des Beaux-Arts Pouchkine, Moscou (Russie).

Questions

Vocabulaire

Expliquez la composition de « folâtre » (v. 11) : quel sens lui donnez-vous dans le poème ?

Un récit de rencontre bucolique

1. Relevez et commentez les éléments qui forment le cadre bucolique de la rencontre.

2. Relevez le lexique du regard mis en œuvre dans le texte. Quel est l'effet recherché par le poète ?

3. Commentez l'invitation adressée à la jeune fille aux vers 7 et 8 : comment s'exprime le poète ? Qu'en pensez-vous ?

Un lyrisme simple et familier

4. Faites les observations qui s'imposent sur la forme versifiée.

5. Observez les répétitions sur lesquelles repose le poème, les jeux de sonorité. De quel autre genre s'approche-t-on ici ?

6. Comment est mise en valeur la beauté naturelle de la jeune fille ?

7. Le poète se remémore ce souvenir avec émotion : relevez et commentez les indices qui soulignent cette émotion.

Synthèse Ce poème appartient au premier livre du recueil, *L'Aurore* : ce titre vous paraît-il ici justifié ? Expliquez.

Vers le bac S'entraîner à la dissertation

Pour défendre la poésie lyrique, Victor Hugo écrit, dans la Préface des *Contemplations* : « Est-ce donc la vie d'un homme ? Oui, et la vie des autres hommes aussi […]. Ah ! insensé qui crois que je ne suis pas toi. »

Pour étayer ce point de vue, vous rédigerez une partie de dissertation où vous expliquerez comment la poésie lyrique peut prendre une dimension universelle. Vous vous appuierez sur les textes de la séquence ou d'autres que vous connaissez.

► Analyser le sujet et exploiter le corpus p. 602

Paul Eluard, *Capitale de la douleur* (1926)

► Biographie p. 630

CONTEXTE

Le Surréalisme, vision nouvelle de l'homme, du monde et de l'art, naît peu de temps après la Première Guerre mondiale. Il se caractérise par une révolte contre l'ordre de la raison et la réhabilitation du rêve, de l'inconscient. Son influence marque le premier recueil de Paul Eluard, *Capitale de la douleur*, publié en 1926, inspiré par sa passion pour son épouse, Gala. En écrivant ce poème, Eluard renoue avec la tradition littéraire du blason, genre poétique à la mode au XVIe siècle.

► Le Surréalisme, p. 39

La Courbe de tes yeux

La courbe de tes yeux fait le tour de mon cœur,
Un rond de danse et de douceur,
Auréole du temps, berceau nocturne et sûr,
Et si je ne sais plus tout ce que j'ai vécu
C'est que tes yeux ne m'ont pas toujours vu.

Feuilles de jour et mousse de rosée,
Roseaux du vent, sourires parfumés,
Ailes couvrant le monde de lumière,
Bateaux chargés du ciel et de la mer,
Chasseurs des bruits et sources des couleurs

Parfums éclos d'une couvée d'aurores
Qui gît toujours sur la paille des astres,
Comme le jour dépend de l'innocence
Le monde entier dépend de tes yeux purs
Et tout mon sang coule dans leurs regards.

René Magritte, *Shéhérazade*, 1947, huile sur toile (60,3 x 42,2 cm), collection privée.

Questions

Grammaire

Examinez la syntaxe dans ce poème : combien de phrases le poète utilise-t-il ? Sur quel procédé ces phrases sont-elles construites ?

Une célébration de la femme aimée

1. Observez la versification du poème : reconnaissez-vous une forme connue ?

► La versification, p. 558

2. Comparez le premier et le dernier vers du poème : que remarquez-vous ?

3. Comment le motif du rond ou du cercle est-il décliné dans ce poème ? Quelle figure de style est ici utilisée ?

► Figures de style, p. 576

4. Quelles qualités sont associées à la femme aimée, notamment aux vers 2, 3 et 13 ?

L'expression de l'amour fou

5. Relevez et commentez les vers qui expriment plus particulièrement le pouvoir de la femme aimée sur le poète.

6. Quelle relation le poète établit-il entre la femme et le monde ? Appuyez-vous sur la deuxième strophe.

7. Relevez les images dominantes dans la troisième strophe : quelle dimension le poète accorde-t-il à la femme aimée ?

8. Montrez que la quête amoureuse prend ici une forme originale.

Vers le bac S'entraîner à l'épreuve orale

« Il est temps d'instaurer la religion de l'amour. » écrit Louis Aragon dans *Le Paysan de Paris* en 1926. Vous montrerez comment ce poème d'Eluard s'inscrit dans cette nouvelle conception de l'amour.

► Préparer l'exposé, p. 624

TEXTE ÉCHO

Maurice Scève, « Le Front » (1536)

CONTEXTE

Le **blason** est un poème à la mode au XVIe siècle. Il célèbre une partie du corps féminin, pour adresser un hommage à la femme. Mais c'est avant tout un exercice de style. Plus tard, le genre nourrira l'inspiration de Charles Baudelaire, Paul Eluard, André Breton ou Georges Brassens.

Ce poème a été composé à l'occasion d'un concours de poésie : Maurice Scève (vers 1501-1564) remportera la palme de ce concours.

Front large et haut, front patent[1] et ouvert,
Plat et uni, des beaux cheveux couvert :
Front qui est clair et serein firmament
Du petit monde, et par son mouvement
Est gouverné le demeurant[2] du corps,
Et à son vueil sont les membres concors[3],
Lequel je vois être troublé par nues[4]
Multipliant ses rides très-menues,
Et du côté qui se présente à l'œil
Semble que là se lève le Soleil.
Front élevé sur cette sphère ronde,
Où tout engin[5] et tout savoir abonde.
Front reveré, front qui le corps surmonte
Comme celui qui ne craint rien, fors[6] honte.
Front apparent afin qu'on pût mieux lire
Les lois qu'amour voulut en lui écrire.
Ô front, tu es une table d'attente,
Où ma vie est, et ma mort très-patente.

Orthographe modernisée par Pascale Delamarre

Lucas Cranach le jeune, *Vénus et Cupidon* (détail), 1540, huile sur toile (196 x 89 cm) Alte Pinakothek, Munich (Allemagne).

1. découvert (sens ancien). – 2. le reste. – 3. à sa volonté les membres sont d'accord. – 4. nuage. – 5. esprit inventif (sens ancien). – 6. sinon.

Questions

Vocabulaire

Retrouvez l'origine étymologique du mot « engin » (v. 12). Quels mots sont formés sur la même racine en français moderne ?

L'organisation du poème

1. Quel est l'objet de la célébration du poète ? Pourquoi ce choix ?
2. Quels procédés d'écriture structurent le poème ? En quoi participent-ils de l'éloge ?
3. En observant les vers et les rimes, montrez que la forme poétique contribue aussi à l'éloge. ► La versification, p. 558

La célébration de la femme

4. Quelles sont les qualités de la femme ? Comment sont-elles mises en valeur ?
5. Quels rapports existent entre la femme et l'Univers ?

Le blason, de Scève à Eluard

6. Quels éléments communs retrouvez-vous dans ces deux poèmes ?
► Les formes et les genres poétiques, p. 559
7. Quel est le destinataire de chaque poème ? Quelles sont les marques de sa présence ? Qu'en concluez-vous sur l'intention des deux textes ?

Synthèse Montrez qu'Eluard parvient à renouveler le genre du blason, tout en s'inspirant d'une tradition littéraire.

Robert Desnos, *Corps et Biens* (1930)

► Biographie p. 629

CONTEXTE

Le Surréalisme est un mouvement de révolte et d'émancipation du langage et de l'art. Autodidacte et poète inspiré, Robert Desnos a été longtemps considéré par les surréalistes comme un « prophète ». Mais il rompt avec eux quand il écrit ces textes qui marquent sans doute un retour vers le lyrisme des poètes romantiques.

► Le Surréalisme, p. 39

Non, l'amour n'est pas mort

Non, l'amour n'est pas mort en ce cœur et ces yeux et cette bouche qui proclamait ses funérailles commencées.
Écoutez, j'en ai assez du pittoresque et des couleurs et du charme.
J'aime l'amour, sa tendresse et sa cruauté.
Mon amour n'a qu'un seul nom, qu'une seule forme.
Tout passe. Des bouches se collent à cette bouche.
Mon amour n'a qu'un nom, qu'une forme.
Et si quelque jour tu t'en souviens
Ô toi, forme et nom de mon amour,
Un jour sur la mer entre l'Amérique et l'Europe,
À l'heure où le rayon final du soleil se réverbère sur la surface ondulée des vagues, ou bien une nuit d'orage sous un arbre dans la campagne, ou dans une rapide automobile,
Un matin de printemps boulevard Malesherbes,
Un jour de pluie,
À l'aube avant de te coucher,
Dis-toi, je l'ordonne à ton fantôme familier, que je fus seul à t'aimer davantage et qu'il est dommage que tu ne l'aies pas connu.
Dis-toi qu'il ne faut pas regretter les choses : Ronsard avant moi et Baudelaire ont chanté le regret des vieilles et des mortes qui méprisèrent le plus pur amour.
Toi, quand tu seras morte,
Tu seras belle et toujours désirable.
Je serai mort déjà, enclos tout entier en ton corps immortel, en ton image étonnante présente à jamais parmi les merveilles perpétuelles de la vie et de l'éternité, mais si je vis
Ta voix et son accent, ton regard et ses rayons,
L'odeur de toi et celle de tes cheveux et beaucoup d'autres choses encore vivront en moi,
En moi qui ne suis ni Ronsard ni Baudelaire,
Moi qui suis Robert Desnos et qui, pour t'avoir connue et aimée,
Les vaux bien.
Moi qui suis Robert Desnos, pour t'aimer
Et qui ne veux pas attacher d'autre réputation à ma mémoire sur la terre méprisable.

Marc Chagall,
Les Amants en bleu, 1914,
huile sur toile (60 x 47,5 cm),
collection privée.

Questions

Vocabulaire

Quelle est l'étymologie du verbe « connaître » ? Quels sens prend-il dans le poème ?

L'éloge de la femme aimée

1. Repérez l'utilisation de la première personne et l'expression des sentiments : quel registre reconnaissez-vous ?

► Registres, p. 568

2. Observez le premier vers du poème : sur quelle contradiction est-il construit ?
3. Relevez et commentez les expressions qui qualifient la femme aimée.
4. Comment le poète célèbre-t-il l'amour ?

Le renouvellement du lyrisme

5. Comment Desnos s'inscrit-il dans une tradition poétique aux vers 15 et 21 ? Y adhère-t-il cependant totalement ? Justifiez votre réponse.
6. Observez la versification du poème. Montrez qu'elle contribue au renouvellement poétique.

Synthèse Quel *topos* (lieu commun) de la littérature romantique reprend Desnos ? Répondez en vous appuyant notamment sur les vers 7 à 13.

Vers le bac S'entraîner à la dissertation

En vous appuyant sur les textes de la séquence, vous commenterez la thèse défendue par Victor Hugo dans la Préface des *Orientales* : « Que le poète aille donc où il veut, en faisant ce qui lui plaît ; c'est sa loi… Qu'il écrive en prose ou en vers, qu'il sculpte en marbre ou coule du bronze… C'est à merveille… Le poète est libre. » Vous rédigerez la première partie de la dissertation, où vous montrerez que le poète a besoin d'une liberté totale d'invention pour être lui-même.

► Analyser le sujet et exploiter le corpus, p. 602

André Breton, *Clair de terre* (1923)

► Biographie p. 628

CONTEXTE

Publié un an avant le *Manifeste du Surréalisme*, ce poème d'André Breton, théoricien et porte-parole du groupe surréaliste, témoigne avec insolence de sa rupture par rapport aux conventions et de la place centrale accordée à l'amour et à l'érotisme. Ce poème illustre parfaitement la définition du Surréalisme telle que l'a proposée André Breton dans son *Manifeste* : « Dictée de la pensée, en l'absence de tout contrôle exercé par la raison, en dehors de toute préoccupation esthétique ou morale. »

► **Le Surréalisme, p. 39**

L'Union libre

Ma femme à la chevelure de feu de bois
Aux pensées d'éclairs de chaleur
À la taille de sablier
Ma femme à la taille de loutre entre les dents du tigre
Ma femme à la bouche de cocarde et de bouquet d'étoiles de dernière grandeur
Aux dents d'empreintes de souris blanche sur la terre blanche
À la langue d'ambre et de verre frottés
Ma femme à la langue d'hostie poignardée
À la langue de poupée qui ouvre et ferme les yeux
À la langue de pierre incroyable
Ma femme aux cils de bâtons d'écriture d'enfant
Aux sourcils de bord de nid d'hirondelle
Ma femme aux tempes d'ardoise de toit de serre
Et de buée aux vitres
Ma femme aux épaules de champagne
Et de fontaine à tête de dauphins sous la glace
Ma femme aux poignets d'allumettes
Ma femme aux doigts de hasard et d'as de cœur
Aux doigts de foin coupé
Ma femme aux aisselles de martre et de fênes[1]
De nuit de la Saint-Jean
De troène et de nid de scalares[2]
Aux bras d'écume de mer et d'écluse
Et de mélange du blé et du moulin
Ma femme aux jambes de fusée
Aux mouvements d'horlogerie et de désespoir
Ma femme aux mollets de moelle de sureau
Ma femme aux pieds d'initiales
Aux pieds de trousseaux de clés aux pieds de calfats[3] qui boivent
Ma femme au cou d'orge imperlé
Ma femme à la gorge de Val d'Or
De rendez-vous dans le lit même du torrent
Aux seins de nuit
Ma femme aux seins de taupinière marine
Ma femme aux seins de creuset du rubis
Aux seins de spectre de la rose sous la rosée
Ma femme au ventre de dépliement d'éventail des jours
Au ventre de griffe géante
Ma femme au dos d'oiseau qui fuit vertical
Au dos de vif-argent
Au dos de lumière
À la nuque de pierre roulée et de craie mouillée
Et de chute d'un verre dans lequel on vient de boire
Ma femme aux hanches de nacelle

1. fruit du hêtre.
2. poissons.
3. ouvriers chargés d'assurer sur un bateau l'étanchéité de la coque.

Aux hanches de lustre[4] et de pennes de flèche
Et de tiges de plumes de paon blanc
De balance insensible
Ma femme aux fesses de grès et d'amiante
Ma femme aux fesses de dos de cygne
Ma femme aux fesses de printemps
Au sexe de glaïeul
Ma femme au sexe de placer[5] et d'ornithorynque
Me femme au sexe d'algue et de bonbons anciens
Ma femme au sexe de miroir
Ma femme aux yeux pleins de larmes
Aux yeux de panoplie violette et d'aiguille aimantée
Ma femme aux yeux de savane
Ma femme aux yeux d'eau pour boire en prison
Ma femme aux yeux de bois toujours sous la hache
Aux yeux de niveau d'eau de niveau d'air de terre et de feu

4. éclat. – 5. mot emprunté à l'anglais par lequel on désigne les gisements d'or.

Salvador Dalí, design du costume de « La femme du futur », 1953, aquarelle, collage, crayon et encre sur papier, collection privée.

Questions

Vocabulaire
Cherchez l'étymologie du mot « glaïeul » (v. 51). Quelle valeur ce sens étymologique donne-t-il à la description du corps de la bien-aimée ?

Une célébration du corps

1. Commentez la forme diversifiée, l'organisation et la progression du poème : quelles images contradictoires de la femme aimée se juxtaposent ici ?
► Figures de style, p. 576
2. Commentez certaines des images choisies par Breton en vous rappelant la définition proposée par le *Manifeste du Surréalisme* : « la plus forte est celle qui présente le degré d'arbitraire le plus élevé. »
3. Relevez et commentez les indices qui mettent le corps de la femme aimée en rapport avec tous les éléments de la nature.

Un hymne au plaisir

4. Comment la beauté du corps féminin est-elle magnifiée ?
5. Commentez le titre du poème et mettez-le en rapport avec son contenu.
6. Expliquez la place importante accordée à la sensualité et à l'érotisme au-delà de toute censure morale.

Synthèse Expliquez comment la quête de l'amour s'exprime ici avec la plus grande liberté, tant sur le plan formel que dans le contenu.

Vers le bac S'entraîner à l'écriture d'invention

Rédigez la préface d'une courte anthologie de poèmes dans laquelle vous montrerez l'intérêt particulier du genre du blason poétique (variété du genre, renouvellement dans le temps, richesse des procédés mis en œuvre pour célébrer la beauté de la femme aimée). Vous vous appuierez sur les textes de Paul Eluard (► p. 260), Maurice Scève (► p. 261) et André Breton (► p. 264).
► Construire une argumentation, p. 620

HISTOIRE DES ARTS • LE SURRÉALISME DANS LES ARTS

À l'instar du mouvement littéraire, les artistes surréalistes favorisent les associations inattendues, l'intrusion du rêve et de la fantaisie, de l'érotisme et de la provocation. Ils laissent place à la pensée inconsciente et au hasard comme processus créatif. Ils revendiquent ainsi comme une profession de foi cette expression de Lautréamont : « Beau comme la rencontre fortuite d'un parapluie et d'une machine à coudre sur une table de dissection. » (*Les Chants de Maldoror*, 1869)
Louis Aragon définit le Surréalisme en ces termes : « le vice appelé Surréalisme est l'emploi déréglé et passionnel du stupéfiant "image". » (*Le Paysan de Paris*, 1926)

1 LES OBJETS

Résultats d'associations insolites, les objets surréalistes sont les héritiers des ***ready-made*** de Marcel Duchamp (1887-1968). Celui-ci définit le *ready made* comme un « objet usuel promu à la dignité d'objet d'art par le simple choix de l'artiste ». *(Dictionnaire abrégé du surréalisme)*. Il s'agit d'une pièce que l'artiste trouve *« already-made »* (déjà terminée) sans avoir à façonner la matière première.
L'objet surréaliste hérite de cet emprunt ou cette empreinte d'objets manufacturés, mais il est assemblé afin de créer un choc visuel.

Victor Brauner (1903-1966),
Loup-table, 1939-1947,
bois et éléments de renard naturalisé
(54 x 57 x 28,5 cm),
musée national d'Art moderne, Paris.

Alberto Giacometti (1901-1966),
Table, 1933, plâtre
(148,5 x 103 x 43 cm),
musée national d'Art moderne, Paris.

Questions ► La lecture d'image, p. 580

1. Comment le choc visuel est-il créé dans ces deux sculptures ?
2. Commentez les titres des œuvres par rapport aux objets.
3. Que ressentez-vous face à chacune de ces sculptures ? Pour répondre, vous vous appuierez sur le choix des éléments et leur disposition.

2 LES IMAGES

Les images surréalistes échappent aux contraintes de la raison, même si la technique reste souvent traditionnelle. Il s'agit de provoquer une collision entre deux réalités.

René Magritte (1898-1967), *Le Modèle rouge*, 1935, huile sur toile marouflé sur carton (56 x 46 cm), musée nationale d'Art moderne, Paris.

Questions ► La lecture d'image, p. 580

1. Quelle relation le titre entretient-il avec ce qui est représenté (opposition, paradoxe, énigme) ?
2. Quelle impression le spectateur éprouve-t-il devant l'association des éléments représentés ? Pourquoi ?

Toujours dans l'esprit de cette collision entre deux réalités, Max Ernst a développé la réalisation de **« romans-collages »**, titre qui fait allusion au genre du roman-photo. Il prélève le matériau dans des revues populaires illustrées ou des catalogues du XIXe siècle, comme le montrent les documents ci-dessous.

Adolphe d'Ennery (1811-1899), *Martyre !*, XIXe siècle, illustré par Émile Ronjat.

◄ À gauche, se trouve la gravure originale.

À droite, voici le collage de Max Ernst à partir de celle-ci. ►

Questions ► La lecture d'image, p. 580

3. En comparant ces deux images, montrez comment Max Ernst introduit l'étrangeté.
4. L'organisation de l'image est-elle modifiée ? Quels éléments a-t-il conservés ? Pourquoi, à votre avis ?

Max Ernst (1891-1976), collage extrait de « La cour du dragon », *Une semaine de bonté*, 1933.

3 LES EXPOSITIONS

En 1938, l'*Exposition internationale du Surréalisme* se tient à la Galerie des Beaux-Arts, à Paris. Cette exposition réunit plus de soixante artistes de différents pays, présentant près de trois cents peintures, objets, collages, photographies.

À travers ces expositions-événements, les surréalistes sont les précurseurs de certaines formes d'art qui seront développées tout au long du XXe siècle, comme la performance (événement réalisé par un ou plusieurs artistes, mélangeant danse, image, son, objets, projection) et l'installation. Pour celle-ci, plusieurs éléments sont installés, disposés, organisés par un artiste dans un espace tridimensionnel pour former une œuvre. Cette œuvre peut être éphémère (ne durer que le temps de l'exposition), *in situ* (jouer avec l'espace d'exposition) et devient environnement lorsqu'elle joue sur l'intégration, la sollicitation du spectateur.

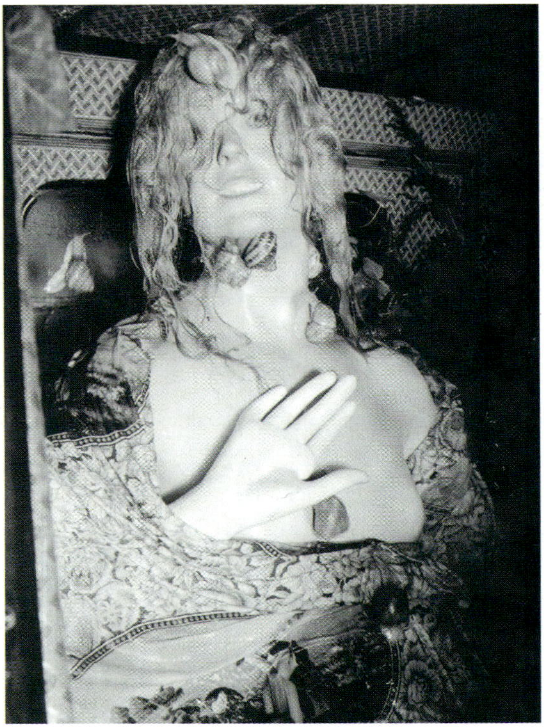

Salvador Dalí (1904-1989), *Le Taxi pluvieux* (détail), photographie de Denise Bellon, 1938, Paris.

André Breton

« Dans la cour de l'exposition, Dalí avait mis un mannequin et une petite douche dans un vieux taxi. Le premier jour, il pleuvait doucement sur ce mannequin qui représentait une dame allant à l'Opéra. Quinze jours après, la dame était couverte d'escargots ; tout était vaseux comme une muqueuse. Elle était devenue le portrait de Dorian Gray.[1] »

in Entretiens morphologiques, Germana Ferrari, Notebook n° 1, 1936-1944, Londres, Sistan Limited, 1987

1. allusion au roman fantastique d'Oscar Wilde.

Vue de la grande salle de la Galerie des Beaux-Arts, lors de l'exposition de 1938. La scénographie a été réalisée par Marcel Duchamp qui a suspendu 1200 sacs de charbon au plafond, et jonché le sol de feuilles mortes. Au milieu de la salle, se trouve un braséro rougeoyant. ▶

Photographie de Denise Bellon, 1938, Paris.

4 LE CINÉMA

Pour les surréalistes, le cinéma est d'abord une plongée dans l'expérience des salles obscures, le pouvoir magique et le magnétisme provoqués par la réception des films. En 1929, Luis Buñuel et Salvador Dalí, écrivent un court métrage en six jours : *Un Chien andalou*.
Libérée des conventions narratives, façonnée par l'érotisme et la subversion, la cohérence de ce court métrage est donnée par l'apparition récurrente des personnages, et de motifs comme la main envahie par les fourmis. En 1930, ils renouvellent leur collaboration avec *L'Âge d'or*. Ce film rencontre une hostilité tellement violente à sa sortie en salle qu'il est interdit en décembre 1930 et les copies saisies. Ce n'est qu'en 1981 que le public peut enfin le visionner.

André Breton, « Comme dans un bois »

« Il y a une manière d'aller au cinéma comme d'autres vont à l'église et je pense que sous un certain angle, tout à fait indépendamment de ce qui s'y donne, c'est là que se célèbre le seul mystère absolument moderne. »

in L'Âge du Cinéma,
numéro spécial surréaliste,
août / novembre 1951

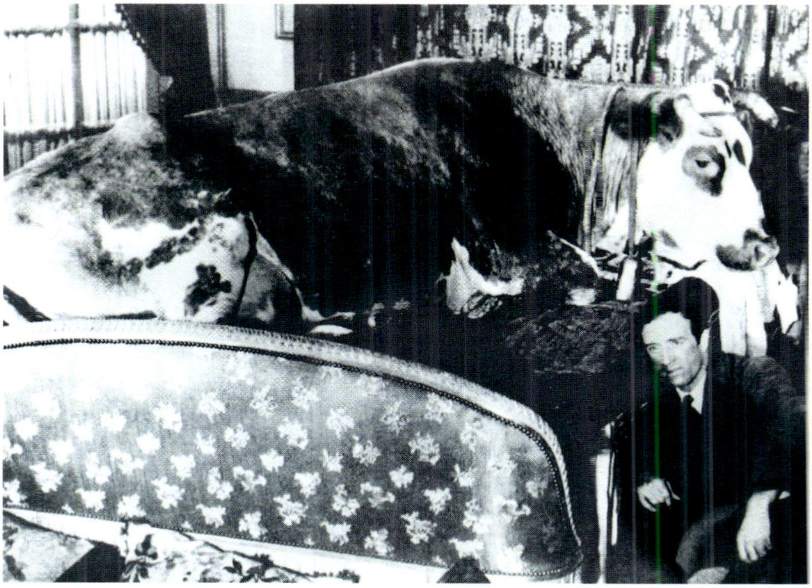

Photogrammes de *L'Âge d'or*, film réalisé par **Luis Buñuel** en 1931

Question ► La lecture d'image, p. 580

Décrivez ces deux photogrammes et expliquez ce qui justifie la remarque de Luis Buñuel : « Dans *L'Âge d'or*, oui. Il y a un parti pris d'attaque de ce que l'on pourrait appeler les idéaux de la bourgeoisie : famille, patrie et religion. » (*Mon dernier soupir*, 1986)

CONTEXTE DE L'ŒUVRE

Un auteur cosmopolite et passionné

Né à Rome d'une mère polonaise et d'un père italien, Apollinaire a étudié en France, et parcouru l'Europe centrale. Sa vie est jalonnée d'amours passionnées et malheureuses, notamment pour Annie Playden, une anglaise qui partit pour l'Amérique, ou pour le peintre Marie Laurencin. Chacun des poèmes d'*Alcools* est, écrit-il, « la commémoration d'un événement » de sa vie.

1. Établissez une fiche biographique de l'auteur en organisant votre propos autour des éléments suivants : un mal-aimé, un homme de lettres, un critique d'art.

PARCOURS DE LECTURE

Le thème de l'amour : une poésie sentimentale

Les thèmes et motifs, les impressions subjectives et personnelles, puisés dans sa propre vie affective, confèrent à la poésie d'Apollinaire une dimension lyrique et élégiaque. La musicalité et les références, étroitement liées à la « chanson », s'inscrivent dans cette tradition lyrique. On y trouve aussi, par le biais de certains thèmes (temps qui passe, souvenir, flânerie...), et procédés (exaltation des sentiments), les traces d'une inspiration « romantique ».

2. Reproduisez le tableau ci-dessous : recensez l'ensemble des poèmes d'Alcools qui abordent le thème de l'amour et complétez-le.

Poème	Épisode amoureux évoqué (époque dans la vie du poète ; lieu(x))	Éléments constituant le portrait physique, moral, social de la femme aimée	Émotions exprimées (joie, chagrin, etc.)
« Marie »			

S'il s'inspire de la tradition, Apollinaire déclare pourtant rechercher un lyrisme « neuf ».

3. Commentez brièvement les éléments du tableau pour montrer que le « je » poétique cherche également à se démarquer de l'inspiration lyrique.

Une forme poétique renouvelée : héritages et innovations

• L'influence cubiste

Critique d'art, Apollinaire consacre un essai aux peintres cubistes, *Les Peintres cubistes*, publié pour la première fois en 1913. Le recueil *Alcools* apparaît très lié au mouvement cubiste : vision fragmentée, images entremêlées, morcellement du temps passé / présent, des lieux...

• L'héritage symboliste

Apollinaire prolonge une expérience poétique inaugurée par Rimbaud, avec notamment l'écriture en vers libre. Sa volonté de « renouveler le langage », la suppression de la ponctuation, ainsi que la présence d'éléments métaphoriques et de références mythologiques, donnent au recueil une tonalité symboliste.

4. Cherchez dans le recueil des poèmes illustrant ces diverses influences, et classez-les dans le tableau ci-dessous.

Poème	Inspirations / héritages	Thèmes (mythe, monde moderne, création, errance, etc.)	Forme poétique / type de vers
« Zone »			

RÉCEPTION, INTERPRÉTATION

En 1965, le critique Henri Lemaître écrit que la poésie d'Apollinaire entreprend de « rendre le monde lyrique [...] pour pouvoir accorder l'irréductible impulsion lyrique de l'âme avec les images, les mouvements et les rythmes de la modernité ». De jeunes rivaux d'Apollinaire, à l'inverse, reprochent au poète de « rafistoler du romantisme avec du phil [*sic*] téléphonique. »

5. Inventez les arguments qui permettraient de donner vie à ce débat.

Un critique présente devant un public de lycéens l'édition d'*Alcools* qu'il vient de publier. Il conclut sa conférence en citant André Breton : « la poésie porte en elle la compensation parfaite des misères que nous endurons ».

6. Imaginez et écrivez les échanges auxquels ont donné lieu les questions posées par un auditoire sensible à la dimension amoureuse du recueil.

SYNTHÈSE LA QUÊTE AMOUREUSE DE LA PLÉIADE AU SURRÉALISME

1 LA QUÊTE AMOUREUSE AU XVIe SIÈCLE CHEZ LES POÈTES DE LA PLÉIADE

Lyrisme et imitation

Le lyrisme amoureux s'épanouit chez les poètes de la Pléiade à travers la forme du sonnet, à l'imitation du grand poète italien Pétrarque (**Ex. :** sonnet de Du Bellay, ► p. 256). La composition en est codifiée : unité thématique des quatrains, chute du dernier tercet ou du dernier vers. Mais il s'agit d'un exercice de style, où l'art de s'exprimer compte plus que le sentiment réel.

Lyrisme et topoï

L'expression du sentiment amoureux passe par des thèmes obligés : émoi de la nature à l'apparition de la belle, le premier regard qui blesse à jamais, la beauté sans pareille et l'insensibilité de la femme aimée.

Ex. : Du Bellay utilise le thème de « La Belle Matineuse ». ► p. 256

2 LA QUÊTE AMOUREUSE AU XIXe SIÈCLE CHEZ LES ROMANTIQUES

Une inspiration plus personnelle

Chez les écrivains romantiques, l'expression du sentiment amoureux s'inscrit dans une volonté plus large de libérer l'expression du moi. Le récit du vécu personnel est très souvent empreint de mélancolie. On relève de nombreuses exclamations, répétitions, des hyperboles, des anaphores.

Ex. : Victor Hugo évoque une aventure de jeunesse (► p. 259), tandis que Musset puise dans ses souvenirs d'amour perdu (► p. 258).

Une expression plus libre

Les poètes s'inspirent de l'élégie. Cette volonté de libération se remarque aussi dans les audaces de la versification : rythme inhabituel de l'alexandrin (pas de coupe à l'hémistiche). Le poème se fait intimiste.

Ex. : « Elle était déchaussée » de Victor Hugo, vers 1. ► p. 259

3 LA QUÊTE AMOUREUSE AU XXe SIÈCLE CHEZ LES SURRÉALISTES

Vivre l'amour autrement

- L'amour est non pas une souffrance mais un signe ascendant : la femme aimée est un intermédiaire privilégié qui permet de mieux se connaître et de connaître le monde.

Ex. : Paul Eluard découvre ébloui le monde dans les yeux de la femme aimée : « Le monde entier dépend de tes yeux purs / Et tout mon sang coule dans leurs regards. » ► p. 260

- Les surréalistes ouvrent des voies nouvelles : ils empruntent à Freud la notion d'Éros, l'amour comme pulsion de vie est le point de départ de la création.

Dire l'amour autrement

Les surréalistes explorent toutes les formes d'écriture : vers libres, poème en prose, prose poétique. Ils privilégient l'image, en particulier la métaphore parce qu'elle déroute et fait voir le réel autrement : il s'agit de faire des assemblages surprenants, d'attendre par ce biais une « surréalité ». On retrouve les procédés du registre lyrique ; les répétitions lexicales ou syntaxiques accentuent le ton incantatoire pour s'adresser à la femme aimée.

Ex. : Dans « L'Union libre » d'André Breton, les répétitions, les apostrophes et les métaphores : « Ma femme aux épaules de champagne ». ► p. 264

TEXTE 1

Joachim Du Bellay, *Les Regrets* (1558)

► Biographie. p. 628

En 1553, Du Bellay, poète de la Pléiade originaire d'un petit village d'Anjou, suit à Rome son cousin, le cardinal Jean du Bellay. Le voyage représente l'aboutissement d'un rêve, notamment à travers la découverte des traces de la cité antique. Toutefois, sa déception devant les vestiges de Rome et les réalités de la cour papale lui inspirent le recueil des Regrets, *emprunt de nostalgie, sentiment de tristesse et état de langueur causés par l'éloignement du pays natal.* ► La Pléiade, p. 26

Heureux qui comme Ulysse

Heureux qui, comme Ulysse, a fait un beau voyage,
Ou comme cestuy-là[1] qui conquit la toison,
Et puis est retourné, plein d'usage[2] et raison,
Vivre entre ses parents le reste de son âge !

Quand reverrai-je, hélas, de mon petit village
Fumer la cheminée, et en quelle saison
Reverrai-je le clos[3] de ma pauvre maison,
Qui m'est une province[4], et beaucoup davantage ?

Plus me plaît le séjour qu'ont bâti mes aïeux,
Que des palais Romains le front[5] audacieux,
Plus que le marbre dur me plaît l'ardoise fine ;

Plus mon Loir gaulois, que le Tibre latin,
Plus mon petit Liré[6], que le mont Palatin[7],
Et plus que l'air marin la douceur angevine.

Sonnet XXXI, orthographe modernisée par les auteurs du manuel.

1. celui-là : ce pronom démonstratif désigne Jason, héros antique qui emmena les Argonautes conquérir la Toison d'or en Colchide.
2. expérience.
3. enclos ou jardin.
4. pays ou royaume.
5. façade.
6. village natal de Du Bellay.
7. l'une des sept collines de Rome.

Questions

Le voyage : Rome et le pays natal

1. Analysez la structure du sonnet. En vous appuyant sur la syntaxe, retrouvez les différents mouvements du poème. Quels liens existent entre les types de strophes utilisés et les thèmes ? Comment le poème progresse-t-il ?
2. Faites des recherches sur les références mythologiques. Par quels procédés les références à Ulysse et à Jason sont-elles exploitées ? Dans quel but ?
3. Que représente, pour le poète, le pays natal face à Rome ? Justifiez.

L'expression de la nostalgie

4. Étudiez la place et le rôle des pronoms personnels et possessifs.
5. Par quels procédés stylistiques et musicaux le regret du pays natal est-il souligné ? Quel registre domine ?

Synthèse Montrez que l'expression de la nostalgie amène le poète à faire l'éloge de son village natal au détriment de Rome.

Vers le bac S'entraîner au paragraphe argumentatif

Rédigez un paragraphe montrant comment un écrivain peut compenser son isolement.

►►► **Jan I Bruegel**, *Vue de village* (détail), XVIe siècle, musée des Beaux-Arts Pouchkine, Moscou (Russie).

TEXTE ÉCHO

Georges Brassens, *Chansons* (1969)

CONTEXTE

« Heureux qui comme Ulysse » est une chanson de Georges Brassens, poète auteur-compositeur-interprète français. Elle sert de bande originale au film éponyme réalisé par Henri Colpi, ami du compositeur.

Heureux qui comme Ulysse

Heureux qui comme Ulysse
A fait un beau voyage
Heureux qui comme Ulysse
A vu cent paysages
Et puis a retrouvé
Après maintes traversées
Le pays des vertes années

Par un petit matin d'été
Quand le soleil vous chante au cœur
Qu'elle est belle la liberté
La liberté

Quand on est mieux ici qu'ailleurs
Quand un ami fait le bonheur
Qu'elle est belle la liberté
La liberté

Avec le soleil et le vent
Avec la pluie et le beau temps
On vivait bien content
Mon cheval ma Provence et moi
Mon cheval ma Provence et moi

Heureux qui comme Ulysse
A fait un beau voyage
Heureux qui comme Ulysse
A vu cent paysages
Et puis a retrouvé
Après maintes traversées
Le pays des vertes années

Par un joli matin d'été
Quand le soleil vous chante au cœur
Qu'elle est belle la liberté
La liberté

Quand c'en est fini des malheurs
Quand un ami sèche vos pleurs
Qu'elle est belle la liberté
La liberté

Battu le soleil et le vent
Perdu au milieu des étangs
On vivra bien content
Mon cheval ma Camargue et moi
Mon cheval ma Camargue et moi

Fernandel (Antonin) dans *Heureux qui comme Ulysse*, film réalisé par Henri Colpi en 1970.

Questions

Du poème à la chanson

1. Caractérisez les différentes composantes de la figure d'Ulysse dans le texte de la chanson en vous appuyant sur des passages précis.
2. Quels sont les emprunts du chanteur au poète Du Bellay (► p. 272) ? Justifiez votre réponse.
3. Relevez et commentez les écarts entre le texte originel et la chanson.
4. Montrez que cette chanson constitue une réécriture du poème de Du Bellay (► p. 272).

L'éloge du pays natal

5. Quelle vision du pays natal est suggérée dans la chanson ?
6. Par quels procédés littéraires et musicaux est-elle mise en valeur ?

Prolongements

- Écoutez une interprétation de la chanson par Brassens.
- Écoutez la chanson de Ridan, « Ulysse » (2006) : laquelle des deux chansons préférez-vous ? Pourquoi ?

Alphonse de Lamartine, *Harmonies poétiques et religieuses* (1830)

► Bio. p. 632

Alphonse de Lamartine, écrivain et homme politique qui participe à la Révolution de février 1848 et à la proclamation de la IIe République, écrit ses premiers vers à la faveur d'un voyage en Italie. C'est à Florence qu'il compose la plupart de ses Harmonies poétiques et religieuses, *parues en 1830. Le petit domaine familial de Milly, près de Mâcon, où il passa son enfance, lui inspire ce poème, composé en 1827.*

Milly ou la terre natale

Pourquoi le prononcer ce nom de la patrie[1] ?
Dans son brillant exil mon cœur en a frémi ;
Il résonne de loin dans mon âme attendrie,
Comme les pas connus ou la voix d'un ami.

Montagnes que voilait le brouillard de l'automne,
Vallons que tapissait le givre du matin,
Saules dont l'émondeur[2] effeuillait la couronne,
Vieilles tours que le soir dorait dans le lointain,

Murs noircis par les ans, coteaux, sentier rapide,
Fontaine où les pasteurs accroupis tour à tour
Attendaient goutte à goutte une eau rare et limpide,
Et, leur urne à la main, s'entretenaient du jour,

Chaumière où du foyer étincelait la flamme,
Toit que le pèlerin aimait à voir fumer,
Objets inanimés, avez-vous donc une âme
Qui s'attache à notre âme et la force d'aimer ?...

Courval, *Habitation de Lamartine à Milly*, 1826, dessin.

1. désigne le village de Milly où Lamartine passa son enfance. – 2. personne chargée de débarrasser les arbres des branches mortes ou de couper l'extrémité des branches à la périphérie de la cime.

Questions

Milly, source d'inspiration poétique

1. En vous appuyant sur la construction des phrases et la disposition des strophes, retrouvez les mouvements qui composent le poème et caractérisez-les en une phrase.
2. Confrontez les groupes nominaux « ce nom de patrie » (vers 1) et « son brillant exil » (vers 2) en vous attachant à la place des mots et à leur sens.
3. Sur quel procédé stylistique reposent les strophes 2 à 4 ? Quel effet produit-il ?

La poésie du souvenir

4. Quelle place et quel rôle la nature occupe-t-elle dans l'image de la patrie ? Étudiez la description de la nature dans les strophes 2 à 4.
5. En quoi l'évocation du passé est-elle chargée d'émotion ?
6. Dans quelle mesure les quatre premières strophes de ce poème se rattachent-elles au lyrisme romantique ?

Synthèse Montrez que Milly représente pour Lamartine le symbole de la terre natale perdue.

Vers le bac **S'entraîner au commentaire**

Rédigez un paragraphe pour décrire l'état d'âme du poète. Citez des éléments et analysez des procédés d'écriture du poème. ► Rédiger des paragraphes et insérer des citations, p. 598

ÉCHO DE L'ANTIQUITÉ

Ovide, *Tristes* (8-12 ap. J.-C.)

En l'an 8 ap. J.-C., sur un simple édit de l'empereur Auguste, Ovide est assigné à résidence en Scythie mineure, sur les bords du Pont-Euxin (mer Noire), à Tomis où vit une population composée de Gètes (tribus thraces) et de Grecs. Plaidant en vain son retour à Rome, il reste exilé jusqu'à sa mort en 17 ap. J.-C. Il écrit un recueil d'élégies autour de sa condition « d'exilé politique ».

Eugène Delacroix, *Ovide parmi les Scythes*, 1862, huile sur panneau (32 x 50 cm), Metropolitan Museum, New York (États-Unis).

Depuis que je suis exilé de la patrie, deux fois la moisson a comblé les greniers, deux fois la vigueur de la grappe a jailli sous le pied nu qui la foule ; cependant l'habitude du mal ne m'a pas rendu le mal plus supportable, et j'éprouve toujours la vive souffrance d'une blessure récente. [...] Oui, je l'avoue, le courage me manque, et je sens, à mon dépérissement rapide, que je n'ai pas longtemps à souffrir ; mes forces s'épuisent, mon teint se flétrit chaque jour, et à peine une peau mince recouvre mes os. Mais si mon corps est malade, mon âme l'est plus encore ; elle languit, éternellement absorbée dans la contemplation de ses maux. Rome est loin de moi. Loin de moi sont mes amis, objets de ma sollicitude. Loin de moi la plus chérie des épouses. Autour de moi, une populace scythe et des hordes de Gètes aux larges braies[1], si bien que ceux que je vois et ceux que je ne vois pas me tourmentent également. L'unique espoir qui me console dans cet horrible état, c'est qu'une mort prochaine termine mon supplice.

Livre 4, élégie VI.

1. pantalon dans les costumes traditionnels de la Gaule.

Questions

Vocabulaire

Recherchez l'origine du mot « exilé » et interrogez-vous sur le sens du mot dans le texte d'Ovide.

Le poète exilé

1. Relevez, classez et commentez les références à l'exil du poète en interrogeant les lieux et le temps.
2. Quel regard le poète exilé porte-t-il sur le peuple des rives du Pont-Euxin ?
3. Comment s'expriment les plaintes de l'exilé ? Illustrez votre propos.

La nostalgie de Rome

4. Quelle image de Rome se dégage du texte ? Par quels procédés littéraires est-elle valorisée ?
5. Quels sentiments le poète exilé éprouve-t-il ?
6. Quel rôle joue l'évocation de Rome ?

Prolongements

- Confrontez les poèmes de Du Bellay (► p. 272), Lamartine (► p. 274) et Ovide. Quelle vision de la patrie présentent-ils ? En quoi ces textes se rattachent-ils au registre élégiaque ?
- Cherchez et présentez une figure de poète, exilé politique, dans la littérature française du XIXe siècle.

Victor Hugo, *Les Châtiments* (1853)

► Biographie p. 631

Quand la 2nde République est étouffée par le coup d'État de Bonaparte le 2 décembre 1851, Victor Hugo, alors député, encourage les émeutes. Menacé d'arrestation, il fuit en Belgique, puis dans les îles anglo-normandes. Son exil imposé dure presque vingt ans. Le poème « Ultima verba » (Dernières paroles) *est situé à la fin du recueil (livre VII). L'œuvre commence par un texte intitulé «* Nox *»* (La Nuit) *et se termine par «* Lux *»* (La Lumière)*, comme pour tracer l'itinéraire du peuple français vers un avenir radieux.*

Ultima verba

[…]
Mes nobles compagnons, je garde votre culte ;
Bannis, la République est là qui nous unit.
J'attacherai la gloire à tout ce qu'on insulte ;
Je jetterai l'opprobre à tout ce qu'on bénit !

Je serai, sous le sac de cendre qui me couvre[1],
La voix qui dit : malheur ! la bouche qui dit : non !
Tandis que tes valets te montreront ton Louvre,
Moi, je te montrerai, César[2], ton cabanon[3].

Devant les trahisons et les têtes courbées,
Je croiserai les bras, indigné, mais serein.
Sombre fidélité pour les choses tombées,
Sois ma force et ma joie et mon pilier d'airain[4] !

Oui, tant qu'il[5] sera là, qu'on cède ou qu'on persiste,
Ô France ! France aimée et qu'on pleure toujours,
Je ne reverrai pas ta terre douce et triste,
Tombeau de mes aïeux et nid de mes amours !

Je ne reverrai pas ta rive qui nous tente,
France ! hors le devoir, hélas ! j'oublîrai tout.
Parmi les éprouvés je planterai ma tente.
Je resterai proscrit, voulant rester debout.

J'accepte l'âpre exil, n'eût-il ni fin ni terme,
Sans chercher à savoir et sans considérer
Si quelqu'un a plié qu'on aurait cru plus ferme,
Et si plusieurs s'en vont qui devraient demeurer.

Si l'on n'est plus que mille, eh bien, j'en suis ! Si même
Ils ne sont plus que cent, je brave encor Sylla[6] ;
S'il en demeure dix, je serai le dixième ;
Et s'il n'en reste qu'un, je serai celui-là !

Jersey, 2 décembre 1852 (14/12/1852)

1. Le sac et la cendre sont, dans la Bible, les insignes de la fonction prophétique. – 2. L'apostrophe (référence au dictateur romain) désigne Napoléon III. – 3. cachot dans une prison. – 4. bronze. – 5. référence à Napoléon III. – 6. dictateur romain (mort en 78 av. J.-C.), chef de file des Optimates (nobles romains).

Victor Hugo sur une roche, pris du coteau surplombant la jetée à Jersey, 1852-1853.

Questions

Le rebelle passionné

1. Pourquoi deux dates accompagnent-elles le poème ? Justifiez votre réponse.
2. Comment Napoléon III et son entourage sont-ils désignés ? Caractérisez les termes relevés.
3. Quelles valeurs le poète défend-il ? Par quels procédés sont-elles soulignées ?
4. Quel portrait le poète brosse-t-il de lui-même ? Donnez des exemples. Comment caractériser le ton utilisé ?

La figure de l'exilé

5. Quels éléments rappellent la situation du poète exilé ? Justifiez votre réponse.
6. Comment s'exprime le mal du pays ? Quel registre domine ?
7. Quels sentiments unissent le poète à ses compagnons d'armes ? Quel idéal exalte-t-il ?

Synthèse Considérant que le titre latin du poème « Ultima verba » signifie « Dernières paroles », présentez les significations que l'on peut donner à l'extrait proposé.

Vers le bac **S'entraîner à l'oral**
En vous appuyant sur les thèmes politiques et moraux et leur mise en œuvre littéraire, montrez l'originalité de cet extrait.

Guillaume Apollinaire, *Alcools* (1913)

► Biographie p. 627

En 1904, Apollinaire entreprend un voyage à Londres pour renouer avec Annie Playden, qui l'a abandonné deux ans auparavant. Ce voyage se solde par un échec. Effrayée par la passion d'Apollinaire, la jeune femme quitte son domicile de Landor Road pour l'Amérique.

L'Émigrant de Landor Road

Le chapeau à la main il entra du pied droit
Chez un tailleur très chic et fournisseur du roi
Ce commerçant venait de couper quelques têtes
De mannequins vêtus comme il faut qu'on se vête

La foule en tous sens remuait en mêlant
Des ombres sans amour qui se traînaient par terre
Et des mains vers le ciel pleins de lacs de lumière
S'envolaient quelquefois comme des oiseaux blancs
Mon bateau partira demain pour l'Amérique
Et je ne reviendrai jamais
Avec l'argent gardé dans les prairies lyriques
Guider mon ombre aveugle en ces rues que j'aimais

Car revenir c'est bon pour un soldat des Indes
Les boursiers ont vendu tous mes crachats d'or fin[1]
Mais habillé de neuf je veux dormir enfin
Sous des arbres pleins d'oiseaux muets et de singes
Les mannequins pour lui s'étant déshabillés
Battirent leurs habits puis les lui essayèrent
Le vêtement d'un lord mort sans avoir payé
Au rabais l'habilla comme un millionnaire

Au dehors les années
Regardaient la vitrine
Les mannequins victimes
Et passaient enchaînées
Intercalées dans l'an c'étaient les journées veuves
Les vendredis sanglants et lents d'enterrements
De blancs et de tout noirs vaincus des cieux qui pleuvent
Quand la femme du diable a battu son amant

Puis dans un port d'automne aux feuilles indécises
Quand les mains de la foule y feuillolaient aussi
Sur le pont du vaisseau il posa sa valise
Et s'assit
Les vents de l'Océan en soufflant leurs menaces
Laissaient dans ses cheveux de longs baisers mouillés
Des émigrants tendaient vers le port leurs mains lasses
Et d'autres en pleurant s'étaient agenouillés

Il regarda longtemps les rives qui moururent
Seuls des bateaux d'enfants tremblaient à l'horizon
Un tout petit bouquet flottant à l'aventure
Couvrit l'Océan d'une immense floraison […]

1. Les crachats peuvent désigner les plaques d'or qui servent d'insigne de haut grade.

Questions

De l'évasion lyrique…

1. Résumez les étapes du poème en vous appuyant sur des éléments précis.
2. Identifiez l'émigrant à partir d'indices textuels. Par quels pronoms personnels est-il désigné ?
3. Quelle vision de la terre natale se dégage de ce poème ? Justifiez votre réponse.
4. Que représente l'Amérique pour l'émigrant ? Commentez quelques procédés d'écriture.

…À l'échec de l'émigrant

5. Quels présages annoncent l'échec du voyage ? Relevez des signes funestes et expliquez-les.
6. Quelles images et quels aspects musicaux font de ce texte un poème de l'amour mort ?
7. Comment le poète parvient-il à créer la surprise chez le lecteur ? Justifiez votre réponse.

Synthèse Montrez que c'est par l'aventure de l'émigrant que le poète exprime sa souffrance d'amant délaissé.

Vers le bac S'entraîner au commentaire

Montrez, dans un paragraphe de commentaire, que le poème s'apparente au lyrisme mélancolique.

► Rédiger des paragraphes et insérer des citations, p. 598

Léopold Sédar Senghor, *Chants d'ombre* (1945)

CONTEXTE

Né au Sénégal dont il sera le Président en 1960, Senghor vient à Paris poursuivre des études de lettres qui le conduisent à l'agrégation et à l'enseignement. Il publie ses premiers recueils à la Libération. Sa poésie et ses essais concilient langue française et racines africaines pour célébrer l'identité noire que Senghor, dans le sillage du poète antillais Césaire, appelle la « négritude ».

Joal

Joal[1] !
Je me rappelle.

Je me rappelle les signares[2] à l'ombre verte des vérandas
Les signares aux yeux surréels comme un clair de lune sur
la grève.

Je me rappelle les fastes du Couchant
Où Koumba N'Dofène[3] voulait faire tailler son manteau
royal.

Je me rappelle les festins funèbres fumant du sang des
troupeaux égorgés
Du bruit des querelles, des rhapsodies des griots[4].

Je me rappelle les voix païennes rythmant le Tantum Ergo[5]
Et les processions et les palmes et les arcs de triomphe.
Je me rappelle la danse des filles nubiles[6]
Les chœurs de lutte – oh ! la danse finale des jeunes hommes,
buste
Penché élancé, et le pur cri d'amour des femmes – Kor Siga[7]!

Je me rappelle, je me rappelle...
Ma tête rythmant
Quelle marche lasse le long des jours d'Europe où parfois
Apparaît un jazz orphelin qui sanglote sanglote sanglote.

Œuvre poétique, © Le Seuil, 1964.

Fête d'initiation au pays de Bassari, 2014, Sénégal.

1. lieu de naissance du poète en pays sérère. – 2. femmes mulâtresses, nées d'un homme noir et d'une femme blanche ou d'une femme blanche et d'un homme noir. – 3. roi du Siné, ami du père de Senghor. – 4. personne qui raconte et chante des mythes et des histoires du temps passé. – 5. chant de la liturgie catholique. – 6. en âge de se marier. – 7. signifie en sérère « homme de Siga ».

Questions

Souvenirs d'Afrique

1. Sur quelle figure de style repose le poème ? Quel rôle joue ce procédé dans la composition du texte ?
2. Relevez, classez et analysez les êtres et les réalités du passé qui surgissent à travers le poème.

L'expression de la nostalgie

3. Comment les images, les rythmes et les sonorités permettent-ils de recréer avec nostalgie l'univers africain ?
4. Comment s'exprime la douleur de l'exilé parisien ? Justifiez votre réponse.
5. Par quels moyens le poète rend-il compte du croisement des cultures dans son itinéraire personnel ?

Synthèse Montrez que Senghor parvient à créer un univers poétique original et émouvant.

Figures de style
Relevez des accumulations dans le poème et analysez leur effet.

Vers le bac **S'entraîner au sujet d'invention**
À la manière de Senghor, évoquez la nostalgie de l'enfance en commençant votre texte en prose par la formule : « Je me rappelle ». ► Repérer les différents écrits d'invention, p. 612

LECTURE D'IMAGE

Marc Chagall, *Moi et le village* (1911)

Marc Chagall (1887-1985) ▶ est né en 1887 à Vitebsk, petit village de Biélorussie, dans une famille juive. Vitebsk restera dans l'imaginaire du peintre le paradis de l'enfance qu'il représente dans de nombreuses toiles. Arrivé à Paris en 1910, il est témoin des mouvements picturaux tels que le fauvisme finissant et le cubisme naissant ; le premier lui inspire la couleur pure et gaie, le second la déconstruction de l'objet. Témoin de deux guerres mondiales et de la Révolution russe, Marc Chagall est contraint plusieurs fois à l'exil. En 1937, il prend la nationalité française pour fuir l'antisémitisme de l'Europe centrale. Arrêté en 1941, il doit son salut à un journaliste américain qui lui permet de rejoindre les États-Unis.

Marc Chagall, *Moi et le village* (1911), huile sur toile (192,1 x 151,4 cm), Museum of Modern Art, New York.

Questions

1. Identifiez les thèmes représentés en vous appuyant sur les personnages et les objets.
2. Quels liens entretiennent-ils avec le titre du tableau ?
3. Comment l'occupation de l'espace, les formes et les couleurs mettent-elles en valeur les sujets traités ?
4. Quelle image du passé se dégage du tableau ?

Synthèse Dans un paragraphe rédigé, montrez que le tableau de Marc Chagall célèbre son pays natal.

Prolongement
Recherchez d'autres tableaux dans lesquels Marc Chagall exalte le bonheur de l'enfance en Biélorussie et la nostalgie que ce souvenir éveille en lui. Justifiez vos choix.

VOCABULAIRE LE VOCABULAIRE LYRIQUE

1 POLYSÉMIE

Quel est le sens de l'adjectif « lyrique » dans chaque expression ? Répondez en rédigeant une phrase explicative.

un chanteur lyrique – une révolte lyrique – un thème lyrique – un film lyrique

2 EXPRESSION LYRIQUE

Associez chaque définition au terme qui lui convient.

pétrarquisme, individualisme, dolorisme, préromantisme, élégie, vie affective

1. Doctrine qui veut que la valeur notamment morale de la douleur soit utile.
2. Poème lyrique exprimant une plainte douloureuse.
3. Période littéraire antérieure au romantisme.
4. Les sentiments, les plaisirs et les douleurs.
5. Théorie qui considère l'individu et ses droits comme supérieurs à ceux de la société.
6. Forme d'expression de la lyrique amoureuse au XVIe siècle directement liée à l'influence italienne.

3 LA MÉLANCOLIE

Voici des termes voisins de « mélancolie ». Employez chacun d'eux dans une phrase qui permettra de préciser leur sens.

hypocondrie – dépression – nostalgie – spleen – chagrin – neurasthénie – blues

4 MOTS DU LYRISME

Voici une liste de mots ou de groupes de mots. Lesquels peut-on associer avec le lyrisme ? Justifiez votre choix. Complétez ensuite la liste avec quatre mots de votre choix.

amour déçu – moi – solitude – courage – passion – ordre – ennui – délire – suicide – tempête – exotisme – fuite du temps – enthousiasme – brume – soleil – bonne santé – nostalgie – exil – terre natale

5 PORTRAIT CHINOIS

Complétez chaque phrase en indiquant l'élément qui vous semble convenir aux romantiques.

1. Si c'était un arbre, ce serait…
2. Si c'était une fleur, ce serait…
3. Si c'était un animal, ce serait…
4. Si c'était un paysage, ce serait…
5. Si c'était une tenue vestimentaire, ce serait…
6. Si c'était une couleur, ce serait…
7. Si c'était un âge de la vie, ce serait…

6 SENTIMENTS PERSONNELS

Identifiez et nommez les sentiments exprimés par les poètes en vous référant aux procédés d'écriture.

a. J'avais donc dix-huit ans ! j'étais donc plein de [songes !
L'espérance en chantant me berçait de [mensonges,
Un astre m'avait lui !
J'étais un dieu pour toi qu'en mon cœur seul je [nomme !
J'étais donc cet enfant, hélas ! devant qui [l'homme
Rougit presque aujourd'hui !

Victor Hugo, *Les Feuilles d'automne, XIV* (1831).

b. Si je mourais là-bas sur le front de l'armée
Tu pleurerais un jour ô Lou ma bien-aimée
Et puis mon souvenir s'éteindrait comme meurt
Un obus éclatant sur le front de l'armée
Un bel obus semblable aux mimosas en fleur

Guillaume Apollinaire, *Poèmes à Lou, XII* (1915).

EXPRESSION ÉCRITE

Sujet 1

Complétez cet extrait des *Mémoires d'outre-tombe*, en décrivant les pensées et les sentiments du personnage narrateur.

Je fus tiré de mes réflexions par le gazouillement d'une grive perchée sur la plus haute branche d'un bouleau. À l'instant, ce son magique fit reparaître à mes yeux le domaine paternel ; j'oubliai les catastrophes dont je venais d'être le témoin, et, transporté subitement dans le passé, je revis ces campagnes où j'entendis si souvent siffler la grive. Quand je l'écoutais alors, j'étais triste de même qu'aujourd'hui […].

François-René de Chateaubriand, *Mémoires d'outre-tombe* (1848).

Sujet 2

Commentez ce bref passage en montrant le caractère universel du lyrisme.

On se plaint quelquefois des écrivains qui disent « moi ». Parlez-nous de nous, leur crie-t-on. Hélas ! quand je vous parle de moi, je vous parle de vous. Comment ne le sentez-vous pas ? Ah ! insensé, qui crois que je ne suis pas toi !

Victor Hugo, Préface des *Contemplations* (1856).

SYNTHÈSE — L'EXPRESSION DU REGRET DANS LA POÉSIE ET LES ARTS

Les poètes et les artistes accordent une place importante au pays natal, source d'inspiration à travers les siècles. La terre des origines suscite l'expression de sentiments. Du grec nostos *(« le retour ») et* algos *(« la douleur »), le terme « nostalgie » désigne l'état de langueur causé par le regret obsédant du pays natal, du lieu où l'on a vécu. L'éloignement géographique et affectif génère un sentiment universel de nostalgie.*

1 LA VARIÉTÉ DES MOYENS D'EXPRESSION

Les écrivains et artistes recourent à des genres variés pour exprimer leur attachement à la terre natale.

Les formes traditionnelles

La poésie constitue un mode d'expression universel.

Ex. : Les poètes recourent aux formes traditionnelles telles que l'élégie (Ovide ► p. 275), le sonnet (Du Bellay ► p. 272), le long poème en alexandrins (Lamartine ► p. 274) ou le vers libre, condensés dans un poème bref (Senghor ► p. 278).

La chanson

Les compositeurs et interprètes chantent aussi le pays natal.

Ex. : La chanson de Brassens apparaît comme une réécriture d'un poème de la Pléiade ► p. 273.

2 LE LYRISME, UN REGISTRE COMMUN POUR CÉLÉBRER LE PAYS NATAL

Des thèmes constants

Nombreux sont les thèmes qui reviennent en écho : le village ou la ville natale, la nature, le lien familial, l'enfance et la jeunesse, les rites, le bonheur, l'harmonie…

Ex. : La patrie est désignée à travers un terme générique « le village » chez Chagall, un toponyme peu connu (Liré, Milly et Joal), à l'inverse une capitale (Rome pour Ovide) ou une région (La Camargue). La « mère Patrie » apparaît chez Hugo.

Des sentiments universels

Le lyrisme demeure une constante à travers les siècles et les arts pour exprimer la nostalgie. Les auteurs exaltent leurs sentiments personnels face au monde perdu de l'enfance. Le lyrisme devient élégiaque quand il prend des accents tristes ; il s'apparente alors à la plainte.

Ex. : Ce sont des plaintes qu'expriment Du Bellay (« hélas ») ou Lamartine (vers 2)(► p. 272 et 274).

Les procédés dominants

L'emploi de la première personne du singulier parcourt les œuvres. Les images et les accumulations sont fréquentes ; les anaphores constituent un procédé récurrent. Tous ces procédés participent de la rhétorique de l'éloge.

Ex. : Le « je » est omniprésent chez Ovide ► p. 275. Les comparaisons introduites par « plus… que » chez Du Bellay ► p. 272 et « Je me rappelle » chez Senghor ► p. 278. Les apostrophes deviennent solennelles chez Hugo ► p. 276.

La musicalité

Chaque œuvre est marquée par une forme de musicalité qui rappelle les origines du mot lyrisme et qui renvoie à la lyre du poète antique Orphée.

Ex. : Les jeux poétiques sur les sonorités avec les rimes, les assonances et les allitérations, le déploiement de longues phrases sur plusieurs strophes (Du Bellay et Lamartine), l'absence de ponctuation chez Apollinaire et le rythme du vers libre chez Senghor produisent des effets sonores.

La nostalgie, source d'inspiration, favorise la création d'un univers pictural et poétique en lien avec une personnalité artistique, mais aussi une époque et un contexte esthétique.

TEXTE 1

Charles Baudelaire, *Les Fleurs du mal* (1857)

► Biographie p. 627

Dans la section Spleen et idéal, *première section du recueil* Les Fleurs du mal, *Baudelaire s'adresse dans deux sonnets à sa muse : « La Muse malade » et « La Muse vénale ». Allégorie de l'inspiration poétique, elle est une figure essentielle de la poésie romantique : Alfred de Musset, dans* Les Nuits *(1835-1837), fait dialoguer le poète et sa muse. Dans ce sonnet, Baudelaire rompt avec l'image traditionnelle et idéalisée de la muse. Affaiblie et tourmentée, elle n'est plus une divinité inspiratrice.*

La Muse malade

Ma pauvre muse, hélas ! qu'as-tu donc ce matin ?
Tes yeux creux sont peuplés de visions nocturnes,
Et je vois tour à tour réfléchies sur ton teint
La folie et l'horreur, froides et taciturnes.

Le succube[1] verdâtre et le rose lutin
T'ont-ils versé la peur et l'amour de leurs urnes[2] ?
Le cauchemar, d'un poing despotique et mutin,
T'a-t-il noyée au fond d'un fabuleux Minturnes[3] ?

Je voudrais qu'exhalant l'odeur de la santé
Ton sein de pensers forts fût toujours fréquenté,
Et que ton sang chrétien coulât à flots rythmiques,

Comme les sons nombreux des syllabes antiques,
Où règnent tour à tour le père des chansons,
Phoebus, et le grand Pan, le seigneur des moissons.

1. démon féminin qui s'unit aux hommes pendant leur sommeil.
2. vase funéraire antique.
3. marécage italien, légendaire, où Arius, général romain, se réfugia et s'enfonça jusqu'au cou après une défaite.

Questions

La mort de la muse

1. Comment le poète s'adresse-t-il à sa muse ? Quelle relation le poète entretient-il avec elle ?
2. Quels sont les maux de la muse ? Quelle progression observez-vous dans sa maladie ? Analysez les sonorités dans les quatrains. ► La versification, p. 558
3. Quels sentiments la muse inspire-t-elle au poète ?

Un art poétique

4. Repérez le champ lexical des tercets : quel rapport entretient-il avec celui des quatrains ?
5. Comparez les références à l'Antiquité dans les quatrains d'une part et dans les tercets d'autre part.
6. Comment expliquez-vous l'adjectif « chrétien » (vers 12) ?
7. Quel est le souhait du poète ? Comment l'exprime-t-il ?

Synthèse Montrez que ce poème allégorique illustre le titre de la section, *Spleen et Idéal*.

Vers le bac **S'entraîner au commentaire**

Étudiez dans un paragraphe le portrait de la muse vue par Baudelaire.

► Rédiger des paragraphes et insérer des citations, p. 598.

▸▸▸ **Paul Cézanne**, *Le Rêve du poète* (détail), 1860, huile sur toile (66 x 82 cm), musée d'Orsay, Paris

ÉCHO DU XVIIe SIÈCLE

Nicolas Boileau, *L'Art poétique* (1674)

► Biographie p. 628

CONTEXTE

Dans *L'Art poétique*, Nicolas Boileau a transmis aux générations futures une conception de l'écriture et de la littérature qui a fini par se confondre avec l'idéal classique et qui sert encore de référence.

► Le Classicisme, p. 29

Avec les deux alexandrins définissant la règle des trois unités pour le théâtre, les vers qui suivent sont parmi les plus célèbres de Boileau. Le poète conseille à ses contemporains d'imiter François de Malherbe, poète français du XVIe siècle à l'origine du goût classique, qui a su « répar[er] » la langue dégradée par ses devanciers.

Chant I

[…]
Enfin Malherbe vint, et, le premier en France,
Fit sentir dans les vers une juste cadence,
D'un mot mis en sa place enseigna le pouvoir,
Et réduisit la muse aux règles du devoir.
Par ce sage écrivain la langue réparée
N'offrit plus rien de rude à l'oreille épurée.
Les stances avec grâce apprirent à tomber,
Et le vers sur le vers n'osa plus enjamber.
Tout reconnut ses lois ; et ce guide fidèle
Aux auteurs de ce temps sert encor de modèle.
Marchez donc sur ses pas ; aimez sa pureté,
Et de son tour heureux imitez la clarté.
Si le sens de vos vers tarde à se faire entendre,
Mon esprit aussitôt commence à se détendre,
Et, de vos vains discours prompt à se détacher,
Ne suit point un auteur qu'il faut toujours chercher.
Il est certains esprits dont les sombres pensées
Sont d'un nuage épais toujours embarrassées ;
Le jour de la raison ne le saurait percer.
Avant donc que d'écrire apprenez à penser.
Selon que notre idée est plus ou moins obscure,
L'expression la suit, ou moins nette, ou plus pure.
Ce que l'on conçoit bien s'énonce clairement,
Et les mots pour le dire arrivent aisément.
Surtout qu'en vos écrits la langue révérée
Dans vos plus grands excès vous soit toujours sacrée.
En vain vous me frappez d'un son mélodieux,
Si le terme est impropre, ou le tour vicieux ;
Mon esprit n'admet point un pompeux barbarisme,
Ni d'un vers ampoulé l'orgueilleux solécisme[1].
Sans la langue, en un mot, l'auteur le plus divin
Est toujours, quoi qu'il fasse, un méchant écrivain.
[…]

1. faute de grammaire.

Gravure du XIXe siècle représentant la « querelle des Anciens et des Modernes », une polémique littéraire née à l'Académie Française.

Questions

1. Quelle conception Boileau propose-t-il de « la langue » ? Expliquez le lien établi entre l'idée et l'expression.
2. Relevez dans le poème les connecteurs logiques. Quel est le rôle d'un connecteur logique ? Peut-on en faire l'économie ? Justifiez votre réponse.
3. Quelles sont les idées communes à Boileau et à Baudelaire ?
4. Quelle idée nouvelle le sonnet de Baudelaire apporte-t-il ?
5. Boileau condamnerait-il le poème de Baudelaire ? Justifiez.

Paul Verlaine,
Jadis et naguère (1884)

► Biographie p. 636

CONTEXTE

Les poètes de la seconde partie du XIXe siècle veulent renouveler la poésie dans sa forme, ses contenus, son ambition. Les parnassiens, las des effusions et de l'éloquence romantiques, vont affirmer la primauté de la forme sur le contenu. Les symbolistes tentent d'exprimer la complexité de la réalité par la musicalité des mots, des vers et par les figures de rapprochement.

► Le Symbolisme, p. 38

Si « Art poétique » est considéré comme l'un des manifestes du mouvement symboliste, il s'oppose aussi au Parnasse – dont il était pourtant proche. Ce poème apparaît surtout comme l'expression de l'originalité et de la singularité de la poésie de son auteur qui se traduit ici par le refus de l'alexandrin, ou encore l'emploi d'un lexique prosaïque.

Art poétique

À Charles Morice

De la musique avant toute chose,
Et pour cela préfère l'Impair
Plus vague et plus soluble dans l'air,
Sans rien en lui qui pèse ou qui pose.

Il faut aussi que tu n'ailles point
Choisir tes mots sans quelque méprise :
Rien de plus cher que la chanson grise
Où l'Indécis au Précis se joint.

C'est des beaux yeux derrière des voiles,
C'est le grand jour tremblant de midi,
C'est, par un ciel d'automne attiédi,
Le bleu fouillis des claires étoiles !

Car nous voulons la Nuance encor,
Pas la Couleur, rien que la nuance !
Oh ! la nuance seule fiance[1]
Le rêve au rêve et la flûte au cor !

Fuis du plus loin la Pointe assassine,
L'Esprit cruel et le Rire impur,
Qui font pleurer les yeux de l'Azur,
Et tout cet ail de basse cuisine !

Prends l'éloquence et tords-lui son cou !
Tu feras bien, en train d'énergie,
De rendre un peu la Rime assagie.
Si l'on n'y veille, elle ira jusqu'où ?

Ô qui dira les torts de la Rime ?
Quel enfant sourd ou quel nègre fou
Nous a forgé ce bijou d'un sou
Qui sonne creux et faux sous la lime ?

De la musique encore et toujours !
Que ton vers soit la chose envolée
Qu'on sent qui fuit d'une âme en allée
Vers d'autres cieux à d'autres amours

Que ton vers soit la bonne aventure
Éparse au vent crispé du matin
Qui va fleurant la menthe et le thym…
Et tout le reste est littérature.

1. confiance.

Gustav Klimt, *La Musique*, 1895, huile sur toile (37 x 44,5 cm), Neue Pinakothek, Munich (Allemagne).

Questions

Grammaire

Relevez les impératifs et les tournures exprimant la nécessité. Analysez leurs valeurs dans le poème.

Une conception de la poésie

1. À quoi ce poème s'apparente-t-il ?

2. Quelles pratiques d'écriture Verlaine refuse-t-il ? encourage-t-il ?

3. Relevez tous les procédés qui soutiennent les critiques et les conseils de Verlaine : registre, types de phrase, images, vocabulaire, versification.

► La versification, p. 558

4. Comment comprenez-vous « la chanson grise » (v. 7), « Que ton vers soit la chose envolée » (v. 30) et « Que ton vers soit la bonne aventure » (v. 33) ?

► Figures de style, p. 576

Un art poétique

5. Montrez que Verlaine applique ici « l'Impair » (v. 2).

6. Recherchez les mots impropres, choisis avec « quelque méprise » (v. 6) ?

7. Recherchez les règles de la rime classique et dites si les rimes de ce poème les respectent ou s'en écartent.

8. Étudiez le rythme et les sonorites : ce poème est-il, selon vous, musical ?

Synthèse En vous référant au contexte, montrez ce qui s'oppose au Romantisme et au Parnasse, ce qui se rapproche du Symbolisme, puis ce qui vous paraît propre à Verlaine.

Vers le bac S'entraîner au commentaire

Par quels principaux procédés Verlaine parvient-il à se démarquer de l'éloquence ?

► Rédiger des paragraphes et insérer des citations, p. 598.

Arthur Rimbaud,
« Lettre à Paul Demeny » (1871)

► Biographie p. 635

CONTEXTE

Dans les années 1870, le Parnasse et le Symbolisme dominent le champ de la poésie. Leconte de Lisle, Catulle Mendès et Verlaine sont des poètes reconnus et publient de nombreux recueils. Les poètes des deux décennies suivantes, comme Mallarmé, Laforgue, Corbière, etc., restent attachés à ces esthétiques. Dans ses premiers poèmes, Arthur Rimbaud montre qu'il en a synthétisé toutes les influences alors qu'il n'a que seize ans. En 1871, il donne une nouvelle ambition à la poésie.

► Le Symbolisme, p. 38

Rimbaud a dix-sept ans quand il écrit deux lettres, à deux jours d'intervalle, dites « Lettres du voyant ». Il y explique, dans ce qu'il appelle « de la prose sur l'avenir de la poésie », ce qu'il doit accomplir pour devenir un « Poète ».

À Paul Demeny

À Douai.

Charleville, le 15 mai 1871.

[…] La première étude de l'homme qui veut être poète est sa propre connaissance, entière ; il cherche son âme, il l'inspecte, il la tente, l'apprend. Dès qu'il la sait, il doit la cultiver, cela semble simple : en tout cerveau s'accomplit un développement naturel ; tant *d'égoïstes* se proclament auteurs ; il en est bien d'autres qui s'attribuent leur progrès intellectuel ! – Mais il s'agit de faire l'âme monstrueuse : à l'instar des comprachicos[1], quoi ! Imaginez un homme s'implantant et se cultivant des verrues sur le visage.

Je dis qu'il faut être *voyant*, se faire *voyant*.

Le Poète se fait *voyant* par un long, immense et raisonné *dérèglement de tous les sens*. Toutes les formes d'amour, de souffrance, de folie ; il cherche lui-même, il épuise en lui tous les poisons, pour n'en garder que les quintessences. Ineffable torture où il a besoin de toute la foi, de toute la force surhumaine, où il devient entre tous le grand malade, le grand criminel, le grand maudit, – et le suprême Savant ! – Car il arrive à l'*inconnu* ! Puisqu'il a cultivé son âme, déjà riche, plus qu'aucun ! Il arrive à l'*inconnu*, et quand, affolé, il finirait par perdre l'intelligence de ses visions, il les a vues ! Qu'il crève dans son bondissement par les choses inouïes et innombrables : viendront d'autres horribles travailleurs ; ils commenceront par les horizons où l'autre s'est affaissé !

A. Rimbaud

1. voleur d'enfants qui dans le roman de Victor Hugo, *L'Homme qui rit*, les défigure pour en faire des monstres de foire.

Questions

Grammaire

Relevez les phrases exclamatives, puis commentez leur nombre et la variété de leurs formes.

Un manifeste engagé

1. Relevez tout ce qui donne au texte un caractère injonctif.

2. Relevez l'hyperbole. Qu'en concluez-vous quant à l'ambition du poète ?

► Figures de style, p. 576

3. Étudiez le vocabulaire antithétique et montrez qu'il suggère un véritable affrontement de forces et de valeurs.

4. Montrez que l'esprit comme le corps se trouvent engagés pour « être poète ».

Un pas vers l'inconnu

5. Quels peuvent être les sens de « voyant » (l. 8) et de « sens » (l. 10) ?

6. Pourquoi cette lettre peut-elle rappeler le monde mystérieux de la sorcellerie ou de l'alchimie ? Peut-on parler de métamorphose pour le poète ? Pourquoi ?

7. Comment Rimbaud suggère-t-il ce qu'est « l'inconnu » ?

Synthèse Montrez que le poète se distingue de ses prédécesseurs et annonce l'avenir de la poésie et des poètes nouveaux.

Stéphane Mallarmé, *Poésies* (1899)

► Biographie p. 632

CONTEXTE

Stéphane Mallarmé est l'auteur d'un poème, « Un coup de dés jamais n'abolira le hasard », qui ouvre la voie à une poésie éclatée jouant avec toutes les possibilités de la typographie et l'espace blanc de la page, dont on perçoit des échos chez Apollinaire et Cendrars, puis dans la poésie la plus contemporaine.
Il est aussi l'auteur d'une poésie hermétique qui s'interroge sur les mots et leurs sens.

Le « Tombeau d'Edgar Poe » a été écrit en 1876 à l'occasion de la construction d'un monument en l'honneur d'Edgar Poe. Mallarmé rend hommage au poète dans ce sonnet au titre polysémique puisqu'il évoque « la tombe de Poe » mais aussi la composition poétique ou musicale – le tombeau – écrite en l'honneur d'un disparu.

Le Tombeau d'Edgar Poe

Tel qu'en Lui-même enfin l'éternité le change,
Le Poëte suscite avec un glaive nu
Son siècle épouvanté de n'avoir pas connu
Que la mort triomphait dans cette voix étrange !

Eux, comme un vil sursaut d'hydre oyant jadis l'ange
Donner un sens plus pur aux mots de la tribu
Proclamèrent très haut le sortilège bu
Dans le flot sans honneur de quelque noir mélange.

Du sol et de la nue[1] hostiles, ô grief !
Si notre idée avec ne sculpte un bas-relief
Dont la tombe de Poe éblouissante s'orne

Calme bloc ici-bas chu d'un désastre obscur
Que ce granit du moins montre à jamais sa borne
Aux noirs vols du Blasphème épars dans le futur.

1. les nuages.

Gustave Moreau, *Mort du poète*, aquarelle (20 x 155 cm), musée Gustave Moreau, Paris.

Questions

Vocabulaire
Recherchez l'étymologie de « oyant » (v. 5). Trouvez des mots de la même famille.

Le tombeau de Poe

1. Quelle image ce poème donne-t-il de Poe et de « Eux » (v. 5) ? Par quels procédés ?

2. Étudiez comment Mallarmé oppose tout au long du poème « Le Poëte » à « Eux ».

3. Comment s'explique l'incompréhension de « la tribu » (v. 6) ? Étudiez notamment les sens de « suscite » (v. 2), « étrange » (v. 4), mais aussi d' « ange » (v. 5) ou de « désastre obscur » (v. 12).

Le tombeau de la poésie

4. Quelle fonction Mallarmé attribue-t-il à la poésie ? Justifiez votre réponse.

5. Étudiez l'opposition entre le bruit et le silence. Qu'en déduisez-vous de la conception de la poésie qu'il suggère ?

6. La fin du poème est-elle un aveu d'impuissance ou un choix du poète ? Justifiez votre réponse.

Synthèse Montrez que la forme du sonnet, la versification, la syntaxe, le rythme et les réseaux sonores font de ce poème un « bloc » de « granit ».

► La versification, p. 558

TEXTE 5

Blaise Cendrars, *Du monde entier* (1919)

► Biographie p. 629

CONTEXTE

L'œuvre de Blaise Cendrars explore l'expression et les formes du genre poétique, et s'attache à les renouveler. Cendrars a suivi un principe fondamental développé en 1917 par Apollinaire : ne pas renier l'héritage des poètes des siècles passés et tenter de découvrir de nouvelles formes, un nouveau langage.

Dans la section Sonnets dénaturés, *Blaise Cendrars, en conservant le sonnet, s'inscrit dans une longue tradition de la production poétique. En altérant sa forme, il nous donne un sonnet renouvelé et expérimente de nouveaux procédés d'écriture pour exprimer sans doute un art poétique.*

Académie Médrano

À Conrad Moricand.

Danse avec ta langue, Poète, fais un entrechat
Un tour de piste
sur un tout petit basset
noir ou haquenée[1]
Mesure les beaux vers mesurés et fixe les formes fixes
Que sont LES BELLES LETTRES apprises
Regarde :
les Affiches se fichent de toi te mordent
avec leurs dents en couleur
entre les doigts de pied
La fille du directeur a des lumières électriques
Les jongleurs sont aussi les trapézistes
xuellirép tuaS
teuof ed puoC
aç-emirpxE
Le clown est dans le tonneau malaxé
Il faut que ta langue { passe à la caisse / fasse l'orchestre } les soirs où
Les **Billets de faveur** sont supprimés

Novembre 1916.

« Tout autour d'aujourd'hui », ©1947, 1963, 2001, 2005, Éditions Denoël

1. cheval ou jument d'allure douce, généralement montée par les dames.

Marc Chagall, *Le Clown à la Flûte II*, 1970, lithographie (55,6 x 67,4 cm), collection Sorlier.

Questions

Un héritage

1. Montrez que ce poème est un sonnet. ► Les formes et les genres poétiques, p. 559
2. Relevez des procédés propres à l'écriture poétique la plus traditionnelle : figures de rapprochement, rythme, sonorités. ► Figures de style, p. 576
3. Quelle intention voyez-vous dans le titre de la section, « Sonnets dénaturés » ?

Un renouvellement poétique

4. Par quels principaux procédés le poète dénature-t-il le sonnet ?
5. Commentez le travail sur la typographie et la ponctuation du poème. Justifiez les choix du poète.
6. Commentez la ponctuation du poème.

Synthèse Expliquez comment dans ce poème Blaise Cendrars s'appuie sur la tradition pour créer une poésie nouvelle.

TEXTE 6

Henri Michaux, *Qui je fus* (1927)

► Biographie p. 633

CONTEXTE

Une décennie après les expériences typographiques de Blaise Cendrars, en marge des surréalistes, Henri Michaux s'engage dans une voie originale en travaillant à inventer des mots sans pour autant renoncer à leur signification.

Michaux invente ici de nouveaux mots, et principalement des verbes, pour relater un combat entre deux protagonistes dont l'enjeu est « le Grand Secret ».

Le Grand Combat

A R.M. Hermant.

Il l'emparouille et l'endosque contre terre ;
Il le rague et le roupète jusqu'à son drâle ;
Il le pratèle et le libucque et lui barufle les ouillais ;
Il le tocarde et le marmine,
Le manage rape à ri et ripe à ra.
Enfin il l'écorcobalisse.
L'autre hésite, s'espudrine, se défaisse, se torse et se ruine.
C'en sera bientôt fini de lui ;
Il se reprise et s'emmargine… mais en vain
Le cerceau tombe qui a tant roulé.
Abrah ! Abrah ! Abrah !
Le pied a failli !
Le bras a cassé !
Le sang a coulé !
Fouille, fouille, fouille,
Dans la marmite de son ventre est un grand secret
Mégères alentour qui pleurez dans vos mouchoirs ;
On s'étonne, on s'étonne, on s'étonne
Et vous regarde
On cherche aussi, nous autres, le Grand Secret.

Questions

Vocabulaire

Quelle différence faites-vous entre néologisme et barbarisme ? Comment qualifieriez-vous les mots créés par Michaux ? Justifiez votre réponse.

Un combat épique

1. Identifiez les protagonistes du combat, ses différentes étapes et sa cause.
2. Quels sont les registres de ce poème ? Justifiez votre réponse.
► Registres, p. 568
3. Étudiez le rythme et les sonorités du poème : quels effets produisent-ils et quels liens ont-ils avec l'expression du combat ? ► Versification, p. 587
4. Justifiez le titre du poème.

La quête du poète

5. Comment Michaux procède-t-il pour créer de nouveaux mots ?
6. Qu'est-ce qui distingue les dix premiers vers des dix derniers ? Qu'en concluez-vous sur le mouvement du poème ?
7. Étudiez la syntaxe : qu'en concluez-vous sur son rôle dans la compréhension du poème ?

Synthèse Montrez que ce poème est en même temps un combat contre soi-même et un combat avec la langue.

Vers le bac **S'entraîner à la dissertation**

Rédigez un paragraphe illustré d'exemples dans lequel vous montrerez que les poètes contemporains s'inscrivent dans une tradition.

► Construire un paragraphe et insérer des exemples, p. 606

Les xixe et xxe siècles sont particulièrement riches des rencontres entre les peintres et les poètes. Fantin-Latour ou Carrière ont représenté Verlaine ou Rimbaud. Marie Laurencin, Vlaminck ont peint des portraits d'Apollinaire qui écrit à son tour Peintres cubistes *en 1913. Blaise Cendrars, poète, et Sonia Delaunay, peintre, composent ensemble* La Prose du transsibérien et de la petite Jehanne de France.

Claude Monet, *Le Pont de l'Europe, Gare Saint-Lazare* (1877)

Monet est une des figures les plus marquantes de l'**Impressionnisme**. ▶ Si la représentation de la nature domine son œuvre, celle de la ville et de certains monuments contribuent à souligner son originalité et son intérêt pour le monde moderne qui l'environne. Monet a peint douze tableaux représentant la gare Saint-Lazare à Paris. Dans ce tableau, elle reste présente mais le sujet essentiel est un pont – autre motif privilégié par le peintre.

Georges Braque, *Le Viaduc à L'Estaque* (1908)

Dans l'histoire de la peinture moderne et de la représentation de la réalité, ▶ le **Cubisme** est décisif. Si l'on perçoit dans ce tableau l'influence de Cézanne, on comprend surtout que Georges Braque a poussé à l'extrême la proposition du peintre : « traiter la nature par le cylindre, la sphère et le cône » (lettre de Cézanne à Émile Bernard).

▶▶▶ **Claude Monet**, *Le Pont de l'Europe, Gare Saint-Lazare* (détail), 1877, huile sur toile (64 x 80 cm), musée Marmottan, Paris.

Claude Monet, *Le Pont de l'Europe, Gare Saint-Lazare*, 1877, huile sur toile (64 x 80 cm), musée Marmottan, Paris.

Georges Braque, *Le Viaduc à L'Estaque*, 1908, huile sur toile (72,5 x 59 cm), musée d'Art moderne – Centre Georges Pompidou, Paris.

Questions ► p. 580

1. Comparez les sujets des tableaux.
2. Quels rapports établissez-vous entre la fumée de Monet et la végétation de Braque ?
3. Quels éléments créent la dynamique dans les deux tableaux ? Qu'en déduisez-vous ?
4. Comparez les couleurs choisies par les peintres : quels sont les effets produits ?
5. Que pouvez-vous dire du trait chez Braque par rapport au trait chez Monet ? Expliquez ce parti pris.
6. Dans quel tableau percevez-vous, le plus ou le moins, l'ambition de représenter la réalité ? Justifiez votre réponse

Synthèse Montrez comment chaque œuvre s'inscrit dans son mouvement – l'Impressionnisme pour l'une, le Cubisme pour l'autre, tout en marquant sa singularité.

TEXTE 1

Guillaume Apollinaire, *Alcools* (1913)

► Biographie p. 627

CONTEXTE

En 1913 paraît *Alcools*, recueil qui surprend par une écriture poétique originale et nouvelle mais aussi par de nouveaux thèmes qui se mêlent aux plus traditionnels.
« *Zone* » est le poème liminaire du recueil ; le poète y affirme une nouvelle esthétique.

Le titre du poème renvoie sans doute aux terrains vagues qui entouraient Paris. Ses 161 vers nous entraîne dans un Paris contemporain du poète mais aussi dans ses souvenirs qui sont autant d'autres lieux.

Zone

À la fin tu es las de ce monde ancien

Bergère ô tour Eiffel le troupeau des ponts bêle ce matin

Tu en as assez de vivre dans l'antiquité grecque et romaine

Ici même les automobiles ont l'air d'être anciennes
La religion seule est restée toute neuve la religion
Est restée simple comme les hangars de Port-Aviation

Seul en Europe tu n'es pas antique ô Christianisme
L'Européen le plus moderne c'est vous Pape Pie X
Et toi que les fenêtres observent la honte te retient
D'entrer dans une église et de t'y confesser ce matin
Tu lis les prospectus les catalogues les affiches qui chantent tout haut
Voilà la poésie ce matin et pour la prose il y a les journaux
Il y a les livraisons à 25 centimes pleines d'aventures policières
Portraits des grands hommes et mille titres divers

J'ai vu ce matin une jolie rue dont j'ai oublié le nom
Neuve et propre du soleil elle était le clairon
Les directeurs les ouvriers et les belles sténo-dactylographes
Du lundi matin au samedi soir quatre fois par jour y passent
Le matin par trois fois la sirène y gémit
Une cloche rageuse y aboie vers midi
Les inscriptions des enseignes et des murailles
Les plaques les avis à la façon des perroquets criaillent
J'aime la grâce de cette rue industrielle
Située à Paris entre la rue Aumont-Thiéville et l'avenue des Ternes
[…]

Lecture d'image

Dans quelle mesure retrouvez-vous dans cette peinture des caractéristiques de l'esthétique d'Apollinaire ?

Robert Delaunay, *Champ de Mars. La Tour Rouge*, 1911, huile sur toile (160,7 x 128,6 cm), Art Institute, Chicago (États-Unis).

Questions

Versification

Relevez les alexandrins. Justifiez leur intérêt.

Le parti pris de la nouveauté

1. À qui le poète s'adresse-t-il ? Quelles époques le poète oppose-t-il ? Justifiez votre réponse.
2. Quelle réalité le poète privilégie-t-il dans ces vers ? Qu'est-ce qui caractérise la versification et le lexique choisis par le poète ? Quel est l'effet produit ?

► La versification, p. 558

3. Étudiez le lexique du sentiment. Quel est le registre dominant ? Justifiez.

► Registres, p. 568

Une métamorphose du quotidien

4. Relevez les métaphores et comparaisons. Étudiez leurs sonorités. Qu'apportent les comparants ? Quelle image donnent-ils de la réalité quotidienne ?
5. Relevez et étudiez les paradoxes, notamment celui du vers 8. Qu'est-ce qui le justifie ?
6. Quelles sont les principales caractéristiques de l'écriture poétique d'Apollinaire ?
7. Lisez ce texte à voix haute. Commentez l'absence de ponctuation.

Synthèse Montrez que l'écriture poétique transfigure la réalité quotidienne.

Vers le bac S'entraîner à l'écriture d'invention

Composez un poème en vers libres qui fera l'éloge de monuments et d'inventions les plus récentes. Vous veillerez à user de métaphores originales et surprenantes.

► Amplifier et transposer un texte, p. 616

Guillaume Apollinaire, *Calligrammes* (1918)

► Biographie p. 627

⊕ CONTEXTE

Poursuivant d'une autre manière les recherches sur le sens et le pouvoir des mots et de la poésie, Guillaume Apollinaire crée un nouvel objet poétique qu'il nommera « calligramme » : les mots comme le trait du dessinateur représentent ce dont parle le poème. Proche des peintres cubistes qui remettaient en question une représentation trop figurative de la réalité, Apollinaire a voulu avec le calligramme échapper à la linéarité du poème.

« Il pleut » appartient à la première section Ondes *du recueil et a été écrit avant que ne se déclare la Première Guerre mondiale. Comme tous les calligrammes, « Il pleut » invite le lecteur à lire et à voir, et plus encore que dans la forme traditionnelle des poèmes, à comprendre que le poète cherche à dire et à montrer ce qu'il nous dit.*

Il pleut

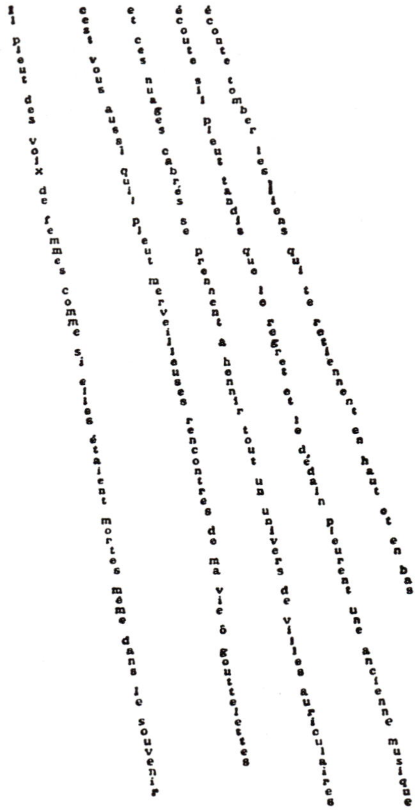

TRANSCRIPTION

Il pleut

il pleut des voix de femmes comme si elles étaient mortes même dans le souvenir
c'est vous aussi qu'il pleut merveilleuses rencontres de ma vie ô gouttelettes
et ces nuages cabrés se prennent à hennir tout un univers de villes auriculaires
écoute s'il pleut tandis que le regret et le dédain pleurent une ancienne musique
écoute tomber les liens qui te retiennent en haut et en bas.

Lecture d'image

- Après avoir étudié la composition de cette photographie, dites ce qu'elle représente ou symbolise pour vous.
- Peut-on parler d'une démarche poétique de la part de l'artiste ? Pourquoi ?

Patrick Tosani, *La Pluie virgule*, 1986, photographie (120 x 160 cm), collection privée.

Questions

Grammaire

Relevez les verbes impersonnels et intransitifs. Rappelez ce qui caractérise leur emploi.

L'image de la pluie

1. Comment ce calligramme propose-t-il un dessin subtil de la pluie qui tombe ?
► Les formes et les genres poétiques, p. 559
2. Comment interprétez-vous l'obliquité des vers ?
3. Que pensez-vous de la lisibilité du poème ? Qu'en concluez-vous ?

Un poème nostalgique

4. Qui sont les destinataires du poème ?
5. Étudiez les emplois des verbes « pleuvoir » et « pleurer ».
► Le champ sémantique, p. 532
6. Relevez les comparaisons et métaphores. Sont-elles facilement identifiables ? Commentez-les.

Un calligramme

7. Repérez tout ce qui oppose et relie ce calligramme à l'écriture traditionnelle du vers et du poème. Soyez attentif au « jeu » entre le vertical et l'horizontal.
8. Que peut représenter d'autre ce calligramme ? Votre interprétation influence-t-elle votre compréhension du texte ?

Synthèse Montrez que le choix du calligramme permet au poète d'atteindre une des ambitions de la poésie, qui est de simultanément dire, montrer et faire entendre.

Vers le bac S'entraîner à la dissertation

Proposez un plan pour le sujet suivant :
« Pour qu'un texte puisse appartenir au genre poétique doit-il nécessairement s'écarter des règles usuelles de la langue ? »

► Analyser le sujet et exploiter le corpus, p. 602

Francis Ponge, *Le Parti pris des choses* (1942)

► Biographie p. 634

CONTEXTE

Les poètes du XXe siècle n'ont abandonné ni les sujets essentiels qui touchent la vie des hommes, la nature, l'amour, la mort, la quête du sens, ni la poésie lyrique. Certains d'entre eux cependant, comme Follain ou Ponge, ont choisi des voies apparemment plus modestes en s'attachant à décrire dans leurs poèmes les objets les plus familiers.

Le titre du recueil, Le Parti pris des choses, *révèle l'intérêt de Ponge pour les réalités, prosaïques et triviales. Mais pour le poète, les mots eux-mêmes sont des choses.*

L'Huître

L'huître, de la grosseur d'un galet moyen, est d'une apparence plus rugueuse, d'une couleur moins unie, brillamment blanchâtre. C'est un monde opiniâtrement clos. Pourtant on peut l'ouvrir : il faut alors la tenir au creux d'un torchon, se servir d'un couteau ébréché et peu franc, s'y reprendre à plusieurs fois. Les doigts curieux s'y coupent, s'y cassent les ongles : c'est un travail grossier. Les coups qu'on lui porte marquent son enveloppe de ronds blancs, d'une sorte de halos.

À l'intérieur l'on trouve tout un monde, à boire et à manger : sous un *firmament* (à proprement parler) de nacre, les cieux d'en-dessus s'affaissent sur les cieux d'en-dessous, pour ne plus former qu'une mare, un sachet visqueux et verdâtre, qui flue et reflue à l'odeur et à la vue, frangé d'une dentelle noirâtre sur les bords.

Parfois très rare une formule perle à leur gosier de nacre, d'où l'on trouve aussitôt à s'orner.

Questions

Vocabulaire

Quel est le sens du suffixe dans « formule » (v. 13) ? Quel est le sens du mot ? Recherchez quelques mots construits à l'aide de ce suffixe.

Une description objective

1. Montrez que l'huître est décrite avec minutie et dans un ordre logique.
2. Relevez les différentes analogies. Quel est leur rôle tout au long du poème ?
3. La description appréhende tous les aspects de l'huître, les plus séduisants comme les plus rebutants : qu'en concluez-vous ?

De l'huître au poème

4. Relevez les éléments communs à « huître » (v. 1), « blanchâtre » (v. 2), « opiniâtrement » (v. 3), « verdâtre » (v. 11), « noirâtre » (v. 12). Quel lien suggèrent-ils entre le mollusque et le poème ?
5. Quelles sont les différentes fonctions des nombreux réseaux sonores présents dans le poème ?
6. Recherchez des correspondances entre la forme de l'huître et celle du poème. Quel rôle attribueriez-vous au dernier paragraphe ?

► Les formes et les genres poétiques, p. 559

Un poème métaphorique

7. Quel rapport le poète institue-t-il entre la réalité de l'huître, le « monde [...] clos » (v. 2-3) et le « on » (v. 3) qui tente de l'ouvrir ? Qu'en déduisez-vous ?
8. Étudiez les expressions « doigts curieux » (v. 5), « peu franc » (v. 4), « un sachet [...] qui flue et reflue » (v. 10-11). Identifiez la figure de style et commentez ses effets.
9. Relevez les mots et expressions, notamment familiers, qui ont un double sens.

Synthèse Montrez que Francis Ponge décrit le travail du poète aussi bien que celui du lecteur d'un poème.

TEXTE 4

Philippe Jaccottet, *L'Effraie* (1953)

► Biographie p. 631

Jaccottet donne à son recueil le nom d'un rapace nocturne, la chouette-effraie, qui symbolise le rapport qu'entretient le poète avec le monde comme « L'Albatros » de Baudelaire par exmple. Il dit la mort, exprimant l'effroi qu'elle suscite. Dans « Les nouvelles du soir », Jaccottet explore et renouvelle le vers, le sonnet ou les formes plus libres. Ce poème évoque une période où des « crieurs » vendaient les journaux en criant dans les rues les dernières nouvelles.

Les Nouvelles du soir

À l'heure où la lumière enfouit son visage
dans notre cou, on crie les nouvelles du soir,
on nous écorche. L'air est doux. Gens de passage
dans cette ville, on pourra juste un peu s'asseoir
au bord du fleuve où bouge un arbre à peine vert,
après avoir mangé en hâte ; aurai-je même
le temps de faire ce voyage avant l'hiver,
de t'embrasser avant de partir ? Si tu m'aimes,
retiens-moi, le temps de reprendre souffle, au moins,
juste pour ce printemps, qu'on nous laisse tranquilles
longer la tremblante paix du fleuve, très loin,
jusqu'où s'allument les fabriques immobiles...
Mais pas moyen. Il ne faut pas que l'étranger
qui marche se retourne, ou il serait changé
en statue : on ne peut qu'avancer. Et les villes
qui sont encor debout brûleront. Une chance
que j'aie au moins visité Rome, l'an passé,
que nous nous soyons vite aimés, avant l'absence,
regardés encore une fois, vite embrassés,
avant qu'on crie « Le Monde » à notre dernier monde
ou « Ce Soir » au dernier beau soir qui nous confonde...

Tu partiras. Déjà ton corps est moins réel
que le courant qui l'use, et ces fumées au ciel
ont plus de racines que nous. C'est inutile
de nous forcer. Regarde l'eau, comme elle file
par la faille entre nos deux ombres. C'est la fin,
qui nous passe le goût de jouer au plus fin.

Pablo Picasso, *Verre, journal et dé*, 1914, assemblage (19 x 20,6 x 9,5 cm), musée Picasso, Paris.

Questions

L'amour, un thème revisité

1. À qui le poète se réfère-t-il vers 13 à 15 ? Relevez les champs lexicaux du sentiment amoureux et de la fragilité. Qu'est-ce qui caractérise la relation amoureuse ?
2. Comment les personnages sont-ils representés ? Comment le cadre spatio-temporel est-il caractérisé ? Quelle representation de la ville ces vers offrent-ils ?
3. Qu'apporte la présence des crieurs ? Quel est son rapport avec le titre du poème ?
4. Quels sont les effets produits par les différents types de phrases ? Quelle est la valeur des temps ? Que suggèrent-ils du lien entre les protagonistes ?

La prose poétique

5. Quel est le mètre utilisé ? Quelles sont les principales caractéristiques de la versification ? Comment participe-t-elle au thème de la séparation ?
6. Relevez les phrases prosaïques. Quels effets produisent-elles ?
7. Relevez les métaphores et les comparaisons. Que suggèrent-elles ? Quel effet produit la dernière phrase ?

Synthèse Montrez comment le poète allie tradition et modernité dans ces vers.

Jacques Réda, *Amen* (1968)

► Biographie p. 635

CONTEXTE

Après Baudelaire, Verlaine ou Rimbaud qui avaient perçu la richesse poétique de la ville, après Apollinaire ou Cendrars et les surréalistes qui ont eux aussi marqué leur intérêt pour la ville et sa modernité, Jacques Réda s'est attaché dans de nombreux recueils à exprimer la poésie de la banlieue.

Jean Gaumy, *Arrêt de bus dans la banlieue « Les Sapins ».*

Le titre du recueil se traduit ordinairement par « Ainsi soit-il ». Il peut exprimer la résignation à une situation. Il devient ironique pour signifier un jugement sur un récit ou un discours.

Personnages dans la banlieue

Vous n'en finissez pas d'ajouter encore des choses,
Des boîtes, des maisons, des mots.
Sans bruit l'encombrement s'accroît au centre de la vie,
Et vous êtes poussés vers la périphérie,
Vers les dépotoirs, les autoroutes, les orties ;
Vous n'existez plus qu'à l'état de débris ou de fumée.
Cependant vous marchez,
Donnant la main à vos enfants hallucinés
Sous le ciel vaste, et vous n'avancez pas ;
Vous piétinez sans fin devant le mur de l'étendue
Où les boîtes, les mots cassés, les maisons vous rejoignent,
Vous repoussent un peu plus loin dans cette lumière
Qui a de plus en plus de peine à vous rêver.
Avant de disparaître,
Vous vous retournez pour sourire à votre femme attardée,
Mais elle est prise aussi dans un remous de solitude,
Et ses traits flous sont ceux d'une vieille photographie.
Elle ne répond pas, lourde et navrante avec le poids du jour sur ses paupières,
Avec ce poids vivant qui bouge dans sa chair et qui l'encombre,
Et le dernier billet du mois plié dans son corsage.

Questions

Lieux et objets du quotidien

1. Comment et par quels procédés l'espace urbain est-il décrit ? Quel est son rôle dans l'action ?
2. Étudiez les verbes d'action. Que suggèrent-ils ? Repérez les sonorités qui les relient. Quelle est leur principale fonction ?
3. Relevez les champs lexicaux de la pesanteur et des objets. Que veut suggérer le poète à travers leur emploi ? Quels sont les effets produits par les trois derniers vers ?

L'effacement des personnages

4. Identifiez les « personnages » du poème. Quelle est leur situation ? Par quels procédés sont-ils caractérisés ?
5. Le pronom personnel « vous » représente-t-il toujours la même personne ? Justifiez son rôle dans la péripétie relatée.
6. Comment le lien entre le « vous » et « la femme » évolue-t-il ? Expliquez la métaphore « vieille photographie » (v. 17). Étudiez les rimes ou échos en fin de vers.

Synthèse Montrez que ce poème exprime la poésie de la banlieue.

Vocabulaire

Quelles sont les valeurs du présent de l'indicatif ? Quels sont les effets produits ?

► Modes, temps et valeurs, p. 524

Vers le bac S'entraîner au commentaire

Rédigez un paragraphe de commentaire en vous interrogeant sur l'expression de « l'encombrement » dans ce poème. ► Rédiger des paragraphes et insérer des citations, p. 598

Michel Houellebecq, *Configuration du dernier rivage* (2013)

CONTEXTE

Si Houellebecq est connu du grand public et a obtenu le prix Goncourt en 2010 avec *La Carte et le territoire*, il est, et a d'abord été un poète. Ses recueils *La Poursuite du bonheur* (1991) et *Le Sens du combat* (1996) ont rencontré un véritable succès. Il vient de faire paraître une anthologie personnelle intitulée *Non-réconcilié* (2014) ainsi qu'un nouveau recueil, *Configuration du vide* (2013), renouant ainsi avec sa première vocation.

Le titre du recueil comme celui de la section évoquent la proximité des frontières ou de l'abîme ou encore la disparition et l'éloignement. « Novembre » relate une visite à un être aimé disparu et qui repose « Environnée par le silence ».

Novembre

Je suis venu dans le café au bord du fleuve,
Un peu vieilli un peu blasé
J'ai mal dormi dans un hôtel aux chambres neuves
Je n'ai pas pu me reposer.

Il y a des couples et des enfants qui marchent ensemble
Dans la paix de l'après-midi
Il y a même des jeunes filles qui te ressemblent
Dans les premiers pas de leur vie.

Je te revois dans la lumière,
Dans les caresses du soleil
Tu m'as donné la vie entière
Et ses merveilles.

Je suis venu dans le jardin ou tu reposes
Environnée par le silence
Le ciel tombait et le ciel se couvrait de rose,
Et j'ai eu mal de ton absence.

Je sens ta peau contre la mienne,
Je m'en souviens je m'en souviens
Et je voudrais que tout revienne,
Ce serait bien.

Questions

Vocabulaire

Identifiez les différents modes et temps employés dans ce poème. Qu'en concluez-vous ?

Un poème élégiaque

1. Comment l'environnement est-il perçu par le poète ? Quels procédés expriment cette perception ? Qu'est-ce qui caractérise l'état d'esprit du poète ? Justifiez.

2. Étudiez l'emploi des temps. Que suggère-t-il ? Quelles sont les connotations du titre ?

3. Étudiez les modalités d'écriture qui rapprochent les protagonistes du poème par-delà la mort. Comment les liens entre l'interlocutrice et le poète s'établissent-ils dans ces vers ? Quels sont les effets de la visite à celle qui « repose » ?

La nostalgie du bonheur

4. Quel portrait le poème brosse-t-il de l'interlocutrice ? Quelle est l'importance de la troisième strophe ? Quel procédé propre à la poésie renforce l'expression de la relation qui a uni les interlocuteurs ?

5. Qu'est-ce qui caractérise la versification ? Quel est son rôle principal ?

6. Quelle est la fonction de la répétition dans la dernière strophe ? Comment définiriez-vous le dernier vers ? Quel effet produit-il ?

Synthèse Montrez que le regard du poète sur le monde rend le quotidien poétique.

Prolongement

Écoutez la mise en musique et l'interprétation des textes de Houellebecq par Jean-Louis Aubert.

1 MOTS-VALISES

a. **Dans la liste des mots-valises suivants, retrouvez les deux mots qui le constituent :**
« Famillionnaire » cité par Freud – « Éléphantôme » cité par Finkielkraut – « Emparouille » cité par Michaux – « Foultitude » cité par Hugo – « Ridicucoliser » cité par Rostand – « Alcoolade » cité par Queneau – « Novlangue » cité par Orwell

b. **Créez des mots-valises avec les couples suivants :**
panthère-terreur – narrateur-tueur – roman-mensonge – martyr-tirelire – livre-ivresse – stylo-griffe

c. **Commentez l'intérêt de ces créations lexicales.**

2 HOMONYMIE

a. **Traduisez cette phrase de Sylvain Lecoq tirée de *Écrits bruts.***

Joue Annie et vos mains, voit ci, l'heure ou l'on prie, pour qu'1 ange du ci elle veille sur les berce haut. Coq qu'te veut y faut ben les indes or mire a lu tour.

b. **Réécrivez ces vers extraits de « Brise marine » de Stéphane Mallarmé en jouant de l'homonymie.**

La chair est triste, hélas ! et j'ai lu tous les livres.
Fuir ! là-bas fuir ! Je sens que des oiseaux sont ivres
D'être parmi l'écume inconnue et les cieux !

3 ÉPELLATION LEXICALISÉE

a. **Rétablissez l'orthographe correcte dans ce poème.**

[…]
– Je vois les Pan C
– Je vois les crânes KC
– Je vois les mains DCD
– Je les M
– Je vois les pensées BC et les femmes MÉ
et les poumons qui en ont AC de l'RLO,
poumons noyés des ponts NMI.
Mais la minute précédente est déjà trop AG.
– Nous sommes les arborescences qui fleurissent
sur les déserts des jardins cérébraux.

Robert Desnos, « P'oasis » *in Corps et Biens* (1930), © Éditions Gallimard

b. **Rétablissez l'orthographe correcte de cette phrase.**
Lnahtcoa3. Lm,lm. Lacdacn.lavq.

c. **Composez une phrase selon ce procédé.**

4 PARONYMIE ET À-PEU-PRÈS

a. **Dans chaque phrase, relevez le mot incorrect et corrigez-le en proposant le mot juste.**

1. Pierre qui rouille n'amasse pas mousse.
2. On n'est pas toujours maigre chez soi.
3. Il ne faut pas se blesser d'illusions.
4. C'est un bouquet-mystère.
5. Il ne faut pas pendre la peau de l'ours avant de l'avoir tué.

b. **Relevez les mots improprement choisis et rétablissez le mot juste. Justifiez la logique de l'auteur de ce dialogue.**

IRMA, *entrant et apportant le courrier.* – Madame, la poterne vient d'élimer Le fourrage…
Elle tend le courrier à Madame, puis reste plantée devant elle, dans une attitude renfrognée et boudeuse.
MADAME, *prenant le courrier.* – C'est tronc !… Sourcil bien !… *(Elle commence à examiner les lettres puis, s'apercevant qu'Irma est toujours là.)* Eh bien, ma quille ! Pourquoi serpez-vous là ? *(Geste de congédiement.)* Vous pouvez vidanger !

Jean Tardieu, *Un mot pour un autre*, © Éditions Gallimard

5 LE PARTI-PRIS DES MOTS

a. **Retrouvez dans ces phrases ou ces vers les groupes de lettres ou sons qui relient les mots entre eux.**

b. **Composez quatre vers sur ce principe.**

1. « Sa solitude est la mécanique érotique ; sa lassitude, la dynamique amoureuse. » (Arthur Rimbaud)
2. « L'huître, de la grosseur d'un galet moyen, est d'une apparence plus rugueuse, d'une couleur moins unie, brillamment blanchâtre. » (Francis Ponge)
3. « Le geai gélatineux geignait dans le Jasmin. » (René de Obaldia)
4. « Un buffet Henri II deux buffets Henri III trois buffets Henri IV. » (Jacques Prévert)

EXPRESSION ÉCRITE

Sujet 1

À la manière de Francis Ponge (▸ p. 296), décrivez de façon poétique un objet du quotidien. Vous serez particulièrement attentif à jouer avec les sonorités.

Sujet 2

Écrivez un sketch dont le comique reposera sur un usage fautif du langage. Vous exploiterez l'homonymie, la paronymie, les à-peu-près et la création de mots-valises. Ce sketch prendra la forme d'un bref discours sur un sujet de votre choix.

SYNTHÈSE QUÊTE DE SENS, QUÊTE D'UNE LANGUE DU XIXe SIÈCLE À NOS JOURS

1 LE DÉTOURNEMENT DES FORMES ANCIENNES

• Les poètes transforment les genres poétiques traditionnels. La forme versifiée est conservée, mais elle est adaptée pour explorer toutes les ressources de la langue et de sa musicalité.

Ex. : Dans « Art poétique », Paul Verlaine prône le vers impair, plus musical. ► p. 284

• Les poètes expérimentent une versification discrète et cependant présente.

Ex. : Dans « Les Nouvelles du soir », Jaccottet utilise l'alexandrin, mais vise à le dissimuler par de multiples enjambements et la suppression de la majuscule en début de vers. ► p. 297

• Des genres comme le sonnet ou le blason sont repris, mais ils ne sont plus facilement identifiables. Certains poètes choisissent ces formes pour le sens qu'elles véhiculent.

Ex. : Stéphane Mallarmé, dans « Tombeau d'Edgar Poe », compose un sonnet qui permet de représenter le bloc de granit, le « tombeau » d'Edgar Poe. ► p. 287

2 L'INVENTION DE NOUVELLES FORMES

Montrer le poème

• Les arts plastiques influencent les poètes, qui ont choisi, pour leurs œuvres, des mises en page originales. Ainsi en est-il du calligramme, forme inventée par Apollinaire, ou encore des poèmes présentant des typographies différentes.

Ex. : Dans « Académie Medrano », Blaise Cendrars emploie des caractères gras, des majuscules, des italiques qui contribuent à la poésie du texte. ► p. 288

La poésie en prose

• La poésie ne se trouve plus seulement dans les textes en vers. Les poètes explorent toutes les modalités de la prose. Le texte poétique peut se présenter sous la forme d'un article de dictionnaire, d'une définition, d'une énigme, dont les mots sont savamment ordonnés et choisis.

Ex. : Dans *Le Parti pris des choses*, Francis Ponge semble proposer de prime abord un article d'ouvrage scientifique. ► p. 296

3 LES RÉFLEXIONS SUR LE LANGAGE POÉTIQUE

• La langue poétique, jugée parfois hermétique, est transformée. Les poètes ne répugnent plus à utiliser une langue prosaïque.

Ex. : Michel Houellebecq dans « Novembre » recourt à un lexique ou à des tournures d'une grande simplicité. ► p. 299

• Le poète est aussi créateur d'un nouveau langage, aux sonorités suggestives, composé de néologismes ou barbarismes, qui suscitent une impression d'étrangeté.

Ex. : Dans « Le grand combat », Henri Michaux forme de nouveaux mots dont le sens peut être perçu grâce aux préfixes. ► p. 289

• Les réflexions des poètes s'appuient parfois sur l'idée que le mot représente graphiquement la chose. Ils prêtent ainsi un plus grand pouvoir poétique aux mots.

Ex. : Dans « L'Huître », Francis Ponge choisit des mots qui présentent les mêmes particularités graphiques que le mollusque qu'il met en scène. ► p. 296

Débats littéraires *Le poète est-il un être « inspiré » ?*

Platon

Les grands poètes sont possédés comme des bacchantes.

Ce n'est pas par art mais par inspiration et suggestion divine que tous les grands poètes épiques composent tous ces beaux poèmes. Et les grands poètes lyriques de même… quand une fois ils sont entrés dans le mouvement de la musique et du rythme, ils sont transportés et possédés comme des bacchantes qui puisent aux fleuves le lait et le miel, sous l'influence de la possession, mais non lorsqu'elles sont de sang-froid.

Platon, *Ion*, 401 av. J.-C.

Hugo

La méditation est une faculté : l'inspiration est un don.

La composition poétique résulte de deux phénomènes intellectuels, la méditation et l'inspiration. La méditation est une faculté ; l'inspiration est un don. Tous les hommes, jusqu'à un certain degré, peuvent méditer : bien peu sont inspirés. *Spiritus flat ubi vult*[1]. Dans la méditation, l'esprit agit ; dans l'inspiration, il obéit ; parce que la première est en l'homme, tandis que la seconde vient de plus haut. Celui qui nous donne cette force est plus fort que nous. Pour nous renfermer dans notre idée principale, remarquons que ces deux opérations de la pensée se lient intimement dans l'âme du poète. Le poète appelle l'inspiration par la méditation, comme les prophètes s'élevaient à l'extase par la prière. Pour que la muse se révèle à lui, il faut qu'il ait en quelque sorte dépouillé toute son existence matérielle dans le calme, dans le silence et dans le recueillement. Il faut qu'il se soit isolé de la vie extérieure, pour jouir avec plénitude de cette vie intérieure qui développe en lui comme un être nouveau ; et ce n'est que lorsque le monde physique a tout à fait disparu de ses yeux, que le monde idéal peut lui être manifesté. Il semble que l'exaltation poétique ait quelque chose de trop sublime pour la nature commune de l'homme. L'enfantement du génie ne saurait s'accomplir, si l'âme ne s'est d'abord purifiée de toutes ces préoccupations vulgaires que l'on traîne après soi dans la vie ; car la pensée ne peut prendre des ailes avant d'avoir déposé son fardeau.

Victor Hugo, *Littérature et philosophie mêlées*, 1834

1. « L'Esprit souffle où il veut. »

Frappe-toi le cœur, c'est là qu'est le génie.

MUSSET

À mon ami Edouard B.

[…] Ah ! frappe-toi le cœur, c'est là qu'est le génie.
C'est là qu'est la pitié, la souffrance et l'amour ;
C'est là qu'est le rocher du désert de la vie,
D'où les flots d'harmonie,
Quand Moïse viendra, jailliront quelque jour.

Peut-être à ton insu déjà bouillonnent-elles,
Ces laves du volcan, dans les pleurs de tes yeux.
Tu partiras bientôt avec les hirondelles,
Toi qui te sens des ailes
Lorsque tu vois passer un oiseau dans les cieux. […]

Alfred de Musset, *Premières Poésies*, 1852

Elle dévoile, dans toute la force du terme.

MAURIAC

Voilà le rôle de la poésie. Elle dévoile, dans toute la force du terme. Elle montre nues, sous une lumière qui secoue la torpeur, les choses surprenantes qui nous environnent et que nos sens enregistraient machinalement.

Inutile de chercher au moins des objets et des sentiments bizarres pour surprendre le dormeur éveillé. C'est là le système du mauvais poète et ce qui nous vaut l'exotisme.

Il s'agit de lui montrer ce sur quoi son cœur, son œil glissent chaque jour sous un angle et avec une vitesse tels qu'il lui paraît le voir et s'en émouvoir pour la première fois.

Voici bien la seule création permise à la seule créature.

Car, s'il est vrai que la multitude des regards patine les statues, les lieux communs, chefs-d'œuvre éternels, sont recouverts d'une épaisse patine qui les rend invisibles et cache leur beauté.

Mettez un lieu commun en place, nettoyez-le, frottez-le, éclairez-le de telle sorte qu'il frappe avec sa jeunesse et avec la même fraîcheur, le même jet qu'il avait à sa source, vous ferez œuvre de poète.

Tout le reste est littérature.

Claude Mauriac, *Jean Cocteau ou la vérité du mensonge*, 1945, © Odette Lieutier

PRÉPARER LE DÉBAT

1. Expliquez pour chacun des textes dans quelles dispositions doit être le poète pour exercer son art.
2. Dans les textes de Musset et de Mauriac, identifiez et justifiez le type de phrase utilisé. Qui est le destinataire ? Quelles conceptions de la poésie s'imposent ici ?
3. Définissez à chaque fois la source de l'inspiration poétique : quels textes pouvez-vous rapprocher ?

DÉBATTRE ► Le poète est-il un être « inspiré » ?

4. Cherchez dans l'ensemble du chapitre (► p. 230 à 307) et dans vos lectures personnelles des exemples de poèmes vous permettant de répondre à ce débat. Selon vous, le poète est-il avant tout un « être inspiré » ou un « artisan des mots » ?

Mise en jeu Constituez deux groupes. Engagez un débat portant sur la source de l'inspiration poétique, où chaque groupe soutient des arguments opposés. Chaque groupe devra s'appuyer sur les textes de ces deux pages et se référer à des exemples précis de poèmes.

TEXTE A Joachim Du Bellay, *L'Olive*, X (1550)

Ces Cheveux d'or…

Ces cheveux d'or sont les liens, Madame,
Dont fut premier[1] ma liberté surprise,
Amour la flamme autour du cœur éprise[2],
Ces yeux le trait qui me transperce l'âme.

Forts sont les nœuds, âpre et vive la flamme,
Le coup de main[3] à tirer bien apprise,
Et toutefois j'aime, j'adore et prise
Ce qui m'étreint, qui me brûle et entame.

Pour briser donc, pour éteindre et guérir
Ce dur lien, cette ardeur[4], cette plaie,
Je ne quiers[5] fer, liqueur, ni médecine[6] :

L'heur[7] et plaisir que ce m'est de périr
De telle main ne permet que j'essaie
Glaive tranchant, ni froideur, ni racine.[8]

1. d'abord. – **2.** allumée. – **3.** aptitude à tirer à l'arc. – **4.** flamme. – **5.** cherche. – **6.** remède. – **7.** bonheur. – **8.** remède tiré des plantes, notamment des racines.

TEXTE B Charles Baudelaire, *Le Spleen de Paris* (1869)

Un hémisphère dans une chevelure

Laisse-moi respirer longtemps, longtemps, l'odeur de tes cheveux, y plonger tout mon visage, comme un homme altéré dans l'eau d'une source, et les agiter avec ma main comme un mouchoir odorant, pour secouer des souvenirs dans l'air.

Si tu pouvais savoir tout ce que je vois ! tout ce que je sens ! tout ce que j'entends dans tes cheveux ! Mon âme voyage sur le parfum comme l'âme des autres hommes sur la musique.

Tes cheveux contiennent tout un rêve, plein de voilures et de mâtures ; ils contiennent de grandes mers dont les moussons me portent vers de charmants climats, où l'espace est plus bleu et plus profond, où l'atmosphère est parfumée par les fruits, par les feuilles et par la peau humaine.

Dans l'océan de ta chevelure, j'entrevois un port fourmillant de chants mélancoliques, d'hommes vigoureux de toutes nations et de navires de toutes formes découpant leurs architectures fines et compliquées sur un ciel immense où se prélasse l'éternelle chaleur.

Dans les caresses de ta chevelure, je retrouve les langueurs des longues heures passées sur un divan, dans la chambre d'un beau navire, bercées par le roulis imperceptible du port, entre les pots de fleurs et les gargoulettes[1] rafraîchissantes.

Dans l'ardent foyer de ta chevelure, je respire l'odeur du tabac mêlé à l'opium et au sucre ; dans la nuit de ta chevelure, je vois resplendir l'infini de l'azur tropical ; sur les rivages duvetés de ta chevelure je m'enivre des odeurs combinées du goudron, du musc et de l'huile de coco.

Laisse-moi mordre longtemps tes tresses lourdes et noires. Quand je mordille tes cheveux élastiques et rebelles, il me semble que je mange des souvenirs.

1. vases poreux dans lesquels les liquides se refroidissent par évaporation.

TEXTE C Charles Baudelaire, *Les Fleurs du Mal* (1861)

La Chevelure

Ô toison, moutonnant jusque sur l'encolure !
Ô boucles ! Ô parfum chargé de nonchaloir[1] !
Extase ! Pour peupler ce soir l'alcôve[2] obscure
Des souvenirs dormant dans cette chevelure,
Je la veux agiter dans l'air comme un mouchoir !

La langoureuse Asie et la brûlante Afrique,
Tout un monde lointain, absent, presque défunt,
Vit dans tes profondeurs, forêt aromatique !
Comme d'autres esprits voguent sur la musique,
Le mien, ô mon amour ! nage sur ton parfum.

J'irai là-bas où l'arbre et l'homme, pleins de sève,
Se pâment[3] longuement sous l'ardeur des climats ;
Fortes tresses, soyez la houle qui m'enlève !
Tu contiens, mer d'ébène, un éblouissant rêve
De voiles, de rameurs, de flammes et de mâts :

Un port retentissant où mon âme peut boire
À grands flots le parfum, le son et la couleur ;
Où les vaisseaux, glissant dans l'or et dans la moire[4],
Ouvrent leurs vastes bras pour embrasser la gloire
D'un ciel pur où frémit l'éternelle chaleur.

Je plongerai ma tête amoureuse d'ivresse
Dans ce noir océan où l'autre est enfermé ;
Et mon esprit subtil que le roulis caresse
Saura vous retrouver, ô féconde paresse,
Infinis bercements du loisir embaumé !

Cheveux bleus, pavillon de ténèbres tendues,
Vous me rendez l'azur du ciel immense et rond ;
Sur les bords duvetés de vos mèches tordues
Je m'enivre ardemment des senteurs confondues
De l'huile de coco, du musc et du goudron.

Longtemps ! toujours ! ma main dans ta crinière lourde
Sèmera le rubis, la perle et le saphir,
Afin qu'à mon désir tu ne sois jamais sourde !
N'es-tu pas l'oasis où je rêve, et la gourde
Où je hume à longs traits le vin du souvenir ?

1. nonchalance, inaction (terme du XVIe siècle repris par les poètes du XIXe). – **2.** enfoncement ménagé dans une chambre pour un lit. – **3.** être comme paralysé par une sensation très agréable. – **4.** aspect chatoyant.

Sujet

I. Vous répondrez d'abord à la question suivante (4 points) :

Comment le poète célèbre-t-il la femme à travers sa chevelure dans ces trois extraits ?

II. Vous traiterez ensuite, au choix, l'un des sujets suivants (16 points) :

1. Commentaire
Vous commenterez le poème en prose de Baudelaire (texte B).

2. Dissertation
Pensez-vous que les contraintes formelles puissent être pour le poète un obstacle à une expression libre et originale ? Vous répondrez à cette question en un développement composé, en prenant appui sur les textes du corpus et les poèmes que vous avez lus et étudiés.

3. Écriture d'invention
Un poète écrit une lettre à un ami pour lui vanter la beauté d'une personne aimée. Il lui dit notamment pourquoi la poésie lui semble particulièrement convenir pour témoigner de son amour.

Quelques conseils

Pour répondre à la question ► Grille d'auto-évaluation, p. 593

- Isolez, dans chaque poème, la place consacrée au poète et celle au thème de la chevelure.
- Relevez les adjectifs, les noms, les comparaisons, les métaphores qui célèbrent directement la chevelure, et interprétez comment chaque auteur les exploite.
- Interrogez-vous sur l'écriture poétique, la forme des poèmes, leur construction.

Si vous choisissez le commentaire… ► Grille d'auto-évaluation, p. 601

- Prenez en compte les images et les figures de style, mais ne vous contentez pas de les repérer : il vous faut les interpréter.
- Faites appel à vos connaissances sur Baudelaire. Le poème appartient à la section *Spleen et Idéal* des *Fleurs du Mal*. Que signifie « spleen » ? Comment faut-il comprendre sa relation avec « idéal » ? Ce poème apporte-t-il une réponse à cette question ?

Si vous choisissez la dissertation… ► Grille d'auto-évaluation, p. 611

- Que faut-il comprendre par « contraintes formelles » ? Quelles sont celles des poèmes du corpus ? Appuyez-vous aussi sur d'autres textes poétiques.
- Demandez-vous ce qu'est « une expression poétique libre et originale ». Quels sont les poèmes auxquels vous pensez ? Les termes « liberté » et « originalité » sont-ils toujours associés ?
- N'oubliez pas de mettre en place une démarche délibérative. Relevez le paradoxe possible entre contraintes et expression libre.

Si vous choisissez l'écriture d'invention… ► Grille d'auto-évaluation, p. 623

- Analysez les éléments de l'énoncé. Il s'agit d'une lettre, écrite par un poète.
- Trouvez les termes qui célèbrent la beauté de la personne aimée, mais aussi ceux qui rendent compte des sentiments éprouvés par le poète.
- N'oubliez pas d'indiquer les raisons qui ont motivé le choix de l'expression poétique : est-ce pour flatter l'être aimé ? pour briller à ses yeux ?
- Lors de la rédaction définitive, ne dissociez pas la dimension poétique et la célébration de la personne aimée. Sachez combiner ces deux aspects.
- Respectez le système d'énonciation. Le temps que vous choisirez pour évoquer la personne aimée peut être important.

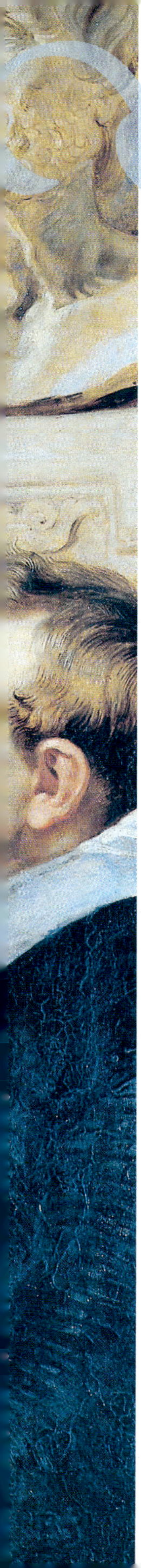

CHAPITRE 4

La question de l'Homme dans les genres de l'argumentation, du XVIe siècle à nos jours

▸▸▸ **Pierre Paul Rubens**, *Les Quatre philosophes* (détail), 1612, huile sur toile (164 x 139 cm), Palazzo Pitti, Florence (Italie).

REPÈRES LITTÉRAIRES • LES GENRES DE L'ARGUMENTATION

Les formes de l'argumentation sont aussi nombreuses que les sujets qu'elle peut aborder. Dans tous les cas, il s'agit de présenter une réflexion, une opinion, en cherchant à obtenir l'adhésion du destinataire. Au fil des siècles les différents genres littéraires ont accueilli les questionnements des auteurs sur la place de l'homme dans le monde, sa condition. Les valeurs de la société, les mutations politiques et technologiques, les découvertes en tous genres déterminent non seulement la nature mais aussi la forme que prennent ces questionnements.

AUX ORIGINES DE L'ARGUMENTATION : LA RHÉTORIQUE

Cesare Maccari, *Cicéron au Sénat accuse Catilina, le 8 novembre 63 av. J.-C.*, 1882-1888, fresque, palais Madama, Rome.

Naissance et définition

Dans l'Antiquité, la rhétorique, art du discours, est fondamentalement liée à l'art oratoire, particulièrement dans le domaine judiciaire. En effet au ve siècle av. J.-C., en Sicile, après la chute de tyrans, de nombreux procès sont intentés pour récupérer des terres qui avaient été confisquées. L'art oratoire se déploie aussi dans les assemblées politiques et philosophiques. La rhétorique définit une technique du discours, d'abord oral, qui se doit d'être efficace sur le destinataire. Des principes sont ainsi établis pour concevoir *(inventio, dispositio, elocutio, actio, memoria)* et ordonner (exorde, narration, argumentation, digression, épilogue) le discours. Trois grands types de discours sont distingués, en fonction de l'usage et de l'intention : le genre délibératif (conseiller/déconseiller), le genre épidictique (louer/blâmer), le genre judiciaire (accuser/défendre). Il s'agit donc d'une discipline à part entière, qui sera d'ailleurs enseignée jusqu'au XIXe siècle.

Philosophes et orateurs

La rhétorique est à l'œuvre dans les dialogues philosophiques de **Platon** (IVe s. av. J.-C.) aussi bien que dans les discours politiques de **Cicéron** (Ier s. av. J.-C.), ou les traités du stoïcien **Sénèque** (Ier s. ap. J.-C.). Cet art constamment renouvelé va donc être mis au service de toutes sortes de débats, ce qui assure sa postérité.

LE XVIe SIÈCLE : LE SIÈCLE DES DOUTES

Un nouveau rapport au monde

Au cours du Moyen Âge les espaces de questionnements sur l'homme sont assez restreints. Ce n'est pas un hasard s'il faut attendre le XVIe siècle, au cours duquel nombre de repères sont remis en cause, pour que de nouvelles formes d'argumentation se déploient. Les découvertes scientifiques démontrent que l'homme n'est pas au centre de l'univers, mais qu'il est digne d'étude et ne doit plus être seulement considéré comme un être imparfait (contrairement au Moyen Âge). Il est en revanche au centre des questionnements du mouvement qui prend son nom : l'Humanisme.

► Les mouvements littéraires : le XVIe siècle, p. 24

Les *Essais* (1595)

Michel de Montaigne dans ses *Essais* élabore une démarche originale, qui articule récit de ses expériences personnelles et réflexions philosophiques. Sa pensée se nourrit tout à la fois de textes antiques, notamment ceux de la philosophie stoïcienne, et des préoccupations contemporaines. La remise en cause de l'ethnocentrisme, imposée par la découverte d'autres continents et d'autres civilisations, la conscience de la fragilité de la condition humaine, accrue par le vacillement des certitudes religieuses, l'exigence d'éducation, chère aux hommes de la Renaissance, sont au cœur des *Essais*.

LE XVIIe SIÈCLE : LE SIÈCLE DES MORALISTES

Au XVIIe siècle, de nombreux auteurs analysent les mœurs de leurs contemporains et réfléchissent plus largement à la condition humaine. Des formes diverses sont alors élaborées, selon le regard porté par l'auteur.

Genres de l'argumentation au XVIIe siècle

Jean de La Fontaine emprunte au fabuliste grec Ésope la forme de la fable. Le masque de l'animalité lui permet de proposer une satire souvent féroce de la société de son temps, et plus particulièrement de l'aristocratie et la vie de cour. Si la stratégie adoptée est indirecte, les critiques n'en sont pas moins claires et pertinentes. **Jean de La Bruyère** dans ses *Caractères* (1688) privilégie aussi le registre satirique, dans le cadre de portraits qui sont autant de types de la société du XVIIe siècle. C'est bien souvent les vanités du pouvoir et de la vie mondaine qui sont dénoncées, alors que Louis XIV construit son image de « Roi Soleil ».

Les Pensées (1670)

Blaise Pascal dans ses *Pensées* met en évidence la fragilité de la condition humaine. Ses interrogations sont de nature philosophique et religieuse, s'inscrivant dans les débats complexes sur la grâce qui opposèrent le courant janséniste au reste de l'Église catholique. L'art de Pascal est d'aborder ces questions dans des textes fragmentaires (l'œuvre est inachevée), qui ne proposent pas tant un système que des constats et une « pensée » en mouvement perpétuel.

La maxime

Formule à valeur générale affirmant un précepte, une règle de vie, la maxime peut être intégrée à un discours ou former un « message » autonome à elle seule. **La Rochefoucauld** compose un recueil de *Maximes* (1665) qui sont autant de « réflexions morales » sur l'homme en général et la société du XVIIe siècle en particulier.

Les Moralistes du XVIIe siècle (en h. Blaise Pascal ; à dr. Jacques-Bénigne Bossuet ; à g. Fénelon ; en b. Jean de La Bruyère), gravure sur bois d'après le dessin de Félix Philippoteaux (1815-1884).

www.lienmini.fr/magnard-el1-26
Sur le site de la BnF, consultez l'exposition virtuelle consacrée aux Lumières.
- Comment les thèmes qui y sont abordés rendent-ils compte des questions et des idéaux des hommes de ce temps ?
- Comment comprenez-vous le titre donné à l'exposition : « Les Lumières, un héritage pour demain » ?

LE XVIIIe SIÈCLE : LE SIÈCLE DES LUMIÈRES

Une vie intellectuelle intense

Le XVIIIe siècle accorde toute sa place à « l'esprit philosophique » : les réflexions et les débats sur l'homme et la société foisonnent, les formes d'argumentation se multiplient. La curiosité pour toutes les formes de savoirs et d'arts est érigée en valeur fondamentale : ainsi *L'Encyclopédie* constitue-t-elle une somme de connaissances qui embrasse toutes les activités des hommes et tous les domaines dans lesquels elle s'exerce (techniques, sciences, morale, littérature…). L'échange d'idées, qu'il soit oral, dans les cafés ou les Salons, ou écrit, dans les nombreuses correspondances, est permanent. Les philosophes des Lumières invitent l'homme à faire usage de son esprit critique : par le recours à l'ironie, **Voltaire** conduit son lecteur à faire preuve de sagacité pour découvrir la thèse qu'il énonce implicitement.
Les grands voyages inspirent des écrits polémiques : la figure de l'Autre devient l'instrument littéraire qui permet de dénoncer les errements de la société et de proposer un idéal de vie conforme à la nature. La fin du règne de Louis XIV (1715), la remise en cause progressive des privilèges de la noblesse, conduisent à chercher une nouvelle organisation de la société et à repenser les rapports de forces qui la fondent. Des voix s'élèvent pour défendre l'idéal d'une société égalitaire, dans laquelle hommes et femmes, pourvus d'une même éducation et de droits identiques, vivent en harmonie. *La Déclaration des Droits de l'Homme* accorde à chaque citoyen la liberté de s'exprimer, notamment sur les questions politiques. Des discours hostiles à la politique étrangère menée par la monarchie française s'élèvent.

► Les mouvements littéraires : le XVIIIe siècle, p. 30

Autant de formes que d'idées

Ces réflexions peuvent être menées dans le cadre de fictions, comme dans le roman épistolaire (**Montesquieu,** *Lettres persanes*, 1721), ou les contes philosophiques de **Voltaire**, aussi bien que dans des essais, des articles de *L'Encyclopédie* (1751) au *Discours sur l'origine et les fondements de l'inégalité parmi les hommes* (1755) de **Jean-Jacques Rousseau.** Cette effervescence est à l'image des mutations du siècle, qui aboutissent à la Révolution de 1789.

Anicet Charles Gabriel Lemonnier, *Le Salon de madame Geoffrin* (1812), huile sur toile, musée des Châteaux de Malmaison et Bois-Preau, Malmaison.

L'écrivain **Victor Hugo** prononçant son discours à l'occasion du centenaire de la mort de Voltaire le 30 mai 1878, gravure parue dans *Le Monde illustré* (détail), 8 juin 1878.

LE XIXe SIÈCLE : LE SIÈCLE DES ENGAGEMENTS

Au cours du XIXe siècle, les auteurs vont bien souvent mettre les grands genres littéraires au service de leurs engagements. Ces derniers traduisent les exigences d'égalité, de justice sociale héritées des idéaux du siècle précédent. L'œuvre de **Victor Hugo** rend compte de sa vigilance et de ses valeurs, que ce soit dans *Les Châtiments* (1853), recueil de poèmes dénonçant le régime de Napoléon III, dans *Les Misérables* (1862), roman embrassant tous les maux de son temps, ou dans les discours qu'il rédige dans le cadre de ses fonctions politiques. Le développement de la presse offre aux auteurs la possibilité de proposer leurs réflexions à un large public. La lettre ouverte « J'accuse » d'**Émile Zola**, rédigée pour la défense du capitaine Dreyfus, en est un des exemples les plus célèbres.

LE XXe SIÈCLE : LE SIÈCLE DES REMISES EN CAUSE

Le temps des engagements

Les bouleversements et les violences qui marquent l'histoire du XXe siècle d'une part, le développement des sciences humaines, comme l'anthropologie et la sociologie d'autre part, ont nourri et renouvelé les interrogations sur l'homme et le monde. Après le temps des engagements, qui caractérise encore une grande première moitié du siècle, aucune certitude ne semble plus jamais acquise, qu'il s'agisse de l'individu ou de la société. Ces réflexions s'expriment dans des genres et des formes multiples, abordés parfois par un même auteur. Ainsi **Jean-Paul Sartre** et **Albert Camus** ont-ils laissé une œuvre à la fois philosophique, romanesque et théâtrale. Cela rend compte des échanges fructueux entre les différents modes de pensée, les différentes approches de la question de l'homme, qui perdurent encore aujourd'hui.

► Les mouvements littéraires : le XXe siècle, p. 40

Jean-Paul Sartre devant l'usine Renault de Boulogne Billancourt le 21 octobre 1970.

LE XXIe SIÈCLE : DE NOUVELLES FORMES D'ARGUMENTATION

Au XXIe siècle, les nouvelles technologies, en abolissant les frontières et en offrant de nouveaux espaces de dialogue, modifient à leur tour l'approche de la question de l'homme et proposent de nouvelles formes d'argumentation.

www.lienmini.fr/magnard-el1-27

Regardez sur le site de l'INA les extraits des discours de Robert Badinter sur la peine de mort.

- Quel ton et quelle attitude adopte-t-il ? En quoi est-il convaincant ?
- Recherchez d'autres défenseurs célèbres de l'abolition de la peine de mort.

TEXTE 1

Michel de Montaigne, *Essais* (1595)

Si le projet de Montaigne évolue au fil des années et des réécritures, il affiche cependant le lien indissociable entre soi et son livre dont il se proclame la matière. Il revendique aussi de témoigner de l'universalité de la condition de l'homme, ce qui est au centre de la pensée humaniste.
Le premier texte est la préface des Essais, intitulée « Au lecteur », rédigée en 1580. Les deux suivants sont empruntés à deux essais différents, « De l'affection de pères aux enfants » et de « Du repentir ». ► L'Humanisme, p. 24

C'est ici un livre de bonne foi, lecteur. Il t'avertit dès l'entrée que je ne m'y suis proposé aucune [autre] fin que domestique et privée. Je n'y ai eu aucune préoccupation de ton service ni de ma gloire. Je l'ai consacré à la commodité particulière de mes parents et amis afin que, lorsqu'ils m'auront perdu, [...] ils développent plus entièrement et plus vivement la connaissance qu'ils ont eue de moi. Si c'eût été pour rechercher la faveur du monde, je me serais mieux paré et je me présenterais avec une démarche étudiée. Je veux qu'on m'y voie dans ma façon d'être simple, naturelle et ordinaire, sans recherche ni artifice : car c'est moi que je peins. Mes défauts s'y liront sur le vif, ainsi que ma manière d'être naturelle, autant que le respect humain me l'a permis. Si j'avais été parmi ces peuples qui vivent encore, dit-on, sous la douce liberté des premières lois de la nature, je t'assure que je me serais très volontiers peint tout entier dans mon livre et tout nu. Ainsi, lecteur, je suis moi-même la matière de mon livre : il n'est pas raisonnable que tu emploies ton loisir en un sujet si frivole et si vain. Adieu donc ; de Montaigne, ce premier mars mil cinq cent quatre-vingt.

« Au lecteur », préface.

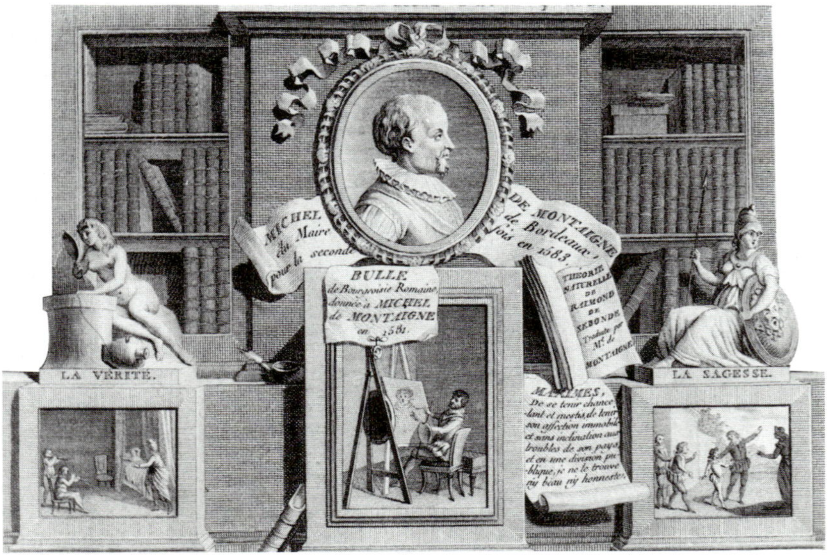

Nicolas Ponce, *Scène de vie de Michel de Montaigne*, XVIe siècle, gravure d'après Marillier, Bibliothèque nationale de France, Paris.

►►► *Michel de Montaigne* (1533-1592), gravure (détail) de Leroy d'après H. Dupont.

► Biographie p. 633

[…] C'est une humeur mélancolique – et une humeur par conséquent très opposée à ma disposition habituelle –, humeur produite par le chagrin de la solitude dans laquelle je m'étais jeté il y a quelques années, qui m'a mis d'abord en tête cette idée folle de me mêler d'écrire. Et puis, me trouvant entièrement dépourvu et vide de toute autre matière, je me suis offert à moi-même comme sujet [de mon livre]. C'est le seul livre au monde de son espèce : le dessein en est bizarre et extravagant. Il n'y a rien dans ce travail qui soit digne d'être remarqué sinon cette bizarrerie, car à un sujet aussi vain et aussi futile, le meilleur ouvrier du monde n'aurait pas su donner une forme qui mérite qu'on l'expose dans un ouvrage littéraire.

« De l'affection des pères aux enfants », II, 8.

[…] Les autres [écrivains] façonnent l'homme ; moi je le raconte, et je peins un homme particulier bien mal formé, et si j'avais à le façonner de nouveau, je le ferais vraiment bien autre qu'il n'est. Mais désormais c'est fait. […] Le monde n'est qu'une balançoire perpétuelle. Toutes choses y sont sans cesse en mouvement […]. Je ne peins pas l'être, je peins le passage, non un passage d'un âge à un autre, ou, comme dit le peuple, de sept ans en sept ans, mais de jour en jour, de minute en minute. Il faut adapter mon histoire à l'heure. […] Ce qui fait qu'il m'arrive bien de me contredire, mais la vérité, je ne la contredis pas […]. Si mon âme pouvait se fixer, je ne m'éprouverais pas, je me déciderais : elle est toujours en train d'apprendre et de faire des expériences.

J'expose une vie humble et sans gloire ; cela n'a pas d'importance : on attache aussi bien toute la philosophie morale à une vie ordinaire et privée qu'à une vie de plus riche étoffe : chaque homme porte [en lui] la forme entière de la condition humaine.

« Du repentir », III, 2.

Questions

Un projet paradoxal

1. À qui sont destinés ces *Essais* ? Pour quelles raisons Montaigne a-t-il écrit son livre ?
2. Que conseille-t-il à son lecteur de faire à la fin de la préface ?
3. Par quels adjectifs qualifie-t-il son projet (l. 17 à 26) ? Quelle qualité lui refuse-t-il ?

La métaphore du peintre

4. Relevez toutes les occurrences de la métaphore de la peinture : quel genre littéraire Montaigne inaugure-t-il ici ? Quelles qualités a-t-il voulu donner à son image ? Que refuse-t-il ?
5. Qu'est-ce qui rend difficile de fixer l'image (l. 27 à 40) ? Qu'est-ce que Montaigne se résigne-t-il à peindre ?

Un projet philosophique

6. Selon Montaigne, qu'est-ce qui peut expliquer qu'il puisse se contredire ? Que revendique-t-il cependant ?
7. Comment Montaigne justifie-t-il le projet d'examiner sa propre vie ?
8. Relevez deux formules qui témoignent du paradoxe de la condition humaine.

Synthese Montrez que le projet de Montaigne a à la fois une dimension privée et une portée universelle.

Grammaire

Étudiez les caractéristiques de l'énonciation de la préface de Montaigne.

Michel de Montaigne, *Essais*, I, 26 (1595)

Œuvre intégrale

CONTEXTE

Montaigne a reçu une éducation ouverte et soignée d'un père attentif et affectueux. À la suite de Rabelais (► p. 404), il condamne une éducation « pédantesque », centrée sur l'accumulation des connaissances. Pour la Comtesse de Foix, une proche attendant un enfant, il compose un programme d'éducation. Celui-ci vise à faire de l'enfant un homme équilibré et autonome.

► L'Humanisme, p. 24

Dans cet extrait, Montaigne s'attache à définir les qualités du bon précepteur.

De l'éducation des enfants

Je voudrais aussi qu'on fût soucieux de lui[1] choisir un guide[2] qui eût plutôt la tête bien faite que bien pleine et qu'on exigeât chez celui-ci les deux qualités, mais plus la valeur morale et l'intelligence que la science, et [je souhaiterais] qu'il se comportât dans [l'exercice de] sa charge d'une manière nouvelle.

On ne cesse de criailler à nos oreilles [d'enfants], comme si l'on versait dans un entonnoir, et notre rôle, ce n'est que de redire ce qu'on nous a dit. Je voudrais que le précepteur corrigeât ce point [de la méthode usuelle] et que, d'entrée, selon la portée de l'âme qu'il a en main, il commençât à la mettre sur la piste, en lui faisant goûter les choses, les choisir et les discerner d'elle-même, en lui ouvrant quelquefois le chemin, quelquefois en le lui faisant ouvrir. Je ne veux pas qu'il invente et parle seul, je veux qu'il écoute son disciple parler à son tour. Socrate et, depuis, Arcésilas faisaient d'abord parler leurs disciples, et puis ils leur parlaient. « *Obest plerumque iis qui discere volunt auctoritas eorum qui docent.* »[3] [L'autorité de ceux qui enseignent nuit la plupart du temps à ceux qui veulent apprendre.]

Il est bon qu'il le fasse trotter devant lui pour juger de son allure, juger aussi jusqu'à quel point il doit se rabaisser pour s'adapter à sa force. Faute [d'apprécier] ce rapport, nous gâtons tout : savoir le discerner, puis y conformer sa conduite avec une juste mesure, c'est l'une des tâches les plus ardues que je connaisse ; savoir descendre au niveau des allures puériles du disciple et les guider est l'effet d'une âme élevée et bien forte. Je marche de manière plus sûre et plus ferme en montant qu'en descendant.

[Quant aux maîtres] qui, comme le comporte notre usage, entreprennent, avec une même façon d'enseigner et une pareille sorte de conduite, de diriger beaucoup d'esprits de tailles et formes si différentes, il n'est pas extraordinaire si[4], dans tout un peuple d'enfants, ils en rencontrent à peine deux ou trois qui récoltent quelque véritable profit de leur enseignement.

Qu'il ne demande pas seulement [à son élève] de lui répéter les mots de la leçon [qu'il lui a faite], mais de lui dire leur sens et leur substance, et qu'il juge du profit qu'il en aura fait, non par le témoignage de sa mémoire, mais par celui de sa vie. Ce que [l'élève] viendra apprendre, qu'il le lui fasse mettre en cent formes et adaptées à autant de sujets différents pour voir s'il l'a dès lors bien compris et bien fait sien, en réglant l'allure de sa progression d'après les conseils pédagogiques de Platon. Regorger la nourriture comme on l'a avalée est une preuve qu'elle est restée crue et non assimilée. L'estomac n'a pas fait son œuvre s'il n'a pas fait changer la façon [d'être] et la forme de ce qu'on lui avait donné à digérer.

1. à l'enfant.
2. un précepteur.
3. citation de Cicéron.
4. rien d'étonnant si.

► Biographie p. 633

Lecture d'image ► p. 580

- Étudiez l'utilisation de la lumière : que vise-t-elle à souligner ?
- En analysant la composition du tableau, montrez qu'il peut illustrer le programme de Montaigne.

Alexandre-Évariste Fragonard, *La Leçon d'Henri IV, le futur roi de France avec son précepteur*, vers 1822-1824, huile sur toile (50,5 x 42,5 cm), musée du Château, Pau.

Questions

Grammaire

Quel mode et quel temps sont employés pour énoncer les différents principes ?

► Modes, temps et valeurs, p. 524

Contre les maîtres et leurs usages

1. Dans le second paragraphe, que reproche Montaigne aux enseignants de son temps ? À quel indice lit-on qu'il se sent très impliqué dans son discours ? Quel vocabulaire marque sa désapprobation ?
2. Qu'est-ce que Socrate reprend à son compte ?
3. Que condamne-t-il dans le troisième paragraphe ? Sur quel caractère de l'être humain insiste-t-il ici ?

Une éducation « nouvelle »

4. Reconstruisez le programme d'éducation de Montaigne : quelles capacités de l'enfant veut-il développer ? Quelles méthodes d'apprentissage préconise-t-il ?
5. Que veut-il que l'élève sache faire ? À quoi voit-il que son éducation est réussie ?

Des images pour faire comprendre

6. Relevez tous les mots et expressions qui évoquent le dressage du cheval : s'agit-il de contraindre l'animal par la force ? Identifiez cette image. Comment permet-elle de mieux comprendre la relation du précepteur à son élève ?

► Figures de style, p. 576

7. Confrontez cette figure de style à celle qui clôt le texte : quel risque prend-on à faire ingurgiter trop de savoirs à l'élève ? Comment cette nouvelle figure peut-elle constituer une critique virulente de l'éducation pédantesque ?

Synthèse Montrez que Montaigne fait de l'éducation un enjeu humaniste.

Vers le bac S'entraîner à la dissertation

« Dans quels modes d'enseignement contemporains reconnaissez-vous la mise en œuvre des préceptes de Montaigne ? » Rédigez un paragraphe illustré d'exemples.

► Construire un paragraphe et insérer des exemples, p. 606

Michel de Montaigne, *Essais*, I, 31 (1595)

CONTEXTE

La rencontre entre Indiens et Européens se joue aussi en Occident car, dès le début de la conquête, les colons ont ramené de leurs voyages des Indigènes pour les présenter aux rois et aux puissants. L'étonnement des Européens se double alors de la surprise des Indiens découvrant à leur tour un Autre Monde.

► L'Humanisme, p. 24

En 1562, Charles IX, roi de France, alors âgé de douze ans, se rend à Rouen où il rencontre trois hommes du Nouveau Monde. Montaigne est présent lors de cette rencontre.

Des cannibales

Trois d'entre eux, ignorant combien coûtera un jour à leur quiétude et à leur bonheur la connaissance des corruptions de ce côté-ci de l'océan, et que de cette fréquentation naîtra leur ruine (comme je présuppose qu'elle est déjà avancée, bien malheureux qu'ils sont de s'être laissé tromper par le désir de la nouveauté et d'avoir quitté la douceur de leur ciel pour venir voir le nôtre), se trouvèrent à Rouen au moment où le feu roi Charles IX y était. Le roi leur parla longtemps ; on leur fit voir nos manières, notre faste, l'aspect extérieur d'une belle ville. Après cela, quelqu'un leur demanda ce qu'ils en pensaient et voulut savoir d'eux ce qu'ils avaient trouvé de plus surprenant : ils répondirent trois choses dont j'ai oublié la troisième – et j'en suis bien marri[1] –, mais j'en ai encore deux en mémoire. Ils dirent qu'ils trouvaient en premier lieu fort étrange que tant d'hommes grands, portant la barbe, forts et armés, qui étaient autour du roi (il est vraisemblable qu'ils parlaient des Suisses de sa garde), consentissent à obéir à un enfant et qu'on ne choisît pas plutôt l'un d'entre eux pour commander ; secondement (ils ont une expression de leur langage qui consiste à appeler les hommes moitié les uns des autres) qu'ils avaient remarqué qu'il y avait parmi nous des hommes remplis et gorgés de toutes sortes de bonnes choses et que leurs « moitiés » étaient mendiants à leurs portes, décharnés par la faim et la pauvreté ; et ils trouvaient étrange que ces « moitiés »-ci, nécessiteuses, pussent supporter une telle injustice sans prendre les autres à la gorge ou mettre le feu à leur maison.

Je parlai à l'un d'eux fort longtemps ; mais j'avais un interprète qui m'assistait si mal et que sa bêtise empêchait tellement de comprendre mes pensées que je ne pus guère tirer de plaisir de cet entretien. Quand je lui demandai quel profit il recueillait de la supériorité qu'il avait parmi les siens (car c'était un chef et nos matelots l'appelaient roi), il me dit que c'était de marcher le premier à la guerre ; [quand je demandai] de combien d'hommes il était suivi, il me montra un certain espace pour m'indiquer qu'il en avait autant qu'il pourrait y en avoir sur un tel espace : ce pouvait être quatre ou cinq mille hommes ; [à la question de savoir] si, avec la guerre, toute son autorité prenait fin, il dit qu'il lui en restait ceci que, lorsqu'il visitait les villages dépendant de lui, on lui taillait des sentiers au travers des fourrés de leurs bois par où il pût passer bien à l'aise.

Tout cela ne va pas trop mal : mais quoi ! ils ne portent point de hauts de chausses[2].

Traduction en français moderne d'André Lanly, © Éditions Honoré Champion

1. contrarié, désolé.
2. partie de l'habillement masculin allant de la ceinture aux genoux.

► Biographie p. 633

Joseph Nicolas Robert Fleury, *Réception de Christophe Colomb (1451-1506) par les rois d'Espagne, Ferdinand II d'Aragon et Isabelle Ire de Castille (dite la Catholique) à Barcelone en 1493*, XIXe siècle. L'explorateur revient avec des Indiens captifs. Huile sur toile (195 x 306 cm), musée du Louvre, Paris.

Questions

Grammaire

Étudiez les valeurs des temps dans le cadre des paroles rapportées.

► Les discours rapportés, p. 530

Montaigne, témoin de la rencontre

1. Dans la première phrase, quelle part prennent les informations nécessaires à la reconstitution du contexte de la rencontre ? Quelle opposition y est également développée ? Qu'en déduit-on du point de vue adopté par Montaigne ?
2. À quoi voit-on qu'il est inimaginable que les Indiens puissent ne pas admirer la ville de Rouen ? Quel distinguo font-ils pour répondre aux questions qu'on leur pose ?
3. Quelles valeurs leurs paroles révèlent-elles dans le premier paragraphe ?

Montaigne, acteur de l'entretien

4. À quel aspect de la culture indienne Montaigne s'intéresse-t-il ?
5. Que mettent en lumière les réponses des Indiens ?

Le dialogue

6. À quels indices comprend-on que la communication n'est pas très aisée entre les Indiens et les Occidentaux ?
7. Relevez les divers moyens par lesquels Montaigne prend position pour les Indiens.

► Les formes de l'argumentation, p. 562

8. Comment peut-on comprendre la dernière phrase, qui clôt le texte ?

► Registres, p. 568

Lecture d'image

9. Commentez la composition du tableau et la façon dont sont représentés les Indiens et les Espagnols.
10. Comparez la vision que Colomb (► p. 328) et Fleury donnent des Indiens.

Synthèse Montrez que Montaigne joue sur le parallélisme et l'opposition pour souligner que la civilisation peut se trouver ailleurs qu'en Occident.

TEXTE 4

Michel de Montaigne, *Essais*, II, 5 (1595)

Œuvre intégrale

CONTEXTE

La torture, nommée aussi « géhennes » ou « question », est une pratique utilisée fréquemment par la justice dans la recherche d'une vérité qui est, à la Renaissance, fondée sur l'aveu.

► L'Humanisme, p. 24

Montaigne ne cesse de reprendre le texte de ses Essais *: il l'amplifie de ses « allongeails »*[1] *pour développer et préciser ses pensées comme ici où il s'interroge sur l'efficacité de la torture. Les strates de la rédaction signalées par les majuscules* **A** *(pour les années 1580-1582),* **B** *(pour 1588) et* **C** *(pour la période ultérieure) offrent des informations précieuses sur la progression de sa pensée. L'essai s'achève sur ces lignes.*

Jérôme Bosch, *Le Jugement dernier*, 1504, volet de droite, huile sur bois (164 x 60 cm), Akademie der Bildenden Künste, Vienne.

De la conscience

A. C'est une dangereuse invention que celle des tortures, et il semble que ce soit plutôt une épreuve d'endurance que de vérité. Cachent la vérité et celui qui peut les supporter et aussi celui qui ne peut pas les supporter. Pourquoi, en effet, la douleur me fera-t-elle plutôt avouer ce qui en est qu'elle ne me forcera de dire ce qui n'est pas ? Et, à l'inverse, si celui qui n'a pas fait ce dont on l'accuse est assez endurant pour supporter ces tortures, pourquoi ne le sera pas celui qui l'a fait, quand une aussi belle récompense que celle de la vie [sauve] lui est proposée ? Je pense que le fondement de cette invention est appuyé sur la considération de la force de la conscience, car, en ce qui concerne le coupable, il semble qu'elle aide la torture pour lui faire avouer sa faute, et qu'elle l'affaiblisse [lui], et, de l'autre côté, qu'elle fortifie l'innocent contre la torture. À dire vrai, c'est un moyen plein d'incertitude et de danger.

B. Que ne dirait-on pas, que ne ferait-on pas pour échapper à d'aussi pénibles douleurs ?

C. *Etiam innocentes cogit mentiri dolor.*[2] [La douleur force à mentir même les innocents.]

Pour cette raison il arrive que celui que le juge a torturé pour ne pas le faire mourir innocent, il le fasse mourir et innocent et torturé. **B.** Mille et mille, sous l'action de la torture, ont chargé leurs têtes de faux aveux. […]

A. Toujours est-il que c'est, **C.** dit-on, **A.** la chose la moins mauvaise que l'humaine faiblesse ait pu inventer.

C. Bien inhumainement pourtant et bien inutilement, à mon avis ! Beaucoup de nations, moins barbares en cela que les nations grecque et romaine qui les appellent ainsi[3], estiment qu'il est horrible et cruel de torturer et de briser [les membres] d'un homme sur la faute duquel vous êtes encore dans le doute. En quoi est-il responsable de votre ignorance ?

1. ajouts aux versions antérieures. – 2. citation extraite des *Sentences*, de Publius Syrius, poète et moraliste latin du premier siècle avant J.-C. – 3. qui les appelle « barbares ».

► Biographie p. 633

N'êtes-vous pas injustes, vous qui, pour ne pas le tuer sans cause, lui faites pire que de le tuer ? [...]. Je ne sais d'où je tiens le récit suivant, mais il représente exactement la probité scrupuleuse[4] de notre justice. Une femme de village accusait devant un général d'armée, grand justicier, un soldat d'avoir arraché à ses enfants encore petits le peu de bouillie qui lui restait pour les nourrir, cette armée ayant ravagé tous les villages aux environs. De preuve, il n'y en avait point. Le général, après avoir sommé la femme de bien peser ses paroles parce qu'elle serait condamnée pour cette accusation si elle mentait, et elle persistant, fit ouvrir le ventre du soldat pour s'informer de la vérité du fait. Et la femme se trouva avoir raison. Condamnation qui sert d'instruction[5] au procès.

Traduction en français moderne d'André Lanly, © Éditions Honoré Champion

4. souci de la vérité.
5. l'instruction dans la procédure judiciaire est la phase où l'on enquête sur la réalité des faits reprochés à l'accusé.

Questions

Grammaire
Relevez toutes les occurrences du pronom indéfini « on ». Quelles valeurs prend-il dans ce texte ?

Démontrer pour argumenter

1. Que veut prouver Montaigne dans le premier paragraphe ? Recomposez le raisonnement qui conclut que la torture est dangereuse et incertaine.
2. Dans le premier paragraphe, quelle concession Montaigne fait-il pour faire apparaître la torture comme efficace ? Quelle phrase contredit ensuite cette concession ?
3. Selon la démonstration de Montaigne, avec quelle probabilité la torture peut-elle conduire à la vérité ?

Dialoguer pour persuader

4. Comment nomme-t-on l'argument qui consiste à citer des propos d'autrui (l. 15-16) ? D'où cet argument tire-t-il sa valeur ? Quel procédé rhétorique Montaigne utilise-t-il aux lignes 13-14 ? Qui fait-il parler aux lignes 20-21 ? À quoi voit-on que Montaigne n'expose pas ici son propre point de vue ?

► Les formes de l'argumentation, p. 562

5. Repérez tous les procédés d'écriture qui soulignent la volonté de Montaigne d'émouvoir son lecteur.

► Registres, p. 568

La morale de l'histoire

6. Relisez le récit qui clôt cet essai : en l'absence de preuve, comment le général conduit-il ses investigations pour faire éclater la vérité ? Quelle en est la conséquence pour le soldat ? Les accusations de la plaignante sont-elles avérées ? Justifiez votre réponse.
7. Quelle conclusion aurait-on tirée si l'on n'avait pas trouvé dans l'estomac du soldat la bouillie des enfants ? Qu'est-ce que cela aurait changé pour lui ?
8. Dans la dernière phrase, comment Montaigne dénonce-t-il la manière dont le « grand justicier » rend la justice ? Quel registre emploie-t-il ? À quel indice le repère-t-on ?

Synthèse Montrez comment Montaigne explore dans ses ajouts toutes les formes de l'argumentation susceptibles d'emporter l'adhésion de son lecteur.

Vers le bac **S'entraîner au commentaire**
Rédigez un paragraphe de commentaire qui analysera l'expression du pathétique dans cet extrait.

► Rédiger des paragraphes et insérer des citations, p. 598

ÉCHO DU XVIIIe SIÈCLE

Voltaire, *Dictionnaire philosophique* (1764)

► Biographie p. 636

CONTEXTE

Le *Dictionnaire philosophique*, que son auteur Voltaire ne signera pas, sera interdit dès sa publication à Genève en 1664. Il sera ensuite réédité très souvent. Ce dictionnaire est une arme au service de la dénonciation, contre l'intolérance religieuse, l'abus de pouvoir et l'injustice, les combats des Lumières. La pratique judiciaire de la torture, dénoncée ici, sera abolie en 1780.

► Les Lumières, p. 30

Torture

Les Romains n'infligèrent la torture qu'aux esclaves, mais les esclaves n'étaient pas comptés pour des hommes. Il n'y a pas d'apparence[1] non plus qu'un conseiller de la Tournelle[2] regarde comme un de ses semblables un homme qu'on lui amène hâve, pâle, défait, les yeux mornes, la barbe longue et sale, couvert de la vermine dont il a été rongé dans un cachot. Il se donne le plaisir de l'appliquer à la grande et à la petite torture, en présence d'un chirurgien qui lui tâte le pouls, jusqu'à ce qu'il soit en danger de mort, après quoi on recommence ; et, comme dit très bien la comédie des *Plaideurs* : « Cela fait toujours passer une heure ou deux. »[3]

Le grave magistrat qui a acheté pour quelque argent[4] le droit de faire ces expériences sur son prochain va conter à dîner à sa femme ce qui s'est passé le matin. La première fois madame en a été révoltée, à la seconde elle y a pris goût, parce qu'après tout les femmes sont curieuses ; et ensuite la première chose qu'elle lui dit lorsqu'il rentre en robe chez lui : « Mon petit cœur, n'avez-vous fait donner aujourd'hui la question[5] à personne ? »

Les Français, qui passent, je ne sais pourquoi, pour un peuple fort humain, s'étonnent que les Anglais, qui ont eu l'inhumanité de nous prendre tout le Canada, aient renoncé au plaisir de donner la question.

Lorsque le chevalier de La Barre, petit-fils d'un lieutenant général des armées, jeune homme de beaucoup d'esprit et d'une grande espérance, mais ayant toute l'étourderie d'une jeunesse effrénée, fut convaincu[6] d'avoir chanté des chansons impies, et même d'avoir passé devant une procession de capucins sans avoir ôté son chapeau, les juges d'Abbeville, gens comparables aux sénateurs romains, ordonnèrent, non seulement qu'on lui arrachât la langue, qu'on lui coupât la main, et qu'on brûlât son corps à petit feu ; mais ils l'appliquèrent encore à la torture pour savoir combien de chansons il avait chantées, et combien de processions il avait vues passer, le chapeau sur la tête.

Ce n'est pas dans le XIIIe ou dans le XIVe siècle que cette aventure est arrivée, c'est dans le XVIIIe. Les nations étrangères jugent de la France par les spectacles, par les romans, par les jolis vers, par les filles d'Opéra, qui ont les mœurs fort douces, par nos danseurs d'Opéra, qui ont de la grâce, par Mlle Clairon[7], qui déclame des vers à ravir. Elles ne savent pas qu'il n'y a point au fond de nation plus cruelle que la française.

Les Russes passaient pour des barbares en 1700, nous ne sommes qu'en 1769 ; une impératrice[8] vient de donner à ce vaste État des lois qui auraient fait honneur à Minos, à Numa et à Solon[9], s'ils avaient eu assez d'esprit pour les inventer. La plus remarquable est la tolérance universelle, la seconde est l'abolition de la torture. La justice et l'humanité ont conduit sa plume ; elle a tout réformé. Malheur à une nation qui, étant depuis longtemps civilisée, est encore conduite par d'anciens usages atroces ! « Pourquoi changerions-nous notre jurisprudence ? dit-elle : l'Europe se sert de nos cuisiniers, de nos tailleurs, de nos perruquiers ; donc nos lois sont bonnes. »

1. Il est peu probable.
2. cour de justice criminelle du Parlement de Paris.
3. comédie de Jean Racine, écrite en 1668.
4. la charge de juge pouvait être achetée.
5. la torture.
6. fut accusé de.
7. célèbre actrice du XVIIIe siècle, amie de Voltaire.
8. Catherine II, Impératrice de Russie.
9. législateurs.

Prolongement

En 1762, Jean Calas est condamné à mort, accusé d'avoir assassiné son fils. Documentez-vous sur cette affaire et sur l'implication de Voltaire.

École française, *La Famille Calas devant Voltaire*, XVIIIe siècle, huile sur toile, musée Antoine Lecuyer, Saint-Quentin.

Questions

Grammaire

Quel est le temps dominant utilisé dans le paragraphe 2 ? Dans le paragraphe 4 ? Quelle est la valeur de chacun de ces temps dans ce contexte ?

► Modes, temps et valeurs, p. 524

La torture

1. Étudiez les thèmes développés dans chaque paragraphe. Comment se font les enchaînements entre ces différents thèmes ?
2. Montrez que Voltaire ne peut citer d'exemples réels d'utilisation de la torture.
3. Pour quelles raisons un conseiller de la Tournelle semble-t-il ne pas refuser à appliquer la torture ? Quelle image de la justice son comportement induit-il ?

Le procès du chevalier de la Barre

4. Sous quels traits Voltaire présente-t-il le chevalier de la Barre ? Pour quelles raisons a-t-il été condamné ? À quoi ? Qu'est-ce qui peut sembler choquant dans ce châtiment ?
5. Pour quelles raisons l'a-t-on aussi torturé ? Par quels procédés Voltaire marque-t-il sa condamnation du sort fait au chevalier de la Barre dans le paragraphe 4 ?

De Montaigne à Voltaire : une condamnation virulente

6. Quelle formule de Montaigne (► p. 320) vous semble la plus efficace pour dénoncer la torture ?
7. Montrez, en les reformulant et en les explicitant, que les trois formulations ironiques utilisées par Voltaire au paragraphe 3 constituent des critiques virulentes contre les Français.
8. Relevez la condamnation de la torture que fait Voltaire dans le paragraphe 6. Quelle forme particulière cette condamnation prend-elle ?

► Registres, p. 568

9. Qu'ont en commun les discours de Montaigne et de Voltaire ? Justifiez votre réponse.

Synthèse Précisez quelles stratégies argumentatives communes Montaigne et Voltaire emploient pour dénoncer la torture.

Vers le bac S'entraîner au commentaire

Voltaire concentre dans cet article tous les procédés contre la torture. Il conclut en donnant la parole à la nation française. Dans un paragraphe de commentaire montrez que le propos qu'il lui prête la discrédite et la ridiculise

► Rédiger des paragraphes et insérer des citations, p. 598

Michel de Montaigne, *Essais*, II, 8 (1595)

CONTEXTE

On lit aujourd'hui les *Essais* dans des éditions dont l'orthographe et l'expression ont été adaptées à notre langue contemporaine. La page présentée ici permet de découvrir la langue du XVIe siècle.

► L'Humanisme, p. 24

Dans cet essai, Montaigne dénonce « toute violence en l'éducation d'une âme tendre qu'on dresse pour l'honneur et la liberté », ajoutant « il y a je ne sais quoi de servile en la rigueur et en la contrainte ». Ces principes d'éducation, nouveaux à la Renaissance, seront étayés par le témoignage du Maréchal de Monluc.

De l'affection des pères aux enfants

Feu[1] Monsieur le Maréchal de Monluc, ayant perdu son fils qui était mort dans l'île de Madère, bon gentilhomme, à la vérité, et qui donnait de grandes espérances, donnait de l'importance, parmi ses autres regrets, en s'entretenant avec moi, au déplaisir et au crève-cœur qu'il ressentait de ne s'être jamais livré à lui en toute confiance et [il disait que,] du fait de ce comportement paternel fait de gravité, de mine affectée, il avait perdu l'avantage d'apprécier et bien connaître son fils, et aussi de lui déclarer l'extrême affection qu'il lui portait et le beau jugement qu'il faisait de sa valeur. « Et ce pauvre garçon, disait-il, n'a rien vu de moi qu'une physionomie renfrognée et pleine de mépris et a emporté cette conviction que je n'ai su ni l'aimer ni l'estimer selon son mérite. Pour qui gardais-je la révélation de la singulière affection que je lui portais dans mon âme ? N'était-ce pas lui qui aurait dû en avoir tout le plaisir et toute la gratitude ? Je me suis contraint et tourmenté pour garder ce vain masque, et en agissant ainsi j'ai perdu le plaisir de m'entretenir avec lui et en même temps son affection, qu'il ne peut m'avoir portée que bien froidement puisqu'il n'a jamais reçu de moi que rudesse ni connu qu'une manière tyrannique. »

1. Le Maréchal de Monluc est mort au moment où Montaigne parle de lui.

TEXTE SOURCE

Voici la version originale de l'extrait ci-dessus.

Feu Monsieur le Mareschal de Monluc, ayant perdu son fils qui mourut en l'Isle de Maderes, brave gentil'homme à la verité et de grande esperance, me faisoit fort valoir, entre ses autres regrets, le desplaisir et creve-cœur qu'il sentoit de ne s'estre jamais communiqué à luy ; et, sur cette humeur d'une gravité et grimace paternelle, avoir perdu la commodité[1] de gouster et bien connoistre son fils, et aussi de luy declarer l'extreme amitié qu'il luy portoit et le digne jugement qu'il faisoit de sa vertu. Et ce pauvre garçon, disoit-il, n'a rien veu de moy qu'une contenance refroignée et pleine de mespris, et a emporté cette creance que je n'ay sçeu ny l'aymer, ny l'estimer selon son merite. A qui gardoy-je à découvrir cette singuliere affection que je luy portoy dans mon ame? estoit ce pas luy qui en devoit avoir tout le plaisir et toute l'obligation[2]? Je me suis contraint et geiné pour maintenir ce vain masque; et y ay perdu le plaisir de sa conversation, et sa volonté[3] quant et quant, qu'il ne me peut avoir portée autre que bien froide, n'ayant jamais reçeu de moy que rudesse, ny senti qu'une façon tyrannique.

1. l'avantage.
2. la reconnaissance.
3. son affection.

► Biographie p. 633

On voit ici le travail de réécriture que Montaigne fait subir à ses premières éditions, et ce jusqu'à sa mort : il amplifie son texte avec des « allongeails », il rature et biffe. Au travers de ses « farcissures », citations, petits récits, il illustre son propos et souligne le point de vue qu'il veut défendre. ►

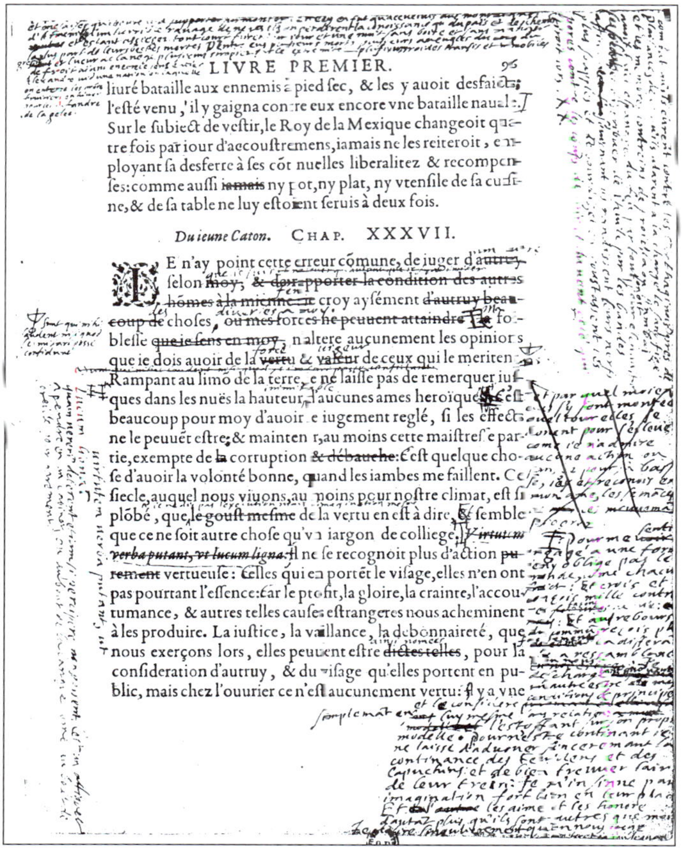

LIVRE PREMIER. 96

liuré bataille aux ennemis à pied sec, & les y auoit desfaicts : l'esté venu, il y gaigna contre eux encore vne bataille nauale. Sur le subiect de vestir, le Roy de la Mexique changeoit quatre fois par iour d'accoustremens, iamais ne les reiteroit, employant sa desferre à ses cõtinuelles liberalitez & recompenses : comme aussi iamais ny pot, ny plat, ny vtensile de sa cuisine, & de sa table ne luy estoient seruis à deux fois.

Du ieune Caton. CHAP. XXXVII.

Ie n'ay point cette erreur cõmune, de juger d'autruy selon moy, & de rapporter la condition des autres hõmes à la mienne. Ie croy aysément d'autruy beaucoup de choses, où mes forces ne peuuent attaindre. La foiblesse que ie sens en moy, n'altere aucunement les opinions que ie dois auoir de la vertu & valeur de ceux qui le meritent. Rampant au limo de la terre, ie ne laisse pas de remerquer iusques dans les nuës la hauteur, d'aucunes ames heroïques. C'est beaucoup pour moy d'auoir le iugement reglé, si les effects ne le peuuét estre ; & maintenir, au moins cette maistresse partie, exempte de la corruption & débauche : C'est quelque chose d'auoir la volonté bonne, quand les iambes me faillent. Ce siecle, auquel nous viuons, au moins pour nostre climat, est si plõbé, que, le goust mesme de la vertu en est à dire, & semble que ce ne soit autre chose qu'vn iargon de colliege, *Virtutem verba putant, vt lucum ligna.* Il ne se recognoit plus d'action purement vertueuse : celles qui en portẽt le visage, elles n'en ont pas pourtant l'essence : car le profit, la gloire, la crainte, l'accoustumance, & autres telles causes estrangeres nous acheminent à les produire. La iustice, la vaillance, la debonnaireté, que nous exerçons lors, elles peuuent estre dictes telles, pour la consideration d'autruy, & du visage qu'elles portent en public, mais chez l'ouurier ce n'est aucunement vertu : il y a vne

Page des *Essais* de Montaigne corrigée par l'auteur.

Questions

Un éloge de l'affection

1. Relevez tous les mots et expressions qui décrivent l'attitude du Maréchal de Monluc face à son fils. Au nom de quelle conception de l'éducation adopte-t-il cette attitude ?
2. Dans quel type de discours Montaigne le fait-il s'exprimer à partir de la ligne 8 ? Quel est l'effet produit par ce choix ?
3. De quoi Monluc s'est-il privé ? A-t-il privé son fils ? Justifiez votre réponse.
4. Par quels moyens Montaigne défend-il une éducation moins sévère ?

► Les formes de l'argumentation, p. 562

La langue de Montaigne

5. Lisez à voix haute le texte source qui relate le témoignage du maréchal de Monluc sur ses relations avec son fils, puis dites ce que vous pensez de la lecture de la langue du XVIe siècle.
6. Relevez des mots dont l'orthographe a changé, des formes syntaxiques différentes de celles d'aujourd'hui. Comment peuvent s'expliquer ces différences ?

Synthèse Montrez par quels procédés Montaigne persuade son lecteur.

► Registres, p. 568

Vers le bac S'entraîner à la l'écriture d'invention

Rédigez la lettre que le Maréchal de Monluc se décide à envoyer à un autre de ses fils, à la guerre lui aussi, pour l'assurer de son affection et de son estime.

► Construire une argumentation, p. 620

Michel de Montaigne, *Essais*, III, 6 (1595)

Œuvre intégrale

CONTEXTE

Quand Montaigne commence à écrire ses *Essais* (1572), il y a presque un siècle que l'Amérique a été découverte par Christophe Colomb, en 1492. Pourtant, cette découverte continue à retentir dans les représentations des Européens. En effet, elle soulève des questions qui font l'objet de réflexions entre les Conquérants, les hommes d'Église, les hommes politiques et les penseurs qui, comme Montaigne en témoigne, débattent de la légitimité de la conquête et de la condition des Indiens.

► L'Humanisme, p. 24

Dans cet essai, Montaigne reconstitue une de ces rencontres qui ont eu lieu entre les Conquérants espagnols et les Indiens. C'est l'occasion d'imaginer les échanges entre les uns et les autres pour confronter les valeurs et les points de vue.

Des coches

En naviguant le long des côtes à la recherche de leurs mines [d'or], quelques Espagnols prirent terre en une contrée fertile et agréable, fort habitée et ils firent à ce peuple leurs déclarations habituelles : « Qu'ils étaient des gens paisibles, arrivant après de longs voyages, envoyés de la part du roi de Castille, le plus grand prince de la terre habitable, auquel le Pape, représentant de Dieu sur la terre, avait donné la principauté[1] de toutes les Indes ; que, s'ils voulaient être tributaires[2] de ce roi, ils seraient traités avec beaucoup de bienveillance ; ils leur demandaient des vivres pour leur nourriture et de l'or dont ils avaient besoin pour quelque médicament ; ils leur faisaient connaître au demeurant la croyance en un seul Dieu et la vérité de notre religion qu'ils leur conseillaient d'accepter, ajoutant quelques menaces à ce conseil. » La réponse fut telle [que voici] : « Que, pour ce qui est d'être des gens paisibles, ils n'en portaient pas la mine, s'ils l'étaient ; quant à leur roi, puisqu'il demandait, il devait être indigent et nécessiteux, et celui qui avait fait cette distribution [de territoires] devait être un homme aimant la dissension puisqu'il donnait ainsi à un tiers une chose qui n'était pas sienne pour le mettre en conflit avec les anciens possesseurs ; quant aux vivres, [ils dirent] qu'ils leur en fourniraient ; de l'or, qu'ils en avaient peu et [ils ajoutèrent] que c'était une chose qu'ils ne tenaient en nulle estime parce qu'elle était inutile au service de leur vie tandis que tout leur souci visait seulement à la passer heureusement et agréablement ; pour cette raison, ce qu'ils en pourraient trouver, sauf ce qui était employé pour le service de leurs dieux, qu'ils le prissent sans hésiter ; quant au Dieu unique, [ils dirent que] l'idée leur en avait plu mais qu'ils ne voulaient pas changer leur religion après s'en être servis si utilement pendant si longtemps et qu'ils avaient l'habitude de ne prendre conseil que de leurs amis et connaissances ; quant aux menaces, c'était [, dirent-ils,] un signe de manque de jugement que d'aller menacer des gens dont la nature et les forces [guerrières] leur étaient inconnues ; dans ces conditions, qu'ils se dépêchassent – et promptement – de quitter leur pays car ils n'avaient pas l'habitude de prendre du bon côté les civilités et les déclarations de gens armés et étrangers ; autrement, on ferait d'eux comme de ces autres, et ils leur montraient les têtes de certains hommes exécutés, autour de leur ville. » Voilà un exemple des balbutiements de ces prétendus enfants. Mais toujours est-il que ni en ce lieu ni en plusieurs autres, où les Espagnols ne trouvèrent pas les marchandises qu'ils cherchaient, ils ne firent d'arrêt ni d'entreprise guerrière, quelque autre avantage qu'il y eût : témoin mes Cannibales.

1. le pouvoir sur.
2. payer des impôts.

► Biographie p. 633

Lecture d'image

► p. 580

- Comment sont représentés les deux groupes :
  – celui des Indiens ?
  – celui des Conquérants ?
- Quelle est la fonction de cette image ?

Histoire de l'Amérique : les Espagnols exploitent les mines d'or. Les Indiens travaillent sous les yeux des colons. Gravure de **Théodore de Bry** (XVIe s.), collection particulière.

Questions

Grammaire

« Que, pour ce qui est d'être des gens paisibles [...] avec les anciens possesseurs » (l. 12 à 17) : récrivez ces propos tenus par les Indiens au discours direct. ► Les discours rapportés, p. 530

Une mise en scène de la rencontre

1. Connaît-on précisément le contexte de cette rencontre entre les Conquérants et les Indiens ? Justifiez ce choix.
2. Quelles motivations Montaigne prête-t-il aux Conquérants ? Quelle image donne-t-il d'eux à travers leurs propos ?
3. Quelles sont les valeurs qui semblent régler le mode de vie des Indiens si l'on se base sur leurs propos ? Que peut-on en conclure sur leur civilisation ?
4. Dans cette confrontation entre les Conquérants et les Indiens, quel groupe semble être le plus civilisé ? À quels indices peut-on lire que Montaigne adopte le point de vue des Indiens ?

Le dialogue

5. De qui les paroles sont-elles rapportées dans cet extrait ? Les prises de parole sont-elles équilibrées ? Qui a le dernier mot dans le dialogue rapporté ?
6. Que demandent les Conquérants aux Indiens ? Au nom de quoi justifient-ils leurs demandes ?
7. Analysez chacune des réponses prêtées aux Indiens : quels arguments emploient-ils pour réfuter les prétentions des Conquérants ?
8. Par quel argument les Indiens achèvent-ils leur discours ?

Synthèse Montrez comment Montaigne invite les lecteurs à remettre en cause la prétendue naïveté des Indiens.

Vers le bac S'entraîner à l'écriture d'invention

Amplifiez le dialogue entre les Indiens et les Espagnols : prêtez aux Espagnols deux autres demandes, puis imaginez la réponse des Indiens pour chacune d'elles. Vous introduirez chaque réponse par la locution « Quant à ».

► Amplifier un texte, p. 6[illegible]6

ÉCHO DU XVe SIÈCLE

Christophe Colomb, *Journal de bord* (1492-1493)

CONTEXTE

Christophe Colomb est parti le 3 août 1492 d'Andalousie avec trois navires pour trouver une nouvelle voie par l'ouest vers les Indes. Dans son *Journal de bord*, on trouve le récit de la première rencontre entre les Indiens et les Espagnols, le jeudi 11 octobre 1492, sur l'île nommée par les Conquérants, « Hispaniola » (aujourd'hui Saint-Domingue).

► L'Humanisme, p. 24

Christophe Colomb adresse un discours aux Indiens pour prendre possession des terres découvertes au nom des rois d'Espagne.

Jeudi 11 octobre 1492

« Moi, dit-il[1], afin qu'ils nous aient en grande amitié et parce que j'ai connu qu'ils étaient gens à se rendre et convertir bien mieux à notre Sainte Foi par amour que par force, j'ai donné à quelques-uns d'entre eux quelques bonnets rouges et quelques perles de verre qu'ils se sont mises au cou, et beaucoup d'autres choses de peu de valeur dont ils eurent grand plaisir [...]. Ensuite, ceux-là venaient, nageant, aux chaloupes des navires dans lesquelles nous étions, et ils nous apportaient des perroquets, du fil de coton en pelotes, des sagaies et beaucoup d'autres choses qu'ils échangeaient contre d'autres que nous leur donnions, telles que petites perles de verre et grelots. Enfin, ils prenaient et donnaient ce qu'ils avaient, tout, de bonne volonté. Mais il me parut qu'ils étaient des gens très dépourvus de tout. Ils vont nus, tels que leur mère les a enfantés, et les femmes aussi, toutefois je n'en ai vu qu'une qui était assez jeune. Et tous les hommes que j'ai vus étaient jeunes, aucun n'avait plus de trente ans ; ils étaient tous très bien faits, très beaux de corps et très avenants de visage, avec des cheveux quasi aussi gros que de la soie de la queue des chevaux, courts et qu'ils portent tombants jusqu'aux sourcils, sauf en arrière, quelques mèches qu'ils laissent longues et jamais ne coupent. Certains d'entre eux se peignent le corps en brun, et ils sont tous comme les Canariens, ni nègres ni blancs ; d'autres se peignent en blanc et d'autres en rouge vif, et d'autres de la couleur qu'ils trouvent. Certains se peignent le visage et d'autres tout le corps ; certains se peignent seulement le tour des yeux et d'autres seulement le nez. Ils ne portent pas d'armes ni même ne les connaissent, car je leur ai montré des épées que, par ignorance, ils prenaient par le tranchant, se coupant. Ils n'ont pas de fer ; leurs sagaies sont des bâtons sans fer, et certaines ont à leur extrémité une dent de poisson, et d'autres différentes choses.

La Découverte de l'Amérique, édition Michel Lequenne,

1. Le *Journal de bord* a été perdu mais Las Casas, qui participait à l'expédition, en avait fait une copie.

Questions

Le regard de Colomb, l'Européen

1. Étudiez la composition du portrait des Indiens : quel est l'effet produit par l'accumulation des détails des lignes 11 à 22 ? Quel regard Christophe Colomb porte-t-il sur eux ? ► La description, p. 546
2. Que nous apprennent les échanges de présents ? Pourquoi sont-ils révélateurs de chacune des civilisations ?
3. Quelles conclusions les rois d'Espagne ont-ils pu tirer de ce récit sur la conquête de ces nouveaux territoires ?

Montaigne, lecteur de Colomb

4. Pourquoi le témoignage de Christophe Colomb a-t-il pu être une source d'informations pour Montaigne (► p. 326) ?
5. Confrontez ces deux images des Indiens et dites sur quels points elles diffèrent.

Synthèse Montrez que l'image édénique proposée par Colomb et Montaigne, repose toutefois sur des points de vue très différents.

LECTURE D'IMAGE

Théodore de Bry, *Destruction des Indes* (1598)

En 1552, à Séville, le moine dominicain Bartholomé de Las Casas publie son ouvrage, Récit véridique du pillage des Indes par des Espagnols, *pour dénoncer la violence d'une conquête dont il a été le témoin. En 1579, ce texte est traduit par le Flamand Jacques de Miggrode, de religion protestante, sous le titre,* Tyrannies et cruautés des Espagnols perpétrées ès Indes occidentales, qu'on dit le Nouveau Monde *En 1598, une édition de ce texte est publiée en latin ; elle est illustrée par dix-sept gravures de l'artiste Théodore de Bry.*

Cette œuvre représente un épisode de la conquête du Pérou. En 1532, Pizarre invite le chef Inca Atahualpa à Cajamarca (ville de l'actuel Pérou) et lui tend un guet-apens au cours duquel plusieurs milliers d'Indiens sont massacrés. Atahualpa fait rassembler une immense rançon contre sa liberté, ce qui n'empêchera pas Pizarre de le faire exécuter en 1533. Publiées en pleine période des guerres de religion entre catholiques et protestants, les gravures de Théodore de Bry assimilent aussi la figure de l'Incien à celle du protestant victime d'oppression et de cruautés dont les Espagnols, champions du catholicisme, deviennent les symboles. ►

Questions

► La lecture d'image, p. 580

1. Quelles relations lit-on entre texte et dessin sur cette gravure ? Montrez que les fonctions du titre sont plus larges au XVIe siècle qu'aujourd'hui. Par quels moyens le dessin raconte-t-il un épisode historique ? Quel rôle jouent les armes dans la composition de l'image ?
2. Comment l'image dénonce-t-elle ? Comment sont représentés les Espagnols ? les Indiens ? Qu'est-ce qui semble motiver la conquête pour les Espagnols ?
3. À quels indices voit-on que le Nouveau Monde est représenté à travers les images et représentations de l'Europe de la Renaissance ?

Destruction des Indes de Bartholomé de Las Casas, illustré par **Théodore de Bry** en 1598, BnF, Paris.

PERSPECTIVE DU XXe SIÈCLE

Claude Lévi-Strauss, *Tristes Tropiques* (1955)

CONTEXTE

Dans *Tristes Tropiques*, Claude Lévi-Strauss (1908-2009), ethnologue français, nous offre un témoignage sur ses expéditions au Brésil où il a étudié la vie des Indiens d'Amazonie.

Dans le début de Tristes Tropiques*, Claude Lévi-Strauss inscrit son voyage dans la lignée de Christophe Colomb et des grands voyageurs qui l'ont suivi. Il s'interroge sur le regard de l'ethnologue et sa capacité à percevoir ce qui lui est inconnu.*

Je voudrais avoir vécu au temps des *vrais* voyages, quand s'offrait dans toute sa splendeur un spectacle non encore gâché, contaminé et maudit ; n'avoir pas franchi cette enceinte moi-même, mais comme Bernier, Tavernier, Manucci[1]... Une fois entamé, le jeu de conjectures[2] n'a plus de fin. Quand fallait-il voir l'Inde, à quelle époque l'étude des sauvages brésiliens pouvait-elle apporter la satisfaction la plus pure, les faire connaître sous la forme la moins altérée ? Eût-il mieux valu arriver à Rio au XVIIIe siècle avec Bougainville, ou au XVIe avec Léry et Thevet[3] ? Chaque lustre[4] en arrière me permet de sauver une coutume, de gagner une fête, de partager une croyance supplémentaire. Mais je connais trop les textes pour ne pas savoir qu'en m'enlevant un siècle, je renonce du même coup à des informations et à des curiosités propres à enrichir ma réflexion. Et voici, devant moi, le cercle infranchissable : moins les cultures humaines étaient en mesure de communiquer entre elles et donc de se corrompre par leur contact, moins aussi leurs émissaires respectifs étaient capables de percevoir la richesse et la signification de cette diversité. En fin de compte, je suis prisonnier d'une alternative : tantôt voyageur ancien, confronté à un prodigieux spectacle dont tout ou presque lui échappait – pire encore inspirait raillerie et dégoût ; tantôt voyageur moderne, courant après les vestiges d'une réalité disparue. Sur ces deux tableaux je perds, et plus qu'il ne semble : car moi qui gémis devant des ombres, ne suis-je pas imperméable au vrai spectacle qui prend forme en cet instant, mais pour l'observation duquel mon degré d'humanité manque encore du sens requis ? Dans quelques centaines d'années, en ce même lieu, un autre voyageur, aussi désespéré que moi, pleurera la disparition de ce que j'aurais pu voir et qui m'a échappé. Victime d'une double infirmité, tout ce que j'aperçois me blesse, et je me reproche sans relâche de ne pas regarder assez.

1. grands voyageurs du XVIIe siècle qui ont parcouru l'Inde.
2. supposition, hypothèse.
3. grands voyageurs du XVIe siècle qui ont parcouru le Brésil.
4. un lustre désigne une durée de cinq ans.

Prolongements

- Montrez que Christophe Colomb (► p. 328) peut apparaître comme ce « voyageur ancien » tel que le définit Claude Lévi-Strauss.
- Dans cet extrait de *Tristes Tropiques*, qu'est-ce qui fait de Claude Lévi-Strauss un héritier de Montaigne ?

Questions

1. Quelle nostalgie semble teinter le début du texte ? Sur quelle opposition se construit-elle ? Quel destin paraît marquer les civilisations après leur découverte ?
2. Reformulez l'alternative dans laquelle Claude Lévi-Strauss se sent enfermé : quel est, selon lui, le plus grand obstacle à la connaissance ethnologique ?
3. Relevez le vocabulaire qui caractérise les sentiments éprouvés par Claude Lévi-Strauss à la fin du texte : sont-ils ceux qu'on attend d'un scientifique ? Justifiez votre réponse.
4. À la lumière de ce texte, comment peut-on caractériser le projet de l'ethnologue contemporain ? Que recherche-t-il ?

PERSPECTIVE DU XXIe SIÈCLE

Antoine Compagnon, *Un été avec Montaigne* (2013)

CONTEXTE

Dans *Un été avec Montaigne*, série d'émissions diffusées pendant l'été 2012 sur la radio France Inter, Antoine Compagnon (né à Bruxelles en 1950), universitaire spécialiste de Proust et de Montaigne, nous présente sa lecture des *Essais*.

Le livre d'Antoine Compagnon s'achève sur ce chapitre titré « Le Trône du monde ».

[…] Pressons le pas quand nous avons de la peine, mais savourons tranquillement les plaisirs de l'instant. *Carpe diem*, disait Horace[1]. « Cueille le jour présent sans te soucier du lendemain » ; profite du moment dans sa plénitude sans penser à la mort. Les dernières pages des *Essais* déclinent cette morale sous toutes ses formes, prêchent la coïncidence avec soi- même :

« Quand je danse, je danse ; quand je dors, je dors. Voire, et quand je me promène solitairement en un beau verger, si mes pensées se sont entretenues des occurrences étrangères quelque partie du temps : quelque autre partie, je les ramène à la promenade, au verger, à la douceur de cette solitude, et à moi. » (1726)

L'éthique[2] de la vie que se propose Montaigne est aussi une esthétique, un art de vivre en beauté. La saisie du moment devient une manière d'être au monde, modeste, naturelle et pleinement humaine.

« […] Si avons-nous beau monter sur des échasses, car sur des échasses encore faut-il marcher de nos jambes. Et au plus élevé trône du monde, si ne sommes-nous assis, que sus notre cul. Les plus belles vies, sont à mon gré celles, qui se rangent au modèle commun et humain, avec ordre : mais sans miracle, sans extravagance. » (1740)

Les derniers mots des *Essais* acceptent la vie telle qu'elle nous est donnée et quoi qu'elle nous réserve, la même pour tous, pour les grands et pour les humbles, puisque, devant la mort, nous sommes tous pareils. Montaigne trouve même à reprocher à Socrate, son suprême héros, d'avoir voulu échapper à la condition humaine en ayant un démon[3] qui le tirait par la manche comme un ange gardien. Montaigne, lui, c'est l'homme nu, soumis à la nature, approuvant son sort, notre frère.

Éditions des Équateurs/France Inter, 2013

1. poète latin du Ier siècle av. J.-C.
2. morale.
3. le « démon de Socrate » : sorte de génie, de voix qui, selon la tradition, le retenait dans ses actions.

Questions

Prolongement

En prenant appui sur ce texte et ceux de cette séquence, vous direz ce que peuvent apporter aux lecteurs contemporains les textes de Montaigne.

« Cueille le jour »

1. Quelle partie de l'œuvre est commentée ici ? Pourquoi cette partie est-elle importante pour le lecteur de Montaigne ?
2. *Carpe diem*, « Cueille le jour » : identifiez et expliquez la figure de style employée. Comment Montaigne met-il en pratique ce précepte ? Comment comprenez-vous l'expression « d'esthétique de vie » ? ► Figure de style, p. 576

La condition humaine

3. Par quelle image très « terre à terre » Montaigne explique-t-il la condition humaine de tous, qui touche même les puissants ? Quel est l'effet produit ?
4. Comment l'homme assume-t-il sa condition humaine ?

Le projet d'Antoine Compagnon

5. En vous appuyant sur ce texte, dites en quoi consiste le travail d'un universitaire spécialiste d'un auteur.
6. À quels indices voit-on que le professeur ne considère pas l'œuvre qu'il étudie comme seul objet de savoir ? À quoi la littérature peut-elle aussi servir ?

VOCABULAIRE LE VOCABULAIRE DE LA DÉLIBÉRATION

1 ÉTYMOLOGIE

Cherchez l'étymologie du verbe « délibérer », puis recomposez la famille des mots ayant la même origine. Donnez la signification précise de chacun de ces mots.

2 SYNONYMES

Sélectionnez les synonymes du verbe « délibérer », puis classez-les du plus précis au plus général.
calculer – consulter – cogiter – débattre – discuter – étudier – examiner – hésiter – méditer – opiner – penser – réfléchir – résoudre

3 SENTIMENTS ET DÉLIBÉRATIONS

Dans cet extrait de monologue tiré du *Cid* de Corneille, Rodrigue délibère. Relevez l'objet de son interrogation, et nommez les sentiments que ce questionnement provoque.

Que je sens de rudes combats !
Contre mon propre honneur mon amour s'intéresse,
Il faut venger un père et perdre une maîtresse,
L'un échauffe mon cœur, l'autre retient mon bras.

Pierre Corneille, *Le Cid*, I, 7 (1637)

4 PROCÉDÉS DE LA DÉLIBÉRATION

a. **L'alternative oppose deux propositions qui ne peuvent être justes ensemble. On peut l'introduire par des expressions comme « de deux choses l'une », « ou bien, ou bien », « soit, soit ». Exprimez une alternative sur la question de la peine de mort.**

b. **La concession a pour but de reconnaître qu'une partie d'un discours est juste mais que cela ne suffit pas à partager un point de vue. Complétez la phrase qui suit :**
Vous avez raison de dire que les Indiens sont coupables de cruauté, mais…

c. **Le distinguo récuse un argument parce qu'il ne traite pas de la question posée. Retrouvez un exemple de ce procédé dans le texte de Montaigne, « De la conscience » (► p. 320).**

d. **La réfutation permet à l'interlocuteur de reprendre une proposition pour la contredire. Complétez le début de la phrase suivante pour la réfuter :**
Vous dites que les Indiens sont des esclaves par nature, je vous dirais que…

5 L'EXPRESSION DU DOUTE, DE L'INCERTITUDE

a. **Classez ces verbes du plus neutre au plus connoté négativement.**
Atermoyer – balancer – barguigner – consulter – douter – flotter – hésiter – osciller – résister – étudier – observer – scruter – sonder – tâtonner – tergiverser

b. **Faites de même avec les adjectifs qualificatifs ou participes passés suivants.**
Embarrassé – incertain – indécis – indéterminé – irrésolu – perplexe – réticent

c. **Choisissez six mots dans les listes a. et b. ; vous emploierez chacun d'eux dans une phrase qui éclairera son sens.**

EXPRESSION ÉCRITE

Sujet 1

Dans *La Controverse de Valladolid*, le philosophe Sepulveda défend l'idée que les Indiens ne sont pas des hommes. Imaginez la réponse de Las Casas, défenseur de la cause des Indiens, réfutant ses propos. Vous intègrerez des expressions qui reprennent les propos d'autrui pour les réfuter et vous ferez une concession à l'un des arguments pour le contredire ensuite.

Ils ignorent l'usage du métal, des armes à feu et de la roue. Ils portent leurs fardeaux sur le dos comme des bêtes, pendant de longs parcours. Leur nourriture est détestable, semblable à celle des animaux. Ils se peignent grossièrement le corps et adorent des idoles affreuses. […] J'ajoute qu'on les décrit stupides comme nos enfants ou nos idiots. Ils changent très fréquemment de femmes ce qui est un signe très vrai de sauvagerie. […] Ils sont timides et lâches à la guerre. Ils ignorent aussi la nature de l'argent et n'ont aucune idée de la valeur respective de l'argent ? Par exemple, ils échangeaient contre de l'or le verre cassé des barils.

Jean-Claude Carrière, *La Controverse de Valladolid* (1992),

Sujet 2

Imaginez un monologue sur le sujet suivant :
« Le questionnement vaut mieux que l'affirmation. »
Ce monologue, écrit à la première personne, devra comporter au moins trois procédés de délibération et développer le champ lexical du doute.

SYNTHÈSE

MONTAIGNE : UNE VISION HUMANISTE DU MONDE

Montaigne reprend la question des philosophes sceptiques qui doutent du savoir commun : « Que sais-je », se demande-t-il au fil de ses Essais, *un genre qu'il a inventé, où il confronte ses facultés de comprendre aux savoirs du passé et de son temps.*

1 MONTAIGNE, PENSEUR DE SON TEMPS

Visions du Monde

Montaigne se penche sur les questions essentielles de la morale, du pouvoir politique, des civilisations, à la lumière de la découverte du Nouveau Monde, un choc pour le XVIe siècle. En participant au débat sur la nature des Indiens, il met en évidence leur humanité et révèle aussi par comparaison l'injustice et l'arbitraire de l'Ancien Monde.

Ex. : Dans « Des coches », les Indiens opposent leur générosité, leur perspicacité, leur fidélité à la cupidité des Conquérants. ► p. 326

Ex. : Dans « De l'éducation des enfants », Montaigne ne se contente pas de condamner : constatant les méfaits d'une éducation sévère et pédantesque, il offre un vrai programme pour une éducation « de manière nouvelle ». ► p. 316

L'homme comme sujet

Indien ou Européen, c'est l'homme et sa condition qui sont au cœur des *Essais*.

Ex. : Dans sa préface, Montaigne se proclame « la matière de son livre ». Ce faisant, il ouvre la voie à l'écriture autobiographique; mais dans un sujet « si frivole et si vain », il cherche surtout « la forme entière de la condition humaine ». Humaniste, Montaigne ramène sa vision du monde à l'homme qui en est la mesure, le centre. ► p. 314

2 LES *ESSAIS*, UNE ÉCRITURE DYNAMIQUE ET RHÉTORIQUE

Montaigne articule la logique de son discours avec des figures qui visent à émouvoir et convaincre son lecteur. Sa pratique constante de la réécriture et ses « allongeails » contribuent à faire entendre plusieurs voix.

Les formes de la vérité, de la logique

Montaigne privilégie le questionnement plutôt que l'affirmation de la vérité, qui est relative.

Ex. : Dans « De la conscience », la dénonciation de la torture s'écrit dans une démonstration qui conclut sur le caractère aléatoire de la torture. ► p. 320

Les formes de l'engagement, de l'argumentation de l'auteur

Montaigne s'implique dans un discours souvent énoncé à la première personne : citations d'auteurs, exemples et commentaires étayent son point de vue et le fondent.

Ex. : « « Des cannibales » (► p. 318) ; Des coches » (► p. 326).

Les formes de la persuasion

Par l'usage du registre pathétique, l'interpellation directe du lecteur, les questions rhétoriques, l'intégration de fables illustratives, de métaphores et d'hyperboles qui s'adressent à l'imagination et aux émotions, Montaigne emporte l'adhésion de son auditoire dans un dialogue permanent qu'il continue à tenir avec le lecteur d'aujourd'hui.

TEXTE 1

Madame du Châtelet, *Discours sur le bonheur* (1779)

► Bio. p. 629

Madame du Châtelet a eu la chance, exceptionnelle en son temps, grâce à son père, de bénéficier d'une éducation très solide, incluant les langues anciennes et les sciences. Dans ce court essai écrit vers 1746, et qui n'était pas destiné à être publié, elle se penche sur l'une des préoccupations majeures des philosophes du XVIIIe siècle : la recherche du bonheur. Elle y réhabilite ainsi les passions, considérées comme destructrices par la morale classique de l'époque. Dans cet extrait est évoqué le difficile accès à l'éducation pour la majorité des femmes de son époque.

► Les Lumières, p. 30

La sagesse doit avoir toujours les jetons à la main : car qui dit *sage* dit *heureux*, du moins dans mon dictionnaire ; il faut avoir des passions pour être heureux ; mais il faut les faire servir à notre bonheur, et il y en a auxquelles il faut défendre toute entrée dans notre âme. Je ne parle pas ici des passions qui sont des vices, telles que la haine, *[la vengeance, la colère ; mais l'ambition]*, par exemple, est une passion dont je crois qu'il faut défendre son âme, si on veut être heureux ; ce n'est pas par la raison qu'elle n'a pas de jouissance, car je crois que cette passion peut en fournir ; ce n'est pas parce que l'ambition désire toujours, car c'est assurément un grand bien, mais c'est parce que de toutes les passions c'est celle qui met le plus notre bonheur dans la dépendance des autres ; *[or moins notre bonheur dépend des autres]* et plus il nous est aisé d'être heureux. Ne craignons pas de faire trop de retranchement sur cela, il en dépendra toujours assez. Par cette raison d'indépendance, l'amour de l'étude est de toutes les passions celle qui contribue le plus à notre bonheur. Dans l'amour de l'étude se trouve renfermée une passion dont une âme élevée n'est jamais entièrement exempte, celle de la gloire ; il n'y a même que cette manière d'en acquérir pour la moitié du monde, et c'est cette moitié justement à qui l'éducation en ôte les moyens, et en rend le goût impossible.

Il est certain que l'amour de l'étude est bien moins nécessaire au bonheur des hommes qu'à celui des femmes. Les hommes ont une infinité de ressources pour être heureux, qui manquent entièrement aux femmes. Ils ont bien d'autres moyens d'arriver à la gloire, et il est sûr que l'ambition de rendre ses talents utiles à son pays et de servir ses concitoyens, soit par son habileté dans l'art de la guerre, ou par ses talents pour le gouvernement, ou les négociations, est fort au-dessus de *[celle]* qu'on peut se proposer pour l'étude ; mais les femmes sont exclues, par leur état, de toute espèce de gloire, et quand, par hasard, il s'en trouve quelqu'une qui est née avec une âme assez élevée, il ne lui reste que l'étude pour la consoler de toutes les exclusions et de toutes les dépendances auxquelles elle se trouve condamnée par état. […]

J'ai dit que l'amour de l'étude était la passion la plus nécessaire à notre bonheur ; c'est une ressource sûre contre les malheurs, c'est une source de plaisirs inépuisable, et Cicéron a bien raison de dire : *Les plaisirs des sens et ceux du cœur sont, sans doute, au-dessus de ceux de l'étude ; il n'est pas nécessaire d'étudier pour être heureux ; mais il l'est peut-être de se sentir en soi cette ressource et cet appui.*

►►► *Madame du Châtelet* (détail), XVIIIe siècle, huile sur toile (45 x 38 cm), œuvre anonyme d'après Quentin de La Tour, collection privée.

Lecture d'image ► p 580

Comment l'artiste met-il en valeur la passion des femmes pour l'étude au XVIIIe siècle ?

Pietro Longhi, *La Leçon de géographie*, XVIIIe siècle, huile sur toile (63 x 50 cm), musée Civici, Padoue (Italie).

Questions

Vocabulaire

Quel est l'étymologie du mot « passion » ? Quel sens lui donne ici Madame du Châtelet ? Dans quel sens l'employons-nous surtout aujourd'hui ?

Un argumentaire construit

1. Quel est le thème du texte ? Quelle phrase exprime le plus clairement la thèse défendue par Madame du Châtelet ?
2. Quel type de raisonnement particulier adopte-t-elle pour introduire sa thèse ?
► Les formes de l'argumentation, p. 562
3. Dans les paragraphes 1 et 3, relevez trois arguments qui lui servent à défendre la passion de l'étude.

Un plaidoyer

4. Quelle expression permet à Madame du Châtelet de désigner les femmes dans la dernière phrase du paragraphe 1 ? Que dénonce-t-elle ici ?
5. La première phrase du paragraphe 2 établit une comparaison entre hommes et femmes : que s'agit-il de dénoncer ?
6. Relevez et commentez dans la suite du paragraphe 2 tous les termes qui opposent le sort des hommes et celui des femmes.

Un discours plein d'émotion

7. Quels sont les moyens utilisés par Madame du Châtelet pour s'impliquer dans son énoncé et impliquer son lecteur ? ► Registres, p. 568
8. Dans les paragraphes 1 et 2, quelles expressions sont un moyen détourné pour Madame du Châtelet de parler d'elle-même ?
9. Relevez dans le paragraphe 2 des procédés lexicaux ou rhétoriques qui montrent son indignation devant le sort réservé aux femmes à son époque.

Synthèse Dégagez la revendication principale énoncée ici au nom des femmes par Madame du Châtelet et expliquez pourquoi elle la formule.

Vers le bac S'entraîner à l'écriture d'invention

Madame du Châtelet a choisi d'écrire un discours pour défendre sa thèse. De la même manière, vous rédigerez un discours argumenté d'une page. Vous choisirez d'exprimer une revendication au nom des femmes d'aujourd'hui. Vous poserez clairement votre thèse et énoncerez au moins deux arguments. ► Construire une argumentation, p. 620

ÉCHO DE L'ANTIQUITÉ

Aristophane, *L'Assemblée des femmes* (vers 392 av. J.-C.)

CONTEXTE

Seules onze des comédies d'Aristophane (ve siècle av. J.-C.), poète grec antique, sont parvenues jusqu'à nous : elles sont pour la plupart des satires sociales ou des pamphlets politiques.

Les femmes s'apprêtent à usurper le pouvoir à Athènes en siégeant déguisées à l'assemblée à la place de leurs maris. Gaillardine, en habit d'homme, répète devant ses compagnes le discours qu'elle s'apprête à tenir pour faire remettre tous les pouvoirs aux mains des femmes.

GAILLARDINE. – [...] c'est aux mains des femmes, vous m'entendez, qu'il nous faut confier l'État. Après tout, c'est bien à elles que nous donnons l'emploi, dans nos ménages, d'avoir la haute main sur la gestion !

TOUTES. – Bravo ! bravo, ma foi ! bravo ! Vas-y ! vas-y ! tu es un as !

GAILLARDINE. – Elles savent mieux se conduire que nous, et je vais le prouver. Pour commencer, elles essorent leurs laines à l'eau tiède, selon l'antique usage, toutes, tant qu'elles sont. On ne les voit pas risquer des innovations. Et ce qu'il pourrait y avoir qui marche bien à Athènes, ne serait-ce pas le salut pour la Cité que de ne pas s'évertuer à fabriquer de l'inédit pour le changer ? Elles s'accroupissent devant leur gril, comme dans le temps; elles portent les fardeaux sur la tête, comme dans le temps; elles célèbrent les Thesmophories, comme dans le temps ; elles font cuire leurs gâteaux, comme dans le temps ; elles font la vie intenable à leurs maris, comme dans le temps ; elles ont des amants chez elles, comme dans le temps ; elles s'achètent des friandises en cachette, comme dans le temps ; elles aiment le vin bien corsé, comme dans le temps ; elles ont le plaisir à se faire tisonner, comme dans le temps. Allons, Messieurs, remettons l'État entre leurs mains à elles ; inutile de palabrer et de nous demander ce qu'elles vont faire : laissons-leur tout bonnement le pouvoir. Songeons seulement qu'elles ont des fils, et que, primo, leur grand désir sera de ménager la vie de nos soldats ; secundo, pour les vivres, qui mieux qu'une mère de famille en hâterait l'acheminement ? Pour faire venir l'argent, il n'y a pas plus ingénieux qu'une femme : si elle est au pouvoir elle ne se laissera jamais flouer[1] (c'est elles plutôt qui s'y connaissent pour flouer les autres !). Je n'en dirai pas plus. Si vous suivez l'avis que je vous donne, quelle heureuse existence vous allez mener !

1. duper, tromper.

Traduction de Victor-Henry Debidour *in Théâtre complet*, Bibliothèque de la Pléiade,

Questions

1. Quelle est la thèse défendue ici par Gaillardine ?
2. Sur quels arguments principaux s'appuie-t-elle pour la défendre ?
3. Grâce à quels procédés donne-t-elle une force persuasive à son discours ?
4. Pourquoi cette scène reste-t-elle essentiellement une scène de comédie ?

Prolongement

Cherchez dans l'œuvre d'Aristophane une autre comédie, *Lysistrata*, consacrée aux rapports entre hommes et femmes. Relevez l'argument (l'élément principal de l'action) de cette pièce. Caractérisez le ressort comique essentiel de la pièce.

LECTURE D'IMAGES

Anonyme, *Madame du Châtelet* (XVIIIe siècle) d'après Quentin de La Tour

Madame du Châtelet, XVIIIe siècle, huile sur toile (45 x 38 cm), œuvre anonyme d'après Quentin de La Tour, collection privée.

François Boucher, *La Marquise de Pompadour* (1756)

François Boucher, *La Marquise de Pompadour* 1756, huile sur toile (201 x 157 cm), Ancienne Pinacothèque, Munich (Allemagne).

▲ Favorite du roi Louis XV, la marquise de Pompadour a favorisé le parti des philosophes et exercé un véritable mécénat auprès de nombreux artistes.

Questions

1. Observez le personnage féminin dans le tableau de Boucher : commentez sa posture, sa robe, les objets qui l'entourent immédiatement. Comment est-elle mise en valeur ? Quelle impression le peintre veut-il donner ?
2. Comparez cette représentation à celle de la marquise du Châtelet : comment le peintre a-t-il choisi de la représenter et pourquoi ? Quels objets l'entourent immédiatement ? Que s'agit-il de montrer ?
3. Observez l'arrière-plan du tableau de Boucher : que remarquez-vous ? Quel effet produit ce décor élégant voire fastueux ? Comparez cet arrière-plan avec le deuxième tableau : qu'en déduisez-vous ?
4. Observez plus précisément les visages des deux personnages féminins et leur expression. Que regardent-elles ? Quelles différences remarquez-vous ?

Synthèse Montrez, au travers de la confrontation de ces deux tableaux, comment évolue la représentation de la femme au XVIIIe siècle.

TEXTE 2

Voltaire, *Mélanges, pamphlets et œuvres polémiques* (1768)

► Biographie p. 636

CONTEXTE

Voltaire est un homme de combat qui a lutté contre toutes les formes d'injustice sociale, politique et religieuse. Compagnon de Madame du Châtelet (► p. 334) pendant dix ans, il sait combien cette femme, exceptionnelle par sa culture et ses compétences scientifiques, constitue une exception. L'écrivain soulève la question de la condition féminine dans un pamphlet, l'une de ses formes d'expression privilégiées : texte court et virulent, souvent ironique, le pamphlet dénonce l'ordre établi et cherche à susciter l'indignation chez le lecteur.

► Les Lumières, p. 30

Voltaire rapporte ici un entretien avec l'abbé de Chateauneuf, homme d'esprit et diplomate français, qui est surtout connu comme le parrain de Voltaire.

« Femmes, soyez soumises à vos maris… »

Elle[1] passa quarante années dans cette dissipation et dans ce cercle d'amusements qui occupent sérieusement les femmes ; n'ayant jamais rien lu que les lettres qu'on lui écrivait, n'ayant jamais mis dans sa tête que les nouvelles du jour, les ridicules de son prochain et les intérêts de son cœur. Enfin, quand elle se vit à cet âge où l'on dit que les belles femmes qui ont de l'esprit passent d'un trône à l'autre, elle voulut lire. […]

On lui fit lire Montaigne, elle fut charmée d'un homme qui faisait conversation avec elle, et qui doutait de tout. On lui donna ensuite les grands hommes de Plutarque[2] : elle demanda pourquoi il n'avait pas écrit l'histoire des grandes femmes.

L'abbé de Châteauneuf la rencontra un jour toute rouge de colère. « Qu'avez-vous donc, madame ? lui dit-il.

– J'ai ouvert par hasard, répondit-elle, un livre qui traînait dans mon cabinet, c'est, je crois, quelque recueil de lettres ; j'y ai vu ces paroles : *Femmes, soyez soumises à vos maris* : j'ai jeté le livre.

– Comment, madame ! savez-vous bien que ce sont les *Épîtres* de saint Paul[3] ?

– Il ne m'importe de qui elles sont ; l'auteur est très impoli. Jamais M. le maréchal ne m'a écrit dans ce style ; je suis persuadée que votre saint Paul était un homme très difficile à vivre : était-il marié ?

– Oui, madame.

1. la maréchale de Grancey. Voltaire met en scène ici le dialogue entre cette femme de l'aristocratie et l'abbé de Châteauneuf.
2. philosophe grec antique, surtout connu pour ses *Vies des hommes illustres*.
3. Les *Épîtres* de saint Paul, un des apôtres du Christ, font partie du Nouveau Testament.

Michel Garnier, *Le Contrat de mariage interrompu*, 1789, huile sur toile (54,5 x 64,8 cm), musée Carnavalet, Paris.

– Il fallait que sa femme fût une bien bonne créature : si j'avais été la femme d'un pareil homme, je lui aurais fait voir du pays. *Soyez soumises à vos maris !* Encore s'il s'était contenté de dire : *Soyez douces, complaisantes, attentives, économes*, je dirais : « Voilà un homme qui sait vivre » ; et pourquoi soumises, s'il vous plaît ? Quand j'épousai M. de Grancey, nous nous promîmes d'êtres fidèles : je n'ai pas trop gardé ma parole, ni lui la sienne ; mais ni lui ni moi ne promîmes d'obéir. Sommes-nous donc des esclaves ? N'est-ce pas assez qu'un homme, après m'avoir épousée, ait le droit de me donner une maladie de neuf mois, qui quelquefois est mortelle ? N'est-ce pas assez que je mette au jour, avec de très grandes douleurs, un enfant qui pourra me plaider[4] quand il sera majeur ? Ne suffit-il pas que je sois sujette tous les mois à des incommodités très désagréables pour une femme de qualité, et que, pour comble, la suppression d'une de ces douze maladies par an soit capable de me donner la mort, sans qu'on vienne me dire encore : *Obéissez* !

Certainement la nature ne l'a pas dit ; elle nous a fait des organes différents de ceux des hommes; mais en nous rendant nécessaires les uns aux autres, elle n'a pas prétendu que l'union formât un esclavage. Je me souviens bien que Molière a dit :

Du côté de la barbe est la toute-puissance[5].

Mais voilà une plaisante raison pour que j'aie un maître ! Quoi ! parce qu'un homme a le menton couvert d'un vilain poil rude, qu'il est obligé de tondre de fort près, et que mon menton est né rasé, il faudra que je lui obéisse très humblement ! Je sais bien qu'en général les hommes ont les muscles plus forts que les nôtres, et qu'ils peuvent donner un coup de poing mieux appliqué : j'ai bien peur que ce ne soit là l'origine de leur supériorité.

4. plaider contre moi.
5. parole d'Arnolphe qui cherche à raisonner sa jeune pupille Agnès, dans *L'École des femmes* de Molière.

Questions

Vocabulaire

Le mot « épître », tombé aujourd'hui en désuétude, vient du latin *epistola* (lettre). Quels autres mots de la même famille connaissez-vous ?

► Le champ sémantique, p. 532

Le portrait d'une originale

1. Relevez et commentez les indices du texte qui montrent que la Maréchale de Grancey est une femme de caractère.
2. Relevez certaines allusions, très crues pour l'époque, dans sa dernière réplique : que révèlent-elles du personnage ?

La dénonciation de la condition féminine

3. La Maréchale conteste ici un texte biblique : quel type d'argument utilise-t-elle lignes 18 à 20 ?
► Les formes de l'argumentation, p. 562
4. Relisez les lignes 25 à 35 : quelle image la Maréchale donne-t-elle de la condition féminine à son époque ?
5. Relevez et reformulez, lignes 36 à 46, au moins deux arguments qu'elle oppose à la représentation traditionnelle des rapports entre hommes et femmes.

L'ironie du narrateur

6. Commentez la première phrase du texte : quelles expressions manifestent l'ironie du narrateur aux dépens de la Maréchale ? ► Registres, p. 568
7. « On lui fit lire », « On lui donna » (l. 7-8) : quel est l'effet recherché par le narrateur en utilisant ces tournures ?
8. Pour quelles raisons le narrateur choisit-il ce porte-parole peu banal de la condition féminine ?

Synthèse Montrez que ce texte est bien un pamphlet.

Vers le bac S'entraîner au commentaire

Vous rédigerez la première partie du commentaire de ce texte. Vous montrerez que Voltaire privilégie une forme divertissante pour faire passer sa dénonciation de la condition féminine au XVIIIe siècle. ► Rédiger des paragraphes et insérer des citations, p. 598

Denis Diderot, *Supplément au Voyage de Bougainville* (1772)

▸ Biographie p. 629

⊕ CONTEXTE

Dans la société d'Ancien Régime, le mariage est une institution sacrée, seul cadre possible pour la procréation. Les relations hors mariage sont donc sévèrement condamnées, particulièrement pour les femmes : leur infidélité peut en effet soulever des soupçons sur la légitimité des enfants.

▸ Les Lumières, p. 30

Ce conte philosophique a été inspiré à Diderot par le voyage autour du monde du célèbre navigateur, Bougainville, et tout particulièrement son étape à Tahiti. Dans le dialogue fictif qui suit, l'opposition est vive entre le vieux sage tahitien, Orou, qui défend la liberté sexuelle au nom des lois de la Nature, et l'Aumônier, prêtre attaché à l'expédition.

L'Aumônier. – La fille déshonorée ne trouve plus de mari.

Orou. – Déshonorée ! et pourquoi ?

L'Aumônier. – La femme infidèle est plus ou moins méprisée.

Orou. – Méprisée ! et pourquoi ?

L'Aumônier. – Le jeune homme s'appelle un lâche séducteur.

Orou. – Un lâche ! un séducteur ! et pourquoi ?

L'Aumônier. – Le père, la mère et l'enfant sont désolés. L'époux volage est un libertin[1] ; l'époux trahi partage la honte de sa femme.

Orou. – Quel monstrueux tissu d'extravagances tu m'exposes là ! et encore tu ne me dis pas tout ; car aussitôt qu'on s'est permis de disposer à son gré des idées de justice et de propriété, d'ôter ou de donner un caractère arbitraire aux choses, d'unir aux actions ou d'en séparer le bien et le mal, sans consulter que le caprice, on se blâme, on s'accuse, on se suspecte, on se tyrannise, on est envieux, on est jaloux, on se trompe, on s'afflige, on se cache, on dissimule, on s'épie, on se surprend, on se querelle, on ment ; les filles en imposent à leurs parents, les maris à leurs femmes, les femmes à leurs maris ; des filles, oui, je n'en doute pas, des filles étoufferont leurs enfants, des pères soupçonneux mépriseront et négligeront les leurs, des mères s'en sépareront et les abandonneront à la merci du sort, et le crime et la débauche se montreront sous toutes sortes de formes. Je sais tout cela comme si j'avais vécu parmi vous ; cela est parce que cela doit être, et la société dont votre chef nous vante le bel ordre, ne sera qu'un ramas ou d'hypocrites qui foulent secrètement aux pieds les lois ; ou d'infortunés qui sont eux-mêmes les instruments de leur supplice en s'y soumettant ; ou d'imbéciles en qui le préjugé a tout à fait étouffé la voix de la nature ; ou d'êtres mal organisés en qui la nature ne réclame pas ses droits.

L'Aumônier. – Cela ressemble. Mais vous ne vous mariez donc point ?

Orou. – Nous nous marions.

L'Aumônier. – Qu'est-ce que votre mariage ?

Orou. – Le consentement d'habiter une même cabane et de coucher dans un même lit, tant que nous nous y trouvons bien.

L'Aumônier. – Et lorsque vous vous y trouvez mal ?

Orou. – Nous nous séparons.

L'Aumônier. – Que deviennent vos enfants ?

Orou. – Ô étranger ! ta dernière question achève de me déceler la profonde misère de ton pays. Sache, mon ami, qu'ici la naissance d'un enfant est toujours un bonheur et sa mort un sujet de regrets et de larmes.

1. ici, un être qui n'a pas de frein sur le plan de la morale sexuelle.

Un enfant est un bien précieux, parce qu'il doit devenir un homme ; aussi en avons-nous un tout autre soin que de nos plantes et de nos animaux. Un enfant qui naît occasionne la joie domestique[2] et publique, c'est un accroissement de fortune pour la cabane et de force pour la nation. Ce sont des bras et des mains de plus dans Otaïti : nous voyons en lui un agriculteur, un pêcheur, un chasseur, un soldat, un époux, un père.

2. privée.

Paul Gauguin, *Jours délicieux*, 1896, huile sur toile (95 x 130 cm), musée des Beaux-Arts, Lyon.

Questions

Grammaire

Ligne 13 : « on se blâme, on s'accuse, on se suspecte » : comment appelle-t-on l'emploi de cette forme verbale ? Quel est ici l'effet recherché ?

Un dialogue tendu

1. Étudiez la prise de parole de chacun des personnages : qui mène le dialogue ? Pour quelle raison l'écrivain choisit-il ici la forme du dialogue ?
► Les genres de l'argumentation, p. 564
2. Dans ses premières répliques, l'Aumônier expose les conséquences en Europe de la naissance d'un enfant hors mariage : que remarquez-vous dans la forme de ses phrases et dans le lexique employé ?
3. Comment se marque l'indignation d'Orou contre les propos de l'Aumônier lignes 1 à 8 ?
4. Relevez aux lignes 9 à 20 certains des procédés de persuasion utilisés par Orou pour dénoncer la morale sexuelle des Européens. ► Registres, p. 568

L'éloge d'une vie naturelle

5. Quelle définition du mariage Orou oppose-t-il à l'Aumônier ? Quel est le fondement du mariage chez les Tahitiens ? Quelles sont ses limites ?
6. Quel argument principal le vieux sage utilise-t-il pour défendre la liberté sexuelle des Tahitiens ?
7. Montrez la force persuasive de la dernière réplique du Tahitien : relevez certains des procédés qui permettent de valoriser l'importance accordée à l'enfant.
► Figures de style p. 576

Synthèse En vous appuyant sur les réponses aux questions posées, vous montrerez que Diderot, par l'intermédiaire de son personnage principal, propose ici une redéfinition des rapports entre hommes et femmes.

Vers le bac S'entraîner à la dissertation

« Une fiction peut-elle être un outil efficace pour dénoncer les problèmes de la société ? » Développez la première partie du devoir : montrez comment l'écrivain sait rallier son lecteur à sa cause en mettant en scène des personnages convaincants.

Choderlos de Laclos, *Les Liaisons dangereuses* (1782)

► Biographie p. 632

Madame de Merteuil répond ici au Vicomte de Valmont qui la met en garde contre les dangers d'une liaison avec un autre célèbre libertin. Elle est offensée qu'il ait pu la suspecter de faiblesse.

Lettre LXXXI

La Marquise de Merteuil au Vicomte de Valmont

[…] Si cependant vous m'avez vue, disposant des événements et des opinions, faire de ces hommes si redoutables le jouet de mes caprices ou de mes fantaisies ; ôter aux uns la volonté, aux autres la puissance de me nuire ; si j'ai su tour à tour, et suivant mes goûts mobiles, attacher à ma suite ou rejeter loin de moi

Ces Tyrans détrônés devenus mes esclaves ;

si, au milieu de ces révolutions fréquentes, ma réputation s'est pourtant conservée pure, n'avez-vous pas dû en conclure que, née pour venger mon sexe et maîtriser le vôtre, j'avais su me créer des moyens inconnus jusqu'à moi ?

Ah ! gardez vos conseils et vos craintes pour ces femmes à délire, et qui se disent *à sentiments* ; dont l'imagination exaltée ferait croire que la nature a placé leurs sens dans leur tête ; qui, n'ayant jamais réfléchi, confondent sans cesse l'amour et l'Amant ; qui, dans leur folle illusion, croient que celui-là seul avec qui elles ont cherché le plaisir, en est l'unique dépositaire ; et vraies superstitieuses, ont pour le Prêtre, le respect et la foi qui n'est dû qu'à la Divinité. […]

Mais moi, qu'ai-je de commun avec ces femmes inconsidérées ? quand m'avez-vous vu m'écarter des règles que je me suis prescrites, et manquer à mes principes ? je dis mes principes, et je le dis à dessein : car ils ne sont pas, comme ceux des autres femmes, donnés au hasard, reçus sans examen et suivis par habitude ; ils sont le fruit de mes profondes réflexions ; je les ai créés, et je puis dire que je suis mon ouvrage.

Entrée dans le monde dans le temps où, fille encore, j'étais vouée par état au silence et à l'inaction, j'ai su en profiter pour observer et réfléchir. Tandis qu'on me croyait étourdie ou distraite, écoutant peu à la vérité les discours qu'on s'empressait à me tenir, je recueillais avec soin ceux qu'on cherchait à me cacher.

Cette utile curiosité, en servant à m'instruire, m'apprit encore à dissimuler : forcée souvent de cacher les objets de mon attention aux yeux de ceux qui m'entouraient, j'essayai de guider les miens à mon gré ; j'obtins dès lors de prendre à volonté ce regard distrait que vous avez loué si souvent.

De …, ce 20 septembre 17**.

Glenn Close (Madame de Merteuil) dans *Les Liaisons dangereuses*, film réalisé par Stephen Frears en 1998.

Questions

Une lettre de protestation

1. Relevez les marques de la situation d'énonciation qui témoignent de l'intimité entre la Marquise et le Vicomte.
2. Valmont témoigne ses inquiétudes pour son amie : citez deux procédés qui marquent l'indignation en retour de celle-ci.
3. Sur quelle opposition les paragraphes 2 et 3 sont-ils construits ?

Une défense des femmes

4. Quels reproches Madame de Merteuil adresse-t-elle aux femmes « à sentiments » ?
5. Quelle image de la femme défend-elle ici ?

L'autobiographie d'une libertine

6. Dans le paragraphe 3, quelle expression signale l'orgueil de Madame de Merteuil ? Pourquoi cette expression est-elle audacieuse pour la moralité de l'époque, encore marquée par la religion ? Cherchez une autre expression qui lui fait écho dans le paragraphe 5.
7. Quels principes s'est-elle fixés (paragraphes 4 et 5) ? Que nous montrent-ils de son attitude par rapport à la société ?
8. Relevez et commentez les verbes employés dans le dernier paragraphe : de quoi sont-ils révélateurs ?

Synthèse Montrez que la Marquise est un personnage d'exception qui incarne la révolte des femmes.

TEXTE ÉCHO

Montesquieu, *Les Lettres persanes* (1721)

Anonyme, *Dans le harem.*

Dans son roman épistolaire, Montesquieu évoque le voyage en Europe que le prince persan Usbek entreprend avec son ami Rica, loin d'Ispahan et du sérail où il a laissé son épouse, la sultane Roxane. Voici la dernière lettre du recueil.

Lettre CLXI

Roxane à Usbek, à Paris

Oui, je t'ai trompé ; j'ai séduit tes eunuques, je me suis jouée de ta jalousie, et j'ai su, de ton affreux sérail, faire un lieu de délices et de plaisirs.

Je vais mourir : le poison va couler dans mes veines. Car que ferais-je ici, puisque le seul homme qui me retenait à la vie n'est plus[1] ? Je meurs ; mais mon ombre s'envole bien accompagnée ; je viens d'envoyer devant moi ces gardiens sacrilèges qui ont répandu le plus beau sang du Monde.

Comment as-tu pensé que je fusse assez crédule pour m'imaginer que je ne fusse dans le Monde que pour adorer tes caprices ? que, pendant que tu te permets tout, tu eusses le droit d'affliger tous mes désirs ? Non ! J'ai pu vivre dans la servitude, mais j'ai toujours été libre : j'ai réformé tes lois sur celles de la Nature, et mon esprit s'est toujours tenu dans l'indépendance.

Tu devrais me rendre grâces encore du sacrifice que je t'ai fait : de ce que je me suis abaissée jusqu'à te paraître fidèle ; de ce que j'ai lâchement gardé dans mon cœur ce que j'aurais dû faire paraître à toute la terre ; enfin, de ce que j'ai profané la vertu, en souffrant qu'on appelât de ce nom ma soumission à tes fantaisies.

Tu étais étonné de ne point trouver en moi les transports de l'amour. Si tu m'avais bien connue, tu y aurais trouvé toute la violence de la haine.

Mais tu as eu longtemps l'avantage de croire qu'un cœur comme le mien t'était soumis. Nous étions tous deux heureux : tu me croyais trompée, et je te trompais.

Ce langage, sans doute, te paraît nouveau. Serait-il possible qu'après t'avoir accablé de douleurs, je te forçasse encore d'admirer mon courage ? Mais c'en est fait : le poison me consume ; ma force m'abandonne ; la plume me tombe des mains ; je sens affaiblir jusqu'à ma haine ; je me meurs.

Du sérail d'Ispahan, *le 8 de la lune de Rébiab*[2] *1*, 1720.

1. les eunuques viennent d'assassiner l'amant de Roxane. – 2. mois de mai.

Questions

1. Relevez tous les indices qui font référence à une fiction orientale : quel est l'effet produit sur le lecteur ?

2. Quelles sont les deux informations majeures de cette lettre ? Vers quels registres ces deux thèmes tendent-ils ?

3. Observez le rythme du paragraphe 1 et ses sonorités, ainsi que la fréquence et la fonction grammaticale des pronoms des 1re et 2e personnes. Quels rapports de force sont instaurés ?

4. Lignes 21-22 : identifiez la figure de style et montrez qu'elle opère un renversement de situation.

Synthèse Déterminez l'image de la femme que Roxane défend.

Choderlos de Laclos, *Des femmes et de leur éducation* (1783)

► Biographie p. 632

⊕ CONTEXTE

Les cercles littéraires ou scientifiques sont nombreux au XVIIIe siècle. Sous le nom d'Académie des arts, des lettres ou des sciences, ces cercles contribuent à promouvoir les travaux ou les recherches. Laclos rédige cet essai en réponse à la question posée par l'Académie de Châlons-sur-Marne : « Quels seraient les meilleurs moyens de perfectionner l'éducation des femmes ? »

Dans cet essai, Laclos se livre à une reconstruction hypothétique de l'histoire de l'humanité pour expliquer l'inégalité entre hommes et femmes.

Quand on parcourt l'histoire des différents peuples, qu'on examine les lois et les usages promulgués et établis à l'égard des femmes, on est tenté de croire qu'elles n'ont que cédé, et non pas consenti au contrat social, qu'elles ont été primitivement subjuguées, et que l'homme a sur elles un droit de conquête dont il use rigoureusement. Aussi, loin de penser, comme quelques-uns, que la société commença par la réunion des familles, nous croirions plutôt que la première association fut faite par des hommes seulement, qui, se sentant plus égaux en force, durent se craindre moins les uns les autres ; mais ils sentirent bientôt le besoin qu'ils avaient des femmes ; ils s'occupèrent donc à les contraindre, ou à les persuader, de s'unir à eux. Soit force, soit persuasion, la première qui céda, forgea les chaînes de tout son sexe. On sent assez que, dans ces premiers temps, il n'y eut aucune propriété exclusive ; on partageait également les fruits d'un champ cultivé en commun ; on en usait de même du gibier tué dans une chasse générale, les femmes même suivirent cette loi : toutes étaient à tous. Nul d'entre eux n'avait l'idée du choix. Cependant, dans cette communauté de travaux et de fruits, il est aisé de pressentir que le partage ne dut pas être longtemps égal ; que bientôt la loi du plus fort se fit sentir ; que les femmes, par cela même qu'elles étaient les plus faibles, furent assujetties aux travaux les plus pénibles, et en recueillirent le moins de fruit. Les hommes étendirent bientôt jusqu'à elles cette même idée de propriété qui venait de les frapper et de les rassembler ; de cela seul qu'elles étaient à leur convenance et qu'ils avaient pu s'en saisir, ils en conclurent qu'elles leur appartenaient : telle fut en général l'origine du droit. Les femmes manquant de forces ne purent se défendre et conserver leur existence civile ; compagnes de nom, elles devinrent bientôt esclaves de fait, et esclaves malheureuses ; leur sort ne dut guère être meilleur que celui des Noirs de nos colonies.

Questions

1. Dans les deux premières phrases du texte, relevez les verbes ou adverbes qui marquent son caractère hypothétique.
2. En vous appuyant sur une étude des verbes conjugués, précisez à quel moment le locuteur glisse de l'argumentation à la narration.
3. Relevez les étapes conduisant progressivement à l'installation d'un pacte social inégalitaire entre hommes et femmes. Quelle expression résume le mieux cette rupture de l'égalité ?
4. Quelles expressions, lignes 1 à 15, marquent l'engagement du locuteur contre le sort réservé aux femmes ?
5. Relisez la dernière phrase du texte : quelle figure de style est utilisée pour dénoncer l'inégalité entre hommes et femmes ? Cherchez d'autres termes qui l'ont annoncée. ► Figures de style, p. 576

Synthèse Expliquez comment cette démonstration, qui s'appuie sur une hypothèse, reste néanmoins convaincante.

Grammaire

Commentez l'emploi du « on » dans le texte. De quel type de pronom s'agit-il ? Quelles sont ici ses différentes valeurs ?

Vers le bac S'entraîner au commentaire

Rédigez la première partie du commentaire de ce texte : montrez qu'il s'agit d'un essai en étudiant l'engagement de l'écrivain dans sa dénonciation des inégalités entre hommes et femmes.

► Rédiger des paragraphes et insérer des citations, p. 598

TEXTE ÉCHO

Jean-Jacques Rousseau, *Discours sur l'inégalité* (1755)

► Biographie p. 635

CONTEXTE

Le Discours sur l'origine et les fondements de l'inégalité parmi les hommes a été rédigé par Rousseau pour répondre à un concours organisé sur ce thème par l'Académie des Lettres de Dijon.
Le *Discours*, profondément révolutionnaire, conteste les inégalités de la société de son temps, en montrant qu'elles sont contre nature. Pour Rousseau, elles sont le produit d'une évolution historique contestable, et peut-être réversible.

Après avoir dressé dans la première partie de son œuvre un tableau hypothétique de la vie de l'homme à l'état de nature, libre et indépendant, Rousseau en vient à décrire les étapes de la socialisation de l'homme : il évoque ici les premières communautés. Il explique également comment la propriété privée est la source principale des inégalités entre les hommes.

Ainsi […] cette période du développement des facultés humaines, tenant un juste milieu entre l'indolence de l'état primitif[1] et la pétulante activité de notre amour-propre[2], dut être l'époque la plus heureuse et la plus durable. Plus on y réfléchit, plus on trouve que cet état était le moins sujet aux révolutions, le meilleur à l'homme, et qu'il n'en a dû sortir que par quelque funeste hasard qui pour l'utilité commune eût dû ne jamais arriver. L'exemple des sauvages qu'on a presque tous trouvés à ce point semble confirmer que le genre humain était fait pour y rester toujours, que cet état est la véritable jeunesse du monde, et que tous les progrès ultérieurs ont été en apparence autant de pas vers la perfection de l'individu, et en effet vers la décrépitude[3] de l'espèce.

Tant que les hommes se contentèrent de leurs cabanes rustiques, tant qu'ils se bornèrent à coudre leurs habits de peaux avec des épines ou des arêtes, à se parer de plumes et de coquillages, à se peindre le corps de diverses couleurs, à perfectionner ou embellir leurs arcs et leurs flèches, à tailler avec des pièces tranchantes quelques canots de pêcheurs ou quelques grossiers instruments de musique, en un mot tant qu'ils ne s'appliquèrent qu'à des ouvrages qu'un seul pouvait faire, et qu'à des arts qui n'avaient pas besoin du concours de plusieurs mains, ils vécurent libres, sains, bons et heureux autant qu'ils pouvaient l'être par leur nature, et continuèrent à jouir entre eux des douceurs d'un commerce[4] indépendant : mais dès l'instant qu'un homme eut besoin du secours d'un autre ; dès qu'on s'aperçut qu'il était utile à un seul d'avoir des provisions pour deux, l'égalité disparut, la propriété s'introduisit, le travail devint nécessaire et les vastes forêts se changèrent en des campagnes riantes qu'il fallut arroser de la sueur des hommes, et dans lesquelles on vit bientôt l'esclavage et la misère germer et croître avec les moissons.

1. la passivité de l'homme naturel.
2. l'amour propre devient une passion dominante chez l'homme socialisé.
3. en réalité la dégradation de l'espèce.
4. ici, sens ancien : relation sociale.

Questions

Vocabulaire
Cherchez l'étymologie du mot « art » (l. 18). Dans quel sens Rousseau l'emploie-t-il ? Dans quel sens l'emploie-t-on aujourd'hui ?

1. Dans le premier paragraphe, comment Rousseau valorise-t-il la « période du développement des facultés humaines » ? Relevez les termes qui soulignent cependant le caractère hypothétique de sa réflexion.
2. Expliquez l'opposition qui fonde le deuxième paragraphe. Comment est-elle développée ? Observez notamment la syntaxe de la phrase.
► L'expression de l'opposition, p. 526
3. Comment l'écrivain dénonce-t-il avec vigueur le début des inégalités sociales ?

Synthèse Vous comparerez les démarches suivies par Laclos et Rousseau pour dénoncer, dans l'histoire des sociétés qu'ils proposent, l'instauration de l'inégalité.

TEXTE 6

Olympe de Gouges, *Déclaration des droits de la femme et de la citoyenne* (1791)

CONTEXTE

Olympe de Gouges (1748-1793) est une personnalité emblématique des débuts du féminisme. Elle rédige en 1791 la *Déclaration des droits de la femme et de la citoyenne*, inspirée par la *Déclaration des droits de l'homme et du citoyen* de 1789. Son texte n'est pas examiné par la Convention. Ses prises de position modérées la conduisent sur la guillotine pendant la Terreur. Le texte est publié au XIXe siècle.

La Révolution française n'a amené que peu de progrès pour les femmes. Olympe de Gouges écrit donc ce texte dans l'espoir d'obtenir les droits dont elles sont privées : droit au vote et à la propriété privée, droit à l'éducation, possibilité d'exercer des charges publiques.

Avant-propos

Homme, es-tu capable d'être juste ? C'est une femme qui t'en fait la question ; tu ne lui ôteras pas du moins ce droit. Dis-moi ? qui t'a donné le souverain empire[1] d'opprimer mon sexe ? ta force ? tes talents ? Observe le créateur dans sa sagesse ; parcours la nature dans toute sa grandeur, dont tu sembles vouloir te rapprocher, et donne-moi, si tu l'oses, l'exemple de cet empire tyrannique.

Remonte aux animaux, consulte les éléments, étudie les végétaux, jette enfin un coup d'œil sur toutes les modifications de la matière organisée ; et rends-toi à l'évidence quand je t'en offre les moyens ; cherche, fouille et distingue, si tu le peux, les sexes dans l'administration de la nature. Partout tu les trouveras confondus, partout ils coopèrent avec un ensemble harmonieux à ce chef-d'œuvre immortel.

L'homme seul s'est fagoté un principe de cette exception[2]. Bizarre, aveugle, boursouflé de sciences et dégénéré, dans ce siècle de lumières et de sagacité, dans l'ignorance la plus crasse, il veut commander en despote un sexe qui a reçu toutes les facultés intellectuelles ; il prétend jouir de la Révolution, et réclamer ses droits à l'égalité, pour ne rien dire de plus.

1. ici, pouvoir.
2. L'homme s'est fabriqué une loi en s'appuyant sur cette exception.

Club de femmes, 1850, lithographie, musée Carnavalet, Paris.

Déclaration des Droits de la femme et de la citoyenne

À décréter par l'Assemblée nationale dans ses dernières séances ou dans celle de la prochaine législature.

Préambule

Les mères, les filles, les sœurs, représentantes de la Nation, demandent d'être constituées en Assemblée nationale. Considérant que l'ignorance, l'oubli ou le mépris des droits de la femme, sont les seules causes des malheurs publics et de la corruption des gouvernements, ont résolu d'exposer dans une déclaration solennelle, les droits naturels, inaliénables et sacrés de la femme, afin que cette déclaration constamment présente à tous les membres du corps social, leur rappelle sans cesse leurs droits et leurs devoirs, afin que les actes du pouvoir des femmes, et ceux du pouvoir des hommes pouvant être à chaque instant comparés avec le but de toute institution politique, en soient plus respectés, afin que les réclamations des citoyennes, fondées désormais sur des principes simples et incontestables, tournent toujours au maintien de la Constitution, des bonnes mœurs, et au bonheur de tous.

En conséquence, le sexe supérieur en beauté comme en courage dans les souffrances maternelles, reconnaît et déclare, en présence et sous les auspices de l'Être suprême, les Droits suivants de la femme et de la citoyenne.

Article premier

La femme naît libre et demeure égale à l'homme en droits. Les distinctions sociales ne peuvent être fondées que sur l'utilité commune.

Questions

Vocabulaire
Cherchez l'étymologie du mot « auspices » (l. 33). Quel sens moderne le mot a-t-il pris dans le texte ?

Une dénonciation

1. Relevez et commentez dans les paragraphes 1 et 3 de l'avant-propos les termes qui dénoncent le pouvoir des hommes sur les femmes.

2. Relisez le paragraphe 1 de l'avant-propos : comment s'exprime ici l'indignation d'Olympe de Gouges contre ce pouvoir ? Quel est le registre de cet extrait ?
► Registres, p. 568

3. Identifiez dans le paragraphe 3 de l'avant-propos certains des procédés utilisés par Olympe de Gouges pour critiquer les hommes. ► Figures de style, p. 576

4. Comment, dans le premier paragraphe du préambule, Olympe de Gouges donne-t-elle une certaine solennité à sa déclaration ?

Un plaidoyer en faveur des femmes

5. Quelle revendication principale Olympe de Gouges formule-t-elle ici au nom des femmes ? Relevez et commentez le passage du texte qui l'exprime.

6. Sur quel argument principal s'appuie Olympe de Gouges dans son avant-propos pour défendre cette revendication ? Comment la syntaxe met-elle en valeur cet argument ? Relevez deux autres arguments dans ce préambule sur lesquels s'appuie l'auteur.

Synthèse Résumez en un court paragraphe la contestation faite par Olympe de Gouges des rapports entre hommes et femmes.

Vers le bac S'entraîner à la question sur le corpus

En vous appuyant sur les textes de Voltaire (► p. 338), Laclos (► p. 342) et Olympe de Gouges, vous montrerez que ces écrivains utilisent des moyens différents pour exprimer une même dénonciation de l'emprise des hommes sur les femmes.

► Confronter les textes du corpus pour organiser sa réponse, p. 588

TEXTE 7

Victor Hugo, *Les Misérables* (1862)

► Biographie p. 631

CONTEXTE

Homme engagé politiquement contre le Second Empire, Victor Hugo a aussi été de tous les combats du siècle, dénonçant la misère qui conduit à l'exploitation des enfants et à la prostitution des femmes. *Les Misérables*, son chef-d'œuvre romanesque, et son œuvre la plus populaire, lui donne l'occasion de revenir sur ces combats qui lui tiennent à cœur.

Le narrateur vient d'évoquer la terrible histoire de Fantine, ouvrière au chômage, réduite à se prostituer pour éviter la misère et trouver quelque argent pour payer la pension de sa fille, Cosette.

Qu'est-ce que c'est que cette histoire de Fantine ? C'est la société achetant une esclave.

À qui ? À la misère.

À la faim, au froid, à l'isolement, à l'abandon, au dénûment. Marché douloureux. Une âme pour un morceau de pain. La misère offre, la société accepte.

La sainte loi de Jésus-Christ gouverne notre civilisation, mais elle ne la pénètre pas encore. On dit que l'esclavage a disparu de la civilisation européenne. C'est une erreur. Il existe toujours, mais il ne pèse plus que sur la femme, et il s'appelle prostitution.

Il pèse sur la femme, c'est-à-dire sur la grâce, sur la faiblesse, sur la beauté, sur la maternité. Ceci n'est pas une des moindres hontes de l'homme.

Au point de ce douloureux drame où nous sommes arrivés, il ne reste plus rien à Fantine de ce qu'elle a été autrefois. Elle est devenue marbre en devenant boue. Qui la touche a froid. Elle passe, elle vous subit et elle vous ignore ; elle est la figure déshonorée et sévère. La vie et l'ordre social lui ont dit leur dernier mot. Il lui est arrivé tout ce qui lui arrivera. Elle a tout ressenti, tout supporté, tout éprouvé, tout souffert, tout perdu, tout pleuré. Elle est résignée de cette résignation qui ressemble à l'indifférence comme la mort ressemble au sommeil. Elle n'évite plus rien. Elle ne craint plus rien. Tombe sur elle toute la nuée et passe sur elle tout l'océan ! que lui importe ! c'est une éponge imbibée.

Elle le croit du moins, mais c'est une erreur de s'imaginer qu'on épuise le sort et qu'on touche le fond de quoi que ce soit.

Hélas ! qu'est-ce que toutes ces destinées ainsi poussées pêle-mêle ? où vont-elles ? pourquoi sont-elles ainsi ?

Celui qui sait cela voit toute l'ombre.

Il est seul. Il s'appelle Dieu.

Questions

1. Relisez les lignes 1 à 12 du texte : quelle analyse Victor Hugo propose-t-il ici de la prostitution ? Qui met-il en cause et comment ?
2. Montrez comment l'histoire de Fantine prend ici une dimension exemplaire.
3. Quels moyens l'écrivain utilise-t-il pour impliquer le lecteur dans sa dénonciation ?
4. Dans les lignes 13 à 28, relevez et commentez certains des moyens utilisés par l'écrivain pour toucher et émouvoir le lecteur.
5. Quelle place occupent ici l'Église et la foi chrétienne ?

Synthèse Montrez comment Victor Hugo prend la défense des femmes réduites à la prostitution.

Prolongement

Cherchez dans la littérature du XIXe siècle d'autres œuvres (romans, poèmes, nouvelles) qui ont contribué à défendre la figure de la prostituée.

TEXTE 8

Simone de Beauvoir, *Le Deuxième Sexe* (1949)

► Biographie p. 628

CONTEXTE

Simone de Beauvoir est une théoricienne du féminisme. La publication du *Deuxième sexe* a consacré sa notoriété en même temps qu'elle a suscité une vaste polémique. Cet essai ambitieux montre comment la société maintient la femme dans une situation d'infériorité.

Dans cette dernière page de l'ultime partie de son œuvre, intitulée « Vers la libération », Simone de Beauvoir dénonce la prétendue infériorité intellectuelle et créatrice de la femme.

Comment les femmes auraient-elles jamais eu du génie alors que toute possibilité d'accomplir une œuvre géniale – ou même une œuvre tout court – leur était refusée ? La vieille Europe a naguère accablé de son mépris les Américains barbares qui ne possédaient ni artistes ni écrivains : « Laissez-nous exister avant de nous demander de justifier notre existence », répondit en substance Jefferson[1]. Les Noirs font les mêmes réponses aux racistes qui leur reprochent de n'avoir produit ni un Whitman ni un Melville[2]. Le prolétariat français ne peut non plus opposer aucun nom à ceux de Racine ou de Mallarmé. La femme libre est seulement en train de naître ; quand elle se sera conquise, peut-être justifiera-t-elle la prophétie de Rimbaud : « Les poètes seront ! Quand sera brisé l'infini servage de la femme, quand elle vivra pour elle et par elle, l'homme – jusqu'ici abominable – lui ayant donné son renvoi, elle sera poète elle aussi ! La femme trouvera l'inconnu ! Ses mondes d'idées différeront-ils des nôtres ? Elle trouvera des choses étranges, insondables, repoussantes, délicieuses, nous les prendrons, nous les comprendrons[*]. » Il n'est pas sûr que ses « mondes d'idées » soient différents de ceux des hommes puisque c'est en s'assimilant à eux qu'elle s'affranchira ; pour savoir dans quelle mesure elle demeurera singulière, dans quelle mesure ces singularités garderont de l'importance, il faudrait se hasarder à des anticipations bien hardies. Ce qui est certain, c'est que jusqu'ici les possibilités de la femme ont été étouffées et perdues pour l'humanité et qu'il est grand temps dans son intérêt et dans celui de tous qu'on lui laisse enfin courir toutes ses chances.

* Lettre à Pierre Demeny, 15 mai 1871.

1. Thomas Jefferson (1743-1826) : président des États-Unis, qui a contribué à la rédaction de la Déclaration d'indépendance.
2. célèbres auteurs américains contemporains.

Prolongement

Le premier tome de l'autobiographie de Simone de Beauvoir s'appelle *Mémoires d'une jeune fille rangée* : comment comprenez-vous l'expression ? Quel jugement porte-t-elle rétrospectivement sur elle-même ?

Questions

1. Commentez la première phrase du texte : quelle thèse défend l'écrivain et comment est-elle mise en valeur ?
2. « La vieille Europe a naguère accablé de son mépris [...] Mallarmé. » (l. 3 à 9) : sur quelles analogies Simone de Beauvoir s'appuie-t-elle pour expliquer la rareté du génie féminin ?
3. Comment la citation de Rimbaud utilisée soutient-elle l'argumentation de l'écrivain ? Comment appelle-t-on ce type d'argument ?

► Les formes de l'argumentation, p. 562

4. Examinez la dernière phrase du texte : comment l'écrivain donne-t-elle une force persuasive à sa revendication ?

TEXTE 1

Maximilien de Robespierre, *Premier discours sur la guerre* (1791)

Avocat et grand orateur, Robespierre (1758-1794) fait partie en 1791 des opposants à la guerre contre l'Autriche, voulue par le Roi et ses partisans. Chef de file des Montagnards, Robespierre doit aussi combattre les Girondins – Montagnards et Girondins sont deux groupes républicains opposés – qui veulent consolider la Révolution par la guerre. Voici son premier discours sur la guerre qu'il prononce au club des Jacobins, lieu de réflexion et de pression sous la Révolution.

Messieurs,

La guerre ! s'écrient la cour et le ministère, et leurs innombrables partisans. La guerre ! répète un grand nombre de bons citoyens, mus par un sentiment généreux, plus susceptibles de se livrer à l'enthousiasme du patriotisme, qu'exercés à méditer sur les ressorts des révolutions et sur les intrigues des cours. Qui osera contredire ce cri imposant ? Personne, si ce n'est ceux qui sont convaincus qu'il faut délibérer mûrement, avant de prendre une résolution décisive pour le salut de l'état, et pour la destinée de la constitution, ceux qui ont observé que c'est à la précipitation et à l'enthousiasme d'un moment que sont dues les mesures les plus funestes qui aient compromis notre liberté, en favorisant les projets, et en augmentant la puissance de ses ennemis, qui savent que le véritable rôle de ceux qui veulent servir leur patrie, est de semer dans un temps pour recueillir dans un autre, et d'attendre de l'expérience le triomphe de la vérité.

Je ne viens point caresser l'opinion du moment, ni flatter la puissance dominante ; je ne viens point non plus prêcher une doctrine pusillanime[1], ni conseiller un lâche système de faiblesse et d'inertie ; mais je viens développer une trame profonde que je crois assez bien connaître. Je veux aussi la guerre, mais comme l'intérêt de la nation la veut : domptons nos ennemis intérieurs, marchons ensuite contre nos ennemis étrangers, si alors il en existe encore.

La cour et le ministère veulent la guerre, et l'exécution du plan qu'ils proposent ; la nation ne refuse point la guerre, si elle est nécessaire pour acheter la liberté : mais elle veut la liberté et la paix, s'il est possible, et elle repousse tout projet de guerre proposé pour anéantir la liberté et la constitution, même sous le prétexte de les défendre.

C'est sous ce point de vue que je vais discuter la question. Après avoir prouvé la nécessité de rejeter la proposition ministérielle, je proposerai les véritables moyens de pourvoir à la sûreté de l'état et au maintien de la constitution.

Quelle est la guerre que nous pouvons prévoir ? Est-ce la guerre d'une nation contre d'autres nations, ou d'un roi contre d'autres rois ? Non. C'est la guerre des ennemis de la révolution française contre la révolution française. Les plus nombreux, les plus dangereux de ces ennemis sont-ils à Coblence[2] ?

▸▸▸ *Maximilien de Robespierre à la Convention*, XVIIIe siècle, gravure.

Anonyme, *Maximilien de Robespierre*, XVIIIe siècle, huile sur toile (49 x 60 cm), musée Carnavalet, Paris.

Non, ils sont au milieu de nous. Pouvons-nous craindre raisonnablement d'en trouver à la cour et dans le ministère ? Je ne veux point résoudre cette question ; mais puisque c'est à la cour et au ministère que la guerre permettrait la direction suprême des forces de l'état et les destins de la liberté, il faut convenir que la possibilité seule de ce malheur doit être mûrement pesée dans les délibérations de nos représentants. […]

La guerre est toujours le premier vœu d'un gouvernement puissant qui veut devenir plus puissant encore. Je ne vous dirai pas que c'est pendant la guerre que le ministère achève d'épuiser le peuple et de dissiper les finances, qu'il couvre d'un voile impénétrable ses déprédations[3] et ses fautes ; je vous parlerai de ce qui touche plus directement encore le plus cher de nos intérêts. C'est pendant la guerre que le pouvoir exécutif déploie la plus redoutable énergie, et qu'il exerce une espèce de dictature qui ne peut qu'effrayer la liberté naissante ; c'est pendant la guerre que le peuple oublie les délibérations qui intéressent essentiellement ses droits civils et politiques, pour ne s'occuper que des événements extérieurs, qu'il détourne son attention de ses législateurs et de ses magistrats, pour attacher tout son intérêt et toutes ses espérances à ses généraux et à ses ministres, ou plutôt aux généraux et aux ministres du pouvoir exécutif. C'est pour la guerre qu'ont été combinées, par des nobles et par des officiers militaires, les dispositions trop connues de ce code nouveau qui, dès que la France est censée en état de guerre, livre la police de nos villes frontières aux commandants militaires, et fait taire devant eux les lois qui protègent les droits des citoyens. C'est pendant la guerre que la même loi les investit du pouvoir de punir arbitrairement les soldats. C'est pendant la guerre que l'habitude d'une obéissance passive, et l'enthousiasme trop naturel pour les chefs heureux, fait, des soldats de la patrie, les soldats du monarque ou de ses généraux. Dans les temps de troubles et de factions, les chefs des armées deviennent les arbitres du sort de leur pays, et font pencher la balance en faveur du parti qu'ils ont embrassé.

Le 18 décembre 1791.

1. qui manque de courage, qui fuit ses responsabilités.
2. ville d'Allemagne où les nobles émigrés se sont réfugiés et regroupés pour combattre la politique menée à Paris.
3. pillages.

Questions

Grammaire

Relevez les anaphores dans le dernier paragraphe. Justifiez leur emploi.

La stratégie argumentative

1. Au nom de qui Robespierre s'exprime-t-il ? Quelle stratégie argumentative l'orateur choisit-il ?
2. Qu'est-ce qui peut justifier sa prudence initiale ?
3. Montrez l'habileté de Robespierre, notamment à travers l'emploi des périphrases.
4. Faites le plan du texte : en quoi est-il rigoureux ?

Le point de vue de Robespierre

5. Quels sont les dangers de la guerre pour Robespierre ? Relevez et classez ses arguments.
6. Quelles sont les valeurs défendues par l'orateur ?
7. Quel est le positionnement de Robespierre vis-à-vis de la guerre ?

Synthèse Caractérisez l'éloquence de Robespierre dans ce discours.

Victor Hugo, *Discours d'ouverture du Congrès de la paix* (1849)

CONTEXTE

En 1815, l'Europe est divisée entre une aspiration à la liberté et une volonté de retour à l'ordre ancien. Les représentants des grandes puissances européennes se réunissent à Vienne pour organiser une Europe monarchique. Les Révolutions de 1848 ébranlent ce que le congrès de Vienne a imposé. Ce « printemps des peuples », nourri de revendications libérales et d'aspirations nationales, même s'il a souvent été réprimé, contribue à mettre en place une nouvelle Europe. En France, le roi Louis-Philippe est renversé et la IIe République est instaurée.

Le 21 août 1849, Victor Hugo préside à Paris le Congrès international de la paix, qui rassemble des personnalités venues de toute l'Europe et de l'Amérique pour défendre le principe de la paix universelle. Lors de son discours d'ouverture, il prophétise : « Un jour viendra où les boulets et les bombes seront remplacés par les votes, par le suffrage universel des peuples… ». Avant de conclure, il annonce même les États-Unis d'Europe.

[…] Voyez, messieurs, dans quel aveuglement la préoccupation de la guerre jette les nations et les gouvernants : si les cent vingt-huit milliards qui ont été donnés par l'Europe depuis trente-deux ans à la guerre qui n'existait pas avaient été donnés à la paix qui existait, disons-le, et disons-le bien haut, on n'aurait rien vu en Europe de ce qu'on y voit en ce moment ; le continent, au lieu d'être un champ de bataille, serait un atelier et, au lieu de ce spectacle douloureux et terrible, le Piémont abattu, Rome, la ville éternelle, livrée aux oscillations misérables de la politique humaine, la Hongrie et Venise qui se débattent héroïquement, la France inquiète, appauvrie et sombre ; la misère, le deuil, la guerre civile, l'obscurité sur l'avenir ; au lieu de ce spectacle sinistre, nous aurions sous les yeux l'espérance, la joie, la bienveillance, l'effort de tous vers le bien-être commun, et nous verrions partout se dégager de la civilisation en travail le majestueux rayonnement de la concorde universelle.
(Bravo ! bravo ! – Applaudissements.)

Chose digne de méditation ! ce sont nos précautions contre la guerre qui ont amené les révolutions ! On a tout fait, on a tout dépensé contre le péril imaginaire ! On a aggravé ainsi la misère, qui était le péril réel ! On s'est fortifié contre un danger chimérique ; on a vu les guerres qui ne venaient pas, et l'on n'a pas vu les révolutions qui arrivaient.
(Longs applaudissements.)

Messieurs, ne désespérons pas pourtant. Au contraire, espérons plus que jamais ! Ne nous laissons pas effrayer par des commotions momentanées, secousses nécessaires peut-être des grands enfantements. Ne soyons pas injustes pour les temps où nous vivons, ne voyons pas notre époque autrement qu'elle n'est. C'est une prodigieuse et admirable époque après tout, et le dix-neuvième siècle sera, disons-le hautement, la plus grande page de l'histoire. Comme je vous le rappelais tout à l'heure, tous les progrès s'y révèlent et s'y manifestent à la fois, les uns amenant les autres : chute des animosités internationales, effacement des frontières sur la carte et des préjugés dans les cœurs, tendance à l'unité, adoucissement des mœurs, élévation du niveau de l'enseignement et abaissement du niveau des pénalités, domination des langues les plus littéraires, c'est-à-dire les plus humaines ; tout se meut en même temps, économie, politique, science, industrie, philosophie, législation, et converge au même but, la création du bien-être et de la bienveillance, c'est-à-dire, et c'est là pour ma part le but auquel je tendrai toujours, extinction de la misère au dedans, extinction de la guerre au dehors.

Le Congrès de la paix à Paris, XIXe siècle, gravure pour *The Illustrated London News*, 1er septembre 1849.

(Applaudissements.)

Oui, je le dis en terminant, l'ère des révolutions se ferme, l'ère des améliorations commence. Le perfectionnement des peuples quitte la forme violente pour prendre la forme paisible. Le temps est venu où la Providence[1] va substituer à l'action désordonnée des agitateurs l'action religieuse et calme des pacificateurs.

(Oui ! Oui !)

Désormais, le but de la politique grande, de la politique vraie, le voici : faire reconnaître toutes les nationalités, restaurer l'unité historique des peuples et rallier cette unité à la civilisation par la paix, élargir sans cesse le groupe civilisé, donner le bon exemple aux peuples encore barbares, substituer les arbitrages aux batailles ; enfin, et ceci résume tout, faire prononcer par la justice le dernier mot que l'ancien monde faisait prononcer par la force.

(Profonde sensation.)

Messieurs, je le dis en terminant, et que cette pensée nous encourage, ce n'est pas d'aujourd'hui que le genre humain est en marche dans cette voie providentielle. Dans notre vieille Europe, l'Angleterre a fait le premier pas, et par son exemple séculaire elle a dit aux peuples : Vous êtes libres. La France a fait le second pas, et elle a dit aux peuples : Vous êtes souverains. Maintenant faisons le troisième pas, et tous ensemble, France, Angleterre, Belgique, Allemagne, Italie, Europe, Amérique, disons aux peuples : Vous êtes frères ! »

(Immense acclamation. – L'orateur se rassied au milieu des applaudissements.)

Le 21 août 1849.

Eugène Delacroix, *La paix venue consoler les hommes et ramener l'abondance*, 1849-1854, plafond (78 cm), musée Carnavalet, Paris.

1. la volonté de Dieu

Questions

Grammaire
Relevez dans le texte les éléments qui soulignent son oralité.

Les procédés oratoires

1. Quel bilan Hugo dresse-t-il du monde dans lequel il vit ? Ce bilan s'avère-t-il totalement négatif ? Citez une phrase pour illustrer vos propos.
2. Relevez des procédés oratoires qui contribuent à souligner l'argumentation.
3. Relevez les réactions de l'auditoire : que montrent-elles ?

Un orateur visionnaire

4. Quel regard Victor Hugo porte-t-il sur son époque ? Relevez des indices qui permettent de le montrer.
5. Quels termes Hugo oppose-t-il dans le troisième paragraphe ? Quel est le programme des temps futurs ?
6. Relevez des procédés d'écriture qui font du discours de Hugo non plus celui d'un homme politique mais celui d'un prophète.

Synthèse Montrez que la dimension prophétique du discours renforce l'argumentation de Hugo pour la paix.

Vers le bac S'entraîner à la dissertation

« Les artistes et les écrivains doivent-ils s'engager dans leur époque ? » Pour répondre à cette question, rédigez un paragraphe argumenté dans lequel vous citerez ce texte.

TEXTE 3

Jean Jaurès, *Discours à la jeunesse* (1903)

CONTEXTE

Née après la défaite de la France en 1870, la IIIe République s'impose dans l'esprit des Français grâce à une série de réformes sociales, une politique coloniale et l'idée d'une revanche à prendre contre la Prusse. À la fin du siècle, on parle de Belle Époque, mais c'est aussi le temps de grèves meurtrières et de l'affaire Dreyfus. Député socialiste de Carmaux, cité industrielle du Tarn, Jean Jaurès (1859-1914) prend la défense du capitaine Dreyfus, et est l'un des rédacteurs de la loi de séparation des Églises et de l'État. Grand pacifiste, il s'oppose à la Première Guerre mondiale. Il meurt assassiné peu de temps avant son déclenchement.

Jaurès s'adresse aux élèves du lycée d'Albi, en juillet 1903, où il a lui-même été élève, puis professeur de philosophie. Après avoir rappelé qu'en son temps l'instauration du suffrage universel par la Révolution avait été « une nouveauté » qu'on avait raillée, il évoque une autre nouveauté, la paix universelle.

[…] Quoi donc ? La paix nous fuira-t-elle toujours ? Et la clameur des hommes, toujours forcenés et toujours déçus, continuera-t-elle à monter vers les étoiles d'or[1], des capitales modernes incendiées par les obus, comme de l'antique palais de Priam[2] incendié par les torches ? Non ! non ! et malgré les conseils de prudence que nous donnent ces grandioses déceptions, j'ose dire, avec des millions d'hommes, que maintenant la grande paix humaine est possible, et si nous le voulons, elle est prochaine. Des forces neuves y travaillent : la démocratie, la science méthodique, l'universel prolétariat solidaire. La guerre devient plus difficile, parce qu'avec les gouvernements libres des démocraties modernes, elle devient à la fois le péril de tous par le service universel[3], le crime de tous par le suffrage universel. La guerre devient plus difficile parce que la science enveloppe tous les peuples dans un réseau multiplié, dans un tissu plus serré tous les jours de relations, d'échanges, de conventions ; et si le premier effet des découvertes qui abolissent les distances est parfois d'aggraver les froissements, elles créent à la longue une solidarité, une familiarité humaine qui font de la guerre un attentat monstrueux et une sorte de suicide collectif.

Enfin, le commun idéal qui exalte et unit les prolétaires de tous les pays les rend plus réfractaires tous les jours à l'ivresse guerrière, aux haines et aux rivalités de nations et de races. Oui, comme l'histoire a donné le dernier mot à la République si souvent bafouée et piétinée, elle donnera le dernier mot à la paix, si souvent raillée par les hommes et les choses, si souvent piétinée par la fureur des événements et des passions. Je ne vous dis pas : c'est une certitude toute faite. Il n'y a pas de certitude toute faite en histoire. Je sais combien sont nombreux encore aux jointures des nations les points malades d'où peut naître soudain une passagère inflammation générale. Mais je sais aussi qu'il y a vers la paix des tendances si fortes, si profondes, si essentielles, qu'il dépend de vous, par une volonté consciente, délibérée, infatigable, de systématiser ces tendances et de réaliser enfin le paradoxe de la grande paix humaine, comme vos pères ont réalisé le paradoxe de la grande liberté républicaine. Œuvre difficile, mais non plus œuvre impossible. Apaisement des préjugés et des haines, alliances et fédérations toujours plus vastes, conventions internationales d'ordre économique et social, arbitrage international et désarmement simultané, union des hommes dans le travail et dans la lumière : ce sera, jeunes gens, le plus haut effort et la plus haute gloire de la génération qui se lève.

1. Jaurès fait ici référence au vers de Virgile dans *L'Énéide* : « Leur clameur heurte les étoiles d'or ».
2. référence au siège de Troie dont Priam fut le vieux roi.
3. service militaire de trois ans en principe universel que doivent assurer tous les hommes à partir de vingt ans, loi que Jaurès a vigoureusement combattue.

Le triomphe de la République, XXe siècle, carte postale, musée Jean Jaurès, Castres.

Manifestation du Pré-Saint-Gervais contre la loi des 3 ans (qui augmente la durée du service militaire), XXe siècle, photographie.

Non, je ne vous propose pas un rêve décevant ; je ne vous propose pas non plus un rêve affaiblissant. Que nul de vous ne croie que dans la période encore difficile et incertaine qui précédera l'accord définitif des nations, nous voulons remettre au hasard de nos espérances la moindre parcelle de la sécurité, de la dignité, de la fierté de la France. Contre toute menace et toute humiliation, il faudrait la défendre ; elle est deux fois sacrée pour nous, parce qu'elle est la France, et parce qu'elle est humaine.

[…] Mais d'abord, mais avant tout, il faut rompre le cercle de fatalité, le cercle de fer, le cercle de haine où les revendications même justes provoquent des représailles qui se flattent de l'être, où la guerre tourne après la guerre en un mouvement sans issue et sans fin, où le droit et la violence, sous la même livrée sanglante, ne se discernent presque plus l'un de l'autre, et où l'humanité déchirée pleure de la victoire de la justice presque autant que de sa défaite. […]

Questions

Un discours persuasif

1. Quels sont les arguments qui incitent Jean Jaurès à croire en la paix ?

► Les formes de l'argumentation, p. 562

2. Relevez les procédés qui visent à persuader son auditoire.

3. Comment l'orateur anticipe-t-il les objections qui pourraient lui être faites ?

4. Relevez et étudiez les personnifications et les images. ► Figures de style, p. 576

L'obstacle de la guerre

5. Relevez dans son discours les expressions qui montrent que l'orateur est conscient du monde dans lequel il vit.

6. Quelles sont, d'après lui, les difficultés auxquelles le désir de paix est confronté ?

Synthèse Montrez que le discours de Jaurès prend une dimension allégorique.

Vers le bac S'entraîner au commentaire

En vous appuyant sur vos réponses aux questions 1 à 4, rédigez la première partie du commentaire de ce discours, en vous concentrant sur « le discours persuasif de Jaurès ».

► Rédiger des paragraphes et insérer des citations, p. 598

TEXTE 4

Jean-Paul Sartre, *Défense de la paix* (1954)

► Biographie p. 635

CONTEXTE

Si les bombes atomiques sur Hiroshima et Nagasaki mettent un terme au second conflit mondial, le péril nucléaire est un des ressorts de la guerre froide entre les États-Unis et l'URSS pendant les quarante années suivantes, créant « l'équilibre de la terreur ».
À cela s'ajoute le risque de la prolifération de ce type d'armement.

La session du Conseil mondial de la Paix qui se tient à Berlin en 1954 met particulièrement l'accent sur la menace horrible que constituent l'existence et l'expérimentation des bombes H. C'est sur ce thème que Jean-Paul Sartre s'exprime.

[…] L'armée du peuple a trouvé son exacte contrepartie dans l'armée nucléaire, armée populaire et bombe atomique sont les deux caractères opposés de notre temps. Au moment où la participation totale du peuple au conflit apparaît finalement comme un facteur de paix, ou de limitation de la guerre, un terrible pouvoir permet à des dirigeants occidentaux de faire la guerre ou de menacer de la faire en se passant du peuple. Au moment où l'armée populaire devient un organe politique qui vit en pleine harmonie avec les travailleurs et qui, souvent, les aide à travailler, il suffira pour faire sauter une capitale, pour anéantir une nation, d'une poignée d'hommes et d'un instant, d'un ordre donné à distance par une bureaucratie coupée du pays. La guerre décolle de l'humanité, elle n'est plus freinée par les masses qui la faisaient et qui en souffraient. Hier encore les classes s'affrontaient à l'intérieur de l'armée, aujourd'hui, la guerre, la guerre atomique est entre les mains de quelques privilégiés et de leurs mercenaires[1]. […]

La violence est toujours abstraite, elle néglige le cours naturel des choses, leur développement normal, leurs affinités, leur organisation, elle veut forcer et casse tout. En ce sens, l'arme nucléaire est l'image la plus nue de la violence et fait de la guerre la plus abstraite des abstractions. Précisément pour cela, la bombe atomique est la seule arme qui convienne aujourd'hui aux minorités oppressives. […]

Il faut faire la paix en Corée, en Indochine, il faut réaliser l'unité allemande, il faut que devant l'Unité concrète des peuples, le chantage atomique manifeste en pleine clarté son caractère abstrait. Et puis, il faut lutter contre la terreur. Les Peuples ont exigé et exigeront encore, que les représentants des Cinq Grandes Puissances[2] se réunissent pour proscrire définitivement la fabrication et l'usage de l'arme nucléaire. Ces deux tâches sont les nôtres, celles du Congrès de la Paix. Nous devons redoubler nos efforts, l'Histoire du Passé s'est faite souvent par la guerre, aujourd'hui, puisque la guerre signifierait la fin du monde, l'Histoire ne peut plus se faire que dans et par la PAIX.

Discours paru dans le *Journal de la Paix*, juillet 1954.

1. personnes qui agissent par appât du gain.
2. les cinq membres permanents du conseil de sécurité à l'ONU : la Chine, les Etats-Unis, le Royaume-Uni, l'URSS et la France.

Grammaire

Ligne 18, « la plus abstraite des abstractions » : analysez cette forme. Comment contribue-t-elle à sensibiliser l'auditoire ?

Questions

1. Quelle est la thèse avancée par Jean-Paul Sartre ?
2. Quels arguments développe-t-il contre l'arme nucléaire ?
3. Comment Jean-Paul Sartre marque-t-il l'opposition entre l'armée du peuple et l'armée nucléaire ?

Orateurs du XXIe siècle

Après les attentats du 11 septembre 2001, les États-Unis ont engagé une lutte contre le terrorisme qui les a amenés à vouloir la guerre contre l'Irak. Dominique de Villepin, alors ministre des Affaires étrangères, a tenu devant le Conseil de sécurité de l'ONU à New York un discours opposé à la position belliciste des États-Unis.

[…] Dans ce temple des Nations Unies, nous sommes les gardiens d'un idéal, nous sommes les gardiens d'une conscience. La lourde responsabilité et l'immense honneur qui sont les nôtres doivent nous conduire à donner la priorité au désarmement dans la paix.

Et c'est un vieux pays, la France, d'un vieux continent comme le mien, l'Europe, qui vous le dit aujourd'hui[1], qui a connu les guerres, l'occupation, la barbarie. Un pays qui n'oublie pas et qui sait tout ce qu'il doit aux combattants de la liberté venus d'Amérique et d'ailleurs. Et qui pourtant n'a cessé de se tenir debout face à l'Histoire et devant les hommes. Fidèle à ses valeurs, il veut agir résolument avec tous les membres de la communauté internationale. Il croit en notre capacité à construire ensemble un monde meilleur.

Je vous remercie.

Dominique de Villepin, Discours prononcé le 14 février 2003.

1. Le Secrétaire de la Défense américain, Donald Rumsfeld, oppose la France et l'Allemagne, à une Europe de l'Est émergente, « la nouvelle Europe », qui soutient les positions américaines.

www.lienmini.fr/magnard-el1-28
Visionnez l'extrait correspondant à ce discours.

Hermann Van Rompuy, président du Conseil européen, et José Manuel Barroso, président de la Commission européenne, ont prononcé un discours à l'occasion de la cérémonie du prix Nobel de la paix qui était décerné à l'Europe, en 2012.

En tant que continent qui, après avoir été dévasté, est devenu l'une des économies les plus puissantes au monde, nous avons une responsabilité particulière à l'égard de millions de personnes dans le besoin. En tant que communauté de nations ayant combattu le totalitarisme, nous nous tiendrons toujours aux côtés de ceux qui aspirent à la paix et à la justice, à la démocratie et à la dignité humaine. […]

La « pacification de l'Europe » était au centre des préoccupations d'Alfred Nobel. Dans une des premières versions de son testament, il l'assimilait même à la paix internationale. Au cours des six dernières décennies, l'Union européenne a montré qu'il était possible aux peuples et aux nations de se rassembler à travers les frontières.

Notre continent, qui s'est relevé de ses cendres après 1945 et s'est unifié en 1989, possède une extraordinaire capacité à se réinventer. Il appartient ainsi aux générations futures de poursuivre cette aventure commune. Nous espérons qu'elles assumeront cette responsabilité avec fierté. Et qu'elles pourront dire, comme nous ici à Oslo : je suis fier d'être Européen.

Messieurs Van Rompuy et Barroso, Discours prononcé pour le prix Nobel de la paix en 2012.

Questions

Vocabulaire
Justifiez l'emploi du mot « temple » dans le texte de D. de Villepin, ligne 1.

1. Vous étudierez dans les deux textes toutes les marques formelles qui relèvent de la première personne. Quel est l'effet produit ?
2. Comment s'exprime l'esprit de responsabilité dans les deux textes ?
3. Montrez que, dans les deux textes, il s'agit de défendre des valeurs.

Synthèse Montrez ce qui fait la spécificité des discours de Dominique de Villepin et de messieurs Van Rompuy et Barroso dans ce corpus.

VOCABULAIRE — LE VOCABULAIRE DE L'ARGUMENTATION

1 MOTS DÉRIVÉS

Ces mots voisins ont un sens différent : donnez pour chacun une définition et employez-les dans des phrases qui éclaireront leur sens.

allocution / élocution
argutie / argument
plaidoyer / plaidoirie
arguer / argumenter
contredire / contrarier
déduire / dédire
légitimer / légaliser

2 EXPRESSIONS LATINES

a. **Cherchez dans un dictionnaire le sens de ces expressions latines couramment employées en français.**

ad litteram – ad hominem – pro domo

b. **Choisissez un texte dans les séquences 1 (► p. 314), 2 (► p. 334) ou 3 (► p. 350), puis caractérisez la démarche argumentative de l'écrivain en employant une de ces expressions dans une phrase.**

3 SYNONYMES

a. **Donnez un synonyme à chacun de ces verbes et expliquez quelle nuance de sens distingue leur emploi.**

récuser – démontrer – insinuer – suspecter – s'interroger

b. **Choisissez un des textes de la séquence, puis utilisez au moins trois des verbes ci-dessus dans un paragraphe qui commentera l'argumentaire de l'orateur.**

4 MODALISATION DES PROPOS

a. **Précisez si ces verbes présentent les propos du locuteur comme certains, probables, douteux ou faux.**

reconnaître – croire – s'imaginer – prétexter – prétendre – douter – sembler – paraître – savoir – admettre

b. **Rédigez pour chacun une phrase qui éclairera son sens.**

5 GENRES DE L'ARGUMENTATION

Les termes qui suivent désignent tous des textes littéraires de combat avec une intention satirique. Cherchez la nuance exacte de chacun de ces termes et employez-les dans une phrase qui en précisera le sens. Vous pouvez utiliser un dictionnaire.

une épigramme – un pamphlet – une satire – une diatribe – un libelle

6 CHAMPS LEXICAUX

a. **Quel champ lexical repérez-vous ? Quel registre identifiez-vous ? Quelle figure de style, répétée deux fois, est caractéristique de ce registre ?**

On comprend dans la peste toutes les maladies contagieuses, qui sont au nombre de deux ou trois mille. Ces deux présents nous viennent de la Providence. Mais la guerre, qui réunit tous ces dons, nous vient de l'imagination de trois ou quatre cents personnes répandues sur la surface de ce globe sous le nom de princes ou de ministres.

Voltaire, « Guerre », *Dictionnaire philosophique* (1764)

b. **Quels sont les deux champs lexicaux qui s'opposent ?**

Le merveilleux de cette entreprise infernale, c'est que chaque chef des meurtriers fait bénir ses drapeaux et invoque Dieu solennellement avant d'aller exterminer son prochain.

Voltaire, « Guerre », *Dictionnaire philosophique* (1764)

Écrivez à votre tour une phrase sur un fait d'actualité qui vous indigne, en jouant de la même façon sur l'opposition de deux champs lexicaux.

7 VOCABULAIRE ÉVALUATIF

Par quels moyens lexicaux Voltaire nous donne-t-il son avis sur la religion ?

Les Romains eurent leurs douze grands dieux, six mâles et six femelles.

Voltaire, « Idole, idolâtre, idolâtrie », *Dictionnaire philosophique* (1764)

EXPRESSION ÉCRITE

Sujet 1

Choisissez un personnage littéraire ou historique et écrivez une épigramme en quelques vers à son sujet, mettant en évidence ses défauts principaux ou ses faiblesses.

Sujet 2

Une femme du XVIIIe siècle plaide pour ses droits : imaginez la courte lettre qu'elle écrit à un proche pour évoquer la cause des femmes. Vous choisirez de faire appel à la raison ou aux sentiments.

SYNTHÈSE L'ARGUMENTATION DIRECTE

L'argumentation directe est employée dans des genres divers comme le discours, l'essai, le traité ou le pamphlet. Les auteurs y développent leur thèse sans détours et l'étayent afin de convaincre l'auditeur ou le lecteur.

1 LE DISCOURS : UNE THÈSE EXPLICITE

• La thèse est énoncée de façon **explicite**, sans recours à la fiction, contrairement à l'argumentation indirecte. La visée argumentative est très claire.
Le locuteur **prend position** : les **indices d'énonciation** révèlent sa présence et la prise en compte du destinataire.

• Les situations, souvent puisées dans l'actualité, l'expérience, l'Histoire, etc. sont évoquées sous forme de constat.
Le recours au passé peut servir de support à l'argumentation : des conséquences doivent être tirées de l'Histoire.

Ex. : Jean Paul Sartre observe la situation contemporaine dans *Défense de la paix* en l'opposant au passé. ► p. 356

2 L'ORGANISATION DU DISCOURS

• Les textes fournissent souvent des **raisonnements** qui s'apparentent à des **discours scientifiques**. Le raisonnement est construit et les étapes sont visibles.
Le **plan des discours** est défini et les **liens logiques** permettent d'en suivre le déroulement.
Le système de pensée se dévoile progressivement. Ils visent à stimuler davantage **l'intellect** que les sentiments des lecteurs ou auditeurs.

Ex. : Jean Jaurès, dans *Discours à la jeunesse*, propose trois moyens de parvenir à la paix, qu'il développe successivement. ► p. 354

• L'auteur peut également recourir à une **stratégie de séduction**, en faisant appel aux **sentiments** ou **émotions** des auditeurs ou lecteurs.

Ex. : Olympe de Gouges, dans l'avant-propos à la *Déclaration des droits de la femme et de la citoyenne*, cherche à susciter la compassion et l'indignation des lecteurs, afin de dénoncer le sort fait aux femmes. ► p. 346

3 ARGUMENTS ET EXEMPLES

La thèse de l'auteur, pour être efficace, s'appuie sur des arguments.

• L'**argument d'autorité** soutient le raisonnement en se fondant sur les propos d'un auteur renommé.

Ex. : La citation finale de Cicéron, dans le *Discours sur le bonheur* de Madame du Châtelet étaye la thèse de l'auteur. ► p. 334

• L'auteur peut être amené à évoquer les arguments des opposants ou détracteurs, à reformuler leur propos pour mieux les combattre.

Ex. : Robespierre rapporte les paroles des partisans de la guerre afin d'analyser leurs raisons profondes pour mieux les attaquer. ► p. 350

• Les **exemples** permettent d'illustrer et d'**éclairer les arguments**.

Ex. : Voltaire prend l'exemple d'une femme « éclairée », la maréchale de Grancey, dont il rapporte les propos. ► p. 338

TEXTE 1

Leprince de Beaumont, « La Belle et la Bête » (1757)

« La Belle et la Bête » a été publié dans un ouvrage composé de contes de fées, de leçons de géographie et de sciences naturelles : Le Magasin des enfants, ou dialogues entre une sage gouvernante et plusieurs de ses élèves de la première distinction. *Comme ce titre l'indique, le conte s'inscrit dans la tradition de l'apologue en soutenant des valeurs morales pour un projet éducatif qui choisit les voies de l'argumentation indirecte. Perdu dans la nuit, le père de la Belle trouve refuge dans un château sans rencontrer le maître des lieux. Arrive le matin.*

Le bonhomme, après avoir pris son chocolat, sortit pour aller chercher son cheval, et comme il passait sous un berceau de roses, il se souvint que la Belle lui en avait demandé[1], et cueillit une branche, où il y en avait plusieurs. En même temps, il entendit un grand bruit, et vit venir à lui une bête si horrible, qu'il fut tout prêt de s'évanouir.

« Vous êtes bien ingrat, lui dit la Bête, d'une voix terrible ; je vous ai sauvé la vie, en vous recevant dans mon château, et pour ma peine, vous me volez mes roses, que j'aime mieux que toutes choses au monde. Il faut mourir pour réparer cette faute ; je ne vous donne qu'un quart d'heure pour demander pardon à Dieu. »

Le marchand se jeta à genoux, et dit à la Bête, en joignant les mains :

« Monseigneur, pardonnez-moi, je ne croyais pas vous offenser, en cueillant une rose pour une de mes filles, qui m'en avait demandé.

– Je ne m'appelle point Monseigneur, répondit le monstre, mais la Bête. Je n'aime pas les compliments, moi, je veux qu'on dise ce que l'on pense ; ainsi, ne croyez pas me toucher par vos flatteries. Mais vous m'avez dit que vous aviez des filles ; je veux bien vous pardonner, à condition qu'une de vos filles vienne volontairement, pour mourir à votre place ; ne me raisonnez pas : partez, et si vos filles refusent de mourir pour vous, jurez que vous reviendrez dans trois mois. »

Le bonhomme n'avait pas dessein de sacrifier une de ses filles à ce vilain monstre ; mais il pensa, au moins, j'aurai le plaisir de les embrasser encore une fois. Il jura donc de revenir, et la Bête lui dit qu'il pouvait partir quand il voudrait ; « mais, ajouta-t-elle, je ne veux pas que tu t'en ailles les mains vides. Retourne dans la chambre où tu as couché, tu y trouveras un grand coffre vide ; tu peux y mettre tout ce qu'il te plaira, je le ferai porter chez toi. » En même temps la Bête se retira, et le bonhomme dit en lui-même : « s'il faut que je meure, j'aurai la consolation de laisser du pain à mes pauvres enfants. »

1. Avant son départ, le marchand a demandé à Belle ce qu'elle souhaitait qu'il lui rapporte de son voyage et elle lui a répondu : « une rose ».

▸▸▸ Film de **Jean Cocteau**, *La Belle et la Bête*, 1946, avec Jean Marais.

Andrew Lang, *La Belle et la Bête*, 1889, gravure.

Affiche du film de **Jean Cocteau**, *La Belle et la Bête*, 1946, avec Jean Marais.

Questions

Rencontre avec le monstre

1. Comment le personnage du père est-il désigné à plusieurs reprises ? Quelle est la signification de ce terme ? Sur quel aspect de sa personnalité insiste-t-on ?

2. Relevez les indices qui permettent de faire le portrait du « monstre ». Est-il aisé de se le représenter ? Qu'est-ce qui donne surtout la mesure de sa laideur ?

3. À défaut d'une représentation physique précise, qu'est-ce qui contribue à dresser un portrait de la bête ?

Le procès du père de la Belle

4. Relevez les différents discours rapportés : comment se répartissent-ils entre les personnages ? Quel est le discours privilégié pour la Bête ? Pour le père ? Quelle opposition entre les deux personnages est ainsi soulignée ?

5. De quelle faute le marchand est-il accusé ? Qu'est-ce qui rend cette faute grave aux yeux de la Bête ? Que nous révèlent cette indication et le châtiment qu'il inflige ? Sur quel ton et avec quel argument le « bonhomme » répond-il à cette accusation ? Quel est l'implicite de son argumentation ? Quel est son effet sur la Bête ?

6. *« ne me raisonnez pas : partez, et si vos filles refusent de mourir pour vous, jurez que vous reviendrez dans trois mois. »*, l. 18-20 : que refuse la Bête par cette formule ? Quelle fable de La Fontaine fonctionne ainsi « sans autre forme de procès » ? Quelle morale peut-on dégager de cet échange ?

Une justice ambivalente

7. Devant quel dilemme le « bonhomme » est-il placé ? Quelles valeurs ce dilemme oppose-t-il ? Comment le résout-il et que révèle son choix ? Fait-il part de sa décision à la Bête ? Pourquoi ?

8. Quand et pourquoi le « monstre » passe-t-il du vouvoiement au tutoiement ? De quelle qualité fait-il preuve à ce moment de l'échange ? Montrez qu'il rend dans ce procès une justice ambivalente.

Lecture d'images

9. Comparez la représentation de chaque personnage de la gravure à sa description dans le conte : sont-elles concordantes ? Dans quelle région du monde l'histoire semble-t-elle se passer ? Pourquoi l'illustrateur a-t-il choisi ce décor ?

10. Décrivez l'affiche et la position du visage de chaque personnage : quel est l'effet produit ? Jugez-vous la Bête effrayante ? Que traduisent les expressions des visages ?

Synthèse Montrez que cet extrait construit une image contrastée du monstre.

LA STRUCTURE DU CONTE

1. Recopiez le tableau, puis remplissez-le pour rendre compte du déroulement de l'histoire.

Séquences narratives	Personnages	Cadre	Idées principales
Situation initiale : « *Il y avait une fois … quelques années* »	Le marchand et sa famille	Chez une riche famille	Opposition entre la Belle et les deux aînées
« *Tout d'un coup … à tout moment.* »	Le marchand et sa famille	Une petite maison de campagne	

2. En quoi la fin de l'histoire est-elle conforme au genre du conte ? Quels autres aspects de l'histoire sont également caractéristiques de ce genre ?
3. Quel type d'opposition le titre « La Belle et la Bête » évoque-t-il ? Révèle-t-il le véritable contenu du conte ?
4. Est-ce que votre lecture du conte « La Belle et la Belle » confirme l'analyse qu'en fait Bruno Bettelheim dans les deux derniers paragraphes de son texte ▸ p.363 ? Justifiez votre réponse.

LES PERSONNAGES

Le portrait édifiant du père et sa fonction argumentative

5. Comment se construit le portrait du père ?

Le portrait des deux aînées

6. Comment ces portraits contribuent-ils par contraste à construire celui de la Belle ?

La Belle

7. Au début du conte, lorsque la famille se retrouve ruinée, la Belle se fait la réflexion suivante : « Il faut tâcher d'être heureuse sans fortune ». Montrez comment elle met en application cette philosophie de la vie et dites en quoi elle consiste.
8. Faites le bilan de toutes les qualités de la Belle rapportées par les autres puis révélées par sa rencontre avec la Bête.

La Bête

9. Son portrait se construit par étapes : quelles sont-elles ? Qu'apporte chacune d'elles ?
10. Relisez le passage de « La Belle, lui dit ce monstre, voulez-vous bien que je vous voie souper ? » à « … c'est que je vous suis bien obligé. » De quel défaut s'accuse-t-il ? Comment la Belle retourne-elle son argument ? De quelle vision de la nature humaine le discours de la Bête témoigne-t-il ?
11. Relevez l'évolution des sentiments que le « monstre » inspire à la Belle. Qu'est-ce qui finit par la toucher et fait changer ses sentiments à son égard ?

LA PORTÉE MORALE DU CONTE

La critique sociale au cœur de la réflexion des Lumières trouve aussi sa place dans ce conte.

12. Montrez, en étudiant les oppositions entre le comportement de la Belle et celui de ses sœurs, la critique sociale du mariage, des loisirs et de la vie mondaine, etc.

« Il y a bien des hommes qui sont plus monstres que vous, dit la Belle, et je vous aime mieux avec votre figure, que ceux qui avec la figure d'hommes, cachent un cœur faux, corrompu. »

13. À quelles autres formes de monstruosité la Belle fait-elle référence ? Sur quelle hiérarchie des valeurs fonde-t-elle ce jugement ?
14. Retrouvez quelques-unes des morales que vous avez déjà rencontrées. En réinvestissant des procédés d'écriture pertinents, rédigez la morale qui pourrait figurer à la fin de « La Belle et la Bête ».

ÉCHO DU XXe SIÈCLE

Bruno Bettelheim, *Psychanalyse des contes de fées* (1976)

Bruno Bettelheim, psychanaliste, analyse les effets du conte de fées sur les enfants, tant au niveau de la conscience qu'à celui de ce que Freud, l'inventeur de la psychanalyse[1], a nommé l'inconscient. C'est là, par les rêves, que se jouent les conflits entre les désirs et les frustrations, entre ce qui est autorisé et ce qui est interdit.

La mode qui veut que l'on cache à l'enfant que tout ce qui va mal dans la vie vient de notre propre nature : le penchant qu'ont tous les humains à agir agressivement, asocialement, égoïstement, par colère ou par angoisse. Nous désirons que nos enfants croient que l'homme est foncièrement bon. Mais les enfants *savent* qu'ils ne sont pas toujours bons ; et souvent, même s'ils le sont, ils n'ont pas tellement envie de l'être. Cela contredit ce que leur racontent leurs parents, et l'enfant apparaît comme un monstre à ses propres yeux.

[...] Le précepte de Freud est que l'homme ne peut parvenir à donner un sens à son existence que s'il lutte courageusement contre ce qui lui paraît être des inégalités écrasantes.

Tel est exactement le message que les contes de fées, de mille manières différentes, délivrent à l'enfant : que la lutte contre les graves difficultés de la vie est inévitable et fait partie intégrante de l'existence humaine, mais que si, au lieu de se dérober on affronte fermement les épreuves inattendues et souvent injustes, on vient à bout de tous les obstacles et on finit par remporter la victoire. [...]

Les contes de fées ont pour caractéristique de poser des problèmes existentiels en termes brefs et précis. L'enfant peut ainsi affronter ces problèmes dans leur forme essentielle, alors qu'une intrigue plus élaborée lui compliquerait les choses. Le conte de fées simplifie toutes les situations. Ses personnages sont nettement dessinés ; et les détails, à moins qu'ils ne soient très importants, sont laissés de côté. Tous les personnages correspondent à un type ; ils n'ont rien d'unique. [...]

Le palais de la Bête où les moindres désirs de la Belle sont immédiatement comblés [...] est un fantasme[2] narcissique[3] qui est typiquement propre aux enfants. Rares sont les enfants qui, à un moment ou un autre, n'ont pas désiré une existence où on n'exigerait rien d'eux et où il leur suffirait d'exprimer un désir pour le voir aussitôt satisfait. Le conte dit que cette vie rêvée, devient vite ennuyeuse et vide, à tel point que la Belle attend impatiemment les visites nocturnes de la Bête qu'auparavant elle redoutait. [...]

« La Belle et la Bête » s'ouvre sur une perspective immature[4] qui attribue à l'homme une existence dédoublée, comme animal et comme esprit (symbolisé par la Belle).

Traduction de Théo Carlier,

1. pratique thérapeutique qui aide à prendre conscience des conflits douloureux de l'inconscient. – 2. désir, rêve. – 3. en référence au personnage mythique de Narcisse, amoureux de sa propre image ; qualifie une centration exclusive sur soi et sur la satisfaction de ses désirs. – 4. qui n'est pas encore parvenu à l'âge adulte.

Scène de *La Belle et la Bête*, XIXe siècle, lithographie en couleurs.

Questions

1. Quelle mode en matière de pédagogie est jugée nocive par Bettelheim ? Que soutient-il à l'opposé de ce point de vue ?
2. « *l'enfant apparaît comme un monstre à ses propres yeux* », l. 7-8 : reconstruisez le raisonnement qui permet d'aboutir à cette conclusion.
3. Quel principe constitue, selon Freud, le moteur à l'action et à la vie des hommes ? Illustrez avec l'exemple d'un conte que vous connaissez comment les contes de fées posent les « problèmes existentiels en termes brefs et précis ».
4. Dans le palais de la bête, il suffit « d'exprimer un désir pour le voir aussitôt satisfait ». Citez d'autres contes où les héros voient se réaliser leurs vœux et dites si le dénouement de ces histoires confirme l'analyse de Bettelheim.
5. Montrez que ce texte construit un parcours argumentatif qui fait du conte de fées un moyen pour aider l'enfant à devenir adulte.

Victor Hugo, *Notre-Dame de Paris* (1832)

► Biographie p. 631

CONTEXTE

Victor Hugo et les artistes romantiques redécouvrent le Moyen Âge, une période qui leur permet de mêler Histoire, grotesque et merveilleux, passions et violence dans l'univers romanesque. Avec *Notre-Dame de Paris*, Victor Hugo fait de la cathédrale le sujet et le cadre d'une histoire dont Quasimodo, sonneur de cloches, est l'un des personnages principaux.

► **Le Romantisme, p. 33**

Dans le Paris médiéval de Louis XI, Quasimodo, sonneur de cloches de Notre-Dame devenu sourd, est un être difforme, dont le physique grotesque fait peur ou donne à rire. Après une parodie de procès, il est livré au supplice du pilori sous les yeux de la foule.

Bientôt Michel Noiret, trompette-juré[1] du roi notre sire, fit faire silence aux manants[2] et cria l'arrêt, suivant l'ordonnance et commandement de Monsieur le prévôt. Puis il se replia derrière la charrette avec ses gens en hoquetons de livrée[3].

Quasimodo[4], impassible, ne sourcillait pas. Toute résistance lui était rendue impossible par ce qu'on appelait alors, en style de chancellerie criminelle, la *véhémence et la fermeté des attaches*, ce qui veut dire que les lanières et les chaînettes lui entraient probablement dans la chair. C'est au reste une tradition de geôle et de chiourme[5] qui n'est pas perdue, et que les menottes conservent encore précieusement parmi nous, peuple civilisé, doux, humain (le bagne et la guillotine entre parenthèses).

Il s'était laissé mener et pousser, porter, jucher, lier et relier. On ne pouvait rien deviner sur sa physionomie qu'un étonnement de sauvage ou d'idiot. On le savait sourd, on l'eût dit aveugle.

On le mit à genoux sur la planche circulaire, il s'y laissa mettre. On le dépouilla de sa chemise et de pourpoint jusqu'à la ceinture, il se laissa faire. On l'enchevêtra sous un nouveau système de courroies et d'ardillons, il se laissa boucler et ficeler. Seulement de temps à autre il soufflait bruyamment, comme un veau dont la tête pend et ballotte au rebord de la charrette du boucher.

« Le butor[6], dit Jehan Frollo du Moulin à son ami Robin Poussepain[7] (car les deux écoliers avaient suivi le patient comme de raison), il ne comprend pas plus qu'un hanneton enfermé dans une boîte ! »

Ce fut un fou rire dans la foule quand on vit à nu la bosse de Quasimodo, sa poitrine de chameau, ses épaules calleuses et velues. Pendant toute cette gaieté, un homme à la livrée de la ville, de courte taille et de robuste mine, monta sur la plate-forme et vint se placer près du patient. Son nom circula bien vite dans l'assistance. C'était maître Pierrat Torterue, tourmenteur-juré du Châtelet[8].

Il commença par déposer sur un angle du pilori un sablier noir dont la capsule supérieure était pleine de sable rouge qu'elle laissait fuir dans le récipient inférieur, puis il ôta son surtout mi-parti[9], et l'on vit pendre à sa main droite un fouet mince et effilé de longues lanières blanches, luisantes, noueuses, tressées, armées d'ongles de métal. De la main gauche, il repliait négligemment sa chemise autour de son bras droit jusqu'à l'aisselle.

Cependant Jehan Frollo criait en élevant sa tête blonde et frisée au-dessus de la foule (il était monté pour cela sur les épaules de Robin Poussepain) :

– Venez voir, messieurs, mesdames ! voici qu'on va flageller péremptoirement[10] maître Quasimodo, le sonneur de mon frère monsieur l'archidiacre de Josas[11], un drôle d'architecture orientale, qui a le dos en dôme et les jambes en colonnes torses !

Et la foule de rire, surtout les enfants et les jeunes filles.

1. crieur public chargé, au nom du roi, d'annoncer les ordonnances royales, les sentences et nouvelles.
2. paysans.
3. veste de coton portée par les soldats.
4. *Quasimodo* signifie en latin « presque semblable à » ; c'est aussi le nom de la fête religieuse à la date de laquelle Claude Frollo a recueilli l'enfant abandonné.
5. prison et bagne.
6. grossier personnage.
7. Jehan Frollo et Robin Poussepain sont des étudiants qui cherchent à s'amuser et faire rire par tous les moyens.
8. homme chargé de mettre en œuvre les peines de justice à la prison du Châtelet.
9. vêtement ample porté sur un habit et composé de deux parties.
10. sans contestation possible de la condamnation.
11. Claude Frollo, le frère de Jehan Frollo.

Enfin le tourmenteur frappa du pied. La roue se mit à tourner. Quasimodo chancela sous ses liens. La stupeur qui se peignit brusquement sur son visage difforme fit redoubler alentour les éclats de rire.

Tout à coup, au moment où la roue dans sa révolution présenta à maître Pierrat le dos monstrueux de Quasimodo, maître Pierrat leva le bras ; les fines lanières sifflèrent aigrement dans l'air comme une poignée de couleuvres, et retombèrent avec furie sur les épaules du misérable.

Quasimodo sauta sur lui-même, comme réveillé en sursaut. Il commençait à comprendre. Il se tordit dans ses liens ; une violente contraction de surprise et de douleur décomposa les muscles de sa face ; mais il ne jeta pas un soupir. Seulement il tourna la tête en arrière, à droite, puis à gauche, en la balançant comme fait un taureau piqué au flanc par un taon.

Livre VI, chapitre 4 « Une larme pour une goutte d'eau ».

Anthony Hopkins (Quasimodo) dans le téléfilm *Le Bossu de Notre-Dame*, réalisé par Michael Turner en 1982.

Questions

Figures de style

Analysez la structure syntaxique des trois premières phrases du quatrième paragraphe pour décrire l'attitude de Quasimodo. Quel est l'effet provoqué par cette figure ?

► p. 576-577

Un supplice spectaculaire

1. Par quel procédé le narrateur fait-il entendre la proclamation de Michel Noiret ? Quel est l'effet produit ?
2. Faites la liste des personnages qui sont chargés de rendre la justice. Indiquez à chaque fois leur fonction.
3. À partir du relevé des détails qui permettent de se représenter le pilori, rédigez un paragraphe qui explique de quelle manière on appliquait cette punition aux condamnés à la fin du Moyen Âge.
4. Quelles fonctions ont les phrases entre parenthèses ?
5. Montrez comment le choix du contexte du Moyen Âge renforce le caractère spectaculaire du supplice.

Un monstre grotesque et pitoyable

6. Relevez les indices qui permettent de se représenter Quasimodo, son corps, ses expressions et attitudes. À quelle condition ces indices et les comparaisons qui contribuent à son portrait renvoient-elles ?
7. Quelle est la réaction de la foule ? Qu'est-ce qui la provoque ?
8. Comment s'exprime la souffrance du monstre ? Pourquoi la foule l'ignore-t-elle ?

Qui sont les monstres ?

9. Étudiez l'attitude du bourreau, son nom, ses vêtements, ses accessoires, ses gestes. Quelles figures de style soulignent la cruauté du châtiment qu'il inflige ?
10. Quels rôles jouent les « écoliers » ? De quelle arme disposent-ils ?
11. Relevez les désignations renvoyant aux spectateurs : pourquoi certains sont-ils distingués ?
12. Analysez l'intervention du narrateur dans le second paragraphe. Quel point de vue traduit-il sur la justice ?

Synthèse Deux ans avant la publication de *Notre-Dame de Paris*, Hugo a déjà dénoncé les travers de la justice de son temps. Montrez que, par un mouvement d'inversion des rôles, il dénonce ici le rejet de celui qui est autre et l'injustice.

Prolongement

En fondant l'analyse sur les étymons de « spectaculaire » et de « monstrueux », dites quelles formes du monstre se rencontrent dans le texte de Victor Hugo.

Vers le bac S'entraîner à la dissertation

Comment le roman, écrit de fiction, peut-il être efficace dans la dénonciation de la cruauté des hommes envers leurs semblables ? Vous fonderez votre analyse sur les textes de la séquence ainsi que sur vos lectures personnelles pour répondre.

ÉCHO DE L'ANTIQUITÉ

Homère, *Odyssée* (VIIIe s. av. J.-C.)

CONTEXTE

Le récit épique de *l'Iliade et l'Odyssée*, attribué à Homère, poète grec qui aurait vécu au IXe siècle avant J.-C., est écrit en vers. Souvent traduit en prose, il est ici proposé dans une traduction en vers libres du poète Philippe Jaccottet.

Ulysse et ses compagnons affrontent maintes épreuves dans leur périple de retour vers Ithaque après la prise de Troie : des monstres marins, Sylla et les Sirènes, ainsi que des géants belliqueux, les Cyclopes ou les Lestrygons. Dans cet épisode, Ulysse va affronter le cyclope Polyphème, fils de Poséidon et d'une nymphe, un monstre cruel qui témoigne d'une vision de la nature humaine propre à l'Antiquité.

Nous reprîmes alors la mer avec tristesse.
Nous atteignîmes un pays hors-la-loi,
les Cyclopes ; ceux-ci, faisant confiance aux Immortels,
ne plantent pas de plantes de leurs mains ni ne labourent ;
tout pousse sans labour et sans semailles dans leur terre,
l'orge comme le blé, et la vigne portant le vin,
de lourdes grappes que grossit la pluie de Zeus[1].
Ils n'ont pas d'assemblée pour les conseils et pas de lois ;
ils habitent le haut des plus hautes montagnes
en des antres profonds, chacun y fait sa loi
dans sa famille, et reste insoucieux des autres.
Il est une île assez petite en face de leur port,
ni trop près, ni trop loin du pays des Cyclopes,
avec des bois ; des chèvres en grand nombre y vivent,
[…].
Cette île ne connaît ni le bétail ni la charrue,
mais, sans semailles, sans labours toute l'année,
par l'homme désertée, elle paît les chèvres bêlantes.
Les Cyclopes n'ont pas de vaisseaux rubiconds
ni de ces constructeurs de navires pour leur bâtir
des vaisseaux bien pontés, prompts à toutes besognes,
qui vous mènent de ville en ville comme font
souvent les hommes, franchissant les vastes mers. […]

Ulysse et un groupe de ses compagnons pénètrent pendant son absence dans la caverne du cyclope Polyphème.

il alluma le feu, nous aperçut, nous demanda :
« Qui êtes-vous ? D'où venez-vous par les routes humides ?
Êtes-vous des marchands, ou errez-vous à l'aventure,
tels les pirates sur les eaux qui vont rôdant,
risquant leur vie en attaquant les nations d'autre langue ? »
À ces mots, notre cœur éclata de nouveau,
effrayés par sa voix profonde et par sa grande taille.
Néanmoins, je lui dis en guise de réponse :
« Nous sommes, oui, des Achéens[2] venant de Troie, chassés
par tous les vents du ciel sur le grand gouffre de la mer ;
regagnant nos maisons, d'autres routes, d'autres chemins
nous ont conduits ici ; sans doute Zeus l'aura voulu. […]
Zeus défend l'étranger comme le suppliant,
il est hospitalier, l'ami des hôtes respectables ! »

1. père des Dieux et des Hommes dans l'Antiquité grecque.
2. l'un des premiers peuples de la Grèce : chez Homère, les Grecs assiégeant Troie.

Mosaïque du IVe s. ap. J.-C. représentant Polyphème, Villa del Casale, Piazza Armerina, Sicile.

Lecture d'image

- Quel moment de la rencontre avec Polyphème est ici représenté ? Qu'est-ce qui rend Polyphème reconnaissable ?
- Comment expliquez-vous que l'artiste ait substitué un bélier égorgé aux compagnons d'Ulysse ?

À ces mots, aussitôt, il repartit d'un cœur cruel :
« Es-tu sot, inconnu, ou viens-tu de fort loin,
Pour m'inviter à craindre, à respecter les dieux ?
Les Cyclopes n'ont pas souci du Porte-égide[3]
Ni des dieux bienheureux : nous sommes les plus forts.
Et ce n'est pas la peur de la haine de Zeus
Qui me ferait vous épargner, si je n'y songe !
Mais dis-moi, en venant, où laissas-tu ton beau navire,
Est-ce à l'extrémité du cap ou plus près, dis-le moi ! »
Il me tâtait, mais j'en savais trop long pour être dupe,
et je lui rétorquai par ce rusé discours :
« Mon bateau, l'Ébranleur des terres l'a brisé
en le jetant sur des écueils, aux confins de votre île,
le poussant sur le cap : le vent, du large l'entraîna.
Mais moi, avec ceux-ci, j'ai fui l'abrupte mort. »
Je dis. Ce cœur cruel ne me répondit rien
mais, sautant sur mes gens en étendant les bras,
il en prit deux d'un coup, et comme des chiots, sur le sol
les assomma. La cervelle en giclant mouilla le sol.
Découpés membre à membre, il en fit son souper.
Comme un lion né des montagnes, il les mangea sans rien
laisser, entrailles, chair et os remplis de moelle.
Nous, en pleurant, nous élevions les mains vers Zeus,
voyant l'œuvre cruelle et notre courage impuissant.
Puis, lorsque le Cyclope eut bien rempli sa vaste panse,
mangé la chair humaine et bu du lait par-dessus,
il s'étendit dans l'antre en travers de ses bêtes.
C'est alors que je méditai, dans mon cœur généreux,
m'approchant, de tirer mon épée le long de ma cuisse
et de l'en frapper là où le foie pend sous le diaphragme
en lui palpant l'endroit ; mais une pensée me retint :
même ainsi, nous aurions péri d'abrupte mort,
incapables de déplacer avec nos mains
l'énorme bloc dont il avait bouché la haute entrée...
Nous attendîmes donc en gémissant l'aube divine.

Traduction de Philippe Jaccottet,

3. bouclier de Zeus.

Questions

Polyphème, une figure du monstre

1. Quelle est la filiation de Polyphème ? À quel groupe est-il censé appartenir ? À quel indice voit-on qu'il a renoncé à faire partie de ce groupe ?
2. Analysez sa première réplique : à quels indices repère-t-on qu'on lui prête une parole précise, élaborée et développée ? De quoi cette parole est-elle le signe ?
3. Relevez les indices du portrait physique du cyclope. Sont-ils nombreux ? Que soulignent-ils ?

Polyphème, une figure bestiale

4. À quels indices repère-t-on l'importance des animaux dans le quotidien de de Polyphème ?
5. Quelle comparaison le rattache également à l'univers des bêtes sauvages ?
6. Montrez comment les actes et le discours du cyclope le caractérisent comme monstrueux et spectaculaire.

Le cyclope « hors-la-loi » des hommes

7. Relevez les informations sur le mode de vie des cyclopes. Expliquez la présence des phrases négatives. Qu'entend le narrateur par « hors-la-loi », v. 2 ?
8. Qu'est-ce qui laisse à penser que le héros triomphera de la force ? Recherchez la fin de l'épisode et dites pourquoi Ulysse mérite une fois encore le qualificatif de « rusé ».

Prolongement

Quels monstres de cette séquence peuvent être rattachés au « prototype » que constitue ici Polyphème ?

ÉCHO EUROPÉEN

Franz Kafka, *La Métamorphose* (1915)

CONTEXTE

Franz Kafka, écrivain tchèque de langue maternelle allemande, a inventé dans ses récits des univers étranges dans lesquels ses personnages se débattent, bien en peine d'y trouver sens et raison. Son œuvre ouvre à de multiples interprétations stimulantes aujourd'hui encore pour s'interroger sur la littérature et son rapport au monde.

Du jour au lendemain, Gregor, un jeune voyageur de commerce qui vit dans sa famille, se métamorphose en un insecte répugnant… Son père, sa mère et sa sœur, rejoints par le fondé de pouvoir de l'entreprise où il travaille, s'étonnent de son retard à se lever et à partir au travail. Il les rassure au travers de la porte de sa chambre puis finit par sortir, continuant son discours et provoquant de vives réactions.

Mais dès les premiers mots de Gregor, le fondé de pouvoir[1] s'était détourné et ne l'avait plus regardé, avec une moue de dégoût, que par-dessus son épaule convulsivement crispée. Et tout le temps que Gregor parla, il ne se tint pas un instant immobile, mais, sans quitter Gregor des yeux, battit en retraite vers la porte, et ce très progressivement, comme si quelque loi secrète interdisait de quitter la pièce. Il était déjà dans l'antichambre et, au mouvement brusque qu'il eut pour faire son dernier pas hors de la pièce, on aurait pu croire qu'il venait de se brûler la plante du pied. Et dans l'antichambre il tendit la main droite aussi loin que possible en direction de l'escalier, comme si l'attendait là-bas une délivrance proprement surnaturelle. […]

Mais à l'instant même où, réprimant en oscillant son envie de se déplacer, [Gregor] se trouvait ainsi étendu sur le sol non loin de sa mère et face à elle, voici que tout d'un coup, alors qu'elle paraissait complètement prostrée, elle bondit sur ses pieds, bras tendus et doigts écartés, criant « au secours, au nom du ciel, au secours ! » penchant la tête comme pour mieux voir Gregor, mais en même temps, au contraire, reculant absurdement à toute allure, oubliant qu'elle avait derrière elle la table dressée et, une fois contre elle, s'y asseyant à la hâte comme par distraction, et ne semblant pas remarquer qu'à côté d'elle la grande cafetière renversée inondait le tapis d'un flot de café.

« Maman, maman », dit doucement Gregor en la regardant d'en bas. Le fondé de pouvoir lui était sorti de l'esprit pour un instant ; en revanche, à la vue du café qui coulait, il ne put empêcher ses mâchoires de happer dans le vide à plusieurs reprises. Ce qui derechef fit pousser les hauts cris à sa mère, qui s'enfuit de la table et alla tomber dans les bras du père qui se précipitait vers elle. Mais Gregor n'avait plus le temps de s'occuper de ses parents ; le fondé de pouvoir était déjà dans l'escalier ; le menton sur la rampe, il jetait un dernier regard derrière lui. Gregor prit son élan pour être bien sûr de le rattraper, le fondé de pouvoir dut se douter de quelque chose, car d'un bond il descendit plusieurs marches et disparut ; mais on l'entendit encore pousser un « ouh ! » qui retentit dans toute la cage d'escalier. Malheureusement, cette fuite du fondé de pouvoir parut mettre le père, resté jusque-là relativement maître de lui, dans un état de totale confusion car, au lieu de courir lui-même derrière le fondé de pouvoir, ou du moins de ne pas empêcher Gregor de le faire, il empoigna de la main droite la canne que le fuyard avait abandonnée sur une chaise avec son chapeau et son pardessus, attrapa de la main gauche un grand journal qui était posé sur la table, et entreprit, en tapant des pieds, et en brandissant canne et journal, de chasser Gregor et de le faire rentrer dans sa chambre. Les prières de Gregor n'y changèrent rien, ces prières restèrent d'ailleurs incomprises, si humblement qu'il inclina la tête, son père n'en tapait du pied que plus fort. À l'autre bout de la pièce, sa mère avait

1. un des responsables de l'entreprise où travaille Gregor.

ouvert toute grande une fenêtre en dépit du temps froid et s'y penchait dangereusement en se cachant le visage dans les mains. Depuis la rue et l'escalier, il se créa un fort courant d'air, les rideaux volèrent, sur la table, les journaux se froissèrent et s'effeuillèrent sur le sol. Son père repoussait Gregor implacablement, en émettant des sifflements de sauvage.

Traduction de Bernard Lortholary,
© Flammarion, 1988

Corbeyran Horne, *La Métamorphose de Franz Kafka*, © Delcourt, 2009.

Grammaire

Relevez les nombreux participes présents du second paragraphe. Quelle autre forme le traducteur aurait-il pu utiliser ? Quelle dimension de la scène se trouve renforcée par leur emploi ?

Prolongement

Le cafard est toujours associé à des lieux sales. Montrez comment cette métamorphose de Gregor en cafard concentre des effets et des réactions déjà rencontrés face aux monstres inventés par Hugo (► p. 364) et Homère (► p. 366).

Questions

Une scène burlesque

1. Quel personnage peu attendu est présent au milieu de la famille ? À quels indices reconnaît-on son importance pour tous les personnages ? Quel univers représente-t-il ?
2. Quel est le point commun à toutes les réactions des personnages lorsqu'ils découvrent le nouvel aspect de Gregor ? Par quels procédés s'exprime l'intensité de ces réactions ?
3. Toutes ces réactions s'amplifient jusqu'à devenir extrêmes. Relevez un passage qui l'illustre pour chacun des personnages.

Les réactions de Gregor

4. À quelle(s) autre(s) réaction(s) aurait-on pu s'attendre de la part des parents de Gregor ? Quelle image de la famille est ici donnée ?
5. Relevez les différentes réactions de Gregor, face au fondé de pouvoir, puis face à ses parents. Quelle conclusion en tirez-vous ?
6. Qui de Gregor ou des autres personnages a le comportement le plus conforme aux valeurs humaines ? De quoi le monstre est-il ici le révélateur ?

Lecture d'image

7. Décrivez ce qui se passe dans cet extrait de *La Métamorphose* réécrite sous forme de BD.
8. Quelles impressions se dégagent de cette représentation ? Sont-elles en accord avec la lecture que vous avez faite de l'extrait ?

CINÉMA • FIGURES DU MONSTRE À L'ÉCRAN

DAVID LYNCH, *ELEPHANT MAN* (1980)

Réalisation : David Lynch
Scénario : Christopher De Vore, Eric Bergen, David Lynch
Interprétation : John Hurt : John Merrick dit Elephant man ; Anthony Hopkins : docteur Treves ; Anne Bancroft : Madge Kendal ; John Gielgud : Carr Gomm ; Wendy Hiller : Mrs. Motherhead ; Freddie Jones : Bytes
Musique : John Morris

Synopsis : *En 1884 à Londres, un jeune et brillant chirurgien, Treves, découvre un phénomène dans une baraque foraine : un homme-éléphant (John Merrick). Afin de l'étudier, il l'emprunte à son « propriétaire », Bytes. Sous la difformité se révèle un être sensible et intelligent… Adaptation cinématographique de la vie réelle de Joseph Merrick.*

Photogramme 1 00:12:30
Première apparition de l'homme-éléphant. Bytes, son patron, le garde enfermé dans une cave sans fenêtre.

Photogramme 2 00:13:00
Le docteur Treves est ému à l'apparition du corps horriblement déformé de J. Merrick.

Photogramme 3 00:30:00
L'infirmière Nora est effrayée la première fois qu'elle voit J. Merrick.

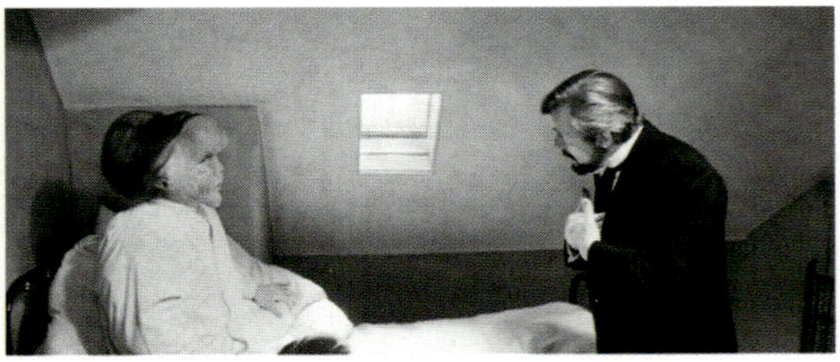

Photogramme 4 00:39:00
Le docteur Treves, après avoir échangé par signes avec John Merrick, décide de l'éduquer, persuadé qu'il est intelligent.

Photogramme 5 01:00:00
L'infirmière Nora admire la maquette de l'église que John Merrick est en train de réaliser.

Photogramme 6 01:07:00
Une actrice célèbre, Madge Kendal, rend visite à J. Merrick. Après avoir découvert sa sensibilité et son intelligence, elle lui pose un baiser sur la joue.

Photogramme 7 01:24:00
Le portier de nuit organise des visites pour des ivrognes. L'un d'eux oblige la prostituée qui l'accompagne à embrasser l'homme-éléphant.

Photogramme 8 01:42:25
Poursuivi par la foule dans la gare de Londres, John Merrick, réfugié dans les toilettes, hurle : « Je ne suis pas un animal, je suis un homme ! ».

Photogramme 9 01:44:00
Le docteur prépare John Merrick pour aller au théâtre : « Je suis enfin moi-même. » : dit-il. « Vous m'avez beaucoup apporté vous aussi. » : répond le docteur.

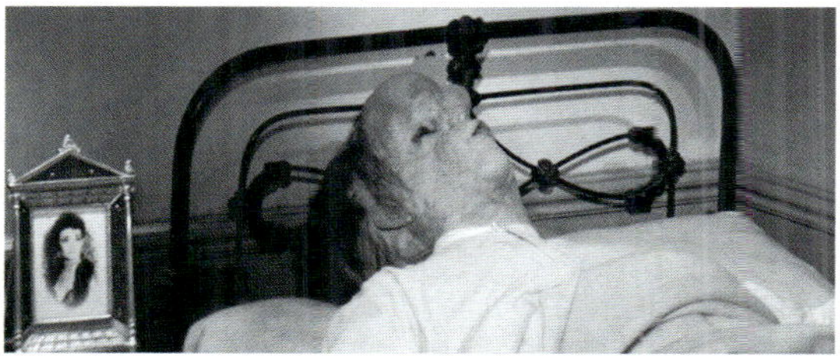

Photogramme 10 01:54:00
Séquence finale du film. Après avoir assisté au spectacle dans la loge de la princesse de Galles, John Merrick décide de dormir comme un homme, sachant que cette position lui sera fatale.

Questions

1. *C'est d'abord le regard qu'on porte sur lui qui fait le « monstre ».* En vous appuyant sur l'observation des photogrammes, expliquez cette remarque de l'historien et critique de cinéma, Frédéric Bas. Vous montrerez également que, chez certains personnages du film, le regard sur John Merrick change.
2. Comment David Lynch montre-t-il l'humanisation progressive du personnage, alors que son état physique l'éloigne de plus en plus des normes humaines ?
3. En analysant les photogrammes 6 et 7 d'une part, et 4 et 8 d'autre part (cadrage, lumière, place et position des personnages), expliquez comment les uns ne voient que l'horreur alors que d'autres découvrent sous la bête la beauté d'un cerveau intact.
4. Cherchez les définitions de « grotesque » et de « sublime ». Montrez comment, au-delà de l'humain, John Merrick, de la même façon que Quasimodo (► p. 364), passe du grotesque au sublime.
5. Au début du XIXᵉ siècle, la tératologie, étude des malformations congénitales, intéresse les scientifiques. Comment le film de David Lynch s'inscrit-il dans cette perspective ?
6. La fréquentation des autres nous transforme : en vous appuyant sur les personnages du médecin et de l'infirmière, développez cette thèse.
7. En vous appuyant sur le commentaire du dernier photogramme et sur l'humanisation progressive de John Merrick, expliquez son choix de s'allonger pour dormir. Quels traits de caractère et quels sentiments cela suppose-t-il ?

Synthèse John Merrick est tour à tour exhibé dans une baraque foraine par Bytes, dans sa chambre d'hôpital par le portier de nuit. Il est aussi présenté en amphithéâtre par le docteur Treves, et fréquenté par la société londonienne. En regardant le film, ici les photogrammes, nous-mêmes assistons à ces spectacles. Expliquez que nous avons affaire à une mise en abyme du regard.

Prolongement

Recherchez d'autres films ou romans évoquant des exhibitions d'êtres humains « hors normes ». Repérez-vous ces points communs et des différences avec *Elephant Man* ?

TEXTE 3

Primo Levi, *Si c'est un homme* (1947)

CONTEXTE

Dans la préface à *Si c'est un homme*, récit autobiographique où il témoigne de sa déportation au camp d'Auschwitz, Primo Levi dit avoir écrit son livre pour « fournir des documents à une étude dépassionnée de certains aspects de l'âme humaine. » L'arrivée au camp constitue un témoignage fort qui conduit à se demander comment les bourreaux ont pu accomplir leur tâche.

Après un voyage de quatre jours dans un train de marchandises parti de la ville italienne de Modène, sans nourriture et sans eau, dans le froid glacial de janvier 1944, 650 hommes, femmes et enfants juifs arrivent sur les quais du camp d'Auschwitz.

Et brusquement ce fut le dénouement. La portière s'ouvrit avec fracas ; l'obscurité retentit d'ordres hurlés dans une langue étrangère, et de ces aboiements barbares naturels aux Allemands quand ils commandent, et qui semblent libérer une hargne séculaire. Nous découvrîmes un large quai, éclairé par des projecteurs. Un peu plus loin, une file de camions. Puis tout se tut à nouveau. Quelqu'un traduisit les ordres : il fallait descendre avec les bagages et les déposer le long du train. En un instant, le quai fourmillait d'ombres ; mais nous avions peur de rompre le silence, et tous s'affairaient autour des bagages, se cherchaient, s'interpellaient, mais timidement, à mi-voix.

Une dizaine de SS, plantés sur leurs jambes écartées, se tenaient à distance, l'air indifférent. À un moment donné, ils s'approchèrent, et sans élever la voix, le visage impassible, ils se mirent à interroger certains d'entre nous en les prenant à part, rapidement : « Quel âge ? En bonne santé ou malade ? » et selon la réponse, ils nous indiquaient deux directions différentes.

Tout baignait dans un silence d'aquarium, de scène vue en rêve. Là où nous nous attendions à quelque chose de terrible, d'apocalyptique, nous trouvions, apparemment, de simples agents de police. C'était à la fois déconcertant et désarmant. Quelqu'un osa s'inquiéter des bagages : ils lui dirent « bagages, après » ; un autre ne voulait pas quitter sa femme : ils lui dirent « après, de nouveau ensemble » ; beaucoup de mères refusaient de se séparer de leurs enfants : ils leur dirent « bon, bon, rester avec enfants ». Sans jamais se départir de la tranquille assurance de qui ne fait qu'accomplir son travail de tous les jours ; mais comme Renzo s'attardait un peu trop à dire adieu à Francesca, sa fiancée, d'un seul coup en pleine figure ils l'envoyèrent rouler à terre : c'était leur travail de tous les jours.

Traduction de Martine Schruoffeneger,

Questions

Vocabulaire

Relevez les passages de discours narrativisé : quel effet produit ce choix de discours ?

► Les discours rapportés, p. 530

La fin du voyage

1. Expliquez le paradoxe de la première phrase. Que laisse-t-elle supposer de la situation du narrateur et du récit ?
2. Montrez que le premier paragraphe s'organise chronologiquement au travers des perceptions des arrivants. Quelles sont celles qui dominent ?
3. Relevez les sujets des verbes conjugués du premier paragraphe et classez-les en deux groupes : selon quelles oppositions la scène s'organise-t-elle ? Quel sentiment domine ici ?

Sont-ils humains ?

4. Relevez les indices temporels qui organisent le deuxième paragraphe : selon quelle méthode les Allemands sélectionnent-ils les hommes ? Quels critères peuvent avoir permis à P. Levi de ne pas être envoyé à la mort ?
5. Primo Levi dit avoir voulu faire une « étude dépassionnée de l'âme humaine » ? Comment son écriture contribue-t-elle à ce projet ?

Synthèse Rédigez un paragraphe montrant comment le narrateur voit les Allemands.

ÉCHO DU XXe SIÈCLE

Art Spiegelman, *Maus* (1991)

Art Spiegelman est le fils d'un survivant du camp d'Auschwitz. Dans Maus*, il évoque les entretiens qu'il a eus dans les années 1970 avec son père et le récit que ce dernier a fait de sa vie de déporté. Vladek Spiegelman raconte ici son arrivée à Auschwitz avec sa femme Anja : les hommes et les femmes sont immédiatement séparés. Anja survivra elle aussi à la déportation mais se donnera la mort en 1968. Mala est la seconde femme de Vladek.*

Questions

1. Dites qui sont les trois groupes de personnages présents et comment ils sont représentés (visages, vêtements, attitudes, etc.).
2. Qu'est-ce qui rend la situation effrayante pour les déportés juifs ? Par quel moyen et auprès de qui l'un d'entre-deux tente-t-il d'avoir des informations sur ce qui les attend ?
3. Comment le lecteur peut-il partager leurs sensations et sentiments ?
4. À quel genre littéraire appartient cette bande dessinée ? Justifiez votre réponse. Comment l'auteur rend-il compte des deux temporalités de ce genre ?
5. À quels indices reconnaît-on la parole du père dans les deux temps de l'histoire ? Quels effets ses paroles provoquent-elles sur son fils ? Quels effets peuvent-elles produire sur le lecteur ?
6. Pourquoi avoir choisi le noir et blanc pour raconter cette histoire ? Quelles connotations accompagnent la figure du chat, celle de la souris et celle du cochon ? Qu'apporte, selon vous, le choix de représenter les personnages par des animaux ?

TEXTE 4

Fabrice Humbert, *L'Origine de la violence* (2009)

CONTEXTE

Fabrice Humbert, lui-même enseignant, met en scène dans son roman un jeune professeur qui enquête sur l'histoire de sa famille. Il veut résoudre l'énigme de la photo d'un déporté, découverte par hasard, dont la ressemblance avec son propre père l'impressionne. Mais c'est aussi l'occasion pour un narrateur qui se dit hanté par la violence et la peur, de tenter de comprendre « l'Origine de la violence ». Lors d'un voyage scolaire en Allemagne, le narrateur découvre avec ses élèves le camp de concentration de Buchenwald situé près de la ville historique de Weimar.

Je ne raconterai pas notre visite de Buchenwald. Je ne décrirai ni la plaine vide, ni les cellules de torture, ni les fours crématoires, ni la salle de la toise, où l'on faisait semblant de mesurer les prisonniers russes avant de leur éclater la tête d'une balle tirée par derrière. Nous avions lu, écouté, regardé. Tout cela en silence.

Et puis nous avions fait le tour d'un bâtiment au toit bas, emprunté un petit escalier qui descendait sous la terre, dans l'obscurité et là, nous avions découvert une large salle entièrement vide et glacée, avec des crochets suspendus à environ deux mètres au-dessus du sol, où l'on avait étranglé mille trois cents hommes.

Dans cette salle, brusquement, la vision de mon enfance s'imposa de nouveau. Pourquoi cette image me revint-elle à ce moment ? Pourquoi ce souvenir d'une bible illustrée ? Cette chute colorée d'un ange de feu[1] était liée à une réminiscence de Dante[2], référence qui pourra sembler inutilement érudite et déplacée mais qui me vint pourtant. Et le camp de Buchenwald m'apparut à ce moment comme une réserve de Mal, trou noir absorbant toutes les esquisses et les ébauches mauvaises gravitant dans l'univers. Bouche sombre, visqueuse, terrifiante, dévorant tous les hommes. Le point convergent du Mal absolu. Remontant les marches qui me menaient à l'air libre, loin de la salle à la fois étouffante et glacée, je me souvins très précisément de l'apparition de Satan devant le poète[3] à la fin de *L'Enfer* : la bête est immobile au plus profond des cercles de l'enfer, source et origine de la production du Mal. Monstre gigantesque, à trois têtes, avec des ailes de chauve-souris, « S'el fu sì bel com'elli è ora brutto / e contra 'l suo fattore alzò le ciglia / ben dee da lui procedere ogne lutto » ; « S'il fut aussi beau qu'il est laid à présent, et osa se dresser contre son créateur, il faut bien que tout mal vienne de lui ».

Des vers tristement applicables à notre continent ravagé et à l'Allemagne au premier chef, ce pays qui fut un laboratoire politique du XXe siècle, expérimentant tous les régimes avec une affreuse rapidité. Un château de cartes s'effondrant, renaissant.

Aussi peut-on penser que Buchenwald transforme les rues de Weimar en décor de théâtre, avec de simples façades de carton peintes en jaune et en vert, et fait des statues de Goethe et de Schiller[4] d'amusants jouets semblables aux soldats de plomb d'autrefois. Les discours des guides s'embarrassent de pâteux mensonges et de contes pour enfants. Mais en même temps, cette coexistence d'une grande pensée, d'un grand art et de ce qu'on a coutume d'appeler le Mal absolu est peut-être à l'image de l'Europe et en ce sens, elle n'est pas mensongère mais simplement révélatrice de notre histoire et de notre destin de civilisation brillante tourmentée par son péché mortel.

Ce fut pour moi la troisième et dernière chute de Satan, l'image-clef, à la fois enfantine et mythique, qui gouvernait le destin de notre continent comme l'histoire singulière que j'allais découvrir.

À chacun de trouver la source et le lieu du Mal. Il ne semble pas vain de le découvrir, de l'arracher et de faire place nette. Là est l'espoir des fous, l'illusion des crédules et des démagogues mais c'est aussi la lutte suprême.

1. Il s'agit de « l'ange déchu » qui, dans de nombreuses traditions religieuses, est banni du ciel pour s'être détourné de Dieu. Souvent nommé Lucifer ou Satan, il représente une figure du mal.
2. grand poète italien du XIVe siècle, auteur de la *Divine Comédie* dont « L'Enfer » constitue la première partie. L'enfer que le poète parcourt en compagnie de Virgile, cet autre grand poète de l'Antiquité romaine, est constitué de neuf cercles concentriques au fond desquels se trouve Satan.
3. Il s'agit là encore du poète Dante.
4. Les statues de Goethe et Schiller à Weimar célèbrent ces deux écrivains et humanistes allemands du XVIIIe siècle.

Lecture d'image

- Sous quelle figure « l'ange déchu » est-il représenté ?
- Quelles religions sont ici évoquées ?
- En quoi les dates de réalisation de l'œuvre sont-elles importantes ? Quelles évolutions le projet du peintre a-t-il pu subir ?
- Étudiez la composition du tableau : qu'est-ce qui est central ? Que représentent les éléments à la périphérie ? Comment les couleurs sont-elles distribuées ? Que symbolisent-elles ou soulignent-elles ? Dans quelle mesure cette toile de Chagall participe-t-elle à la question de « l'origine de la violence » ?

Marc Chagall, *La Chute de l'Ange* (1923-1934-1947), huile sur toile (147,5 x 188,5cm), Kunst museum de Bâle.

Questions

Figures de style

L'hypotypose est une figure qui « donne à voir » une scène comme un tableau, dans une description animée et vivante faisant appel au lexique de l'image, aux hyperboles, aux effets de rythmes, etc. Montrez que le passage l. 11 à 26 correspond à cette figure qui veut frapper l'imagination du lecteur.

Évocation du camp de Buchenwald

1. Quels lieux du camp sont évoqués ? Quel est le point commun de ces endroits ? Quels effets cette visite produit-elle sur les visiteurs ? Sur le lecteur ?
2. « *Je ne raconterai pas notre visite* », l. 1 : nommez cette figure de style. En quoi cette figure est-elle paradoxale ? Que traduit-elle ici selon vous ? Outre le futur, quel temps domine dans les deux premiers paragraphes ? Quelle est la valeur de ce temps ici ?
3. « *Nous avions lu, écouté, regardé. Tout cela en silence.* », l. 4-5 : étudiez par quels moyens le narrateur montre l'attitude du groupe lors de la visite.

Figures du mal

4. Étudiez les différentes représentations du mal qui sont évoquées en relevant le lexique et les figures de style qui leur sont associées : dans la Bible illustrée, dans le camp de Buchenwald, dans le texte de Dante.
5. Quelles sensations et quelles émotions ces évocations concentrent-elles ?
6. Comment comprenez-vous la citation de Dante ? En quoi offre-t-elle une explication de l'Origine du mal ? Pourquoi selon vous le narrateur l'a-t-il citée en italien puis traduite ?

Nouveau regard sur la ville

7. Comment la ville de Weimar apparaît-elle après la visite du camp ? Que traduit cette image ?
8. Quels domaines artistiques les grands écrivains cités représentent-ils ? Avec quoi cet univers artistique coexiste-t-il à Weimar et en Europe ?
9. Montrez comment la visite du camp conduit le narrateur à reconsidérer l'Histoire et le monde dans lequel il vit. Montrez aussi comment il invite son lecteur à partager son questionnement.

Synthèse Expliquez ce que représentent les diverses figures du monstre de cet extrait. Citez l'expression extraite du texte qui les englobe toutes.

Vers le bac **S'entraîner à la question sur le corpus**

En comparant les extraits de Primo Levi (► p. 372), d'Art Spiegelman (► p. 373) et de Fabrice Humbert, vous vous demanderez comment « chacun [d'eux tente] de trouver la source du mal », c'est-à-dire comment il s'interroge sur ce qui peut conduire l'homme à devenir une forme incarnée, monstrueuse du mal.

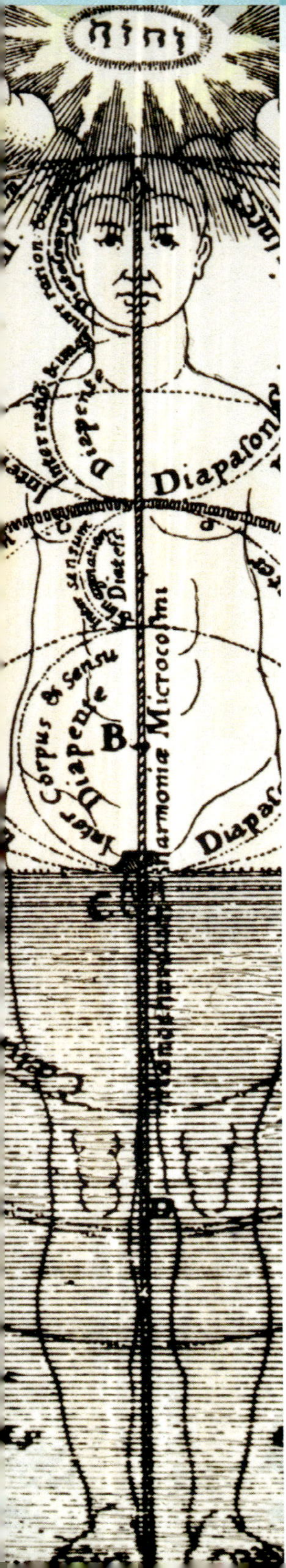

TEXTE 1

René Descartes, *Discours de la méthode* (1637)

Descartes, qui a écrit de nombreux essais scientifiques, démontre méthodiquement que le corps peut se mouvoir indépendamment de la volonté.

Ce qui ne semblera nullement étrange à ceux qui, sachant combien de divers *automates*, ou machines mouvantes, l'industrie des hommes peut faire, sans y employer que fort peu de pièces, à comparaison de la grande multitude des os, des muscles, des nerfs, des artères, des veines, et de toutes les autres parties qui sont dans le corps de chaque animal, considéreront ce corps comme une machine, qui, ayant été faite des mains de Dieu, est incomparablement mieux ordonnée et a en soi des mouvements plus admirables qu'aucune de celles qui peuvent être inventées par les hommes. Et je m'étais ici particulièrement arrêté à faire voir que, s'il y avait de telles machines qui eussent les organes et la figure extérieure d'un singe ou de quelque autre animal sans raison, nous n'aurions aucun moyen pour reconnaître qu'elles ne seraient pas en tout de même nature que ces animaux ; au lieu que, s'il y en avait qui eussent la ressemblance de nos corps, et imitassent autant nos actions que moralement il serait possible, nous aurions toujours deux moyens très certains pour reconnaître qu'elles ne seraient point pour cela de vrais hommes. Dont le premier est que jamais elles ne pourraient user de paroles ni d'autres signes en les composant, comme nous faisons pour déclarer aux autres nos pensées. Car on peut bien concevoir qu'une machine soit tellement faite qu'elle profère des paroles, et même qu'elle en profère quelques-unes à propos des actions corporelles qui causeront quelque changement en ses organes ; comme si on la touche en quelque endroit, qu'elle demande ce qu'on lui veut dire, si en un autre, qu'elle crie qu'on lui fait mal, et choses semblables ; mais non pas qu'elle les arrange diversement pour répondre au sens de tout ce qui se dira en sa présence, ainsi que les hommes les plus hébétés[1] peuvent faire. Et le second est que, bien qu'elles fissent plusieurs choses aussi bien ou peut-être mieux qu'aucun de nous, elles manqueraient infailliblement en quelques autres, par lesquelles on découvrirait qu'elles n'agiraient pas par connaissance, mais seulement par la disposition de leurs organes.

Cinquième partie, 1637.

1. diminués.

Questions

Essai de définition de l'homme

1. À quoi le corps de l'homme est-il comparé ? Expliquez.
2. Relevez les tournures comparatives employées. Qui, de l'homme ou de la machine, paraît l'emporter ? Justifiez.
3. Qu'est-ce qui distingue fondamentalement l'homme de la machine ?

Une démonstration

4. Descartes a recours à deux hypothèses pour montrer la singularité de l'homme. Retrouvez-les et expliquez-les.
5. Quels arguments donne-t-il pour prouver que l'homme ne peut être assimilé à une machine ? Par quels mots sont-ils introduits ?
6. Repérez les exemples du premier argument : quel mécanisme est ainsi montré ?
7. Quel élément constitutif de l'homme fait de lui un être à part ?

Synthèse Expliquez dans quelle mesure la machine peut concurrencer l'homme.

▸▸▸ *L'Homme universel ou cosmique*, gravure, début XVIIe siècle.

Villiers de l'Isle Adam, *L'Ève future* (1886)

CONTEXTE

En 1878, Edison présente son phonographe, instrument qui permet, selon une journaliste française de l'époque, « l'emmagasinement de la voix ». Il construit une « poupée parlante », jouet mécanique dans lequel on a introduit un phonographe. À la même époque, la physiologie, science expérimentale qui étudie le fonctionnement des organes du corps humain, cherche à mettre en évidence l'existence d'un fluide nerveux chez l'homme, qui serait comparable à l'électricité. Villiers se demande alors avec inquiétude s'il est possible à l'inventeur de fabriquer, comme Dieu, une créature.

Lord Ewald, déçu par la vulgarité de sa maîtresse, Alicia, songe au suicide. Edison a construit une « andréide », Hadaly, être mécanique animé par un procédé électro-magnétique. Il propose à son ami de donner à cette andréide les traits d'Alicia et une âme artificielle.

Film de Fritz Lang, *Metropolis*, 1926.

– On n'aime qu'un être animé ! dit Lord Ewald.

– Eh bien ? demanda Edison.

– L'âme, c'est l'inconnu ; animerez-vous votre Hadaly ?

– On anime bien un projectile d'une vitesse de *x* ; or, *x*, c'est l'inconnu, aussi.

– Saura-t-elle qui elle est ? ce qu'elle est, veux-je dire ?

– Savons-nous donc si bien, nous-mêmes, qui nous sommes ? et ce que nous sommes ? Exigerez-vous plus de la copie que Dieu n'en crut devoir octroyer à l'original ?

– Je demande si votre créature aura le sentiment d'elle-même.

– Sans doute ! répondit Edison comme très étonné de la question.

– Hein ? Vous dites ?... s'écria Lord Ewald, interdit.

– Je dis : sans doute ! – puisque ceci dépend de vous. Et c'est même sur vous seul que je me fonde pour que cette phase du miracle soit accomplie.

– Sur moi ?

– Sur quel autre, plus intéressé en ce problème, pourrais-je compter ?

– Alors, dit tristement Lord Ewald, veuillez bien m'apprendre, mon cher Edison, où je dois aller ravir une étincelle de ce feu sacré dont l'Esprit du Monde nous pénètre ! Je ne m'appelle point Prométhée[1], mais, tout simplement, Lord Celian Ewald, – et je ne suis qu'un mortel.

– Bah! tout homme a nom Prométhée sans le savoir – et nul n'échappe au bec du vautour, répondit Edison. Milord, en vérité je vous le dis[2] : une seule de ces mêmes étincelles, encore divines, tirées de votre être, et dont vous avez tant de fois essayé (toujours en vain !) d'animer le néant de votre jeune admirée, suffira pour en vivifier l'ombre.

Livre II, chap. VI, « Excelsior ».

1. figure de la mythologie grecque, fils du Titan Japet, Prométhée a pour ancêtres Gaia, la Terre, et Ouranos, le Ciel. Il déroba à son cousin Zeus la semence du feu afin d'en faire présent aux hommes. Pour le châtier, Zeus le fit enchaîner sur le Caucase, où un aigle venait ronger son foie.
2. locution souvent utilisée par Jésus dans les Évangiles.

Questions

Un débat scientifique ?

1. Observez les types de phrase, les modalisateurs et les interjections : que révèlent-ils des relations entre les deux personnages ? Quel personnage prend l'ascendant sur l'autre ?

2. Quel lien argumentatif unit les deux premières répliques de Lord Ewald ? Que veut-il démontrer à Edison ?

Une réflexion sur l'homme

3. Sur quelle répétition repose la réponse d'Edison : quelle analogie est établie ?

4. Expliquez l'allusion à Prométhée (l. 22) et déterminez les différents sens du mot « étincelles » (l. 26). Quel pouvoir Edison attribue-t-il à l'homme ?

Synthèse Dites si l'argumentation prend ici un caractère rationnel ou affectif.

Vocabulaire

Chercher l'étymologie commune aux mots « âme » et « animer » : quel double sens prennent ces mots dans le texte ?

ÉCHO DE L'ANTIQUITÉ

Platon, *Protagoras* (IVe s. av. J.-C.)

CONTEXTE

Le philosophe Platon considère que la seule véritable science est de nature spirituelle ; il méprise les techniques, parce qu'elles détournent l'homme de la recherche du bien. Dans le dialogue intitulé *Protagoras*, il met en scène un sophiste, c'est-à-dire un professeur qui enseigne l'art de la parole et la foi dans le progrès. Les sophistes considèrent que la technique est le fondement de la civilisation.

Le sophiste Protagoras reprend ici un mythe raconté au VIIIe siècle avant J.-C. par le poète grec Hésiode, qui faisait de Prométhée l'artisan des malheurs de l'humanité.

« Il fut un temps où les dieux existaient, mais où les races mortelles n'existaient pas. Lorsque fut venu le temps de leur naissance, fixé par le destin, les dieux les façonnent à l'intérieur de la terre, en réalisant un mélange de terre, de feu et de tout ce qui se mêle au feu et à la terre. Puis, lorsque vint le moment de les produire à la lumière, ils chargèrent Prométhée[1] et Épiméthée[2] de répartir les capacités entre chacune d'entre elles, en bon ordre, comme il convient. Épiméthée demande alors avec insistance à Prométhée de le laisser seul opérer la répartition : « Quand elle sera faite, dit-il, tu viendras la contrôler. » L'ayant convaincu de la sorte, il opère la répartition. Et dans sa répartition, il dotait les uns de force sans vitesse et donnait la vitesse aux plus faibles ; il armait les uns et, pour ceux qu'il dotait d'une nature sans armes, il leur ménageait une autre capacité de survie. À ceux qu'il revêtait de petitesse, il donnait des ailes pour qu'ils puissent s'enfuir ou bien un repaire souterrain ; ceux dont il augmentait la taille voyaient par là même leur sauvegarde assurée ; et dans sa répartition, il compensait les autres capacités de la même façon. Il opérait de la sorte pour éviter qu'aucune race ne soit anéantie ; après leur avoir assuré des moyens d'échapper par la fuite aux destructions mutuelles, il s'arrangea pour les prémunir contre les saisons de Zeus : il les recouvrit de pelages denses et de peaux épaisses, protections suffisantes pour l'hiver, mais susceptibles aussi de les protéger des grandes chaleurs, et constituant, lorsqu'ils vont dormir, une couche adaptée et naturelle pour chacun ; il chaussa les uns de sabots, les autres de peaux épaisses et vides de sang. Ensuite, il leur procura à chacun une nourriture distincte, aux uns l'herbe de la terre, aux autres les fruits des arbres, à d'autres encore les racines ; il y en a à qui il donna pour nourriture la chair d'autres animaux ; à ceux-là, il accorda une progéniture peu nombreuse, alors qu'à leurs proies il accorda une progéniture abondante, assurant par là la sauvegarde de leur espèce.

« Cependant, comme il n'était pas précisément sage, Épiméthée, sans y prendre garde, avait dépensé toutes les capacités pour les bêtes, qui ne parlent pas ; il restait encore la race humaine, qui n'avait rien reçu, et il ne savait pas quoi faire. Alors qu'il était dans l'embarras, Prométhée arrive pour inspecter la répartition, et il voit tous les vivants harmonieusement pourvus en tout, mais l'homme nu, sans chaussures, sans couverture, sans armes. Et c'était déjà le jour fixé par le destin, où l'homme devait sortir de terre et paraître à la lumière. Face à cet embarras, ne sachant pas comment il pouvait préserver l'homme,

1. un Titan (voir note 1, p. 377).
2. Étymologiquement, ce nom signifie « celui qui pense après » ; frère de Prométhée, « celui qui prévoit ».

Jan Cossiers, *Prométhée donne le feu aux hommes*, XVIIe s., musée du Prado, Madrid.

Prométhée dérobe le savoir technique d'Héphaïstos[3] et d'Athéna[4], ainsi que le feu – car, sans feu, il n'y avait pas moyen de l'acquérir ni de s'en servir –, et c'est ainsi qu'il en fait présent à l'homme. De cette manière, l'homme était donc en possession du savoir qui concerne la vie, mais il n'avait pas le savoir politique ; en effet, celui-ci se trouvait chez Zeus. Or Prométhée n'avait plus le temps d'entrer dans l'acropole où habite Zeus, et il y avait en plus les gardiens de Zeus, qui étaient redoutables ; mais il parvient à s'introduire sans être vu dans le logis commun d'Héphaïstos et d'Athéna, où ils aimaient à pratiquer leurs arts, il dérobe l'art du feu, qui appartient à Héphaïstos, ainsi que l'art d'Athéna, et il en fait présent à l'homme. C'est ainsi que l'homme se retrouva bien pourvu pour sa vie, et que, par la suite, à cause d'Épiméthée, Prométhée, dit-on, fut accusé de vol.

« Puisque l'homme avait sa part du lot divin, il fut tout d'abord, du fait de sa parenté avec le dieu, le seul de tous les vivants à reconnaître des dieux, et il entreprit d'ériger des autels et des statues de dieux ; ensuite, grâce à l'art, il ne tarda pas à émettre des sons articulés et des mots, et il inventa les habitations, les vêtements, les chaussures, les couvertures et les aliments qui viennent de la terre . »

3. dieu du feu.
4. déesse de la raison, elle préside aux activités de l'intelligence pratique et théorique.

Traduction de Frédérique Ildefonse, © Flammarion, 1997.

Questions

Grammaire

Analysez la forme verbale *« il fut un temps »* l. 1 : de quel genre littéraire peut-on rapprocher ce récit ?

Un récit des origines

1. Quelles époques successives sont évoquées ici ?
2. Construisez un schéma pour présenter les différents personnages et leur rôle : quelle force a décidé de la naissance des créatures mortelles ? Quels êtres se mettent au service de cette force ?

Deux frères

3. Quel groupe prépositionnel, au début du deuxième paragraphe, désigne l'état dans lequel se trouve l'homme après le partage d'Épiméthée ? Quel trait de caractère est ainsi souligné chez chacun des frères ?
4. Quel ordre Épiméthée et Prométhée ont-ils reçu ? Ont-ils tous les deux obéi ?

Une vision humaniste

5. À quel temps sont conjugués les verbes d'action qui ont Prométhée pour sujet ? Quelle est la valeur de ce temps ici ? Quel aspect de l'action du Titan est souligné ?
6. Quels termes répétés désignent les dons faits aux espèces vivantes par Épiméthée et aux hommes par Prométhée ?
7. À qui appartiennent les qualités données à l'homme ? Quels pouvoirs lui ont ainsi été offerts ?

► Modes, temps et valeurs p. 524

8. Ce récit de création fait-il de l'homme un animal comme les autres ? Quel but poursuit le sophiste qui s'exprime ici ?

Vers le bac S'entraîner à la question sur corpus

Étudiez les textes de Villiers de l'Isle Adam (► p. 377), Platon et David Le Breton (► p. 384) : Prométhée peut-il être considéré comme le bienfaiteur de l'humanité ?

ÉCHO EUROPÉEN

Mary Shelley, *Frankenstein ou le Prométhée moderne* (1818)

CONTEXTE

Le roman de Mary Shelley appartient au genre du roman gothique anglais, nommé en France « roman noir », qui naît au XVIIIe siècle à la suite d'œuvres comme celle de Lewis, *Le Moine*. Héritier du roman d'aventures, il se nourrit des réflexions sur les relations entre les criminels et leurs victimes. La monstruosité des actes racontés contribue à amplifier la terreur causée par les lieux évoqués ou les disparitions inquiétantes. Le romantisme anglais, antérieur au mouvement français, s'empare de ces ingrédients.

Victor Frankenstein entreprend le récit de ses aventures. Il manifeste très tôt son goût pour la science.

C'est dans ces sentiments que je me mis à créer un être humain. Comme la petitesse de ses diverses parties constituait un grave obstacle à la rapidité de mon travail, je résolus, contrairement à mon intention première, de lui donner une stature gigantesque, c'est-à-dire d'environ huit pieds[1] de hauteur, et d'une largeur proportionnée. Après avoir pris cette décision, et passé plusieurs mois à rassembler et disposer convenablement mes matériaux, je commençai mon œuvre.

Nul ne peut concevoir les sentiments variés qui me poussaient en avant, tel un ouragan, dans le premier enthousiasme du succès. La vie et la mort m'apparaissaient comme des limites idéales que je devrais d'abord franchir pour déverser sur notre monde ténébreux un torrent de lumière. Une espèce nouvelle bénirait en moi son créateur et sa source ; c'est à moi que devraient l'existence des quantités de natures heureuses et bonnes : nul père ne pourrait mériter la reconnaissance de son enfant comme je mériterais la leur. Poursuivant ces réflexions, je me disais que s'il m'était donné d'animer la matière inerte, je pourrais avec le temps (bien que cela me semblât encore impossible), renouveler la vie lorsque la mort avait apparemment livré le corps à la corruption.

Ces pensées soutenaient mon courage, tandis que je poursuivais mon entreprise avec une ardeur sans défaillance. L'étude avait pâli ma joue, l'absence d'exercice avait amaigri mon corps. Parfois, au bord même de la certitude, je n'aboutissais pas ; et pourtant je n'abandonnais pas un espoir que le jour ou l'heure suivante réaliserait peut-être. L'unique secret que je possédais, était l'espoir auquel je m'étais consacré ; et la lune contemplait mes labeurs nocturnes, tandis que, dans la constance et l'essoufflement de l'impatience, je poursuivais la nature jusque dans ses cachettes. Qui concevra les horreurs de mon travail secret, tandis que je tâtonnais, profanant l'humidité des tombes, ou torturais l'animal vivant pour animer l'argile inerte ? Ce souvenir fait aujourd'hui trembler mes membres et trouble mon regard ; mais alors une impulsion irrésistible et presque frénétique me poussait en avant ; toute mon âme, toutes mes sensations ne semblaient plus exister que pour cette seule recherche. Celle-ci n'était plus, à vrai dire, qu'une extase isolée, qui ne faisait que renouveler l'intensité de mes sentiments dès qu'en l'absence de ce stimulant étrange je reprenais mes anciennes habitudes. Je ramassais des ossements dans les charniers, et mes doigts profanes troublaient les mystères de l'édifice humain. C'était dans une pièce, ou plutôt dans une cellule solitaire, en haut de la maison, et séparée de tous les autres appartements par une galerie et un escalier, que j'avais établi mon atelier d'immonde création ; mes yeux sortaient de leurs orbites devant les détails de mon œuvre. La salle de dissection et l'abattoir me fournissaient une grande partie de mes matériaux ; et mainte fois mon humanité se détourna avec écœurement de mon œuvre, au moment même où sous l'aiguillon d'une curiosité sans cesse croissante, j'étais sur le point d'aboutir.

1. unité de mesure.

Lecture d'image

- Décrivez les personnages, leur position. Dans quelle mesure la créature vous paraît-elle humaine ?
- Qu'est-ce qui contribue à amplifier l'aspect fantastique de la rencontre entre Frankenstein et sa créature ?

Boris Karloff (la créature) et Colin Clive dans *Frankenstein*, film réalisé par James Whale.

Un être repoussant a été créé, dont la monstruosité physique égale la noirceur de l'âme. Devenu criminel, il retrouve son créateur et lui adresse cette supplique.

[…] « Je te prie de m'écouter, avant de te livrer à la haine qui t'anime contre ma tête sacrifiée. N'ai-je donc pas assez souffert, pour que tu cherches encore à accroître mon malheur ? La vie, bien qu'elle ne soit pour moi qu'une accumulation d'angoisses, m'est chère, et je la défendrai. Souviens-toi, tu m'as fait plus puissant que toi-même ; ma taille est plus grande, mes articulations plus souples. Mais je ne serai pas tenté de m'opposer à toi. Je suis ta créature, et j'irai jusqu'à obéir doucement et docilement à mon maître et à mon roi naturel, si tu veux aussi t'acquitter de ton rôle, de ton devoir envers moi. Oh ! Frankenstein, ne sois pas équitable à l'égard de tout autre être, pour me fouler seul aux pieds, moi à qui sont dues ta justice, et même ta clémence et ton affection. Souviens-toi ! je suis ta créature ; je devrais être ton Adam ; mais je suis bien plutôt l'ange déchu que tu chasses loin de la joie, bien qu'il n'ait pas fait le mal. Partout je vois le bonheur, et j'en suis irrévocablement privé. J'étais bienveillant et bon ; la misère a fait de moi un démon. Rends-moi la joie, et je redeviendrai vertueux. »

Chapitres IV et X, traduction de Germain d'Hangest, 1818.

Questions

Grammaire

Lignes 10 à 14 : expliquez l'emploi du conditionnel.

► Modes, temps et valeurs, p. 524

Le récit de la création

1. Comment Victor Frankenstein justifie-t-il sa création ?
2. Quels sentiments agitent le créateur ? Relevez une comparaison significative.
3. Montrez que l'atmosphère fantastique dans laquelle se déroule la création s'accompagne d'un jugement moral. Observez le troisième paragraphe et les procédés stylistiques employés.
4. Pourquoi Victor Frankenstein peut-il être accusé de démesure ? Montrez que cette critique est sous-jacente.

Le plaidoyer de la créature

5. Que demande la créature à Frankenstein ? Justifiez.
6. Quels sont ses arguments ? Quel plan son argumentation suit-elle ?
7. La créature cherche-t-elle à convaincre ou à persuader Frankenstein ? Justifiez votre réponse, en relevant notamment les procédés stylistiques remarquables.
8. La créature vous semble-t-elle humaine ou inhumaine ? Expliquez.

Émile Zola, *Le Docteur Pascal* (1893)

► Biographie p. 636

CONTEXTE

À partir des années 1850, les romanciers s'intéressent à la physiologie (► Contexte, p. 377). Zola transpose cette méthode scientifique dans ses romans naturalistes. Il fait du fonctionnement des organes la cause des actions des hommes. Il se passionne pour l'hérédité, science qui essaie d'expliquer la dégénérescence familiale. Un débat naît alors : la science peut-elle remplacer la religion ?
► Le Naturalisme, p. 35

Le Docteur Pascal *conclut « Les Rougon-Macquart », cycle romanesque dont Zola a voulu faire le « poème de l'hérédité ». Le personnage principal, après s'être livré à l'étude du fœtus, en est venu à s'interroger sur la conception et sur l'hérédité.*

En somme, le docteur Pascal n'avait qu'une croyance, la croyance à la vie. La vie était l'unique manifestation divine. La vie, c'était Dieu, le grand moteur, l'âme de l'univers. Et la vie n'avait d'autre instrument que l'hérédité, l'hérédité faisait le monde ; de sorte que, si l'on avait pu la connaître, la capter pour disposer d'elle, on aurait fait le monde à son gré. Chez lui, qui avait vu de près la maladie, la souffrance et la mort, une pitié militante de médecin s'éveillait. Ah ! ne plus être malade, ne plus souffrir, mourir le moins possible ! Son rêve aboutissait à cette pensée qu'on pourrait hâter le bonheur universel, la cité future de perfection et de félicité, en intervenant, en assurant de la santé à tous. Lorsque tous seraient sains, forts, intelligents, il n'y aurait plus qu'un peuple supérieur, infiniment sage et heureux. Dans l'Inde, est-ce qu'en sept générations, on ne faisait pas[1] d'un soudra[2] un brahmane[3], haussant ainsi expérimentalement le dernier des misérables au type humain le plus achevé ? Et, comme, dans son étude sur la phtisie[4], il avait conclu qu'elle n'était pas héréditaire, mais que tout enfant de phtisique apportait un terrain dégénéré où la phtisie se développait avec une facilité rare, il ne songeait plus qu'à enrichir ce terrain appauvri par l'hérédité, pour lui donner la force de résister aux parasites, ou plutôt aux ferments destructeurs qu'il soupçonnait dans l'organisme, longtemps avant la théorie des microbes. Donner de la force, tout le problème était là ; et donner de la force, c'était aussi donner de la volonté, élargir le cerveau en consolidant les autres organes.

1. Dans certaines religions de l'Inde, l'âme migre après la mort ; elle peut régresser ou être promue. – 2. artisan ou laboureur (dernière caste sociale de l'Inde). Il est considéré comme impur. – 3. prêtre (première caste sociale de l'Inde). Il est considéré comme sacré. – 4. la tuberculose.

Léon Augustin Lhermite,
La Leçon de Claude Bernard, 1889, huile sur toile, Académie de Médecine Paris.

Figure de style

Lignes 1-3 : *« à la vie. La vie…. La vie… Et la vie »* : nommez ces figures de style. Interprétez-les.
► p. 576-577

Questions ► La description, p. 546

Un médecin passionné

1. Observez le lexique de la médecine : quelles sont les préoccupations du docteur Pascal ? Quelles spécialités médicales sont évoquées ?
2. Observez les temps et les types de phrases : quelle focalisation est adoptée ici ?
3. Quelles formes les négations prennent-elles ? Que révèlent-elles du caractère et des intentions du docteur Pascal ?

Le *credo* d'un idéaliste

4. Étudiez la formule *« une pitié militante de médecin »*, l. 6 : les convictions et les aspirations du docteur Pascal sont-elles de nature exclusivement scientifiques ?
5. Sur quels types de raisonnements reposent la pensée du personnage et son activité médicale ?

Synthèse Montrez comment ce texte parvient à associer science et morale.

Vers le bac S'entraîner au commentaire

Vous rédigerez un axe de commentaire dans lequel vous montrerez que le personnage du Docteur Pascal est l'instrument d'une réflexion sur le perfectionnement de l'homme.

ÉCHO EUROPÉEN

Aldous Huxley, *Le Meilleur des mondes* (1932)

CONTEXTE

L'eugénisme est un concept, qui, d'après son étymologie, cherche à rendre toute « naissance » (du grec *génos*) « bonne » (préfixe *eu*). Deux pratiques eugéniques visent cet objectif : en ôtant en amont tout gêne héréditaire défaillant ou en sélectionnant, dans les gênes, ceux qui sont jugés avantageux. Le procédé Bokanovsky évoqué dans le texte est un système eugénique dans la mesure où il conduit à standardiser les hommes.

Au début de cette contre-utopie, des étudiants visitent le « Centre d'incubation et de conditionnement de Londres-Central », accompagné du directeur. Ils arrivent à la salle de Fécondation et observent le processus.

Mark Stevenson, *A lone android with a human flesh colored face amongst a crowd of robots.*

En deux, en quatre, en huit, les bourgeons bourgeonnaient à leur tour ; puis, ayant bourgeonné, ils étaient soumis à une dose d'alcool presque mortelle ; en conséquence, ils proliféraient de nouveau, et, ayant bourgeonné, on les laissait alors se développer en paix, bourgeons des bourgeons des bourgeons, – tout nouvel arrêt de croissance étant généralement fatal. À ce moment, l'œuf primitif avait de fortes chances de se transformer en un nombre quelconque d'embryons compris entre huit et quatre-vingt-seize, « ce qui est, vous en conviendrez, un perfectionnement prodigieux par rapport à la nature. Des jumeaux identiques, mais non pas en maigres groupes de deux ou trois, comme aux jours anciens de reproduction vivipare[1], alors qu'un œuf se divisait parfois accidentellement ; mais bien par douzaines, par vingtaines, d'un coup. »

– Par vingtaines, répéta le Directeur, et il écarta les bras, comme s'il faisait des libéralités à une foule. Par vingtaines.

Mais l'un des étudiants fut assez sot pour demander en quoi résidait l'avantage.

– Mon bon ami ! le Directeur se tourna vivement vers lui, vous ne voyez donc pas ? Vous ne voyez pas ? Il leva la main ; il prit une expression solennelle. Le Procédé Bokanovsky est l'un des instruments majeurs de la stabilité sociale !

Instruments majeurs de la stabilité sociale[2].

Des hommes et des femmes conformes au type normal ; en groupes uniformes. Tout le personnel d'une petite usine constitué par les produits d'un seul œuf bokanovskifié.

– Quatre-vingt-seize jumeaux identiques faisant marcher quatre-vingt-seize machines identiques ! – Sa voix était presque vibrante d'enthousiasme. – On sait vraiment où l'on va. Pour la première fois dans l'histoire. – Il cita la devise planétaire : « Communauté, Identité, Stabilité. » Des mots grandioses. Si nous pouvions bokanovskifier indéfiniment, tout le problème serait résolu.

Chapitre I, traduction de Jules Castier, © Plon

1. espèce dont le développement embryonnaire s'effectue dans le ventre de la mère.
2. Les italiques traduisent les notes prises par les étudiants.

Questions

Un modèle de société ?

1. Que deviennent les « jumeaux identiques », l. 12 ? Quels bienfaits la société semble-t-elle retirer du clonage ?
2. Par quels procédés oratoires le Directeur persuade-t-il son auditoire ?
3. Dans quelle mesure les étudiants font-ils preuve d'esprit critique ? Justifiez.
4. Quelles critiques pourrait-on formuler contre ce modèle de société ?

Grammaire

Observez les connecteurs temporels et indiquez les étapes du clonage.

David Le Breton, « La cyborgisation de l'homme » (1990)

PJ Crook, *Tin God*, 2003, acrylique sur toile et bois (127 x 127 cm), Collection privée.

David Le Breton, professeur d'université, constate que la médecine contemporaine cherche à « reconstruire l'homme » afin de l'« améliorer ». Les efforts de la génétique, de la chirurgie, de l'informatique, suscitent chez certains l'espoir de franchir une nouvelle étape dans la « cyborgisation[1] de l'homme ».

La réification[2] de l'homme entraîne logiquement l'humanisation de l'ordinateur avec un renversement radical de valeur. Tout ce qui éloigne l'homme de la machine est une insupportable indignité. Mais tout ce qui rapproche par métaphore ou comparaison la machine de l'homme est porté à son crédit avec la conviction que l'homme est désormais dépassé et que ses jours sont comptés. Le rejet de la condition humaine dans l'autodénigrement[3] se fait à travers le procès de la chair : l'homme est une créature physiquement imparfaite pour les impératifs de performance, de rendement, d'efficacité, de vitesse, de communication, etc. qui régissent une part de nos sociétés contemporaines. Il ne s'agit jamais d'améliorer le goût de vivre des hommes, mais toujours de l'argument d'autorité soulignant la pauvreté de l'enracinement corporel de l'homme dans un monde de compétition, de vitesse, de communication. Pour d'autres, il est surtout une intolérable limite posée à une volonté d'auto-engendrement et à la toute-puissance de la pensée.

Nombre de démarches de la technoscience[4] envisagent le corps à la manière d'une esquisse à corriger ou même à éliminer de fond en comble à cause de son imperfection. L'homme se sent indigne face à la perfection complaisamment prêtée à la technique. « S'il veut se fabriquer lui-même, écrit Gunther Anders[5], ce n'est pas parce qu'il ne supporte plus rien qu'il n'ait fabriqué lui-même, mais parce qu'il refuse d'être quelque chose qui n'a pas été fabriqué ; ce n'est pas parce qu'il s'indigne d'avoir été fabriqué par les autres (Dieu, des divinités, la nature), mais parce qu'il n'est pas fabriqué du tout et que, n'ayant pas été fabriqué, il est de ce fait inférieur à ses produits. » Anders parle d'une « honte prométhéenne », et déjà, en 1956, il observe les prémices du malaise de nombre d'hommes devant « l'humiliante qualité des choses qu'il a lui-même fabriquées ».

Anthropologie du corps et modernité, © PUF.

1. individu pourvu d'une prothèse mécanique ou électronique.
2. transformation en chose.
3. fait de se peindre soi-même sous des traits déplaisants.
4. coopération entre scientifiques et ingénieurs.
5. philosophe autrichien du XXe siècle. Il voit dans les manipulations génétiques les signes d'une révolution industrielle : l'homme se produit lui-même par des moyens artificiels et se réduit à l'état de machine.

Figure de style

« Tout ce qui éloigne l'homme de la machine… Mais tout ce qui rapproche par métaphore ou comparaison la machine de l'homme », l. 2-4 : quelles figures de style reconnaissez-vous ? Proposez une interprétation.

► p. 576-577

Questions

Une enquête méthodique

1. Quelle question est abordée ici ? Est-elle nouvelle ?
2. Dans quelle phrase apparaît la thèse défendue par l'auteur ? Sur quelles figures de style repose sa formulation ?
3. Étudiez les formules « il ne s'agit jamais de » (l. 11), « pour d'autres » (l. 14), ainsi que les signes de ponctuation du second paragraphe : quelle est la démarche de l'auteur ? Quelle est sa valeur ?
4. Quelle conjonction domine ici ? Comment fait-elle progresser l'argumentation ?

Analyse de la fragilité humaine

5. Relevez le lexique évaluatif : quelles réalités s'opposent dans le texte ? Comment l'homme se juge-t-il ?
6. Quels cheminements psychologiques conduisent l'homme à cette opinion ?
7. Quelle est la fonction argumentative de la citation, l. 19-26 ?

Synthèse Montrez comment est exposée ici la complexité des rapports entre l'homme et la machine.

ÉCHO AMÉRICAIN

Isaac Asimov
Les Robots (1950)

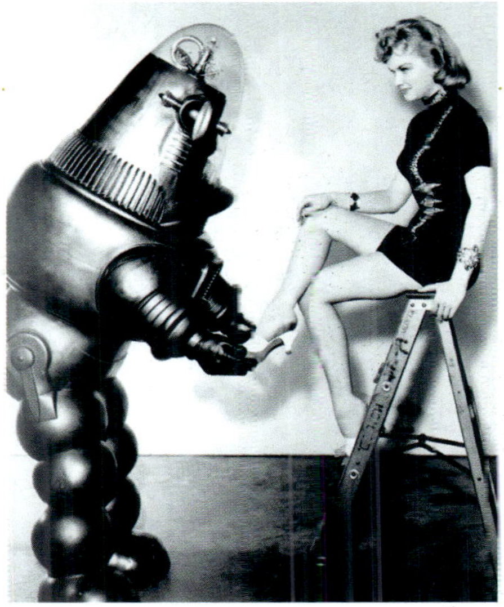
Planète interdite, film réalisé par Fred M. Wolcox en 1956.

CONTEXTE

La science-fiction fait partie de la littérature de fiction romanesque, mais reste dans une perspective réaliste : elle s'appuie sur quelques données issues du savoir actuel, et s'insère dans un contexte scientifique qu'elle reprend et extrapole, et ce, depuis la première révolution industrielle, avec les romans de Jules Verne. Le lecteur est amené à confronter l'univers des personnages de science-fiction à son propre monde.

Asimov fait l'historique des histoires de création, depuis Frankenstein *de Shelley, et il montre, dans la préface des* Robots*, qu'au XX*e *siècle, à la suite des Guerres mondiales, la science effraie.*

Dans les années 1930, je devins lecteur de science-fiction et je me lassai rapidement de cette histoire inlassablement répétée. Puisque je m'intéressais à la science, je me rebellai contre cette interprétation purement faustienne[1] de la science.

Le savoir a ses dangers, sans doute, mais faut-il pour autant fuir la connaissance ? Sommes-nous prêts à remonter à l'anthropoïde[2] ancestral et à renier l'essence même de l'humanité ? La connaissance doit-elle être au contraire utilisée comme une barrière contre le danger qu'elle suscite ?

En d'autres termes, Faust doit affronter Méphistophélès, mais *il ne doit pas nécessairement être vaincu par lui.*

On munit le couteau d'un manche pour pouvoir le manipuler sans crainte, on adjoint une rambarde à l'escalier, on isole le fil électrique, on pourvoit l'autocuiseur de sa soupape de sûreté – dans tout ce qu'il crée, l'homme cherche à réduire le danger. Il arrive que la sécurité obtenue reste insuffisante en raison des limitations imposées par la nature de l'univers ou celle de l'esprit humain. Néanmoins, l'effort a été fait.

Considérons le robot simplement comme un dispositif de plus. Il ne constitue pas une invasion sacrilège du domaine du Tout-Puissant, ni plus ni moins que le premier appareil venu. En tant que machine, un robot comportera sans doute des dispositifs de sécurité aussi complets que possible. Si les robots sont si perfectionnés qu'ils peuvent imiter le processus de la pensée humaine, c'est que la nature de ce processus aura été conçue par des ingénieurs humains qui y auront incorporé des dispositifs de sécurité. Celle-ci ne sera peut-être pas parfaite. (Mais la perfection est-elle de ce monde ?) Cependant elle sera aussi complète que les hommes pourront la réaliser.

Préface, traduction de Pierre Billon, 1950, © J'ai lu, 1976.

1. Faust : alchimiste ayant vendu son âme à Méphistophélès, le diable, pour obtenir la satisfaction de ses désirs terrestres.
2. nom formé sur le grec *anthropos*, « l'homme », et *eidos*, « forme, aspect » : qui a l'apparence d'un homme.

Questions

Les dangers de la science

1. Expliquez l'expression « *interprétation purement faustienne de la science* », l. 5. Trouvez dans le dernier paragraphe une formule exprimant la même idée. L'auteur partage-t-il cette opinion ?
2. Observez le type de phrase, l. 7-11 : quelles idées s'opposent ? Quelle est l'opinion de l'auteur ?
3. Dans le quatrième paragraphe, quel est le type de raisonnement employé ?
4. Le robot peut-il remplacer l'homme ?

Une préface

5. Quelle place tient ici la parole personnelle de l'auteur ? Justifiez.
6. Pourquoi les précédentes œuvres de science-fiction sont-elles citées ?
7. Quel rapport cette argumentation entretient-elle avec le projet d'écriture de l'auteur ? Quel horizon d'attente cette préface crée-t-elle chez le lecteur ?
8. L'auteur manifeste-t-il une confiance illimitée envers la science ? Justifiez.

Prolongement

Cherchez différentes reprises du mythe de Faust, dans différents arts. Comment se termine l'œuvre de Goethe ? Quelle leçon tire-t-on de l'épilogue ?

CINÉMA • L'HOMME ARTIFICIEL AU CINÉMA

DAVID CRONENBERG, *EXISTENZ* (1999)

Réalisation : David Cronenberg
Scénario : David Cronenberg
Interprétation : Jennifer Jason Leigh : Allegra Geller ; Jude Law : Ted Pikul
Musique : Howard Shore

Synopsis : *Allegra Geller a inventé une nouvelle génération de jeux, dont la console organique, le biopod, se connecte directement au système nerveux des joueurs au travers d'un « bioport », trou percé à la base du dos des joueurs. Lors d'une séance de présentation du jeu* eXistenZ*, un résistant, opposé à la technologisation de l'homme, cherche à la tuer. Un jeune étudiant en marketing, Ted Pikul, sauve la vie d'Allegra. Une poursuite effrénée s'engage…*

Photogrammes 1 à 4

scène d'introduction : le lancement du nouveau jeu dans une église.

Photogramme 1 00:04:50
Allegra Geller demande à des volontaires (12) de venir tester le jeu en promettant des sensations jamais éprouvées alors.

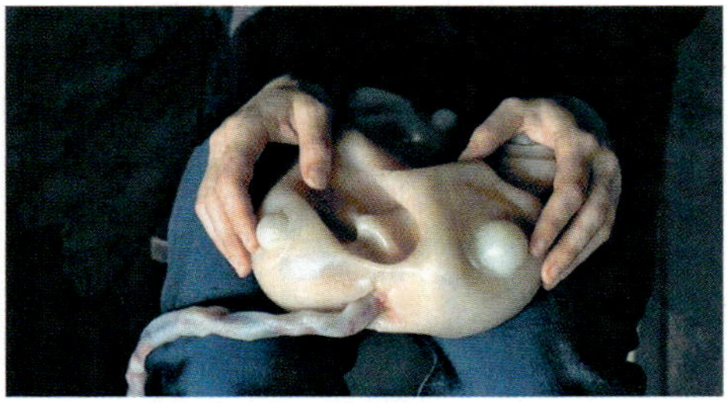

Photogramme 2 00:06:39
Le nouveau « biopod » est une console de jeu organique qui se branche sur le joueur à l'aide de « l'ombilicâble ». Il est réalisé à partir d'ADN de batraciens mutants.

Photogramme 3 00:06:54
Comme lors de la Cène, douze disciples et la prêtresse communient. Ils entrent dans la même partie de jeu puisqu'ils sont tous reliés à Allegra par leur « biopod ».

Photogramme 4 00:09:37
Après l'attaque par un résistant, Pikul, étudiant chargé de sauver Allegra, délaisse son détecteur de métaux pour prendre le *gristle gun*, pistolet constitué d'os et de tendons, avec lequel le résistant a tiré sur Allegra.

Photogramme 5 00:22:29
Allegra et Pikul, lors de leur fuite, s'arrêtent à une station-service où il est possible de se faire poser un « bioport » pirate car Pikul n'est pas « branché ».

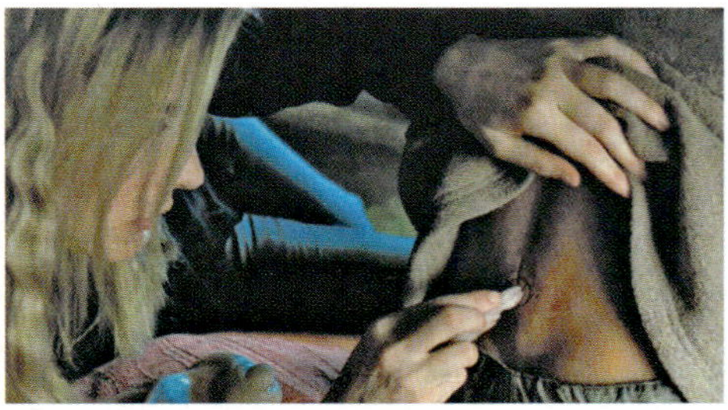

Photogramme 6 00:37:53
Allegra opère le branchement de « l'ombilicâble » sur le « bioport » de Pikul, afin de tester le jeu.

Photogramme 7 01:15:08
Entrelacement entre plusieurs univers : le jeu (incendie) contamine l'espace imaginé comme réel, l'intérieur d'un chalet où Allegra et Pikul ont trouvé refuge.

Photogramme 8 01:23:48
À la fin d'une guerre entre résistants et partisans du jeu eXistenZ, Allegra est victorieuse. Elle subit une transformation : sa tête et sa main gauche sont équipées de prothèses. Le spectateur comprend que la réalité est encore ailleurs.

Photogramme 9 01:26:24
Séquence finale : la scène se déroule dans l'église du début. La réalité nous montre des joueurs qui échangent sur l'expérience qu'ils viennent de vivre. Pas de « bioport » ni « biopod » mais des prothèses du photogramme 8.

Photogramme 10 01:30:00
Le retour à la réalité, image finale du film. Les joueurs Allegra et Pikul s'avèrent être des résistants. Ils suppriment l'inventeur du jeu et sa collaboratrice et braquent leurs armes sur le spectateur du film.

Questions

Outils pour la lecture d'images, p. 580

1. Cronenberg propose un film de science-fiction questionnant le courant littéraire « biopunk » de la fin des années 1990, dérivé du cyberpunk, lui-même sous-genre de la science-fiction dont les thèmes principaux sont les technologies du vivant. Relevez les indices qui montrent que c'est la biologie qu'il choisit comme moyen pour modifier l'homme. Analysez les éléments qui renvoient à la part de vivant biologique pour chaque accessoire, en particulier pour les **photogrammes 2, 4, 6**. À quelle technologie médicale fait-il allusion ?

2. Dans ce film, l'homme n'est pas seulement augmenté par le « biopod ». Que nous apprennent à ce sujet les **photogrammes 4, 8 et 10** ?

3. **Photogrammes 1** (dans le jeu) **et 9** (dans la réalité) : montrez que les choix de cadrage et d'angle de vue font comprendre que le jeu interactif transforme Allegra Geller. Quelle augmentation subit-elle ?

4. Les **photogrammes 1, 5 et 10** présentent des décors d'une grande banalité. Expliquez comment ce choix crée l'ambiguïté d'un entrelacement entre réalité et virtualité. Quelle signification peut-on donner à ce choix ?

5. Dans la scène finale, retour à la réalité, les deux « héros » du jeu s'avèrent être des rebelles. Ils éliminent le concepteur du jeu et appellent à la révolte. Peut-on dire que ce film est un apologue ? Quelle en serait la morale ?

Prolongement

Le lancement commercial du jeu se passe dans une église ; Allegra est la grande prêtresse ; les ennemis sont appelés démons ; les lettres « isten », en minuscules au milieu du titre, signifient *Dieu* en hongrois. Expliquez pourquoi David Cronenberg choisit cette métaphore filée de la religion pour interroger la relation de l'homme au jeu interactif.

PERSPECTIVES PRESSE

Clonage et manipulations génétiques

CONTEXTE

La technique du clonage fait suite à une série de découvertes : en 1978, la première fécondation *in vitro* montre que la reproduction peut avoir lieu en dehors du corps. Le premier clonage animal est réalisé en 1996 en Angleterre : la brebis Dolly naît, issue du clonage de cellules adultes. En 2013, des chercheurs arrivent à reconstituer des cellules souches embryonnaires par clonage, ouvrant la voie au clonage humain. La loi de bioéthique de 2004 interdit explicitement le clonage humain reproductif et thérapeutique en France.

Alors que les progrès de la génétique humaine posent de multiples problèmes éthiques[1], les *start-up*[2] des biotechnologies et les multinationales de la pharmacie y voient déjà un nouvel Eldorado. [...] Pourtant, le génie génétique appliqué à l'homme pose des questions éthiques cruciales et non réglées, alors que la course au profit est déjà lancée.

Première question : celle du clonage humain, c'est-à-dire la reproduction d'un individu génétiquement identique à partir d'une de ses propres cellules. En donnant, à la mi-août, son feu vert à l'expérimentation du clonage d'embryons humains, le gouvernement britannique a franchi un pas historique. Certes, il n'est pas question de laisser se développer ces embryons cobayes jusqu'à la naissance d'un enfant. Les biologistes espèrent seulement réussir à cultiver des cellules humaines qu'ils pourront ensuite greffer sur des organes défaillants. Ils veulent aussi mieux comprendre des maladies comme le cancer, le diabète ou la maladie d'Alzheimer.

Mais ces travaux se rapprochent chaque jour un peu plus du clonage d'êtres humains à des fins reproductives – le scénario de science-fiction d'humains génétiquement déterminés. D'autant plus que, parallèlement, les tests sur l'embryon, qui permettent aujourd'hui la détection d'une anomalie génétique ou d'un handicap, permettront demain de connaître la couleur des yeux ou la tendance à l'obésité. Avec un risque croissant d'eugénisme[3] privé. En fonction de leur porte-monnaie, les parents pourraient également intégrer des « talents supérieurs » dans l'embryon. Dès à présent, de nombreux couples américains qui ont recours à l'insémination artificielle choisissent l'ovule ou le sperme du donneur en fonction de sa beauté ou de ses performances scolaires...

Daniel Aronssohn, « Biotechnologie : la ruée vers le génome », *Alternatives économiques* n° 184, septembre 2000.

1. liés à la morale. – 2. jeunes entreprises, innovantes dans leur domaine. – 3. pratique visant à faire naître des individus dont on a choisi les caractéristiques (santé, beauté, etc.).

Lecture d'image

Observez cette photographie : dans quelle mesure répond-elle à celle de Dolly (voir ci-contre) ? Que semble vouloir suggérer le photographe ?

Ian Wilmut, 1997.

Le monde apprend l'existence de la brebis Dolly, clonée, en 1997. Ian Wilmut est le scientifique qui, avec son équipe, a procédé au clonage qui a permis la naissance de la brebis Dolly, à Edimbourg en Écosse. Deux photographes, le Français Rémi Bénali et l'Américain Stephen Ferry, immortalisent l'événement la même année. La photographie est publiée dans le magazine américain *Life*, avant d'acquérir une certaine notoriété dans le monde. ▶

Dolly, photographie de Rémi Bénali et Stephen Ferry, assemblée digitalement par Steve Walkowiak, publiée dans le magazine *Life* en 1997.

Lecture d'image

- Cette photographie est un photomontage : expliquez en quoi consiste ce procédé. Pour quelle raison les photographes ont-ils choisi d'ajouter la mention « assemblée digitalement par Steve Walkowiak » ?
- Que symbolise le miroir ? Expliquez. Quelle atmosphère contribue-t-il à créer ?
- Observez le décor : délimitez les lignes principales et interprétez les choix des photographes (composantes du décor, place des animaux, de l'homme).
- Quelle place le scientifique occupe-t-il dans la photographie ? Que cherchent à montrer les photographes par sa présence ?
- Cette photographie vous paraît-elle informative ou possède-t-elle une dimension argumentative ? Justifiez votre réponse.

Questions

Grammaire
Quels sont les modes et temps du verbe « pourraient », l. 21 ? Quelle valeur a-t-il dans le texte ? ► **Modes, temps et valeurs, p. 524**

Les avancées de la science

1. Quels buts les scientifiques poursuivent-ils en expérimentant le clonage humain ?
2. Sont-ils conscients des dangers de la manipulation génétique ? Justifiez.
3. Repérez connecteurs temporels et temps verbaux. Quelle distinction l'auteur opère-t-il ? Ces temporalités sont-elles proches ou éloignées l'une de l'autre ?

Les dangers du clonage

4. Expliquez en quoi consistent les « problèmes éthiques » liés à la manipulation génétique auxquels l'article fait allusion, l. 1-3.
5. Quel est celui qui retient particulièrement l'attention de l'auteur ? Quels exemples donne-t-il ?

Un article argumentatif

6. Quel plan suit cet article ? Fondez votre réponse sur la structure en paragraphes et l'examen des liens logiques.
7. Que signifie l'expression « un nouvel Eldorado », l. 3 ? Quelle opinion de l'auteur révèle-t-elle ?
8. Par quels moyens rhétoriques l'auteur attire-t-il l'attention du lecteur sur les dangers de la manipulation génétique ?
9. L'énonciateur se met-il en avant dans ce débat d'idées ? Reliez sa présence ou son absence au genre du texte.
10. Montrez que cet article a une double visée : informative et argumentative.

Vers le bac S'entraîner à la dissertation

Pourquoi les articles de journaux sont-ils des instruments efficaces pour exprimer une opinion et la faire partager ?

SYNTHÈSE L'ARGUMENTATION INDIRECTE

Les œuvres littéraires ou artistiques qui ont pour ambition de transmettre un **enseignement** *ou un* **savoir** *sont dites «* **didactiques** *» (en grec, le verbe didaskô signifie « enseigner, instruire, apprendre »). Lorsqu'elles s'efforcent d'obtenir l'adhésion des esprits, elles sont également* **argumentatives**. *Prenant la forme d'une* **fiction**, *ces œuvres transmettent la leçon d'une façon* **indirecte** *: l'argumentation n'est pas séparée du récit, mais se confond avec lui. Elles sont le plus souvent des contes, des mythes, et se retrouvent dans tous les genres littéraires ou artistiques (roman, poésie, cinéma, bande dessinée, peinture, etc.)*

1 DES ŒUVRES FICTIVES : LE RECOURS À L'IMAGINAIRE

• Le recours au mythe, au récit légendaire, au conte, séduit le lecteur : à travers le fantastique ou le merveilleux, il reconnaît un univers culturel qui lui est familier. Ces récits substituent à des idées et à des abstractions des réalités concrètes qui les représentent.

• Les mondes dépeints dans les œuvres fictives sont des lieux séparés du reste du monde. Ils placent le personnage dans des situations étranges et le mettent à l'épreuve.

Ex. : La création morbide de Frankenstein, dans le roman de Mary Shelley, s'effectue dans une pièce à part, qui symbolise la sortie de l'humanité du personnage et suscite le rejet du lecteur. ► p. 380

• L'auteur, afin de délivrer un enseignement, peut être amené à transposer les situations présentées dans un autre univers, notamment animal.

Ex. : Art Spiegelman, dans *Maus*, choisit une représentation animale qui amplifie la faiblesse des déportés par rapport aux nazis. ► p. 373

2 LES RÉFÉRENCES AU RÉEL

Le lecteur est plongé dans un univers qu'il reconnaît et qu'il fait sien. Il est amené à partager la vie de personnages, à comparer leurs expériences avec les siennes, et à adopter leur point de vue.

Le jeu des points de vue : s'identifier aux personnages

Dans l'univers manichéen du conte, le personnage vertueux emporte l'approbation du lecteur. Dans le récit, le choix de la **focalisation interne** accentue la proximité du personnage et du lecteur qui se rallie à son opinion.

Ex. : Dans *Le Docteur Pascal* d'Émile Zola, le lecteur pénètre dans les pensées enthousiastes du personnage par le biais du discours indirect libre. ► p. 382

La forme dialoguée : confronter des idées

Les œuvres fictives s'attachent également à délivrer différentes opinions, transcrites sous la **forme dialoguée**. Les différents interlocuteurs confrontent leurs idées, s'interrogent, plaçant le lecteur en position d'arbitre.

Ex. : L'extrait du *Meilleur des mondes* d'Aldous Huxley rapporte les paroles du Directeur, enthousiaste face au clonage, devant un public d'étudiants désireux de connaître les bienfaits de cette technique.► p. 383

3 UNE RÉFLEXION SUR L'HOMME

Des personnages intemporels

Certaines figures peuvent être diversement interprétées selon les époques.

Ex. : Prométhée apparaît chez Hésiode comme bienfaiteur des hommes (VIIIe siècle av. J.-C.), mais aussi comme la source de leurs malheurs. Platon (*Protagoras*, IVe siècle) en fait l'agent du progrès humain, tandis que pour la littérature romantique au XIXe siècle (Mary Shelley, Villiers de l'Isle-Adam), il devient l'instrument d'une interrogation sur la détresse de l'homme et sur les progrès scientifiques.

Une portée universelle

Œuvre de fiction, le récit argumentatif tend à imiter le réel (*mimésis*). L'Homme, en tant qu'être susceptible d'évoluer, est soumis à différentes expériences qui suscitent la réflexion du lecteur. La représentation d'une altérité fictive constitue un laboratoire dans lequel l'humanité peut être examinée.

4 RÉCEPTION / INTERPRÉTATIONS

Interprétations psychologiques et morales

• Le conte, qui met en scène des personnages animés uniquement par des vertus et des vices, fait jouer des ressorts humains primordiaux. Mythes, récits légendaires et contes ouvrent devant l'esprit du lecteur des perspectives d'interprétation très nombreuses.

• La représentation du monstre, aux caractéristiques physiques ou morales différentes de la « norme », permet de soulever un grand nombre de questions relatives à l'homme. La représentation traditionnelle associe le « monstre » à la sauvagerie et à l'animalité.

Ex. : Le Cyclope de l'*Odyssée* est un cannibale impitoyable et impie. Il symbolise la brutalité. Dans *Maus*, les gardiens du camp d'Auschwitz sont peints sous les traits de cochons ou de félins aux dents acérées.

• Mais cette figure du monstre permet aussi de questionner le règne des apparences et de remettre en question les « différences » : sous une apparence monstrueuse se cache parfois une belle image de vertu.

Ex. : Le monstre suscite la défiance ou la peur dans *La Belle et la Bête* ; le rire, dans *Notre-Dame de Paris*. Quasimodo et la Bête sont pourtant des êtres sensibles et confiants. *La Belle et la Bête* célèbre la victoire du Bien sur le Mal.

Des questions éthiques

La littérature argumentative, qui traite de la question de l'Homme, explore les frontières de l'humain et de la matière, de la nature et de la science.

• Les œuvres de fiction à visée argumentative cherchent à attirer l'attention en présentant comme possibles les mondes, les situations ainsi créés.

Par exemple, les **utopies** décrivent des univers ordonnés, agencés soi-disant dans le but de rendre l'homme heureux.

Ex. : La contre-utopie du *Meilleur des mondes* d'Aldous Huxley présente une société en apparence ordonnée, où règne en réalité le totalitarisme. Le bien proclamé est un mensonge qui subordonne la vie à la politique et à l'économie. ► p. 383

• Edison, Frankenstein, le Docteur Pascal rêvent de faire le bonheur de l'homme ou de perfectionner l'humanité, en la rendant meilleure et immortelle. Mais ce « progrès » soulève des questions d'ordre moral et religieux. La fabrication d'un homme artificiel fait du créateur une sorte de « rival » de Dieu.

Ex. : Edison se présente comme un imitateur de Dieu ; la créature de Frankenstein se considère comme son « Adam » ; le Docteur Pascal essaie de « faire le monde à son gré ». Prométhée peut être le représentant d'une révolte humaine contre les dieux.

Ex. : L'évolution de la créature dans le *Frankenstein* de Mary Shelley, créature morbide, meurtrière mais capable d'émouvoir son créateur, invite à s'interroger sur les dangers éthiques de la création humaine. ► p. 380

TEXTE A Jean de La Bruyère, *Les Caractères* (1688)

J'entends corner[1] sans cesse à mes oreilles : *L'homme est un animal raisonnable*; qui vous a passé cette définition, sont-ce les loups, les singes, et les lions, ou si vous vous l'êtes accordée à vous-mêmes ? C'est déjà une chose plaisante que vous donniez aux animaux, vos confrères, ce qu'il y a de pire, pour prendre pour vous ce qu'il y a de meilleur ; laissez-les un peu se définir eux-mêmes, et vous verrez comme ils s'oublieront, et comme vous serez traités. Je ne parle point, ô hommes, de vos légèretés, de vos folies et de vos caprices qui vous mettent au-dessous de la taupe et de la tortue, qui vont sagement leur petit train, et qui suivent, sans varier, l'instinct de leur nature ; mais écoutez-moi un moment. Vous dites d'un tiercelet[2] de faucon qui est fort léger, et qui fait une belle descente sur la perdrix : « Voilà un bon oiseau » ; et d'un lévrier qui prend un lièvre corps à corps : « C'est un bon lévrier » ; je consens aussi que vous disiez d'un homme qui court le sanglier, qui le met aux abois, qui l'atteint et qui le perce : « Voilà un brave homme. » Mais si vous voyez deux chiens qui s'aboient, qui s'affrontent, qui se mordent et se déchirent, vous dites : « Voilà de sots animaux », et vous prenez un bâton pour les séparer. Que si l'on vous disait que tous les chats d'un grand pays se sont assemblés par milliers dans une plaine, et qu'après avoir miaulé tout leur soûl, ils se sont jetés avec fureur les uns sur les autres, et ont joué ensemble de la dent et de la griffe ; que de cette mêlée il est demeuré de part et d'autre neuf à dix mille chats sur la place, qui ont infecté l'air à dix lieues de là par leur puanteur, ne diriez-vous pas : « Voilà le plus abominable *sabbat*[3] dont on ait jamais ouï parler » ? Et si les loups en faisaient de même : « Quels hurlements, quelle boucherie ! » Et si les uns ou les autres vous disaient qu'ils aiment la gloire, concluriez-vous de ce discours qu'ils la mettent à se trouver à ce beau rendez-vous, à détruire ainsi, et à anéantir leur propre espèce ; ou après l'avoir conclu, ne ririez-vous pas de tout votre cœur de l'ingénuité de ces pauvres bêtes ? Vous avez déjà, en animaux raisonnables, et pour vous distinguer de ceux qui ne se servent que de leurs dents et de leurs ongles, imaginé les lances, les piques, les dards, les sabres et les cimeterres[4], et à mon gré fort judicieusement ; car avec vos seules mains que pouviez-vous vous faire les uns aux autres que vous arracher les cheveux, vous égratigner au visage, ou tout au plus vous arracher les yeux de la tête ? au lieu que vous voilà munis d'instruments commodes, qui vous servent à vous faire réciproquement de larges plaies d'où peut couler votre sang jusques à la dernière goutte, sans que vous puissiez craindre d'en échapper.

1. claironner. – **2.** faucon mâle, plus petit d'un tiers de la femelle. – **3.** assemblée bruyante. – **4.** sabres à lame fort large et recourbée.

TEXTE B

Voltaire, *Micromégas* (1752)

Micromégas, géant habitant la planète Sirius, accompagné d'un habitant de Saturne, rencontre sur Terre des êtres minuscules, des philosophes.

« Ô atomes intelligents, dans qui l'Être éternel s'est plu à manifester son adresse et sa puissance, vous devez sans doute goûter des joies bien pures sur votre globe : car, ayant si peu de matière, et paraissant tout esprit, vous devez passer votre vie à aimer et à penser ; c'est la véritable vie des esprits. Je n'ai vu nulle part le vrai bonheur ; mais il est ici, sans doute. » À ce discours, tous les philosophes secouèrent la tête ; et l'un d'eux, plus franc que les autres, avoua de bonne foi que, si l'on en excepte un petit nombre d'habitants fort peu considérés, tout le reste est un assemblage de fous, de méchants et de malheureux. « Nous avons plus de matière qu'il ne nous en faut, dit-il, pour faire beaucoup de mal, si le mal vient de la matière ; et trop d'esprit, si le mal vient de l'esprit. Savez-vous bien, par exemple, qu'à l'heure que je vous parle, il y a cent mille fous de notre espèce, couverts de chapeaux, qui tuent cent mille autres animaux couverts d'un turban, ou qui sont massacrés par eux, et que, presque par toute la terre, c'est ainsi qu'on en use de temps immémorial ? » Le Sirien frémit, et demanda quel pouvait être le sujet de ces horribles querelles entre de si chétifs animaux. « Il s'agit, dit le philosophe, de quelque tas de boue grand comme votre talon. Ce n'est pas qu'aucun de ces millions d'hommes qui se font égorger prétende un fétu[1] sur ce tas de boue. Il ne s'agit que de savoir s'il appartiendra à un certain homme qu'on nomme *Sultan*, ou à un autre qu'on nomme, je ne sais pourquoi, *César*. Ni l'un ni l'autre n'a jamais vu ni ne verra jamais le petit coin de terre dont il s'agit ; et presque aucun de ces animaux, qui s'égorgent mutuellement, n'a jamais vu l'animal pour lequel ils s'égorgent.

– Ah ! malheureux ! s'écria le Sirien avec indignation, peut-on concevoir cet excès de rage forcenée ! Il me prend envie de faire trois pas, et d'écraser de trois coups de pied toute cette fourmilière d'assassins ridicules. – Ne vous en donnez pas la peine, lui répondit-on ; ils travaillent assez à leur ruine. Sachez qu'au bout de dix ans, il ne reste jamais la centième partie de ces misérables ; sachez que, quand même ils n'auraient pas tiré l'épée, la faim, la fatigue ou l'intempérance, les emportent presque tous. D'ailleurs, ce n'est pas eux qu'il faut punir, ce sont ces barbares sédentaires qui du fond de leur cabinet ordonnent, dans le temps de leur digestion, le massacre d'un million d'hommes, et qui ensuite en font remercier Dieu solennellement. » Le voyageur se sentait ému de pitié pour la petite race humaine, dans laquelle il découvrait de si étonnants contrastes.

1. brin de paille.

TEXTE C Jacques Sternberg, *188 Contes à régler* (1988)

Les Jumeaux

Les Adrèles, en particulier, impressionnèrent vivement les Terriens qui avaient passé quelques jours sur leur monde. En curieux, en touristes.

Humains, tout à fait humains, toujours très laids et assez mal bâtis, ils naissaient tous jumeaux, du moins physiquement jumeaux. Mentalement, au contraire, ils étaient tout à fait dissemblables. En effet, l'un était pensée, l'autre action. Et ceux qui pensaient ne pouvaient pas agir, de même que ceux qui agissaient n'avaient pas le moindre germe de pensée en eux.

Malheureusement, les penseurs consacraient la moitié de leur temps à créer et l'autre moitié à manipuler leurs jumeaux dans la violence et la destruction. Et ceux-ci les écoutaient illuminés, fanatisés, puis leur obéissaient à travers tout, incapables de la moindre objection.

Cela donnait une suite sans fin de conflits, de constructions toujours suivies de démolitions, de tueries sacrées et religieuses puisque les penseurs donnaient volontiers dans le mysticisme. Autant de meurtres absurdes qui équivalaient à de véritables suicides car la mort du jumeau agissant entraînait inéluctablement la mort de son jumeau pensant. Risque permanent, connu de tous, accepté par tous, car il semblait les fasciner.

En somme, quand on les regardait avec un certain recul, les Adrèles pouvaient passer pour les êtres dont les mœurs étaient le plus insidieusement semblables à celles des Terriens.

Sujet

I. Vous répondrez d'abord à la question suivante (4 points) :

Par quels procédés la cruauté est-elle dénoncée dans ces textes ?

II. Vous traiterez ensuite, au choix, l'un des sujets suivants (16 points) :

1. Commentaire

Vous ferez le commentaire du texte de La Bruyère (Texte A).

2. Dissertation

Selon vous, le détour par l'Autre est-il un bon moyen pour dénoncer les travers de sa propre société ? Vous répondrez à cette question en prenant appui sur les textes du corpus, ainsi que sur les textes et œuvres que vous avez lus et étudiés.

3. Écriture d'invention

En vous appuyant sur le texte de Jacques Sternberg (Texte C), composez le discours qu'un penseur Adrèle, plus raisonnable et pacifique, pourrait tenir à ses congénères pour les exhorter à faire preuve de mesure.

Quelques conseils

Pour répondre à la question ► Grille d'auto-évaluation, p. 593

- Reliez ces textes à l'objet d'étude : « La question de l'Homme dans l'argumentation du XVIe siècle à nos jours », et précisez leur genre.
- Étudiez la situation d'énonciation des textes : qui parle ? À qui ?
- Relevez les termes employés pour évoquer la cruauté.
- Repérez les mots évoquant les hommes. Relevez les images utilisées.
- Composez un plan soulignant les ressemblances et les différences dans les moyens employés pour dénoncer la cruauté.

Si vous choisissez le commentaire… ► Grille d'auto-évaluation, p. 601

- Repérez les thèses de ce texte et les exemples qui appuient le propos de l'auteur.
- Repérez les différentes formes de paroles rapportées, et précisez qui sont les locuteurs. Analysez les effets produits sur le lecteur.

Si vous choisissez la dissertation… ► Grille d'auto-évaluation, p. 611

- Notez l'antithèse dans le sujet. Faites attention à la formulation « selon vous », source de confusion. Le plan attendu ici est dialectique : il demande d'étudier d'abord la thèse donnée, avant d'en déterminer les limites.
- Dégagez la problématique en vous appuyant sur l'antithèse observée. Aidez-vous de vos connaissances sur les genres qui ont recours à un « détour » pour « dénoncer ».
- Examinez quelles relations les textes entretiennent avec les expressions importantes du sujet (notamment « le détour par l'Autre »).
- Listez arguments et exemples, sans vous limiter au corpus que vous avez sous les yeux : appuyez-vous sur les textes étudiés en classe ou sur vos lectures personnelles.

Si vous choisissez l'écriture d'invention… ► Grille d'auto-évaluation, p. 623

- Interrogez-vous sur le genre demandé : le discours. Quelles sont ses caractéristiques ? Qui parle ? À qui s'adresse-t-il ?
- Faites la liste des arguments que le locuteur pourrait utiliser, en gardant à l'esprit l'identité des destinataires : appuyez votre réflexion sur les arguments les plus efficaces.
- Faites une liste des procédés oratoires visant à convaincre et persuader.
- Inventez le contexte dans lequel le discours sera prononcé (par exemple, un discours retransmis sur les ondes Adrèles). Trouvez également ce qui a pu déclencher ce discours.

CHAPITRE 5

Vers un espace culturel européen : Renaissance et Humanisme

▸▸▸ **Raphaël**, *L'École d'Athènes*, 1509-1510, fresque (770 x 440 cm) de la chambre de la Signature au Vatican.

HISTOIRE DES ARTS • LA RENAISSANCE

Avec la chute de l'Empire romain d'Orient en 1453, la France quitte le Moyen Âge. À l'occasion des guerres d'Italie (1494-1559), les Français découvrent les artistes et les penseurs de la Renaissance italienne. Les rois de France invitent à la cour de nombreux Italiens qui influencent profondément la création artistique.

1 UN ART CENTRÉ SUR L'HOMME

Au Moyen Âge, l'art puise toute son inspiration dans la foi chrétienne, représentant l'homme écrasé sous le poids de ses fautes. À la Renaissance, l'art met en œuvre les idées humanistes de tolérance, de paix et de confiance en l'homme. Ce dernier est désormais placé au centre de l'univers. Les artistes mettent en valeur la beauté masculine et féminine, dans des sujets profanes ou sacrés.

Filippo Lippi (1406-1469), *La Vierge à l'enfant et deux anges*, vers 1465, détrempe sur bois (92 x 63 cm), Galerie des Offices, Florence (Italie).

◄ Les œuvres de Filippo Lippi, peintre et moine italien, se caractérisent par un art sobre et raffiné qui doit beaucoup à Masaccio (1401-1428), l'un des premiers à utiliser la perspective en peinture. La Vierge est représentée assise devant une fenêtre ouverte sur un paysage. Il s'agit d'une innovation majeure dans le domaine de la composition, dont s'inspireront Botticelli et Léonard de Vinci.

Chef militaire *(condottiere)* de Gênes, Andrea Doria mena à la victoire contre les Turcs les flottes de Venise, du pape et de l'empereur Charles Quint. ▼

Agnolo Bronzino (1503-1572) *Andrea Doria en Neptune tenant un trident*, vers 1550-1555, huile sur toile (115 x 53 cm), Pinacothèque de Brera, Milan (Italie).

Questions ► La lecture d'image, p. 580

1. Sur le tableau de Lippi, quel élément établit la relation entre l'espace intérieur et l'espace extérieur ? Caractérisez le paysage et sa représentation.
2. Comment Lippi parvient-il à exprimer la grâce juvénile de la Vierge et l'harmonie qui règne au sein du groupe représenté ?
3. Expliquez comment Lippi associe le profane et le sacré.
4. Identifiez les éléments qui caractérisent Neptune sur le tableau de Bronzino.
5. Quelles sont les lignes de force et les couleurs dominantes dans ce tableau ? Comment Andrea Doria est-il mis en valeur ?
6. Pourquoi l'artiste établit-il un lien entre Andrea Doria et le Dieu de la mer ? Quelle est la fonction de ce portrait ?

2 UN ART INSPIRÉ DES RÉCITS FONDATEURS

L'étude des textes antiques renouvelle la réflexion artistique. Les architectes reprennent les théories de Pythagore et de Vitruve pour construire des plans. Les découvertes archéologiques influencent les sculpteurs et les architectes : les formes de l'Antiquité sont à la mode. Les peintres dénudent les corps et leur donnent plus de stabilité grâce au déhanchement (ou *contrapposto*) qui permet de faire porter le poids du corps sur une jambe.

L'inspiration biblique

David, jeune berger devenu roi d'Israël (1015-975 av. J.-C.), est un héros ► biblique. Il s'illustre dans un combat singulier en tuant d'un seul coup de fronde le géant Goliath. Donatello, grand artiste du Quattrocento, a sculpté un David, première statue grandeur nature. Le choix du bronze et le polissage parfait mettent en valeur les effets de lumière. Cette statue au corps d'enfant et à la beauté d'éphèbe bouscule les modèles antiques par son expression énigmatique, absorbée dans sa réflexion, et par le côté abandonné de sa pose.

Donatello (1386-1466), *David*, vers 1440, bronze (hauteur 158 cm), musée du Bargello, Florence (Italie).

La reprise d'un mythe

Sandro Botticelli (1445-1510), *La Naissance de Vénus*, vers 1483-1485, détrempe sur toile (172 x 278 cm), Galerie des Offices, Florence (Italie).

▲ S'inspirant du poète latin Ovide (43 av. J.C.-17 ap. J.C.), Botticelli s'intéresse à l'une des légendes concernant la naissance de Vénus. Née de l'écume de la mer, elle aurait été poussée par le dieu Zéphyr vers l'île de Cythère. Des fleurs seraient nées sur son passage lorsqu'elle toucha terre.

Questions ► La lecture d'image, p. 580

1. Pourquoi la statue de Donatello est-elle caractéristique de l'idéal humaniste ? Vous relèverez les emprunts à la statuaire antique et vous serez attentif à la manière de représenter le corps.
2. Sur le tableau de Botticelli, identifiez les différents personnages et caractérisez leur attitude.
3. Quelles sont les lignes et les couleurs dominantes dans ce tableau ? Étudiez l'effet produit. Pourquoi peut-on affirmer que cette œuvre est emblématique de la Renaissance ?

3 UN ART RENOUVELÉ PAR LES TECHNIQUES

Le développement de l'imprimerie et des techniques de la gravure permet la diffusion des textes et des images. Les techniques des peintres s'affinent : la perspective, les proportions, la peinture à l'huile, l'usage de la toile. Les architectes – le mot est créé à la Renaissance – ne sont plus seulement des arithméticiens, mais deviennent des artistes, amateurs de symétrie et d'harmonie.
L'artiste revendique sa multiplicité : il est peintre, sculpteur, architecte, orfèvre. Léonard de Vinci incarne par excellence l'homme accompli de la Renaissance.

◄ La porte orientale du baptistère (chez les chrétiens, bâtiment destiné à pratiquer le baptême) de Florence comporte dix compartiments qui ont pour thème l'Ancien Testament. Vittore Ghiberti a créé un nouvel art de la sculpture en bas-relief – sculpture dont la particularité est de ne présenter qu'un faible relief, le sujet représenté ne se détachant que faiblement du fond (paroi ou façade) – qui fit dire à Michel-Ange que la porte orientale du baptistère pourrait être la porte du Paradis.

Vittore Ghiberti (1457-1526), *Salomon reçoit la reine de Saba*, entre 1425 et 1452, panneau original de la porte du Paradis (porte Est du baptistère), après restauration, bronze doré (79 x 79 cm), musée de l'Opéra du Dôme, Florence (Italie).

Questions ► La lecture d'image, p. 580

1. Comment le sculpteur arrive-t-il à représenter autant de personnages dans un bas-relief ?
2. Comment est représenté l'espace ? Étudiez la perspective et caractérisez les trois plans en montrant comment on passe du profane au sacré.

4 L'ART DES JARDINS

Pendant la Renaissance italienne, les jardins s'organisent en de vastes ensembles, étagés en terrasses et ouvrant sur de larges perspectives. Le jardin à l'italienne laisse apprécier le paysage environnant. On retrouve le même mode de composition dans la peinture italienne de l'époque. Des statues d'inspiration antique, l'espace divisé selon des principes de symétrie et les végétaux ordonnent l'espace en un décor quasi théâtral.

Fontaine de Neptune, Jardin Boboli à Florence.

Jardin Boboli à Florence.

Questions ► La lecture d'image, p. 580

1. Comparez l'organisation de l'espace dans les jardins au paysage du tableau de Lippi (► p. 398) : quels points communs retrouvez-vous ?
2. Quelles sont les caractéristiques de l'art à la Renaissance ?

TEXTE 1

François Rabelais, *Gargantua* (1534)

Pour écrire Pantagruel, *Rabelais s'est inspiré des* Grandes Chroniques du grand et énorme géant Gargantua, *ouvrage anonyme. Il y raconte sur un mode comique les aventures du fils de Gargantua. Deux ans plus tard, il raconte les aventures du père dans* La vie très horrifique du grand Gargantua, père de Pantagruel, *en approfondissant le questionnement philosophique. Le prologue qui suit l'*Avis au lecteur, *annonce d'emblée le ton comique de l'œuvre : sous des apparences trompeuses peuvent se dissimuler le savoir et la sagesse.* ► L'Humanisme, p. 24

Prologue

Buveurs très illustres, et vous, vérolés[1] très précieux – car c'est à vous, non aux autres, que je dédie mes écrits –, Alcibiade, dans un dialogue de Platon intitulé *Le Banquet*, faisant l'éloge de son précepteur Socrate, sans conteste le prince des philosophes, déclare entre autres choses qu'il est semblable aux Silènes[2]. Les Silènes étaient jadis de petites boîtes, comme celles que nous voyons à présent dans les boutiques des apothicaires, sur lesquelles étaient peintes des figures drôles et frivoles : harpies, satyres, oisons bridés, lièvres cornus, canes bâtées[3], boucs volants, cerfs attelés, et autres figures contrefaites à plaisir pour inciter les gens à rire (comme le fut Silène, maître du bon Bacchus). Mais à l'intérieur on conservait les drogues fines, comme le baume, l'ambre gris, l'amome[4], la civette[5], les pierreries et autres choses de prix. Alcibiade disait que Socrate leur était semblable, parce qu'à le voir du dehors et à l'évaluer par l'aspect extérieur, vous n'en auriez pas donné une pelure d'oignon, tant il était laid de corps et d'un maintien ridicule, le nez pointu, le regard d'un taureau, le visage d'un fou, le comportement simple, les vêtements d'un paysan, de condition modeste, malheureux avec les femmes, inapte à toute fonction dans l'État ; et toujours riant, trinquant avec chacun, toujours se moquant, toujours cachant son divin savoir. Mais, en ouvrant cette boîte, vous y auriez trouvé une céleste et inappréciable drogue : une intelligence plus qu'humaine, une force d'âme merveilleuse, un courage invincible, une sobriété sans égale, une égalité d'âme sans faille, une assurance parfaite, un détachement incroyable à l'égard de tout ce pour quoi les humaines veillent, courent, travaillent, naviguent et bataillent.

À quoi tendent, à votre avis, ce prélude et ce coup d'essai ? C'est que vous, mes bons disciples, et quelques autres fous oisifs, en lisant les joyeux titres de quelques livres de notre invention, comme *Gargantua, Pantagruel, Fessepinte, La Dignité des braguettes, Des pois au lard avec commentaire*[6], etc., vous pensez trop facilement qu'on n'y traite que de moqueries, folâtreries et joyeux mensonges, puisque l'enseigne extérieure (c'est le titre) est, sans chercher plus loin, habituellement reçue comme moquerie et plaisanterie. Mais il ne faut pas considérer si légèrement les œuvres des hommes. Car vous-mêmes vous dites que l'habit ne fait pas le moine, et tel est vêtu d'un froc qui au-dedans n'est rien moins que moine, et tel est vêtu d'une cape espagnole qui, dans son courage, n'a rien à voir avec l'Espagne.

►►► *Gargantua* (détail), illustré par **Fernand Fau** en 1910.

► Biographie p. 634

C'est pourquoi il faut ouvrir le livre et soigneusement peser ce qui y est traité. Alors vous reconnaîtrez que la drogue qui y est contenue est d'une tout autre valeur que ne le promettait la boîte : c'est-à-dire que les matières ici traitées ne sont pas si folâtres que le titre le prétendait.

Traduction en français moderne de Marie-Madeleine Fragonard,

1. malades de la vérole ou syphilis. – 2. nom provenant du dieu Silène, fils d'Hermès ou de Pan, il éduqua Dionysos (Bacchus) dieu du vin et de la vigne. D'une laideur repoussante, il vivait dans un état d'ivresse continuel. – 3. recouvertes d'un bât, appareil en bois placé sur le dos des bêtes de somme pour le transport des fardeaux. – 4. Il s'agit d'une plante exotique. – 5. La civette désigne des sécrétions animales dont on fait du parfum. – 6. références à des livrets populaires.

Gustave Doré, *Écrivains, philosophes célèbres lisant et s'inspirant du* Gargantua *de François Rabelais*, illustration de 1851.

Questions

Vocabulaire
Relevez et commentez le lexique animal.

Un prologue humaniste

1. Recherchez la signification du terme « prologue ». Quelle place le prologue occupe-t-il dans une œuvre en général ? Quelles fonctions peut-il remplir ?
2. Dans le prologue de *Gargantua*, déterminez qui parle et à qui.
3. Quels tons apparaissent à la première lecture du prologue ? Justifiez votre réponse à l'aide de quelques exemples. ► Registres, p. 568
4. Relevez les références culturelles du premier paragraphe. Quel est l'effet produit ?

Le projet narratif

5. Expliquez le sens de l'image des « Silènes » (l. 5 à 11). Par quelles figures de style cette image se déploie-t-elle dans le premier paragraphe ? Quelle est leur fonction ? ► Figures de style, p. 576
6. Sur quoi porte le second paragraphe ? Pourquoi le premier paragraphe l'éclaire-t-il ? Quels sont les jeux d'écho entre ces deux paragraphes ?
7. Reformulez à présent l'idée maîtresse du prologue.
8. Quelles qualités sont attendues du lecteur ? Dans quelle mesure ce texte le met-il à l'épreuve ?

Synthèse Déterminez le rôle de ce prologue, et montrez qu'il peut se lire à plusieurs niveaux.

Vers le bac S'entraîner à la dissertation

En vous appuyant sur le texte, vous définirez en un paragraphe argumenté la méthode de lecture que propose Rabelais. ► Construire un paragraphe et insérer des exemples, p. 606

François Rabelais, *Gargantua*, XXI (1534)

Éduqué selon la méthode traditionnelle héritée des précepteurs du Moyen Âge, Gargantua est devenu « niais, tout rêveux et rassotté ». Son père décide de le confier à un maître moderne, Ponocrates, qui lui fait alors oublier ce qu'il a appris en lui administrant un remède « qui lui lava le cerveau de toutes ses habitudes perverties ». Une nouvelle éducation lui est proposée.

L'Éducation de Gargantua

Ensuite, il lui imposa un tel rythme d'études qu'il ne perdait pas un moment de la journée, mais passait tout son temps à étudier les Lettres et le savoir utile.

Gargantua se réveillait donc vers quatre heures du matin. Pendant qu'on l'astiquait, on lui lisait une page de la divine Écriture, à haute et intelligible voix et avec une diction claire ; mission confiée à un jeune page natif de Basché[1], nommé Anagnostes[2]. En fonction du thème et du sujet de ce passage, il se consacrait à vénérer, adorer, prier et supplier le bon Dieu, dont la lecture montrait la majesté et le jugement merveilleux.

Puis il se retirait aux lieux d'aisances pour se purger de ses excréments naturels. Là son précepteur répétait ce qui avait été lu en lui en expliquant les points les plus obscurs et difficiles.

En revenant, ils considéraient l'état du ciel : s'il se présentait comme ils l'avaient noté le soir précédent, dans quelle partie du zodiaque entraient le soleil et la lune pour la journée.

Cela fait, il était habillé, peigné, coiffé, adorné[3] et parfumé ; pendant ce temps on lui répétait les leçons de la veille. Lui-même les récitait par cœur et en tirait quelques conclusions pratiques sur la condition humaine ; ils y passaient parfois jusqu'à deux ou trois heures, mais d'habitude ils s'arrêtaient lorsqu'il avait fini de s'habiller.

Puis pendant trois bonnes heures on lui faisait la lecture.

Cela fait, ils sortaient, en conversant toujours du sujet de la leçon, et allaient se récréer au Jeu de Paume[4] du Grand Braque ou dans une prairie ; ils jouaient à la balle ou à la paume, s'exerçant le corps aussi lestement qu'ils l'avaient fait auparavant de leur esprit.

Ils jouaient librement, abandonnant la partie quand ils voulaient et s'arrêtant ordinairement quand ils étaient bien en sueur ou fatigués. Alors, bien essuyés et frottés, ils changeaient de chemise et, se promenant tranquillement, ils allaient voir si le déjeuner était prêt. En attendant, ils récitaient clairement, en y mettant le ton, quelques sentences retenues de la leçon.

Cependant, Monsieur l'Appétit venait, et ils s'asseyaient à table au moment opportun.

Au début du repas, on lisait quelque histoire plaisante tirée des anciennes légendes, jusqu'à ce qu'il eût bu son vin.

1. localité près de Chinon en Indre-et-Loire.
2. mot grec qui signifie « lecteur ».
3. habillé.
4. jeu qui consistait à se renvoyer une balle.

Gustave Doré, *Le Jeune Gargantua apprend à jouer de la flûte avec son professeur de musique*, illustration de 1851.

► Biographie p. 634

Alors, selon l'envie, on continuait la leçon ou bien ils commençaient à converser joyeusement ensemble ; les premiers temps, ils parlaient des vertus, des propriétés efficaces et de la nature de tout ce qu'on leur servait à table : le pain, le vin, l'eau, le sel, les viandes, les poissons, les fruits, les herbes, les légumes, et la façon dont ils étaient apprêtés. De cette façon, il apprit en peu de temps tous les passages se rapportant à ces sujets chez Pline, Athénée, Dioscoride, Galien, Porphyre, Opien, Polybe, Héliodore, Aristote, Élien[5] et d'autres. En parlant, ils faisaient souvent, pour plus de sûreté, apporter à table les livres en question. Et il retint si bien en mémoire ce qu'on y disait qu'il n'y avait pas alors de médecin qui en sût moitié autant que lui.

Par la suite, ils parlaient des leçons lues le matin ; après avoir achevé le repas d'une confiture de coings, il se curait les dents avec un tronc de giroflier et se lavait les mains et le visage de belle eau fraîche, puis ils rendaient grâce à Dieu par quelque beau cantique à la gloire de la grandeur et de la bonté divines. Cela fait, on apportait des cartes, non pour jouer mais pour y apprendre mille petits tours et inventions nouvelles relevant de l'arithmétique.

Ainsi il se prit de passion pour la science des nombres, et tous les jours, après dîner et souper, ils y passaient leur temps aussi agréablement qu'il le faisait avant avec les dés ou les cartes. À force, il devint si savant en cette discipline, aussi bien théorique que pratique, que l'Anglais Tunstall[6], qui en avait abondamment disserté, confessa qu'en vérité, par rapport à lui, il n'y entendait que les rudiments.

5. références à des auteurs de l'Antiquité.
6. évêque de Durham.

Traduction en français moderne de Marie-Madeleine Fragonard,

Questions

Vocabulaire
Comment le verbe « récréer » est-il composé ? Que peut-il signifier ? Retrouvez sa famille étymologique.

De nouvelles méthodes

1. Relevez et commentez les marques du temps dans cet extrait. Que révèlent-elles sur le rythme de l'apprentissage de Gargantua ?
2. Étudiez l'emploi du temps de Gargantua : quelles activités le composent ? Comment sont-elles réparties ? À quel rythme se déroulent-elles ?
3. Quelle part cette éducation fait-elle à la mémoire ? Par quoi est-elle tempérée ?

De nouveaux savoirs

4. Rabelais a exercé la profession de médecin. Quels en sont les échos ici ?
5. Quelle place nouvelle est réservée à la religion ?
6. Quel rôle jouent les lettres et les sciences dans l'éducation de Gargantua ?
7. Quels sont les effets de cette éducation sur Gargantua ?

Synthèse À la lecture de cet extrait, expliquez quels sont les principes de l'éducation humaniste.

Vers le bac S'entraîner à la dissertation

Dans un paragraphe argumenté, vous vous demanderez quelles sont les limites de ce programme éducatif.
► Construire un paragraphe et insérer des exemples, p. 606

TEXTE ÉCHO

Érasme, *De l'éducation des enfants* (1529)

► Biographie p. 630

CONTEXTE

Le Hollandais Érasme (1469-1536), l'Italien Machiavel (1469-1527) et l'Anglais Thomas More (1478-1535) incarnent l'Humanisme européen aux côtés de leurs contemporains français. Dans des genres littéraires différents, romans ou essais, tous défendent une nouvelle vision de l'homme et du monde.

► L'Humanisme, p. 24

Humaniste hollandais d'expression latine, Érasme a beaucoup voyagé en Europe. Il a rencontré Thomas More en Angleterre et a échangé une correspondance avec Rabelais sur des sujets tels que l'éducation. En 1529, il écrit un traité, De l'Éducation des enfants, *reflet de la pensée humaniste en plein essor.*

Tu vas me demander de t'indiquer les connaissances qui correspondent à l'esprit des enfants et qu'il faut leur infuser dès leur prime jeunesse. En premier lieu, la pratique des langues. Les tout-petits y accèdent sans aucun effort, alors que chez les adultes elle ne peut s'acquérir qu'au prix d'un grand effort. Les jeunes enfants y sont poussés, nous l'avons dit, par le plaisir naturel de l'imitation, dont nous voyons quelques traces jusque chez les sansonnets et les perroquets. Et puis – rien de plus délicieux – les fables des poètes. Leurs séduisants attraits charment les oreilles enfantines, tandis que les adultes y trouvent le plus grand profit, pour la connaissance de la langue autant que pour la formation du jugement et de la richesse de l'expression. Quoi de plus plaisant à écouter pour un enfant que les apologues[1] d'Ésope[2] qui, par le rire et la fantaisie, n'en transmettent pas moins des préceptes philosophiques sérieux ? Le profit est le même avec les autres fables des poètes anciens. L'enfant apprend que les compagnons d'Ulysse ont été transformés par l'art de Circé en pourceaux et en d'autres animaux. Le récit le fait rire mais, en même temps, il a retenu un principe fondamental de philosophie morale, à savoir : ceux qui ne sont pas gouvernés par la droite raison et se laissent emporter au gré de leurs passions ne sont pas des hommes mais des bêtes. Un stoïcien s'exprimerait-il plus gravement ? Et pourtant le même enseignement est donné par une fable amusante. Je ne veux pas te retenir en multipliant les exemples, tant la chose est évidente. Mais quoi de plus gracieux qu'un poème bucolique[3] ? Quoi de plus charmant qu'une comédie ? Fondée sur l'étude des caractères, elle fait impression sur les non-initiés et sur les enfants. Mais quelle somme de philosophie y trouve-t-on en se jouant ! Ajoute mille faits instructifs que l'on s'étonne de voir ignorés même aujourd'hui par ceux qui sont réputés les plus savants. On y rencontre enfin des sentences brèves et attrayantes du genre des proverbes et des mots de personnages illustres, la seule forme sous laquelle autrefois la philosophie se répandait dans le peuple.

In *Idéaux pédagogiques européens*, © Éditions Larousse, 1970

1. petits récits comportant une morale.
2. fabuliste grec de l'Antiquité.
3. poème ayant pour inspiration la vie à la campagne.

De l'Institution d'un prince chrétien jusque l'âge de l'adolescence par Érasme, Fable d'Ésope : « *L'Aigle et l'Escargot* », 1526, enluminure, musée de Condé, Chantilly.

Questions

Grammaire

Étudiez les phrases interrogatives et exclamatives. Quel est leur intérêt dans cet extrait ?

Le projet éducatif d'Érasme

1. Identifiez les deux disciplines prônées par Érasme. Comment s'articulent-elles ? À qui s'adressent-elles ?
2. Quelles sont les visées de cette éducation ?
3. Quelle discipline est la plus développée ? Pourquoi ?
4. Quels aspects du texte de Rabelais (► p. 404) cet extrait développe-t-il ?

Un plaidoyer

5. Relevez et analysez les arguments et les exemples justifiant le second apprentissage.
6. Relevez les marques de la personne et du jugement. Quelle place le locuteur prend-il dans le débat éducatif ?
7. Par quels procédés lexicaux, syntaxiques et rhétoriques, le locuteur cherche-t-il à rendre son argumentation plus convaincante ?
8. Quels effets les apprentissages présentés doivent-ils entraîner chez l'élève ?

Synthèse Déterminez l'idéal éducatif qu'Érasme et Rabelais ont en commun.

Vers le bac S'entraîner à l'écriture d'invention

En vous inspirant des procédés d'écriture utilisés par Érasme, vous ferez, à votre guise, l'éloge ou le blâme de l'éducation scolaire actuelle.

François Rabelais, *Gargantua*, XXV (1534)

C'est une simple querelle entre les fouaciers de Lerné, marchands de galettes, et les bergers de Grandgousier qui se trouve à l'origine de la guerre. Les fouaciers, sujets du roi Picrochole, se plaignent à ce dernier qui réplique immédiatement en mobilisant troupes et matériel ; sans réflexion ni déclaration préalable, il dévaste les terres de son voisin. Les moines de l'abbaye de Seuilly sont affolés par l'invasion des ennemis qui saccagent leurs vignes. Tandis qu'ils prient, Frère Jean des Entommeures, décidé à ne pas laisser détruire ses vignes, intervient dans la mêlée, armé du seul « bâton de la croix ».

La Guerre picrocholine

Sur ces paroles, il ôta sa grande robe et se saisit du bâton de la croix, qui était en cœur de sorbier, long comme une lance, tenant bien en main et parsemé de fleurs de lys, presque toutes effacées.

Et il sortit ainsi, vêtu de sa casaque[1], le froc accroché à sa ceinture. Et du bâton de la croix il donna si brusquement sur les ennemis, qui, sans ordre, ni enseigne, ni tambour ni trompette, grappillaient dans l'enclos – car les porte-drapeau et les porte-enseigne avaient posé leurs drapeaux et leurs enseignes le long des murs, les tambourineurs avaient défoncé leurs tambours pour les emplir de raisin, les trompettes étaient chargés de ceps, chacun de son côté –, il les chargea donc si rudement, sans crier gare, qu'il les renversait comme des porcs, frappant à tort et à travers, selon l'ancienne escrime.

Aux uns il écrabouillait la cervelle, aux autres il rompait bras et jambes, à d'autres il démettait les vertèbres du cou, à d'autres il disloquait les reins, ravalait le nez, pochait les yeux, fendait les mâchoires, renfonçait les dents dans la gueule, défonçait les omoplates, brisait les jambes, déboîtait les hanches, émiettait les tibias.

Si quelqu'un voulait se cacher au plus épais des ceps, il lui froissait toute l'épine dorsale et l'éreintait comme un chien.

Si un autre voulait se sauver en fuyant, il lui réduisait la tête en miettes à travers la suture lambdoïde[2].

Si quelque autre grimpait dans un arbre, pensant y être en sûreté, de son bâton il l'empalait par le fondement.

Si quelqu'un de ses connaissances lui criait : « Ha, Frère Jean, mon ami, Frère Jean, je me rends !

– Tu y es, disait-il, bien forcé. Mais tu vas aussi rendre ton âme à tous les diables ! » Et d'un coup il l'étendait.

Et s'il y en avait d'assez téméraires pour lui résister en face, il démontrait là la force de ses muscles. Il leur transperçait la poitrine par le thorax et le cœur. À d'autres, en les frappant au bas des côtes, il retournait l'estomac, ce dont ils mouraient aussitôt. D'autres, il les frappait si férocement au nombril qu'il leur faisait sortir les tripes. À d'autres, à travers les couilles il perçait le boyau culier. Croyez bien que c'était le plus horrible spectacle qu'on ait jamais vu.

1. manteau ample à larges manches.
2. point de soudure des deux parties de la boîte crânienne.

Jules Garnier, *La Guerre Picrocholine*, 1887, illustration.

► Biographie p. 634

Les uns criaient : Sainte Barbe !

d'autres : Saint Georges !

d'autres : Sainte Nitouche !

d'autres : Notre-Dame de Cunault ! de Lorette ! de Bonnes Nouvelles ! de la Lenou ! de Rivière ![3]

Les uns se vouaient à Saint Jacques ;

d'autres au saint Suaire de Chambéry – mais il brûla trois mois plus tard, si bien qu'on n'en put sauver un seul brin ;

d'autres à Cadouin ;

d'autres à saint Jean d'Angély ;

les autres à saint Eutrope de Saintes, à saint Mesme de Chinon, à saint Martin de Candes, à saint Cloud de Cinay, aux reliques de Javarsay, et mille autres bons petits saints.

Les uns mouraient sans confession, les autres criaient à pleine voix : « Confession ! Confession ! *J'avoue mes péchés ! Miséricorde ! Je me remets en tes mains, seigneur !* »

Si forts étaient les cris des blessés que le prieur de l'abbaye sortit avec tous ses moines ; lorsqu'ils aperçurent tous ces pauvres gens renversés au milieu de la vigne et blessés à mort, ils en confessèrent quelques-uns.

Traduction en français moderne de Marie-Madeleine Fragonard, © Pocket Univers Poche

3. énumération de lieux de pèlerinage situés en France.

Questions

Grammaire

Relevez et commentez les verbes d'action dans cet extrait.

Une scène de massacre…

1. Étudiez les forces en présence et les armes utilisées.
2. Relevez les termes médicaux et précisez leur effet.
3. Quel portrait du moine est brossé ? Comment s'organise-t-il ?
   ► Figures de style, p. 576
4. Comment le narrateur parvient-il à renouveler le récit jusqu'au dénouement ? Pour répondre, appuyez-vous sur la structure du texte et sur les procédés stylistiques.

… traitée sur le mode comique

5. Analysez les éléments qui font de cette scène une parodie de la guerre.
   ► Registres, p. 568
6. Pourquoi cet épisode constitue-t-il une satire de la vie monacale ? Observez notamment la fin de l'extrait.
7. Comment pourrait-on définir le moine idéal selon Rabelais ?

Synthèse En vous appuyant sur vos réponses aux questions 4, 5 et 6, définissez les différentes fonctions de ce récit.

Prolongement

Qui étaient François Ier et Charles Quint ? Pendant combien de temps se sont-ils affrontés et pourquoi ? Quel rapprochement pouvez-vous établir avec le texte de Rabelais ?

Vers le bac S'entraîner au commentaire

Dans un paragraphe argumenté, vous commenterez la citation « Croyez bien que c'était le plus horrible spectacle qu'on ait jamais vu », en vous interrogeant sur les procédés d'écriture mis en œuvre.

► Rédiger des paragraphes et insérer des citations, p. 598

TEXTE ÉCHO

Thomas More, *L'Utopie* (1516)

CONTEXTE

L'Anglais Thomas More (1478-1535) fait partie des figures européennes de l'Humanisme. Inspirée du mythe platonicien de la cité idéale, *L'Utopie*, rédigée en latin en 1516, décrit une île imaginaire où règnent la justice et l'égalité au sein d'un peuple qui a renoncé à la propriété individuelle et à l'argent. Malgré la fiction, les idées de l'auteur dérangent ; cela lui vaut d'être exécuté sur l'ordre du roi Henri VIII. C'est son ami Érasme qui se chargera de publier *L'Utopie*.

► L'Humanisme, p. 24

Le récit se présente comme le compte-rendu fidèle d'une discussion entre Thomas More et son ami Raphaël Hyhlodée, voyageur humaniste. Il raconte le périple maritime qui l'a mené un jour sur l'île d'Utopie et aborde les différents aspects de la vie sociale, économique et politique. Il évoque ici une conception particulière de la guerre.

Les Utopiens ont la guerre en abomination, comme une chose brutalement animale, et que l'homme néanmoins commet plus fréquemment qu'aucune espèce de bête féroce. Contrairement aux mœurs de presque toutes les nations, rien de si honteux, en Utopie, que de chercher la gloire sur les champs de bataille. Ce n'est pas à dire pour cela qu'ils ne s'exercent avec beaucoup d'assiduité à la discipline militaire ; les femmes elles-mêmes y sont obligées, aussi bien que les hommes ; certains jours sont fixés pour les exercices, afin que personne ne se trouve inhabile au combat quand le moment de combattre est venu.

Mais les Utopiens ne font jamais la guerre sans de graves motifs. Ils ne l'entreprennent que pour défendre leurs frontières, ou pour repousser une invasion ennemie sur les terres de leurs *alliés*, ou pour délivrer de la servitude et du joug d'un tyran un peuple opprimé par le despotisme. En cela, ils ne consultent pas leurs intérêts, ils ne voient que le bien de l'humanité.

La république d'Utopie porte gratuitement secours à ses *amis*, non seulement dans le cas d'une agression armée, mais quelquefois encore pour obtenir vengeance et réparation d'une injure. Cependant, elle n'agit ainsi que lorsqu'elle a été consultée, avant la déclaration de guerre ; alors, elle examine sérieusement la justice de la cause, et si le peuple qui a commis le dommage ne veut pas le réparer, il est déclaré seul auteur et seul responsable de tous les maux de la guerre.

Les Utopiens prennent cette décision extrême toutes les fois qu'un pillage a été exercé par invasion armée. Mais leur colère n'est jamais plus terrible que lorsque les négociants d'une nation amie, sous prétexte de quelques lois iniques[1], ou d'après une interprétation perfide des lois bonnes, ont subi à l'étranger des vexations injustes au nom de la justice. [...]

En faisant la guerre, les Utopiens n'ont d'autre objet que d'obtenir ce qui les aurait empêchés de la déclarer, si leurs réclamations avaient été satisfaites avant la rupture de la paix. Quand toute satisfaction est impossible, ils se vengent des provocateurs de manière à arrêter par la terreur ceux qui oseraient tenter, à l'avenir, de pareilles entreprises. Tel est le but des Utopiens dans l'exécution de leurs projets, but qu'ils se hâtent d'atteindre énergiquement et avec vitesse, cherchant plutôt à éviter le péril qu'à recueillir une vaine renommée.

La guerre à peine déclarée, ils ont soin de faire afficher en secret, le même jour, et dans les lieux les plus apparents du pays ennemi, des proclamations revêtues du sceau de l'État. Ces proclamations promettent des récompenses magnifiques au meurtrier du prince ennemi ; et d'autres récompenses moins considérables, quoique fort séduisantes encore, pour les têtes d'un certain nombre d'individus, dont les noms sont écrits sur ces lettres fatales. Les Utopiens proscrivent de cette manière les conseillers ou les ministres, qui sont, après le prince, les premiers auteurs de l'offense.

Traduction de Victor Stouvenel

1. injustes.

Dessins du phalanstère,
d'après une gravure de 1552.

Prolongement

Cherchez des informations sur les phalanstères.

Grammaire

Recherchez l'origine du terme *Utopie*. Analysez la place et la fonction des mots *Utopie* et *Utopiens* dans le texte de More.

Questions

1. En vous fondant sur une analyse du lexique et des procédés stylistiques, caractérisez le point de vue des Utopiens sur la guerre.
2. Pour quels motifs la guerre est-elle condamnée par les Utopiens ?
3. Quels aspects identiques de la guerre sont critiqués par Thomas More et Rabelais (► p. 408) ?
4. En vous appuyant sur le lexique et la syntaxe, vous montrerez pour quelles raisons les Utopiens peuvent entrer en guerre.
5. Que les valeurs morales défendent-ils ? Comment sont-elles mises en valeur ?
6. Quelles justifications identiques de la guerre peut-on trouver chez frère Jean et chez les Utopiens ?

Synthèse Les deux auteurs partagent une même vision de la guerre : définissez le texte qui vous semble le plus efficace pour défendre cette vision.

Vers le bac **S'entraîner à la dissertation**

Le texte de Thomas More a été écrit au début du XVIe siècle ; il propose une conception de la guerre « idéale ». Cette vision vous semble-t-elle encore d'actualité ? Vous proposerez un plan détaillé en vous appuyant sur l'extrait du texte de Thomas More.

ÉCHO
DU XVIIe SIÈCLE

Agrippa d'Aubigné, *Les Tragiques*, I (1616)

► Biographie p. 627

CONTEXTE

Agrippa d'Aubigné fait partie des figures de l'engagement politique et religieux. Protestant, il est le compagnon d'armes d'Henri IV et participe à la Saint-Barthélémy, en 1572, lors des guerres de Religion (1562-1598). Il est l'auteur des *Tragiques*, épopée commencée en 1576 et publiée en 1616.

► L'Humanisme, p. 24

Dans le premier livre, intitulé « Misères », Agrippa d'Aubigné décrit la France ravagée par les guerres civiles à travers le combat entre deux frères, Esaü et Jacob. Sous les traits de ces deux personnages bibliques qui se querellent, parce que le cadet Jacob est le préféré de Dieu, l'auteur représente le parti catholique (Esaü) qui agresse le parti protestant (Jacob).

Misères

Je veux peindre la France une mère affligée,
Qui est, entre ses bras, de deux enfants chargée.
Le plus fort, orgueilleux, empoigne les deux bouts
Des tétins nourriciers; puis, à force de coups
D'ongles, de poings, de pieds, il brise le partage[1]
Dont nature donnait à son besson[2] l'usage;
Ce voleur acharné, cet Esaü malheureux
Fait dégât du doux lait qui doit nourrir les deux,
Si que[3], pour arracher à son frère la vie,
Il méprise la sienne et n'en a plus d'envie.
Mais son Jacob, pressé[4] d'avoir jeûné meshui[5],
Ayant dompté longtemps en son cœur son ennui,
À la fin se défend, et sa juste colère
Rend à l'autre un combat dont le champ est la mère.
Ni les soupirs ardents, les pitoyables cris,
Ni les pleurs réchauffés ne calment leurs esprits;
Mais leur rage les guide et leur poison les trouble,
Si bien que leur courroux par leurs coups se redouble.
Leur conflit se rallume et fait si furieux
Que d'un gauche malheur ils se crèvent les yeux.
Cette femme éplorée, en sa douleur plus forte,
Succombe à la douleur, mi-vivante, mi-morte;
Elle voit les mutins tout déchirés, sanglants,
Qui, ainsi que du cœur, des mains se vont cherchant.
Quand, pressant à son sein d'une amour maternelle
Celui qui a le droit et la juste querelle,
Elle veut le sauver, l'autre qui n'est pas las
Viole en poursuivant l'asile de ses bras.
Adonc se perd le lait, le suc de sa poitrine;
Puis, aux derniers abois de sa prochaine ruine,
Elle dit : « Vous avez, félons, ensanglanté
Le sein qui vous nourrit et qui vous a porté;
Or, vivez de venin, sanglante géniture[6],
Je n'ai plus que du sang pour votre nourriture. »

1. le lot, la part de lait.
2. jumeau.
3. si bien que.
4. accablé.
5. aujourd'hui.
6. fils, rejeton.

François Dubois, *Le Massacre de la Saint-Barthélémy*, 1576-1584, huile sur toile (154 x 94 cm), musée cantonal des Beaux-Arts, Lausanne (Suisse).

▲ Le 24 août 1572, lors des noces de Marguerite de Valois (la reine Margot) et d'Henri de Navarre, a lieu le massacre de la Saint-Barthélemy visant les protestants à Paris. Ce massacre se prolonge pendant plusieurs jours dans la capitale, puis s'étend à une vingtaine de villes en province. Cet épisode tragique des guerres de Religion est la conséquence des déchirements militaires et civils de la noblesse française entre catholiques et protestants.

Questions

Violence...

1. Sur quel procédé rhétorique repose cette peinture de la France ?
► Figures de style, p. 576
2. Nommez les personnages et caractérisez leur évocation.
3. Par quels procédés le combat est-il grossi ? Comparez avec les moyens utilisés par Rabelais (► p. 408).

...et passion

4. Relevez les marques de la présence de l'auteur dans le texte.
5. L'auteur prend-il parti pour l'un des camps ? Justifiez votre réponse.
6. Comparez les registres employés par Rabelais et Agrippa d'Aubigné.
► Registres, p. 568

Lecture d'image

7. Expliquez comment l'architecture met en valeur le désordre de l'événement. Appuyez-vous sur les lignes de force et de fuite. ► La lecture d'image, p. 580
8. Quels rapports établissez-vous entre la lutte fratricide décrite par Agrippa d'Aubigné et le massacre peint par François Dubois ?

Synthèse Montrez comment ce texte permet de nuancer les conceptions de la guerre défendues par Rabelais et Thomas More (► p. 410).

Vers le bac S'entraîner à la question sur le corpus

Quel texte vous semble le plus efficace dans la dénonciation de la guerre ? Vous confronterez les extraits de François Rabelais, de Thomas More et d'Agrippa d'Aubigné.
► Préparer l'entretien, p. 626

François Rabelais, *Gargantua,* XLVIII (1534)

La guerre qui a opposé les sujets de Gargantua à ceux de Picrochole pour un motif futile, une dispute autour de fouaces (galettes de froment), s'achève par la victoire des Utopiens. Tandis que Picrochole est en fuite, Gargantua s'adresse aux vaincus en ces termes.

La Figure du Prince

« Nos pères, aïeux et ancêtres, aussi loin qu'on s'en souvienne, ont toujours eu la sagesse innée de préférer, pour commémorer les victoires et triomphes remportés dans les batailles qu'ils ont livrées, graver leurs trophées et monuments dans les cœurs des vaincus en leur faisant grâce, que les ériger en pierre dans les terres conquises : car ils estimaient davantage la reconnaissance vivante des humains acquise à force de générosité que les muettes inscriptions des arcs, colonnes et pyramides, sujettes aux intempéries et à la malveillance de n'importe qui.

« Vous devez bien vous rappeler la mansuétude dont ils firent preuve envers les Bretons à la journée de Saint-Aubin-du-Cormier et à la destruction de Parthenay. Vous avez appris et donc admiré le traitement généreux qu'ils réservèrent aux Barbares de Spagnola, qui avaient pillé, ruiné, et saccagé les côtes de l'Olonnais et du Talmondois.

[…]

« Ne voulant donc nullement dégénérer de la bienveillance héréditaire de mes parents, aujourd'hui je vous pardonne et vous délivre, et vous rends libres et indépendants comme avant. De plus, au sortir du château, vous recevrez chacun trois mois de solde[1], pour pouvoir vous retirer dans vos maisons et foyers ; et six cents hommes d'armes et huit mille fantassins, sous la conduite de mon écuyer Alexandre, vous conduiront en lieu sûr, afin que vous ne soyez pas molestés par les paysans. Dieu soit avec vous !

« Je regrette de tout mon cœur que Picrochole ne soit pas ici. Car je lui aurais fait comprendre que c'est contre ma volonté et sans espoir d'accroître mon bien ou ma réputation qu'a été faite cette guerre. Mais puisqu'il est perdu et qu'on ne sait où ni comment il a disparu, je veux que son royaume revienne en entier à son fils ; comme celui-ci est vraiment top jeune (il n'a pas encore cinq ans), il sera gouverné et instruit par les princes âgés et les sages du royaume. Mais, parce qu'un royaume ainsi à l'abandon serait facilement ruiné, si l'on ne réfrénait la convoitise et l'avidité de ses gérants, j'ordonne et je veux que Ponocrates[2] soit nommé, au-dessus de tous ces gouverneurs, surintendant avec toute l'autorité requise, et qu'il veille sur l'enfant jusqu'à ce qu'il le reconnaisse apte à pouvoir gouverner et régner par lui-même.

« Mais je considère que trop de facilité et de laxisme à pardonner aux malfaisants leur donne l'occasion de recommencer leurs méfaits d'autant plus facilement qu'ils croient malignement qu'on leur fera toujours grâce.

« Je remarque que Moïse, l'homme le plus doux qu'il y ait eu de son temps sur cette terre, punissait sévèrement les mutins et les séditieux[3] du peuple d'Israël.

« Je remarque que Jules César était un empereur si débonnaire[4] que Cicéron dit de lui que sa fortune n'avait rien de plus grand que de pouvoir épargner et pardonner à tous, et sa vertu rien de meilleur que de le vouloir

1. salaire des militaires.
2. précepteur qui s'est chargé de l'éducation de Gargantua.
3. qui prennent part à une sédition, un soulèvement.
4. d'une bonté poussée à l'extrême.

Jules Garnier, *Gargantua vainqueur de l'armée de Picrochole, s'adressant aux vaincus*, 1897, illustration in *Rabelais et l'œuvre de Jules Garnier*.

toujours ; pourtant, malgré cela, en certaines circonstances il punit rigoureusement les auteurs de rébellion.

« Suivant ces exemples, je veux que vous me livriez avant de partir : d'abord ce beau Marquet, qui a été la source et la cause première de cette guerre par sa vaine présomption[5] ; deuxièmement ses compagnons fouaciers[6], qui négligèrent de corriger aussitôt sa folie ; et enfin tous les conseillers, capitaines, officiers et familiers de Picrochole qui l'auraient incité, encouragé ou poussé à franchir ses frontières pour venir ainsi nous inquiéter. »

Traduction en français moderne de Marie-Madeleine Fragonard,

5. opinion trop avantageuse de soi-même ; suffisance, prétention. – 6. allusion à la querelle qui déclenche la guerre picrocholine.

Questions

Grammaire
Analysez l'expression de la volonté dans cet extrait.

Le discours aux vaincus

1. Étudiez les marques de la personne : qui parle ? À qui ? ► L'énonciation, p. 540
2. Comment les propos sont-ils rapportés ? Quel est l'effet produit ? ► Les discours rapportés, p. 530
3. Pourquoi ce discours est-il prononcé ?
4. Quel est le ton dominant ? Justifiez votre réponse à l'aide d'exemples commentés. ► Registres, p. 568

Le portrait du Prince idéal

5. Dans cet extrait, pourquoi Ponocrates et les parents de Gargantua sont-ils mentionnés ?
6. Gargantua recourt à deux exemples. Quelle est leur nature ? Quel rôle jouent-ils ?
7. Pourquoi Gargantua peut-il être considéré comme un « bon vainqueur » ?
8. Dégagez les principales qualités de Gargantua. Comment sont-elles mises en valeur ?
9. En vous appuyant sur des passages précis, vous caractériserez l'attitude de Picrochole face à la guerre. Comparez cette attitude à celle de Gargantua.

Synthèse Dans un paragraphe argumenté, vous montrerez que Rabelais fait l'éloge du Prince.

Vers le bac S'entraîner au commentaire

En vous appuyant sur le texte et vos réponses aux questions, vous étudierez dans un paragraphe le portrait de Gargantua.

► Rédiger des paragraphes et insérer des citations, p. 596

TEXTE ÉCHO

Nicolas Machiavel, *Le Prince* (1532)

CONTEXTE

Machiavel (1469-1527) remplit des fonctions diplomatiques à Florence. Après le renversement de la République en 1513, il se consacre à l'écriture. S'écartant de la philosophie politique héritée des Grecs, il part des réalités contemporaines pour définir un « ordre nouveau » qui recherche l'amélioration de l'homme et de la société.

► **L'Humanisme, p. 24**

Machiavel explique comment user de la ruse et de la force pour conquérir et garder le pouvoir. Sa démarche vise à satisfaire les intérêts de celui qui gouverne et à assurer la prospérité de l'État pour le bénéfice de ceux qui sont gouvernés. Dans le chapitre XXI, *intitulé « Ce qui convient au prince pour se faire estimer », Machiavel définit l'attitude idéale du politique.*

On estime aussi un prince quand il est vrai ami et vrai ennemi, c'est-à-dire quand sans aucun ménagement il se découvre en faveur de quelqu'un contre un autre. Parti qui sera toujours plus utile que de rester neutre ; car si tu as deux puissants voisins qui en viennent aux mains, ou ils sont de telle qualité que, l'un d'eux triomphant, tu doives craindre le vainqueur, ou non. En l'un et l'autre de ces deux cas, il te sera toujours plus utile de te découvrir et faire bonne guerre ; car dans le premier cas, si tu ne te découvres pas, tu seras toujours proie de qui vainc, avec plaisir et satisfaction de celui qui a été vaincu, et tu n'as ni bon droit ni chose aucune qui te protège ni qui t'offre refuge. En effet qui vainc ne veut point d'amis suspects et qui ne l'aident pas dans l'adversité ; qui perd ne te reçoit pas pour n'avoir pas, toi, voulu les armes à la main partager sa fortune.

Antiochus[1] était passé en Grèce, y ayant été mis par les Étoliens pour en chasser les Romains. Antiochus manda[2] des orateurs aux Achéens, qui étaient amis des Romains, pour les inciter à ne pas prendre parti ; et d'autre part les Romains les engageaient à prendre les armes pour eux. Cette matière vint en délibération au conseil des Achéens, où l'envoyé d'Antiochus les engageait à rester neutres ; à quoi l'envoyé romain répondit : *Quod autem isti dicunt non interponendi vos bello, nihil magis alienum rebus vestris est ; sine gratia, sine dignitate, praemium victoris eritis*[3].

[…] Et ici il faut noter qu'un prince doit prendre garde de ne faire jamais compagnie avec un plus puissant que lui pour attaquer autrui, sinon quand la nécessité le contraint, comme ci-dessus l'on dit ; car en vainquant, tu demeures son prisonnier : et les princes doivent éviter, autant qu'ils peuvent, de se trouver à la discrétion d'autrui. […]

Un prince doit aussi montrer du goût pour les talents, donnant l'hospitalité aux gens de talent, et honorant ceux qui excellent en un art. Ensuite, il doit encourager ses concitoyens à pouvoir paisiblement exercer leurs métiers, et dans le commerce, et dans l'agriculture, et dans toute autre occupation humaine, et que celui-là ne craigne pas d'embellir son domaine par crainte qu'il ne lui soit ôté, ni cet autre d'ouvrir un commerce par peur des impôts ; mais il doit préparer des récompenses pour qui veut faire ces choses et pour quiconque songe de quelque façon que ce soit à procurer la croissance de sa ville ou de son pays. Et il doit en outre, aux moments de l'année qui conviennent, tenir occupés les peuples avec les fêtes et spectacles. Et comme toute cité est divisée en corps de métiers ou en tribus, il doit tenir compte de ces collectivités, se joindre à elles quelquefois, se montrer un exemple d'humanité et de munificence[4], en maintenant toujours ferme, cependant, la majesté de son rang, parce que ce point-là exige de n'être jamais oublié, en aucune circonstance.

1. nom de plusieurs rois d'Asie.
2. faire venir.
3. citation de Tite-Live faite de mémoire et légèrement inexacte : « Quant à ce que ces gens vous disent, de ne pas intervenir dans la guerre, rien n'est plus contraire à vos intérêts : sans gratitude, sans honneur, vous serez le prix du vainqueur. » (XXXV, 48)
4. grandeur dans la générosité.

Cosme Ier de Medicis planifiant la conquête de Sienne en 1555. Avec un compas et un plan sur son bureau, il cherche une stratégie de combat. Plafond peint en 1565 par **Giorgio Vasari**, palazzo Vecchio, Florence (Italie).

Questions

1. Relevez les exemples utilisés. À quels domaines appartiennent-ils ? Quelles fonctions remplissent-ils ?
2. Pourquoi Machiavel recourt-il à une citation latine ? Que révèle-t-elle de l'écrivain ?
3. Observez la composition du texte. Sur quel procédé repose-t-il ?

► Registres, p. 568

4. Dégagez l'idée maîtresse de chaque paragraphe.
5. Quelles sont les qualités attendues du prince selon Machiavel ?

Lecture d'image

6. Interprétez la présence des personnages autour de Cosme Ier : en quoi évoquent-ils aussi l'attitude idéale du politique ?

Synthèse Définissez la figure du prince selon Machiavel et Rabelais (► p. 414).

Vocabulaire

Recherchez l'origine du mot « machiavélisme » et ses significations. Formulez les différentes acceptions du terme en montrant son évolution dans l'histoire des idées.

► Le champ sémantique, p. 532

Vers le bac S'entraîner à la dissertation

Les recommandations énoncées dans les textes de Machiavel et de Rabelais sont-elles encore pertinentes pour un lecteur du XXIe siècle ? Vous justifierez votre point de vue en vous appuyant sur les extraits proposés et sur les lectures que vous avez faites.

► Analyser le sujet et exploiter le corpus, p. 602

François Rabelais, *Gargantua*, LV (1534)

Afin de remercier Frère Jean des Entommeures de sa participation à la guerre contre Picrochole, Gargantua lui accorde une récompense : fonder une abbaye qui accueillera des jeunes gens et des jeunes filles qui recevront une éducation idéale. Ce sera Thélème, qui signifie en grec « volonté ».

Comment était réglée la vie des Thélémites

Toute leur vie était ordonnée non selon des lois, des statuts ou des règles, mais selon leur bon vouloir et leur libre arbitre. Ils se levaient quand bon leur semblait, buvaient, mangeaient, travaillaient, et dormaient quand le désir leur en venait. Nul ne les réveillait, nul ne les contraignait à boire, à manger, ni à faire quoi que ce soit. Ainsi en avait décidé Gargantua. Pour toute règle, il n'y avait que cette clause, *Fais ce que tu voudras*; parce que les gens libres, bien nés et bien éduqués, vivant en bonne compagnie, ont par nature un instinct, un aiguillon qui les pousse toujours à la vertu et les éloigne du vice, qu'ils appelaient honneur. Ces gens-là, quand ils sont opprimés et asservis par une honteuse sujétion et par la contrainte, détournent cette noble inclination par laquelle ils tendaient librement à la vertu, vers le rejet et la violation du joug de servitude; car nous entreprenons toujours ce qui nous est interdit et nous convoitons ce qui nous est refusé.

C'est cette liberté même qui les poussa à une louable émulation : faire tous ce qu'ils voyaient faire plaisir à un seul. Si l'un ou l'une d'entre eux disait : « Buvons », ils buvaient tous; s'il disait : « Jouons », tous jouaient; s'il disait : « Allons nous ébattre aux champs », tous y allaient. S'il s'agissait de chasser à courre ou au vol, les dames, montées sur de belles haquenées[1] suivies du palefroi[2] de guerre, portaient sur leur poing joliment ganteléun épervier, un laneret ou un émerillon[3]. Les hommes portaient les autres oiseaux.

Ils étaient si bien éduqués qu'il n'y avait parmi eux homme ni femme qui ne sût lire, écrire, chanter, jouer d'instruments de musique, parler cinq ou six langues et y composer, tant en vers qu'en prose. Jamais on ne vit de chevaliers si vaillants, si hardis, si adroits au combat à pied ou à cheval, plus vigoureux, plus agiles, maniant mieux les armes que ceux-là; jamais on ne vit de dames si fraîches, si jolies, moins acariâtres, plus doctes aux travaux d'aiguille et à toute activité de femme honnête et bien née que celles-là.

1. petits chevaux ou juments, montures de femmes.
2. cheval de parade ou de marche.
3. petit oiseau de proie, type de faucon.

Gustave Doré, *Fay ce que voudras* (inscription de l'abbaye de Thélème), 1897, illustration de *Gargantua*.

Jules Garnier, *Frère Jean, moine de l'abbaye de Seuille, supervisant la construction de l'abbaye de Thélème*, 1897, illustration in *Rabelais et l'œuvre de Jules Garnier*.

C'est pourquoi, quand arrivait le temps où l'un d'entre eux, soit à la requête de ses parents, soit pour d'autres raisons, voulait quitter l'abbaye, il emmenait avec lui une des dames, celle qui l'aurait choisi pour chevalier servant, et ils se mariaient ; et s'ils avaient bien vécu à Thélème en amitié de cœur, ils continuaient encore mieux dans le mariage, et ils s'aimaient autant à la fin de leurs jours qu'au premier jour de leurs noces.

Mais je ne veux pas omettre de vous retranscrire une énigme qu'on trouva dans les fondations de l'abbaye, sur une grande plaque de bronze. […]

Traduction en français moderne de Marie-Madeleine Fragonard, © Pocket Univers Poche

Questions

Grammaire

Relevez et analysez les occurrences de « si » dans le troisième paragraphe. Quel effet cette répétition produit-elle ?

Une éducation idéale

1. Qui réside à Thélème ? Que pensez-vous des critères de sélection des Thélémites ? Comment les expliquez-vous ?
2. Quelles disciplines y étudie-t-on ? De quel type d'education s'agit-il ?
3. Comment les effets durables de cette éducation sont-ils suggérés ?

Une belle harmonie

4. Étudiez et expliquez en fonction des mœurs de l'époque la place de la femme à Thélème.
5. Quelles relations entretiennent l'individu et le groupe ?
6. En vous appuyant sur des procédés d'écriture, montrez comment la vie à Thélème participe d'un souci d'équilibre dans tous les domaines.

La devise de Thélème

7. Relevez, classez et commentez les mots ou expressions qui font réference à la liberté.
8. Comment la devise de Thélème est-elle mise en valeur ? Que signifie-t-elle ? Dans quelle mesure peut-elle s'opposer aux règles d'une abbaye traditionnelle ?
9. Quel pourrait être le contenu de l'énigme finale ? Formulez des hypothèses et justifiez-les.

Synthèse Montrez que Thélème s'oppose aux abbayes traditionnelles.

Vers le bac S'entraîner au commentaire

En vous appuyant sur le texte et les procédés d'écriture, vous montrerez, dans un paragraphe, que l'abbaye de Thélème peut se rattacher au modèle de l'Utopie.

► Rédiger des paragraphes et insérer des citations, p. 598

LECTURE D'IMAGES

Gustave Doré, *Gargantua* (1854)

1

Gustave Doré (1832-1883) est un illustrateur, graveur, peintre et sculpteur français reconnu internationalement de son vivant. À partir de 1851, tout en exposant des toiles, il réalise quelques sculptures de sujets religieux.

Dans le prolongement du Romantisme, il illustre plus de cent chefs-d'œuvre de la littérature universelle empruntés à Dante, Cervantès, La Fontaine, Balzac, et Rabelais en 1854.

L'art du noir et blanc connaît au XIXe siècle, avec le sentiment romantique du fantastique et la renaissance de la gravure, un épanouissement remarquable.

Légende des images : *Gargantua* (1534) de François Rabelais, illustré par **Gustave Doré** en 1854.

2

3

4

Questions ► La lecture d'image, p. 580

1. Identifiez le passage de l'œuvre qui correspond à chaque image et lisez-le. Relevez une citation qui rende compte du sujet.
2. Observez les gravures 1 et 2 : comment illustrent-elles deux types d'éducation ? Observez bien les personnages.
3. Expliquez pour chaque gravure l'effet qu'a cherché à produire l'artiste en vous appuyant sur des éléments précis (composition du dessin, décors, attitude des personnages).
4. Quelles sont les étapes de l'apprentissage de Gargantua que l'on peut retrouver à travers les images 1, 2 et 4 ? Marquent-elles un progrès continu du personnage ? Justifiez votre réponse.
5. Comparez à présent l'image et le texte. Quelles ressemblances et quelles différences apparaissent dans le traitement du sujet ?

Synthèse Les illustrations de Gustave Doré vous semblent-elles fidèles ou non à l'œuvre de Rabelais ? Justifiez votre réponse.

VOCABULAIRE LE VOCABULAIRE RABELAISIEN

1 ÉTYMOLOGIE

Quels rapports existe-t-il entre les noms des personnages forgés par Rabelais et leur caractère ? Aidez-vous des racines grecques et latines ou retrouvez les formations populaires.

1. Gargantua – 2. Grandgousier – 3. Gargamelle – 4. Pantagruel – 5. Ponocrates – 6. Frère Jean des Entommeures – 7. Picrochole – 8. Anagnoste – 9. Eudémon

2 JEUX VERBAUX

a. **Lisez ces expressions : comment Rabelais joue-t-il sur les décalages entre les termes (vocabulaire sacré / profane, soutenu / familier...) ?**

1. « chopiner théologalement » – 2. « l'eau bénite de cave » – 3. « pleurer comme une vache » – 4. « le bâton de la croix » – 5. « deslochait les spondyles, desgourdait les ischies »

b. **Rabelais s'amuse aussi avec les sonorités. Comment fonctionne la prière des moines retirés dans l'abbaye de Seuilly ? Quel effet produit-elle ?**

« Ini, nim, pe, ne, ne, ne, ne, ne, ne, tum, ne, num, num, ini, i, mi, i, mi, co, o, ne, no, o, o, ne, no, ne, no, no, no, rum, ne, num, num. »

François Rabelais, *Gargantua* (1534)

c. **Dans les passages suivants, retrouvez au moins deux procédés d'écriture chers à Rabelais. Quels effets produisent-ils ?**

1. À l'exemple de ce chien, il vous faut être sages pour humer, sentir et estimer ces beaux livres de haute graisse, légers à la poursuite et hardis à l'attaque. Puis, par une lecture attentive et une médiation assidue, rompre l'os et sucer la substantifique moelle.

François Rabelais, *Gargantua* (1534), trad. en français moderne de Marie-Madeleine Fragonard, © Pocket Univers Poche

2. Puis fientait, pissait, rendait sa gorge, rotait, pétait, bâillait, crachait, toussait, sanglotait, éternuait, et se morvait en archidiacre, et déjeunait pour abattre la rosée et mauvais air : belles tripes frites, belles carbonades, beaux jambons, belles cabirotades.

François Rabelais, *Gargantua* (1534), trad. en français moderne de Marie-Madeleine Fragonard, © Pocket Univers Poche

3. Après avoir bien déjeuné, il allait à l'église, où on lui apportait dans un grand panier un gros bréviaire bien emmitouflé, pesant, tant en graisse qu'en fermoirs et parchemin, à peu près onze quintaux. Là, il entendait vingt-six ou trente messes.

François Rabelais, *Gargantua* (1534), trad. en français moderne de Marie-Madeleine Fragonard, © Pocket Univers Poche

3 NIVEAUX DE LANGUE

a. **Relevez les mots ou expressions familières dans ce discours de Maître Janotus de Braquemardo prononcé globalement dans un langage saupoudré de références culturelles. Quels effets produisent-ils ?**

Dans le début du chapitre XVIII *de* Gargantua, *Rabelais imagine que son héros a pris les cloches de Notre-Dame de Paris. Le clergé envoie l'un de ses plus habiles orateurs pour les reprendre, Maître Janotus de Braquemardo. Le portrait fait par Rabelais de cet universitaire, sale, gourmand et ignare, teinte de moquerie le discours qu'il prononce.*

« Ahem, hem, hem ! bien l'bonjour, Monsieur, bien l'bonjour ! Et à vous aussi, Messieurs. Ce ne serait que justice que vous nous rendissiez les cloches, car elles nous font bien défaut. Hem, hem, hasch ! » [...]

« Si vous nous les rendez à ma requête, j'y gagnerai six pans de saucisses et une bonne paire de chausses qui feront grand bien à mes jambes, sauf si on ne tient pas ce qu'on m'a promis. Ho ! Par Dieu, Seigneur, c'est bonne chose qu'une paire de chausses, et *le Sage ne s'en détourne pas*. Songez-y, Seigneur ; cela fait dix-huit jours que je me tripatouille la cervelle sur cette belle harangue : *Rendez à César ce qui est à César et à Dieu ce qui est à Dieu.* »

François Rabelais, *Gargantua* (1534), trad. en français moderne de Marie-Madeleine Fragonard, © Pocket Univers Poche

b. **Réécrivez ce discours en faisant de Maître Janotus de Braquemardo une personne cultivée qui s'exprimera dans un langage soutenu.**

EXPRESSION ÉCRITE

Sujet 1

Les Amis de Rabelais et de la Devinière proposent à la ville de Chinon où naquit Rabelais de rédiger une plaquette qui rende hommage à l'écrivain. Vous mettrez à profit vos lectures de la séquence pour proposer un projet de plaquette à la municipalité.

Sujet 2

Gargantua a écouté Maître Janotus jusqu'au bout de son discours : « Vous pouvez applaudir. J'ai parlé comme un n'ivre. » Il confie à ses proches ce qu'il pense de cet universitaire si peu humaniste. Inventez les propos et le raisonnement de Gargantua pour condamner les savants médiévaux et promouvoir les valeurs humanistes.

SYNTHÈSE RABELAIS ET L'IDEAL HUMANISTE

Gargantua s'inscrit dans le courant de pensée humaniste qui s'est répandu à travers toute l'Europe du XVIe *siècle et qui place l'homme au centre des préoccupations.*

1 LA DIVERSITÉ DES THÈMES

Les titres des chapitres et les thèmes abordés par l'humaniste François Rabelais reflètent le **statut particulier** accordé à l'homme et la confiance en la possibilité de l'éduquer pour le rendre meilleur. Le personnage de *Gargantua*, confronté au monde, permet à l'auteur de développer des réflexions politiques, morales ou sociales.

Ex. : Dans le chapitre XLVIII, « La Figure du Prince », François Rabelais aborde la question du politique, comme Machiavel le fait dans *Le Prince*, au même siècle. ► p. 414

2 LES RESSOURCES DE LA FICTION

Rabelais présente ses idées humanistes d'une manière originale : il met en place une fiction, et en particulier la mise en scène d'un personnage.

- Par la **narration**, le récit des actions de Gargantua, il nous présente un personnage qui constitue un exemple de modèle humaniste.

Ex. : Dans le chapitre XXI, « L'Éducation de Gargantua », la journée de Gargantua est détaillée chronologiquement, et constitue un programme d'éducation humaniste. ► p. 404

- Par leurs **discours**, les personnages peuvent également constituer des exemples.

Ex. : Le discours mesuré de Gargantua, au chapitre XLVIII, « La Figure du Prince », en fait un modèle politique. ► p. 414

- Enfin, François Rabelais a recours à un **nouveau genre** pour diffuser ses idées : celui de l'**Utopie**, terme forgé par Thomas More, qui décrit un lieu idéal.

Ex. : L'abbaye de Thélème, présentée au chapitre LV, est un lieu idéal par l'absence de contraintes qui y règne. ► p. 418

3 RABELAIS ET SON LECTEUR

Interpeller le lecteur

Pour susciter une réaction du lecteur, François Rabelais utilise différents moyens. Il interpelle celui-ci, et l'invite à participer à la fiction.

Ex. : Dans le prologue de *Gargantua*, le lecteur est apostrophé de façon surprenante. ► p. 402

Faire rire

Comme le prologue l'annonce, le lecteur doit, au moyen du rire, tirer des enseignements et les mettre en pratique : le lecteur rit des aventures des personnages, des personnages eux-mêmes, mais il se moque également de catégories de personnes de la société dont Rabelais fait la **satire**.

Ex. : Dans le chapitre XXV, « La Guerre picrocholine », le personnage de Frère Jean fait rire : Rabelais se moque des moines. ► p. 408

Susciter l'admiration

Au-delà de la fiction littéraire des géants et de l'Utopie, Rabelais nous invite à trouver une sagesse à la mesure de l'homme. Les qualités de certains personnages poussent le lecteur à les admirer.

Ex. : Le lecteur apprécie la clémence et la fermeté de Gargantua, après la guerre contre Picrochole, au chapitre XLVIII. ► p. 414

TEXTE 1

Joachim Du Bellay, *Les Antiquités de Rome* (1558)

► Bio. p. 628

L'Italie fascine les humanistes français. Du Bellay séjourne à Rome plusieurs années. Bercé d'illusions, le poète s'attend à découvrir les vestiges du passé, qu'il décrit dans les sonnets qui composent Les Antiquités de Rome. *Dans ce recueil, les poèmes en alexandrins, qui glorifient le passé de Rome en insistant sur sa puissance et sa croissance, alternent avec ceux en décasyllabes, teintés de pessimisme, qui soulignent la fin de sa grandeur. Ce sonnet est le cinquième de l'ouvrage.*

► L'Humanisme, p. 24 ► La Pléiade, p. 26

Qui voudra voir tout ce qu'ont pu nature,
L'art, et le ciel (Rome) te vienne voir :
J'entends s'il peut ta grandeur concevoir[1]
Par ce qui n'est que ta morte peinture.

Rome n'est plus : et si l'architecture
Quelque ombre encor de Rome fait revoir,
C'est comme un corps par magique savoir
Tiré de nuit hors de sa sépulture.

Le corps de Rome en cendre est dévallé[2],
Et son esprit rejoindre s'est allé
Au grand esprit de cette masse ronde.

Mais ses écrits, qui son los[3] le plus beau
Malgré le temps arrachent du tombeau,
Font son idole[4] errer parmi le monde.

Orthographe modernisée par les auteurs du manuel.

1. « Je veux dire, s'il peut imaginer ta grandeur… » – 2. tombé. – 3. renom. – 4. image, représentation.

Questions

Éloge de la Rome antique

1. Pour quelles raisons le poète admire-t-il la Rome antique ? Laquelle vous semble le plus mise en valeur ? Observez la façon dont les vers soulignent cette idée.
2. Quels aspects de la Rome antique sont montrés par Du Bellay ? Comment cette vision progresse-t-elle dans les deux quatrains ?
3. Observez les mots à la rime dans les quatrains : en quoi expriment-ils les idéaux des humanistes ?

Une disparition

4. Quelle comparaison le poète emploie-t-il dans le deuxième quatrain pour désigner Rome ? Montrez que cette image est filée dans l'ensemble du sonnet.
5. Retrouvez une litote dans le texte. Quel sentiment traduit-elle chez le poète ?

Rome éternelle ?

6. À qui s'adresse Du Bellay dans la première strophe ? Pour quelle raison ? Observez les reprises de ce nom dans les autres strophes et interprétez les changements opérés.
7. Comment la dernière strophe, la chute du sonnet, opère-t-elle un retournement ? Étudiez les relations logiques employées.
8. Comment Rome, selon Du Bellay, peut-elle rester éternelle ? Commentez le rythme du vers 12.

Synthèse Montrez en quoi la réflexion sur la Rome antique se double, dans ce poème, d'une réflexion pessimiste sur la condition humaine.

►►► **Baldassarre Peruzzi**, *Ruines de la Rome ancienne*, XVIe siècle.

Joachim Du Bellay, *Les Regrets* (1558)

Le Caravage, *La Vocation de Saint-Matthieu*, 1599-1600, huile sur toile, Église Saint-Louis des Français, Rome.

CONTEXTE

Le XVIe siècle a été le théâtre de l'affrontement entre les rois d'Espagne (l'Empereur Charles Quint puis Philippe II) et les rois de France (François Ier puis Henri II). Les ambitions territoriales de ces deux monarchies s'expriment notamment en Italie. Par ailleurs, Rome, ville pontificale, berceau de la culture humaniste, attire diplomates, artistes et écrivains.

▸ L'Humanisme, p. 24
▸ La Pléiade, p. 26

Du Bellay, représentant du courant littéraire de la Pléiade, souhaite que la France recueille l'héritage de la civilisation romaine antique et considère Rome comme la capitale de l'Humanisme. Entre 1553 et 1557, Du Bellay séjourne à Rome et se livre à l'observation du spectacle que lui offre la ville éternelle. Il exprime sa déception dans les sonnets des Regrets.

Sonnet LXXX

Si je monte au Palais[1], je n'y trouve qu'orgueil,
Que vice déguisé, qu'une cérémonie,
Qu'un bruit de tabourins[2], qu'une étrange harmonie,
Et de rouges habits un superbe appareil :

Si je descends en banque, un amas et recueil
De nouvelles je treuve[3], une usure[4] infinie,
De riches Florentins[5] une troppe[6] bannie,
Et de pauvres Siennois[5] un lamentable deuil[7] :

Si je vais plus avant, quelque part où j'arrive,
Je treuve[3] de Vénus la grand'bande lascive
Dressant de tous côtés mille appas amoureux :

Si je passe plus outre, et de la Rome neuve
Entre en la vieille Rome, adonques[8] je treuve[3]
Que de vieux monuments un grand monceau pierreux.

Orthographe modernisée par les auteurs du manuel

1. le Vatican.
2. tambours.
3. trouve.
4. intérêt perçu en échange d'un prêt d'argent.
5. partisans du roi de France qui ont dû trouver refuge à Rome après la prise de leurs cités par Charles Quint ou ses alliés.
6. troupe.
7. cortège funèbre.
8. alors, maintenant.

Questions

Figure de style

« Palais, tabourins, habits, banque, troppe, bande, monceau » : pourquoi Du Bellay a-t-il choisi ces termes ? Quelle figure de style identifiez-vous ?

▸ p. 576-577

Une promenade dans Rome

1. Observez le début de chaque strophe : quel procédé d'écriture, quels termes donnent au regard du poète sa mobilité ?
2. Étudiez la forme du poème et le mètre employé. Pourquoi sont-ils bien adaptés à l'évocation d'une promenade ?
3. Quel rythme et quelle figure de style sont associés aux vers 12 et 13 ? Quels aspects de la promenade sont soulignés ?
4. Étudiez le theme de chacune des strophes de ce sonnet : quels univers retiennent l'attention du poète ? Quelle intention semble animer le promeneur ?

Regard d'un humaniste désabusé

5. Observez le verbe répété dans chaque strophe : quelle variation constatez-vous ? Quel état d'esprit traduit-elle ?
6. Relevez les COD qui apparaissent dans ce poème : quels contrastes, mais aussi quelles similitudes le poème établit-il entre les éléments qu'ils désignent ?
7. Pourquoi le poète humaniste est-il déçu par Rome ?

Synthèse Dites quelle vision de Rome apparaît dans ce poème.

Vers le bac S'entraîner à l'écriture d'invention

Vous retournez en des lieux jadis aimés, et qui ont changé : faites le récit, en prose, de cette expérience, en employant quelques-uns des procédés d'écriture observés dans ce sonnet.

Mellin de Saint-Gelais, *Œuvres* (1574)

Janus tenant les clés de Rome et Junon, XVIe siècle, fresque (détail), Château de Tanlay.

CONTEXTE

Entre le VIIIe siècle avant J.-C. et le IIe siècle après J.-C., Rome conquiert l'Italie, puis tout le bassin méditerranéen et une partie de l'Europe du Nord. L'apôtre Pierre, à qui Jésus a remis les clés du ciel, se fixe à Rome où il meurt martyr en 64 après J.-C. Rome devient alors la capitale de la chrétienté et le séjour des papes, successeurs de Pierre. Au IVe siècle après J.-C., l'Empire romain devient chrétien. À la Renaissance, une partie du monde chrétien se soulève contre l'autorité de l'église romaine.

► **L'Humanisme, p. 24**
► **La Pléiade, p. 26**

Mellin de Saint-Gelais, fasciné par la Rome antique, peint la Rome moderne sous un jour plus sombre. Rome, centre de la chrétienté, théâtre de la persécution des premiers Chrétiens, est vue au Moyen Âge comme le lieu où se rencontraient Dieu et le Diable. Le regard de Saint-Gelais reflète les tensions qui ont opposé, vers 1530, le pouvoir religieux romain et le pouvoir royal français, qui étaient en concurrence.

Douzains, 9

Rome jadis la terre subjugua,
Puis si heureuse en la mer navigua
Que du grand monde et d'une cité close
On vit la force[1] être une même chose.
Le ciel semblait être exempt[2] de leurs mains
Et toutefois les bons pères romains[3],
Par[4] servir Dieu que mieux connaître ils surent,
Y prirent siège et les clefs en reçurent.
Or maintenant leurs riches successeurs,
Pour être encor plus amples possesseurs,
Et leurs acquets[5] augustes imiter,
Ont pris enfer, et y vont habiter.

Orthographe modernisée par les auteurs du manuel.

1. Lire : « on vit la force du grand monde et d'une cité close… ».
2. à l'abri.
3. les papes.
4. pour.
5. acquisitions, profits.

Questions

Une histoire poétique de Rome

1. Observez les temps verbaux. Quelle progression adopte ce poème ?
2. Relisez le contexte, puis observez la ponctuation et les connecteurs temporels : combien de phrases distinguez-vous ? Quelles époques sont évoquées ?
3. Combien de vers ce poème compte-t-il ? Quel schéma de rimes est employé ? Quelle préoccupation anime le poète humaniste ici ?

La Rome des humanistes

4. Quels horizons ont été conquis par Rome ? Quels liens établissez-vous avec l'idéal humaniste ?
5. Relevez les termes qui traduisent un jugement du poète : pourquoi Rome fascine-t-elle les humanistes ?
6. Analysez le pronom « on », au vers 4 : qui représente-t-il ? Quel lien s'établit entre le poète et le lecteur ?

Une satire de Rome

7. Relevez les connecteurs logiques : quelle relation s'établit entre les différents mouvements de ce poème ?
8. Quelle conquête est évoquée au dernier vers ? Quelle figure de style reconnaissez-vous ? Pourquoi peut-on parler ici d'épigramme ?
9. À qui s'adresse la critique énoncée ici ? Quel travers est condamné ?

Synthèse Montrez que le poète pose sur Rome un regard contrasté.

Figure de style

« du grand monde et d'une cité close », v. 3 : quelle figure de style identifiez-vous ? Interprétez-la.

► p. 576-577

ÉCHO DE L'ANTIQUITÉ

Florus, *Abrégé de l'histoire romaine*, I, 13 (IIe siècle)

CONTEXTE

Les historiens romains sont des écrivains, des artistes, plutôt que des chercheurs. De puissants liens affectifs les attachent à leur passé. Florus, par exemple, assimile le développement de Rome à la croissance d'un corps humain, et voit dans son expansion l'expression des qualités exceptionnelles du peuple romain.

Au début du IIIe siècle av. J.-C, la ville italienne de Tarente, soutenue par une coalition de cités grecques conduites par Pyrrhus, roi d'Épire, entre en guerre contre Rome. Pyrrhus subit de cruels revers, et envoie à Rome des ambassadeurs chargés de demander la paix.

Tableau de l'histoire du peuple romain, de Romulus à Auguste

Quel fut le Sénat d'alors ! Chassés de la ville avec leurs présents, à la suite du discours d'Appius Caecus[1], les ambassadeurs avouèrent à leur roi qui leur demandait ce qu'ils pensaient de l'endroit où habitait l'ennemi, que la ville leur avait paru être un temple et le Sénat, une assemblée de rois. Quels furent aussi les généraux eux-mêmes ! Soit en campagne, Curius[2] renvoyant le médecin qui lui proposait contre argent la tête du roi, Fabricius[2] refusant la part de pouvoir que lui offrait le roi ; soit en temps de paix, Curius préférant sa vaisselle de terre à l'or samnite[3], Fabricius, l'austère censeur[4], condamnant comme un luxe la présence chez un consulaire[5], Rufinus, de dix livres d'argent[6]. Qui donc s'étonnerait qu'avec de telles mœurs, un tel courage chez les soldats, le peuple romain ait été vainqueur et que, dans la seule guerre de Tarente, en quatre ans, il ait soumis la plus grande partie de l'Italie, les nations les plus valeureuses, les villes les plus riches et les régions les plus fertiles ?

Traduction de Paul Jal, © Les Belles Lettres, 1967.

1. haut magistrat romain (censeur).
2. hauts magistrats romains investis de l'autorité militaire (consuls).
3. peuple d'Italie centrale, contre qui Rome mena des guerres très dures.
4. La censure est la plus haute fonction de la magistrature romaine.
5. ancien consul.
6. La livre romaine pèse environ 280 grammes.

Baciccio, *Fabricius refusant les présents des ambassadeurs de Pyrrhus*, XVIIe siècle, dessin (21,2 x 32,5 cm), musée du Louvre, Paris.

www.lienmini.fr/magnard-el1-29

Consultez la page « Dessins d'antiquités romaines au XVIe siècle » : quels liens pouvez-vous percevoir entre l'écriture de Florus et la représentation picturale de Rome par les humanistes ?

Questions

1. Étudiez la phrase, l. 5-9 : quels termes se font écho ? Quel procédé syntaxique les relie ? Qu'en déduisez-vous en ce qui concerne l'écriture de l'histoire chez Florus ?
2. Observez les types de phrase. Quel sentiment l'historien exprime-t-il ?
3. Relevez des paroles rapportées : quelle contribution ce procédé apporte-t-il à l'entreprise de Florus ?
4. Quelles qualités romaines sont mises en évidence ici ?
5. Comment Florus célèbre-t-il la supériorité du peuple romain ?

Michel de Montaigne, *Essais*, III, 9 (1595)

Il Fattore, *Le Baptême de l'empereur Constantin*, 1517-1524, fresque, musée du Vatican, Rome.

CONTEXTE

Influencé par la lecture des Anciens, comme tous les humanistes de son temps, Montaigne entreprend de montrer ses doutes, ses imperfections et les secrets de sa vie personnelle. Il théorise ainsi un genre que les auteurs anciens avaient pratiqué. En 1580, après avoir publié les deux premiers livres des *Essais*, il s'éloigne de la France, où catholiques et protestants s'entretuent.

► L'Humanisme, p. 24

De la vanité

J'ai vu ailleurs des maisons ruinées, et des statues, et du ciel et de la terre : ce sont toujours des hommes. Tout cela est vrai : et si[1] pourtant ne saurais revoir si souvent le tombeau de cette ville[2], si grande, et si puissante, que[3] je ne l'admire et révère. Le soin des morts nous est en recommandation. Or j'ai été nourri dès mon enfance, avec ceux-ci[4] ; j'ai eu connaissance des affaires de Rome, longtemps avant que je l'aie eue de celles de ma maison : je savais le Capitole[5] et son plant[6], avant que je susse le Louvre, et le Tibre[7] avant la Seine. J'ai eu plus en tête, les conditions et fortunes de Lucullus, Metellus, et Scipion[8], que je n'ai d'aucuns[9] hommes des nôtres. Ils sont trépassés. Si est bien mon père[10], aussi entièrement qu'eux, et s'est éloigné de moi et de la vie autant en dix-huit ans que ceux-là ont fait en seize cents : duquel pourtant je ne laisse pas d'embrasser et pratiquer la mémoire, l'amitié et société, d'une parfaite union et très vive. [...]

Et puis cette même Rome que nous voyons mérite qu'on l'aime, confédérée de[11] si longtemps et par tant de titres à notre couronne[12] ; seule ville commune et universelle. Le magistrat souverain[13] qui y commande est reconnu pareillement ailleurs : c'est la ville métropolitaine de toutes les nations chrétiennes ; l'Espagnol et le Français, chacun y est chez soi. Pour être des princes[14] de cet État, il ne faut qu'être de Chrétienté, où qu'elle soit. Il n'est lieu çà-bas[15], que le ciel ait embrassé avec telle influence de faveur et telle constance. Sa ruine même est glorieuse et enflée,

Laudandis preciosior ruinis.[16]

Encore retient-elle au tombeau des marques et image d'empire.

1. ainsi.
2. Rome.
3. sans que.
4. les Romains.
5. colline de Rome.
6. son emplacement.
7. fleuve qui coule à Rome.
8. généraux romains.
9. Au XVIe siècle, « aucun » s'emploie au pluriel dans le sens de « quelque ».
10. mort en 1568.
11. depuis.
12. Les rois de France sont les descendants de Clovis, barbare baptisé au Ve siècle.
13. le pape.
14. Du latin *princeps*, « qui prend la première place ».
15. ici-bas.
16. Citation de l'évêque Sidoine Apollinaire, *Poèmes* : « Plus précieuse par ses ruines superbes ».

Questions

Regard rétrospectif sur une vie

1. Lignes 1-19, observez le pronom personnel sujet et son verbe. Quelle est l'intention de Montaigne ?
2. Quels épisodes, quelles activités sont évoqués dans cette partie du texte ? En quoi révèlent-ils un regard humaniste ?

Célébration de la grandeur de Rome

3. Relevez et classez noms propres et noms de lieux : quel paradoxe apparaît ?
4. Relevez les termes modalisateurs et intensifs liés à Rome : quels sentiments Montaigne éprouve-t-il ?
5. En quoi consiste, selon Montaigne, la supériorité de Rome ?

Le thème de la mort

6. Relevez les termes évoquant la mort : quels univers sont ainsi mis en relation ? Quelle réflexion est proposée ici ?
7. La mort apparaît-elle comme une destruction complète ? Justifiez votre réponse.

Synthèse Dites quelle image de l'homme de la Renaissance se dessine dans cet extrait.

TEXTE 5

Agrippa d'Aubigné, *Les Tragiques* (1616)

Antoine Caron, *Les Massacres du Triumvirat* (détail), 1566, peinture (116 × 195 cm), musée du Louvre, Paris.

CONTEXTE

À partir de 1577, Agrippa d'Aubigné, protestant qui veut témoigner de la sauvagerie des guerres de religion, entame la rédaction des *Tragiques*. D'inspiration baroque, cette œuvre montre une France déchirée, confrontée à une lutte fratricide. Mais l'engagement du poète en faveur du camp protestant y est nettement perceptible, dans un texte à la tonalité épique, qui imite le poète latin Lucain (Ier siècle après J.-C.) dont l'œuvre, *La Pharsale*, relate l'affrontement entre César et Pompée, au siècle précédent.

► **Le Baroque, p. 27**

L'œuvre débute par ces vers qui constituent un exorde, un préambule : le poète annonce le sujet de son poème et son intention polémique.

Misères

[…] Puisqu'il faut s'attaquer aux légions de Rome,
Aux monstres d'Italie, il faudra faire comme
Hannibal, qui par feux d'aigre humeur arrosés[1]
Se fendit un passage aux Alpes embrasés.
Mon courage de feu, mon humeur aigre et forte
Au travers des sept monts fait brèche au lieu de porte.
Je brise les rochers et le respect d'erreur[2]
Qui fit douter César d'une vaine terreur.
Il vit Rome tremblante, affreuse, échevelée,
Qui en pleurs, en sanglots, mi-morte, désolée,
Tordant ses doigts, fermait, défendait de ses mains
À César le chemin au sang de ses germains[3].
Mais dessous les autels des idoles j'avise
Le visage meurtri de la captive Église,
Qui à sa délivrance (aux dépens des hasards)
M'appelle, m'animant de ses tranchants regards.
Mes désirs sont déjà volés outre[4] la rive
Du Rubicon[5] troublé : que mon reste les suive
Par un chemin tout neuf, car je ne trouve pas
Qu'autre homme l'ait jamais écorché de ses pas.
[…]

1. Hannibal, général carthaginois, menaça Rome et franchit les Alpes en – 218 en faisant fondre, dit-on, la roche embrasée avec du vinaigre.
2. crainte due à l'erreur.
3. frères.
4. au-delà de.
5. rivière délimitant l'Italie, que César franchit avec son armée, contre l'avis du Sénat romain.

Questions

Les références à l'Antiquité

1. Relevez les personnages de l'Antiquité cités. Quels sont leurs traits communs ? Quelle place ont-ils dans les vers ?
2. Comment le poète s'assimile-t-il à ces personnages ? Observez les reprises nominales et le lexique employés.
3. Quel registre parcourt ce texte ? Justifiez votre réponse.

La représentation de Rome

4. Comment Rome est-elle perçue par César ? Quelles figures de style sont employées ? Quel est l'effet produit ?
5. Sur quel aspect de la Rome contemporaine le poète insiste-t-il ? Pourquoi ?

Une entreprise audacieuse

6. Quelle est l'Église évoquée par l'auteur au vers 14 ?
7. Comment le poète souligne-t-il la nécessité de son entreprise ?
8. En quoi sa démarche est-elle singulière ?

Synthèse La vision que le poète a de Rome et de l'antiquité se rapproche-t-elle ou se distingue-t-elle des autres humanistes ? Justifiez votre réponse.

Grammaire

Étudiez la construction des vers 9 à 12 : quelle impression la syntaxe de ces vers contribue-t-elle à créer ?

Vers le bac S'entraîner à la dissertation

Dans sa préface à l'édition des *Tragiques*, Frank Lestringant écrit : « Ceci est un livre qui brûle ». Rédigez un paragraphe qui défendra cette affirmation en exploitant ce texte comme exemple.

HISTOIRE DES ARTS • L'ITALIE, SOURCE D'INSPIRATION DES ARTISTES HUMANISTES

À l'instar des nobles qui voyageaient dans divers pays d'Europe, pour parfaire leur éducation, les artistes français effectuent un voyage en Italie. Suivant les siècles, les centres d'intérêt se déplacent, mais cette destination reste privilégiée, principalement Rome, un des berceaux de la civilisation occidentale, aussi bien antique que chrétienne.

1 L'INFLUENCE ITALIENNE DANS LA PEINTURE

• **Au XVIIe siècle**, la Renaissance italienne influence progressivement toute l'Europe. Les cours invitent les artistes italiens à créer pour leur gloire. Ainsi François Ier fait venir Léonard de Vinci auprès de lui. À l'inverse, les artistes français vont se former auprès des maîtres italiens.

Après un séjour à Rome, Jacques Callot se rend à Florence, où il deviendra un artiste officiellement reconnu. Il développe des procédés nouveaux dans la technique de l'eau-forte (technique d'estampe par impression de plaque gravée plongée dans l'acide). ▶

Jacques Callot (1592-1635), *La Foire de l'Impruneta*, 1621, estampe, musée du Louvre.

Le Forum romain, vu à partir de l'extrémité ouest. Le Lorrain représente à gauche, l'arc de Septime Sévère ; à l'arrière-plan, le Colisée ; à droite, les trois colonnes du temple de Castor et Pollux, entre autres. ▼

Claude Gellé dit Le Lorrain (vers 1600-1682), *Vue du Campo Vaccino à Rome*, 1636, huile sur toile (56 x 72 cm), musée du Louvre.

Questions

« La foire de l'Impruneta »

1. Étudiez la lumière (clair/foncé), sa distribution dans l'image, et démontrez en quoi ces choix construisent l'espace représenté (profondeur, perspective atmosphérique).
2. Expliquez comment le premier plan nous donne l'impression d'une représentation théâtrale : position des personnages, lumière, etc.

« Vue du Campo Vaccino à Rome »

3. Chez Le Lorrain, la lumière est une composante essentielle de ses peintures. Quel moment de la journée est choisi ? Quelle impression cela produit-il ? Expliquez ce choix par rapport au sujet.
4. Comparez dans les deux tableaux la place de l'homme, l'importance du paysage, la distribution de la lumière, la composition, etc.

◀ Ce tableau est une commande : il est demandé à Poussin de représenter des jeunes filles. Il choisit d'illustrer un épisode de l'*Ancien Testament* : la rencontre d'Eliezer et de Rebecca. Toutefois, malgré le sujet, le décor est italien.

Nicolas Poussin (1594-1665),
Eliezer et Rebecca, 1648,
huile sur toile (118 x 197 cm),
musée du Louvre.

• **Au XVIIIe siècle**, le paysage est un genre reconnu. Les artistes voyagent et rapportent dessins et croquis des lieux traversés, sensibles à leur dimension pittoresque ou sublime. De décor pour les scènes représentées, le paysage devient le sujet même du tableau.

Après son retour en France, Hubert Robert continue à peindre des paysages romains. Toutefois, il s'autorise à bousculer les points de vue pour donner à voir des visions recomposées. ▶

Hubert Robert (1733-1808), *Ruines romaines avec le Colisée*, 1798,
huile sur toile (50 x 59 cm), musée du Louvre.

Questions

« Eliezer et Rebecca »

1. Cette œuvre de Poussin pourrait servir de manifeste à l'art classique. Comparez avec le tableau de Claude Gellée (▶ p. 430) et définissez ce qui caractérise ce style : rôle du paysage, rapport entre celui-ci et les personnages. Pourquoi avons-nous l'impression d'assister à une représentation théâtrale ?

« Ruines romaines avec le Colisée »

2. En observant ce tableau, pourquoi peut-on dire qu'il s'agit d'une mise en scène de ruines magnifiant l'héritage de l'Antiquité ? Commentez la composition, les formes, la lumière, la place de l'homme, etc.

2 L'INFLUENCE ITALIENNE DANS LA SCULPTURE

• Les sculpteurs suivent le même chemin que les peintres. La fréquentation des ateliers, la fascination pour la qualité du marbre de Carrare puis les fouilles, commencées en 1709, des lieux ensevelis par l'éruption du Vésuve en 79 : Pompéi, Herculanum, et Paestum, site grec, sont autant de sources d'inspiration.

• Les Académies royales officialisent le rôle formateur du voyage à Rome. En 1663, l'Académie royale de peinture et de sculpture organise le prix de Rome. Le grand prix d'architecture est organisé à partir de 1720. Les lauréats résident pour une durée de deux à quatre ans à Rome où ils se forment au contact des modèles de l'Antiquité et de l'Italie moderne.

Pierre Puget (1620-1694), *Alexandre et Diogène*, 1671-1689, marbre de Carrare (H. : 3,32 m ; L. : 2,96 m, Pr. : 0,44 m), musée du Louvre.

▲ Commencée en 1671 et achevé en 1689, cette sculpture était destinée au roi Louis XIV. La scène représente l'empereur Alexandre allant à la rencontre de Diogène le cynique, philosophe grec. Alors que l'épisode retenu par Puget est tiré de l'histoire grecque, il fait évoluer les personnages dans un environnement fortement marqué par l'architecture romaine.

Questions

1. En observant la reproduction et en vous aidant des informations données, relevez dans ce haut-relief, ce qui fait référence à l'antique et à l'Italie.
2. Dans ce haut-relief, le roi est symbolisé par Alexandre. Cherchez l'épisode de la rencontre entre Diogène et Alexandre. Quelle interprétation pouvez-vous donner du choix de représenter cette rencontre ?

Vocabulaire

Le bas-relief présente des formes qui se détachent à peine du fond, les creux sont peu profonds.
Le haut-relief présente des formes qui restent attachées au fond mais dont certaines parties sont presque complètement détachées, comme les têtes des personnages et le cheval dans l'œuvre de Puget.
La ronde bosse est une sculpture qui peut être observée de tous côtés, elle n'est plus dépendante d'un fond.

3 L'INFLUENCE ITALIENNE DANS L'ARCHITECTURE

• **Dès le XVIe siècle**, les architectes français vont à Rome. Les chantiers de restauration des églises puis, aux siècles suivants, le goût pour les ruines antiques attirent les architectes de toute l'Europe. Les artistes constituent des recueils de dessins pris sur le motif, qui leur serviront à répondre aux commandes une fois rentrés dans leur pays.

Commande du roi François Ier en 1546, à sa mort en 1547 les travaux sont interrompus et reprennent à l'avènement d'Henri II. Pour la rénovation de cette aile du palais du Louvre, Pierre Lescot utilise des références inspirées par les architectes de la Renaissance italienne sur l'ordonnancement de la façade mais également des formes inspirées de l'Antiquité, comme les colonnes corinthiennes. ▶

Pierre Lescot (vers 1510-1578), Façade du Louvre dite de Pierre Lescot, 1546, Paris.

L'architecture reprend notamment la façade du Panthéon de Rome surmontée d'un dôme qui s'inspire d'une église romaine. ▼

Jacques-Germain Soufflot (1713-1780), Église Sainte Geneviève, 1764, devenue le Panthéon en 1795, Paris.

Le Panthéon de Rome, commande d'Agrippa au Ier siècle av. J.-C.

www.lienmini.fr/magnard-el1-30
Visionnez le document sur la façade de Lescot proposé par le musée du Louvre.

Questions

Le Louvre

1. Faites une synthèse des éléments de la façade du Louvre relevant de l'influence italienne. Expliquez comment les décors de cette façade symbolisent la gloire de Henri II.

Le Panthéon

2. Comparez le Panthéon de Paris et celui de Rome. Relevez les éléments communs. Celui de Paris a été qualifié d'architecture éclectique. Cherchez la définition de cet adjectif et expliquez en quoi il peut qualifier le Panthéon de Paris.

PERSPECTIVE EUROPÉENNE

Pétrarque, *Canzoniere* (1374)

Poète italien du XIVe *siècle, Pétrarque est avant tout un humaniste, amoureux de la littérature et des arts antiques. Il écrit en latin des traités, mais aussi un long poème,* L'Africa, *consacré à la deuxième guerre punique, mettant aux prises Carthage et Rome, dont la figure centrale est Scipion, cité dans le poème ci-dessous. Le* Canzoniere *est un recueil de sonnets d'amour, dédiés à Laure et rédigés en italien. Ce poème est dédié à Cola di Rienzo, érudit et juriste italien, « pour le prier de rendre à Rome son antique liberté ».*

Vue de Rome et du Tibre, manuscrit de la fin du XIVe siècle.

Je ne sais ce qu'attend, je ne sais ce qu'espère
Italie, qui ne semble ses malheurs ressentir.
Vieille, oisive, indolente,
toujours dormira-t-elle, sans nul pour l'éveiller ?
Que ne sont enfoncées mes mains dans ses cheveux !
Point d'espoir que jamais de son sommeil inerte
elle dresse la tête, aussi fort qu'on l'appelle,
si lourdement est écrasée, et de tel poids.
Mais c'est par quelque arrêt du destin qu'à tes[1] bras,
qui la peuvent bien fort secouer, soulever,
Ore[2] est confiée Rome, notre chef.
Empoigne cette vénérable chevelure,
ces tresses dénouées, sans hésiter,
pour que la paresseuse sorte de sa fange[3].
Moi qui la nuit le jour pleure de son opprobre[4],
je mets en toi de mon espoir la part meilleure ; [...]
Les antiques murailles, qu'aime et redoute encor,
et dont tremble, le monde, lorsqu'il se ressouvient
du temps passé et qu'en arrière il se retourne,
les pierres dans lesquelles furent enclos les membres
de tels qui sans renom ne demeureront pas
que l'univers avant ne se soit dissipé,
et tout cela qu'une même ruine enveloppe,
espère par toi seul consolider ses brèches.
Ô grands Scipions, ô fidèle Brutus[5],
ô combien vous agrée, s'il vous est parvenu
là-bas, le bruit d'un choix si bien justifié !
Et comme Fabricius[6], je le crois,
se fait joyeux entendant la nouvelle !
Il dit : Ma Rome va être belle encor !

53, Traduction de Pierre Blanc, © Éditions Bordas, 1988.

1. adresse à Cola di Rienzo. – 2. maintenant. – 3. boue. – 4. déshonneur. – 5. hommes politiques romains de l'Antiquité, célèbres pour leur vertu et leur courage. – 6. ancien consul romain du IIIe siècle avant J.-C. (► p. 427).

Questions

Un constat pessimiste

1. Avec quelle image récurrente le poète peint-il Rome ? Quelle est la figure de style employée ?
2. Que reproche-t-il à la Rome qui lui est contemporaine ?

Les aspirations d'un humaniste

3. À qui s'adresse le poète ? Quel crédit accorde-t-il à son destinataire ? Étudiez les modalités de phrases, les pronoms personnels et mesurez l'implication du poète.
4. Comment le poète manifeste-t-il son admiration pour la Rome antique ? Observez les types de phrases et le lexique employés. Quel rôle jouent les références à l'Antiquité ?
5. Quel registre l'auteur emploie-t-il pour évoquer la Rome antique ? Justifiez votre réponse.

Prolongement

Quels ont été les apports de Pétrarque à la poésie française du XVIe siècle (formes poétiques, thématiques) ? Citez quelques poètes et recueils particulièrement inspirés par la poésie de Pétrarque.

PERSPECTIVE DU XXe SIÈCLE

Marguerite Yourcenar, *L'Œuvre au noir* (1968)

CONTEXTE

Marguerite Yourcenar (1903-1987), fascinée par les humanistes du XVIe siècle, réunit, pendant douze ans, l'abondante documentation qui nourrit *L'Œuvre au noir*. Le protagoniste de ce roman, Zénon, est un médecin-philosophe de la Renaissance, qui parcourt une Europe déchirée par les querelles religieuses, afin d'étendre son savoir.

Zénon vient de quitter la maison de son enfance et amorce un voyage qui doit le conduire à Rome.

Les enfances de Zénon

Vingt ans plus tôt, Zénon était venu au monde* à Bruges dans la maison d'Henri-Juste[1]. Sa mère se nommait Hilzonde, et son père, Alberico de' Numi, était un jeune prélat[2] issu d'une antique lignée florentine.

Messer Alberico de' Numi avait, sous ses cheveux longs, dans l'ardeur de la première adolescence, brillé à la cour des Borgia[3]. Entre deux courses de taureaux sur la place de Saint-Pierre[4], il s'était complu à parler chevaux et machines de guerre avec Léonard de Vinci, alors ingénieur de César[5] ; plus tard, dans le sombre éclat de ses vingt-deux ans, il fut du petit nombre de jeunes gentilshommes que l'amitié passionnée de Michel-Ange[6] honorait comme un titre. Il eut des aventures qui se concluaient au poignard ; il commença une collection d'antiques[7] ; une discrète liaison avec Julia Farnèse[8] ne nuisit pas à sa fortune. À Sinigaglia[9], ses astuces qui aidèrent à faire tomber dans l'embûche où ils périrent les adversaires du Saint-Siège lui attirèrent la faveur du pape et de son fils ; on lui promit presque l'évêché de Nerpi[9], mais la mort inopinée du Saint-Père retarda cette promotion. Ce désappointement, ou peut-être un amour contrarié dont le secret ne fut jamais connu, le jeta quelque temps tout entier dans la mortification et l'étude.

On crut d'abord à quelque ambitieux détour. Pourtant, cet homme effréné s'était pris d'un furieux élan d'ascétisme. On le disait établi à Grotta-Ferrata, dans l'abbaye des moines grecs de Saint-Nil[10], au milieu d'une des plus âpres solitudes du Latium[11], où il préparait, dans la méditation et la prière, sa traduction latine de la *Vie des Pères du désert*.

Note de l'auteur
* En 1510.

1. un banquier. – 2. membre du clergé. – 3. famille italienne influente. – 4. place reconstruite à la Renaissance. – 5. Léonard de Vinci se met au service de César Borgia en 1502. – 6. artiste, architecte, poète italien. – 7. œuvres d'art de l'Antiquité. – 8. femme d'une grande beauté, issue d'une famille noble. – 9. villes d'Italie. Un complot contre le pape est déjoué à Sinigaglia. – 10. moine du XIe siècle. – 11. région de Rome.

Léonard de Vinci, *Études de tête d'homme, présumé de Cesare Borgia*, 1502, dessin, Biblioteca Reale, Turin.

Questions

1. Dans quel ordre sont racontés les événements de ce récit ? Comment se nomme cette déformation de la chronologie classique ? Qu'apporte-elle à la construction du personnage principal du roman ? ► Les rythmes du récit, p. 545
2. À quelle personne la narration est-elle menée ? Quel pronom personnel sujet apparaît à la fin du texte ? Quel regard le narrateur pose-t-il sur les événements qu'il raconte ?
3. Quelles références à l'Histoire parcourent le texte ? À quels domaines sont-elles empruntées ? Que révèlent-elles de la personnalité du personnage ?
4. Cette page de roman vous semble-t-elle illustrer le mouvement humaniste ? Justifiez votre réponse.

Prolongement

Effectuez une recherche sur la famille Borgia, sur le traitement cinématographique dont elle fait l'objet. Quel regard est posé sur la Renaissance italienne dans la production artistique contemporaine ?

PERSPECTIVE DU XXIe SIÈCLE

Pierre Grimal, *Voyage à Rome* (2004)

CONTEXTE

Dans cet essai consacré aux découvertes de la Rome antique, Pierre Grimal évoque un humaniste originaire de Florence, Le Pogge (1380-1459). Ce dernier découvre de nombreux manuscrits d'auteurs latins, tels Cicéron. Dans son ouvrage écrit en latin, *Sur les variations de la fortune*, Le Pogge raconte une promenade dans Rome et décrit les monuments antiques qui forment le cadre d'un dialogue amical consacré aux vicissitudes du sort.

Giovanni Battista Piranesi, *Ruines romaines*, dessin, The British Library.

« La Rome antique »

Le Pogge et son ami Antonio Lusco chevauchent dans la ville et gravissent le Capitole. Antonio, fatigué, descend de cheval, et les deux amis gagnent à pied ce qu'ils appellent la « citadelle tarpéienne[1] », c'est-à-dire le sommet sud du Capitole (le *Capitolium* proprement dit). Là, ils s'assoient « derrière le seuil d'une immense porte de marbre, parmi des colonnes éparses »[2]. Cette évocation s'applique certainement aux restes du temple de Jupiter Capitolin, encore reconnaissable à cette date. Mais, encore quelques années, et la porte monumentale ainsi que les colonnes auront disparu. Nous ne saurions nous en étonner lorsque nous lisons qu'en 1461 des équipes d'ouvriers travaillent à retirer du calcaire des ruines du Capitole. La porte monumentale dont parle le Pogge fut détruite sous le pontificat de Paul II (donc, avant la fin de l'année 1469), comme l'atteste un plan dressé par Francesco di Giorgio Martini[3]. Il ne fallut donc guère plus de vingt ans pour que les derniers vestiges du temple majeur de Rome aient été engloutis dans l'immense chantier que devient alors la ville.

Avec le renouveau d'intérêt qui se porte sur les œuvres littéraires antiques, on aurait pu espérer un respect accru pour les souvenirs matériels laissés par ces mêmes hommes que, sur le papier, on affectait de considérer comme des demi-dieux. En réalité, l'« antiquaille » n'est encore qu'objet curieux, et l'on ne donne quelque attention qu'à ce qui paraît beau, précieux ou rare. Il semble même que le Pogge et son ami, assis sur les ruines du temple de Jupiter, aient éprouvé une sorte d'exaltation à déplorer le grand naufrage romain. Ils évoquent complaisamment la « mère de tant d'hommes illustres, d'empereurs, de chefs, la nourrice de tant de vertus, de lois justes, exemple de toutes les perfections, aujourd'hui jouet de la Fortune, non seulement dépouillée de son empire et de la majesté, mais réduite à la plus abjecte servitude, enlaidie, abattue, et montrant seulement par sa chute sa grandeur et son éclat d'autrefois. »[2]

1. du nom de la roche d'où l'on précipitait les condamnés à mort dans l'Antiquité.
2. citations du Pogge.
3. peintre, architecte et ingénieur de la Renaissance italienne.

Questions

L'attitude des humanistes

1. D'après l'historien, quel est le sentiment des hommes de la Renaissance face aux monuments antiques ? Montrez comment il se manifeste dans leurs paroles.
2. Comment l'auteur souligne-t-il l'écart entre les sentiments des hommes de la Renaissance et leurs actions ?
3. Quel rôle les citations jouent-elles ici ?

Rome à la Renaissance

4. Quels monuments de Rome sont évoqués dans ce passage ? Distinguez ce qui est visible à la Renaissance et ce qui existait dans l'Antiquité.
5. Quel sort attend les monuments antiques à la Renaissance ?

Prolongement

Observez deux plans de Rome, dans l'Antiquité et à la Renaissance : quelles sont les évolutions de la ville ?

SYNTHÈSE REGARDS SUR ROME À LA RENAISSANCE

Lorsque l'humanisme apparaît en France, l'Italie a déjà connu au XVe siècle sa propre révolution culturelle et artistique (le quattrocento*). Pétrarque fonde un humanisme littéraire. L'art de la Renaissance rompt avec le Moyen Âge. Rome fascine les humanistes français par son passé, son rayonnement intellectuel et artistique.*

1 LE GOÛT DE L'ANTIQUE

Le retour à l'Antique

Rome est un objet de curiosité pour les humanistes qui, au travers de l'observation d'œuvres du passé, peuvent retrouver les sources de la pensée et exercer leur esprit critique. Ils enrichissent et diffusent leur art et leur savoir.

La fascination pour les ruines

La grandeur passée de Rome séduit les humanistes de toute l'Europe. Les ruines des bâtiments antiques inspirent artistes et auteurs, car ils sont le témoignage d'un temps où la cité rayonnait sur le monde entier.

Les découvertes littéraires

Les humanistes français et italiens découvrent et traduisent les œuvres antiques, grecques et surtout latines, qui deviennent sources d'inspiration et matières à réflexion.
Ex. : L'histoire antique nourrit la philosophie de Montaigne dans *Les Essais* ► p. 428.

2 LE RAYONNEMENT CULTUREL DE ROME

Rome et l'Italie influencent la forme des écrits au XVIe siècle. Du Bellay, Ronsard, et les autres poètes de la Pléiade (► La Pléiade, p. 26) s'inspirent des poètes italiens comme Pétrarque, notamment en privilégiant le genre poétique du sonnet.

3 LA ROME CATHOLIQUE ET LES HUMANISTES

L'influence papale

Capitale du catholicisme, Rome se métamorphose sous l'autorité de différents papes : la physionomie de la cité change, afin de permettre la circulation des pèlerins mais aussi pour glorifier cet État catholique. Les humanistes sont partagés entre l'admiration et la déception.
Ex. : Si Montaigne dans les *Essais* considère Rome comme le centre de toutes les nations (► p. 428), Du Bellay dans les *Regrets* (► p. 425) manifeste son désarroi devant les bouleversements de la cité.

Les critiques des humanistes

Le contraste entre une Rome antique, idéalisée, et la cour romaine, accusée de dissimulation, se retrouve dans certaines œuvres des humanistes comme *Les Regrets* de Du Bellay.
La dévalorisation de la Rome papale s'inscrit également dans le contexte des guerres de religion.
Ex. : Agrippa d'Aubigné, protestant, combat la Rome papale dans *Les Tragiques* ► p. 429.

HISTOIRE DES ARTS • VOYAGE EN UTOPIE À TRAVERS LES SIÈCLES

Le mot « Utopie » vient du grec ou*, forme de la négation, et de* topos*, « région, lieu ». C'est « le lieu de nulle part », « le lieu qui n'existe pas ». De fait, l'utopie, qui se caractérise par un recours à la fiction, consiste à décrire, dans une géographie imaginaire, une société à l'organisation sociale et politique parfaite pour proposer un mode de vie harmonieux. La cité décrite est proposée comme un idéal humaniste, où tout favorise l'épanouissement de l'homme, tant sur le plan intellectuel que matériel et l'on peut s'interroger sur les rapports que l'utopie, c'est-à-dire le modèle proposé, entretient avec le réel.*

1 LA CITÉ IDÉALE DANS LA PEINTURE DE LA RENAISSANCE

• L'utopie, bien que fondamentalement politique, s'attache avant tout à la description du lieu qu'elle occupe ; elle met en relation une conception et une réalisation de l'idée.

• La cité idéale est une conception urbanistique visant à la perfection architecturale et humaine. Elle aspire à faire vivre en harmonie une organisation sociale singulière fondée sur certains préceptes politiques et moraux, tels que la justice, la paix et le bonheur. C'est le modèle hérité de l'Antiquité que peint Luciano Laurana à la Renaissance.

2 LA VIE IDÉALE DANS LA PEINTURE DES XIXe ET XXe SIÈCLES

• Au VIIIe siècle av. J.-C., le poète grec Hésiode est le premier à évoquer les âges successifs de l'humanité. Le plus ancien est l'âge d'or, époque heureuse et harmonieuse. Les âges suivants (successivement argent, bronze, héros et fer) prennent la forme d'une décadence et d'un éloignement progressif à la fois des dieux et de la valeur fondamentale qu'est la Justice. Les conditions matérielles deviennent aussi de plus en plus difficiles pour les hommes. L'âge d'or est donc considéré comme un paradis perdu, auquel l'humanité aspire : abondance de biens, harmonie, quiétude, concorde caractérisent ce monde où les hommes vivent sans souffrir, dispensés de travail par une nature généreuse.

• Dans la société des XIXe et XXe siècles, les découvertes scientifiques et le développement de l'industrie favorisent les progrès dans tous les domaines et suscitent un certain enthousiasme. Dans ce contexte, se développent des utopies sociales : Saint-Simon, Charles Fourier et d'autres cherchent à mettre en place des communautés idéales. Certaines s'organisent selon des règlements contraignants, d'autres sont plus libertaires. Des peintres revisitent le mythe de l'âge d'or, hérité de l'Antiquité, et affirment leur confiance en l'avenir.

Questions

« La Cité idéale »

1. Observez l'architecture d'ensemble. Quelles en sont les principales caractéristiques ?
2. À quelle époque historique ce type de ville fait-il penser ? Justifiez votre réponse.
3. Quels principes président à la construction d'une telle cité ?

« Au temps d'Harmonie »

4. Observez le tableau de Paul Signac. En vous référant aux thèmes et à leur traitement pictural (couleurs, formes, touches, etc.), commentez le titre « Au temps d'Harmonie ».
5. Recherchez le tableau de Matisse, *Luxe, calme et volupté* (1904) et observez-le. Comparez le sujet et son traitement avec l'œuvre de Signac ci-contre. Dans quelle mesure peut-on parler d'utopie dans les deux peintures ?
6. Commentez la formule de Signac : « L'âge d'or n'est pas dans le passé, il est dans l'avenir ».

►►► **Paul Signac**, *Au temps d'Harmonie*, 1893, huile sur toile (312 x 410 cm), mairie de Montreuil.

Incarnation intellectuelle et matérielle de l'utopie, la cité idéale est le rêve de Luciano Laurana, peintre de la Renaissance, qui a pensé une architecture parfaite pour accueillir une société harmonieuse ▼

Luciano Laurana (1420-1479), *La Cité idéale*, vers 1470, huile sur bois (67 cm x 240 cm), palais ducal, Urbino (Italie).

Signac peint une toile ► de grandes dimensions, intitulée *Au temps d'Harmonie*, qui exprime une croyance en un avenir meilleur. Dans cette image radieuse d'un univers idyllique, divers personnages s'adonnent à des activités intellectuelles ou ludiques telles que la lecture, la peinture, la farandole…

Paul Signac (1863-1935), *Au temps d'Harmonie*, 1893, huile sur toile (312 cm x 410 cm), mairie de Montreuil.

3 UNE CITÉ UTOPIQUE AU XXIe SIÈCLE

• Confrontation artistique sans équivalent dans le monde, *Monumenta* invite chaque année un artiste contemporain à investir les 13 500 m² de la Nef du Grand-Palais à Paris avec une œuvre spécialement conçue pour l'occasion.

• Invités en 2014 dans le cadre de la sixième édition de *Monumenta*, Ilya et Emilia Kabakov, artistes russes, signent une installation grandiose. *L'Étrange Cité*, qui s'étend sur plus de 2 500 m², s'apparente à une ville utopique, composée de huit installations. Accueilli dès l'entrée par une vaste coupole, le visiteur est amené à parcourir différents espaces et à se perdre dans le dédale de *L'Étrange Cité*.

1

2

3

▲ Depuis plus de trente ans, le couple Kabakov évoque la vie quotidienne dans nos sociétés, et critique certaines décisions ou innovations de l'homme. S'interrogeant sur la place de l'homme et sur la liberté dans la République de Russie, les Kabakov ont imaginé cette ville utopique au fil des années. Ils questionnent ainsi les notions de temps et de bonheur dans nos sociétés occidentales contemporaines.

Questions

1. Observez les documents 1 et 2. Comment l'installation s'inscrit-elle dans la verrière du Grand-Palais ?
2. Quels peuvent être les emprunts à l'art de la Renaissance ? ► Dossier Histoire des arts • La Renaissance, p. 398-401
3. Quels aspects relèvent de la modernité dans *L'Étrange Cité* ?
4. En quoi *L'Étrange Cité* peut-elle s'apparenter à une utopie du XXIe siècle ?
5. Observez les deux objets exposés (document 3) : identifiez-les en lien avec le cadre de l'exposition.
6. Quels rapports établissez-vous entre ces objets et *L'Étrange Cité* ? Interprétez leur positionnement.
7. Quelle vision du monde se dégage de cette installation ?

www.lienmini.fr/magnard-el1-31
- Visitez virtuellement *L'Étrange Cité* sur Internet.
- Commentez le choix du titre de l'exposition.

CINÉMA • François Truffaut, *Fahrenheit 451* (1966)

Réalisation : François Truffaut
Scénario : François Truffaut et Jean-Louis Richard
Distribution : Oskar Werner : Montag ; Julie Christie : Clarisse/Linda Montag
Musique : Bernard Hermann
Synopsis : adaptation du roman éponyme de Ray Bradbury (► p. 452)

Pour la scène d'exposition, Truffaut choisit de montrer les pompiers à l'œuvre, tel un commando. Un insert permet de savoir chez qui la perquisition va avoir lieu. L'homme soupçonné est prévenu par un coup de fil, ce qui lui permet de s'échapper. La musique de Bernard Hermann (musicien préféré d'Alfred Hitchcock) est très présente : sons stridents, violons qui créent du suspense.

Photogramme 1 00:01:22
La voiture de pompiers sort de la caserne sur des accords stridents.

Photogramme 2 00:02:43
La brigade, tel un commando, se précipite vers le lieu d'intervention. La musique a laissé place aux bruits des bottes.

Photogramme 3 00:05:40
Après la perquisition, Montag revêt le costume de l'officiant* aux sons des violons qui créent une atmosphère de suspense.

*personne qui célèbre un office religieux.

Photogramme 4 00:06:08
Le plan large montre la « cérémonie sacrificielle », l'autodafé. La musique disparaît, le bruit du lance-flammes et du feu envahit l'espace sonore.

Questions

1. En observant les photogrammes, que pouvez-vous déduire de l'organisation de cette société (décor, costumes, actions)? Expliquez en quoi cela renvoie à une contre-utopie.
2. Truffaut remarque, dans son *Journal du film*, que Montag revêt la même tenue qu'un évêque. Expliquez cette comparaison avec une cérémonie religieuse (**photogrammes 2 et 3** : cadrage, distribution des personnages dans l'image, relation entre eux).
3. Durant cette action, aucune parole n'est prononcée entre les pompiers, sauf à la fin, entre Montag et son capitaine. Expliquez comment la musique (qui crée du suspense) et les bruitages (bottes, feu, perquisition) accentuent l'impression donnée par les images.

Prolongement

Dans cette séquence d'exposition, Truffaut nous donne à voir une intervention de la brigade de pompiers. Comparez-la avec l'incipit du livre de Bradbury (► p. 452). Montrez que les points de vue diffèrent. Est-ce seulement dû aux modes d'expression écriture / cinéma, ou à une approche différente de l'histoire ?

TEXTE 1

Thomas More, *L'Utopie* (1516)

CONTEXTE

L'Anglais Thomas More (Londres, 1478-1535) fait partie des figures européennes de l'humanisme. Juriste de formation, il a rempli la fonction politique de chancelier auprès du roi d'Angleterre, Henri VIII. Inspirée du mythe platonicien de la cité idéale, *L'Utopie*, rédigée en latin en 1516, décrit une île imaginaire où règnent la justice et l'égalité au sein d'un peuple qui a renoncé à la propriété individuelle et à l'argent. Malgré la fiction, les idées de l'auteur dérangent ; cela lui vaut d'être exécuté sur l'ordre du roi Henri VIII. C'est son ami Érasme qui se charge de publier *L'Utopie*.

En 1516, Thomas More, humaniste anglais, publie De optimo Reipublicae statu deque nova insula Utopia (Du meilleur état de la République et de l'île nouvelle d'Utopie). *En décrivant une société imaginaire où règne l'harmonie, il invente le terme « Utopie ». Dans le roman, Raphaël Hythlodée, voyageur, raconte le périple maritime qui l'a mené un jour sur l'île d'Utopie.*

L'île d'Utopie contient cinquante-quatre villes spacieuses et magnifiques. Le langage, les mœurs, les institutions, les lois y sont parfaitement identiques. Les cinquante-quatre villes sont bâties sur le même plan, et possèdent les mêmes établissements, les mêmes édifices publics, modifiés suivant les exigences des localités. La plus courte distance entre ces villes est de vingt-quatre miles[1], la plus longue est une journée de marche à pied.

Tous les ans, trois vieillards expérimentés et capables sont nommés députés par chaque ville, et se rassemblent à Amaurote, afin d'y traiter les affaires du pays. Amaurote est la capitale de l'île ; sa position centrale en fait le point de réunion le plus convenable pour tous les députés.

Un minimum de vingt mille pas de terrain est assigné à chaque ville pour la consommation et la culture. En général, l'étendue du territoire est proportionnelle à l'éloignement des villes. Ces heureuses cités ne cherchent pas à reculer les limites fixées par la loi. Les habitants se regardent comme les fermiers, plutôt que comme les propriétaires du sol.

Il y a, au milieu des champs, des maisons commodément construites, garnies de toute espèce d'instruments d'agriculture, et qui servent d'habitations aux armées de travailleurs que la ville envoie périodiquement à la campagne.

La famille agricole se compose au moins de quarante individus, hommes et femmes, et de deux esclaves. Elle est sous la direction d'un père et d'une mère de famille, gens graves et prudents.

Trente familles sont dirigées par un *philarque*[3].

Chaque année, vingt cultivateurs de chaque famille retournent à la ville ; ce sont ceux qui ont fini leurs deux ans de service agricole. Ils sont remplacés par vingt individus qui n'ont pas encore servi. Les nouveaux venus reçoivent l'instruction de ceux qui ont déjà travaillé un an à la campagne, et, l'année suivante, ils deviennent instructeurs à leur tour. Ainsi, les cultivateurs ne sont jamais tout à la fois ignorants et novices, et la subsistance publique n'a rien à craindre de l'impéritie[3] des citoyens chargés de l'entretenir.

Ce renouvellement annuel a encore un autre but, c'est de ne pas user trop longtemps la vie des citoyens dans des travaux matériels et pénibles. Cependant, quelques-uns prennent naturellement goût à l'agriculture, et obtiennent l'autorisation de passer plusieurs années à la campagne.

Livre second, traduction de Victor Stouvenel.

1. mesure romaine valant mille pas (= 1 482 m).
2. en Grèce, président d'une tribu.
3. incapacité dans l'exercice de sa profession ou de ses fonctions.

Lecture d'image

- L'île d'Utopia est censée avoir été découverte par un navigateur portugais, aux antipodes de l'Angleterre : relevez les éléments qui illustrent cet artifice.
- Comment interprétez-vous l'attitude des deux personnages au premier plan à gauche ?

Vue de l'île de l'Utopie,
gravure de **Yohann Froben**, 1518.

Questions

La description d'une société idéale

1. Quelles sont les particularités du lieu choisi et des cités construites en Utopie ?
2. En vous fondant sur des indices précis, caractérisez le type de vie des Utopiens.
3. Sur quelle organisation politique repose la vie en Utopie ?
4. Comment le partage du travail s'organise-t-il ? Quelle représentation du travail est proposée ?
5. Par quels procédés d'écriture la vie en Utopie est-elle valorisée ? Illustrez votre propos.

L'originalité du projet

6. Quelle vision de la société se dégage de cette description ? Comment caractériser cette société à la lecture de sa description ?
7. Quels aspects négatifs se dégagent de la lecture de cette page ?

Synthèse Montrez la valeur didactique de ce texte consacré à la description d'Utopie.

► Les registres littéraires, p. 570

Vocabulaire

Précisez l'étymologie de « grave ». Quel sens l'adjectif prend-il dans l'expression « gens graves », l. 21 ? Justifiez le choix de l'auteur.

Vers le bac S'entraîner à l'écriture d'invention

Inventez un nom de cité idéale, décrivez-la et proposez-en une organisation sociale, familiale et politique.

TEXTE 2

François Rabelais, *Gargantua* (1534)

► Biographie p. 634

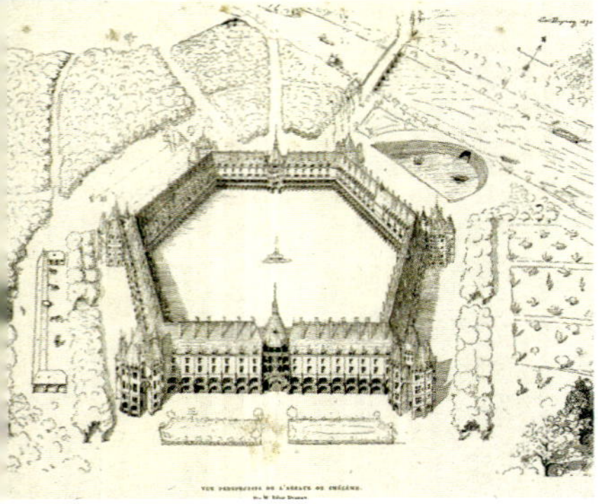

Charles Lenormant, *Rabelais et l'architecture de la Renaissance : restitution de l'abbaye de Thélème*, gravure, 1840, Éditeur J. Crozet, Paris.

Afin de remercier Frère Jean des Entommeures de sa participation à la guerre contre Picrochole, Gargantua lui accorde une récompense : fonder une abbaye qui accueillera des jeunes gens et des jeunes filles qui recevront une éducation idéale. Cette abbaye portera le nom de Thélème qui, en grec, signifie « volonté ».

Le bâtiment était de forme hexagonale ; à chaque angle était construite une grosse tour ronde de soixante pas de diamètre, toutes de même grosseur et configuration. La Loire coulait au nord […].

Le bâtiment était cent fois plus magnifique que le château de Bonnivet[1] ; car il y avait neuf cent trente-deux chambres, chacune munie d'une arrière-chambre, d'un cabinet[2], d'une garde-robe, d'une chapelle, et débouchant sur une grande salle. Entre chaque tour, au milieu du corps de logis, il y avait un escalier en vis brisée[3] dont les marches étaient en marbre serpentin, longues de vingt-deux pieds, hautes de trois doigts, en volées de douze séparées par des paliers. À chaque palier, il y avait deux beaux arcs de style antique par où on recevait la lumière du jour et par lesquels on entrait dans un cabinet à claire-voie, de la même largeur que l'escalier. Et on montait jusque sur le toit, où l'on aboutissait à un pavillon. Par ces escaliers on accédait des deux côtés dans de grandes salles et des salles aux chambres.

De la tour Arctice jusqu'à Cryère[4], il y avait de belles bibliothèques, avec des ouvrages en grec, latin, hébreu, français, italien et espagnol, répartis dans les divers étages selon les langues.

Au milieu il y avait un escalier magnifique, dont l'entrée se faisait du dehors par un arc large de seize toises. Il était si harmonieusement construit et si large que six hommes d'armes, la lance sur la cuisse, pouvaient y monter de front jusqu'au dessus du bâtiment.

De la tour Anatole jusqu'à Mesembrine il y avait de belles grandes galeries, décorées de peintures des anciennes prouesses, de légendes et de descriptions de la terre.

Chapitre LI, traduction en français moderne de M.-M. Fragonard, © Pocket, département d'Univers Poche.

1. château des environs de Poitiers.
2. bureau.
3. escalier tournant coupé par des paliers.
4. noms des tours ; Arctice signifie la septentrionale, Cryère, la glacée.

Questions

La description d'un lieu idéal

1. Quelles impressions se dégagent de la description de Thélème ? Justifiez votre réponse.
2. Comment la description du lieu est-elle organisée ? Quel effet cela produit-il ?
3. Dans quelle mesure la description de cette abbaye peut-elle surprendre le lecteur ?

La représentation d'une société cultivée

4. Quels éléments sont représentatifs de la Renaissance ? Justifiez.
5. Par quels procédés l'esprit est-il mis en valeur ? Illustrez votre propos.

Synthèse Montrez la diversité de la richesse de l'abbaye de Thélème.

Château de Chambord (Val-de-Loire).

Vers le bac **S'entraîner à la question sur le corpus**

En vous référant à ce texte et aux images, comparez la représentation de Thélème au château de Chambord (Val-de-Loire).

TEXTE 3

François Rabelais, *Gargantua* (1534)

Robida, *L'Abbaye de Thélème*, 1885.

CONTEXTE

En 1532, François Rabelais publie *Pantagruel*. L'auteur narre, sur un mode comique, les aventures du fils de Gargantua. Cette première œuvre romanesque présente déjà des idées chères aux humanistes, qu'il s'agisse de l'éducation ou de la figure du prince.
En 1535, Rabelais publie les aventures du père de Pantagruel sous le titre : *La Vie très horrifique du grand Gargantua, père de Pantagruel*. Il reprend la même structure romanesque mais approfondit le questionnement philosophique sur la formation, la guerre, la fondation de l'utopie aristocratique de Thélème…

Dans l'abbaye de Thélème, hommes et femmes vivent selon la devise « Fais ce que tu voudras » (► p. 418) dans un décor idéal.

Le logis des dames s'étendait de la tour Arctique jusqu'à la porte de Mesembrine[1]. Les hommes occupaient le reste. Devant le logis des dames, afin qu'elles puissent s'ébattre, il y avait, entre les deux premières tours, les lices[2], le manège, le théâtre et les piscines, avec de merveilleux bains à trois étages, bien pourvus de tout le nécessaire et de quantité d'eau de myrte.

Le long de la rivière il y avait le beau jardin d'agrément, et en son centre un beau labyrinthe. Entre les deux tours suivantes il y avait les terrains de jeu de paume et de ballon. Du côté de la tour Cryère, il y avait le verger, plein de tous les arbres fruitiers, disposés en quinconce. Au bout il y avait un grand parc, foisonnant de bêtes sauvages.

Entre les deux dernières tours, il y avait les buttes pour s'exercer à l'arquebuse, à l'arc et à l'arbalète ; les cuisines, en dehors de la tour Hespérie[3], à un seul étage ; l'écurie au-delà des cuisines, et, devant, la fauconnerie, gérée par des autoursiers[4] experts, qui était chaque année approvisionnée par les Crétois, Vénitiens et Sarmates[5] en toutes sortes d'oiseaux de choix : aigles, autours, sacres, laniers, faucons, éperviers, émerillons[6] et d'autres, si bien dressés et domestiqués que, lorsqu'ils quittaient le château pour s'ébattre aux champs, ils capturaient tout ce qu'ils rencontraient. Le chenil était un peu plus loin en allant vers le parc.

Chapitre LIII, traduction en français moderne de Marie-Madeleine Fragonard,

1. tour du Nord et porte du Midi.
2. terrain clos qui servait aux joutes et aux tournois.
3. tour de l'Ouest.
4. celui qui élève et dresse des rapaces pour la chasse.
5. peuple scythe (Iran).
6. oiseaux que l'on chasse.

Questions

Une structure harmonieuse

1. Comment la description de l'espace est-elle structurée ? Que peut-on en conclure ?
2. Quelle place le jardin occupe-t-il ? Que représente-t-il ?

La vie collective

3. Comment les Thélémites sont-ils désignés ? Justifiez votre réponse.
4. À quels types d'activités se livrent-ils ? Illustrez votre propos. Déduisez leur statut social au XVIe siècle.
5. Quelles valeurs incarnent-ils ? Commentez quelques exemples.

Synthèse Montrez que l'abbaye de Thélème accueille une élite.

Figures de style

Relevez une énumération dans ce texte et commentez-la. ► p. 577

Prolongement

Dans quelle mesure Thélème s'oppose-t-elle aux abbayes traditionnelles ?

Vers le bac S'entraîner à la question sur le corpus

En vous appuyant sur les deux extraits de *Gargantua* (► p. 444-445), vous montrerez que l'abbaye de Thélème peut se rattacher au modèle de l'utopie à la Renaissance.

ÉCHO DE L'ANTIQUITÉ

Homère, *Odyssée* (VIIIe s. av. J.-C.)

Francesco Hayez, *Ulysse à la cour d'Alkinoos*, 1813-1815, huile sur toile (81 cm x 58 cm) musée Capodimonte, Naples (Italie).

Mi-humains, mi-divins, les Phéaciens décrits par Homère vivent dans une cité dont l'organisation sociale et politique harmonieuse rappelle un royaume d'Utopie. Les Phéaciens sont censés habiter en Hypérie. Cette localité ne correspond à aucune terre du monde connu. « Nous vivons à l'écart, au milieu d'une mer houleuse, si loin que nul mortel n'a commerce avec nous », déclare Nausicaa, fille du roi Alkinoos. À la suite d'une tempête, Ulysse arrive en Phéacie ; il est accueilli au palais du roi.

Ulysse allait rentrer dans la noble demeure du roi Alkinoos ; il fit halte un instant. Que de trouble en son cœur devant le seuil de bronze ! car, sous les hauts plafonds du fier Alkinoos, c'était comme un éclat de soleil et de lune ! Du seuil jusques au fond, deux murailles de bronze s'en allaient, déroulant leur frise d'émail bleu. Des portes d'or s'ouvraient dans l'épaisse muraille : les montants, sur le seuil de bronze, étaient d'argent ; sous le linteau d'argent, le corbeau était d'or, et les deux chiens du bas, que l'art le plus adroit d'Héphaestos avait faits pour garder la maison du fier Alkinoos et rester immortels, jeunes à tout jamais, étaient d'or et d'argent.

Aux murs, des deux côtés, s'adossaient les fauteuils en ligne continue, du seuil jusques au fond ; sur eux, étaient jetés de fins voiles tissés par la main des servantes. C'était là que siégeaient les doges[1] phéaciens, mangeant, buvant, ayant toute l'année de quoi. […]

Aux côtés de la cour, on voit un grand jardin, avec ses quatre arpents enclos dans une enceinte. C'est d'abord un verger dont les hautes ramures, poiriers et grenadiers et pommiers aux fruits d'or et puissants oliviers et figuiers domestiques, portent, sans se lasser ni s'arrêter, leurs fruits ; l'hiver comme l'été, toute l'année, ils donnent ; l'haleine du Zéphyr, qui souffle sans relâche, fait bourgeonner les uns, et les autres donner la jeune poire auprès de la poire vieillie, la pomme sur la pomme, la grappe sur la grappe, la figue sur la figue. Plus loin, chargé de fruits, c'est un carré de vignes, dont la moitié, sans ombre, au soleil se rôtit, et déjà l'on vendange et l'on foule les grappes ; mais dans l'autre moitié, les grappes encore vertes laissent tomber la fleur ou ne font que rougir. Enfin, les derniers ceps bordent les plates-bandes du plus soigné, du plus complet des potagers ; vert en toute saison, il y coule deux sources ; l'une est pour le jardin, qu'elle arrose en entier, et l'autre, sous le seuil de la cour, se détourne vers la haute maison, où s'en viennent à l'eau tous les gens de la ville. Tels étaient les présents magnifiques des dieux au roi Alkinoos.

Chant VII, traduction de Victor Bérard, © Les Belles Lettres.

1. chefs.

Questions

1. Selon quel point de vue la description s'organise-t-elle ?
2. Que traduit le point de vue adopté ?
3. Comment la société est-elle réglée ?
4. Quelles sont les principales caractéristiques du palais ? Illustrez votre propos.
5. Quelle vision du jardin se dégage de la description ?
6. Dans quelle mesure la cité phéacienne s'apparente-t-elle à une utopie ?

Prolongement

Comparez les utopies de Phéacie et de Thélème (► p. 444-445). Quels sont les emprunts de Rabelais à l'Antiquité ? Comment parvient-il à créer un épisode original ?

TEXTE 4

Tommaso Campanella, *La Cité du Soleil* (1602)

CONTEXTE

Campanella, moine dominicain, incarne la Renaissance italienne avec l'œuvre qu'il écrit en prison. En 1602, il rédige en latin *La Cité du Soleil ou l'idée d'une République philosophique*. Bâtie sur une colline, située à Taprobane (île de Ceylan), la ville circulaire est entourée de sept murailles. Dans ce monde idéal, où tout est mis en commun, la répartition des biens est réglée par des magistrats qui veillent à ce que chacun soit rétribué selon son mérite.

Le capitaine génois est un marin de Christophe Colomb qui aurait découvert l'île inconnue de la Cité du Soleil. Le grand maître des Hospitaliers de Jérusalem lui demande de décrire le fonctionnement social de cette cité. Il s'agit d'une société dirigée par le métaphysicien appelé Soleil qui est en fait un « philosophe » délivrant un pouvoir d'origine divine.

L'Hospitalier. – Tu ne me parles pas des juges.

Le Génois. – J'allais le faire. Chaque individu est sous la juridiction immédiate du chef de son emploi. Par conséquent, les magistrats qui président à chaque fonction sont les juges de tous leurs subordonnés ; ils les punissent par l'exil, le fouet, la réprimande, la privation de la table commune, l'interdiction du temple et du commerce des femmes. Lorsqu'un Solarien a tué ou blessé quelqu'un avec préméditation, on lui applique la loi du talion[1], c'est-à-dire : la mort, s'il a tué ; on le prive d'un œil s'il en a crevé un à sa victime, du nez, etc. La peine est atténuée, s'il n'y a pas eu préméditation, comme dans une rixe. Cette diminution de peine ne peut cependant être faite que par les triumvirs[2] et non par le juge. On peut même en rappeler des triumvirs au *Soleil,* non pour qu'il change la peine, mais pour qu'il fasse grâce, s'il le juge convenable. Lui seul a ce droit. Il n'y a qu'une prison dans la Cité, encore n'est-ce qu'une tour où l'on enferme les ennemis rebelles. Les accusations ne se font pas par écrit, mais sont portées seulement devant le juge, qui entend les témoins et les réponses de l'accusé. *Puissance* assiste également aux débats. La sentence est rendue séance tenante. Si le condamné en appelle au triumvir, dès le jour suivant la première sentence est cassée ou confirmée. Enfin, le troisième jour, le *Soleil* ou accorde la grâce, ou maintient définitivement l'arrêt. Le coupable est obligé de se réconcilier avec l'accusateur et les témoins, comme avec les médecins de sa maladie, et de les embrasser en signe de paix. La peine de mort n'est infligée que par le peuple, qui tue ou lapide le coupable. Ce sont, toutefois, les témoins et l'accusateur qui doivent commencer l'exécution ; ils n'ont ni bourreaux, ni licteurs[3], afin ne n'être pas souillés par le voisinage de tels hommes. Parfois, cependant, on permet au condamné de se faire mourir lui-même. En ce cas, après avoir été exhorté à faire une bonne mort, le coupable s'entoure de sacs de poudre et y met lui-même le feu. La Cité tout entière se lamente et prie Dieu de s'apaiser ; car les Solariens regardent comme une marque de sa colère l'obligation où ils se trouvent de retrancher un membre gangrené de la République.

Publication en 1623, traduction de Jules Rosset.

1. punition identique à l'offense, qui inspira la législation hébraïque exprimée par la formule célèbre : « *Œil pour œil, dent pour dent* » (*Lévitique*, XXIV, 17-23).
2. membres d'un collège de trois magistrats.
3. officiers qui marchaient devant les principaux magistrats de l'ancienne Rome, portant un faisceau de verges qui enserraient une hache.

Questions

L'organisation sociale et politique

1. Qui parle ? À qui ? Justifiez votre réponse à partir des marques de l'énonciation.
2. Comment la société est-elle structurée chez les Solariens ? Relevez quelques exemples.

Le système judiciaire

3. Commentez les termes « Puissance » et « Soleil ». Quelle place occupent-ils ?
4. Qui rend la justice ? Comment ?
5. Que pensez-vous des châtiments ?

Synthèse Montrez comment la justice est représentée dans cet extrait.

Grammaire

Quel type de discours rapporté est employé ici ? Dans quel but ?

► Les discours rapportés, p. 530

PERSPECTIVE DU XVIIIe SIÈCLE

Voltaire, *Candide ou l'Optimisme* (1759)

► Biographie p. 636

CONTEXTE

Candide ou l'Optimisme, conte philosophique de Voltaire, critique l'optimisme métaphysique de Leibniz qui, simplifié par certains de ses disciples, affirme que notre monde est le meilleur des mondes possibles. Pour dénoncer cette conception à ses yeux erronée, Voltaire ménage des rencontres et des voyages à son héros qui, du paradis illusoire du château de Thunder-Ten-Tronckh à la morale plus réfléchie du jardin final, en passant par le pays d'Eldorado, va découvrir que le bonheur de l'homme est aussi à construire.

► Les Lumières, p. 30-31

Candide, chassé du château de Thunder-ten-tronckh en Westphalie, poursuit son périple qui le mène d'Europe en Amérique du Sud. Accompagné de son valet Cacambo, il découvre le pays fabuleux d'Eldorado (« le doré »), étape au centre du récit.

Candide et Cacambo montent en carrosse ; les six moutons volaient, et en moins de quatre heures on arriva au palais du roi, situé à un bout de la capitale. Le portail était de deux cent vingt pieds de haut, et de cent de large[1] ; il est impossible d'exprimer quelle en était la matière. On voit assez quelle supériorité prodigieuse elle devait avoir sur ces cailloux et sur ce sable que nous nommons or et pierreries.

Vingt belles filles de la garde reçurent Candide et Cacambo à la descente du carrosse, les conduisirent aux bains, les vêtirent de robes d'un tissu de duvet de colibri ; après quoi les grands officiers et les grandes officières de la couronne les menèrent à l'appartement de Sa Majesté au milieu de deux files, chacune de mille musiciens, selon l'usage ordinaire. Quand ils approchèrent de la salle du trône, Cacambo demanda à un grand officier comment il fallait s'y prendre pour saluer Sa Majesté : si on se jetait à genoux ou ventre à terre ; si on mettait les mains sur la tête ou sur le derrière ; si on léchait la poussière de la salle ; en un mot, quelle était la cérémonie. « L'usage, dit le grand officier, est d'embrasser le roi et de le baiser des deux côtés. » Candide et Cacambo sautèrent au cou de Sa Majesté, qui les reçut avec toute la grâce imaginable, et qui les pria poliment à souper.

En attendant, on leur fit voir la ville, les édifices publics élevés jusqu'aux nues, les marchés ornés de mille colonnes, les fontaines d'eau pure, les fontaines d'eau rose, celles de liqueurs de canne à sucre qui coulaient continuellement dans de grandes places pavées d'une espèce de pierreries qui répandaient une odeur semblable à celle du gérofle[2] et de la cannelle. Candide demanda à voir la cour de justice, le parlement ; on lui dit qu'il n'y en avait point, et qu'on ne plaidait jamais. Il s'informa s'il y avait des prisons, et on lui dit que non. Ce qui le surprit davantage, et qui lui fit le plus grand plaisir, ce fut le palais des sciences, dans lequel il vit une galerie de deux mille pas[3], toute pleine d'instruments de mathématique et de physique.

Chapitre XVIII, « L'Eldorado ».

Edmond Malassis, illustration pour *Candide ou l'Optimisme*.

1. environ 70 mètres de haut sur 30 de large.
2. forme ancienne de *girofle* (aromate).
3. environ 1 500 mètres.

Questions

1. Quels éléments participent du merveilleux dans la description de l'Eldorado ? Étudiez quelques indices.
2. Sur quel modèle social et politique la vie en Eldorado repose-t-elle ? Justifiez votre réponse.
3. Dans quelle mesure l'Eldorado constitue-t-il une image renversée de la France à l'époque de Voltaire ?
4. Quelle leçon le lecteur peut-il en tirer ?
5. À partir de ce texte, définissez l'idéal de société que défend Voltaire.

Prolongement
Recherchez et commentez d'autres exemples d'utopies dans la littérature française et étrangère du XVIIIe siècle.

Émile Zola, *Travail* (1901)

► Biographie p. 636

Les Quatre Évangiles est le dernier cycle romanesque conçu par Zola de 1898 à 1902. Il est inachevé, puisque seuls les trois premiers romans – *Fécondité, Travail* et *Vérité* – ont été publiés. *Travail* est une œuvre d'anticipation construite sur la volonté générale de progrès social et sur les évolutions industrielles de la fin du XIXe siècle.

Le familistère de Guise (vue extérieure).

C'était la Cité rêvée, la Cité du travail réorganisé, rendu à sa noblesse, la Cité future du bonheur enfin conquis, qui sortait naturellement de terre, autour de l'usine élargie elle-même, en train de devenir la métropole, le cœur central, source de vie, dispensateur et régulateur de l'existence sociale. Les ateliers, les grandes halles de fabrication s'agrandissaient, couvraient des hectares ; tandis que les petites maisons, claires et gaies, au milieu des verdures de leurs jardins, se multipliaient, à mesure que le personnel, le nombre des travailleurs, des employés de toutes sortes, augmentait. Et, ce flot peu à peu débordant les constructions nouvelles s'avançaient vers l'Abîme, menaçaient de le conquérir, de le submerger. D'abord, il y avait eu de vastes espaces nus entre les deux usines, ces terrains incultes que Jordan possédait en bas de la rampe des Monts Bleuses. Puis, aux quelques maisons bâties près de la Crècherie, d'autres maisons s'étaient jointes, toujours d'autres, une ligne de maisons qui envahissait tout comme une marée montante, qui n'était plus qu'à deux ou trois cents mètres de l'Abîme. Bientôt, quand le flot viendrait battre contre lui, ne le couvrirait-il pas, ne l'emporterait-il pas, pour le remplacer de sa triomphante floraison de santé et de joie ? Et le vieux Beauclair lui aussi était menacé, car toute une pointe de la Cité naissante marchait contre lui, près de balayer cette noire et puante bourgade ouvrière, nid de douleur et de peste, où le salariat agonisait sous les plafonds croulants. Parfois, Luc, le bâtisseur, le fondateur de ville, la regardait croître, sa Cité naissante, qu'il avait vue en rêve, le soir où il avait décidé son œuvre ; et elle se réalisait, et elle partait à la conquête du passé, faisant sortir du sol le Beauclair de demain, l'heureuse demeure d'une humanité heureuse. Tout Beauclair serait conquis, entre les deux promontoires des Monts Bleuses, tout l'estuaire des gorges de Brias se couvrirait de maisons claires, parmi des verdures, jusqu'aux immenses champs fertiles de la Roumagne. Et, s'il fallait des années et des années encore, il l'apercevait déjà de ses yeux de voyant, cette Cité du bonheur qu'il avait voulue, et qui était en marche.

Questions

1. Comment l'utopie est-elle désignée ici ? Qu'en concluez-vous ?
2. Quelles sont ses caractéristiques géographiques, sociales et politiques ?
3. Que représente la figure de Luc ? Quelle est sa dimension symbolique ?
4. Montrez que « la cité rêvée » s'oppose à la réalité sociale de l'époque.
5. Par quels procédés littéraires « la cité rêvée » est-elle mise en valeur ? Quels sont les effets produits ?
6. Quelle leçon philosophique se dégage de cet extrait ?

Prolongements

- En confrontant les textes de More (► p. 442), Voltaire (► p. 448) et Zola, vous définirez les fonctions de l'utopie.
- Comparez le texte de Zola et la photo du palais social de Guise, en vous interrogeant sur les liens entre fiction romanesque et réalité historique.

PERSPECTIVES DU XXe SIÈCLE

Georges Perec, *W ou le souvenir d'enfance* (1975)

CONTEXTE

Georges Perec est né dans une famille juive. Son père meurt au combat en juin 1940 ; sa mère est déportée à Auschwitz où elle mourra. Publié en 1975, *W ou le souvenir d'enfance* est l'autobiographie de Perec : la phrase initiale (« Je n'ai pas de souvenirs d'enfance ») montre d'emblée une mémoire dévastée par la guerre, qui va constituer le noyau du livre. *W* fait succéder, au cours de brefs chapitres, les souvenirs et la fable utopique d'une civilisation du sport, qui symbolise en la masquant l'horreur des camps de concentration.

Le récit croisé alterne une fiction (un chapitre sur deux, en italique) et un récit autobiographique, en apparence très différents. La société décrite dans la partie fictive présente les caractéristiques de la cité idéale : située sur une île, elle est difficile d'accès ; l'organisation y est rigoureuse ; la politique est parfaitement réglée. Les habitants de W semblent unis par un idéal olympique aux valeurs nobles, bénéfiques pour l'humanité, mais qui se dégrade peu à peu, à partir du chapitre XV.

Celui qui commence à se familiariser avec la vie W, un novice[1] *par exemple qui, venant des Maisons de Jeunes, arrive vers quatorze ans dans un des quatre villages, comprendra assez vite que l'une des caractéristiques, et peut-être la principale, du monde qui est désormais le sien est que la rigueur des institutions n'y a d'égale que l'ampleur des transgressions dont elles sont l'objet. Cette découverte, qui constituera pour le néophyte*[2] *un des éléments déterminants de sa sauvegarde personnelle, se vérifiera constamment, à tous les niveaux, à tous les instants. La Loi est implacable, mais la Loi est imprévisible. Nul n'est censé l'ignorer, mais nul ne peut la connaître. Entre ceux qui la subissent et ceux qui l'édictent se dresse une barrière infranchissable. L'Athlète doit savoir que rien n'est sûr ; il doit s'attendre à tout, au meilleur et au pire ; les décisions qui le concernent, qu'elles soient futiles ou vitales, sont prises en dehors de lui ; il n'a aucun contrôle sur elles. Il peut croire que, sportif, sa fonction est de gagner, car c'est la Victoire que l'on fête et c'est la défaite que l'on punit ; mais il peut arriver dernier et être proclamé Vainqueur : ce jour-là, à l'occasion de cette course-là, quelqu'un, quelque part, aura décidé que l'on courrait à qui perd gagne.*

Chapitre XXIV, © Éditions Denoël

1. qui manque d'expérience dans un domaine. – 2. personne qui a embrassé récemment une doctrine, une opinion ou un parti.

Carl Weinrother, *Garçons appartenant à la Jeunesse hitlérienne faisant une course de chars.*

Questions

1. Quelles règles les néophytes doivent-ils observer ? Déduisez la place accordée à l'individu dans cette société ?
2. Recherchez l'origine des mots « novice » et « néophyte ». Qui sont les novices ou néophytes sur l'île de W ?
3. Quelle vision des institutions se dégage de cet extrait ? Justifiez vos réponses.
4. Quelle image donne-t-on de la loi dans le texte ? Quels sont les procédés utilisés ?
5. Pourquoi peut-on affirmer que l'arbitraire règne sur W ?

Prolongement

Lisez le texte de Campanella (► p. 447). Quels peuvent être les points communs entre ce texte et celui de Perec, écrits à deux époques différentes ?

[…]

L'idéal olympique continue à se désagréger : la victoire est maîtresse (on sélectionne les athlètes uniquement sur des critères morphologiques) et la population de W trouve du divertissement dans sa propre humiliation lors des épreuves particulièrement cruelles du pentathlon et du décathlon.

Affecté dans un village, l'enfant y sera pendant au moins trois ans novice avant de devenir Athlète. Il participera aux séances d'entraînement du matin, mais non aux championnats. Mais ses six premiers mois de noviciat, il les passera menottes aux mains, fers aux pieds, enchaîné la nuit à son lit, et souvent même bâillonné. C'est ce que l'on nomme la Quarantaine et il n'est pas exagéré de dire que c'est la période la plus douloureuse de la vie d'un Sportif W, que tout ce qui suit, les humiliations, les injures, les injustices, les coups, n'est pour ainsi dire presque plus rien, ne pèse presque plus à côté de ces premières heures, de ces premières semaines. La découverte de la vie W est, il est vrai, un spectacle assez terrifiant. Le novice parcourt les Stades, les camps d'entraînement, les cendrées, les chambrées ; il n'est encore qu'un adolescent tranquille et confiant, pour qui la vie se confondait jusqu'alors avec la chaleur fraternelle de ses milliers de compagnons, et tout ce qui pour lui s'associait avec des images de fêtes fastueuses, ces clameurs, ces musiques triomphales, ces envolées d'oiseaux blancs, lui apparaît sous un jour insoutenable. Puis il verra revenir la cohorte des vaincus, Athlètes gris de fatigue, titubant sous le poids des carcans de chêne ; il les verra s'affaler d'un coup, la bouche ouverte, la respiration sifflante ; il les verra un peu plus tard se battre, s'entre-déchirer pour un morceau de saucisson, pour un peu d'eau, pour une bouffée de cigarette. Il verra, à l'aube, le retour des Vainqueurs, gavés de saindoux et de mauvais alcools, s'effondrant dans leurs vomissures.

Ainsi se passera sa première journée. Ainsi se passeront les suivantes.

Chapitre XXX, © Éditions Denoël

Femmes faisant du javelot, Allemagne, 24 avril 1939.

Questions

1. Relevez les verbes au futur de l'indicatif et précisez leur valeur.
2. Pourquoi « la découverte de la vie W » constitue-t-elle « un spectacle assez terrifiant » ? Exposez deux raisons en justifiant vos réponses.
3. Caractérisez l'évocation des vaincus et des vainqueurs en analysant les procédés d'écriture. Quelles impressions générales se dégagent de l'univers décrit ?
4. Dans quelle mesure la société W représente-t-elle une contre-utopie ?

Prolongement

Recherchez dans la littérature française ou étrangère du XXe siècle un exemple de contre-utopie et justifiez votre choix.

PERSPECTIVE AMÉRICAINE

Ray Bradbury, *Fahrenheit 451* (1953)

CONTEXTE

En 1953, l'auteur américain Ray Bradbury publie un roman de science-fiction *Fahrenheit 451*. Le titre fait référence à la température à laquelle un livre s'enflamme et se consume, environ 233 °C. Dans la société du futur qui est décrite, les pompiers, devenus pyromanes, brûlent les livres ; les gens sont invités à dénoncer leurs voisins, leurs amis et même leurs parents, lorsqu'ils les surprennent à lire.

Cette contre-utopie montre une société rigoureusement organisée mais déshumanisée, où les valeurs (l'amour, l'amitié et l'esprit) ont sombré. Elle dénonce l'incapacité à changer véritablement l'homme pour en faire un être digne de bonheur. Dans cette société future où la lecture, source de questionnement et de réflexion, est considérée comme un acte antisocial, un corps spécial de pompiers, encadré par Montag, est chargé de brûler tous les livres dont la détention est interdite pour le bien commun. Voici l'incipit du roman.

Le plaisir d'incendier !

Quel plaisir extraordinaire c'était de voir les choses se faire dévorer, de les voir noircir et se transformer.

Les poings serrés sur l'embout de cuivre, armé de ce python géant qui crachait son venin de pétrole sur le monde, il sentait le sang battre à ses tempes, et ses mains devenaient celles d'un prodigieux chef d'orchestre dirigeant toutes les symphonies en feu majeur pour abattre les guenilles et les ruines carbonisées de l'Histoire.

Son casque symbolique numéroté 451 sur sa tête massive, une flamme orange dans les yeux à la pensée de ce qui allait se produire, il actionna l'igniteur[1] d'une chiquenaude et la maison décolla dans un feu vorace qui embrasa le ciel du soir de rouge, de jaune et de noir.

Comme à la parade, il avança dans une nuée de lucioles. Il aurait surtout voulu, conformément à la vieille plaisanterie, plonger dans le brasier une boule de guimauve piquée au bout d'un bâton, tandis que les livres, comme autant de pigeons battant des ailes, mouraient sur le seuil et la pelouse de la maison. Tandis que les livres s'envolaient en tourbillons d'étincelles avant d'être emportés par un vent noir de suie, Montag arbora le sourire féroce de tous les hommes roussis et repoussés par les flammes.

Traduction d'Henri Robillot et Jacques Chambon,

1. en technologie, dispositif d'amorçage d'un ignitron, tube destiné à couper et à rétablir des courants intenses un grand nombre de fois par seconde.

Affiche du film de **François Truffaut**, *Fahrenheit 451*, 1966.

Prolongement

Observez, puis commentez l'affiche du film *Fahrenheit 451*, réalisé par François Truffaut en 1966.

Questions

1. Par quel paradoxe le roman s'ouvre-t-il ? Justifiez votre réponse.
2. Comment ce texte s'oppose-t-il à la description de l'abbaye de Thélème (► p. 444) ?
3. Par quels procédés d'écriture l'acte d'incendier est-il mis en valeur ? Exploitez quelques exemples.
4. Quels sentiments éprouve le personnage principal dans cette scène ? En quoi se distingue-t-il d'un humaniste ? Justifiez votre réponse.
5. Comment les livres sont-ils décrits dans cette première page ? Illustrez votre propos.
6. Quelle place l'homme occupe-t-il dans la société réglementée de Fahrenheit ? Quel espace est réservé à la liberté ?
7. Dans quelle mesure cet incipit s'apparente-t-il à une contre-utopie ?

SYNTHÈSE L'UTOPIE À LA RENAISSANCE ET SES RÉÉCRITURES

*L'utopie est la description d'une société idéale. Elle procède d'une tradition qui remonte à l'Antiquité (*La République *de Platon). Le terme a été forgé à la Renaissance par Thomas More dans son œuvre éponyme. Le terme latin* Utopia*, construit à partir du grec* ou*, forme de la négation, et de* topos*, « région, lieu » peut être traduit par « le lieu qui n'existe pas ».*

1 LES CONSTANTES THÉMATIQUES DE L'UTOPIE

Le projet utopique s'appuie sur des structures récurrentes.

Le cadre spatio-temporel : des cités maritimes en grand nombre

Il s'agit d'un lieu clos et protégé, inscrit dans un ailleurs (plus ou moins éloigné du monde connu) et hors du temps (le temps historique étant étranger à l'utopie).

Ex. : Le motif de l'île est fréquent (Homère, More, Campanella, Pérec). L'abbaye de Thélème est située au bord de la Loire ► p. 444. L'Eldorado est encerclé par des montagnes chez Voltaire ► p. 448.

L'urbanisme et l'architecture : la recherche de la symétrie et de l'harmonie

L'utopie concrétise le dépaysement par un aménagement nouveau de l'espace à travers des villes géométriques et des rapports particuliers établis entre la cité et la nature.

Ex. : Les cités d'Amaurote et du Soleil comme Thélème obéissent à une ordonnance symétrique. Les habitations répondent parfois à une intention esthétique : palais élégants (Phéacie, Eldorado) et « châteaux » harmonieux (Thélème) ► p. 444-447. La Cité du Bonheur chez Zola fusionne avec la nature domestiquée ► p. 449.

Le pouvoir politique : des institutions bien définies

L'utopie justifie un nouveau type de gouvernement qui implique généralement une réorganisation de la société et de la religion, visant à la concorde entre les hommes.

Ex. : Amaurote, la Cité du Soleil, Thélème ou l'Eldorado ► p. 444-448.

L'éducation et la famille : une réflexion majeure

C'est une préoccupation permanente dans le projet social.

Ex. : Elle s'adresse à tout homme (More, Campanella) ► p. 442 et 447 ou à une élite noble (Rabelais) ► p. 445.

2 LES FONCTIONS DE L'UTOPIE

Une fonction critique

La comparaison entre une société imaginaire et la réalité invite le lecteur à réfléchir sur cette dernière et à en dénoncer les travers. C'est le monde inversé.

Ex. : L'Eldorado représente le négatif de la société française d'Ancien Régime : pouvoir absolu, justice répressive, culte de l'or, absurdité de certains rituels ► p. 448.

Une fonction didactique

L'utopie propose un modèle politique et social que l'on cherche à reproduire dans le réel.

Ex. : More et Campanella développent un système complet dans une cité dont l'urbanisme est pensé ► p. 442 et 447.

Cette vision d'un « nouveau monde » reste toutefois un idéal difficile à atteindre.

Ex. : Thélème témoigne de la foi en l'homme, mais le projet se restreint à une élite sociale ► p. 445. Candide quitte le monde excessif de l'Eldorado pour chercher une réponse à l'échelle humaine ► p. 448.

Une fonction symbolique

La réflexion sur l'ailleurs participe avant tout d'une interrogation philosophique sur l'homme ; la cité rêvée peut devenir un idéal parfait ou un dangereux contre-modèle.

Ex. : Les principes totalitaires guident les dirigeants de W et détruisent l'individu ► p. 450-451.

L'utopie fascine **en réenchantant le monde** et effraie dans une forme de **désenchantement**, par les excès et les dérives. C'est la tension **entre utopie et contre-utopie**.

TEXTE A Thomas More, *L'Utopie* (1516)

Dans le roman de l'écrivain anglais Thomas More, publié par son ami Érasme, Raphaël Hyhlodée, voyageur humaniste, raconte le périple maritime qui l'a mené un jour sur l'île d'Utopie. Voici un extrait de la description que fait Raphaël Hyhlodée de la vie des Utopiens.

C'est parmi les lettrés qu'on choisit les ambassadeurs, les prêtres, les tranibores[1] et le prince, appelé autrefois *barzame*[2] et aujourd'hui *adème*[3]. Le reste de la population, continuellement active, n'exerce que des professions utiles, et produit en peu de temps une masse considérable d'ouvrages parfaitement exécutés.

[…]

En Utopie, tout est si bien prévu et organisé qu'il est très rare qu'on soit obligé d'y bâtir sur de nouveaux terrains. L'on répare à l'instant les dégradations présentes, l'on prévient même les dégradations imminentes. Ainsi, les bâtiments se conservent à peu de frais et de travail. La plupart du temps, les ouvriers restent chez eux pour dégrossir les matériaux, tailler le bois et la pierre. Quand il y a une construction à faire, les matériaux sont tout prêts et l'ouvrage est rapidement terminé.

Vous allez voir comme il en coûte peu aux Utopiens pour se vêtir.

Au travail, ils s'habillent de cuir ou de peau ; ce vêtement peut durer sept ans. En public, ils se couvrent d'une casaque ou surtout qui cache l'habit grossier du travail. La couleur de cette casaque est naturelle, elle est la même pour tous les habitants. De la sorte ils usent beaucoup moins de drap que partout ailleurs, et ce drap leur revient moins cher. La toile est d'un usage très répandu, parce qu'elle exige moins de travail. Ils n'attachent de prix qu'à la blancheur de la toile, à la netteté et à la propreté du drap, sans considérer la finesse ou la délicatesse du filage. Un seul habit leur suffit d'ordinaire pendant deux ans ; tandis qu'ailleurs, il faut à chacun quatre ou cinq habits de différentes couleurs, autant d'habits de soie, et, aux plus élégants, au moins une dizaine. Les Utopiens n'ont aucune raison d'en rechercher un aussi grand nombre ; ils n'en seraient ni plus commodément ni plus élégamment vêtus.

Ainsi, tout le monde, en Utopie, est occupé à des arts et à des métiers réellement utiles. Le travail matériel y est de courte durée, et néanmoins ce travail produit l'abondance et le superflu. Quand il y a encombrement de produits, les travaux journaliers sont suspendus, et la population est portée en masse sur les chemins rompus ou dégradés. Faute d'ouvrage ordinaire et extraordinaire, un décret autorise une diminution sur la durée du travail, car le gouvernement ne cherche pas à fatiguer les citoyens par d'inutiles labeurs.

Le but des institutions sociales en Utopie est de fournir d'abord aux besoins de la consommation publique et individuelle, puis de laisser à chacun le plus de temps possible pour s'affranchir de la servitude du corps, cultiver librement son esprit, développer ses facultés intellectuelles par l'étude des sciences et des lettres. C'est dans ce développement complet qu'ils font consister le vrai bonheur.

Traduction de Victor Steuvenel

1. mot sans doute inventé par l'auteur pour désigner un magistrat supérieur.
2. mot fantaisiste à l'étymologie incertaine.
3. mot fantaisiste qui peut signifier « qui n'est pas du peuple ».

TEXTE B Voltaire, *Candide* (1759)

Candide, chassé du château de Thunder-ten-tronckh en Westphalie, poursuit un périple qui le mène d'Europe en Amérique du Sud. Accompagné de son valet Cacambo, il découvre le pays fabuleux d'Eldorado, étape dans le récit.

Candide et Cacambo montent en carrosse; les six moutons volaient, et en moins de quatre heures on arriva au palais du roi, situé à un bout de la capitale. Le portail était de deux cent vingt pieds de haut, et de cent de large[1]; il est impossible d'exprimer quelle en était la matière. On voit assez quelle supériorité prodigieuse elle devait avoir sur ces cailloux et sur ce sable que nous nommons or et pierreries.

Vingt belles filles de la garde reçurent Candide et Cacambo à la descente du carrosse, les conduisirent aux bains, les vêtirent de robes d'un tissu de duvet de colibri; après quoi les grands officiers et les grandes officières de la couronne les menèrent à l'appartement de Sa Majesté au milieu de deux files, chacune de mille musiciens, selon l'usage ordinaire. Quand ils approchèrent de la salle du trône, Cacambo demanda à un grand officier comment il fallait s'y prendre pour saluer Sa Majesté : si on se jetait à genoux ou ventre à terre; si on mettait les mains sur la tête ou sur le derrière; si on léchait la poussière de la salle; en un mot, quelle était la cérémonie. « L'usage, dit le grand officier, est d'embrasser le roi et de le baiser des deux côtés. » Candide et Cacambo sautèrent au cou de Sa Majesté, qui les reçut avec toute la grâce inimaginable, et qui les pria poliment à souper.

En attendant, on leur fit voir la ville, les édifices publics élevés jusqu'aux nues, les marchés ornés de mille colonnes, les fontaines d'eau pure, les fontaines d'eau rose, celles de liqueurs de canne à sucre qui coulaient continuellement dans de grandes places pavées d'une espèce de pierreries qui répandaient une odeur semblable à celle du gérofle[2] et de la cannelle. Candide demanda à voir la cour de justice, le parlement; on lui dit qu'il n'y en avait point, et qu'on ne plaidait jamais. Il s'informa s'il y avait des prisons, et on lui dit que non. Ce qui le surprit davantage, et qui lui fit le plus de plaisir, ce fut le palais des sciences, dans lequel il vit une galerie de deux mille pas[3], toute pleine d'instruments de mathématique et de physique.

1. environ 70 mètres de haut sur 30 mètres de large. – 2. forme ancienne de girofle; il s'agit d'un aromate. – 3. environ 1500 mètres.

TEXTE C J. Verne, *Les Cinq Cents Millions de la Bégum* (1879)

Après la guerre franco-prussienne de 1870, les 535 millions de francs qu'a laissés la Bégum[1] en mourant, ont dû être partagés entre un Français et un Prussien. Herr Schultze a décidé de créer une ville pour y installer une immense usine qui puisse fabriquer des canons capables de détruire l'autre ville créée par le Français et montrer ainsi sa suprématie.

Sur la plaine nue et rocailleuse, en cinq ans, dix-huit villages d'ouvriers, aux petites maisons de bois uniformes et grises, ont surgi, apportés tout bâtis de Chicago, et renferment une nombreuses population de rudes travailleurs.

C'est au centre de ces villages, au pied même des CoalsButts, inépuisables montagnes de charbon de terre, que s'élève une masse sombre, colossale, étrange, une agglomération de bâtiments réguliers percés de fenêtres symétriques, couverts de toits rouges, surmontés d'une forêt de cheminées cylindriques, et qui vomissent par ces mille bouches des torrents continus de vapeurs fuligineuses[2]. Le ciel en est voilé d'un rideau noir, sur lequel passent par instants de rapides éclairs rouges. Le vent apporte un grondement lointain, pareil à celui d'un tonnerre ou d'une grosse houle, mais plus régulier et plus grave.

Cette masse est Stahlstadt, la Cité de l'Acier, la ville allemande, la propriété personnelle de Herr Schultze, l'ex-professeur de chimie d'Iéna, devenu, de par les millions de la Bégum, le plus grand travailleur du fer et, spécialement, le plus grand fondeur de canons des deux mondes.

Il en fond, en vérité, de toutes formes et de tout calibre, à âme lisse et à raies, à culasse mobile et à culasse fixe, pour la Russie et pour la Turquie, pour la Roumanie et pour le Japon, pour l'Italie et pour la Chine, mais surtout pour l'Allemagne.

Grâce à la puissance d'un capital énorme, un établissement monstre, une ville véritable, qui est en même temps une usine modèle, est sortie de terre comme à un coup de baguette. Trente mille travailleurs, pour la plupart allemands d'origine, sont venus se grouper autour d'elle et en former les faubourgs. En quelques mois, ses produits ont dû à leur écrasante supériorité une célébrité universelle.

Le professeur Schultze extrait le minerai de fer et la houille de ses propres mines. Sur place, il les transforme en acier fondu. Sur place, il en fait des canons.

[…]

Dans ce coin écarté de l'Amérique septentrionale, entouré de déserts, isolé du monde par un rempart de montagnes, situé à cinq cents milles de petites agglomérations humaines les plus voisines, on chercherait vainement aucun vestige de cette liberté qui a fondé la puissance de la république des États-Unis.

En arrivant sous les murailles mêmes de Stahlstadt, n'essayez pas de franchir une des portes massives qui coupent de distance en distance la ligne des fossés et des fortifications. La consigne la plus impitoyable vous repousserait. Il faut descendre dans l'un des faubourgs. Vous n'entrerez dans la Cité de l'Acier que si vous avez la formule magique, le mot d'ordre, ou tout au moins une autorisation dûment timbrée, signée et paraphée.

1. « Bégum » est un titre de l'Indhoustan appliqué à l'épouse favorite du sultan. Ce titre équivaut à « reine ».

2. d'une obscurité épaisse, chargées de suie.

Sujet

I. Vous répondrez d'abord à la question suivante (4 points) :

Quels indices permettent de classer ces textes dans la description de mondes imaginaires ? Lequel de ces mondes pourrait constituer un contre-modèle ou une contre-utopie ? Quelles leçons se dégagent des mondes décrits ?

II. Vous traiterez ensuite, au choix, l'un des sujets suivants (16 points) :

1. Commentaire

Vous ferez le commentaire du texte de Voltaire (Texte B).

2. Dissertation

Selon vous, quelles sont les fonctions et les limites de l'utopie ?
Vous vous appuierez sur les textes présentés dans le corpus et sur vos lectures personnelles.

3. Écriture d'invention

Dans le texte C, vous avez lu la description de la Cité de l'Acier construite par Herr Schultze. Or il n'est pas le seul héritier de la Bégum. Une autre ville a été construite aux États-Unis grâce aux cinq cents millions mais elle lui est opposée en tout. Vous décrirez la cité idéale et vous lui donnerez un nom. Il faudra qu'elle corresponde aux intentions de son constructeur dont vous inventerez le caractère.

Quelques conseils

Pour répondre aux questions ► Grille d'auto-évaluation, p. 593

- La première question fait référence à « l'utopie » : donnez les sens de ce terme.
- Repérez les caractéristiques de chacun des mondes présentés, puis comparez-les au monde réel. Cherchez tout ce qui relève de l'imagination de leurs auteurs.
- Caractérisez le monde qui se dessine dans chaque texte et en particulier la place qu'y tient l'homme. S'agit-il de sociétés idéales ? Demandez-vous ce que les auteurs ont pu vouloir dire.

Si vous choisissez le commentaire… ► Grille d'auto-évaluation, p. 601

- Rassemblez d'abord vos connaissances sur le type de texte étudié, en vous aidant du paratexte : ici, il s'agit d'un récit qui évoque un monde imaginaire. Demandez-vous comment il est représenté, par quelle voix narrative.
- Interrogez-vous sur les visées du récit.
- Croyez-vous que Voltaire, en créant cette utopie, propose un nouveau modèle social aux hommes du XVIIIe siècle ? Argumentez votre réponse.

Si vous choisissez la dissertation… ► Grille d'auto-évaluation, p. 611

- Analysez le sujet en soulignant les mots importants : ici « fonctions », « limites » et « utopie ». Déterminez ce que ces termes sous-entendent.
- Réfléchissez aux effets de ces textes : font-ils rêver, sourire, etc. ?
- Interrogez-vous sur les critiques que portent les textes à l'encontre du monde réel.
- Interrogez-vous sur les dangers du progrès des sociétés.
- L'intitulé vous suggère un plan en deux parties : suivez-le.

Si vous choisissez l'écriture d'invention… ► Grille d'auto-évaluation, p. 623

- Repérez très précisément les caractéristiques de la Cité de l'Acier. Rattachez-les aux objectifs visés par le fondateur de la ville.
- Émettez des hypothèses sur le caractère de Herr Schultze en fonction des caractéristiques relevées. Pensez que Jules Verne écrit ce roman après la guerre franco-prussienne.
- Grâce à ce travail préalable, imaginez un personnage en tout opposé à Herr Schultze.
- Imaginez quels objectifs il poursuit et quelle ville il doit créer pour les réaliser.
- Après la rédaction de votre texte, relisez celui de Jules Verne : s'oppose-t-il au vôtre ?

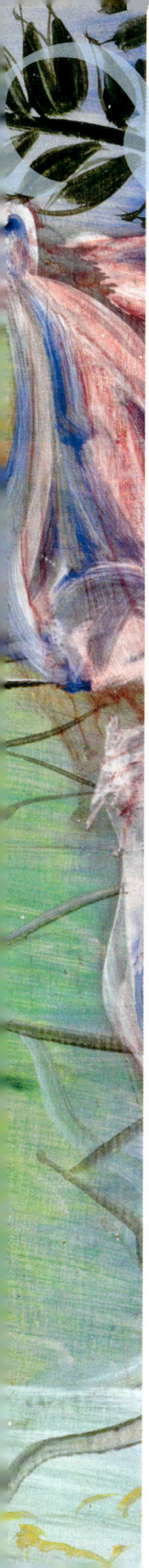

CHAPITRE 6

Les réécritures, du XVIIe siècle à nos jours

►►► **Raoul Dufy**, *Vénus Anadyomène d'après Botticelli*, vers 1945, huile sur contreplaqué (66 x 42,6 cm). musée national d'Art moderne - Centre Pompidou, Paris.

TEXTE 1

Ovide, *Les Métamorphoses* (Ier siècle)

Dans Les Métamorphoses, *œuvre en vers écrite au Ier siècle, Ovide (43 av. J.-C.-18 ap. J.-C.) nous transmet le mythe de Progné et Philomèle, dont est issue la figure du rossignol. De nombreux auteurs du Moyen Âge à nos jours se sont attachés à réécrire cette fable. Térée, roi de Thrace, a épousé Progné. Ils ont eu un fils, Itys. Après cinq années, Progné désire revoir sa jeune sœur Philomèle restée à Athènes. Térée se rend donc chez Pandion, son beau-père, pour aller chercher Philomèle et la ramener auprès de sa sœur Progné. Mais lorsque Térée atteint les côtes de son royaume, il entraîne Philomèle dans la forêt…* ► L'Antiquité, p. 21

Progné et Philomèle

[…] Maintenant, le voyage est achevé et déjà les équipages, quittant les vaisseaux fatigués, avaient débarqué au rivage natal quand le roi entraîne la fille de Pandion dans les profondeurs d'une étable cachée à l'ombre d'antiques forêts. Il l'y enferme, pâle, frémissante, en proie à toutes les terreurs et, les yeux pleins de larmes, demandant où est sa sœur ; puis, ne cachant plus ses intentions criminelles, il fait violence à cette vierge, qui est seule, qui vainement, à grands cris, en appelle à son père, à sa sœur, et surtout aux dieux puissants. […]

Philomèle menace de révéler le viol dont elle vient d'être victime. Sous l'empire de la crainte et de la colère, Térée tire son épée et enchaîne Philomèle.

[…] Ces imprécations enflammèrent de colère le farouche tyran. Non moins vive est sa crainte ; aussi, sous l'empire de ces deux sentiments, il met à nu hors du fourreau l'épée pendue à sa ceinture et, saisissant la jeune fille par les cheveux, il lui replie les bras derrière le dos et l'enchaîne de force. Philomèle tendait la gorge et, à la vue de l'épée, l'espoir de mourir était né en elle. Sa langue protestait encore, continuait à invoquer le nom de son père, faisait effort pour parler ; alors Térée la saisissant avec des pinces, la coupa d'un brutal coup d'épée. La racine en palpite au fond de la bouche ; la langue elle-même, jetée sur le sol, agitée d'un tremblement, murmure ses plaintes à la terre qu'elle noircit de son sang. Comme on voit sursauter la queue coupée d'une couleuvre, elle palpite et, avant de mourir, cherche à rejoindre celle à qui elle appartint. Et, même après ce forfait, – c'est à peine si j'ose le croire, – Térée, dit-on, assouvit à plusieurs reprises sa passion sur le corps mutilé. Il a l'audace, après une telle action, de retourner auprès de Progné, qui, en voyant son époux, s'informe de sa sœur. Il pousse alors de feints gémissements, il fait le récit d'une mort dont il invente tout ; ses pleurs persuadèrent Progné. […]

►►► **Eugène Lambert**, *Philomèle et Progné*, 1869, illustration réalisée pour les *Fables* de Jean de la Fontaine, éditions Hetzel.

Une année se passe ; Philomèle, emprisonnée dans l'étable, veut faire connaître le crime.

[…] Sa bouche muette ne peut révéler ce qui s'est passé. Mais grande est l'ingéniosité dans la douleur et le malheur inspire la ruse. Sur un métier à la mode barbare, elle tend adroitement des fils et, dans la chaîne de couleur blanche, en caractères de pourpre qu'elle y trama, elle dénonce le crime. La toile achevée, elle la remit à une servante et, par gestes, la charge de la porter à sa maîtresse. Comme elle le demandait, la femme la porta à Progné, sans savoir ce qu'elle lui remet en même temps. La matrone du cruel tyran déroula l'étoffe et lut le pitoyable récit de sa sœur, et – c'est miracle qu'elle l'ait pu ! – se tait. La douleur lui ferma la bouche, et les mots qu'elle cherchait pour exprimer son horreur indignée lui manquèrent. […]

Progné délivre sa sœur et, de retour au palais, elle aperçoit Itys : il sera l'instrument de sa vengeance.

[…] Dès que son fils, cependant, se fut approché et eut salué sa mère, noué ses petits bras autour de son cou, échangé avec elle des baisers mêlés de caresses enfantines, la mère, en elle, fut, il est vrai, émue, et sa colère brisée subit un temps d'arrêt ; malgré eux ses yeux se mouillèrent de larmes qu'elle tente de retenir. Mais, dès qu'elle sentit qu'un excès d'amour maternel faisait chanceler sa résolution, elle se détourna de nouveau de son fils et reporta ses regards vers le visage de sa sœur ; et, tour à tour les considérant tous deux : « Pourquoi, se dit-elle, l'un m'accable de mots caressants, tandis que l'autre, à qui fut enlevée la langue, se tait ? Celle que cet enfant appelle du nom de mère, pourquoi ne l'appelle-t-elle pas, elle, du nom de sœur ? Vois à quel mari le mariage, fille de Pandion, t'a unie. Tu démens ta race ! C'est un crime que garder la foi conjugale à l'égard d'un époux comme Térée. » Sans plus tarder, elle entraîna Itys, comme le tigre, hôte des bords du Gange, entraîne à travers les fourrés le faon encore à la mamelle. Et, quand ils se trouvèrent dans une partie reculée de la haute demeure, Progné, bien que l'enfant tendît les bras […] le frappe d'une épée au point où la poitrine touche au flanc, sans détourner le visage. Une seule blessure suffisait pour que son destin fût accompli : Philomèle, du fer qu'elle tenait, lui trancha aussi la gorge. Puis, ces membres encore palpitants et conservant un souffle de vie, elles les déchirent ; bientôt une partie bout dans des chaudrons de bronze, une autre grésille sur des broches ; l'appartement ruisselle de sang. […]

Progné, Philomèle et Itys, Ve s. av. J.-C. coupe en céramique à figures rouges – face A, musée du Louvre, Paris.

Philomèle montrant la tête d'Itys à Térée, enluminure du maître de Fauvel, 1325-1335, Bibliothèque de l'Arsenal, Paris.

Progné donne à Térée la chair de son fils, Itys, en guise de repas. Térée déguste le plat et réclame la présence de son fils.

[…] Progné ne peut dissimuler sa cruelle joie, et, brûlant d'annoncer elle-même la nouvelle de la catastrophe dont elle fut l'ouvrière : « Tu l'as avec toi, celui que tu réclames », dit-elle. Térée regarde autour de soi et demande où il est. À sa demande, à son appel répété, voici que, telle qu'elle était au sortir du meurtre où elle assouvit sa fureur, les cheveux épars, Philomèle bondit dans la salle et jeta la tête sanglante d'Itys au visage de son père ; à aucun moment elle ne souhaita davantage de pouvoir parler et témoigner sa joie par des insultes méritées. Le Thrace, avec un grand cri, repousse la table ; il appelle à son aide, du fond de la vallée du Styx, les sœurs aux cheveux de vipères et tantôt, dans un transport, il voudrait, s'il était possible, s'ouvrir la poitrine et en rejeter l'effroyable nourriture et les chairs ainsi rendues au jour, tantôt il pleure et se qualifie lui-même de misérable tombeau de son fils. Maintenant il poursuit les deux filles de Pandion, le fer nu à la main. On dirait que les Cécropides[1] ont le corps suspendu à des ailes. Il était bien suspendu à des ailes[2]. L'une d'elles gagne les forêts, l'autre pénètre sous les toits, et, sur sa poitrine, les marques du meurtre ne se sont pas effacées ; son plumage est taché de sang. Térée, que sa douleur et la soif de tirer d'elles vengeance font voler sur leurs traces, est changé en un oiseau à aigrette dressée sur la tête, à bec démesuré dont la longue saillie rappelle la pointe du javelot. Cet oiseau s'appelle la huppe, et sa tête semble pourvue d'armes. […]

Traduction J. Chamonard, © Éditions GF 97

1. Athéniennes, c'est-à-dire les deux sœurs. – 2. L'une est métamorphosée en rossignol, l'autre en huppe, oiseau ayant une petite touffe de plumes sur la tête.

Questions

Grammaire

Relevez les présents de narration. Rappelez leur valeur et leur fonction dans un récit.

► Modes, temps et valeurs, p. 524

Un récit mythologique

1. Le récit en latin se développe sur 275 vers : étudiez le rythme de la narration.
► Les rythmes du récit, p. 545
2. Par quels principaux procédés le récit est-il dramatisé ?
3. Justifiez l'alliance du vraisemblable, de l'invraisemblable et du surnaturel.

Une ingéniosité des personnages

4. Comparez la ruse de Térée à celle de Philomèle. Comment le narrateur valorise-t-il celle de Philomèle ?
5. Montrez que Progné et Philomèle font preuve d'une imagination plus redoutable encore que Térée.

Un redoublement de la violence

6. Par quels procédés le narrateur nous invite-t-il à comparer les violences commises par et sur les différents personnages ?
7. Quelles sont les différentes fonctions des métamorphoses des protagonistes ?

Synthèse En vous appuyant sur les questions précédentes, vous vous demanderez ce qui fait de ce récit un mythe.

LECTURE D'IMAGE

Pierre Paul Rubens, *Le Banquet de Térée* (1637)

Pierre Paul Rubens, *Le Banquet de Térée*, 1637, huile sur toile (195 x 267 cm), musée du Prado, Madrid (Espagne).

▲ Avec Le Caravage, Vélasquez, de La Tour, Rembrandt ou Vermeer, Pierre Paul Rubens est l'un des plus grands peintres du XVIIe siècle. On dit de lui qu'il est le maître de la couleur et qu'il a une prédilection pour le rendu sensuel des matières et des chairs. De nombreux sujets mythologiques ont inspiré sa peinture.
Dans *Le Banquet de Térée*, Rubens représente la scène qui précède la métamorphose des personnages en oiseaux dans « Philomèle et Progné ».

Questions ► La lecture d'image, p. 580

Du texte à l'image

1. À quel moment du récit d'Ovide (► p. 460) se situe l'action représentée par Rubens ?
2. Identifiez les différents personnages présents dans ce tableau. Rubens est-il fidèle à Ovide ? Justifiez votre réponse.
3. Qu'est-ce qui distingue l'action représentée par Rubens de celle relatée par Ovide ?
4. Comparez la violence des représentations de la scène chez Ovide et chez Rubens.

Une interprétation du mythe

5. Comment les couleurs, les lignes, les matériaux représentés, l'apparence des personnages suggèrent-ils une division du tableau en deux parties bien distinctes ? Qu'en concluez-vous ?
6. Par quels procédés Rubens oppose-t-il Térée aux deux sœurs ?
7. Quelle fonction pourriez-vous accorder au personnage situé dans l'embrasure de la porte ?
8. Comment interprétez-vous le titre du tableau ?

Synthèse Vous vous demanderez si Rubens condamne Philomèle et Progné.

Marie de France, *Lais* (1160-1180)

CONTEXTE

Marie de France est la première femme écrivain de la littérature (en langue française). S'inspirant des auteurs antiques comme Ovide d'une part, et du folklore breton d'autre part, elle écrit les *Lais* entre 1160 et 1180. Ces brefs récits versifiés sont encore lus aujourd'hui, comme « Le Lai du chèvrefeuille », « Lanval ». « Le Rossignol » évoque l'oiseau privilégié des troubadours quand ils chantent l'amour.

► La Courtoisie, p. 23

Dans ce lai, une dame malheureuse avec son mari aime un chevalier qui habite la maison voisine. La dame prétexte le désir d'écouter le chant du rossignol, qui symbolise l'amour qu'éprouvent les amants, pour se lever la nuit, se rendre à sa fenêtre et ainsi communiquer avec son amant. Le mari comprend qu'il est trompé et, pour se venger, décide de capturer le rossignol.

Le Rossignol

[…]
Tous les domestiques de sa maison
se mettent à fabriquer pièges, filets et lacets
qu'ils disposent ensuite dans le jardin.
Il n'y a ni coudrier ni châtaignier
où ils ne mettent des lacets ou de la glu
si bien qu'ils capturent et gardent le rossignol.
Quand ils l'eurent pris,
ils le remirent vivant à leur seigneur.
Celui-ci, tout heureux de le tenir,
se rendit dans la chambre de la dame.
« Dame, dit-il, où êtes-vous ?
Approchez donc ! Venez me parler !
J'ai pris au piège le rossignol
qui vous a tant fait veiller.
Désormais, vous pourrez dormir en paix,
il ne vous réveillera plus. »
Quand la dame l'entendit parler ainsi,
elle fut triste et affligée.
Elle demanda le rossignol à son mari
qui le tua par pure méchanceté.
De ses deux mains, il lui brise le cou –
ce fut un geste totalement ignoble –
il jeta ensuite le corps sur la dame
de sorte qu'il fit une petite tache de sang
sur le devant de sa robe, juste à l'endroit du cœur.
Après quoi, il quitta la chambre.
La dame prend le petit oiseau,
pleure à chaudes larmes et maudit
tous ceux qui ont trahi le rossignol
et qui ont fabriqué pièges et lacets
car ils l'ont privée d'une grande joie.
« Hélas, dit-elle, quel malheur pour moi !
Je ne pourrai plus me lever la nuit
ni me tenir à la fenêtre
et continuer à voir mon ami.
Je ne sais qu'une chose de sûre,

Le dieu de l'Amour en roi, assis en haut d'un arbre, miniature d'un livre d'heures, 1310-1320, Liège (Belgique).

c'est qu'il va croire que je le délaisse.
Il faut que je trouve une solution.
Je lui enverrai le rossignol
et lui ferai savoir ce qui est arrivé. »
Dans une pièce de brocart
où toute leur histoire était brodée en fil d'or,
elle enveloppe le petit oiseau.
Elle fait venir un de ses domestiques,
lui confie le message
et l'envoie à son ami.
[...]

Traduction Philippe Walter,
© Folio classique n° 3395, 2000

Walter Crane, *Le Jardin de l'amour*, XIXe siècle, collection privée.

Questions

Vocabulaire

Établissez la famille du mot « ami » ainsi que son champ sémantique. Recherchez un synonyme de ce mot aux vers 35 et 46.

► Le champ sémantique, p. 532

La condamnation du mari

1. Quels traits caractérisent le mari ?

2. Comment la violence du mari à l'égard du rossignol rappelle-t-elle celle de Térée à l'égard de Philomèle (► p. 460) ? Dans quel but ?

3. Par quels procédés ces vers opposent-ils le mari aux amants ?

4. Relevez et analysez les marques de la présence du narrateur. Qu'en concluez-vous ?

► L'énonciation et la modalisation, p. 540

Éloge du rossignol et des amants

5. Par quels procédés le rossignol et son chant sont-ils mis en valeur ?

6. Montrez que le rossignol reste le lien qui unit les amants.

Une réécriture originale du mythe

7. Quels éléments du texte d'Ovide sont présents dans le texte de Marie de France ? Lesquels sont ignorés ?

8. Comment Marie de France exploite-t-elle et amplifie-t-elle le motif du tissage discrètement présent chez Ovide ? Aidez-vous de l'éthymologie du mot « texte ».

9. Quels parallèles le lecteur est-il invité à établir entre le lai et la tapisserie ? entre la dame et Philomèle ?

Synthèse Montrez que la lecture de ce texte se trouve enrichie par la connaissance du texte d'Ovide.

Vers le bac S'entraîner à l'épreuve orale

« Quels sont les deux aspects du mythe d'Ovide retenus par Marie de France dans sa réécriture ? » Préparez un plan pour répondre à cette question. ► Préparer l'exposé, p. 624

TEXTE 3

Jean de La Fontaine, *Fables*, III, 15 (1668)

► Biographie p. 632

CONTEXTE

Dans les *Fables* de La Fontaine, on entend le chant de nombreux oiseaux. Le rossignol se fait entendre dans les fables 15 du livre III et 18 du livre IX. Dans ces deux fables, le poète évoque le mythe de Philomèle qui rappelle ici que les femmes du XVIIe siècle, et plus particulièrement les Précieuses, ont attendu des hommes un plus grand respect et plus de raffinement dans l'art de la séduction.

► La Préciosité, p. 28

Les deux sœurs se sont métamorphosées en oiseaux et éloignées l'une de l'autre. La Fontaine, imitant Ésope ► p. 467, les réunit à nouveau.

Philomèle et Progné

Autrefois Progné l'hirondelle
De sa demeure s'écarta,
Et loin des Villes s'emporta
Dans un bois où chantait la pauvre Philomèle.
« Ma sœur, lui dit Progné, comment vous portez-vous ?
Voici tantôt mille ans que l'on ne vous a vue :
Je ne me souviens point que vous soyez venue
Depuis le temps de Thrace habiter parmi nous.
Dites-moi, que pensez-vous faire ?
Ne quitterez-vous point ce séjour solitaire ?
– Ah ! reprit Philomèle, en est-il de plus doux ?
Progné lui repartit : Eh quoi, cette musique,
Pour ne chanter qu'aux animaux,
Tout au plus à quelque rustique ?
Le désert est-il fait pour des talents si beaux ?
Venez faire aux cités éclater leurs merveilles.
Aussi bien, en voyant les bois,
Sans cesse il vous souvient que Térée autrefois
Parmi des demeures pareilles
Exerça sa fureur sur vos divins appas.
– Et c'est le souvenir d'un si cruel outrage
Qui fait, reprit sa sœur, que je ne vous suis pas :
En voyant les hommes, hélas !
Il m'en souvient bien davantage.

Questions

Un jeu de réécritures

1. Quels éléments La Fontaine a-t-il repris de la fable d'Ésope (► p. 467) et du mythe d'Ovide (► p. 460) ?

Des œuvres intemporelles ?

2. Quelle fable contient le moins de références précises aux lieux et à l'époque : celle de la Fontaine ou celle d'Ésope (► p. 467) ? Qu'en concluez-vous sur les caractéristiques de ce genre littéraire ?

3. Relevez dans la fable de La Fontaine des références à l'Antiquité et au XVIIe siècle.

Un dialogue

4. Quelle place La Fontaine et Ésope accordent-ils au dialogue ? Quel est l'effet produit ?

5. Pourquoi peut-on dire que le dialogue entre les personnages est aussi un dialogue entre les œuvres ?

Synthèse Montrez que, pour réécrire la fable d'Ésope (► p. 467), La Fontaine exploite essentiellement le procédé d'amplification.

Grammaire

Dans la fable de La Fontaine, relevez les passages au discours direct. Transposez aux discours indirect et indirect libre quelques répliques. Ces transpositions modifient-elles la perception de la fable ? Justifiez votre réponse.

► Les discours rapportés, p. 530

Vers le bac **S'entraîner à la dissertation**

Dans un paragraphe argumenté, vous montrerez que la réécriture de La Fontaine illustre son propos : « mon imitation n'est point un esclavage. »

► Construire un paragraphe et insérer des exemples, p. 606

ÉCHO DE L'ANTIQUITÉ

Ésope, *Fables*, CCXXI (VIe siècle av. J.-C.)

CONTEXTE

Ésope (VIIe-VIe s. av. J.-C.) est considéré comme l'auteur des premières fables de la littérature. Elles sont la source où tous les fabulistes, de l'Antiquité à nos jours, sont allés puiser pour écrire leur propre œuvre. Cette fable, antérieure à Ovide, rappelle que le texte d'Ovide est lui aussi une réécriture, même si on le considère comme le texte-source du mythe.

► L'Antiquité, p. 21

Cette fable d'Ésope rappelle que, dans l'Antiquité grecque, le rossignol et l'hirondelle sont déjà associés aux deux sœurs, Philomèle et Progné.

Le Rossignol et l'Hirondelle

« Suis mon conseil, imite-moi, disait l'hirondelle au rossignol ; viens vivre avec les hommes sous leurs toits. » Le rossignol lui répondait : « Je préfère habiter les lieux déserts, de peur de raviver le souvenir de mes anciens malheurs. »

Quand on a connu le malheur, on cherche à fuir même l'endroit où il nous a frappé.

Traduction de Claude Terreaux, © Éditions Arléa, 2004

Grandville, *Philomèle et Progné*, 1842, gravure, collection particulière.

Lecture d'image ► p. 580

- Selon vous, l'illustration de Grandville rappelle-t-elle le mythe d'Ovide (► p. 460) plus explicitement que ne le fait La Fontaine (► p. 466) ? Justifiez votre réponse.
- Comment cette illustration parvient-elle à être narrative ?
- La gravure de Grandville offre-t-elle des indices permettant de la dater ? Justifiez votre réponse.

Catulle Mendès, *Philoméla* (1863)

CONTEXTE

Catulle Mendès (1841-1909), auteur prolixe et qui pratiqua tous les genres littéraires, est aujourd'hui ignoré car il est considéré comme un imitateur, voire un pasticheur, de ses contemporains, comme Zola ou Verlaine. Ces mêmes auteurs appréciaient cependant son œuvre. Le mythe transmis par Ovide a inspiré à Catulle Mendès un roman, *Luscignole* (1892), et un recueil de poèmes, *Philoméla*. Philomèle est le personnage éponyme d'un recueil dont de nombreux poèmes rappellent combien la femme peut rendre malheureux l'amant délaissé. On paraît bien loin d'Ovide.

« Le Rossignol » associe les plaintes de Philomèle à une figure masculine.

Le Rossignol

C'était un soir du mois où les grappes sont mûres,
Et celle que je pleure était encore là.
Muette, elle écoutait ton chant sous les ramures,
Élégiaque oiseau des nuits, Philoméla !

Attentive, les yeux ravis, la bouche ouverte,
Comme sont les enfants au théâtre Guignol,
Elle écoutait le chant sous la frondaison verte,
Et moi je me sentis jaloux du rossignol.

« Belle âme en fleur, lilas où s'abrite mon rêve,
Disais-je, laisse là cet oiseau qui me nuit.
Ah ! méchant cœur, l'amour est long, la nuit est brève ! »
Mais elle n'écoutait qu'une voix dans la nuit.

Alors je crus subir une métamorphose !
Et ce fut un frisson dont je faillis mourir.
Dans un être nouveau ma vie était enclose,
Mais j'avais conservé mon âme pour souffrir.

Un autre était auprès de la seule qui m'aime,
Et tandis qu'ils allaient dans l'ombre en soupirant,
Ô désespoir, j'étais le rossignol lui-même
Qui sanglotait d'amour dans le bois odorant.

Puis elle s'éloigna lentement, forme blanche
Au bras de mon rival assoupie à moitié ;
Et rien qu'à me voir seul et triste sur ma branche,
Les étoiles du ciel s'émurent de pitié.

Ce fut tout ; seulement, dès l'aurore prochaine
(Je n'ai rien oublié : c'était un vendredi)
Des enfants qui passaient virent au pied du chêne
Un cadavre d'oiseau déjà sec et roidi.

« Il est mort ! » dirent-ils, et, de son doigt agile,
L'un d'eux creusa ma fosse à l'ombre d'un roseau,
Et tout en refermant mes plumes sous l'argile,
Il priait le bon Dieu pour le petit oiseau.

Philipp Otto Runge, *Le Buisson aux rossignols*, détail d'un projet décoratif pour un salon de musique, 1810, aquarelle et encre de Chine (25,5 x 118 cm), Kunsthalle, Hambourg (Allemagne).

Questions

Vocabulaire

Recherchez le sens de « diérèse ». Quand doit-on scander un mot en diérèse ? Quel mot scanderiez-vous en diérèse dans le vers 4 ? Justifiez votre réponse.

La souffrance du poète

1. Relevez les raisons explicites de la souffrance du poète.
2. Par quels procédés le poète rend-il ce poème pathétique ? ► Registres, p. 568
3. Comment l'écriture poétique rend-elle sensible la souffrance du poète ?

Une double métamorphose

4. Relevez les procédés narratifs qui montrent que ce poème est un récit.
5. Comment pouvez-vous justifier la présence du présent d'énonciation dans le vers 2 ? ► L'énonciation et la modalisation, p. 540
6. Quelles sont les métamorphoses subies par le poète ?
7. Ces métamorphoses sont-elles originales ? Pourrait-on parler de résurrection ? Justifiez votre réponse.

Une tapisserie

8. Étudiez la richesse sonore du poème. Identifiez et commentez une assonance très présente. Quel lien peut être établi avec l'action de tisser ? ► La versification, p. 557
9. À quoi les noms « roseau », « plumes » et « argile » vous font-ils penser ? Justifiez votre réponse.

Synthèse En vous aidant des précédentes réponses, vous montrerez que Catulle Mendès propose une relecture originale du mythe d'Ovide (► p. 460).

Vers le bac S'entraîner à la question sur le corpus

Repérez, dans les textes qui précèdent, ce qui les relie et les distingue de celui d'Ovide.

► Confronter les textes du corpus pour organiser sa réponse, p. 588

TEXTE 5

Colette, *Les Vrilles de la vigne* (1908)

► Biographie p. 629

CONTEXTE

Colette a très tôt éprouvé la nécessité d'affirmer sa liberté et son autonomie en tant que femme et femme de lettres. Ce récit explore le conflit qui oppose l'amour et la liberté nécessaire à la création. Le rossignol, avatar de Philomèle, symbolise la femme-artiste de ce début du XXe siècle qui doit encore trouver une ruse pour écrire, faire entendre sa voix, son chant.

« Les Vrilles de la vigne », nouvelle qui donne son titre à un recueil de brefs récits, nous propose à la fois un récit mythologique expliquant l'origine du chant du rossignol et sa possible interprétation.

Autrefois, le rossignol ne chantait pas la nuit. Il avait un gentil filet de voix et s'en servait avec adresse du matin au soir, le printemps venu. Il se levait avec les camarades, dans l'aube grise et bleue, et leur éveil effarouché secouait les hannetons endormis à l'envers des feuilles de lilas.

Il se couchait sur le coup de sept heures, sept heures et demie, n'importe où, souvent dans les vignes en fleur qui sentent le réséda[1], et ne faisait qu'un somme jusqu'au lendemain.

Une nuit de printemps, le rossignol dormait debout sur un jeune sarment[2], le jabot en boule et la tête inclinée, comme avec un gracieux torticolis. Pendant son sommeil, les cornes de la vigne, ces vrilles cassantes et tenaces, dont l'acidité d'oseille fraîche irrite et désaltère, les vrilles de la vigne poussèrent si dru, cette nuit-là, que le rossignol s'éveilla ligoté, les pattes empêtrées de liens fourchus, les ailes impuissantes…

Il crut mourir, se débattit, ne s'évada qu'au prix de mille peines, et de tout le printemps se jura de ne plus dormir, tant que les vrilles de la vigne pousseraient.

Dès la nuit suivante, il chanta, pour se tenir éveillé :

Tant que la vigne pousse, pousse, pousse…
Je ne dormirai plus !
Tant que la vigne pousse, pousse, pousse…

Il varia son thème, l'enguirlanda de vocalises, s'éprit de sa voix, devint ce chanteur éperdu, enivré et haletant, qu'on écoute avec le désir insupportable de le voir chanter.

J'ai vu chanter un rossignol sous la lune, un rossignol libre et qui ne se savait pas épié. Il s'interrompt parfois, le col penché, comme pour écouter en lui le prolongement d'une note éteinte… Puis il reprend de toute sa force, gonflé, la gorge renversée, avec un air d'amoureux désespoir. Il chante pour chanter, il chante de si belles choses qu'il ne sait plus ce qu'elles veulent dire. Mais moi, j'entends encore à travers les notes d'or, les sons de flûte grave, les trilles tremblés et cristallins, les cris purs et vigoureux, j'entends encore le premier chant naïf et effrayé du rossignol pris aux vrilles de la vigne :

Tant que la vigne pousse, pousse, pousse…

Cassantes, tenaces, les vrilles d'une vigne amère m'avaient liée, tandis que dans mon printemps je dormais d'un somme heureux et sans défiance. Mais j'ai rompu, d'un sursaut effrayé, tous ces fils tors qui déjà tenaient à ma chair, et j'ai fui… Quand la torpeur d'une nouvelle nuit de miel a pesé sur mes paupières, j'ai craint les vrilles de la vigne et j'ai jeté tout haut une plainte qui m'a révélé ma voix.

Toute seule, éveillée dans la nuit, je regarde à présent monter devant moi l'astre voluptueux et morose… Pour me défendre de retomber dans l'heureux sommeil, dans le printemps menteur où fleurit la vigne crochue, j'écoute le son de ma voix. Parfois, je crie fiévreusement ce qu'on a coutume de taire, ce

1. plante à fleur très odorante.
2. jeune rameau de vigne.

qui se chuchote très bas, – puis ma voix languit jusqu'au murmure parce que je n'ose poursuivre…

Je voudrais dire, dire, dire tout ce que je sais, tout ce que je pense, tout ce que je devine, tout ce qui m'enchante et me blesse et m'étonne ; mais il y a toujours, vers l'aube de cette nuit sonore, une sage main fraîche qui se pose sur ma bouche, et mon cri, qui s'exaltait, redescend au verbiage modéré, à la volubilité de l'enfant qui parle haut pour se rassurer et s'étourdir…

Je ne connais plus le somme heureux, mais je ne crains plus les vrilles de la vigne.

Joan Miró, *Femmes et oiseau, la nuit*, 1944, gouache sur toile (23,5 x 42,5 cm), The Metropolitan Museum of Art, New-York (États-Unis).

Questions

Vocabulaire

Recherchez l'étymologie, les sens et le genre de « vrille ». Justifiez l'importance de ce mot dans le récit.

L'interprétation du mythe

1. Quelles analogies le texte établit-il entre le rossignol et la narratrice ?
2. Comment interprétez-vous « nuit de miel » (l. 36) et « main fraîche » (l. 47) ?
3. Quel paradoxe ce texte suggère-t-il sur la situation de la femme ?

La femme-artiste

4. Qu'est-ce qui caractérise l'ambition de la narratrice (l. 41 à 46) ? Qu'en déduisez-vous ?
5. Comparez la voix de la narratrice au chant du rossignol. Qu'en concluez-vous ?
6. Comment l'écriture, en jouant des rythmes et des sonorités, s'apparente-t-elle à l'écriture poétique ?

► La versification, p. 557

La re-création d'un mythe

7. Pourquoi peut-on dire que la première partie de ce récit s'apparente à un mythe ?

Synthèse Montrez que ce texte est paradoxalement très proche de celui d'Ovide (► p. 460).

Philippe Minyana, *La Petite dans la forêt profonde* (2008)

CONTEXTE

Philippe Minyana, né en 1946, est dramaturge et metteur en scène. *La Petite dans la forêt profonde* est une œuvre de commande de la Comédie-Française et du Théâtre de Gennevilliers. Cette œuvre, une libre adaptation d'Ovide, a été créée en 2008 dans une mise en scène de Marcial Di Fonzo Bo. S'intéresser à ce mythe ne permet-il pas de rappeler que la violence masculine à l'égard d'une « petite » est encore d'actualité ? que la violence est particulièrement actuelle ? Dans cet extrait, Philippe Minyana met en scène le personnage d'« une vieille » qui apporte à « la Reine » la tapisserie sur laquelle « la petite » a brodé le récit du viol et de la mutilation que « le jeune Roi » lui a fait subir.

La Chambre de la Reine

[…] Elle est sans langue
mais elle se fait comprendre
Dit-elle

Tu as soif ?
Demande la Reine

La vieille fait non de la tête
Alors elle est sans langue
Dit la Reine qui est anéantie
elle dit
Le chien n'y est pas allé
[par quatre chemins

Elle dit encore
Oh la petite rose est fanée
comme elle a dû pleurer

Elle dit encore
Ainsi il l'a éclaboussée de sang
Et ajoute
Comme elle a bien tissé
c'est un beau travail
Et ajoute encore
Ils sont beaux ces fils rouges
Oui
Dit la vieille

Je vais te récompenser
Dit-elle
et elle donne des pièces
Tu as rempli ta mission
Dit-elle encore

Je passais par-là
je l'ai vue
j'ai eu pitié d'elle
Dit la vieille

Je l'ai vue par la lucarne qui est
[dans le bâtiment
Dit encore la vieille

C'est bien merci
Dit la Reine
Je veux pleurer un peu
Dit-elle

Oui adieu
Dit la vieille
et elle s'en va
puis la Reine se met à gémir

Catherine Hiegel (la petite et la Reine) dans *La Petite dans la forêt profonde*, pièce mise en scène par **Marcial Di Fonzo Bo** au théâtre de Gennevilliers (en coproduction avec la Comédie-Française) en 2008.

Questions

Le travail d'adaptation

1. Justifiez et commentez les choix opérés par Minyana pour adapter le récit d'Ovide (► p. 460).
2. Comment Minyana transgresse-t-il les codes du langage dramatique ?
3. Étudiez la langue de Minyana et comparez-la à la poésie en vers libre. Qu'en concluez-vous sur les intentions de Minyana ? ► La versification, p. 557

Une interprétation

4. Comparez l'expression de la douleur de la Reine chez Minyana à celle de Progné chez Ovide. Qu'en concluez-vous ? ► Registres, p. 558
5. Qu'apporte le rôle de la vieille au récit ?
6. Quelle place Ovide et Minyana accordent-ils à la tapisserie ?

Synthèse Montrez comment Minyana et Ovide nous font connaître les personnages de La Petite et de Philomèle ainsi que les violences qu'elles ont subies.

PERSPECTIVE EUROPÉENNE

William Shakespeare, *Titus Andronicus* (1594)

CONTEXTE

William Shakespeare (1564-1616) est l'auteur des plus grandes tragédies ou comédies du théâtre élisabéthain, comme *Hamlet* ou *La Mégère apprivoisée*. Il est également l'auteur de quatre pièces romaines écrites entre 1593 et 1609, dont *Titus Andronicus*, inspirée d'Ovide et de Sénèque. Cette pièce est certainement l'une des plus violentes.

Pour se venger du général romain Titus, les fils de Tamora, reine des Goths, violent Lavinia, fille de Titus ; ils lui coupent la langue et les mains. Dans cet extrait, Lavinia parvient à dénoncer les coupables. Titus se vengera en faisant manger à Tamora un pâté de la chair même de ses propres fils qu'il aura tués, fait rôtir et cuisinés.

Acte IV, scène 1

Devant la maison de Titus.

[…] **TITUS.** – Eh bien, Lavinia ? Marcus, que veut dire ceci ? Il y a quelque livre qu'elle désire voir… Lequel de ces livres, ma fille ?… Ouvre-les, enfant… Mais tu es plus lettrée, et plus instruite que cela ; viens, et choisis dans toute ma bibliothèque, et trompe ainsi ta souffrance, jusqu'à ce que les cieux révèlent l'auteur maudit de ce forfait… Quel livre ?… Pourquoi lève-t-elle ainsi les bras l'un après l'autre ?

MARCUS. – Elle veut dire, je pense qu'il y a eu plus d'un coupable dans le crime… Oui, qu'il y en avait plus d'un ; ou peut-être lève-t-elle les bras vers le ciel pour implorer vengeance.

TITUS. – Lucius, quel est le livre qu'elle remue ainsi ?

LE JEUNE LUCIUS. – Grand-père, ce sont *Les Métamorphoses* d'Ovide ; ma mère me les a données.

MARCUS. – Peut-être est-ce en souvenir de celle qui n'est plus, qu'elle a choisi ce livre entre tous les autres.

TITUS. – Doucement ! avec quelle rapidité elle tourne les feuillets ! Aidons-la : que veut-elle trouver ? Lavinia, lirai-je ? Ceci est la tragique histoire de Philomèle ; il y est question de la trahison de Térée et de son viol ; et le viol, j'en ai peur, est l'origine de son ennui. […]

MARCUS. – Oh ! pourquoi la nature édifie-t-elle un antre aussi affreux, si les dieux ne prennent pas plaisir aux tragédies ?

TITUS. – Fais-nous signe, chère fille… Il n'y a ici que des amis… Quel est le seigneur romain qui a osé commettre le forfait. Saturninus se serait-il dérobé, comme jadis Tarquin, qui abandonna son camp pour déshonorer le lit de Lucrèce ?

MARCUS. – Assieds-toi, douce nièce… Frère, asseyez-vous près de moi… Apollon, Pallas, Jupiter, Mercure, inspirez-moi, que je puisse découvrir cette trahison ! Monseigneur, regardez ici… Regarde ici, Lavinia. *(Il écrit son nom sur le sable avec son bâton qu'il dirige avec ses pieds et sa bouche.)* […]

Traduction de François-Victor Hugo

Questions

Une scène pathétique

1. Étudiez la ponctuation de la scène. Comment traduit-elle le désordre ?
2. Analysez comment la vérité se découvre progressivement.
3. Par quels procédés le texte invite-t-il à éprouver de la compassion pour Lavinia ? ► Registres, p. 568

Les enjeux de la réécriture

4. Comparez les destins de Philomèle d'Ovide (► p. 460) et de Lavinia. Précisez ce qui les rapproche et les sépare.
5. Dans quelle mesure la référence à Ovide fait-elle de la pièce une réécriture de « l'histoire de Philomèle » ?

Euripide, *Médée* (≈ 431 av. J.-C.)

La prospérité économique de la cité d'Athènes va favoriser, entre autres, l'émergence de trois grands auteurs tragiques : Eschyle, Sophocle et Euripide (480-406 av. J.-C.). Euripide reprend le récit mythologique de Médée. Répudiée par Jason qui souhaite épouser la fille de Créon, roi de Corinthe, elle décide de se venger. Elle fait offrir une parure enduite de poison à la jeune mariée qui meurt dans d'atroces souffrances, tout comme Créon, qui cherche à la sauver. Comble de l'horreur : Médée tue les enfants qu'elle a eus avec Jason. Tandis qu'elle apparaît avec les corps des enfants sur un char tiré par un dragon ailé et qu'elle l'arrête au-dessus de la maison, Jason s'adresse à elle. ► **L'Antiquité, p. 21**

Scène 24, vers 1345-1414
Médée, Jason

Jason. – […] Quelle impudence est en toi ! Va-t'en à ta perte, infâme scélérate souillée du sang de tes enfants ! Sur moi, sur mon destin, je ne peux plus que gémir : je ne connaîtrai pas les joies de mon nouveau mariage et les enfants que j'ai engendrés et élevés pour moi, jamais plus je ne pourrai leur parler, à eux vivants… Je les ai perdus.

Médée. – J'aurais beaucoup à répliquer à ces propos, si Zeus, père de l'univers, ne savait pas tout ce que tu as obtenu de moi et comment tu m'as traitée. Tu n'allais pas après avoir déshonoré ma couche poursuivre une vie agréable en me tournant en ridicule, et ta princesse non plus d'ailleurs, et Créon, qui t'a proposé ce mariage, n'allait pas m'expulser de cette terre en toute impunité… Cela étant, si cela te plaît, traite-moi de lionne ou de Scylla qui vit en Tyrrhénie, car ton cœur je l'ai, comme il se doit, atteint en retour.

Jason. – Toi aussi tu souffres et tu as ta part de malheurs.

Médée. – Que cela soit clair pour toi : elle m'est utile la souffrance dont tu ne ris pas.

Jason. – Ô mes petits, quelle mère perverse avez-vous eue !

Médée. – Ô mes enfants, vous avez péri de la passion de votre père !

Jason. – Ce n'est certes pas ma main qui les a tués…

Médée. – Mais bien ta démesure et tes nouvelles épousailles !

Jason. – C'est pour la cause de ton lit que tu as estimé pouvoir les tuer.

Médée. – Une épreuve de rien du tout pour une femme ! C'est cela que tu crois ?

Jason. – Oui, pour celle qui est pudique. Mais toi, tu n'es que vice.

Médée, *désignant les corps des enfants*. – Eux, ils ne vivent plus. C'est cela qui te rongera !

Jason. – Eux, ils vivent, vengeurs cruels attachés à ta tête.

Médée. – Ils le savent bien, les dieux, qui est à l'origine du mal.

Jason. – Ils savent donc que ton âme est méprisable.

Médée. – Prends-moi en horreur ! Tes ragots odieux, je les hais.

Jason. – Et moi les tiens ! Il est facile d'en finir.

Médée. – Comment ? Qu'ai-je à faire ? C'est tout ce que je veux !

Jason. – Laisse-moi enterrer leurs corps et les pleurer.

Médée. – Pas question ! Moi, je les enterrerai de mes propres mains, je les porterai au sanctuaire d'Héra[1], protectrice des sommets, afin qu'aucun de mes

►►► **Alfons Mucha**, affiche pour *Médée* (détail), 1898 (207 x 76,5 cm), musée des Arts décoratifs, Paris.

ennemis ne les outrage en renversant leurs tombes. À cette terre de Sisyphe[2] j'affecterai désormais une fête et des solennités en réparation de ce meurtre impie. Moi-même, j'irai dans la terre d'Érechthée[3] pour y vivre avec Égée, fils de Pandion. Toi, comme on peut s'y attendre, tu auras la mauvaise mort d'un mauvais bougre, après avoir vu l'odieuse fin de tes nouvelles épousailles.

JASON. – Mais si elle pouvait l'Érinye[4] te faire mourir pour venger des petits l'assassinat, et la Justice aussi !

MÉDÉE. – Qui t'écoute ? Un dieu ou un génie ? Toi le parjure, toi qui bernes tes hôtes !

JASON. – Pheû ! Pheû ![5] Infâme créature ! Tueuse d'enfants !

MÉDÉE. – Rentre chez toi et enterre ta femme !

JASON. – J'y rentre, privé de mes petits, de tous les deux !

MÉDÉE. – Tu n'as pas encore à te lamenter. Attends la vieillesse.

JASON. – Ô mes petits tant aimés !

MÉDÉE. – Par leur mère, oui ! Pas par toi !

JASON. – Et alors tu les as tués !

MÉDÉE. – C'est bien toi qu'ils anéantissent !

JASON. – Ô moi ! Le visage chéri de mes enfants, je demande, pauvre de moi, à y poser les lèvres !

MÉDÉE. – Maintenant tu leur parles, maintenant tu leur montres de l'affection ! Avant, tu les rejetais !

JASON. – Laisse-moi, par les dieux, effleurer la tendre peau des petits !

MÉDÉE. – C'est non ! Ce sont des mots lancés en pure perte ! *(Le char de Médée disparaît.)*

JASON. – Zeus, cela l'entends-tu ? Comme je suis repoussé ! Comme je souffre à cause de l'infâme créature, cette lionne tueuse d'enfants ! *(Regardant du côté où Médée a disparu.)* Mais – et c'est tout ce que je peux encore faire – je pleure, j'en appelle aux dieux, je les prends à témoin qu'après m'avoir tué les petits, tu m'empêches de les effleurer et, de mes mains, ensevelir leurs corps. Eux, jamais, moi qui les ai engendrés, je n'aurais dû les découvrir massacrés par toi ! *(Jason s'écroule.)*

Nouvelle traduction commentée et annotée par Danielle De Clercq, Bruxelles, 2005

Isabelle Huppert (Médée) dans *Médée*, pièce mise en scène par **Jacques Lassalle** à la Maison des Arts de Créteil en 2000.

1. déesse du mariage.
2. région de Corinthe.
3. Athènes dont Égée est le roi.
4. divinité persécutrice, chargée de poursuivre les coupables.
5. cri de douleur en grec ancien.

Questions

Un dénouement

1. Reformulez en quelques lignes l'action dans cette scène.
2. Quel est le destin de Médée à la fin de la pièce ? Quel est celui des enfants ? celui de Jason ?
3. Documentez-vous sur le passé de Médée. Quel lien pouvez-vous établir entre le début et la fin de son histoire ?
4. Documentez-vous sur la légende de Sisyphe. Quel sentiment cette allusion contribue-t-elle à donner ?

Le couple Jason-Médée

5. Comment Jason s'adresse-t-il à Médée ? Quelles images en donne-t-il ?
6. Quels reproches sont formulés par chacun des deux époux ? Que traduisent les insultes ?

Le triomphe de Médée

7. Quel sens donnez-vous à la position scénique de Médée par rapport à Jason ?
8. Médée vous semble-t-elle une passionnée ? Qu'est-ce qui fait d'elle un monstre ?

Synthèse Montrez que ce dénouement est tragique.

Sénèque,
Médée (≈ 60 apr. J.-C.)

✚ CONTEXTE

Au Iᵉʳ siècle, Rome domine tout le monde méditerranéen et impose sa paix. Le théâtre a perdu son attrait auprès du public populaire au profit de spectacles de mimes et de représentations qui visent à flatter les yeux et frapper les cœurs. En reprenant notamment des tragédies d'Euripide, Sénèque (4 av. J.-C.-65 apr. J.-C.), dramaturge et philosophe romain, allie ce goût pour le spectaculaire à l'efficacité d'une rhétorique propre à séduire des romains cultivés.

► L'Antiquité, p. 21

Médée demande que ses enfants soient autorisés à l'accompagner en exil, mais Jason s'y oppose. À la fin de la pièce, il vient lui demander des comptes sur les crimes commis, la mort du roi Créon et de sa fille. Médée, juchée sur le toit de la maison, après avoir tué un de ses fils, s'apprête à faire connaître le même sort au second tandis que son époux la supplie de l'épargner.

Scène 11
JASON, MÉDÉE

JASON. – Par tous les dieux
Par nos communes errances
Par le lit partagé que je n'ai jamais trahi
Épargne cet enfant
S'il y a un coupable c'est moi
Je me livre à la mort
MÉDÉE. – C'est là où tu renâcles
Dans la plaie qui te fait souffrir
Que je remuerai le fer
Va donc bel orgueilleux
Va courtiser les jeunes filles
Et abandonne la mère de tes enfants
JASON. – Un seul suffit à la justice
MÉDÉE. – Si un seul meurtre suffisait à ma vengeance
Je n'en aurais commis aucun
Je vais les égorger tous les deux
Mais cela ne suffira pas à ma douleur
Elle est trop grande
Si dans mon ventre peut se trouver encore quelque fœtus
Je m'ouvrirai le corps d'un coup d'épée
Et j'arracherai l'embryon
JASON. – Va
Achève ton entreprise criminelle
Je cesse mes prières
Évite seulement de prolonger mon supplice
MÉDÉE. – Douleur
Jouis lentement du crime
Ne te presse pas
Ce jour est le mien
J'utilise le temps accordé
JASON. – Tue-moi, horrible femme

Médée tuant son fils, IVᵉ siècle av. J.-C., céramique à figures rouges, musée du Louvre, Paris.

MÉDÉE. – Tu me demandes pitié
Alors tout est bien
Nous avons touché au but
Douleur
Je ne pouvais te faire plus belle offrande
Jason lève tes yeux gonflés de larmes
Jason tu m'avais oubliée
Reconnais maintenant ton épouse
Je pars comme j'en ai l'habitude
Une route s'est ouverte dans le ciel
Il y a pour moi deux serpents attelés
Je vois leurs cous écailleux
Tiens, père, garde tes enfants
Moi je m'envole emportée par le char ailé
JASON. – Va
Parcours le ciel et les espaces légers de l'éther
Va témoigner partout où tu iras
Que les dieux n'existent pas

Traduction Florence Dupont,
collection « Le Spectateur français »,

Maria Casarès (Médée) dans *Médée*, pièce mise en scène par **Jorge Lavelli** au théâtre de l'Odéon à Paris en 1967.

Questions

Grammaire

Ponctuez le passage situé aux vers 32 à 38. Comment interprétez-vous l'absence de ponctuation dans le texte initial ?

Des images pour donner à voir

1. Pourquoi ce dénouement est-il spectaculaire ? Relevez les termes et les expressions qui contribuent à cet effet.

► Le vocabulaire du théâtre, p. 550

2. Qu'est-ce qui rend le personnage de Médée spectaculaire ?

3. Quel est le rôle de Jason dans ce dénouement ? Comparez son attitude à celle du personnage de Jason dans la pièce d'Euripide (► p. 474).

Un monstre

4. Relevez dans les propos et les actes de Médée ce qui la rend particulièrement monstrueuse.

5. Quelle est la place des enfants dans son discours ?

6. Comment la traductrice à travers les versets, rend-elle compte de la *furor* (fureur, délire), de la violence de Médée ?

Un personnage tragique

7. Quels sens accordez-vous aux prières que Médée adresse à « Douleur » ?

8. Quelle image Médée donne-t-elle d'elle-même dans sa dernière réplique ?

9. Comparez ses dernières paroles à celles que tient Médée dans la pièce d'Euripide (► p. 474).

Synthèse « *Medea fiam* » (« Je deviendrai Médée »), annonce le personnage au début de la pièce de Sénèque. Comment comprenez-vous ces propos au dénouement ?

Vers le bac S'entraîner à l'écriture d'invention

Rédigez des didascalies qui pourraient aider à comprendre la façon dont vous voyez interprétés ces personnages. Définissez ainsi leurs attitudes et leurs comportements.

► Repérer les différents écrits d'invention, p. 612

Pierre Corneille, *Médée* (1635)

► Biographie p. 629

⊕ CONTEXTE

Sous la monarchie de Louis XIII, la France est gouvernée par Richelieu qui renforce le pouvoir royal au détriment de la grande noblesse. Il met aussi en place une véritable politique culturelle qui va contribuer à fixer les règles du bon goût et à établir un idéal classique qui s'affirmera sous le règne de Louis XIV. Corneille semble résister à cet esprit dans les comédies d'intrigue qui font son succès et où l'amour triomphe. Avec *Médée*, sa première tragédie, il cherche à concilier excès baroques et codes tragiques.

C'est pour venger l'affront fait à « sa race et aux dieux », au nom d'un devoir et d'une exigence morale que Médée a été amenée à tuer ses enfants.

Acte V, scène 6
JASON, MÉDÉE

MÉDÉE, *en haut sur un balcon*. – Lâche, ton désespoir encore en délibère ?
Lève les yeux, perfide, et reconnais ce bras
Qui t'a déjà vengé de ces petits ingrats ;
Ce poignard que tu vois vient de chasser leurs âmes,
Et noyer dans leur sang les restes de nos flammes.
Heureux père et mari, ma fuite et leur tombeau
Laissent la place vide à ton hymen nouveau.
Réjouis-t'en, Jason, va posséder Créuse :
Tu n'auras plus ici personne qui t'accuse ;
Ces gages de nos feux ne feront plus pour moi
De reproches secrets à ton manque de foi.
JASON. – Horreur de la nature, exécrable tigresse !
MÉDÉE. – Va, bienheureux amant, cajoler ta maîtresse :
À cet objet si cher tu dois tous tes discours ;
Parler encore à moi, c'est trahir tes amours.
Va lui, va lui conter tes rares aventures,
Et contre mes effets ne combats point d'injures.
JASON. – Quoi ! tu m'oses braver, et ta brutalité
Pense encore échapper à mon bras irrité ?
Tu redoubles ta peine avec cette insolence.
MÉDÉE. – Et que peut contre moi ta débile vaillance ?
Mon art faisait ta force, et tes exploits guerriers
Tiennent de mon secours ce qu'ils ont de lauriers.
JASON. – Ah ! c'est trop en souffrir ; il faut qu'un prompt supplice
De tant de cruautés à la fin te punisse.
Sus, sus, brisons la porte, enfonçons la maison ;
Que des bourreaux soudain m'en fassent la raison :
Ta tête répondra de tant de barbaries.
MÉDÉE, *en l'air dans un char tiré par deux dragons*. – Que sert de t'emporter à
ces vaines furies ?
Épargne, cher époux, des efforts que tu perds ;
Vois les chemins de l'air qui me sont tous ouverts ;
C'est par là que je fuis, et que je t'abandonne
Pour courir à l'exil que ton change m'ordonne.
Suis-moi, Jason, et trouve en ces lieux désolés
Des postillons pareils à mes dragons ailés.

Enfin, je n'ai pas mal employé la journée
Que la bonté du roi, de grâce, m'a donnée.
Mes désirs sont contents. Mon père et mon pays,
Je ne me repens plus de vous avoir trahis ;
Avec cette douceur j'en accepte le blâme.
Adieu, parjure : apprends à connaître ta femme,
Souviens-toi de sa fuite, et songe une autre fois,
Lequel est plus à craindre ou d'elle ou de deux rois.

Acte V, scène 7

JASON. – Ô dieux ! ce char volant, disparu dans la nue[1],
La dérobe à sa peine, aussi bien qu'à ma vue ;
Et son impunité triomphe arrogamment
Des projets avortés de mon ressentiment.
Créuse, enfants, Médée, amour, haine, vengeance,
Où dois-je, désormais, chercher quelque allégeance ?
Où suivre l'inhumaine, et dessous quels climats
Porter les châtiments de tant d'assassinats ?
Va, furie exécrable, en quelque coin de terre
Que t'emporte ton char, j'y porterai la guerre.
J'apprendrai ton séjour de tes sanglants effets,
Et te suivrai partout au bruit de tes forfaits.
Mais que me servira cette vaine poursuite,
Si l'air est un chemin toujours libre à ta fuite,
Si toujours tes dragons sont prêts à t'enlever,
Si toujours tes forfaits ont de quoi me braver ?
Malheureux, ne perds point contre une telle audace
De ta juste fureur l'impuissante menace ;
Ne cours point à ta honte, et fuis l'occasion
D'accroître sa victoire, et ta confusion.
Misérable ! perfide ! ainsi donc ta faiblesse
Épargne la sorcière, et trahit ta princesse !
Est-ce là le pouvoir qu'ont sur toi ses désirs,
Et ton obéissance à ses derniers soupirs ?
Venge-toi, pauvre amant, Créuse le commande ;
Ne lui refuse point un sang qu'elle demande ;
Écoute les accents de sa mourante voix,
Et vole sans rien craindre à ce que tu lui dois.
À qui sait bien aimer il n'est rien d'impossible,
Eusses-tu pour retraite un roc inaccessible,
Tigresse, tu mourras ; et malgré ton savoir,
Mon amour te verra soumise à son pouvoir ;

1. les nuages.

Médée, Ier siècle av. J.-C., copie d'une fresque de Timomaque de Byzance achetée par César, musée national archéologique, Naples (Italie).

Mes yeux se repaîtront des horreurs de ta peine :
Ainsi le veut Créuse, ainsi le veut ma haine.
Mais quoi ! je vous écoute, impuissantes chaleurs !
Allez, n'ajoutez plus de comble à mes malheurs,
Entreprendre une mort que le ciel s'est gardée,
C'est préparer encore un triomphe à Médée.
Tourne avec plus d'effet sur toi-même ton bras,
Et punis-toi, Jason, de ne la punir pas.
Vains transports, où sans fruit mon désespoir s'amuse,
Cessez de m'empêcher de rejoindre Créuse.
Ma reine, ta belle âme, en partant de ces lieux,
M'a laissé la vengeance, et je la laisse aux dieux ;
Eux seuls, dont le pouvoir égale la justice,
Peuvent de la sorcière achever le supplice,
Trouve-le bon, chère ombre, et pardonne à mes feux
Si je te vais revoir plus tôt que tu ne veux.

Il se tue.

Vocabulaire

Donnez le sens actuel des mots suivants : « flammes » (v. 5), « hymen » (v. 7), « feux » (v. 10), « amant » (v. 13), « objet » (v. 14). Que traduit l'emploi de ces termes dans la bouche de Médée ?

Prolongement

Qui était Créuse ? Comment est-elle morte ?

Questions

L'affrontement

1. Comment chacun des personnages s'adresse-t-il à l'autre ? Relevez notamment les interpellations. Jason parle d'« insolence » (v. 20). Justifiez ce mot.
2. Quels sont les termes que Médée emploie pour parler du meurtre de ses enfants (v. 1 à 11) ? Qu'est-ce qui justifie, d'après vous, le silence des personnages sur ce crime ?
3. Montrez que l'héroïne justifie habilement son crime.

Le triomphe de Médée

4. Relevez les verbes à l'impératif dans les répliques de Médée. Justifiez leur emploi. ► Modes, temps et valeurs, p. 524
5. Quelles conclusions Médée tire-t-elle dans sa dernière réplique ? Qu'en pensez-vous ?

► Le vocabulaire du théâtre, p. 550

6. Comment le dispositif scénique contribue-t-il à mettre en évidence ses dernières paroles ?

Le monologue de Jason

7. Dégagez le plan de ce monologue. Quel débat intérieur met-il en évidence ? Quelles sont les motivations de Jason pour agir ?
8. Comment comprenez-vous le choix du suicide ? Jason affirme-t-il une conception de l'amour différente de celle de Médée ? Relevez notamment les termes qui témoignent de sa passion pour Créuse.

Synthèse En vous appuyant sur vos réponses aux questions 7 et 8, vous justifierez dans un court paragraphe la place accordée à Jason dans ce dénouement.

Vers le bac S'entraîner à l'épreuve orale

Relisez dans le manuel l'extrait de *Médée* d'Euripide (► p. 474). Quels éléments Corneille a-t-il retenus à la fin de sa pièce ?

► Préparer l'entretien, p. 626

LECTURE D'IMAGE

Fresque de Médée (Ier siècle)

Maison des Dioscuri, Pompéi.

Ovide, *Héroïdes*

Ovide (poète latin, 43 av. J.-C. – 17 apr. J.-C.) a imaginé des lettres en vers dans la plupart desquelles des héroïnes de la mythologie se plaignent d'avoir été délaissées. Voici la fin de la lettre que Médée adresse à Jason.

Je veux bientôt... Mais que sert d'annoncer d'avance les châtiments ? La colère enfante d'effroyables menaces ; j'irai où me conduira la colère. Peut-être me repentirai-je de ce que j'aurai fait ; mais je me repens aussi d'avoir veillé sur les jours d'un époux infidèle. Je laisse à faire au dieu qui maintenant agite mon cœur ; je ne sais quel projet affreux médite mon âme.

Publication sous la direction de M. Nisard, J.-J. Dubochet et compagnie, © Éditeurs, 1988

Maison des Dioscuri (détail), Pompéi.

Questions

1. Qui sont les personnages présents ? Où dirigent-ils leurs regards ? Sur qui notre attention se porte-t-elle ?
2. Quels sont les différents moments évoqués ?
3. En vous appuyant sur le détail, précisez quels sentiments agitent Médée.
4. Comment Ovide, dans le texte ci-dessus, procède-t-il pour mettre en place une tension dramatique ?

Synthèse Lequel de ces personnages de Médée (texte d'Ovide ou fresque) semble agir de la façon la plus déterminée ?

Jean Anouilh, *Médée* (1946)

► Biographie p. 627

CONTEXTE

Dans les années 1930, de nombreux auteurs ont vu dans la reprise des mythes antiques la possibilité de les renouveler et d'interroger les lecteurs. La Seconde Guerre mondiale, l'Occupation et les horreurs qui les ont accompagnées, ont remis en cause les valeurs humanistes mais elles ont aussi souligné le tragique et l'absurdité de la condition humaine. En reprenant les personnages mythiques d'Antigone et de Médée dans ses pièces, Jean Anouilh confronte ses héroïnes à un monde en perte de valeurs.

► **La Littérature engagée, p. 40**

Médée vit avec la nourrice dans une roulotte, à l'écart de Corinthe. Lorsqu'elle apprend son exil par Créon et son rejet par Jason, elle décide d'être elle-même, de céder à la folie meurtrière.

JASON, MÉDÉE, LA NOURRICE, LE GARDE

[…] *Des flammes ont jailli de partout, elles entourent la roulotte. Jason entre rapidement à la tête des hommes armés.*

JASON. – Éteignez ce feu ! Saisissez-vous d'elle !

MÉDÉE, *paraît à la fenêtre de la roulotte et crie.* – N'approche pas, Jason ! Interdis-leur de faire un pas !

JASON, *s'arrête.* – Où sont les enfants ?

MÉDÉE. – Demande-le toi une seconde encore que je regarde bien tes yeux.

Elle lui crie.

Ils sont morts, Jason ! Ils sont morts égorgés tous les deux, et avant que tu aies pu faire un pas, ce même fer va me frapper. Désormais j'ai recouvré[1] mon sceptre, mon frère, mon père, et la toison du bélier d'or est rendue à la Colchide[2] : j'ai retrouvé ma patrie et la virginité que tu m'avais ravies ! Je suis Médée, enfin, pour toujours ! Regarde-moi avant de rester seul dans ce monde raisonnable, regarde-moi bien, Jason ! Je t'ai touché avec ces deux mains-là, je les ai posées sur ton front brûlant pour qu'elles soient fraîches et d'autres fois brûlantes sur ta peau. Je t'ai fait pleurer, je t'ai fait aimer. Regarde-les, ton petit frère et ta femme, c'est moi. C'est moi ! C'est l'horrible Médée ! Et essaie maintenant de l'oublier !

Elle se frappe et s'écroule dans les flammes qui redoublent et enveloppent la roulotte. Jason arrête d'un geste les hommes qui allaient bondir et dit simplement.

JASON. – Oui, je t'oublierai. Oui, je vivrai et malgré la trace sanglante de ton passage à côté de moi, je referai demain avec patience mon pauvre échafaudage d'homme sous l'œil indifférent des dieux.

Il se tourne vers les hommes.

Qu'un de vous garde autour du feu jusqu'à ce qu'il n'y ait plus que des cendres, jusqu'à ce que le dernier os de Médée soit brûlé. Venez, vous autres. Retournons au palais. Il faut vivre maintenant, assurer l'ordre, donner des lois à Corinthe et rebâtir sans illusions un monde à notre mesure pour y attendre de mourir.

Il est sorti avec les hommes sauf un qui se fait une chique et prend morosement la garde devant le brasier. La nourrice entre et vient timidement s'accroupir près de lui dans le petit jour qui se lève.

LA NOURRICE. – On n'avait plus le temps de m'écouter, moi. J'avais pourtant quelque chose à dire. Après la nuit vient le matin et il y a le café à faire et puis les lits. Et quand on a balayé, on a un petit moment tranquille au soleil avant d'éplucher les légumes. C'est alors que c'est bon, si on a pu grappiner quelques sous, la petite goutte chaude au creux du ventre. Après on mange la soupe et on nettoie les plats. L'après-midi, c'est le linge ou les cuivres et on bavarde un peu avec les voisines et le souper arrive tout doucement… Alors on se couche et on dort.

1. retrouvé, récupéré.
2. région d'où est originaire Médée, l'actuelle Géorgie.

Élodie Navarre (Médée) dans *Médée*, pièce mise en scène par **Ladislas Chollat** au théâtre du Vingtième à Paris en 2009.

Le garde, *après un temps*. – Il va faire beau aujourd'hui.

La nourrice. – Ça sera une bonne année. Il y aura du soleil et du vin. Et la moisson ?

Le garde. – On a fauché la semaine dernière. On va rentrer demain ou après-demain si le temps se maintient.

La nourrice. – La récolte sera bonne par chez vous ?

Le garde. – Faut pas se plaindre. Il y aura encore du pain pour tout le monde cette année-ci.

Le rideau est tombé pendant qu'ils parlaient.

Questions

Grammaire

Relevez dans les paroles du garde et de la nourrice les tournures qui appartiennent au langage familier. Justifiez cet emploi.

Le jeu des oppositions

1. Dégagez les trois moments de ce dénouement. Comment les situations, le langage, les attitudes des personnages s'opposent-ils ?

2. Relevez les anachronismes. Qu'est-ce qui les justifie ?

La parole de Médée

3. Qu'est-ce qui justifie cette longue tirade de Médée ?

4. Quelles images de la Médée d'Euripide (► p. 474) retrouve-t-on ici ? Quel nouveau visage Anouilh lui donne-t-il ?

5. Pourquoi Anouilh la fait-il mourir ?

L'après Médée

6. Quels sens donnez-vous aux propos de Jason après la mort de Médée ?

7. Qu'est-ce qui caractérise le monde qui suit la mort de Médée ?

8. Pourquoi donner la parole à la nourrice et au garde ?

► Le vocabulaire du théâtre, p. 550

9. Leur dialogue est-il tragique ? Justifiez votre réponse.

Synthèse Répondez dans un paragraphe argumenté à la question suivante : Cette Médée est-elle encore tragique ?

Vers le bac S'entraîner à l'écriture d'invention

Rédigez une scène de théâtre dans laquelle Médée et Jason sont amenés à confronter deux conceptions de la vie et de l'amour. Médée prône une vie de désir et de passion tandis que Jason souhaite un monde mesuré.

► Amplifier et transposer un texte, p. 616

TEXTE 5

Max Rouquette, *Médée* (2003)

CONTEXTE

Max Rouquette (1908-2005) a écrit cette pièce en occitan, puis l'a traduite en français. Il y explore ce que les Grecs appellent *hybris*, c'est-à-dire cette démesure, cette folie qui pousse un être humain à dépasser sa condition par passion ou par orgueil.

L'action se situe dans un terrain vague non loin des remparts de Corinthe. Médée, abandonnée, n'a plus qu'une vieille à qui se confier et un vieillard pour lui donner des nouvelles de la ville. Elle a cependant réussi à se venger et a accompli le double infanticide quand surviennent Jason et les miliciens.

Scène 21

JASON, MÉDÉE, LES MILICIENS

Entrent Jason et les miliciens.

JASON. – Voici la sorcière aux mains rouges. Saisissez-la ! Que s'arrête ici le fleuve de sang.

Les miliciens bondissent.

MÉDÉE, *soudain dressée devant la couverture rouge*[1]. – Rappelle tes chiens si tu veux les revoir !

JASON, *aux miliciens.* Un instant !... *(À Médée.)* Qu'as-tu fait ?... En fallait-il tant encore ?... Quand la vie des enfants abordait à la paix...

MÉDÉE. – J'ai donné la paix à Créuse, j'ai donné la paix à Créon. J'ai eu le souci de leur donner la soif de l'immortalité.

Au royaume des ombres ils sont descendus tandis que flambe le palais.

Te voici Roi. Seul, à tout jamais.

Odile Sankara (Médée) dans *Médée*, pièce mise en scène par **Jean-Louis Martinelli** au théâtre des Amandiers à Nanterre en 2009.

JASON. – Donne-moi les enfants.

MÉDÉE. – Tu n'en auras plus d'autres.

JASON. – Ils seront Rois.

MÉDÉE. – Tu n'as plus qu'eux à aimer.

JASON. – Je te le promets : ils seront Rois comme ton père et le leur.

MÉDÉE. – Je suis heureuse.

Et, pourtant, tout n'est pas fini.

JASON. – Rends-moi les enfants pour en faire des Rois.

MÉDÉE. – Pour être Rois où ils seront, ils n'auront besoin de personne.

JASON, *bondissant.* : Tu ne le feras pas !...

MÉDÉE. – Ne bouge pas !...

JASON. – Oui, bien, achève sur moi ta vengeance ! Tu peux me frapper !...

MÉDÉE. – Mieux me plaît que tu vives. La mort est une paix trop douce à côté de ce que je te destine.

Bienheureuse Créuse, bienheureux Créon, qui ne savent plus ce qu'est vivre. Les autres sont morts. Ceux du grand voyage de l'amour. Mais toi, tu vivras, toi, le plus criminel. De ses yeux, Médée perce les gouffres du temps.

Tu vivras, tu deviendras vieux, très vieux, car la plus grande peine est de vivre, une fois passée la vraie vie.

Comme un chien malade, pelé, galeux, repoussé par tous, inconnu de tous, supporté comme un mal sacré ; comme une malédiction dont le motif est oublié. Plus perdu entre les hommes qu'un rocher dans toute la mer.

1. Sur un côté et en oblique, il y a une corde tendue sur laquelle on a mis à sécher une grande couverture rouge, qui cache une bonne partie de la scène.

Relique de temps révolus. En tout étrangère à ton royaume, tant par l'âge que par l'origine : la seule chance qui te reste de te faire prendre pour un dieu.

Tu ne seras plus là que pour attendre. Comme vit un mort avant qu'on ne l'allonge parmi les morts éternels.

Comme les milliers de morts qui se croient encore vivants parce qu'au regard du soleil-dieu, ils traînent encore leur ombre. Seul. Seul. De tes fils, il ne te restera que l'absence. Une douleur, un regret. Vois comme je t'aime : je te laisse quelqu'un sur qui pleurer. Leur souvenir sera le seul compagnon de ta solitude : une sorte de pain amer, inépuisable et moisi…

JASON. – Finissons ! Je te laisse partir. Mais rends-moi les enfants.

MILICIEN. – Elle va s'enfuir avec les enfants !…

Médée se dresse comme un serpent, devant la couverture rouge, le bras tendu.

MÉDÉE. – Lâche tes chiens ! Appelle la ville entière ! Pour autant que tu ouvres les yeux, ils ne seront jamais assez grands ouverts. Tu veux les enfants ?… Je te les laisse !… Prends-les !… Les voici !…

Elle écarte brusquement la couverture et montre les corps des enfants étendus l'un sur l'autre.

Fais-en des Rois !…

Adieu, Jason ! Je te laisse, en présent, le baiser de Créuse : jusqu'à plus de cent ans, puisse ta bouche en conserver le goût de cendre.

Adieu !

Elle passe derrière la couverture retombée.

Questions

Grammaire

« Tu vivras, tu deviendras vieux, très vieux, car la plus grande peine est de vivre… » (l. 35) : relevez les adjectifs au superlatif. Quels sens leur donnez-vous ?

Une réécriture

1. Quels éléments de l'action Max Rouquette a-t-il retenus de la tragédie antique (► p. 474) ?

2. Quels sont les niveaux de langue utilisés par les personnages ? Quels sont les effets sur le spectateur ?

3. Comment Médée entretient-elle l'ambiguïté sur le sort des enfants jusqu'à la révélation finale ? Quel intérêt dramatique y voyez-vous ?

► Le vocabulaire du théâtre, p. 550

Une Médée hors-norme

4. Comment la puissance et la cruauté de Médée se manifestent-elles ?

5. Relevez les didascalies qui concernent Médée. Que traduisent-elles de la volonté du personnage ?

6. Comment se manifeste l'*hybris*, la démesure de Médée ? Vous semble-t-elle encore un être humain ? Justifiez votre réponse.

Une dimension prophétique

7. Relevez les verbes au futur. Quel destin Médée prédit-elle à Jason ?

8. Comment comprenez-vous les dernières paroles de Jason ?

Synthèse Montrez comment Max Rouquette crée une nouvelle Médée.

Vers le bac S'entraîner à la dissertation

Proposez un plan détaillé pour le sujet suivant :

Jean-Louis Martinelli, qui a monté la pièce de Max Rouquette avec une troupe africaine, a fait de Médée, selon ses propos, « une reine africaine, répudiée par un Jason de pacotille portant costume de ville et lunettes de soleil qu'on suppose griffées ». Vous vous demanderez si de telles transpositions nuisent au sens de l'œuvre et à l'universalité du propos.

TEXTE 6

Laurent Gaudé, *Médée Kali* (2003)

► Biographie p. 630

CONTEXTE

Laurent Gaudé (né en 1972, prix Goncourt en 2004) apprécie les dramaturges de la Grèce antique, comme Eschyle et Euripide, pour le rythme heurté de leurs vers. En outre, son goût pour l'oralité, les contes et les mythes l'ont amené à traiter des sujets comme Médée. Mais sa Médée est à la fois Méduse et Kali, elle métisse les figures légendaires de la Grèce et de l'Inde ; elle développe dans un long monologue une violence et une sensualité qui sont bien de notre temps.

Médée a tué ses enfants. Ne supportant pas l'idée que ses fils reposent en terre grecque, elle revient sur leur tombeau ; elle évoque ici le moment où elle a commis le double meurtre.

Scène 3
Médée

Médée. – […] Je vous regarde comme une mère regarde ses enfants.
Je vous souris.
Je cherche de la main le couteau que j'ai aiguisé le matin.
Je vous prends alors dans mes bras,
Fort,
Comme nous le faisons parfois pour jouer.
Je serre
Et vous riez de cette étreinte, vous riez d'asphyxie.
Je serre encore.
Je glisse doucement le couteau sur la gorge du premier,
Et le sang coule, noir et épais, le long de ma main.
Le sang coule.
L'un de vous rit encore, je crois, à moins que ce ne soit moi.
Je vous tiens serrés.
Vous ne comprenez pas encore mais la peur vous saisit.
Vous voulez partir,
Vous voulez courir,
Je vous tiens contre moi.
Le deuxième d'entre vous, je lui sectionne le jarret,
Vos sangs se mêlent sur moi.
Il faut de la force pour vous empêcher de bouger.
Il faut de la force
Et j'en ai.
Vous êtes pâles maintenant,
Vous vous débattez moins vigoureusement.
Je sens les corps qui s'abandonnent,
Qui deviennent plus lourds au fond des bras.
J'ai les mains rouges
Et je vous embrasse doucement.
Je fais glisser mes lèvres sur vos plaies,
Le sang est tiède et me coule entre les dents.
Je ne veux pas que vous ayez mal.
Vous sentez la langue de votre mère qui vous lèche la vie.
Je suis une chienne.
Vous ne bougez plus.
Mon visage est couvert de sang.
Je vous bois, je vous enlace, je vous lèche doucement.
Je ne tremble pas,
Je vous aime,
Mes enfants,

Je vous aime et vous tiens fermement.
Vous êtes lourds maintenant et inertes.
Le sang continue à couler.
Il y a tant de sang en vous.
Mes enfants,
Vous n'êtes plus,
Mes enfants.
Ils vous ont enterrés comme des Grecs,
Avec la vanité du marbre.
C'est pour cela que je reviens.
Je veux vous extraire de la terre froide de votre père
Et vous confier aux flammes du bûcher.
Votre mère est là,
La chienne,
L'étrangère.
Je vous aime.
Tout doit disparaître.
Les ossements, les stèles,
Tout doit disparaître.
Je veux que Jason pleure sur un tombeau vide.
Mes enfants,
Je suis enragée.
Le châtiment n'est pas encore complet.
Je ne vous laisserai pas dans cette terre.
Je ne vous laisserai pas si près de votre père.

Laurent Gaudé, *Médée Kali* (2003), © Actes Sud-Papiers, 2003

Déesse Kali « La noire », déesse hindoue, XXe siècle, peinture murale, Tamil Nadu (sud de l'Inde).

Questions

Un monologue effrayant

1. Quels sont les deux moments évoqués par Médée dans ce monologue ? Justifiez l'emploi de l'indicatif présent.

2. Relevez des répétitions. Qu'est-ce qui justifie leur usage ? Mettez en évidence le caractère excessif du langage de Médée.

3. Comment la forme du texte contribue-t-elle à susciter l'émotion du spectateur ? ► Le vocabulaire du théâtre, p. 550

Médée Kali

4. Qui est Kali ? À votre avis, qu'est-ce qui justifie le rapprochement que Laurent Gaudé suggère avec la Médée d'Euripide telle que la décrit Jason (► p. 474) ?

5. Dans ce monologue, comment s'exprime la folie meurtrière de Médée Kali ? Relevez et analysez les occurrences du mot « sang ».

6. Comment s'exprime l'attachement de Médée à ses origines ?

Les paroles d'une mère

7. Qu'est-ce qui justifie l'évocation de la mort des enfants ?

8. Comment s'exprime l'amour de Médée ?

Synthèse Montrez que le choix dramatique qu'opère Laurent Gaudé permet de dégager des images originales de Médée.

www.lienmini.fr/magnard-el1-32
Lisez l'interview de Laurent Gaudé à propos de *Médée Kali*.

CINÉMA • Pier Paolo Pasolini, *Médée* (1969)

Titre original : *Medea*
Réalisation : Pier Paolo Pasolini
Scénario : Pier Paolo Pasolini d'après la tragédie d'Euripide
Interprétation : Médée : Maria Callas ; Jason : Giuseppe Gentile ; Créon : Massimo Girotti
Sociétés de production : San Marco, Les Films Number One, Janus Film und Fernsehen
Sociétés de distribution : Euro International Film (EIA), Planfilm
Synopsis : *Tandis qu'un jeune musicien près du foyer joue de la cithare et chante une mélopée avec ses enfants à côté de lui, Médée va venir chercher chacun de ses fils pour leur faire tour à tour la toilette et les tuer.*

Photogramme 1 01:39:51
Plan d'ensemble de trois secondes.

Photogramme 2 01:40:04
Tandis que Médée berce son enfant et qu'il s'endort, le metteur en scène glisse en insert ce bref gros plan sur un poignard (deux secondes à peine).

Photogramme 3 01:41:46
Plongée de quatre secondes sur Médée et le deuxième enfant qui vient de sortir du bassin où il a été à son tour lavé.

Photogramme 4 01:43:31
Le meurtre a été accompli ; le spectateur ne voit que les corps allongés des enfants.
Plan de quatre secondes sur le lever du soleil à travers le cadre de la fenêtre.

Vocabulaire

Plan d'ensemble : plan vaste qui montre le paysage.
Insert : image insérée pour attirer l'attention du spectateur sur un détail nécessaire à la compréhension de l'action.
Plongée : au-dessus de ce qui est représenté.

Questions

1. Relevez les éléments du décor, les objets (1). Quelle atmosphère s'en dégage-t-il ? Quelle est l'attitude de Médée ? Comment la scène est-elle cadrée ?
2. Décrivez le gros plan (2). Quelle est la fonction de cet insert ?
3. Que nous montre l'angle de vue (3) ? Explicitez les pensées de Médée et de l'enfant sur ses genoux. Comment le spectateur est-il invité à réagir ?
4. Analysez le plan (4) : que cherche à signifier le metteur en scène ?
5. En représentant la mort des enfants, Pasolini permet-il de mieux comprendre le personnage de Médée ?
6. Comment Pasolini réussit-il à mettre en images l'horreur du crime ?
7. Quelle image de Médée se dégage de l'affiche ?

Christa Wolf, *Médée : Voix* (1997)

CONTEXTE

Christa Wolf (1929-2011), est un écrivain reconnu de la République démocratique allemande. Profondément marquée par le nazisme et ses horreurs, elle place au centre de son œuvre des femmes confrontées à l'Histoire et aux valeurs masculines. Dans ce roman, Médée est une idéaliste qui fait face à des êtres corrompus, avides de pouvoir, dans une Corinthe prête à croire tous les mensonges.

Christa Wolf fait entendre les voix de plusieurs personnages qui racontent chacun une histoire de Médée. Victime des hommes au pouvoir à Corinthe, des rumeurs criminelles qu'ils colportent sur elle, Médée, l'étrangère, est contrainte à l'exil. Ayant appris la lapidation de ses enfants après son départ, elle s'exprime une dernière fois pour tirer les leçons de l'Histoire.

[…] Les dieux veulent-ils m'obliger à croire à nouveau en eux ? Cela me fait rire. Je suis au-dessus d'eux maintenant. Ils ont beau tâter mon corps de leurs organes cruels, ils ne trouveront sur moi aucune trace d'espoir ou de crainte. Rien, rien. L'amour est brisé. La douleur a cessé elle aussi. Je suis libre. Sans aucun désir j'écoute en moi le vide qui m'emplit totalement.

Et les Corinthiens n'en ont pas fini avec moi. Qu'est-ce qu'ils racontent ? Que c'est moi, Médée, qui ai tué mes enfants. Que j'ai voulu me venger de l'infidèle Jason. Qui peut donc le croire, ai-je demandé. Arinna[1] dit : tout le monde. Même Jason ? Lui n'a plus rien à dire. Mais les Colchidiens ? Ils sont tous morts, sauf les femmes dans les montagnes, mais elles sont revenues à l'état sauvage.

Arinna dit que lorsque sept ans se furent écoulés après la mort de mes enfants les Corinthiens ont choisi sept garçons et sept filles de familles nobles. Ils leur ont rasé la tête. Les ont envoyés dans le temple d'Héra où ils doivent rester une année entière, en mémoire de mes enfants morts. Et tous les sept ans on recommencera.

Voilà. C'est ce qu'ils veulent. Que pour les générations futures je demeure celle qui a tué ses enfants. Mais qu'est-ce que ce sera, comparé aux horreurs qu'ils auront connues entre-temps. Cela nous ne l'apprendrons jamais.

Que me reste-t-il à faire. À les maudire. Malédiction sur vous tous. Et particulièrement sur vous : Akamas[2]. Créon. Agaméda[3]. Presbon[4]. Que votre vie soit atroce et votre mort misérable. Que vos hurlements montent vers le ciel sans l'émouvoir. Moi, Médée, je vous maudis.

Où vais-je aller. Y a-t-il un monde, une époque où j'aurais ma place ? Personne, ici, à qui le demander. Voilà la réponse.

Traduction Alain Lance et Renate Lance-Otterbein, © Arthème Fayard

1. Arinna est la fille d'une Colchidienne, sœur de lait et compagne de Médée. – 2. Akamas est le premier astronome du roi Créon ; il est le grand responsable des rumeurs qui courent sur les crimes imputés à Médée. – 3. Agaméda est une Colchidienne, qui, bien qu'élève de Médée, l'a trahie. – 4. Presbon est un Colchidien, amant de Agaméda ; ils ont fait courir le bruit que Médée avait tué son frère Absyrtos en Colchide.

Questions

1. Quel bilan Médée tire-t-elle de sa vie ? Qu'est-ce qui fait d'elle une victime ?
2. Quel lien fait-elle avec son passé ?
3. Comment est évoqué le temps de la mythologie ? À quoi Médée l'oppose-t-elle ?
4. Que symbolise cette Médée ? Qu'est-ce que l'auteur cherche à dénoncer ?

Prolongement

En comparant cette réécriture avec les textes précédents, pourquoi pensez-vous que Christa Wolf défend le personnage ?

Tirso de Molina, *Le Trompeur de Séville et le Convive de pierre* (1630)

En créant le personnage de Don Juan en 1630, Tirso de Molina (1583-1648) reprend le thème très ancien du jeune homme débauché qui invite un mort à partager un repas avec lui. Au cours d'une de ses aventures amoureuses, Don Juan tue le père de Dona Ana, Don Gonzalo, le Commandeur, qui défendait l'honneur de sa fille. Sur le tombeau de ce dernier trône désormais une statue le représentant. Un jour, Don Juan invite le défunt à dîner en le provoquant. Le soir même, Don Gonzalo rend visite à Don Juan et le convie à son tour. Don Juan se rend au mausolée accompagné de Catalinon, son valet. Tandis que l'on sert des scorpions, des vipères, du vinaigre, un chant se fait entendre.

Acte III, scène 20
CATALINON, DON JUAN, DON GONZALO

[…]

On chante :

Vous que le divin courroux
N'a pas su rendre prudents
Prenez garde : il est un temps
Où chaque dette se paie…

CATALINON. – Par le Christ, je n'aime pas ça ! Si j'ai bien compris ce qu'on chante, c'est de nous deux qu'il s'agit…

DON JUAN. – Un froid glacial me pénètre le cœur…

On chante :

L'imprudent croit à l'avenir
Et se dit qu'il a bien le temps
Mais il est plus tard qu'il ne pense
Et le temps vient du repentir…

CATALINON. – Quel est ce ragoût ?

DON GONZALO. – Il est fait d'ongles noirs.

CATALINON. – Des ongles de tailleur, sans doute…

DON JUAN. – J'ai fini de souper, qu'on desserve la table.

DON GONZALO. – Donne-moi la main. N'aie pas peur.

DON JUAN. – Moi, peur ? *(Il lui tend la main.)* Ah ! ton feu me brûle !

DON GONZALO. – C'est peu de choses auprès des flammes qui t'attendent, don Juan. Les desseins de Dieu sont impénétrables, sache-le : tes fautes, il veut que tu les expies de la main d'un mort. Telle est sa loi : chacun paiera selon ses actes.

DON JUAN. – Je brûle ! Ne me retiens pas ! Je te percerai de ma dague… Hélas ! mes coups ne frappent que le vide… Je n'ai pas dupé ta fille : elle avait déjà découvert ma ruse ![1]

DON GONZALO. – Il n'importe. Tu l'avais tentée.

►►► *La statue du Commandeur invite Don Giovanni à dîner* (détail), scène de l'opéra *Don Giovanni* (1787) illustrée par **Charles A. Buche** en 1914.

Don Juan. – Laisse-moi appeler un confesseur qui m'absolve de mes péchés !

Don Gonzalo. – Trop tard. Il n'est plus temps d'y penser.

Don Juan. – Ah ! je brûle, je m'embrase, je suis mort !

Il tombe mort.

Catalinon. – Pas moyen d'y échapper ! Je sens que je vais mourir aussi, comme mon maître !

Don Gonzalo. – Telle est la justice de Dieu : chacun paiera selon ses actes.

Le sépulcre s'entrouvre et engloutit Don Juan et la Statue, tandis que Catalinon se traîne vers la porte du mausolée.

Catalinon. – Seigneur ! Que se passe-t-il ? Toute la chapelle s'embrase, et me voici seul pour veiller et garder mon maître mort ! Il me faut me traîner dehors, pour aller avertir son père… Saint Georges, saint Agneau de Dieu, permettez-moi d'atteindre la rue !…

Rideau

Traduction C. Elsen et M. Espinosa, in *Don Juan*, textes réunis et présentés par Jean Massin, © Éditions Complexes, 1993

1. Don Juan s'était fait passer pour son amant.

Philippe Gouin (Don Juan) et Pierre-Yves Le Louarn (Le Commandeur) dans *El Don Juan*, pièce mise en scène par **Omar Porras** au théâtre de la Ville de Paris en 2005.

Grammaire

« Laisse-moi appeler un confesseur qui m'absolve de mes péchés ! » (l. 28-29) Précisez le temps et le mode du verbe « absolve ». Justifiez cet emploi.

► Modes, temps et valeurs, p. 524

Questions

La mise en scène du châtiment

1. Qu'est-ce qui justifie ce repas ?
2. Comment le monde infernal est-il représenté ? Justifiez cette représentation.

► La représentation du texte théâtral, p. 552

L'attitude de Don Juan

3. Comment Don Juan se comporte-t-il face à Don Gonzalo ? Relevez son changement d'attitude.
4. Comparez son comportement avec celui de Catalinon.

La leçon

5. Quelle vision finale de Don Juan est donnée au spectateur ? Analysez plus particulièrement les deux répliques, ligne 24 à 26 et ligne 28. Considérez-vous que le personnage a évolué ? Justifiez votre réponse.
6. Analysez la réplique finale de Don Gonzalo et celle de Catalinon. Quelle leçon le spectateur peut-il en tirer ?

Synthèse Montrez que la mise en scène de cette fin vise à impressionner le spectateur.

Vers le bac S'entraîner à la dissertation

Dans une dissertation sur la fonction du valet au théâtre, vous êtes amené à exploiter l'exemple de Catalinon dans l'épilogue de la pièce de Tirso de Molina. Rédigez ce paragraphe argumentatif.

TEXTE 2

Molière, *Dom Juan ou le Festin de pierre* (1665)

► Biographie p. 633

⊕ CONTEXTE

Molière reprend un thème qui, à cette époque, remporte un vif succès auprès du public. Il s'agit de *Dom Juan*, une œuvre baroque qui témoigne du défi et du combat contre l'hypocrisie, à travers une succession de scènes que vit un noble libertin des années 1660.

► Le Baroque, p. 27

Dom Juan, malgré les avertissements répétés de Done Elvire, son épouse, de son père Dom Louis et même de son valet Sganarelle, poursuit sa quête de libertin, amoureux des femmes mais surtout épris d'une liberté qui l'affranchit de tout lien religieux. Poursuivant ses provocations, il se rend à l'invitation du Commandeur.

Acte v, Scène 4
Dom Juan, Sganarelle

Sganarelle. – Monsieur, quel diable de style prenez-vous là ? Ceci est bien pis que le reste, et je vous aimerais bien mieux encore comme vous étiez auparavant. J'espérais toujours de votre salut ; mais c'est maintenant que j'en désespère ; et je crois que le Ciel, qui vous a souffert jusques ici, ne pourra souffrir du tout cette dernière horreur.

Dom Juan. – Va, va, le Ciel n'est pas si exact que tu penses ; et si toutes les fois que les hommes…

Sganarelle. – Ah ! Monsieur, c'est le Ciel qui vous parle, et c'est un avis qu'il vous donne.

Dom Juan. – Si le Ciel me donne un avis, il faut qu'il parle un peu plus clairement, s'il veut que je l'entende.

Acte v, Scène 5
Dom Juan, Un spectre en femme voilée, Sganarelle

Le Spectre. – Dom Juan n'a plus qu'un moment à pouvoir profiter de la miséricorde du Ciel ; et s'il ne se repent ici, sa perte est résolue.

Sganarelle. – Entendez-vous, Monsieur ?

Dom Juan. – Qui ose tenir ces paroles ? Je crois connaître cette voix.

Sganarelle. – Ah ! Monsieur, c'est un spectre : je le reconnais au marcher.

Dom Juan. – Spectre, fantôme, ou diable, je veux voir ce que c'est.

Le Spectre change de figure, et représente le Temps avec sa faux à la main.

Sganarelle. – Ô Ciel ! voyez-vous, Monsieur, ce changement de figure ?

Dom Juan. – Non, non, rien n'est capable de m'imprimer de la terreur, et je veux éprouver avec mon épée si c'est un corps ou un esprit.

Le Spectre s'envole dans le temps que Dom Juan le veut frapper.

Sganarelle. – Ah ! Monsieur, rendez-vous à tant de preuves, et jetez-vous vite dans le repentir.

Dom Juan. – Non, non, il ne sera pas dit, quoi qu'il arrive, que je sois capable de me repentir. Allons, suis-moi.

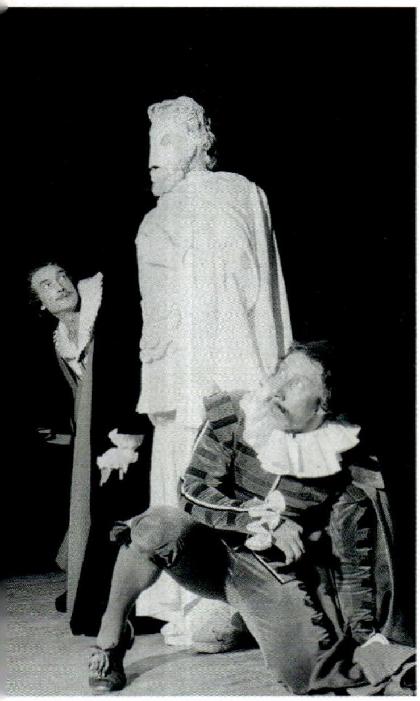

Jean Vilar (Don Juan) et Daniel Sorano (Sganarelle) dans *Don Juan*, pièce mise en scène par **Jean Vilar** à la Cour d'Honneur du Palais des Papes à Avignon en 1953.

Acte v, Scène 6
La Statue, Dom Juan, Sganarelle

La Statue. – Arrêtez, Dom Juan : vous m'avez hier donné parole de venir manger avec moi.

Dom Juan. – Oui. Où faut-il aller ?

La Statue. – Donnez-moi la main.

Dom Juan. – La voilà.

La Statue. – Dom Juan, l'endurcissement au péché traîne une mort funeste, et les grâces du Ciel que l'on renvoie ouvrent un chemin à sa foudre.

Dom Juan. – Ô Ciel ! que sens-je ? Un feu invisible me brûle, je n'en puis plus, et tout mon corps devient un brasier ardent. Ah !

Le tonnerre tombe avec un grand bruit et de grands éclairs sur Dom Juan ; la terre s'ouvre et l'abîme ; et il sort de grands feux de l'endroit où il est tombé.

Sganarelle. – [Ah ! mes gages, mes gages[1] !] Voilà par sa mort un chacun satisfait : Ciel offensé, lois violées, filles séduites, familles déshonorées, parents outragés, femmes mises à mal, maris poussés à bout, tout le monde est content. Il n'y a que moi seul de malheureux. [Mes gages, mes gages, mes gages[1] !]

1. Cette plainte de Sganarelle avait été remplacée dans l'édition de 1682 par « qui, après tant d'années de service, n'ai point d'autre récompense que de voir à mes yeux l'impiété de mon maître punie par le plus épouvantable châtiment du monde. »

Questions

Grammaire

« Ah ! mes gages ! mes gages ! » (l. 39) : quel type de phrase reconnaissez-vous ? Proposez une phrase verbale de même sens : comment la solution adoptée par Molière permet-elle de conserver une certaine ambiguïté ?

Un dénouement merveilleux

1. Quelles sont les différentes rencontres de Dom Juan dans ces trois scènes ?
2. Pourquoi sont-elles spectaculaires ? Justifiez votre réponse en relevant des éléments précis du texte.
3. Quels sont les différents registres auxquels Molière fait appel ?

► Registres, p. 568

Le couple Dom Juan-Sganarelle

4. Comment Sganarelle réagit-il face aux apparitions successives ? Quels conseils donne-t-il à son maître ? Montrez qu'il est à la fois le faire valoir de son maître et son pousse au crime.
5. Analysez la dernière réplique de Sganarelle et ses différentes versions. Que suggèrent-elles sur ses relations avec son maître ?

Un personnage séduisant ?

6. Relevez les éléments qui montrent que Dom Juan se met en scène.
7. Le discours de la statue le déstabilise-t-il ? Justifiez votre réponse.
8. Que pensez-vous du portrait final de Dom Juan dressé par Sganarelle ?

Synthèse Montrez que le Dom Juan de Molière affirme, contrairement à celui de Tirso de Molina (► p. 490), un esprit de rébellion constant.

Vers le bac S'entraîner à l'écriture d'invention

Sganarelle dialogue avec un valet de Done Elvire et lui rapporte les derniers moments de Dom Juan. Vous penserez à sauvegarder la singularité du personnage de Sganarelle, fasciné par son maître Dom Juan, mais aussi victime inconsciente d'une foi naïve proche de la superstition.

► Amplifier et transposer un texte, p. 616

Lorenzo Da Ponte, *Don Giovanni* (1787)

CONTEXTE

Lorenzo Da Ponte (1749-1838) a écrit des livrets d'opéra pour Salieri et Mozart. Le personnage de Don Juan, chez Mozart, est tout entier dans la recherche des plaisirs. Le libertin du XVIIIe siècle s'est beaucoup affranchi de la morale. Seuls comptent chez lui le désir et la liberté.

► Le Libertinage, p. 32

Après avoir tué en combat singulier Le Commandeur, le père de Donna Anna, Don Giovanni ne peut s'empêcher de l'inviter à souper, en passant auprès de son tombeau. Le Commandeur invite à son tour Don Giovanni, qui est accompagné de son valet Leporello.

Acte II, scène 18

DON GIOVANNI ET LEPORELLO, DONNA ELVIRA, LE COMMANDEUR, SERVITEURS, QUELQUES MUSICIENS

[…]

LE COMMANDEUR. – Décide-toi.
GIOVANNI. – J'ai déjà décidé.
LE COMMANDEUR. – Viendras-tu ?
LEPORELLO. – Dites non !
GIOVANNI. – Mon cœur ne bronche pas en moi,
Je n'ai pas peur, je viendrai.
LE COMMANDEUR. – Donne-moi la main en gage.
GIOVANNI. – La voilà ! – Hé là !…
LE COMMANDEUR. – Qu'as-tu ?
GIOVANNI. – Que cette main est glacée !
LE COMMANDEUR. – Repens-toi, change de vie :
C'est l'instant suprême.
GIOVANNI, *cherchant en vain à se dégager.* – Non, non, je ne me repens pas,
Va-t'en loin de moi.
LE COMMANDEUR. – Repens-toi, criminel !
GIOVANNI. – Non, vieux bouffi de toi-même !
LE COMMANDEUR. – Repens-toi !
GIOVANNI. – Non.
LE COMMANDEUR ET LEPORELLO. – Si !
GIOVANNI. – Non.
LE COMMANDEUR. – Ah, tu n'en as plus le temps !

Des flammes partout, le Commandeur disparaît, et un gouffre s'ouvre.

GIOVANNI. – De quelle angoisse inconnue…
Mon esprit…se sent-il… assailli ?…
D'où sortent ces tourbillons
De feu ?… Hé là ! quelle horreur !…
LE CHŒUR, *sous la terre.* – Tout ceci est peu pour tes crimes.
Viens, il y a un supplice pire.
GIOVANNI. – Que mon âme se déchire !…
Que mes entrailles se tordent !…
Quelle torture ! hé là, quelle fureur !
Quel enfer !… c'est terrible !…

Leporello. – (Quel visage désespéré !…
Quels gestes de damné !…
Quels cris ! quelles plaintes !…
Comme cela me terrifie !…)
Le Chœur. – Tout ceci est peu pour tes crimes.
Viens, il y a un supplice pire.

Le feu augmente, paraissent diverses Furies qui s'emparent de Don Giovanni et s'abîment avec lui.

Traduction de Jean Massin, © Éditions Complexe, 1993

Marco Vinco (Don Giovanni) dans *Don Giovanni*, musique de Wolfgang Amadeus Mozart, livret de Lorenzo Daponte mis en scène par **Jean-Louis Grinda** à l'Opéra de Monte Carlo en 2008.

Lecture d'image

Comment l'esprit fantastique est-il accentué par la mise en scène ?

Questions

La relation entre les personnages

1. Analysez l'attitude du Commandeur, puis celle de Leporello. Quels sont les effets recherchés sur les spectateurs ?
2. Montrez que la scène repose sur un rapport de forces. À votre avis, qui l'emporte dans « ce bras de fer » ?

L'homme qui dit « non »

3. Le personnage de Don Giovanni évolue-t-il dans cette scène ? Justifiez votre réponse.
4. Comment comprenez-vous l'insistance du Commandeur et les refus de Don Giovanni ?

La représentation de la mort

5. Pourquoi cette scène est-elle tragique ? Comment se manifeste la solitude de Don Giovanni ?
6. Qu'apporte la présence du chœur ?
7. Quels sont les éléments qui caractérisent le châtiment de Don Giovanni ? Quelles sont vos réactions de spectateurs ? ► Registres, p. 568

Synthèse Confrontez la mort de Don Giovanni avec celle du Don Juan de Tirso de Molina (► p. 490). Montrez que l'extrait de Da Ponte donne une plus grande épaisseur au personnage.

Grammaire

Aux lignes 9 et 10, relevez les déterminant et adverbe exclamatifs. Quel est l'effet produit ?

Prolongement

Écoutez la scène 18 de l'acte II de l'opéra de Mozart et analysez le contraste entre le rythme du Commandeur et celui de Don Giovanni. Quels sentiments vous semblent illustrer chacun de ces deux rythmes ?

Vers le bac S'entraîner au commentaire

En reprenant vos réponses aux questions 3 à 7, rédigez un paragraphe de commentaire qui montrera que Don Giovanni est déterminé à assumer son destin.

TEXTE 4

Henry de Montherlant, *La Mort qui fait le trottoir* (1956)

CONTEXTE

Montherlant a voulu, selon ses propres mots, « débarrasser son héros de ce qu'avait fait de lui le XIXe siècle », en faire « un personnage simple ». Son Don Juan est âgé de 66 ans ; néanmoins, il demeure un séducteur et un mécréant. Il est accompagné, au cours de la pièce, d'Alcacer, son fils bâtard de 26 ans qu'il initie à sa vie : « L'atroce de n'exister plus dans peu de temps ne peut être adouci que par des joies intenses, et je suis capable de tout pour les obtenir. » (Acte III, scène 6)

Dans la scène 4 de l'acte II, Don Juan a invité le Commandeur à dîner avant qu'il ne soit tué. À la fin de la pièce, la statue du Commandeur entre sur la scène. Ce spectacle n'émeut nullement Don Juan qui découvre une supercherie : la statue est en carton-pâte, animée par des préposés au carnaval, chargés de la porter lors de la procession (paso) qui a lieu au moment de la Semaine sainte à Séville. « Il n'y a pas de fantastique : c'est la réalité qui est le fantastique », proclame alors Don Juan.

Acte III, scène 7
DON JUAN, ALCACER

[…]

DON JUAN, *à Alcacer*. – Bâtonne-les et détruisons ce carton-pâte. Que ne pouvons-nous détruire aussi facilement le carton-pâte de Dieu et de toutes les impostures, les divines et les humaines ! Et maintenant, au galop ! allons chasser la femme à Séville !

ALCACER. – À Séville ? Vous êtes fou ! Et notre départ ? Ce soir vous serez arrêté.

DON JUAN. – Le faux spectre m'a redonné courage : tous mes spectres s'évanouissent avec lui. La fille de ton rendez-vous nous attend. Elle et bien d'autres. Il y a encore deux jours avant la Fête des Mères. Deux jours ! Qu'ils soient à moi !

ALCACER, *avec une sorte d'horreur*. – Sac au dos ! ou plutôt sac aux reins ! Et tirant la langue comme les diables, tirant la langue comme les chiens…

DON JUAN. – Comprends-moi ! mon fils, comprends-moi ! Si je n'accroche pas une femme nouvelle aujourd'hui, une demain, une chaque jour, c'est ma vie de séducteur tout entière qui s'évanouira comme un mirage. J'ai besoin d'avoir été, et j'ai besoin d'être. En chasse ! en chasse ! Je ne peux pas faire autrement.

ALCACER, *le retenant*. – Mon père ! Vous êtes fou ! Vous faites des actes de fou !

DON JUAN. – Ne me retiens pas ! Laisse-moi mon abîme ! Je ne peux pas attendre une minute de plus. Ma bouche s'en sèche.

ALCACER. – Mais nous allons rejoindre Ana de Ulloa sur la route ! Elle vous verra rentrer à Séville, quand vous venez de lui dire que vous partiez pour le Portugal ?

DON JUAN. – Ne t'inquiète pas. Je connais un chemin détourné…

ALCACER. – Vous allez être reconnu tout de suite !

DON JUAN. – Je mets mon masque.

Il abaisse son masque, mais celui-ci n'est plus le masque du premier acte[1]. *Il représente maintenant une tête de mort.*

ALCACER, *jetant un cri.* – Qu'est-ce cela ? Qu'est-ce ce masque ?

DON JUAN. – Eh bien quoi ! c'est mon masque de tous les jours.

ALCACER. – Retirez cela vite !

DON JUAN, *essayant de retirer le masque.* – Mais je ne peux pas le retirer, que se passe-t-il ? Il s'est incrusté dans mon visage, il s'est mélangé à ma chair… Essaie de me le retirer.

ALCACER, *tremblant.* – Je ne toucherai pas à ce masque.

DON JUAN. – Pourquoi ?

ALCACER. – Il y a dessus une tête de mort.

DON JUAN. – Une tête de mort ? À la bonne heure ! En avant ! Au galop pour Séville !

Il sort vivement, entraînant par la taille Alcacer qui titube.

1. Il s'agissait d'un masque d'étoffe qui ne découvrait que les yeux et la bouche.

Questions

Don Juan et Alcacer

1. Définissez les rapports entre les deux personnages. Lequel est le plus raisonnable ? Justifiez votre réponse.
2. Comment expliquez-vous dans cet extrait le choix de Montherlant d'avoir substitué un fils au personnage du valet ?

Le mélange des registres

3. Relevez ce qui ressort du tragique, du fantastique et du comique. ► Registres, p. 568
4. « Il n'y a pas de fantastique : c'est la réalité qui est le fantastique. » Commentez cette affirmation du personnage.
5. Quel effet le masque de la mort produit-il ?

Un autre Don Juan ?

6. L'âge que Montherlant donne à Don Juan permet-il de mieux comprendre le personnage ? Justifiez votre réponse.
7. Expliquez cette phrase : « J'ai besoin d'avoir été et j'ai besoin d'être. » (l. 15-16). Montrez que ce héros a besoin d'aller de l'avant, que l'appétit de vivre n'exclut pas le détachement au moment de mourir.
8. En vous appuyant sur les dernières lignes, justifiez le titre de la pièce de Montherlant.

Synthèse Que reste-t-il du personnage de Don Juan de Tirso de Molina (► p. 490) ? Montrez comment l'auteur respecte la dramatisation de la fin de la pièce.

Francisco de Goya, *Hasta la muerte*, 1799, eau-forte (21,5 x 15,2 cm), bibliothèque de l'Institut National de l'Histoire des Arts, collections Jacques Doucet, Paris.

Lecture d'image ► p. 580

- Étudiez la composition du dessin.
- Quelle vision des personnages le support et la technique du dessin donnent-ils ?
- Comment interprétez-vous cette gravure ?
- Pensez-vous que l'on puisse comparer la duchesse d'Osuna représentée ici à soixante-quinze ans et le Don Juan de Montherlant qui séduit pour oublier qu'il va mourir ?

Éric-Emmanuel Schmitt, *La Nuit de Valognes* (1991)

► Biographie p. 636

⊕ CONTEXTE

Éric-Emmanuel Schmitt fait vivre son Don Juan au XVIIIe siècle à la veille de la Révolution, dans une société dont les valeurs sociales et morales sont remises en question.
Il propose une version moderne du mythe : son héros rencontre l'amour absolu et éternel en la personne du Chevalier. Inconscient de le désirer, il ne s'en rend compte qu'après la mort de ce dernier.

Devant les dames-juges qui l'ont convoqué à Valognes pour réparer ses torts, Don Juan évoque les circonstances qui l'ont changé : il veut maintenant aimer absolument et éternellement. Il sème ainsi la consternation et le dépit chez ses juges. Trois femmes restent pour un dernier au revoir : la Duchesse de Vaubricourt, l'hôtesse, Marion, sa jeune et jolie servante et madame Cassin, l'épouse d'un orfèvre.

Acte III, scène 16

DON JUAN, LA DUCHESSE DE VAUBRICOURT, MARION, MADAME CASSIN, SGANARELLE

Don Juan se retourne vers Madame Cassin et la Duchesse qui sourit légèrement.

LA DUCHESSE. – Marion, éteins les bougies.

MARION. – Madame, il fait encore si sombre.

LA DUCHESSE. – Chut, éteins les bougies, voici l'aube.

Marion va progressivement éteindre les bougies. La salle sera presque dans le noir pendant quelques instants puis le jour, arrivant des grandes baies, envahira progressivement la scène.

LA DUCHESSE, *songeuse et musicale.* – On dit que les nouveau-nés sont quasiment aveugles pendant leurs premières semaines sur cette terre, qu'ils ne distinguent ni formes ni couleurs, jusqu'au jour où le sourire d'une mère, les deux mains d'un père écartant la gaze floue et confuse qui recouvre le berceau, leur apparaissent. Et puis, plus tard, à l'âge adulte, il y a – parfois – de nouveau, un homme ou une femme qui soulève le rideau, donnant forme et couleur au monde. Le Chevalier l'a fait. Où irez-vous ?

DON JUAN. – Je ne sais pas. Au-delà de moi.

LA DUCHESSE. – C'est tout près.

MADAME CASSIN. – C'est très loin. Bonne chance, Don Juan.

Le jour n'est pas encore tout à fait levé. Marion a ouvert les rideaux qui donnent sur la lumière naissante. Don Juan met sa cape et s'apprête à partir. Il semble hésiter un instant.

DON JUAN. – Dites-moi, Duchesse, comment cela s'appelle-t-il lorsqu'on s'apprête à sortir, plonger dans l'inconnu, aller à la rencontre des autres ?

LA DUCHESSE. – La naissance.

DON JUAN. – Et comment cela s'appelle-t-il lorsque, au même moment, on a peur d'être broyé par la lumière, trahi par toutes les mains, ballotté par les souffles du monde, et que l'on tremble à l'idée juste d'être une simple et haletante poussière, perdue dans l'univers ?

LA DUCHESSE. – Le courage. *(Un temps.)* Bon courage, Don Juan.

Don Juan s'éloigne dans la lumière qui croît. En partant, il donne quelque chose à Sganarelle.

Madame Cassin, Marion et la Duchesse s'approchent des hautes fenêtres devant lesquelles elles ne sont plus que des ombres chinoises.

On découvre alors que Madame Cassin est enceinte. Elle pose avec satisfaction ses deux mains sur son ventre.

LA DUCHESSE. – Regardez-le, le jour qui se lève, comme il nous trouble, comme il brouille tout. À nos chandelles, les profils étaient nets ; les sentiments bien simples, les drames avaient des nœuds qu'on pouvait trancher ou défaire.

Madame Cassin. – Mais Don Juan rejoint le jour ; un homme naît.

La Duchesse, *tristement*. – Un homme ? Un petit homme, oui…

Madame Cassin, *avec un sourire*. – Un homme, c'est toujours un petit homme.

On aperçoit les femmes à contre-jour et Don Juan qui s'éloigne lentement dans le lointain. Sganarelle, revenu sur le devant, sanglote, assis sur le bord de la scène, fou de chagrin.

La Duchesse. – Eh bien quoi, Sganarelle ?

Sganarelle. – Mes gages, Madame, mes gages… Il me les a donnés !

Marie-France Santon (Duchesse de Vaubricourt), Camille Cottin (Hortense de Hauteclaire), Anne Jacquemin (la Comtesse de la Roche-Piquet), Régis Santon (Sganarelle), Vanessa Krycève (Angélique de Chiffreville), Sacha Stativkine (Chevalier de Chiffreville) et Mélaine (Marion) dans *La Nuit de Valognes*, pièce mise en scène par **Régis Santon** au Théâtre Silvia Monfort à Paris en 2007.

Questions

Grammaire

« Regardez-le, le jour qui se lève, comme il nous trouble, comme il brouille tout. » (l. 35-36)
Analysez le mot « le ». Justifiez ici son emploi.

Un dénouement original

1. À votre avis, qu'est-ce qui peut justifier que la parole soit donnée aux femmes au terme de cette pièce ?
2. Quel rôle joue ici la Duchesse ?
3. Comment comprenez-vous la dernière réplique de Sganarelle ?

La théâtralisation

4. Comment les éléments du décor, l'éclairage contribuent-ils à donner à voir ce dénouement ?
   ► La représentation du texte théâtral, p. 552
5. Comparez ces effets à ceux qui sont évoqués dans les versions de Tirso de Molina (► p. 490), Molière (► p. 492) et Da Ponte (► p. 494).

Un Don Juan métaphysique

6. Quelles images les répliques de Don Juan donnent-elles de lui ? Que suggère son questionnement ?
7. « Un homme naît », dit la Duchesse. Explicitez la formule. Quel jugement est porté sur le personnage de Don Juan ?

Synthèse En vous appuyant sur les éléments d'étude, vous vous demanderez si le Don Juan d'Éric-Emmanuel Schmitt, dans cet extrait de *La Nuit de Valognes*, est encore un héros.

www.lienmini.fr/magnard-el1-33
Lisez l'interview d'Eric-Emmanuel Schmitt à propos de *La Nuit de Valognes*.

Œuvre intégrale • Étude d'ensemble

Lisez l'intégralité de *La Nuit de Valognes* (1991).

- Sur quoi repose l'intrigue ? À quelle époque se déroule-t-elle ?
- Acte III scène 4 : comment Éric-Emmanuel Schmitt renouvelle-t-il la scène de rencontre entre Don Juan et la statue ? Montrez que sa portée est autant symbolique que dramatique.
- Quelles sont les étapes de la métamorphose de Don Juan ?
- Quels personnages typiques du théâtre retrouvez-vous dans les figures féminines ?

PERSPECTIVE EUROPÉENNE

Lenau, *Don Juan* (1844)

CONTEXTE

Le personnage de Don Juan a beaucoup intéressé les romantiques qui en ont fait un converti en quête d'amour absolu et d'idéal ou un personnage triste et désabusé qui se résout au silence et à mourir. Nicolaus Niembsch von Strehlenau, dit Lenau, (1802-1850), poète romantique autrichien, semble vouloir mettre un terme à Don Juan dans cette pièce inachevée : le personnage a pris de l'âge et il est conscient de sa perte de vitalité.

► Le Romantisme, p. 33

À la fin de la pièce de Lenau, Don Juan attend mélancoliquement l'adversaire qui viendra mettre fin à ses jours. Don Pedro, le fils du Commandeur, se présente alors à sa porte, escorté d'une troupe de femmes trahies et d'enfants en quête de reconnaissance. Don Juan écoute leurs plaintes avant de s'adresser à Don Pedro.

DON JUAN, DON PEDRO, CATALINON

[…]

DON JUAN, *à Don Pedro*. – Je dépose entre vos mains de chevalier mon testament, exécutez-le après ma mort. Quoique j'aie toujours oublié d'épargner, il m'est pourtant resté des biens en excédent. Pour chaque nom mentionné sur la liste il y a un legs dans ce testament et chaque legs est d'un si fort montant qu'il permet d'entretenir largement femme et enfant. Pour que ce relevé ne provoque aucun doute, je l'ai pourvu d'un sceau et d'une signature. Je n'ai pas négligé le vieux Catalinon, désormais il pourra lui-même tenir valet.

Il regarde la liste.

CATALINON, *réprimant ses larmes*. – Quelle farce joue encore mon seigneur ! Il fait comme s'il allait succomber en duel et pourtant son adversaire meurt dans tous les cas, je vois déjà clos ses petits yeux si fiers. Qui veut battre Don Juan, le grand bretteur[1], devra être quelqu'un d'autre que ce médiocre et saugrenu adversaire de Ulloa, le fiston de Don Gonzalo de Ulloa, ce blanc-bec au menton velouté, à l'esprit frocard[2], à pattes d'araignée, avec une voix comme le chant des cigales, cette perche sèche et allongée, si svelte à la façon d'une potence que l'un de nous, s'il était justement hépatique et désespéré, pourrait se pendre en s'accrochant à lui.

DON JUAN, *lisant la liste, à part lui*. – Souvenirs, dames autrefois aimées ! desséchées jusqu'à la fleur dernière, jadis céleste musique ce qui à présent est un mot insipide. Que les choses se fanent donc vite, et les noms ! Encore une fois le souvenir me fait passer de l'une à l'autre de ces gracieuses dames. – Coutume pleine de sens que de sacrifier tous les ans sur l'autel des dieux les premiers-nés. Qu'elle est aimable, la première verdure des feuilles, le premier parfum, le premier chant d'une journée printanière ! Qu'il est délicieux en mer, près du lointain rivage, le premier coup d'œil sur la terre désirée ! Les premières couronnes de la gloire sont aussi les plus brillantes, c'est le premier baiser qui donne l'ivresse la plus douce. S'il est encore dans l'au-delà un ciel, il doit lui aussi être au plus beau à sa frontière. C'est pourquoi l'on pouvait nommer ce qu'il y a de plus doux dans l'amour le premier effleurement d'une passion nouvelle. La tristesse provenant de ce que d'anciens enchantements se dissolvent rehausse l'attrait et la force du nouveau bonheur. Pourquoi faut-il que la source la plus riche tarisse ! Oh ! si nous pouvions mourir en chaque plaisir et, renaissant avec un cœur rajeuni, nous précipiter au-devant de délices toujours nouvelles !

À Don Pedro

Voulez-vous prendre charge de ce document et l'exécuter ?

DON PEDRO. – Sur ma parole de chevalier ! par égard pour les délaissées.

DON JUAN, *lui tendant le document*. – C'est bien ! Montrez maintenant si vous possédez l'art de l'escrime. Que vous êtes une mazette[3], je vais vous le prouver.

1. qui aime se battre à l'épée.
2. terme péjoratif et familier pour désigner un moine.
3. maladroit.

Ils se battent.

Vraiment vous êtes ce pour quoi je vous ai pris. Trois fois déjà j'aurais facilement pu vous percer le cœur, ce cœur si plein de haine, mais si mal protégé, si je me servais plus sérieusement de mon épée. Vous voici touché – encore touché – et encore ! Vous versez bien du sang sur mes planches. En maints endroits je vous ai mis en perce, mais je ne vous fais en jouant que des piqûres légères. Don Pedro, par ma foi, je ne me suis jamais senti plus à l'abri que devant votre attaque. Le duel avec vous, je l'appelle jeu d'enfant. Oui, votre escrime est de tout repos.

DON PEDRO. – Inflige-moi la mort, non ces petites saignées. Ne me fais pas d'affront, homme exécré ! Au combat le diable seul peut te vaincre. Pousse ferme, que je ne puisse plus te voir !

DON JUAN. – Mon ennemi mortel est livré entre mes mains. Mais cela même m'indiffère, comme la vie tout entière.

Il jette son épée. Don Pedro le transperce.

Traduction Walter Thomas, © Éditions Complexe, 1993

Questions

1. Utilisez les images de sa longue réplique et sa célébration des premiers instants pour montrer que ce Don Juan est romantique.
2. Comment la mort de Don Juan est-elle mise en scène ?
3. Quels aspects du personnage sont ainsi mis en évidence ?
4. Lenau et Henri de Montherlant (► p. 496) ont choisi de faire disparaître le personnage de la statue du Commandeur. Que représente ce personnage dans les autres textes de la séquence ? Qu'est-ce qui justifie son absence dans les versions de Lenau et de Montherlant ?

Prolongement

Comparez la dernière réplique de Don Juan dans les différents textes qui vous sont proposés. Comment contribue-t-elle à fixer l'image du personnage ?

CINÉMA

Visionnez la dernière partie du film *Don Juan* de Marcel Bluwal.

• Quelles différences notables repérez-vous à l'approche de leur mort entre le *Don Juan* de Lenau et le *Don Juan* de Bluwal ?

Michel Piccoli (Don Juan) dans *Don Juan*, le téléfilm réalisé par **Marcel Bluwal** en 1965.

CINÉMA / MISE EN SCÈNE • DON JUAN À L'ÉCRAN

1 UN EXTRAIT DE SCÉNARIO : JACQUES WEBER, *DON JUAN*

[…] **UN OUVRIER.** – Don Juan n'a plus qu'un moment à pouvoir profiter de la miséricorde divine.

UN AUTRE OUVRIER. – S'il ne se repent pas ici, sa perte est résolue.

Don Juan, que les ouvriers ont reconnu, approche lentement. On lui propose du pain, des oignons et du vin, qu'il accepte. Un homme, qui était en train de faire une retouche de peinture sur l'œil de la statue, lui adresse la parole du haut de l'échafaudage, très théâtral, faisant mine de parler à la place du Commandeur.

LE PEINTRE. – Vous m'avez hier donné parole de venir manger avec moi.

Les autres rient. Don Juan se lève, et bondit sur l'échafaudage.

DON JUAN. – Oui. Où faut-il aller ?

Haletant, Don Juan escalade l'armature de bois, le long de la gigantesque effigie. Il arrive sur une plate-forme, juste au-dessus de la tête du Commandeur. Il ruisselle de sueur, épuisé.

DON JUAN. – Ô Ciel ! que sens-je ? Un feu invisible me brûle…

Les ouvriers, perplexes, ont le regard levé vers lui.

DON JUAN. – Je n'en puis plus, et tout mon corps devient…

Don Juan se tient la gorge, il suffoque, titube en arrière et tombe de l'échafaudage. Il est maintenant allongé sur le sol, le visage ensanglanté. En ouvrant les yeux, il aperçoit l'énorme tête du Commandeur, qui le domine.

DON JUAN. – Où faut-il aller ?

Don Juan ferme les yeux doucement. Les fidèles se pressent pour assister à la messe. L'église est modeste et blanche. Plusieurs pauvres et un infirme sont assis à même le sol, de part et d'autre du portail. Parmi eux, Sganarelle, vêtu de haillons, hagard. Il a disposé près de lui, dans doute dans l'espoir de les vendre, quelques objets qui ont appartenu à Don Juan : la tasse de café, des pipes et des cigares, l'ombrelle noire[1]*. Le chapeau de médecin, posé à l'envers, invite l'aumône.Les mains sur les genoux, le regard dans le vide, Sganarelle murmure des phrases que personne n'écoute. De temps à autre une robe passe, s'arrête un moment, une piécette tinte dans le chapeau.*

SGANARELLE. – Ah ! mes gages, mes gages ! voilà par sa mort chacun satisfait : Ciel offensé, lois violées, filles séduites, familles déshonorées, parents outragés, femmes mises à mal, maris poussés à bout, tout le monde est content. Il n'y a que moi seul de malheureux. Mes gages, mes gages, mes gages !

Adaptation Jean-Marie Laclavetine, © Éditions Gallimard, 1998

1. Don Juan chevauche accompagné d'un chariot sur lequel est installé Sganarelle, abrité par une vaste ombrelle noire.

Questions ► La lecture d'image, p. 580

1. Analysez les dernières répliques de Don Juan (l. 11 à 22) et les choix opérés par Jacques Weber. Comparez-les avec celles prononcées par le personnage de Molière.
2. Quels sens donnez-vous au monologue final de Sganarelle ? Comment cette nouvelle scène modifie-t-elle la lecture de la fin de la pièce ?
3. Montrez que, tout en respectant en grande partie les dernières scènes du *Dom Juan* de Molière et sa progression (► p. 492), le metteur en scène a scénarisé une toute autre fin.

Lecture d'image Comment l'organisation de l'affiche annonce-t-elle le destin de Don Juan ? Commentez en particulier l'utilisation des couleurs.

2 UNE MISE EN SCÈNE : DANIEL MESGUICH, *DOM JUAN*

Mise en scène : Daniel Mesguich
Interprétation : Dom Juan : Daniel Mesguich ; Sganarelle : Christian Hecq
Costumes : Dominique Louis
Lumières : Patrick Méeüs
Création son : Yann Galerne
Distribution : Miroir et Métaphore
Lieu : Théâtre du Gymnase à Marseille
Captation : 2003

Photogramme 1 02:18:30
Vue d'ensemble sur la scène, le tonnerre gronde.
SGANARELLE. – Ah ! Monsieur, c'est le Ciel qui vous parle, et c'est un avis qu'il vous donne.

Photogramme 2 02:20:01
Le lit s'avance, éclairé par des flammes.
LA STATUE. – Arrêtez, Dom Juan : vous m'avez hier donné parole de venir manger avec moi.

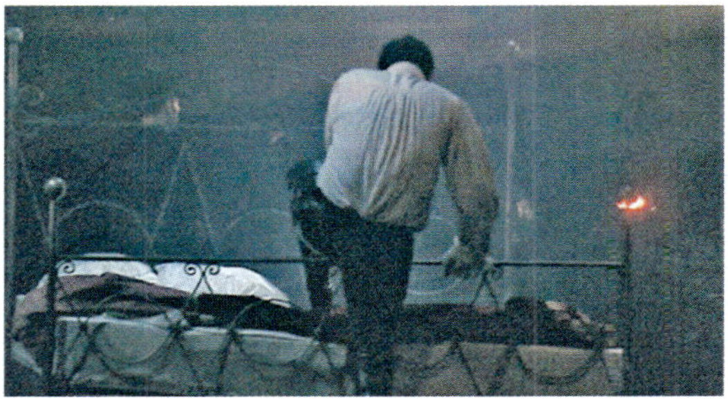

Photogramme 3 02:20:20
La voix forte domine une musique lancinante accompagnée de rires de femmes.
LA STATUE. – Donnez-moi la main.
DOM JUAN. – La voilà.
Trois statues s'animent et rejoignent ensuite Dom Juan sur le lit.

Photogramme 4 02:22:14
SGANARELLE. – Il n'y a que moi seul de malheureux…

Questions

► La lecture d'image, p. 580

1. Quels sont les éléments du décor (1) ? Que cherche à signifier le metteur en scène ? Comment est éclairée la scène ? Justifiez ce choix.
2. Comment est représentée la statue (2). Qu'est ce qui justifie ce choix ?
3. Justifiez le choix du metteur en scène (3). Pourquoi Dom Juan monte-t-il sur le lit ? Pourquoi sera-t-il rejoint par les statues de femmes ?
4. Décrivez le personnage de Sganarelle (4). Quelle conclusion donne-t-il à la pièce ?
5. Le metteur en scène a-t-il respecté les différents registres auxquels Molière (► p. 492) fait appel dans cette dernière scène ?

TEXTE 1

Catulle Mendès, « La Belle au bois rêvant » (1888)

Dans Les Oiseaux bleus, *recueil de contes aujourd'hui oublié, Catulle Mendès revisite les contes de fées du patrimoine lus dans les ouvrages de Perrault et de Madame d'Aulnoy. L'auteur, qui est aussi poète, modernise ces contes et se montre drôle et cruel. La réécriture de « La Belle au bois dormant » de Perrault devenue « La Belle au bois rêvant » offre un exemple des intentions parodiques et subversives de l'auteur. La Belle ne se montre guère sensible à la vie que veut lui offrir le prince, vie, pourtant, dont une belle peut rêver.*

– Un autre délice, le plus grand de tous, vous attend.

– Eh ! lequel ?

– Vous serez aimée !

– Par qui ?

– Par moi ! Si vous ne me jugez pas indigne de prétendre à votre tendresse…

– Vous êtes un prince de bonne mine, et votre habit vous va fort bien.

– … Si vous daignez ne pas repousser mes vœux, je vous donnerai tout mon cœur, comme un autre royaume dont vous serez la souveraine, et je ne cesserai jamais d'être l'esclave reconnaissant de vos cruels caprices.

– Ah ! quel bonheur vous me promettez !

– Levez-vous donc, chère âme, et suivez-moi.

– Vous suivre ? déjà ? Attendez un peu. Il y a sans doute plus d'une chose tentante parmi tout ce que vous m'offrez, mais savez-vous si, pour l'obtenir, il ne me faudrait pas quitter mieux ?

– Que voulez-vous dire, princesse ?

– Je dors depuis un siècle, c'est vrai, mais, depuis un siècle, je rêve. Je suis reine aussi, dans mes songes, et de quel divin royaume ! Mon palais a des murs de lumière ; j'ai pour courtisans des anges qui me célèbrent en des musiques d'une douceur infinie, je marche sur des jonchées d'étoiles. Si vous saviez de quelles belles robes je m'habille, et les fruits sans pareils que l'on met sur ma table, et les vins de miel où je trempe mes lèvres ! Pour ce qui est de l'amour, croyez bien qu'il ne me fait pas défaut ; car je suis adorée par un époux plus beau que tous les princes du monde et fidèle depuis cent ans. Tout bien considéré, monseigneur, je crois que je ne gagnerais rien à sortir de mon enchantement ; je vous prie de me laisser dormir.

Là-dessus, elle se tourna vers la ruelle[1], ramenant ses cheveux sur ses yeux, et reprit son long somme, tandis que Pouffe, la petite chienne, cessait de japper, contente, le museau sur les pattes. Le prince s'éloigna fort penaud. Et, depuis ce temps, grâce à la protection des bonnes fées, personne n'est venu troubler dans son sommeil la « Belle au bois rêvant ».

Les Oiseaux bleus.

1. espace réservé aux visiteurs, entre le lit et le mur de la chambre. Aux XVIe et XVIIe siècles, les dames de haut rang recevaient là leurs invités.

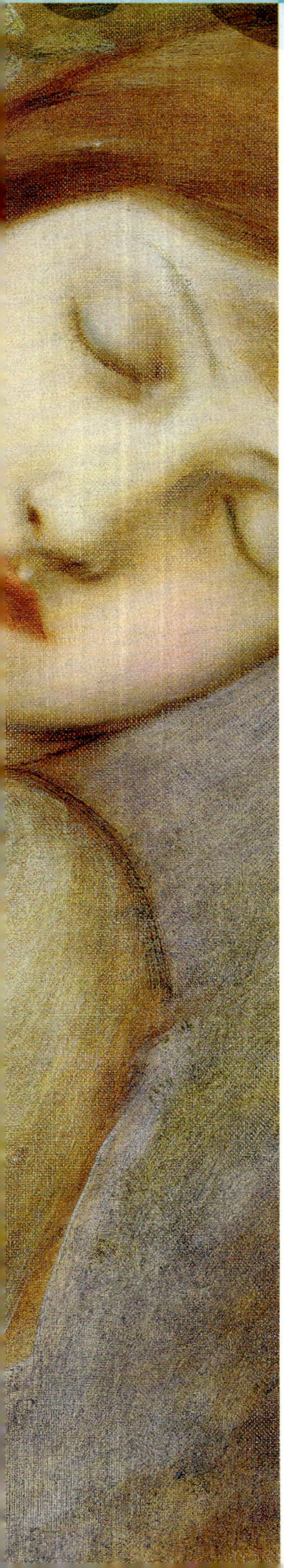

►►► **Sir Edward Coley Burne-Jones**, *La Princesse endormie* , 1881, huile sur toile (50,8 x 50,8 cm), Collection privée.

TEXTE SOURCE

Les Contes de Perrault constituent une collecte des contes de tradition orale et sont donc déjà une réécriture. Ce recueil est cependant considéré comme le texte source de toutes les réécritures de ces contes depuis le XVIIe siècle jusqu'à aujourd'hui.

« Mon Prince, il y a plus de cinquante ans que j'ai ouï dire à mon père qu'il y avait dans ce Château une Princesse, la plus belle du monde ; qu'elle devait y dormir cent ans, et qu'elle serait réveillée par le fils d'un Roi, à qui elle était réservée. »[1]

Le jeune Prince, à ce discours, se sentit tout de feu ; il crut sans balancer qu'il mettrait fin à une si belle aventure ; et poussé par l'amour et par la gloire, il résolut de voir sur-le-champ ce qu'il en était. À peine s'avança-t-il vers le bois, que tous ces grands arbres, ces ronces et ces épines s'écartèrent d'elles-mêmes pour le laisser passer : il marche vers le Château qu'il voyait au bout d'une grande avenue où il entra, et ce qui le surprit un peu, il vit que personne de ses gens ne l'avait pu suivre, parce que les arbres s'étaient rapprochés dès qu'il avait été passé. Il ne laissa pas de continuer son chemin : un Prince jeune et amoureux est toujours vaillant. Il entra dans une grande avant-cour où tout ce qu'il vit d'abord était capable de le glacer de crainte : c'était un silence affreux, l'image de la mort s'y présentait partout, et ce n'était que des corps étendus d'hommes et d'animaux, qui paraissaient morts. Il reconnut pourtant bien au nez bourgeonné et à la face vermeille des Suisses, qu'ils n'étaient qu'endormis, et leurs tasses où il y avait encore quelques gouttes de vin montraient assez qu'ils s'étaient endormis en buvant. Il passe une grande cour pavée de marbre, il monte l'escalier, il entre dans la salle des Gardes qui étaient rangés en haie, la carabine sur l'épaule, et ronflant de leur mieux. Il traverse plusieurs chambres pleines de Gentilshommes et de Dames, dormant tous, les uns debout, les autres assis ; il entre dans une chambre toute dorée, et il vit sur un lit, dont les rideaux étaient ouverts de tous côtés, le plus beau spectacle qu'il eût jamais vu : une Princesse qui paraissait avoir quinze ou seize ans, et dont l'éclat resplendissant avait quelque chose de lumineux et de divin. Il s'approcha en tremblant et en admirant, et se mit à genoux auprès d'elle. Alors comme la fin de l'enchantement était venue, la Princesse s'éveilla ; et le regardant avec des yeux plus tendres qu'une première vue ne semblait le permettre : « Est-ce vous, mon Prince ? lui dit-elle, vous vous êtes bien fait attendre ».

Le Prince charmé de ces paroles, et plus encore de la manière dont elles étaient dites, ne savait comment lui témoigner sa joie et sa reconnaissance ; il l'assura qu'il l'aimait plus que lui-même. Ses discours furent mal rangés, ils en plurent davantage ; peu d'éloquence, beaucoup d'amour. Il était plus embarrassé qu'elle, et l'on ne doit pas s'en étonner ; elle avait eu le temps de songer à ce qu'elle aurait à lui dire, car il y a apparence (l'Histoire n'en dit pourtant rien) que la bonne Fée, pendant un si long sommeil, lui avait procuré le plaisir des songes agréables. Enfin il y avait quatre heures qu'ils se parlaient, et ils ne s'étaient pas encore dit la moitié des choses qu'ils avaient à se dire.

Charles Perrault, « La Belle au bois dormant », *Contes*, 1697.

1. paroles adressées au Prince par un paysan.

Questions

Grammaire
Réécrivez au discours indirect les lignes 1 à 7. Quelle version préférez-vous ? Pourquoi ?

Une parodie du conte et de l'amour

1. Dans la réécriture, par qui le prince est-il finalement remplacé et dans quelle intention ?
2. Comparez l'importance accordée à l'éloquence dans les deux extraits.
3. Comment la réécriture s'écarte-t-elle des images traditionnelles du prince et de la princesse dans les contes ainsi que de leurs morales ?

Un éloge du sommeil et du rêve

4. Montrez que la princesse cherche à idéaliser le sommeil et le rêve. Quel idéal le rêve laisse-t-il percevoir ?
5. Comparez l'évocation du sommeil et du rêve dans les deux textes.
6. Comparez les titres des deux contes. Identifiez et commentez la figure de style utilisée ici.

Synthèse Montrez que cet extrait invite à renouveler la lecture des contes.

Georges Fourest, « Phèdre » (1909)

CONTEXTE

Dans la section « Carnaval de chefs-d'œuvre » de son recueil *La Négresse blonde*, Fourest s'amuse à réécrire, sous forme de poèmes parodiques (imitation burlesque ou satirique d'une œuvre), quelques-unes des grandes tragédies du théâtre classique. Il aborde ainsi *Le Cid* de Corneille, *Andromaque* ou encore *Phèdre* de Racine…

En vingt-quatre quatrains, Fourest résume, en la parodiant dans un style burlesque, l'intrigue de la tragédie de Racine : Phèdre. *Dans l'extrait étudié, Phèdre avoue son « fol amour » à Hippolyte, le fils de son époux Thésée que l'on croit mort au moment de l'aveu.*

PHÈDRE – […] « oublier cet époux volage
« ne sera pas un gros péché !
« Donnez- moi votre pucelage
« et vous n'en serez pas fâché !

« Vois-tu ma nourrice fidèle
« qu'on prendrait pour un vieux tableau ?
« elle nous tiendra la chandelle
« et nous fera bouillir de l'eau !

« Viens, mon chéri, viens faire ensemble
« dans mon lit nos petits dodos !
« Hein petit cochon, que t'en semble,
« du jeu de la bête à deux dos ? »

À cette tirade insolite,
ouvrant de gros yeux étonnés,
comme un bon jeune homme Hippolyte
répondit, les doigt dans le nez :

« – Or çà ! belle-maman, j'espère
« que vous blaguez, en ce moment !
« Moi, je veux honorer mon père
« afin de vivre longuement ;

« à la cour brillante et sonore
« il est vrai que j'ai peu vécu :
« mais je doute qu'un fils honore
« son père en le faisant cocu !

« Vos discours, femelle trop mûre,
« dégoûteraient la Putiphar[1] !
« Prenez un gramme de bromure[2]
« avec un peu de nénuphar !… »

Sur quoi, faisant la révérence,
les bras en anse de panier,
il laisse la dame plus rance
que du beurre de l'an dernier.

La Négresse blonde.

Florence Wagner et William Astre dans *L'Amour de Phèdre*, pièce de Sarah Kane, mise en scène par **William Astre** au théâtre de Nesle le 14 septembre 2009.

1. Dans la Bible, la femme de Putiphar s'éprend de Joseph, fils de Jacob, qui refuse ses avances ; après quoi, elle l'accuse d'avoir voulu la violer et le fait jeter en prison.
2. substance destinée à calmer les ardeurs.

TEXTE SOURCE

Phèdre vient d'avouer à sa nourrice Œnone son amour pour son beau-fils Hippolyte. Cette passion lui inspire l'horreur d'elle-même et elle n'aspire qu'à mourir. La mort de Thésée, annoncée à tort, fait, selon Œnone, de la flamme de Phèdre « une flamme ordinaire ». Phèdre – lors de sa rencontre avec Hippolyte pour évoquer la succession du roi d'Athènes – lui avoue son « fol amour », aveu qui suscite l'aversion d'Hippolyte.

PHÈDRE – [...] Ah ! cruel, tu m'as trop entendue[1].
Je t'en ai dit assez pour te tirer d'erreur.
Hé bien ! connais donc Phèdre et toute sa fureur.
J'aime. Ne pense pas qu'au moment que je t'aime,
Innocente à mes yeux, je m'approuve moi-même,
Ni que du fol amour qui trouble ma raison
Ma lâche complaisance ait nourri le poison.
Objet infortuné des vengeances célestes[2],
Je m'abhorre encor plus que tu ne me détestes.
Les dieux m'en sont témoins, ces dieux qui dans mon flanc
Ont allumé le feu fatal à tout mon sang,
Ces dieux qui se sont fait une gloire cruelle
De séduire le cœur d'une faible mortelle.
Toi-même en ton esprit rappelle le passé.
C'est peu de t'avoir fui, cruel, je t'ai chassé.
J'ai voulu te paraître odieuse, inhumaine.
Pour mieux te résister, j'ai recherché ta haine.
De quoi m'ont profité mes inutiles soins ?
Tu me haïssais plus, je ne t'aimais pas moins.
Tes malheurs te prêtaient encor de nouveaux charmes.
J'ai langui, j'ai séché, dans les feux, dans les larmes.
Il suffit de tes yeux pour t'en persuader,
Si tes yeux un moment pouvaient me regarder.
Que dis-je ? Cet aveu que je te viens de faire,
Cet aveu si honteux, le crois-tu volontaire ?
Tremblante pour un fils que je n'osais trahir,
Je te venais prier de ne le point haïr.
Faibles projets d'un cœur trop plein de ce qu'il aime !
Hélas ! je ne t'ai pu parler que de toi-même.
Venge-toi, punis-moi d'un odieux amour.
Digne fils du héros qui t'a donné le jour,
Délivre l'univers d'un monstre qui t'irrite.
La veuve de Thésée ose aimer Hippolyte !
Crois-moi, ce monstre affreux ne doit point t'échapper.
[...]

Jean Racine, *Phèdre*, Acte II, scène 5, 1677.

1. comprise. – 2. Par sa mère Pasiphae, Phèdre est descendante du Soleil, dont la race a été maudite par la déesse de l'Amour, Vénus. Cette passion pour son beau-fils est un effet de cette malédiction.

Questions

Une réécriture burlesque

1. Repérez les principales caractéristiques de l'écriture poétique de Fourest. Quels sont les principaux effets de cette écriture ? Comparez-la à celle de Racine.
2. Pourquoi Fourest a-t-il choisi le genre poétique et non le genre dramatique ?
3. Étudiez l'expression propre à chacun des personnages. Qu'est-ce qui la caractérise ? Dans quel but Fourest leur attribue-t-il cette expression ?
4. Quel rôle Fourest attribue-t-il au narrateur ? Comment interprétez-vous l'évolution de son expression ?

Une vision dégradée de l'homme

5. Montrez que la situation imaginée par Racine est partiellement respectée par Fourest. Quel est cependant le rôle de la dernière réplique de Phedre ?
6. Quel portrait Phèdre brosse-t-elle de Thésée ? Pourquoi ?
7. Quelle est la principale obsession de Phèdre ? Quel aspect présent chez Racine Fourest ignore-t-il ? Pourquoi ?
8. Quelle image les vers de Fourest s'efforcent-ils de donner de l'humanité ? Montrez qu'elle s'oppose à celle de Racine.

Synthèse Définissez le style burlesque et montrez qu'il devient un outil pour critiquer la vision pathétique et tragique de l'homme présente dans l'œuvre de Racine.

Vers le bac S'entraîner au commentaire

Rédigez une sous-partie de commentaire qui démontrera l'efficacité du vocabulaire argotique dans la parodie.

Raymond Queneau, *L'Instant fatal* (1948)

► Biographie p. 634

CONTEXTE

L'Oulipo, acronyme d'« Ouvroir de littérature potentielle », dont Queneau est un des membres les plus actifs, marque la création littéraire de la seconde partie du XXe siècle. Il regroupe des écrivains mais aussi des scientifiques qui inventent et expérimentent des contraintes pour écrire et réécrire mécaniquement des œuvres littéraires.

Certaines œuvres de Queneau sont le fruit d'expériences oulipiennes comme « La Cimaise et la Fraction » et visent à démystifier le langage, la poésie et la création littéraire. Cette ambition se traduit par une certaine fantaisie : vocabulaire familier, langage parlé ou argot viennent se mêler aux mots et aux tournures les plus raffinés comme ici quand il revisite le « Carpe diem[1] » cher à Horace et à Ronsard.

Si tu t'imagines

Si tu t'imagines
si tu t'imagines
fillette fillette
si tu t'imagines
xa va xa va xa
va durer toujours
la saison des za
la saison des za
saison des amours
ce que tu te goures
fillette fillette
ce que tu te goures
Si tu crois petite
si tu crois ah ah
que ton teint de rose
ta taille de guêpe
tes mignons biceps
tes ongles d'émail
ta cuisse de nymphe
et ton pied léger
si tu crois petite
xa va xa va xa
va durer toujours
ce que tu te goures
fillette fillette
ce que tu te goures

les beaux jours s'en vont
les beaux jours de fête
soleils et planètes
tournent tous en rond
mais toi ma petite
tu marches tout droit
vers sque tu vois pas
très sournois s'approchent
la ride véloce
la pesante graisse
le menton triplé
le muscle avachi
allons cueille cueille
les roses les roses
roses de la vie
et que leurs pétales
soient la mer étale
de tous les bonheurs
allons cueille cueille
si tu le fais pas
ce que tu te goures
fillette fillette
ce que tu te goures

1. « Cueille le jour » : formule épicurienne qui invite à profiter du moment présent.

Tsugouharu Leonard Foujita, *Jeune Fille à la rose*, 1955, huile sur toile (18,1 x 14 cm), Collection privée.

TEXTE SOURCE

Les poètes de la Pléiade s'inspirent de la littérature antique afin « d'amplifier la langue française par l'imitation des anciens auteurs grecs et romains », comme le rappelle Du Bellay dans sa Défense et illustration de la langue française *(1549). L'ode « Mignonne allons voir si la rose » est composée après la rencontre du poète avec Cassandre Salviati, fille d'un banquier italien. Tous deux sont âgés alors de vingt ans. Ronsard – « le prince des poètes » – reprend ici le* Carpe diem *(voir p. 508) du poète latin Horace et s'inspire plus directement du poète bordelais Ausone. L'imitation et la réécriture sont déjà à l'œuvre dans la création de Ronsard.*

Mignonne, allons voir si la rose[1]

À Cassandre

Mignonne, allons voir si la rose
Qui ce matin avait déclose[2]
Sa robe de pourpre au Soleil,
A point perdu cette vêprée[3]
Les plis de sa robe pourprée,
Et son teint au vôtre pareil.

Las ! voyez comme en peu d'espace,
Mignonne, elle a dessus la place
Las ! las ses beautés laissé choir[4] !
Ô vraiment marâtre[5] Nature,
Puisqu'une telle fleur ne dure
Que du matin jusques au soir !

Donc, si vous me croyez, mignonne,
Tandis que vôtre âge fleuronne
En sa plus verte nouveauté,
Cueillez, cueillez votre jeunesse :
Comme à cette fleur la vieillesse
Fera ternir votre beauté.

Pierre de Ronsard, « Mignonne allons voir si la rose », *Odes*, 1550-1552.

1. Au XVIe siècle, la rose, fleur de l'églantier, se fane beaucoup plus rapidement que la rose d'aujourd'hui. – 2. ouvert (dans ce cas, le participe passé s'accordait avec le COD). – 3. ce soir. – 4. tomber. – 5. mère.

Questions

Un renouvellement plaisant de l'écriture poétique

1. Étudiez et commentez le système des rimes, le début des vers, la ponctuation dans le poème de Queneau.
2. Par quels procédés restitue-t-il le langage parlé ?
3. Comparez l'écriture poétique de Queneau à celle de Ronsard. Montrez l'originalité de celle de Queneau et interrogez-vous sur ses effets.
4. Lisez le poème de Ronsard : quels sont les effets et les fonctions des principaux emprunts de Queneau à Ronsard ?

Un renouvellement cruel du *Carpe diem*

5. Montrez que Queneau détourne le genre du blason (poème du XVIe siècle décrivant généralement une partie du corps) des vers 15 à 20 et 35 à 38. Dans quel but ?
6. Quel rapport établissez-vous entre le rythme du poème et la gravité du thème ?
7. Comparez les vers 27 à 30 et 39 à 45 à l'ensemble du poème de Queneau et à l'ode de Ronsard. Qu'apportent ces vers à l'ambition de Queneau ?
8. Quel est de Ronsard ou de Queneau celui qui se montre le plus cruel à l'égard de la destinataire ? Justifiez votre réponse.

Synthèse Montrez que la réécriture de Queneau ne se réduit pas à une parodie, ni de la poésie ni du thème du *Carpe diem*.

Vers le bac S'entraîner au commentaire

Rédigez un paragraphe de commentaire dans lequel vous montrerez comment Queneau renouvelle le thème du *Carpe diem*.

Prolongement

Écoutez l'interprétation du poème de Queneau par Juliette Gréco.

TEXTE 4

Jean Anouilh, *Fables* (1962)

► Biographie p. 627

CONTEXTE

Jean Anouilh est reconnu comme un grand dramaturge. Il a notamment renouvelé le genre de la tragédie avec des œuvres comme *Antigone* (1944) ou *Médée* (1946), mais aussi la comédie avec son premier succès, *Le Voyageur sans bagages* (1937). Dans sa courte préface à son recueil *Fables* (1962), intitulée « *Avertissement hypocrite* », l'auteur rappelle que « Ces fables ne sont que le plaisir d'un été » et une « entreprise futile ». La lecture de nombreuses fables confirme cependant l'intention de l'avertissement.

De nombreuses fables du recueil ne sont pas des imitations et renouvellent les sujets traditionnels. Certaines imitent cependant celles de La Fontaine et ces imitations, si elles reprennent les personnages et la forme du célèbre fabuliste, les détournent de leur sens initial. « La cigale », par exemple, devient chez Anouilh une chanteuse célèbre, riche et cynique. Dans « Le Chêne et le Roseau », Anouilh s'oppose nettement à son modèle.

Le Chêne et le Roseau

Le chêne un jour dit au roseau :
« N'êtes-vous pas lassé d'écouter cette fable ?
La morale en est détestable ;
Les hommes bien légers de l'apprendre aux marmots.
Plier, plier toujours, n'est-ce pas déjà trop,
Le pli de l'humaine nature ? »
« Voire, dit le roseau, il ne fait pas trop beau ;
Le vent qui secoue vos ramures
(Si je puis en juger à niveau de roseau)
Pourrait vous prouver d'aventure,
Que nous autres, petites gens,
Si faibles, si chétifs, si humbles, si prudents,
Dont la petite vie est le souci constant,
Résistons pourtant mieux aux tempêtes du monde
Que certains orgueilleux qui s'imaginent grands. »

Le vent se lève sur ces mots, l'orage gronde.
Et le souffle profond qui dévaste les bois,
Tout comme la première fois,
Jette le chêne fier qui le narguait par terre.
« Hé bien, dit le roseau, le cyclone passé –
Il se tenait courbé par un reste de vent –
Qu'en dites-vous donc mon compère ?
(Il ne se fût jamais permis ce mot avant.)
Ce que j'avais prédit n'est-il pas arrivé ? »
On sentait dans sa voix sa haine
Satisfaite. Son morne regard allumé.
Le géant, qui souffrait, blessé,
De mille morts, de mille peines,
Eut un sourire triste et beau
Et, avant de mourir, regardant le roseau,
Lui dit : « Je suis encore un chêne. »

Gérard Grandville, *Le Chêne et le Roseau*, 1860.

TEXTE SOURCE

« Le Chêne et le Roseau » clôt le livre I des Fables *de La Fontaine. Ce livre I est destiné à l'éducation du jeune Dauphin, fils de Louis XIV, et lui est aussi dédié. L'opposition du fort et du faible – présente dans de nombreuses fables du recueil – est ici mise en scène pour montrer que le plus faible est parfois mieux armé que le plus fort pour affronter la violence des hommes et du monde.*

Le Chêne et le Roseau

Le Chêne un jour dit au Roseau :
Vous avez bien sujet d'accuser la Nature ;
Un Roitelet[1] pour vous est un pesant fardeau.
Le moindre vent, qui d'aventure
Fait rider la face de l'eau,
Vous oblige à baisser la tête :
Cependant que mon front, au Caucase pareil,
Non content d'arrêter les rayons du Soleil,
Brave l'effort de la tempête.
Tout vous est Aquilon, tout me semble Zéphyr[2].
Encor si vous naissiez à l'abri du feuillage
Dont je couvre le voisinage,
Vous n'auriez pas tant à souffrir :
Je vous défendrais de l'orage ;
Mais vous naissez le plus souvent
Sur les humides bords des Royaumes du vent.
La nature envers vous me semble bien injuste.
– Votre compassion, lui répondit l'Arbuste,
Part d'un bon naturel ; mais quittez ce souci.
Les vents me sont moins qu'à vous redoutables.
Je plie, et ne romps pas. Vous avez jusqu'ici
Contre leurs coups épouvantables
Résisté sans courber le dos ;
Mais attendons la fin. Comme il disait ces mots,
Du bout de l'horizon accourt avec furie
Le plus terrible des enfants
Que le Nord eût portés jusque-là dans ses flancs.
L'Arbre tient bon ; le Roseau plie.
Le vent redouble ses efforts,
Et fait si bien qu'il déracine
Celui de qui la tête au Ciel était voisine,
Et dont les pieds touchaient à l'Empire des Morts.

Jean de La Fontaine, *Fables*, Livre I, XXII, 1668-1693.

1. très petit oiseau.
2. L'Aquilon est un vent violent, le Zéphyr un vent doux.

Questions

Un hommage paradoxal

1. Quels effets peuvent produire les premiers vers sur le lecteur ?
2. Que suppose le vers 2 ? Nommez et interprétez le procédé mis en place par l'auteur.
3. En quoi Anouilh imite-t-il La Fontaine ? À quoi tient l'invention d'Anouilh ?
4. Montrez que cette imitation est un hommage à l'affirmation de La Fontaine : « Mon imitation n'est point un esclavage ».

Une vision sublime et tragique

5. Quel rôle Anouilh accorde-t-il au chêne dans les premiers vers ? En quoi se distingue-t-il de celui donné par La Fontaine ?
6. Relevez le champ lexical qui domine dans le discours du roseau. Quel est le caractère attribué au roseau ? Comment s'oppose-t-il à celui du chêne ?
7. Quels sont les effets produits par les commentaires du narrateur ?
8. Montrez que, dans les derniers vers, le chêne apparaît comme un héros tragique et sublime.
9. En quoi la philosophie d'Anouilh s'oppose-t-elle à celle de La Fontaine ?

Synthèse Montrez comment Anouilh s'inscrit dans la tradition de la réécriture et comment il s'en écarte.

Vers le bac S'entraîner à la dissertation

Établissez un plan détaillé pour démontrer que les fables tentent de plaire, toucher et instruire.

Éric Chevillard, *Le Vaillant Petit Tailleur* (2003)

⊕ CONTEXTE

Les romans d'Éric Chevillard, romancier et essayiste, ont été remarqués pour leur originalité narrative et la remise en question des clichés littéraires, comme dans *Oreille rouge* ou *Le Vaillant Petit Tailleur*. La plus connue des versions du « Vaillant Petit Tailleur » est celle des frères Grimm, publiée dans les *Contes de l'enfance et du foyer* (1812) ; elle est considérée aujourd'hui comme le texte source (ou hypotexte), même si elle est déjà le fruit de nombreuses réécritures.

Le conte des frères Grimm relate l'aventure d'un tailleur si fier d'avoir tué sept mouches d'un coup qu'il brode les mots « Sept d'un coup » sur sa ceinture. Stimulé par son haut fait, il part dans le monde, décidé à relever tous les défis. Il n'a en poche qu'un fromage et un oiseau mais finira, après de nombreux exploits, par épouser la fille du roi. Le conte ne dépasse pas une dizaine de pages alors que la réécriture de Chevillard se développe sur près de trois cents pages. Sur la dernière page du livre sont dispersés les chiffres un à huit en toutes lettres, afin de rivaliser avec le nombre « sept » du vaillant petit tailleur.

PRÉAMBULE

Oui, c'est bien la fameuse histoire du vaillant petit tailleur telle que l'ont recueillie les frères Grimm en 1812 dans leur première anthologie de ces contes et récits populaires parfaitement ineptes qu'ils tenaient pour la plupart de la vieille servante de leur ami le pharmacien Wild, bavarde et puérile grand-mère, radoteuse autant que L'Ancien Monde dans le Nouveau, prénommée Marie, mais aussi des veuves oisives du village de Kassel, Dorothea Viehmann et les sœurs Hassenplug, pour ne citer que ces trois hystériques, et d'autres sources encore, plus ou moins complémentaires ou contradictoires. C'est bien cette fameuse histoire enfantée confusément par des générations de beaux parleurs qui ne se taisaient que pour boire, retouchée à l'eau de rose et au hachoir par les mères de famille à l'intention de fillettes et de garçonnets ensommeillés qui la poursuivaient en rêve n'importe comment, finalement donc saisie au vol et apprêtée pour l'édition par Jacob et Wilhelm Grimm tandis que leurs trois autres frères humaient l'air du pays, je suppose, puis de nouveau soumise à tous les avatars d'adaptations grossières, imprécises et souvent niaises, fameuse histoire, sans doute, mais qui pâtit en somme depuis l'origine de n'avoir pas d'auteur : il n'est pas trop tard pour lui en donner un.

Ce sera moi.

Mes états de service plaident en ma faveur. J'irais volontiers jusqu'à dire qu'ils valent désignation. J'estime en effet avoir fourni assez de preuves de mes compétences en la matière pour me sentir autorisé à occuper cette place vacante sans me faire prier davantage.

D'ailleurs, il serait plus juste de dire que je me dévoue en acceptant ce travail. Ingrate besogne s'il en est, je vais donc retracer une à une dans leur succession naïve et leurs emboîtements fastidieux les péripéties d'un conte cousu de fil blanc que l'on aura la loyauté de ne point comparer aux compositions originales fraîches émoulues de mon cerveau.

Je n'invente rien cette fois. J'hérite d'un vieux songe. J'en suis encombré. C'est à moi qu'incombe la responsabilité de revendiquer l'œuvre collective et de la signer. L'heure est venue de congédier mes collaborateurs de l'ombre.

Sigmar Polke, *Measuring clothes*, 1994, matière et peinture sur toile (230 x 230 cm), Collection privée.

TEXTE SOURCE

« Le Vaillant Petit Tailleur » illustre le travail de réécriture des frères Grimm : ce conte, comme tous ceux du recueil, est le résultat de recherches menées par les auteurs auprès de sources orales comme écrites.

Par un matin d'été, un petit tailleur, assis à sa table, près de la fenêtre, était de bonne humeur et cousait de toutes ses forces. Et voilà qu'une paysanne descendit la rue en criant : « Marmelade, bonne marmelade à vendre ! » Ce fut bien agréable à l'oreille du petit tailleur, il passa sa tête menue par la fenêtre et cria : « Montez, bonne femme, on va vous débarrasser de votre marchandise ! » La femme monta les trois étages avec son lourd panier et dut déballer devant lui tous ses pots. Il les examina tous, les leva en l'air, y mit son nez et dit enfin : « La marmelade m'a l'air bonne, pesez-m'en donc quatre onces, ma bonne femme, même si ça fait un quart de livre ça m'est égal. » La femme, qui avait espéré faire un bonne vente, lui donna ce qu'il demandait, mais s'en fut toute fâchée et en bougonnant. « À présent, Dieu bénisse ma confiture, s'écria le petit tailleur, et qu'elle me donne force et vigueur ! » Il alla prendre le pain de la miche et y tartina la marmelade. « Ça ne va pas être mauvais, dit-il, mais avant d'y mettre la dent, j vais finir mon pourpoint. » Il posa le pain à côté de lui, continua de coudre et, de plaisir, fit des points de plus en plus grands. Cependant l'odeur de la confiture sucrée montait le long des murs où il y avait une grande quantité de mouches, si bien qu'elles furent attirées et vinrent en troupe s'abattre dessus. « Hé, qui vous a donc invitées ? » dit le petit tailleur et il chassa ses convives importuns. Mais les mouches qui ne comprenaient pas l'allemand, ne se laissèrent pas écarter et revinrent au contraire en compagnie de plus en plus nombreuse. Alors la moutarde, comme on dit, finit par monter au nez du petit tailleur, il attrapa un bout de drap dans sa corbeille à chiffons et, « attendez un peu que je vous en donne ! », il tapa dessus impitoyablement. Quand il retira le chiffon et compta, il n'en vit pas moins de sept, mortes sous ses yeux, les pattes en l'air. « Serais-tu donc un gaillard de cette trempe ? dit-il, forcé lui-même d'admirer sa vaillance, il faut que toute la ville sache cela. » Et en grande hâte, le petit tailleur se coupa une ceinture, la cousit et y broda en toutes lettres : « Sept d'un coup ! » « Eh quoi, la ville ? dit-il, non, c'est le monde entier qui doit le savoir. » Et de plaisir, son cœur se trémoussait dans sa poitrine comme la queue d'un petit agneau.

Le tailleur se noua la ceinture autour du corps et décida d'aller courir le vaste monde, parce qu'il pensait que son atelier était trop petit pour sa bravoure. Avant de partir, il chercha s'il n'y avait pas quelque chose à emporter, mais il ne trouva rien d'autre qu'un vieux bout de fromage qu'il fourra dans sa poche. Devant la porte, il aperçut un oiseau qui s'était pris dans un buisson, l'oiseau dut aller retrouver le fromage dans sa poche.

Jacob et Wilhelm Grimm, *Contes*, « Le Vaillant Petit Tailleur », 1812-1822.

Questions

Vocabulaire

Recherchez le sens de « à l'eau de rose » (l. 10). En quoi l'expression est-elle polémique ?

Une entreprise de dénigrement

1. Étudiez le champ lexical qui désigne les contes et la longueur des phrases. Quelle image le discours du narrateur donne-t-il des contes ? Quel est le registre du premier paragraphe ?
2. Quel regard le narrateur porte-t-il sur ceux qui ont repris cette histoire ? Quels procédés utilise-t-il ?
3. Qu'est-ce qui caractérise les destinataires du conte ?

Le rôle de l'auteur

4. Comment le narrateur justifie-t-il son rôle d'auteur ? Qu'est-ce qui caractérise sa conception de la réécriture ?

Synthèse Montrez que le narrateur s'écarte du processus de la réécriture.

LECTURE D'IMAGES

Diego Vélasquez, *Portrait du Pape Innocent X* (1660)

Diego Vélasquez, *Portrait du Pape Innocent X*, 1650, huile sur toile (288 x 350 cm), Galerie Doria Pamphili, Rome.

▲ Peintre de la cour d'Espagne, Diego Vélasquez réalisa de nombreux portraits officiels du roi, de sa famille et des Grands d'Espagne. *Le Portrait du Pape Innocent X* est considéré avec *Les Ménines* comme l'une de ses œuvres les plus abouties et les plus remarquables. Il atteste d'une maîtrise parfaite des effets de lumière.

Francis Bacon,

Étude d'après le portrait du Pape Innocent X de Vélasquez (1953)

Francis Bacon, *Étude d'après le portrait du pape Innocent X de Vélasquez*, 1953, huile sur toile (153 x 118 cm), Des Moines Art Center, Iowa.

Trois cents ans plus tard, le peintre irlandais Francis Bacon, grand admirateur de Vélasquez et aussi très influencé par les cinéastes surréalistes et par Eisentein (réalisateur de films russe, auteur du *Cuirassé Potemkine*, 1925) propose une réinterprétation du *Portrait du Pape Innocent X*. ►

Questions ► La lecture d'image, p. 580

1. Commentez les couleurs du tableau de Vélasquez. Que symbolisent-elles ?
2. Commentez le choix des couleurs dans le tableau de Bacon. Quel effet produisent-elles ?
3. Les tissus et les fauteuils sont-ils traités de la même façon dans les deux tableaux ? Pourquoi ?
4. La matière picturale est différente dans les deux tableaux pour représenter la tenture qui constitue le fond : comment l'interprétez-vous ?
5. Quelles lignes construisent respectivement les deux tableaux ? Quels sont les effets produits ?
6. Observez les positions des mains : quels états psychologiques peuvent-elles traduire ?
7. Quels sentiments les visages expriment-ils ?

Synthèse Montrez que Francis Bacon met à mal les codes et caractéristiques du portrait de cour.

SYNTHÈSE LES RÉÉCRITURES ET L'INTERTEXTUALITÉ

Toute œuvre artistique est reliée à celles qui l'ont précédée. La réécriture en est une illustration tangible : elle suppose une source d'inspiration, clairement identifiée, qui est ***la référence****.*

1 LE TEXTE SOURCE (OU HYPOTEXTE)

- Le texte source fonde une représentation traditionnelle des personnages et du monde, et c'est à partir de ce texte que se développe une série de réécritures. Ces réécritures doivent être interrogées par rapport au texte initial. Ses enjeux doivent avoir été compris pour faire une comparaison.

Ex. : La mort de Don Juan n'a plus le même sens au XVIIe et au XXe siècle.

- La mythologie et les récits fabuleux contiennent un sens allégorique. Ils sont souvent une source d'inspiration, et ont une fonction socio-religieuse. De tradition orale, ils ont été fréquemment repris dans la littérature.

Ex. : Médée est le type même de la mère infanticide, qui met en péril l'équilibre du monde.

2 L'EMPREINTE DU RÉCIT ORIGINEL

La citation

Il existe différents niveaux de réécriture, le plus évident étant le cas de la **citation**. Le texte source est cité ou reformulé dans une intention narrative, dramatique, explicative, symbolique.

Ex. : Dans *La Nuit de Valognes*, Éric-Emmanuel Schmitt achève sa pièce sur une réplique de Sganarelle, qui, bien que légèrement transformée, est une citation du *Don Juan* de Molière. ► p. 498

Anouilh reprend, dans sa réécriture de la fable de La Fontaine, « Le Chêne et le Roseau », les mêmes titre et premier vers. ► p. 510

Les allusions

Les auteurs qui réécrivent font des **allusions** au texte source. Le récit se déroule dans le même ordre que le premier texte. L'allusion peut être parfois plus difficile à saisir : les thèmes du texte source sont repris, mais le texte a subi des transformations, notamment dans les noms des personnages.

Ex. : Dans « Le Rossignol » de Catulle Mendès, les thèmes du rossignol, du tissage et de la métamorphose rappellent le mythe de Philomèle et Progné raconté par Ovide. ► p. 468

Ex. : Dans « Le Chêne et le Roseau » de Jean Anouilh, les personnages eux-mêmes évoquent la fable dont ils étaient les héros par le procédé de la mise en abyme. ► p. 510

3 INVENTION OU PLAGIAT ?

Le phénomène de réécriture pose le problème de la création : le but de l'auteur qui reprend un texte est-il d'effectuer une simple copie, un plagiat, ou d'apporter des éléments supplémentaires ? Quels peuvent être les intérêts d'un auteur à réécrire un texte ?

Faire appel à un patrimoine commun

La réécriture permet de **faire appel à la mémoire de tous**, en rappelant un texte patrimonial : elle crée une complicité avec le lecteur qui redécouvre un texte faisant partie d'un patrimoine commun.

Ex. : « Philomèle et Progné » de La Fontaine (► p. 466) et *La Petite dans la forêt profonde* de Minyana (► p. 472) rappellent les *Métamorphoses* d'Ovide.

Donner un sens adapté à son temps

Par la réécriture, un auteur donne au récit originel un **sens différent** en fonction du **contexte culturel**, politique et social. L'image d'un personnage **évolue** en fonction du temps et s'adapte à un public.

Ex. : Dans *Don Juan* de Molière, les derniers mots de Sganarelle, ajoutés par l'auteur, contrastent avec le tragique qui précède et renvoient la pièce dans un univers baroque. ► p. 492

Ex. : Le dénouement de « La Belle au bois rêvant » de Mendès prend le contrepied du conte de Perrault et défend des valeurs auxquelles le XIXe siècle est plus sensible. ► p. 504

Adopter un style

À partir de cet hypotexte (texte source), les auteurs **varient les genres** (roman, théâtre, poésie, etc.) et les **registres**.

Ex. : Dans *Les Vrilles de la vigne*, Colette intègre une explication du chant du rossignol dans un récit autobiographique ► p. 470.

Ex. : Dans « Phèdre », Georges Fourest transpose dans le genre de la poésie la tragédie de Racine. ► p. 506

Transposer à d'autres arts

Le récit originel peut aussi se retrouver dans des formes d'arts autres que la littérature. La transposition dans une **expression artistique différente** (théâtre, cinéma, peinture, bande dessinée, opéra, etc.) ouvre à de nouvelles perspectives.

Ex. : Le film de Jacques Weber, *Don Juan*, nous donne à voir une mort du personnage que seul le langage cinématographique permet. ► p. 502

4 LES MODALITÉS DE RÉÉCRITURES

L'amplification

À partir du récit repris, les auteurs ont la liberté **d'amplifier** ce que le texte source ne montrait pas. Un autre épisode ou une suite peuvent être ajoutés.

Ex. : Dans *Médée Kali* de Laurent Gaudé, le monologue final de Médée intervient après la mort de ses enfants, lorsqu'elle retourne sur leur tombe, épisode que le texte source passait sous silence. ► p. 502

L'ellipse

Le phénomène inverse peut se trouver : les auteurs peuvent passer sous silence une partie du texte source, composant alors une **ellipse**.

Ex. : Dans *Médée* de Max Rouquette, contrairement aux versions antérieures, le spectateur ignore le destin de Médée, une fois la couverture rouge retombée. ► p. 484

La parodie

La parodie est une transformation du texte source : le thème est repris, mais le ton adopté est différent. Si la parodie a une intention ludique ou satirique (c'est le sens élargi qui est donné à ce terme), elle peut aussi être une transposition sérieuse. Un autre style est adopté.

Ex. : Queneau emploie un langage du quotidien, un niveau de langue familier et une écriture phonétique pour parodier Ronsard sans pour autant s'opposer à l'ambition du poète. ► p. 508

La subversion

Certaines réécritures utilisent divers procédés proches de la parodie pour **dénoncer** la « vision » du texte source. C'est aussi une façon pour l'auteur de s'approprier l'œuvre.

Ex. : Georges Fourest adopte un style burlesque pour détourner l'héroïne tragique de Racine, victime de la fatalité, en une reine dévoreuse d'hommes particulièrement vulgaire ► p. 506.

Ex. : Éric Chevillard dévalorise tous ses prédécesseurs pour s'affirmer l'unique auteur du conte « Le Vaillant Petit Tailleur » ► p. 512.

Le pastiche

Le texte source peut être imité : le style de l'auteur est repris, et l'auteur met en évidence ce qui le caractérise dans une intention **esthétique**, mais aussi ludique, satirique ou sérieuse.

Ex. : Dans « Le Chêne et le Roseau », Anouilh reprend en grande partie les caractéristiques de l'écriture poétique de La Fontaine dans une intention sérieuse puisqu'il s'oppose avec gravité à la morale de La Fontaine. ► p. 510

TEXTE A William Shakespeare, *Hamlet* (1603)

Le père d'Hamlet a été empoisonné par Claudius, l'oncle d'Hamlet ; son spectre apparaît à Hamlet sur une plate-forme devant le château d'Elseneur au Danemark.

Une autre partie de la plate-forme.
Entrent Hamlet et Le Spectre.

HAMLET. – Où veux-tu me conduire ? Parle, je n'irai pas plus loin.

LE SPECTRE. – Écoute-moi bien.

HAMLET. – J'écoute.

LE SPECTRE. – L'heure est presque arrivée où je dois retourner dans les flammes sulfureuses qui servent à mon tourment.

HAMLET. – Hélas ! pauvre ombre !

LE SPECTRE. – Ne me plains pas, mais prête ta sérieuse attention à ce que je vais te révéler.

HAMLET. – Parle ! je suis tenu d'écouter.

LE SPECTRE. – Comme tu le seras de tirer vengeance, quand tu auras écouté.

HAMLET. – Comment ?

LE SPECTRE. – Je suis l'esprit de ton père, condamné pour un certain temps à errer la nuit, et, le jour, à jeûner dans une prison de flamme, jusqu'à ce que le feu m'ait purgé des crimes noirs commis aux jours de ma vie mortelle. S'il ne m'était pas interdit de dire les secrets de ma prison, je ferais un récit dont le moindre mot labourerait ton âme, glacerait ton jeune sang, ferait sortir de leurs sphères tes yeux comme deux étoiles, déferait le nœud de tes boucles tressées, et hérisserait chacun de tes cheveux sur ta tête comme des piquants sur un porc-épic furieux. Mais ces descriptions du monde éternel ne sont pas faites pour des oreilles de chair et de sang. Écoute, écoute ! Oh ! Écoute ! Si tu as jamais aimé ton tendre père…

HAMLET. – Ô ciel !

LE SPECTRE. – Venge-le d'un meurtre horrible et monstrueux.

HAMLET. – D'un meurtre ?

LE SPECTRE. – Un meurtre horrible ! le plus excusable l'est ; mais celui-ci fut le plus horrible, le plus étrange, le plus monstrueux.

HAMLET. – Fais-le-moi vite connaître, pour qu'avec des ailes rapides comme l'idée ou les pensées d'amour, je vole à la vengeance !

LE SPECTRE. – Tu es prêt, je le vois. Tu serais plus inerte que la ronce qui s'engraisse et pourrit à l'aise sur la rive du Léthé[1], si tu n'étais pas excité par ceci. Maintenant, Hamlet, écoute ! On a fait croire que, tandis que je dormais dans mon jardin, un serpent m'avait piqué. Ainsi, toutes les oreilles du Danemark ont été grossièrement abusées par un récit forgé de ma mort. Mais sache-le, toi, noble jeune homme ! le serpent qui a mordu ton père mortellement porte aujourd'hui sa couronne.

HAMLET. – Ô mon âme prophétique ! Mon oncle ?

LE SPECTRE. – Oui, ce monstre incestueux, adultère, par la magie de son esprit, par ses dons perfides (oh ! maudits soient l'esprit et les dons qui ont le pouvoir de séduire à ce point !), a fait céder à sa passion honteuse la volonté de ma reine, la plus vertueuse des femmes en apparence… Ô Hamlet, quelle chute ! […]

Traduction de François-Victor Hugo

1. fleuve de l'Oubli dans la mythologie grecque.

TEXTE B Jean Cocteau, *La Machine infernale* (1934)

La Machine infernale *est une réécriture du mythe d'Œdipe. La pièce commence par un dialogue entre des soldats qui ont vu sur les remparts de Thèbes le spectre du roi Laïus, père d'Œdipe et époux de Jocaste. Ils ont averti cette dernière ainsi que Tirésias – le devin aveugle de Thèbes. Jocaste interroge le soldat qui a vu le spectre.*

[…] **LE JEUNE SOLDAT.** – Il parlait vite et beaucoup, Majesté, beaucoup, et il s'embrouillait, et il n'arrivait pas à dire ce qu'il voulait dire.

JOCASTE. – C'est lui ! Pauvre cher ! Mais pourquoi sur ces remparts ? Cela empeste…

LE JEUNE SOLDAT. – C'est justement, Majesté… Le fantôme disait que c'est à cause des marécages et des vapeurs qu'il pouvait apparaître.

JOCASTE. – Que c'est intéressant ! Tirésias, jamais vous n'apprendrez cela dans vos volailles. Et que disait-il ?

TIRESIAS. – Madame, madame, au moins faudrait-il interroger avec ordre. Vous allez faire perdre la tête à ce pauvre gamin.

JOCASTE. – C'est juste, Zizi, très juste.

Au jeune soldat.

Comment était-il ? Comment le voyiez-vous ?

LE JEUNE SOLDAT. – Dans le mur, Majesté. C'est comme qui dirait une espèce de statue transparente. On voit surtout la barbe et le trou noir de la bouche qui parle, et une tache rouge, sur la tempe, une tache rouge vif.

JOCASTE. – C'est du sang !

LE JEUNE SOLDAT. – Tiens ! On n'y avait pas pensé.

JOCASTE. – C'est une blessure ! C'est épouvantable ! *(Laïus apparaît.)* Et que disait-il ? Avez-vous compris quelque chose ?

LE JEUNE SOLDAT. – C'est difficile, Majesté. Mon camarade a remarqué qu'il se donnait beaucoup de mal pour apparaître, et que chaque fois qu'il se donnait du mal pour s'exprimer clairement, il disparaissait ; alors il ne savait plus comment s'y prendre.

JOCASTE. – Le pauvre !

LE FANTÔME. – Jocaste ! Jocaste ! Ma femme Jocaste !

Ils ne le voient ni ne l'entendent pendant toute la scène.

TIRESIAS, *s'adressant au soldat.* – Et vous n'avez rien pu saisir de clair ?

LE FANTÔME. – Jocaste !

LE SOLDAT. – C'est-à-dire, si, monseigneur. On comprenait qu'il voulait vous prévenir d'un danger, vous mettre en garde, la reine et vous, mais c'est tout. La dernière fois, il a expliqué qu'il avait su des secrets qu'il ne devait pas savoir, et que si on le découvrait, il ne pourrait plus apparaître.

LE FANTÔME. – Jocaste ! Tirésias ! Ne me voyez-vous pas ? Ne m'entendez-vous pas ?

JOCASTE. – Et il ne disait rien d'autre ? Il ne précisait rien ?

LE SOLDAT. – Dame ! Majesté, il ne voulait peut-être pas préciser en notre présence. Il vous réclamait. C'est pourquoi mon camarade a essayé de vous prévenir. […]

TEXTE C Gotlib et Alexis, *Hamlet*, *Cinémastock* (1972)

Gotlib et Alexis ont proposé dans Cinémastock *des parodies d'œuvres littéraires célèbres dont* Hamlet.

Gotlib-Alexis / Dargaud 2005

Sujet

I. Vous répondrez d'abord à la question suivante (4 points) :

Sur quels principaux procédés la parodie repose-t-elle dans les textes B et C ?

II. Vous traiterez ensuite, au choix, l'un des sujets suivants (16 points) :

1. Commentaire

Vous commenterez le texte de Jean Cocteau (Texte B).

2. Dissertation

Une réécriture éclaire-t-elle certains aspects du texte source et la connaissance de ce dernier permet-elle de mieux saisir les intentions des hypertextes ? Pour répondre à cette question, vous vous appuierez sur les textes du corpus et sur ceux présents dans ce chapitre.

3. Écriture d'invention

Réécrivez sous la forme d'un récit la parodie de Gotlib et Alexis (Texte C). Vous choisirez un narrateur extérieur et omniscient.

Quelques conseils

Pour répondre à la question ► Grille d'auto-évaluation, p. 593

- Lisez attentivement les textes B et C, et délimitez les passages qui vous amusent ou ceux dans lesquels vous percevez une intention comique.
- Lisez un résumé du mythe d'Œdipe, puis repérez dans le texte B ce qui peut amuser (caractère des personnages, niveaux de langue, situation, etc.). Repérez dans le texte C ce qui fait écho au texte A (situation, lieux, personnages, époques, dialogue, etc.).
- Recensez les procédés comiques relatifs au théâtre (comique de situation, de gestes). Vérifiez qu'on peut les retrouver dans les textes et dans la bande dessinée. Recherchez la définition de burlesque et vérifiez si les auteurs ont recours à ce procédé.

Si vous choisissez le commentaire... ► Grille d'auto-évaluation, p. 601

- Situez le texte par rapport à l'objet d'étude : « Les réécritures du XVIIe siècle à nos jours ».
- Repérez les échos à la pièce de Shakespeare et les liens avec le mythe d'Œdipe.
- Demandez-vous quels sont les registres de la scène.
- Attachez-vous à saisir le caractère de Jocaste à travers son langage et sa relation avec les différents personnages.
- Intéressez-vous à la présence et au rôle du fantôme.
- Faites attention aux noms donnés aux personnages par l'auteur ou par les personnages eux-mêmes.
- N'oubliez pas de prendre en compte les didascalies.

Si vous choisissez la dissertation... ► Grille d'auto-évaluation, p. 611

- Analysez le sujet en soulignant les termes importants.
- Lisez attentivement le libellé du sujet, il vous aidera à bâtir votre plan.
- Les exemples précis tirés du corpus et des séquences du chapitre vous permettront de trouver les arguments.

Si vous choisissez l'écriture d'invention... ► Grille d'auto-évaluation, p. 623

- Transposez de la bande dessinée au récit en exploitant les ressources qui sont propres au récit (il faudra trouver un équivalent du dessin dans les mots, par exemple).
- Exploitez les possibilités que vous offre un narrateur omniscient. N'oubliez pas que dans un récit ce dernier peut être présent ou absent.
- Le dialogue dans le récit n'obéit pas aux mêmes codes qu'au théâtre. Songez aux différents procédés existant pour rapporter la parole des personnages dans le récit.
- Le registre dominant doit être comique ; il faut qu'il traduise celui de la bande dessinée.

PARTIE II

Étude de la langue

▸▸▸ **Raymond Jonson**, *Variations de rythme*, 1931, huile sur toile (83,8 x 73,7 cm), collection privée.

MODES, TEMPS ET VALEURS

LE MODE INDICATIF

présent d'énonciation	• correspond au moment de l'écriture. • dans les paroles rapportées, renvoie à la situation d'énonciation.	Ex. : Elle avait un sourire lumineux, je le **revois** encore aujourd'hui.
présent de narration ou **présent historique**	intégré dans un récit au passé, il fait revivre un moment intense de ce récit.	Ex. : La bataille faisait rage. Soudain, les fantassins **dévalent** la colline, les cavaliers **s'élancent**…
présent de vérité générale	• traduit des faits toujours vrais, quel que soit le moment où on les évoque. • temps des maximes, des proverbes ou morales.	Ex. : Le tigre **est** un animal redoutable. / L'habit ne **fait** pas le moine.
présent d'habitude	indique une action qui se répète.	Ex. : En principe, je **fais** une petite sieste après le déjeuner.
passé proche		Ex. : J'**arrive** tout juste.
futur proche		Ex. : Je **pars** demain.

LE MODE SUBJONCTIF

Dans les indépendantes ou les principales	exprime **l'ordre** ou **le souhait**.	Ex. : Qu'il **parte** ! **Puisses**-tu me comprendre.
Dans les subordonnées conjonctives	exprime une dépendance entre deux événements, le second, exprimé dans une subordonnée au subjonctif, étant envisagé comme non réalisé, comme éventuel.	Ex. : Je partirai **avant qu'il soit rentré**.
	Attention : la conjonction *après que* est suivie de l'indicatif.	Ex. : Il est arrivé juste après qu'on l'**a appelé**.
	• apporte une **valeur restrictive** à une information exprimée dans la principale. • après les locutions conjonctives : « bien que », « à moins que », « à condition que », etc.	Ex. : **Bien qu**'il se soit entraîné sérieusement, il a réalisé un mauvais temps.

LE CONDITIONNEL

Valeur temporelle		équivaut à un **futur du passé**.	Ex. : Il a promis qu'il **viendrait**.
Valeur modale	**Dans les indépendantes ou les principales**	exprime une **hypothèse**, une **possibilité**.	Ex. : Il **devrait** arriver jeudi.
		exprime une **atténuation polie**, affective.	Ex. : **Pourriez-vous** sortir ?
		exprime une **modalisation**, un **doute** émis par le locuteur.	Ex. : Le suspect **aurait été aperçu** dans la région.
	Dans les subordonnées	exprime une **éventualité**, un **fait non réalisé** dans le **présent**.	Ex. : Il cherche qui **pourrait** faire ce devoir avec lui.
		exprime un fait dépendant de la réalisation d'une condition **exprimée** à l'imparfait **de l'indicatif**.	Ex. : Si tu travaillais, **tu réussirais**.
		exprime un fait non réalisé dans le **passé**.	Ex. : S'il était venu, il l'**aurait** vu.

IDENTIFIER LES MODES ET LES TEMPS, PUIS JUSTIFIER LEUR EMPLOI

a. À quels modes et à quels temps sont conjugués les verbes soulignés ? Justifiez leur emploi.

Lorsque vous avez annoncé le soir à Henriette que des circonstances imprévues vous obligeaient à partir le vendredi matin, ce vendredi matin qui passe, ce n'est pas le fait même de votre voyage qui l'a intriguée, puisque, plusieurs fois déjà, il vous était arrivé en effet d'être contraint pour une affaire urgente d'aller faire un saut jusqu'à la maison centrale entre deux déplacements réguliers, mais c'est l'heure inhabituelle et manifestement incommode de votre départ, choisie pour pouvoir profiter de la totalité du week-end avec Cécile, pour pouvoir déjeuner avec elle demain samedi, et aussi, il faut bien le dire, parce qu'il y a des troisièmes dans ce train-ci et que vous estimiez que cette escapade, très importante certes pour le déroulement futur de votre vie, mais dont à la rigueur vous auriez pu vous passer, évidemment non remboursée, vous coûterait ainsi déjà suffisamment cher, et c'est sur ce point précis de l'heure, du train choisi, qu'elle s'est mise à vous poser des questions, qu'il a fallu que vous inventiez de fausses raisons, sans grande habileté à vrai dire, de telle sorte qu'à chacune elle pouvait opposer facilement les plus justes objections auxquelles vous ne trouviez rien à répondre, si bien qu'elle s'étonnait d'autant plus en vous voyant vous obstiner si absurdement.

Michel BUTOR, *La Modification* (1957),

b. Identifiez les différents modes et temps utilisés et justifiez leur emploi.

Don Rodrigue a tué le père de Chimène, sa bien-aimée, pour venger l'honneur de son propre père. Dans cette scène, Don Rodrigue vient offrir sa vie à Chimène. Voici ce qu'elle répond :

CHIMÈNE À DON RODRIGUE

[…]
Tu n'as fait le devoir que d'un homme de bien ;
Mais aussi, le faisant, tu m'as appris le mien.
[…]
Hélas ! ton intérêt ici me désespère.
Si quelque autre malheur m'avait ravi mon père,
Mon âme aurait trouvé dans le bien de te voir
L'unique allègement qu'elle eût pu recevoir ;
Et contre ma douleur j'aurais senti des charmes,
Quand une main si chère eût essuyé mes larmes.
Mais il me faut te perdre après l'avoir perdu ;
[…]
Car enfin n'attends pas de mon affection
De lâches sentiments pour ta punition.
De quoi qu'en ta faveur notre amour m'entretienne,
Ma générosité doit répondre à la tienne.
[…]

Pierre CORNEILLE, *Le Cid*, III, 4 (1636).

c. Relevez les modes et les temps utilisés dans le premier paragraphe. Quel est le temps dominant ? Justifiez son emploi.

d. À quel moment s'opère un changement très net dans l'emploi des temps ? Expliquez ce changement. Quels sont les nouveaux temps employés ? Justifiez l'emploi de chacun d'eux.

À qui de nous n'est-il pas arrivé de maudire un maître de poste[1] ? Qui de nous n'a pas eu à batailler avec eux ? Qui de nous ne tient un maître de poste pour le rebut du genre humain […] ?

Pourtant, soyons justes ; tâchons de nous mettre à leur place, et peut-être les jugerons-nous alors avec un peu plus d'indulgence. Qu'est-ce qu'un maître de poste ? Un vrai martyr de quatorzième rang, que son grade préserve tout juste des coups, et encore pas toujours ! […] De véritables travaux forcés ! […]

Pénétrons tout cela bien à fond, et l'indignation fera place dans notre cœur à une commisération[2] sincère. […]

Le souvenir de l'un d'eux m'est resté particulièrement précieux. Les circonstances nous avaient rapprochés jadis, et c'est de lui que j'ai l'intention d'entretenir mes aimables lecteurs.

Au mois de mai 1816, il me fallut traverser le gouvernement de N… par la route maintenant abandonnée. […]

La journée fut chaude. À trois verstes[3] du relais de N… quelques gouttes de pluie commencèrent à tomber. […]

Arrivé au relais, mon premier souci fut de changer de vêtements au plus vite, puis de demander du thé.

Alexandre POUCHKINE, *Le Maître de poste* (1830),
in *Récits de feu Ivan Petrovitch Biekline*,

1. fonctionnaire chargé de fournir aux voyageurs des chevaux frais dans les relais de poste.
2. pitié.
3. ancienne mesure de largeur (≈ 1065 m).

Écriture d'invention **Poursuivez le texte en rédigeant un paragraphe employant le même système de temps et dans lequel apparaîtra un personnage nouveau (Ex. : la fille du maître de poste).**

L'EXPRESSION DE LA CAUSE, DE LA CONSÉQUENCE, DU BUT, DE LA CONDITION, DE L'OPPOSITION ET DE LA CONCESSION

LES MOYENS D'EXPRIMER LES CIRCONSTANCES

Les subordonnées circonstancielles (après les conjonctions de subordination « comme », « si », et les locutions conjonctives « parce que », « pour que », « afin que », « bien que ») On distingue **deux constructions :**	l'une **mobile**, présentant une information de **second plan**, pouvant être **déplacée** et **supprimée**.	Ex. : Il ne viendra pas **parce qu'il pleut**.
	l'autre **non mobile**, présentant deux propositions interdépendantes, l'une ne pouvant exister sans l'autre.	Ex. : Il pleut tellement **qu'il ne viendra pas**.
Les autres compléments	de natures grammaticales diverses : groupes prépositionnels, gérondifs, adverbes (variables selon la circonstance exprimée).	Ex. : Nous réussissons **grâce à vos conseils**. / **En partant tôt**, il a évité les embouteillages.

L'EXPRESSION DE LA CAUSE ET DE LA CONSÉQUENCE

Les liens de cause à conséquence unissent l'origine d'un fait et son résultat.

- Dans un cas, on part d'un fait pour remonter à son origine, sa cause.

Ex. : J'ai mis mes lunettes **à cause du soleil**.

- Dans l'autre cas, un fait en entraîne un autre, sa **conséquence**.

Ex. : Il fait soleil, **c'est pourquoi j'ai mis mes lunettes**.

• L'expression de la cause

La subordonnée circonstancielle de cause (après la conjonction « comme », et les locutions conjonctives « parce que », « vu que », « étant donné que », etc.)	Cause présentée comme **évidente** par le locuteur.	Ex. : **Comme** il fait beau, nous déjeunerons dehors.
	Cause présentée comme **inacceptable**, injustifiée.	Ex. : Il n'est pas venu au cinéma **sous prétexte** qu'il était souffrant.
	Cause présentée comme inacceptable suivie d'une autre cause présentée comme **juste** par le locuteur.	Ex. : Il n'est pas venu, **non parce qu'**il était souffrant, **mais parce qu'**il ne voulait pas voir ce film.
La juxtaposition	Lien de cause à effet **implicitement** établi ; deux faits présentés sur un **même plan**.	Ex. : Il pleut : elle ne viendra pas.
La coordination	Lien de cause établi par la conjonction de coordination « car ».	Ex. : Elle ne viendra pas **car** il pleut.

• L'expression de la conséquence

La subordonnée circonstancielle de conséquence	• introduite par les locutions conjonctives « si bien que », « de sorte que », « tellement que », « à tel point que », etc. • est souvent interdépendante de la principale, l'une ne peut exister sans l'autre : elles sont **corrélatives**.	Ex. : Il travaille **tellement qu'**il est épuisé. Ex. : Ce que tu m'apprends là est suffisamment important pour que je le note.

L'EXPRESSION DU BUT

La subordonnée circonstancielle de but	• est **toujours au mode subjonctif** (le but fixé peut ne pas se réaliser). • introduite par : « afin que », « pour que », « de peur que », « de façon que », etc.	Ex. : Je parle à voix basse **de peur qu'**elle ne se réveille.

L'EXPRESSION DE LA CONDITION

La condition, ou hypothèse, est l'expression d'un fait, d'une condition indispensable pour qu'un autre fait se réalise.

Hypothèse réalisable (potentiel)	« si » est suivi du **présent** ou de l'**imparfait**.	Ex. : **Si tu veux**, tu peux m'aider. / **Si tu voulais**, tu pourrais m'aider.
Hypothèse non réalisée dans le présent (irréel du présent)	« si » est suivi de l'**imparfait**.	Ex. : **S'il était là**, il pourrait m'aider !
Hypothèse non réalisée dans le passé (irréel du passé)	« si » est suivi du **plus-que-parfait**.	Ex. : **Si tu avais voulu**, tu aurais pu m'aider.

Remarque : la conjonction « si » constitue la marque privilégiée de l'hypothèse ; mais on utilisera aussi « pour le cas où », « dans l'hypothèse où » pour marquer la probabilité, « en admettant que », « à supposer que », « même si », pour une supposition à laquelle n'adhère pas le locuteur.
Ex. : **À supposer même qu'il se mette à faire beau**, il ne pourra pas terminer la clôture.

L'EXPRESSION DE L'OPPOSITION ET DE LA CONCESSION

• L'expression de l'opposition

L'opposition présente deux faits qui ne sont pas contradictoires.

La subordonnée circonstancielle d'opposition	introduite par les locutions conjonctives « alors que », « tandis que » ou par la conjonction « quand ».	Ex. : Marie est en Inde **alors que** Virginie est en Polynésie.

• L'expression de la concession

La concession oppose deux faits **contradictoires**.

La subordonnée circonstancielle de concession	introduite par les locutions conjonctives « bien que », « même si » ou par les conjonctions : « mais », « cependant », « or », « néanmoins ».	Ex. : **Bien qu'il conduise prudemment**, il a eu un accident.

1 IDENTIFIER LES MOYENS D'EXPRIMER LES CIRCONSTANCES ✱

a. Relevez tous les moyens employés par l'auteur pour exprimer les circonstances et identifiez-les.

Dans cet extrait, un jeune indigène kanak raconte comment lui et vingt des siens ont été présentés comme des bêtes sauvages aux visiteurs parisiens de l'exposition coloniale de 1931.

Au cours des jours qui ont suivi, des hommes sont venus nous dresser, comme si nous étions des animaux sauvages. [...] Nous devions creuser d'énormes troncs d'arbres, plus durs que la pierre, pour construire des pirogues tandis que les femmes étaient obligées de danser le pilou-pilou à heures fixes. [...] Le reste du temps, malgré le froid, il fallait aller se baigner et nager dans une retenue d'eau en poussant des cris de bêtes. J'étais l'un des seuls à savoir déchiffrer quelques mots que le pasteur m'avait appris, mais je ne comprenais pas la signification du deuxième mot écrit sur la pancarte fichée au milieu de la pelouse, devant notre enclos : « Hommes anthropophages de Nouvelle-Calédonie. »

Didier Daeninckx, *Cannibale* (1998), © Verdier.

b. Identifiez les différentes circonstances. Dites par quel moyen chacune d'elles est exprimée.

c. Reformulez la phrase soulignée en y introduisant une proposition subordonnée.

Le matin du 16 avril, le docteur Bernard Rieux sortit de son cabinet et buta sur un rat mort, au milieu du palier. Sur le moment, il écarta la bête sans y prendre garde et descendit l'escalier. Mais, arrivé dans la rue, la pensée lui vint que ce rat n'était pas à sa place et il retourna sur ses pas pour avertir le concierge. Devant la réaction du vieux M. Michel, il sentit mieux ce que la découverte avait d'insolite. La présence de ce rat mort lui avait paru seulement bizarre tandis que, pour le concierge, elle constituait un scandale. La position de ce dernier était d'ailleurs catégorique : il n'y avait pas de rat dans la maison. Le docteur eut beau l'assurer qu'il y en avait un sur le palier du premier étage, et probablement mort, la conviction de M. Michel restait entière. Il n'y avait pas de rats dans la maison, il fallait donc qu'on eût apporté celui-ci du dehors. Bref, il s'agissait d'une farce.

Albert Camus, *La Peste* (1947), © Éditions Gallimard.

2 DIFFÉRENCIER LA CAUSE ET LA CONSÉQUENCE ✱✱

a. Précisez la circonstance exprimée par chaque signe de ponctuation en couleur. Récrivez chaque phrase en le remplaçant d'abord par une conjonction de coordination, puis une conjonction de subordination.

L'erreur est énorme de faire résider le bonheur dans les réalités : il dépend de l'opinion qu'on a d'elles.

Érasme, *Éloge de la folie* (1509), trad. P. de Nolhac.

[...] J'ai mauvaise conscience, j'aurais dû les suivre à temps.

Eugène Ionesco, *Rhinocéros* (1959), © Éditions Gallimard.

b. Dans son chapitre des *Essais* titré « De la conscience », Montaigne examine le rôle de la torture. Quelle relation logique exprime « et » dans la première phrase ?

c. Quelle concession Montaigne fait-il sur le rôle de la torture dans la première phrase ?

d. Reformulez la deuxième phrase pour expliquer la réfutation de la torture.

C'est une dangereuse invention que celle des tortures et il semble que c'est plutôt une mise à l'épreuve de la capacité de souffrir qu'une mise à l'épreuve de la vérité. Celui qui peut les supporter cache la vérité et il en va de même pour celui qui ne peut pas les supporter.

Montaigne, *Essais*, II, 5 (1595), trad. A. Lanly, © Honoré Champion.

e. Identifiez les moyens d'exprimer les circonstances. Comment visent-elles à disculper l'accusé ?

Il était évident que si le parricide avait pu être commis, tous les accusés étaient également coupables, parce qu'ils ne s'étaient pas quittés d'un moment; il était évident qu'ils ne l'étaient pas; il était évident que le père seul ne pouvait l'être; et cependant l'arrêt condamna ce père seul à expirer sur la roue.

Voltaire, *Traité sur la Tolérance* (1763).

Écriture d'invention **Imaginez une phrase qui s'appuiera sur les mêmes liens logiques pour récuser un fait de votre choix.**

3 EXPRIMER LA CAUSE, LA CONSÉQUENCE ET LE BUT

a. Identifiez les circonstances et les manières dont elles sont exprimées.

Voici une ancienne publicité pour les pneus Michelin.

Parce qu'il y aura toujours du soleil mais aussi de la pluie.

Parce qu'il y aura toujours des virages sur les routes.

Parce qu'il y aura toujours l'imprévisible…

Vous aurez toujours besoin de bons pneus.

Pour freiner « sec » (même sous la pluie).

Pour « tenir » la route, car on peut être surpris en entrant vite dans un virage difficile.

Pour éviter l'obstacle imprévu qui se dresse brusquement devant vous…

Pour tout cela, vous aurez besoin des pneus Michelin ZX. […]

Écriture d'invention **Imaginez, en choisissant un autre objet, une publicité intégrant l'expression de ces mêmes circonstances. Vous pourrez suivre la même organisation syntaxique.**

Écriture d'invention **En utilisant les informations données ci-dessous, rédigez un court texte expliquant les effets néfastes de la pollution et militant pour des attitudes citoyennes. Utilisez des propositions circonstancielles de cause, conséquence et but.**

Les dégagements gazeux des automobiles et des usines envoient chaque année dans l'atmosphère 22 milliards de tonnes de CO_2. Les océans et la végétation n'absorbent plus que la moitié du supplément dû aux activités humaines. L'augmentation de la température fait fondre les glaces. La fonte des glaces entraîne une hausse du niveau des mers. Le réchauffement provoque des désordres climatiques (tempêtes, inondations…). Des énergies ne sont pas polluantes (vent, énergie solaire). Des constructions modernes sont faites à partir de matériaux naturels.

b. Voici ce qu'écrit Montesquieu pour introduire sa réflexion sur l'esclavage. Indiquez les liens logiques qui unissent les trois propositions. Pourquoi ces faits ne peuvent-ils pas constituer des arguments ?

Les peuples d'Europe ayant exterminé ceux de l'Amérique, ils ont dû mettre en esclavage ceux de l'Afrique, pour s'en servir à défricher tant de terres.

MONTESQUIEU, *De l'esprit des lois* (1748).

4 IDENTIFIER, EXPRIMER ET INTERPRÉTER LA CONDITION

Relevez les subordonnées circonstancielles, identifiez-les et dites quel effet elles produisent dans l'évocation du souvenir.

Dans ce court extrait des Vrilles de la vigne, *Colette évoque le pays de son enfance.*

Si tu passais en juin, entre les prairies fauchées, à l'heure où la lune ruisselle sur les meules rondes qui sont les dunes de mon pays, tu sentirais, à leur parfum, s'ouvrir ton cœur. […]

Et si tu arrivais, un jour d'été, dans mon pays, au fond d'un jardin que je connais, un jardin noir de verdure et sans fleurs, si tu regardais bleuir, au lointain, une montagne ronde où les cailloux, les papillons et les chardons se teignent du même azur mauve et poussiéreux, tu m'oublierais, et tu t'assoirais là, pour n'en plus bouger jusqu'au terme de ta vie.

Écoute encore, donne tes mains dans les miennes : si tu suivais, dans mon pays, un petit chemin que je connais, jaune et bordé de digitales d'un rose brûlant, tu croirais gravir le sentier enchanté qui mène hors de la vie.

COLETTE, *Les Vrilles de la vigne* (1908),

5 IDENTIFIER ET INTERPRÉTER L'OPPOSITION

Relevez et identifiez les marques de l'opposition. Quel est l'objectif de cet article de Nicolas Hulot ?

Certes, les grands rassemblements ponctuels permettent d'appeler l'attention des opinions publiques sur un problème grave. […] Mais sur le plan politique, les négociations patinent. […] On est ahuri de constater la frilosité des promesses des pays étant donné les enjeux fondamentaux que représentent les changements climatiques. Parfois, les débats relèvent des discussions syndicales alors qu'il s'agit, ni plus ni moins, de cesser de compromettre notre avenir à tous ! Car l'effet de serre est l'un des fléaux qui conduisent à s'engager dans le fameux « tunnel de l'irréversibilité » […]. Certes, personne ne peut prévoir avec exactitude la montée du niveau de la mer, personne ne peut certifier que les aberrations climatiques […] résultent directement de l'effet de serre […]. Or, ce n'est pas parce que les scientifiques ne peuvent pas tout prouver qu'il ne faut rien faire […].

Nicolas HULOT, *Sciences et nature* n° 100, « Effet de serre, effets de manche », novembre/décembre 2000.

LES DISCOURS RAPPORTÉS

Il existe quatre façons de rapporter un discours, réellement prononcé ou prêté à un personnage : le **discours direct** ; le **discours indirect** ; le **discours indirect libre** ; le **discours narrativisé**.

Les discours **direct** et **indirect** dépendent souvent d'un **verbe introducteur** parfois neutre comme « dire », « répondre », « répéter » ; parfois porteur d'un jugement du narrateur par rapport aux propos rapportés comme « prétendre », « insinuer » ; parfois précisant la manière d'énoncer les paroles avec des verbes comme « bégayer », « murmurer », « hurler », etc.

Ex. : « Ne fais pas de bruit », **chuchote** maman. / Claire **insinue** que Paul a menti.

Discours direct	rapporte fidèlement les propos tenus par un personnage, à la première personne du présent de l'indicatif, temps de référence. Le locuteur laisse la parole à ce personnage.	– verbe introducteur. – ponctuation caractéristique : guillemets, tirets, points d'interrogation, points d'exclamation, points de suspension. – dans le cas de dialogues, mise en page structurée par des alinéas et des tirets qui marquent les tours de parole. – emploi de la 2e personne pour s'adresser à un interlocuteur.	Ex. : « Quand Maigret rentra à l'hôtel de l'Amiral, le patron l'accrocha par la manche. – Il faut que je vous parle commissaire… – Vous allez avant tout me servir à déjeuner. – Mais… » Georges SIMENON
Discours indirect	intégré au récit et pris en charge par le narrateur. Le « je » disparaît, les temps employés sont ceux du récit.	subordonnée conjonctive, complément d'objet direct d'une proposition principale construite autour d'un verbe de parole.	Ex. : Il m'a affirmé **que Paul viendrait.**
		subordonnée interrogative indirecte lorsque c'est une question qui est rapportée.	Ex. : Il m'a demandé **si Paul viendrait.** → correspond au discours direct initial : Il m'a demandé : « Paul viendra-t-il ? »
		infinitif.	Ex. : Il affirme **pouvoir venir cet après-midi.**
Discours indirect libre	rapporte des paroles à la façon du discours indirect, en adaptant les **pronoms** et les **temps** pour **insérer les paroles rapportés dans le récit.**	ne présente ni **subordonnant** ni **verbe de parole.**	Ex. : « **J'essayai de leur démontrer que le fugitif ne pouvait être que mort :** il avait dû se terrer dans un coin, les chiens le retrouveraient lorsqu'il se mettrait à sentir. » Laurent GAUDÉ
Discours narrativisé	résume en quelques mots des propos souvent longs et déjà connus ou peu utiles.	l'énoncé relève du récit.	Ex. : **Il lui raconta à nouveau son accident.** **Il m'a dit sa colère.**

IDENTIFIER LES DISCOURS RAPPORTÉS ET ANALYSER LEUR EMPLOI

a. Identifiez les différents discours rapportés.

b. Pourquoi le discours direct est-il si peu utilisé ?

c. Un passage au discours direct n'est pas ponctué de façon habituelle. Lequel et pourquoi ?

d. Relevez les verbes de parole et dites de quel type d'échange ils sont représentatifs.

Dans cet extrait de La Ferme des animaux *de George Orwell, Boule de Neige et Napoléon, deux verrats (porcs), discutent avec les animaux de la ferme de la manière de prendre le pouvoir aux hommes. Boule de Neige pense que la construction d'un moulin à vent s'impose.*

Toute la ferme était profondément divisée sur la question du moulin à vent. Boule de Neige ne niait pas que la construction en serait malaisée. Il faudrait extraire la pierre de la carrière pour en bâtir les murs, puis fabriquer les ailes, ensuite il faudrait encore se procurer les dynamos et les câbles. (Comment ? Il se taisait là-dessus.) Pourtant, il ne cessait d'affirmer que le tout serait achevé en un an. Dans la suite, il déclara que l'économie en main-d'œuvre permettrait aux animaux de ne plus travailler que trois jours par semaine. Napoléon, quant à lui, arguait que l'heure était à l'accroissement de la production alimentaire. « Perdez votre temps, disait-il, à construire un moulin à vent, et tout le monde crèvera de faim ». Les animaux se constituèrent en factions rivales, avec chacune son mot d'ordre, pour l'une : « Votez pour Boule de Neige et la semaine de trois jours ! », pour l'autre : « Votez pour Napoléon et la mangeoire pleine ! » Seul Benjamin ne s'enrôla sous aucune bannière. Il se refusait à croire à l'abondance de nourriture comme à l'extension des loisirs. Moulin à vent ou pas, disait-il, la vie continuera pareil, mal, par conséquent.

George Orwell, *La Ferme des animaux* (1981), trad. J. Quéval, © Éditions Ivréa.

Écriture d'invention Transformez l'extrait ci-dessus en une courte scène de théâtre. Respectez bien les codes du genre (mise en page, ponctuation, didascalies, etc.).

e. « Il me dit [...] les Anglais » : dans ce paragraphe du texte de Marguerite Duras, identifiez les types de discours rapportés. Justifiez ces choix.

f. Relevez la phrase dans laquelle deux types de discours s'enchaînent et justifiez ce choix.

g. Comment Marguerite Duras rend-elle compte de l'accent italien dans les discours rapportés ?

Dans ce dialogue écrit par Marguerite Duras, le narrateur héros a pris place à bord d'une camionnette dont le chauffeur a accepté de le conduire à Florence en Italie.

– C'est la première fois que vous venez en Italie ?
– La première fois.
– Il y a longtemps que vous êtes là ?
– Quinze jours.
– Alors, les Italiens, comment vous les trouvez ?

Il me posa la question sur un ton provocant, avec une arrogance un peu enfantine. Puis il attendit ce que j'allais dire, l'air fermé tout à coup, faussement attentif à la conduite de sa camionnette.

– Je ne peux pas très bien savoir encore, dis-je, je n'en connais pas. Mais, quand même, il me semble qu'on peut difficilement ne pas les aimer.

Il sourit.

– Ne pas aimer les Italiens, dis-je, c'est ne pas aimer l'humanité.

Il se détendit tout à fait. [...]

– Et Pise, c'est belle Pise, non ?
– Oh oui, dis-je, c'est belle.
– Heureusement, la place, elle a pas été touchée par les bombes.
– Heureusement. [...]

Il me dit qu'il s'intéressait à la politique, depuis la libération, ou, surtout depuis qu'il avait fait partie d'un comité d'usine dans le Piémont. C'était la plus belle période de sa vie. Lorsque ces comités avaient été dissous, dégoûté, il était revenu en Toscane. Mais il regrettait Milan, « parce que c'est vivante, Milan ». Il parla beaucoup de ces comités d'usine, de ce qu'avaient fait les Anglais.

– C'est dégoûtant ce qu'ils ont fait là, non ?

La chose lui importait beaucoup. Il recommença à parler de lui. Maintenant, il était maçon à Pise. Beaucoup de reconstruction à Pise. La camionnette, elle était à lui. Il l'avait eue à la libération et il l'avait gardée.

Marguerite Duras, *Le Marin de Gibraltar* (1952), © Éditions Gallimard.

h. Sous quelles formes les propos sont-ils rapportés dans la phrase suivante. Qu'est-ce qui peut expliquer ce choix ?

Et puis Allan s'était empressé de passer à un autre sujet, expliquant que son père avait été un des plus proches collaborateurs du tsar Nicolas.

Jonas Jonasson, *Le vieux qui ne voulait pas fêter son anniversaire* (2011), trad. C. Berg, © Presses de la Cité.

Écriture d'invention Imaginez quelques lignes de dialogue qui développeraient cette explication.

LE CHAMP SÉMANTIQUE

Le champ sémantique est l'ensemble des significations que peut prendre un mot dans différents contextes. On appelle **signifiant** l'image graphique (les lettres) et sonore (la prononciation) d'un mot et **signifié** ce qui en constitue le sens.

Attention à ne pas confondre « champ sémantique » et « champ lexical » : dans un texte, un champ lexical rassemble les mots se rapportant à un même thème mais n'appartenant pas nécessairement à la même catégorie grammaticale.

L'allitération	répétition **de sons consonnes.**	Ex. : « Il a deux trous rouges au côté droit. » Arthur RIMBAUD
L'assonance	répétition de **sons voyelles.**	Ex. : « Sonn**ez**, sonn**ez** toujours clairons de la pens**ée**. » Victor HUGO
Les homonymes entretiennent des relations particulières entre signifiant et signifié	les **signifiants** (son et graphie) sont **identiques.**	Ex. : « la **mousse** de la bière » et « le **mousse** de l'équipage du navire » : ces deux mots sont différents, ils n'ont pas la même étymologie.
	les **sons** sont **identiques**, mais les **graphies** sont **différentes** (homophones).	Ex. : Le cheval **mort mord** encore son **mors**.
	les **graphies** sont **identiques** mais les **sons diffèrent.**	Ex. : Les poules du **couvent couvent**.
Les paronymes	mots de **sens différent** ayant une **prononciation très proche**, parfois source de confusion.	Ex. : allocution/allocation ; perpétuer/perpétrer…
Les synonymes	mots de **sens voisin** et appartenant à la **même catégorie grammaticale** (noms, adjectifs, verbes).	Ex. : pleurer, sangloter, gémir, larmoyer…
Les antonymes	mots de **sens opposé.**	Ex. : grand/petit ; gentil/méchant…
La polysémie d'un mot (ensemble des significations que peut recouvrir ce mot)	peut se construire sur la distinction **sens propre/sens figuré.**	Ex. : « Son **cœur** bat très vite. » évoque l'image concrète du cœur (son sens propre). « Je suis au **cœur** du sujet. » constitue une image abstraite (sens figuré).
	peut se révéler par ses divers emplois et ses comportements syntaxiques.	Ex. : Le verbe « se rendre » peut signifier : – « capituler » : Les soldats vaincus **se sont rendus** à leurs ennemis. – « être » : Je **me suis rendu** utile. – « aller » : Je **me rends** à Paris.

1 DISTINGUER LES EFFETS PRODUITS PAR LES JEUX DE SONORITÉS

Relevez les assonances et les allitérations, puis précisez les effets produits sur le sens du poème.

L'invitation au voyage

Mon enfant, ma sœur,
Songe à la douceur
D'aller là-bas vivre ensemble !
Aimer à loisir,
Aimer et mourir
Au pays qui te ressemble !
Les soleils mouillés
De ces ciels brouillés
Pour mon esprit ont les charmes
Si mystérieux
De tes traîtres yeux,
Brillant à travers leurs larmes. […]

Charles BAUDELAIRE, *Les Fleurs du mal* (1857).

2 ANALYSER UN CHAMP LEXICAL

a. Relevez le champ lexical de la guerre puis celui de la mythologie. Qu'apporte ce dernier au récit ?

Deux coqs vivaient en paix : une poule survint,
Et voilà la guerre allumée.
Amour, tu perdis Troie ! et c'est de toi que vint
Cette querelle envenimée
Où du sang des dieux même on vit le Xanthe teint.
Longtemps entre nos coqs le combat se maintint :
Le bruit s'en répandit par tout le voisinage.
La gent qui porte crête au spectacle accourut :
Plus d'une Hélène au beau plumage
Fut le prix du vainqueur […]

Jean de LA FONTAINE, *Fables* (1668), VII, 12, « Les deux coqs ».

b. Quel champ lexical repérez-vous ? Relevez-en tous les éléments et précisez qui est visé.

À la cour du roi, l'âne avoue son « méfait » :

Quelque diable aussi me poussant,
Je tondis de ce pré la largeur de ma langue.
Je n'en avais nul droit, puisqu'il faut parler net.
À ces mots, on cria haro sur le baudet.
Un Loup quelque peu clerc prouva par sa harangue
Qu'il fallait dévouer ce maudit animal,
Ce pelé, ce galeux, d'où venait tout leur mal.
Sa peccadille fut jugée un cas pendable.
Manger l'herbe d'autrui ! quel crime abominable !
Rien que la mort n'était capable
D'expier son forfait : on le lui fit bien voir.
Selon que vous serez puissant ou misérable,
Les jugements de cour vous rendront blanc ou noir.

Jean de LA FONTAINE, *Fables* (1668), VII, 1, « Les Animaux malades de la peste ».

3 JOUER AVEC L'HOMOPHONIE ET LA POLYSÉMIE

Relevez et analysez tous les procédés utilisés par Raymond Devos pour créer un effet comique.

Il y a des verbes qui se conjuguent
très irrégulièrement.
Par exemple, le verbe « OUÏR ».
Le verbe ouïr au présent, ça fait :
J'ois… j'ois…
Si au lieu de dire « j'entends », je dis « j'ois »,
les gens vont penser que ce que j'entends est joyeux
alors que ce que j'entends peut être
particulièrement triste.
Il faudrait préciser :
« Dieu, que ce que j'ois est triste ! »
J'ois…
Tu ois…
Tu ois mon chien qui aboie le soir au fond des bois ?
Il oit…
Oyons-nous ?
Vous oyez…
Ils oient.
C'est bête !
L'oie oit. Elle oit, l'oie !
Ce que nous oyons, l'oie l'oit-elle ?
Si au lieu de dire « l'oreille »
on dit « l'ouïe », alors :
l'ouïe de l'oie a ouï.
Pour peu que l'oie appartienne à Louis :
« L'ouïe de l'oie de Louis a ouï. »
« Ah oui ? Et qu'a ouï l'ouïe de l'oie de Louis ? »
« Elle a ouï tout ce que toute oie oit… »
« Et qu'oit toute oie ? »
« Toute oie oit, quand mon chien aboie
le soir au fond des bois,
toute oie oit ouah ! ouah !
Qu'elle oit, l'oie !… »

Raymond DEVOS, *À plus d'un titre* (2005). © Plon.

4 JOUER AVEC LES PARONYMES

Utilisez chacun des paronymes proposés dans une phrase qui permettra d'en éclairer le sens.

abjurer/adjurer ; affection/affectation ; éruption/irruption ; évoquer/invoquer ; exode/exorde

LES PRINCIPALES DIFFICULTÉS ORTHOGRAPHIQUES

LES ACCORDS DES PARTICIPES PASSÉS (VERBES NON PRONOMINAUX)

Sans auxiliaire	s'accorde en genre et en nombre avec le nom auquel il se rapporte, **comme un adjectif**.	Ex. : Il faut corriger l'orthographe des mots **soulignés**.
Employé avec l'auxiliaire « être »	s'accorde en genre et en nombre **avec le sujet du verbe conjugué**.	Ex. : **Ils** étaient partis quand **elle** est arrivée.
Employé avec l'auxiliaire « avoir »	s'accorde **avec le COD si celui-ci est placé avant l'auxiliaire.**	Ex. : Les pommes **qu'**il avait trouv**ées** étaient immangeables. Il **les** a pourtant mang**ées**. (**qu'** = COD = les pommes) (**les** = COD = les pommes)
	Exception : devant un **verbe à l'infinitif**, le **participe passé** de « **faire** » reste **invariable**, même si le COD est placé devant le verbe.	Ex. : Les travaux que j'ai **fait** faire n'avancent pas vite !

LES HOMOPHONES GRAMMATICAUX

Quoi que	introduit à chaque fois une concession et peut être remplacé par « quelle que soit la chose que ».	Ex. : **Quoi qu'**il en dise, il ne sera jamais prêt pour Noël. (= **quelle que soit la chose qu'**il dise)
Quoique	peut être remplacé par « bien que ».	Ex. : **Quoiqu'**il serait juste de le faire, je ne le laisserai pas partir. (= **bien qu'**il serait juste…)

Quelque	est invariable quand il signifie **environ**, **un certain**, ou **un quelconque**.	Ex. : Il y avait **quelque** (= environ) deux cents personnes au concert.
Quelques	au pluriel, signifie **plusieurs**.	Ex. : Il y a **quelques** élèves absents.
Quelque … que	Si **quelque … que** encadre un **nom**, « quelque » **s'accorde** avec ce nom.	Ex. : Quelques compliment**s que** l'on vous fasse, je vous conseille de refuser.
	Si **quelque … que** encadre un **adjectif**, quelque reste **invariable**.	Ex. : **Quelque** pressé **qu'**ils soient, ils m'attendront.
Quel que	ne s'emploie qu'avec un **verbe d'état** conjugué au **subjonctif** et « quel » s'accorde avec le **sujet inversé.** On peut le remplacer par « n'importe lequel ».	Ex. : **Quels que** soient vos doutes, prenez le risque. (= Que vos doutes soient **n'importe lesquels.**)

C'est / c'était	peuvent être remplacés par « cela est » ou « cela était », ils sont aussi caractéristiques du gallicisme « c'est … que » (ou qui) ou « c'était … qui ».	Ex. : **C'est** lui qui **s'est** trompé. (= C'est moi qui **me** suis trompé.)
S'est / s'était	« s' » (= se) est un **pronom réfléchi**, souvent la marque d'un **verbe pronominal.** « Se » peut donc être remplacé par un autre **pronom personnel complément d'objet**.	

LES HOMOPHONES VERBAUX

- La bonne orthographe dépend de la bonne identification des temps et des personnes.
- La forme infinitive en « er » peut s'identifier facilement en remplaçant l'infinitif par un verbe du troisième groupe.

Ex. : On peut remplacer « parler » par « dire » → on écrit « Je l'ai entendu **parler** ».

J'ai	**Indicatif présent**	On peut remplacer par « tu **as** » → on écrit « j'**ai** ».
Que j'aie	**Subjonctif présent**	On peut remplacer par « que tu **aies** » → on écrit « que j'**aie** ».

Je cours	**Indicatif présent**	On peut remplacer par « je fais » → on écrit « je cours ».
Que je coure	**Subjonctif présent**	On peut remplacer par « que je **fasse** » → on écrit « que je **coure** ».

Je marchais	**Indicatif imparfait**	On peut remplacer par « tu march**ais** » → on écrit « Je march**ais** ».
Je marchai	**Indicatif passé simple**	On peut remplacer par « tu march**as** » → on écrit « Je march**ai** ».

J'aurai fini [quand tu arriveras.]	**Indicatif futur (simple ou antérieur)**	On peut remplacer par « tu aur**as** » → on écrit « j'aur**ai** ».
J'aurais fini [si je n'avais pas été dérangé.]	**Conditionnel 1re ou 2e forme**	On peut remplacer par « tu aur**ais** » → on écrit « j'aur**ais** ».

LES ACCORDS PARTICULIERS DE L'ADJECTIF

• L'adjectif loin du nom

Un **adjectif** dépend toujours d'un **nom** qu'il **qualifie** (et dont il peut être **éloigné**). Il faut rechercher cette dépendance pour l'accorder.	Ex. : Réfugiés sous la toiture et attendant la fin d'une interminable averse, deux oiseaux chantent.

• Les adjectifs de couleur

Les adjectifs de couleur **composés** d'un **nom** ou d'un **adjectif** sont **invariables**.	Ex. : des pantalons **bleu marine** ; des cheveux **châtain clair**.
Les adjectifs de couleur provenant **d'un nom employé comme adjectif** sont **invariables**.	Ex. : des chaussures **olive** ; des gants **marron** ; des écharpes **orange**.

Remarque : cette règle **ne s'applique pas dans tous les cas** et peut varier.

Ex. : des chaussettes **mauves** ; des couleurs **fauves** ; des joues **roses**.

1 ACCORDER LES PARTICIPES PASSÉS

a. Conjuguez les infinitifs entre parenthèses à l'indicatif plus-que-parfait.

Depuis son veuvage, personne n'*(soupçonner)* les rendez-vous dangereux donnés à Kostis pendant les nuits sans lune, de sorte qu'au plat de sa joie *(manquer)* le piment d'un spectateur. Quand les yeux méfiants des matrones *(se poser)* sur la taille alourdie de la jeune femme, elles *(s'imaginer)* tout au plus que la veuve du pope *(se laisser)* séduire par un marchand ambulant, par un ouvrier de ferme, comme si ces gens-là étaient de ceux avec qui Aphrodissia eût consenti à coucher. Et il *(falloir)* accepter avec joie ces soupçons humiliants et ravaler son orgueil avec plus de soin encore qu'elle retenait ses nausées. Et lorqu'elles l'*(revoir)* quelques semaines plus tard, le ventre plat sous ses jupons lâches, toutes *(se demander)* ce qu'Aphrodissia *(pouvoir)* bien faire pour se débarrasser si facilement de son fardeau.

Marguerite YOURCENAR, *Nouvelles orientales* (1938), © Éditions Gallimard.

b. Conjuguez les infinitifs entre parenthèses aux temps qui conviennent en justifiant vos choix.

Le prince de Clèves devint passionnément amoureux de mademoiselle de Chartres, et souhaitait ardemment de l'épouser; mais il craignait que l'orgueil de madame de Chartres ne *(être)* blessé de donner sa fille à un homme qui n'était pas l'aîné de sa maison. Cependant cette maison était si grande, et le comte d'Eu, qui en *(être)* l'aîné, venait d'épouser une personne si proche de la maison royale, que c'était plutôt la timidité que *(donner)* l'amour, que de véritables raisons, qui causaient les craintes de monsieur de Clèves. Il *(avoir)* un grand nombre de rivaux : le chevalier de Guise lui paraissait le plus redoutable par sa naissance, par son mérite, et par l'éclat que la faveur donnait à sa maison. Ce prince était devenu amoureux de mademoiselle de Chartres le premier jour qu'il l'*(voir)*; il s'*(apercevoir)* de la passion de monsieur de Clèves, comme monsieur de Clèves s'était aperçu de la sienne. Quoiqu'ils fussent amis, l'éloignement que donnent les mêmes prétentions ne leur *(permettre)* pas de s'expliquer ensemble; et leur amitié s'*(refroidir)*, sans qu'ils eussent eu la force de s'éclaircir. L'aventure qui *(arriver)* à monsieur de Clèves, d'avoir vu le premier mademoiselle de Chartres, lui paraissait un heureux présage, et *(sembler)* lui donner quelque avantage sur ses rivaux.

Madame de LA FAYETTE, *La Princesse de Clèves* (1678).

c. Les participes passés ont été remplacés par leur forme à l'infinitif. Accordez-les en respecant les règles.

1 Nous avons (*marcher*) longtemps sur la plage. Le soleil était maintenant écrasant. Il se brisait en morceaux sur le sable et sur ma mer. J'ai (*avoir*) l'impression que Raymond savait où il allait, mais c'était sans doute faux. Tout au bout de la plage, nous sommes (*arriver*) enfin à une petite source qui coulait dans le sable, derrière un gros rocher. Là, nous avons (*trouver*) nos deux Arabes. Ils étaient (*coucher*), dans leurs bleus de chauffe graisseux. Ils avaient l'air tout à fait calmes et presque contents. Notre venue n'a rien (*changer*).

Albert CAMUS, *L'Étranger* (1942), © Éditions Gallimard.

2 Il y a deux sortes de morts qui essaient sans cesse d'atteindre le fleuve, commenta le curé à voix basse. Les premiers sont les ombres des enfants morts-(*naître*). Ils n'ont pas (*avoir*) de vie, sont (*passer*) directement du ventre de leur mère aux terres sèches des Enfers. Ils s'agglutinent sur les berges du fleuve comme des insectes (*attirer*) par la lumière. Ils veulent vivre, ne serait-ce que quelques heures. Mais les soldats de la mort les repoussent sans cesse.

– Et les autres ? demanda Matteo.

– Ce sont ceux qui sont (*mourir*) d'une mort violente, (*arracher*) à la vie en une seconde, succombant à un accident ou à un crime alors qu'ils avaient encore tant de choses à accomplir. [...] Ils veulent à tout prix achever ce qu'ils ont (*laisser*) là-bas, reprendre leur vie à l'instant où on la leur a (*voler*). Ils ont (*manquer*) au monde du jour au lendemain, ils sont (*partir*) sans pouvoir dire au revoir à ceux qu'ils aimaient et ils bouillonnent de rage pour l'éternité.

Laurent GAUDÉ, *La Porte des Enfers*, © Actes Sud, 2008.

2 ORTHOGRAPHIER LES HOMOPHONES GRAMMATICAUX

a. Retenez, dans les deux phrases suivantes, la proposition juste. Puis, poursuivez le texte avec cinq phrases en jouant avec les mêmes homophones grammaticaux et en puisant votre inspiration dans les *Fables* de La Fontaine.

(Quoi qu'/Quoiqu') on en dise et *(quoi qu'/quoiqu')* il soit distrait, le lièvre est plus rapide que la tortue ! *(Quel que/quelque)* gourmand qu'il soit, on n'a jamais vu un oiseau *(quel qu'/quelqu')* il soit, et encore moins un corbeau, manger un fromage !

b. Remplacez les parenthèses par s' / c' / se / ce.

( )'est dans le nouveau roman que le statut du personnage a été remis en cause. Il ne ( )'est plus agi de donner l'illusion de la réalité. ( ) n'est plus l'intrigue, ( ) n'est plus la narration qui sont essentielles, mais bien plutôt le mouvement même de l'écriture. Le monologue intérieur ( ) substitue à l'action, les thèmes ( )'entrecroisent, les descriptions ( ) perdent dans une minutie excessive.

( )'est en fait la contestation des conventions romanesques qui ( ) est ainsi manifestée sous la plume d'auteurs comme N. Sarraute, A. Robbe-Grillet ou M. Butor.

( )'est autour des années 1950 que ( ) nouveau type de roman est apparu.

3 ORTHOGRAPHIER LES HOMOPHONES VERBAUX ✲✲

a. Remplacez les parenthèses par les terminaisons é / er / ait.

Il me dit que, dans la pensée qu'on pourr( ) le soupçonn( ) d'avoir eu part à l'enlèvement de Manon, il ét( ) all( ) le matin à l'hôpital et qu'il av( ) demand( ) à la voir en feignant d'ignor( ) ce qui ét( ) arriv( ); qu'on ét( ) si éloign( ) de nous accus( ), ou lui, ou moi, qu'on s'ét( ) empress( ), au contraire, de lui apprendre cette aventure comme une étrange nouvelle [...].

Abbé PRÉVOST, *Manon Lescaut* (1731).

b. Remplacez les parenthèses par les bonnes terminaisons : é / és / ées / ais / aient.

Les souvenirs que nous avons gard( ) des gens que nous avons connus n'ont pas plus d'intensité, plus de « vie » que ces petites images précises et color( ) qu'ont grav( ) dans notre esprit la botte, par exemple, la botte souple en cuir tartare, orn( ) de broderies d'argent, qui chauss( ) le pied du vieux prince, ou sa courte pelisse de velours bord( ) d'un col de zibeline et son bonnet, ou ses mains osseuses et dures qui serr( ) comme des pinces, ses petites mains sèches de vieillard, aux veines saillantes, et les scènes continuelles qu'il fais( ), ses sorties, nous paraissent plus « réelles » souvent, plus « vraies », que toutes les scènes du même genre auxquelles nous n'avons nous-mêmes jamais assist( ).

Nathalie SARRAUTE, *Portrait d'un inconnu* (1956), © Éditions Gallimard.

c. Remplacez les parenthèses par les terminaisons é / és / ée / ées / er / ait / aient.

Une neige épaisse couvr( ) le village. La colline était cach( ) par la brume et par la nuit, nul rayon de lumière n'indiqu( ) le grand château. K. resta longtemps sur le pont de bois qui men( ) de la grand-route au village, les yeux lev( ) vers ces hauteurs qui sembl( ) vides.

Puis il alla cherch( ) un gîte; les gens de l'auberge n'étaient pas encore au lit; on n'avait pas de chambre à lou( ), mais, surpris et déconcerté par ce client qui ven( ) si tard, l'aubergiste lui proposa de le faire couch( ) sur une paillasse dans la salle. K. Accepta. Il y avait encore là quelques paysans attabl( ) autour de leurs chopes, mais, ne voulant parl( ) à personne, il alla cherch( ) lui-même la paillasse au grenier et se coucha près du poêle. Il faisait chaud, les paysans se tais( ), il les regarda encore un peu entre ses paupières fatigu( ) puis s'endormit.

Franz KAFKA, *Le Château* (1938), trad. Alexandre Vialatte, © Éditions Gallimard.

4 CONNAÎTRE L'ORTHOGRAPHE DU XVIe SIÈCLE ✲✲✲

a. Relevez, en les classant par catégories grammaticales, les mots provenant de la langue du XVIe siècle.

b. Traduisez cet extrait dans un français moderne.

Voici un extrait d'un Essai *de Montaigne sur l'éducation des enfants : il évoque ici le rôle du précepteur.*

On ne cesse de criailler à nos oreilles, comme qui verseroit dans un antonnoir; et nostre charge ce n'est que redire ce qu'on nous a dict. Je voudrois qu'il corrigeast cette partie, et que, de belle arrivée, selon la portée de l'ame qu'il a en main, il commençast à la mettre sur la montre, luy faisant gouster les choses, les choisir et discerner d'elle mesme; quelquefois luy ouvrant le chemin, quelquefois le luy laissant ouvrir. Je ne veux pas qu'il invente et parle seul, je veux qu'il escoute son disciple.

MONTAIGNE, *Essais*, I, 26 (1595).

Écriture d'invention **Isaac Newton a découpé l'arc-en-ciel en sept couleurs : rouge, orange, jaune, vert, bleu, indigo et violet. Rédigez une description d'une vingtaine de lignes dans laquelle vous introduirez des adjectifs de couleurs synonymes de ceux de l'arc-en-ciel, dans l'ordre donné. Pensez aux adjectifs composés. Votre texte pourra être réaliste, poétique ou drôle et il devra viser un effet sur son lecteur.**

PARTIE III

Outils d'analyse

▸▸▸ **Sybil Andrews**, *The Giant Cable*, 1931, pyrogravure sur papier (30 x 42 cm), collection privée.

L'ÉNONCIATION ET LA MODALISATION

LA SITUATION D'ÉNONCIATION

Tout **énoncé** est attribué à un énonciateur ou **locuteur** à destination d'un énonciataire ou **destinataire** en référence à un moment et à un lieu donnés. Ces paramètres définissent la **situation d'énonciation**.

L'énonciation du discours (ou **Énoncé ancré dans la situation d'énonciation**)	• L'énonciateur apparaît explicitement. • Temps de référence : indicatif présent. • Déictiques (termes qui ne peuvent pas se comprendre en dehors de la situation d'énonciation) : – pronoms personnels : « je » (porte les marques du locuteur) et « tu » ou « vous » (pour l'adresse au destinataire) ; – indications de temps et de lieu : se situe dans un lieu (« ici ») et un moment (« maintenant ») précis. L'**antériorité** par rapport à ce présent d'énonciation est marquée par l'**imparfait** et le **passé composé** et la **postériorité** par le **futur simple**.	Ex. : Cas de l'échange oral, de la lettre, du théâtre ou de l'autobiographie.
L'énonciation du récit (ou **Énoncé coupé de la situation d'énonciation**)	• L'énonciateur n'apparaît pas : le récit est totalement dissocié de son locuteur dont il ne porte aucune trace. • Aucun commentaire du narrateur sur son récit. • Temps de référence : indicatif passé simple. L'**antériorité** est exprimée par le **plus-que-parfait** ou le **passé antérieur**, la **postérité** par le **conditionnel**. • La troisième personne (« il, elle, on ») domine.	Ex. : Cas de l'article de presse, du conte, du roman.

Remarque : dans la narration romanesque, les deux systèmes s'entremêlent la plupart du temps. Le récit est parfois interrompu par une intervention du narrateur, un commentaire, pour interpeller le lecteur ou rapporter directement les paroles d'un ou plusieurs personnages.

MODALISATION

Par la modalisation, le locuteur précise la position qu'il prend par rapport à son énoncé. Il peut ainsi manifester son doute, son absolue certitude, son accord, son désaccord, ses craintes.

• Les différentes modalités

Modalités appréciatives	Le locuteur exprime un jugement de valeur.	Ex. : Cet **affligeant** homme politique nous conduit à la **catastrophe**. Ex. : J'ai vu son **bolide** / sa **voiture** / sa **charrette**.
Modalités affectives	Le locuteur exprime un sentiment, une émotion.	Ex. : J'**adore** / je **déteste** cet écrivain. Ex. : Quel bonheur !
Modalités de la volonté et de la nécessité	Le locuteur exprime la notion de nécessité, d'obligation, de volonté ou de possibilité.	Ex. : Tu **peux** venir avec nous. Ex. : Ta présence est **obligatoire** / **souhaitable**. Ex. : **Viens** à seize heures. Ex. : Il est **impossible** de traverser ici.
Modalités de la vérité	Le locuteur se positionne par rapport à ce qu'il énonce, le présente comme certain, douteux	Ex. : Il est **certain** / **probable** / **faux**... Ex. : Elle sera là **bien sûr** / **peut-être**. Ex. : Les élections **auraient été** / **ont été** truquées. Ex. : Il **prétend** / **affirme** l'avoir vue.

• Les outils les plus couramment employés pour marquer une modalisation

Verbes	verbes de parole	Ex. : dire, affirmer, soutenir, prétendre, prétexter…
	verbes d'opinion et de jugement	Ex. : croire, penser, considérer, douter, être certain, blâmer, louer…
	verbes de sentiment	Ex. : adorer, aimer, détester, avoir peur, se réjouir…
	auxiliaires verbaux	Ex. : pouvoir, devoir, falloir…
	tournures impersonnelles	Ex. : il paraît, il se peut, il est certain, il est impossible…
Modes / temps	impératif	Ex. : **Sors** !
	subjonctif	Ex. : Qu'il **sorte** ! Penses-tu qu'il **dise** la vérité ?
	indicatif futur simple / antérieur	Ex. : Il est en retard, il **se sera** perdu…
	conditionnel simple et composé	Ex. : On **arrêterait** bientôt le coupable / On **aurait arrêté** le coupable.
Adverbes		Ex. : certainement, absolument, sans doute, peut-être…
Groupes prépositionnels		Ex. : à mon avis, selon moi…
Lexique péjoratif / mélioratif		Ex. : formidable / détestable, beau / laid, palais / bicoque…
Types de phrases	exclamatives	Ex. : C'est formidable !
	interrogatives	Ex. : Lui, un héros ?
Figures de style (► p. 577)	hyperboles	Ex. : C'est une œuvre formidable !
	litotes	Ex. : Ça n'est pas mal !
	antiphrases	Ex. : C'est du beau !
	périphrases	Ex. : Le bien le plus précieux.
Typographie	guillemets	Ex. : J'ai déjà rencontré des « héros » de ce genre.
	italique	Ex. : « Tous les animaux se meuvent ; et cette puissance de se mouvoir, on l'appelle *force active*. » VOLTAIRE, *Dictionnaire philosophique*, 1764.

1 IDENTIFIER LES ÉLÉMENTS DE LA SITUATION D'ÉNONCIATION

a. Précisez ce qui permet au lecteur de bien comprendre ce que disent et ce que font les personnages.

HAMM : Comment vont tes yeux ?
CLOV : Mal.
HAMM : Comment vont tes jambes ?
CLOV : Mal.
HAMM : Mais tu peux bouger ?
CLOV : Oui.
HAMM, *avec violence* : Alors bouge !
Clov va jusqu'au mur du fond, s'y appuie du front et des mains
Où es-tu ?
CLOV : Là.

Samuel BECKETT, *Fin de partie* (1957),

b. Même exercice.

Chez Serge.
Posée à même le sol, une toile blanche, avec de fins liserés blancs transversaux.
Serge regarde, réjoui, le tableau.
Marc regarde le tableau.
Serge regarde Marc qui regarde le tableau.
Un long temps où tous les sentiments se traduisent sans mot.
MARC : Cher ?
SERGE : Deux cent mille.
MARC : Deux cent mille ?...
SERGE : Handtington me le reprend à vingt-deux.
MARC : Qui est-ce ?
SERGE : Handtington ?!
MARC : Connais pas.
SERGE : Handtington ! La galerie Handtington !
MARC : La galerie Handtington te le reprend à vingt-deux ?
SERGE : Non, pas la galerie. Lui. Handtington lui-même. Pour lui.

Yasmina REZA, *« Art »* (1994),

2 DISTINGUER LES PLANS D'ÉNONCIATION

a. Quels plans d'énonciation Daudet a-t-il choisis dans ce texte ?

Le bon père achevait de dire sa messe, quand on lui amena les prisonniers. C'était dans un coin sauvage des monts Arichulégui. Une roche éboulée, où un figuier géant enfonçait sa tige tordue, formait une sorte d'autel recouvert – en guise de nappe – d'un étendard carliste[1] aux franges d'argent. Deux alcarazas[2] ébréchés tenaient lieu de burettes[3], et quand le sacristain Miguel, qui servait la messe, se levait pour changer les évangiles de côté, on entendait sonner les cartouches dans sa giberne[4]. Tout autour, les soldats de Carlos étaient rangés silencieusement, le fusil en bandoulière, un genou à terre sur le béret blanc. Un grand soleil, le soleil de Pâques en Navarre, concentrait sa chaleur éblouissante dans ce creux de roche brûlant et sonore, où le vol d'un merle gris traversait seul de temps en temps les psalmodies[5] du prêtre et du servant. Plus haut, sur le pic en dentelle, des sentinelles se tenaient debout, dessinant dans le ciel des silhouettes immobiles.

Alphonse DAUDET, « Le Cabecilla »,
Contes choisis : la fantaisie et l'histoire (1882).

1. aux couleurs de Don Carlos.
2. vase de terre où l'on met l'eau à rafraîchir.
3. petit flacon contenant l'eau et le vin de messe.
4. sorte de cartouchière.
5. chants religieux.

b. Même exercice.

Midi sonne aux cloches des fabriques ; les grandes cours silencieuses s'emplissent de bruit et de mouvement.

La mère Achille quitte son ouvrage, la fenêtre où elle était assise, et se dispose à mettre son couvert. L'homme va monter pour déjeuner.

Il travaille là tout près dans ces grands ateliers vitrés qu'on aperçoit encombrés de pièces de bois, et où grincent du matin au soir les instruments des scieurs de long... La femme va et vient de la chambre à la cuisine. Tout est soigné, tout reluit dans cet intérieur d'ouvrier. Seulement la nudité des deux petites pièces est plus frappante à ce jour éclatant du cinquième étage. On voit des cimes d'arbres, les buttes Chaumont tout en haut, et çà et là de longues cheminées de briques noircies au bord, toujours actives. Les meubles sont cirés, frottés. [...]

Pauvre mère Achille ! encore une qui en a eu des tristesses dans son ménage. Les premières années surtout ont été bien dures. Un mari coureur, ivrogne, pas d'enfants, obligée par son métier de couturière à vivre toujours enfermée, toujours seule dans le silence et l'ordre monotone d'une maison sans enfants où il n'y a pas de petites mains pour brouiller les pelotons, ni de ces petits pieds qui font tant de poussière et de joli train.

Alphonse DAUDET, « Le Père Achille »,
Contes choisis : la fantaisie et l'histoire (1882).

c. Confrontez les choix énonciatifs faits par Daudet dans les extraits des exercices a et b.
Dans quel genre de récit nous plonge-t-il ?

3 IDENTIFIER LES INDICES DE MODALISATION

Relevez et analysez tous les indices de modalisation utilisés par le narrateur pour présenter sa ville. Quel effet veut-il obtenir auprès des lecteurs ?

À première vue, Oran est, en effet, une ville ordinaire et rien de plus qu'une préfecture française de la côte algérienne.

La cité elle-même, on doit l'avouer, est laide. D'aspect tranquille, il faut quelque temps pour apercevoir ce qui la rend différente de tant d'autres villes commerçantes sous toutes les latitudes. Comment faire imaginer, par exemple, une ville sans pigeons, sans arbres et sans jardins, où l'on ne rencontre ni battements d'ailes, ni froissements de feuilles, un lieu neutre pour tout dire ? […] Pendant l'été, le soleil incendie les maisons trop sèches et couvre les murs d'une cendre grise ; on ne peut plus vivre alors que dans l'ombre des volets clos. […]

Une manière commode de faire la connaissance d'une ville est de chercher comment on y travaille, comment on y aime et comment on y meurt. Dans notre petite ville, est-ce l'effet du climat, tout cela se fait ensemble, du même air frénétique et absent. […] Nos concitoyens travaillent beaucoup, mais toujours pour s'enrichir. […]

On dira sans doute que cela n'est pas particulier à notre ville et qu'en somme tous nos contemporains sont ainsi. Sans doute, rien n'est plus naturel, aujourd'hui, que de voir des gens travailler du matin au soir […]. Mais il est des villes et des pays où les gens ont, de temps en temps, le soupçon d'autre chose. […] Oran, au contraire, est apparemment une ville sans soupçons, c'est-à-dire une ville tout à fait moderne.

Albert CAMUS, *La Peste* (1947),
© Éditions Gallimard.

4 ANALYSER LA MODALISATION ET SES EFFETS

a. Relevez et interprétez les indices de modalisation.

b. Récrivez ce texte en supprimant tous les indices de modalisation qui traduisent la pensée de l'ethnologue. Quel est l'effet produit ?

Cette attitude de pensée, au nom de laquelle on rejette les « sauvages » (ou tous ceux qu'on choisit de considérer comme tels) hors de l'humanité est justement l'attitude la plus marquante et la plus distinctive de ces sauvages mêmes. […] L'humanité cesse aux frontières de la tribu, du groupe linguistique, parfois même du village ; à tel point qu'un grand nombre de populations dites primitives se désignent d'un nom qui signifie les « hommes » (ou parfois – dirons-nous avec plus de discrétion – « les bons », les « excellents », les « complets »), impliquant ainsi que les autres tribus, groupes ou villages ne participent pas des vertus – ou même de la nature – humaines, mais sont tout au plus composées de « mauvais », de « méchants », de « singes de terre », ou d'« œufs de pou ». On va souvent jusqu'à priver l'étranger de ce dernier de réalité en en faisant un « fantôme » ou une « apparition »

Claude LÉVI-STRAUSS, *Race et Histoire* (1952),
© UNESCO.

5 DISTINGUER PLUSIEURS MODALISATIONS

a. Distinguez les propos qui sont le fruit des réflexions de Las Casas des propos rapportés de Cortés.

b. Quel type de modalité repérez-vous chez Cortés ?

c. Récapitulez tous les outils de modalisation employés par Las Casas et analysez-en les effets. De quoi cherche-t-il à convaincre son interlocuteur ? Pourquoi cite-t-il Cortés ?

Dans cet extrait de La Controverse de Valladolid, *Las Casas, protecteur des Indiens d'Amérique, tente de persuader son auditoire que les Indiens sont des hommes comme les Européens de son temps, le XVI*e *siècle.*

LAS CASAS : Comment affirmer que leur expression est très inférieure à la nôtre, sinon pour nous donner le droit de les détruire ? Car c'est ce que nous faisons, depuis le début ! Nous brûlons leurs écritures ! Nous cassons leurs statues ! Nous barbouillons leurs fresques ! Et quelle architecture ! Avant que nous abattions toutes leurs villes, Cortés écrivait au roi d'Espagne qu'il n'avait rien vu d'aussi beau sur ses terres ! Il disait exactement… […] : « Rien de comparable en Espagne », « la plus belle chose du monde »… Et que dire de cette phrase : « Quelques-uns d'entre nous se demandaient si ce que nous voyions là n'était pas un rêve… ». Un rêve…[…] Et leur système d'irrigation ? Et leur écriture ? Et leur arithmétique ? Et leur habileté au dessin ? Et leur avancée dans la médecine, où ils savaient lutter mieux que nous contre la douleur ! Et leur connaissance du ciel, leur calendrier qu'on dit plus précis que le nôtre ! […] Et vous allez prétendre que la guerre que nous leur faisons est juste !

Jean-Claude CARRIÈRE, *La Controverse de Valladolid* (1999), © Actes Sud.

L'ORGANISATION ET LE FONCTIONNEMENT DU RÉCIT

LE NARRATEUR

- Le récit est assumé par un **narrateur**. La **narration** d'un récit de fiction doit être distinguée de son **écriture**, car le narrateur est un être **fictif**, distinct de l'auteur, personne **réelle**.
- Le narrateur peut **s'adresser directement au lecteur**, exprimer ses **émotions** ou prononcer un **jugement**.

Ex. : « Le colonel ressemblait à cette dame qui, ayant eu la fièvre durant quinze années, crut avoir changé de maladie le jour où elle fut guérie. Il est des félicités auxquelles on ne croit plus ; elles arrivent, c'est la foudre, elles consument. » (Honoré de BALZAC, *Le Colonel Chabert*, 1832)

- La narration à la **deuxième personne** fait du lecteur un **personnage**.

LE STATUT DU NARRATEUR

La narration à la troisième personne	Le narrateur est étranger à l'histoire racontée. Le récit, mené à la **troisième personne**, donne une **impression d'objectivité**. ► Focalisation, p. 546	Ex. : Dans *La Princesse de Clèves* (► p. 86), le narrateur décrit la vie à la cour d'Henri II et fait le récit d'une relation entre la Princesse de Clèves et M. de Nemours.
La narration à la première personne	Le narrateur est un personnage et parle à la **première personne**. Cette narration favorise **l'identification du lecteur au personnage**.	Ex. : À la fin de *L'Étranger* d'Albert Camus, un condamné à mort raconte ses dernières pensées à la première personne.
Le récit autobiographique	Celui qui dit « je » est à la fois le **personnage**, le **narrateur**, et, parfois, l'**auteur**.	Ex. : Dans *Les Mots*, Jean-Paul Sartre raconte son enfance.
Les récits encadrés	Le narrateur d'un récit premier met en scène un personnage qui raconte à son tour une histoire. Ce récit second, dit « encadré », peut **donner une explication**, **ralentir le récit premier** ou être le **sujet principal** du livre.	Ex. : Dans *Manon Lescaut* (1731) de l'Abbé Prévost, Renoncour raconte sa rencontre avec Des Grieux, qui prend ensuite la parole et raconte son histoire.

LE TEMPS DE LA NARRATION

La narration ultérieure	se déroule **après les événements**, racontés au **passé**.	Ex. : Dans *Manon Lescaut* (► p. 90-91), le chevalier des Grieux raconte après coup l'histoire de sa passion pour une courtisane.
La narration antérieure	On raconte des événements **à venir**.	Ex. : « En ces jours-là, les hommes chercheront la mort, et ils ne la trouveront pas ; ils désireront mourir, et la mort fuira loin d'eux. » (Bible, « Apocalypse », 9)
La narration simultanée	Le récit a lieu **pendant** que les faits se déroulent.	Ex. : Dans *La Modification* (► p. 67), le lecteur suit en direct la progression de l'action.
La narration intercalée	Chaque étape de l'histoire est racontée **immédiatement** après son déroulement.	Ex. : Dans *Les Liaisons dangereuses*, roman épistolaire de Choderlos de Laclos, les lettres des personnages racontent les événements qu'ils viennent de vivre.

LES RYTHMES DU RÉCIT

LES VITESSES DU RÉCIT ET FRÉQUENCE

On appelle **vitesse** du récit le rapport entre la **durée de l'histoire**, comptée en heures, jours, années, et le **temps de la narration**, compté en pages. L'alternance des vitesses donne son **rythme** au récit.

Ellipse	**passe sous silence** des événements qui se sont déroulés pendant un temps **quelconque**, soit parce que ces événements sont sans intérêt, soit parce que le contenu de l'ellipse est laissé à l'imagination du lecteur.	Ex. : « Je partais, trois jours après, pour la province. Je ne les ai point revus. Quand je revins à Paris, deux ans plus tard, on avait détruit la pépinière. » MAUPASSANT, *Contes de la Bécasse*, 1883.
Sommaire	**résume** des événements qui se sont déroulés pendant un temps **quelconque**. Le temps du récit est plus court que celui de l'histoire.	Ex. : « Durant les trente années qu'il lui restait à vivre, il se rappela ses mois de campagne en fabriquant des brosses de chiendent. » Anatole FRANCE, *Crainquebille et autres récits profitables*, 1902.
Scène	La durée des événements racontés correspond au temps qu'il faut pour les lire : la **scène** se trouve, notamment, dans les **dialogues**.	Ex. : Le dialogue entre Solal et Ariane dans *Belle du Seigneur* d'Albert Cohen (► p. 98).
Pause	L'action est arrêtée, alors que le récit se poursuit : la pause correspond aux passages de **description**, ou aux **commentaires** du narrateur.	Ex. : « C'était encore un enfant. Elle l'avait mis à Saint-Nicolas, dans cette grande maison d'éducation religieuse où, pour trente francs par mois, une instruction rudimentaire et un métier sont donnés aux enfants du peuple, à beaucoup d'enfants naturels. » Les Frères GONCOURT, *Germinie Lacerteux*, 1865.
Fréquence	• nombre de fois où un événement est raconté. • Le plus souvent, le narrateur raconte **une fois** ce qui s'est produit **une fois**. Mais il peut aussi raconter **plusieurs fois** ce qui s'est produit **une fois**. Donne au récit un caractère **répétitif**, mais permet des **variations de point de vue**. • Le narrateur peut enfin raconter **une fois** ce qui s'est passé **plusieurs fois**. Ces passages, proches des descriptions, soulignent une **habitude**, par exemple.	Ex. : « Habituellement vêtu d'un habit bleu-barbeau, il prenait chaque jour un gilet de piqué blanc. » Honoré de BALZAC, *Le Père Goriot*, 1835.

LA SUCCESSION DES ÉVÉNEMENTS

Analepse	• Raconter un événement antérieur à l'histoire. • Le récit ne respecte pas l'ordre chronologique : il propose un **retour en arrière**.	Ex. : « Tous deux longuement se regardèrent. Hélène avait demandé autour d'elle qui était Pâris et qui était son père. » Benoît de SAINTE-MAURE, *Le Roman de Troie*.
Prolepse	• Raconter d'avance un événement qui surviendra plus tard ; ce procédé peut souligner l'action du destin. Il s'agit d'une **anticipation** du récit sur l'histoire.	Ex. : « Et elle entrevoyait confusément la nécessité possible d'une séparation plus douloureuse encore que la première. Son cœur se serra, mais elle prit sa résolution. Fantine, on le verra, avait la farouche bravoure de la vie. » Victor HUGO, *Les Misérables*, I, IV, 1, 1862.

LA DESCRIPTION

La description constitue une **pause** et révèle souvent **le sens de l'œuvre.** La description marque souvent les **grandes étapes du récit**, comme le début, ou la fin. Elle est écrite au **présent** ou à l'**imparfait**.

L'ORGANISATION DE LA DESCRIPTION

Les éléments qui apparaissent dans une description dépendent du point de vue d'où ils sont perçus : on appelle **focalisation** la place qu'occupe le narrateur par rapport aux faits décrits.
On parle **de focalisation zéro** quand le narrateur est omniscient (il en dit plus que ce que les personnages peuvent voir), de **focalisation interne** quand le narrateur ne décrit que ce que voit, pense ou ressent le héros et de **focalisation externe** quand le narrateur est un témoin objectif.

Marquer une progression dans l'espace Organiser l'espace	• progresse de l'extérieur vers l'intérieur, d'un côté à l'autre, par exemple. • nombreux compléments circonstanciels de lieu pour organiser l'espace (adverbes, groupes prépositionnels, groupes nominaux).	Ex. : « Aux quatre angles de cette salle se trouvaient des encoignures, espèces de buffets terminés par de crasseuses étagères [...]. Sur la paroi opposée à la cheminée, deux portraits au pastels étaient censés représenter l'aïeul de madame Grandet. » Honoré de BALZAC, *Eugénie Grandet*, 1834.
Donner une dynamique	• donne l'impression que l'espace est en mouvement en suscitant un déplacement vertical ou horizontal et une vitesse. • nombreux verbes de mouvement (*grimper, tomber, s'étaler, flâner*, etc).	Ex. : « À la croix du transept, quatre colonnes énormes étaient aux quatre angles; montaient d'un jet soutenir la voûte ... » Émile ZOLA, *Le Rêve*, 1888.
Manifester une subjectivité	• souligne une impression, reflète ou cherche à provoquer des sentiments. • nombreux verbes et expressions relatifs aux cinq sens. • figures de style (métaphores et comparaisons, accumulations). • champs lexicaux.	Ex. : « Tout d'un coup, sur le sable de l'allée, tardive, ralentie et luxuriante comme la plus belle fleur et qui ne s'ouvriraient qu'à midi, Mme Swann apparaissait, épanouissant autour d'elle une toilette toujours différente mais que je me rappelle surtout mauve ; puis elle hissait et déployait sur un long pédoncule [...] le pavillon de soie d'une large ombrelle... » M. PROUST, *À l'ombre des jeunes filles en fleurs*,1918.

LES FONCTIONS DE LA DESCRIPTION

Fonction ornementale ou esthétique	se présente « comme un tableau ». Son intérêt est esthétique.	Ex. : « Ainsi vu d'en haut, le paysage tout entier avait l'air immob le comme une peinture; les navires à l'ancre se tassaient dans un coin; le fleuve arrondissait sa courbe au pied des collines vertes... » Gustave FLAUBERT, *Madame Bovary*, 1857.
Effet de réel	copie la réalité.	Ex. : « La rue de Langlade, de même que les rues adjacentes, sépare le Palais-Royal et la rue de Rivoli. » H. BALZAC, *Splendeurs et Misères des courtisanes*, 1847.
Fonction documentaire	véhicule un savoir, transmet des informations.	Ex. : « La caisse était une petite pièce rectangulaire, séparée en deux par un grillage. Sur les bancs, le long des murs, cinq ou six mineurs attendaient... » Émile ZOLA, *Germinal*, 1885.
Fonction explicative ou symbolique	construit une atmosphère, et prépare l'action. Le **portrait**, par sa longueur, révèle l'importance du personnage dans le récit.	Ex. : « Les jours qu'il faisait beau, elle descendait dans le jardin. [...] Tout semblait dormir, l'espalier couvert de paille et la vigne comme un grand serpent malade sous le chaperon du mur, [...] le plâtre, s'écaillant à la gelée, avait fait des gales blanches... » G. FLAUBERT, *Madame Bovary*, 1857. La description du jardin exprime la nostalgie d'Emma.

1 ÉTUDIER LE STATUT DU NARRATEUR

a. Quelles relations unissent le personnage et le narrateur de ce passage ? Observez en particulier les temps verbaux.

b. Peut-on confondre l'auteur de ce texte et son narrateur ? Justifiez votre réponse.

c. Quelles émotions apparaissent dans l'écriture de ce passage ?

Le collège ? – J'ai pu aller jusqu'à la porte ; encore mon cœur battait-il à se casser ! Quand j'ai pris la petite rue qui y mène, je titubais comme un homme ivre.

Mais arrivé devant la grille, j'ai dû m'appuyer contre une borne pour ne pas tomber.

C'est là-dedans que mon père était maître d'études à vingt-deux ans, marié, déjà père de Jacques Vingtras.

C'est là qu'il fut humilié pendant des années ; c'est là que je l'ai vu essuyer en cachette des larmes de honte, quand le proviseur lui parlait comme à un chien ; c'est là que j'ai senti peser sur mes petites épaules le fardeau de sa grande douleur.

Non, je n'ai pas osé passer sous cette porte, pour revoir le coin de cour où un grand sauta sur lui et le souffleta.

Entrer ? – Il me semble que je laisserais de mon sang sur le plancher de l'étude des grands, où était la table devant laquelle je travaillais – à côté de la chaire, dans laquelle celui qui m'avait mis au monde était installé, comme dans la tribune du réfectoire le gardien qui surveille les réclusionnaires*.

Jules VALLÈS, *Le Bachelier* (1879).

* prisonniers.

2 ÉTUDIER LA PRÉSENCE DU NARRATEUR

a. Distinguez les passages narratifs et les commentaires du narrateur en indiquant les indices qui permettent de les reconnaître.

b. Pour quelle raison le narrateur intervient-il dans le récit, selon vous ?

Jacques commença l'histoire de ses amours. C'était l'après-[dîner] : il faisait un temps lourd ; son maître s'endormit. La nuit les surprit au milieu des champs ; les voilà fourvoyés. Voilà le maître dans une colère terrible et tombant à grands coups de fouet sur son valet, et le pauvre diable disant à chaque coup : « Celui-là était apparemment encore écrit là-haut… ».

Vous voyez, lecteur, que je suis en beau chemin, et qu'il ne tiendrait qu'à moi de vous faire attendre un an, deux ans, trois ans, le récit des amours de Jacques, en le séparant de son maître et en leur faisant courir à chacun tous les hasards qu'il me plairait. Qu'est-ce qui m'empêcherait de marier le maître et de le faire cocu ? d'embarquer Jacques pour les îles ? d'y conduire son maître ? de les ramener tous les deux en France sur le même vaisseau ? Qu'il est facile de faire des contes ! Mais ils en seront quittes l'un et l'autre pour une mauvaise nuit, et vous pour ce délai.

L'aube du jour parut. Les voilà remontés sur leurs bêtes et poursuivant leur chemin. – Et où allaient-ils ? – Voilà la seconde fois que vous me faites cette question, et la seconde fois que je vous réponds : Qu'est-ce que cela vous fait ? Si j'entame le sujet de leur voyage, adieu les amours de Jacques… Ils allèrent quelque temps en silence. Lorsque chacun fut un peu remis de son chagrin, le maître dit à son valet : – Eh bien, Jacques, où en étions-nous de tes amours ?

Denis DIDEROT,
Jacques le fataliste et son maître (1796).

Écriture d'invention **Supprimez les passages qui interrompent la narration et remplacez-les par le récit des circonstances du voyage.**

3 CONFRONTER PRÉSENCE DU NARRATEUR ET TEMPS DE LA NARRATION

a. À quelle personne la narration est-elle menée dans ce passage ? Quel effet produit-elle ?

b. Observez les temps employés : comment se situe la narration par rapport aux événements racontés ? Quel caractère donne-t-elle à ces événements ?

c. Pourquoi ces éléments éclairent-ils le titre du roman ?

Le personnage principal va retrouver sa maîtresse à Rome ; pendant le voyage en train, il songe à ses retrouvailles avec sa femme.

Mardi prochain, lorsque vous entrerez dans sa chambre, en effet vous lui raconterez tout ce voyage et vous lui direz : « J'étais allé à Rome pour prouver à Cécile que je la choisissais contre toi, j'y étais allé dans l'intention de lui demander de venir vivre avec moi définitivement à Paris… »

Michel BUTOR, *La Modification* (1957),
© Les Éditions de Minuit.

4 REPÉRER LES FONCTIONS DE LA DESCRIPTION

Quelle est la fonction de chacun de ces extraits ? Justifiez vos réponses.

1 *Maheu, mineur, est torse-nu.*
Sur sa peau blanche, d'une blancheur de fille anémique, les éraflures, les entailles du charbon, laissaient des tatouages, des « greffes », comme disent les mineurs ; et il s'en montrait fier, il étalait ses gros bras, sa poitrine large, d'un luisant de marbre veiné de bleu

Émile ZOLA, *Germinal* (1885).

2 Son époux, Antonio Manuzio, était le fils de don Manuzio, avocat et conseiller municipal. Un notable de Montepuccio. Riche. À la tête de centaines d'hectares d'oliviers. Don Manuzio était de ceux qui avaient eu à subir les pillages à répétition de Rocco Scorta Mascalzone.

Laurent GAUDÉ, *Le Soleil des Scorta* (2004), © Actes Sud.

3 La petite au chapeau de feutre est dans la lumière limoneuse du fleuve, seule sur le pont du bac, accoudée au bastingage. Le chapeau d'homme colore de rose toute la scène. C'est la seule couleur. Dans le soleil brumeux du fleuve, le soleil de la chaleur, les rives se sont effacées, le fleuve paraît rejoindre l'horizon.

Marguerite DURAS, *L'Amant* (1984), © Les Éditions de Minuit.

5 DÉTERMINER LA VITESSE D'UN RÉCIT

a. Quel temps verbal est employé dans la phrase en gras ? Quelle est sa valeur ? Que révèle la fréquence narrative des sentiments du personnage ?

b. Quelles vitesses apparaissent dans ce passage ? Quel rythme leur alternance donne-t-elle au récit ?

Une fille de ferme a eu un enfant avec un homme qui l'a abandonnée. Honteuse, elle cache cet enfant chez une nourrice. Le fermier qui emploie la jeune fille demande sa main et l'épouse.

Son mari lui faisait l'effet d'un homme qu'elle avait volé et qui s'en apercevrait un jour ou l'autre. Et puis elle pensait à son petit d'où venait tout son malheur, mais d'où venait aussi tout son bonheur sur la terre.

Elle allait le voir deux fois l'an et revenait plus triste chaque fois.

Cependant, avec l'habitude, ses appréhensions se calmèrent, son cœur s'apaisa, et elle vivait plus confiante avec une vague crainte flottant encore en son âme.

Des années passèrent ; l'enfant gagnait six ans. Elle était maintenant presque heureuse, quand tout à coup l'humeur du fermier s'assombrit.

Depuis deux ou trois années déjà il semblait nourrir une inquiétude, porter en lui un souci, quelque mal de l'esprit grandissant peu à peu. Il restait longtemps à table après son dîner, la tête enfoncée dans ses mains, et triste, triste, rongé par le chagrin. Sa parole devenait plus vive, brutale parfois ; et il semblait même qu'il avait une arrière-pensée contre sa femme, car il lui répondait par moments avec dureté, presque avec colère.

Un jour que le gamin d'une voisine était venu chercher des œufs, comme elle le rudoyait un peu, pressée par la besogne, son mari apparut tout à coup et lui dit de sa voix méchante :

« Si c'était le tien, tu ne le traiterais pas comme ça. »

Guy de MAUPASSANT, « Histoire d'une fille de ferme », *La Maison Tellier* (1881).

6 ANALYSER UNE DESCRIPTION

a. Quel est le sujet de cette description ? Selon quel principe est-elle organisée ?

b. Qui prend en charge la description ? Quelle est sa fonction ?

Le narrateur décrit un tableau du peintre Elstir.

Dans le premier plan de la plage, le peintre avait su habituer les yeux à ne pas reconnaître de frontière fixe, de démarcation absolue, entre la terre et l'océan. Des hommes qui poussaient des bateaux à la mer couraient aussi bien dans les flots que sur le sable, lequel, mouillé, réfléchissait déjà les coques comme s'il avait été de l'eau. La mer elle-même ne montait pas régulièrement, mais suivait les accidents de la grève, que la perspective déchiquetait encore davantage, si bien qu'un navire en pleine mer, à demi caché par les ouvrages avancés de l'arsenal, semblait voguer au milieu de la ville ; des femmes qui ramassaient des crevettes dans les rochers, avaient l'air, parce qu'elles étaient entourées d'eau et à cause de la dépression qui, après la barrière circulaire des roches, abaissait la plage (des deux côtés les plus rapprochés des terres) au niveau de la mer, d'être dans une grotte marine surplombée de barques et de vagues, ouverte et protégée au milieu des flots écartés miraculeusement. Si tout le tableau donnait cette impression des ports où la mer entre dans la terre, où la terre est déjà marine et la population amphibie, la force de l'élément marin éclatait partout.

Marcel PROUST, *À l'ombre des jeunes filles en fleurs* (1919).

LES GENRES AUTOBIOGRAPHIQUES

Une **biographie** (du grec *bios*, « vie » et *graphein*, « écrire ») est « l'écriture d'une vie » : l'expression « **genres biographiques** » désigne les écrits qui font le récit de la vie d'une personne réelle.

LE BIOGRAPHIQUE

Le récit biographique	• récit de vie dans lequel **auteur** et **narrateur** se confondent mais se distinguent du **personnage**. • Le sujet du récit est souvent un homme illustre, dont la vie permet de servir la proclamation de valeurs collectives.	Ex. : Plutarque, écrivain et historien du IIe siècle ap. J.-C., raconte la vie de César dans les *Vies parallèles*.

L'AUTOBIOGRAPHIQUE

L'autobiographique (du grec *autos* signifiant « soi-même ») est un écrit dans lequel l'**auteur**, le **narrateur** et le **personnage** tendent à se confondre.

L'autobiographie	« récit **rétrospectif** en prose qu'une personne réelle fait de sa propre existence, lorsqu'elle met l'accent sur sa vie individuelle, en particulier sur l'histoire de sa personnalité » (Philippe Lejeune).	Ex. : Chez l'évêque Augustin (ve siècle ap. J.-C.) et chez Rousseau (XVIIIe siècle), l'autobiographie prend la forme de confessions (du latin *confiteor* signifiant « j'avoue »).
Les mémoires	L'auteur de mémoires concentre le récit de sa vie sur les **événements historiques et politiques** auxquels il a été mêlé.	Ex. : Dans *Les Mémoires d'outre-tombe* (1850), Chateaubriand donne une image de son époque.
Le journal intime	• n'est pas destiné à être publié ; ne constitue donc un « genre littéraire » qu'en raison de circonstances liées à la figure de l'auteur. • Celui qui tient un journal intime note les **événements** de la journée, les **lieux**, les **dates**, ainsi que ses **pensées**.	Ex. : Frédéric Chopin (1810-1849) a écrit un journal intime intitulé *Carnet de notes*.

LES GENRES AUTOBIOGRAPHIQUES FICTIFS

Certains récits de fiction se présentent comme des biographies. Ces genres sont en pleine expansion aujourd'hui.

La biographie fictive	On construit une fiction à partir d'épisodes marquants d'une vie.	Ex. : Dans les *Mémoires d'Hadrien* (1951), Marguerite Yourcenar fait parler un empereur romain.
L'autobiographie fictive	Œuvre de fiction dans laquelle l'auteur invente une histoire ; le narrateur se confond avec le personnage, mais se distingue de l'auteur. Le personnage devient, pour l'auteur, un moyen de se connaître lui-même.	Ex. : Dans *À la recherche du temps perdu* (1913-1927), Marcel Proust recrée sa propre biographie en soumettant sa vie à un projet littéraire.

LE VOCABULAIRE DU THÉÂTRE

Accidents de langage	Reproduction des imperfections du langage courant (bégaiement, bâillements, tics, fautes de prononciation, fautes de grammaire, etc).
Actes	• Suite de scènes ayant une unité, et pouvant recevoir un titre. • Chaque acte contient une partie de l'action. • Dans le drame, le terme de « tableau » remplace celui d'« acte ».
Aparté	• Paroles prononcées par un personnage et adressées directement au public, à l'insu de ses interlocuteurs. • Permet au spectateur de connaître les sentiments que le personnage doit cacher.
Cadence majeure	• Succession de groupes syntaxiques de plus en plus longs. • Permet de souligner le mouvement croissant d'une émotion, par exemple.
Confident	Personnage secondaire, dont la fonction consiste principalement à écouter le personnage principal, et à être témoin de ses états d'âme ; il peut le consoler ou lui donner des conseils.
Contrepoint	Succession de répliques qui ne se répondent pas (l'un des personnages s'adresse au public par des apartés, par exemple).
Dénouement	• Dernière partie d'une pièce de théâtre. • Selon Aristote, le dénouement commence avec la dernière péripétie et s'achève avec la fin de la pièce. • Dans les pièces classiques, le dénouement conduit à l'achèvement complet de l'action.
Deus ex machina	• Expression latine signifiant « dieu sorti d'une machine ». • Intervention providentielle d'un personnage extérieur à l'intrigue, qui détruit les obstacles et entraîne le dénouement.
Dialogue	• Échange de paroles qui imite une conversation réelle, et qui comporte une dimension esthétique. • Comme l'action, le dialogue repose sur une progression, nommée « enchaînement ».
Didascalies	• Mot d'origine grecque, signifiant « instruction faite par l'auteur ». • Donnent au metteur en scène et aux comédiens des indications sur le lieu et l'époque de l'action, sur les noms des personnages et le moment de leur prise de parole, sur les gestes et sur les intonations. • Signalées par des parenthèses ou par de l'italique et non prononcées par les personnages. • Les « didascalies internes » sont des indications données au metteur en scène par les paroles des personnages.
Double énonciation théâtrale	Énonciation s'adressant à deux destinataires : le personnage s'adresse à un autre personnage et, dans le même temps, il s'adresse au public.
Dramaturge	• Du grec *drama*, « l'action », et *ergon*, « l'œuvre ». • Auteur de la pièce de théâtre.
Enchaînement des répliques	Divers procédés d'enchaînement pour donner au dialogue l'apparence d'une conversation courante, mais aussi une certaine perfection : réplique interrompue par une autre réplique ; phrase commencée dans une réplique et terminée dans la réplique suivante ; mots répétés d'une réplique à l'autre. Les interrogations permettent des enchaînements efficaces.
Exposition	Premier moment d'une pièce de théâtre, qui a pour fonction de présenter les personnages et l'intrigue.

Faux dialogue	• Situation dans laquelle se trouvent deux personnages présents sur scène qui ne dialoguent pas vraiment : les confidents ont souvent pour fonction d'écouter ce que dit un autre personnage. • Permet d'instruire le spectateur. • Peut aussi s'établir entre deux personnages, dont l'un ne comprend pas ce que dit l'autre : il peut alors prendre une dimension comique.
Langage des personnages	Langage qui reflète la condition ou le caractère des personnages (le personnage peut s'exprimer en argot, par exemple). Le niveau de langue contribue également à construire le personnage.
Mimésis	• Terme grec signifiant « imitation ». • Selon Aristote, travail du dramaturge qui consiste à imiter par le langage et l'action dramatique les actes accomplis par les hommes dans la réalité.
Monologue	• Tirade dans laquelle un personnage prononce à haute voix ce qui est en réalité sa pensée. • Le monologue délibératif montre le personnage déchiré entre deux sentiments, ou hésitant entre deux attitudes. • N'est pas destiné à être écouté par les autres personnages (double énonciation théâtrale).
Nœud	Moment de la pièce où la volonté des personnages principaux se heurte aux événements ou aux circonstances qui la contrarient.
Personnage	• Étymologiquement, le personnage est un « masque ». • On distingue les personnages en fonction des éléments suivants : le nom, que certains dramaturges, volontairement, ne donnent pas, l'âge (jeunesse, vieillesse, âge mûr), le sexe, le rang social et le pouvoir. À chacune de ces identités correspond un caractère.
Péripétie	• Au sens strict, changement de destin du héros. • Désigne aussi les différents événements qui provoquent des bouleversements dans l'action dramatique.
Protagoniste	• Du grec *prôtos*, « le premier », et *agôn*, « la lutte ». • Personnage principal d'une pièce de théâtre.
Quiproquo	• Procédé dramatique dans lequel un personnage se trompe sur l'identité d'un autre personnage. • S'appuie sur un malentendu.
Récit	Discours dans lequel un personnage évoque des événements que la scène ne montre pas.
Réplique	Élément du langage dramatique qui imite les paroles échangées dans une conversation.
Scène	Division de l'acte, délimitée par l'entrée ou la sortie d'un personnage.
Stichomythie	• Du grec *stikhos*, « vers », et muthos, « parole ». • Succession de répliques très brèves constituées d'un seul vers, voire de deux ou trois mots.
Tragédie du langage	Le langage et ses automatismes, ainsi que les idées reçues, sont le sujet de certaines pièces du XXe siècle où les personnages parlent pour ne rien dire.
Tirade	• Forme du langage dramatique, plus longue que la réplique, soutenue par une forte structure rhétorique. • Permet notamment au personnage de dire sa passion, ou de délibérer. • Révèle sa psychologie.

LES PRINCIPAUX GENRES THÉÂTRAUX

LA COMÉDIE

Comédie	• cherche à faire rire des vices des hommes qui les rendent difformes. • a pour devise *Castigat ridendo mores* : « la comédie corrige les mœurs par le rire ». • a une fonction de critique sociale.	Ex. : BEAUMARCHAIS, *Le Mariage de Figaro*, 1778.
Commedia dell'arte	• genre apparu au XVIe siècle en Italie. • spectacle où les comédiens incarnent des types (Arlequin, Pierrot, Colombine) et improvisent autour d'un canevas.	
Comédie-ballet	• naît en 1661 et disparaît en 1672. • l'action s'accompagne de musique et de danse. • est à l'origine de la naissance de l'opéra.	Ex. : *Le Bourgeois Gentilhomme* (1670) mêle à l'intrigue de Molière la musique de Lully.

LA TRAGÉDIE

Tragédie	• représente, selon Aristote, une action noble qui, en suscitant pitié et crainte, opère la purgation (*catharsis* en grec) de ces passions. Montre un héros noble luttant contre une force destructrice qui lui est supérieure.	Ex. : Jean RACINE, *Phèdre*, 1677.
Tragi-comédie	• inventée à Rome par Plaute, puis reprise au XVIIe siècle. • tragédie à fin heureuse, dont les personnages sont d'un rang élevé, et qui traite de sujets romanesques en mêlant le sérieux et le comique.	Ex. : Pierre CORNEILLE, *Le Cid*, 1637.

Remarque : Au XXe siècle, certains auteurs reprennent les sujets des tragédies antiques, en mêlant la comédie à la tragédie.
Ex. : Jean GIRAUDOUX, *Électre* (1937).

LE DRAME

Drame bourgeois	• celui du XVIIIe siècle veut être plus près de la réalité. • met en scène la bourgeoisie et voit le triomphe de la vertu.	Ex. : Denis DIDEROT, *Le Fils naturel* (1757) ou BEAUMARCHAIS, *La Mère coupable* (1792).
Drame romantique	Au XIXe siècle, refuse les règles du théâtre classique du XVIIe siècle et mêle les registres pour peindre la vie dans sa totalité.	Ex. : Victor HUGO, *Ruy Blas*, 1838.

LES RÈGLES DU THÉÂTRE CLASSIQUE

La vraisemblance Les paroles et événements présentés sur scène ne doivent pas heurter la raison du spectateur.	**Règle des trois unités**	Unité de **lieu**	L'action doit se dérouler en un **lieu** unique.
		Unité de **temps**	L'action doit tenir dans le **temps** d'une révolution du soleil (≈ un jour).
		Unité d'**action**	L'action a une unité si on ne peut rien en retrancher sans que la pièce soit ébranlée.

Les bienséances	Bienséances **internes**	La pièce doit observer les mœurs de l'époque de l'action.
	Bienséances **externes**	La pièce doit observer les mœurs de l'époque de la représentation. Elles interdisent qu'on montre un mort sur scène, par exemple.

LE THÉÂTRE DU XXe SIÈCLE

Le théâtre du XXe siècle renouvelle les formes, les thèmes, la mise en scène de l'écriture et ne se préoccupe plus de la notion de genre.

Le théâtre d'idée ou engagé	diffuse des idées philosophiques, une idéologie politique ou sociale.	Ex. : Jean-Paul SARTRE, *Huis-clos*, 1944 Albert CAMUS, *Les Justes*, 1949 Jean ANOUILH, *Pauvre Bitos*, 1958.
Le théâtre de l'absurde	• montre la condition humaine dans un monde dépourvu de sens. • refuse l'intrigue traditionnelle et soulève une interrogation sur le langage.	Ex. : Eugène IONESCO, *Rhinocéros*, 1959.

LA REPRÉSENTATION DU TEXTE THÉÂTRAL

Catharsis	• Mot grec signifiant « purification ». • Théorie d'Aristote selon laquelle la tragédie doit susciter « terreur et pitié » chez le spectateur, le libérant ainsi des mauvaises pulsions qu'il voit représentées sur scène.
Chœur	• Du grec *choreuo*, « danser ». • Personnage collectif du théâtre antique dirigé par un chef, le coryphée. • Représente les valeurs de la collectivité, exécute des danses et des chants, et dialogue brièvement avec le héros.
Choix du metteur en scène	Les mises en scène d'un même texte peuvent être très différentes selon le parti pris du metteur en scène, qui choisira de mettre en évidence tel sens, telle particularité du texte drmamatique.
Cintres	Partie supérieure d'un théâtre, située au-dessus de la scène, où se trouvent, notamment, les machines (poulies, fils...).
Comédien	Personne qui joue un rôle sur scène.
Cour	La formule « côté cour » désigne, pour le comédien, la partie de la scène située à sa gauche quand il regarde la salle. (Cf. « Jardin »)
Décor	Éléments matériels qui organisent l'espace de la représentation (l'évocation des lieux, les accessoires, les éclairages).
Douche	Projecteur qui éclaire le comédien d'en haut.
Espace	La représentation du texte suppose un espace concret. Cet espace a un sens, et les mouvements des comédiens qui le parcourent révèlent relations et conflits.
Illusion théâtrale	• Du latin *illudo*, « se jouer de ». • Art qui consiste à faire croire au spectateur que ce qu'il voit sur scène est le monde réel.
Jardin	La formule « côté jardin » désigne la droite de la scène pour le comédien. (Cf. « Cour »)
Mise en scène	Organisation du temps de la représentation, et construction, à partir du texte, d'un univers scénique qui permettra au spectateur de comprendre le sens de la pièce.
Poursuite	Projecteur qui suit les évolutions d'un personnage.
Quatrième mur	Mur imaginaire qui sépare la scène et la salle.
Représentation	• Consiste à rendre présente la pièce en la plaçant sous les yeux des spectateurs. • Impose la présence de spectateurs. Contrairement au cinéma, le théâtre est un « spectacle vivant ».
Scène	Espace où les comédiens évoluent.
Scénographe	Conseiller du metteur en scène qui analyse et interprète la pièce pour préparer la représentation.
Théâtre dans le théâtre	• Représentation d'une pièce de théâtre à l'intérieur d'une pièce de théâtre. Nommé également « mise en abyme ». • Permet de mettre en lumière l'illusion théâtrale.

1 COMPRENDRE LA FONCTION DE L'EXPOSITION ✲

a. **Quels personnages sont évoqués dans ce passage ? Qu'apprend le spectateur sur les événements qui ont précédé le début de la pièce ?**

b. **Observez les marques de 1re et de 2e personne : que révèlent-elles de l'état d'esprit d'Émilie ? Pourquoi ces éléments préparent-ils l'intrigue ?**

Dans l'appartement d'Émilie.

ÉMILIE : […] Quand je regarde Auguste[1] au milieu de sa gloire,
Et que vous[2] reprochez à ma triste mémoire
Que par sa propre main mon père massacré
Du trône où je le vois fait le premier degré,
Quand vous[2] me présentez cette sanglante image,
La cause de ma haine et l'effet de sa rage,
Je m'abandonne toute à vos ardents transports,
Et crois pour une mort lui devoir mille morts.
Au milieu toutefois d'une fureur si juste,
J'aime encor plus Cinna que je ne hais Auguste,
Et je sens refroidir ce bouillant mouvement
Quand il faut, pour le suivre, exposer mon amant.
Oui, Cinna, contre moi moi-même je m'irrite
Quand je songe aux dangers où je te précipite.
Quoique pour me servir tu n'appréhendes rien,
Te demander du sang, c'est exposer le tien […]

Pierre CORNEILLE, *Cinna*, I, 1 (1640).

1. Empereur de Rome. – 2. Émilie s'adresse à ses « désirs » de vengeance, qui sont personnifiés.

2 IDENTIFIER UN PERSONNAGE DE TRAGÉDIE ✲

Pourquoi peut-on dire qu'Électre est une héroïne de tragédie ?

ÉLECTRE – […] Non, non, je ne cesserai plus, comme le rossignol qui a tué ses petits, de clamer en pleurant mon appel à tous devant le palais paternel. Demeure d'Hadès[1] et de Perséphone[2] ; Hermès[3] infernal ; puissante Imprécation ; et vous Érinyes[4], sévères filles des dieux, vous dont les yeux ne quittent pas les hommes que l'on tue sans droit ou à qui l'on vole leurs femmes, venez, prêtez-moi votre aide, vengez le meurtre de mon père ! … Et tout d'abord,, ramenez-moi mon frère, puisque, seule, je n'ai la force de résister au poids de douleur qui m'entraîne.

SOPHOCLE, *Électre* (vers 420 av. J.-C.), prologue,
trad. P. Mazon, in *Les Tragiques grecs*,
© Robert Laffont 2001.

1. dieu des Enfers. – 2. épouse malheureuse d'Hadès. – 3. Hermès accompagne les âmes des défunts aux Enfers. – 4. divinités de la vengeance qui poursuivent les criminels.

3 ÉTUDIER LE DRAME ROMANTIQUE ✲✲

a. **À quel rang social appartiennent les personnages de cette scène ? Justifiez votre réponse. De quel genre sont-ils caractéristiques ?**

b. **Observez ponctuation et didascalies : quels personnages séparent-elles ou rapprochent-elles ?**

c. **Quel niveau de langue emploie Casilda ? Sur quel ton s'exprime-t-elle ?**

La reine d'Espagne, négligée par le roi qu'elle n'a vu que douze jours en six mois, se désespère. On lui annonce qu'une lettre du roi vient d'arriver.
[…]

LA REINE, *à la duchesse* :
D'où me vient cette lettre ?
LA DUCHESSE : Madame,
D'Aranjuez, où le roi chasse.
LA REINE : Du fond de l'âme
Je lui rends grâce. Il a compris qu'en mon ennui
J'avais besoin d'un mot d'amour qui vînt de lui !
– Mais donnez donc !
LA DUCHESSE, *avec une révérence, montrant la lettre :*
L'usage, il faut que je le dise,
Veut que ce soit d'abord moi qui l'ouvre et la lise.
LA REINE :
Encore ! – Eh bien, lisez !
La duchesse prend la lettre et la déploie lentement.
CASILDA[1], *à part* :
Voyons le billet doux.
LA DUCHESSE, *lisant* :
« Madame, il fait grand vent et j'ai tué six loups. »
Signé : « CARLOS. »
LA REINE, *à part* :
Hélas !
DON GURITAN[2], *à la duchesse* :
C'est tout ?
LA DUCHESSE :
Oui, seigneur comte.
CASILDA, *à part* :
Il a tué six loups ! comme cela vous monte
L'imagination ! Votre cœur est jaloux,
Tendre, ennuyé, malade ? – Il a tué six loups ! […]

Victor HUGO, *Ruy Blas*, II, 3 (1838).

1. suivante de la reine.
2. vieux comte amoureux de la reine.

4 IDENTIFIER ET ÉTUDIER LA DOUBLE ÉNONCIATION

a. Observez les didascalies et la modalité des phrases : quels sentiments expriment les personnages ? Qui semble détenir le pouvoir ?

b. À qui s'adresse la première réplique de Rosine ? Comment se nomme ce procédé dramaturgique ?

c. Comment Rosine est-elle perçue par Bartholo ? Et par le spectateur ?

d. Quelles indications donneriez-vous aux comédiens pour exploiter au mieux le procédé identifié ?

Le médecin Bartholo a élevé Rosine, une orpheline, dans l'intention de l'épouser. Mais le comte Almaviva, épris de Rosine, est parvenu à s'introduire chez Bartholo, déguisé en soldat, et à lui remettre une lettre. Bartholo s'est aperçu de la manœuvre et exige de voir la lettre. Il va fermer la porte.

[…]

ROSINE, *pendant qu'il y va* :
Ah Ciel ! que faire ?… Mettons vite à la place la lettre de mon cousin, et donnons-lui beau jeu à la prendre. (*Elle fait l'échange, et met la lettre du cousin dans sa pochette, de façon qu'elle sorte un peu.*)
BARTHOLO, *revenant* :
Ah ! j'espère maintenant la voir.
ROSINE :
De quel droit, s'il vous plaît ?
BARTHOLO :
Du droit le plus universellement reconnu, celui du plus fort.
ROSINE :
On me tuera plutôt que de l'obtenir de moi.
BARTHOLO, *frappant du pied* :
Madame ! Madame !…
ROSINE *tombe sur un fauteuil et feint de se trouver mal* :
Ah ! quelle indignité !…
BARTHOLO :
Donnez cette lettre, ou craignez ma colère.
ROSINE, *renversée* :
Malheureuse Rosine !
[…]

BEAUMARCHAIS, *Le Barbier de Séville*, II, 15 (1775).

5 DÉDUIRE DU TEXTE ÉCRIT UNE REPRÉSENTATION

a. Observez le nom des personnages et les didascalies : que révèlent ces éléments de l'identité des protagonistes et des relations qui les unissent ?

b. Observez la ponctuation : quel signe domine ? A-t-il la même signification dans l'ensemble de l'extrait ? Justifiez votre réponse.

c. Sur quels procédés l'enchaînement des répliques repose-t-il ? Quelle vision du monde en résulte ?

Écriture d'invention **Formulez pour ce passage des propositions de mise en scène abordant la question du costume, de l'espace, de la diction, des relations entre scène et salle.**

Dans cette pièce de Nathalie Sarraute, H1 rend visite à son ami de longue date, H2.

[…]

H.1 : Ah on y arrive… C'est à cause de ce rien que tu t'es éloigné ? Que tu as voulu rompre avec moi ?
H.2, *soupire* : Oui… c'est à cause de ça… Tu ne comprendras jamais… Personne, du reste, ne pourra comprendre…
H.1 : Essaie toujours… Je ne suis pas si obtus…
H.2 : Oh si… pour ça, tu l'es. Vous l'êtes tous, du reste.
H.1 : Alors, chiche… on verra…
H.2 : Eh bien… tu m'as dit il y a quelque temps… tu m'as dit… quand je me suis vanté de je ne sais plus quoi… de je ne sais plus quel succès… oui… dérisoire… quand je t'en ai parlé… tu m'as dit : « C'est bien… ça… »
H.1 : Répète-le, je t'en prie… j'ai dû mal entendre.
H.2, prenant courage : Tu m'as dit : « C'est bien… ça… » Juste avec ce suspens… cet accent…
H.1 : Ce n'est pas vrai. Ça ne peut pas être ça… ce n'est pas possible…
H.2 : Tu vois, je te l'avais bien dit… à quoi bon ?…
H.1 : Non mais vraiment, ce n'est pas une plaisanterie ? Tu parles sérieusement ?
H.2 : Oui. Très. Très sérieusement. […]

Nathalie SARRAUTE, *Pour un oui ou pour un non* (1987), © Éditions Gallimard.

LA VERSIFICATION

On appelle **« vers »** un élément du poème caractérisé par un certain nombre de **syllabes** et **d'accents** ainsi que par une **musicalité** qui le relie aux autres vers du poème. Le vers est constitué par un ensemble de **retours** : retour à la ligne, retour d'accents toniques et de sonorités.

LA MÉTRIQUE

• Le compte des syllabes

Le **nombre de syllabes** que comporte un **vers** permet de déterminer sa mesure ou son **mètre**. Toutes les syllabes qui composent un vers doivent être **comptées** et **prononcées**.

Cas particuliers	**Le « e » muet**	• ne se prononce pas en fin de mot si le mot suivant commence par une **voyelle**. • se prononce si le mot suivant commence par une **consonne**.	Ex. : « Et celle que je pleur(e) était encore là » Catulle Mendès, *Philomela*, 1863.
	La diérèse	prononce en **deux syllabes** deux sons habituellement groupés.	Ex. : « Aveugles et boiteux vinrent, et leurs [**huées** Raillaient le noir clairon sonnant sous les [**nuées** ; » V. Hugo, « Sonnez, sonnez toujours, clairons de la pensée », *Les Châtiments*, 1853.
	La synérèse	prononce en **une seule syllabe** deux sons habituellement séparés.	Ex. : « [...] retourne à nos moutons. Muse, et sans varier dis-nous quelques sornettes De tes enfants bâtards, ces tiercelets de **poètes**, [...] » M. Régnier, *Satires*, II, 1613.

• Les mètres couramment utilisés

Les vers pairs	• les **alexandrins** (12 syllabes) • les **décasyllabes** (10 syllabes) • les **octosyllabes** (8 syllabes) • les **hexasyllabes** (6 syllabes)	Ex. : « Tu redoubles ta peine avec cette insolence. » Pierre Corneille, *Médée*, 1635. « Roseaux du vent, sourires parfumés » Paul Éluard, « La courbe de tes yeux... », 1926. « Je me sens seul si seul ici ! » David Diop, « Le renégat », 1956. « Oubliez les heureux. » Alphonse de Lamartine, « Le lac », 1820.
Les vers impairs	• les **hendécasyllabes** (11 syllabes) • les **ennéasyllabes** (9 syllabes) • les **heptasyllabes** (7 syllabes) • les **pentasyllabes** (5 syllabes)	Ex. : « Loin des oiseaux, des troupeaux, des villageoises, », Arthur Rimbaud, « Larme », 1872. « De la musique avant toute chose » Paul Verlaine, « Art poétique » 1884. « Mon frère aux lunettes d'or » David Diop, « Le renégat », 1956. « Ma tête rythmant » L. S. Senghor, « Joal », 1945.
Le verset	• mètres **plus longs** que l'alexandrin. • repose sur des **jeux de sonorité** et sur la **combinaison des mètres traditionnels**.	Ex. : « Tu as gardé longtemps, longtemps entre tes mains || le visage noir du guerrier [...] » alexandrin + octosyllabe L. S. Senghor, « Chants pour Signare », *Nocturnes*, 1961.

LA VERSIFICATION ET SES STRUCTURES

Une strophe se définit par sa disposition dans la page (strophes séparées par des blancs), le groupement des vers (mètres égaux ou alternance régulière des mètres), la disposition des rimes (Cf. La rime, ci-dessous). Les strophes sont de longueur variable ; le plus souvent de 2 vers (**distique**) à 10 vers (**dizain**) mais elles peuvent être aussi de 3 vers (**tercet**), de 4 vers (**quatrain**), de 5 vers (**quintil**) ou de 6 vers (**sizain**).

LE RYTHME POÉTIQUE

Le rythme est le retour à intervalle régulier des **accents**. En poésie, deux rythmes se superposent. Le premier est celui de la **phrase française** : l'accent tombe sur le **dernier** élément d'une phrase ou d'un groupe de mots. Le deuxième est celui du **vers** : les accents tombent sur les mots situés à la **fin du vers** et à la **césure**.

• La concordance rythmique

La césure	principale pause à l'intérieur du vers.	Ex : « Je me rappelle, / je me rappelle… » L. S. SENGHOR, « Joal » (► p. 278).
L'hémistiche	Moitié d'un alexandrin, marquée par une césure après la **sixième syllabe**.	Ex : « Plus mon petit Liré, /que le mont Palatin » Du BELLAY, « Heureux qui comme Ulysse » (► p. 272).

• La discordance rythmique

L'enjambement	• La phrase se poursuit sur deux vers. • donne une impression de **continuité**.	Ex. : « Et dès lors, je me suis baigné **dans le Poème** **De la Mer**, infusé d'astres, et lactescent, […] » A. RIMBAUD, « Le Bateau ivre », *Poésies*, 1871.
Le rejet	• La phrase commencée au début d'un vers se termine **brutalement** au **début** du **vers suivant**. • produit un effet de **rupture**.	Ex. : « Gouffre où les régiments, comme des [pans de murs, **Tombaient**, […] » V. HUGO, « L'expiation », *Les Châtiments*, 1853.
Le contre-rejet	• Une phrase commencée à **la fin** d'un vers **se développe** au **vers suivant**. • produit un effet de **rupture**.	Ex. : « Et, pour sa voix, lointaine, et calme, [et grave, elle a L'inflexion des voix chères, qui se sont tues. » P. VERLAINE, « Mon rêve familier », 1866.
Le vers libre	• pas de structure régulière : ni mètre, ni rime, ni strophe. • recherche du rythme le plus adapté à la création du poète. • surtout employé depuis la fin du XIXe siècle, est caractéristique de la poésie moderne. • ponctuation souvent absente (modulations du rythme et interprétations diverses).	Ex. : « Personnages dans la banlieue » de J. Réda (► p. 298).

LA MUSICALITÉ

Le retour de phénomènes musicaux crée une **harmonie**, ou un rythme chargé de sens.

La rime	• Retour d'un même **son** en **fin de vers**. • Diverses combinaisons : rimes **suivies** *(aa, bb, cc)*, rimes **embrassées** *(abba)*, rimes **croisées** *(abab)*.	Ex. : « La Muse malade » de Ch. Baudelaire (► p. 282) → rimes croisées dans les quatrains et plates dans les tercets.
L'assonance	**Répétition** dans un vers des mêmes **voyelles**.	Ex. : « Tout m'afflige et me nuit, et conspire à me nuire. » (Jean RACINE).
L'allitération	**Répétition** dans un vers des mêmes **consonnes**.	Ex. : « […] Ces tisseuses têtues qui sans cesse interrogent […] » (Guillaume APOLLINAIRE).

LES FORMES ET LES GENRES POÉTIQUES

Ballade	• forme apparue au XIVᵉ siècle, composée de trois strophes, ou couplets de mêmes longueurs, comportant un refrain. • se termine par une strophe plus courte, l'envoi.	Ex. : *L'Épitaphe Villon* ou « Ballade des pendus » (► p. 236)
Bucolique	Genre inventé dans l'Antiquité, qui célèbre, sous la forme d'un dialogue, le bonheur de la vie des bergers (du grec boukolos, « berger »).	
Calligramme	Poème dont les mots, par leur répartition sur la page, forment un dessin ; sa lecture peut suivre plusieurs itinéraires.	Ex. : *Les Calligrammes* d'Apollinaire, « Il pleut » (► p. 294)
Chanson	Poème d'inspiration populaire dont les vers sont répartis en strophes, ou couplets, et qui comporte un refrain.	Ex. : « Heureux qui comme Ulysse » de G. Brassens (► p. 273)
Disposition typographique	L'espace blanc qui sépare strophes et vers correspond à un silence.	
Élégie	• genre inventé dans l'Antiquité, composé de couplets de deux vers d'inégales longueurs, qu'on appelle « distiques élégiaques ». • exprime la plainte.	Ex. : « Demain dès l'aube » de V. Hugo (1856), « Le Lac » de Lamartine (1820) sont des poèmes élégiaques.
Épigramme	Poème bref terminé par un trait d'esprit mordant, la **pointe**.	Ex. : « L'autre jour au fond d'un vallon, Un serpent piqua Jean Fréron. Que croyez-vous qu'il arriva ? Ce fut le serpent qui creva. » (VOLTAIRE)
Épopée	Long poème narratif qui célèbre les exploits d'un héros représentant un groupe humain.	Ex. : *L'Iliade* d'Homère (VIIIᵉ s. av. J.-C.), La Chanson de Roland (XIIᵉ s.)
Hymne	• Poème chanté qui, dans l'Antiquité, célébrait un dieu. • Dans la poésie française, souvent écrit en alexandrins, se prête au traitement de sujets religieux, historiques et philosophiques.	Ex. : *Les Harmonies poétiques et religieuses* de Lamartine (1830) : « Hymne de la nuit », « Hymne du matin »…
Lai	• Lai **narratif** : conte merveilleux en vers suivis, destiné à être chanté. • Lai **lyrique** : suite de couplets qui n'ont pas la même longueur et qui reposent sur l'alternance de deux rimes ; chante l'amour.	Ex. : Les Lais de Marie de France (fin du XIIᵉ s.)

LES FORMES ET LES GENRES POÉTIQUES

Ode	Poème lyrique hérité de l'Antiquité, composé de plusieurs groupes de trois strophes ayant la même longueur, qui chantait le vainqueur d'une épreuve olympique.	Ex. : Les *Odes* de Ronsard, dont « Mignonne, allons voir si la Rose… » (► p. 509)
Pantoum	• Genre d'origine malaise, écrit en quatrains. • Le deuxième et le quatrième vers de chaque strophe se répètent au premier et au troisième vers de la strophe suivante.	Ex. : « Harmonie du soir », *Les Fleurs du mal* de Ch. Baudelaire (► p. 561)
Poème en prose	• Genre né de la rencontre entre la prose rythmée et harmonieuse des genres oratoires antiques et les images évocatrices que permet la poésie. • Forme souvent brève dont la cohésion est notamment assurée par les sonorités. • Affranchi des contraintes formelles, il se présente sous la forme de paragraphes, ou strophes, composés de versets et s'adapte librement au sujet qu'il traite.	Ex. : « L'Huître » de F. Ponge (► p. 296)
Rondeau	• Forme apparue au XVe siècle. • Comprend quinze vers répartis sur trois strophes. • Le refrain apparaît au premier vers, à la fin de la deuxième strophe et au dernier vers.	Ex. : Les Rondeaux de Charles d'Orléans (XVe s.) : « Hiver, vous n'êtes qu'un vilain… »
Sonnet	• Forme brève, composée de quatorze vers répartis en deux quatrains et deux tercets. • Peut traiter tous les sujets, et adopter un ton familier ou élevé. • Le quatorzième vers le conclut parfois par un trait d'esprit, le concetto.	Ex. : « L'Albatros » de Ch. Baudelaire
Stance	Strophe lyrique qui se prête à l'élégie ou à la méditation. Parfois synonyme de strophe.	Ex. : *Le Cid* de Corneille (1637) : le monologue de Rodrigue, acte I, scène 6

1 ÉTUDIER RYTHME ET MUSICALITÉ

a. Comptez les syllabes de ces phrases : quels mètres ont été fondus dans la prose ?

b. Pourquoi la prose permet-elle ici une expression poétique ?

c. Pourquoi la forme du poème est-elle adaptée au mouvement de l'imagination du poète ?

Aube

J'ai embrassé l'aube d'été.

Rien ne bougeait encore au front des palais. L'eau était morte. Les camps d'ombre ne quittaient pas la route du bois. J'ai marché, réveillant les haleines vives et tièdes, et les pierreries regardèrent, et les ailes se levèrent sans bruit.

La première entreprise fut, dans le sentier déjà empli de frais et blêmes éclats, une fleur qui me dit son nom.

Je ris au wasserfall* blond qui s'échevela à travers les sapins : à la cime argentée je reconnus la déesse.

Alors je levai un à un les voiles. Dans l'allée, en agitant les bras. Par la plaine, où je l'ai dénoncée au coq. À la grand'ville elle fuyait parmi les clochers et les dômes, et courant comme un mendiant sur les quais de marbre, je la chassais.

En haut de la route, près d'un bois de lauriers, je l'ai entourée avec ses voiles amassés, et j'ai senti un peu son immense corps. L'aube et l'enfant tombèrent au bas du bois.

Au réveil il était midi.

Arthur RIMBAUD, *Illuminations* (1870).

* cascade, en allemand.

2 PERCEVOIR LES RUPTURES DANS LA POÉSIE MODERNE

a. Quels éléments donnent un caractère musical à ce poème ?

b. Quels mètres traditionnels repérez-vous ? Quel effet produit leur combinaison à l'intérieur des vers ?

c. Observez la répartition des vers, l'emploi des temps verbaux et les types de phrases : comment soulignent-ils l'évolution des pensées du poète ?

d. Pourquoi la forme adoptée par L. Sédar Senghor permet-elle la rencontre de plusieurs univers ?

*(pour khalam)**

Tu as gardé longtemps, longtemps entre tes [mains le visage noir du guerrier
Comme si l'éclairait déjà quelque crépuscule fatal.
De la colline, j'ai vu le soleil se coucher dans les [baies de tes yeux.
Quand reverrai-je mon pays, l'horizon pur de ton [visage ?
Quand m'assiérai-je de nouveau à la table de ton [sein sombre ?
Et c'est dans la pénombre le nid des doux propos.
Je verrai d'autres cieux et d'autres yeux
Je boirai à la source d'autres bouches plus [fraîches que citrons
Je dormirai sous le toit d'autres chevelures à [l'abri des orages.
Mais chaque année, quand le rhum du printemps [fait flamber la mémoire
Je regretterai le pays natal et la pluie de tes yeux [sur la soif des savanes.

Léopold Sédar SENGHOR, *Nocturnes* (1961),
© Éditions du Seuil, 1990.

* instrument de musique à cordes utilisé en Afrique par les conteurs.

3 ÉTUDIER LES FORMES POÉTIQUES

a. Observez les répétitions : à quel genre appartient ce poème ? Pourquoi cette forme évoque-t-elle l'image de la danse ?

b. Observez les phrases : quelle relation s'établit entre la syntaxe et la strophe ? Pourquoi cette construction sert-elle le lyrisme du poème ?

c. En vous appuyant sur l'étude des sonorités, commentez le choix du titre, « Harmonie du soir ».

Harmonie du soir

Voici venir les temps où vibrant sur sa tige
Chaque fleur s'évapore ainsi qu'un encensoir[1] ;
Les sons et les parfums tournent dans l'air du soir ;
Valse mélancolique et langoureux vertige

Chaque fleur s'évapore ainsi qu'un encensoir ;
Le violon frémit comme un cœur qu'on afflige ;
Valse mélancolique et langoureux vertige
Le ciel est triste et beau comme un grand reposoir.

Le violon frémit comme un cœur qu'on afflige,
Un cœur tendre, qui hait le néant vaste et noir !
Le ciel est triste et beau comme un grand reposoir ;
Le soleil s'est noyé dans son sang qui se fige.

Un cœur tendre, qui hait le néant vaste et noir,
Du passé lumineux recueille tout vestige !
Le soleil s'est noyé dans son sang qui se fige…
Ton souvenir en moi luit comme un ostensoir[2] !

Charles BAUDELAIRE, *Les Fleurs de mal* (1857)

1. récipient suspendu par des chaînes, dans lequel on brûle l'encens au cours des cérémonies catholiques.
2. pièce d'orfèvrerie en métal précieux, ayant la forme d'un cercle entouré de rayons ; elle est destinée à recevoir l'hostie consacrée dans les cérémonies catholiques.

LES FORMES DE L'ARGUMENTATION

On appelle **textes argumentatifs** les textes qui ont pour visée principale la formulation d'une **pensée**, d'une **réflexion** ou d'un **jugement**, ainsi que les textes **didactiques**, qui ont pour but principal de transmettre un **enseignement** ou des **conseils**. L'argumentation s'appuie sur une technique, la **rhétorique**, qui étudie et exploite les moyens les plus efficaces pour **convaincre** et **persuader**.

L'ARGUMENTATION DIRECTE ET INDIRECTE

L'argumentation directe	consiste à exposer la pensée **sans détour**.	Ex. : Les discours de V. Hugo contre la peine de mort (dont celui prononcé à l'Assemblée constituante, le 15 septembre 1848).
L'argumentation indirecte	• consiste à présenter la pensée par le détour d'une **fiction**, et en particulier d'une **narration** dans laquelle les personnages, le cadre spatial et temporel, les événements, ont un sens **symbolique**. • apparaît, notamment, dans le genre de **l'apologue**.	Ex. : *Fables* de La Fontaine (1668-1694), *Contes philosophiques* de Voltaire (XVIIIe s.).

LES PRINCIPALES ACTIONS ARGUMENTATIVES

Démontrer	• **raisonnement** qui relève d'une **démarche scientifique**, et qui, selon le *Dictionnaire de Trévoux* « prouve clairement et invinciblement » une affirmation, en apportant une **preuve évidente**.	Ex. : les démonstrations mathématiques.
Convaincre	• contraindre autrui par le raisonnement à reconnaître quelque chose. Celui qui convainc obtient l'adhésion de ses auditeurs, qui reconnaissent la valeur **universellement vraie** de son discours.	Ex. : Dans son *Traité de la Tolérance* (1763), Voltaire montre que Jean Calas, vieillard peu vaillant, n'a pas pu tuer son fils retrouvé pendu.
Persuader	• amener quelqu'un à croire quelque chose en faisant appel à ses **sentiments** et à ses **émotions**.	Ex. : Dans *La Chartreuse de Parme* de Stendhal, chap. 6 (1839), la duchesse Sanseverina tente de persuader Fabrice de choisir la carrière ecclésiastique en lui promettant de nombreux avantages matériels et une vie de privilèges.
Délibérer	• **examiner les différents aspects d'une question** pour prendre une **décision**. Celui qui délibère doit déterminer quelle est la meilleure décision, et faire preuve de **sagesse** et de **prudence**.	Ex. : Dans *Le Cid* de Corneille (I, 6), Rodrigue doit choisir entre son amour pour Chimène et l'honneur de sa famille.

LES DIFFÉRENTS RAISONNEMENTS LOGIQUES

Raisonnement déductif	Raisonnement privilégié par la démonstration. D'une **première affirmation** dont la vérité est admise, et, après une **suite ordonnée** d'affirmations qui en sont **la conséquence évidente**, on parvient à une affirmation, **conséquence de la première affirmation**.	Ex. : « L'amour commence par l'amour ; et on ne saurait passer de la plus forte amitié qu'à un amour faible. » Jean de LA BRUYÈRE, *Les Caractères*, 1688.

Raisonnement par l'absurde	Envisage les conséquences absurdes, car contradictoires, d'une proposition.	Ex. : « De l'esclavage des nègres », MONTESQUIEU, *De l'esprit des lois*, 1748.

Raisonnement inductif	**Exemple argumentatif**	• part d'un **fait observé** pour aboutir à une conclusion de portée générale. • permet à **l'orateur** de frapper son auditoire par le recours à un **exemple**.	Ex. : « D'où vient que cet homme, qui a perdu depuis peu de mois son fils unique, et qui, accablé de procès et de querelles, était ce matin si troublé, n'y pense plus maintenant ? Ne vous en étonnez point : il est tout occupé à voir par où passera ce sanglier que les chiens poursuivent avec tant d'ardeur depuis six heures. Il n'en faut pas davantage. L'homme, quelque plein de tristesse qu'il soit, si on peut gagner sur lui de le faire entrer en quelque divertissement, le voilà heureux pendant ce temps-là… » Blaise PASCAL, *Pensées*, 1670.
	Exemple illustratif	illustre une thèse déjà admise.	Ex. : La Première Guerre mondiale fut une véritable boucherie ; les « gueules cassées » témoignent de cette horreur.

Raisonnement par analogie	consiste à conclure, à partir de la connaissance de la **relation qui unit deux termes**, une propriété de la relation qui unit deux autres termes se trouvant dans un rapport semblable.	Ex. : « Ceux qui ont voulu nous représenter l'amour et ses caprices l'ont comparé en tant de sortes à la mer qu'il est malaisé de rien ajouter à ce qu'ils en ont dit. Ils nous ont fait voir que l'un et l'autre ont une inconstance et infidélité égales, que leurs biens et leurs maux sont sans nombre, que les navigations les plus heureuses sont exposées à mille dangers, que les tempêtes et les écueils sont toujours à craindre, et que souvent même on fait naufrage dans le port. » LA ROCHEFOUCAULD, « De l'amour et de la mer », 1664-1678.

LES ARGUMENTS

Les arguments affectifs (s'appuient sur la confiance que l'orateur inspire à son auditoire)	**La concession**	permet à l'orateur de montrer qu'il est **honnête** : il tient compte des **objections** possibles.	Ex. : « Tous ceux qui s'appliquent à la philosophie et s'y appliquent droitement ne s'occupent de rien d'autre que de mourir et d'être morts. Or, si cela est vrai… » PLATON, *Phèdre*, 64a, (ve s. av. J.-C.).
	Les émotions	• L'orateur amène ses auditeurs à éprouver des **émotions**, ou **passions**, comme la peine, le plaisir, la pitié, l'amitié ou la haine. • Il obtient ainsi la **sympathie** de l'auditoire, dont il semble partager les émotions.	Ex. : « Je voudrais que cette assemblée, majorité et minorité, n'importe, je ne connais pas, moi, de majorité et de minorité en de telles questions ; je voudrais que cette assemblée n'eût qu'une seule âme pour marcher à ce grand but magnifique, à ce but sublime, l'abolition de la misère ! » Victor HUGO, *Discours sur la misère*, 1849.
Les arguments rationnels (s'adressent à la raison)	**La sentence**	formule de façon concise et frappante une vérité générale.	Ex. : « Le nom de la vertu sert à l'intérêt aussi utilement que les vices. » LA ROCHEFOUCAULD, *Maximes*, 1664-1678.
	L'argument d'autorité	consiste à prendre comme garant une personne reconnue pour donner du poids à sa parole.	Ex. : « L'exemple des Romains m'autorise à le faire. » CORNEILLE, *Nicomède*, 1658.

LES GENRES DE L'ARGUMENTATION

L'ARGUMENTATION DIRECTE

Le dialogue d'idées	• conduit à l'affirmation d'une pensée ou d'une thèse, dans un **échange** constitué de **questions** et de **réponses**. • a le charme d'une conversation qui met la thèse à distance.	Ex. : SÉNÈQUE, *Lettres à Lucilius*, Ier siècle ap. J.-C. ; Denis DIDEROT, *Supplément au voyage de Bougainville*, 1796.
Le discours	• texte prononcé **oralement**, qui cherche à agir sur autrui et à le faire agir ; présente donc couramment des marques de la **deuxième personne**. • construit selon les techniques de la **rhétorique**, qui est l'art de bien parler et de persuader. • consiste à prouver la **thèse** défendue, en avançant les **arguments** qui lui sont favorables, et en **réfutant** ceux qui lui sont contraires.	Ex. : Dans le *Discours sur le colonialisme* (1950), Aimé Césaire s'en prend violemment à l'attitude des colonisateurs occidentaux.
L'essai	• du latin *exigo*, « peser, examiner, juger ». • écrit en **prose**, chargé d'une dimension **critique**, qui expose un **point de vue personnel** sur des problèmes divers. • ne prétend pas parvenir à une vérité définitive. • genre souple à la composition très libre : peut adopter la forme d'une **conversation**, ou suivre les mouvements imprévisibles de la pensée. • propre à aborder des sujets **philosophiques**, **politiques**, **littéraires**, **biographiques**, il peut **persuader** autrui grâce à la force d'un discours intime et subjectif, ou **convaincre** en s'appuyant sur des faits, par exemple.	Ex. : Montaigne est le premier à utiliser le terme d'« essais », en 1580, pour désigner une entreprise littéraire dans laquelle il souhaitait se peindre lui-même.
La lettre ouverte	• adressée à un destinataire **particulier** ou **collectif**. • destinée à être **publiée**, dans un journal, par exemple. • aborde des sujets divers et comporte souvent une dimension **polémique**.	Ex. : Émile ZOLA, « J'accuse », *L'Aurore*, 13 janvier 1898.
La maxime	• genre **bref**, qui doit son nom à la *maxima sententia* romaine (une « pensée très importante »). • aborde des questions **morales**, **psychologiques** ou **politiques**, et énonce une **vérité universelle** de façon **ingénieuse**, **brillante** et **concise**. • s'achève par un **trait spirituel**.	Ex. : « Les vices entrent dans la composition des vertus comme les poisons entrent dans la composition des remèdes de la médecine. La prudence les assemble et les tempère, et elle s'en sert utilement contre les maux de la vie. » LA ROCHEFOUCAULD, *Maximes*, CXCI, 1664-1678.
Le pamphlet	• écrit **bref** consacré à un **sujet d'actualité**. • **attaque** dirigée contre une personne ou une institution. • ton **polémique** et appel à des valeurs **morales**.	Ex. : Dans la *Relation de la maladie, de la confession, de la mort et de l'apparition du jésuite Berthier* (1759), Voltaire fait du pamphlet une arme pour combattre la religion.

Les pensées	• réflexion **brève** sur une **question morale**, ayant une **portée générale**. • regroupées dans un recueil, se présentent sous une forme délibérément **discontinue** ou sous la forme d'une série de fragments destinés à prendre place dans un ensemble organisé.	Ex. : Dans les *Pensées* (1670), Blaise Pascal cherche à montrer que l'homme vit dans « une tristesse insupportable » et doit croire en Dieu pour trouver la paix intérieure.
La préface	• écrit placé en tête d'un ouvrage. • L'auteur, ou un critique, présente et défend l'œuvre littéraire qui suit. • **L'éditorial** est son équivalent dans la presse : article, rédigé par le rédacteur en chef ou par le directeur de la rédaction, qui commente un sujet d'actualité, et expose les valeurs défendues par la publication.	Ex. : Théophile GAUTIER, *Préface de Mademoiselle de Maupin*, 1834.
Le plaidoyer	discours ou écrit visant à défendre une idée, une cause ou une personne.	Ex. : *Plaidoyer contre la peine de mort* de Victor Hugo, discours prononcé devant l'Assemblée constituante le 15 septembre 1848.

L'ARGUMENTATION INDIRECTE

L'**apologue** (du grec *apologos*, narration) est un court **récit** à visée **didactique**. Souvent, il fait partie d'un ensemble **argumentatif**. La narration, destinée à **séduire**, est mise au service de l'argumentation, qui veut **instruire**. Le soin de saisir le sens profond du récit est souvent confié au lecteur.

La fable	• récit dans lequel la narration, appelée « corps » et la moralité, appelée « âme » se fondent pour opérer une synthèse du **plaisir** et du **savoir**. • moralité « explicite » : exprimée clairement. • moralité « implicite » : le lecteur doit déchiffrer lui-même le sens du récit.	Ex. : Jean de LA FONTAINE, *Fables*, 1668 ; Jean ANOUILH, *Fables*, 1962.
Le conte philosophique	• récit plaisant qui aborde des questions **abstraites**. • genre né au XVIIIe siècle d'une volonté de contester les valeurs religieuses et politiques, de trouver des valeurs nouvelles, comme la **tolérance**, et de se battre pour elles.	Ex. : Dans *Zadig* (1747) et *L'Ingénu* (1767), Voltaire fait la satire de la religion et des hommes de pouvoir ; dans *Micromégas* (1752), il montre le caractère relatif de la connaissance humaine ; dans *Candide* (1759), il réfute l'optimisme philosophique en montrant la violence et la cruauté du monde. Par un ton souvent **ironique**, il établit une complicité avec son lecteur.
L'utopie	• vient d'un mot grec signifiant « nulle part », ou « lieu du bonheur » (en grec *topos* signifie « lieu » ; *u* est une négation ou signifie « bien »). • genre qui imagine une **société idéale** ordonnée par une **raison éclairée** et sert indirectement à **critiquer** la société existante.	Ex. : Thomas MORE, *Utopie*, 1516.
La satire	• genre d'origine latine (satura, « mélange ») qui mêle dialogue, apologue, caricature, anecdote ou discussion. • traite de sujets variés. • tourne en **dérision** les vices et les ridicules des hommes de son temps.	Ex. : HORACE, Ier siècle av. J.-C., Nicolas BOILEAU, XVIIe siècle ; Victor HUGO, *Les Châtiments*, 1853.

1 DISTINGUER CONVAINCRE ET PERSUADER

a. À qui ces textes s'adressent-ils ? Justifiez votre réponse.

b. Étudiez les modes verbaux, le type des phrases, les éléments soulignés : sur quelle opération argumentative chacun de ces passages repose-t-il ?

1 *Mirabeau présente devant l'Assemblée nationale son projet.*

Nous avons cherché cette forme populaire qui rappelle au peuple, non ce qu'on a étudié dans les livres ou dans les méditations abstraites, mais ce qu'il a lui-même éprouvé ; en sorte que la Déclaration des droits, dont une association politique ne doit jamais s'écarter, soit plutôt le langage qu'il tiendrait s'il avait l'habitude d'exprimer ses idées, qu'une science qu'on se propose de lui enseigner.

Cette différence, Messieurs, est capitale ; et, comme la liberté ne fut jamais le fruit d'une doctrine travaillée en déductions philosophiques, mais de l'expérience de tous les jours et des raisonnements simples que les faits excitent, il s'ensuit que nous serons mieux entendus à proportion que nous nous rapprocherons davantage de ces raisonnements.

MIRABEAU, *Sur la Déclaration des Droits de l'Homme* (1789).

2 *Rousseau fait ici l'éloge de la République.*

Puisse durer toujours pour le bonheur de ses Citoyens et l'exemple des Peuples une République si sagement et si heureusement constituée ! Voilà le seul vœu qui vous reste à faire, et le seul soin qui vous reste à prendre. C'est à vous seuls désormais, non à faire votre bonheur, vos Ancêtres vous en ont évité la peine, mais à le rendre durable par la sagesse d'en bien user. C'est de votre union perpétuelle, de votre obéissance aux lois ; de votre respect pour leurs Ministres que dépend votre conservation. S'il reste parmi vous le moindre germe d'aigreur ou de défiance, hâtez-vous de le détruire comme un levain funeste d'où résulteraient tôt ou tard vos malheurs et la ruine de l'État. Je vous conjure de rentrer tous au fond de votre Cœur et de consulter la voix secrète de votre conscience. Quelqu'un parmi vous connaît-il dans l'univers un Corps plus intègre, plus éclairé, plus respectable que celui de votre Magistrature ? Tous ses membres ne vous donnent-ils pas l'exemple de la modération, de la simplicité de mœurs, du respect pour les lois, et de la plus sincère réconciliation : rendez donc sans réserve à de si sages Chefs cette salutaire confiance que la raison doit à la vertu […].

ROUSSEAU, *Lettre à la République de Genève* (1754).

2 ÉTUDIER LA DÉLIBERATION

a. Observez les modalités dominantes et les antithèses dans ce passage : quel est l'état d'esprit de Jean Valjean ? Devant quel choix est-il placé ?

b. À quelle décision parvient-il ? Quels arguments ont dicté cette décision ?

Jean Valjean, un ancien bagnard, devenu maire, mène une vie paisible, sous le nom de Monsieur Madeleine. Il apprend qu'on a arrêté, pour un vol, un malheureux qu'on prend pour lui, et qui risque les travaux forcés à perpétuité. Jean Valjean s'interroge.

Il se déclara que sa vie avait un but en effet. Mais quel but ? cacher son nom ? tromper la police ? Était-ce pour une chose si petite qu'il avait fait tout ce qu'il avait fait ? Est-ce qu'il n'avait pas un autre but, qui était le grand, qui était le vrai ? Sauver, non sa personne, mais son âme. Redevenir honnête et bon. Être un juste ! est-ce que ce n'était pas là surtout, là uniquement, ce qu'il avait toujours voulu, ce que l'évêque lui avait ordonné ? – Fermer la porte à son passé ? Mais il ne la fermait pas, grand Dieu ! il la rouvrait en faisant une action infâme ! mais il redevenait un voleur, et le plus odieux des voleurs ! il volait à un autre son existence, sa vie, sa paix, sa place au soleil ! il devenait un assassin ! il tuait, il tuait moralement un misérable homme, il lui infligeait cette affreuse mort vivante, cette mort à ciel ouvert, qu'on appelle le bagne ! Au contraire, se livrer, sauver cet homme frappé d'une si lugubre erreur, reprendre son nom, redevenir par devoir le forçat Jean Valjean, c'était là vraiment achever sa résurrection, et fermer à jamais l'enfer d'où il sortait ! Y retomber en apparence, c'était en sortir en réalité ! Il fallait faire cela ! il n'avait rien fait s'il ne faisait pas cela ! toute sa vie était inutile, toute sa pénitence était perdue, et il n'y avait plus qu'à dire : à quoi bon ? Il sentait que l'évêque était là, que l'évêque* était d'autant plus présent qu'il était mort, que l'évêque le regardait fixement, que désormais le maire Madeleine avec toutes ses vertus lui serait abominable, et que le galérien Jean Valjean serait admirable et pur devant lui. Que les hommes voyaient son masque, mais que l'évêque voyait sa face. Que les hommes voyaient sa vie, mais que l'évêque voyait sa conscience. Il fallait donc aller à Arras, délivrer le faux Jean Valjean, dénoncer le véritable ! Hélas ! c'était là le plus grand des sacrifices, la plus poignante des victoires, le dernier pas à franchir ; mais il le fallait.

Victor HUGO, *Les Misérables*, VII, 3 (1862).

* Monseigneur Myriel, qui a secouru Jean Valjean à sa sortie du bagne.

3 ÉTUDIER L'ARGUMENTATION DIRECTE ✲✲

a. **Quel sens peut-on attribuer à la numérotation qui précède ces textes ?**

b. **Observez la construction de ces deux textes : pourquoi peut-on parler ici d'argumentation ?**

c. **Observez la longueur des textes et les temps verbaux : de quelle nature est la vérité qu'ils prononcent ?**

74

Il n'y a qu'une sorte d'amour, mais il y en a mille différentes copies.

75

L'amour, aussi bien que le feu, ne peut subsister sans un mouvement continuel, et il cesse de vivre dès qu'il cesse d'espérer ou de craindre.

François de LA ROCHEFOUCAULD, *Maximes* (1678).

4 DISTINGUER LES RAISONNEMENTS LOGIQUES ✲✲

a. **Quel est le thème commun à tous ces extraits ?**

b. **Étudiez le lexique, les connecteurs et les pronoms personnels. Quelle thèse est défendue dans chacun de ces passages ? Quel exemple l'étaye ?**

c. **Quel type de raisonnement est présenté par chacun de ces textes ?**

1 […] Félix était un gueux qui n'avait rien ; Olivier était un autre gueux qui n'avait rien : dites-en autant du charbonnier, de la charbonnière, et des autres personnages de ce conte, et concluez qu'en général il ne peut guère y avoir d'amitiés entières et solides qu'entre des hommes qui n'ont rien : un homme alors est toute la fortune de son ami, et son ami est toute la sienne. […]

Denis DIDEROT, *Les deux amis de Bourbonne* (1770).

2 Il y a une dureté de complexion ; il y en a une autre de condition et d'état. L'on tire de celle-ci, comme de la première, de quoi s'endurcir sur la misère des autres, dirai-je même de quoi ne pas plaindre les malheurs de sa famille ? Un bon financier ne pleure ni ses amis, ni sa femme, ni ses enfants.

Jean de LA BRUYÈRE, *Des Biens de fortune* (1688-1694).

3 Il y a de merveilleuses joies dans l'amitié. On le comprend sans peine si l'on remarque que la joie est contagieuse. Il suffit que ma présence procure à mon ami un peu de vraie joie pour que le spectacle de cette joie me fasse éprouver à mon tour une joie. […]

ALAIN, « Amitié », *Propos sur le bonheur* (1928), © Éditions Gallimard.

5 ÉTUDIER L'ARGUMENTATION INDIRECTE ✲✲✲

a. **Relevez les temps verbaux et les pronoms personnels. À quoi renvoient-ils ?**

b. **Quel mode de vie est décrit dans ce texte ? Quelles qualités les hommes évoqués ici cultivent-ils ? Selon Socrate, quels bienfaits résultent de ce mode de vie ?**

c. **Déduisez de vos précédentes réponses le genre auquel appartient ce texte. Quel profit Platon retire-t-il de ce procédé ?**

Platon imagine une cité dans laquelle la répartition raisonnable des tâches entre les citoyens amènera la prospérité. Il envisage ensuite les citoyens eux-mêmes. Platon fait ici dialoguer le philosophe Socrate avec d'autres personnages.

Pendant l'été ils travailleront la plupart du temps nus et sans chaussures, pendant l'hiver vêtus et chaussés convenablement. Pour se nourrir, ils prépareront des farines d'orge et de froment, cuisant celles-ci, se contentant de pétrir celles-là ; ils disposeront leurs nobles galettes et leurs pains sur des rameaux ou des feuilles fraîches, et, couchés sur des lits de feuillage, faits de couleuvrée[1] et de myrte[2], ils se régaleront eux et leurs enfants, buvant du vin, la tête couronnée de fleurs, et chantant les louanges des dieux ; ils passeront ainsi agréablement leur vie ensemble, et régleront le nombre de leurs enfants sur leurs ressources, dans la crainte de la pauvreté ou de la guerre.

Alors Glaucon intervint : C'est avec du pain sec, ce semble, que tu fais banqueter ces hommes-là.

Tu dis vrai, repris-je. J'avais oublié les mets ; ils auront du sel évidemment, des olives, du fromage, des oignons, et ces légumes cuits que l'on prépare à la campagne. Pour dessert, nous leur servirons même des figues, des pois et des fèves ; ils feront griller sous la cendre des baies de myrte et des glands, qu'ils mangeront en buvant modérément. Ainsi, vivant dans la paix et la santé, ils mourront vieux, comme il est naturel, et légueront à leurs enfants une vie semblable à la leur.

PLATON, *La République*, II, 372a-372d (vers 375 av. J.-C.), trad. R. Baccou © Flammarion.

1. plante d'Europe méridionale.
2. arbuste des régions méditerranéennes.

FAIRE RIRE

	Définition et procédés	Exemples
Le registre comique (s'appuie sur un effet de **surprise** qui provoque le **rire** ; a une fonction **ludique** mais aussi **critique**.)	**Décalage ou écart :** un personnage est décalé par rapport au monde qui l'entoure, ce qui le rend ridicule.	Ex. : Don Quichotte (Cervantès, 1605), croyant vivre dans l'univers de la chevalerie, se heurte à la réalité beaucoup plus prosaïque de son époque.
	Quiproquo : repose sur un malentendu. Un personnage prend quelqu'un pour quelqu'un d'autre, ou se trompe sur le sujet de la discussion.	Ex. : Dans *L'Avare* de Molière (V, 3), Harpagon croit que Valère parle de sa cassette alors qu'il lui parle de sa fille. Valère quant à lui croit qu'Harpagon lui parle de sa fille, alors qu'il lui parle de sa cassette.
	Retournement de situation ou dupeur dupé.	Ex. : « Le renard et la cigogne » de Jean de La Fontaine.
	Répétition ou mécanique plaquée sur du vivant : les mêmes gestes répétés, les mimiques, grimaces font du personnage une marionnette.	Ex. : « Que diable allait-il faire dans cette galère ! » dans *Les Fourberies de Scapin* (1671), ou « Le pauvre homme » dans *Tartuffe* (1664).
	Engrenage ou effet boule de neige : un événement en entraîne un autre.	Ex. : Dans *Don Quichotte* de Cervantès (1605), le muletier frappe Sancho Panza, qui frappe Maritorne…
	Jeux de mots : calembours, contrepèteries, etc.	Ex. : BÉLISE : - Veux-tu toute ta vie offenser la grammaire ? MARTINE : - Qui parle d'offenser grand-mère ni grand-père ? (MOLIÈRE, *Les Femmes savantes*).
Le registre satirique	• **utilise le rire** et la moquerie pour **dénoncer** les travers d'un individu, d'un groupe social ou politique. • **Exagération** (procédés du registre comique, termes dévalorisants, fausse naïveté, ironie, accumulations.)	Ex : Dans les *Satires* (1668), Nicolas Boileau caricature les travers de son époque (les jésuites, les précieuses, les avares…).
La parodie	• **imite** une œuvre, une forme pour **faire rire** et parfois **critiquer**. • **Reprise fantaisiste du style, du vocabulaire.** • Éventuellement, **modification du genre ou du registre.**	Ex. : Molière parodie le langage des précieux dans *Les Précieuses ridicules* (1659) ou celui des médecins dans *Le Malade imaginaire* (1673).
L'ironie (fait **sourire** ou **rire aux dépens de quelqu'un** en disant le contraire de ce que l'on veut faire comprendre.)	**Antiphrase :** dire le contraire de ce que l'on pense en le faisant percevoir.	Ex. : « Le marquis del Dongo joignait une avarice sordide à une foule d'autres belles qualités. » STENDHAL, *La Chartreuse de Parme*, 1839.
	• **Euphémisme :** atténue l'expression d'une vérité brutale, d'une réalité choquante • **Hyperbole** (exagération)	Ex : Voltaire évoque ainsi la prison : « [Candide et Pangloss] furent menés séparément dans des appartements d'une extrême fraîcheur, dans lesquels on n'était jamais incommodé du soleil… »
	• **Formulations antithétiques :** association dans une tournure de deux termes ou expressions de sens opposés • **Oxymore :** réunion dans un groupe nominal de mots de sens opposés	Ex. : Voltaire dénonce la guerre dans *Candide* en la qualifiant de « boucherie héroïque » et feint de l'admirer : « Rien n'est si beau, si leste, si brillant, si bien ordonné que les deux armées. » *Candide* (1759).

ÉMOUVOIR

	Définition	Procédés	Exemples
Le registre lyrique	• émeut par **l'expression du moi**, des sentiments intimes comme l'**amour**, la **nostalgie**, la **fuite du temps**. • textes qui possèdent une **musicalité** : **rythme**, **répétitions**, **sonorité** sur le ton de la passion exaltée ou de la confidence.	• **Pronoms personnels et déterminants possessifs des 1re et 2e personnes** • **Phrases interrogatives et exclamatives avec interjections** • **Apostrophes** • **Lexique de l'émotion (joie/souffrance) ou de l'exaltation des sentiments amoureux** • **Hyperbole** (exagération)	Ex. : « Sous le pont Mirabeau [coule la Seine Et nos amours Faut-il qu'il m'en souvienne La joie venait toujours [après la peine […] » Guillaume APOLLINAIRE, « Le pont Mirabeau », *Alcools*, 1913.
Le registre élégiaque	• poème court ou chant de célébration prononcé à l'occasion d'un deuil. • registre de la **déploration** qui laisse une large part aux **sentiments mélancoliques**, et à **l'expression de la douleur.**		Ex. : « Fleuves, rochers, forêts, [solitudes si chères, Un seul être vous manque, [et tout est dépeuplé ! » Alphonse de LAMARTINE, « L'isolement », *Méditations poétiques*, 1820.
Le registre pathétique	• du grec *pathos*, « douleur ». • met en scène une expression du **malheur** et de la **souffrance** en vue de susciter **pitié** ou **compassion**. • s'appuie sur un effet de **suspense** : le lecteur ne sait pas si les événements vont bien ou mal se terminer pour le héros. S'oppose sur ce point au tragique.	• **Lexique de la souffrance, de la mort** • **Accumulation de phrases exclamatives, d'interrogations rhétoriques** (questions pour lesquelles on n'attend pas de réponse) • **Utilisation de phrases courtes** • **Multiplication d'apostrophes** (ô Dieu !), **d'interjections** (hélas !) exprimant la douleur, le désespoir, la colère • **Jeux sur les sonorités**	Ex. : « Où vont tous ces enfants [dont pas un seul ne rit ? Ces doux êtres pensifs, [que la fièvre maigrit ? Ces filles de huit ans qu'on [voit cheminer seules ? » Victor HUGO « Melancholia », *Les Contemplations*, 1856.
Le registre tragique	• suscite une réaction de **pitié** ou de **terreur** devant la **souffrance** des personnages victimes de la **fatalité** et condamnés à un malheur **inéluctable**. • aucun doute sur l'issue de l'action (contrairement au registre pathétique).		Ex. : « […] ces Dieux qui dans mon [flanc Ont allumé le feu fatal à tout [mon sang ; Ces Dieux qui se sont fait une [gloire cruelle De séduire le cœur d'une [faible mortelle. » Jean RACINE, *Phèdre*, 1677.

CONVAINCRE ET PERSUADER

	Définition	Procédés	Exemples
L'oratoire	• discours qui veut **persuader**, mobiliser un public et emporter son adhésion en frappant son esprit. • cas des genres de **l'éloquence** : **épidictique** (discours qui loue ou blâme) ou **judiciaire** (plaidoyer devant un juge). • par analogie, s'applique à tous les textes qui utilisent les mêmes procédés rhétoriques : **harangues**, **réquisitoires** et **plaidoiries.**	• **Anaphore :** répétition d'une même formulation en début de phrases • **Périodes :** phrases rythmées par des structures syntaxiques identiques • **Utilisation d'images frappantes** • **Apostrophes et questions rhétoriques :** interpellent l'auditoire et font appel à ses sentiments.	Ex. : « Je viens vous avertir. Je viens vous dénoncer votre bonheur. Il est fait du malheur d'autrui. Vous avez tout, et ce tout se compose du rien des autres. Mylords, je suis l'avocat désespéré, et je plaide la cause perdue. Cette cause, Dieu la regagnera. Moi, je ne suis rien, qu'une voix. Le genre humain est une bouche, et j'en suis le cri. Vous m'entendrez. » Victor HUGO, *L'homme qui rit*, 1869.
Le registre didactique	• utilisé dans les **maximes**, les **essais**, les **fables**, les **dictionnaires.** • vise à délivrer un **enseignement**, imposer un **avis** ou une **opinion.** • peut s'appuyer sur un **raisonnement logique** soutenu par des **définitions précises** et des **exemples** illustratifs ou sur une **voix d'autorité** qui impose une **opinion.**	• **Phrases brèves, parfois sentencieuses** (les maximes utilisent le présent de vérité générale) • **Connecteurs logiques :** soulignent l'articulation du discours argumentatif : *d'abord, ensuite ; en effet, car ; c'est pourquoi, donc, etc.* • **Exemples et citations :** illustrent les idées. • **Reformulations** introduites par des expressions du type *c'est-à-dire*.	Ex. : « Aucun homme n'a reçu de la nature le droit de commander aux autres. » Denis DIDEROT, article « Autorité politique », *Encyclopédie*, 1751.
Le registre polémique	• du grec *polémos*, « la guerre ». • suscite l'**indignation** et la **révolte.** • textes **attaquant** un adversaire en le **discréditant** ou une idée en la **réfutant.** • utilisé dans le **pamphlet**, la **lettre ouverte**, la **caricature**, les **portraits-charges**, la **satire.**	• **Procédés de l'oratoire** (exclamation, apostrophes) et de l'**ironie** (► p. 568). • **Champ lexical des valeurs** (l'adversaire incarne le mal, la bêtise et les préjugés tandis que le camp du polémiste défend les vraies valeurs (le bien, la justice) • **Lexique péjoratif**	Ex. : « Quelle plus parfaite bêtise régna jamais que de nos jours ; quelle plus complète, pondérée, logique et triomphante bêtise régna jamais que dans cette fin de siècle qui promettait mieux, en vérité ! » Paul VERLAINE, *Les Imbéciles*, 1867.

CARACTÉRISER UNE VISION DU MONDE

	Définition	Procédés	Exemples
Le registre épique	• caractéristique de l'**épopée** (récit des exploits guerriers de héros exceptionnels, aidés par des puissances surnaturelles). • **impressionne** le lecteur, suscite l'**admiration** voire la **fascination** devant des personnages surhumains.	• **Procédés d'amplification** (hyperboles, formules superlatives qui permettent de caractériser la puissance des guerriers) • **Antithèses :** soulignent les oppositions entre le héros et ses adversaires. • **Comparaisons et personnifications :** suggèrent le caractère surnaturel des forces en jeu. • **Anaphores**	Ex. : « On croyait voir de loin s'allonger vers la crête du plateau deux immenses couleuvres d'acier. Cela traversa la bataille comme un prodige. » Victor HUGO, *Les Misérables*, 1862.
L'effet réaliste ou effet de réel	• donne au lecteur l'impression que l'œuvre reproduit la réalité à laquelle elle se réfère. • contexte socio-économique soumis aux règles de la **vraisemblance**.	• **Détails concrets, circonstances précises** (noms de lieux, dates, toute description renvoyant à un univers connu du lecteur) • **Discours rapportés** • **Niveaux de langue** censés reproduire le langage des personnages	Ex. : « Madame Vauquer, née de Conflans, est une vieille femme qui, depuis quarante ans, tient à Paris une pension bourgeoise établie rue Neuve-Sainte-Geneviève, entre le quartier latin et le faubourg Saint-Marceau. » Honoré de BALZAC, *Le Père Goriot*, 1834.
Le registre fantastique	• provoque la **peur**, l'**angoisse**. • se caractérise par un **bouleversement des perceptions habituelles du monde.** • désigne l'irruption d'un phénomène inexplicable dans la réalité quotidienne : **hésitation** du lecteur entre explication rationnelle et explication irrationnelle du phénomène (contrairement au récit d'épouvante et au conte merveilleux).	• **Emploi de la 1re personne** (le « je » incite le lecteur à adopter le point de vue du personnage et à s'identifier à lui) • **Détails précis** pour authentifier l'histoire • **Modalisateurs :** soulignent l'expression d'une subjectivité *(je crois, il me semblait, peut-être)* et introduisent l'incertitude (phrases interrogatives, verbes au conditionnel…). • **Lexique de l'étrange, du surnaturel**	Ex. : « Tout à coup, il me sembla que j'étais suivi, qu'on marchait sur mes talons, tout près, tout près, à me toucher. » Guy de MAUPASSANT, *Le Horla*, 1887.

1 IDENTIFIER LES REGISTRES

Voici une liste de titres d'ouvrages. D'après vous, quel registre peut-on y trouver? Sur quels indices appuyez-vous votre hypothèse?

La Farce de maître Pathelin (1465); *Défense et illustration de la langue française* (Joachim du Bellay, 1549); *Les Regrets* (Joachim du Bellay, 1558); *La Mort de Pompée* (Pierre Corneille, 1644); *Réflexions ou Sentences et maximes morales* (François de La Rochefoucauld, 1665); *Histoire d'une fille de ferme* (Guy de Maupassant, 1881); *Apparition* (Guy de Maupassant, 1883); *Napoléon le Petit* (Victor Hugo, 1852), *Eugénie Grandet* (Honoré de Balzac, 1833); *La Bataille* (Patrick Rambaud, 1997).

2 ANALYSER LES EFFETS CRÉÉS PAR LES REGISTRES

a. Expliquez comment, dans ce dialogue, les personnages sont opposés et analysez l'effet produit.

La veuve Mouaque soupira.
« Ça ne te fait rien si je marche un peu avec toi ?
– Vous voulez surveiller ma conduite ?
– Non mais tu me tiendrais compagnie.
– Ça je m'en fous. Je préfère être seule. »
De nouveau la veuve Mouaque soupira.
« Et moi qui me sens si seule… si seule… si seule…
– Seule mon cul, dit la fillette avec la correction du langage qui lui était habituelle.
– Sois donc compréhensive avec les grandes personnes, dit la dame la voix pleine d'eau. Ah ! si tu savais…
– C'est le flicard qui vous met dans cet état ?
– Ah l'amour… quand tu connaîtras…

Raymond Queneau, *Zazie dans le métro* (1959), © Éditions Gallimard.

b. Les extraits suivants proviennent d'une même œuvre : *Les Misérables* (1862) de Victor Hugo. Montrez la variété des effets créés en vous appuyant sur les thèmes, les champs lexicaux, les modalités de phrases.

1 Quand il eut fini, il signa, plia le papier et dit au sergent du poste, en le lui remettant : – Prenez trois hommes, et menez cette fille au bloc. – Puis se tournant vers la Fantine : – Tu en as pour six mois.

La malheureuse tressaillit.

– Six mois! six mois de prison! cria-t-elle. Six mois à gagner sept sous par jour! Mais que deviendra Cosette? ma fille! ma fille! Mais je dois encore plus de cent francs aux Thénardier, monsieur l'inspecteur, savez-vous cela?

Elle se traîna sur la dalle mouillée par les bottes boueuses de tous ces hommes, sans se lever, joignant les mains, faisant de grands pas avec ses genoux.

– Monsieur Javert, dit-elle, je vous demande grâce. (I, V, 13)

2 Quand cette légion ne fut plus qu'une poignée, quand leur drapeau ne fut plus qu'une loque, quand leurs fusils épuisés de balles ne furent plus que des bâtons, quand le tas de cadavres fut plus grand que le groupe vivant, il y eut parmi les vainqueurs une sorte de terreur sacrée autour de ces mourants sublimes, et l'artillerie anglaise, reprenant haleine, fit silence. Ce fut une espèce de répit. Ces combattants avaient autour d'eux comme un fourmillement de spectres, des silhouettes d'hommes à cheval, le profil noir des canons, le ciel blanc aperçu à travers les roues et les affûts; la colossale tête de mort que les héros entrevoient toujours dans la fumée au fond de la bataille, s'avançait sur eux et les regardait. (II, I, 14)

3 Une mère vocale* : Pourquoi pleurez-vous, mon enfant?
L'enfant *(six ans)*, sanglotant : J'ai dit à Alix que je savais mon histoire de France. Elle me dit que je ne la sais pas, et je la sais.
Alix *(la grande, neuf ans)* : Non. Elle ne la sait pas.
La mère : Comment cela, mon enfant?
Alix : Elle m'a dit d'ouvrir le livre au hasard et de lui faire une question qu'il y a dans le livre, et qu'elle répondrait.
– Eh bien?
– Elle n'a pas répondu.
– Voyons. Que lui avez-vous demandé?
– J'ai ouvert le livre au hasard comme elle disait, et je lui ai demandé la première demande que j'ai trouvée.
– Et qu'est-ce que c'était que cette demande?
– C'était : *Qu'arriva-t-il ensuite ?* (II, VI, 4)

* religieuse.

4 Les habiles, dans notre siècle, se sont décerné à eux-mêmes la qualification d'hommes d'État; si bien que ce mot, homme d'État, a fini par être un peu un mot d'argot. Qu'on ne l'oublie pas en effet, là où il n'y a qu'habileté, il y a nécessairement petitesse. Dire : les habiles, cela revient à dire : les médiocres. (IV, I, 2)

c. Quel est l'effet dominant dans les extraits suivants ? Sur quels indices fondez-vous votre réponse ? Vous relèverez les thèmes, les champs lexicaux, les constructions de phrases, les figures de style qui concourent à créer cette impression.

1 Le cœur me battait fortement. Je ne sais quel mélange de terreur superstitieuse et de curiosité s'était emparé de moi. Je montai l'escalier marche à marche. Arrivé au premier étage (je demeurais au second), le garçon qui me précédait fit un faux pas, et la bougie qu'il tenait à la main tomba et s'éteignit. Il me demanda un million d'excuses, et descendit pour la rallumer. Cependant, je montais toujours.
Déjà j'avais la main sur la clef de ma chambre. J'hésitais. Quelle nouvelle vision allait s'offrir à moi ? Plus d'une fois, dans l'obscurité, l'histoire de la nonne sanglante m'était revenue à la mémoire. Étais-je possédé d'un démon comme don Alonso ? Il me sembla que le garçon tardait horriblement.

Prosper MÉRIMÉE, *Il viccolo di madama Lucrezia* (1873).

2 […] D'ailleurs, ce roi[1] est un grand magicien : il exerce son empire sur l'esprit même de ses sujets ; il les fait penser comme il veut. S'il n'a qu'un million d'écus dans son trésor, et qu'il en ait besoin de deux, il n'a qu'à leur persuader qu'un écu en vaut deux, et ils le croient. S'il a une guerre difficile à soutenir, et qu'il n'ait point d'argent, il n'a qu'à leur mettre dans la tête qu'un morceau de papier[2] est de l'argent, et ils en sont aussitôt convaincus. Il va même jusqu'à leur faire croire qu'il les guérit de toutes sortes de maux en les touchant, tant est grande la force et la puissance qu'il a sur les esprits.

Ce que je dis de ce prince ne doit pas t'étonner : il y a un autre magicien plus fort que lui, qui n'est pas moins maître de son esprit ; qu'il l'est lui-même de celui des autres.

Ce magicien s'appelle le pape : tantôt il lui fait croire que trois ne font qu'un ; que le pain qu'on mange n'est pas du pain, ou que le vin qu'on boit n'est pas du vin ; et mille autres choses de cette espèce. […]

MONTESQUIEU, *Lettres persanes*, Lettre 24 (1721).

1. Louis XIV.
2. billets de monnaie.

3 UN : Dans Bérénice, elle était extraordinaire. Je l'ai vue vers 1900, 1901. Mais je m'en souviendrai toujours. Elle avait une façon de s'amener, vous savez… comme ça : pof ! C'était Bérénice. Et pourtant, moi, je connais bien Bérénice, ça aurait dû me choquer de la voir arriver comme elle arrivait, en costume de golf, avec un chapeau melon, et le visage tout noir. Eh bien non, c'était Bérénice.
DEUX : Elle avait du charme.
UN : Non. Vous pensez, à l'époque, elle avait dans les soixante-dix ans, et à dix-huit ans déjà elle était laide comme un bout.
DEUX : Comme un pou, vous voulez dire.
UN : Je ne sais plus. Non, comme un bout, mais, un bout de quoi ? je ne pourrais pas vous dire. Un bout de fromage, peut-être, mais quel fromage, là, vous m'en demandez trop. Mais alors ! pour une Bérénice, c'était une Bérénice. On se demande où elle allait chercher ses trucs. Je la vois encore : elle faisait son entrée comme ça. En marchant.
DEUX : En marchant ?
UN : Oui. Comme ça, tenez : le pied gauche par terre, elle levait le pied droit, et hop ! Elle le posait devant le pied gauche. Et à ce moment-là, couic ! Au lieu de continuer à se servir de son pied droit, n'est-ce pas ? Comme on s'y attendait ; puisqu'elle avait commencé à remuer celui-là, il n'y avait pas de raison pour qu'elle change… eh bien non : elle laissait son pied droit par terre, et zioupe ! Voilà son pied gauche qui s'envole. Médusé, on était. […]
DEUX : Mince.
UN : Alors, là, vous comprenez, elle prenait tout son temps. Elle remontait sa culotte de golf, elle se mouchait, ça aurait pu durer des heures.
DEUX : Ah ça ! c'est le suspince, qu'est-ce que vous voulez.
UN : Et alors tout à coup, quand il y avait déjà la moitié de la salle qui avait fichu le camp, croyant que c'était fini, voilà son silence qui grossit, qui grossit, elle ne bouge plus d'un poil, ça devient d'une pesanteur qu'on aurait dit un orage, et… Crac ! La voilà qui parle.
DEUX : Mince. […]

Roland DUBILLARD, « Monstres sacrés », *La leçon de piano et autres diablogues* (2009), © Éditions Gallimard.

4

La courbe de tes yeux fait le tour de mon cœur,
Un rond de danse et de douceur,
Auréole du temps, berceau nocturne et sûr,
Et si je ne sais plus tout ce que j'ai vécu
C'est que tes yeux ne m'ont pas toujours vu. […]

Paul ELUARD, *Capitale de la douleur* (1926), © Éditions Gallimard.

5 Le soleil avait achevé plus de la moitié de sa course et son char, ayant attrapé le penchant du monde, roulait plus vite qu'il ne voulait. Si ses chevaux eussent voulu profiler de la pente du chemin, ils eussent achevé ce qui restait du jour en moins d'un demi-quart d'heure ; mais, au lieu de tirer de toute leur force, ils ne s'amusaient qu'à faire des courbettes, respirant un air marin qui les faisait hennir et les avertissait que la mer était proche, où l'on dit que leur maître se couche toutes les nuits. Pour parler plus humainement et plus intelligiblement, il était entre cinq et six quand une charrette entra dans les halles du Mans.

Paul SCARRON, *Le Roman comique* (1655).

d. Quel est le registre dominant dans chaque extrait ? Justifiez votre réponse en vous appuyant sur les thèmes, les champs lexicaux, les modalités de phrases, ou les figures de style utilisés.

1 Pendant un demi-siècle, les bourgeoises de Pont-l'Evêque envièrent à Mme Aubain sa servante Félicité.

Pour cent francs par an, elle faisait la cuisine et le ménage, cousait, lavait, repassait, savait brider un cheval, engraisser les volailles, battre le beurre, et resta fidèle à sa maîtresse, – qui cependant n'était pas une personne agréable.

Gustave FLAUBERT, « Un cœur simple », *Trois contes* (1877).

2 Tels que la haute mer contre les durs rivages,
À la grande tuerie ils se sont tous rués,
Ivres et haletants, par les boulets troués,
En d'épais tourbillons pleins de clameurs sauvages.
[...]

Leconte de LISLE, « Le soir d'une bataille », *Poèmes barbares* (1862).

3 Lorsque le chevalier de La Barre, petit-fils d'un lieutenant général des armées, jeune homme de beaucoup d'esprit et d'une grande espérance, mais ayant toute l'étourderie d'une jeunesse effrénée, fut convaincu d'avoir chanté des chansons impies, et même d'avoir passé devant une procession de capucins sans avoir ôté son chapeau, les juges d'Abbeville, gens comparables aux sénateurs romains, ordonnèrent, non seulement qu'on lui arrachât la langue, qu'on lui coupât la main, et qu'on brûlât son corps à petit feu ; mais ils l'appliquèrent encore à la torture pour savoir précisément combien de chansons il avait chantées, et combien de processions il avait vues passer, le chapeau sur la tête.
Ce n'est pas dans le XIIIe ou dans le XIVe siècle que cette aventure est arrivée, c'est dans le XVIIIe.

VOLTAIRE, « Torture », *Dictionnaire philosophique* (1764).

4 En vain le jour succède au jour.
Ils glissent sans laisser de trace ;
Dans mon âme rien ne t'efface,
Ô dernier songe de l'amour !

Je vois mes rapides années
S'accumuler derrière moi,
Comme le chêne autour de soi
Voit tomber ses feuilles fanées. [...]

Alphonse de LAMARTINE, « Souvenir », *Méditations poétiques* (1820).

5 [...] Mes crimes désormais ont comblé la mesure.
Je respire à la fois l'inceste et l'imposture.
Mes homicides mains, promptes à me venger,
Dans le sang innocent brûlent de se plonger.
Misérable ! et je vis ? et je soutiens la vue
De ce sacré Soleil dont je suis descendue ?
J'ai pour aïeul le père et le maître des Dieux ;
Le ciel, tout l'univers est plein de mes aïeux.
Où me cacher ? Fuyons dans la nuit infernale.
Mais que dis-je ? Mon père y tient l'urne fatale ;
Le Sort, dit-on, l'a mise en ses sévères mains :
Minos juge aux enfers tous les pâles humains.
[...]

Jean RACINE, *Phèdre*, IV, 6 (1677).

3 DISTINGUER DEUX REGISTRES

Repérez dans chacun des extraits les deux registres dominants en vous appuyant sur les thèmes, les champs lexicaux, les modalités de phrases, ou les figures de style utilisés. Repérez dans chacun des extraits les deux registres dominants en vous appuyant sur les thèmes, les champs lexicaux, les modalités de phrases, ou les figures de style utilisés.

1 La famine, la peste et la guerre sont les trois ingrédients les plus fameux de ce bas monde. On peut ranger dans la classe de la famine toutes les mauvaises nourritures où la disette nous force d'avoir recours pour abréger notre vie dans l'espérance de la soutenir.

On comprend dans la peste toutes les maladies contagieuses, qui sont au nombre de deux ou trois mille. Ces deux présents nous viennent de la providence. Mais la guerre, qui réunit tous ces dons, nous vient de l'imagination de trois ou quatre cents personnes répandues sur la surface de ce globe sous le nom de princes ou de ministres ; et c'est peut-être pour cette raison que dans plusieurs dédicaces on les appelle les images vivantes de la Divinité.

VOLTAIRE, « Guerre », *Dictionnaire philosophique* (1764).

2 Je conçois dans l'espèce humaine deux sortes d'inégalités; l'une que j'appelle naturelle ou physique, parce qu'elle est établie par la nature, et qui consiste dans la différence des âges, de la santé, des forces du corps, et des qualités de l'esprit, ou de l'âme, l'autre qu'on peut appeler inégalité morale, ou politique, parce qu'elle dépend d'une sorte de convention, et qu'elle est établie, ou du moins autorisée par le consentement des hommes. Celle-ci consiste dans les différents privilèges, dont quelques-uns jouissent, au préjudice des autres, comme d'être plus riches, plus honorés, plus puissants qu'eux, ou même de s'en faire obéir.

Jean-Jacques ROUSSEAU, *Discours sur l'origine et les fondements de l'inégalité* (1754).

3 Je vois un terrain vague semé de bouteilles en plastique et de bris de faïence. Une terre qui a respiré la mort et expulsé le jour. C'est ici que mes enfants naissent et meurent. Ils meurent en riant comme un peuple qui dépérit et qui se laisse prendre par l'araignée vénéneuse. Sur ce terrain ils ont posé des maisons en carton et en zinc. Il y a des trous. Il y a des failles. Dans les paravents. Dans la tête. Je parle d'un pays où il y a des failles et des ceintures en or. Je chante un peuple pour le moment absent derrière la muraille. Un peuple qui fera un jour avancer la muraille. Je dis un peuple non un rêve ou une image, un peuple vivant, qui connaît la patience et la fureur, un peuple imprévisible, il descend dans la rue avec ses gosses nus et ses arbres suspendus au ciel. Il y a des silences, des pages blanches, des moments où il ne se passe rien, il y a aussi des cris qui viennent de dessous la terre et qui ébranlent les certitudes de ceux qui ont tout prévu. Il y a donc ces terrains vagues où naissent et meurent mes enfants. Un bidonville est une brutalité faite à des hommes séparés de la vie. Une violence qui ne prévient pas quand elle éclate. Je vous le dis.

Tahar BEN JELLOUN, *Moha le fou Moha le sage* (1978), © Le Seuil.

4 L'alambic, sourdement, sans une flamme, sans une gaieté dans les reflets éteints de ses cuivres, continuait, laissait couler sa sueur d'alcool, pareil à une source lente et entêtée, qui à la longue devait envahir la salle, se répandre sur les boulevards extérieurs, inonder le trou immense de Paris. Alors, Gervaise, prise d'un frisson, recula; et elle tâchait de sourire, en murmurant :

« C'est bête; ça me fait froid, cette machine… la boisson me fait froid… »

Puis, revenant sur l'idée quelle caressait d'un bonheur parfait :

« Hein ? n'est-ce pas ? ça vaudrait bien mieux : travailler, manger du pain, avoir un trou à soi, élever ses enfants, mourir dans son lit…

– Et ne pas être battue, ajouta Coupeau gaiement. Mais je ne vous battrais pas, moi, si vous vouliez, madame Gervaise…

Émile ZOLA, *L'Assommoir* (1877).

5 Chef de la Résistance martyrisé dans des caves hideuses, regarde de tes yeux disparus toutes ces femmes noires qui veillent nos compagnons : elles portent le deuil de la France, et le tien. Regarde glisser sous les chênes nains du Quercy, avec un drapeau fait de mousselines nouées, les maquis que la Gestapo ne trouvera jamais parce qu'elle ne croit qu'aux grands arbres. Regarde le prisonnier qui entre dans une villa luxueuse et se demande pourquoi on lui donne une salle de bains – il n'a pas encore entendu parler de la baignoire. Pauvre roi supplicié des ombres, regarde ton peuple d'ombres se lever dans la nuit de juin constellée de tortures. […]

Comme Leclerc entra aux Invalides, avec son cortège d'exaltation dans le soleil d'Afrique et les combats d'Alsace, entre ici, Jean Moulin, avec ton terrible cortège. Avec ceux qui sont morts dans les caves sans avoir parlé, comme toi; et même, ce qui est peut-être plus atroce, en ayant parlé; avec tous les rayés et tous les tondus des camps de concentration, avec le dernier corps trébuchant des affreuses files de *Nuit et Brouillard*, enfin tombé sous les crosses; avec les huit mille Françaises qui ne sont pas revenues des bagnes, avec la dernière femme morte à Ravensbrück pour avoir donné asile à l'un des nôtres. Entre, avec le peuple né de l'ombre et disparu avec elle – nos frères dans l'ordre de la Nuit…

André MALRAUX, « Transfert des cendres de Jean Moulin au Panthéon » (1964), *Œuvres complètes*, © Éditions Gallimard, 1996.

4 RÉDIGER UN TEXTE ✪✪✪

Racontez en une trentaine de lignes une brève histoire, en vous appuyant sur l'un de ces débuts de récit. Identifiez d'abord le registre de votre récit; réfléchissez aux procédés que vous allez employer, en particulier les figures de style. Vous justifierez ensuite l'effet que vous avez voulu créer.

• Assis sur son trône de jade, le vieux roi songeait à ses combats passés. L'aube se levait, tous les soldats de l'Empire se préparaient pour l'ultime combat…

• J'entends encore ce bruit étrange et strident, un peu comme le lointain aboiement d'un gigantesque molosse…

• Aujourd'hui, le 4 juillet 2015, à 10 heures du matin, j'ai enfin trouvé du travail…

FICHE 17

LES FIGURES DE RAPPROCHEMENT ET DE SUBSTITUTION

On appelle **figures de style** des constructions particulières de la langue, qui visent à produire des effets marqués, qui touchent à la beauté du message, à son expressivité, à son efficacité.

La comparaison	• met en relation deux éléments ayant un point commun à l'aide d'un **outil de comparaison** (*tel que, ainsi que, comme, plus que*...). • on parle de comparé et de comparant. • permet de souligner des similitudes parfois inattendues.	Ex. : « [...] Sur le clocher jauni, / La lune, / **Comme** un point sur un i. [...] » (Alfred DE MUSSET)
La métaphore	• comparaison implicite, **sans outil de comparaison**, et parfois même sans l'élément commun. • permet de traduire visuellement des sensations, de souligner des analogies.	Ex. : l'or des blés.
La métaphore filée	• métaphore se poursuivant sur plusieurs lignes, vers ou paragraphes. • tisse un réseau d'images et renforce la force évocatrice de la métaphore.	Ex. : « [...] Un bel arbre Ses branches sont des **ruisseaux** Sous les feuilles Ils **boivent** aux **sources** du soleil Leurs **poissons** chantent comme des perles. [...] » (Paul ELUARD)
La personnification	représente une chose, un animal ou une idée sous les traits d'une personne.	Ex. : « Il appelle la Mort. / Elle vient sans tarder. » (Jean de LA FONTAINE)
L'allégorie	représente de façon imagée (par des éléments descriptifs ou narratifs) les divers aspects d'une idée abstraite.	Ex. : La mort est souvent représentée par la silhouette d'une vieille femme voûtée, encapuchonnée et portant une faux.
La métonymie	• remplace la chose désignée par un terme proche d'un point de vue logique. • on peut donc trouver : – le contenu pour le contenant ; – l'utilisateur pour l'objet ; – la cause pour l'effet, la matière pour l'objet, l'œuvre par son auteur, etc.	Ex. : Pierre est **en panne** sur l'autoroute. / Grève **des trains**. / J'ai lu **tout Victor Hugo.**
La synecdoque	• figure proche de la métonymie. • substitue un terme à un autre, lié au premier par un rapport d'inclusion. • peut avoir un effet : – particularisant,	Ex. : « Regardez ce joli petit port rempli **de voiles et de mâts** » (Charles BAUDELAIRE)
	– généralisant.	Ex. : J'ai repassé **mon linge**.
La périphrase	• remplace un mot par un groupe nominal. • peut mettre en relief une particularité, créer un effet d'attente, de mystère.	Ex. : « L'Île de beauté » désigne la Corse, « le billet vert » renvoie au dollar.
La prosopopée	consiste à faire parler un mort, un animal, une chose personnifiée.	Ex. : Dans le *Criton* (IVe s. av. J.-C.), Platon fait parler les Lois.

LES FIGURES D'OPPOSITION, D'EXAGÉRATION ET D'ATTÉNUATION

LES FIGURES D'OPPOSITION

L'oxymore	• associe deux mots de sens très éloignés, antithétiques, dans le même groupe syntaxique. • crée une image inattendue, offre une autre perception de la réalité, souvent poétique.	Ex. : « Cette **obscure clarté** qui tombe des étoiles. » Pierre CORNEILLE, *Le Cid*.
L'antiphrase	manifestation caractéristique de l'ironie qui consiste à dire le contraire de ce que l'on pense, souvent pour railler quelqu'un ou une idée.	Ex. : Les parents diront à l'enfant pris en flagrant délit de mensonge : « Bravo, ta franchise et ton honnêteté méritent tous les compliments ! »
L'antithèse	• oppose deux termes contradictoires dans des tournures souvent symétriques. • procédé de mise en valeur qui dramatise en enfermant dans des alternatives.	Ex. : « **Innocents** dans un **bagne**, **anges** dans un **enfer**. » (Victor HUGO)
Le chiasme	parallélisme qui dispose ses termes en AB/BA : inversion des termes employés pour les opposer.	Ex. : « Plus l'offenseur est cher et plus grande est l'offense » (Pierre CORNEILLE)

LES FIGURES D'EXAGÉRATION

L'hyperbole	• exagération volontaire. • amplifie une réalité, un sentiment, une idée.	Ex. : « L'éternité pour moi ne sera qu'un instant. » (Jean-Jacques ROUSSEAU)
L'accumulation	• développe un thème, une idée dans une succession et une abondance de détails, de précisions. • impression de désordre.	Ex. : « Au premier coup d'œil, les magasins lui offrirent un tableau confus dans lequel toutes les œuvres humaines et divines se heurtaient. Des crocodiles, des singes, des boas empaillés souriaient à des vitraux d'église, semblaient vouloir mordre des bustes, courir après des laques ou grimper sur des lustres. » (Honoré de BALZAC)
La gradation ascendante	• énumération ordonnée du terme le plus **faible** au terme le plus **fort**. • crée un effet de dramatisation.	Ex. : « **Va, cours, vole** et nous venge. » (Pierre CORNEILLE)
La gradation descendante	énumération ordonnée du terme le plus **fort** au terme le plus **faible**.	Ex. : Il se mit à **hurler**, puis en vint à **crier**, à **parler**, à **murmurer**, et enfin il se **tut**.

LES FIGURES D'ATTÉNUATION

L'euphémisme	atténue ou masque une réalité désagréable grâce à une expression adoucie.	Ex. : On dira plutôt « non-voyant » qu'« aveugle ».
La litote	• dit le moins pour exprimer le plus. • énonce des faits avec retenue ou élégance, pour, paradoxalement, exprimer l'intensité.	Ex. : « Va, je ne te hais point » (Pierre CORNEILLE), pour dire « je t'aime ».

1 IDENTIFIER LES FIGURES DE STYLE

a. Relevez et analysez les comparaisons en distinguant comparant, comparé et outil de comparaison. Quel effet produit l'emploi de cette figure de style ?

b. Relevez les personnifications et la gradation. Quel effet produit l'emploi de ces figures de style ?

J'aime la plus belle des lumières, chaude, jaune, celle qui apparaît quelquefois l'après-midi sur le mur d'une chambre face au sud. C'est en elle que je voudrais habiter, pendant des jours, des mois, des années. Souple, tiède, vivante, douce, jaune comme la paille, jaune comme la flamme des allumettes, elle entre par la fenêtre ouverte sans que je sache d'où elle vient, de quels sables, de quels champs de maïs ou de blé mûr. Elle entre, pareille à une chevelure de femme, elle se met à bouger entre les murs de la chambre, d'un mouvement continu qui emplit de bonheur, d'un seul long mouvement qui se déploie et rebondit sans cesse, la belle lumière chaude, la lumière d'été.

J.M.G. Le Clézio, *L'Inconnu sur la terre* (1978), © Éditions Gallimard.

c. Relevez toutes les images qui constituent une métaphore filée. À quelle idée principale réfère-t-elle ?

Le narrateur visite les ruines d'une cité antique à Djémila en Algérie.

Peu à peu, le vent à peine senti au début de l'après-midi, semblait grandir avec les heures et remplir tout le paysage. Il soufflait depuis une trouée entre les montagnes, loin vers l'est, accourait du fond de l'horizon et venait bondir en cascades parmi les pierres et le soleil. Sans arrêt, il sifflait avec force à travers les ruines, tournait dans un cirque de pierres et de terre, baignait les amas de blocs grêlés, entourait chaque colonne de son souffle et venait se répandre en cris incessants sur le forum qui s'ouvrait dans le ciel.

Albert Camus, *Noces* (1959), © Éditions Gallimard.

d. Identifiez la figure de style soulignée. Qu'est-ce qui peut expliquer son emploi ?

Le Souriceau parle du coq, un animal qu'il n'a jamais rencontré.

Le Cochet, le Chat et le Souriceau

Il a la voix perçante et rude,
Sur la tête un morceau de chair,
Une sorte de bras dont il s'élève en l'air.

Jean de La Fontaine, *Fables*, VI, 5 (1668).

e. Commentez les figures de style de la première strophe. Quelle est la figure de style dominante ?

Les sapins

Les sapins en bonnets pointus
De longues robes revêtus
Comme des astrologues
Saluent leurs frères abattus
Les bateaux qui sur le Rhin voguent

Dans les sept arts endoctrinés
Par les vieux sapins leurs aînés
Qui sont de grands poètes
Ils se savent prédestinés

À briller plus que des planètes
À briller doucement changés
En étoiles et enneigés
Aux Noëls bienheureuses
Fêtes des sapins ensongés
Aux longues branches langoureuses

Les sapins beaux musiciens
Chantent des noëls anciens
Au vent des soirs d'automne
Ou bien graves magiciens
Incantent le ciel quand il tonne […]

Guillaume Apollinaire, *Alcools* (1913).

2 ANALYSER L'EFFET PRODUIT

a. Identifiez les figures de style. Quelle impression générale se dégage du passage suivant ?

Nous sommes sur un marché africain, en Côte d'Ivoire, il est midi, tout le monde se précipite vers le marché de riz cuit.

Mais midi venait de retentir sur les chantiers, dans les bureaux. Les travailleurs affamés se bousculèrent aux portails, se déversèrent sur les places, dans les rues, dans les voitures et dans les pirogues.

– Du bon riz cuit ! À très bon marché ! Venez acheter du bon riz cuit !

Des meutes d'hommes, des essaims débouchèrent sur le petit marché. Des faisceaux de mains croisèrent des assiettes devant le nez et les yeux de Salimata. Rapides comme les pattes de la biche les mains de Salimata allèrent et vinrent, remplirent les assiettes de riz, les arrosèrent de sauce et les couronnèrent du morceau de viande, arrachèrent les prix (quinze francs), les enfouirent dans le pagne.

Ahmadou Kourouma,
Les Soleils des indépendances (1995), © Le Seuil.

b. Relevez et identifiez les figures de style, puis expliquez comment elles participent à la construction de l'effet comique.

HARPAGON, *il crie au voleur dès le jardin, et vient sans chapeau* : Au voleur ! au voleur ! à l'assassin ! au meurtrier ! Justice, juste ciel ! Je suis perdu, je suis assassiné ! On m'a coupé la gorge, on m'a dérobé mon argent ! Qui peut-ce être ? Qu'est-il devenu ? où est-il ? où se cache-t-il ? Que ferai-je pour le trouver ? Où courir ? où ne pas courir ? N'est-il point là ? n'est-il point ici ? Qui est-ce ? Arrête ! *(Il se prend lui-même le bras.)* Rends-moi mon argent, coquin !... Ah ! c'est moi. Mon esprit est troublé, et j'ignore où je suis, qui je suis, et ce que je fais. Hélas ! mon pauvre argent, mon pauvre argent, mon cher ami, on m'a privé de toi ! Et, puisque tu m'es enlevé, j'ai perdu mon support, ma consolation, ma joie ; tout est fini pour moi, et je n'ai plus que faire au monde ! Sans toi, il m'est impossible de vivre.
C'en est fait, je n'en puis plus, je me meurs, je suis mort, je suis enterré !

MOLIÈRE, *L'Avare* (1668).

c. Relevez les hyperboles et les métaphores et dites ce qu'elles apportent à l'évocation du souvenir.

Il y avait dans ce temps-là de grands hivers, de brûlants étés. J'ai connu, depuis, des étés dont la couleur, si je ferme les yeux, est celle de la terre ocreuse, fendillée entre les tiges du blé et sous la géante ombelle du panais sauvage, celle de la mer grise ou bleue. Mais aucun été, sauf ceux de mon enfance, ne commémore le géranium écarlate et la hampe enflammée des digitales. Aucun hiver n'est plus d'un blanc pur à la base d'un ciel bourré de nues ardoisées, qui présageaient une tempête de flocons plus épais, puis un dégel illuminé de mille gouttes d'eau et de bourgeons lancéolés... Ce ciel pesait sur le toit chargé de neige des greniers à fourrages, le noyer nu, la girouette, et pliait les oreilles des chattes... La calme et verticale chute de neige devenait oblique, un faible ronflement de mer lointaine se levait sur ma tête encapuchonnée, tandis que j'arpentais le jardin, happant la neige volante... [...]

COLETTE, *Sido* (1930),

d. Relevez les métaphores filées. Précisez quels sont leurs constituants et dites quels effets elles produisent.

Anny Duperey a perdu ses parents à huit ans, asphyxiés au monoxyde de carbone. Dans son autobiographie, elle rend compte de son extrême difficulté à écrire ces moments.

Et puis se retrouver là devant la feuille, des heures, des jours, envahi par ce si pressant besoin, avec un trop-plein de choses à dire, celles qu'on n'arrive pas à dire, qu'on sent mais qui ne se formulent pas – pas encore ou jamais – l'émotion qui gonfle et qui bloque tout, rempli à en avoir mal physiquement et le souffle court d'une aspiration impuissante, et ça pousse, ça pousse, mais ça ne sort pas et on ne sait pas ce que c'est. [...]

Contractions interminables d'une grossesse émotionnelle stérile. Comment faire pour accoucher de son fardeau et lui donner enfin une forme, traduire en mots cet étouffant silence et le voir là, intelligible, le reconnaître et le lire ? Se lire pour se reconnaître ?

Rien. Ça pousse, ça gonfle. Et rien.

L'impression de porter en soi un engrenage complexe et lourd, les grandes roues des sentiments et puis les petites roues des idées, le tout imbriqué qui pourrait tourner ensemble, ça devrait marcher, et dans un coin – où ? Où et comment ? Et pourquoi ? – un petit élément contraire, minuscule peut-être, qui fait obstacle et paralyse le tout.

Baudruche pleine à craquer refermée sur son silence, avec le besoin qui soulève et voudrait libérer et l'impuissance qui colle, qui fait masse. Bouché. Et la vie à côté, de l'autre côté du silence qui pourrait être bonne sans ce poids, qui pourrait...

Anny DUPEREY, *Le Voile noir* (1992),

Écriture d'invention En une dizaine de lignes, rédigez l'éloge d'une invention contemporaine. Vous intégrerez dans l'ordre suivant : une périphrase, une comparaison, une métaphore filée, une gradation, une antiphrase et vous conclurez sur une hyperbole.

La bougie

La nuit parfois ravive une plante singulière dont la lueur décompose les chambres meublées en massifs d'ombre.
Sa feuille d'or tient impassible au creux d'une colonnette d'albâtre par un pédoncule très noir. [...]

Francis PONGE, *Le Parti pris des choses* (1942),

OUTILS POUR LA LECTURE D'IMAGES

L'œuvre d'art n'existe que par son rapport sensible au spectateur : elle nous émeut, nous impressionne, nous étonne... Divers composants servent ce sensible, qu'il faut apprendre à décrypter pour comprendre comment le sens de l'image se construit.

● LE VOCABULAIRE DE L'IMAGE

LE CONTEXTE ET LA LÉGENDE

Le titre	établit une relation avec ce qui est donné à voir.
La date de création	• situe l'œuvre dans le temps et dans un contexte politique, social, esthétique. • permet de déduire des caractéristiques propres à l'époque : dans quelle période historique s'inscrit l'œuvre ? Dans quel courant artistique ? Quels sont les sources et les prolongements ?

LA COMPOSITION

Cadrage (pour la photographie, le cinéma ou la BD) **Composition** (pour les tableaux et les dessins)		• opération qui détermine le champ visuel montré par l'image. • délimitation de l'espace.	
Échelle des plans (un cadrage peut être plus ou moins large ou serré)	**Plan général**	plan vaste qui montre le paysage.	
	Plan d'ensemble	plan qui cadre un décor pour installer un personnage dans son milieu.	
	Plan moyen	plan qui cadre un personnage en entier (des pieds à la tête).	
	Plan américain	plan qui cadre un personnage de la tête au haut des cuisses.	
	Plan rapproché	plan qui cadre un personnage de la tête à la poitrine ou à la taille.	

	Gros plan	• plan qui cadre une partie du corps et en révèle les détails : visage, main, pied, etc. • peut souligner des réactions, des sentiments.	
	Très gros plan ou Insert (pour un objet)	plan qui cadre le détail d'une partie : bout des doigts, œil, bouche, etc.	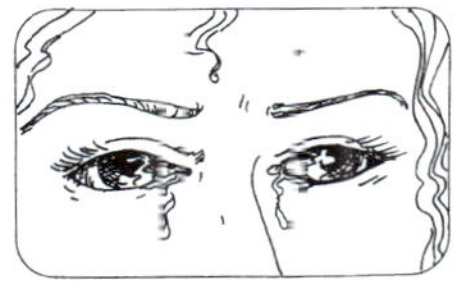
Champ		portion d'espace perceptible dans l'image et limité par le cadre.	
Hors-champ		espace invisible, contigu au champ, et imaginé par le spectateur.	
Lignes de force		axes réels ou virtuels qui organisent l'espace de façon **symétrique**, **pyramidale**, en **arabesque**, à dominante **verticale**, **horizontale** ou **oblique** : – effet de **symétrie** donné par 2 parties verticales, horizontales ou obliques, – effet de **dynamisme** donné par l'oblique et la courbe, – **harmonie et équilibre** donnés par le **nombre d'or** : point situé à l'intersection d'une horizontale et d'une verticale tracées à 1/3 (ou 2/3) des bords. On parle aussi de **règle des tiers**.	

LA REPRÉSENTATION DE L'ESPACE

Le point de fuite (là où l'œil va)		• Point de convergence des lignes de fuite. • Cette construction assure l'effet de **perspective** (technique mise au point à la Renaissance pour créer un effet de profondeur).
La succession des plans		La disposition des plans (du proche au lointain, du premier plan à l'arrière-plan) donne un effet de **profondeur**.
Le point focal ou angle de vision (là d'où l'œil voit)	**angle normal**	à la même hauteur que ce qui est représenté.
	plongée	au-dessus de ce qui est représenté. → impression de dominer : effet de vulnérabilité, d'écrasement pour le sujet.
	contre-plongée	au-dessous de ce qui est représenté. → impression d'être dominé : effet de puissance, de supériorité pour le sujet.

LA LUMIÈRE ET LES COULEURS

L'éclairage		source de la lumière dans l'image.
Les contrastes		s'expriment par des oppositions concernant la lumière (clair/obscur) ; de couleurs (couleurs complémentaires) ; de matières ; de formes ; d'effets.
Les couleurs	**Couleurs complémentaires**	Le rouge et le vert ; l'orange et le bleu, par exemple.
	Couleurs chaudes	Associées au feu, à la lumière (teintes d'orange, de rouge, de jaune).
	Couleurs froides	Associées à la glace, à l'eau, à la nuit (teintes de bleu, de vert).
	Remarque : La signification symbolique des couleurs varie selon les époques et les cultures. Ex. : Le blanc est associé à la pureté en Occident et à la mort en Orient.	

VOCABULAIRE SPÉCIFIQUE AU CINÉMA

Les points de vision	**caméra objective**	événements vus par un observateur extérieur (focalisation externe).
	caméra subjective	événements vus par un des personnages (focalisation interne).
Les mouvements de caméra	**plan fixe**	pied immobile, caméra immobile.
	panoramique (latéral, ascendant, descendant)	pied immobile, caméra pivotante.
	travelling	pied fixé sur un chariot ou une grue.
Le montage (choix et assemblage des plans retenus selon un certain ordre)	**plan**	portion de film entre deux raccords.
	séquence	ensemble de plans constituant une unité narrative.
	plan séquence	séquence sans montage, tournée en continu.
	champ-contrechamp	succession de deux plans aux champs opposés, notamment pour présenter deux interlocuteurs face à face.
	cut ou **coupe-franche**	passage d'un plan à un autre sans transition.
	fondus	passage d'un plan à un autre par surimpression : l'image du plan A disparaît progressivement tandis que celle du plan B apparaît en surimpression (**fondu enchaîné**), ou dispararition ou apparition ou progressivement d'une image avec un passage à un écran neutre (**fondu au noir** ou **au blanc**).
	montage chronologique	l'histoire est présentée en respectant la chronologie.
	montage alterné	alternance de plans de deux séquences mettant en scène des actions qui se passent simultanément mais dans des lieux ou des temps différents.
	montage parallèle	association de deux chaînes d'événements sans lien temporel ni spatial. Il produit ainsi un effet de comparaison.
	flash-back	retour sur des événements antérieurs (analepse ou retour en arrière).
	prolepse	anticipation sur la suite des événements.
	ellipse	passage d'un moment à un autre sans montrer les étapes intermédiaires. Le cinéma et la BD sont des arts de l'ellipse ; la durée du film correspond rarement à la durée réelle de l'histoire.

LE SON AU CINÉMA

Au cinéma, le son est de 3 natures différentes : la musique, les bruits, les voix. Le statut du son par rapport à l'image est déterminé par sa source.

Son « in »	source visible à l'écran.	Ex. : un musicien en train de jouer.
Son « hors-champ »	source invisible à l'écran mais dans l'espace contigu et simultané à l'image.	Ex. : une personne en train d'en écouter une autre qui n'est pas à l'écran.
Son « off »	source étrangère à l'écran.	Ex. : musique de film, voix d'un narrateur absent de la séquence.

LES VISÉES ET INTENTIONS DE L'IMAGE

L'APPROCHE SENSIBLE

• Dans un premier temps, il faut apprécier le spectacle que les œuvres nous proposent, en se laissant étonner, impressionner par ce qui est perçu. **Ce temps d'émotion et de réception est fondamental avant toute analyse méthodique.**

• La première question à laquelle il faut donc répondre est : dans ce face à face avec l'œuvre, ou son image, quelle **sensation** éprouvons-nous ? Quelle **émotion** ressentons-nous ? *Dégoût, surprise, plaisir, angoisse, révolte, tristesse, pitié, malaise, etc.*

LE SENS DE L'ŒUVRE

La compréhension d'une image dépend de l'observation de plusieurs éléments.

Le contexte dans lequel l'image est perçue	Tenir compte de l'écart culturel, social et politique entre l'époque de **création** et celle de la **perception**.	
Le titre	**allégorique**	Ex. : Marc Chagall, *La Chute de l'ange*, 1941 (► p. 375)
	informatif	Ex. : Charles Giraud, *Le Salon de la princesse Mathilde*, 1859 (► p. 109)
	énigmatique	Ex. : René Magritte, *Le Modèle rouge*, 1935 (► p. 267)
	contradictoire	Ex. : René Magritte, *La Condition humaine*, 1933
Le sujet	désigne ce qui est **représenté**.	
Les genres établis par l'Académie royale de peinture	la **peinture d'histoire**	Ex. : Joseph Nicolas Robert Fleury, *Réception de Christophe Colomb par les rois d'Espagne*, 1847 (► p. 319)
	la **peinture religieuse**	Ex. : Filippo Lippi, *La Vierge à l'enfant et deux anges*, vers 1465 (► p. 398)
	le **portrait**	Ex. : Dominique Ingres, *Portrait de jeune homme*, XIXe siècle (► p. 63)
	la **scène de genre**	Ex. : Johannes Vermeer, *La Liseuse à la fenêtre*, 1657 (► p. 104)
	le **paysage**	Ex. : Georges Braque, *Le Viaduc à l'Estaque*, 1908 (► p. 291)
	la **nature morte**	Ex. : Pablo Picasso, *Verre, journal et dé*, 1914 (► p. 297)

LA RELATION DE L'IMAGE AU RÉEL

L'image est le lieu d'une **représentation** ; elle entretient donc diverses relations au réel, qui peuvent être multiples pour une même œuvre.

Relation réaliste	L'image ressemble à la réalité.
Relation illusionniste	L'image donne l'illusion de la réalité (perspective, trompe-l'œil).
Relation onirique	L'image présente un monde imaginaire et évoque le monde des rêves.
Relation utopique	L'image montre une société idéale dans un monde imaginé.
Relation symbolique	L'image a une portée idéaliste.
Relation métaphorique	L'image présente une analogie d'une vérité cachée.

Remarque : Au XXe siècle apparaissent les peintures **abstraites, images autonomes** qui ne renvoient à rien d'autres qu'à elles-mêmes, mais qui ont une dimension expressive.

LES VISÉES DE L'IMAGE

Les visées de l'image sont à rapprocher des registres littéraires.

Visée lyrique	partage des sentiments ou des émotions avec le spectateur.
Visée humoristique	critique et provoque le rire.
Visée réaliste	représente fidèlement, témoigne.
Visée allégorique	incarne une idée.

LES FONCTIONS DE L'IMAGE

Au-delà de la dimension esthétique, les fonctions de l'image, comme dans le discours écrit, sont souvent mêlées. On peut cependant relever des dominantes.

Fonction descriptive ou référentielle	L'image montre un état des choses, elle témoigne.	Ex. : les portraits, les paysages, les natures mortes.
Fonction narrative	L'image suggère un récit.	Ex. : les scènes d'action (batailles, aventures, etc.).
Fonction argumentative	L'image propose une position idéologique par le point de vue choisi (cadrage, plongée, etc.).	Ex. : la publicité ou l'affiche de propagande, qui ont un fort pouvoir de persuasion.

EXEMPLES APPLIQUÉS : ANALYSE DE PHOTOGRAMMES

• Le fondu enchaîné

Sueurs froides, film réalisé par Alfred Hitchcock en 1958.

Nous sommes à la fin de la première partie du film : un premier dénouement va se jouer. Madeleine est conduite par Scottie vers un lieu qu'elle dit ne jamais avoir vu, sinon en rêve. La crispation du visage laisse supposer qu'elle ne dit pas la vérité. Le fondu enchaîné accentue l'impression de durée et renforce le piège : enfermée dans la voiture, Madeleine ne peut échapper à la route qui la mène inexorablement vers une issue qu'elle connaît.

• Le champ-contrechamp

Manhattan, film réalisé par Woody Allen en 1979.

Woody Allen utilise le champ-contrechamp de manière traditionnelle, dans le cadre d'un dialogue entre les deux personnages. Le cadrage serré indique une intimité certaine entre eux et permet de percevoir leurs sentiments.

EXEMPLE APPLIQUÉ : ANALYSE D'UN TABLEAU

Angle de vision : légère plongée sur le radeau qui renforce l'impression de fatalité.
2 plans : radeau au premier plan, mer au fond.

Clair-obscur : jeu sur les contrastes qui dirige le regard vers l'horizon clair et dégagé, signe d'espoir. Soleil en arrière plan (symbole de l'espoir). La luminosité du premier plan met en valeur l'horreur de ces corps, mais dessine également la pyramide, où petit à petit les corps s'arrachent à la mort.

Le mât, par son orientation **oblique** et l'effet de vent dans la voile de fortune participent à l'impression d'instabilité, de fragilité de la situation.

Cette **composition** pyramidale, dont le sommet est le morceau de tissu qu'agite le personnage en direction d'un bateau à l'horizon, montre l'espoir du sauvetage.

Théodore Géricault, *Le Radeau de la Méduse*, 1818, huile sur toile (491 x 716 cm), musée du Louvre, Paris.

la mort

La légende : en juillet 1817, La Méduse s'échoue. Le commandant abandonne à leur sort 150 des 400 membres d'équipage qui doivent s'entasser sur ce radeau de fortune. Sans vivres et sans espoir, l'horreur s'accroît chaque jour et les naufragés s'entretuent.

Peinture de très grand format.

l'espoir

la lutte pour la survie

PARTIE IV

Méthode

▸▸▸ **Elizabeth Morris,** *Composition abstraite avec tête et voile*, 1950, huile sur bois (137,2 × 175,3 cm), Art Museum, University College London, Royaume Uni.

MÉTHODE 1. CONFRONTER LES TEXTES DU CORPUS POUR ORGANISER SA RÉPONSE

L'épreuve écrite de français (EAF) s'organise toujours autour d'un **corpus** de textes, réunis autour d'un, parfois deux, objets d'étude. Ce corpus est constitué de trois à quatre textes ; il peut arriver qu'il soit limité à un long texte.
La première partie de l'épreuve consiste à répondre à une ou deux questions notées sur quatre points et portant sur l'ensemble du corpus. Ces questions ont pour but de vous aider à lire et comprendre tous les textes du corpus, en relation avec le (ou les) objet(s) d'étude et selon une démarche de confrontation d'éléments thématiques et problématiques.
La deuxième partie de l'épreuve vous amène à produire un travail d'écriture au choix : commentaire, dissertation, invention.

▶▶▶ÉTAPE 1 LIRE LE CORPUS (TEXTES ET DOCUMENTS) POUR SAISIR SA COHÉRENCE GLOBALE

- Identifier la nature des supports (objet(s) d'étude, époque(s), genre(s), courant(s) littéraires(s), etc.).
- Prélever des informations dans les paratextes pour comprendre les situations de chaque texte.
- Lire les textes en réfléchissant à l'unité du corpus (caractéristiques des textes, thèmes, etc.).
- Relire chaque texte proposé en gardant bien à l'esprit la question posée et en repérant des procédés d'écriture, ainsi que les points communs et les différences.

▶▶▶ÉTAPE 2 ANALYSER LA QUESTION POSÉE

- Repérer le type de question :
  – porte-t-elle sur un genre, un type de personnage, un procédé, un thème, etc. ?
  – quelle démarche est suggérée (comparaison, développement d'un thème, analyse successive, etc.) ?
- Souligner les mots-clés.
- Reformuler la question.

▶▶▶ÉTAPE 3 COMPOSER ET RÉDIGER LA RÉPONSE

- Rechercher des idées en confrontant les textes après relecture.
- Élaborer un plan cohérent, reflet d'un raisonnement synthétique.
- Rédiger la réponse :
  – faire une phrase d'introduction pour présenter rapidement les textes et la problématique ;
  – proposer un développement organisé en paragraphes pour mettre en évidence les points de convergence ou de divergence entre les textes. Penser à citer et à commenter quelques exemples ;
  – écrire une phrase de conclusion qui soit le bilan de l'analyse.

APPLICATION

Objet d'étude

Question

QUESTION
En confrontant les différents textes, vous montrerez quels sont les effets produits par les échanges de rôle maître / valet.
OBJET D'ÉTUDE Le texte théâtral et sa représentation, du XVIIe siècle à nos jours.
CORPUS
Texte A : Marivaux, *Le Jeu de l'amour et du hasard* (1730) ► p. 166
Texte B : Victor Hugo, *Ruy Blas* (1838) ► p. 174
Texte C : Jean Genet, *Les Bonnes* (1947) ► p. 176

▶▶▶ÉTAPE 1 LIRE LE CORPUS (TEXTES ET DOCUMENTS) POUR SAISIR SA COHÉRENCE GLOBALE

- Il s'agit de trois scènes de théâtre du XVIIIe, XIXe et XXe siècle (comédie, drame, théâtre contemporain) qui mettent en scène l'échange de conditions sociales.
- Résumez chaque situation à partir des paratextes.
- Demandez-vous pourquoi on retrouve la question de l'échange des statuts.

▶▶▶ÉTAPE 2 ANALYSER LA QUESTION POSÉE

- La question invite à réfléchir sur le type de scène, sa permanence dans l'histoire du théâtre et les effets produits par l'échange des statuts sociaux.
- Retrouve-t-on les mêmes effets ? Quelles sont les différences et les similitudes ?

▶▶▶ÉTAPE 3 COMPOSER ET RÉDIGER LA RÉPONSE

- Confrontez les trois textes après les avoir analysés :
- En quoi le premier est-il comique ? Que nous apprend-t-il de la relation maître/valet ?
- En quoi le deuxième est-il tragi-comique ? Qu'est-ce qui fait la grandeur du valet ? En quoi se démarque-t-il de son maître ?
- Comment interprétez-vous dans le troisième texte la violence verbale ? Que peut-elle refléter des relations sociales ?
- Organisez votre réponse en fonction des différentes pistes retenues.
- Précisez en conclusion si les trois textes présentent une vision commune des statuts et des relations sociales, si vous percevez une évolution ou pas.

1 LIRE LE CORPUS POUR SAISIR SA COHÉRENCE

a. Exploitez les paratextes suivants en mobilisant vos connaissances. Quelles informations peut-on tirer de la première lecture (objet d'étude, genre, époques, thème, etc.) ?

CORPUS

Texte A Honoré de Balzac, *Le Père Goriot* (1835) ; Eugène de Rastignac

Texte B Émile Zola, *La Curée* (1871) ; Aristide Saccard

Texte C Guy de Maupassant, *Bel Ami* (1885) ; Georges Duroy

b. Pour pouvoir répondre à la question sur corpus ci-dessous, quels éléments noteriez-vous dans un premier temps, afin de comprendre ce qui a justifié le rapprochement de ces textes ?

OBJET D'ÉTUDE La question de l'homme dans les genres de l'argumentation, du XVIe siècle à nos jours

QUESTION SUR CORPUS Comparez les visées de ces trois textes.

CORPUS

Texte A Albert Camus, *La Peste*, V^e^ partie, excipit (1947)

Texte B Eugène Ionesco, *Rhinocéros*, Acte III, dénouement (1959)

Texte C Marcel Aymé, *Uranus*, excipit (1948)

Texte A

La ville célèbre sa libération, au terme de l'épidémie de peste qui a causé des pertes innombrables.

Du port obscur montèrent les premières fusées des réjouissances officielles. La ville les salua par une longue et sourde exclamation. Cottard, Tarrou, ceux et celle que Rieux avait aimés et perdus, tous, morts ou coupables, étaient oubliés. Le vieux avait raison, les hommes étaient toujours les mêmes. Mais c'était leur force et leur innocence et c'est ici que, par-dessus toute douleur, Rieux sentait qu'il les rejoignait. Au milieu des cris qui redoublaient de force et de durée, qui se répercutaient longuement jusqu'au pied de la terrasse, à mesure que les gerbes multicolores s'élevaient plus nombreuses dans le ciel, le docteur Rieux décida alors de rédiger le récit qui s'achève ici, pour ne pas être de ceux qui se taisent, pour témoigner en faveur de ces pestiférés, pour laisser du moins un souvenir de l'injustice et de la violence qui leur avaient été faites, et pour dire simplement ce qu'on apprend au milieu des fléaux, qu'il y a dans les hommes plus de choses à admirer que de choses à mépriser.

Mais il savait cependant que cette chronique ne pouvait pas être celle de la victoire définitive. Elle ne pouvait être que le témoignage de ce qu'il avait fallu accomplir et que, sans doute, devraient accomplir encore, contre la terreur et son arme inlassable, malgré leurs déchirements personnels, tous les hommes qui, ne pouvant être des saints et refusant d'admettre les fléaux, s'efforcent cependant d'être des médecins.

Écoutant, en effet, les cris d'allégresse qui montaient de la ville, Rieux se souvenait que cette allégresse était toujours menacée. Car il savait ce que cette foule en joie ignorait, et qu'on peut lire dans les livres, que le bacille de la peste ne meurt ni ne disparaît jamais, qu'il peut rester pendant des dizaines d'années endormi dans les meubles et le linge, qu'il attend patiemment dans les chambres, les caves, les malles, les mouchoirs et les paperasses, et que, peut-être, le jour viendrait où, pour le malheur et l'enseignement des hommes, la peste réveillerait ses rats et les enverrait mourir dans une cité heureuse.

Albert CAMUS, *La Peste* (excipit) (1947),

Texte B

BÉRENGER, *se regardant dans la glace.*

[...]

Je ne suis pas beau, je ne suis pas beau. *(Il décroche les tableaux, les jette par terre avec fureur, il va vers la glace.)* Ce sont eux qui sont beaux. J'ai eu tort ! Oh ! comme je voudrais être comme eux. Je n'ai pas de corne, hélas ! Que, c'est laid, un front plat. Il m'en faudrait une ou deux, pour rehausser mes traits tombants. Ça viendra peut-être, et je n'aurai plus honte, je pourrai aller tous les retrouver. Mais ça ne pousse pas ! *(Il regarde les paumes de ses mains.)* Mes mains sont moites. Deviendront-elles rugueuses ? *(Il enlève son veston, défait sa chemise, contemple sa poitrine dans la glace.)* J'ai la peau flasque. Ah, ce corps trop blanc, et poilu ! Comme je voudrais avoir une peau dure et cette magnifique couleur d'un vert sombre, une nudité décente, sans poils, comme la leur ! *(Il écoute les barrissements.)* Leurs chants ont du charme, un peu âpre, mais un charme certain ! Si je pouvais faire comme eux. *(Il essaye de les imiter.)* Ahh, ahh, brr ! Non, ça n'est pas ça ! Essayons encore, plus fort! Ahh, ahh, brr ! Non, non, ce n'est pas ça, que c'est faible, comme cela manque de vigueur ! je n'arrive pas à barrir. Je hurle seulement. Ahh, ahh, brr ! Les hurlements ne sont pas des barrissements ! Comme j'ai mauvaise conscience, j'aurais dû les suivre à temps. Trop tard maintenant ! Hélas, je suis un monstre, je suis un monstre. Hélas, jamais je ne deviendrai rhinocéros, jamais, jamais ! Je ne peux plus changer. Je voudrais bien, je voudrais tellement, mais je ne peux pas. Je ne peux plus me voir. J'ai trop honte ! *(Il tourne le dos à la glace.)* Comme je suis laid ! Malheur à celui qui veut conserver son originalité ! *(Il a un brusque sursaut.)* Eh bien tant pis ! Je me défendrai contre tout le monde ! Ma carabine, ma carabine ! *(Il se retourne face au mur du fond où sont fixées les têtes des rhinocéros, tout en criant :)* Contre tout le monde, je me défendrai ! Je suis le dernier homme, je le resterai jusqu'au bout ! Je ne capitule pas !

RIDEAU

Eugène IONESCO, *Rhinocéros*, Acte III (1959),

Texte C *Durant l'Occupation, le professeur Watrin et son fils discutent avec un ingénieur qui s'est compromis.*

– Ne faites pas cette tête-là, disait Watrin à l'ingénieur, et ne pensez pas toujours à ce que vous auriez dû faire et que vous n'avez pas fait. Souvenez-vous plutôt que vous avez sauvé un homme de la mort, sans peur de vous compromettre.

– C'est ce que vous me répétez tous les jours avec l'intention charitable de me rassurer. N'empêche que je marine dans un bain de saleté et que je me sens sale jusqu'au fond de moi-même. Quand je pense aux saloperies et aux crimes auxquels je me suis associé…

Un peu surpris par ces dernières paroles, le fils de Watrin considérait Archambaud avec une attention nouvelle. Le professeur s'aperçut de son étonnement, et, craignant qu'il se méprît, expliqua :

– En fait de crimes, notre ami Archambaud n'a strictement rien à se reprocher. Il a tout bonnement consenti, par son silence, aux crimes des autres. C'est du reste ce qui m'est arrivé et c'est ce qui t'arrivera aussi. Nous sommes des lâches et des hypocrites, je ne songe pas à nier l'évidence, mais c'est justement ce qu'il faut être en ce moment. Et ce n'est pas ce qui nous empêche d'être des créatures admirables. Vous m'entendez, Archambaud. Admirables.

– Oui, oui, dit l'ingénieur avec un sourire sans joie. Je vous vois venir. Uranus.

– Parfaitement, Uranus. Tenez, cet hiver, quand je m'éveillais avant sept heures, il faisait encore nuit. […] Le plus souvent, je m'amusais à regarder à l'intérieur de moi-même. Ça se présente comme une belle grande boutique d'une opulence incroyable, et qui regorge de trésors au point qu'on est ébloui. L'ordre est loin d'y être parfait. Il a beau y avoir abondance de placards, des tiroirs à n'en plus finir et des serviteurs zélés, bien souvent, ça fait un peu bric-à-brac. Mais il y a une chose qui est toujours soignée, ordonnée, ratissée, c'est la vitrine. C'est qu'il s'agit de plaire aux passants, de leur taper dans l'œil sans les humilier, sans les contrarier. En somme, la vitrine doit être ce que les passants veulent qu'elle soit. Ça paraît très difficile et ça se fait sans effort, tout naturellement. Comme vous savez, le goût des passants n'est pas toujours excellent. À l'heure qu'il est, par exemple, les vitrines ne sont pas brillantes, mais ça ne durera pas toujours. Attendez un peu. Attendez seulement cinquante ans…

Un homme en imperméable, qui venait de traverser le grand carrefour en courant, s'arrêta près d'une table voisine et dit à haute voix : « Vous savez la nouvelle ? Maxime Loin vient d'être arrêté. » Archambaud devint blême de peur et maudit le mouvement de générosité imbécile auquel il avait cédé un soir. Le professeur Watrin, qui n'avait pas entendu, souriait à l'avenir et s'écriait avec une légère exaltation :

– Quelles vitrines ! Quelles vitrines !

Marcel Aymé, *Uranus* (excipit) (1948), © Éditions Gallimard.

2 ANALYSER LA QUESTION POSÉE

Interrogez-vous sur le lexique. Quel est le type de consigne ? Quelle démarche est attendue ?

Ex. : Dégagez… ▸ *Faire émerger des éléments de réflexion à partir de l'observation des documents.*

1. Analysez…
2. Caractérisez…
3. Montrez…
4. Comparez…
5. Les auteurs cherchent-ils à nous convaincre… ?
6. Par quels moyens… ?

3 COMPOSER ET RÉDIGER LA RÉPONSE

a. **Pour répondre à la question suivante : « Quelles fonctions les auteurs assignent-ils aux fables ? », lisez attentivement les deux textes ci-dessous et observez cette démarche :**

→ **Dégagez la structure de chaque texte.**

Quelles sont la place et la fonction du récit ? La morale est-elle implicite ou explicite ? Reformulez-la.

Texte A

Le Loup et l'Agneau

La raison du plus fort est toujours la meilleure :
Nous l'allons montrer tout à l'heure.
Un Agneau se désaltérait
Dans le courant d'une onde pure.
Un Loup survient à jeun, qui cherchait aventure,
Et que la faim en ces lieux attirait.
Qui te rend si hardi de troubler mon breuvage ?
Dit cet animal plein de rage :
Tu seras châtié de ta témérité.
Sire, répond l'Agneau, que Votre Majesté
Ne se mette pas en colère ;
Mais plutôt qu'elle considère
Que je me vas désaltérant
Dans le courant,
Plus de vingt pas au-dessous d'Elle ;
Et que par conséquent, en aucune façon,
Je ne puis troubler sa boisson.
Tu la troubles, reprit cette bête cruelle,
Et je sais que de moi tu médis l'an passé.
Comment l'aurais-je fait si je n'étais pas né ?
Reprit l'Agneau ; je tette encor ma mère
Si ce n'est toi, c'est donc ton frère.
Je n'en ai point. C'est donc quelqu'un des tiens :
Car vous ne m'épargnez guère,
Vous, vos Bergers et vos Chiens.
On me l'a dit : il faut que je me venge.»
Là-dessus, au fond des forêts
Le loup l'emporte et puis le mange,
Sans autre forme de procès.

Jean de La Fontaine, *Fables*, Livre I, 10 (1668).

Texte B

Le Loup attendri

Un loup un jour regardait
Une jeune agnelle endormie.
Obscurément il regrettait
Que leur race fût ennemie :
Quelle grâce et quelle douceur !
Ce loup rêvait d'une âme sœur,
D'une affectueuse présence,
Qui lui permît de débonder son cœur...
Les loups sont plus sentimentaux qu'on pense,
Mais personne ne les comprend.
C'est une tradition en France
D'ignorer l'envie de tendresse
Qui dort au cœur des assassins.
Hélas ! ce sont le plus souvent
Les innocents,
Se méprenant sur leurs desseins,
Qui, par l'idée qu'ils ont de leur scélératesse,
Les obligent à les tuer.

Ce loup-là était tout amour.
Il était saint François d'Assise.
Il était au point de pleurer ;
Quand la sotte le voit et appelle au secours.
Que voulez-vous que je vous dise ?
Un malheur est vite arrivé.
Et il arrive qu'on se vexe...
Ce cri, tant entendu, réveille un vieux réflexe.
Un bond, un coup de dent, et notre loup, navré,
La tue.
Après d'ailleurs, il la trouva fort tendre...

Pourtant, si elle l'avait vue
Cette lueur d'amour au fond de sa prunelle !
Si elle avait fait confiance, une fois,
À la bonté universelle...
Ah ! si elle avait eu la sagesse d'attendre
L'éveil du sentiment chez ce loup aux abois ;
Légère, elle courrait encore dans les bois...

Il faut dire que les agnelles
Ont l'esprit un peu étroit,
Ne lisant pas assez les journaux progressistes
Où l'on se penche sur l'âme des assassins.
Voilà ce que l'on gagne à être conformiste !
On doute qu'un tueur puisse être un petit saint ;
Qu'est-ce qu'on y récolte ? Un mauvais coup.
D'un autre côté, je crois
Qu'il faut avouer que les loups
N'ont pas la tête de l'emploi.

Jean ANOUILH, *Fables* (1962),
© Éditions La Table Ronde.

b. Élaborez un plan détaillé pour répondre à la question sur corpus ci-dessous.

Ces débuts de roman s'inscrivent-ils ou non dans la tradition de l'incipit romanesque ?

CORPUS

Texte A Honoré de Balzac, *La Peau de chagrin* (1831)
Texte B Gustave Flaubert, *Bouvard et Pécuchet* (1881)
Texte C Raymond Queneau, *Les Fleurs bleues* (1965)

Texte A

Vers la fin du mois d'octobre dernier, un jeune homme entra dans le Palais-Royal au moment où les maisons de jeu s'ouvraient, conformément à la loi qui protège une passion essentiellement imposable. Sans trop hésiter, il monta l'escalier du tripot désigné sous le nom de numéro 36.

– Monsieur, votre chapeau, s'il vous plaît ? lui cria d'une voix sèche et grondeuse un petit vieillard blême, accroupi dans l'ombre, protégé par une barricade, et qui se leva soudain en montrant une figure moulée sur un type ignoble.

Quand vous entrez dans une maison de jeu, la loi commence par vous dépouiller de votre chapeau. Est-ce une parole évangélique et providentielle ? N'est-ce pas plutôt une manière de conclure un contrat infernal avec vous en exigeant je ne sais quel gage ?

Honoré de BALZAC, *La Peau de chagrin* (1831).

Texte B

Comme il faisait une chaleur de trente-trois degrés, le boulevard Bourdon se trouvait absolument désert.

Plus bas, le canal Saint-Martin, fermé par les deux écluses, étalait en ligne droite son eau couleur d'encre. Il y avait au milieu un bateau plein de bois, et sur la berge deux rangs de barriques.

Au-delà du canal, entre les maisons que séparent des chantiers, le grand ciel pur se découpait en plaques d'outremer, et sous la réverbération du soleil, les façades blanches, les toits d'ardoises, les quais de granit éblouissaient. Une rumeur confuse montait au loin dans l'atmosphère tiède ; et tout semblait engourdi par le désœuvrement du dimanche et la tristesse des jours d'été.

Deux hommes parurent.

Gustave FLAUBERT, *Bouvard et Pécuchet* (1881, posthume).

Texte C

Le vingt-cinq septembre douze cent soixante-quatre, au petit jour, le duc d'Auge se pointa sur le sommet du donjon de son château pour y considérer, un tantinet soit peu, la situation historique. Elle était plutôt floue. Des restes du passé traînaient encore çà et là, en vrac. Sur les bords du ru voisin, campaient deux Huns ; non loin d'eux un Gaulois, Eduen peut-être, trempait audacieusement ses pieds dans l'eau courante et fraîche. Sur l'horizon se dessinaient les silhouettes molles de Romains fatigués, de Sarrasins de Corinthe, de Francs anciens, d'Alains seuls. Quelques Normands buvaient du calva.

Raymond QUENEAU, *Les Fleurs bleues* (1963),
© Éditions Gallimard.

Grille d'auto-évaluation • LA QUESTION SUR LE CORPUS

Relisez votre brouillon autant de fois que nécessaire, en contrôlant les points suivants :

CRITÈRES D'ÉVALUATION		NON	OUI MAIS À AMÉLIORER	OUI
TROUVER DES ÉLÉMENTS DE RÉPONSE	Avez-vous lu tous les textes à la lumière de l'objet d'étude et de la question posée ?			
	Avez-vous interrogé chaque texte ?			
	Avez-vous repéré des extraits signifiants ?			
	Les avez-vous analysés pour constituer des éléments de réponse ?			
ORGANISER LA RÉPONSE	Avez-vous analysé la question ?			
	Vous êtes-vous demandé quel type de réponse la question appelait ?			
	Avez-vous au moins deux axes de réflexion, deux idées directrices ?			
	Avez-vous adapté le plan de la réponse à la question ?			
RÉDIGER LA RÉPONSE	Avez-vous présenté les textes, rappelé la question ?			
	Avez-vous fondé la réponse sur des éléments analysés du texte ?			
	Avez-vous répondu à la question ?			
MISE EN PAGE	Y a-t-il des paragraphes distincts pour marquer la progression de la réponse ?			
	Les textes sont-ils bien désignés par leur titre ou leur auteur et non par une lettre ou un numéro ?			
LANGUE	**Orthographe** : avez-vous vérifié les points suivants ? • accords sujet / verbe • accords des participes passés, des adjectifs • homophones (a/à ; quand/quant…) • orthographe lexicale			
	Syntaxe : la construction des phrases est-elle correcte ?			

Le **commentaire** est un bilan organisé de lecture. Pour dégager les enjeux d'un texte appartenant au genre du roman, du théâtre ou de la poésie, il faut être attentif à certaines caractéristiques de l'écriture.

▶▶▶ÉTAPE 1 EFFECTUER DES REPÉRAGES

• **De quoi est-il question ? Dans quel genre de texte ? Quelle est la fonction du passage ?**
Il faut d'abord procéder à des repérages qui seront suivis d'une analyse.
• **Qui parle dans le texte ?** Dans un roman, par exemple, le narrateur dit-il « je » ou bien est-ce un narrateur à la troisième personne ? Fait-il partie de l'histoire (narrateur **interne**), ou bien est-il extérieur (narrateur **externe**) ?
• **Comment les thèmes du texte sont-ils abordés ?**
Déterminer les **thèmes** du texte à partir des **champs lexicaux.**
Se poser les questions suivantes : **Qui** est évoqué ? **Que** se passe-t-il ? **Quand ? Où ?**
Relier ces thèmes à la façon dont ils sont traités : **niveau de langue, structure et type de phrases et leur articulation, figures de style, verbes (mode, temps, voix), emploi des pronoms**, etc. Dégager ainsi le ou les **registres** du texte (▶ Les registres littéraires, p. 568).
• **Quelle est l'organisation du texte ?**
Faire le plan du texte pour observer la **progression narrative**, **thématique** ou **argumentative** : observer les repères temporels, la succession des thèmes dans le texte, les liens logiques.
• **Prendre en considération les spécificités du genre :**
– s'il s'agit d'un **texte romanesque**, examiner la **focalisation**. S'il s'agit d'une **description**, s'interroger sur sa **fonction** (▶ La description, p. 546).
– s'il s'agit d'un **poème**, considérer la forme, le système métrique, le jeu des sonorités, le rythme dans la construction du vers (▶ La versification, p. 557 ; ▶ Les formes et les genres poétiques, p. 559).
– s'il s'agit d'un **texte théâtral**, prendre en compte les spécificités de ce genre, du point de vue du texte et de sa représentation (▶ Le vocabulaire du théâtre, p. 550 ; ▶ La représentation du texte théâtral, p. 554).
Un simple repérage ne suffit pas : chacune de ces analyses doit être suivie d'une interprétation qui mesure l'effet produit sur le lecteur.

▶▶▶ÉTAPE 2 FORMULER UNE PROBLÉMATIQUE

• Quel est l'enjeu et la spécificité du texte ? Quels sont les points particuliers à mettre en avant ? En quoi se distingue-t-il d'autres textes du même genre et/ou évoquant le même thème ?

▶▶▶ÉTAPE 3 BÂTIR UN PLAN

• Au brouillon, établir un plan qui regroupe en deux ou trois parties (les **axes de lecture**) les analyses effectuées (ÉTAPE 1), et qui réponde à la problématique énoncée (ÉTAPE 2). Chaque axe de lecture doit être étayé de deux à quatre **arguments** différents.
• Ce travail préparatoire conduit à la rédaction du commentaire. Il faut une **introduction** qui présente le texte, rappelle la problématique et annonce le plan ; puis un **développement** correspondant au plan établi, et enfin une **conclusion** qui résume les idées principales du devoir.

APPLICATION

TEXTE SUPPORT
L'incipit de la *Condition Humaine* (1933) d'André Malraux. ► CORPUS BAC, p. 155

▶▶▶ÉTAPE 1 EFFECTUER DES REPÉRAGES

De quoi est-il question ? Dans quel genre de texte ?

• **Incipit du roman :** un homme est sur le point de commettre un meurtre. La future victime est anonyme et apparaît progressivement.

Qui parle dans le texte ?

• **Narration à la troisième personne** (narrateur extérieur à l'action). Le nom propre (premier mot) connote l'exotisme (l'Asie), comme le **lexique** nous le montre (La « moustiquaire » renvoie aux pays chauds). Tchen est d'abord un combattant d'une « révolution ». Une **figure de style** le présente comme un « sacrificateur ». La date, le « 27 mars 1927 », peut orienter le lecteur vers la révolution communiste chinoise.

Quand ? Où ?

• **Incipit *in medias res* :** nous sommes plongés au cœur d'une action en cours, qui se déroule à « minuit et demie ». Pas de précision sur le lieu.

Quelle est l'organisation du texte ?

• **Indications temporelles :** elles se trouvent au début du texte. Abondance de verbes à l'imparfait de l'indicatif : l'action avance très lentement. La progression du récit accompagne l'évolution psychologique du personnage, qui va de l'angoisse (début du texte) jusqu'à à la répulsion (fin du texte) ; le texte montre la préparation du crime.

Prendre en compte les spécificités du genre

• **Narrateur majoritairement omniscient.** Il observe son personnage en **focalisation** zéro, il a connaissance des actions, des pensées de Tchen. D'autres procédés nous invitent à voir avec les yeux du personnage, en focalisation interne.

Comment accède-t-on aux pensées de Tchen ?

• On accède aux pensées de Tchen l'aide du discours indirect (l. 16), direct (l. 24), ou indirect libre (l. 9-11).

À quel genre appartient cette page ?

• Ce texte appartient au :
– **roman d'aventures** (l'exotisme) et policier (meurtre en préparation, nuit, ambiance) ;
– **roman d'analyse** (du « combattant » au « sacrificateur ») ;
et utilise des techniques d'écriture qui empruntent au cinéma (le lit, puis le pied – plan rapproché sur la main de Tchen à la fin de l'extrait – travail sur le son qui s'éteint peu à peu).

▶▶▶ÉTAPE 2 FORMULER UNE PROBLÉMATIQUE

Le lecteur est jeté au milieu de l'action sans précisions et plongé dans le « suspense » d'une mise à mort : comment un effet d'attente est-il créé ? Comment au-delà d'une scène de crime fascinante la narration provoque-t-elle une réflexion sur la condition humaine ?

▶▶▶ÉTAPE 3 BÂTIR UN PLAN

• **1er axe de lecture :** Un incipit plein d'habileté, qui intrigue le lecteur.
• **2e axe de lecture :** Tchen, un personnage complexe, victime d'un conflit intérieur.

1 FORMULER UNE PROBLÉMATIQUE

Rédigez une problématique en vous interrogeant sur le lien entre genre du texte et registre.

[…] Il se trouve à la fois cinq ou six puissances belligérantes, tantôt trois contre trois, tantôt deux contre quatre, tantôt une contre cinq, se détestant toutes également les unes les autres, s'unissant et s'attaquant tour à tour; toutes d'accord en un seul point, celui de faire tout le mal possible.

Le merveilleux de cette entreprise infernale, c'est que chaque chef des meurtriers fait bénir ses drapeaux et invoque Dieu solennellement avant d'aller exterminer son prochain.

Voltaire, « Guerre »,
Dictionnaire philosophique portatif (1764).

2 COMMENTER UN TEXTE DE ROMAN

Puisque c'est le seul moyen pour lui de s'élever dans la société, Julien Sorel, fils d'une famille modeste, a décidé d'entrer au séminaire, afin de devenir prêtre.

Il vit de loin la croix de fer doré sur la porte; il approcha lentement; ses jambes semblaient se dérober sous lui. « Voilà donc cet enfer sur la terre, dont je ne pourrai sortir! » Enfin il se décida à sonner. Le bruit de la cloche retentit, comme dans un lieu solitaire. Au bout de dix minutes, un homme pâle, vêtu de noir, vint lui ouvrir. Julien le regarda et aussitôt baissa les yeux. Il trouva à ce portier une physionomie singulière. La pupille saillante et verte de ses yeux s'arrondissait comme celle d'un chat; les contours immobiles de ses paupières annonçaient l'impossibilité de toute sympathie; ses lèvres minces se développaient en demi-cercle sur des dents qui avançaient. Cependant cette physionomie ne montrait pas le crime, mais plutôt cette insensibilité parfaite qui inspire bien plus de terreur à la jeunesse. Le seul sentiment que le regard rapide de Julien put deviner sur cette longue figure dévote fut un mépris profond pour tout ce dont on voudrait lui parler, et qui ne serait pas l'intérêt du ciel.

Julien releva les yeux avec effort et d'une voix que le battement de cœur rendait tremblante, il expliqua qu'il désirait parler à M. Pirard, le directeur du séminaire. Sans dire une parole, l'homme noir lui fit signe de le suivre. Ils montèrent deux étages par un large escalier à rampe de bois, dont les marches déjetées penchaient du côté opposé au mur, et semblaient prêtes à tomber. Une petite porte, surmontée d'une grande croix de cimetière en bois blanc peint en noir, fut ouverte avec difficulté, et le portier le fit entrer dans une chambre sombre et basse, dont les murs blanchis à la chaux étaient garnis de deux grands tableaux noircis par le temps.

Stendhal, *Le Rouge et le Noir* (1830).

• Effectuer des repérages

a. Quelle est la place du narrateur ? Quel est le point de vue adopté ici ? Qui voit, au final, cette scène ?

b. Comment progresse la narration ? Quels sont les obstacles rencontrés par Julien ?

c. Comment sont décrits l'espace et les objets (portes, cloche, croix, escalier, chambre) ?

d. Interrogez-vous sur la place du Noir dans ce passage. Que symbolise-t-il ?

e. Montrez comment le portier peut difficilement incarner les « intérêts du ciel ».

f. Quelles sont les réactions de Julien ? Quel portrait moral peut-on déduire de ses actions ?

g. Quelle est la position du lecteur par rapport au héros ?

• Formuler une problématique

Interrogez-vous sur la fonction de ces deux portraits (celui de Julien et celui du portier) et sur les liens qui les unissent. Comment cadre et portraits se mêlent-ils pour créer l'atmosphère originale de cette page ?

• Bâtir un plan

Établissez un plan qui prendra en compte les repères temporels et spatiaux qui rythment ce passage, ainsi que les remarques que vous avez pu faire sur les personnages.

3 COMMENTER UN POÈME

Mai

Le mai le joli mai en barque sur le Rhin
Des dames regardaient du haut de la montagne
Vous êtes si jolies mais la barque s'éloigne
Qui donc a fait pleurer les saules riverains

Or des vergers fleuris se figeaient en arrière
Les pétales tombés des cerisiers de mai
Sont les ongles de celle que j'ai tant aimée
Les pétales flétris sont comme ses paupières

Sur le chemin du bord du fleuve lentement
Un ours un singe un chien menés par des tziganes
Suivaient une roulotte traînée par un âne
Tandis que s'éloignait dans les vignes rhénanes
Sur un fifre lointain un air de régiment

Le mai le joli mai a paré les ruines
De lierre de vigne vierge et de rosiers
Le vent du Rhin secoue sur le bord les osiers
Et les roseaux jaseurs et les fleurs nues des vignes

Guillaume Apollinaire, *Alcools* (1913).

• **Effectuer des repérages**

a. **Qui parle ? Quels personnages sont présents ?**

b. **Observez la forme du poème : quelle particularité typographique apparaît ici ?**

c. **Quel est le thème du poème ? Y a-t-il une progression narrative ? Justifiez.**

d. **Observez le temps des verbes : quand la scène se passe-t-elle ? Que sait-on sur la durée de ce moment ?**

e. **Où se déroule la scène ? Relevez les indices spatiaux.**

f. **Repérez les figures de style du texte : quel effet cette scène cherche-t-elle à susciter chez le lecteur ?**

g. **Observez le mètre et le rythme du vers ; intéressez-vous aux enjambements, par exemple, et au système des rimes. Quels en sont les effets ?**

• **Formuler une problématique**

Formulez une problématique qui mette en évidence la façon dont ce poème, par sa modernité, associe le décor et les sentiments du poète.

• **Bâtir un plan**

En vous appuyant sur vos analyses (repérages et effets recherchés), construisez un plan qui prendra en considération, obligatoirement, les thèmes principaux de ce poème : le mois de mai, le Rhin et la figure du poète.

4 COMMENTER UN TEXTE THÉÂTRAL

Orgon a accueilli chez lui le dévot Tartuffe, qu'il prend pour un saint. Tartuffe cède aux charmes de la femme d'Orgon, Elmire, qui s'étonne qu'un dévot puisse ainsi faire la cour à une femme mariée. Tartuffe lui répond.

TARTUFFE

[…]
Ah ! Pour être dévot, je n'en suis pas moins homme ;
Et lorsqu'on vient à voir vos célestes appas,
Un cœur se laisse prendre, et ne raisonne pas.
Je sais qu'un tel discours de moi paraît étrange ;
Mais, madame, après tout, je ne suis pas un ange ;
Et si vous condamnez l'aveu que je vous fais,
Vous devez vous en prendre à vos charmants attraits.
Dès que j'en vis briller la splendeur plus qu'humaine,
De mon intérieur, vous fûtes souveraine ;
De vos regards divins l'ineffable douceur
Força la résistance où s'obstinait mon cœur ;
Elle surmonta tout, jeûnes, prières, larmes,
Et tourna tous mes vœux du côté de vos charmes.
Mes yeux et mes soupirs vous l'ont dit mille fois,
Et pour mieux m'expliquer j'emploie ici la voix.
Que si vous contemplez d'une âme un peu bénigne
Les tribulations de votre esclave indigne,
S'il faut que vos bontés veuillent me consoler
Et jusqu'à mon néant daignent se ravaler,
J'aurai toujours pour vous, ô suave merveille,
Une dévotion à nulle autre pareille.
Votre honneur avec moi ne court point de hasard,
Et n'a nulle disgrâce à craindre de ma part.
Tous ces galants de cour, dont les femmes sont [folles,
Sont bruyants dans leurs faits et vains dans leurs [paroles,
De leur progrès sans cesse on les voit se targuer ;
Ils n'ont point de faveurs qu'ils n'aillent divulguer,
Et leur langue indiscrète, en qui l'on se confie,
Déshonore l'autel où leur cœur sacrifie.
Mais les gens comme nous brûlent d'un feu discret,
Avec qui pour toujours on est sûr du secret :
Le soin que nous prenons de notre renommée
Répond de toute chose à la personne aimée,
Et c'est en nous qu'on trouve, acceptant notre cœur,
De l'amour sans scandale et du plaisir sans peur.
[…]

MOLIÈRE, *Tartuffe*, III, 3 (1669).

• **Effectuer des repérages**

a. **Qui parle et à qui ? Que savez-vous de ces deux personnages ? Tenez compte de la situation d'énonciation qui caractérise le théâtre.**

b. **Que cherche à obtenir Tartuffe ? Quels arguments avance-t-il pour justifier sa démarche et convaincre Elmire (sa stratégie argumentative) ?**

c. **Une figure de rhétorique domine l'extrait. Où apparaît-elle pour la première fois ? La retrouve-t-on tout au long du texte ? Qu'en déduisez-vous sur la personnalité de Tartuffe ?**

d. **Comment s'y prend-il pour éviter d'être immédiatement éconduit ? Étudiez le jeu des pronoms : comment Tartuffe implique-t-il peu à peu Elmire dans son propos ?**

• **Formuler une problématique**

En vous appuyant sur vos réponses, rédigez une problématique qui comporte les mots essentiels que vous avez observés : « tirade », « personnalité », « argumentation ».

• **Bâtir un plan**

Trouvez deux axes de lecture permettant de cerner la personnalité complexe du personnage de Tartuffe.

MÉTHODE 3. RÉDIGER DES PARAGRAPHES ET INSÉRER DES CITATIONS

Le paragraphe de commentaire est une unité argumentative destinée à démontrer un **axe de lecture** ; chaque axe de lecture comporte au moins deux paragraphes, avec des arguments qui viennent étayer l'axe de lecture. Le paragraphe doit reprendre régulièrement les mots de l'axe de lecture, afin que le lecteur comprenne quel est l'enjeu argumentatif du développement proposé et quelle est sa place dans l'ensemble de l'argumentation.

▸▸▸ÉTAPE 1 FORMULER L'ARGUMENT QUI OUVRE LE PARAGRAPHE

- Le paragraphe commence par un **alinéa**.
- L'**argument** doit être formulé en une ou deux **phrases claires** qui indiquent ce que l'on souhaite montrer.
- Il doit être relié par des **connecteurs logiques** aux paragraphes qui le suivent et qui le précèdent immédiatement.

▸▸▸ÉTAPE 2 INSÉRER DES CITATIONS ET LES ANALYSER

- Les **citations** donnent à l'argumentation sa force, car elles **prouvent** l'argument présenté et permettent de mettre en évidence le **sens** du texte.
- Citer consiste à faire intervenir des éléments d'un texte dont on n'est pas l'auteur. Il faut utiliser des **guillemets** et ne pas déformer le texte cité. Les citations doivent être accompagnées de la mention de la ligne ou du vers où elles apparaissent.
- L'exploitation des citations repose avant tout sur **l'analyse des outils linguistiques**, comme la grammaire, et **rhétoriques**, comme les figures de style. Il faut commenter les éléments liés au genre et au registre du texte étudié.

▸▸▸ÉTAPE 3 INTERPRÉTER

- Dans l'interprétation, on reprend l'ensemble des éléments du paragraphe en les **approfondissant**, pour faire **progresser** l'argumentation et souligner le **sens** du texte commenté.
- L'interprétation doit s'intéresser aux **effets** produits par le texte (▸ Les registres littéraires, p. 568) ou aux intentions de l'auteur.

APPLICATION

Texte support
L'incipit de la *Condition Humaine* (1933) d'André Malraux. ► CORPUS BAC, p. 155

▶▶▶ÉTAPE 1 FORMULER L'ARGUMENT QUI OUVRE LE PARAGRAPHE

Axe de lecture proposé
I. Un incipit plein d'habileté, qui intrigue le lecteur
Arguments
a. Une attaque romanesque *in medias res*
b. L'effet d'attente
c. L'identification au personnage

L'écriture favorise habilement l'identification du lecteur au personnage, grâce à une narration qui semble accompagner le regard de Tchen et suivre ses pensées.

▶▶▶ÉTAPE 2 INSÉRER DES CITATIONS ET LES ANALYSER

Le lecteur est invité à explorer la conscience de Tchen. Ainsi le champ lexical de la pensée donne accès à la profondeur du personnage : des verbes comme « il connaissait », « il se répétait », « Tchen découvrait » dévoilent les plus secrets mouvements de l'esprit du personnage. De plus, les interrogations qui ouvrent le passage révèlent une hésitation sur la meilleure façon d'accomplir le meurtre : « Tchen tenterait-il de lever la moustiquaire ? Frapperait-il au travers ? ». Par ailleurs, les temps verbaux employés sont ceux du discours indirect libre : ils expriment les pensées du personnage, qui sont fondues dans la narration : les verbes « tenterait » et « frapperait » sont en effet au conditionnel, qui exprime ici le futur par rapport au moment de l'action.
Les procédés stylistiques comme les interrogations, le discours indirect libre, la métaphore, sont des éléments qui entraînent ici l'identification du lecteur au personnage.

▶▶▶ÉTAPE 3 INTERPRÉTER

La focalisation interne permet au lecteur d'être le témoin intime de l'évolution de la pensée de Tchen, qui prend conscience de l'horreur de l'acte qu'il s'apprête à commettre. Le lexique, la ponctuation, la métaphore, font du meurtrier, en réalité, un être de pensée, plus que d'action, qui, à l'ultime moment, s'interroge sur le sens de son acte. L'habileté de la narration permet donc à Malraux d'engager son lecteur dans une réflexion sur la souffrance humaine, et de montrer les contradictions qui torturent l'homme.

1 FORMULER UN ARGUMENT

a. Lisez ce texte de Voltaire, puis rédigez, en une phrase, chacun des arguments suivants : « un personnage agité »; « un tableau pathétique ».

b. Ajoutez, au début de chaque phrase, un connecteur logique qui lie chaque argument au précédent.

c. Ajoutez à ces éléments une phrase qui relie chacun de vos arguments au projet de lecture suivant : « Le portrait d'un personnage amoureux ».

L'Ingénu, un Huron arrivé en Bretagne, est recueilli et baptisé par le prieur de Kerkabon ; il tombe amoureux de sa marraine, mademoiselle de Saint-Yves, qu'on a enfermée au couvent pour l'éloigner de lui.

L'Ingénu, plongé dans une sombre et profonde mélancolie, se promena vers le bord de la mer, son fusil à deux coups sur l'épaule, son grand coutelas au côté, tirant de temps en temps sur quelques oiseaux, et souvent tenté de tirer sur lui-même, mais il aimait encore la vie, à cause de mademoiselle de Saint-Yves. Tantôt il maudissait son oncle, sa tante, et toute la Basse-Bretagne, et son baptême ; tantôt il les bénissait, puisqu'ils lui avaient fait connaître celle qu'il aimait. Il prenait sa résolution d'aller brûler le couvent, et il s'arrêtait tout court, de peur de brûler sa maîtresse. Les flots de la Manche ne sont pas plus agités par les vents d'est et d'ouest que son cœur l'était par tant de mouvements contraires.

Il marchait à grands pas, sans savoir où, lorsqu'il entendit le son du tambour. Il vit de loin tout un peuple dont une moitié courait au rivage, et l'autre s'enfuyait.

VOLTAIRE, « L'Ingénu repousse les Anglais », *L'Ingénu* (1767).

2 RÉDIGER UN PARAGRAPHE ET LE LIER À UN PROJET DE LECTURE

a. Consultez un dictionnaire étymologique : quelles connotations s'attachent aux noms des personnages ?

b. Observez les éléments surlignés : que révèlent-ils de chaque personnage ? Quelle relation indiquent-ils entre les deux personnages ?

c. Par quels liens logiques peut-on remplacer les deux-points ?

d. À l'aide de vos réponses, rédigez un paragraphe de commentaire que vous relierez clairement à l'axe de lecture suivant : « nous verrons comment ce passage révèle un art du portrait ».

Chrysante, homme opulent et impertinent*, ne veut pas être vu avec *Eugène*, qui est homme de mérite, mais pauvre : il croirait en être déshonoré. *Eugène* est pour *Chrysante* dans les mêmes dispositions : ils ne courent pas risque de se heurter.

Jean de LA BRUYÈRE, « Des Biens de Fortune », 54, *Les Caractères* (1696).

* sot, qui agit contre le bon sens.

3 RELEVER DES CITATIONS ET LES INTERPRÉTER

a. Relevez les comparaisons et les métaphores de ce passage : quelles caractéristiques du lieu mettent-elles en évidence ?

b. En vous appuyant sur la réponse à la question précédente, développez une interprétation destinée à montrer quelle atmosphère se dégage du lieu décrit. N'oubliez pas de citer des passages précis.

Le héros de ce roman quitte la capitale des Syrtes, Orsenna, pour gagner l'Amirauté, où il doit surveiller la frontière que menace un pays voisin. Après un long voyage à travers des paysages monotones et déserts, il atteint l'Amirauté, qui est établie au bord de la mer.

Ainsi surgie des brumes fantomatiques de ce désert d'herbe, au bord d'une mer vide, c'était un lieu singulier que cette Amirauté. Devant nous, au-delà d'un morceau de lande rongé de chardons et flanqué de quelques maisons longues et basses, le brouillard grandissait les contours d'une espèce de forteresse ruineuse. Derrière les fossés à demi comblés par le temps, elle apparaissait comme une puissante et lourde masse grise, aux murs lisses percés seulement de quelques archères[1], et des rares embrasures[2] des canons. La pluie cuirassait ces dalles luisantes. Le silence était celui d'une épave abandonnée ; sur les chemins de ronde embourbés, on n'entendait pas même le pas d'une sentinelle ; des touffes d'herbe emperlées crevaient çà et là les parapets[3] de lichen[4] gris ; aux coulées de décombres qui glissaient aux fossés se mêlaient des ferrailles tordues et des débris de vaisselle.

Julien GRACQ, *Le Rivage des Syrtes* (1951) in *Œuvres complètes*, © Librairie José Corti.

1. minces ouvertures dans le mur d'une forteresse, permettant l'observation et l'usage d'armes de jet.
2. ouvertures ménagées dans les remparts pour permettre l'usage des canons.
3. murs construits au-dessus des remparts permettant aux défenseurs de se protéger.
4. végétal qui se forme à la surface des lieux laissés à l'abandon.

Grille d'auto-évaluation • LE COMMENTAIRE

Relisez votre brouillon autant de fois que nécessaire, en contrôlant les points suivants :

CRITÈRES D'ÉVALUATION		NON	OUI MAIS À AMÉLIORER	OUI
INTRODUCTION	Avez-vous fait une amorce (ou entrée en matière) ?			
	Avez-vous situé le texte à commenter (titre de l'œuvre, de l'extrait, place du passage) ?			
	Avez-vous répondu aux bonnes questions (qui, quoi, comment, ...) ?			
	Avez-vous analysé et déterminé l'enjeu et la spécificité du texte ?			
	La problématique est-elle formulée clairement ?			
	Avez-vous annoncé le plan ?			
DÉVELOPPEMENT	Le développement est-il structuré dans un plan clair ?			
	Le plan vous semble-t-il pertinent ? Répond-il à la problématique ?			
	Avez-vous au moins deux axes de lecture, deux idées directrices ?			
	Les parties sont-elles clairement signalées ?			
	Les arguments sont-ils bien reliés aux grandes parties ?			
	Les arguments sont-ils formulés et développés clairement ?			
	Vos arguments sont-ils étayés par des citations ou par des ensembles de citations cohérents ?			
	Avez-vous proposé une analyse des procédés d'écriture remarquables dans les citations relevée ?			
	Avez-vous proposé une interprétation liée à l'analyse des procédés d'écriture et à la problématique formulée ?			
CONCLUSION	Les enjeux du texte sont-ils rappelés ?			
	Avez-vous fait le bilan de votre réflexion ?			
	Y a-t-il une ouverture pertinente ?			
MISE EN PAGE	Y a-t-il des paragraphes distincts pour chaque argument ?			
	Avez-vous sauté une ligne entre chaque grande partie ?			
LANGUE	**Orthographe** : avez-vous vérifié les points suivants ? • accords sujet / verbe • accords des participes passés, des adjectifs • homophones (a/à ; quand/quant...) • orthographe lexicale			
	Syntaxe : la construction des phrases est-elle correcte ?			

MÉTHODE 4. ANALYSER LE SUJET ET EXPLOITER LE CORPUS

La démarche fondamentale de la **dissertation** est une démarche de **délibération**. Vous avez appris en Seconde à argumenter, à présenter une opinion, à défendre une thèse, un point de vue et à le réfuter.
Délibérer, c'est prendre en compte **plusieurs points de vue argumentés** qu'il s'agit de définir et de confronter afin qu'en connaissance de cause, vous puissiez donner votre avis personnel. Disserter, c'est aussi appuyer votre argumentation sur des **exemples littéraires**.
À l'épreuve anticipée de français (EAF), le sujet de **dissertation** est toujours lié à un **corpus** de textes donné dans le cadre d'un ou deux **objets d'étude**.

▶▶▶ÉTAPE 1 ANALYSER LE SUJET

• Le libellé du sujet renvoie explicitement au corpus par une formule comme celle-ci : « Vous vous appuierez pour répondre à cette question sur les textes proposés ». Elle est complétée souvent par « ceux que vous avez étudiés en cours et ceux que vous connaissez personnellement ». Ce libellé vous renvoie aussi implicitement à l'objet d'étude concerné, parfois à un genre précis.
• **Établir la liste des textes étudiés et lus** au cours de l'année, voire des années précédentes dans **l'objet d'étude** concerné. C'est là qu'il faudra puiser les références.

▶▶▶ÉTAPE 2 DÉGAGER UNE PROBLÉMATIQUE

• Prendre en compte le **sujet** et ne pas traiter de manière générale un objet d'étude. Ce sujet se présente généralement sous la forme d'une **question** directe ou indirecte, dans certains cas introduite par une **citation**. Cette question est suffisante pour construire une délibération.
• Identifier **les mots importants**. Il faudra dans un premier temps les définir à l'aide de synonymes et d'antonymes pour mieux réfléchir sur le sens de ces mots. Ils permettent aussi de limiter et d'orienter un peu plus la réflexion.

▶▶▶ÉTAPE 3 METTRE EN PLACE UNE DÉMARCHE DE DÉLIBÉRATION ET DÉGAGER PLUSIEURS POINTS DE VUE

• Attention, même si le sujet invite souvent à donner son point de vue, cela ne doit pas exclure une délibération.
• Le sujet invite parfois à remettre en cause une idée reçue, ou un paradoxe, c'est-à-dire une opinion qui va à l'encontre du sens commun. Quoi qu'il en soit, ne pas adhérer ou s'opposer d'emblée à l'opinion avancée.
• Délibérer, c'est respecter le point de vue d'autrui, essayer de le comprendre. Dans un premier temps, il faut expliciter les raisons de la thèse avancée, puis trouver des arguments opposés.

APPLICATION

Problématique

Genre

La poésie nous rapproche-t-elle du réel ? Vous répondrez à cette question en utilisant les textes du corpus, mais aussi des exemples empruntés aux œuvres étudiées en classe ou lues personnellement.
Objet d'étude Écriture poétique et quête du sens du Moyen Âge à nos jours.
Corpus
Guillaume Apollinaire, « Zone », *Alcools* (1913) ▸ p. 292
Guillaume Apollinaire, « Il pleut », *Calligrammes* (1918) ▸ p. 294
Blaise Cendrars, « Académie Médrano », *Du monde entier* (1923) ▸ p. 288
Francis Ponge, « L'huître », *Le Parti pris des choses* (1942) ▸ p. 296

▸▸▸ÉTAPE 1 ANALYSER LE SUJET

• Le libellé est explicite. Consultez le corpus, et identifiez l'objet d'étude : la poésie.
• Inscrivez sur le brouillon tous les textes poétiques que vous avez en tête, notamment ceux du descriptif pour l'oral.
• Prenez en compte la question sur le corpus : elle peut être un point d'ancrage sur lequel pourra s'appuyer votre réflexion.
Ex. : Dans ces textes, qu'est-ce qui fait d'un terrain vague, de la pluie, d'un cirque, d'une huître, des sujets poétiques ?

▸▸▸ÉTAPE 2 DÉGAGER UNE PROBLÉMATIQUE

Deux termes à retenir :
• La **poésie**, un terme qui vous est familier et que vous avez été amené à préciser au cours de l'année. Qu'est-ce qu'un objet, un sujet, un thème poétique ? Y a-t-il des sujets plus particulièrement poétiques ?
• Le **réel**, synonyme de la réalité à laquelle on oppose l'abstraction, le virtuel, le merveilleux, l'idéal, le rêve, l'imaginaire, l'inexistant, l'illusion. Il s'agit donc ici d'**interroger les rapports** qui lient la poésie à la réalité. **Paradoxalement**, le poète n'est-il pas défini dans le langage courant comme un rêveur ?
• Analysez le verbe « **rapprocher** » : la poésie permettrait d'accéder à la réalité. En effet, la réalité ne nous est pas toujours accessible, sensible et le texte poétique nous permettrait de mieux la voir et de la sentir.

▸▸▸ÉTAPE 3 METTRE EN PLACE UNE DÉMARCHE DE DÉLIBÉRATION ET DÉGAGER PLUSIEURS POINTS DE VUE

• On oppose généralement la **thèse** à l'**antithèse**. **Délibérer** ne consiste pas ici à affirmer que la poésie éloigne du réel après avoir écrit dans une première partie le contraire. Il vaut mieux parler d'une thèse divergente : on ne contredit pas, on ne dément pas ce qui a été écrit mais on **avance un point de vue différent**. Le sujet énonce *a priori* un paradoxe, qu'il va falloir dépasser. Pour discuter cette affirmation, interrogez le texte poétique qui ne se définit pas par son objet mais bien par **l'expression**, autrement dit le « **comment** » et ses effets sur le lecteur. Le « **nous** » du sujet nous invite à ne pas négliger cet aspect

EXERCICES

1 ANALYSER LE LIBELLÉ

a. Relevez les termes qui vous incitent à donner un point de vue personnel. En quoi le verbe de la consigne détermine-t-il votre démarche ?

Sujet 1 Pensez-vous que les contraintes formelles puissent être pour le poète un obstacle à une expression libre et originale ?

Sujet 2 « La poésie [...] n'a d'autre but qu'Elle-même. », écrit Baudelaire. [...] Vous vous interrogerez sur cette déclaration et vous vous demanderez si elle correspond à votre définition de la poésie.

Sujet 3 Attendez-vous de la poésie qu'elle soit nécessairement musicale ?

Sujet 4 Vous vous demanderez [...] si le théâtre exprime le réel.

Sujet 5 Les textes littéraires et les formes d'argumentation souvent complexes qu'ils proposent vous paraissent-ils être un moyen efficace de convaincre et de persuader ?

Sujet 6 Dans le roman, peut-on dire que les scènes de la vie sociale nous en apprennent autant sur les personnages que leur portrait physique et psychologique ?

b. Repérez les mots-clés et précisez leur sens.

Sujet 7 Le but d'une dernière page de roman est-il uniquement de donner un dénouement à l'histoire ?

Sujet 8 Au-delà même de la dispute, peut-on considérer que le conflit est l'essence du théâtre ?

Sujet 9 Vous vous demanderez dans quelle mesure la poésie permet le dépassement d'une épreuve.

Sujet 10 L'écriture poétique vous paraît-elle apte à convaincre le lecteur, à susciter son engagement, ou pensez-vous comme Sartre qu'elle brouille le message ?

Sujet 11 À quoi tiennent la réussite et la force d'une scène d'affrontement au théâtre ?

2 DÉTERMINER LE CHAMP DE RÉFLEXION

a. Redonnez à chaque corpus son sujet de dissertation.

1 **OBJET D'ÉTUDE** La question de l'Homme dans les genres de l'argumentation, du XVIe siècle à nos jours.

CORPUS

Texte A : Jean de La Bruyère, « Du Souverain ou de la République », *Caractères* (1688)

Texte B : E.N. Damilaville, article « Paix », *Encyclopédie* (1750-1772)

Texte C : Voltaire, « Guerre », *Dictionnaire philosophique* (1764)

Texte D : Jean Giraudoux, *La guerre de Troie n'aura pas lieu* (1935)

2 **OBJET D'ÉTUDE** Le texte théâtral et sa représentation, du XVIIe siècle à nos jours.

CORPUS

Texte A : Molière, (II, 4), *Le Bourgeois gentilhomme* (1670)

Texte B : Eugène Ionesco, *La Leçon* (extrait) (1951)

Texte C : Georges Feydeau, *On purge bébé* (extrait) (1910)

3 **OBJET D'ÉTUDE** Le texte théâtral et sa représentation, du XVIIe siècle à nos jours.

CORPUS

Texte A : Alfred Jarry, *Ubu Roi*, Acte III, scènes 3 et 4 (1896)

Texte B : Jean-Paul Sartre, *Les Mouches*, Acte II, scènes 3 et 4 (1943)

Texte C : Albert Camus, *Caligula*, Acte II, scène 5 (1944)

Texte D : Eugène Ionesco, *Le Roi se meurt* (1962)

Sujet 12 Les textes littéraires et les formes d'argumentation souvent complexes qu'ils proposent vous paraissent-ils être un moyen efficace de convaincre et persuader ?

Sujet 13 Comment le théâtre permet-il une représentation du pouvoir, et dans quel but ?

Sujet 14 Les aspects comiques d'une pièce de théâtre (texte et représentation) ne servent-ils qu'à faire rire ?

b. Pour chacun des sujets suivants, indiquez l'objet d'étude concerné et proposez des exemples d'œuvres, de textes sur lesquels vous pourriez vous appuyer.

Sujet 15 L'apologue est-il simplement divertissant ou peut-il éveiller la réflexion du lecteur ? Vous répondrez à cette question dans un développement argumenté, en vous appuyant sur les textes du corpus, sur ceux que vous avez étudiés en classe et sur vos lectures personnelles.

Sujet 16 « Malgré ses airs de conte fantastique, cette légende est vraie d'un bout à l'autre... » écrit Alphonse Daudet dans *La Légende de l'homme à la cervelle d'or.*

Vous vous demanderez pourquoi certains écrivains ont recours à la fiction pour transmettre des vérités ou des leçons. Vous répondrez en vous appuyant sur le texte d'Alphonse Daudet et sur d'autres œuvres que vous connaissez.

Sujet 17 En vous appuyant sur le corpus, vos lectures et éventuellement votre expérience de spectateur, vous vous demanderez de quelles ressources spécifiques dispose le théâtre pour représenter les conflits, les débats, les affrontements qui peuvent exister dans les rapports humains.

Sujet 18 La poésie a-t-elle pour fonction d'exprimer la réalité du monde ou de la transfigurer ? Vous répondrez à cette question en vous appuyant sur le corpus de poèmes ci-dessus mais aussi sur les œuvres poétiques que vous avez lues ou étudiées.

3 ANALYSER LE LIBELLÉ À PARTIR D'UN CORPUS

Définissez les mots du libellé suivant.

Sujet 19 « Pensez-vous que le théâtre, en Occident, soit uniquement un théâtre de la parole, comme le déplore Antonin Artaud ? »

CORPUS : Rire libérateur, rire dénonciateur ► p. 178-191

ANNEXE DU CORPUS : Antonin Artaud, *Le Théâtre et son double* (1938)

Le Théâtre et son double *est un recueil qui rassemble les articles, conférences et manifestes exprimant la réflexion d'Artaud sur le théâtre. La découverte du théâtre balinais, notamment, l'a amené à effectuer un examen critique du théâtre occidental.*

La révélation du théâtre balinais a été de nous fournir du théâtre une idée physique et non verbale, où le théâtre est contenu dans les limites de tout ce qui peut se passer sur une scène, indépendamment du texte écrit, au lieu que le théâtre tel que nous le concevons en Occident a partie liée avec le texte et se trouve limité par lui. Pour nous, au théâtre, la Parole est tout et il n'y a pas de possibilité en dehors d'elle ; le théâtre est une branche de la littérature, une sorte de variété sonore du langage, et si nous admettons une différence entre le texte parlé sur la scène et le texte lu par les yeux, si nous enfermons le théâtre dans les limites de ce qui apparaît entre les répliques, nous ne parvenons pas à séparer le théâtre de l'idée du texte réalisé.

Cette idée de la suprématie de la parole au théâtre est si enracinée en nous et le théâtre nous apparaît tellement comme le simple reflet matériel du texte que tout ce qui au théâtre dépasse le texte n'est pas contenu dans ses limites et strictement conditionné par lui, nous paraît faire partie du domaine de la mise en scène considérée comme quelque chose d'inférieur par rapport au texte.

Antonin Artaud, *Le Théâtre et son double* (1938),

4 METTRE EN PLACE UNE DÉMARCHE DE DÉLIBÉRATION

a. **Lisez le sujet suivant :** « On dit souvent que le roman est le reflet de la société. Vous discuterez cette affirmation en vous appuyant sur les textes du corpus « Le portrait dans les romans du XVIIe au XXe siècle » : Stendhal, *Le Rouge et le Noir* (1830) (► p. 74) ; Honoré de Balzac, *Eugénie Grandet* (1833) (► p. 76) ; Gustave Flaubert, *Madame Bovary* (1857) (► p. 77), Alain Robbe-Grillet, *La Jalousie* (1957) (► p. 79) et sur les romans que vous avez lus et étudiés. »

Voici plusieurs démarches de délibération censées répondre à ce sujet. Indiquez celle qui vous semble la mieux adaptée, en justifiant votre point de vue.

1 Pour discuter cette affirmation, nous nous interrogerons en premier lieu sur les romans réalistes et naturalistes, puis nous étudierons les auteurs qui visent à l'idéalisation, qui proposent des romans d'aventures ou fantastiques.

2 Pour discuter cette affirmation, on observera d'abord les romans qui reflètent la société et ensuite ceux qui critiquent la société.

3 Pour discuter cette affirmation, nous nous demanderons si le roman est source d'évasion ou bien s'il engage une réflexion de l'homme sur la société qu'il reflète.

4 Pour discuter cette affirmation, nous verrons que le roman donne une image exacte de la société. Il reflète aussi la vision de l'auteur.

5 Pour discuter cette affirmation, nous verrons dans un premier temps le roman comme reflet de la société, puis, dans un second temps que le roman peut nous permettre d'échapper à la réalité en faisant appel à l'imaginaire, enfin nous nous apercevrons que le roman est un miroir infidèle de la société.

6 Pour discuter cette affirmation, nous montrerons que le roman peut être un reflet de la société ; nous verrons ensuite les limites de cette vision du monde et des personnages.

7 Pour discuter cette affirmation, nous allons étudier des romans qui représentent, ou du moins le veulent, le monde tel qu'il est, puis ceux qui le représentent tel qu'il était ou tel qu'il sera, avant de nous pencher dans une synthèse sur l'univers romanesque dans son ensemble.

b. **À partir des sujets suivants, indiquez la démarche délibérative que vous pourriez suivre.**

Sujet 20 « On associe souvent poésie et lyrisme. La poésie consiste-t-elle seulement pour les poètes à exprimer leurs sentiments personnels ? »

Sujet 21 « Un roman doit-il chercher à faire oublier au lecteur que ses personnages sont fictifs ? »

MÉTHODE 5. RASSEMBLER ET ORGANISER SES IDÉES ; CONSTRUIRE UN PARAGRAPHE ET INSÉRER DES EXEMPLES

La dissertation se compose d'une introduction, d'un développement et d'une conclusion. Cet exercice demande une rigueur et une cohérence que l'organisation de l'argumentation impose. C'est pourquoi il faut bâtir un plan autour d'arguments précis présentés selon deux ou trois points de vue.

▶▶▶ÉTAPE 1 RASSEMBLER LES IDÉES ET LES EXEMPLES

• Noter au brouillon idées et exemples. Les classer selon deux ou trois points de vue (pour/contre, etc.), sélectionner les idées les plus pertinentes par rapport au sujet et formuler enfin des arguments précis selon ces différents points de vue.

• Constituer les deux ou trois parties du plan. Chacune expose une idée directrice, une thèse développée par deux à quatre paragraphes argumentatifs. À ce stade, il faut bien distinguer l'idée principale de l'argument, l'argument de l'exemple, pour que le devoir soit cohérent.

▶▶▶ÉTAPE 2 ÉLABORER LE PLAN DU DÉVELOPPEMENT POUR SOULIGNER LE RAISONNEMENT

• Regrouper les arguments et les exemples qui vont dans le même sens de façon à constituer des axes équilibrés.

• Ordonner les arguments de manière cohérente et logique. Il faut susciter chez le lecteur un intérêt croissant, en allant du plus évident au plus complexe. Pour convaincre le lecteur, il ne faut pas se répéter. Privilégier le lien de cause à conséquence ; éviter les expressions « premièrement, deuxièmement, ... », des expressions qui confèrent au devoir un statut de catalogue.

• Le plan même du devoir, c'est-à-dire la succession des parties, doit répondre à cette logique, que soulignent les paragraphes de transition : ils font le point sur les réponses apportées à la thèse avancée et annoncent la suivante.

▶▶▶ÉTAPE 3 RÉDIGER UN PARAGRAPHE ARGUMENTATIF

• Le paragraphe argumentatif est constitué d'une idée qui permet d'argumenter la thèse. Elle est illustrée par un exemple qui la développe, la précise et l'appuie.

• Rédiger un paragraphe argumentatif, c'est savoir lier argument et exemple, notamment savoir insérer l'exemple, et même la citation à l'argumentation, de façon à la renforcer et l'illustrer. La citation sera entre guillemets à partir du moment où il s'agit de termes repris sans aucune modification du texte source.

• Plusieurs paragraphes sont nécessaires pour convaincre du bien-fondé de la thèse et pour constituer une partie du plan. Trouver la progression qui obtiendra l'assentiment du lecteur le séduira voire le convaincra, notamment en employant des connecteurs logiques adaptés.

APPLICATION

Le point de vue du lecteur

Les conditions supposées qu'il faudra éprouver

SUJET
Pour apprécier un roman, un lecteur a-t-il besoin de s'identifier au personnage principal et de partager ses sentiments ?
CORPUS BAC consacré au roman ► p. 154

►►►ÉTAPE 1 RASSEMBLER LES IDÉES ET LES EXEMPLES

• Vous avez dégagé les idées et les exemples suivants :

1. L'identification au personnage est un élément important pour apprécier un roman	**2. C'est loin d'être un élément essentiel pour l'apprécier pleinement**
Certains héros défendent des valeurs ou vivent des situations qui les rendent proches de nous.	On ne peut pas s'identifier *a priori* : – à un personnage tel que Tchen qui va commettre un crime ; – au personnage-narrateur qui dit « je ».

• Transformez ces idées et ces exemples en arguments. On comprend qu'il s'agit de définir le rapport que le lecteur entretient avec le personnage.

Le personnage idéal, reflet des désirs du lecteur
- le personnage compagnon, celui qu'on aime fréquenter ;
- le personnage rejeté ;
- le personnage confident.

Le personnage creuset de nouvelles expériences
- le personnage substitut de nos fantasmes, de nos pulsions.

Pour les types de personnage retenus, citez des exemples pris dans les romans que vous avez lus.

►►►ÉTAPE 2 ÉLABORER LE PLAN DU DÉVELOPPEMENT POUR SOULIGNER LE RAISONNEMENT

Il s'agira **d'abord** d'examiner le processus d'identification au personnage : le héros entraîne-t-il le lecteur dans un ailleurs ? **Ou** défend-t-il des valeurs qui sont familières à ce lecteur ? **Si** le personnage de roman peut vivre des situations qui le rapprochent du lecteur, il peut en vivre d'autres qui le rendent étranger au lecteur. **Ainsi**, si tous ces éléments justifient que le lecteur ait envie d'accompagner le héros dans ses aventures, on ne peut **cependant** pas considérer que ce soit un aspect suffisant. **En effet**, il semble impossible de s'identifier à toutes les situations et tous les types de personnage.

►►►ÉTAPE 3 RÉDIGER UN PARAGRAPHE ARGUMENTATIF

• L'argument doit être clairement identifié par le lecteur. Ici, vous voulez montrer que l'identification n'est pas un élément essentiel.

Un personnage se définit souvent par ses actes. Aussi, il semble difficile pour un lecteur « normal » d'accepter les comportements criminels. Tchen dans la première page de La Condition humaine est un assassin qui ne peut mériter de notre part aucune indulgence ; et pourtant, à la lecture de ce texte, nous sommes touchés par ce personnage qui, avant de tuer, « les paupières battantes, [...] découvrait en lui, jusqu'à la nausée, non le combattant qu'il attendait, mais un sacrificateur. »

1 FORMULER UN ARGUMENT COHÉRENT

Sujet 1 Les aspects comiques d'une pièce de théâtre ne servent-ils qu'à faire rire ?

Un élève a noté sur son brouillon les idées et les exemples suivants :

– la relation maître/valet ; Marivaux, *Le Jeu de l'amour et du hasard* (1730) ► p. 166

– la farce dans *Rhinocéros* de Ionesco, Acte I ► p. 186

a. **Quel argument peut être illustré par chacun de ces exemples ?**

b. **Rédigez les deux paragraphes argumentatifs.**

Sujet 2 La poésie est-elle vouée, selon vous, à l'expression des sentiments personnels du poète ?

Sur le brouillon sont écrits les exemples suivants :

– Cassandre/Ronsard (► p. 257) ; Gala/Eluard (► p. 260) ; Lou/Apollinaire (► p. 270)

– Victor Hugo contre Napoléon III, *Les Châtiments* (► p. 276) ; les guerres de religion, Agrippa d'Aubigné, *Les Tragiques* (1616) (► p. 429)

c. **Rédigez les deux paragraphes argumentatifs.**

Sujet 3 Le roman est-il le reflet du monde ou celui de son auteur ?

Sur le brouillon sont écrites les idées suivantes :

– les romans naturalistes, le Réalisme balzacien,

– l'auteur assimilé au personnage

d. **Rédigez les deux paragraphes argumentatifs.**

2 ÉLABORER UN PLAN EN ORGANISANT LES IDÉES

Pour les deux sujets suivants :

a. **Organisez les idées proposées de façon à élaborer un plan qui réponde au sujet. Vous dégagerez trois axes sous lesquels vous les classerez.**

b. **Trouvez un exemple pour illustrer chaque idée.**

c. **Rédigez un paragraphe argumentatif.**

Sujet 4 Dans quelle mesure pourrait-on considérer le théâtre comme le lieu de la plus grande liberté ?

- des mises en scène différentes
- des conventions liées au genre
- les contraintes techniques
- l'espace théâtral
- le temps de la représentation
- des interprétations de personnages différentes
- des didascalies inexistantes
- des didascalies contraignantes
- les moyens techniques et informatiques
- un monde imaginaire

Sujet 5 Un personnage médiocre peut-il être héros de roman ?

- des personnages extraordinaires
- des personnages exemplaires pour le lecteur
- des personnages sans envergure
- des personnages dont la vie n'est pas exaltante
- des anti-héros
- des héros malgré eux
- des personnages qui dégagent une morale
- des personnages victimes de leurs conditions

3 AMÉLIORER LA PROGRESSION DE L'ARGUMENTATION

a. **Quelle est la thèse développée dans le sujet 6 ? Que pensez-vous de la façon dont elle est organisée ?**

Sujet 6 On dit souvent que le roman est le reflet de la société.

b. **Réécrivez le texte suivant en prenant en compte vos remarques.**

Un romancier vit dans un monde, dont il rend plus ou moins bien compte de la réalité. En ce sens, ce sont les romans naturalistes qui nous parlent le mieux de la société : ils en sont les observateurs, les expérimentateurs qui se veulent les plus objectifs possible. La vie du peuple est ainsi le sujet de prédilection des auteurs : Maupassant écrit *Une vie*, Zola décrit le travail à la mine dans *Germinal*.

Dans *Les Misérables*, Victor Hugo se veut le témoin de son temps et dénonce le sort des pauvres gens. Il engage ses lecteurs à réagir face aux souffrances, aux injustices.

Dans *Madame Bovary*, Flaubert s'est attaqué à la société provinciale qu'il décrit avec ironie. Le lecteur ne peut que partager les points de vue de son héroïne qui manifestent son rejet en refusant la médiocrité et en se jetant dans l'adultère.

c. **Lisez le sujet suivant.**

Sujet 7 La rébellion contre l'héritage des poètes précédents est-elle indispensable à la création poétique ?

Voici le plan adopté par l'élève :

AXE D'ÉTUDE 1

La révolte est bénéfique car elle garantit l'innovation

a. Révolte contre l'héritage du passé

Ex. : les poètes surréalistes

b. Refus des thèmes et des formes

Ex. : le poème en prose : Blaise Cendrars, « Académie Médrano », *Du monde entier* (1923) (► p. 288)

c. Prise en compte de son temps

Ex. : un langage nouveau : Jacques Prévert « Pater Noster », *Paroles* (1945) (► p. 245) et Henri Michaux, « Le Grand Combat », *Qui je fus* (1927) (► p. 289)

AXE D'ÉTUDE 2

Cependant, le passé peut aussi stimuler la création

d. Rédigez un paragraphe de transition entre les axes d'étude 1 et 2.

4 INTÉGRER UNE CITATION DANS UN PARAGRAPHE

a. Quelle citation vous semble la mieux adaptée à l'argument suivant : « le poète nous invite à voir autrement » ?

b. Rédigez le paragraphe qui réunira cet argument et son exemple.

c. À quel argument pourrait répondre chacune des autres citations ?

1 « Les hommes se servent des mots ; le poète les sert. » (Octavio Paz, *L'Arc et la lyre*, 1956)

2 « J'enrage de n'être pas poète, d'être si lourdement rivé à la prose. Je voudrais pouvoir créer de ces objets étincelants et absurdes, les poèmes, pareils à un navire dans une bouteille et qui sont comme l'éternité d'un instant. » (Jean-Paul Sartre, *Carnets de la drôle de guerre*, 1983)

3 « Nommer un objet, prétend Stéphane Mallarmé, c'est supprimer les trois quarts de la jouissance du poème qui est faite de deviner peu à peu : le "suggérer", voilà le rêve… Il doit y avoir toujours énigme en poésie, et c'est le but de la littérature, – il n'y en a pas d'autres – d' "évoquer" les objets. »

4 « La poésie dévoile dans toute la force du terme. Elle montre nues, sous une lumière qui secoue la torpeur, les choses surprenantes qui nous environnent et que nos sens enregistraient machinalement. » (Jean Cocteau, *Le Secret professionnel*, 1922)

5 EXPLOITER UN EXEMPLE SELON L'ARGUMENT DÉVELOPPÉ

a. Lisez l'exemple suivant.

Ex. : Le valet de Dom Juan, Sganarelle, dans la pièce de Molière, *Dom Juan*, a tendance à critiquer son maître surtout en son absence. Mais il s'arrête brusquement lorsque Dom Juan le rappelle à l'ordre.

Voici trois idées pouvant exploiter cet exemple.

1 L'opposition maître-valet

2 La relation dans les couples au théâtre

3 Le comique au théâtre

b. Rédigez les paragraphes argumentatifs correspondant à chaque idée en intégrant l'exemple ci-dessus.

6 EXPLOITER LE CORPUS POUR ILLUSTRER LE RAISONNEMENT

a. Lisez ce sujet de dissertation.

Sujet 8 Y a-t-il pour vous des thèmes qui sont poétiques et d'autres pas ?

b. Lisez les textes du corpus et formulez des arguments qu'ils pourraient illustrer.

Texte A : Alphonse de Lamartine, « Le Lac » (1820)
Texte B : Philippe Jaccottet, « Oiseaux » (1967)
Texte C : Francis Ponge, « Le Lézard » (1961)

Texte A

Le Lac

Ainsi, toujours poussés vers de nouveaux rivages,
Dans la nuit éternelle emportés sans retour,
Ne pourrons-nous jamais sur l'océan des âges
Jeter l'ancre en un seul jour ?

Ô lac ! l'année à peine a fini sa carrière,
Et près des flots chéris qu'elle devait revoir,
Regarde ! je viens seul m'asseoir sur cette pierre
Où tu la vis s'asseoir !

Tu mugissais ainsi sous ces roches profondes,
Ainsi tu te brisais sur leurs flancs déchirés,
Ainsi le vent jetait l'écume de tes ondes
Sur ses pieds adorés.

[…]

Alphonse de Lamartine, *Méditations poétiques* (1820).

Texte B

Oiseaux

Flammes sans cesse changeant d'aire
Qu'à peine on voit quand elles passent

Cris en mouvement dans l'espace

Peu ont la vision assez claire
Pour chanter même dans la nuit.

Philippe Jaccottet, *Airs* (1967), © Éditions Gallimard.

Texte C

Le Lézard

Le LÉZARD dans le monde des mots n'a pas pour rien ce *zède* ou *zèle* tortillard, et pas pour rien sa désinence en *ard*, comme fuyard, flemmard, musard, pendard, hagard. Il apparaît, disparaît, réapparaît. Jamais familier pourtant. Toujours un peu égaré, toujours cherchant furtivement sa route […].

Francis Ponge, *Pièces* (1961), © Éditions Gallimard.

c. Retenez trois arguments pour lesquels, à chaque fois, vous rédigerez un paragraphe en exploitant un poème.

7 RÉDIGER LE DÉVELOPPEMENT D'UNE DISSERTATION

a. **Lisez ce sujet de dissertation.**

Sujet 9 Pour apprécier un roman, un lecteur a-t-il besoin de s'identifier au personnage principal et de partager ses sentiments ? (**CORPUS BAC ▸ p. 154**)

Voici le plan proposé pour traiter ce sujet.

1. LE PACTE DE LECTURE AVEC LE PERSONNAGE PASSÉ PAR L'IDENTIFICATION

a. Le personnage idéal, reflet des désirs du lecteur.

b. Le personnage creuset de nouvelles expériences, substitut pour le lecteur.

c. Le « moi » du personnage pas nécessairement hostile à cette identification.

2. LE LECTEUR PEUT CEPENDANT RÉSISTER À CETTE TENTATION

a. Aidé par un personnage haïssable,

b. au physique ingrat, au caractère bien marqué.

c. Aidé par le genre, par l'auteur qui refuse ce pacte : il ne fait du personnage qu'un compagnon, celui qu'on peut aimer fréquenter.

3. LE PERSONNAGE QUI S'IMPOSE MALGRÉ TOUT

a. Le personnage substitut de nos fantasmes, de nos pulsions.

b. Le lecteur est embarqué dans le système des personnages.

c. Il a tendance à voir dans le personnage une personne.

b. **Proposez un exemple pour chacun des arguments.**

c. **Rédigez chacun des paragraphes argumentatifs.**

d. **Rédigez le paragraphe de transition entre la partie 1 et 2 et celui entre la partie 2 et 3.**

e. **Lisez le sujet suivant.**

Sujet 10 La représentation sur scène d'une pièce de théâtre est-elle indispensable pour l'apprécier totalement ?

f. **Cherchez des arguments qui défendent deux points de vue (deux au moins à chaque fois).**

g. **Illustrez chaque argument d'un exemple que vous développerez pour le rendre explicite.**

8 ANNONCER UN PLAN DANS L'INTRODUCTION

Rédigez la dernière partie de l'introduction de ce sujet. Annoncez le plan que vous avez adopté pour le sujet 4 (Cf. exercice 2).

Dans quelles mesures pourrait-on considérer le théâtre comme le lieu de la plus grande liberté ?

9 RÉDIGER UNE INTRODUCTION

EXEMPLE D'INTRODUCTION

L'artiste, à notre époque, revendique plus que jamais la liberté. Cette liberté est soumise cependant à des contraintes, à des règles que comporte l'art dans lequel il essaie d'exceller et qu'il essaie de dépasser. Le théâtre ne semble pas échapper à cette nécessité et pourtant certains le considèrent comme le lieu de la plus grande liberté.

Cette affirmation peut sembler paradoxale : comment une écriture de convention comme celle du théâtre pourrait-elle être libre ?

a. **En vous inspirant du modèle précédent, rédigez l'introduction de votre dissertation en reprenant le plan que vous avez adopté pour le sujet 5 (Cf. exercice 2) :** Un personnage médiocre peut-il être héros de roman ?

b. **Après avoir pris connaissance du texte p. 166 et du dossier « Mise en scène » p. 168, rédigez une introduction pour répondre au sujet 11 suivant :** À partir de vos lectures et de votre expérience de spectateur, vous vous demanderez en quoi la mise en scène d'une œuvre théâtrale en constitue une interprétation. Vous devrez proposer un plan que vous annoncerez.

10 REPRENDRE LES AXES DE L'ARGUMENTATION DANS LA CONCLUSION

a. **Rédigez la première partie de la conclusion de la dissertation correspondant au sujet 4 (Cf. exercice 2), en reprenant les axes de votre argumentation. Comparez cette rédaction avec celle de l'introduction.**

b. **Rédigez la première partie de la conclusion de la dissertation correspondant au sujet 5 (Cf. exercice 2), en reprenant les axes de votre argumentation. Comparez cette rédaction avec celle de l'introduction.**

11 RÉDIGER UNE CONCLUSION

a. **Rédigez entièrement la conclusion du sujet 4 (Cf. exercice 2) en dressant un bilan personnel de votre réflexion et en l'élargissant à un problème plus vaste voire plus complexe**

b. **Rédigez entièrement la conclusion du sujet 5 (Cf. exercice 2) en dressant un bilan personnel de votre réflexion et en l'élargissant à un problème plus vaste voire plus complexe.**

Grille d'auto-évaluation • LA DISSERTATION

Relisez votre brouillon autant de fois que nécessaire, en contrôlant les points suivants :

CRITÈRES D'ÉVALUATION		NON	OUI MAIS À AMÉLIORER	OUI
INTRODUCTION	Avez-vous fait une amorce (ou entrée en matière) ?			
	Avez-vous rappelé le sujet ?			
	Avez-vous analysé le sujet en donnant la définition des mots importants ?			
	La problématique est-elle formulée clairement ?			
	Avez-vous annoncé le plan ?			
DÉVELOPPEMENT	Le développement est-il structuré dans un plan clair ?			
	Le plan vous semble-t-il pertinent ? Répond-il à la problématique ?			
	Avez-vous au moins deux axes de réflexion, deux idées directrices ?			
	Les parties sont-elles clairement signalées ?			
	Les arguments sont-ils bien reliés aux grandes parties ?			
	Avez-vous trouvé dans le corpus des arguments ?			
	Les arguments sont-ils formulés et développés clairement ?			
	Vos arguments sont-ils illustrés par des exemples du corpus ?			
	Avez-vous utilisé vos lectures personnelles ?			
	Les exemples sont-ils exploités, analysés dans le cadre du sujet ?			
CONCLUSION	Les enjeux du texte sont-ils rappelés ?			
	Avez-vous fait le bilan de votre réflexion ?			
	Y a-t-il une ouverture pertinente ?			
MISE EN PAGE	Y a-t-il des paragraphes distincts pour chaque argument ?			
	Avez-vous sauté une ligne entre chaque grande partie ?			
LANGUE	**Orthographe** : avez-vous vérifié les points suivants ? • accords sujet / verbe • accords des participes passés • homophones (a/à ; quand/quant…) • orthographe lexicale			
	Syntaxe : la construction des phrases est-elle correcte ?			

6. REPÉRER LES DIFFÉRENTS ÉCRITS D'INVENTION

Le sujet d'écriture d'**invention** tire son origine de l'*inventio*, la phase de recherche des procédés de persuasion de l'ancienne rhétorique. Le sujet d'invention a donc une **visée argumentative**.
C'est également un exercice de **lecture** puisqu'il s'agit d'être « capable de lire, de comprendre et d'analyser des œuvres de genres variés, et de rendre compte de cette lecture, à l'écrit » et de « connaître les principaux **genres** auxquels les œuvres se rattachent et leurs caractéristiques », en référence à un ou à des **objets d'étude** au programme.
C'est enfin un exercice de **réécriture**. En cohérence avec le **corpus de textes**, l'écriture d'invention impose des cadres à la rédaction d'un texte inscrit le plus souvent dans un **genre**, selon une visée et développant fréquemment des **thèmes prescrits**. Enfin le sujet peut proposer d'imiter l'écriture d'un auteur, de l'extrait d'une œuvre en particulier.

▶▶▶ÉTAPE 1 ANALYSER LE LIBELLÉ

• Le corpus des textes proposés illustre une partie du programme de français classé en « Objets d'étude » et peut parfois combiner deux objets d'étude. Il faut donc repérer ces objets pour mobiliser les savoirs acquis pendant l'année scolaire.
• Le libellé peut faire référence plus précisément à l'un des textes que l'on nommera « texte source ».

▶▶▶ÉTAPE 2 MOBILISER SES CONNAISSANCES SUR LE GENRE DU TEXTE À ÉCRIRE

• L'écrit d'invention peut consister à reprendre un genre étudié tel qu'il est représenté et questionné dans le corpus : un poème, une scène de théâtre, un récit, un portrait, etc. Mais il peut tout aussi bien s'agir d'un écrit qui appartient au genre assez large de l'écriture de la critique dont on rencontre des exemples dans le manuel : manifeste littéraire, préface, lettre ouverte ou lettre à un auteur, à un éditeur, enfin lettre privée pour évoquer des spectacles, des lectures, etc.
• Parfois également le texte peut s'inscrire dans différents genres : c'est l'effet à produire qui est alors privilégié.

▶▶▶ÉTAPE 3 DÉTERMINER LA SITUATION D'ÉNONCIATION DU TEXTE À ÉCRIRE

• Le texte à écrire est également déterminé par l'auteur qu'on lui prête, le **thème** abordé, la **visée** du discours et son **lecteur** supposé. Ces contraintes d'écriture s'articulent avec celles du **genre** et déterminent des **situations énonciatives** caractérisées par les questions suivantes : Qui parle ? Quel est le destinataire ? Quel est le thème ? Cherche-t-on à convaincre ? À persuader ? Avec quels moyens ?

APPLICATION

Genre du texte à écrire

Enjeu argumentatif/thème traité/textes sources

Sujet
Pour une revue de poésie créée avec des camarades, vous devez écrire un article intitulé : « Je n'aime pas les vers : j'aime la poésie ! ». Rédigez cet article en l'illustrant de citations tirées des textes du corpus et en vous aidant de vos lectures de classe ou personnelles. Vous donnerez à votre prose un ton convaincu, sans aucune familiarité.

Objet d'étude Écriture poétique et quête du sens, du XVIe siècle à nos jours.
Texte A : Joachim Du Bellay, « Déjà la nuit en son parc… », *L'Olive* (1550) (► p. 256)
Texte B : Alphonse de Lamartine, « Milly ou la terre natale », *Harmonies poétiques et religieuses* (1830) (► p. 274)
Texte C : Guillaume Apollinaire, « Il pleut », *Calligrammes* (1918) (► p. 294)
Texte D : Philippe Jacottet, « Les Nouvelles du soir », *L'Effraie* (1953) (► p. 297)

►►►ÉTAPE 1 ANALYSER LE LIBELLÉ

- Le texte à écrire est placé dans le contexte de l'objet d'étude « Écriture poétique et quête du sens, du XVIe siècle à nos jours ».
- Le corpus est constitué de poèmes écrits entre le XVIe et le XXe siècle et les formes représentées sont très variées (sonnet, calligramme).
- Le genre du texte à écrire, un **article de journal**, est absent du corpus, **ce genre** doit être analysé.

►►►ÉTAPE 2 MOBILISER SES CONNAISSANCES SUR LE GENRE DU TEXTE À ÉCRIRE

- L'article doit être structuré par sa **mise en page** spécifique : recopiez le titre, rédigez une phrase d'ouverture qui interpelle le lecteur : *« Si comme moi vous détestez le ronron de l'alexandrin… »* ; soulignez la **construction du texte et sa progression** par des intertitres, *« À bas la rime », « Contre les règles », « Vive la liberté des formes »*, etc.
- Détachez la **conclusion** qui reprendra les termes de la discussion : « Non ! Décidément rien ne pourrait me convaincre d'écrire des vers mais… ! » et s'achèvera par **une signature** (surtout pas votre propre nom mais un nom adapté au sujet : *« Poète et rebelle »*).

►►►ÉTAPE 3 DÉTERMINER LA SITUATION D'ÉNONCIATION DU TEXTE À ÉCRIRE

- Répondez aux questions suivantes : **Qui parle ?** Un lycéen qui aime la poésie et s'adresse à ses **destinataires**, des lycéens qui souvent ont une représentation limitée de la poésie. **Il s'agit de les persuader** que la poésie, ce n'est pas seulement des vers mais d'autres formes aussi, séduisantes, signifiantes, évocatrices, saisissantes.
- Étayez votre argumentation avec les exemples des poèmes réguliers du corpus et du manuel (Victor Hugo, « Lux », *Les Châtiments*, 1853, ► p. 240 ; Victor Hugo, « Elle était déchaussée », *Les Contemplations*, 1856, ► p. 259) pour regretter la monotonie du vers régulier, son caractère attendu, puis illustrez par d'autres citations ; (André Breton, « L'union libre », *Clair de terre*, 1923, ► p. 264 ; Henri Michaux, « Le Grand Combat », *Qui je fus*, 1927, ► p. 289) la liberté du poème en prose, l'immédiateté du calligramme la musicalité du vers libre pour un l'éloge d'une poésie ouverte et libérée, novatrice.

EXERCICES

1 ANALYSER LE CORPUS ET LE LIBELLÉ

a. Quel est l'objet d'étude traité dans chacun de ces sujets ? Recherchez à quels genres appartiennent les œuvres composant le corpus. Quel est leur lien avec l'objet d'étude ? Avec le texte à écrire ?

b. Quel est le thème traité dans chacun des sujets ? Quand il est indiqué, quel point de vue doit être défendu ?

c. Pour chacun de ces sujets, faites la liste des arguments que l'un et l'autre des deux interlocuteurs pourraient développer et indiquez le point de vue que vous choisirez de défendre clairement.

Sujet 1

Vous composerez un dialogue argumentatif dans lequel deux scientifiques débattent de la supériorité de l'homme sur la machine. Chacun défend un point de vue différent. Vous veillerez à ce que chaque interlocuteur prenne en compte tour à tour les arguments de l'autre.

Objet d'étude : La question de l'homme dans les genres de l'argumentation, du XVIe siècle à nos jours

Corpus

Texte A : René Descartes, *Discours de la méthode* (1637) ► p. 376

Texte B : David Le Breton, « La cyborgisation de l'homme » (1990) ► p. 384

Texte C : Aldous Huxley, *Les Robots* (1950) ► p. 385

Sujet 2

Un comédien et son metteur en scène s'opposent sur le choix des costumes à faire porter aujourd'hui aux personnages de Molière : faut-il, pour rester fidèle au théâtre du XVIIe siècle, faire porter aux acteurs des costumes de cette époque ou leur préférer des vêtements plus modernes ?

Vous rédigerez leur dialogue.

Objet d'étude : Le texte théâtral et sa représentation, du XVIIe siècle à nos jours

Corpus

Texte A : Molière (1622-1673), *L'Avare*, II, 5 (1668)

Texte B : Samuel Beckett (1906-1989), *En attendant Godot*, I (1953)

Texte C : Eugène Ionesco (1912-1994), *Rhinocéros* (1959)

Annexe : Alain Satgé, « Mises en scène » de *En attendant Godot* (1999)

2 ANALYSER LE LIBELLÉ

a. Pour chacun des sujets d'invention suivants, précisez quel est l'objet d'étude concerné, quel est le genre des textes du corpus et celui du texte à écrire. Y a-t-il concordance entre le genre étudié, les textes à lire et le texte à écrire ?

b. Quand le libellé fait explicitement référence à l'un des textes du corpus, quel rôle ce texte doit-il jouer ?

Sujet 3

Vous avez composé un recueil de poèmes, en prose ou en vers, faisant une large part au rêve et à l'imaginaire, à la manière de Rimbaud. Vous écrivez à un éditeur pour le convaincre de publier cet ouvrage et défendre votre démarche poétique.

Objet d'étude : Écriture poétique et quête du sens, du XVIe siècle à nos jours

Corpus

Texte A : Arthur Rimbaud, « La lettre du voyant », *Illuminations* (1871) ► p. 296

Texte B : Charles Baudelaire, « La Muse malade », *Les Fleurs du mal* (1857) ► p. 282

Texte C : Francis Ponge, « L'huître », *Le Parti pris des choses* (1942) ► p. 296

Texte D : Raymond Queneau, « Si tu t'imagines », *L'Instant Fatal* (1948) ► p. 508

Sujet 4

À son tour, l'épouse de George Dandin paraît seule sur la scène. Rédigez le monologue qu'elle prononce pour se présenter et expliquer son point de vue sur son mariage et sur son mari.

Objet d'étude : Le texte théâtral et sa représentation, du XVIIIe siècle à nos jours

Corpus

Texte A : Molière, *George Dandin* (1668)

Texte B : Beaumarchais, *Le Mariage de Figaro* (1784)

Texte C : Alfred de Musset, *On ne badine pas avec l'amour* (1834)

Texte D : Jean Tardieu, *La Comédie du langage* (1987)

Sujet 5

Lantier, attendu par Gervaise, revient d'une nuit de festivités qui le conduit à porter un regard sur la ville tout à fait opposé à celui de sa compagne. Décrivez de son point de vue le spectacle de la ville et du mouvement de la foule au petit matin, en vous efforçant d'en faire ressortir le charme et la poésie.

Votre texte sera essentiellement descriptif et mettra en valeur les sensations et les sentiments du personnage, vous conserverez le niveau de langue utilisé par Zola.

Objet d'étude : Le personnage de roman, du XVIIe siècle à nos jours

Corpus

Texte A : Gustave Flaubert, *L'Éducation sentimentale* (1869)

Texte B : Émile Zola, *L'Assommoir* (1877)

Texte C : Céline, *Voyage au bout de la nuit* (1932)

Texte D : Jean-Marie Gustave Le Clézio, *Désert* (1980)

3 DÉTERMINER LES CARACTÉRISTIQUES ET CONTRAINTES DU TEXTE À ÉCRIRE

Analysez les libellés des sujets 1, 2, 3, 4, 5. Dites quelles contraintes d'écriture portent sur le texte à rédiger : genre du texte, point(s) de vue à défendre, locuteur et destinataire, dimension argumentative ou persuasive du discours et registre à privilégier.

4 DÉTERMINER LA SITUATION D'ÉNONCIATION DU TEXTE

Sujet 6

Le fleuve Bétis coule dans un pays fertile et sous un ciel doux, qui est toujours serein. Le pays a pris le nom du fleuve, qui se jette dans le grand Océan, assez près des Colonnes d'Hercule[1] et de cet endroit où la mer furieuse, rompant ses digues, sépara autrefois la terre de Tharsis[2] d'avec la grande Afrique. Ce pays semble avoir conservé les délices de l'âge d'or. Les hivers y sont tièdes, et les rigoureux aquilons[3] n'y soufflent jamais. L'ardeur de l'été y est toujours tempérée par des zéphyrs[4] rafraîchissants, qui viennent adoucir l'air vers le milieu du jour. Ainsi toute l'année n'est qu'un heureux hymen du printemps et de l'automne, qui semblent se donner la main. La terre, dans les vallons et dans les campagnes unies, y porte chaque année une double moisson. Les chemins y sont bordés de lauriers, de grenadiers, de jasmins et d'autres arbres toujours verts et toujours fleuris. Les montagnes sont couvertes de troupeaux, qui fournissent des laines fines recherchées de toutes les nations connues. Il y a plusieurs mines d'or et d'argent dans ce beau pays; mais les habitants, simples et heureux dans leur simplicité, ne daignent pas seulement compter l'or et l'argent parmi leurs richesses : ils n'estiment que ce qui sert véritablement aux besoins de l'homme. […]

FÉNELON, *Les Aventures de Télémaque* (1694-1696).

1. détroit de Gibraltar. – 2. péninsule ibérique. – 3. vents du nord. – 4. vents d'ouest, doux, tièdes et agréables.

Vous avez séjourné en Bétique. Déçu, vous décidez de partir. Écrivez le discours d'adieu que vous prononcez devant les habitants.

a. **Quelle situation d'énonciation impose le texte du sujet 6 ?**

b. **Écrivez une dizaine de lignes qui constitueront le début du texte à rédiger. Intégrez une apostrophe, une forme emphatique, et enfin un rythme ternaire pour donner à votre texte un registre lyrique.**

5 DÉTERMINER LES CODES ET CARACTÉRISTIQUES DU GENRE DE TEXTE À ÉCRIRE

Sujet 7

« Jamais je n'ai tant pensé, tant existé, tant vécu, tant été moi, si j'ose ainsi dire, que dans ceux (= les voyages) que j'ai faits seul et à pied », écrit Rousseau dans les Confessions. Dans un article pour un journal de lycéens, vous ferez à votre tour l'éloge d'un voyage accompli à pied ou par un autre moyen de déplacement, seul ou en groupe. Vous rédigerez un texte en prose qui rende compte des sensations et des émotions ressenties. Vous ne signerez pas l'article et ne donnerez aucun élément qui permettrait de connaître votre identité.

a. **Définissez les règles du genre du texte à écrire, ses contraintes d'écriture et son énonciation.**

b. **Inventez un titre général et trois intertitres qui montreront comment le propos tenu progresse dans l'article à rédiger.**

c. **Rédigez le premier paragraphe de cet article : la phrase d'accroche sera une question destinée au lecteur. Vous développerez ensuite les aspects négatifs du voyage à pied que vous avez effectué, en utilisant des hyperboles et le registre ironique. Enfin, vous montrerez, en contraste, la force des émotions ressenties à travers l'évocation du paysage.**

6 ÉCRIRE UN DISCOURS SUR UN SUJET PHILOSOPHIQUE ET LITTÉRAIRE

Sujet 8

Un écrivain reçoit le prix Nobel de la Paix. Dans son discours, il montre que la puissance de la parole oratoire peut éviter le recours à la guerre.

OBJET D'ÉTUDE : La question de l'homme dans les genres de l'argumentation, du XVIe siècle à nos jours.

CORPUS

Texte A : Victor Hugo, *Discours d'ouverture au Congrès de la Paix* (1849) ► p. 352

Texte B : Jean Jaurès, *Discours à la jeunesse* (1903) ► p. 354

Texte C : Dominique De Villepin, « Discours prononcé le 14 février 2003 » ► p. 357

a. **Quelles sont les caractéristiques du genre du discours ?**

b. **Quel est le destinataire de ce discours ? Quels arguments pourraient agir sur lui ? Quels arguments révèleraient l'identité de l'orateur ?**

c. **Rédigez ce discours.**

Amplifier ou **transposer** un texte impose une **analyse très précise** de l'un des **textes du corpus** ou « **texte source** » dont le sens doit être **éclairé**, **souligné**, voire interprété à travers le travail d'écriture.
Il faut que le passage amplifié ou transposé soit en totale **cohérence** avec le « texte source » et qu'il constitue également un texte **abouti**.

▶▶▶ÉTAPE 1 FAIRE UNE LECTURE PRÉCISE DU « TEXTE SOURCE » ARTICULÉE À CELLE DU LIBELLÉ

• Dans le cadre de la problématique du corpus (étude des genres, thème et question traités) et du libellé de l'exercice, il faut faire un certain nombre de repérages : le genre, le cadre spatio-temporel du texte, les types de personnages et leurs caractéristiques, le moment de l'action.
• Il faut aussi examiner les choix d'écriture, l'énonciation, le niveau de langue privilégié, et l'orientation générale du texte repérable au choix de registres, des réseaux de connotations, des figures de style.
• Dans le cas de la transposition, il faut également faire cette analyse précise et identifier les éléments qui vont être transformés : des propos attribués à d'autres personnages qui ne partagent pas un point de vue, un contexte contemporain pour une œuvre classique, une même situation perçue par un autre personnage, un texte d'un genre transposé dans un autre genre, un autre registre, etc.

▶▶▶ÉTAPE 2 IDENTIFIER LES ENJEUX DE SENS ET D'INTERPRÉTATION DE L'EXPANSION OU DE LA TRANSPOSITION DU « TEXTE SOURCE »

• À ce stade, il faut identifier les enjeux de **sens** du « texte source » que l'on souhaite **souligner** ou **construire**, l'**implicite** que l'on peut **dévoiler** ou le **point de vue** que l'on veut ou doit **opposer** au discours qu'il tient. L'enjeu de la réécriture du « texte source » consiste à illustrer les objets d'étude : comment argumenter en fonction du genre choisi ? Comment faire varier une vision du monde en fonction du point de vue d'un personnage ? etc.

▶▶▶ÉTAPE 3 ÉLABORER UN SYNOPSIS DU TEXTE ET L'ÉCRIRE

• L'écriture d'invention nécessite de faire un réel effort d'écriture et de ne pas se contenter de concentrer en quelques lignes les indices de sens qu'on peut rapidement mobiliser : pour cela il faut prévoir une **progression** du propos, **sélectionner** des **informations** et des **indices** selon le genre de l'écrit, le **contexte historique** et **culturel**. Il faut également prévoir des **étapes**, une **montée** en puissance du conflit ou de l'émotion vers un **dénouement** ou un **effet d'achèvement du texte** très nettement marqués.

APPLICATION

Éléments du texte concernés par l'écriture

Texte source

Genre et forme du texte à écrire

Scénario à développer

TRANSPOSER
Dans l'extrait de *Le Jeu de l'amour et du hasard* (► p. 174), Lisette et Arlequin, deux valets amoureux l'un de l'autre, croient être épris d'une personne d'une condition supérieure à la leur : ils peinent à s'avouer mutuellement leur statut de domestique.
Rédigez le récit qui pourrait être fait de l'épisode dans un roman en insistant sur les hésitations des personnages à dévoiler leur rôle et la progression de l'aveu qu'ils en font.
Le récit est écrit à la troisième personne du singulier des temps du passé. Vous devez intégrer l'action dans un enchainement vivant et dynamique fidèle aux émotions successives des personnages.
OBJET D'ÉTUDE **La question de l'homme dans les genres de l'argumentation, du XVIe siècle à nos jours**

▸▸▸ÉTAPE 1 FAIRE UNE LECTURE PRÉCISE DU « TEXTE SOURCE » ARTICULÉE À CELLE DU LIBELLÉ

• Vous devez réécrire cet extrait de scène dans un récit pris en charge, au passé simple et à l'imparfait, par un narrateur extérieur. L'épisode romanesque s'achève par un duo amoureux et la décision de poursuivre le « jeu de masques » qui constitue l'annonce d'une relance de l'action. L'ensemble constitue toutefois une unité narrative, une scène romanesque « d'aveu » dont l'intérêt est redoublé par la confession successive des personnages.

▸▸▸ÉTAPE 2 IDENTIFIER LES ENJEUX DE SENS ET D'INTERPRÉTATION DE L'EXPANSION OU DE LA TRANSPOSITION DU « TEXTE SOURCE »

• Comment le roman peut-il traduire les caractéristiques de cette scène et de cette situation ? Vous devez souligner les hésitations d'Arlequin à avouer qu'il n'est pas noble, la progression de son aveu qui enchaîne des répliques d'abord très ambigües jouant sur la polysémie, les métaphores filées, les questions rhétoriques pour s'achever sur une dernière métaphore explicite.
• L'intérêt de la situation est relancé par l'aveu beaucoup plus rapide de Lisette qui s'inscrit dans la continuité de celui d'Arlequin jusqu'à la reprise d'une métaphore parallèle à celle du valet pour décrire sa situation sociale. L'ensemble s'inscrit dans un rythme de répliques qui s'accélère.

▸▸▸ÉTAPE 3 ÉLABORER UN SYNOPSIS DU TEXTE ET L'ÉCRIRE

• Transposez les **procédés du genre théâtral**, les didascalies, les apartés, les interjections, les hésitations et les pauses dans les échanges des répliques par des **procédés du roman** : développez les dialogues, insérez quelques indications des expressions du visage des personnages, de leurs gestes et mouvements pour traduire l'étonnement puis la colère de Lisette, la joie d'Arlequin, etc.
• Traduisez **l'ambiguïté des répliques** en vous appuyant sur la **position du narrateur** dans son récit qui, comme le spectateur de la comédie, en sait plus que ses personnages sur des événements qu'il peut commenter voire annoncer.
• Évoquez **l'accélération des aveux** en alternant discours direct, discours indirect ou narrativisé. Donnez aux personnages **une parole qui joue en permanence du langage** copié des maîtres et d'une expression plus directe et plus imagée.
• Faites apparaître les variations du ton et des émotions des personnages, qui vont de la légèreté à la colère, à **la gaité d'une résolution de leur situation** qui permet de relancer l'action quant aux autres personnages de la comédie.

1 ANALYSER LE LIBELLÉ ET LE TEXTE SOURCE POUR L'AMPLIFIER

Sujet 1

« Ayant surmonté ces faiblesses, mon domicile et mon ameublement étant établis aussi bien que possible, je commençai mon journal dont je vais vous donner la copie », dit le Robinson de Daniel Defoe (Texte A). Vous rédigerez deux ou trois pages de ce journal dans lesquelles Robinson Crusoé, à partir des événements de sa vie quotidienne sur l'île, réfléchit à la condition de tout naufragé.

OBJET D'ÉTUDE : Les réécritures, du XVIIe siècle à nos jours

Texte A : Daniel Defoe, *Robinson Crusoé* (1719)

Texte B : Saint-John Perse, « La Ville », *Images à Crusoé* (*Éloges*, 1911)

Texte C : Jean Giraudoux, *Suzanne et le Pacifique* (1921)

Texte D : Michel Tournier, *Vendredi ou les limbes du Pacifique* (1967)

Texte A

Dans son roman, l'anglais Daniel Defoe raconte l'histoire d'un de ses compatriotes Robinson Crusoé qu'un naufrage aurait jeté sur une île déserte pour de très longues années.

Au bout d'environ dix ou douze jours que j'étais là, il me vint à l'esprit que je perdrais la connaissance du temps, faute de livres, de plumes et d'encre, et même que je ne pourrais plus distinguer les dimanches des jours ouvrables. Pour éviter cette confusion, j'érigeai sur le rivage où j'avais pris terre pour la première fois, un gros poteau en forme de croix, sur lequel je gravai avec mon couteau, en lettres capitales, cette inscription :

J'ABORDAI ICI LE 30 SEPTEMBRE 1659

Sur les côtés de ce poteau carré, je faisais tous les jours une hoche1, chaque septième hoche avait le double de la longueur des autres, et tous les premiers du mois j'en marquais une plus longue encore. Par ce moyen, j'entretins mon calendrier, ou le calcul de mon temps, divisé par semaines, mois et années.

C'est ici le lieu d'observer que, parmi le grand nombre de choses que j'enlevai du vaisseau, dans les différents voyages que j'y fis, je me procurai beaucoup d'articles de moindre valeur, mais non pas d'un moindre usage pour moi, et que j'ai négligé de mentionner précédemment; comme, par exemple, des plumes, de l'encre, du papier et quelques autres objets serrés dans les cabines du capitaine, du second, du canonnier et du charpentier; trois ou quatre compas, des instruments de mathématiques, des cadrans, des lunettes d'approche, des cartes et des livres de navigation, que j'avais pris pêle-mêle sans savoir si j'en aurais besoin ou non.

Je trouvai aussi trois fort bonnes bibles que j'avais reçues d'Angleterre avec ma cargaison, et que j'avais emballées avec mes hardes; en outre, quelques livres portugais, deux ou trois de prières catholiques, et divers autres volumes que je conservai soigneusement.

J'entrepris de me fabriquer les meubles indispensables dont j'avais le plus besoin, spécialement une chaise et une table. Sans cela je ne pouvais jouir du peu de bien-être que j'avais en ce monde; sans une table, je n'aurai pu écrire ou manger, ni faire quantité de choses avec tant de plaisir.

Ce fut seulement alors que je me mis à tenir un journal de mon occupation de chaque jour; car dans les commencements, j'étais trop embarrassé de travaux et j'avais l'esprit dans un trop grand trouble; mon journal n'eut été rempli que de choses attristantes.

Daniel Defoe, *Robinson Crusoé* (1719).

a. À quel genre appartient l'œuvre de Daniel Defoe ? Quel genre de texte devez-vous insérer dans l'extrait de Robinson Crusoé ? Faites la liste des caractéristiques de la situation d'énonciation que vous devez choisir.

b. Rédigez une page du journal de Crusoé où il évoquera son arrivée sur l'Ile, ses sentiments au début de son séjour et ses activités pour installer un campement de fortune.

2 ANALYSER LE LIBELLÉ ET LE TEXTE SOURCE POUR LE TRANSPOSER

Sujet 2

À son tour, l'épouse de George Dandin paraît seule sur la scène. Rédigez le monologue qu'elle prononce pour se présenter et expliquer son point de vue sur son mariage et sur son mari.

OBJET D'ÉTUDE : Le texte théâtral et sa représentation, du XVIIe siècle à nos jours

Texte A : Molière, *George Dandin* (1668)

Texte B : Beaumarchais, *Le Mariage de Figaro* (1784)

Texte C : Alfred de Musset, *On ne badine pas avec l'amour* (1834)

Texte D : Jean Tardieu, *La Comédie du langage* (1987)

Texte A

George Dandin, riche paysan qui a épousé la noble Angélique, paraît seul sur scène.

ACTE I, SCÈNE 1

GEORGE DANDIN. –
Ah ! qu'une femme demoiselle[1] est une étrange affaire ! et que mon mariage est une leçon bien parlante à tous les paysans qui veulent s'élever au-dessus de leur condition, et s'allier, comme j'ai fait, à la maison d'un gentilhomme ! La noblesse, de soi[2], est bonne ; c'est une chose considérable, assurément : mais elle est accompagnée de tant de mauvaises circonstances, qu'il est très bon de ne s'y point frotter. Je suis devenu là-dessus savant à mes dépens, et connais le style des nobles, lorsqu'ils nous font, nous autres, entrer dans leur famille. L'alliance qu'ils font est petite avec nos personnes : c'est notre bien seul qu'ils épousent ; et j'aurais bien mieux fait, tout riche que je suis, de m'allier en bonne et franche paysannerie, que de prendre une femme qui se tient au-dessus de moi, s'offense de porter mon nom, et pense qu'avec tout mon bien je n'ai pas assez acheté la qualité de son mari. George Dandin ! George Dandin ! vous avez fait une sottise, la plus grande du monde. Ma maison m'est effroyable maintenant, et je n'y rentre point sans y trouver quelque chagrin.

Molière, *George Dandin ou Le Mari confondu* (1668).

1. jeune fille ou femme née de parents nobles.
2. en soi, en elle-même. La noblesse en elle-même est bonne.

a. Quelle relation le libellé pose-t-il entre le texte source et sa réécriture ? À quel endroit de la pièce se situe le « texte source » ? Comment appelle-t-on cette scène particulière et quelles sont ses fonctions ?

b. Construisez le portrait que Georges Dandin fait de sa femme : que lui reproche-t-il surtout ? Qu'est-ce qui explique, selon lui, l'attitude de sa femme à son égard ? Quels procédés rendent ce monologue vivant ?

c. Rédigez le monologue de la femme de Georges Dandin en utilisant les mêmes procédés que dans le texte de Molière.

Sujet 3

Lantier, attendu par Gervaise, revient d'une nuit de festivités qui le conduit à porter un regard sur la ville tout à fait opposé à celui de sa compagne. Décrivez de son point de vue le spectacle de la ville et du mouvement de la foule au petit matin, en vous efforçant d'en faire ressortir le charme et la poésie.
Votre texte sera essentiellement descriptif et mettra en valeur les sensations et les sentiments du personnage, vous conserverez le niveau de langue utilisé par Zola (Texte B).

OBJET D'ÉTUDE : Le personnage de roman, du XVIIe siècle à nos jours

Début du texte B

Gervaise, blanchisseuse dans le quartier de la Goutte d'Or à Paris, attend au petit matin son amant Auguste Lantier qui, pour la première fois, n'est pas rentré de la nuit. Elle le guette depuis sa fenêtre.

L'hôtel se trouvait sur le boulevard de la Chapelle, à gauche de la barrière Poissonnière. C'était une masure de deux étages, peinte en rouge lie de vin jusqu'au second, avec des persiennes pourries par la pluie. Au-dessus d'une lanterne aux vitres étoilées, on parvenait à lire entre les deux fenêtres : Hôtel Boncœur, tenu par Marsoullier, en grandes lettres jaunes, dont la moisissure du plâtre avait emporté des morceaux. Gervaise, que la lanterne gênait, se haussait, son mouchoir sur les lèvres. Elle regardait à droite, du côté du boulevard de Rochechouart, où des groupes de bouchers, devant les abattoirs, stationnaient en tabliers sanglants ; et le vent frais apportait une puanteur par moments, une odeur fauve de bêtes massacrées. Elle regardait à gauche, enfilant un long ruban d'avenue, s'arrêtant presque en face d'elle, à la masse blanche de l'hôpital de Lariboisière, alors en construction. Lentement, d'un bout à l'autre de l'horizon, elle suivait le mur de l'octroi, derrière lequel, la nuit, elle entendait parfois des cris d'assassinés ; et elle fouillait les angles écartés, les coins sombres, noirs d'humidité et d'ordure, avec la peur d'y découvrir le corps de Lantier, le ventre troué de coups de couteau.

Émile ZOLA, *L'Assommoir* (1877).

a. Analysez le libellé : quelle forme de discours de texte faut-il écrire ? Quel point de vue sur Paris devez-vous prêter à Lantier ? Quelle relation y a-t-il entre le point de vue de Gervaise et celui de Lantier ?

b. Quelle image le texte donne-t-il de l'hôtel parisien où vit Gervaise ? Relevez les détails visuels qui le caractérisent. Dans quel état d'esprit se trouve Gervaise ? Que voit-elle à droite et à gauche et que craint-elle de voir ? Quelles sensations diverses, quelles images, quelles connotations se dégagent de cette description ?

c. Réécrivez le passage « Elle regardait [...] alors en construction. » en respectant les contraintes du libellé.

MÉTHODE 8. CONSTRUIRE UNE ARGUMENTATION

L'écriture d'invention doit le plus souvent témoigner de la capacité à **étayer**, **argumenter**, un **point de vue** sur des questions de **littérature** mais de manière moins directe que dans les exercices du commentaire et de la dissertation.
Il faut donc évaluer, en fonction du genre et des formes de discours de l'écrit à produire, les procédés les mieux adaptés, les plus efficaces, pour défendre un point de vue.

▶▶▶ÉTAPE 1 IDENTIFIER LA PROBLÉMATIQUE À TRAITER

• Les **points de vue** à exposer, défendre, confronter ou réfuter, se construisent en fonction du **corpus** et des **textes lus** et **étudiés** dans l'année : il s'agit de faire le point sur la question traitée et de relever les informations et idées développées qui seront utiles pour rédiger le texte. Les textes du corpus offrent des références qu'il faut exploiter.
Ex. : Un sujet d'invention sur la poésie qui donne la parole à un jeune poète peut être nourri de citations et de procédés empruntés aux différents textes.

▶▶▶ÉTAPE 2 ÉLABORER UN ARGUMENTAIRE

• L'argumentaire consiste en un **relevé des idées disponibles** sur la question posée (dans le corpus et les textes étudiés) et qu'il faut organiser pour faire émerger un **point de vue privilégié** vers lequel tout converge. Cet argumentaire s'intègre à des genres de l'argumentation **directe** comme l'article de journal, la préface, la lettre ouverte. Mais il peut aussi être intégré de manière **indirecte** à d'autres genres encore à visée argumentative ou persuasive.
• Le texte narratif peut accueillir des dialogues de personnages **s'opposant** sur telle ou telle question, on peut **dégager des morales** des fables et le dialogue théâtral est souvent le lieu **d'échanges divergents.**

▶▶▶ÉTAPE 3 SÉLECTIONNER LES PROCÉDÉS ET OUTILS D'ARGUMENTATION ADAPTÉS AU GENRE À ÉCRIRE

• Les arguments qui permettent de **convaincre** sont nombreux : syllogismes, démonstrations, exemples, arguments d'autorité, distinguos, oppositions, etc. ; c'est aussi leur variété qui renforce l'efficacité du discours.
• Lorsque les arguments sont intégrés à des **dialogues**, leur progression, leur répartition selon les tours de parole, mais aussi d'autres effets de rythmes comme les stichomythies permettent d'animer, de diversifier les points de vue confrontés et d'orienter les débats.
• La **situation d'énonciation** offre également matière à affirmer un point de vue autorisé, à nouer une relation avec le lecteur que l'on peut interpeller, prendre à témoin, que l'on peut tenter d'émouvoir ou de faire rire. Le choix d'un registre particulier et adapté, ironique, polémique, pathétique ou comique, confortera la **stratégie argumentative.**

APPLICATION

Éléments du texte concernés par l'écriture

Genre et forme du texte à écrire

Texte source

Point de vue à développer

Un spectateur qui assiste au supplice de Quasimodo prend la parole pour s'indigner du châtiment qui lui est réservé, de sa cruauté ainsi que des rires et des moqueries qui l'accompagnent.
Il adresse à la foule un plaidoyer qui dénonce avec émotion aussi la cruauté de tous, juges, bourreau et spectateurs, l'incapacité à accepter la différence de l'autre.
Vous rédigerez son discours.

OBJET D'ÉTUDE : **La question de l'homme dans les genres de l'argumentation, du XVIe siècle à nos jours**

CORPUS :

Texte A : Victor Hugo, *Notre-Dame de Paris* (1832) ► p. 364

Texte B : Albert Camus, *L'Étranger* (1942) ► p. 136

Texte C : Fabrice Humbert, *L'Origine de la violence* (2009) ► p. 374

►►►ÉTAPE 1 IDENTIFIER LA PROBLÉMATIQUE À TRAITER

- Le libellé invite à **transposer** un récit fictionnel, une scène romanesque, rédigée selon les codes de ce genre, dans un temps et un espace fort éloignés du lecteur contemporain.
- Il s'agit, à partir de cet épisode, de traiter **de questions politiques** (la justice) **et morales** (le respect de la dignité de l'être humain), en les inscrivant dans le genre oratoire qu'est **le plaidoyer, un discours adressé directement.**
- La transposition conduit donc à resserrer le propos pour **dénoncer explicitement**, en organisant des arguments, en passant du particulier au général, du fait daté à des valeurs et des règles qu'on veut universelles, **dans un autre genre**, avec une esthétique propre : les larges périodes et questions oratoires, les effets de pathétique.

►►►ÉTAPE 2 ÉLABORER UN ARGUMENTAIRE

- Les textes du corpus offrent des arguments pour dénoncer l'injustice, à commencer par **Victor Hugo** faisant allusion à celle de son temps dans son récit, ou les raisons prêtées aux juges pour condamner Meursault dans le texte de **Camus**. **Fabrice Humbert** évoque un lieu où l'on est condamné hors de toute justice, un temps dont la cruauté est la première caractéristique. Cette évocation de la cruauté dont semble se repaître le public offre aussi l'occasion d'un discours pathétique qui souligne les souffrances des victimes et le caractère insupportable du rire et de la moquerie des témoins.

►►►ÉTAPE 3 SÉLECTIONNER LES PROCÉDÉS ET OUTILS D'ARGUMENTATION ADAPTÉS AU GENRE À ÉCRIRE

- Le texte de Victor Hugo offre des exemples d'**effets rhétoriques et pathétiques** à réinvestir : l'évocation précise du lieu du supplice et le cérémonial qui l'accompagne, l'insensibilité du bourreau, la victime transformée en animal, des oppositions entre la souffrance et la joie, etc., et de nombreuses gradations. Construisez le texte à rédiger dans l'énonciation propre au **plaidoyer**, marquée par l'importance du « je » et les nombreuses **adresses aux destinataires**, les détenteurs du droit, des étudiants, des enfants et des femmes. **Ordonnez les arguments** selon diverses catégories comme celles de la morale, de la justice, etc., et du particulier vers le général ou encore selon une progression de l'argument logique et raisonnable vers une parole persuasive pour s'achever sur une sentence, un **appel** solennel à l'auditoire.

1 DÉVELOPPER UN ARGUMENTAIRE DANS UN GENRE À VISÉE ARGUMENTATIVE

1 L'article de quotidien

En réponse à une étude qui dit le peu d'intérêt que les jeunes portent à la littérature et à la lecture dans un article d'un quotidien national, un groupe de lycéens rédige un article titré « Non la littérature n'est pas morte, les jeunes la lisent encore ! »

a. Déterminez l'énonciation requise par le sujet : proposez plusieurs formulations pour préciser qui parle.

b. Faites une liste des œuvres que vous pourriez citer pour étayer l'argumentation sur cette question.

c. Construisez l'argumentaire, une liste d'arguments, pour défendre l'idée que les jeunes lisent, et qu'ils lisent de la littérature.

d. Rédigez un premier paragraphe d'une dizaine de lignes où vous évoquerez tous les lieux et situations où l'on peut voir des jeunes lire. Utilisez des questions rhétoriques et des énumérations pour appuyer le discours.

2 La lettre à l'éditeur

a. Relevez ce qui peut apparaître comme des arguments favorables à la publication du Voyage au bout de la nuit.

b. Quelles critiques Céline anticipe-t-il ?

c. Comment y répond-il ?

d. Rédigez en une vingtaine de lignes la réponse qu'aurait pu envoyer l'éditeur à Céline pour refuser son livre. L'éditeur reprendra les propos et analyses de Céline en lui reprochant un usage de la langue trop vulgaire à l'image de certaines tournures de sa lettre. Il exprimera avec politesse son refus et montrera un évident souci de ne pas blesser l'auteur.

En fait ce « Voyage au Bout de la nuit » est un récit romancé, dans une forme assez singulière et dont je ne vois pas beaucoup d'exemples dans la littérature en général. Je ne l'ai pas voulu ainsi. C'est ainsi. Il s'agit d'une manière de symphonie littéraire, émotive, plutôt que d'un véritable roman. L'écueil du genre c'est l'ennui. Je ne crois pas que mon machin soit ennuyeux. Au point de vue émotif ce récit est assez voisin de ce qu'on obtient ou devrait obtenir avec de la musique. Cela se tient sans cesse aux confins des émotions et des mots, des représentations précises, sauf aux moments d'accents, eux impitoyablement précis.

D'où quantité de diversions qui entrent peu à peu dans le thème et le font chanter finalement comme en composition musicale. Tout cela demeure fort prétentieux et mieux que ridicule si le travail est raté. À vous d'en juger. Pour moi c'est réussi. C'est ainsi que je sens les gens et les choses. Tant pis pour eux. […]

L'intrigue est à la fois complexe et simplette. Elle appartient aussi au genre Opéra. (Ce n'est pas une référence !) C'est de la grande fresque, du populisme lyrique, du communisme avec une âme, coquin donc, vivant.

Le récit commence *Place Clichy*, au début de la guerre, et finit quinze ans plus tard à *la fête de Clichy*. 700 pages de voyages à travers le monde, les hommes et la nuit, et l'amour, l'amour surtout que je traque, abîme, et qui ressort de là, pénible, dégonflé, vaincu… Du crime, du délire, du dostoïevskysme, il y a de tout dans mon machin, pour s'instruire et pour s'amuser.

Lettre de L.-F. Céline à Gaston Gallimard accompagnant l'envoi du manuscrit de *Voyage au bout de la nuit* (peu avant le 14 avril 1932), © Éditions Gallimard.

2 DÉVELOPPER L'ARGUMENTATION DANS LES AUTRES GENRES

a. Relevez les deux procédés par lesquels la Bruyère énonce et développe son point de vue sur l'éducation des femmes.

b. En utilisant ces mêmes procédés rédigez un paragraphe de longueur équivalente qui s'opposera au point de vue de La Bruyère et commencera par la formule : « Pourquoi s'en prendre aux femmes de ce qu'elles ne sont pas savantes ? »

Pourquoi s'en prendre aux hommes de ce que les femmes ne sont pas savantes ? Par quelles lois, par quels édits, par quels rescrits leur a-t-on défendu d'ouvrir les yeux et de lire, de retenir ce qu'elles ont lu, et d'en rendre compte ou dans leur conversation ou par leurs ouvrages ? Ne se sont-elles pas au contraire établies elles-mêmes dans cet usage de ne rien savoir, ou par la faiblesse de leur complexion, ou par la paresse de leur esprit ou par le soin de leur beauté, ou par une certaine légèreté qui les empêche de suivre une longue étude, ou par le talent et le génie qu'elles ont seulement pour les ouvrages de la main, ou par les distractions que donnent les détails d'un domestique, ou par un éloignement naturel des choses pénibles et sérieuses, ou par une curiosité toute différente de celle qui contente l'esprit, ou par un tout autre goût que celui d'exercer leur mémoire ? […]

Jean de La Bruyère, « Des Femmes », livre III, 49, *Les Caractères* (1688).

Grille d'auto-évaluation • L'ÉCRITURE D'INVENTION

Relisez votre brouillon autant de fois que nécessaire, en contrôlant les points suivants :

CRITÈRES D'ÉVALUATION		NON	OUI MAIS À AMÉLIORER	OUI
PERTINENCE : LE TEXTE RESPECTE LES CONTRAINTES DU LIBELLÉ	Le texte appartient au genre ou à la forme de discours demandés.			
	Le texte respecte la thématique et/ou le synopsis proposé.			
	Le point de vue à exposer et/ou à défendre est respecté.			
	Les textes « sources », ressources du corpus sont exploités.			
	L'énonciation et les contraintes imposées par le libellé sont respectées.			
	Les codes du genre sont respectés, la mise en scène énonciative est adaptée au genre et à la forme de discours.			
	Le texte évoque un contexte historique, social et culturel précis et vraisemblable : pas d'anachronismes.			
	La visée argumentative du texte, la vision du monde représenté sont développées et clairement lisibles.			
	Les outils et procédés d'écriture pour présenter et/ou défendre un point de vue sont variés, pertinents et nombreux : ils sont bien adaptés au genre et à la forme de discours utilisés.			
	Le texte témoigne de connaissances littéraires et culturelles.			
	Le registre choisi est bien adapté au projet de texte.			
LISIBILITÉ : LE TEXTE EST LISIBLE, MIS EN PAGE ET LA LANGUE UTILISÉE EST CORRECTE ET ADAPTÉE	La mise en page est adaptée au genre et/ou à la forme de discours du texte.			
	Orthographe : avez-vous vérifié les points suivants ? • accords sujet / verbe • accords des participes passés homophones (a/à ; quand/quant…) • orthographe lexicale			
	Syntaxe : la construction des phrases est correcte ?			
	Le registre de langue utilisé est adapté au texte à écrire.			
	Le vocabulaire est varié, précis et juste.			

Notée sur **10**, la première partie de l'épreuve orale **évalue bien sûr vos connaissances** mais surtout vos compétences face à un texte durant un temps limité : **30 minutes de préparation** pour **10 minutes d'exposé**.
Cela réclame de votre part de la **réflexion** et de l'**organisation** mais aussi une bonne **gestion du temps**.

▶▶▶ÉTAPE 1 L'ORGANISATION MATÉRIELLE DE L'ÉPREUVE

- Les documents que vous devez fournir à l'examinateur, rangés dans un classeur pour les retrouver plus facilement.
- Les documents officiels : convocation, pièce d'identité.
- Les textes en double qu'il convient d'ordonner selon les séquences telles qu'elles apparaissent dans le descriptif.
- Une montre (**les portables sont interdits**).

▶▶▶ÉTAPE 2 SAVOIR EXPLOITER SON TEMPS

- **Déterminer les enjeux de la question**

Bien examiner chacun des termes de la question, ce qu'ils présupposent, afin de répondre de manière pertinente.
Savoir réagir face au texte en répondant à une question. Ce n'est pas un travail de pure mémoire ; il ne convient pas de plaquer une lecture élaborée en classe en cours d'année.

- **Mobiliser ses connaissances**

Savoir mobiliser des méthodes et des outils d'analyse et pas seulement sa mémoire pour des réponses préalablement établies.
Orienter la réflexion à partir de l'analyse de la question. Ensuite, au fil du texte, les idées, notamment celles qui ont été retenues lors des révisions, alimenteront l'exposé.
Prendre appui sur les procédés stylistiques et linguistiques qui donnent à l'extrait son intérêt littéraire.

▶▶▶ÉTAPE 3 ORGANISER SA RÉPONSE

- **Organiser son exposé**

Adapter le plan à la question posée ; il doit refléter dans sa progression la démarche suivie et les différentes réponses argumentées à la question.

- **Présenter son exposé**

L'exposé (10 minutes maximum) comprend :
– une **introduction** qui présente et situe le texte, la question posée et le plan ;
– la **lecture** complète ou partielle du texte selon la demande de l'examinateur ; première approche du texte, elle témoigne de sa compréhension. Après la lecture, terminer l'introduction et annoncer le plan ;
– l'**étude du texte** qui répond à la question posée ;
– une **conclusion** qui reprend les axes de la réflexion et les lie au thème et à la problématique de la séquence.

APPLICATION

SUJET
Voltaire, *Mélanges, pamphlets et œuvres polémiques* (1768) ► p. 338
Comment Voltaire argumente-t-il pour soulever la question de la condition féminine ?

►►►ÉTAPE 1 L'ORGANISATION MATÉRIELLE DE L'ÉPREUVE

- Présentez des **documents lisibles.** Pas de textes annotés.
- **Numérotez les lignes** des extraits et **placez des marque-pages** pour indiquer les passages étudiés dans l'œuvre intégrale romanesque ou le recueil poétique.
- Quand on vous donne **la question, lisez-la à haute voix.** Si vous ne la comprenez pas, demandez des éclaircissements.
- Les **données du descriptif** dont vous devez garder le double vous seront utiles.

Ex. : Ici, les autres textes du XVIIIe siècle permettent de dégager la spécificité de cette argumentation.

►►►ÉTAPE 2 SAVOIR EXPLOITER SON TEMPS

- **Déterminer les enjeux de la question**

Réfléchissez aux enjeux du texte, à **l'objet d'étude** *(La question de l'homme dans les genres de l'argumentation du XVIe siècle à nos jours)*, à **l'intitulé de la séquence** *(La question de la femme du XVIIIe siècle à nos jours)* et à la **problématique** *(Quel regard nouveau porte-t-on sur la femme au XVIIIe siècle ?)*.

- **Mobiliser ses connaissances**

Situez l'auteur dans son temps *(XVIIIe siècle)*, dans un **mouvement littéraire** *(Les Lumières)*. Tenez compte de la situation du texte et du **paratexte** *(Il s'agit ici d'un pamphlet. Voltaire rédige un dialogue entre une femme exceptionnellement cultivée et instruite pour l'époque et un homme d'esprit, très ouvert.)*.

►►►ÉTAPE 3 ORGANISER SA RÉPONSE

- Sur votre brouillon, notez les idées essentielles et classez-les avec des références précises au texte.
- Ordonnez votre argumentation pour étayer vos axes d'étude :

1. Une argumentation qui s'intègre dans un dialogue
2. Une réponse philosophique digne des Lumières
3. Une conclusion définitivement en défaveur des hommes (« J'ai bien peur que ce ne soit là l'origine de leur supériorité. »)

- Rédigez les grandes lignes de votre introduction…

Voltaire a lutté contre toutes les formes d'injustice : sociale, politique, religieuse. Ici, à la faveur d'un dialogue, il dénonce la condition des femmes.

…et de votre conclusion.

Voltaire respecte ici la tradition du pamphlet. En donnant la parole à Madame du Châtelet, il dénonce la condition des femmes en suscitant l'intérêt et le plaisir du lecteur grâce aux raisonnements logiques et à la force de l'ironie.

MÉTHODE 10. PRÉPARER L'ENTRETIEN

La deuxième partie de l'épreuve orale dure, elle aussi, **10 minutes** mais ne bénéficie d'**aucun temps de préparation** le **jour de l'épreuve**. Elle évalue votre **réflexion** et votre **analyse** des textes, vos **connaissances culturelles** dans le cadre de la séquence et de l'objet d'étude auquel appartient le texte support de l'exposé. Ainsi, votre préparation en vue de l'examen doit prendre en compte le **descriptif** et il est nécessaire de bien en saisir les éléments pour ne pas être surpris par les questions qui peuvent en découler. Mais cette épreuve évalue aussi vos **qualités d'expression** et de **communication** dans le cadre d'un échange avec un interlocuteur bienveillant.

▶▶▶ÉTAPE 1 PRENDRE EN COMPTE LES DONNÉES DU DESCRIPTIF

Cela implique une lecture attentive qui porte notamment sur :
- l'intitulé de la séquence, l'objet d'étude ;
- la problématique (ou axe d'étude) proposée par le professeur ;
- les textes retenus, les lectures complémentaires, les lectures cursives ;
- les travaux d'écriture indiqués ;
- les activités liées à cette séquence : visionnage de film, représentation théâtrale, etc.

▶▶▶ÉTAPE 2 ÉTABLIR UNE TYPOLOGIE DE QUESTIONS D'ENTRETIEN

• **Déterminer le champ du questionnement**

L'examinateur peut être amené à contrôler :
- les **connaissances culturelles** sur les auteurs, les titres de leurs œuvres principales, les mouvements culturels auxquels ils appartiennent, les événements historiques importants qui ont marqué leur époque, les classes sociales et dirigeantes de leur temps ;
- les **savoirs littéraires** sur les œuvres lues intégralement, qu'elles soient cursives ou analytiques, les figures de style, les notions abordées dans les objets d'étude, les registres.

Il peut aussi s'enquérir de votre goût et de votre point de vue personnel.

• **Mobiliser ses connaissances**

Cette partie de l'examen demande :
- **de mettre en relation** les textes de façon cohérente en répondant à la question posée par le professeur et éviter ainsi le catalogue ;
- **d'exploiter** de manière pertinente le maximum de textes et de documents.

▶▶▶ÉTAPE 3 S'EXPRIMER DANS UNE SITUATION DE COMMUNICATION PARTICULIÈRE

• **Le niveau de langue doit s'adapter au destinataire, ici l'examinateur.**

• **L'aptitude au dialogue**

- Être à l'écoute de l'examinateur et répondre à ses questions.
- Aller plus loin qu'une simple réponse, en mettant en relation les textes et en élargissant la réflexion.

• **La qualité de la communication**

Témoigner par l'attitude et le comportement du triple intérêt porté à l'épreuve, à la littérature et aux questions de l'examinateur.

Biographies

Catherine Anne (née en 1960)

Comédienne, auteure et metteure en scène depuis 1987. En 1994, elle écrit *Agnès*, adaptation contemporaine de *L'École des femmes* de Molière. De 2002 à 2011, elle dirige le Théâtre de l'Est parisien (TEP) où elle crée *Comédies tragiques* en 2011, pièce satirique dénonçant injustices et absurdités du système.

Jean Anouilh (1910-1987)

Dès 1932, il s'engage dans l'écriture théâtrale. Les premières années sont difficiles, mais sa rencontre avec G. Pitoëff et A. Barsacq, grandes figures du théâtre, est décisive. *Le Voyageur sans bagage* (1937), *La Sauvage* (1938) et *Le Bal des voleurs* (1938) sont de grands succès. En 1944, *Antigone* remporte un triomphe. Jean Anouilh n'a cessé d'écrire des pièces, qualifiées de « roses » (*Léocadia*, 1940), « noires » (*Eurydice*, 1942), « brillantes » (*L'Invitation au château*, 1947), « grinçantes » (*Pauvre Bitos*, 1956), ou « costumées » (*L'Alouette*, 1953). Auteur, scénariste et dialoguiste au cinéma à partir de 1959, il met en scène ses propres pièces, comme *Cher Antoine* (1969).

Guillaume Apollinaire (1880-1918)

Abandonné jeune par son père, Guillaume Apollinaire doit subvenir aux besoins de sa famille. Cependant, il étudie, écrit et se lie aux écrivains ainsi qu'aux peintres d'avant-garde tels que Picasso, Derain, le Douanier-Rousseau. Ses rencontres, notamment féminines, rythment sa vie et ses écrits. Il publie en 1913 le recueil *Alcools* ainsi qu'un essai sur la peinture cubiste. En 1914, il s'engage dans la Grande Guerre. De retour à Paris après avoir été blessé en 1916, il poursuit son œuvre dont il exprime l'ambition dans une conférence, *L'Esprit nouveau et les poètes* (1917). Guillaume Apollinaire bouleverse la poésie et son écriture en faisant appel à des images insolites, en inventant de nouvelles formes telles que les « poèmes-conversation » ou les « *Calligrammes* », titre de son dernier recueil paru en 1918.

Théodore Agrippa d'Aubigné (1552-1630)

Fils d'un gentilhomme huguenot, il voit sa vie marquée par les guerres de religion. Dès le début des troubles, il doit partir pour Orléans où il s'engage dans le métier des armes. Il accompagne le roi de Navarre, le futur Henri IV. Ses poèmes portent la trace de son engagement : ainsi, *Les Tragiques*, poème en sept chants paru en 1616, relatent les horreurs de la guerre avec des images empruntées à la Bible. Le recueil lyrique du *Printemps* (1571) porte la trace de ses amours malheureuses avec Diane Salviati. Il rédige, à la fin de sa vie, *Histoire universelle*.

Honoré de Balzac (1799-1850)

Né à Tours, Honoré de Balzac suit des études de droit et devient clerc de notaire. Passionné de littérature, il abandonne cette voie pour se consacrer à l'écriture. En quelques années il écrit près de quatre-vingt-dix romans qu'il regroupe sous le titre générique de *La Comédie humaine* en 1842. Cette œuvre aux confluents du Romantisme et du Réalisme – et unifiée par le principe du retour des personnages d'un roman à l'autre – se propose de représenter la société de son temps dans sa totalité. Balzac l'organise en « Études analytiques » – avec par exemple *La Physiologie du mariage* (1829) –, en « Études Philosophiques » – dont *La Peau de chagrin* (1831) est l'une des illustrations – et enfin en « Études de mœurs ». Ces dernières comptent des romans comme *Eugénie Grandet* (1833), *Le Père Goriot* (1835) ou *Le Lys dans la vallée* (1836).

Charles Baudelaire (1821-1867)

Les divers écrits de Charles Baudelaire résonnent de la vie de dandy qu'il mène à Paris, mais aussi des conflits familiaux et des tiraillements moraux qui jalonnent son histoire. Influencé par les Romantiques et par les Parnassiens, il fait scandale avec son recueil de poèmes *Les Fleurs du mal*, publié en 1857, puis en 1861. Il évoque dans ses poèmes ses souvenirs de voyage, les femmes qu'il a aimées et bien d'autres thèmes qui le font condamner pour « outrages à la morale publique et aux bonnes mœurs ». Son œuvre poétique prend ensuite la forme originale des *Petits Poèmes en prose*, publiés en 1869. Journaliste et critique d'art (*Salons de 1845, 1846* et *1859*), Baudelaire a aussi traduit des œuvres d'Allan Poe (notamment les *Histoires extraordinaires* en 1847).

Pierre Augustin Caron de Beaumarchais (1732-1799)

Fils d'horloger, il apprend le métier de son père et l'exerce dès ses 21 ans. Présenté à la cour de Louis XV, il multiplie ses activités : financier, agent secret, marchand d'armes, auteur dramatique. Il soutient la Révolution, mais quitte la France durant la Terreur et n'y revient que trois ans avant sa mort. Il écrit une trilogie dramatique (« *Le Roman de la famille Almaviva* ») qui rencontre un vif succès grâce au personnage récurrent de *Figaro*. Ce personnage incarne tour à tour l'auteur dramatique, le barbier, le valet qui exprime les revendications de ceux qu'il juge opprimés. Les deux premières pièces (*Le Barbier de Séville*, 1775 ; *Le Mariage de Figaro*, 1784) sont des comédies ; la troisième (*La Mère coupable*, 1792) est un drame. Cependant, toutes les trois concourent à mettre à mal une société établie sur les privilèges de la naissance.

Simone DE BEAUVOIR (1908-1986)

Simone de Beauvoir est une philosophe et une femme de lettres. Compagne de Jean-Paul Sartre, elle est surtout une ardente féministe : son essai *Le Deuxième Sexe* (1949) suscite, par l'audace de ses positions, un immense tollé. Elle milite pour obtenir le droit des femmes à l'avortement. Romancière, elle publie *Les Mandarins* (1954), couronné par le prix Goncourt. À partir de 1958, elle se consacre à l'écriture autobiographique *(Mémoires d'une jeune fille rangée).*

Samuel BECKETT (1906-1989)

Écrivain d'origine irlandaise, Samuel Beckett rédige la plupart de ses œuvres en français. Auteur de poèmes, de nouvelles, de romans et d'œuvres dramatiques, il a eu un rôle important dans le renouvellement de l'écriture théâtrale des années 1950. Il développe des thèmes tels que la solitude ou l'absence de communication. Ses œuvres expriment le vide intérieur, le tragique de la vie où tout n'est que répétition. Il montre un monde absurde, cruel et angoissant, mais non dénué d'humour. Dans son œuvre, le langage tend vers le silence tant dans ses romans (*Murphy*, 1938 ; *Molloy*, 1947 ; *Malone meurt*, 1948) que dans ses œuvres théâtrales (*En attendant Godot*, 1952 ; *Fin de partie*, 1957 ; *Oh ! les beaux jours*, 1961).

Joachim DU BELLAY (1522-1560)

Joachim du Bellay forme avec Pierre de Ronsard le noyau des poètes de La Pléiade. Du Bellay se fait le porte-parole de ce groupe dans son manifeste *Défense et Illustration de la langue française*, publié en 1549. Son premier recueil de poèmes, *L'Olive* (1550), est marqué par l'influence de la poésie amoureuse du grand poète italien Pétrarque. Mais son chef-d'œuvre, le recueil des *Regrets* (1558), lui est inspiré par un voyage décevant qu'il a fait à Rome.

Nicolas BOILEAU (1636-1711)

Né dans la famille d'un juriste parisien, Nicolas Boileau devient avocat après avoir étudié le droit et la théologie. Cependant, il décide de se consacrer à l'écriture. Ses premières œuvres s'orientent vers l'analyse et la critique des mœurs ou de la littérature. Il rédige des *Satires* (1660-1701) et des *Épîtres* (1669-1695). Protégé par le roi, au même titre que le fut La Fontaine, il est d'abord nommé historiographe de Louis XIV en 1677, avant d'être nommé à l'Académie française en 1684. Il s'engage dans « La Querelle des Anciens et des Modernes » et prend le parti des Anciens. Dans *L'Art poétique* (1674), il définit les grands principes de l'esthétique classique.

André BRETON (1896-1966)

À la fois poète et essayiste, André Breton a d'abord entrepris des études de médecine. Il correspond durant la guerre avec Guillaume Apollinaire. Celui-ci lui fait rencontrer Philippe Soupault avec qui il publie en 1919 *Les Champs magnétiques*, première expérimentation de l'écriture automatique. Il devient le chef de file et le théoricien du groupe surréaliste avec ses deux *Manifestes* (1924 ; 1930). *Nadja* (1928) et *L'Amour fou* (1937) sont considérées comme ses œuvres les plus abouties. Exilé aux États-Unis pendant la Seconde Guerre mondiale, il continue de défendre jusqu'à la fin de sa vie un surréalisme intégral.

Michel BUTOR (né en 1926)

Michel Butor est un écrivain français dont les œuvres poétiques (*Le fil à quoi tient notre vie*, 1996), critiques (*Essai sur « les Essais »*, 1967) et romanesques (*Passage de Milan*, 1954 ; *L'Emploi du temps*, 1956 ; *La Modification*, 1957) expérimentent des formes nouvelles (*Mobile : étude pour une représentation des États-Unis*, 1962). Il fait partie des théoriciens du Nouveau Roman. Il est fasciné par différents artistes et notamment des peintres (*Les Mots dans la peinture*, 1969 ; *Illustrations*, 1967-1976) et réalise des études de critique littéraire et artistique.

Albert CAMUS (1913-1960)

Albert Camus est un écrivain français. Son enfance en Algérie lui inspire par exemple les descriptions lyriques de paysages d'Afrique du nord (*Noces*, 1938). Dans ses essais (*Le Mythe de Sisyphe*, 1942), ses romans (*L'Étranger*, 1942 ; *La Peste*, 1947 ; *La Chute*, 1956) et son théâtre (*Caligula*, 1944) transparaît le sentiment de l'absurdité du destin humain, éprouvé à la suite du choc de la Seconde Guerre mondiale. On lui décerne le prix Nobel de Littérature en 1957.

Louis Ferdinand CELINE (1894-1961)

Engagé volontaire en 1912, Louis-Ferdinand Céline est blessé au combat. Il devient médecin après avoir voyagé en Angleterre, Afrique et Amérique. Son premier roman, *Voyage au bout de la nuit* (1932), obtient le prix Renaudot. Il y évoque ses expériences de jeune homme à travers le personnage de Ferdinand Bardamu. Il crée des personnages grotesques dont il montre les faiblesses dans une vision burlesque et pessimiste de l'homme et de la société. Son style joue sur l'oralité et la déstructuration. Ses positions antisémites et provocatrices font rapidement de lui un écrivain controversé.

Blaise Cendrars (1887-1961)

Écrivain français d'origine suisse, Blaise Cendrars se définit comme un « bourlingueur » : de son enfance jusqu'à sa mort, sa vie est rythmée par des voyages dans le monde entier. Il s'engage en 1914 dans la Première Guerre mondiale. Blessé, il est amputé du bras droit. Devenu grand reporter, il se consacre aussi à l'écriture poétique qu'il renouvelle tout en célébrant la modernité (*La Prose du Transsibérien et de la petite Jeanne de France*, 1913). Il se consacre ensuite au genre romanesque avec *L'Or* (1925) qui retrace la vie d'un aventurier suisse en Amérique, mais aussi à une œuvre autobiographique en publiant *La Main coupée* (1946) ou *Bourlinguer* (1948).

Madame du Châtelet (1706-1749)

Par son mariage avec le marquis du Châtelet, Émilie de Breteuil confirme son appartenance à la grande aristocratie française. La liberté que lui laisse son mari lui permet de développer son goût de l'étude et sa passion pour les sciences qui ont été encouragés dès son enfance par ses parents. Elle devient l'une des plus brillantes physiciennes de son temps et entreprend de traduire du latin l'œuvre majeure d'Isaac Newton, *Principia* (1756). Compagne de Voltaire pendant plus de dix ans, elle écrit le *Discours sur le bonheur* après leur rupture en 1746-1747.

Albert Cohen (1895-1981)

Écrivain suisse de langue française, Albert Cohen appartient à l'importante communauté juive de l'île de Corfou. Toute son œuvre manifeste son attachement à ses origines. Après ses études en France, il se partage entre sa carrière de fonctionnaire international à Genève et son activité d'écrivain. Outre des œuvres proprement autobiographiques, comme *Le Livre de ma mère* (1954), il écrit une saga consacrée à une famille juive. Dans une époque où l'antisémitisme progresse, ses héros font face avec courage et optimisme aux coups du destin. *Belle du Seigneur* (1968) est le dernier volume de cette saga, et son chef-d'œuvre incontesté.

Gabrielle Sidonie Colette (1873-1954)

À l'âge de vingt ans, Colette se marie avec Henry Gauthier-Villars, dit « Willy » qui l'encourage à écrire. Elle publie la série des *Claudine* (1900-1903), dont *Claudine à l'école* (1900), sous le surnom de son mari. Après leur divorce en 1906, Colette signe ses œuvres de son nom. Avec son amie et amante « Missy », elle fait une carrière au music-hall de 1906 à 1912. Son œuvre, d'inspiration autobiographique, rappelle ses convictions et son désir de défendre les droits des femmes (*Chéri*, 1920 ; *Le Blé en herbe*, 1923 ; *Sido*, 1929). En 1945, Colette est élue membre de l'Académie Goncourt.

Pierre Corneille (1606-1684)

Pierre Corneille se destine à la carrière d'avocat avant d'embrasser celle d'écrivain suite à sa rencontre avec le comédien Montdory. Ses premières pièces sont des comédies de mœurs enracinées dans la société contemporaine (*La Place Royale*, 1636-1637). *Le Cid* (1637) marque un virage vers la tragédie qui consacre sa gloire. Ses grandes tragédies (*Horace*, 1640 ; *Cinna*, 1641 ; *Polyeucte*, 1642) consacrent un modèle de héros qui sait privilégier dans une situation de choix difficile (le dilemme cornélien) les exigences les plus élevées. Auteur à succès, pensionné par le roi, il est peu à peu éclipsé par le succès de Jean Racine à partir de 1650. Il ne cesse pourtant d'écrire et d'innover jusqu'à sa dernière pièce en 1674, *Suréna*, tragédie galante et politique.

Robert Desnos (1900-1945)

Robert Desnos s'associe très vite aux premières expériences du groupe surréaliste. Il participe notamment aux séances d'hypnose qui permettent de libérer la pensée de la dictée de la raison. Son recueil *Rrose Sélavy* (1922-1923) montre sa fantaisie et son invention poétique. Son entrée dans le monde du journalisme et la radicalisation des positions d'André Breton le conduisent progressivement à prendre ses distances avec le groupe surréaliste. Son intérêt pour la musique et la chanson marquent sa poésie (*Fortunes*, 1942). Pendant l'Occupation, il entre dans la Résistance ; arrêté et déporté, il meurt le 8 juin 1945 dans un camp de concentration.

Denis Diderot (1713-1784)

Aîné d'une famille bourgeoise de Langres, Denis Diderot est destiné à la prêtrise par ses parents. Il abandonne les études théologiques qu'il mène à Paris et se tourne vers la littérature. Il entreprend des ouvrages dans des genres très différents. Il révolutionne ainsi le roman (*Jacques le Fataliste*, 1796), s'intéresse à la critique littéraire *(Salons)*, rénove le théâtre avec l'invention du drame bourgeois (*Le Neveu de Rameau*, 1777), entretient une riche correspondance *(Lettres à Sophie Volland)* et cherche à faire réfléchir ses lecteurs, comme le montre son utilisation du dialogue dans le *Supplément au Voyage de Bougainville* paru à titre posthume en 1796. Il consacre plus de vingt ans à l'édition de *L'Encyclopédie* (1751-1772) aux côtés de d'Alembert. Il se distingue de ses amis philosophes par l'audace de ses idées matérialistes. Partisan du « despotisme éclairé », il devient le protégé de l'impératrice Catherine II après une année passée en Russie.

David Diop (1927-1960)

Né d'un père sénégalais et d'une mère camerounaise, David Diop puise son inspiration dans les poèmes d'Aimé Césaire. Il se lance dans la médecine avant d'entamer des études littéraires, sous l'autorité de Léopold Sédar Senghor. Il enseigne à Dakar, puis, en 1958, à Kindia, dans la nouvelle république de Guinée. Poète engagé, il publie plusieurs articles dans la revue « Présence africaine ». Ses poèmes, réunis dans son unique recueil *Coups de pilon* (1956), sont marqués par ses dénonciations du colonialisme. Il meurt dans un accident d'avion.

Marguerite Duras (1914-1996)

Née en Indochine, Marguerite Duras fait ses études au lycée de Saïgon avant de venir en France où elle rejoint la Résistance pendant la Seconde Guerre mondiale et devient membre du Parti Communiste. Elle se fait connaître du public avec son roman *Un barrage contre le Pacifique* paru en 1950. Proche des écrivains du Nouveau Roman (*Hiroshima mon amour*, 1960 ; *Le Ravissement de Lol V. Stein*, 1964), passionnée par le cinéma (*India Song*, 1975) et le théâtre (*L'Amante anglaise*, 1970, elle connaît un grand succès populaire avec *L'Amant* qui obtient le prix Goncourt en 1984.

Paul Eluard (1895-1952)

S'intéressant dans un premier temps au mouvement Dada, Paul Eluard parvient à trouver dans le Surréalisme la libération du langage qu'il recherche. Ses premiers recueils célèbrent son amour pour son épouse Gala (*Capitale de la douleur*, 1926 ; *L'amour la poésie*, 1929). Les années 1930 marquent son engagement politique de plus en plus sensible. Sa poésie approche, dans une simplicité apparente, le mystère et la magie du réel. Durant la Seconde Guerre mondiale, il s'affirme comme poète engagé et rassemble les textes de nombreux poètes résistants sous le titre *L'Honneur des poètes* (1943). Son dernier recueil, *Le Phœnix* (1951), marque le retour au lyrisme amoureux.

Érasme (1469-1536)

Auteur hollandais d'expression latine, Érasme est considéré comme l'une des figures majeures de la Renaissance. Étudiant en France, en Italie et en Angleterre, il rencontre de nombreux savants et est considéré comme l'incarnation de l'humaniste européen. Son œuvre associe des préoccupations littéraires nouvelles – sur la pédagogie notamment (*De l'éducation des enfants*, 1529) – au souci d'une religion authentique fondée sur le retour au texte. Il est ainsi le premier à publier une édition grecque du *Nouveau Testament* en 1516. Il se caractérise par son esprit indépendant et satirique dans *L'Éloge de la Folie* (1509). Dans cet ouvrage appartenant au genre oratoire, la Folie parle et tente de libérer la pensée humaine des idées reçues.

Gustave Flaubert (1821-1880)

Romancier réaliste du XIXe siècle, Gustave Flaubert est l'auteur d'une œuvre tout à la fois contestée par la bourgeoisie (comme le démontre la condamnation de *Madame Bovary*) et reconnue par ses pairs pour sa force littéraire. Son souci d'une observation précise des hommes et de la réalité sociale associé à sa volonté de parvenir à un art objectif ouvre une nouvelle voie littéraire. Ses trois romans, *Madame Bovary* (1857), *Salammbô* (1862) et *L'Éducation sentimentale* (1869) ainsi que son recueil de nouvelles, *Trois contes* (1877), reflètent l'exigence stylistique qu'il s'imposait. Il laisse derrière lui une œuvre inachevée, *Bouvard et Pécuchet*, satire de la médiocrité de deux employés de bureau.

Alain-Fournier (1886-1914)

Alain-Fournier est l'auteur d'un seul roman, *Le Grand Meaulnes* (1913). Après une enfance passée en Sologne, il commence des études de lettres à Paris où il s'intéresse également à la peinture et à la musique. Il rencontre brièvement en 1905 une jeune fille qui lui inspirera le personnage d'Yvonne de Galais dans son roman *Le Grand Meaulnes*. Il la retrouve huit ans plus tard pour apprendre à sa plus grande déception qu'elle est mariée et mère de famille. Il est tué un an après, au cours de la Première Guerre mondiale.

Laurent Gaudé (né en 1972)

Laurent Gaudé reçoit le prix Goncourt des lycéens en 2002 pour *La Mort du roi Tsongor*. Deux ans plus tard, *Le Soleil des Scorta* obtient le prix Goncourt. Dans ses récits ou son théâtre, les personnages de Laurent Gaudé luttent, dans des régions lointaines, contre la fatalité qui pèse sur leur lignée. Comme dans les mythes grecs, la soif de vengeance, la passion destructrice et la violence intérieure animent des êtres qui ne capitulent jamais face à leur destin.

Jean Genet (1910-1986)

Poète, romancier et dramaturge français, Jean Genet est un enfant de l'Assistance Publique. Accusé d'un vol à l'âge de dix ans, il est retiré de sa famille d'accueil et interné dans une colonie pénitentiaire qu'il évoque dans son roman *Le Miracle de la rose* (1947). Jusqu'à sa mort, Genet rejette le conformisme : il exalte dans sa vie comme dans son œuvre les valeurs condamnées par une société bourgeoise. Son poème *Le Condamné à mort* (1942) chante l'homosexualité, sa pièce *Les Nègres* (1958) dénonce le colonialisme. Il s'engage fortement aux côtés de minorités comme les *Black Panthers* (mouvement révolutionnaire afro-américain formé en Californie en 1966) ou les Palestiniens.

Jean Giraudoux (1882-1944)

Romancier et auteur dramatique, Jean Giraudoux occupe également un poste modeste au ministère des Affaires étrangères. Dans ses écrits, il s'inspire souvent d'une intrigue tirée des légendes ou de l'Histoire et transforme très librement les situations comme le démontrent *Amphitryon 38* (1929), *La Guerre de Troie n'aura pas lieu* (1935) et *Électre* (1937). Son style plein d'allusions, d'ellipses et d'humour, s'adresse à un spectateur lettré. Il considère le théâtre comme une tribune où l'on peut exposer les problèmes, sans endoctriner le spectateur qui est libre de juger (*La Folle de Chaillot*, 1945). Jean Giraudoux a beaucoup écrit pour Louis Jouvet (1887-1951), célèbre acteur et metteur en scène.

Victor Hugo (1802-1885)

Chef de file du mouvement romantique, Victor Hugo est un auteur de poèmes lyriques (*Les Rayons et les ombres*, 1840; *Les Contemplations*, 1856) qui sait aussi mettre la poésie au service de son engagement politique (*Les Châtiments*, 1853). Dramaturge (*Hernani*, 1830), il contribue à renouveler le théâtre en fixant les principes du drame romantique dans la Préface de *Cromwell* en 1827. Romancier inclassable, il écrit neuf romans parmi lesquels on compte *Les Misérables* (1862) et *Quatre-vingt-treize* (1874). Son engagement politique n'est pas négligeable. Démocrate puis député pendant la IIe République, il désapprouve la prise de pouvoir personnel de Louis-Napoléon Bonaparte. Il passe ainsi l'essentiel de sa vie en exil avant un retour triomphal en 1870 et une élection en tant que sénateur.

Eugène Ionesco (1909-1994)

Écrivain et auteur dramatique français d'origine roumaine, Eugène Ionesco est le chef de file du théâtre de l'absurde, qui s'est opposé au théâtre bourgeois des années 1950. Dans *La Cantatrice chauve* (1950), il ne se passe rien : les personnages parlent par clichés pour montrer « la tragédie du langage » et font « fonctionner à vide le mécanisme théâtral ». Pour Ionesco, le langage est le vecteur de toutes les dominations. Dans *Les Chaises* (1952), non seulement le langage échappe à tout contrôle, mais les objets prolifèrent. L'homme est une marionnette, non pas mue par le destin, mais par les mots et les choses. Opposé à Brecht, il récuse tout réalisme (*L'Impromptu de l'Alma*, 1956). Dans *Rhinocéros* (1958), il stigmatise tous les totalitarismes. Sa réflexion critique et théâtrale est réunie dans *Notes et contre-notes* (1962).

Philippe Jaccottet (né en 1925)

Philippe Jaccottet est un poète d'origine suisse. Il cherche l'expression la plus juste possible et la plus authentique pour dire ses impressions face au monde. Après le recours à la forme du sonnet (*L'Effraie*, 1953), il ose des formes plus personnelles, plus « expérimentatrices » (*L'Obscurité*, 1961 ; *Chants d'en bas*, 1974 ; *À la lumière de l'hiver*, 2012). Jaccottet est aussi traducteur (sa traduction de l'*Odyssée* est particulièrement célèbre).

Alfred Jarry (1873-1907)

Alfred Jarry est un écrivain et dramaturge français, créateur du personnage du père Ubu. Avec ses camarades du lycée de Rennes, il s'amuse de son professeur de physique qui représente à ses yeux tout le grotesque du monde. Auteur satirique, il innove par ses articles et inventions littéraires, comme la pataphysique, « la science des solutions imaginaires ». Sa langue est complexe et multiplie les jeux de mots. La première représentation d'*Ubu Roi* en 1896 est particulièrement houleuse.

Bernard-Marie Koltès (1948-1989)

Bernard-Marie Koltès est né en 1948 à Metz, qu'il quitte pour suivre ses études à Strasbourg. En 1970, il est subjugué l'actrice Maria Casarès qui joue le rôle de *Médée* dans la pièce de Sénèque, sous la direction de Jorge Lavelli. Koltès se lance alors dans le théâtre par l'écriture et la mise en scène. Ce n'est qu'en 1983, avec la mise en scène de *Combat de nègre et de chiens* par Patrice Chéreau, que Koltès va enfin être reconnu. Cette collaboration continuera avec *Quai Ouest (1985)*, *Dans la solitude des champs de coton* (1987), *Le Retour au désert* (1988). Il voyage beaucoup, en Afrique, en Amérique du Sud et aux États-Unis. Il meurt en 1989 atteint du sida, à l'âge de 41 ans, après avoir écrit *Roberto Zucco*, sa dernière œuvre. Il est encore aujourd'hui l'un des auteurs français contemporains le plus joué en France et à l'étranger.

Eugène Labiche (1815-1888)

Célèbre auteur de vaudevilles, de la pièce en un acte, légère et rapide, à la grande comédie de mœurs et de caractère, Labiche écrit toujours en collaboration et pour des théâtres, comme le Palais-Royal ou les Bouffes-Parisiens, où le public populaire se masse pour se divertir. Ses pièces les plus connues sont *Un chapeau de paille d'Italie* (1851), *L'Affaire de la rue de Lourcine* (1857). En 1880, il est élu à l'Académie française. Son théâtre, fait de situations qui virent à l'absurde, met en scène le personnage type du bourgeois crédule dont il fait la satire.

Jean de La Bruyère (1645-1696)

Après des études de droit, Jean de La Bruyère devient précepteur du petit-fils de Condé, ce qui lui permet d'observer les grands de ce monde. Il s'engage dans la « querelle des Anciens et des Modernes » et prend le parti des Anciens. L'œuvre unique qu'il compose, *Les Caractères* (1688), se présente d'abord comme une imitation d'un ouvrage antique, *Les Caractères* de Théophraste. Son livre se présente sous la forme de portraits satiriques de ses contemporains, mêlés à des maximes morales à la manière de La Rochefoucauld. La cour, les femmes, les auteurs de son siècle y sont examinés. Il est élu à l'Académie française en 1693.

Pierre Choderlos de Laclos (1741-1803)

Issu d'une famille de noblesse récente, Laclos, en tant qu'officier de carrière, vit dans les villes de garnison provinciales. Son temps libre est consacré à la lecture ainsi qu'à l'écriture. Son unique roman, *Les Liaisons dangereuses* (1782), obtient immédiatement un succès lié au scandale qu'il provoque. La question de l'émancipation féminine y est posée; Laclos la reprendra dans différents textes théoriques (*Des femmes et de leur éducation*, 1783).

Madame de La Fayette (1634-1693)

Par son mariage avec le comte de La Fayette, Marie-Madeleine entre dans l'aristocratie. À Paris, où elle tient salon à partir de 1660, elle fréquente des intellectuels et des écrivains comme Gilles Ménage ou Jean de Segrais. Elle noue aussi une amitié durable avec le Duc de La Rochefoucauld. En collaboration avec Ménage, elle écrit d'abord une nouvelle historique, *La Princesse de Montpensier* (1662), mais sa gloire est surtout associée au roman *La Princesse de Clèves* (1678), considéré comme un chef-d'œuvre de la littérature classique et le modèle du roman d'analyse psychologique.

Jean de La Fontaine (1621-1695)

Jean de La Fontaine a marqué l'Histoire littéraire par la publication de ses *Fables* en trois temps. Il publie le Premier Recueil (Livres I à VI) en 1668, le Deuxième Recueil (Livres VII à XI) en 1678-1679 et le Livre XII en 1694. Le fabuliste est un moraliste qui cherche à corriger les défauts des hommes, et certains travers de la société de son temps. Il a pu les observer grâce à sa position privilégiée dans les salons d'époque, ayant pour mécènes de grands personnages d'État comme le surintendant Fouquet ou l'aristocrate Mme de La Sablière. La Fontaine s'inspire d'abord des Anciens, comme le fabuliste grec Ésope, mais il enrichit progressivement son art et ses sources d'inspiration.

Jean-Luc Lagarce (1957-1995)

Jean-Luc Lagarce exprime l'angoisse et le désespoir causés par la situation tragique de l'Homme, et ses pièces sont habitées par la maladie et l'imminence de sa mort (*Juste avant la fin du monde*, 1990 ; *Derniers remords avant l'oubli*, 1987 ; *Nous, les héros*, 1993). Il révèle également la difficulté à communiquer en société par un jeu sur la répétition et la variation des mots.

Alphonse de Lamartine (1790-1869)

Inspiré par les Romantiques tels que Chateaubriand, Alphonse de Lamartine écrit ses premiers vers à la suite d'un voyage en Italie. La rencontre puis la disparition brutale de Julie Charles, en 1817, suscitent l'écriture de poèmes comme « Le Lac » dans les *Méditations poétiques* (1820). Le recueil *Harmonies poétiques et religieuses* (1830) prolonge cette aventure poétique. Fort du succès littéraire rencontré, il entre à l'Académie française en 1829, puis se lance dans une carrière politique qui le mène à la tête du gouvernement provisoire en 1848. Après cette période heureuse, Lamartine perd la faveur de ses contemporains. Ses dernières œuvres, un peu de théâtre, quelques romans, et surtout des textes autobiographiques rencontrent peu de succès.

Alain-René Lesage (1668-1747)

Alain-René Lesage est un romancier et dramaturge français. Sans fortune, il devient clerc de notaire. Il traduit des pièces espagnoles et écrit ses propres comédies comme *Crispin, rival de son maître* (1707) ou *Turcaret* (1709), satires de la société du temps de la Régence. Ses comédies rappellent celles de Molière et annoncent des thèmes qu'on retrouve dans les comédies du XVIIIe siècle. Son roman picaresque, *L'Histoire de Gil Blas de Santillane* (1715-1735), qui jette un regard critique sur la société, rencontre un large succès.

Stéphane Mallarmé (1842-1898)

Stéphane Mallarmé perd sa mère à l'âge de cinq ans et se voit confié à ses grands-parents puis mis en pension. Après un séjour à Londres où il parfait ses connaissances en anglais, il se marie et devient professeur d'anglais. Parallèlement il se consacre à la poésie et fréquente les milieux Parnassiens et Symbolistes. Verlaine le fait connaître et révèle son talent. Dans *Hommages et Tombeaux* (1877), Mallarmé recherche une langue « suprême » capable de compenser le « défaut des langues ». Le poème « Un coup de dés jamais n'abolira le hasard » (1897), jouant avec l'espace de la page et la typographie, devient l'emblème d'une poésie éclatée.

Pierre Carlet de Chamblain de Marivaux (1688-1763)

Marivaux, dramaturge et écrivain français, est le fils du directeur de la Monnaie de Riom. Il abandonne ses études de droit pour une carrière littéraire. Il écrit des articles de journaux, des textes satiriques, des comédies et des romans qui lui apportent succès et reconnaissance et lui permettent d'entretenir sa famille après la banqueroute de Law dont il ressort ruiné. Dans ses comédies (*La Double Inconstance*, 1724 ; *Le Jeu de l'amour et du hasard*, 1730), Marivaux explore la naissance de l'amour et son développement, mais analyse aussi le rapport entre les différentes conditions sociales et leur évolution dans ce début du XVIIIe siècle.

François Mauriac (1885-1970)

François Mauriac est un romancier, essayiste, critique littéraire et chroniqueur français né dans une famille bourgeoise, catholique et conservatrice. Après des études de lettres, il se consacre à la littérature et rencontre le succès dès la publication de ses premiers romans. *Le Baiser au lépreux* (1922), *Génitrix* (1923), *Thérèse Desqueyroux* (1927), *Le Nœud de vipères* (1932) proposent une satire de la bourgeoisie bien-pensante de son temps. Au milieu des années 1930, Mauriac s'engage dans le combat politique pour dénoncer la menace fasciste. Il rejoint la Résistance en 1942 et défend l'indépendance de l'Algérie en 1952. Mauriac est élu à l'Académie française en 1933 et obtient le prix Nobel de Littérature l'année où paraît son roman *Galigaï* (1952).

Henri Michaux (1899-1984)

Après des études chez les jésuites en Belgique, Henri Michaux s'engage dans la marine en tant que matelot. À vingt-cinq ans, il s'installe à Paris et s'intéresse à la peinture et au dessin, parallèlement à l'écriture. Naturalisé français en 1955, il devient poète et peintre. Il parcourt le monde et écrit des carnets de voyages (*Un barbare en Asie*, 1933), des recueils de poèmes en prose ou en vers libres (*Plume*, 1938), mais aussi des récits de ses expériences avec les drogues dans *Connaissance par les gouffres* (1961). S'il est proche des surréalistes, on ne peut le classer dans aucun mouvement. Sa poésie s'efforce d'explorer l'être humain comme le suggère le titre de son recueil *L'Espace du dedans* (1944).

Jean-Baptiste Poquelin dit Molière (1622-1673)

Fils d'un tapissier ordinaire du roi Louis XIV, Jean-Baptiste Poquelin se destine à une carrière d'avocat après avoir suivi ses études chez les jésuites. Mais en 1643, sa passion pour le théâtre l'amène à fonder « L'Illustre Théâtre ». Sa faillite le contraint à tourner douze ans en province avec sa troupe. Il en revient avec des protecteurs et ses premières pièces écrites. Le succès des *Précieuses Ridicules* (1659) assure la notoriété de la troupe qui s'installe au Palais-Royal. *L'École des femmes* (1662) inaugure le cycle des grandes comédies, mais suscite aussi des réactions hostiles qui vont se multiplier avec *Tartuffe* (1664) et *Dom Juan* (1665). Par la suite, Molière se consacre à des comédies proches de la farce et à des comédies-ballets. Sa mort survient quelques heures après une représentation du *Malade imaginaire* (1673).

Michel de Montaigne (1533-1592)

Michel de Montaigne est issu d'une famille de riches négociants bordelais. Après avoir siégé pendant cinq ans au Parlement de Bordeaux, où il se lie d'amitié avec La Boétie, puis à celui de Paris, il cède cette charge juridique en 1572 pour se consacrer à l'écriture des *Essais* dont il publie en 1580 une première version. Il est élu en 1581 à la mairie de Bordeaux. Entre les affaires publiques et sa retraite dans sa bibliothèque, il s'emploie à réécrire, amplifier son œuvre. Il y exerce sa réflexion sur le savoir de son temps et celui des historiens et des poètes de l'Antiquité. Écrivain humaniste, il cherche en lui-même les caractères de la condition humaine. C'est trois ans après sa mort, en 1595, qu'est publiée l'édition de référence de son œuvre établie sur « l'exemplaire de Bordeaux », portant ses derniers ajouts et corrections.

Charles-Louis de Secondat, baron de Montesquieu (1689-1755)

Président du Parlement de Bordeaux, Montesquieu est aussi l'auteur d'une œuvre étendue, comportant des analyses politiques, économiques et philosophiques. Il devient célèbre avec la publication des *Lettres persanes* (1721), roman épistolaire dans lequel il livre une observation de la société française du point de vue de deux Persans. Le choix d'un regard extérieur et faussement naïf lui permet d'aborder des questions sociales, politiques et morales, et de faire la satire des mœurs de son temps. Dans son traité *De l'esprit des lois* (1748), il renouvelle la réflexion politique en analysant les formes du gouvernement et l'intention qui préside à l'écriture des lois.

Alfred de Musset (1810-1857)

Né dans une famille aristocratique et cultivée, Alfred de Musset fréquente le Cénacle Romantique, mais reste en marge de la Nouvelle École. Après l'échec de *La Nuit Vénitienne* (1830), Musset renonce à écrire pour la scène et publie son théâtre sous le titre de *Un spectacle dans un fauteuil* (1832). Sa liaison orageuse avec George Sand nourrit sa poésie et en particulier les *Nuits* (1835-1837). Sa gloire est consacrée par son entrée à l'Académie française en 1852. Épuisé par l'alcoolisme, il meurt prématurément.

Georges Perec (1936-1982)

Georges Perec est né à Paris, dans une famille polonaise, juive. Son père est tué au combat durant la Seconde Guerre mondiale et sa mère est déportée à Auschwitz. *W ou le Souvenir d'enfance* représente son autobiographie : le récit croisé alterne une fiction olympique (un chapitre sur deux, en italique) et un récit autobiographique fragmentaire, en apparence très différents. La société décrite dans la partie fictive semble une cité idéale : la civilisation du sport symbolise, en la masquant, l'horreur des camps de concentration… Dans son œuvre, le jeu est toujours présent, comme la quête identitaire, la difficulté d'être et l'angoisse de la disparition.

Francis Ponge (1899-1988)

Né dans une famille bourgeoise et cultivée, Francis Ponge poursuit des études de lettres, puis de droit. En 1931, après son mariage, il se consacre à la poésie pendant ses moments libres. Il fréquente les surréalistes et adhère au Parti Communiste. En 1941, il entre dans la Résistance. Les titres de ses recueils *Le Parti pris des choses* (1942), *Proêmes* (1952) ou *La Rage de l'expression* (1961) suggèrent un intérêt pour le monde quotidien et prosaïque mais aussi sa volonté de s'affranchir d'une versification classique et de trouver une expression apte à retrouver le lien entre les mots et les choses.

Jacques Prévert (1900-1977)

Jacques Prévert commence sa carrière d'écrivain dans le groupe surréaliste : il rencontre André Breton en 1925, mais il rompt avec ce groupe en 1930. Il participe alors à l'écriture de pièces de théâtre pour le groupe « Octobre », troupe engagée. Il rédige le scénario de nombreux films, dont *Quai des brumes* (1938) et *Les Enfants du paradis* (1945) de Marcel Carné, et travaille aux côtés de son frère Pierre, réalisateur. Pendant la Seconde Guerre mondiale, il fait acte de résistance en écrivant notamment des poèmes engagés. Ses combats se retrouvent dans son recueil *Paroles* (1945). Certains de ses textes comme « Les Feuilles mortes » ont été mis en musique par Joseph Kosma.

Abbé Prévost (1697-1763)

Ordonné prêtre en 1726, il mène une existence mouvementée, partagé entre l'aspiration à la discipline religieuse et le goût de l'aventure qui l'amène à plusieurs reprises à voyager à travers l'Europe. Traducteur de romans anglais, journaliste, romancier fécond, toute son œuvre sombre dans l'oubli à l'exception de *Manon Lescaut* (1728-1731), à l'origine un récit inséré dans *Les Mémoires d'un homme de qualité.*

Marcel Proust (1871-1922)

Issu d'une famille cultivée de la bourgeoisie parisienne, Marcel Proust fréquente les salons de la haute bourgeoisie et de la noblesse du Faubourg St Germain et écrit des articles dans les journaux. C'est vers 1907 qu'il conçoit *À la Recherche du temps perdu*, roman en sept parties, dans lequel il peint les milieux et les figures qu'il a fréquentés. Grâce à la mémoire involontaire, il retrouve, intacts, les souvenirs du passé. Malade, cloîtré dans sa chambre, écrivant et corrigeant sans cesse ses manuscrits, il s'éteint à cinquante et un ans, après avoir obtenu le prix Goncourt en 1919 avec *À l'ombre des jeunes filles en fleurs*, mais sans avoir mis un point final à son œuvre.

Raymond Queneau (1903-1976)

Raymond Queneau, romancier et poète français rejoint le mouvement surréaliste mais rompt avec André Breton en 1942. Il est l'un des fondateurs de l'« Oulipo ». Toute son œuvre est marquée par le jeu avec le langage, les rapports de l'écrit et de la langue parlée voire argotique mais aussi par sa passion pour les mathématiques et la philosophie. Son roman *Le Chiendent* (1933), ses *Exercices de style* (1947), ses recueils *L'Instant fatal* (1948) ou *Cent mille milliards de poèmes* (1961) allient humour et poésie tant par l'évocation de personnages insolites que par la fantaisie verbale et les contraintes qu'il s'impose pour composer ses œuvres.

François Rabelais (1494 -1553)

Ordonné prêtre en 1520, François Rabelais étudie le grec, mais ses supérieurs confisquent ses livres ; ce qui lui vaut de haïr tout au long de sa vie la Sorbonne, les moines et la règle monastique. Ayant renoncé à ses vœux, il se tourne alors vers la médecine sans renoncer pour autant à l'écriture. *Pantagruel* paraît en 1532, et *Gargantua* en 1534, sous la signature d'Alcofibras Nasier (anagramme de François Rabelais) : le gigantisme des héros est à l'image d'une pensée humaniste qui veut briser les obstacles et les limites de la tradition et présenter, entre autres, un système d'éducation fondé symboliquement sur l'ivresse des connaissances. *Gargantua* s'achève sur la description de l'abbaye de Thélème, couvent utopique et humaniste.

Jean RACINE (1639-1699)

Orphelin, Jean Racine est élevé par les jansénistes de Port-Royal qui lui transmettent leur doctrine rigoureuse mais aussi le goût de la langue et de la littérature grecques. Bien que les jansénistes condamnent le théâtre, Racine écrit entre 1667 et 1677 une comédie, *Les Plaideurs* (1668), et sept tragédies dont *Andromaque* (1667), *Bérénice* (1670), *Phèdre* (1677). Ses tragédies donnent une vision tragique d'une humanité gouvernée par ses passions et abandonnée au mal à travers un nouveau langage poétique. Il renonce brutalement au théâtre, devient historiographe du roi et épouse une jeune fille qui lui donne sept enfants. Pour Madame de Maintenon et l'institution de Saint-Cyr qu'elle vient de fonder, il écrit deux tragédies d'inspiration biblique : *Esther* (1689) et *Athalie* (1691).

Jacques RÉDA (né en 1929)

Jacques Réda est un poète, éditeur et chroniqueur de jazz (*Anthologie des musiciens de jazz*, 1981) qui puise dans le Paris intime et secret son inspiration poétique (*Les Ruines de Paris*, 1977). Son lyrisme décrit à la fois la beauté fragmentée du monde et en traduit la conscience tragique (*Amen*, 1968 ; *Moana*, 2011). Il est l'inventeur du vers de 14 syllabes.

Arthur RIMBAUD (1854-1891)

Génie précoce, Arthur Rimbaud se consacre à la poésie entre quatorze et vingt-deux ans. Très tôt, il affirme sa révolte dans des poèmes comme « Sensation » ou « Le Dormeur du val » recueillis dans *Poésies* (1871). *Une saison en enfer* (1873) témoigne de sa liaison orageuse avec Verlaine, déterminante pour sa vie et son œuvre. Avant son silence définitif, Rimbaud cherche à atteindre l'ambition de *La Lettre du voyant* (1871), celle de « trouver une langue » dans les poèmes en prose et en vers libres d'*Illuminations*, écrits entre 1874 et 1876. Par la suite, il décide de voyager et cherche à faire fortune en Afrique et dans la péninsule arabique. Malade, il est rapatrié en France et meurt à Marseille en 1891.

Alain ROBBE-GRILLET (1922-2008)

Alain Robbe-Grillet est d'abord ingénieur agronome avant de se lancer dans la littérature. Il publie une série de romans, à partir des *Gommes* (1953), qui bouleversent la tradition romanesque en refusant les analyses psychologiques et le mode de descriptions des romans balzaciens. Ses théories, fondatrices du Nouveau Roman, sont réunies dans un essai, *Pour un nouveau roman* (1963). Après une série d'autres romans dont *La Jalousie* (1957), Robbe-Grillet se rapproche du cinéma et écrit des ciné-romans, dont *L'Année dernière à Marienbad* (1961), filmé par Alain Resnais. En 2004, il est élu à l'Académie française.

Pierre DE RONSARD (1524-1585)

Avec Joachim Du Bellay, Pierre de Ronsard est un des poètes fondateurs du groupe de La Pléiade. L'œuvre de Ronsard est immense : il reste surtout célèbre pour ses recueils de sonnets amoureux *Amours de Cassandre* (1552), *Amours de Marie* (1555), *Sonnets pour Hélène* (1578). Mais avec *La Franciade* (1572), il tente de faire revivre en France le genre de l'épopée. Ses *Discours* (1555-1564) marquent, dans le contexte difficile des guerres de religion, ses positions de catholique modéré sensible à la détresse de son pays. Enfin, *Les Hymnes* (1555-1556) illustrent la tentative d'une poésie de méditation philosophique. Poète de cour, Ronsard connaît d'emblée une gloire immense et les faveurs de différents souverains. Il finit sa vie au Prieuré de Saint-Cosme, où, malade, il se retire.

Jean-Jacques ROUSSEAU (1712-1778)

Jean-Jacques Rousseau est un des pères spirituels de la Révolution française. Né dans un milieu modeste d'artisans, c'est un autodidacte qui vient tardivement à l'écriture. L'opposition entre Nature et Société ainsi que la mise en cause de la socialisation de l'homme sont au cœur de la réflexion politique et morale des deux Discours, *Discours sur les sciences et les arts* (1749), *Discours sur l'origine et les fondements de l'inégalité parmi les hommes* (1755). *Le Contrat social* (1762) prolonge cette réflexion politique avec l'idée d'un pacte social égalitaire entre gouvernants et gouvernés. Rousseau cherche à réformer l'homme par l'éducation, avec son traité *l'Émile* (1762). Il aborde la fiction avec le roman épistolaire *La Nouvelle Héloïse* (1761). Son œuvre immense est l'objet de nombreuses polémiques en son temps par certains philosophes. Il fuit en exil (en Suisse, puis en Angleterre) et trouve l'apaisement à la fin de sa vie avec *Les Rêveries du promeneur solitaire*, texte inachevé.

Jean-Paul SARTRE (1905-1980)

Après avoir étudié la philosophie, Jean-Paul Sartre enseigne cette discipline de 1931 à 1945, tout en écrivant des romans comme *La Nausée* (1938). Incorporé dans l'armée durant la Seconde Guerre mondiale, il est fait prisonnier, puis s'évade. Il entre alors dans la Résistance et crée des pièces de théâtre dans lesquelles il développe ses thèses (*Les Mouches*, 1943 ; *Huis-clos*, 1944). Il prend la voie de l'engagement politique, auprès de sa compagne, Simone de Beauvoir. Fondateur de l'Existentialisme, il refuse le prix Nobel de Littérature en 1964. La même année, paraît son œuvre autobiographique, *Les Mots*.

Paul Scarron (1610-1660)

Entré très tôt dans les ordres, Paul Scarron, est atteint, en 1638, d'une maladie qui le laisse paralysé et difforme. Il épouse Françoise d'Aubigné, la future Madame de Maintenon, et réunit autour de lui des esprits libres, des libertins, et des hommes de lettres. Peu engagé en politique, il rédige néanmoins un pamphlet contre Mazarin, en 1651. Ses écrits poétiques burlesques, *Le Virgile travesti* (1648), sont célèbres, mais il est surtout connu pour son roman, *Le Roman comique* (1651-1657) qui met en scène une troupe de comédiens. Ses pièces de théâtre, imitées de nouvelles espagnoles, connaissent un grand succès à son époque.

Éric Emmanuel Schmitt (né en 1960)

Éric Emmanuel Schmitt est dramaturge, nouvelliste, romancier et réalisateur. Il revisite et questionne les grands mythes, interroge la condition humaine au théâtre (*La Nuit de Valognes*, 1991 ; *Monsieur Ibrahim et les fleurs du Coran*, 2001) et dans ses récits (*L'Évangile selon Pilate*, 2000 ; *Ulysse from Bagdad*, 2008).

Henri Beyle dit Stendhal (1783-1842)

Henri Beyle embrasse la carrière militaire et suit les campagnes napoléoniennes qui lui permettent de découvrir, entre autres, l'Italie, sa patrie d'adoption, cadre de nombreux romans. Après la chute de Napoléon, il se lance dans l'écriture sous le pseudonyme de Stendhal. Il écrit d'abord des essais, comme *De l'Amour* (1822) ou *Racine et Shakespeare* (1823) qui donnent une définition du romantisme, puis des romans d'analyse : *Le Rouge et le Noir* (1830), *La Chartreuse de Parme* (1839). Ceux-ci mettent en scène des personnages passionnés, recherchant le bonheur, placés dans une société dont l'auteur fait souvent un tableau satirique. Sous Louis-Philippe, il est nommé consul en Italie.

Paul Verlaine (1844-1896)

Paul Verlaine se veut l'héritier de Baudelaire et des Parnassiens. Son premier recueil, les *Poèmes saturniens* (1866), reflète ces influences. En 1870, il publie *La Bonne chanson*, comportant des poèmes dédiés à celle qu'il vient d'épouser, Mathilde Mauté. Sa rencontre avec Arthur Rimbaud, en 1871, marque un tournant dans sa vie. Il est condamné et emprisonné en 1873 pour avoir blessé par balle cet ami. Ses conceptions poétiques originales s'affirment dans « Art poétique », écrit en 1874 et publié dans *Jadis et naguère* (1884); il y revendique « De la musique avant toute chose ». Il ouvre la voie au Symbolisme et fait connaître ceux que son ouvrage de 1883 appelle les « Poètes maudits » : Corbière, Mallarmé et Rimbaud.

François Villon (vers 1432-après 1463)

François de Montcorbier, dit François Villon, participe à de nombreuses bagarres qui le poussent à fuir Paris pour rejoindre Charles d'Orléans à Blois. Il est conduit en prison à plusieurs reprises, jusqu'à sa condamnation à la pendaison, transformée en bannissement pour dix ans. Ces épisodes l'inspirent pour ses poèmes et ballades, contenus dans le *Lais* (1456), c'est-à-dire « le legs », ou *Le Testament* (1461-1462) : Villon y fait la satire de ses contemporains et les appelle à la clémence avec un poème tel que « La Ballade des pendus ».

François-Marie Arouet dit Voltaire (1694-1778)

Philosophe majeur du siècle des Lumières, Voltaire est l'auteur d'une œuvre littéraire immense et très variée dont ses *Lettres philosophiques* et ses contes *Zadig* (1748), *Candide* (1759) et *L'Ingénu* (1767). Toute son œuvre philosophique s'inscrit dans son combat contre l'intolérance et le fanatisme religieux. Cependant, il croit avec ferveur au bonheur possible et au progrès matériel et moral de l'homme. En cela, il s'oppose à Rousseau dans quelques textes caustiques. Voltaire s'essaie à tous les genres littéraires, le théâtre tragique (*Œdipe*, 1718), les écrits historiques (*Le Siècle de Louis* XIV, 1751), la poésie (« Poème sur le désastre de Lisbonne », 1756). À la fin de sa vie, installé dans sa propriété de Ferney, en Suisse, il est en correspondance avec toute l'Europe éclairée et jouit de son vivant d'une notoriété immense.

Émile Zola (1840-1902)

Avec pour condisciple le peintre Cézanne, Émile Zola fait ses études à Aix-en-Provence. Fondateur du Naturalisme, il est auteur de la série des *Rougon-Macquart (Histoire naturelle et sociale d'une famille sous le Second Empire)* parue en vingt volumes entre 1871 et 1893. Émile Zola construit son œuvre sur l'idée que la création romanesque peut être conduite comme une expérimentation scientifique. Il montre aussi le poids de l'hérédité dans le destin de ses personnages (*Nana*, 1880). Le septième volume de sa série, *L'Assommoir* (1877), fait scandale car il y décrit le monde ouvrier avec sa langue, ses mœurs, sans nier les ravages causés par la misère et l'alcoolisme. *Germinal* (1885), le treizième volume, s'inscrit également dans cette démarche. Zola est un écrivain engagé qui prend position dans l'affaire Dreyfus : son article *J'accuse*, publié dans *L'Aurore* le 13 janvier 1898, reste célèbre. Il meurt asphyxié pendant son sommeil : on a mis en doute le caractère accidentel de ce décès.

Index des auteurs et des œuvres

Cet index renvoie aux auteurs et aux œuvres étudiés.
Les numéros en couleur renvoient aux parties **Lecture**, **Langue**, **Outils d'analyse** et **Méthode** du manuel.

Mentions de copyright et crédits photographiques

Couverture : Photo Josse/Leemage/© Adagp, Paris, 2015 – p. 3 : Photo Josse/Leemage – p. 4 : Christie's Images/www.bridgemanart.com/DR ; Menil Collection, Houston/www.bridgemanart.com/© Adagp, Paris 2015 ; Stéphane Maréchalle / RMN-GP ; Rue de Archives/RDA – p. 5 : Coll Christophe L ; BnF – p. 6 : Gérard Blot/RMN-GP ; Rue des Archives/VARMA ; Mattes René/hemis.fr – p. 7 : La Collection ; Collection VAV/Kharbine Tapabor ; www.bridgemanart.com ; Brigitte Enguerand – p. 8 : Pascal Victor/ArtComArt Leemage/© Adagp, Paris, 2015 ; Photo Josse/Leemage – p. 9 : www.bridgemanimages.com ; electa/Leemage ; Alinari/Roger-Viollet – p.10 : Photo Josse/Leemage ; Leemage – p.11 : Leemage ; Roger-Viollet ;The Picture Desk – p.12 : Bianchetti/Leemage Rue des Archives/DILTZ ; Interfoto /La Collection – p.13 : Leemage ; Kharbine-Tapabor ; Immagina/Leemage – p.14 : akg-images/Erich Lessing ; Jean-François Tomasian/RMN-GP/© Adagp, Paris, 2015 ; La Collection – p.15 : Leemage ; Leemage ; The Maas Gallery, London/www.bridgemanart.com – p.16 : © Christie's Images/www.bridgemanart.com/DR – p.17 : © Glenbow, Calgary, 2015/Peter Nahum at The Leicester Galleries/www.bridgemanart.com – p.18 : www.bridgemanart.com/DR – p. 20 : Photo Josse/ Leemage – p. 21 : Costa/Leemage ; DeAgostini/Leemage – p. 22 : Battaglini/Leemage ; Costa/Leemage ; Luisa Ricciarini/Leemage – p. 23 : Photo Josse/Leemage – p. 24 : Photo Josse/Leemage – p. 25 : Photo Josse/Leemage – p. 26 : Collection IM Kharbine-Tapabor p. 27 : Youngtae/Leemage – p. 28 : www.bridgemanart.com – p. 29 : Leemage/Photo Josse – p. 31 : Bianchetti/Leemage – p. 32 : Heritage Images/Leemage – p. 33 : Selva/Leemage ; Rue des Archives/CCI – p. 34 : akg-images – p. 35 : Lylho/Leemage – p. 36 : RMN-Grand Palais(Château de Versailles)/Daniel Arnaudet – p. 37 : electa/Leemage – p. 38 : Youngtae/Leemage – p. 39 : akg-images/© Max Ernst/VG Bild-Kunst/Adagp, Paris, 2015 – p. 40 : Studio Lipnitzki/Roger-Viollet – p. 41 : Proc DB © DR/TCD – p. 42 : Éditions Magnard ; Éditions Gallimard – p. 43 : Robbie Jack/Robbie Jack/Corbis ; Éditions Gallimard – p. 44 : © Christie's Images/www.bridgemanart.com/DR – p. 46 : Menil Collection, Houston/Giraudon/www.bridgemanart.com/© Adagp, Paris, 2015 – p. 47 : Stéphane Maéchalle /RMN-GP (reprise p. 52 et 71) ; Rue des archives/© ADAGP, Paris, 2015 (reprise p. 72 et 85) ; Coll Christophe L (reprise p. 86) ; BnF (reprise p. 108) ; Gérard Blot/RMN-GP (reprise p. 120) ; Rue des Archives/VARMA (reprise p. 135) ; Mattes René /hemis.fr (reprise p. 140) – p. 48 : Luisa Ricciarini/Leemage – p. 49 : DeAgostini/Leemage ; BnF – p. 50 : Lee/Leemage ; Prod DB © Iena/DR/TCD – p. 51 : Rue des Archives/PVDE – p. 52 : Stéphane Maéchalle /RMN-GP (reprise p. 71) ; RMN (reprise p. 635) – p. 53 : AKG Images – p. 54 : Leemage (reprise p. 340 et 630) ; Prod DB © O.C.A.V. - S.F.P./DR/TCD – p. 56 : Leemage (reprise p. 120, 342, 344 et 632) – p. 57 : TCD – p. 58 et 59 : Prod DB © Films Marceau-Cocinor/DR – p. 60 et 61 : Prod DB © Lorimar-Warner Bros/DR – p. 62 : Rue des Archives (reprise p. 77, 92, 94 et 631) – p. 63 : Leemage – p. 64 : Christophe L ; Rue des Archives/Tal – p. 66 : Corbis (reprise p.356 et 635) – p. 67 : AFP (reprise p. 629) ; RMN – p. 68 : Suki Dhanda/ Gamma-Rapho ; History Institute, Prague – p. 69 : akg-images/ullstein bild – p. 70 : Rue des Archives – p. 71 : Stéphane Maéchalle /RMN-GP – p. 72 : Rue des archives/© ADAGP, Paris, 2015 ; Leemage (reprise p. 86, 88, 632) – p. 73 : Electa/ Leemage – p. 74 (reprise p. 636) : Leemage – p. 75 : Photo Josse/Leemage – p. 76 : Leemage (reprise p. 122 et 628) ; www.bridgemanart.com – p. 77 : Rue des Archives – p. 78 : Leemage (reprise p. 130 et 630) ; Collection Christophel © Catherine Dussart Productions/DR – p. 79 : Daniel Janin/AFP (reprise p. 153 et p. 635) – p. 80 : Laurent DENIMAL/Opale/Leemage – p. 81 : Jean-Gilles Berizzi/RMN-GP – p. 82 : Leemage ; Leemage ; Leemage – p. 83 : SMK Foto-www.smk.dk/© Succession H. Matisse ; The Bridgeman Art Library/ © Succession Picasso 2015 ; Leemage/© The Andy Warhol Foundation for the visual Arts, Inc./© Adagp, Paris 2015 – p. 85 : Rue des archives/©ADAGP, Paris, 2015 (reprise) – p. 86 : Coll Christophe L ; Leemage – p. 87 : Corbis – p. 88 : Leemage – p. 89 : www.bridgemanart.com – p. 90 : AKG Images ((reprise p. 635) ; BnF – p. 91 : www.bridgemanart.com – p. 92 : Rue des Archives – p. 93 : RMN – p. 94 : www.bridgemanart.com – p. 96 : Leemage (reprise p. 109 et 634) ; www. bridgemanart.com – p. 98 : Roger-Viollet (reprise p.100 et 630) – p. 99 : Photo Josse/Leemage/©Succession Picasso 2015 – p. 100 : Roger-Viollet – p. 101 : Luisa Ricciarini/Leemage – p. 102 : Granger NYC/Rue des Archives – p. 103 : Prod DB © Focus Features - BBC Films - Ruby Films /DR/TCD – p. 104 : Artothek /La Collection – p. 105 : © Calle / ADAGP, Paris, 2015 - Courtesy Galerie Perrotin – p. 106 : Prod DB © Cinematograph/DR – p. 108 : BnF ; Leemage (reprise p. 322, 338, 448 et 636) – p. 109 : Leemage ; Nicola Lorusso /RMN-GP – p. 110 : Rue des Archives/RDA – p. 111 : Jochen Remmer / RMN-GP/© ADAGP, Paris, 2015 – p. 112 : Leemage (reprise p. 322, 338, 448 et 636) ; Rue des Archives/RDA – p. 113 : Leemage – p. 114 : Rue des Archives (reprise p. 508 et 634) – p. 115 : Prod DB © Nouvelles Editions de Film/DR/TCD – p. 116 : Jerry BAUER/Opale/Leemage ; www.bridgemanart.com – p. 118 : Rolf Vennenbernd/dpa/Corbis – p. 119 : Prod DB © NICE FLX Pictures - Nice Drama - FLX Comedy AB/DR/TCD ; Prod DB © NICE FLX Pictures - Nice Drama - FLX Comedy AB/DR/TCD – p. 120 : Gérard Blot/RMN-GP ; Leemage – p. 121 : TCD – p. 122 : Leemage ; Artistes Associes /Films du Carrosse – p. 124 : Leemage – p. 125 : RMN – p. 126 : Lebrecht Music & Arts Photo Library/Rue des archives (reprise p. 152 et p. 633) – p. 127 : Prod DB © Filmel /DR/TCD – p. 128 et 129 : Prod DB © Filmel/DR– p. 130 : Graziano Arici/Leemage – p. 131 : RMN – p. 132 : Costa/Leemage ; Pascal Victor/ArtComArt – p. 133 : RMN – p. 134 : Rue des Archives/VARMA ; Rue des Archives (reprise p. 202 et 629) – p. 135 : www.bridgemanart.com – p. 137 : Philippe Migeat /RMN-GP/© ADAGP, Paris, 2015 – p. 138 : AFP/Bertrand Langlois ; Bruno Boudjelal /Agence VU – p. 140 : Mattes René /hemis.fr ; Jean-Loup Gautereau/AFP – p. 141 : ROPI/REA – p. 142 : A. Vafeiadakis/ZUMA/REA – p. 143 : J. Carrier/Redux-REA – p. 144 : Massimo Berruti/Agence VU – p. 145 : Bradley Secker/Demotix/Corbis – p. 146 : Marc Allégret /RMN-GP – p. 147 : Plantu – p. 152 : © Lebrecht Music & Arts Photo Library/Rue des archives – p. 153 : © Daniel Janin/AFP – 158 : La Collection – p.159 : Collection VAV/Kharbine Tapabor (reprise p. 164 et 177) ; bridgemanart.com (reprise p; 178) ; Brigitte Enguerand (reprise p. 192) ; Pascal Victor/ArtComArt (reprise p. 208 et 223) – p.160 : La Collection/Interfoto – p.161 : Coll. Grob/Kharbine-Tapabor ; Mary Evans/Photononstop – p.162 : Agence Enguerand/Bernand – p.163 : Marc Enguerand CDDS – p. 164 : Collection VAV/Kharbine Tapabor (reprise p. 177) ; Leemage (reprise p. 632) – p. 165 : Pascal Victor/Artcomart – p. 166 (reprise p. 178 et 633) : Leemage – p. 167 : Marc Vanappelghem – p. 168 : Enguerand ; Enguerand – p. 169 : Eric Legrand ; Agathe Poupeney/Divergence – p. 170 : Photo Josse/Leemage – p. 171 : Enguerand – p. 172 : Leemage (reprise p. 628) – p. 173 : TASS/ abacapress.com – p. 174 : Kharbine-Tapabor (reprise p. 240, 259, 276, 302, 348, 352, 364 et 631) – p. 175 : Enguerand ; TCD ; TCD – p. 176 : Edouard Boubat/Rapho ; Enguerand – p. 177 : © Collection VAV/Kharbine Tapabor – p. 178 : bridgemanart.com ; Leemage – p. 179 : Emmanuel Fradin/ArtComArt – p. 180 : Photo12/ Fondation Napoléon – p. 181 : Pascal Victor/ArtComArt – p. 182 : Selva/Leemage ; Roger-Viollet ; Brigitte Pougeoise – p. 183 : Pascal Victor/ArtComArt – p. 184 : AFP (reprise p. 629) – p. 185 : Marie Lamachère/Interstices – p. 186 : Gamma Rapho (reprise p. 632) – p. 187 : Valérie Siaud – p. 188 : DR – p. 189 : Patrick Moll – p. 190 : Artedia/Leemage ; Patrick Berger/ArtComArt – p. 192 : Brigitte Enguerand ; Leemage (reprise en 507 et 634) – p. 194 : DeAgostini/Leemage – p. 195 : Marc Enguerand – p. 196 : Leemage (reprise p. 478 et 630) – p. 197 : Jean Paul Lozouet/CIT'en scene – p. 198 : Leemage (reprise p. 258, 303 et 633) – p. 199 : Pascal Victor/ArtComArt – p. 200 : Bianchetti/leemage – p. 201 : Mirco Magliocca/ArtComArt – p. 202 : Studio Lipnitzki/Roger-Viollet ; Rue des Archives – p. 203 : Victor Tonelli/ArtComArt – p. 204 : Christine Poujoulat/ AFP (reprise p. 225) – p. 205 : Pascal Victor/ArtComArt – p. 206 : Renout Benjamin Agence Enguerand ; Pascal Victor/ArtComArt – p. 207 : Pascal Victor/ArtComArt ; Pascal Victor/ArtComArt – p. 208 : Pascal Victor/ArtComArt (reprise p. 223) – p. 209 : Louis Monier/Gamma (reprise p. 215 et 632) ; David Anémian – p. 211 : David Anémian – p. 213 : A Pacciani CDDS Enguerand – p. 214 : Patrick Berger/ArtComArt – p. 217 : Yves Renaud – p. 218 : Josée Lambert ; DR – p. 219 : Emmanuelle Roy ; Patrick Berger/ArtComArt – p. 223 : © Pascal Victor/ArtComArt – p. 224 : Henri Martinie/Roger-Viollet ; F. Maligne/Gamma-Rapho – p. 225 : © AFP Marc Enguerand ; Imago/Rue des Archives – p. 230 : Leemage/© ADAGP, Paris, 2015 – p. 231 : Photo Josse/Leemage (reprise p. 236 et 247) ; www.bridgemanart.com (reprise p. 248, 249 et 255) ; electa/leemage (reprise p. 256 et 271) ; Alinari/Roger-Viollet (reprise p. 272 et 281) ; Photo Josse/Leemage ; Leemage (reprise p. 290 et 291) – p. 232 : Leemage – p. 233 : Photo Josse/Leemage – p. 234 : Aisa/Leemage ; Ernest Pignon-Ernest/© Adagp, Paris, 2015 – p. 235 : Collection centre Pompidou, dist. RMN/Philippe Migeat/© Adagp, Paris, 2015 – p. 236 : Photo Josse/Leemage ; Leemage (reprise p. 247) – p. 237 : Leemage – p. 238 : Leemage (reprise p. 250, 412, 429 et 628) p. 239 : Leemage – p. 240 : Kharbine-Tapabor – p. 241 : Rue des Archives/ RDA – p. 242 : Heritage Images/Leemage ; Musées de Strasbourg, M. Bertola/© ADAGP, Paris, 2015 – p. 243 : FineArtImages/Leemage © Salvador Dalí, Fundació Gala-Salvador Dali /© ADAGP, Paris, 2015 ; Isaac Celnikier/DR – p. 244 : Roger-Viollet (reprise p. 262 et 630) – p. 245 : Roger-Viollet (reprise p. 634) – p. 246 : © The Bridgeman Art Library – p. 247 : © Photo Josse/Leemage – p. 248 : www.bridgemanart.com (reprise p. 255) ; www.bridgemanart.com – p. 249 : akg-images/Erich Lessing ; www. bridgemanart.com – p. 250 : Leemage – p. 251 : Photo Josse/Leemage ; Electa/Leemage – p. 252 : Roger-Viollet (reprise p. 277, 292, 294 et 628) – p. 253 : Roger-Viollet ; musée Guimet/RMN-GP – p. 254 : The Museum of Modern Art, New York/ Scala, Florence/ The estate of George Grosz, Princeton, N.J./© ADAGP, Paris, 2015 ; © Thomas Hirschhorn, courtesy Galerie Chantal Crousel, Paris – p. 255 : www.bridgemanart.com – p. 256 : electa/leemage (reprise p. 271) ; AKG Images (reprise p. 277, 292, 294 et 628) – p. 257 : Rue des Archives (reprise p. 509 et 635) – p. 258 : The Bridgeman Art Library ; Leemage – p. 259 : Kharbine-Tapabor ; FineArtImages/Leemage – p. 260 : Gamma Rapho (reprise p. 631) ; www.bridgemanimages.com/© ADAGP, Paris, 2015 – p. 261 : AKG Images (reprise p. 635) ; Leemage – p. 262 : Roger-Viollet – p. 263 : Leemage/© ADAGP, Paris, 2015 Chagall ® – p. 264 : Roger-Viollet (reprise p. 629) – p. 265 : The Bridgeman Art Library/© Salvador Dalí, Fundació Gala-Salvador Dali /© ADAGP, Paris, 2015 – p. 266 : RMN/© ADAGP, Paris, 2015 ; AKG Images/© Succession Alberto Giacometti (Fondation Alberto et Annette Giacometti, Paris)/© ADAGP, Paris, 2015 – p. 267 : Leemage/© ADAGP, Paris, 2015 ; Archives Werner Spies/DR ; Peter Ertl/©Adagp, Paris 2015 – p. 268 : AKG Images/© Denise Bellon-© adagp, Paris 2015/© Salvador Dalí, Fundació Gala-Salvador Dali-© ADAGP, Paris, 2015 ; AKG Images/© Denise Bellon-© adagp, Paris 2015/© Salvador Dalí, Fundació Gala-Salvador Dali-© ADAGP, Paris, 2015 – p. 269 : Prod DB © DR ; Prod DB © DR – p. 271 : electa/leemage (reprise) – p. 272 : Alinari/Roger-Viollet (reprise p. 281) ; AKG Images – p. 273 : AFP ; Prod DB © Gafer / DR – p. 274 : Photo Josse/Leemage ; image BnF /RMN-GP – p. 275 : www.bridgemanart.com – p. 276 : Kharbine-Tapabor ; Hervé Lewandowski /RMN-GP – p. 277 : Roger-Viollet – p. 278 : AFP ; Arleta CHOJNACKA/CIT'images – p. 279 : SuperStock/Leemage/© ADAGP, Paris, 2015 Chagall ®– p. 281 : Alinari/Roger-Viollet (reprise) – p. 282 : Photo Josse/Leemage ; Leemage (reprise p. 628) – p. 283 : leemage (reprise p. 629) ; Leemage – p. 284 : Leemage (reprise p. 636) – p. 285 : AKG Images – p. 286 : Leemage (reprise p. 635) – p. 287 : Leemage (reprise p. 632) ; René-Gabriel Ojéda/RMN-GP – p. 288 : Roger-Viollet ; AKG Images/© ADAGP, Paris, 2015 Chagall ® – p. 289 : AKG Images (reprise p. 633) – p. 290 : Leemage – p. 291 : Leemage ; www.bridgemanart.com/ © ADAGP, Paris, 2015 – p. 292 : Roger-Viollet – p. 293 : Aisa/Leemage – p. 294 : Roger-Viollet – p. 295 : © Patrick Tosani, © ADAGP, Paris, 2015 – p. 296 : Opale/Leemage (reprise p. 634) – p. 297 : Louis Monier/Rue des Archives ; Béatrice Hatala /RMN-GP/© Succession Picasso 2015 – p. 298 : Monier/Rue des Archives ; Jean Gaumy/Magnum Photos – p. 299 : Serge Benhamou/Gamma Rapho – p. 301 : Leemage (détail repris de la p. 291) – p. 302 : Leemage ; Kharine-Tapabor – p. 303 : Photo Josse/Leemage ; John Foley/Opale/Leemage – p. 308 : Leemage – p. 309 : Roger-Viollet (reprise p. 314 et 333) ; Dagli Orti/The Picture Desk (reprise p. 334, 337 et 630) ; Bianchetti/Leemage (reprise p. 350 et 359) ; Rue des Archives/DILTZ ; COARC (reprise p. 360) ; Interfoto/La Collection (reprise p. 376 et 391) – p. 310 : Aisa/Leemage – p. 311 : AKG-Images – p. 312 : Photo Josse/Leemage – p. 313 : Lee/Leemage ; Daniel Simon/Gamma – p. 314 : Roger-Viollet ; Roger-Viollet – p. 315 : Leemage (reprise p. 317, 319, 321, 325, 327, 428 et 633) – p. 317 : Leemage ; Leemage – p. 319 : Leemage ; Gérard Blot/RMN – p. 320 : Leemage – p. 321 : Leemage – p. 322 : Leemage – p. 323 : www.bridgemanart.com – p. 325 : Leemage ; Roger-Viollet – p. 327 : Leemage ; Leemage – p. 328 : Granger NYC/Rue des Archives – p. 329 : BnF – p. 330 : Jacques Loew/Kipa/Corbis – p. 331 : J. Leynse/REA – p. 333 : Roger-Viollet – p. 334 : Dagli Orti/The Picture Desk – p. 335 : Leemage – p. 336 : Daniel Lebée/Carine Déambros/RMN – p. 337 : Dagli Orti/The Picture Desk ; Leemage – p. 338 : Leemage ; Leemage – p. 340 : Leemage – p. 341 : Leemage – p. 342 : Leemage (reprise p. 344 et 633) ; Prod DB © Lorimar-Warner Bros / DR – p. 343 : www.bridgemanart.com – p. 344 : Leemage – p. 345 : Leemage (reprise p. 635) – p. 346 : Photo Josse/Leemage ; Leemage – p. 348 : Kharbine-Tapabor – p. 349 : AFP (reprise p. 629) – p. 350 : Bianchetti/Leemage – p. 351 : Musée Carnavalet/Roger-Viollet – p. 352 : www.bridgemanart.com – p. 353 : Luisa Ricciarini/Leemage – p. 354 : Photo12/Archives Snark – p. 355 : Photo12/Archives Snark – p. 356 : Corbis – p. 359 : Bianchetti/Leemage – p. 360 : Rue des Archives/DILTZ ; COARC/Roger-Viollet – p. 361 : Kharbine-Tapabor ; Christophel © DisCina / DR – p. 363 : J. Manning/The N.Y. Times-REDUX-REA ; www.bridgemanart.com – p. 364 : Kharbine-Tapabor – p. 365 : Rue des Archives/RDA – p. 366 : DeAgostini/Leemage – p. 367 : Buffetrille/Leemage – p. 368 : Fototeca/Leemage – p. 370 et 37 : Prod DB © Brooksfilms/DR– p. 372 : Graziano Arici/Leemage – p. 373 : Bertrand Langlois/AFP – p. 374 : Photo12 / Patrick Fouque – p. 375 : Artothek / La Collection/© ADAGP, Paris, 2015 – p. 376 : Interfoto/La Collection ; Photo Josse/Leemage – p. 377 : Selva/Leemage ; akg/Horst von Harbou-Stiftung – p. 378 : Electa/Leemage ; Aisa/Leemage – p. 380 : Aisa/leemage – p. 381 : Rue des Archives/BCA – p. 382 : Leemage (reprise p. 449 et 636) ; Photo Josse/Leemage – p. 383 : MP/Leemage ; Mark Stevenson/Stocktrek Images/Corbis – p. 384 : Raphael Gaillard/Gamma ; www.bridgemanart.com/DR – p. 385 : Prod DB © DR/TCD – p. 386 et 387 : Prod DB © Alliance Atlantis/DR – p. 388 : Le Corbe-Ribeiro/Gamma – p. 389 : Remi Benali/Corbis – p. 391 : Interfoto/La Collection – p. 396 : Leemage – p. 397 : Kharbine-Tapabor (reprise p. 402) ; Immagina/Leemage (reprise p. 424 et p. 437) ; akg-images/Erich Lessing (reprise p. 438, 439 et 453) – p. 398 : Leemage ; Electa/Leemage – p. 399 : www.bridgemanart.com ; Photo Josse/Leemage – p. 400 : Leemage – p. 401 : Tondini Domenico /hemis.fr ; Christina Anzenberger-Fink & Toni Anzenberger/ASK Images – p. 402 : Kharbine-Tapabor – p. 403 : Leemage ; Kharbine-Tapabor – p. 404 : Leemage – p. 405 : Leemage – p. 406 : Leemage (reprise p. 631) – p. 407 : RMN-Grand Palais (domaine de Chantilly)/René-Gabriel Ojéda – p. 408 : Leemage – p. 409 : Leemage – p. 410 : www.bridgemanimages.com (reprise p. 442) – p. 411 : Costa/ Leemage – p. 412 : DeAgostini/Leemage – p. 413 : Leemage – p. 415 : Leemage – p. 416 : Raffael/Leemage – p. 417 : Leemage – p. 418 : coll. Kharbine-Tapabor – p. 419 : afc/Leemage – p. 420 : Leemage ; Kharbine-Tapabor – p. 421 : AKG Images ; AKG Images – p. 423 : Kharbine-Tapabor – p. 424 : Immagina/Leemage ; AKG Images – p. 425 : Electa/Leemage – p. 426 : DeAgostini/Leemage – p. 427 : Thierry Le Mage/RMN-GP – p. 428 : Aisa/Leemage – p. 429 : Photo Josse/Leemage – p. 430 : Madeleine Coursaget /RMN-GP ; Photo josse/Leemage – p. 431 : Photo Josse/Leemage ; Michel Urtado /RMN-GP – p. 432 : Photo Josse/Leemage – p. 433 : Yves Talensac/Photononstop ; JARRY/TRIPELON/TOP /Gamma-Rapho ; Tatiana Brzozowska/Getty Images – p. 434 : Aisa/Leemage ; Leemage – p. 435 : Francois Guenet/Gamma ; Electa/Leemage – p. 436 : The British Library/Rue des Archives – p. 437 : Immagina/Leemage – p. 438 : akg-images / Erich Lessing – p. 439 : Raffael/Leemage ; akg-images / Erich Lessing – p. 440 : Collection RMN-Grand Palais, Mirco Magliocca - Conception graphique : Mucho/Loran Stosskopf ; Annie Viannet/Maxppp/© Adagp, Paris, 2015 ; IAN LANGSDON/epa/Corbis/© Adagp, Paris, 2015 ; Martin Argyroglo / Divergence/© Adagp, Paris, 2015 – p. 441 : Prod DB © Anglo Enterprises-Vineyard/DR – p. 442 : www.bridgemanimages.com – p. 443 : Leemage – p. 444 : Leemage ; coll. Kharbine-Tapabor - Bertrand Rieger/hemis.fr – p. 445 : Gusman/Leemage – p. 446 : www.bridgemanart.com – p. 447 : Hervé Lewandowski/RMN-GP – p. 448 : Leemage ; BnF – p. 449 : Leemage ; Pierre-Olivier Deschamps/Agence VU – p. 450 : Louis Monier/Rue des Archives ; image BPK/RMN-GP – p. 451 : Imagno /La Collection – p. 452 : Jean-Pierre Couderc/Roger-Viollet ; Collection Christophel © Vineyard Production/DR – p. 453 : akg-images/Erich Lessing – p. 458 : Jean-François Tomasian/RMN-GP/© ADAGP, Paris, 2015 – p. 459 : La Collection (reprise p. 460) ; Leemage (reprise p. 474) ; Leemage (reprise p. 490) ; www.bridgemanart.com (reprise p. 504 et 517) – p. 460 : La Collection ; Aisa/Leemage – p. 461 : The Picture Desk – p. 462 : BnF – p. 463 : AKG Images – p. 464 : Aisa/Leemage ; The British Library Board/Leemage – p. 465 : leemage – p. 466 : Leemage (reprise p. 511 et 632) – p. 467 : Mary Evans/Rue des Archives ; La Collection – p. 468 : Bianchetti/Leemage – p. 469 : AKG Images – p. 470 : Roger-Viollet (reprise p. 630) – p. 471 : RMN/Malcolm Varon/© Successió Miró/© Adagp, Paris, 2015 – p. 472 : Damien Grenon/Photo12 ; Pascal Victor/ArtComArt – p. 473 : Costa/Leemage – p. 474 : Leemage ; DeAgostini/Leemage – p. 475 : Enguerand – p. 476 : The Art Archive ; Leemage – p. 477 : Enguerand – p. 478 : Leemage – p. 479 : Archives Alinari, Florence, Dist. RMN-Grand Palais/Luciano Pedicini – p. 481 : Photos12.com – p. 482 : Corbis (reprises p. 510 et 628) – p. 483 : Vincent Pontet – p. 484 : Andersen/Sipa ; Agathe Poupeney/Fedephoto – p. 486 : Jean-Loup Gautreau/AFP – p. 487 : AKG Images – p. 488 : Prod DB © San Marco-Janus Film –Films Number One/DR – p. 489 : A. Ulf/Sipa – p. 490 : Leemage ; DeAgostini Picture Library/Scala, Florence – p. 491 : Max ppp – p. 492 : Photo Josse/Leemage ; Enguerand – p. 494 : Costa/Leemage – p. 495 : Alain HANEL/CIT'en scene – p. 496 : Rue des Archives (reprise p. 634) – p. 497 : image INHA/RMN-GP – p. 498 : Mychele Daniau/AFP – p. 499 : Agathe Poupeney/Divergence – p. 500 : Bianchetti/Leemage – p. 501 : Leemage – p. 502 : Prod DB © Blue Dahlia - Tornasol-Road Movies/DR – p. 503 : Prod DB © Miroir et Metaphore/DR p. 504 : www.bridgemanart.com ; Bianchetti/leemage – p. 506 : Henri Martinie/Roger-Viollet ; Jean Paul Lozouet/CIT'en scene – p. 508 : Rue des Archives ; www.bridgemanart.com – p. 510 : James Andanson/Apis/Sygma/Corbis ; Gusman/Leemage – p. 512 : Patrick BOX/Opale/Leemage ; www.bridgemanart.com – p. 514 : Costa/Leemage – p. 515 : www.bridgemanart.com/© The Estate of Francis Bacon/All rights reserved/© ADAGP, Paris, 2015 – p. 517 : www.bridgemanart.com – p. 522-523 : © Christie's Images/www.bridgemanart.com/DR – p. 538-539 : © Glenbow, Calgary, 2015/Peter Nahum at The Leicester Galleries/www.bridgemanart.com – p. 584 : Prod DB © Paramount Pictures/DR ; Prod DB United Artists/DR – p. 585 : Leemage – p. 586-587 : www.bridgemanart.com/DR – p. 627 : Artedia/Leemage ; Corbis ; Edmond-Marie Poullain/BHVP/ Roger-Viollet ; DeAgostini/Leemage ; Photo Josse/Leemage ; Gusman/Leemage ; Photo Josse/Leemage – p. 628 : AFP ; AFP ; akg-images ; Photo Josse/Leemage ; Studio Lipnitzki/Roger-Viollet ; AFP ; Rene Saint Paul /Rue des Archives ; Rue des Archives/RDA – p. 629 : Henri Martinie / Roger-Viollet ; Dagli Orti/The Picture Desk ; G.K./Roger-Viollet ; Henri Manuel/ Bibliothèque Marguerite Durand/Roger-Viollet ; Photo Josse/Leemage ; Henri Martinie /Roger-Viollet ; Photo Josse/Leemage – p. 630 : Graziano Arici/Leemage ; L'Humanité/Keystone-France ; Photo Josse/Leemage ; Rue des Archives/Tal ; Rue des Archives/Tal ; AFP ; Edouard Boubat/Rapho – p. 631 : akg-images ; Maison de Victor Hugo/Roger-Viollet ; Edouard Boubat/Rapho ; Louis Monier/Rue des Archives ; Selva/Leemage ; Louis Monier/Gamma ; Photo12.com/ Fondation Napoléon – p. 632 : Selva/Leemage ; MI/Leemage ; MP/Leemage ; Aisa/Leemage ; DR ; Photo Josse/Leemage ; PrismaArchivo/Leemage ; Photo Josse/Leemage – p. 633 : Photo Josse/Leemage ; Lebrecht Music & Arts Photo Library ; akg-images ; Photo Josse/Leemage ; Photo Josse/Leemage ; Photo RMN/Droits réservés – p. 634 : Photo Josse/Leemage ; Monier/Rue des Archives ; Marion Kalter/Opale/Leemage ; Boris Lipnitzki/Roger-Viollet ; akg-images ; Fototeca/Leemage ; Rue des Archives/AGIP ; Photo Josse/Leemage – p. 635 : AISA/Leemage ; Monier/Rue des Archives ; The Granger Collection NYC/Rue des Archives ; AFP ; Photo Josse/Leemage ; Photo Josse/Leemage ; James Andanson/Apis/Sygma/Corbis – p. 636 : Photo RMN-Gerard Blot ; Mychele Daniau/AFP ; Photo Josse/Leemage ; Photo Josse/Leemage ; Selva/Leemage ; Photo Josse/Leemage ; Selva/Leemage.